DIE DEUTSCHEN LANDKREISE

Seit 100 Jahren im Landkreistag vereint

Herausgegeben von

Prof. Dr. Hans-Günter Henneke

Geschäftsführendes Präsidialmitglied
des Deutschen Landkreistages, Berlin

100 DEUTSCHER LANDKREISTAG 1916-2016

KSV Kommunalpraxis

Bibliografische Information der Deutschen Nationalbibliothek
Die Deutsche Nationalbibliothek verzeichnet diese Publikation in der Deutschen Nationalbibliografie; detaillierte bibliografische Daten sind im Internet über http://dnb.ddb.de abrufbar.

1. Auflage 2016

Layout und Satz: Gödecke + Gut, Berlin - www.goedeckeundgut.de
Umschlaggestaltung: Deutscher Landkreistag
Fotos Umschlag: Schloss Quedlinburg - © Landkreis Harz,
Völklinger Hütte - © Regionalverb. Saarbrücken,
Felseninsel Stein im Wörlitzer Park - © Henrik Bollmann

Druck: Kessler Druck + Medien · Bobingen

ISBN 978-3-8293-1260-8

VORWORT

Am 8.9.2016 blickt der Landkreistag auf seine Gründung vor 100 Jahren im Preußischen Landtag zurück. Dieser runde Geburtstag liefert den Anlass für das vorliegende Buch: „Die deutschen Landkreise – seit 100 Jahren im Landkreistag vereint". Es beleuchtet Vergangenheit und Gegenwart der deutschen Landkreise und ihrer Spitzenorganisation. Kernstück sind steckbriefartige Portraits aller 295 Landkreise einschließlich ihrer Landräte, Strukturdaten und politischen Kräfteverhältnisse. Genauso wissenswert sind die kompakten Ausführungen zur Geschichte des Deutschen Landkreistages und seiner 13 Landesverbände, die in dem parallel erscheinenden Band von Hans-Günter Henneke: „Die deutschen Kreise und ihr Landkreistag – von den Anfängen in Brandenburg bis zur Etablierung der Bonner Republik" vertieft werden.

In diesem Sinne zeichnet das Werk ein eindrucksvolles Bild kreiskommunaler Selbstverwaltung: Der Ursprung der Landkreise reicht bis ins Mittelalter zurück – obgleich die damaligen Strukturen noch rein gar nichts mit der heutigen kommunalen Selbstverwaltung zu tun hatten. Denn erst Mitte des 19. Jahrhunderts setzten sich zunehmend kommunale Elemente durch, ohne dass deswegen staatliche Strukturelemente der Kreise gänzlich verloren gegangen wären.

Die Landkreise bieten alle Vorzüge einer gebietskörperschaftlichen und bürgerschaftlichen Verwaltung: die Aktivierung der Bürger für ihre eigenen Angelegenheiten im Sinne von staatsbürgerlicher Mitgestaltung der konkreten Lebensverhältnisse der Einwohner, die Ausweitung der bürgerschaftlichen Verantwortung, die Bündelung öffentlicher Aufgaben und den engen Kontakt zu den politischen, wirtschaftlichen und gesellschaftlichen Einrichtungen des Landkreises. Gegenüber den Gemeinden haben die Landkreise den bei vielen Aufgaben wichtigen Vorzug, dass sie als Gebietskörperschaften mit ausgedehnter Fläche und als Träger übergemeindlicher Aufgaben in der Lage sind, eine umfassend geplante, fördernde und ausgleichende Strukturpolitik zu betreiben. Ihre Verwaltung verfügt stets über ein Mindestmaß an Verwaltungskraft, die durchgängig eine fachliche Spezialisierung und die effiziente Erledigung von Aufgaben ermöglicht. Die funktionelle Bedeutung der Kreisebene wird bereits dadurch deutlich, dass rund 96 % der Fläche Deutschlands mit rund 68 % der Bevölkerung auf den kreisangehörigen Raum entfallen.

Ausdruck der kommunalen Verfasstheit der Landkreise ist die ehrenamtliche Mitgestaltung tausender Bürger in den 295 Kreistagen zum Wohle der Allgemeinheit. Daran ist heute, wo mehr und mehr direkt-demokratische Mitgestaltung angemahnt wird, in besonderem Maße zu erinnern – denn wir verfügen bereits seit Langem über ein klug austariertes und historisch gewachsenes demokratisches System der direkten Mitwirkung und Mitentscheidung, das in den Landkreisen, Städten und Gemeinden seinen originären und bürgernächsten Ausdruck findet.

Das Buch ist in gewisser Weise eine Fortsetzung des mittlerweile in vier Auflagen erschienenen „Landrätealbums" des Deutschen Landkreistages, allerdings mit etwas anderem Schwerpunkt: So stehen dieses Mal die Landkreise selbst im Vordergrund, die dem Leser interessante Einblicke in deren historische Entwicklung, wirtschaftliche und landschaftliche Stärken und Potenziale, in Lebensart, Eigenheiten der Kreisbevölkerung, Sehenswürdigkeiten und kulturelle Highlights eröffnen. Die Darstellung gibt in beredter Weise Zeugnis von der Gastfreundschaft in den Landkreisen und eignet sich damit in hervorragender Weise auch beispielsweise als Planungsgrundlage für die nächste Urlaubsreise. Wussten Sie etwa, dass von den 41 deutschen UNESCO-Welterbestätten die allermeisten nicht etwa in den großen Städten, sondern in Landkreisen zu finden sind?

Daneben werden – wie in den Vorauflagen des „Landrätealbums" – in aktualisierter Form die allgemeinen Kreisdaten und Angaben zu den Landräten, der jeweiligen Kreistagszusammensetzung, den Kreistagsvorsitzenden, dem Kreissitz und dem Autokennzeichen als identifikationsstiftendes „Markenzeichen" der Landkreise aufgeführt.

Auch ermöglicht die Darstellung einen vergleichenden Blick auf die Gebiets- und Bevölkerungsstrukturen der 295 deutschen Landkreise. So reicht etwa die Einwohnerspreizung von knapp 49.000 im Landkreis Lüchow-Dannenberg bis 613.000 im Kreis Recklinghausen und über 1 Mio. in der Region Hannover. Flächenmäßig bestehen die größten Landkreise seit 2011 in Mecklenburg-Vorpommern. Kam es dem Landkreis Emsland seit den 1970er-Jahren zu, mit 2.881 km² größter deutscher Landkreis zu sein, übertraf ihn in dieser Rangliste seit 1993 der Landkreis Uckermark mit 3.076 km². Seit September 2011 ist flächenmäßig Größenrekordhalter der Landkreis Mecklenburgische Seenplatte mit 5.470 km², gefolgt vom Landkreis Ludwigslust-Parchim mit 4.752 km². Am anderen Ende dieser Skala stehen nach wie vor der Main-Taunus-Kreis mit 222 km² und der Landkreis Neunkirchen mit 249 km². Flächenmäßig passt der Main-Taunus-Kreis also fast 25 Mal in den Landkreis Mecklenburgische Seenplatte hinein.

Dennoch ist die Landkreisebene die bei Weitem homogenste Verwaltungsebene in Deutschland, die – bundesweit betrachtet – durch eine relativ große Beständigkeit gekennzeichnet ist: Nachdem wir zwischen 1995 und 2007 konstant 323 Landkreise in Deutschland hatten, verfügen wir nach den erneuten Gebietsreformen in Sachsen-Anhalt (2007), Sachsen (2008) und Mecklenburg-Vorpommern (2011) seither über 295 Landkreise bei 107 kreisfreien Städten, also 402 Gebietskörperschaften auf der Kreisebene. Daran ändert auch eine aktuelle Entwicklung nur wenig, die hier aber nicht unerwähnt bleiben soll: Zum 1.11.2016 wird der Landkreis Göttingen unter Beibehaltung dieses Namens mit dem benachbarten Landkreis Osterode am Harz fusionieren und damit die Zahl von 295 Landkreisen auf 294 vermindern.

Wir wünschen eine anregende und bereichernde Lektüre!

Landrat Reinhard Sager Präsident	Prof. Dr. Hans-Günter Henneke Geschäftsführendes Präsidialmitglied

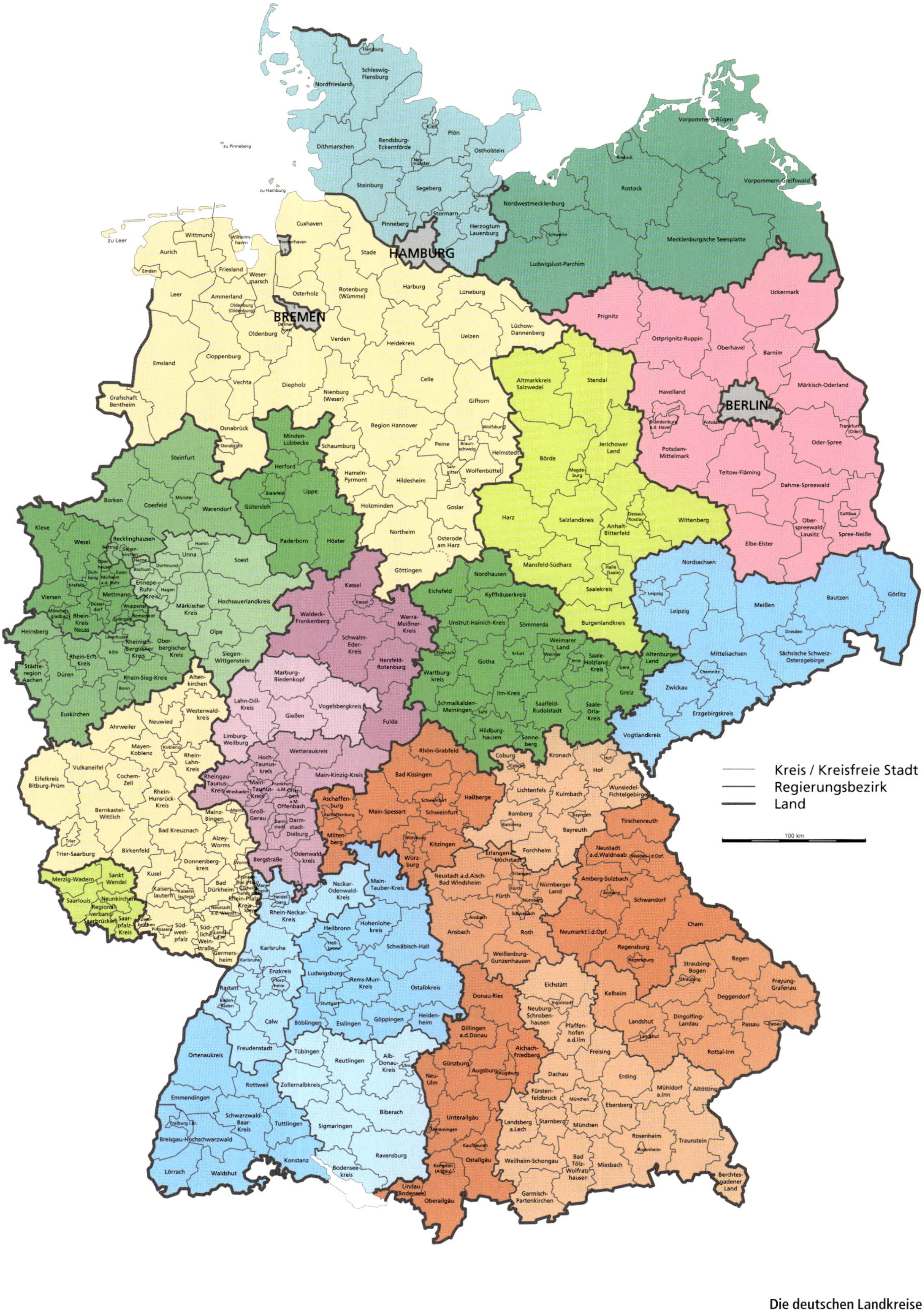

Die deutschen Landkreise
Verwaltungsgrenzen, Stand: 8.9.2016

DEUTSCHER LANDKREISTAG 1916-2016

INHALT

Die deutschen Landkreise – seit 100 Jahren im Landkreistag vereint[1]

HANS-GÜNTER HENNEKE

A. Gründung der kommunalen Spitzenverbände

Zusammenkünfte von Kommunalvertretern in einzelnen deutschen Ländern bzw. Provinzen lassen sich bis 1863 zurückverfolgen[2]. Wie der Namensteil „-tag" im Deutschen Landkreistag, im Deutschen Städtetag und im früheren Deutschen Landgemeindetag zum Ausdruck bringt, steckte in den Zusammenkünften ursprünglich das Konzept eines sich – nur – als Versammlung konstituierenden Verbandes. Zur ersten Einrichtung einer Geschäftsstelle kam es dagegen erst 1910 – und zwar in Bayern. Der Preußische Städtetag erhielt am 1.2.1913 den ersten hauptamtlichen Geschäftsführer, den späteren Reichskanzler und Reichsbankpräsidenten in der Weimarer Republik, *Hans Luther*. Zum 1.4.1913 entstand die erste hauptamtliche Geschäftsführung des am 27.11.1905 gegründeten Deutschen Städtetages durch eine Personalunion mit dem Preußischen Städtetag.

Der am 8.9.1916 gegründete Verband der Preußischen Landkreise, der am 7.9.1922 zum Verband der deutschen Landkreise erweitert und 1924 in Deutscher Landkreistag umbenannt wurde, verfügte dagegen unmittelbar nach seiner Gründung über eine hauptamtliche Geschäftsführung mit dem späteren Botschafter und Widerstandskämpfer *Ulrich von Hassell* an der Spitze.

Das Motiv für die Gründung der kommunalen Spitzenverbände lag jeweils darin, über den bloßen Informations- und Erfahrungsaustausch hinaus die politischen Anliegen der von ihnen vertretenen Kommunen auf den staatlichen Ebenen zu repräsentieren, da die Länder, zunehmend aber auch das Deutsche Reich, mit ihrer Gesetzgebung die kommunale Selbstverwaltung und den Aufgabenbestand der Kommunen mehr oder minder beeinflussten. Sowohl bei der Gründung des Deutschen Städtetages 1905 als auch bei der Gründung des Verbandes der Preußischen Landkreise 1916 bestand der konkrete Gründungsanlass in der Ernährungssicherung der jeweils vertretenen Bevölkerung. Ging es 1905 um die Fleischversorgung der deutschen Städte und die Schädigung ihrer Bevölkerung durch die damalige Fleischteuerung[3], war für die Gründung des Landkreistages die strikte Lebensmittelrationierung und -bewirtschaftung im Großen Krieg der Auslöser.

Drei – zeitweilig sogar vier – hauptamtlich geführte kommunale Spitzenverbände haben also in Deutschland zwischen dem Kaiserreich und der europäisierten wiedervereinigten Bundesrepublik eine nur vom gleichgeschalteten Deutschen Gemeindetag als Einheitsverband von 1933 bis 1945 unterbrochene Tradition. Dass darin keine Zersplitterung oder Schwächung der Vertretung kommunaler Belange liegt, hat Bundesinnenminister *Thomas de Maizière* am 24.5.2016 in Berlin am Gendarmenmarkt wie folgt auf den Punkt gebracht:

> *„Die Lage der Städte ist unterschiedlich. Nicht immer gibt es mit dem Städte- und Gemeindebund oder dem Landkreistag gemeinsame Positionen. Aber das gehört dazu. Es gibt keine Entscheidungen ohne Zielkonflikte und es gibt keine Politik ohne divergierende Interessen. Entscheidungen des Bundes für die Kommunen sind jedenfalls auch das Ergebnis beharrlicher Verbandsarbeit."*

Der Deutsche Städtetag verfolgte bei und seit seiner Gründung 1905 zielgerichtet eine spezifische Interessenvertretung großstädtischer Belange und hatte nicht eine gleichwertige und gleichberechtigte Vertretung aller deutschen Städte, Kreise und Gemeinden zum Ziel[4]. Dies führte bereits 1910 zur Bildung eines Reichsverbandes deutscher Städte; den Anlass zu dieser Gründung gaben die speziellen Sorgen kleinerer Städte, die ihre Belange vom Städtetag nicht vertreten fühlten. Auch die Gründungsgeschichte des Landkreistages stellte sich als Schaffung eines bewussten Gegengewichts zum Städtetag dar, weil sich dieser in der Kriegswirtschaft zugunsten seiner Mitglieder, insbesondere der seinerzeit gebietlich gegenüber der Ausdehnung seit 1920 noch viel kleineren Stadt Berlin (Karte S. 10), als übermächtig erwies[5].

Die Preußische Kreisordnung vom 13.12.1872, die zunächst nur für die Ostprovinzen galt und von 1884 bis 1888 nach und nach auf die anderen Provinzen übertragen wurde[6], stellte den Kreis in den Mittelpunkt der Verwaltungsreform, bei der es sich nicht nur um eine Neuordnung der kommunalen Angelegenheiten, sondern zugleich um eine Neugestaltung der bisher dem unmittelbaren Staatsbeamtentum vorbehaltenen Verwaltung handelte. Insbesondere aus dieser Verlagerung bisher staatlicher Aufgaben in den kommunalen Bereich ergab sich schon bald ein deutlich gesteigertes Bedürfnis für einen interkommunalen Erfahrungsaustausch auch für die Kreise. Zu bewältigen waren vor allem der mit der ersten industriellen Revolution verbundene Strukturwandel der ländlichen Gebiete, der Ausbau der Infrastruktur in der Fläche insbesondere bei den Verkehrswegen und bei der Einführung einer zentralen Wasserversorgung und die Folgen der Landflucht.

Während sich die Städte bereits 1905 im Städtetag zur Förderung großstädtischer Interessen als Versammlung organisiert hatten, lehnten die Landräte trotz dieser Abstimmungsnotwendigkeiten noch zu Beginn des Großen Krieges Überlegungen zu einem solchen Zusammenschluss der Landkreise entschieden ab. Dazu muss man wissen, dass die Kreise flächendeckend das gesamte (platte) Land erfassten, nach § 4 PrKrO aber Städte, die eine Einwohnerzahl von 25.000 Seelen oder mehr erreichten, befugt waren, durch eigene, einseitige Entscheidung aus dem Kreisverband auszuscheiden.

An der Spitze der Kreise stand nach § 21 PrKrO der Landrat, der nach § 74 PrKrO vom König ernannt wurde, wobei die Kreisversammlung befugt war, aus der Zahl der Grundbesitzer und der Amtsvorsteher des Kreises geeignete Personen in Vorschlag zu bringen. Bereits 1881 wurde diese Regelung dahingehend geändert, dass als Befähigungsvoraussetzung für die Ernennung zum Landrat die Befähigung zum höheren Verwaltungs- oder Justizdienst zusätzlich normiert wurde. 1852 war bereits der Status der Landräte als politische Beamte mit der Folge geregelt worden, dass sie jederzeit in den Ruhestand versetzt werden durften[7]. Zudem waren die Landräte in ihrer staatlichen Funktion Kreispolizeibehörde und für die Veranlagung der Einkommensteuer und für die Organisation der Landjägerei zuständig. Nach der Verfassungsgebung in Preußen von 1850 konnten sie auch als Abgeordnete tätig sein, ohne durch Inkompatibilitätsvorschriften daran gehindert zu werden. Von dieser Möglichkeit machten viele Landräte Gebrauch und engagierten sich insbesondere bei den Konservativen. Die Landräte verhielten sich in der Regierungszeit *Wilhelms I.* und *Wilhelms II.* in aller Regel staatstragend und königstreu – mit Ausnahme der sog.

Die Erweiterung Berlins durch das Groß-Berlin-Gesetz von 1920

© Wikipedia / Maximilian Dörrbecker

Kanalrebellen, also 18 Landräten, die 1899 im Preußischen Abgeordnetenhaus gegen das Gesetz und die Bewilligung von Geldern für den Bau des Mittellandkanals stimmten und vom darüber empörten Wilhelm II. daraufhin als Landräte in den Ruhestand versetzt wurden[8]. Nicht zuletzt eingedenk dieser Erfahrung hielten die Landräte als die maßgeblichen Kreisrepräsentanten eine Verbandsgründung für unvereinbar mit ihrer Stellung als – jederzeit abberufbares – Organ der Staatsregierung, das primär dem König und dessen Regierung verpflichtet war, während eine Interessenvertretung der Kreise in deren Anliegen und Zielsetzungen zumindest teilweise in Gegensatz zum Staatsinteresse geraten konnte, ja musste.

Die Kreisselbstverwaltung, die in den einzelnen Ost-Provinzen Preußens erst 1872 bzw. in Nord- und Westdeutschland zwischen 1884 und 1888 eingeführt worden war, war bis 1920 ständisch geprägt und beruhte auf der mittelbaren Entsendung der Mitglieder des Kreistages. Nach §§ 84 – 88 PrKrO wurden die drei Wahlverbände der größeren ländlichen Grundbesitzer, der Landgemeinden und der Städte gebildet. Die Kreistagsabgeordneten der Städte wurden durch die Magistrate, die der Landgemeinden durch Wahlversammlungen gewählt. Die Sitze im Kreistag wurden zunächst nach der Bevölkerungszahl von Stadt und Land aufgeteilt, wobei die Städte nie mehr als die Hälfte, bei nur einer Stadt im Kreis nicht mehr als ein Drittel der Abgeordneten stellen durften. Die übrigbleibenden Sitze wurden je zur Hälfte auf die Wahlverbände der großen Grundbesitzer und der Landgemeinden aufgeteilt. Auf diese Weise wurde eine Quotierung vorgenommen, mit der drei ökonomische Bevölkerungsgruppen mit jeweils eigenen Kultur- und Milieustrukturen konstituiert wurden[9].

Auch von hieraus konnten Impulse zu einer Verbandsgründung mithin nicht ausgehen, zumal die Interessen der Kreise gerade bei den Selbstverwaltungsaufgaben zwischen den Industriekreisen rund um Berlin, in den Westprovinzen und in Schlesien einerseits mit der großen Zahl der Kreise auf dem platten Land stark divergierten. Deshalb hatte der erste DLT-Präsident *Adolf von Achenbach* Recht mit seinem Ausruf anlässlich des zehnjährigen Bestehens des Landkreistages im Jahr 1926:

> *„Ein dem Städtetag ähnlicher Zusammenschluss der Landkreise wäre doch ohne den Krieg niemals eingetreten."*

Als Katalysator für die Verbandsgründung wirkte dann die von den Landräten der beiden Berliner Umlandkreise Teltow und Niederbarnim betriebene Mitwirkungsmöglichkeit in der Reichsstelle für Obst und Gemüse, in der der kurz davor berufene

Städtetags-Geschäftsführer *Hans Luther* mitwirkte und von der die Landkreise bei der Lebensmittelverteilung benachteiligt wurden[10]. Im Mai 1916 erteilte der kurz zuvor kontaktierte Preußische Innenminister sein Einverständnis

> *„wegen Bildung einer Vereinigung der Landkreise in der Annahme, die Vereinigung werde sich satzungsgemäß und tatsächlich auf die Behandlung kommunaler Angelegenheiten der Kreisverbände beschränken".[11]*

Anfang Juli 1916 schrieben die Landräte von Teltow und Niederbarnim alle Landkreise in Preußen mit dem Ziel an,

> *„für die Zukunft auch den Kreiskommunalverbänden ein gewisses Maß an Einfluss zu sichern, insbesondere auf deren Beteiligung an den kriegswirtschaftlichen Organisationen des Reiches und auf eine Vertretung in den Verwaltungen hinzuwirken. Zu diesem Zwecke ist die Bildung einer festeren Organisation – eines Verbandes der Preußischen Landkreise – in Aussicht zu nehmen, der auch über die Kriegszeit hinaus Bestand haben und auch im Frieden die besonderen Interessen der Landkreise bei den zuständigen staatlichen Stellen vertreten sollte."*

Die Saat ging auf: die Landkreise beteiligten sich an der Reichsstelle für Obst und Gemüse, an der Landesfuttermittelstelle – und gründeten am 8.9.1916 im Preußischen Landtag den „Verband der Preußischen Landkreise" mit Landrat a.D. *Oskar von der Osten*, Mitglied und zeitweilig Präsident des Preußischen Abgeordnetenhauses, an der politischen Spitze und dem seinerzeit 35-jährigen Regierungsrat *Ulrich von Hassell* als erstem Geschäftsführer. Aus der insgesamt nur acht Köpfe umfassenden Führungsspitze des Landkreistages bis zu seiner Auflösung im Mai 1933 war *Ulrich von Hassell* der Einzige, der nicht (zuvor) selbst Landrat gewesen war.

Zu Jahresbeginn 1917 waren bereits 454 von 487, am Jahresende 1917 bereits 481 Kreise freiwillig dem privatrechtlich als „e.V." organisierten Verband beigetreten.

Das Huldigungstelegramm an „Euer Majestät" fiel devot aus. Gelobt wurde:

> *„Je heißer der Kampf und je schwerer die Last, desto zäher der Mut und desto fester die Treue."*

Außerdem wurde die Zuversicht zum Ausdruck gebracht,

> *„dass der schweren Gegenwart der endgültige Sieg und mit ihm eine gesicherte und glänzende Zukunft des Deutschen Vaterlandes unter Euer Majestät folgen wird".*

Bekanntlich sollte es anders kommen.

B. Verbandsarbeit und Aufgabenausweitung der Kreise im Großen Krieg und in der Weimarer Republik

von Hassell versuchte den Verband insbesondere durch Vorträge und auch heute noch lesenswerte Aufsätze[12] bekannt zu machen und insbesondere im politischen Berlin zu vernetzen, u.a. als Vorstandsmitglied der Deutschen Vaterlandspartei, die nach Kriegsende in der DNVP aufging, der auch *von Hassell* beitrat.

Eine erste Verbandskrise trat schon 1917 ein, als sich der Vorsitzende *von der Osten* auf Anregung *von Hassells* als Abgeordneter der Konservativen Partei gegen die mit der Osterbotschaft und dem Juli-Erlass *Wilhelms II.* proklamierte Gleichheit der Wahl und Abschaffung des Drei-Klassen-Wahlrechts stellte. *von der Osten* trat daraufhin als Landkreistagsvorsitzender zurück[13].

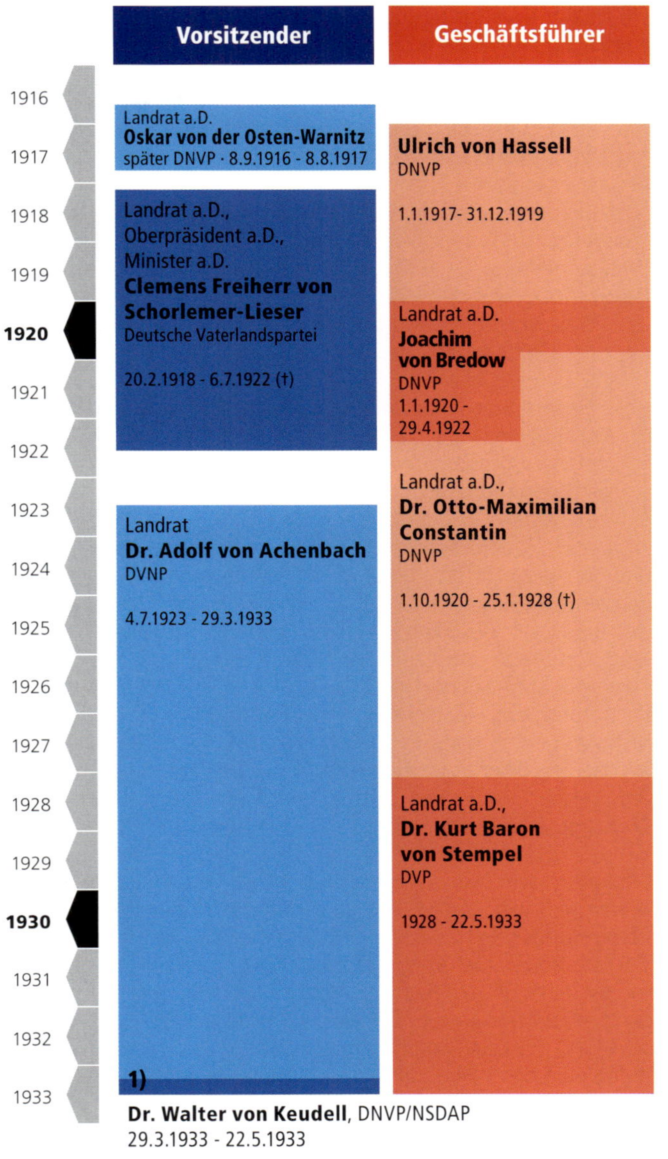

Verbandsspitze des Landkreistages 1916 - 1933

Aus dem gleichen Grunde war pikanterweise sein Nachfolger im Vorsitz, Freiherr von *Schorlemer-Lieser* im Juli 1917 von seinem Amt als Preußischer Landwirtschaftsminister zurückgetreten.

Mit dem Kriegsende und der Ausrufung der Republik taten sich die monarchistisch eingestellten Verbandspolitiker des Landkreisverbandes schwer, auch nachdem *Wilhelm II.* die Landräte aus dem Exil von ihrem ihm geleisteten Treueeid entbunden hatte. Allerdings wurden einzelne Landräte in der Folgezeit zum Teil gewaltsam durch örtlicher Arbeiter- und Soldatenräte abgesetzt.

In der ersten Sitzung „in den neuen Verhältnissen" wandte sich der Landkreisverband massiv gegen eine Demokratisierung des Kreistagswahlrechts („das ungerechteste aller Wahlsysteme, das gleiche Wahlrecht") und gegen vorgenommene Landratsabsetzungen und Eingriffe der Arbeiter- und Soldatenräte. Vom Rat der Volksbeauftragten wurde allerdings noch im November 1918 das gleiche, geheime, direkte Wahlrecht für alle mindestens 20 Jahre alten Männer und – erstmals auch – für Frauen proklamiert. Der Wahlverband der größeren ländlichen Grundbesitzer sollte entfallen, die Begrenzung der Zahl der Sitze für städtische Abgeordnete unabhängig von der Einwohnerzahl auf 50 % abgeschafft werden. Auch wurden die juristischen

Qualifikationsanforderungen für den Landrat abgeschafft, sodass auch Außenseiter ohne akademische Ausbildung – i.d.R. Gewerkschafts- und Parteisekretäre – zu Landräten ernannt werden konnten. Das freiwillige Ausscheiden bisheriger Landräte wurde gesetzlich dadurch erleichtert, dass diese seit 1919 nach zehn abgeleisteten Dienstjahren wegen „Umgestaltung des Staatswesens" um ihre Versetzung in den Ruhestand nachsuchen durften. In einer ersten Analyse sprach der Landkreisverband insoweit von einer „Zerschlagung der bisherigen Wahlverhältnisse" – und genau die sollte es ja auch sein. Der Landkreistag wehrte sich gegen eine Abschaffung der bisherigen Privilegien der Großgrundbesitzer und Gewerbetreibenden, da sonst die Berufsstände,

> *„die in erster Linie an den wirtschaftlichen Aufgaben der Kreise interessiert sind und die für sie die Lasten tragen müssen, zum größten Teil von der Einflussnahme auf die Politik der Kreise ausgeschlossen werden"*

würden[14]. Zudem sei diese Gruppe ohne Frage nach Bildung und Fähigkeit für die Kreisvertreterschaft besonders geeignet, während die Landarbeiter der kommunalpolitisch unreifste Teil der ländlichen Bevölkerung seien. Auch sei die Gleichbehandlung von Stadt und Land durch die Abschaffung der Begrenzung der städtischen Mandate im Kreistag für eine gerechte Vertretung aller wirtschaftlichen Interessen im Kreis nicht zu rechtfertigen. Gerade in dünn besiedelten Gebieten müsse neben der Bevölkerungszahl auch der Gebietsumfang berücksichtigt werden. Außerdem gelte es, das indirekte Wahlrecht zum Kreistag beizubehalten.

Erfolgreich war dieses Agieren in politisch veränderten Zeiten in keinem einzigen Punkt. Das vorgesehene Wahlrecht wurde im Verordnungswege erlassen, die bestehenden Kreistage aufgelöst und Neuwahlen vorgeschrieben. Die Zusammensetzung der sodann nach neuem Recht gewählten Kreistage veränderte sich ganz erheblich. In mehr als einem Viertel der Kreistage wurde die MSPD stärkste Fraktion, in mehr als der Hälfte der Kreistage stellte eine der Weimarer Koalitionsparteien MSPD, USPD, Zentrum oder DDP die meisten Abgeordneten[15].

Der Aufgabenbestand der Kreise wuchs im Krieg und nach dem Großen Krieg immens an[16]. Dies galt insbesondere bei der Versorgung der Bevölkerung, im Wohlfahrtswesen, in der Jugendwohlfahrt, im Hygienewesen und bei der Wiedereingliederung der heimkehrenden Soldaten in das Erwerbsleben. Unzählige Kriegsbeschädigte und Hinterbliebene waren zu versorgen. Die bis heute andauernde Prägung der Kreisebene als *die* steuerfinanzierte Sozialverwaltungsebene nahm hier ihren Anfang.

Mit der Weimarer Reichsverfassung vom 11.8.1919 erhielt die kommunale Selbstverwaltung der Gemeinden und Gemeindeverbände in Art. 127 Verfassungsrang. Dort konnte nicht von „Kreisen" die Rede sein, weil dies eine von Preußen geprägte Bezeichnung war. In Art. 17 WRV hieß es, dass die Grundsätze für die Wahlen zur Volksvertretung auch für die Gemeindewahlen gelten. Von Kreisen bzw. Gemeindeverbänden war hier nicht die Rede, was nicht verwundern kann, da es sie bei Inkrafttreten der WRV längst noch nicht in allen Ländern gab.

Die Weimarer Reichsverfassung sah sowohl bei den Sachgesetzgebungskompetenzen insbesondere im Sozial-, Gesundheits- und Kriegsopferfürsorgebereich als auch bei der Einnahmeverteilung und -verwaltung drastische Kompetenzverlagerungen von den Ländern auf das Reich vor, was dazu führte, dass die staatlichen Einwirkungen auf die Kreise und ihren Aufgabenbestand sprunghaft ausgeweitet wurden und zudem nicht mehr in erster Linie vonseiten Preußens, sondern vonseiten des Deutschen Reiches erfolgten.

Das musste Auswirkungen auf die Verbandsarbeit haben. Zunächst hatte man sich aber noch mit der Entstehung der Verfassung des Freistaates Preußen zu befassen, die am 30.11.1920 verkündet wurde. In Art. 70 wurde den Gemeinden und Gemeindeverbänden das Recht der Selbstverwaltung ihrer Angelegenheiten unter der gesetzlich geregelten Aufsicht des Staates gewährleistet. In Art. 74 wurde normiert, dass die Grundsätze für die Wahlen zur Volksvertretung auch für die Wahlen zu den Provinzial-, Kreis- und Gemeindevertretungen gelten. Da es in Preußen flächendeckend Kreise gab, konnte und musste die Preußische Verfassung hier ausgreifender sein als die WRV. Danach wurde am 3.12.1920 von der Landesversammlung eine gesetzliche Regelung der Kreistagswahlen beschlossen, für die die entscheidenden Vorgaben der allgemeinen, gleichen, unmittelbaren und geheimen Wahl kraft preußischen Verfassungsrechts bereits nicht mehr zur Disposition standen. Die Folge war, dass die nach der bereits im Verordnungswege erfolgten Abschaffung des Wahlverbandes der großen Grundbesitzer verbliebenen beiden Wahlverbände entfielen und an ihre Stelle die allgemeine, gleiche, unmittelbare und geheime Wahl der Kreistagsabgeordneten nach den Grundsätzen der Verhältniswahl trat, wobei jeder Kreis einen einzigen Wahlbezirk bildete, in welchem die Kreisangehörigen nach Wahllisten der Parteien zu wählen hatten und damit in eine unmittelbare Beziehung zum Kreis traten.

Unabhängig von der Preußischen Kreisordnung erfolgte also durch dieses Wahlverfahren zum Kreistag ebenso wie durch die zahlreichen gesetzlichen Aufgabenzuweisungen in der Struktur des Kreises ein Wandel mit einer Verschiebung des Schwergewichts vom Gemeindeverband hin zur Gebietskörperschaft.

Der Landkreisverband war zu diesem Gesetzentwurf angehört worden. Während die Mitglieder bei einer Befragung äußerst resignative Stellungnahmen abgegeben hatten, sah die Verbandsgeschäftsstelle davon ab, die Ablehnung der Einführung der direkten Wahl zu den Kreistagen zu thematisieren und äußerte sich nur noch zu technischen Details des Ablaufs der laufenden Kreistagswahlperiode.

Verbandspolitisch war es vorrangig, eine Mitwirkung im Vorläufigen Reichswirtschaftsrat nach Art. 165 WRV anzustreben, was auf holprigem Wege letztlich auch gelang. Zunächst war der Verband der Preußischen Landkreise jedoch erfolglos, da es sich bei ihm nicht um einen deutschlandweit agierenden Verband handelte. Daraus wurde die zutreffende Lehre gezogen, dass es dringend der Gründung eines Landkreisverbandes auf der Reichsebene bedurfte.

C. Gründung des Deutschen Landkreistages

Daher schaute man sich nach Bündnissen mit kreisparallelen Institutionen in den übrigen Ländern des Deutschen Reiches um. In Württemberg gab es 65 staatliche Oberämter mit gemeindeverbandsähnlichen, aus Gemeindevertretern gebildeten Amtskörperschaften. In Bayern bestanden 164 staatliche Bezirke, Selbstverwaltung gab es dort bis zum Gesetz über die Selbstverwaltung vom 22.5.1919 nicht. Baden war das einzige Land, das sogar bis 1939 nicht über Landkreise im eigentlichen Sinne verfügte. Sachsen hatte 28 Amtshauptmannschaften, in denen die Gemeinden zu Bezirksverbänden zusammengeschlossen waren. In Hessen bestanden 14 Landkreise mit einem von der Landesregierung ernannten Kreisdirektor an der Spitze. Durch ihre Stadt und Land umfassende Organisation haben die hessischen Kreise im Zeitalter der Industrialisierung einen wirklichen Beitrag zur Fortentwicklung kommunaler Verwaltungsgrundsätze in Deutschland geleistet[17]. In Braunschweig gab es sechs Kreise, in Oldenburg zwölf Ämter, dazu zwei besondere Kommunalverbände in den Landesteilen Lübeck und Birkenfeld.

Daneben gab es fünf anhaltinische und zwei schaumburg-lippische Kreise sowie einen Kreis für das Landgebiet in Bremen[18].

Am 7.9.1922 konnte in München nach gründlichen Vorarbeiten des inzwischen amtierenden Landkreistagsgeschäftsführers *Dr. Constantin* als Verband der Verbände der Verband der Deutschen Landkreise gegründet werden. Mitglieder des neu gegründeten Verbandes waren also die jeweiligen Landesverbände. Nur wenn kein Landesverband existierte oder ein solcher noch nicht Mitglied geworden war, konnten auch einzelne deutsche kreisparallele Gebietskörperschaften unmittelbar Mitglied werden. Bis Ende 1925 war dieser Ausdehnungsprozess über ganz Deutschland bei zwei weißen Flecken abgeschlossen: Das Landgebiet Hamburgs war nicht erfasst, in Baden waren anstelle der dort noch nicht existierenden Landkreise i.e.S. die badischen Bezirksfürsorgeverbände Mitglieder geworden.

Nach der Satzung agierte die Geschäftsstelle des preußischen Verbandes auch für den deutschen Verband und der Vorsitzende des preußischen Verbandes war automatisch auch Vorsitzender des deutschen Verbandes. Nun war allerdings der Vorsitzende von *Schorlemer-Lieser* im Juli 1922, also zwei Monate vor der Ausdehnung des Verbandes auf das Reichsgebiet, verstorben. Statt sich zügig auf einen Vorschlag für einen neuen Vorsitzenden zu verständigen, beschloss der Vorstand zunächst nur, die Witwe des Verstorbenen um dessen Bild „zum Schmucke der Wand im Dienstzimmer des Leiters der Geschäftsstelle" zu bitten. Das Amt des Vorsitzenden blieb demgegenüber genau ein Jahr unbesetzt, was auch darauf zurückzuführen war, dass man sich zunächst neu über das Anforderungsprofil verständigen musste. Die beiden bisherigen Vorsitzenden waren noch im Kaiserreich gewählt worden. Seinerzeit war man der Auffassung gewesen, zur Wahrung der Unabhängigkeit des Verbandes keinen vom König abberufbaren aktiven Landrat, sondern einen Parlamentarier zum Vorsitzenden zu wählen. Von diesem Rekrutierungsmuster nahm man jetzt dauerhaft Abschied. Der frühere Geschäftsführer *Joachim von Bredow* als Nachfolger *Ulrich von Hassells* brachte die Kernüberlegungen wie folgt auf den Punkt[19]:

> *„Was nützte ein einflussreicher Politiker an der Verbandsspitze, wenn nach der Änderung der politischen Verhältnisse im Reich und in Preußen das Gewicht der einzelnen Persönlichkeit im öffentlichen Leben ständig einem zum Gegenteil führenden Wechsel ausgesetzt ist?"*

Der Verzicht auf eine bekannte, einflussreiche Persönlichkeit als Vorsitzender ist zudem zu Recht[20] als Indiz für die zunehmende Etablierung des Verbandes gewertet worden, der auch ohne unmittelbare parlamentarische Einflusskanäle die Verbandsinteressen vertreten konnte. Damit war der Weg für Landrat *Dr. Adolf von Achenbach* (Teltow) an die Spitze des Preußischen und Deutschen Landkreisverbandes frei, nachdem er bereits 1916 die Verbandsgründung maßgeblich initiiert hatte und seither stellvertretender Verbandsvorsitzender gewesen war. Er wurde am 4.7.1923 – also mitten in der Hyperinflationszeit – einstimmig gewählt. Das Jahr 1923 war mit der Ruhrbesetzung, dem folgenden Generalstreik und der sich anschließenden Hyperinflation *das* Krisenjahr der Weimarer Republik. Nach der Währungsreform – der ehemalige Städtetagsgeschäftsführer *Hans Luther* war vom 6.10.1923 bis Ende 1924 Reichsfinanzminister – konsolidierte sich die Weimarer Republik und mit ihr zunächst auch die kommunale Selbstverwaltung der Städte und Kreise.

Zum zehnjährigen Bestehen des Landkreisverbandes konnte eine Erfolgsbilanz vorgelegt werden, die nicht nur in den beiden, zusammen 2174 Seiten umfassenden Bänden über die deutschen Landkreise[21] ihren angemessenen Ausdruck fand. Zudem setzte sich *Constantin* als damaliger Leiter der Geschäftsstelle, der bereits Anfang 1928 nur 44-jährig versterben sollte, mit zwei Beiträgen über Grundlagen der Kreisverfassung[22] und der Frage nach einer „Reichskreisordnung?"[23] ein literarisches Denkmal.

Zu einer Reichsordnung kam es dagegen ebenso wenig wie zu einer Reichsstädteordnung – und das war im Ergebnis aufgrund der unterschiedlichen Entwicklungslinien der kreisparallelen Institutionen in den einzelnen Ländern und der bestehenden Kernkompetenz der Länder für das Kommunalrecht im Ergebnis auch gut so, wie *Hans Peters* bereits 1927 herausgearbeitet hat[24]. Es kam aber – nicht zuletzt aufgrund dieses Erörterungsprozesses – zu einer allmählichen Angleichung des Kreisverfassungsrechts in den einzelnen Ländern, was eine Voraussetzung dafür war, dass der Reichsgesetzgeber verstärkt Aufgaben auf diese Ebene übertragen konnte.

Auch wurden Ende 1927 endlich die fast 12.000 Gutsbezirke in Preußen aufgelöst und es wurde – grundlegend bis heute – normiert, dass Veränderungen der Grenzen von Kommunen nur aus Gründen des öffentlichen Wohls erfolgen können und eines Gesetzes bedürfen, wenn hierdurch Kreisgrenzen verändert werden. Das Selbstaustrittsrecht von Städten aus dem Kreis bei Erreichen einer bestimmten Einwohnerzahl gehörte damit der Vergangenheit an. Außerdem wurde 1929 im Zuge der Neugliederung des rheinisch-westfälischen Industriegebiets gesetzlich die Kompetenz-Kompetenz der Kreise eingeführt[25].

Schließlich kam es 1932 in Preußen erstmals zu einer grundlegenden flächendeckenden Kreisgebietsreform, die zwar in der Sache dringlich, politisch aber nur durch „Flucht in die Notverordnung" durchsetzbar war[26].

In der Weimarer Zeit nahmen also der Aufgabenbestand und die Bedeutung der Kreise ebenso sprunghaft zu wie die Wirksamkeit des Landkreistages. Insbesondere wurden bei der Verfasstheit der Kreise die bis heute wirkenden entscheidenden Weichenstellungen – zum Teil gegen das Landkreistagsvotum – vorgenommen. Die Kreise erhielten ihre Dreifachfunktion

- zuvörderst als Gebietskörperschaft mit einem enormen Aufgabenzuwachs an Selbstverwaltungsaufgaben gerade auch durch die Reichsgesetzgebung, wobei die Vertretungskörperschaft nun unmittelbar gewählt wurde,
- daneben als Gemeindeverband mit Ergänzungs- und Ausgleichsfunktion sowie Kompetenz-Kompetenz
- und weiterhin – in der relativen Bedeutung zurückgehend – als untere staatliche Behörde, die sie von je her gewesen waren.

Die sich aufgrund der zentralistischen *Erzberger*schen Finanzreform 1919/20 entwickelnde Kreisfinanzstruktur entsprach dieser von der Aufgabenseite vorgegebenen Dreifachfunktion dagegen nicht, sondern stellte die von den kreisangehörigen Gemeinden aufzubringende Kreisumlage neben staatlichen Finanzzuweisungen ins Zentrum, womit auf der Finanzierungsseite die gemeindeverbandliche Funktion der Kreise in den Vordergrund gerückt wurde – eine Fehlstellung, die bis heute nicht beseitigt wurde, die am beständigen Ausbau der Stärkung der demokratisch genauso wie die Gemeinden legitimierten Kreise als Gebietskörperschaft aber nichts zu ändern vermochte. Die sich zu Beginn der Weimarer Republik insoweit herausbildende Scherenöffnung zwischen Aufgabenentwicklung einerseits und Finanzierungsmöglichkeiten andererseits gilt es auch gut 95 Jahre danach nach wie vor wieder zu schließen.

In der Endphase der Weimarer Republik geschah für die Kreise noch in mehrerer Hinsicht Bedeutsames: Zwei für die Zukunft prägende Vorhaben zu Beginn der 30er Jahre müssen hervorgehoben werden. Zum einen scheiterte die angesichts der eingetretenen Massenarbeitslosigkeit beabsichtigte Zusammenführung von Krisenfürsorge und Wohlfahrtspflege zu einer einheitlichen Reichsarbeitslosenfürsorge und wurde so erst 64 Jahre später Anfang 2005 mit der Zusammenführung von Arbeitslosenhilfe und Sozialhilfe zum SGB II realisiert. Zum anderen wurde 1931 durch Reichsnotverordnung das Sparkassenorganisationsrecht aus dem Kommunalrecht herausgelöst, dabei die Verselbständigung der Sparkassen in der Form von Anstalten des öffentlichen Rechts vorgegeben und die Gewährträgerhaftung und Anstaltslast normativ begründet[27].

D. Das Dritte Reich

Kurz nach der Ernennung *Hitlers* zum Reichskanzler kam es nicht nur zur massenhaften Auswechslung von Landräten, zur Ausschaltung der kommunalen Selbstverwaltungsgremien und zur Gleichschaltung von Ländern und Kommunen, sondern bereits am 22.5.1933 auch zur Ausschaltung der kommunalen Spitzenverbände und zur anschließenden Bildung des Deutschen Gemeindetages. Dieses genau zwölf Jahre währende „Kapitel für sich" ist an anderer Stelle ausführlich behandelt worden[28].

Erwähnt werden muss hier aber noch, dass am 30.1.1935 eine reichseinheitliche Deutsche Gemeindeordnung erlassen wurde, während es zum Erlass einer Deutschen Kreisordnung nicht kam. Am 28.11.1938 wurden per Verordnung über den Neuaufbau des Reiches die Bezeichnungen „Landrat" und „Landkreis" reichsweit einheitlich mit Wirkung ab 1.1.1939 eingeführt[29]. Am 25.6.1939 kam es schließlich zum letzten Lückenschluss hinsichtlich der reichsweiten Kreiseinteilung durch Inkrafttreten des Gesetzes über die Landkreisselbstverwaltung in Baden mit der Neubildung von 25 Landkreisen.

E. Die Landkreise und der Landkreistag in der Besatzungszeit

Mit dem Ende des Zweiten Weltkriegs hatte in Deutschland jede Form von Staatlichkeit aufgehört zu existieren. Die Besatzungsmächte waren eingezogen, das Land lag in Trümmern und die oberste vorhandene und funktionsfähige Verwaltungsebene war die der Landkreise und kreisfreien Städte, wobei die meisten Städte durch die Bombardierungen weitgehend zerstört waren. 12 Mio. Flüchtlinge aus den Ostgebieten waren zu versorgen, unterzubringen und in den Arbeitsmarkt sowie in die jeweilige örtliche Gemeinschaft zu integrieren. Auch die Verkehrsinfrastruktur war weitgehend zerstört. In dieser Situation leisteten die von den Alliierten entnazifizierten Kommunen für ihre jeweiligen Einwohner fast Unbeschreibliches. Angesichts der Zerstörung vieler Großstädte kamen insbesondere auf die Landkreise ganz besondere Aufgaben zu, die sie in der Regel hervorragend bewältigten, so dass sie dadurch erneut einen Aufgabensprung, aber auch eine dauerhafte Aufwertung erfuhren. Aufgrund der kriegsfolgebedingten großen Bevölkerungsbewegung einerseits und der Zerstörung der Städte, die allerdings überraschend schnell wieder aufgebaut werden konnten, flachte das insbesondere infolge der Industrialisierung entstandene Gefälle zwischen Verdichtungsräumen und plattem Land sehr deutlich ab, zumal die besonders dünn besiedelten Gebiete Deutschlands im Osten von der neu entstehenden Bundesrepublik nicht mehr umfasst waren. War in der Weimarer Republik in den letzten Jahren von der eingeforderten „Parität zwischen Stadt und Land" die Rede, kam nun nach und nach die Forderung nach „Herstellung gleichwertiger Lebensverhältnisse" im gesamten Bundesgebiet auf.

Allmählich entstand auch politisches Leben vor Ort neu, nachdem die Bürgermeister und Landräte und auch die ersten Vertretungskörperschaften von den Besatzungsmächten ernannt worden waren. Der Städtetag formierte sich bereits 1945/46 auf maßgeblichen Anstoß *Konrad Adenauers* neu. Bei den Landkreisen dauerte es etwas länger, aber dann gab es auch bei diesen in unterschiedlichen Gebieten Initiativen zum erneuten Zusammenschluss. Auffällig ist, dass es – von einer Ausnahme im Rheinland abgesehen – 1946/Anfang 1947 durchweg – von den Alliierten eingesetzte, oft bereits in der Weimarer Republik amtierende – sozialdemokratische Landräte waren, die die Wiedergründung des Landkreistages in die Hand nahmen, wobei Motor der Entwicklung *Heinrich Treibert*, Landrat im hessischen Landkreis Ziegenhain und zuvor in der Weimarer Republik Landrat des Kreises Fritzlar, war. Mit für die Zeit ungewöhnlichen und angesichts der zerstörten Verkehrswege heute kaum nachvollziehbaren Reise- und Gesprächsaktivitäten führte er Landräte zunächst in Hessen, dann in Schleswig-Holstein, Niedersachsen, Westfalen, Bayern, Württemberg-Baden und schließlich auch in der französischen Besatzungszone zusammen, um zunächst zu Zusammenschlüssen parallel zur Länderbildung durch die Alliierten und dann zu einem zonenübergreifenden Zusammenschluss zu kommen, der für die Bizone am 10.2.1947 in Höchst erfolgte und als Wiederbegründung des Deutschen Landkreistages gilt, auch wenn es seinerzeit mit Hessen, Schleswig-Holstein und Niedersachsen erst drei Landesverbände gab[30]. Nach der bizonalen Wiedergründung des Deutschen Landkreistages wurden 1947 Landesverbände in Nordrhein-Westfalen (10.3.1947), Württemberg-Baden (22.7.1947) und Bayern (29.8.1947) gegründet.

Zu den Landkreisen in der französischen Besatzungszone gab es zwar einzelne Kontakte, auch nahmen ab Mitte 1948 Landräte aus dieser Zone an Gremiensitzungen des Deutschen Landkreistages teil; zu einem förmlichen Beitritt der Landesverbände Rheinland-Pfalz und Württemberg-Hohenzollern (als Abteilung des dortigen Gemeindetages) kam es aber erst am 22.10.1949 in Bad Neuenahr.

F. Nachwirkende Besonderheiten in Südwestdeutschland

Die Arbeitsgemeinschaft südbadischer Landkreise wurde überhaupt erst am 6.10.1949 gebildet, so dass die dortigen Landkreise zunächst einzeln dem Deutschen Landkreistag beitraten, was der Landkreis Freiburg im Sommer 1951 immer noch nicht getan hatte[31].

Im deutschen Südwesten taten sich die Landkreise auch in den Folgejahren mit der Organisation ihrer Zusammenarbeit äußerst schwer. Während das Land Baden-Württemberg aus den bisherigen drei Ländern Württemberg-Baden, Württemberg-Hohenzollern und (Süd-)Baden am 25.4.1952 mit der Wahl eines Ministerpräsidenten gebildet worden war, konnte der Landkreistag Baden-Württemberg erst am 3.7.1956 – also mehr als vier Jahre später – in Ludwigsburg gegründet werden, ohne dass selbst bis dahin die vier badischen Landkreise Freiburg, Donaueschingen, Stockach und Überlingen ihren Beitritt erklärt hatten, der dann allerdings bis zum 11.1.1957 erfolgen sollte[32].

Elf Tage zuvor war das Saarland mit seinen seinerzeit sieben Landkreisen der im Mai 1949 konstituierten Bundesrepublik Deutschland beigetreten. Der Deutsche Landkreistag führte deshalb am 4.6.1957 erstmalig eine Hauptversammlung in Saarbrücken durch – es war ein denkbar unglücklich gewähltes Datum, zum einen kam es im Landtag just an diesem Tag zum Sturz des einen (*Hubert Ney*) und zur Neuwahl eines anderen Ministerpräsidenten (*Egon Reinert*). Zum anderen hatten es die saarländischen Kreise bis zu diesem Tage nicht geschafft, einen Landesverband zu bilden, sie vermochten nur ihren diesbezüglichen Willen zu erklären, den sie dann allerdings am 18.6.1957 umsetzten. Während die fünf ursprünglich preußischen Landkreise im Saarland dem Landkreistag bereits seit 1916 angehört hatten, wurden die beiden ursprünglich bayerischen Bezirksämter Homburg und St. Ingbert, seit Anfang 1974 zum Saarpfalz-Kreis fusioniert, auf diese Weise bis heute die jüngsten (mittelbaren) Mitglieder des Deutschen Landkreistages: 1922 bis 1925, als sich der Landkreistag auf das gesamte Reichsgebiet ausdehnte, gehörte das Saargebiet nicht zum Deutschen Reich. 1935, als die Rückkehr ins Deutsche Reich erfolgte, war der Landkreistag bereits seit knapp zwei Jahren aufgelöst, so dass ihm weder die Kreise des Saargebiets noch die vier Jahre später neu gebildeten badischen Kreise beitreten konnten.

Nach der Wiederbegründung des Deutschen Landkreistages 1947 kamen die nordbadischen Landkreise durch den Beitritt des Verbandes der württemberg-badischen Landkreise erstmals dazu, die südbadischen Kreise traten dem Deutschen Landkreistag durch Einzelmitgliedschaft mit dem Landkreis Freiburg als Nachzügler bei und als Letzte folgten die Landkreise Homburg und St. Ingbert über den Beitritt des Landkreistages Saarland im Juni 1957, wobei in dieser Schilderung der Besatzungsfolgezeit nicht unerwähnt bleiben darf, dass der Landkreis Lindau mit einem Kreispräsidenten an der Spitze vom Kriegsende an der französischen Besatzungszone mit einer Anbindung an das Land Württemberg-Hohenzollern zugeschlagen und erst im September 1955 nach Bayern rückgegliedert wurde.

G. Die Landkreise und der DLT kommen in der Bundesrepublik an

I. Landesverfassungen und Kreisordnungen

Bevor auf der Zentralebene Deutschlands wieder Eigenstaatlichkeit entstand, bildeten die Alliierten Länder, die ihrerseits alle Landesverfassungen erließen – Niedersachsen eine Vorläufige und Schleswig-Holstein bei begrifflicher Begrenzung auf eine Landessatzung. Alle diese Verfassungen enthielten Garantien kommunaler Selbstverwaltung für die Gemeinden und Landkreise und gingen dabei erheblich über die Selbstverwaltungsregelungen der vor 1933 bestehenden Landesverfassungen hinaus[33]. Sie gewährten auch mehr als Art. 127 WRV, der keine inhaltliche Bestimmung des dort anerkannten Rechts auf Selbstverwaltung vorgenommen, sondern lediglich auf die Schranken des Gesetzes hingewiesen hatte. Die inhaltliche Anreicherung der landesverfassungsrechtlichen Regelungen über die kommunale Selbstverwaltung – auch mit Finanzgarantien für eine aufgabenangemessene Finanzausstattung und bzw. einschließlich Mehrbelastungsausgleichspflichten bei der Übertragung von Aufgaben[34] – spiegelt deren sprunghaft gewachsene Bedeutung in der Nachkriegszeit wider[35]. Außerdem erließen die Länder jeweils Landkreisordnungen und weitere Kommunalverfassungsgesetze, deren Inhalt stark von den Alliierten beeinflusst wurde[36]. Der gravierendste Eingriff erfolgte in der britischen Zone mit der Schaffung einer vom Kreistag zu wählenden Doppelspitze aus ehrenamtlichem Landrat und hauptamtlichem Oberkreisdirektor, während in allen anderen Ländern am Amt des Landrat festgehalten wurde, der in Bayern von der Bevölkerung, in Schleswig-Holstein, Hessen und Baden-Württemberg dagegen vom Kreistag gewählt und in Rheinland-Pfalz und im Saarland von der Landesregierung bestellt wurde.

Durch die Eingriffe der Besatzungsmächte entstand das neue Kreisverfassungsrecht also in drei unterschiedlichen Rechtskreisen unter Berücksichtigung überkommener Traditionen. Die dadurch bewirkten prinzipiellen Unterschiede blieben auch in den folgenden Jahrzehnten erhalten und bestehen zum Teil bis heute, auch wenn es seit Mitte der 1990er Jahre zu erheblichen Angleichungen gekommen ist[37].

II. Beginn der Verbandsarbeit

Die Inhalte und Formate der Arbeit des Deutschen Landkreistages wurden bis zur Aufnahme der Arbeit von Bundestag, Bundesrat und Bundesregierung stark von dem auf der Gründungsversammlung in Höchst zum ersten von bisher zwölf DLT-Präsidenten der Nachkriegszeit gewählten Ziegenhainer Landrat *Heinrich Treibert* geprägt. Obwohl er aufgrund der Kreistagswahlen im April 1948 im Juni 1948 vom Kreistag als Landrat nicht wiedergewählt wurde und in die Energiewirtschaft wechselte, behielt er das Amt des DLT-Präsidenten bis Oktober 1949 bei und wirkte bis zu seinem Tod 1974 als Ehrenmitglied im Präsidium weiter mit. In seiner Präsidentenzeit wurde eine Geschäftsstelle aufgebaut (zunächst in Bad Godesberg, um sie dann von Juni 1948 bis Dezember 1950 in der Erwartung, dass Frankfurt/M. erster Regierungssitz werden würde, nach Höchst zu verlagern) und es wurden diverse öffentlichkeitswirksame Veranstaltungen – alle in Hessen – ebenso durchgeführt, wie die Verbandszeitschrift bereits 1947 wieder aufgelegt und ein Buch über grundlegende Fragen von „Volk – Raum – Wirtschaft" herausgegeben wurde[38].

Inhaltlich befasste man sich in dieser Zeit schwerpunktmäßig mit organisatorischen Fragestellungen, der Vernetzung durch Mitwirkung in Drittorganisationen, der Versorgung und Integration der Flüchtlinge als zentraler Herausforderung, der Wiederherstellung der Infrastruktur und vielfältigen Folgeproblemen der Währungsreform vom 20.6.1948. Hauptansprechpartner waren in jener Zeit Repräsentanten der Besatzungsmächte und Vertreter der bizonalen Verwaltung.

III. Die Entstehung des Grundgesetzes

An den Arbeiten des Parlamentarischen Rates in Bonn nahm man dagegen kaum Anteil. Zwar wurde in Aussicht genommen, gemeinsam mit dem Deutschen Städtetag einen Empfang für den seit 1.9.1948 tagenden Parlamentarischen Rat zu geben, auf dem beide Präsidenten vortragen sollten. Zu einer Anhörung beim Finanzausschuss des Parlamentarischen Rates war man zwar geladen, der dafür in Aussicht genommene Vizepräsident erschien dort dann aber nicht. Das wäre die einzige Beteiligung des Deutschen Landkreistages an der Entstehung des Grundgesetzes gewesen. In der Sache forderte dieser, eine starke zentrale Finanzmasse beim Bund vorzusehen, der auch die Grundsatzgesetzgebungskompetenz für den Finanzausgleich und die Ausgabentragungspflicht bekommen sollte. Mit den Inhalten einer grundgesetzlichen Selbstverwaltungsgarantie für die Kreise befasste sich der Deutsche Landkreistag dagegen nicht. Die Verabschiedung des GG durch den Parlamentarischen Rat am 8.5.1949 in Bonn fand in den DLT-Gremien ebenfalls keine Erwähnung, obwohl man am Vorabend ganz in der Nähe im Landkreis Ahrweiler tagte. Auch nach Inkrafttreten des Grundgesetzes befasste sich das DLT-Präsidium mit Art. 28 Abs. 2 und Abs. 1 S. 2 GG nicht. Beim Kampf um die Verankerung der Selbstverwaltungsgarantie für Gemeinden und Kreise im Grundgesetz hat sich der Deutsche Landkreistag mithin keine Verdienste erworben – und damit gar nicht erst versucht, die vom Zuständigkeitsausschuss am 8.10.1948 vorgesehene Regelung:

> *„Den Gemeinden und Gemeindeverbänden muss das Recht gewährleistet sein, alle Angelegenheiten der örtlichen Gemeinschaft im Rahmen der Gesetze in eigener Verantwortung zu regeln"*

unverändert durch die Beratungen zu bringen. So wurde dieser Vorschlag anschließend vom Grundsatzausschuss modifiziert,

> *„weil die Gemeindeverbände nicht das Recht haben, alle Angelegenheiten der örtlichen Verwaltung zu regeln."*

Vizepräsident(en)

Axel Endlein, Nds
4.11.1993 - 30.11.1996

Hans Jörg Duppré, RhPf
1.12.1996 - 30.11.2002

9)

Alfred Jakoubek, He
19.11.2003 - 30.9.2009

Bernhard Reuter, Nds
seit 12.01.2010

Joseph Köhler, NRW
04.11.1975 - 22.11.1984

5)

6)

Willi Eiermann, He
01.01.1987 - 30.6.1991

Gerhard Bökel, He
1.7.1991 - 11.7.1994

Karl-Heinz Schröter, Bbg
1.12.1994 - 4.11.2014

Rolf Christiansen, MV
seit 27.5.2015

---

1)

Dr. Philipp Held, Bay
26.6.1953 - 30.9.1960

Georg Wink, He
30.9.1960 - 31.12.1962

3)

4)

Kurt Moosdorf, He
21.10.1966 - 27.10.1972

Dr. Herbert Günther, He
27.10.1972 - 18.12.1974

Gustav Hoffmann, He
4.11.1975 - 27.9.1977

Bruno Rühl, BW
30.10.1978 - 31.5.1981

Franz-Xaver Frey, Bay
27.11.1981 - 18.11.1987 (†)

Andreas Franzen, SH
01.12.1988 - 27.4.1990

Dr. Dieter Reinholz, Th
27.11.1990 - 30.11.1992

Anna Zielezinski, LSA
1.12.1992 - 1.9.1994

8)

Dr. Franz Möller, NRW
26.9.1995 - 30.9.1999

Dr. Edgar Wais, BW
1.10.1999 - 31.3.2005

Dr. Michael Ermrich, LSA
14.9.2005 - 31.5.2013

Joachim Walter, BW
seit 18.03.2014

Dr. August Dresbach, NRW
10.2.1947 - 23.10.1949

Gustav Seebich, BW
23.10.1949 - 22.7.1952

Josef Roesch, NRW
22.7.1952 - 10.11.1958

Wilhelm Johnen, NRW
30.9.1960 - 30.11.1962

2)

Dr. Hans-Walter Conrady, Nds
22.11.1963 - 21.10.1966

Dr. Fritz Wilhelm, Bay
21.10.1966 - 30.10.1970

Dr. Hermann Krämer, RhPf
30.10.1970 - 27.10.1972

Gert Hastedt, SH
27.10.1972 - 10.6.1974

Heinrich Warnecke, Nds
23.10.1974 - 22.11.1984

Wilhelm Bühler, BW
22.11.1984 - 30.11.1988

Karl-Adolf Orth, RhPf
01.12.1988 - 30.9.1990

Otto Neukum, Bay
27.11.1990 - 30.11.1992

7)

Dr. Robert Maus, BW
4.11.1993 - 1.10.1997

Dr. Siegfried Naser, Bay
2.10.1997 - 30.9.2000

Franz-Josef Leikop, NRW
1.12.2000 - 30.9.2003

Theo Zellner, Bay
19.11.2003 - 14.4.2010

Thomas Kubendorff, NRW
12.9.2011 - 21.10.2015

Präsident

Heinrich Treibert, He
10.2.1947 - 23.10.1949

Dr. August Dresbach, NRW
23.10.1949 - 30.9.1951

Gustav Seebich, BW
22.7.1952 - 30.9.1960

Dr. Philipp Held, Bay
30.9.1960 - 21.10.1966

Dr. Hans-Walter Conrady, Nds
21.10.1966 - 30.10.1970

Dr. Fritz Wilhelm, Bay
30.10.1970 - 30.10.1978

Karl-Heinrich Buhse, SH
30.10.1978 - 22.11.1984

Joseph Köhler, NRW
22.11.1984 - 30.11.1992

Otto Neukum, Bay
1.12.1992 - 30.11.1996

Axel Endlein, Nds
1.12.1996 - 30.11.2002

Hans Jörg Duppré, RhPf
1.12.2002 - 19.3.2014

Reinhard Sager, SH
seit 19.03.2014

---

1) ***Karl Schönemann, Nds*** · *22.7.1952 - 16.4.1953* 2) **Hermann Neddenriep, Nds** · 30.11.1962 - 3.4.1963 3) **Werner Urbanus, RhPf** · 22.11.1963 - 28.2.1965
4) ***Dr. Ekkehart Lommel, He*** · *1.3.1965 - 20.5.1965* 5) **Georg Wuermeling, He** · 22.11.1984 - 22.11.1985 6) ***Franz Ludwig Thiem, Saarl*** · *4.6.1986 - 31.12.1986*
7) **Emil Schill, BW** · 1.12.1992 - 28.2.1993 8) **Winfried Eichler, SN** · 1.12.1994 - 26.1.1995 9) ***Berend Harms, SH*** · *1.12.2002 - 30.9.2003*

DLT-Präsidenten und Vizepräsidenten
seit 1947

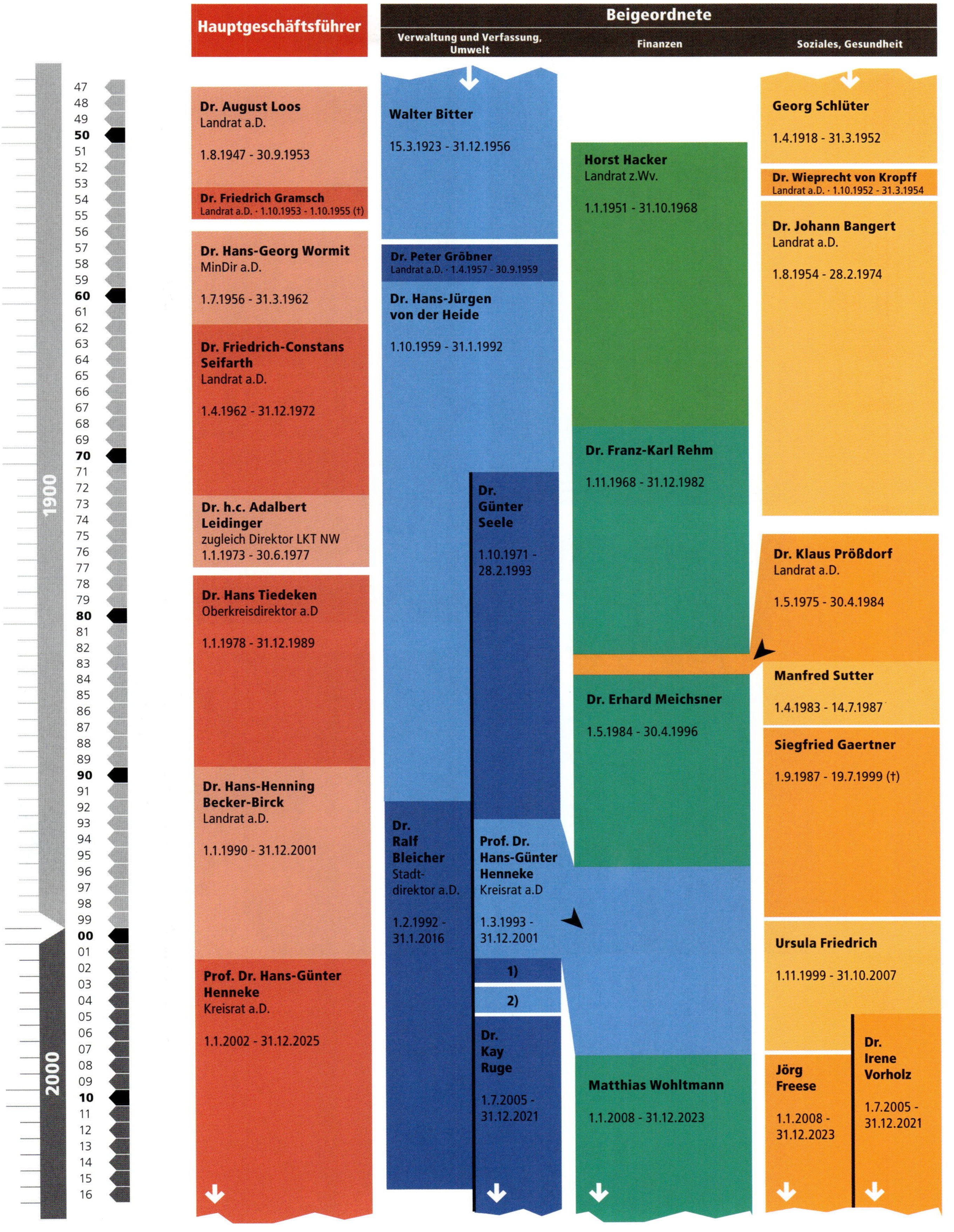

1) Rainer Beckedorf · 1. KR a.D. · 1.1.2002 - 30.6.2003 **2) Dr. Utz Schliesky** · PD · 15.9.2003 - 1.5.2005

Die DLT-Hauptgeschäftsstelle
seit 1947

Verbandssitz 1948-1950
Bolongaro-Palast in Höchst

Verbandssitz 1950-1957
Kreishaus des Sieg-Kreises (heute: Rhein-Sieg-Kreis) in Siegburg
© Archiv des Rhein-Sieg-Kreises

Verbandssitz 1957-2000
Bonn, Koblenzer Straße 136
(spätere Adenauerallee)

DLT-Präsidenten und -Hauptgeschäftsführer verschiedener Epochen
Hintere Reihe v.l.: Hans Tiedeken (†), Axel Endlein, Hans Jörg Duppré, Joseph Köhler (†),
Vordere Reihe v.l.: Otto Neukum (†), Karl-Heinrich Buhse

Dem Hauptausschuss des Parlamentarischen Rates lag im November 1948 die Fassung des Grundsatzausschusses zugrunde, in der die Notwendigkeit zum Ausdruck gebracht wurde, die

> *„Selbstverwaltung der Gemeinden und Gemeindeverbände im Grundgesetz als einen Grundgedanken herauszustellen, an den die Länder gebunden sind. Den Gemeindeverbänden sei der unbeschränkte Aufgabenkreis nicht gegeben. Sie hätten Aufgaben nur, soweit ihnen das Gesetz solche zuweise, und in diesem Fall auch Selbstverwaltung und Selbstbestimmung wie die Gemeinden, sofern es sich nicht um Auftragsangelegenheiten handele."*[39]

Die dem Hauptausschuss vorgelegte Fassung wurde inhaltlich schließlich in Art. 28 Abs. 2 GG übernommen.

H. Schwerpunkte der Gremienarbeit in der Bonner Republik

I. Regierungszeit von Konrad Adenauer und Ludwig Erhard

An dieser Stelle können die Schwerpunkte der Entwicklung der Kreisaufgaben und der (Gremien-)Arbeit des Deutschen Landkreistages unter der Geltung des Grundgesetzes nicht einmal angedeutet, geschweige denn nachgezeichnet werden[40]. Nur auf Folgendes sei hingewiesen:

Die DLT-Hauptgeschäftsstelle, die nach der Rückkehr aus Höchst von Ende 1950 bis 1957 in Siegburg und sodann bis Februar 2000 in Bonn angesiedelt war und an deren Spitze von 1947 bis heute acht Hauptgeschäftsführer standen, darunter vier ehemalige Landeräte, ein früherer Oberkreisdirektor und ein früherer Amtschef eines Landesministeriums, setzte zu Beginn ihrer Tätigkeit vorrangig auf Kontakte zum Bundesinnenministerium als dem Kommunalministerium der Bundesregierung und weniger auf Kontakte zu Parlamentariern. Im Laufe der Zeit traten intensivierte Kontakte zu anderen Ministerien hinzu. Vertiefte Beziehungen zu den Bundestagsfraktionen wurden erst sehr viel später – und anfangs mit einem gewissen Missbehagen – aufgenommen. Ein 1952 gebildeter Bundestagsausschuss für Kommunalpolitik entfaltete keine Durchschlagskraft und wurde nach 1961 nicht wieder eingesetzt. Das Verhältnis zu den anderen kommunalen Spitzenverbänden – bis 1973 gab es neben dem Landkreistag und dem Städtetag den Städtebund und den Gemeindetag – war ambivalent. Mit dem Gemeindetag war es stets sehr gut, von Seiten des Städtebundes war es angespannt. Vom Deutschen Städtetag fühlte sich der Landkreistag sehr häufig nicht richtig gewürdigt bzw. nicht angemessen wahrgenommen. Immer wieder durchziehen insoweit Klagen die Gremienberatungen. Das wurde auch nicht anders, als 1953 die Bundesvereinigung der kommunalen Spitzenverbände konstituiert wurde, da sie ein echtes Eigenleben nicht entfaltete. So wurde 1957 festgestellt, dass der Gesamtvorstand bereits seit drei Jahren nicht mehr getagt habe. Im Laufe der Jahre haben aber alle Beteiligten gelernt, den eingangs zitierten Satz von *Thomas de Maizière* zu beherzigen und professionell auszuloten, auf welchen Feldern – es sind sehr viele – es gemeinsame Belange gibt und wo objektiv Interessenunterschiede bestehen, die dann auch ausgetragen und gegenüber den Bundesorganen dargelegt werden müssen.

In der Sacharbeit der 50er Jahre standen der Lastenausgleich, die Förderung des Zonenrandgebietes, der Straßenausbau und der Grüne Plan im Zentrum der Befassung. 1960 kam es dann zu einer Fülle neuer Gesetze, deren Entstehung vom DLT ausführlich begleitet wurde: das Jugendwohlfahrtsgesetz, das Bundesbaugesetz und die Verwaltungsgerichtsordnung; 1961 kam das Bundessozialhilfegesetz hinzu. Das JWG wurde vom DLT aus Gründen fehlender Gesetzgebungskompetenz des Bundes seinerzeit abgelehnt, da es sich nach dessen Auffassung nicht um ein Fürsorge-, sondern um ein Erziehungsgesetz handelte. Außerdem wurden die darin enthaltenen Eingriffe in die Kommunalverfassung nachdrücklich zurückgewiesen.

In den 60er Jahren schoben sich dann früh und mindestens über dieses Jahrzehnt hinweg anhaltend Raumordnungsfragen ins Zentrum der Befassung. Hinzu kam natürlich die Große Finanzreform mit dem diese vorbereitenden Gutachten der „*Troeger*-Kommission". Trotz der potenziell massiven Betroffenheit der Kreise sollte es dem DLT nicht gelingen, wirksam auf den diesbezüglichen politischen Entscheidungsprozess einzuwirken. Erst im letzten Moment gelang es, die „Gemeindeverbände" in Art. 104a Abs. 4 a.F., dem heutigen Art. 104b, sowie in Art. 106 Abs. 6 und Abs. 8 GG zu platzieren, was im Bundestagsbeschluss durch ein vermeintliches Redaktionsversehen noch unterblieben war.

II. Die Große Koalition

Die Große Koalition von 1966-1969 hinterließ in der Arbeit des DLT auch im Übrigen keine tiefen Spuren, stattdessen absorbierten Fragen der Gebiets- und Verwaltungsreform in den Ländern auf der Grundlage u.a. von *Frido Wageners* „Neubau der Verwaltung" und Arbeiten *Werner Webers* die Arbeitskraft des Landkreistages weitgehend, nachdem Rheinland-Pfalz 1969 den Startschuss für eine neue Kreisgebietsstruktur gegeben hatte und die anderen Flächenländer folgten, von denen Niedersachsen 1977 den Schlusspunkt setzte. Seither hat es in Westdeutschland auf der Kreisebene keine Veränderungen mehr gegeben, sieht man einmal von den gerichtlich erzwungenen Wiederentstehungen der zuvor aufgelösten Landkreise Gießen zum 1.8.1979 und Friesland zum 1.1.1980 und den freiwilligen Einkreisungen der Landeshauptstadt Hannover 2001 und der Stadt Aachen 2009 ab. Seit 1980 gibt es also im alten Bundesgebiet bis heute 237 Landkreise. Zur ersten freiwilligen Kreisfusion wird es am 1.11.2016 kommen, wenn der Landkreis Osterode mit dem Landkreis Göttingen fusioniert.

III. Der Machtwechsel

Nach dem sogenannten „Machtwechsel" von 1969 lautete das innenpolitische Zauberwort kooperativer Föderalismus mit neuen Gemeinschaftsaufgaben und es wurde am 22.2.1973 vom 7. Deutschen Bundestag eine Enquete-Kommission Verfassungsreform eingesetzt, der als einer von sieben Sachverständigen der seinerzeitige DLT-Hauptgeschäftsführer *Adalbert Leidinger* angehörte, und die ihren Schlussbericht[41] am 9.12.1976 vorlegte, also exakt einen Tag, nachdem die letzte Sitzung dieser Wahlperiode am 8.12.1976 stattgefunden hatte. Ihre Vorschläge fielen nicht nur dem Grundsatz der Diskontinuität zum Opfer.

Die Zeit war mit dem Kanzlerwechsel hin zu *Helmut Schmidt* über die Reformphase hinweggegangen. Weder wurde die Verfassungsreform weiterverfolgt noch eine lange diskutierte Neugliederung des Bundesgebiets durchgeführt. Auch der Deutsche Landkreistag vermochte sich mit den kommunalrelevanten Reformvorschlägen der Enquete-Kommission Verfassungsreform nicht wirklich anzufreunden.

Während der Kanzlerschaft *Helmut Schmidts*, der mehrere Gespräche mit den kommunalen Spitzenverbände führte, ging es um ganz andere Fragen, so immer wieder um die Ankurbelung der Konjunktur auch durch die Kommunen, um einen von *Schmidt* so bezeichneten „Feldzug gegen die Metastasen des deutschen Perfektionismus", um die Ersetzung der Lohnsummensteuer durch einen erhöhten gemeindlichen Einkommensteueranteil und schließlich um Haushaltskonsolidierungsnotwendigkeiten

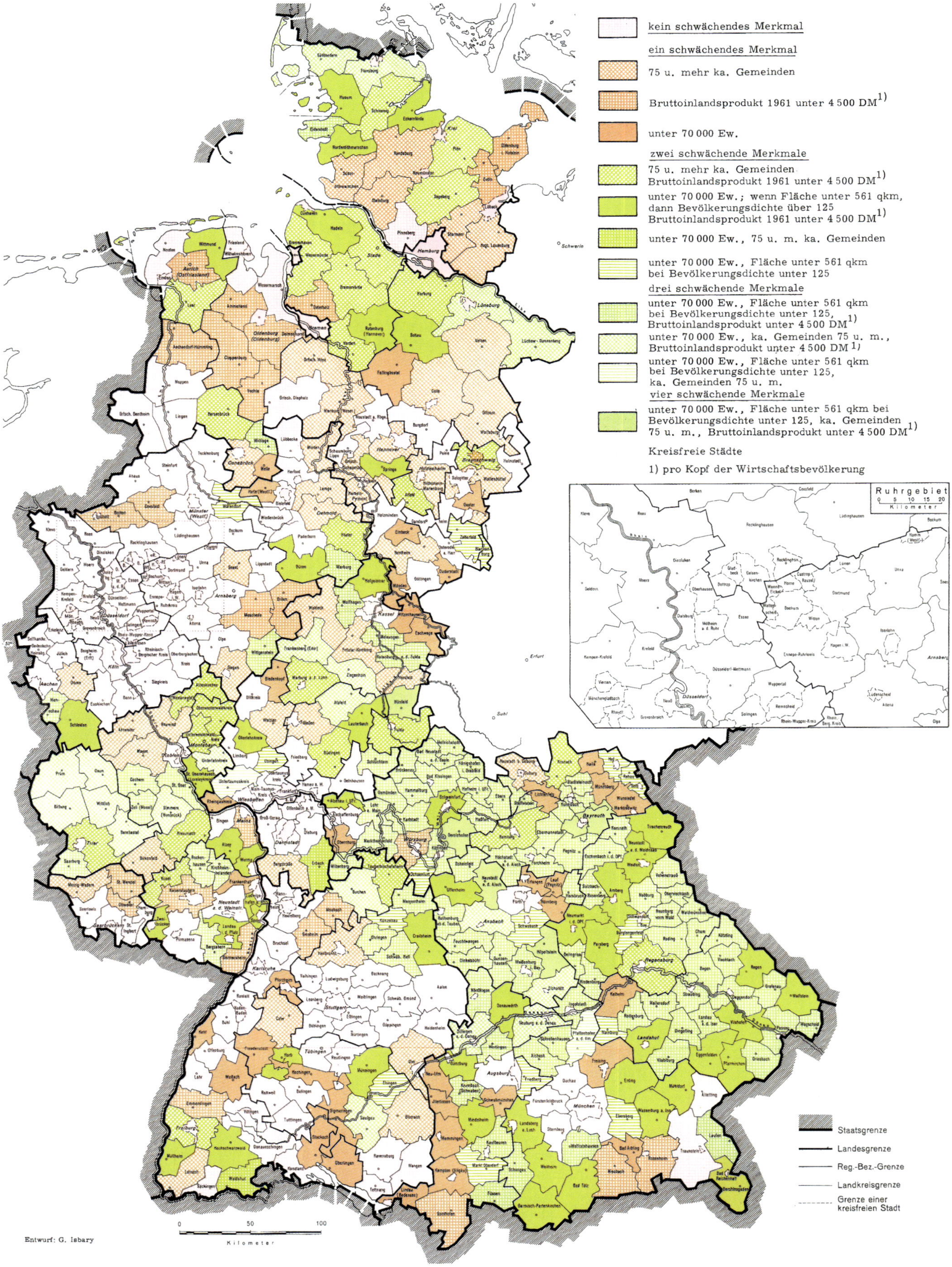

Die Kreise der Bundesrepublik nach strukturellen Merkmalen

Stand: 1965

auf allen Ebenen sowie – erstmalig 1980 – um eine zügige Verabschiedung einer Beschleunigungsnovelle zum Asylrecht angesichts einer 1980 hochgeschnellten Zahl von 107.818 Asylbewerbern.

In der Verwaltungsgerichtsbarkeit begann der unauflöslich mit der Gemeinde Rastede verbundene Streit um die Hochzonung der Abfallwirtschaft auf die Kreise, der im November 1988 vom BVerfG im Ergebnis zugunsten der Kreiszuständigkeit entschieden werden sollte[42].

Innerverbandlich bekam der DLT 1977 nach den Kommunalwahlen in Hessen ein Problem: kein einziger Landesverband wurde seither von einem Landrat repräsentiert, der der SPD angehörte, was die Sozialdemokratische Gemeinschaft für Kommunalpolitik massiv auf den Plan rief. Es wurde lange verhandelt, das Ergebnis war eine – dann nochmals ausgeweitete – DLT-Satzungsänderung, die zur besseren regionalen und politischen Ausgewogenheit zur Kooptierung von bis zu fünf weiteren Präsidiumsmitgliedern führte. Als die Regelung endlich beschlossen wurde, hatte sich übrigens die einseitige politische Zusammensetzung längst wieder verändert.

IV. Die Wende

Die Regierungszeit von Bundeskanzler *Helmut Kohl* zerfällt in drei Phasen: gut sieben Jahre bis zum Mauerfall, die 329 Tage bis zur Wiedervereinigung und schließlich acht Jahre im wiedervereinten Deutschland, mit denen die Bonner Republik ihren Abschluss fand.

Der Beginn der Regierungszeit *Helmut Kohls* stand wie die Endphase der Kanzlerschaft *Helmut Schmidts* ganz im Zeichen der Haushaltskonsolidierung, nun aber als aktive Gestaltung und nicht mehr als endloser, quälender Prozess. Auch kam erstmals das Pflegebedürftigkeitsrisiko auf die politische Agenda. Dazu traten vielfältige Fragen des Umweltschutzes im Allgemeinen und der Abfallwirtschaft im Besonderen. Die Jahre ab 1986 waren zudem – wie bereits 1980/81 – geprägt von einer Diskussion um die Beschleunigung von Asylverfahren, die Unterbindung des Asylmissbrauchs und von dem Ziel einer stärkeren Harmonisierung des Asylrechts in Europa. Daneben – aber auch dadurch – stiegen die Soziallasten unaufhörlich an und führten zu einem deutlichen Nord-Süd-Belastungsgefälle in der alten Bundesrepublik, woraus die sog. *Albrecht*-Initiative entstand, also die angestrebte hälftige Beteiligung des Bundes an den Sozialhilfelasten bei partieller Refinanzierung des Bundes durch eine Revision des Umsatzsteuerbeteiligungsverhältnisses zu seinen Gunsten. Außerdem wurde vonseiten des DLT intensiv eine Befreiung der Sozialhilfe von systemfremden Leistungen betrieben.

Bezeichnend für den Zustand und das politische Lebensgefühl jener Zeit war, dass der DLT am 27./28.9.1989 eine große bilanzierende Veranstaltung zum 40-jährigen Bestehen der Bundesrepublik durchführte und dabei ausführlich auf die künftigen Anforderungen Europas einging, aber kein einziges Wort zur innerdeutschen Entwicklung fiel – obwohl sich nur zwei Tage später die bewegenden Szenen mit Außenminister *Genscher* und Kanzleramtsminister *Seiters* auf dem Balkon der deutschen Botschaft in Prag abspielen sollten.

I. Mauerfall und Wiedervereinigung

Nach dem 9. November 1989 sollte sich die Situation allerdings schlagartig ändern und die 237 westdeutschen Kreise, die acht Landesverbände und die Bonner Hauptgeschäftsstelle leisteten wertvolle koordinierte Hilfe und personelle Unterstützung bei der Neustrukturierung der ostdeutschen Verwaltung insbesondere in den seinerzeit 189 ostdeutschen Landkreisen. Dazu gehörte 1990 zunächst die Schaffung einer DDR-weiten Kommunalverfassung. Gerade im Wiedervereinigungsprozess zeigten sich die Vorzüge einer dezentralen Verwaltungsstruktur ganz offenkundig. Nahezu überall wurden Partnerschaften begründet, dem zu Beginn vorherrschenden Zufallsprinzip aufgrund persönlicher Bindungen folgte schnell eine Steuerung und Koordinierung von Unterstützungsleistungen über die Landesverbände. Genauso wie die westdeutschen Länder maßgebliches Know-how bei der Wiedereinführung der Länder in der DDR und ihrem anschließenden organisatorischen Aufbau leisteten, halfen die Kreise ihren Partnern und es konnten so frühzeitig Landkreistage in den fünf neuen Ländern gegründet werden, dass bereits am 12.9.1990, also genau drei Wochen vor der staatlichen Einheit, in Bonn ein gesamtdeutscher Landkreistag gebildet werden konnte, wodurch ein Jahr später, am 26.9.1991, mit *Anna Zielezinski* aus Querfurt nach genau 75-jährigem Verbandsbestehen die erste Frau ins Präsidium des DLT einzog.

Die Befassungen im wiedervereinten Landkreistag der 90er Jahre waren dann natürlich vorrangig von der Übertragung des westdeutschen Rechts auf das Beitrittsgebiet sowie vom Erlass von Landesverfassungen in den fünf neuen Ländern mit kommunalen Selbstverwaltungs- und Finanzgarantien sowie von Landkreisordnungen geprägt. Außerdem wussten alle Akteure sogleich, dass es bei 189 Kreisen in Ostdeutschland gegenüber 237 Kreisen in Westdeutschland dauerhaft nicht bleiben konnte. Daher führten alle fünf ostdeutschen Länder 1993/94 Kreisgebietsreformen durch, die zu einem Rückgang der Zahl der Kreise auf zunächst 86 bei Einkreisung von – nur – zwei kreisfreien Städten führten. Die behutsam durchgeführten Kreisgebietsreformen und der sich unterschiedlich auswirkende demografische Wandel sollten zu der Notwendigkeit führen, dass ein gutes Dutzend Jahre später bereits Nachsteuerungsbedarf bestand und erneut Kreisgebietsreformen in Sachsen-Anhalt, Sachsen und Mecklenburg-Vorpommern durchgeführt wurden, durch die unter Einkreisung von bisher acht kreisfreien Städten die Zahl der ostdeutschen Kreise auf seither 58 reduziert wurde, sodass es seit 2011 in Deutschland auf der Kreisebene 295 Landkreise und 107 kreisfreie Städte bei sehr heterogener Struktur auf der Gemeindeebene[43] gibt (Abb. S. 23).

Unmittelbar wiedervereinigungsbedingt waren drei Themen, die auch die Kreise Anfang der 90er Jahre zentral befassten:

- Die Vereinbarungen zum Solidarpakt I, dem sog. Föderalen Konsolidierungsprogramm,

- die Neuregelung des Konzessionsabgaberechts einerseits aufgrund der Rechtsprechung, andererseits war das im Zweiten Weltkrieg statuierte „Neueinführungsverbot bis Kriegsende" jedenfalls nach Abschluss der 2 + 4-Verhandlungen obsolet geworden, wobei bei der Neuregelung die Kreise im Ergebnis auf der Verliererseite standen,

- und schließlich die Ergänzung des Art. 28 Abs. 2 GG um die in einem neuen Satz 3 verankerten Grundlagen der finanziellen Eigenverantwortung im Zuge der Beratungen der einigungsvertragsbedingt eingesetzten Gemeinsamen Verfassungskommission.

J. Endphase der Regierungszeit Helmut Kohls

Die kommunalrelevanten politischen Großprojekte dieser Zeit waren daneben der Asylkompromiss mit der Neuregelung des Asylgrundrechts in Art. 16a GG, die jedenfalls zeitweilig die Sozialhilfe massiv entlastende Einführung der Pflegeversicherung, die erneue Neuregelung des Abfallrechts hin zur Kreislaufwirtschaft und die Bahnstrukturreform u.a. mit der Regionalisierung des Öffentlichen Personennahverkehrs.

Die 189 Kreise in der DDR

Quelle: Wikipedia / TUBS

		Kreisfreie Städte				Kreisangehöriger Bereich											
														Gemeindliche Verwaltungseinheiten			
Land Mio. EW	Rang	Anzahl EW Ant. Landesbev.	Rang	Ø EW	Rang	Anzahl Kreise EW Ant. Landesbev.	Rang	Ø EW	Rang	Kreisangeh. Gemeinden	Ø Einw.	Rang	Ø Gemeinden/ Kreis	Zahl	Ø	Rang	Ø Verw. einh./ Kreis
BW 10,716	(3)	9 2.002.442 18,7 %	(9)	222.494	(4)	35 8.714.202 81,3 %	(5)	248.977	(3)	1.092	7.980	(4)	31	451	19.322	(2)	13
BY 12,691	(2)	25 3.723.458 29,3 %	(3)	148.938	(7)	71 8.968.110 70,7 %	(11)	126.311	(11)	2031	4.416	(9)	29	1.358	6.604	(13)	19
BB 2,457	(10)	4 392.214 16,0 %	(11)	98.054	(10)	14 2.065.658 84,0 %	(3)	147.547	(10)	414	4.990	(8)	30	196	10.539	(10)	14
HE 6,093	(5)	5 1.460.654 24,0 %	(7)	292.071	(3)	21 4.633.534 76,0 %	(7)	220.644	(4)	421	11.006	(3)	20	421	11.006	(9)	20
MV 1,599	(14)	2 296.305 18,5 %	(10)	148.153	(8)	6 1.302.833 81,5 %	(4)	217.139	(5)	755	1.726	(12)	126	114	11.428	(8)	19
NI 7,826	(4)	8 988.653 12,6 %	(12)	123.582	(9)	38 6.838.086 87,4 %	(2)	179.950	(7)	985	6.942	(6)	26	406	16.843	(4)	11
NRW 17,638	(1)	22 7.118.831 40,4 %	(1)	323.583	(2)	31 10.519.267 59,6 %	(13)	339.331	(1)	374	28.126	(1)	12	374	28.126	(1)	12
RP 4,011	(7)	12 1.037.786 25,9 %	(4)	86.482	(12)	24 2.973.796 74,1 %	(10)	123.908	(12)	2.293	1.297	(13)	96	179	16.613	(5)	7
SL 0.989	(15)	-- -- 0	(13)	--	--	6 989.035 100 %	(1)	164.839	(8)	52	19.020	(2)	9	52	19.020	(3)	9
SN 4,055	(6)	3 1.324.308 32,7 %	(2)	441.436	(1)	10 2.730.966 67,3 %	(12)	273.097	(2)	428	6.381	(7)	43	311	8.781	(11)	31
ST 2,235	(11)	3 547.837 24,5 %	(6)	182.612	(5)	11 1.687.711 75,5 %	(8)	153.428	(9)	215	7.850	(5)	20	119	14.182	(6)	11
SH 2,831	(9)	4 619.850 21,9 %	(8)	154.963	(6)	11 2.211.014 78,1 %	(6)	201.001	(6)	1.106	1.999	(10)	101	167	13.240	(7)	15
TH 2,156	(12)	6 550.457 25,5 %	(5)	91.743	(11)	17 1.606.272 74,5 %	(9)	94.487	(13)	843	1.905	(11)	50	196	8.195	(12)	12
Summe aller Flächenländer 75,303		**103 20.062.495 26,6 %**		**194.782**		**295 55.240.484 73,4 %**		**187.256**		**11.009**	**5.018**		**37**	**4.344**	**12.717**		**15**
Berlin 3,469	(8)	1															
Bremen 0,661	(16)	2															
Hamburg 1,762	(13)	1															
Deutschland 81,197		**107 25.957.053 32,0 %**		**242.589**		**295 55.240.484 68,0 %**		**187.256**		**11.009**	**5.018**		**37**	**4.344**	**12.717**		**15**
Spannweite 26,65				**5,1**				**3,59**			**21,69**		**14,52**		**4,26**		**4,17**

Struktur der kommunalen Ebene in den Ländern Deutschlands

Stand: 31.12.2014

Verbandssitz seit 2000
Berlin, Lennéstr. 11

Winterlicher Blick
aus der DLT-Hauptgeschäftsstelle über den Tiergarten
auf den Reichstag (r.) und das Kanzleramt (l.)

DLT-Hauptgeschäftsstelle
vom Brandenburger Tor aus gesehen

Schließlich nahm es der Deutsche Landkreistag ab 1993 in die Hand, Kreisumlagefragestellungen bundesweit zu klären[44], finanzbezogene Verfahren vor den Landesverfassungsgerichten durchzuführen[45], seit 1997 jährlich einen Kreisfinanzbericht vorzulegen und landesverfassungsrechtlich neue Mehrbelastungsausgleichsregelungen einzufordern, was sich seit 1998 beginnend mit Schleswig-Holstein auch als flächendeckender Erfolg erweisen sollte. Die Grundlage für Letzteres bildeten ein Gutachten[46] und die Beratungen der öffentlich-rechtlichen Abteilung des 61. Deutschen Juristentages 1996 in Karlsruhe. Hilfreich war nicht nur insoweit auch die seit 1994 jährliche Durchführung und Publizierung des DLT-Professorengesprächs[47].

Im Bereich der Verwaltungsmodernisierung rüttelten das Tilburger Modell, Christchurch und das Neue Steuerungsmodell die Kreise und die anderen Kommunen auf, was im Kreisbereich 1993 zur dauerhaften Etablierung des Innovationsrings „Kreisverwaltung der Zukunft" führen sollte, bei dem in den ersten beiden Jahren die Speyerer Hochschullehrer *Hermann Hill* und *Helmut Klages* maßgebliche Starthilfe leisteten.

Zum Schluss der langen Regierungszeit *Helmut Kohls* standen für die Kreise die Folgen der Liberalisierung von Post- und Telekommunikationsdienstleistungen und der Energiewirtschaft mit ihren Fernwirkungen für eine Reform des seit den Regelungen in der Deutschen Gemeindeordnung von 1935 bis dahin unveränderten kommunalen Wirtschaftsrechts im Zentrum der Befassung.

K. Rot-Grün, Schwarz-Gelb und zwei Mal Schwarz-Rot in der Berliner Republik

Mit dem Regierungswechsel hin zu Rot-Grün folgte kurz darauf auch der Umzug von Bundestag, Bundesregierung und Bundesrat nach Berlin. Trotz aller zuvor beschriebenen Veränderungen war „Reformstau" das Wort des Jahres 1997. Die neue Bundesregierung machte sich ans Werk, diesen abzuarbeiten. Daneben spielte Brüssel eine immer stärkere Rolle gerade auch für die Kommunen. Genannt seien insoweit nur die Stichwörter Dienstleistungen von allgemeinem wirtschaftlichem Interesse, Abschaffung von Anstaltslast und Gewährträgerhaftung und der Streit um § 40 KWG.

In der Berliner Republik gab es große Sozialreformen, zwei gescheiterte Kommunalfinanzreformen, zwei kommunalrelevante Föderalismusreformen mit kommunaler Kommissionsbeteiligung und seit 2015 das alles beherrschende Thema der Flüchtlingsunterbringung und -integration, was zwischen September 2015 und dem Frühjahr 2016 zu sechs umfangreichen Gesprächen der Bundeskanzlerin mit den Präsidenten und Hauptgeschäftsführern der kommunalen Spitzenverbände geführt hat – ein bisher einmaliger Vorgang in der bundesrepublikanischen Geschichte.

Bei den Sozialreformen ragen die Einführung der Grundsicherung im Alter und bei Erwerbsminderung bei ein Jahrzehnt später erfolgender Zweckausgabentragung durch den Bund, die sich im Gesetzgebungsverfahren befindende Reform der Eingliederungshilfe für behinderte Menschen bei Stärkung der Kommunalfinanzen um 5 Mrd. € in der zweiten Jahreshälfte 2016, vor allem aber die höchst streitbefangene Zusammenführung von Arbeitslosenhilfe und Sozialhilfe zur Grundsicherung für Arbeitsuchende heraus.

Wie bei keinem anderen Gesetzgebungsverfahren der Nachkriegszeit haben sich hier die Kreise und der Landkreistag engagiert – und zwar für eine kommunale Gesamtträgerschaft der Aufgabe. Der Städtetag kämpfte hier mit der Rot-Grünen Bundesregierung auf der anderen Seite. Herausgekommen ist letztlich ein Mischmodell[48], das auf Betreiben einzelner Kreise und des Landkreistages zwei Mal auf dem Prüfstand des

Immer wieder hochrangige Gäste aus der Bundes- und Landespolitik... hier auf der Landkreisversammlung 2013
Foto: Mark Frantz

Bundesverfassungsgerichts stand[49] und uns darüber hinaus eine Verfassungsergänzung um Art. 91e GG beschert hat.

Bei der Föderalismusreform I ist es gelungen, in Art. 84 Abs. 1 S. 7 und 85 Abs. 1 S. 2 GG ein Aufgabenübertragungsverbot des Bundes auf die kommunale Ebene zu implementieren, flankiert um eine Begrenzung der Gewährung von Finanzhilfen des Bundes nach Art. 104b GG auf Bereiche, in denen das Grundgesetz dem Bund Gesetzgebungskompetenzen verleiht. Beide Regelungen zum – nicht zuletzt finanziellen – Schutz der Kommunen werden seither allerdings häufig als vermeintliches „Kooperationsverbot" zu diskreditieren versucht. Auch die Einführung der Schuldenbremse in Art. 109 Abs. 3 GG im Zuge der Föderalismusreform II ist ein wichtiges Instrument zum Schutz gegen eine finanzielle Überforderung des Staates im Allgemeinen wie der Kommunen im Besonderen.

Bedauerlich ist, dass einzelne Länder trotz Änderung ihrer landesverfassungsrechtlichen Mehrbelastungsausgleichsregelungen im politischen Alltag nicht bereit sind, die in der Föderalismuskommission I gemeinsam beabsichtigten und vereinbarten Folgen des Aufgabenübertragungsverbots zu tragen und sich schlicht wegducken, wenn es um gebotene Ausgleichsregelungen geht, was von der Landesverfassungsgerichtsbarkeit zunächst wirksam unterbunden[50], in jüngerer Zeit aber zweimal toleriert worden ist[51].

Hier wie auf anderen Feldern bleibt für die Zukunft genug zu tun, an dem die Kreise und ihr Landkreistag gern aktiv mitzuwirken bereit sind.

Das Präsidium des Deutschen Landkreistages anlässlich seiner Sitzung vom 25.4.2016 im Kreis Mettmann (oben)
Die Mitarbeiter der DLT-Hauptgeschäftsstelle in Berlin (Mitte)
Nahezu alle Teilnehmer des DLT-Professorengesprächs 2013 auf der Dachterrasse der DLT-Hauptgeschäftsstelle (unten links)
Die DLT-Mitarbeiter des Brüsseler Büros (unten rechts)

1 Eine ausführliche Darstellung der Geschichte der Kreise und des Landkreistages bis Ende 1949 findet sich in dem soeben erschienenen Band des Verfassers in den Schriften zum deutschen und europäischen Kommunalrecht: *Hans-Günter Henneke*, Die deutschen Kreise und ihr Landkreistag – Von den Anfängen in Brandenburg bis zur Etablierung der Bonner Republik, Schriften zum deutschen und europäischen Kommunalrecht Bd. 50, Stuttgart 2016, 333 S.

2 Dazu ausf.: *Hans-Günter Henneke*, Die kommunalen Spitzenverbände, 2. Auf. 2012, S. 69, 88.

3 *Henneke* (Fn. 2), S.88.

4 Dazu ausf.: *Henneke* (Fn. 2), S. 70 f.

5 *Henneke* (Fn. 2), S. 71 f.

6 Dazu *Henneke* (Fn. 1), S. 117 ff., 123.

7 *Henneke* (Fn. 1), S. 100, 132.

8 Dazu näher: *Henneke* (Fn. 1), S. 133.

9 Dazu näher: *Henneke* (Fn. 1), S. 126.

10 Dazu näher: *Henneke* (Fn. 1), S. 148 ff.

11 Dazu näher: *Henneke* (Fn. 1), S. 149.

12 Auszugsweise Wiedergabe bei *Hans-Günter Henneke*, Der Kreis schließt sich (Zweite Folge), Der Landkreis 2003, 317 (325 ff.).

13 *Henneke* (Fn. 1), S. 153.

14 Dazu näher: *Henneke* (Fn. 1), S. 156 f.

15 *Susanne Kitschun*, Der Preußische und der Deutsche Landkreistag: Die Interessenvertretung der Landkreise zwischen Erstem Weltkrieg und „Drittem Reich", Der Landkreis 2006, 553 (656 f.).

16 Dazu ausf.: *Henneke* (Fn. 1), S. 157 ff.

17 *Georg-Chistoph von Unruh*, Der Kreis, 1964, S. 162.

18 Zu allem näher: *von Unruh* (Fn. 17), S. 147 ff.; *Henneke* (Fn. 1), S. 168 ff.

19 Zitiert nach *Henneke* (Fn. 1), S. 175.

20 *Kitschun* (Fn. 15), Der Landkreis 2006, 553 (602).

21 *Otto-Maximilian Constantin/Erwin Stein* (Hrsg.), Die deutschen Landkreise, 2 Bände, Berlin 1926.

22 *Otto-Maximilian Constantin*, Grundlagen der Kreisverfassung, VerwArch, Band 32 (1927), S. 499.

23 *Otto-Maximilian Constantin*, Reichskreisordnung?, Schriften des Vereins für Kommunalwirtschaft und Kommunalpolitik e.V., Heft 21, Berlin 1927, S. 3 – 55.

24 *Hans Peters*, Reichskreisordnung? (Fn. 23), 1927, S. 38 (54 f.).

25 Zu allem näher: *Henneke* (Fn. 1), S. 193 ff.

26 Dazu näher: *Henneke* (Fn. 1), S. 205 ff.

27 Dazu näher *Henneke* (Fn. 1), S. 200 ff.

28 *Hans-Günter Henneke*, Der Deutsche Gemeindetag – Kommunaler Einheitsverband 1933 – 1945, Der Landkreis 2015, S. 141.

29 Dazu näher: *Henneke* (Fn. 1), S. 242 ff.

30 Dazu ausf.: *Henneke* (Fn. 1), S. 255.

31 Landrat des Landkreises Freiburg war mit *Franz Schühly* der ältere Bruder des badischen Innenministers *Alfred Schühly*, der einer Landkreistagsgründung sehr ablehnend gegenüber stand, dazu *Henneke* (Fn. 1), S. 309 f.

32 *Wolfram Angerbauer*, Die Gründung, in: Landkreistag Baden-Württemberg (Hrsg.), 50 Jahre Landkreistag Baden-Württemberg, Stuttgart 2006, S. 30 ff.

33 *Hartmut Maurer*, Verfassungsrechtliche Grundlagen der kommunalen Selbstverwaltung, in: *Friedrich Schoch* (Hrsg.), Selbstverwaltung der Kreise in Deutschland, 1996, S. 1 (4 ff.).

34 Grundlegende Analyse der ursprünglichen Finanzgarantien bei *Friedrich Schoch/Joachim Wieland*, Finanzierungsverantwortung für gesetzgeberisch veranlasste kommunale Aufgaben, 1995, S. 154 ff.

35 *Maurer* (Fn. 33), S. 1 (6).

36 Dazu näher: *Henneke* (Fn. 1), S. 253 ff.

37 Grundlegend dazu: *Hans-Günter Henneke*, Kreisverfassungen, in: *Helmut Wollmann/Roland Roth* (Hrsg.), Kommunalpolitik, 2. Aufl. 1999, S. 133 ff.

38 Ausführliche Darstellung bei *Henneke* (Fn. 1), S. 283 ff.

39 Jahrbuch des öffentlichen Rechts, N.F. Band 1, 2. Aufl. 2010, S. 253 f.

40 Dazu demnächst: *Hans-Günter Henneke*, Die DLT-Verbandsarbeit in der europäisierten Bundesrepublik Deutschland, Schriften zum deutschen und europäischen Kommunalrecht, Band 51, 2017.

41 BT-Drs. 7/5924.

42 BVerfGE 79, 127.

43 Dazu ausf.: *Hans-Günter Henneke*, Struktur der kommunalen Ebene in den Ländern Deutschlands, Der Landkreis 2012, 674 (676 f.).

44 Grundlegend: BVerwGE 101, 99 sowie BVerwG, NVwZ 1998, 66.

45 Grundlegend NdsStGH, DVBl. 1998, 185.

46 *Schoch/Wieland* (Fn. 34).

47 23 Tagungsbände sind seit 1994 in den Schriften zum deutschen und europäischen Kommunalrecht erschienen: Henneke (Hrsg.), Stärkung der kommunalen Handlungs- und Entfaltungsspielräume (Gespräch 1994); Aktuelle Entwicklungen der inneren Kommunalverfassung (Gespräch 1995); Steuerung der kommunalen Aufgabenverantwortung durch Finanz- und Haushaltsrecht (Gespräch 1996); Organisation kommunaler Aufgabenerfüllung (Gespräch 1997); Optimale Aufgabenerfüllung im Kreisgebiet? (Gespräch 1998); Kommunen und Europa – Herausforderungen und Chancen (Gespräch 1999); Kommunale Aufgabenerfüllung in Anstaltsform (Gespräch 2000); Verantwortungsteilung zwischen Kommunen, Ländern, Bund und Europäischer Union (Gespräch 2001); Kommunale Perspektiven im zusammenwachsenden Europa (Gespräch 2002); Die Kommunen in der Sozialpolitik (Gespräch 2003); Künftige Funktionen und Aufgaben der Kreise im sozialen Bundesstaat (Gespräch 2004); Föderalismusreform in Deutschland (Gespräch 2005); Kommunale Verwaltungsstrukturen der Zukunft (Gespräch 2006), Öffentlicher Auftrag bei sich wandelnden Marktbedingungen (Gespräch 2007); Die Kommunen in den Föderalismusreformen I und II (Gespräch 2008); Kommunalrelevanz des Vergaberechts (Gespräch 2009); Sparkassen, Landes- und Förderbanken nach der Finanzmarktkrise (Gespräch 2010); Stärkung kommunaler Bildungskompetenzen (Gespräch 2011); Kommunale Verantwortung für Gesundheit und Pflege (Gespräch 2012); Kommunale Selbstverwaltung in der Bewährung (Gespräch 2013); Gesicherte Kommunalfinanzen trotz Verschuldungs- und Finanzkrise (Gespräch 2014), Aufsicht und Finanzkontrolle über gebietlich begrenzte kommunale Aufgabenerfüllung (Gespräch 2015); Flüchtlingsunterbringung und -integration als kommunale Herausforderung (Gespräch 2016), alle erschienen in den Schriften zum deutschen und europäischen Kommunalrecht, Boorberg-Verlag, Stuttgart. bilanzierend dazu *Helmuth Schulze-Fielitz*, Kommunalrechtswissenschaft im Dialog mit der Praxis, DVBl. 2016, Heft 16.

48 Dazu ausf.: *Hans-Günter Henneke*, Die Saga um „Hartz IV": zur Reform der sozialen Sicherungssysteme und ihrer Umsetzung, ZSE 2004, S. 548; *ders.*, Koordinierungsdefizite der öffentlichen Haushalte in Deutschland: das Beispiel der Ausgabenentwicklung nach dem SGB II, ZSE 2006, S. 57.

49 BVerfGE 119, 331 sowie 137, 108.

50 VerfGH NW, DVBl. 2010, 1561; VfG Bbg, DVBl. 2013, 852.

51 VerfGH NW, DVBl. 2015, 171; VerfGH RhPf, DVBl. 2015, 1581.

Im Interesse der hungernden Bevölkerung –

die Gründung des Landkreistages im Ersten Weltkrieg

Ausstellungsdokumentation

Konzeption
Dr. Susanne Kitschun, Berlin

Layout und Satz
www.goedeckeundgut.de

DEUTSCHER LANDKREISTAG

Gesellschaft im Krieg

Abb. 1

Nationale Begeisterung bei Kriegsausbruch
Bereits Ende 1914 sollte der Krieg wieder zu Ende sein - so die Hoffnungen aller kriegführenden Staaten zu Kriegsbeginn. Stattdessen dauerte der Erste Weltkrieg länger als vier Jahre und forderte zehn Millionen Menschenleben. Hinzu kamen 20 Millionen Verwundete.
Die nationale Begeisterung, die im August 1914 große Teile der Bevölkerung des Deutschen Reiches erfasste, war vom Kaiser und der Reichsleitung geschickt geschürt worden. Dem friedliebenden Deutschen Reich - so die offizielle Propaganda - sei der Krieg von Frankreich und Russland überraschend aufgezwungen worden.

"Die Morgenblätter bringen die Ansprachen des Kaisers und des Reichskanzlers an das vor dem Schloss bzw. dem Kanzlerpalais versammelte begeisterte Volk. Stimmung glänzend. Die Regierung hat eine glückliche Hand gehabt, uns als die Angegriffenen hinzustellen."
Tagebucheintrag von Admiral von Müller, Chef des Marinekabinetts vom 1. August 1914

Nationale Geschlossenheit sollte für die Dauer des Krieges die politischen und gesellschaftlichen Konflikte des Kaiserreichs überdecken: "Ich kenne keine Parteien mehr - ich kenne nur noch Deutsche." - Diesem Ausspruch Wilhelms II. entsprachen die Selbstentmachtung des Parlaments und die Einführung einer amtlichen Pressezensur unter militärischer Führung.

3. August 1914. "In der Schule sagen die Lehrer, wir hätten die vaterländische Pflicht, nicht mehr fremde Worte zu gebrauchen. Ich hab zuerst nicht gewusst, was sie damit meinten. Jetzt ist mir klar: Man darf nicht mehr ,Adieu' sagen, weil das französisch ist. Es ist eine Ehre ,Lebwohl' oder ,Auf Wiedersehen' zu sagen, meinetwegen auch ,Grüß Gott'. Mama muss ich von nun an ,Mutter' nennen, aber ,Mutter' ist nicht zärtlich genug. Ich will ,Muttchen' sagen."
Kriegstagebuch von Elfriede Kuhr aus Schneidemühl in Posen, 13 Jahre alt

Die grausige Realität des Krieges - Materialschlachten und Stellungskriege in ungekantem Ausmaß, Hunger und Versorgungsprobleme - führten schon bald zur Ernüchterung, an der Front und zuhause.

Neue Qualität des Krieges
Zum ersten Mal war im Ersten Weltkrieg die gesamte Bevölkerung in das Kriegsgeschehen mit eingebunden. Die Gesellschaft und Wirtschaft der beteiligten Staaten wurden auf den Krieg ausgerichtet. Die Mobilisierung der Zivilbevölkerung und ihre Bereitschaft, Entbehrungen auf sich zu nehmen, bekam strategische Bedeutung für den Kriegsverlauf.

Abb. 2

"Es gilt jeden Haushalt in Kriegszustand zu versetzen. Jeder Deutsche, vor allem jede Frau, sei Soldat in diesem wirtschaftlichen Krieg; was Todesmut und Tapferkeit vor dem Feind ist, das ist Sparsamkeit und Entsagung daheim."
Der preußische Innenminister von Loebell, Jan. 1915

Überall in Europa schufteten Frauen in der Industrie und Landwirtschaft und ersetzten die fehlenden Männer. Die Frauen bekamen weniger Lohn, arbeiteten bis zu 14 Stunden täglich und versorgten gleichzeitig ihre Familien. Mit neuem Selbstbewusstsein erreichten sie in Deutschland 1918 das Wahlrecht.

Abb. 3

Abb. 4

Abb. 5

Abb. 6

Abb. 1
Schüler werben für Kriegsanleihe, Berlin 1917
© bpk

Abb. 2
Ich kenne keine Parteien mehr, ich kenne nur noch Deutsche, Fotopostkarte um 1914
© bpk / Atelier E. Bieber

Abb. 3
Der Landsturmmann auf Weihnachtsurlaub zuhause - der Nachwuchs beschäftigt sich mit Vaters Gewehr, 1914
© bpk

Abb. 4
Frauen in der staatlichen Geschossfabrik: Herstellung von Hülsen, um 1917
© bpk / Gebrüder Haeckel

Abb. 5 und 6
Kriegsanleihenplakate der kriegsführenden Nationen
© LWL-Medienzentrum für Westfalen

Ernährungs- und Versorgungskrise I

Abb. 1

Mangelwirtschaft
Auf einen länger dauernden Krieg und die hohen Materialverluste an der Front war das Deutsche Reich nicht vorbereitet. Hinzu kam die britische Seeblockade, die Einfuhren auch aus neutralen Ländern verhinderte. Bereits im Herbst 1914 waren alle Vorräte aufgebraucht. Mangel und Ersatzstoffe bestimmten immer mehr den Alltag der Menschen, da die wenigen Rohstoffe für die Rüstungsindustrie gebraucht wurden: Eisenräder und Metallspiralkonstruktionen ersetzten die beschlagnahmten Gummireifen von Autos und Fahrrädern. Kleidung wurde aus Papier statt aus Baumwolle hergestellt, Schuhsohlen aus Holz.

Rückgang der Nahrungsmittelproduktion
Auch die deutsche Landwirtschaft traf die Seeblockade hart. Schon vor dem Ersten Weltkrieg war Deutschland längst ein Agrareinfuhrland geworden: Fast ein Viertel des im Inland verbrauchten Getreides wurde importiert, außerdem pflanzliche Öle und Fette sowie Lebendvieh. Hinzu kam die Abhängigkeit der Landwirtschaft von ausländischem Kunstdünger und Futtermitteln.

Die fehlenden Importe konnte die deutsche Landwirtschaft nicht ersetzen. Im Gegenteil: Die Agrarproduktion sank während des Krieges um rund ein Drittel. Fehlende Arbeitskräfte, die Beschlagnahme einer Million Pferde, der Mangel an Düngemitteln und die immer schlechter werdenden Ersatz- und Wartungsmöglichkeiten ließen sich nicht ausgleichen.

Rationierung von Lebensmitteln
Schon im Sommer 1914 kam es zu ersten Engpässen bei der Lebensmittelversorgung. Die Bevölkerung in den Ballungsräumen - in Großstädten und in industrialisierten vorstädtischen Landkreisen - litt an immer gravierender werdenden Versorgungsproblemen. Um den Preisanstieg zu stoppen und um sicherzustellen, dass Nahrungsmittel auch für die ärmeren Bevölkerungsschichten bezahlbar blieben, erließ der Staat im Oktober 1914 Höchstpreise für Brotgetreide. Zum Jahreswechsel 1914/15 folgte die umfassende Rationierung von Brotgetreide, die Einführung von Brotkarten für die Bevölkerung und die Einrichtung einer Kriegs-Getreide-Gesellschaft, die für die Bewirtschaftung von Getreide im ganzen Reich zuständig war.

Die Bewirtschaftung und Rationierung immer weiterer Lebensmittel wie Kartoffeln, Butter, Eier, Fleisch und Zucker folgte. Alles mit mäßigem Erfolg. Da die festgesetzten Höchstpreise regional sehr unterschiedlich waren, begannen Schleichhandel und Schwarzmarkt zu blühen. Auch die Beschlagnahme der Ware direkt bei den Landwirten durch die Landkreisverwaltungen behob die Mängel nicht.

Abb. 2

Abb. 3

Abb. 4

Es gab einfach nicht genügend Personal, um alle landwirtschaftlichen Betriebe überwachen zu können.

"Trotz der ständig verfeinerten Methoden blieben schwere Mängel nicht aus. [...] Der Schleichhandel feierte während des ganzen Verlaufes des Krieges Triumphe. Mit dem Eigennutz der Produzenten verbündete sich das Streben jener Konsumenten, die es sich leisten konnten, nach einer besseren Versorgung. [...] Die Verwaltungsbehörden standen diesen Verhältnissen, die in der Nachbarschaft der großen Ballungszentren eine besondere Schärfe annahmen, so gut wie machtlos gegenüber. Man konnte nun einmal die Tausenden nicht überwachen, die - oft des Nachts - die Reichshauptstadt oder die näher gelegenen Vororte verließen und sich bei gewissenlosen Produzenten auf dem Lande zu fabelhaften Preisen mit Butter, Fleisch, Kartoffeln usw. eindeckten."
Aus den Erinnerungen des Verbandsgründers Landrat Felix Busch, S. 237f.

Kärgliche Lebensmittelrationen
Von den offiziellen Lebensmittelrationen konnte auf die Dauer niemand leben, deckten sie doch nur knapp zwei Drittel des Kalorienbedarfs eines Erwachsenen. Im Sommer 1917 sank der Wert der zugeteilten Lebensmittel sogar auf 1.000 Kalorien pro Tag. Das war weniger als die Hälfte des durchschnittlichen Bedarfs eines erwachsenen Menschen. Selbst diese kärglichen Rationen existierten häufig nur auf dem Papier.

Amtliche Tagesration für einen Erwachsenen im Steckrübenwinter 1916/17 in Berlin:
270g Brot (ca. fünf Scheiben)
35g Fleisch einschließlich Knochen
25g Zucker
11g Butter
sowie alle 14 Tage ein Ei

Abb. 5

Abb. 1
Alternative Autobereifung - statt Gummireifen Eisenräder mit Stahlfedereinlage, 1917
© bpk

Abb. 2
"Landwirte und Landfrauen! Baut mehr Kartoffeln!", Plakat 1917/18
© bpk / Geheimes Staatsarchiv, Stiftung Preußischer Kulturbesitz

Abb. 3
links: "Standeserhöhung" von Max Richter
Ulk 1917, S. 120
rechts: "Dünge mit Luft" von Max Richter
Ulk 1916, S. 94
© Universitätsbibliothek Heidelberg

Abb. 4
Hilfsdienst der deutschen Jugend bei der Ernte, ca. 1917
© LWL-Medienzentrum für Westfalen

Abb. 5
Kartoffelernte: Auspflügen der Kartoffeln
© LWL-Medienzentrum für Westfalen

Ernährungs- und Versorgungskrise II

Abb. 1

Die Masse des Volkes muss bitter hungern

Besonders hart trafen die Ernährungskrise und die schlechte Qualität der Ersatzprodukte die ärmeren Bevölkerungsschichten, die nicht genügend Geld und Wertsachen hatten, um sich auf dem boomenden Schwarzmarkt mit dem Fehlenden einzudecken. Mit der Einrichtung von öffentlichen Suppenküchen versuchten die Kommunen die Not der hungernden Bevölkerung zu lindern.

Lebensmittelunruhen

Bereits 1915 kam es aufgrund von Versorgungsschwierigkeiten zu ersten Massenprotesten. Gerade Frauen aus den ärmeren Schichten, die immer mehr Schwierigkeiten hatten, ihre Familien durchzubringen, begannen öffentlich ihren Unmut zu äußern.

15. März 1916. "Was war das heute bloß für ein Aufstand in der Stadt. Stehen doch vor dem Bäckerladen ein ganzer Haufe schwatzender Frauen, die aufgeregt mit den Brotkarten fuchteln. ‚Da steh ich nu schon fast zwei Stunden auf meine Pedalen', zeterte eine dicke Frau ‚und kein Brot ist' nich!' […] ‚Nu machen Se man endlich den Laden uff!' Sie fing an, mit der Faust an das Schaufenster zu hämmern. Als das die anderen Frauen sahen, hämmerten sie auch […]. Da kam ein Polizist und versuchte, den Haufen zur Ruhe zu bringen. […] Der Polizist - ich kenne ihn, er ist ein schrecklich grober, unhöflicher Patron - packte die Frau, die noch am Arm eine blecherne Milchkanne trug, am Kragen. Da fiel sie hin. Na, nun ging's los! […] Die dicke Frau rappelte sich wieder auf, hob die Milchkanne und hieb sie dem Polizisten voller Wucht ins Gesicht. Als wenndies das Signal zum Angriff gewesen wäre, stürzten alle Frauen auf den Polizisten. Der stieß in seine Trillerpfeife, und ein zweiter Polizist kam zu seiner Hilfe angerannt. Der aber wurde auch in die allgemeine Keilerei einbezogen und von den empörten Frauen so verbleut, dass er fluchend die Flucht ergriff. "

Kriegstagebuch von Elfriede Kuhr aus Schneidemühl in Posen, 13 Jahre alt

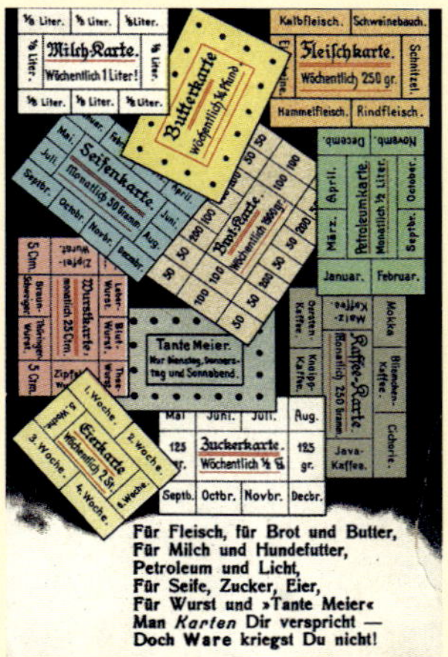

Abb. 2

Tödliche Folgen

Ab dem dritten Kriegsjahr ließen sich die Folgen der Mangelernährung auch statistisch nachweisen: Die Sterblichkeitsrate bei Kindern, insbesondere von Säuglingen, nahm seit 1916 in den Ballungsgebieten deutlich zu; Rachitis, Tuberkulose und Blutarmut breiteten sich aus. Insgesamt rund 750.000 Menschen starben während des Krieges im Deutschen Reich an Unterernährung und deren Folgen.

Abb. 3

Abb. 4

Herausforderung für die kommunale Selbstverwaltung

Den regionalen Unterbau dieses Systems der staatlichen Nahrungsmittelbewirtschaftung bildeten in Preußen die Stadt- und Landkreise. Mit Kriegsbeginn wurden alle Landräte für ‚unabkömmlich' erklärt. Sie sollten sich um den reibungslosen Ablauf von die Mobilisierung begleitenden Aufgaben kümmern: um die Fürsorge für die Familien der Kriegsteilnehmer, um die Organisation von Spendensammlungen und vor allem natürlich um die Sicherung der Ernährung der Bevölkerung.

Aus der Sicht der größeren Landkreise stellte sich die Situation wie folgt dar:

"Die Entwicklung der Verhältnisse während des Krieges hat mehr und mehr dazu geführt, dass die Kreise - die kreisfreien Städte und die Kreiskommunalverbände - als Träger der kriegswirtschaftlichen Maßnahmen in Anspruch genommen worden sind. Während die Stadtkreise der Natur der Dinge entsprechend ausschließlich als Stätten des Verbrauchs in Betracht kommen und ihre Tätigkeit sich auf dessen Regelung beschränkt, ist den Landkreisen neben der Verbrauchsregelung auch die Aufgabe zugewiesen worden, die wichtigsten der Volksernährung dienenden Erzeugnisse wie Getreide, Kartoffeln, Vieh, Gemüse usf. aufzubringen und den Bedarfsverbänden zuzuführen, wobei, je nachdem, ob es sich um ländliche Kreise oder um solche handelt, die vorwiegend industrielle oder städtische Bevölkerung haben, die eine der beiden Aufgaben mehr oder weniger in den Vordergrund tritt."

Aus dem Schreiben der beiden Initiatoren des Landkreistages, Landrat von Achenbach und Landrat Busch, an alle preußischen Landräte vom 4. Juli 1916

Abb. 5

Abb. 1
Die erste städtische fahrbare Küche (Gulaschkanone) in den Straßen von Berlin, 1916
© bpk

Abb. 2
Bedürfnis-Karte: Abbildung von Bezugskarten für rationierte Artikel des täglichen Bedarfs, Farbpostkarte, 1916
© bpk

Abb. 3
links: Karikatur "Hungerzeit" von Max Richter
Ulk 1917, S. 86

rechts: Karikatur "Ehekrieg" von Max Richter
Ulk 1916 , S. 183
© Universitätsbibliothek Heidelberg

Abb. 4
Foto: Eschbach, Kinderelend, Jugendnot, Auch eine Bilanz des Krieges, 1925
© Staatsbibliothek zu Berlin - Preußischer Kulturbesitz

Abb. 5
Volksküche
© Landesarchiv Berlin

Hunger in den Landkreisen: Kreis Teltow

Abb. 1

Dominanz von Konsumenten in bevölkerungsreichen Landkreisen
Hungersnot und Versorgungsprobleme waren nicht nur ein großstädtisches Problem. Gerade auch die Bevölkerung in den industrialisierten, vorstädtischen Gebieten der bevölkerungsreichen Landkreise litt bittere Not. 29 Landkreise von teilweise deutlich mehr als 100.000 Einwohnern gab es damals in Preußen: darunter die beiden bevölkerungsreichsten Landkreise Preußens, die Berliner Vorortkreise Niederbarnim und Teltow, die Kreise Mettmann, Gelsenkirchen und Bochum im Ruhrgebiet, die Kreise Hindenburg und Pleß im oberschlesischen Industriegebiet und viele mehr. In diesen Landkreisen wohnten zu einem großen Teil städtische Verbraucher - genau wie in den Großstädten. Landwirtschaftliche Produzenten waren in der Minderheit.

"Zu dem an Ärger reichen Verkehr mit den von der Beschlagnahme ihrer Vorräte betroffenen Eigentümern [gesellte sich] die nicht minder undankbare Aufgabe der Versorgung einer großstädtischen Bevölkerung von etwa 250.000 Seelen mit Lebensmitteln verschiedener Art. [...] Die Schwierigkeiten, die sich einer einigermaßen erträglichen Versorgung dieser Menschenmassen schon an sich entgegenstellten, wurden dadurch noch erheblich vergrößert, dass bei den mit der Ernährungswirtschaft betrauten zahlreichen Zentralstellen meist Persönlichkeiten tätig waren, die von der Eigenart der Berliner Vorortlandkreise keine Kenntnis hatten. Es bedurfte ständiger und aufreibender Kämpfe, um diesen Stellen die Überzeugung beizubringen, dass es sich nicht um normale Landkreise mit einer hauptsächlich aus ‚Selbstversorgern' bestehenden Einwohnerschaft handelte, sondern dass in den beiden an die Reichshauptstadt grenzenden Kreisen der vierte Teil der Bevölkerung von Groß-Berlin seinen Wohnsitz hatte." Aus den Erinnerungen von Landkreisverbandsgründer Felix Busch, damals Landrat des Berliner Vorortkreises Niederbarnim

Abb. 2

Abb. 3

Abb. 5

Abb. 4

Landkreis Teltow - ein Berliner Vorortkreis
Der Kreis Teltow hatte 1916 rund eine halbe Million Einwohner und war damit der bevölkerungsreichste Landkreis ganz Preußens. Sein Gebiet erstreckte sich südlich der Reichshauptstadt Berlin und umfasste damals noch die späteren Berliner Bezirke und Ortsteile Tempelhof, Steglitz, Groß-Lichterfelde, Treptow, Köpenick und Schmargendorf.

Die größte kreisangehörige Stadt war zu dieser Zeit Köpenick mit rund 27.000 Einwohnern. Sitz des Landratsamts war Berlin. Mit dem Groß-Berlin-Gesetz wurden 1920 große Gebiets- und Bevölkerungsteile des Kreises nach Berlin eingemeindet.

Kaufmännische Aufgaben für den Landkreis
Um den Ankauf der Nahrungsmittel bei den Erzeugern und die Verteilung an die Endverbraucher zu organisieren, gründeten die Landkreise spezielle Kriegswirtschafts-Gesellschaften, die in den üblichen handelsrechtlichen Formen arbeiteten. .

Die Teltower Kriegswirtschafts-Gesellschaft
"Im Laufe des Krieges trat ein Notstand in der Versorgung der Bevölkerung mit den notwendigen Lebensmitteln ein, der sich auch in der Nachkriegszeit fortsetzte. Um Abhilfe zu schaffen, gründete der Kreis am 18. Mai 1916 die Kriegswirtschafts-Gesellschaft m.b.H. Die Gesellschaft wurde mit einem Stammkapital von 100 000 Mark ausgestattet, von dem der Kreis die Hälfte übernahm, während die andere Hälfte von den neun größten Gemeinden des Kreises übernommen wurde. [...] Das Tätigkeitsgebiet der Gesellschaft nahm mit der Zeit einen solchen Umfang an, dass, um die umfangreichen Geschäfte zu bewältigen und das vermehrte Personal unterzubringen, es notwendig wurde, das ganze Haus Berlin, Matthäikirchstr. 10, zu mieten."
Der Kreis Teltow, seine Geschichte, seine Verwaltung, seine Entwicklung und seine Einrichtungen, Berlin 1931

Abb. 1
Verteilungsstelle für Obst und Gemüse der Teltower Kriegswirtschafts-Gesellschaft an der Spree, 1917
© bpk

Abb. 2
Landratsamt in der Reichshauptstadt: Das Teltower Kreis- und Kommunalgebäude in der Viktoriastr. 18 in Berlin, 1917
© bpk

Abb. 3
Gruppenaufnahme der Angestellten der Teltower Kriegswirtschafts-Gesellschaft, 1917
© bpk

Abb. 4
Brotkarte, Berlin und Nachbarorte, Juni 1915
© Landesarchiv Berlin

Abb. 5
Frauen helfen beim Einlagern von Lebensmittelfässern für die Teltower Kriegswirtschafts-Gesellschaft vor dem Lagerhaus im Hafen Tempelhof, 1917
© bpk

Die Fett- und Fleischlose Küche

"Das Deutschtum hat größern Wert als fetter Braten auf dem Herd"
Notstandskochbüchlein von Martha Bielenstein, 1916

Patriotische Kriegskochbücher
Die Ernährungskrise führte auch zu einem Boom an speziellen Kriegskochbüchern: Diese von Frauen verfassten Kochbücher forderten patriotisches Verhalten am Herd und versorgten die Hausfrauen mit zahllosen praktischen Tipps für angeblich nahrhafte Kriegsrezepte, für die schmackhafte Verwendung von Ersatzstoffen und zum sparsamen Wirtschaften. Diese ab 1914 erscheinenden Kriegskochbücher erfüllten auch eine Propagandafunktion, indem sie die Hausfrauen auf den Krieg einschworen und den Durchhaltewillen der ‚Heimatfront' einforderten.

"Jede einzelne Frau im ganzen Deutschen Reich möchte ich in einer gewissen Hinsicht mit Größenwahn erfüllen. Jede soll denken: auf mich, gerade hauptsächlich auf mich kommt es an; 70 Millionen Deutsche sehen auf mich und werden mich mit furchtbaren Anklagen erdrücken, wenn gerade ich nicht klug und sparsam mit den Vorräten walte; ich allein wäre für eine wirtschaftliche Niederlage verantwortlich."
Des Vaterlands Kochtopf, Allerlei Rezepte für Küche und Herz in kriegerischen Tagen, von Ida Boy-Ed, ca. 1915

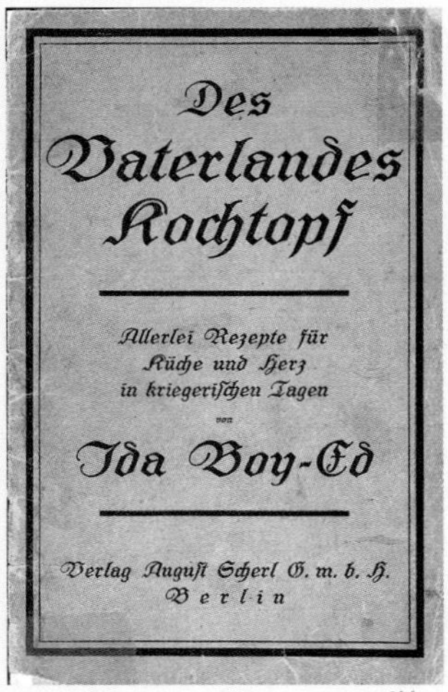
Des Vaterlandes Kochtopf
Allerlei Rezepte für Küche und Herz in kriegerischen Tagen
von
Ida Boy-Ed
Verlag August Scherl G. m. b. H.
Berlin

Abb. 1

Die
Fleischlose Küche
in der Kriegszeit
nebst
einfachen Fischgerichten
von
Käthe Birke
Königl. Bibliothek Berlin
Karlsruhe
G. Braunsche Hofbuchdruckerei und Verlag

Abb. 2

Abb. 3

Für die fett- und fleischlosen Tage empfehlen sich Gelatine-Gerichte.

Schmackhafte Gelatinespeisen
von hohem Nährwert und leichter Verdaulichkeit stellt man leicht und billig her mit
«« Blattgelatine »»
Ueberall erhältlich.
In ca. 90 deutschen Städten wurden von Frauen-Organisationen während der Kriegszeit
Spezial-Ausstellungen von Gelatinespeisen
durchgeführt, die überall großen Anklang fanden.
Zur Herstellung sämtlicher
« Gelatine-Gerichte »
wurden ausschließlich unsere Fabrikate verwendet.
Kochbüchlein für Gelatinespeisen
versendet an jedermann kostenlos:
Deutsche Gelatine-Fabriken Schweinfurt.

Gelatine ist ein idealer Ersatz für Fleisch und Eiweiß, sollte daher in keiner Küche fehlen.

Abb. 4

Fehlende Zutaten für kärgliche Kriegsgerichte
Selbst die in den Büchern beschriebenen Speisen aus viel Wasser und Ersatzstoffen standen noch in deutlichem Widerspruch zur Lebensrealität der Menschen. Selbst für diese kärglichen Gerichte fehlten oftmals die Zutaten. Die offiziellen Lebensmittelrationen wurden teilweise nicht ausgeteilt und die Versorgung mit Milch, Butter, Fetten, Eiern und Fleisch brach zeitweilig sogar ganz zusammen.

"Brat- und sonstige Fleischersatzspeisen
Die vegetarischen Fleischersatzspeisen werden aus den verschiedensten Zerealien hergestellt, auch aus Kartoffeln und Gemüse; sie erhalten durch Beigabe von Pilzen, Zwiebeln, Kräutern und Suppenwürze einen kräftigen Geschmack. [...] Außerdem bietet uns eine eigene Nahrungsmittelindustrie verschiedene Arten von ‚Fleischersatz' an; einige dieser Erzeugnisse sind in Dosen sterilisiert und bedürfen nur des Erwärmens oder Röstens - z.B. Protose und die verschiedenen Nussspeisen -; eine andere, die bekannteste Art, ist eine grießförmige Masse, die vor der Weiterverarbeitung zu steifem Brei gekocht wird. Man bezeichnet sie meist als Bratenmasse; sie erspart der Hausfrau manche Mühe."

*"**Süße und Fruchtsuppen** sind bisher, außer in Norddeutschland, nicht allgemein gebräuchlich, doch sollten diese wohlschmeckenden und erfrischenden Suppen recht oft auf den Tisch gebracht werden; sie eigenen sich besonders für die Abendmahlzeit."*

Beispiel: Apfelsuppe
1¼ Pfd. Äpfel, 1½ l Wasser, Zitronenschale, Zucker, 30g = 3 gestrichene Esslöffel Kartoffel- oder feines Maismehl

"Die Äpfel, es können Falläpfel sein, werden, ohne sie zu schälen, geviertelt, wobei man schlechte Stellen entfernt, mit der Zitronenschale und einem Teil des Wassers weichgekocht und durch ein Sieb gerührt, so dass Schalen und Kerne zurückbleiben. Das Mus wird mit Wasser verdünnt, gesüßt und mit dem kalt angerührten Mehl sämig gekocht."

"Energiesparend kochen mit Kochkiste:
Geeignet ist jede Kiste, die einen passenden Deckel hat und so groß ist, dass wenn der Kochtopf darin steht, mindestens 15cm Raum nach allen Seiten bleibt, der mit Heu oder Holzwolle ausgefüllt wird. [...] Alle Speisen müssen kochend eingesetzt werden, und der Topfdeckel darf zuletzt nicht mehr aufgehoben werden, damit aller Dampf im Topf zurückgehalten wird. [...] Da die Kiste, während die Speisen darin sind, nicht geöffnet werden darf, sind alle Zutaten gleich dazu zu geben. [...] Die Zeit zum Garwerden muss bei der Kiste etwa um die Hälfte länger gerechnet werden als auf dem Feuer."
Die Fleischlose Küche von Käthe Birke, 1914

Abb. 5

Abb. 1
Des Vaterlands Kochtopf von Ida Boy-Ed, ca. 1915
© bpk / Staatsbibliothek zu Berlin - Preußischer Kulturbesitz. Foto: Dietmar Katz

Abb. 2
Die fleischlose Küche von Käthe Birke, 1914
© bpk / Staatsbibliothek zu Berlin - Preußischer Kulturbesitz. Foto: Dietmar Katz

Abb. 3
Aufruf "Krieg und Küche" aus: Jahrbuch des Bundes Deutscher Frauenvereine, 1916
© Staatsbibliothek zu Berlin - Preußischer Kulturbesitz

Abb. 4
Werbung der Deutschen Gelantine-Fabriken Schweinfurt von 1916
© bpk / Staatsbibliothek zu Berlin - Preußischer Kulturbesitz. Foto: Dietmar Katz

Abb. 5
„Teesorten" von F. Reinhardt, Ulk 1917, S. 111
© Universitätsbibliothek Heidelberg

Steckrübenwinter

Abb. 1

Höhepunkt der Ernährungskrise
Ihren traurigen Höhepunkt erreichte die Ernährungskrise im berüchtigten Steckrübenwinter oder Hungerwinter 1916/17. Infolge einer schlechten Ernte und Pannen bei der Bewirtschaftung gab es nicht genug Kartoffeln, die bisher als Ersatz für Brot und Mehlprodukte gedient hatten. Die Steckrübe wurde zum Hauptnahrungsmittel eines Großteils der Bevölkerung. Der Nährwert der Steckrübe betrug aber nur ein Drittel von dem der Kartoffel, die sie ersetzen sollte. Die Folgen waren zunehmende Unterernährung und Mangelerscheinungen. Verschärfend kamen in diesem Winter die besonders strenge Kälte und ein Engpass in der Kohleförderung hinzu.

Steckrübenkochbuch Rezeptvorschläge:
Kohlrübe mit Apfelmus
Kohlrübenbrei mit Buttermilch
Kohlrübe in Citrone
Kohlrüben mit Eiertunke
Kohlrüben mit Erbsen
Kohlrüben in Fleischbrühe
Kohlrüben gebacken
Kohlrüben gedünstet
Kohlrüben gefüllt
Kohlrüben gekocht
Kohlrüben getrocknet
Kohlrüben kandiert
Kohlrüben mit Karpfen
Kohlrüben mit Kartoffelmus
Kohlrüben-Klöße
Kohlrüben-Kompott
Kohlrüben-Kuchen
Kohlrüben-Marmelade
Kohlrüben nach Milchreisart
Kohlrüben mit Mischgemüse
Kohlrüben-Salat
Kohlrüben als Sauerkraut-Gemüse
Kohlrüben-Suppe
Kohlrüben als Senfgurke
und so weiter...

Proteste und Hungerkrawalle
Die Proteste der Bevölkerung nahmen im Steckrübenwinter zu. Hauptanlass waren die gravierenden Versorgungsmängel und der Hunger der Massen.

Auch gegen die Verwendung von Kohlrüben als ‚Ersatzstoff für alles', aus denen sogar Brot und Marmelade gemacht wurden, protestierten die Menschen. Anfang 1917 brachen Streiks aus. Im April 1917 wurden erstmals politische Reformen wie die Einführung des allgemeinen gleichen Wahlrechts in Preußen gefordert.

Wochenspeisezettel für die schlimmste Zeit: Rübenzeit

Geliefert werden:
1700g Brot, 100g Mehl, 5 Pfund Kohlrüben, 1 Pfund Kartoffeln, 350g Fleisch, 1 Pfund Sauerkraut, ¼ Pfund Zucker, 50g Grütze, 50g weiße Bohnen, 50g Butter, 30g Margarine, 100g Marmelade

Montag:
Mittags: Kartoffelsuppe (30g Kartoffeln), Rübenbrei mit Fleisch (30g Mehl, 40g Kartoffeln, 300g Rüben, 50g Fleisch)
Abends: Muschelgelee

Dienstag:
Mittags: Bohnensuppe (25g Bohnen), süße Rübenspeise (300g Rüben, ⅛ Pfund Zucker)
Abends: Rüben (300g) mit gekochten Flundern

Mittwoch:
Mittags: Gebackene Rübenfleischspeise (300g Rüben, 50g Fleisch) mit Sauerkraut
Abends: Gebackene Stinte (10g Margarine, 20g Mehl)

Donnerstag:
Mittags: Rübeneierkuchen (mit Ei-Ersatz, 200g Rüben, 30g Kartoffeln) mit pikanter Fleischsauce
Abends: Lutefisch als Brei mit Kartoffeln (20g)

Freitag:
Mittags: Grützsuppe (30g Grütze, 30g Kartoffeln), Fischklöße vom Lutefisch (10g Margarine, 30g Mehl) mit Rüben (300g Rüben, 20g Kartoffeln)
Abends: Gebackene Rüben (300g Rüben, 50g Kartoffeln)

Sonnabend:
Mittags: Bohnensuppe (25g Bohnen), süße Rübenspeise (300g Rüben, ⅛ Pfund Zucker)
Abends: Muschelklöße (20g Kartoffeln)

Sonntag:
Mittags: Gebackene Rübenklöße (200g Rüben) mit Fleisch (100g), Kartoffelbrötchen (200g Kartoffeln, 20g Mehl)
Abends: süße Grütze (20g)

Als Brotbelag: [für das Frühstück]
50g Butter, ein Teil der Marmelade, 100g Fleisch, ferner Fisch- und Muschelbrei

Aus: Wie esse ich mich satt trotz der Kriegszeit und ohne Hamsterei? Ein Ratschlag für den Großstädter, wie er mit den gebotenen Lebensmitteln auskommen kann, von Dr. Bräuer, Berlin 1917

Neues
Kohlrüben-Kriegskochbuch
Praktische Anweisung zur Bereitung der verschiedensten Speisen von Kohlrüben
Mit einer Nährgeldwert-Tabelle der gebräuchlichsten Nahrungsmittel
Herausgegeben von Ida Keller

Was viele nicht wissen!
Aus dem Wasser der abgekochten Kohlrübe oder aus dem ausgepreßten Saft derselben läßt sich durch Einkochen ein vorzüglicher Kohlrüben-Fleisch-Extrakt gewinnen, der zu Braten-Tunken geeignet ist.
Siehe Artikel: Kohlrüben Fleisch-Extrakt.

1.–5. Tausend :: Preis 30 Pfg.

Verlag: Rob. Friese's Buchhandlung, Chemnitz
Innere Johannisstraße 14

Abb. 2

Abb. 3

Abb. 4

Abb. 5

Abb. 1
Kostenlose Kinderspeisung im Kriegsjahr 1917
© bpk

Abb. 2
Neues Kohlrüben-Kriegskochbuch von Ida Keller, 1917
© bpk / Staatsbibliothek zu Berlin - Preußischer Kulturbesitz. Foto: Dietmar Katz

Abb. 3
links: Karikatur "Raumkunst", Ulk 1917, S. 90
rechts: Karikatur "Der Wärmespeicher" von Karl Holtz, Ulk 1917, S. 203
© Universitätsbibliothek Heidelberg

Abb. 4
Frauen entladen einen Güterwagen mit Rüben für die Teltower Kriegswirtschafts-Gesellschaft,1917
© bpk

Abb. 5
Kartoffelernte: Auspflügen der Kartoffeln
© LWL-Medienzentrum für Westfalen

Die Gründung des Landkreisverbandes

"Ein [dem Städtetag] ähnlicher Zusammenschluss der Landkreise [wäre] doch ohne den Krieg nie eingetreten."
Verbandsgründer Landrat Adolf von Achenbach

Gründungsanlass: Ernährungskrise im Weltkrieg
Trotz der wichtigen Aufgaben, die Stadt- und Landkreise als organisatorischer Unterbau in der staatlichen Lebensmittelbewirtschaftung hatten, waren die Landkreise anders als die Städte in den Beiräten und Gremien der Institutionen der Kriegsernährungswirtschaft nicht vertreten. Sie hatten damit keinen Einfluss auf die Gestaltung der Verteilung der Lebensmittel durch die Reichsstellen und die Ausarbeitung gesetzlicher Regelungen.

Initiatoren: Die Landräte Adolf von Achenbach und Felix Busch
Welche konkreten Nachteile diese Nichtbeteiligung für die Versorgung ihrer Kreisbevölkerung zur Folge haben konnte, spürten besonders die Landräte der beiden Berliner Vorortlandkreise Adolf von Achenbach/Kreis Teltow und Felix Busch/Kreis Niederbarnim: Sie hatten die erfolgreiche Arbeit des Städtetages und seines Vorsitzenden, des Berliner Oberbürgermeisters Wermuth, unmittelbar vor Augen.

Längst waren die beiden Landräte zu dem Schluss gekommen, *„dass diese disparitätische Behandlung"*, wie Busch es später in seinen Memoiren formulierte, *„zu einem wesentlichen Teile auf der Machtstellung beruhte, welche die großen Städte in der sie zusammenfassenden Organisation des Städtetages gefunden haben und der die Landkreise nichts ähnliches entgegenzustellen hatten."*

Abb. 1

Abb. 2

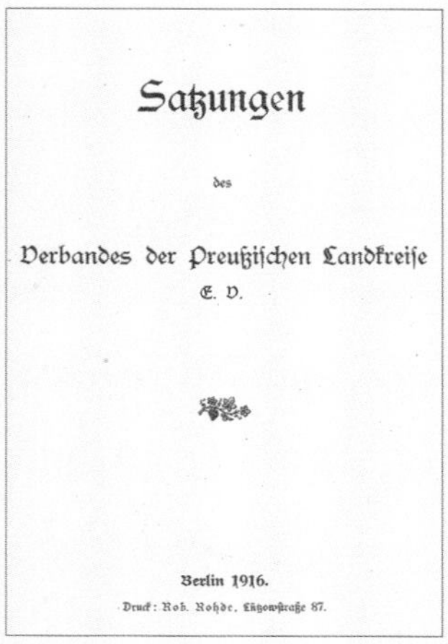
Satzungen

des

Verbandes der Preußischen Landkreise

E. V.

Berlin 1916.

Druck: Rob. Rohde, Lützowstraße 87.

Abb. 3

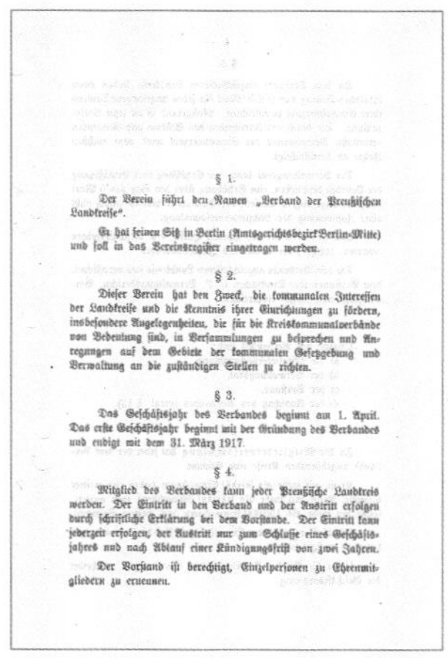
§ 1.

Der Verein führt den Namen „Verband der Preußischen Landkreise".

Er hat seinen Sitz in Berlin (Amtsgerichtsbezirk Berlin-Mitte) und soll in das Vereinsregister eingetragen werden.

§ 2.

Dieser Verein hat den Zweck, die kommunalen Interessen der Landkreise und die Kenntnis ihrer Einrichtungen zu fördern, insbesondere Angelegenheiten, die für die Kreiskommunalverbände von Bedeutung sind, in Versammlungen zu besprechen und Anregungen auf dem Gebiete der kommunalen Gesetzgebung und Verwaltung an die zuständigen Stellen zu richten.

§ 3.

Das Geschäftsjahr des Verbandes beginnt am 1. April. Das erste Geschäftsjahr beginnt mit der Gründung des Verbandes und endigt mit dem 31. März 1917.

§ 4.

Mitglied des Verbandes kann jeder Preußische Landkreis werden. Der Eintritt in den Verband und der Austritt erfolgen durch schriftliche Erklärung bei dem Vorstande. Der Eintritt kann jederzeit erfolgen, der Austritt nur zum Schlusse eines Geschäftsjahres und nach Ablauf einer Kündigungsfrist von zwei Jahren.

Der Vorstand ist berechtigt, Einzelpersonen zu Ehrenmitgliedern zu ernennen.

Abb. 4

Vorbereitungen
Als sich aufgrund privater Kontakte die Möglichkeit für eine erste finanzielle Beteiligung an einer neuen Reichsstelle bot, nutzten von Achenbach und Busch im Mai 1916 die Gunst der Stunde: Sie baten die anderen bevölkerungsreichen Landkreise um Unterstützung und erkundeten nebenbei und unverfänglich deren Bedürfnis nach gemeinsamer Interessenvertretung:
Dieses war riesig! Man vereinbarte regelmäßige Treffen, vor allem um Sorgen und Wünsche austauschen zu können.

Der Preußische Minister des Innern versicherte den beiden Landräten - auf deren Wunsch - vorab seine Zustimmung:
"Wegen Bildung einer Vereinigung der Landkreise - einem Plan, dem ich durchaus sympathisch gegenüberstehe - teile ich [...] im Auftrage des Herrn Ministers [des Innern] [...] mit, dass er in der Annahme, die Vereinigung werde sich satzungsgemäß und tatsächlich auf die Behandlung kommunaler Angelegenheiten der Kreisverbände beschränken, gegen den ihm vorgetragenen Plan Einwendungen nicht zu erheben hat."
Schreiben des Oberpräsidenten der Provinz Brandenburg von der Schulenburg an Landrat Felix Busch im Mai 1916

Schon bald wurde auch über die Gründung eines kommunalen Spitzenverbandes der Landkreise diskutiert. Dieser sollte alle preußischen Landkreise umfassen, auch wenn dann die agrarisch strukturierten Kreise die Mehrheit haben würden.

Im Auftrag der bevölkerungsreichen Kreise schrieben von Achenbach und Busch Anfang Juli 1916 alle preußischen Landräte an und warben um Unterstützung:

"[Um] für die Zukunft auch den Kreiskommunalverbänden ein gewisses Maß von Einfluss zu sichern, insbesondere auf deren Beteiligung an den kriegswirtschaftlichen Organisationen des Reiches und auf eine Vertretung in den Verwaltungen hinzuwirken [...], sei die Bildung einer festeren Organisation - eines Verbandes der preußischen Landkreise in der Form eines rechtsfähigen Vereins in Aussicht zu nehmen. [...] Hiernach bitten wir auf Grund des uns erteilten Auftrages um eine gefällige Mitteilung, ob der dortige Kreisausschuss grundsätzlich geneigt sein würde, einem Verbande der preußischen Landkreise beizutreten."
Schreiben der beiden Initiatoren von Achenbach und Busch an alle preußischen Landräte vom 4. Juli 1916

Gründungsakt
Schon zwei Monate später – am 8. September 1916 – wurde in Berlin im Preußischen Abgeordnetenhaus der Verband der preußischen Landkreise gegründet. Vertreter von 343 preußischen Kreisen waren dabei, mehr als 70 Prozent der preußischen Kreise. Feierlich und einmütig war die Stimmung, auch die Satzung wurde einstimmig beschlossen.

Abb. 5

Abb. 1
Verbandsgründer Landrat Regierungsrat Dr. Adolf von Achenbach (1866-1951)
© Die Deutschen Landkreise Band II, 1926

Abb. 2
Verbandsgründer Landrat Geheimer Oberregierungsrat Dr. Felix Busch (1871-1938)
© Die Deutschen Landkreise Band II, 1926

Abb. 3 und 4
Gründungssatzung des Verbandes der preußischen Landkreise von 1916
© Landesarchiv Berlin

Abb. 5
Tagungsort der Gründungsversammlung: Das Preußische Abgeordnetenhaus in der Prinz-Albrecht-Straße 5 (heutiger Name: Niederkirchnerstr.), um 1912
© bpk

Beginn der Verbandsarbeit

Das erste Führungsduo: Oskar von der Osten und Ulrich von Hassell
Rund zwei Monate nach der Gründungsversammlung tagte am 11. November 1916 der provisorische Verwaltungsrat zum ersten Mal. Haupttagesordnung waren die Vorstandswahlen. Zum Vorsitzenden des Verbandes wurde der konservative Landtagsabgeordnete und ehemalige Landrat Rittergutsbesitzer Oskar von der Osten gewählt. Ein aktiver Landrat wurde von den Verbandsgründern nicht in Erwägung gezogen. Sie befürchteten, dass ein Landrat aufgrund seiner Stellung als politischer Beamter zu abhängig von der Regierung sei.

Zum Geschäftsführer mit dem Titel ‚Verbandssekretär' wurde einen Monat später Regierungsrat Ulrich von Hassell gewählt. Von der Osten hatte seinen Freund von Hassell vorgeschlagen, dessen diplomatische Laufbahn infolge einer schweren Kriegsverletzung beendet zu sein schien.

Der Beginn
Anfang Januar 1917 nahm die Verbandsgeschäftsstelle ihre Arbeit auf. Das Büro lag in der Potsdamer Straße 23a (Ecke Viktoriastraße) und damit in unmittelbarer Nähe sowohl des Regierungsviertels als auch des Kreishauses des Landkreises Teltow.

In seinen Memoiren zog von Hassell später Resümee:
"Ich mietete also ein Büro [...], kaufte einen Schreibtisch und einiges andere und spannte meinem Schwiegervater eine gute Sekretärin aus. Nun konnte es losgehen! Das Merkwürdige war dabei, dass ich mir, was nun geschehen sollte, im Wesentlichen selbst ausdenken musste. Bald fand ich [...] einen ordentlichen, zuverlässigen Bürovorstand, und allmählich wuchs auch einiges Personal dazu [...]. Und siehe da, die Arbeit entwickelte sich gehörig. [...](Erleichtert wurde mir die Aufgabe, wie der erfahrene, fest im Sattel sitzende [Geschäftsführer des Städtetages] Luther sie aufnahm. Er als der eigentliche Gegner nach Ansicht vieler Landräte stellte sich sofort auf den Standpunkt, dass wir im Grund Verbündete seien, nämlich als Verteidiger der Selbstverwaltung.)"
Ulrich von Hassell (1881 - 1944)

Abb. 1

Verbandsarbeit mit der Feder
Geschäftsführer von Hassell maß vor allem der Presse- und Öffentlichkeitsarbeit hohe Bedeutung bei. Er wollte den Verband bekannt machen und die öffentliche Meinung für die Interessen der Landkreise gewinnen. Schon im Januar 1917 begann er mit der Pressearbeit und stellte der Presse das von der Gründungsversammlung im September 1916 verabschiedete Huldigungstelegramm an den Kaiser und die – von von Hassell selbst nachträglich organisierte – Antwort Wilhelms II. zur Verfügung – mit nur geringer Resonanz. Hier zeigte sich bereits die schwierige Ausgangslage des Verbandes in der externen Öffentlichkeitsarbeit, da die Zeitungsmacher seinerzeit nur wenig Interesse für die ländliche Selbstverwaltung aufbrachten.

Abb. 2

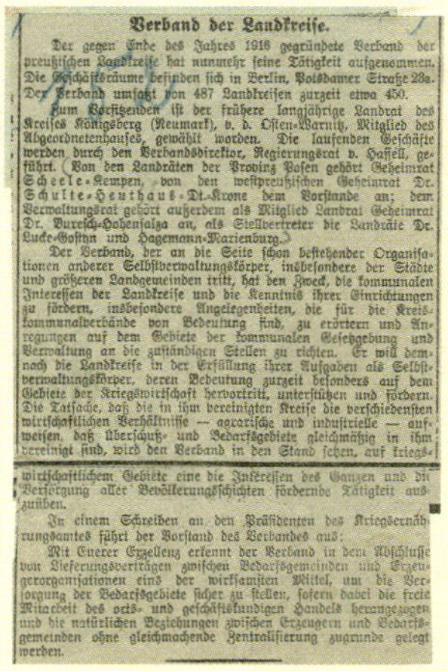

Verband der Landkreise.

Der gegen Ende des Jahres 1916 gegründete Verband der preußischen Landkreise hat nunmehr seine Tätigkeit aufgenommen. Die Geschäftsräume befinden sich in Berlin, Potsdamer Straße 23a. Der Verband umfaßt von 487 Landkreisen zurzeit etwa 450.

Zum Vorsitzenden ist der frühere langjährige Landrat des Kreises Königsberg (Neumark), v. d. Osten-Warnitz, Mitglied des Abgeordnetenhauses, gewählt worden. Die laufenden Geschäfte werden durch den Verbandsdirektor, Regierungsrat v. Hassell, geführt. (Von den Landräten der Provinz Posen gehört Geheimrat Scheele-Kempen, von den westpreußischen Geheimrat Dr. Schulte-Heuthaus-Dt.-Krone dem Vorstande an; dem Verwaltungsrat gehört außerdem als Mitglied Landrat Geheimrat Dr. Bureich-Hohensalza an, als Stellvertreter die Landräte Dr. Lucke-Gostyn und Hagemann-Marienburg.)

Der Verband, der an die Seite schon bestehender Organisationen anderer Selbstverwaltungskörper, insbesondere der Städte und größeren Landgemeinden tritt, hat den Zweck, die kommunalen Interessen der Landkreise und die Kenntnis ihrer Einrichtungen zu fördern, insbesondere Angelegenheiten, die für die Kreiskommunalverbände von Bedeutung sind, zu erörtern und Anregungen auf dem Gebiete der kommunalen Gesetzgebung und Verwaltung an die zuständigen Stellen zu richten. Er will demnach die Landkreise in der Erfüllung ihrer Aufgaben als Selbstverwaltungskörper, deren Bedeutung zurzeit besonders auf dem Gebiete der Kriegswirtschaft hervortritt, unterstützen und fördern. Die Tatsache, daß die in ihm vereinigten Kreise die verschiedensten wirtschaftlichen Verhältnisse — agrarische und industrielle — aufweisen, daß Überschuß- und Bedarfsgebiete gleichmäßig in ihm vereinigt sind, wird den Verband in den Stand setzen, auf kriegswirtschaftlichem Gebiete eine die Interessen des Ganzen und die Versorgung aller Bevölkerungsschichten fördernde Tätigkeit auszuüben.

In einem Schreiben an den Präsidenten des Kriegsernährungsamtes führt der Vorstand des Verbandes aus:

Mit Euerer Exzellenz erkennt der Verband in dem Abschluß von Lieferungsverträgen zwischen Bedarfsgemeinden und Erzeugerorganisationen eins der wirksamsten Mittel, um die Versorgung der Bedarfsgebiete sicher zu stellen, sofern dabei die freie Mitarbeit des orts- und geschäftskundigen Handels herangezogen und die natürlichen Beziehungen zwischen Erzeugern und Bedarfsgemeinden ohne gleichmachende Zentralisierung zugrunde gelegt werden.

Abb. 3

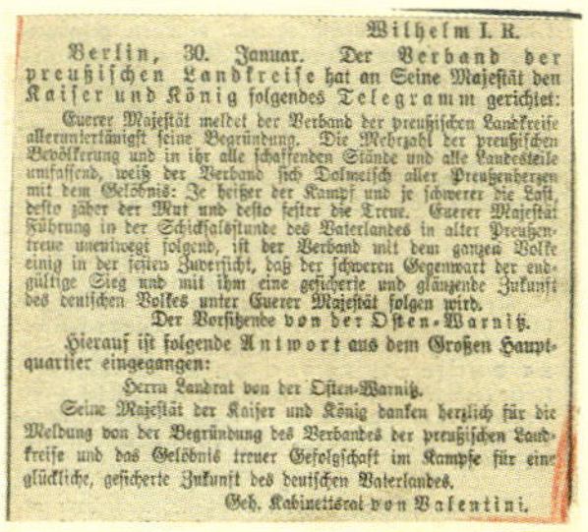

Wilhelm I. R.

Berlin, 30. Januar. Der Verband der preußischen Landkreise hat an Seine Majestät den Kaiser und König folgendes Telegramm gerichtet:

Euerer Majestät meldet der Verband der preußischen Landkreise alleruntertänigst seine Begründung. Die Mehrzahl der preußischen Bevölkerung und in ihr alle schaffenden Stände und alle Landesteile umfassend, weiß der Verband sich Dolmetsch aller Preußenherzen mit dem Gelöbnis: Je heißer der Kampf und je schwerer die Last, desto zäher der Mut und desto fester die Treue. Euerer Majestät Führung in der Schicksalsstunde des Vaterlandes in alter Preußentreue unentwegt folgend, ist der Verband mit dem ganzen Volke einig in der festen Zuversicht, daß der schweren Gegenwart der endgültige Sieg und mit ihm eine gesicherte und glänzende Zukunft des deutschen Volkes unter Euerer Majestät folgen wird.

Der Vorsitzende von der Osten-Warnitz.

Hierauf ist folgende Antwort aus dem Großen Hauptquartier eingegangen:

Herrn Landrat von der Osten-Warnitz.

Seine Majestät der Kaiser und König danken herzlich für die Meldung von der Begründung des Verbandes der preußischen Landkreise und das Gelöbnis treuer Gefolgschaft im Kampfe für eine glückliche, gesicherte Zukunft des deutschen Vaterlandes.

Geh. Kabinettsrat von Valentini.

Abb. 4

Engagement in der Kriegsernährungswirtschaft
"[Der] neu gegründete Verband der preußischen Landkreise [...] [umfasst] von 487 Kreisen schon über 450 und in ihnen die Mehrzahl der preußischen Bevölkerung - gleichmäßig zusammengesetzt aus allen schaffenden Ständen und aus Überschuss- und Bedarfsgebieten [...]. Der Verband zählt in den großen industrialisierten Kreisen und in städtischen Vorortkreisen Kommunalverbände zu seinen Mitgliedern, die die allerschwierigsten Bedarfsverhältnisse aufweisen. Andererseits gehören rein landwirtschaftliche Gebiete dazu. So hofft der Verband, hier in ausgleichender Richtung mithelfen zu können."
Aus dem ersten Leitartikel von Verbandssekretär von Hassell in der Tageszeitung "Der Tag" vom 27. Januar 1917

Als der Landkreisverband Anfang 1917 offiziell seine Arbeit aufnahm, war der organisatorische Aufbau der Kriegsernährungswirtschaft weitestgehend abgeschlossen. Wichtige Neugründungen von Reichsstellen oder Kriegsgesellschaften gab es nicht mehr. Während der Städtetag in allen wichtigen Institutionen vertreten war, gelang dem Landkreisverband nur eine Beteiligung an drei Reichsstellen und an der Preußischen Landesfuttermittelgesellschaft. Versuche, die nachträgliche Aufnahme von Landkreisvertretern zu erreichen, scheiterten. Dafür sollte dem Landkreistag eine gute Zusammenarbeit mit dem Präsidenten des neu gegründeten Kriegsernährungsamtes, von Batocki, einem ehemaligen Landrat, gelingen.

Erste Zwischenbilanz
Auf der ersten ordentlichen Mitgliederversammlung des Verbandes im Dezember 1917 konnte von Hassell eine erste positive Bilanz ziehen:

"Der Verband ist unter sehr unnormalen Verhältnissen gegründet worden, nämlich mitten im Kriege, in einem Kriege, der gerade den Kreisverwaltungen besonders viele und wichtige Aufgaben auferlegt hat. [...] Einmal sind dem Verbande gerade aus der Kriegswirtschaft besondere Zwecke erwachsen, die ihn jetzt in hohem Grade in Anspruch nehmen, später aber mehr und mehr in Wegfall kommen werden. Auf der anderen Seite ist die Anspannung der Kreisverwaltungen und der Landräte persönlich eben durch die Kriegswirtschaft jetzt so groß, dass für andere Dinge wenig Gedanken und Kräfte übrig bleiben; sie vermögen daher unmittelbare Mitarbeit auf dem Boden des Verbandes nur wenig zu leisten."
Rechenschaftsbericht von Verbandssekretär von Hassell im Dezember 1917

Abb. 5

Abb. 1
Ulrich von Hassell (1881-1944) als Reserveoffizier 1914
© Foto: Privatbesitz

Abb. 2
Der erste Vorsitzende des Verbandes der preußischen Landkreise, Oskar von der Osten (1862-1942)
© Die Deutschen Landkreise Band II, 1926

Abb. 3
Posener Tageblatt vom 19. Januar 1917
© Landesarchiv Berlin

Abb. 4
Norddeutsche Allgemeine Zeitung vom 31. Januar 1917
© Landesarchiv Berlin

Abb. 5
Der Ort der ersten Geschäftsstelle: die Potsdamer Straße in Berlin, 1913
© Landesarchiv Berlin

Die Landesverbände des Deutschen Landkreistages*

Die Satzung des Deutschen Landkreistages unterscheidet hinsichtlich der Mitgliedschaft zwischen unmittelbaren und mittelbaren Mitgliedern, Ehrenmitgliedern (S. 48) und Einzelmitgliedern (S. 48).

Der Deutsche Landkreistag verfügt seit der Wiedervereinigung 1990 über 13 unmittelbare Mitglieder, die Landesverbände in den Flächenländern.

Deren Entstehungsgeschichte und Organisation wird nachstehend in Einzelbeiträgen dargestellt. Systematisierend ist vorab darauf hinzuweisen, dass die Keimzelle des am 7.9.1922 gegründeten, 1924 in Deutscher Landkreistag umbenannten Verbandes der Deutschen Landkreise, der am 8.9.1916 gegründete Verband der Preußischen Landkreise war. Um eine reichsweite Vertretung der Landkreisinteressen in der Weimarer Republik zu ermöglichen, schloss der Preußische Verband zunächst mit Parallelorganisationen Verträge, zuerst im Juni 1921 mit dem 1918 gegründeten Verband der Sächsischen Bezirksverbände als Vorläufer des (1.) Sächsischen Landkreistages und sodann im November 1921 zunächst mit allen thüringischen Landkreisen und Anfang 1922 mit dem (2.) Verband Thüringischer Landkreise.

Nachdem sich der im Dezember 1919 gegründete Landesverband der Bayerischen Bezirke als Vorläufer des (3.) Bayerischen Landkreistages und der im September 1920 gegründete Landesverband Württembergischer Amtskörperschaften als Vorläufer des (4.) Landkreistages Baden-Württemberg bei der Gründung des Verbandes der Deutschen Landkreise am 7.9.1922 in München als eingetragener Verein noch durch einen rechtskundigen Bürgermeister bzw. einen Oberbürgermeister vertreten lassen hatten, traten diese beiden Verbände unmittelbar darauf dem Verband der Deutschen Landkreise bei, dem die Verbände in Sachsen und Thüringen bereits seit seiner Gründung angehörten.

Im Mai 1933 erfolgte dann die Ausschaltung der kommunalen Spitzenverbände. Der Wiedergründung des Deutschen Landkreistages am 10.2.1947 in Höchst auf der Grundlage der Satzung aus dem Jahre 1926 ging die Gründung von drei Landesverbänden im ehemaligen Preußen (bzw. Teilen davon) voraus. Vorn lag Hessen mit der am 16.1.1946 gegründeten Arbeitsgemeinschaft großhessischer Landkreise als Vorläufer des (5.) Hessischen Landkreistages, gefolgt vom (6.) Schleswig-Holsteinischen Landkreistag, der am 13.7.1946 in Ratzeburg gegründet wurde und am 18.8.1946 in Pinneberg seine Satzung beschloss. Schließlich kam der (7.) Niedersächsische Landkreistag am 23.11.1946 dazu.

Am 10.3.1947, also genau vier Wochen nach der Wiedergründung des DLT, wurde der (8.) Landkreistag Nordrhein-Westfalen gegründet. Es folgte am 7.11.1947 der Rheinisch-Pfälzische Landkreistag als Vorläufer des (9.) Landkreistages Rheinland-Pfalz in der französischen Besatzungszone, wobei die französische Militärregierung die Satzung erst am 7.8.1948 genehmigte und einen Beitritt zum DLT erst am 22.10.1949 in Bad Neuenahr zuließ.

Nachdem sich die Bevölkerung des Saarlandes in einer Volksabstimmung für den Beitritt zur Bundesrepublik Deutschland entschieden hatte, wurde das Saarland zum 1.1.1957 das zehnte, bzw. – zählt man West-Berlin mit – das elfte Bundesland. Der (10.) Landkreistag Saarland wurde erst knapp sechs Monate später am 18.6.1957 gegründet. Die ehemaligen bayerischen Bezirksämter Homburg und St. Ingbert, die 1974 zum Saarpfalzkreis fusioniert wurden, waren mithin die beiden letzten Landkreise, die – wie alle anderen Landkreise – mittelbare Mitglieder des Deutschen Landkreistages wurden. Dann dauerte es bis 1990, als es zum Wiederbeitritt der Landesverbände Sachsen und Thüringen und zum erstmaligen Beitritt der (11.) Landkreistage Mecklenburg-Vorpommern (gegründet am 2.8.), (12.) Brandenburg (gegründet am 21.8.) und – auch dieser Kreis schloss sich am 8.9. – (13.) Sachsen-Anhalt kam.

1. Sächsischer Landkreistag

Präsident
Landrat Frank Vogel
Erzgebirgskreis

Geschäftsstelle
Geschäftsführendes Präsidialmitglied André Jacob
Käthe-Kollwitz-Ufer 88
01309 Dresden

Tel.: 03 51 / 3 18 01 – 21
Fax: 03 51 / 3 18 01 – 44
Internet: www.landkreistag-sachsen.de

Gründungsgeschichte

Der Sächsische Landkreistag ist der Zusammenschluss der zehn sächsischen Landkreise. Diese sind in ihrer heutigen Form zwar erst nach der Wende vom Herbst 1989 nach der ersten freien Kommunalwahl am 26.5.1990 noch in der DDR entstanden, trotzdem können die sächsischen Kreise und ihr Verband auf eine langjährige Geschichte zurückblicken.

Der Vorläufer des Sächsischen Landkreistages wurde im Ersten Weltkrieg am 26.6.1918 gegründet. Sein ursprünglicher Name lautete „Verband der Bezirksverbände des Königreiches Sachsen e. V". Wenig später wurde der Name geändert in „Verband der Sächsischen Bezirksverbände". Die Bezirksverbände sind die Vorgänger der heutigen Landkreise. Dem Verband mit Sitz in Dresden gehörten damals 28 Bezirksverbände als Mitglieder an. Der Verband schloss im Juni 1921 als erster einen Vertrag mit dem Verband der Preußischen Landkreise zur Vertretung reichsweiter Belange und wurde am 8.11.1933 aufgrund des Gesetzes über den Deutschen Gemeindetag aufgelöst.

Es dauerte 57 Jahre, bis am 2.8.1990 die damals 48 sächsischen Landkreise mit der großartigen Unterstützung des Deutschen Landkreistages und der Landkreistage aus Bayern und Baden-Württemberg den Sächsischen Landkreistag gründeten.

Willensbildung

Organisation und Verbandsstruktur des Sächsischen Landkreistages haben sich in den vergangenen 25 Jahren mehrfach

* Die 14 Teilbeträge verantworten Prof. Dr. *Hans-Günter Henneke, André Jacob, Thomas Budde, Dr. Johannes Keller, Prof. Eberhard Trumpp, Dr. habil. Jan Hilligardt, Jan-Christian Erps, Prof. Dr. Hubert Meyer, Dr. Martin Klein, Burkhard Müller, Martin Luckas, Matthias Köpp, Dr. Paul-Peter Humpert* und *Heinz-Lothar Theel.*

geändert. Die Veränderungen ergaben sich als Folge aus der ersten Kreisreform in Sachsen 1994/95 mit der Reduzierung der Anzahl der Landkreise von 48 auf 22 und dann nach einer zweiten Kreis- und Funktionalreform im Jahr 2008 mit einer weiteren Verringerung auf zehn Landkreise und der damit verbundenen Einkreisung von vier kreisfreien Städten sowie einer umfassenden Funktionalreform mit der Kommunalisierung einer Vielzahl staatlicher Aufgaben.

In der Landkreisversammlung als Hauptorgan werden die Grundsätze der Verbandsarbeit festgelegt, die Haushaltssatzung und Jahresrechnung beschlossen bzw. festgestellt und die Wahl des Präsidenten, seiner Stellvertreter und des Geschäftsführenden Präsidialmitgliedes vorgenommen. In der Vollversammlung sind die zehn Mitgliedslandkreise jeweils durch den Landrat sowie ein Kreistagsmitglied vertreten. Ferner ist auch der Kommunale Sozialverband durch den Verbandsdirektor stimmberechtigt.

Die Bestimmung der Verbandspositionen, sowie die Wahl der Fachausschussvorsitzenden und des Schatzmeisters, liegt in den Händen der Landrätekonferenz, in der alle zehn Landräte sowie das Geschäftsführende Präsidialmitglied vertreten sind. Die Landrätekonferenz tagt monatlich.

Im Präsidium, bestehend aus dem Präsidenten und seinen beiden Vizepräsidenten, wird das operative politische Geschäft zwischen den Landrätekonferenzen verantwortet.

Die Verbandspositionen werden in drei Fachausschüssen, dem Finanz- und Verwaltungsausschuss, dem Sozial- und Bildungsausschuss sowie dem Technischen Ausschuss vorbereitet. Daneben wird in mehr als 20 Arbeitsgemeinschaften die Verwaltungsarbeit in den Landratsämtern unterstützt.

Die Geschäftsstelle des Sächsischen Landkreistages wird vom Geschäftsführenden Präsidialmitglied geleitet und ist mit zwölf Mitarbeitern besetzt. Sie erledigt die laufenden Verbandsgeschäfte und vollzieht die Beschlüsse der Gremien.

Festzustellen ist, dass im Sächsischen Landkreistag in der Landrätezusammensetzung, der Gremienbesetzung, der Präsidentschaft und Geschäftsführung über 25 Jahre ein hohes Maß an personeller Kontinuität besteht. Dies hat auch dazu beigetragen, dass die Stimme des Sächsischen Landkreistages in Sachsen in kommunalen Anliegen Gewicht hat.

2. Thüringischer Landkreistag

Präsidentin
Landrätin Martina Schweinsburg
Landkreis Greiz

Geschäftsstelle
Geschäftsführer Thomas Budde
Richard-Breslau- Straße 13
99094 Erfurt

Tel.: 03 61 / 2 20 64 – 0
Fax: 03 61 / 2 20 64 – 30
Internet: www.th-landkreistag.de

Gründungsgeschichte

Der Grundstein für die Entstehung des Thüringischen Landkreistages wurde Anfang des 20. Jahrhunderts gelegt. Im September 1921 schlossen sich die Landkreise in Thüringen zum Verband Thüringischer Landkreise zusammen. Diese Landkreise traten im November 1921 als Vorläufer des 1922 gegründeten Verbandes der Deutschen Landkreise dem Verband Deutscher Landkreise bei. In der Zeit des Nationalsozialismus wurde auch der Thüringische Landkreistag im Dezember 1933 in den Deutschen Gemeindetag eingegliedert.

Nach Kriegsende gab es auf dem Gebiet der DDR prinzipiell kein Interesse, in Deutschland wieder kommunale Strukturen und mit ihnen kommunale Spitzenverbände aufleben zu lassen. Erst mit der Wiedervereinigung wurde die kommunale Selbstverwaltung in den neuen Bundesländern wieder möglich. Schon bald nach den ersten freien Wahlen in der DDR am 18.3.1990 und am 6.5.1990 erfolgten die ersten Schritte in Richtung einer Neugründung des Thüringischen Landkreistages. Die thüringischen Landkreise unterhielten zu dieser Zeit bereits zahlreiche Verbindungen zu Partnern in Bayern, Hessen und Rheinland-Pfalz, wodurch der Wille und die Bereitschaft zur Wiedergründung eines kommunalen Spitzenverbandes nachhaltig gefördert wurden.

Bereits am 7.7.1990 fand die Gründungsversammlung des Thüringischen Landkreistages in Weimar statt. In dieser Veranstaltung wurde die Satzung beschlossen und es erfolgten die ersten Gremienwahlen. 58 Jahre nach seiner Erstgründung hatten die damals 35 Thüringer Landkreise wieder einen kommunalen Spitzenverband, der infolge der Gebietsreform am 30.6.1994 derzeit 17 Mitglieder hat. Der Thüringische Landkreistag ist als eingetragener Verein organisiert.

Willensbildung

Die Organe des Verbandes sind die Landkreisversammlung und das Präsidium. Die Landkreisversammlung setzt sich aus jeweils zwei stimmberechtigten Vertretern der Landkreise, dem Landrat und einem weiteren vom Kreistag gewählten Vertreter zusammen. Die Landkreisversammlung wird vom Präsidenten oder vom stellvertretenden Präsidenten geleitet.

Die wichtigsten Aufgaben der mindestens einmal jährlich tagenden Landkreisversammlung sind die Festlegung der Grundsätze der Verbandsarbeit, die Feststellung des Haushaltsplans und die Festsetzung der Umlage. Des Weiteren wählt die Versammlung den Präsidenten, seine beiden Stellvertreter und die Mitglieder des Präsidiums, bestimmt die Ausschüsse und beschließt Satzungsänderungen.

Das politische Beschlussgremium des Landkreistages ist das Präsidium. Es besteht aus dem Präsidenten, dem stellvertretenden Präsidenten und sechs weiteren Präsidiumsmitgliedern. Der Präsident muss Landrat, drei weitere Präsidiumsmitglieder müssen von den Kreistagen bestimmte Vertreter sein. Die Mitglieder des Präsidiums werden von der Landkreisversammlung aus ihrer Mitte für die Dauer der Wahlperiode der Kreistage gewählt. Darüber hinaus können die Vorsitzenden der Fachausschüsse in beratender Funktion an den Präsidiumssitzungen teilnehmen.

Dem Präsidium obliegt die Gesamtleitung des Landkreistages nach den von der Mitgliederversammlung festgelegten Grundsätzen. Es entscheidet über alle Angelegenheiten, soweit sie nicht der Landkreisversammlung oder dem Geschäftsführer vorbehalten sind.

Der Präsident wird aus der Mitte der Landkreisversammlung gewählt. Er leitet die Landkreisversammlung, die Beratungen des Präsidiums und vertritt in Angelegenheiten von grundsätzlicher verbandspolitischer Bedeutung den Thüringischen Landkreistag in der Öffentlichkeit, insbesondere gegenüber dem Landtag und der Landesregierung. Das Präsidium tagt regelmäßig im Jahr.

Beim Thüringischen Landkreistag bestehen zudem Fachausschüsse zu den Themen

- Kommunalverfassung, Personal, Organisation und E-Government,Umwelt, Raumordnung und Tourismus,
- Soziales, Jugend und Gesundheit,
- Wirtschaft und Verkehr,
- Haushalt und Finanzen und
- Kultur, Bildung und Sport.

Die Fachausschüsse haben eine beratende Funktion. Sie werden von Landräten geleitet und tagen fachbezogen mehrfach im Jahr. Alle Kreise können mit jeweils einem namentlich benannten Vertreter an den Beratungen der Ausschüsse teilnehmen. Durch die Fachausschüsse werden die Stellungnahmen des Landkreistages oder des Präsidiums zu Fragen grundsätzlicher und verbandspolitischer Bedeutung vorbereitet.

3. Bayerischer Landkreistag

Präsident
Landrat Christian Bernreiter
Landkreis Deggendorf

Geschäftsstelle
Geschäftsführendes Präsidialmitglied Dr. Johann Keller
Kardinal-Döpfner-Straße 8
80333 München

Tel.: 0 89 / 28 66 15 – 0
Fax: 0 89 / 28 28 21
Internet: www.bay-landkreistag.de

Gründungsgeschichte

Landkreise gibt es in Bayern schon seit 1852, wenn auch bis 1939 unter der Bezeichnung „Bezirke". Vorgängerorganisation war der Landesverband bayerischer Bezirke, der am 10.9.1919 gegründet wurde und dem Verband der Deutschen Landkreise nach dessen Gründung am 7.9.1922 noch im September 1922 beitrat. Im Jahr 1933 wurde der Spitzenverband durch Maßnahmen der NSDAP de facto stillgelegt und durch das Gesetz über den Deutschen Gemeindetag vom 15.12.1933 de jure aufgelöst.

Der Bayerische Landkreistag wurde 1947 gegründet. 118 Landräte nahmen als Vertreter ihrer Landkreise dabei nachstehenden Antrag einstimmig an: „Die erste Vollversammlung aller bayerischen Landkreise, die durch die Vorsitzenden ihrer Kreistage, die Landräte, in Ingolstadt am 29.8.1947 vertreten sind, beschließen die Gründung einer Arbeitsgemeinschaft der bayerischen Landkreise unter der Bezeichnung ‚Landkreisverband Bayern'." Zum Ersten Vorsitzenden wurde Landrat Dr. Heinrich Grimm (Bamberg) gewählt. Mit dem Inkrafttreten der neuen Landkreisordnung am 16.2.1952 und der Verleihung der Eigenschaft als Körperschaft des öffentlichen Rechts an den Landkreisverband Bayern am 19.4.1952 war die Aufbauphase im Wesentlichen abgeschlossen.

Einen herben Rückschlag für den Verband und dessen Interessenvertretung brachte das Gesetz über die Unvereinbarkeit von Amt und Mandat für Angehörige des öffentlichen Dienstes, das sog. „Rechtsstellungsgesetz" vom 23.6.1966, das weitgehend mit dem Beginn der Legislaturperiode des Bayerischen Landtags am 22.11.1970 in Kraft trat. Es untersagte den Landräten die gleichzeitige Mitgliedschaft im Landtag. Von den 204 Abgeordneten des Bayerischen Landtags waren 88 von dieser Inkompatibilitätsregelung betroffen.

Ein weiterer Meilenstein für den Landkreisverband Bayern war die Verordnung zur Neugliederung der Landkreise und kreisfreien Städte vom 16.12.1971. Mit Wirkung vom 1.7.1972 wurden die Landkreise von 143 auf 71 und die kreisfreien Städte von 48 auf 25 vermindert. In dieser Umbruchphase hat Landrat Dr. Fritz Wilhelm, Würzburg, als Vorsitzender des Landkreisverbands Bayern bis 1978 entscheidend dazu beigetragen, dass die kommunale Selbstverwaltung der Landkreise gestärkt und die Institution der Landkreise stabilisiert wurde. Mit Wirkung vom 1.5.1990 hat sich der Landkreisverband Bayern in „Bayerischer Landkreistag" umbenannt.

Willensbildung

Die Organe des Bayerischen Landkreistags sind:

- das Präsidium,
- der Landesausschuss,
- die Landkreisversammlung.

Das Präsidium, das alle ein bis zwei Monate tagt, besteht aus

1. dem Präsidenten, dem Ersten, Zweiten und Dritten Vizepräsidenten, von denen einer das Amt des Schatzmeisters ausübt,
2. den Vorsitzenden der Bezirksverbände oder deren Stellvertretern,
3. einem Landrat, der vom mitgliederstärksten Bezirksverband zugewählt wird,
4. jeweils einem weiteren Landrat durch Zuwahl der Bezirksverbände, die keinen Sitz nach 1. erhalten,
5. zwei gewählten Kreisräten oder deren Stellvertretern,
6. dem Geschäftsführer (Geschäftsführendes Präsidialmitglied).

Der Landesausschuss besteht aus je drei gewählten Vertretern der Bezirksverbände oder deren Stellvertretern, die nicht zugleich dem Präsidium angehören können, und von denen einer Kreisrat sein muss. Der mitgliederstärkste Bezirksverband wählt drei weitere Vertreter, von denen einer ein Kreisrat sein muss, in den Landesausschuss. Der Landesausschuss überwacht die Arbeit des Präsidiums und wird vom Präsidenten nach Bedarf – grundsätzlich zweimal im Jahr – einberufen.

In der Landkreisversammlung werden die Landkreise durch ihren jeweiligen Landrat und einen vom Landkreis zu bestimmenden Kreisrat vertreten. Die Landkreisversammlung ist vom Präsidenten einmal im Jahr einzuberufen. Der Sitz der Geschäftsstelle, die vom Geschäftsführer geleitet wird, ist München.

Präsidium und Landesausschuss erlassen Richtlinien über die Einsetzung von beratenden Fachausschüssen, die die Arbeit der Organe und der Geschäftsstelle unterstützen. Folgende Fachausschüsse bestehen beim Bayerischen Landkreistag:

- Ausschuss für Recht und Bildung ,
- Ausschuss für Finanzen und Sparkassen,
- Ausschuss für Gesundheit und Soziales,
- Ausschuss für Landesentwicklung und Umwelt und
- Ausschuss für Wirtschaft und Verkehr.

In der Regel tagen die Fachausschüsse mindestens zweimal pro Jahr. Zudem haben sich im 1997 gegründeten Innovationsring des Bayerischen Landkreistags 26 Landkreise zusammengeschlossen, um die Landratsämter auf die Herausforderungen der Zukunft vorzubereiten. Als praktische Hilfestellung veröffentlicht der Innovationsring regelmäßig Leitfäden, die von den Projektgruppen „Personal und Führung", „Betriebswirtschaft", „Organisation/eGovernment" sowie „Service- und Kundenorientierung" erarbeitet werden.

4. Landkreistag Baden-Württemberg

Präsident
Landrat Joachim Walter
Landkreis Tübingen

Geschäftsstelle
Hauptgeschäftsführer Prof. Eberhard Trumpp
Panoramastraße 37
70174 Stuttgart

Tel.: 07 11 / 2 24 62 – 0
Fax: 07 11 / 2 24 62 – 23
Internet: www.landkreistag-bw.de

Gründungsgeschichte

Die Geschichte des Landkreistags Baden-Württemberg ist eng mit der Geschichte des Landes Baden-Württemberg verbunden. Nachdem das Land 1952 aus den drei bis dahin selbständigen Ländern Württemberg-Baden, Württemberg-Hohenzollern und Baden hervorging, gab es in diesen drei Ländern folgerichtig auch Vorgängerorganisationen des heutigen Landkreistags Baden-Württemberg.

- Baden

Erst mit der neuen badischen Landkreisordnung vom 24.6.1939 wurden die bisherigen staatlichen Amtsbezirke in Landkreise umgewandelt und mit Selbstverwaltungsrechten ausgestattet. Damit entstanden nun auch in Baden die Landkreise in ihrer heute noch bestehenden Doppelfunktion als kommunale Selbstverwaltungskörperschaft und staatliche Verwaltungsbehörde.

- Württemberg

Die Verfassung von 1819 legte fest, dass sämtliche zu einem Oberamt gehörenden Gemeinden die „Amtskörperschaft" bildeten. Diese Oberämter waren staatliche Verwaltungsbehörden und Selbstverwaltungskörperschaften.

Am 29.9.1920 fand die Gründungsversammlung des Landesverbandes der württembergischen Amtskörperschaften in Stuttgart statt. 1922 erfolgte der Beitritt des Landesverbandes der württembergischen Amtskörperschaften zum Deutschen Landkreistag.

- Hohenzollernsche Lande

Nachdem die Fürsten von Hohenzollern-Sigmaringen und Hechingen ihre Fürstentümer an Preußen abgetreten hatten, wurden die Fürstentümer 1850 mit dem preußischen Staatsgebiet vereinigt. Die neu integrierten „Hohenzollernschen Lande" bildeten ab 1852 einen besonderen, provinzähnlichen Verwaltungsbezirk, dessen Regierung in Sigmaringen mit einigen Ausnahmen direkt den Ministerien in Berlin unterstand. Ab 1861/62 wurden in diesem Landesgebiet vier Oberämter gebildet, die aber keine gemeinsame Interessenvertretung schufen. 1925 glich man die Verwaltung an das preußische Kreissystem an und bildete die Landkreise Hechingen und Sigmaringen.

- Nachkriegszeit

Mit dem Zusammenbruch des „Dritten Reiches" und dem Einmarsch amerikanischer und französischer Armeen in Süddeutschland wurden die bisherigen Länder Baden und Württemberg politisch und wirtschaftlich zerrissen. In der amerikanischen Besatzungszone wurden durch eine Proklamation der Militärregierung vom 19.9.1945 19 nordwürttembergische Landkreise mit neun nordbadischen Landkreisen zum neuen Land Württemberg-Baden zusammengeschlossen. Die französische Besatzungsmacht vereinigte im Oktober 1945 15 südwürttembergische Kreise zusammen mit den beiden Kreisen des bis 1945 preußischen Regierungsbezirks Sigmaringen zum Land Württemberg-Hohenzollern, während die ebenfalls in der französischen Besatzungszone liegenden 18 südbadischen Kreise das nunmehr vom ehemaligen nördlichen Landesteil abgeschnittene Land Baden (Südbaden) bildeten. Sonach gab es im Südwesten nach 1945 zunächst unterschiedliche Kreisverfassungen für die Landkreise.

Die nordwürttembergischen Landräte trafen sich erstmals am 20.6.1945 in Murrhardt. Diese Tagung wird allgemein als Wiederbeginn des demokratischen und parlamentarischen Lebens gewürdigt. Ab November 1945 nahmen auch die nordbadischen Landräte an diesen Konferenzen teil, die sich durch Heranziehung weiterer Persönlichkeiten zur vorläufigen Volksvertretung des Landes Württemberg-Baden entwickelten, die am 16.1.1946 ihre konstituierende Sitzung abhielten.

Nachdem verschiedene Versuche unternommen wurden, eine einheitliche Organisation für die Kreise zu bilden, gründeten die nordwürttembergischen und nordbadischen Landkreise am 22.7.1947 in Aalen den Verband Württembergisch Badischer Landkreise. Die endgültige Konstituierung geschah auf der ersten Mitgliederversammlung am 5.7.1948 in Stuttgart.

Auch in Württemberg-Hohenzollern bemühte man sich nach Kriegsende um die Wiederzulassung eines Zusammenschlusses der kommunalen Verwaltungsträger. Am 26.2.1947 erteilte die Militärregierung ihre Zustimmung zur Gründung des Gemeindetags Württemberg-Hohenzollern, bei dem es sich um einen Verband der Gemeinden aller Größen und der Kreisverbände handelte. Die Zusammenfassung von Kreisen und Gemeinden sollte die enge Verbundenheit zwischen beiden Selbstverwaltungskörperschaften herstellen. Mit einer Kundgebung am 28.10.1947 in Sigmaringen trat dieser Gemeindetag erstmals an die Öffentlichkeit. Innerhalb dieses Verbandes konstituierte sich am 27.5.1950 die „Abteilung Kreisverbände".

In Südbaden war die Gründung einer Interessenvertretung schwieriger. Die badische Regierung musste davon überzeugt werden, dass es sich bei der Arbeitsgemeinschaft der Landkreise „nicht um eine Kampforganisation gegen die Regierung" handeln werde. Schließlich nahm die Arbeitsgemeinschaft der südbadischen Landkreise erst am 6.10.1949 die Arbeit endgültig auf.

Die bevorstehende Bildung des Südweststaats am 25.4.1952 war der Auftakt zu einer Intensivierung der Verbandsarbeit. Schließlich verständigten sich die drei Verbände in einer „Überlinger Übereinkunft" darauf, dass die Verbände zwar ihre Selbständigkeit behalten, aber im neuen Bundesland zur Vertretung gemeinsamer Anliegen eine „Landesarbeitsgemeinschaft der Badisch-Württembergischen Landkreise" bilden. Die Gründungsversammlung hierzu fand am 7.11.1952 in Bad Liebenzell statt.

1954 hatten sich die Städte zum Städteverband Baden-Württemberg zusammengefunden. Angesichts dieser Entwicklung war für den Verband Württemberg-Badischer Landkreise der Zeitpunkt gekommen, einen einheitlichen Landkreisverband zu bilden. Am 27.2.1956 ist in einer Mitgliederversammlung des Landkreistags Baden der Beitritt der südbadischen Landkreise zum Landkreistag Baden-Württemberg befürwortet worden. So war der Weg frei zur Gründung des Landkreistags Baden-Württemberg. Die Gründungsversammlung fand am 3.7.1956 in Ludwigsburg statt. Bis zum 1.4.1957 sind alle damaligen 63 Landkreise dem Landkreistag Baden-Württemberg beigetreten.

Willensbildung
Der heutige Landkreistag Baden-Württemberg orientierte sich bei der Bildung der Gremienstruktur an dem Vorbild des Deutschen Landkreistags. So wurden neben dem Präsidium ein Hauptausschuss sowie fünf Fachausschüsse gebildet. Die Sitzungen fanden dabei an Dienstsitzen der Landkreise in ganz Baden-Württemberg statt. Im Jahre 1968 wurde das Gebäude in der Panoramastraße 37 in Stuttgart erworben und am 1.4.1969 als Geschäftsstelle des Landkreistags Baden-Württemberg bezogen. Damit war die Möglichkeit für die 63 Landkreise gegeben, dass zumindest das Präsidium und die Fachausschüsse regelmäßig in Stuttgart tagen konnten.

Nach der Kreisgebietsreform in Baden-Württemberg, die zum 1.1.1973 in Kraft getreten ist, reduzierte sich die Zahl der Landkreise von 63 auf 35. Mit dieser Reform wurden die Gremien des Landkreistags neu geordnet. Als oberstes Beschlussorgan wurde die Landkreisversammlung geschaffen, die grundsätzlich im zweijährigen Rhythmus zusammentritt. Die Landkreisversammlung hat insbesondere auch die Aufgabe, kreis- und landespolitische Themen an die Öffentlichkeit zu tragen.

Für das Tagesgeschäft ist das Präsidium des Landkreistags das wichtigste Organ. Dem Präsidium gehören heute neben dem Präsidenten und den drei Vizepräsidenten zusätzlich 13 Landräte aus den vier Regierungsbezirken an. Das Präsidium tagt etwa fünfmal im Jahr.

Die sechs Fachausschüsse des Landkreistags (Rechts- und Verfassungsausschuss, Finanzausschuss, Sozialausschuss, Gesundheitsausschuss, Ausschuss für Umweltschutz, Wirtschaft und Verkehr und der Kulturausschuss) tagen regelmäßig zwei- bis dreimal im Jahr. Ihnen gehören jeweils 13 Landräte an.

Neben diesen Gremien tritt auch ein- bis zweimal im Jahr die Landrätekonferenz zusammen. Diese hat bisher nach der Satzung des Landkreistags nur beratende Funktion. Bei der Änderung der Verbandssatzung, die im Oktober 2016 vollzogen werden soll, soll der Landrätekonferenz insoweit eine Organstellung zukommen, als sie zukünftig anstelle des Präsidiums den Hauptgeschäftsführer des Verbandes wählen soll. Seit der Gründung im Jahre 1956 führten insgesamt elf Präsidenten und drei Hauptgeschäftsführer den Verband.

5. Hessischer Landkreistag

Präsident
Landrat Erich Pipa
Main-Kinzig-Kreis

Geschäftsstelle
Geschäftsführender Direktor PD Dr. habil. Jan Hilligardt
Frankfurter Straße 2
65189 Wiesbaden

Tel.: 06 11 / 17 06 – 0
Fax: 06 11 / 17 06 – 27
Internet: www.hlt.de

Gründungsgeschichte
Der Hessische Landkreistag ist die Vereinigung der 21 hessischen Landkreise, die aktuell rund 4,7 Mio. der 6,1 Mio. Einwohner Hessens repräsentieren.

Die Entstehungsphase des Hessischen Landkreistags ist eng mit den politischen Gegebenheiten der Besatzungszeit verknüpft. Die Amerikaner hatten nach ihrem Einmarsch weit über 50 % aller hessischen Beamten entlassen. Daher improvisierten die Verantwortlichen zunächst und ernannten die ersten Landräte. Durch Wahlen wurden die Landräte erst im April und Mai 1946 demokratisch legitimiert.

In allen Besatzungszonen wurde zeitnah neues Kommunalverfassungsrecht etabliert. In Hessen wurden mit der „Großhessischen Gemeindeordnung" vom 21.12.1945 und der „Kreisordnung" vom 21.1.1946 die rechtlichen Grundlagen geschaffen. Diese bestätigte die Doppelstellung der Kreise als staatliche Verwaltungsbezirke und kommunale Gebietskörperschaften mit einem Landrat an der Spitze. Neu waren jedoch Zusammensetzung und Zuständigkeiten des Kreistages und des Kreisausschusses.

Innerhalb dieser Rahmenbedingungen organisierten die Landkreise eine Interessensvertretung, die als Diskussionsforum mit Erfahrungsaustausch fungierte. Schon im Oktober 1945 bildete sich unter Führung des Landrates des Kreises Ziegenhain, Heinrich Treibert, die „Arbeitsgemeinschaft Kurhessischer Landkreise". Dieses Gremium erweiterte sich Anfang 1946 zur „Arbeitsgemeinschaft der Großhessischen Landkreise". Die Satzung sah vor, dass eine Geschäftsstelle am Amtssitz des jeweiligen Vorsitzenden einzurichten war, die von einem Syndikus mit Hilfe einer Sekretärin verwaltet werden sollte. Konsequenterweise wurde daher nach dem 11.9.1948, als Landrat Friedrich Bachmann zum neuen Vorsitzenden gewählt wurde, die Geschäftsstelle von Ziegenhain nach Biedenkopf verlegt.

Organisatorisch waren alle 39 Landkreise in der „Arbeitsgemeinschaft hessischer Landkreise" (ALK) vertreten und in drei Bezirksgruppen entsprechend den drei Regierungsbezirken unterteilt. Die in Groß-Umstadt stattfindende Haupttagung vom 21.10.1948 beschloss einstimmig die Umbenennung in „Hessischer Landkreistag", die Satzung wurde überarbeitet und es wurden die Weichen für die Einbeziehung der Kreistagsabgeordneten gestellt. Vom Vorstand – bestehend aus einem Vorsitzenden, einem Stellvertreter und den drei Vorsitzenden der Bezirksgruppen – geführte Organe wurden eingerichtet. Darunter agierte der Hauptausschuss, der aus dem Vorsitzenden und weiteren gewählten Mitgliedern bestand. Ferner gibt es seitdem Bezirksversammlungen, die Landräteversammlung und die Mitgliederversammlung.

Willensbildung
Organe des Verbandes sind die Mitgliederversammlung, das Präsidium und die Bezirksversammlungen.

Die Mitgliederversammlung tritt jährlich zusammen und entscheidet über die Grundsätze der Verbandsarbeit. An der Mitgliederversammlung nehmen alle Landkreise teil. Sie werden durch den Landrat und durch den Kreistagsvorsitzenden vertreten.

Dem Präsidium obliegt die Gesamtleitung des Hessischen Landkreistages. Es entscheidet in bis zu sechs Sitzungen pro Jahr verbindlich über alle Angelegenheiten, soweit sie nicht der Entscheidung der Mitgliederversammlung vorbehalten sind.

Die drei Bezirksversammlungen tragen zur Meinungsbildung auf der Bezirksebene bei, sind jedoch an Entscheidungen von Präsidium oder Mitgliederversammlung gebunden. In den Bezirksversammlungen beraten die Landräte, hauptamtlichen Kreisbeigeordneten sowie die Kreistagsvorsitzenden Fachthemen, vor allem unter regionalen Aspekten. Sie befassen sich mit allen Angelegenheiten des Verbandes und wählen die Vertreter für das Präsidium und die Ausschüsse, sodass die regionale Ausgewogenheit sichergestellt ist.

An der internen Willensbildung des Verbandes wirken auch sechs Fachausschüsse mit, die sich aus den von Bezirksversammlungen gewählten Vertretern zusammensetzen und mehrmals jährlich tagen. Die Fachausschüsse bereiten jeweils für ihr Sachgebiet die Beratungen des Präsidiums vor, entscheiden aber auch Fachfragen selbständig. Derzeit bestehen Fachausschüsse für die Bereiche Finanzen, Gesundheit, Schule und Kultur, Recht und Europa, Soziales sowie Wirtschaft und Planung.

Außerdem haben sich die Vorsitzenden der Kreistage in der Konferenz der Kreistagsvorsitzenden zusammengeschlossen, die dreimal jährlich tagt. Sie beraten insbesondere solche Themen, die für sie als Vertreter der ehrenamtlich in den Kreistagen Tätigen von besonderer Relevanz sind. Unter dem Dach des Hessischen Landkreistages haben sich zudem verschiedene Arbeitsgemeinschaften gebildet, in denen leitende Verwaltungsmitarbeiter und Fachleute aus den einzelnen Kreisverwaltungen mitwirken.

Der Hessische Landtag hat die besondere Bedeutung der kommunalen Spitzenverbände dadurch betont, dass er ein Anhörungsrecht in der Verfassung sowie in einem speziellen Beteiligungsgesetz verankert hat: Bevor durch Gesetz oder Verordnung allgemeine Fragen geregelt werden, die Landkreise unmittelbar berühren, ist der HLT zu hören.

6. Schleswig-Holsteinischer Landkreistag

Vorsitzender
Landrat Reinhard Sager
Kreis Ostholstein

Geschäftsstelle
Geschäftsführendes Vorstandsmitglied Jan-Christian Erps
(ab 1.10.2016 Dr. Sönke E. Schulz)
Reventlouallee 6
24105 Kiel

Tel.: 04 31 / 57 00 50 – 10
Fax: 04 31 / 57 00 50 – 20
Internet: www.sh-landkreistag.de

Gründungsgeschichte

In Schleswig-Holstein fanden sich schon im Jahr 1945 führende Persönlichkeiten in den Kreisen zu einer „Landeskreisvereinigung der Provinz Schleswig-Holstein" zusammen, die bald den Namen „Landeskreisvereinigung Schleswig-Holstein" erhielt.

Am 18.8.1946 hat sich dann unter der Aufsicht der britischen Militärregierung der „Schleswig-Holsteinische Landkreistag" neu konstituiert, sich eine Satzung gegeben und den Verein „Schleswig-Holsteinischer Landkreistag e.V." gegründet – zeitlich gesehen noch vor der Neukonstituierung des Landes Schleswig-Holstein. Die Gründungsversammlung fand in Pinneberg statt.

In der satzungsgebenden Versammlung des Schleswig-Holsteinischen Landkreistages befasste man sich vorrangig mit Fragen der Versorgung und Unterbringung von Flüchtlingen und Vertriebenen. Darüber hinaus beklagten sich die Landräte bereits damals schon darüber, dass die kommunale „Selbstverwaltung verbal zwar großgeschrieben werde, sie aber in Wirklichkeit immer mehr durch staatliche Eingriffe ausgehöhlt werde." Neben Fragen einer ausreichenden Finanzausstattung der Kreise ging es in dieser konstituierenden Sitzung aber auch bereits um die immer wieder kontrovers diskutierte Frage, ob es eine Zwischeninstanz zwischen Kreis und Gemeinde geben sollte. Bemerkenswert ist dabei, dass es sich von Anbeginn an um Themen handelte, die die Kreise – wenn auch unter veränderten Rahmenbedingungen – auch heute noch in der aktuellen politischen Diskussion immer wieder beschäftigen.

Der jetzige Kreiszuschnitt ist trotz mehrfacher Reformüberlegungen nach der Kreisgebietsreform der Jahre 1970/74 bis heute unverändert geblieben. Dem Schleswig-Holsteinischen Landkreistag gehören seitdem elf Kreise an. Wiederholte Versuche, den jetzigen Zuschnitt der Kreise zu verändern (Kreisgebietsreform) oder zu sog. Regionalkreisen umzuformen, blieben letztlich erfolglos.

Willensbildung

Die Organe des Schleswig-Holsteinischen Landkreistages sind die Mitgliederversammlung und der Vorstand. Die Gremien des Verbandes werden durch die in Kiel ansässige Geschäftsstelle geführt.

Die jährlich zweimal zusammentretende Mitgliederversammlung beschließt über alle wichtigen Angelegenheiten. Jeder Kreis wird in der Mitgliederversammlung durch den Kreispräsidenten und den Landrat vertreten. Kreise mit mehr als 50.000 Einwohnern werden für jede darüber hinaus gehenden angefangenen 50.000 Einwohner durch einen weiteren Kreistagsabgeordneten vertreten.

Der Vorstand besteht aus 15 Mitgliedern, wobei zur besseren regionalen und politischen Ausgewogenheit alle Kreise vertreten sein sollen. Er besteht derzeit aus vier hauptamtlichen Landräten, fünf ehrenamtlichen Kreispräsidenten, fünf ehrenamtlichen Kreistagsabgeordneten sowie dem Geschäftsführenden Vorstandsmitglied. Die Vorstandsmitglieder und der Vorsitzende werden in der ersten Mitgliederversammlung nach den allgemeinen Kreistagswahlen für die Dauer der kommunalen Wahlzeit gewählt. Der Vorstand tagt ca. sechs- bis siebenmal im Jahr. Er ist verantwortlich für die Durchführung der Beschlüsse der Mitgliederversammlung und beaufsichtigt die Führung der Geschäfte des Landkreistages. Zukünftig ist in der Mitgliederversammlung und im Vorstand ein Anteil von 40 % Frauen anzustreben.

Zur Beratung des Vorstands und der Mitgliederversammlung wurden sechs Fachausschüsse gebildet. Jeder Fachausschuss setzt sich aus zehn Mitgliedern zusammen. Der Vorsitzende soll nach Möglichkeit ein Landrat sein. Die Fachausschüsse tagen in der Regel zweimal im Jahr.

Der Vorstand setzt in Absprache mit den Kreisen zur Vermittlung des Erfahrungsaustausches Arbeitsgemeinschaften der Leiter der Fachverwaltungen der Kreise ein. Derzeit bestehen neun Arbeitsgemeinschaften. Innerhalb der Arbeitsgemeinschaften kommt der AG Steuerung und Services wegen der Beratung von fachlich übergreifenden Grundsatzfragen zu Themen wie z. B. kommunaler Finanzausgleich, Verwaltungsmodernisierung und eGovernment eine besondere Stellung zu. Gemeinsam mit dem Städtetag Schleswig-Holstein werden die AG Rettungsdienst und die AG Gesundheitsdienst betreut. Unterhalb der Arbeitsgemeinschaften gibt es zahlreiche Arbeitskreise, die sich auf der fachlichen Ebene zu besonderen Themen austauschen.

Die Landräte kommen zwei- bis viermal im Jahr zu einer Landrätekonferenz zusammen. Die Kreispräsidenten treffen sich zweimal jährlich. Die Landrätekonferenzen und Kreispräsidententreffen gehören formell nicht zu den Gremien des Schleswig-Holsteinischen Landkreistages, werden aber von der Geschäftsstelle fachlich und organisatorisch unterstützt.

Der Schleswig-Holsteinische Landkreistag wird derzeit durch den geschäftsführenden Vorstand nach außen repräsentiert (§ 26 BGB). Er besteht aus dem Vorsitzenden, dem Stellvertretenden Vorsitzenden und dem Geschäftsführenden Vorstandsmitglied.

7. Niedersächsischer Landkreistag

Vorsitzender
Landrat Klaus Wiswe
Landkreis Celle

Geschäftsstelle
Geschäftsführendes Präsidialmitglied Prof. Dr. Hubert Meyer
Am Mittelfelde 169
30519 Hannover

Tel.: 05 11 / 8 79 53 – 0
Fax: 05 11 / 8 79 53 – 50
Internet: www.nlt.de

Gründungsgeschichte

Am 10.8.1946 fand in Nienburg an der Weser eine Landrätekonferenz statt, die die Wiedererrichtung des Landkreistages der Provinz Hannover initiierte. Es wurde ein vorläufiger Vorstand gewählt und dieser beauftragt, baldmöglichst einer „neu einzuberufenden" Mitgliederversammlung des Landkreistages die Satzung zur Beratung und Beschlussfassung vorzulegen. Dies geschah am 23.11.1946, dem gleichen Tag, an dem die Verordnung der Britischen Militärregierung über die Befugnisse der Länder in der britischen Zone erlassen und Hinrich-Wilhelm Kopf zum ersten Ministerpräsidenten des Landes Niedersachsen ernannt wurde. Die Gründungsveranstaltung fand im Rathaus der Landeshauptstadt Hannover des inzwischen neu gebildeten Landes Niedersachsen statt.

Auch wenn die Rahmenbedingungen sich fundamental verändert haben, erscheinen viele der nach dem Krieg diskutierten Fragestellungen auch heute noch von einer bemerkenswerten Aktualität. So wurde bereits in der zweiten Versammlung 1947 das Thema „Bauplanung auf dem Lande" erörtert. Auch der Verwaltungsaufbau und eine Diskussion zum kommunalen Neuzuschnitt spielten eine lebhafte Rolle. Erhebliche Herausforderungen waren für die Landkreise mit der seinerzeitigen Flüchtlingsfrage verbunden – ein Thema, das in diesen Tagen vor einem anderen historischen Hintergrund von neuer Aktualität ist.

Nach der Kreisgebietsreform in den 1970er Jahren und der Gründung der Region Hannover im Jahr 2001 gehören heute 37 Landkreise und die Region Hannover dem Niedersächsischen Landkreistag an. Die Region Hannover mit gut 1,1 Mio. Einwohnern umfasst auch die Landeshauptstadt Hannover. Es gibt eine etwas andere Aufgabenabgrenzung zwischen der Region und ihren Mitgliedsgemeinden, im Übrigen handelt es sich aber nach Struktur und Aufgaben um eine Gebietskörperschaft, die alle kreisspezifischen Merkmale aufweist.

Zum 1.11.2016 wird sich die Zahl der Mitglieder durch die erste freiwillige Kreisfusion in Niedersachsen verringern: Die bisherigen Landkreise Göttingen und Osterode am Harz bilden den künftigen Landkreis Göttingen.

Willensbildung

Die jährlich einmal zusammentretende Landkreisversammlung als das oberste Beschlussorgan besteht aus der jeweiligen Landrat/dem Regionspräsidenten und einem vom Kreistag/der Regionsversammlung gewählten ehrenamtlichen Repräsentanten. Das zentrale beschließende Organ des Verbandes ist das Präsidium. Es kommt zu sechs bis sieben Sitzungen pro Jahr zusammen und besteht aus 13 Mitgliedern. Die Hauptverwaltungsbeamten stellen mit acht Personen die Mehrheit, vier Präsidiumsmitglieder werden aus dem Reihen der ehrenamtlichen Abgeordneten der Kreistage gewählt, das Geschäftsführende Präsidialmitglied des Verbandes komplettiert das Gremium. Um eine regionale Ausgewogenheit im Flächenbundesland Niedersachsen zu gewährleisten, sieht die Satzung die Wahl von jeweils zwei Landräten und eines ehrenamtlichen Vertreters aus dem Einzugsbereich der früheren vier Regierungsbezirke (Braunschweig, Hannover, Lüneburg-Stade und Weser-Ems) vor.

Die Arbeit des Präsidiums wird vorbereitet durch acht Fachausschüsse, denen jeweils zwölf Mitglieder angehören. Auch hier ist das Hauptamt mit acht Personen und das Ehrenamt mit vier vertreten, die ebenfalls regional ausgewogen entsprechend dem Einzugsbereich der früheren Regierungsbezirke gewählt werden. Das Hauptamt wird in der Regel durch den Landrat repräsentiert, insbesondere im Hinblick auf die größeren Landkreise lässt die Satzung in neuerer Zeit auch die Einbindung weiterer Wahlbeamter zu. Die Ausschüsse kommen zu zwei oder drei Sitzungen pro Jahr zusammen.

Die Abstimmung der politischen Fragestellungen im Tagesgeschäft erfolgt im Geschäftsführenden Präsidium, dem der jeweilige Präsident, der Vizepräsident und das Geschäftsführende Präsidialmitglied angehören. Der Präsident und der Vizepräsident werden aus den Reihen der dem Präsidium angehörenden Landräte gewählt. Es entspricht einer inzwischen langjährigen Übung, in der Mitte der fünfjährigen Wahlperiode einen Wechsel zwischen der Position des Präsidenten und des Vizepräsidenten vorzusehen. Diese Vorgehensweise und eine zwischen den beiden großen politischen Lagern unabhängig vom konkreten Ausgang der jeweiligen Kommunalwahl verabredete „paritätische Besetzung" des Präsidiums haben dazu beigetragen, dass parteipolitische Fragestellungen in der Verbandsarbeit eine untergeordnete Rolle spielen.

Aus der Vielzahl der seitens der in Hannover angesiedelten Geschäftsstelle weiter zu betreuenden Gremien sind die gemeinsam mit dem Niedersächsischen Städtetag gebildeten Arbeitskreise für das Gesundheitswesen und das Veterinärwesen sowie die NLT-internen Arbeitskreise für den Rettungsdienst und für Finanzen zu nennen. Große Bedeutung in der praktischen Arbeit kommt den vier regionalen Landrätekonferenzen zu, die aber formal nicht zu den Gremien des Verbandes rechnen, sondern sich selbständig organisieren.

8. Landkreistag Nordrhein-Westfalen

Präsident
Landrat Thomas Hendele
Kreis Mettmann

Geschäftsstelle
Hauptgeschäftsführer Dr. Martin Klein
Kavalleriestraße 8 – 10
40213 Düsseldorf

Tel.: 02 11 / 30 04 91 – 0
Fax: 02 11 / 30 04 91 – 660
Internet: www.lkt-nrw.de

Gründungsgeschichte

Die sog. „Stunde Null" – die Kapitulation des Deutschen Reiches gegenüber den Alliierten im Mai 1945 – hatte allenfalls kurzfristig zu einer Unterbrechung der Tätigkeit der Kommunalverwaltung geführt. Die amerikanischen und britischen Truppen tauschten in der Regel die Spitzen der Kommunalverwaltungen durch von der nationalsozialistischen Zeit unbelastete Persönlichkeiten aus, die selbstverständlich unter der Kontrolle der amerikanischen Besetzung bzw. nachfolgend der britischen Besatzungsmacht standen. Schon sehr bald nach (Wieder-)Herstellung der Funktionsfähigkeit der jeweiligen Kreisverwaltungen gab es in den drei rheinischen – Aachen, Düsseldorf, Köln – und den drei westfälischen – Arnsberg, Münster, Minden (später Detmold) – Regierungsbezirken jeweils Landkreisvereinigungen, die dem Erfahrungsaustausch und der gegenseitigen Unterstützung dienten. Insofern konnte an die Vorläufer dieser Vereinigungen aus der Zeit der Weimarer Republik angeknüpft werden, in der es einen Rheinischen Landkreistag im Gebiet der früheren preußischen Rheinprovinz und einen Westfälischen Landkreistag im Gebiet der preußischen Provinz Westfalen gegeben hatte.

Am 10.3.1947 fand auf Veranlassung von Landrat Dr. August Dresbach (Oberbergischer Kreis) ein Treffen von Landräten und Oberkreisdirektoren aus 14 rheinischen und vier westfälischen Kreisen in Gummersbach statt. Die westfälischen Kreise waren mit Vollmacht für den im Februar begründeten Westfälischen Landkreistag ausgestattet. Beschlossen wurde die Gründung eines Nordrhein-Westfälischen Landkreistages als Unterverband des Deutschen Landkreistages und die Bestellung eines besonderen Geschäftsführers am Sitz der Landesregierung in Düsseldorf. Zudem wurde als Ziel formuliert, die Geschäftsstelle des Deutschen Landkreistages sobald wie möglich von Bad Godesberg nach Düsseldorf zu verlegen.

Zwischen der durch die britische Besatzungsmacht erfolgten Gründung des Landes Nordrhein-Westfalen mit der Verordnung Nr. 46 vom 23.8.1946 und der Gründung des Landkreistages Nordrhein-Westfalen lag lediglich ein Zeitraum von gut sechs Monaten.

Zum Vorsitzenden des Landkreistages Nordrhein-Westfalen wurde Landrat Dr. August Dresbach (Gummersbach) gewählt, zu seinem Stellvertreter Oberkreisdirektor Dr. Johannes Strunden (Kreis Borken), so dass diese regional ausgewogene Doppelspitze zugleich auch die landesteilbezogene Basis der rheinischen und der westfälischen Kreise versinnbildlichte. Das bis dahin selbständige Land Lippe wurde im Januar 1947 mit Nordrhein-Westfalen vereinigt. Die erste Mitgliederversammlung des Nordrhein-Westfälischen Landkreistages fand am 25.6.1947 in Bad Sassendorf (Kreis Soest) statt.

Willensbildung

Oberstes Organ des Landkreistages NRW ist die Landkreisversammlung, die sich aus jeweils zwei stimmberechtigten Delegierten der insgesamt 30 Kreise sowie der Städteregion Aachen und je einem stimmberechtigten Delegierten der drei außerordentlichen Mitglieder (Landschaftsverband Rheinland, Landschaftsverband Westfalen-Lippe, Regionalverband Ruhr) zusammensetzt und mindestens einmal im Jahr tagt. Sie wählt den Präsidenten und zwei Vizepräsidenten aus den Reihen der hauptamtlichen Landräte sowie den Hauptgeschäftsführer als Geschäftsführendes Vorstandsmitglied.

Der Vorstand besteht aus den 30 Landräten und dem Städteregionsrat der Städteregion Aachen sowie dem Hauptgeschäftsführer als Geschäftsführendem Vorstandsmitglied. Der Vorstand tritt regelmäßig sechsmal jährlich zusammen und vertritt den Verband nach außen. Die vom Vorstand gebildeten zehn Fachausschüsse bereiten die Beschlüsse der Organe des Landkreistags vor und dienen dem Erfahrungsaustausch unter den Kreisen. In den Fachausschüssen wirken regelmäßig Landräte als Vorsitzende sowie weitere leitende Kreisbedienstete auf der Ebene von Dezernenten bzw. Fachbereichs-/Amtsleitern mit. Eine Besonderheit bildet der Polizeiausschuss, der ausschließlich aus Landräten als Chefs der Kreispolizeibehörden besteht. Darüber hinaus bestehen eine Vielzahl weiterer Gremien dauerhaft (Arbeitsgemeinschaften, Arbeitskreise) oder themenabhängig (Arbeitsgruppen, Projektgruppen). Die Fachausschüsse und die weiteren Gremien tagen zumindest zweimal jährlich, zum Teil auch in deutlich intensiverem Rhythmus.

9. Landkreistag Rheinland-Pfalz

Vorsitzender
Landrat Dr. Winfried Hirschberger
Landkreis Kusel

Geschäftsstelle
Geschäftsführende Direktoren
Ernst Beucher und Burkhard Müller
Deutschhausplatz 1
55116 Mainz

Tel.: 0 61 31 / 2 86 55 – 0
Fax: 0 61 31 / 2 86 55 – 28
Internet: www.landkreistag.rlp.de

Gründungsgeschichte

Die Gründung des neuen demokratischen Staatswesens nahm nach dem Ende des Zweiten Weltkrieges auch in Rheinland-Pfalz ihren Anfang im kommunalen Bereich. Nach den ersten Kommunalwahlen am 15.9. und 13.10.1946 waren nicht nur die Gemeinde- und Kreisverwaltungen, sondern auch die Gemeinderäte, Stadträte und Kreisversammlungen (Kreistage) arbeitsfähig, die bald eine beratende Beteiligung von Vertretern der Landkreise, Gemeinden und Städte an der nun einsetzenden Landesgesetzgebung einforderten.

Von den Kreisversammlungen und den Stadträten der kreisfreien Städte wurden die Mitglieder der beratenden Landesversammlung gewählt, die vom 22.11.1946 bis 26.4.1947 einen Verfassungsentwurf ausarbeitete. Dieser wurde am 18.5.1947 in einer Volksabstimmung von der Mehrheit der stimmberechtigten Einwohner angenommen. Damit war die Bildung des Landes Rheinland-Pfalz auf der Grundlage des Volkswillens abgeschlossen.

Mit der Gründung des Landkreistages und der beiden anderen kommunalen Spitzenverbände im Jahr 1947 konnte an eine durch das „Dritte Reich" unterbrochene Tradition angeknüpft werden. Die Bemühungen zur Bildung eines Landkreistages entsprachen einem allseits empfundenen Bedürfnis. Am 7.11.1947 fand das erste Zusammentreffen von Vertrauensleuten aus allen Regierungsbezirken auf Initiative von Landrat Doetsch (Kreis Mayen) auf der Domäne Niederhausen-Schloßböckelheim (Kreis Bad Kreuznach) statt. Von Beginn an bestand Übereinstimmung über die Gründung eines kommunalen Spitzenverbandes der Landkreise. Als Vorsitzender wurde einstimmig der damals fünfzigjährige Landrat des Kreises Ahrweiler, Dr. Hermann Schüling, benannt. Als Geschäftsführer des Landkreistages wurde in der Gründungssitzung Landrat a. D. Heinrich Salzmann aus Trier berufen, der bereits seit Oktober 1947 die Geschäftsführung des kurze Zeit zuvor gegründeten Gemeindetages Rheinland- Pfalz innehatte.

Zur rechtlichen Wirksamkeit des Landkreistages Rheinland-Pfalz wurde eine Satzung erarbeitet, die sich eng an der Satzung des früheren Verbandes der Preußischen Landkreistages sowie des neugegründeten Deutschen Landkreistages orientierte.

Neben der Beitrittserklärung der rheinland-pfälzischen Landkreise bedurften alle vereinsmäßigen und ähnlichen Zusammenschlüsse der ausdrücklichen Genehmigung der Militärregierung von Rheinland-Pfalz, die erst nach längeren Bemühungen und mehrmaliger Änderung des Satzungsentwurfs am 7.8.1948 durch den Generaldelegierten, Gouverneur Hettier de Boislambert, erteilt wurde. Der Landkreistag konnte somit auch mit Billigung der Besatzungsmacht tätig sein.

Rheinland-Pfalz war das erste Land der französischen Zone, in dem es zu einem Zusammenschluss der Landkreise gekommen war. Der Landkreistag konnte sich aber zunächst noch nicht dem in der britischen und amerikanischen Zone bestehenden Deutschen Landkreistag anschließen, da besatzungsrechtliche Hemmnisse bestanden. Nachdem diese überwunden waren, konnte der Landkreistag Rheinland-Pfalz am 1.10.1949 dem Deutschen Landkreistag offiziell beitreten.

Willensbildung
Organe des Landkreistages sind

- die Hauptversammlung,
- der Erweiterte Vorstand und
- der Geschäftsführende Vorstand.

Aufgaben der einmal jährlich stattfindenden Hauptversammlung – bestehend aus den 24 Landkreisen sowie dem Bezirksverband Pfalz – sind insbesondere die Bestimmung von Zielen, Richtlinien und Grundsätzen der Arbeit des Landkreistages, der Beschluss der Satzung und deren Änderung, die Wahl des Vorsitzenden, der Stellvertretenden Vorsitzenden sowie der Vorstände und die Verabschiedung des Haushalts.

Der mindestens dreimal jährlich einzuberufende Erweiterte Vorstand besteht aus dem Geschäftsführenden Vorstand, 13 ehrenamtlichen Vertretungen der Landkreise sowie sechs beratenden Mitgliedern des Landtages. Er hat u. a. Ziele, Richtlinien und Grundsätze der Arbeit des Landkreistages sowie Stellungnahmen zu wichtigen kommunalpolitischen Fragen zu beraten und über die Bildung von Fachausschüssen des Landkreistages zu beraten und ihre Mitglieder zu wählen.

Der Geschäftsführende Vorstand besteht aus dem Vorsitzenden sowie 13 Vertretern der Landkreise. Er vertritt den Landkreistag und beschließt alle Angelegenheiten, die nicht durch die Satzung der Hauptversammlung oder dem Erweiterten Vorstand zugewiesen sind und wird mindestens viermal jährlich einberufen.

Zur Vorbereitung von Beschlüssen des Vorstandes sind folgende Fachausschüsse gebildet worden, die nach Bedarf einberufen werden:

- Finanzausschuss,
- Rechts- und Umweltausschuss,
- Schul- und Kulturausschuss,
- Sozial- und Gesundheitsausschuss und
- Wirtschafts-, Verkehrs- und Landwirtschaftsausschuss.

Vorstand im Sinne des § 26 BGB sind der Vorsitzende, die beiden stellvertretenden Vorsitzenden und die Geschäftsführer.

10. Landkreistag Saarland

Vorsitzender
Landrat Patrik Lauer
Landkreis Saarlouis

Geschäftsstelle
Geschäftsführer Martin Luckas
Obertorstraße 1
66111 Saarbrücken

Tel.: 06 81 / 9 50 94 50
Fax: 06 81 / 3 92 64
Internet: www.landkreistag-saarland.de

Gründungsgeschichte
Die Geschichte der saarländischen Landkreise umfasst zwei Jahrhunderte. Im Jahr 2016 feiern drei saarländische Landkreise ihr 200-jähriges Bestehen. Das Saarland in seiner jetzigen Form ist viel jünger als die Landkreise. Zwischen 1920 und 1935 war das damalige Saargebiet erstmals unter der Verwaltung des Völkerbundes ein eigenständiges Gebiet zwischen Deutschland und Frankreich. Zwischen 1947 und 1957 war das Saarland abermals ein autonomes Staatsgebilde mit starkem französischem Einfluss. 1955 votierten die Saarländer in einer Volksabstimmung gegen die Fortsetzung dieses Sonderstatus. Das Saarland wurde daraufhin 1957 eigenständiges Bundesland der Bundesrepublik Deutschland und das erste Beitrittsland.

Nach der Aufnahme des Saarlandes in die Bundesrepublik Deutschland zu Beginn des Jahres 1957 tagten im Juni in den Diensträumen des Landkreises Saarbrücken Präsidium und Hauptausschuss des Deutschen Landkreistages. Vor diesen Spitzengremien erklärten die saarländischen Landkreise durch ihren Sprecher, den Saarbrücker Landrat Karl Barth, förmlich ihren Willen, einen Landesverband zu bilden und dem Deutschen Landkreistag beizutreten.

Am 18.6.1957 fand die Gründungsversammlung des Landkreistages Saarland statt, die eine Satzung verabschiedete und den Vorstand wählte. Bereits im Oktober 1957 wurde die erste reguläre Hauptversammlung des Landkreistages Saarland abgehalten. Die Themen der Hauptversammlungen der folgenden Jahre sind auch heute noch – wenn auch in anderer Diktion – aktuell. Natürlich hat sich das Themenspektrum immer wieder auch den jeweiligen aktuellen Anforderungen angepasst. Geblieben ist jedoch von Anfang an das Verständnis und die Bedeutung des Landkreistages als gemeinsames Sprachrohr der saarländischen Landkreise gegenüber dem Gesetzgeber, der Landesregierung und anderen Institutionen und Verbänden nach außen und als Beratungsorgan für seine Mitglieder.

Seit 1999 bestimmt Art. 124 der saarländischen Verfassung, dass bevor durch Gesetz oder Verordnung allgemeine Fragen geregelt werden, welche die Gemeinden und Gemeindeverbände unmittelbar berühren, die kommunalen Spitzenverbände gehört werden sollen. Kommunale Spitzenverbände gibt es – auch das eine Besonderheit im Vergleich zu anderen Bundesländern – im Saarland nur zwei: Den Landkreistag Saarland und den Saarländischen Städte- und Gemeindetag. Dies resultiert aus einer weiteren Besonderheit der kommunalen Verfasstheit im Saarland: Seit 1974 sind alle Städte und Gemeinden im Saarland kreisangehörig, auch die Landeshauptstadt Saarbrücken. Eine weitere Besonderheit ist, dass der die Landeshauptstadt Saarbrücken und deren Umgebung umfassende Landkreis mit einigen dem Ballungsraum gewidmeten Sonderstrukturen den Namen Regionalverband Saarbrücken trägt und der Landrat Regionalverbandsdirektor heißt.

Willensbildung
Der Landkreistag Saarland ist in der Rechtsform eines nicht eingetragenen Vereins tätig. Beschlussorgane sind die einmal jährlich tagende Hauptversammlung sowie der im zweimonatigen Abstand tagende Vorstand. Der Hauptversammlung obliegt

insbesondere die Wahl des Vorstandes und des Vorsitzenden.

Der Vorstand besteht aus 18 Mitgliedern, darunter die sechs Landräte, sowie zwölf Kreistagsmitglieder, deren Zusammensetzung nach dem landesweiten Kreistagswahlergebnis nach d'Hondt erfolgt. Der Vorsitzende vertritt den Landkreistag zwischen den Sitzungen des Vorstandes. Die Amtszeit der Gremien beträgt analog zur kommunalen Wahlperiode fünf Jahre, Vorsitzender und stellvertretender Vorsitzender wechseln sich in der Mitte der kommunalen Wahlperiode in ihren Funktionen ab.

11. Landkreistag Mecklenburg-Vorpommern

Vorsitzender
Landrat Rolf Christiansen
Landkreis Ludwigslust-Parchim

Geschäftsstelle
Geschäftsführendes Vorstandsmitglied Matthias Köpp
Bertha-von-Suttner-Straße 5
19061 Schwerin

Tel.: 03 85 / 30 31 – 3 00
Fax: 03 85 / 30 31 – 3 03
Internet: www.landkreistag-mv.de

Gründungsgeschichte

Nach dem Fall der Mauer im November 1989 setzte in den Verwaltungen der DDR ein Umstellungsprozess ein. Ein stark zentralisiertes und auf Vorgaben „von oben" orientiertes Verwaltungssystem der Kreise hatte nunmehr die Aufgabe, die neuen Entscheidungsspielräume und Freiheiten vor Ort durch eine bürgerorientierte kommunale Selbstverwaltung zu unterstützen.

Die ersten freien Kommunalwahlen am 6.5.1990 leiteten eine neue Ära für die Kommunalverwaltungen ein und auf den darauffolgenden konstituierenden Sitzungen der Kreistage wurden die ersten Landräte sowie Kreistagspräsidenten der insgesamt 31 Landkreise gewählt.

Im Juni 1990 gab es ein erstes Treffen der Landkreise von Mecklenburg-Vorpommern und Schleswig-Holstein in Schwerin. Seitens der Kreisvertreter aus Schleswig-Holstein gab es eine große Bereitschaft, ihre Erfahrungen in die bevorstehende Aufbauarbeit einzubringen. Landrat Günter Kröpelin aus Ratzeburg beschreibt seine Motive für die Zusammenarbeit mit den entstehenden ostdeutschen Landkreisen von damals wie folgt:

> *„Aus meiner Kindheit und Schulzeit in Schönberg in den 1940er und 1950er Jahren wusste ich, wie stark das nordwestliche Mecklenburg-Strelitz mit dem östlichen Schleswig-Holstein verbunden war. Fahrten und Kontakte nach Lübeck und Ratzeburg gehörten zum Alltag. Es lag mir daher besonders am Herzen, dass diese Verbindungen wieder aufleben. Meine Funktion als Landrat des Kreises Herzogtum Lauenburg gab mir nun vielfältige Möglichkeiten, dazu etwas beizutragen."*

In einer Sitzungspause gab es erste Diskussionen über die Gründung eines Landkreistages. Allerdings überwogen zunächst noch die Bedenken, weil es bis dahin noch keine Landesregierung gab und somit Ansprechpartner auf der Landesseite fehlten. Im weiteren Verlauf ist dann darüber gesprochen worden, was ein Landkreistag überhaupt ist und welche Aufgaben er hat. Die Vertreter aus Schleswig-Holstein haben viele Fragen beantwortet. Am Ende des Treffens haben die Teilnehmer dann beschlossen, den Landkreistag Mecklenburg-Vorpommern zu gründen, um die Landespolitik von Anfang an aktiv mitzugestalten. Im Juli 1990 kamen schließlich ca. 16 Landkreisvertreter noch einmal in Güstrow zum „Gründungsausschuss" zusammen, der die Gründungsversammlung vorbereitet und den Gründungstermin auf den 2.8.1990 in Güstrow (Schloss) festlegte.

In der Gründungsversammlung wurde die Satzung des Landkreistages Mecklenburg-Vorpommern besprochen. Intensive Diskussionen gab es zum Sitz des Landkreistages und darüber, ob neben Landrat und Kreistagspräsident ein weiterer Abgeordneter (evtl. nach Einwohnerzahl) in die Mitgliederversammlung des Landkreistages berufen werden soll. Schließlich hat sich die Gründungsversammlung auf maximal zwei Vertreter je Landkreis geeinigt. Als Sitz des Landkreistages setzte sich Güstrow gegenüber Neustrelitz durch, wobei Einigkeit bestand, den Sitz künftig in die Landeshauptstadt zu verlegen – der Sitz der Landeshauptstadt war zu diesem Zeitpunkt aufgrund der Länderneubildung noch offen. Zum ersten Vorstandsvorsitzenden hat die Gründungsversammlung Dr. Uwe Kieckhöfel (Kreistagspräsident der Landkreises Teterow) gewählt. Am Ende der Sitzung beschloss die Gründungsversammlung, die Aufnahme des Landkreistages Mecklenburg-Vorpommern als vorläufiges Mitglied (bis zur Deutschen Einheit) in den Deutschen Landkreistag zu beantragen. Die erste spannende Aufgabe für den Landkreistag war die Mitarbeit im Regionalausschuss zur Landesbildung von Mecklenburg-Vorpommern.

Willensbildung

Das oberste Willensbildungsorgan des Landkreistages Mecklenburg-Vorpommern ist die Mitgliederversammlung, die in der Regel einmal jährlich zusammenkommt und wichtige Grundsatzentscheidungen trifft. Dazu gehören insbesondere die Wahl des geschäftsführenden Vorstands (Vorstandsvorsitzender, Stellvertreter und Geschäftsführer), Beschlüsse über Satzungsänderungen, Haushaltpläne, Entlastungen für das abgelaufene Haushaltsjahr und die Bildung von Fachausschüssen. Der Vorstand des Landkreistages ist dafür verantwortlich, die Beschlüsse der Mitgliederversammlung umzusetzen und tagt in der Regel viermal pro Jahr. Zur Beratung von Vorstand und Mitgliederversammlung werden Fachausschüsse tätig. Das Fundament der fachlichen Arbeit bilden über 20 Arbeitsgemeinschaften, in denen sich die Fachleute der Landkreisverwaltungen regelmäßig austauschen oder zu bestimmten Themen tagen.

Die Beteiligung von ehrenamtlichen Kreistagsmitgliedern spiegelt sich in den Gremien des Landkreistages Mecklenburg-Vorpommern als durchgängiges Prinzip wieder. So arbeiten im Vorstand paritätisch Kreistagspräsidenten mit. Die Fachausschüsse sind ebenfalls je zur Hälfte mit Kreistagsmitgliedern besetzt. Die Vorstandsmitglieder sind gleichzeitig als Vertreter in der Mitgliederversammlung des Landkreistages. Jeweils fünf weitere Vertreter je Landkreis für die Mitgliederversammlung wählen die Kreistage.

12. Landkreistag Brandenburg

Vorsitzender
Landrat Wolfgang Blasig
Landkreis Potsdam-Mittelmark

Geschäftsstelle
Geschäftsführendes Vorstandsmitglied Dr. Paul-Peter Humpert
Jägerallee 25
14469 Potsdam

Tel.: 03 31 / 2 98 74 – 0
Fax: 03 31 / 2 98 74 – 50
Internet: www.landkreistag-brandenburg.de

Gründungsgeschichte
Die Gründung des Landkreistages Brandenburg datiert auf den 21.8.1990. Noch vor der Bildung des Landes Brandenburg traten in der späteren Landeshauptstadt Potsdam die Vertreter der damals 38 brandenburgischen Landkreise zusammen, um ihren kommunalen Spitzenverband, den Landkreistag Brandenburg, zu gründen. Die Gründungsversammlung wählte einen dreiköpfigen geschäftsführenden Vorstand unter Vorsitz von Landrat Norbert Glante (Landkreis Potsdam-Land). Sowohl die Gründung des Landkreistages Brandenburg als auch der Aufbau der Verbandsstrukturen wurden nachhaltig unterstützt durch den Landkreistag Nordrhein-Westfalen.

Die Landkreise standen in der Anfangsphase vor der Aufgabe, die sich im Zuge der Wiedervereinigung ergebenden vielfältigen schwierigen Problemlagen zu bewältigen und gleichzeitig die Kreisverwaltungen neu auszurichten. Die sich daraus ergebenden Fragestellungen prägten in besonderer Weise auch die Verbandsarbeit. Darüber hinaus setzte mit der Wiedervereinigung und der damit einhergehenden Konstituierung des Landes Brandenburg sehr schnell eine umfassende Gesetzgebungstätigkeit ein, die es zu begleiten galt. Das zunächst in der Kommunalverfassung und später in der Landesverfassung verbriefte Anhörungsrecht der kommunalen Spitzenverbände hat hierbei kommunalen Belangen im Gesetzgebungsverfahren von Anfang einen hohen Stellenwert eingeräumt.

Prägend für die Verbandsarbeit in der ersten Kommunalwahlperiode war darüber hinaus die Diskussion zur Kreisgebietsreform, die am 5.12.1993 in die Fusion von vormals 38 Landkreisen und zwei kreisfreien Städten zu 14 neuen Landkreisen mündete.

Willensbildung
Mit der Kreisneugliederung 1993 ging auch eine Neustrukturierung der Gremien des Landkreistages Brandenburg einher. Seither ist in allen Gremien des Landkreistages Brandenburg einschließlich des Verbandsvorstandes jeder Landkreis vertreten; dies verkürzt nicht nur die Kommunikationswege, sondern ermöglicht es insbesondere, durch die Einbeziehung aller Verbandsmitglieder die Willensbildung auf eine breite Basis zu stellen. Hierbei ist der enge Schulterschluss der Verbandsmitglieder in allen Sachthemen von zentraler Bedeutung. Dies gibt den Positionierungen zusätzliches Gewicht.

Hinzu kommt eine fachlich breit aufgestellte Struktur von sechs Fachausschüssen zu den Themen:

- Recht, Organisation und Personal,
- Finanzen,
- Planung, Bau, Umwelt und Landwirtschaft,
- Gesundheit, Jugend und Soziales,
- Wirtschaft und Verkehr,
- Schule und Kultur.

Zusätzlich bestehen für eine Reihe von Fachgebieten Amtsleiter-Arbeitsgemeinschaften, die vorrangig dem fachlichen Erfahrungsaustausch dienen.

Die Mitglieder des Verbandsvorstandes und der Fachausschüsse sowie der Vorsitzende des Landkreistages Brandenburg werden von der Landkreisversammlung gewählt.

Nach der Kreisgebietsreform 1993 wählte die Landkreisversammlung am 8.3.1994 Landrat Karl-Heinz Schröter (Landkreis Oberhavel) zum Vorsitzenden, der dieses Amt nach viermaliger Wiederwahl bis zu seiner Ernennung zum Minister des Innern und für Kommunales des Landes Brandenburg am 5.11.2014 innehatte.

Thematisch spiegelt sich in den Beratungsgegenständen der Verbandsgremien die gesamte Entwicklung des Landes Brandenburg mit ihren kommunalrelevanten Bezügen. Beispielhaft hervorzuheben sind folgende Aspekte:

Mit der Kreisgebietsreform erfolgte auch der Schritt in einen zweistufigen Verwaltungsaufbau des Landes – unter Verzicht auf staatliche Mittelbehörden. In der Folge war die Verbandsarbeit stark geprägt von umfangreichen Diskussionsprozessen, um zu einer tragfähigen Ausgestaltung der sich an die Kreisneugliederung folgerichtig anschließenden Funktionalreform zu kommen.

Ein weiterer wichtiger Meilenstein war die Ergänzung der Landesverfassung um ein striktes Konnexitätsprinzip, das in der Folge durch die Rechtsprechung des Landesverfassungsgerichts in begrüßenswerter Weise weiter ausgeformt werden konnte.

Hervorzuheben ist auch das starke Engagement der brandenburgischen Landkreise, als zugelassene kommunale Träger die Aufgaben nach dem SGB II wahrzunehmen. Im Ergebnis ist jeder zweite Landkreis in Brandenburg ein Optionslandkreis.

Auch für die Zukunft ergeben sich neue Herausforderungen, denen sich die Landkreise und ihr kommunaler Spitzenverband, der Landkreistag Brandenburg, stellen werden. Gemeinsames Anliegen ist es hierbei, der kommunalen Stimme Gehör zu verschaffen und auch weiterhin für eine kraftvolle Betätigung der kommunalen Selbstverwaltung einzutreten.

13. Landkreistag Sachsen-Anhalt

Präsident
Landrat Michael Ziche
Altmarkkreis Salzwedel

Geschäftsstelle
Geschäftsführendes Präsidialmitglied Heinz-Lothar Theel
Albrechtstraße 7
39104 Magdeburg

Tel.: 03 91 / 5 65 31 – 0
Fax: 03 91 / 5 65 31 – 90
Internet: www.komsanet.de

Gründungsgeschichte
Die ersten und einzigen freien Kommunalwahlen in der ehemaligen DDR am 6.5.1990 bildeten die demokratische Grundlage für die Wiedereinführung der kommunalen Selbstverwaltung in Sachsen-Anhalt und die Bildung von Vereinigungen, die dieses Ziel unterstützen.

Die offizielle Gründung des Landkreistages Sachsen-Anhalt fand dank nachhaltiger Unterstützung des Niedersächsischen Landkreistages bereits am 8.9.1990 in Bernburg statt. Vertreten waren alle 37 Landkreise des künftigen Landes Sachsen-Anhalt. Der neue Verband gab sich eine Satzung und wählte ein Präsidium. Der Landkreistag Sachsen-Anhalt hat seinen Sitz in der Landeshauptstadt Magdeburg.

Durch die erste Kreisgebietsreform verringerte sich die Zahl der Landkreise zum 1.7.1994 auf 21. Mit Inkrafttreten der zweiten Kreisgebietsreform am 1.7.2007 sind in Sachsen-Anhalt elf Landkreise entstanden, die für die Herausforderungen der Zukunft leistungsfähig aufgestellt sind.

In den elf Landkreisen Sachsen-Anhalts leben heute rd. 1,74 Mio. Menschen. Das sind 76 % aller Einwohner des Landes.

Die Landkreise umfassen eine Fläche von 19.869 km², also 97 % der Gesamtfläche des Landes Sachsen-Anhalt. Sechs der elf Landkreise sind umfassend für die Vermittlung und Integration der Langzeitarbeitslosen in den Arbeitsmarkt verantwortlich („Optionsmodell").

Willensbildung
Die Landkreisversammlung setzt sich aus je zwei stimmberechtigten Mitgliedern der Landkreise, und zwar dem Landrat und dem Kreistagsvorsitzenden, zusammen. Sie wählt das Präsidium, die Vorsitzenden der Fachausschüsse sowie das Geschäftsführende Präsidialmitglied (Geschäftsführer), legt die Verbandsumlage fest, beschließt über Satzungsänderungen und wesentliche verbandspolitische Themen.

Das Präsidium besteht aus vier Landräten, zwei Kreistagsvorsitzenden und dem Geschäftsführer. Es bildet die verbandspolitische Meinung zu den laufenden Themen, die die Belange der Landkreise berühren. Die Satzung des Landkreistages Sachsen-Anhalt sieht vor, dass das Präsidium regional ausgewogen besetzt sein soll. An seiner Spitze standen zunächst mit Heinz Wieczorrek (1990/91) und Anna Zielezinski zwei Kreistagsvorsitzende, bevor 1994 mit Dr. Michael Ermrich erstmals ein Landrat Präsident wurde, der sodann 19 Jahre amtierte.
Auf Beschluss der Landkreisversammlung bestehen aktuell drei Fachausschüsse zu den Themen:

- Zentrale Steuerung, Finanzen und Kommunalrecht,
- Gesundheit, Schule und Soziales,
- Wirtschaft, Umweltschutz, Verkehr und Raumplanung.

Sie bereiten die Meinungsbildung des Präsidiums vor. Für jeden Fachausschuss wird durch die Landkreisversammlung aus den Reihen der Landräte ein Vorsitzender gewählt. Weiterhin gehören ihnen Landräte, Beigeordnete, Dezernenten oder Fachbereichsleiter aus allen Landkreisen an.

Der weiteren Meinungsbildung im Verband dienen:

- Seminare für die Landräte,
- Seminare für die Kreistagsvorsitzenden,
- Arbeitsgemeinschaften verschiedener Ämter bzw. Fachbereiche sowie die
- Projektgruppen „Optionslandkreise" und „Integration".

Ehrenmitglieder

Landrat Hans Jörg Duppré Landkreis Südwestpfalz

Ehrenlandrat Axel Endlein, Landkreis Northeim

Karl-Heinz Schröter, Minister des Innern und für Kommunales des Landes Brandenburg

Acht Einzelmitglieder

Bayerischer Bezirketag
Ridlerstraße 75
80339 München
Tel.: 0 89 / 2 12 38 90
Fax: 0 89 / 29 67 06
Internet: www.bay-bezirke.de

Präsident: Josef Mederer
Geschäftsführendes Präsidialmitglied: Stefanie Krüger

Kommunaler Sozialverband Mecklenburg-Vorpommern
Am Grünen Tal 19
19063 Schwerin
Tel.: 0385 / 39 68 99 10
Fax: 0385 / 39 68 99 19
Internet: www.ksv-mv.de

Verbandsdirektor: Jörg Rabe

Kommunaler Sozialverband Sachsen
Thomasiusstraße 1
04109 Leipzig
Tel.: 03 41 / 12 66 – 0
Fax: 03 41 / 12 66 – 7 00/- 8 00
Internet: www.ksv-sachsen.de

Verbandsdirektor: Andreas Werner

Kommunalverband für Jugend und Soziales Baden-Württemberg
Lindenspürstraße 39
70176 Stuttgart (West)
Tel.: 0711 / 63 75 0
Fax: 0711 / 63 75 – 133
Internet: www.kvjs.de

Verbandsdirektor: Prof. Roland Klinger

Landeswohlfahrtsverband Hessen
Ständeplatz 6-10
34117 Kassel
Tel.: 0561 / 10 04 – 0
Fax: 0561 / 10 04 – 2595
Internet: www.lwv-hessen.de

Landesdirektor: Uwe Brückmann

Landschaftsverband Rheinland
Kennedy-Ufer 2
50679 Köln
Tel.: 02 21 / 8 09 – 0
Fax: 02 21 / 8 09 – 22 00
Internet: www.lvr.de

Landesdirektorin: Ulrike Lubek

Landschaftsverband Westfalen-Lippe
Freiherr-vom-Stein-Platz 1
48133 Münster
Tel.: 02 51 / 5 91 – 01
Fax: 02 51 / 5 91 – 33 00
Internet: www.lwl.org

Direktor: Matthias Löb

Regionalverband Ruhr
Kronprinzenstraße 35
Postfach 10 32 64
45128 Essen
Tel.: 02 01 / 20 69 – 0
Fax: 02 01 / 20 69 – 5 00
Internet: www.rvr-online.de

Regionaldirektorin: Karola Geiß-Netthöfel

Ausgewählte Strukturdaten der Landkreise im vergleichenden Überblick

STAND 31.12.2014

Bundesweit größte Landkreise

	Bundesland	Fläche km²
1. Mecklenburgische Seenplatte	MV	5.470,35
2. Ludwigslust-Parchim	MV	4.752,44
3. Vorpommern-Greifswald	MV	3.929,73
4. Landkreis Rostock	MV	3.422,51
5. Vorpommern-Rügen	MV	3.207,37
6. Uckermark	BB	3.076,92
7. Emsland	NI	2.882,05
8. Potsdam-Mittelmark	BB	2.591,95
9. Ostprignitz-Ruppin	BB	2.526,56
10. Stendal	ST	2.423,14
11. Bautzen	SN	2.390,74
12. Börde	ST	2.366,65
13. Altmarkkreis Salzwedel	ST	2.293,04
14. Region Hannover	NI	2.290,79
15. Dahme-Spreewald	BB	2.274,48
16. Oder-Spree	BB	2.256,75
17. Rendsburg-Eckernförde	SH	2.189,17
18. Märkisch-Oderland	BB	2.158,65
19. Prignitz	BB	2.138,59
20. Osnabrück	NI	2.121,60
21. Nordwestmecklenburg	MV	2.118,51
22. Mittelsachsen	SN	2.113,42
23. Görlitz	SN	2.106,32
24. Harz	ST	2.104,52
25. Teltow-Fläming	BB	2.104,20

Bundesweit kleinste Landkreise

	Bundesland	Fläche km²
1. Main-Taunus-Kreis	HE	222,39
2. Neunkirchen	SL	249,25
3. Rhein-Pfalz-Kreis	RP	304,94
4. Fürth	BY	307,55
5. Lindau (Bodensee)	BY	323,44
6. Offenbach	HE	356,30
7. Mettmann	NRW	407,22
8. Ennepe-Ruhr-Kreis	NRW	408,46
9. Regionalverband Saarbrücken	SL	410,63
10. Saarpfalz-Kreis	SL	418,39
11. Sonneberg	TH	433,61
12. Fürstenfeldbruck	BY	434,79
13. Rheinisch-Bergischer Kreis	NRW	437,32
14. Herford	NRW	450,41
15. Groß-Gerau	HE	453,05
16. Saarlouis	SL	459,03
17. Germersheim	RP	463,35
18. St. Wendel	SL	476,23
19. Hochtaunuskreis	HE	482,02
20. Starnberg	BY	487,71
21. Neu-Ulm	BY	515,86
22. Tübingen	BW	519,19
23. Lichtenfels	BY	519,95
24. Peine	NI	534,95
25. Unna	NRW	543,21

Bundesweit einwohnerstärkste Landkreise

	Bundesland	EW
1. Region Hannover	NI	1.128.037
2. Recklinghausen	NRW	613.092
3. Rhein-Sieg-Kreis	NRW	585.781
4. Städteregion Aachen	NRW	547.661
5. Rhein-Neckar-Kreis	BW	534.729
6. Ludwigsburg	BW	526.377
7. Esslingen	BW	516.779
8. Mettmann	NRW	477.760
9. Rhein-Erft-Kreis	NRW	459.448
10. Wesel	NRW	457.244
11. Rhein-Kreis Neuss	NRW	442.522
12. Steinfurt	NRW	437.127
13. Karlsruhe	BW	431.315
14. Ortenaukreis	BW	415.639
15. Rems-Murr-Kreis	BW	414.016
16. Märkischer Kreis	NRW	413.820
17. Main-Kinzig-Kreis	HE	407.619
18. Unna	NRW	391.774
19. Böblingen	BW	374.279
20. Borken	NRW	365.191
21. Gütersloh	NRW	354.463
22. Osnabrück	NI	351.316
23. Erzgebirgskreis	SN	348.582
24. Lippe	NRW	345.127
25. Offenbach	HE	341.669

Bundesweit einwohnerschwächste Landkreise

	Bundesland	EW
1. Lüchow-Dannenberg	NI	48.728
2. Wittmund	NI	56.539
3. Sonneberg	TH	56.809
4. Vulkaneifel	RP	60.775
5. Cochem-Zell	RP	62.041
6. Hildburghausen	TH	64.673
7. Lichtenfels	BY	66.540
8. Kronach	BY	67.998
9. Sömmerda	TH	70.537
10. Kusel	RP	70.883
11. Holzminden	NI	71.438
12. Kulmbach	BY	72.541
13. Tirschenreuth	BY	73.250
14. Wunsiedel i. Fichtelgebirge	BY	73.403
15. Osterode am Harz	NI	73.793
16. Donnersbergkreis	RP	74.962
17. Regen	BY	76.265
18. Kyffhäuserkreis	TH	77.148
19. Prignitz	BB	77.550
20. Freyung-Grafenau	BY	77.927
21. Lindau (Bodensee)	BY	79.387
22. Rhön-Grabfeld	BY	79.676
23. Birkenfeld	RP	80.591
24. Weimarer Land	TH	81.641
25. Saale-Orla-Kreis	TH	82.887

Bundesweit dichtest besiedelte Landkreise

	Bundesland	EW/km²
1. Mettmann	NRW	1.173
2. Main-Taunus-Kreis	HE	1.034
3. Offenbach	HE	959
4. Recklinghausen	NRW	806
5. Esslingen	BW	806
6. Regionalverband Saarbrücken	SL	793
7. Ennepe-Ruhr-Kreis	NRW	791
8. Städteregion Aachen	NRW	775
9. Rhein-Kreis Neuss	NRW	768
10. Ludwigsburg	BW	766
11. Unna	NRW	721
12. Rhein-Erft-Kreis	NRW	652
13. Rheinisch-Bergischer Kreis	NRW	639
14. Böblingen	BW	606
15. Groß-Gerau	HE	576
16. Herford	NRW	553
17. Neunkirchen	SL	534
18. Viersen	NRW	524
19. Rhein-Sieg-Kreis	NRW	508
20. Rhein-Neckar-Kreis	BW	504
21. München	BY	501
22. Region Hannover	NI	492
23. Rhein-Pfalz-Kreis	RP	492
24. Fürstenfeldbruck	BY	484
25. Rems-Murr-Kreis	BW	482

Bundesweit dünnst besiedelte Landkreise

	Bundesland	EW/km²
1. Prignitz	BB	36
2. Altmarkkreis Salzwedel	ST	38
3. Uckermark	BB	39
4. Ostprignitz-Ruppin	BB	39
5. Lüchow-Dannenberg	NI	40
6. Ludwigslust-Parchim	MV	45
7. Stendal	ST	47
8. Mecklenburgische Seenplatte	MV	48
9. Elbe-Elster	BB	55
10. Jerichower Land	ST	58
11. Eifelkreis Bitburg-Prüm	RP	59
12. Vorpommern-Greifswald	MV	60
13. Landkreis Rostock	MV	62
14. Uelzen	NI	64
15. Wittenberg	ST	67
16. Neustadt a.d. Waldnaab	BY	67
17. Vulkaneifel	RP	67
18. Tirschenreuth	BY	68
19. Hildburghausen	TH	69
20. Vorpommern-Rügen	MV	70
21. Dahme-Spreewald	BB	71
22. Spree-Neiße	BB	71
23. Vogelsbergkreis	HE	72
24. Saale-Orla-Kreis	TH	72
25. Börde	ST	73

Durchschnittliche Landkreisgrößen und Einwohnerzahlen in den Ländern

	km²	EW
Schleswig-Holstein	1.394,66	201.001
Mecklenburg-Vorpommern	3.816,29	217.696
Niedersachsen	1.223,40	178.926
Sachsen-Anhalt	1.806,35	155.766
Brandenburg	2.054,09	147.175
Nordrhein-Westfalen	980,10	339.610
Rheinland-Pfalz	782,65	123.631

	km²	EW
Saarland	428,12	165.715
Hessen	970,90	218.968
Thüringen	902,72	95.513
Sachsen	1.757,35	276.305
Baden-Württemberg	985,91	245.932
Bayern	964,27	124.959

Quelle der Flächen- und Bevölkerungsdaten (Stand 31.12.2014):
Statistisches Bundesamt, Wiesbaden, 2015

Legende für die Gremienzugehörigkeit der Landräte im DLT

P	Präsidium	S	Sozialausschuss
F	Finanzausschuss	U	Umwelt- und Planungsausschuss
G	Gesundheitsausschuss	V	Verfassungs- und Europaausschuss
K	Kulturausschuss	W	Wirtschafts- und Verkehrsausschuss

Schleswig-Holstein

Kreise	**11**
Fläche km²	**15.341,26**
Einwohner	**2.211.014**
Bevölkerungsdichte EW/km²	**144**

Größte Kreise	km²
Rendsburg-Eckernförde	2.189,17
Nordfriesland	2.082,76
Schleswig-Flensburg	2.071,34

Kleinste Kreise	km²
Pinneberg	664,28
Stormarn	766,33
Steinburg	1.056,13

Einwohnerstärkste Kreise	EW
Pinneberg	304.087
Rendsburg-Eckernförde	268.628
Segeberg	264.972

Einwohnerschwächste Kreise	EW
Plön	126.865
Steinburg	130.218
Dithmarschen	132.685

Dichtest besiedelte Kreise	EW/km²
Pinneberg	458
Stormarn	309
Segeberg	197

Dünnst besiedelte Kreise	EW/km²
Nordfriesland	78
Dithmarschen	93
Schleswig-Flensburg	94

Kreis
Dithmarschen

SCHLESWIG-HOLSTEIN

Der Kreis Dithmarschen ist…
…der reizvolle Übergang vom UNESCO-Weltnaturerbe Schleswig-Holsteinisches Wattenmeer zu fruchtbarer Marsch und hügeliger Geest. Dithmarschen ist geprägt von seiner Geschichte als freie Bauernrepublik im Mittelalter. Bekannt ist der Kreis für sein größtes zusammenhängendes Kohlanbaugebiet in Europa. Brunsbüttels Industriegebiet im Süden Dithmarschens ist das größte in Schleswig-Holstein, Brunsbüttels Schleusenanlage das Tor zum Nord-Ostsee-Kanal, der meist befahrenen künstlichen Seeschifffahrtsstraße der Welt. In Sachen Windenergie nimmt Dithmarschen eine Vorreiterrolle ein.

Historische Entwicklung
Seit 1434 entwickelte sich Dithmarschen zu einer unabhängigen Bauernrepublik. In Kirchspielen verwaltete sich ein Zusammenschluss der Bauernschaften. Bis heute ist die Bezeichnung der Kirchspielslandgemeinden erhalten geblieben. Prägend war die Schlacht bei Hemmingstedt von 1500, in der Dithmarscher Bauern das dänisch-schleswig-holsteinische Heer besiegten. Jedoch unterlagen die Dithmarscher 1559, das Gebiet wurde aufgeteilt und der Verwaltung des Königs von Dänemark sowie des Herzogs von Holstein unterstellt.

Seitdem bestand Dithmarschen aus zwei Teilen: Norderdithmarschen mit dem Hauptort Heide und Süderdithmarschen mit dem Hauptort Meldorf. Ab 1867 gehörte Dithmarschen der preußischen Provinz Schleswig-Holstein an. Die Staatsverwaltung wurde unter anderem mit der Einführung landrätlicher Kreise reformiert. 1970 fusionierten die Kreise Süder- und Norderdithmarschen zum heutigen Kreis Dithmarschen. Seitdem ist Heide Kreisstadt.

Wertschöpfung und Verkehr
Dithmarschen ist als nördlichster Kreis der Metropolregion Hamburg gut über die Bundesautobahn A 23 erreichbar. Die Fähre Brunsbüttel-Cuxhaven verbindet Dithmarschen mit Niedersachsen.

Tourismus, Fischerei, erneuerbare Energien, Landwirtschaft und chemische Industrie sind führende Branchen. Mittelständische Unternehmen und Handwerksbetriebe sind das Standbein der Wirtschaft. Erneuerbare Energien sind ein stark wachsender Wirtschaftszweig: Im Kaiser-Wilhelm-Koog entstand 1987 der erste deutsche Windpark. Heute produziert Dithmarschen deutlich mehr Windenergie, als in der Region benötigt wird. Bereits seit dem Jahr 2011 ist Dithmarschen als „100-Prozent-Erneuerbare-Energie-Plus-Region" anerkannt.

Besonders bekannt ist Dithmarschen für den Kohlanbau: Der Marschboden und das milde Klima schaffen ideale Bedingungen für das vitamin- und mineralstoffreiche Gemüse. Der ChemCoast Park Brunsbüttel ist der größte Industriestandort in Schleswig-Holstein und zugleich leistungsstarker Elbehafen. Der Bildungsstandort Dithmarschen ist mit der Fachhochschule Westküste und dem BerufsBildungsZentrum Dithmarschen sowie dem Bildungszentrum für Berufe im Gesundheitswesen am Westküstenklinikum gut aufgestellt. Das Westküstenklinikum in Heide und Brunsbüttel steht für Qualität in der Gesundheitsvorsorge.

Landschaft, Sehenswürdigkeiten und Kultur
Wer nach Dithmarschen kommt, der kommt über Wasser: Der Kreis ist umgeben von den Flüssen Eider und Elbe sowie von der Nordsee und dem Nord-Ostsee-Kanal. Das UNESCO-Weltnaturerbe Wattenmeer erstreckt sich über 80 km entlang der Deichlinie. Die vielfältige Landschaft ist geprägt von der weiten Marsch und der hügeligen Geest.

Beliebte Ausflugsziele sind das Eidersperrwerk an der Mündung zur Nordsee, die Seehundstation in Friedrichskoog, das Nordsee-Heilbad Büsum mit dem Klimadeich und der Watt-Tribüne sowie die Schleusenanlage am Nord-Ostsee-Kanal in Brunsbüttel.

Museen bieten mit ihren Sammlungen und Ausstellungen eine Reise durch die Geschichte und Kultur: Darunter sind das Dithmarscher Landesmuseum in Meldorf, das Museum für Archäologie und der Steinzeitpark in Albersdorf, das Waldmuseum in Burg oder das Kohlosseum in Wesselburen. Die Dithmarscher Kohltage locken jährlich im September mit Kulinarischem, Kultur und Festen Gäste aus nah und fern.

Denkmäler und Bauten erinnern an Dithmarschens facettenreiche Geschichte: Die Dusenddüwelswarf widmet sich der Schlacht bei Hemmingstedt von 1500. In Heide befindet sich der größte unbebaute Marktplatz in Deutschland, das historische Zentrum der Bauernrepublik. Die St. Jürgen-Kirche am Heider Marktplatz wurde im 16. Jahrhundert erbaut. Die St. Johannis-Kirche in Meldorf, der sogenannte Meldorfer Dom, ist eine der bedeutendsten mittelalterlichen Kirchbauten an der deutschen Westküste. Die berühmten Dichter Klaus Groth und Friedrich Hebbel haben ihre Wurzeln in Dithmarschen.

Unter dem Dach der jährlichen Veranstaltungsreihe KUNSTGRIFF präsentieren sich Künstler mit Ausstellungen, Lesungen und Konzerten. Der Kulturpreis des Kreises Dithmarschen sowie der Friedrich-Hebbel-Preis und der Brahms-Preis ehren herausragende künstlerische Talente.

Fläche: 1.428,13 km^2
EW: 132.685- EW/km^2: 93
KFZ-Kennzeichen: HEI
Kreissitz: Heide
www.dithmarschen.de

Landrat
Dr. Jörn Klimant [S] / parteilos
im Amt seit: 1996 gewählt bis: 2018

Sitzverteilung im Kreistag
Vorsitz: Hans-Harald Böttger

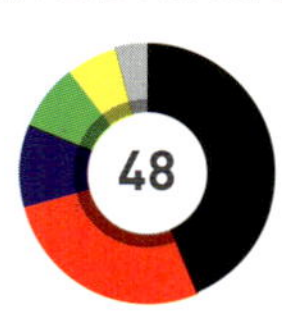

21	CDU
13	SPD
5	UWD
4	B.90/Grüne
3	FDP
2	Sonstige

(Die Linke 1, Piraten 1)

Büsum – Wattenmeer

Kreis

Herzogtum Lauenburg

SCHLESWIG-HOLSTEIN

Der Kreis Herzogtum Lauenburg ist...
...ist der südöstlichste Kreis des Landes Schleswig-Holstein. Mit einer Fläche von 1.263 km² grenzt er im Osten an das Land Mecklenburg-Vorpommern an, im Norden wird er von der Hansestadt Lübeck, im Westen vom Kreis Stormarn und der Hansestadt Hamburg sowie im Süden von der Elbe als Grenze zu Niedersachsen begrenzt.

Fast die Hälfte der Kreisbevölkerung lebt in den fünf Städten Geesthacht, Lauenburg/Elbe, Mölln, Ratzeburg und Schwarzenbek.

Historische Entwicklung
Aus der 1143 von Heinrich dem Löwen gegründeten Grafschaft Ratzeburg ging im Jahr 1296 das Herzogtum Sachsen-Lauenburg hervor. Noch bis zum 18. Jahrhundert erstreckte sich das Herzogtum von den Marschen südlich der Elbe bis in die Stadtnähe Lübecks im Norden und von der Bille im Westen bis zum Schaalseegebiet.

Am 21.10.1864 fasste die Ritter- und Landschaft als Ständevertretung des Herzogtum Lauenburg den Entschluss, sich in Personalunion mit Preußen „unter Wahrung der Selbständigkeit des Landes als eines eigenen deutschen Herzogtums" zu verbinden. Wilhelm I., König von Preußen, nahm den Titel eines Herzogs von Lauenburg an. Fürst von Bismarck wurde Minister für Lauenburg. Der mit „Gesetz, betreffend die Vereinigung des Herzogtums Lauenburg mit der preußischen Monarchie" vom 23.6.1876 entstandene Landkreis erhielt auf Vorschlag des Fürsten von Bismarck den Namen „Kreis Herzogtum Lauenburg".

Selten ist es, das ein Landkreis von heute, in seinem Gebietsstand nur unwesentlich verändert, eine mehr als 700-jährige Entwicklung aufweisen kann. Ein beredtes Zeugnis der Vergangenheit sind die zahlreichen Kirchen und weltlichen Bauten in den Städten und Gemeinden. Die Güter und Herrenhäuser des Kreises Herzogtum Lauenburg spiegeln europäische Baukunst mit den regionalen Besonderheiten wider.

Wertschöpfung und Verkehr
Wichtigste Verkehrsachsen im Kreis sind die Bundesautobahnen A 24 Hamburg-Berlin, A 25 Hamburg-Geesthacht und die A 20 von der A 21 bis nach Stettin sowie die überregionalen Straßenverbindungen der B 5 Hamburg-Lauenburg/Elbe-Berlin, B 207 Hamburg-Schwarzenbek-Mölln-Lübeck, B 208 Bad Oldesloe-Ratzeburg-Schwerin/Wismar, B 209 Schwarzenbek-Lauenburg/Elbe-Lüneburg, B 404 Kiel-Schwarzenbek-Geesthacht-A39. Für den Personenverkehr von Bedeutung sind die zwei durch den Kreis führenden Eisenbahnlinien Kiel-Hannover und Hamburg-Berlin, die ihn an das Fernstreckennetz anschließen.

Nach 1945 haben sich im Kreis Herzogtum Lauenburg bei unverändert breiter mittelständischer Grundlage von Handel und Handwerk eine Reihe von Industriebetrieben angesiedelt. Nach der Grenzöffnung im November 1989 und der Wiedervereinigung im Oktober 1990 hat der Kreis Herzogtum Lauenburg sein ursprüngliches Hinterland zurückgewonnen. Dies hat der wirtschaftlichen Entwicklung starke Impulse gegeben. Viele Unternehmen haben sich seitdem im Kreis angesiedelt oder suchen hier nach einem Unternehmensstandort. Der Kreis will aktiv von der wirtschaftlichen Strahlkraft der Metropolregion Hamburg profitieren und gründete bereist 1988 die kreiseigene Wirtschaftsförderungsgesellschaft WFL.

Fläche: 1.263,01 km²
EW: 190.703 - EW/km²: 151
KFZ-Kennzeichen: RZ
Kreissitz: Ratzeburg
www.kreis-rz.de

Landrat
Dr. Christoph Mager / CDU
im Amt seit: 2015 gewählt bis: 2023

Sitzverteilung im Kreistag
Vorsitz: Meinhard Füllner

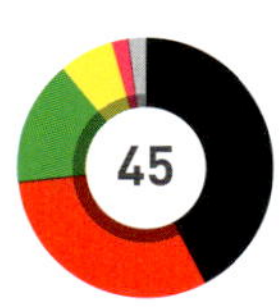

20 CDU
13 SPD
7 B.90/Grüne
3 FDP
1 Die Linke
1 Sonstige
(Rechtsstaatliche Liga 1)

Landschaft, Sehenswürdigkeiten und Kultur
Mit 24 % Waldfläche und 48 Seen besitzt der Kreis Herzogtum Lauenburg eine überaus reizvolle landschaftliche Gestalt. Die harmonische hügelige wald- und seenreiche Landschaft, die sich auch heute noch in einer beispielhaften Vielfalt und Natürlichkeit offenbart, wird geprägt durch den 1961 errichteten Naturpark „Lauenburgische Seen", das „Hohe Elbufer", den „Sachsenwald" und die „Stecknitzniederung".

Ein vielseitig kulturelles Angebot verleiht dem Kreis eine bemerkenswerte Ausstrahlung. Besondere Erwähnung verdienen das Kreismuseum, das Ernst-Barlach-Museum und das A.-Paul-Weber-Haus in Ratzeburg sowie die Museen in Lauenburg/Elbe (Elbschifffahrtsmuseum), Mölln (Heimatmuseum) und Geesthacht (Krügersches Haus).

Im Kreis Herzogtum Lauenburg hat sich ein Musik- und Kulturleben von überregionaler Bedeutung entfaltet, für das beispielhaft die alljährlichen Konzerte der Dom- und Sommermusiken im Dom und im Herrenhaus in Ratzeburg stehen.

Der Kultursommer am Kanal der Stiftung Herzogtum Lauenburg hat sich zu einem alljährlichen Kulturfestival aus allen Bereichen des kreativen Schaffens mit rund 200 Veranstaltungen entwickelt.

Kreis

Nordfriesland

SCHLESWIG-HOLSTEIN

Der Kreis Nordfriesland ist...
...in mehrfacher Hinsicht außergewöhnlich: Er grenzt im Westen an die Nordsee und im Norden an Dänemark. Seine landschaftliche Schönheit und kulturelle Vielfalt haben Nordfriesland zu einem der beliebtesten Urlaubsgebiete Deutschlands werden lassen. Jährlich rund 19 Mio. Übernachtungen zählt die Feriendestination „Nordsee Schleswig-Holstein", zu der auch der südliche Nachbarkreis Dithmarschen gehört.

Historische Entwicklung
Im Jahr 1970 wurden die Kreise Eiderstedt, Husum und Südtondern zum Kreis Nordfriesland zusammengelegt. Er gliedert sich heute in 133 Gemeinden, davon sieben Städte; die Gemeinden und Städte sind zu acht Ämtern zusammengefasst.

Wertschöpfung und Verkehr
Über die Bahnverbindung Hamburg-Westerland bzw. Hamburg-Esbjerg ist der Kreis verkehrsmäßig gut erschlossen. Zu den Leitbranchen gehört neben Tourismus, Gesundheitstourismus und Landwirtschaft insbesondere die Windenergie. In dieser Boombranche entstand in den letzten Jahren eine Vielzahl neuer Arbeitsplätze im Kreisgebiet.

Die Nachbarschaft zu Dänemark, historische Beziehungen und gemeinsame Interessen motivieren den Kreis Nordfriesland, eine aktive Rolle im Europa der Regionen zu übernehmen. Die Kreise Nordfriesland und Schleswig-Flensburg und die Stadt Flensburg auf der deutschen Seite sowie die vier Großkommunen Apenrade, Sonderborg, Hadersleben und Tondern auf der dänischen Seite der Staatsgrenze bilden die europäische Region Sønderjylland-Schleswig. Sie stellt die Grundlage für die Entwicklung der gemeinsamen Grenzregion dar. Dutzende Kooperationsprojekte wurden bereits umgesetzt – etwa in den Bereichen Rettungsdienst, Kultur, Bildung, Wirtschaftsförderung und Naturschutz. Ein besonderes Augenmerk gilt der Förderung des grenzüberschreitenden Arbeitsmarktes.

Schon früh startete die Husumer Kreisverwaltung Initiativen und Projekte, um den Kreis auch angesichts des demografischen Wandels zukunftsfähig zu halten. Unter dem Titel „Region schafft Zukunft" hat die Bundesregierung Nordfriesland als eine von bundesweit vier Modellregionen besonders gefördert. Im Fokus des dabei entstandenen „Masterplans Daseinsvorsorge" stehen unter anderem die zukunftssichere Planung gemeindlicher Infrastrukturen, die stete Einbeziehung der besonderen Interessen von Kindern, Jugendlichen und älteren Menschen, die Förderung ehrenamtlichen Engagements, die altersgerechte Gestaltung von Wohnräumen sowie der Klimaschutz.

Fläche: 2.082,76 km²
EW: 162.203 - EW/km²: 78
KFZ-Kennzeichen: NF
Kreissitz: Husum
www.nordfriesland.de

Landrat
Dieter Harrsen [W] / Wählergem.
im Amt seit: 2007 gewählt bis: 2019

Sitzverteilung im Kreistag
Vorsitz: Heinz Maurus

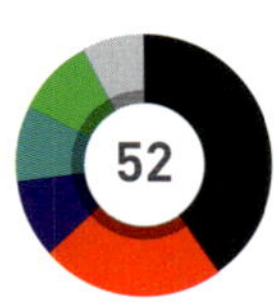

21	CDU
12	SPD
5	WG-NF
5	SSW
5	B.90/Grüne
4	Sonstige

(FDP 2, Die Linke 1, Piraten 1)

Inzwischen wurde der Masterplan durch ein Kooperationsraumkonzept mit integriertem Mobilitätskonzept ergänzt.

Der Kreis Nordfriesland ist ein Optionskreis nach dem SGB II und kümmert sich in enger Zusammenarbeit mit den kreisangehörigen Kommunen um die Arbeitsvermittlung für Langzeitarbeitslose. Die Erfolge sprechen für sich: Seit Anfang 2005 sind in rund 20.000 Fällen Menschen wieder in Lohn und Brot vermittelt worden, die vorher teils viele Jahre lang keine Chance auf dem Arbeitsmarkt zu haben schienen.

Landschaft, Sehenswürdigkeiten und Kultur
Besondere touristische Glanzlichter sind die fünf nordfriesischen Inseln, darunter Sylt, Föhr und Amrum, sowie die zehn Halligen – eine weltweit einmalige Landschaftsformation inmitten des Nationalparks und UNESCO-Weltnaturerbes Schleswig-Holsteinisches Wattenmeer.

Das Zugpferd des Fremdenverkehrs ist die Nordsee. Breite Sandstrände auf den Inseln, aber auch auf dem Festland bei St. Peter-Ording laden zum Badeurlaub ein. Ein mehr als 1.000 km umfassendes ausgeschildertes Radwegenetz sowie der international Fernradwanderweg „North Sea Cycle Route" locken immer mehr Fahrradtouristen an.

Sowohl quantitativ als auch qualitativ viel zu bieten hat Nordfriesland nicht zuletzt im kulturellen Bereich: Nordfriesland weist die größte Zahl eingetragener Kulturdenkmale und die höchste Museumsdichte aller Kreise in Schleswig-Holstein auf; in der Landschaft Eiderstedt stehen mehr Kirchen als anderswo im Land.

Im „Sprachenland" Nordfriesland werden fünf Sprachen gesprochen: Hoch- und Plattdeutsch, Hoch- und Niederdänisch sowie Friesisch. Neben dem dänisch-sprachigen Bevölkerungsteil bilden auch die Friesen eine nationale Minderheit unter dem Schutz der europäischen Sprachencharta; etwa 10.000 Menschen in Nordfriesland sprechen mindestens einen der neun verschiedenen Dialekte des Friesischen, die hier verwurzelt sind.

Für die hohe Lebensqualität des Kreises mit seinen Inseln und Halligen bürgt unter anderem eine lebendige Künstlerszene, in der Bildende Kunst, Literatur und Musik eine nicht unbeträchtliche Rolle spielen. Dazu kommen die Besonderheiten der kulturellen Erscheinungsformen aus der Geschichte, den Traditionen und Bräuchen dieser besonderen Landschaft, was Einheimische wie auch Urlaubsgäste sehr zu schätzen wissen.

Kreis

Ostholstein

SCHLESWIG-HOLSTEIN

Der Kreis Ostholstein ist...
...heute einer der größten Küstenkreise Deutschlands und für Einheimische wie für Urlaubsgäste gleichermaßen attraktiv. Die 185 km lange Ostseeküste und die wald- und seenreiche Holsteinische Schweiz sind die beiden Naturerlebnisräume, die jede für sich und vor allem in ihrer Verbindung, Ostholstein zu einer außergewöhnlichen Wohn- und Urlaubsregion machen.

Historische Entwicklung
Der Kreis Ostholstein wurde 1970 aus den ehemaligen Kreisen Oldenburg in Holstein und Eutin gebildet. Das Gebiet des früheren Kreises Oldenburg in Holstein war ein Teil des Herzogtums Holstein und gehörte zum preußischen Staat, der damalige frühere Kreis Eutin war Bestandteil des Fürstbistums Lübeck. Es fiel 1803 als Exklave an das Herzogtum bzw. später Großherzogtum Oldenburg in Oldenburg.

Mit der Gründung der Weimarer Republik wandelte sich dieses Gebiet zum oldenburgischen Landesteil Lübeck. Im Zuge einer längst geplanten Reichsreform wurde im Jahre 1937 der oldenburgische Landesteil Lübeck mit dem Regierungsbezirk in Eutin zum preußischen Kreis Eutin mit dem Sitz des Landrats in der Kreisstadt Eutin. Nach der Neuordnung von Gemeinde- und Kreisgrenzen wurden die beiden Kreise Oldenburg und Eutin im Jahre 1970 zum neuen Kreis Ostholstein zusammengefasst.

Wertschöpfung und Verkehr
Ostholstein verfügt über eine gut entwickelte Infrastruktur, viele touristische Sehenswürdigkeiten und eine vielfältige Kulturszene. Als dennoch strukturschwache Region ist das oberste Entwicklungsziel, die Sicherung und Stärkung des Kreises als attraktiven Wohn-, Wirtschafts-, Arbeits- und Freizeitstandort. Tragende Wirtschaftssäule ist der Tourismus. Zu den weiteren wichtigen Wirtschaftsfaktoren zählen die Landwirtschaft, die Nahrungs- und Genussmittelindustrie, die elektrotechnische und elektronische Industrie, die Gesundheitswirtschaft und die Medizintechnik.

Als eine der tourismusintensivsten Destinationen Deutschlands werden in Ostholstein schwerpunktmäßig sowohl die touristische Infrastruktur als auch touristische Projekte gefördert, zugleich aber auch gezielt Projekte über die Verwaltungsgrenzen hinaus mit dem Nachbarkreis Plön, der Hansestadt Lübeck und dänischen Partnern umgesetzt. Besondere Aktivitäten gibt es derzeit im Bereich des Gesundheitstourismus oder auch der maritimen Wirtschaft.

Die geplante feste Fehmarnbelt-Querung zwischen Fehmarn und Dänemark sowie die dafür auszubauende Schienenhinterlandanbindung durch den Kreis Ostholstein ist derzeit von großer Bedeutung für das Kreisgeschehen. So erhofft man sich von dieser neuen Verbindung auch Impulse für den wirtschaftlichen und kulturellen Austausch mit den skandinavischen Nachbarn und – aufgrund der verbesserten verkehrlichen Erreichbarkeit – eine Steigerung der Attraktivität Ostholsteins für Kurzurlauber aus Dänemark und Schweden. Die Mitgliedschaft des Kreises in der Metropolregion Hamburg zeigt jetzt schon, dass Ostholstein nicht nur als Naherholungsziel eng mit der Großstadt verbunden ist, sondern auch als Wirtschaftsstandort auf der Verkehrsachse Hamburg-Kopenhagen von den positiven Imageeffekten der Metropole profitieren kann.

Landschaft, Sehenswürdigkeiten und Kultur
Ostsee – das sind die kilometerlangen Strände und das bunte Treiben auf den Promenaden und Seebrücken entlang der Küste. Die Holsteinische Schweiz als größter Naturpark Schleswig-Holsteins bildet hingegen mit ihren zahlreichen Hügeln, romantischen Seen und Wäldern den Ausgleich zum quirligen Badeleben am Strand. Gästen wie Einheimischen werden attraktive Ausflugs- und Entdeckermöglichkeiten geboten, ob Segeln, Surfen, Kiten oder Wasserski, viele große und kleine Feste in der ganzen Region, Freizeiteinrichtungen unterschiedlichster Art für die ganze Familie oder ein umfangreiches Radwegenetz für eine sportliche oder gemütliche Fahrradtour.

Die Vielfalt der Wohn- und Urlaubsregion Ostholstein setzt sich auf kultureller Ebene fort: Ein ansprechendes Programm von Klassik über Jazz, Blues, Oper und Theater bis hin zu Festivals oder Veranstaltungen für ein jüngeres Publikum bedient jeden Geschmack. Viele Angebote verbinden Kulturgenuss mit Naturerlebnis, darunter die Eutiner Festspiele oder das Grömitzer Event „Musik über dem Meer". Kulturgeschichte zum Anfassen bieten unter anderem die vielen Herrenhäuser, das Schloss Eutin mit seinem Schlossgarten, der zu den schönsten Englischen Gärten Norddeutschlands gehört oder auch das Kloster Cismar, ehemalige Benedektinerabtei und heutige Dependance der Schleswig-Holsteinischen Landesmuseen.

Für anspruchsvolle kulturelle Vielfalt sorgen auch das Ostholstein-Museum mit seinen überregional interessanten Ausstellungen, die Eutiner Landesbibliothek mit ihrer Sammlung historischer Reiseliteratur, das Oldenburger Wallmuseum mit seiner Zeitreise auf den Spuren der Slawen und zahlreiche Heimatmuseen mit regionalgeschichtlicher Ausrichtung.

Fläche: 1.392,55 km²
EW: 198.355 - EW/km²: 142
KFZ-Kennzeichen: OH
Kreissitz: Eutin
www.kreis-oh.de

Landrat
Reinhard Sager [P] / CDU
im Amt seit: 2001 gewählt bis: 2023

Sitzverteilung im Kreistag
Vorsitz: Ulrich Rüder

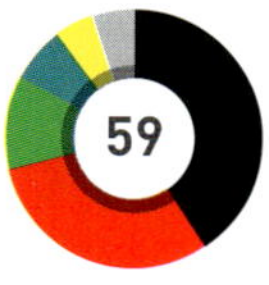

24	CDU
18	SPD
7	B.90/Grüne
4	FWG
3	FDP
3	Sonstige

(ufoh 2, fraktionslos 1)

Kreis

Pinneberg

SCHLESWIG-HOLSTEIN

Der Kreis Pinneberg ist…
…gleich links hinter dem Elbtunnel Richtung Norden zu finden. Er ist Schleswig-Holsteins kleinster Kreis mit 664 km^2 Fläche. Er ist zugleich der einwohnerstärkste Kreis, es leben hier mehr als 10 % der Einwohner des nördlichsten Bundeslandes. Der Kreis Pinneberg hat die höchste Bevölkerungsdichte im Land zwischen den Meeren (Landesdurchschnitt ca. 180 Einwohner/km^2) und hat mit seinen 49 Städten und Gemeinden eine sehr urbane Struktur.

Historische Entwicklung
Zwischen den Elbmarschen im Westen und der Alster im Osten bildete sich ein kleiner nahezu souveräner Staat, der sich relativ unbehelligt fast 300 Jahre entwickeln konnte. Er trug die Bezeichnung Grafschaft Holstein-Schauenburg.

Aus Teilen der Grafschaft Rantzau, der Herrschaft Pinneberg, den Güterbezirken Haseldorf, Haselau und Seestermühe sowie dem Kloster Uetersen und dem Kanzleigut Flottbek entstand 1867 der heutige Kreis Pinneberg. Bis 1970 veränderte sich das Kreisgebiet durch Gebietsverluste und Gewinne mehrfach.

Wertschöpfung und Verkehr
Der Kreis Pinneberg liegt in der Metropolregion Hamburg, dem „Kraftzentrum Nordeuropas". Vier Bundesländer, siebzehn Kreise und Landkreise sowie zwei kreisfreie Städte kooperieren in der nördlichsten Metropolregion der Bundesrepublik Deutschland. Der Kreis Pinneberg gehört mit seinen rund 16.000 Unternehmen aus Industrie, Handel und Dienstleistung zu den wirtschaftsstärksten Kreisen in diesem Verbund. Hier gibt es viele kleine und mittelständische Unternehmen, wobei eine Reihe Betriebe mit unscheinbarer Fassade Umsätze im hohen dreistelligen Millionenbereich oder mehr generieren.

Das gilt für das produzierende Gewerbe ebenso wie für den Handel. Im Großraum Hamburg hat der Kreis Pinneberg beste Perspektiven. Zahlreiche mittelständische Betriebe in der Nahrungs- und Genussmittelindustrie, der Metallverarbeitung, dem Maschinenbau, der Medizintechnik und Pharmazie, der Papierherstellung und der Kunststoffverarbeitung sind prägend.

Die Vielfalt der ansässigen Wirtschaft führt zu einer bemerkenswerten Verflechtung der Unternehmen, die kennzeichnend ist für das stetige Zusammenwachsen der gesamten Region an der Unterelbe. Kontinuierliche Forschungs- und Entwicklungsarbeit der Unternehmen, auch in Kooperation zusammen mit Hochschulen und Forschungseinrichtungen, bringen die hiesige Wirtschaft voran. Der Kreis verfügt zudem mit zwei Hochschulen sowie zahlreichen Fortbildungsinstituten über ein breites Bildungsangebot.

Fläche: 664,28 km^2
EW: 304.087- EW/km^2: 458
KFZ-Kennzeichen: PI
Kreissitz: Elmshorn
www.kreis-pinneberg.de

Landrat
Oliver Stolz[U] / parteilos
im Amt seit: 2010 gewählt bis: 2022

Sitzverteilung im Kreistag
Vorsitz: Burkhard E. Tiemann

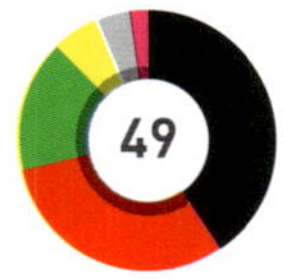

20	CDU
15	SPD
8	B.90/Grüne
3	FDP
1	Die Linke
2	Sonstige

(Piraten 1, KWGP 1)

Und auch der Tourismus profitiert von der Nähe zu Hamburg. Eine weitere Besonderheit des Kreises Pinneberg ist eines der größten geschlossenen Baumschulgebiete Europas, sozusagen die „Wiege des Waldes".

Landschaft, Sehenswürdigkeiten und Kultur
Direkt vor den Toren Hamburgs lockt der Kreis Pinneberg mit einem dichten Radwegenetz, vielfältigen Wasserwegen und spannenden Ausflugszielen. Ob ein Spaziergang durch die romantische Landschaft der Moore oder auf den Deichen an der Elbe, zahlreiche Schutzgebiete laden zum Erholen ein.

Die „Pinneberger Elbmarschen" sind ein Rastgebiet für Zugvögel von internationaler Bedeutung, empfehlenswert ist auch ein Besuch der Liether Kalkgrube, ein Aufschluss geologischer Historie, welcher in seiner Einmaligkeit Besucher aus ganz Europa anlockt. Die in diesem nationalen Geotop freigelegten geologischen Formationen reichen 225-270 Mio. Jahre zurück in die Erdgeschichte.

Im Herzen des Kreises Pinneberg liegt die Norddeutsche Gartenschau im Arboretum Ellerhoop, ein großer Baum- und Pflanzenpark. Hier finden sich ca. 4.000 verschiedene Baumarten und Pflanzensorten aus aller Welt. Das Arboretum bietet neben ganz alltäglichen Pflanzen wie Blumen auch zahlreiche exotische Gewächse, einen geologischen Erlebnispfad mit fossilen Baumstämmen und einer Ammonitennachbildung.

Darüber hinaus verfügt der Kreis Pinneberg über die einzige Hochsee-Insel Deutschlands. Fast 62 km nordwestlich der Elbemündung liegt Helgoland mit seinem Wahrzeichen, der „Langen Anna", mitten in der Nordsee.

In der Mitte der Kreisstadt Pinneberg ist an der historischen Thingstätte die Landdrostei zu finden, das Kulturzentrum des Kreises. 1767 unter dänischer Herrschaft erbaut, diente die Drostei als Sitz des Landdrosten, später auch des Landrates und heute des Kreispräsidenten.

Kreis

Plön

SCHLESWIG-HOLSTEIN

Fläche: 1.083,17 km²
EW: 126.865 - EW/km²: 117
KFZ-Kennzeichen: PLÖ
Kreissitz: Plön
www.kreis-ploen.de

Landrätin
Stephanie Ladwig [K] / parteilos
im Amt seit: 2011 gewählt bis: 2017

Sitzverteilung im Kreistag
Vorsitz: Peter Sönnichsen

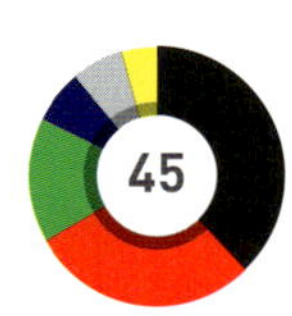

16	CDU
13	SPD
7	B.90/Grüne
3	UWG
2	FDP
4	Sonstige

(FWG 2, Die Linke 1, fraktionslos 1)

Der Kreis Plön ist...

...mit seinen rund 127.000 Einwohnern zwar einer der kleinsten Kreise in Schleswig-Holstein, aber sicher auch einer der schönsten. Mit seiner sanften Hügellandschaft, weit bekannt als Holsteinische Schweiz, den über 80 Seen, knapp 50 km Ostseeküste und 21 Naturschutzgebieten ist er zweifellos landschaftlich besonders reizvoll. Im Norden und Osten grenzt der Kreis an die Ostsee, im Westen an die Stadt Kiel, den Kreis Rendsburg-Eckernförde und die Stadt Neumünster, im Süden und Osten an die Kreise Segeberg und Ostholstein.

Historische Entwicklung

Die Geschichte des Kreises Plön als selbständige Gebiets- und Verwaltungseinheit ist im Vergleich zur Geschichte unserer Städte und Dörfer verhältnismäßig jung. Erst 1867/68 nach den Kriegen mit Dänemark und Österreich wurde in der Folge der Annexion Schleswig-Holsteins durch Preußen eine Einteilung der vormaligen Herzogtümer Schleswig und Holstein in 20 Kreise vorgenommen.

Der Kreis Plön entwickelte sich über die Jahre stetig fort. Heute gehören 85 Gemeinden, darunter die vier Städte Plön, Preetz, Schwentinental und Lütjenburg zum Kreis Plön. Die sieben Ämter im Kreis Plön setzen sich aus insgesamt 79 amtsangehörigen Gemeinden, davon 78 aus dem Kreis Plön und einer aus dem Kreis Ostholstein, zusammen. Die Gemeinden Bönebüttel, Ascheberg und Bösdorf sind amtsfrei.

Wertschöpfung und Verkehr

Aufgrund der landschaftlichen Ausprägung des Kreisgebietes ist es nicht verwunderlich, dass der Dienstleistungssektor, gerade im Bereich des Tourismus, eine bedeutende Rolle spielt. Nahezu jeder fünfte Einwohner lebt direkt oder indirekt vom Tourismus.

Industrie ist im Gegenzug kaum vorhanden. Vernachlässigt wird diese allerdings nicht. Existenzgründer finden Unterstützung beim Gewerbe- und Technikzentrum in Schwentinental. Auch mit dem in Plön gelegenen Max-Planck-Institut für Evolutionsbiologie kann sich der Kreis rühmen.

Die „Gesundheits- und Pflegeeinrichtungen des Kreises Plön gemeinnützige GmbH" wurden 2007 vom Kreis Plön gegründet. Die Gesellschaft hat den früheren Regiebetrieb übernommen, in dem der Kreis den Rettungsdienst des Kreises Plön sowie ein Krankenhaus und ein Alten- und Pflegeheim führt. Die Gesellschaft verzeichnet seit Jahren schwarze Zahlen und ist der größte Arbeitgeber im Kreis Plön.

Als einer der letzten Kreise im Land verfügt der Kreis Plön über ein eigenes Verkehrsunternehmen. Die Verkehrsbetriebe Kreis Plön (VKP) sind mit rund 160 Mitarbeitern ebenfalls ein wichtiger Arbeitgeber. Zudem hat der Kreis Plön ein sehr gut ausgebautes, weitläufiges Netz von Radwegen und gute Bahnanbindungen innerhalb des Kreisgebietes sowie zu den angrenzenden Städten, u.a. Kiel, Lübeck und Hamburg.

Zusätzlich nimmt der Kreis Plön auch die Aufgabe der Abfallwirtschaft in eigener Verantwortung wahr. Diese wird vom Amt für Abfallwirtschaft übernommen. Einen Teil seiner Pflichtaufgaben hat der Kreis an die eigens dafür gegründete kreiseigene Abfallwirtschaftsgesellschaft Kreis Plön mbH als beauftragten Dritten übertragen. Diese ist mit vergleichsweisen niedrigen Gebühren erfolgreich am Markt tätig.

Landschaft, Sehenswürdigkeiten und Kultur

Die abwechslungsreiche Landschaft ist geformt durch die verschiedensten Eiszeiten, die Schleswig-Holstein gestaltet haben. Sie dient heute der Landwirtschaft als ertragreiche Grundlage - stolze Bauernhöfe und große Güter finden sich im seenreichen Hügelland. Grund- und Endmoränenbildung der letzten Eiszeit haben an der Ostseite der nordelbischen Halbinsel eine reichgegliederte Hügellandschaft entstehen lassen, deren Höhen und Senkungen im Kreis Plön im Durchschnitt zwischen 20 und 70 m liegen.

Inmitten dieser Landschaft finden sich viele Sehenswürdigkeiten, die der Kreis Plön zu bieten hat. Zum einen wäre da das allseits bekannte Schloss Plön, welches heute als Ausbildungsstätte für Augenoptiker dient. Schaut man sich genauer um, findet man vielerorts vorhandene Denkmäler aus alten Zeiten. Auch der Hessenstein in der Nähe von Gut Panker ist ein beliebtes Reiseziel. Von diesem hat man einen wundervollen Ausblick über einen Großteil der holsteinischen Schweiz. Auch besitzen viele der Städte und Gemeinden noch sehr gut erhaltene Stadtkerne, die den Charme früherer Zeiten versprühen.

Erkundet werden kann das Kreisgebiet allerdings auch auf dem Wasser. Die vielen Seen und Flüsse ermöglichen es, ausgedehnte Ausflüge zu unternehmen. So präsentieren sich die Landschaften zusätzlich aus einer ganz anderen Perspektive.

Auch die Kultur hat einen hohen Stellenwert im Kreis Plön. So findet u.a. ein Teil des Schleswig-Holsteinischen-Musikfestivals in Plön statt. Klassische Musik, zum Beispiel in Kirchen und Herrenhäuser, aber auch der Jazz spielen über das Festival hinaus eine große Rolle im musikalischen Leben des Kreises. Der Kreis präsentiert sich heute als besonders kultur- und geschichtsbewusst.

Kreis

Rendsburg-Eckernförde

SCHLESWIG-HOLSTEIN

Der Kreis Rendsburg-Eckernförde ist...
...der größte Kreis des Landes Schleswig-Holstein. 165 Städte und Gemeinden bieten Naturschönheiten, wirtschaftliche und kulturelle Stärken.

Historische Entwicklung

2017 feiern die Kreise in Schleswig-Holstein ihr 150-jähriges Bestehen. Als Folge der Auseinandersetzungen um die Zukunft der Herzogtümer Schleswig und Holstein und des Krieges mit Dänemark wurde Schleswig-Holstein 1866 preußische Provinz. Die Verwaltung wurde neu organisiert und die Kreise Rendsburg und Eckernförde gebildet.

Am 26.4.1970 erfolgte die Zusammenlegung der Kreise Eckernförde und Rendsburg zum heutigen Kreis Rendsburg-Eckernförde, nachdem bereits 1932 der Kreis Bordesholm aufgelöst und große Teile zum Kreis Rendsburg kamen. Der Name des neuen Kreises ergab sich fast zwangsläufig aus den beiden Gebietskörperschaften und der Tatsache, dass damit Gemeinsamkeiten unterstrichen werden sollten.

In der ersten gemeinsamen Zeit wurde auf die paritätische Besetzung kommunaler Gremien wie etwa des Kreisausschusses geachtet und die finanzielle Förderung beider Kreisteile genau beobachtet. Dies alles war nach rund 15 Jahren überwunden und so ist der Kreis heute ein Stück stolz darauf, mit Rendsburg und Eckernförde zwei kulturelle Zentren zu haben, die weit in ihr Umland ausstrahlen und einen maßgeblichen Anteil an der wirtschaftlichen Entwicklung des Kreises haben.

Wertschöpfung und Verkehr

Dabei blicken beide Städte auf eine jahrhundertlange Tradition zurück. Rendsburg 1199 erstmalig erwähnt, Verleihung der Stadtrechte 1339, mit rund 28.000 Einwohnern; Eckernförde 1302 erstmals als Stadt erwähnt mit heute 22.000 Einwohnern. Die Kreisstadt Rendsburg war jahrhundertelang seit 1665 dänische Garnisons- und Festungsstadt. Dies ist im Stadtbild auch heute noch unverkennbar. Der Blick über den Paradeplatz zu dem Hohen und Niederen Arsenal macht Geschichte lebendig.

Genauso strahlt Eckernförde mit der historischen Altstadt und dem kleinstädtischen Flair eine besondere Atmosphäre aus. Da Eckernförde durch seine Lage an einer breiten Bucht der Ostsee sehr begünstigt ist, bestimmt der Tourismus heute das Leben der Stadt und des Umlandes bestimmt.

Die ehemals dominierende Fischverarbeitung – die Kieler Sprotten kommen natürlich aus Eckernförde – ist in der Bedeutung stark zurückgegangen. Wirtschaft und Handel bestimmen heute die Stadt und auch die Bundeswehr mit dem großen Marinestandort mit rund 1.800 Soldaten sowie der Wehrtechnischen Dienststelle prägt Eckernförde. Zu den besonderen kulturellen Highlights zählt das Green-Screen-Festival, das größte Festival mit Naturfilmen aus aller Welt. Der große Naturfilmer Heinz Sielmann hat bei der Gründung mitgewirkt.

Rendsburg gilt als heimliche Hauptstadt Schleswig-Holsteins. Landesbauernstadt ist sie ohnehin mit allen großen landwirtschaftlichen Institutionen im Wirtschaftsraum Rendsburg und der größten landwirtschaftlichen Messe – der Norla – in Deutschland. Der Nordostseekanal (Einweihung 1895) bestimmt als größte künstliche Wasserstraße der Welt Wirtschaft und Handel – Kanalbrücke und Schwebefähre zeugen von der großen Ingenieurkunst bereits im 19. Jahrhundert.

Die Zeit als Garnisionsstandort endete im Zuge der Bundeswehrreform im Jahre 2008, sehr zum Unwillen der Bevölkerung. Rendsburg stellt zusammen mit der Stadt Büdelsdorf und den Gemeinden Fockbek, Wester-und Osterrönfeld sowie Schacht-Audorf mit rund 70.000 Einwohnern einen Wirtschaftsraum dar. Große Firmen sind Weltmarktführer in den unterschiedlichsten Bereichen – so die Firma Aco-Ahlmann mit Sitz in Büdelsdorf und die Firma Hobby in Fockbek. Daneben tragen viele kleinere Unternehmen aus Handwerk und Handel zum wirtschaftlichen Erfolg bei.

Landschaft, Sehenswürdigkeiten und Kultur

Die abwechslungsreiche Landschaft des Kreises Rendsburg-Eckernförde bietet ideale Voraussetzungen für einen erholsamen Urlaub. 55 km Ostseeküste laden Urlauber und Tagesausflügler ein. Die Strände und Steilufer der Ostseeküste und die sanfte Hügellandschaft der vier Naturparks „Hüttener Berge", „Westensee", „Aukrug" und „Schlei" mit ihren Seen und Flüssen, Wäldern, Wiesen und Mooren bieten viele Möglichkeiten für Entdecker.

Feriengäste finden in allen vier Naturparks, in den Dörfern und angrenzenden Städten wie Rendsburg, Eckernförde oder Nortorf Unterkünfte in allen Preiskategorien. Landgasthöfe, Kunst- und Bauernhofcafés, Fischräuchereien und Restaurants aller Kategorien bis hin zum Sterne gekrönten verwöhnen ihre Gäste mit regionalen Spezialitäten.

Fläche: 2.189,17 km²
EW: 268.628 - EW/km²: 123
KFZ-Kennzeichen: RD
Kreissitz: Rendsburg
www.kreis-rendsburg-eckernfoerde.de

Landrat
Dr. Rolf-Oliver Schwemer[F] / parteilos
im Amt seit: 2008 gewählt bis: 2020

Sitzverteilung im Kreistag
Vorsitz: Lutz Clefsen

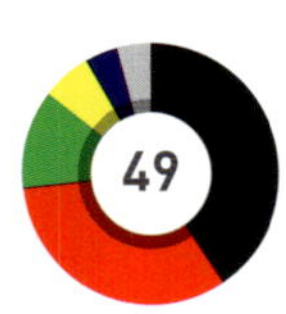

21	■	CDU
16	■	SPD
5	■	B.90/Grüne
3	■	FDP
2	■	SSW
2	■	Sonstige

(Freie Liberale 1,Die Linke 1)

Kreis

Schleswig-Flensburg

SCHLESWIG-HOLSTEIN

Der Kreis Schleswig-Flensburg ist...
...kinder- und familienfreundlich, reich an kulturellen Einrichtungen, wirtschaftsnah, sozial, ökologisch und mit viel Lebensqualität ausgestattet. Der Kreis hat es sich zum Ziel gesetzt, für Kinder, Jugendliche und Familien die bestmöglichen Rahmenbedingungen zu schaffen. Im Familienatlas 2012 des Bundes wird der Kreis Schleswig-Flensburg wiederholt im Gesamt-Index als besonders geeignet für Familien ausgewiesen und übernimmt damit die Spitzenposition in ganz Schleswig-Holstein.

Historische Entwicklung
Der Kreis Schleswig-Flensburg wurde im Jahr 1974 aus den ehemaligen Kreisen Schleswig und Flensburg-Land gebildet. Mit seinen 2.071 km^2 ist er einer der größten Kreise in Schleswig-Holstein und einer der größeren bundesweit. Sein Gebiet umfasst vier Städte und 125 ländliche Gemeinden.

Unmittelbar an der heutigen deutsch-dänischen Staatsgrenze gelegen, weist der Kreis Schleswig-Flensburg eine wechselvolle Geschichte auf. Mal in dänischer, mal in deutscher Hand ist er bis heute durch das Neben- und Miteinander zweier Kulturen geprägt, was nicht zuletzt durch einen hohen Anteil von EinwohnerInnen deutlich wird, die sich der dänischen Minderheit angehörig fühlen. Der Kreis Schleswig-Flensburg ist seit 1997 Partner der deutsch-dänischen Region Sønderjylland-Schleswig und gehört zur Förderkulisse des Interreg 5A-Programms.

In der deutsch-dänischen Grenzregion begegnen sich zwei Kulturwelten mit einem sich gegenseitig befruchtenden, unverwechselbaren kulturellen Profil.

Wertschöpfung und Verkehr
Der Kreis bietet ein attraktives Angebot für Unternehmen und Menschen, die in landschaftlich reizvoller Umgebung arbeiten und leben möchten. Die abwechslungsreichen Freizeitmöglichkeiten locken die Urlauber an die Schlei, in das grüne Binnenland, an die Flensburger Förde und die Ostsee.

Der Kreis Schleswig-Flensburg ist das Tor zum skandinavischen Wirtschaftsraum. Die Wirtschaftsregion Schleswig-Flensburg bietet ein attraktives Angebot auch für skandinavisch-orientierte Unternehmen und Menschen, die auf ein Arbeiten und Leben in abwechslungsreichem und natürlichem Umfeld Wert legen. Es hat sich aus der historisch gewachsenen engen Verflechtung mit der Landwirtschaft eine sehr enge leistungsfähige und innovative Ernährungsindustrie herausgebildet. Zahlreiche national und international bekannte Wurst-, Fisch-, Milch- und Getränkespezialisten haben ihre Fertigungsstätten im Kreis Schleswig-Flensburg. Hightech-Produkte, wie Brillengläser, Großmotorenzylinder, Flugzeugsitze, Kfz-Mechatronik, Bio-Tape und Schwerlastkräne komplettieren die weltweit vermarktete Produktpalette.

Für neue Unternehmen stehen vielfältige Gewerbeflächenangebote zu attraktiven Preisen an diversen Standorten zur Verfügung.

Seit 2011 ist der Kreis als zugelassener kommunaler Träger im Rahmen des SGB II für die Betreuung und Vermittlung von Langzeitarbeitslosen in Eigenregie verantwortlich. Ziel des Kreises Schleswig-Flensburg ist es, die „Hilfe aus einer Hand" bestmöglich umzusetzen.

Die A 7 bildet das Rückgrat der Verkehrsinfrastruktur, verläuft durch die Mitte des Kreises und verbindet die Region mit der Metropolregion Hamburg im Süden und dem Wirtschaftsraum Kopenhagen/Malmö in Skandinavien. Im Kreis stehen dem Deutschen Güterverkehr zahlreiche Anschlussmöglichkeiten an der Nord-Süd-Hauptstrecke der Deutschen Bundesbahn und der dänischen Staatsbahn zur Verfügung. Zusätzliche Optionen bieten die leistungsfähigen Umschlaganlagen in den Häfen an der Ostsee und der Charter-Flugverkehr vom Flugplan Flensburg-Schäferhaus an. Die Breitbandversorgung ist in weiten Teilen des Kreisgebiets als gut bis sehr gut zu bezeichnen.

Landschaft, Sehenswürdigkeiten und Kultur
Im Kreis Schleswig-Flensburg sind 20 Naturschutzgebiete, 16 Landschaftsschutzgebiete und 66 Naturdenkmale ausgewiesen. Das Naturpotential des Kreises ist für die einheimische Bevölkerung ebenso wie für die vielen Urlaubsgäste eine wesentliche Basis für gesunde Lebens- und Umweltbedingungen und Grundvoraussetzung für die naturnahe Erholung.

Die regionale Kulturlandschaft im Kreis entfaltet ihren eigenen Charme und ihre eigenen Reize. Die oft vertrauliche und persönliche Atmosphäre lädt den Besucher auf vielfache Art und Weise zum Sehen und Hören, aber auch zum Mitmachen ein.

Schleswig-Flensburg weist wahrscheinlich die größte Museumsdichte in Deutschland auf. So laden zahlreiche Museen – vom renommierten Landesmuseum auf Schloss Gottorf bis zum kleinen Schulhausmuseum in Hollingstedt – zum Besuch ein. Spuren der Christianisierung entdecken die Besucher zahlreicher romanischer Feldsteinkirchen und beim Erkunden des Schleswiger St. Petri-Doms aus dem 12. Jahrhundert mit dem bedeutenden Brüggemann-Altar.

Fläche: 2.071,34 km^2
EW: 195.593 - EW/km^2: 94
KFZ-Kennzeichen: SL
Kreissitz: Schleswig
www.schleswig-flensburg.de

Landrat
Dr. Wolfgang Buschmann[V] / parteilos
im Amt seit: 2012 gewählt bis: 2018

Sitzverteilung im Kreistag
Vorsitz: Ulrich Brüggemeier

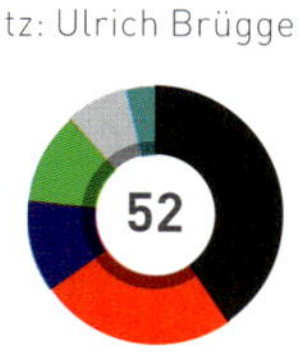

21	■	CDU
13	■	SPD
6	■	SSW
6	■	B.90/Grüne
2	■	FW
4	■	Sonstige

(FDP 2, Die Linke 1, Bündnis für Bürger 1)

Kreis

Segeberg

SCHLESWIG-HOLSTEIN

Der Kreis Segeberg ist...
...mit 265.500 Einwohnern auf einer Fläche von 1.344 km² ein lebenswerter Kreis in der quirligen Metropolregion Hamburg.

Historische Entwicklung

Durch königliche Verordnung im Jahre 1867 wurde nach dem Anschluss der Herzogtümer Schleswig und Holstein an das Königreich Preußen unter anderem auch der Kreis Segeberg gebildet.

1932 wurde das Kreisgebiet um einen Teil des aufgelösten Kreises Bordesholm erweitert. In der zweiten Hälfte des 20. Jahrhunderts stieg die Bevölkerungszahl beträchtlich an und es entwickelte sich eine ausgewogene Wirtschaftsstruktur. Norderstedt wurde dem Kreisgebiet 1970 zugeordnet.

Das Kreisgebiet gliedert sich heute in fünf Städte, zwei amtsfreie Gemeinden und 88 amtsangehörige Gemeinden, die in acht Ämtern zusammengeschlossen sind. Die Stadt Norderstedt mit rund 76.000 Einwohnern trägt den Status einer großen kreisangehörigen Stadt.

Wertschöpfung und Verkehr

Die wirtschaftliche Entwicklung wird getragen durch die Zugehörigkeit zur Metropolregion Hamburg und zwei bedeutenden Verkehrswegen nach Skandinavien und ins Baltikum. Insgesamt sind im Kreis rund 13.000 Unternehmen ansässig und stellen rund 82.000 Arbeitsplätze für sozialversicherungspflichtig Beschäftigte in allen wichtigen Wirtschaftsbereichen.

Der Kreis ist regional unterschiedlich strukturiert: Während der südliche Teil eine größere Dichte an leistungsfähigen Unternehmen in Industrie und Handel aufweist, sind andere Teile stärker durch Land- und Forstwirtschaft geprägt und bieten Raum für Gesundheitswirtschaft, Tourismus und Naherholung.

Es bestehen gute Verkehrsanbindungen durch einen leistungsstarken Öffentlichen Personennahverkehr – vollständig ins Tarifsystem des Hamburger Verkehrsverbundes HVV eingebunden. Zwei Regionalbahnen mit Anschluss an das Hamburger U-Bahn-Netz machen die Städte Hamburg, Lübeck und Neumünster mit ihren Fernbahnhöfen und den Hamburg Airport gut erreichbar. Ein Netz aus den Autobahnen A 7, A 21 und der teilweise schon ausgebauten Küstenautobahn A 20, aus Bundes- und Landesstraßen und aus mehr als 400 km Kreisstraßen verbindet die Städte und Gemeinden.

Die Lebensqualität wird zudem bestimmt von einem gut ausgebauten System an Schulen und Kinderbetreuungseinrichtungen. Die medizinische Versorgung mit zahlreichen Praxen und vielfältigen Kliniken ist überdurchschnittlich.

Fläche: 1.344,39 km²
EW: 264.972 - EW/km²: 197
KFZ-Kennzeichen: SE
Kreissitz: Bad Segeberg
www.segeberg.de

Landrat
Jan Peter Schröder / parteilos
im Amt seit: 2014 gewählt bis: 2020

Sitzverteilung im Kreistag
Vorsitz: Winfried Zylka

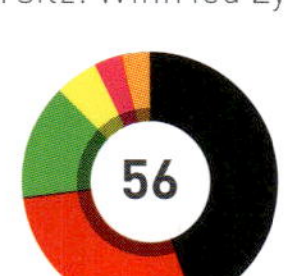

- **25** CDU
- **16** SPD
- **8** B.90/Grüne
- **3** FPD
- **2** Die Linke
- **2** Piraten

Landschaft, Sehenswürdigkeiten und Kultur

Der Kreis gehört naturräumlich zur schleswig-holsteinischen Geest und Vorgeest sowie zum ostholsteinischen Hügel- und Seenland. Ideale Voraussetzungen für eine ruhige und landschaftsbezogene Naherholung, zu der ein flächendeckendes Rad- und Wanderwegenetz einlädt.

An vielen Seen im Kreis befinden sich Campingplätze und Badestellen, die im Sommer Badevergnügen garantieren und in kalten Wintermonaten zum Schlittschuhlaufen einladen. Ob Golfen, Kanuwandern, Ballonfahren, Segelfliegen oder Rad- und Wandertouren – für Sportbegeisterte gibt es zahlreiche, attraktive Angebote. Als Landesreiterstadt Schleswig-Holsteins ist Bad Segeberg weithin bekannt, auf dem Landesturnierplatz werden im Sommer spannende und hochrangige Reitturniere ausgetragen.

Zahlreiche historische Gebäude laden ein zu kulinarischen Genüssen, Konzerten, Ausstellungen und anderen Events in besonderem Ambiente. Das Schleswig-Holstein-Musikfestival ist jedes Jahr zu Gast im Kreis. Der Stadtpark in Norderstedt ist nach der Landesgartenschau 2011 in eine weitläufige Parklandschaft mit Badesee und Wasserski umgestaltet worden.

Wahrzeichen der Kreisstadt Bad Segeberg ist der Kalkberg, ein einzigartiges Naturdenkmal mit 91 m Höhe, von dessen Spitze sich ein herrlicher Rundblick über die Stadt und das Umland präsentiert. Außerhalb der Karl-May-Saison werden hier Shows und Konzerte angeboten. Unter dem Kalkberg befinden sich die faszinierenden Felsformationen der Kalkberghöhlen. Diese beheimaten das größte natürliche Winterquartier in Mitteleuropa für mehr als 22.000 Fledermäuse. Das Fledermauszentrum Noctalis präsentiert auf vier Etagen die Vielfalt, Schönheit und Eigenart der geheimnisvollen Fledermaus. Besucher können mit allen Sinnen und viel Spaß spannende Details aus dem Leben der Fledermäuse entdecken, eine Höhle erkunden und die Tiere der Nacht hautnah erleben.

Ein beliebtes Familienausflugsziel ist der Wildpark Eekholt in Großenaspe. Seit seiner Gründung wurde er kontinuierlich zu einer Naturerlebnis- und Bildungsstätte weiterentwickelt. Diese hat sich zur Aufgabe gemacht, mit Kindern, Jugendlichen und Erwachsenen die Schönheit und Vielfalt der Natur zu entdecken und so nachhaltig für die Umwelt zu sensibilisieren. Der ErlebnisWald Trappenkamp ist ein gut 330 ha großes Gelände mit Wäldern und weiten Wiesen, Kletterbäumen, Hochseilgarten, Spazierwegen und Naturerlebnispfaden. Über das Jahr werden viele Waldpädagogik-Angebote und Waldsonderveranstaltungen angeboten.

Kreis

Steinburg

SCHLESWIG-HOLSTEIN

Der Kreis Steinburg ist…
…lebenswert in jeder Hinsicht: Rund 130.000 Menschen leben hier und genießen zwischen Meer und Metropole das Beste aus zwei Welten. Zum Kreis gehören die Kreisstadt Itzehoe, die Städte Glückstadt Kellinghusen, Krempe, Wilster und 106 Gemeinden.

Historische Entwicklung
Dass alle Kreise in Schleswig-Holstein gemeinsam Geburtstag feiern können, liegt an der 1867 von den Preußen erlassenen Verordnung „betreffend die Organisation der Kreis- und Distriktbehörden sowie der Kreisvertretung in der Provinz Schleswig-Holstein".

Bei der Neugliederung der Herzogtümer in Kreise hatte man die geschichtliche Entwicklung der Gebiete zu berücksichtigen versucht. Deshalb wurde auch der Name Steinburg beibehalten (knüpft an die aus Stein gebaute Burg an, die um 1300 erbaut wurde und Sitz des Vogtes war) und den neu gebildeten Kreis nicht nach der Kreisstadt Itzehoe benannt.

Die 1867 festgelegten Kreisgrenzen hatten bis 1969 Bestand, als das Gesetz zur Neuordnung von Gemeinde- und Kreisgrenzen sowie Gerichtsbezirken erlassen wurde. Mit Wirkung vom 26.4.1970 wurden 17 Gemeinden des Kreises Rendsburg als neu gebildetes Amt Schenefeld in den Kreis Steinburg eingegliedert.

Wertschöpfung und Verkehr
Die Wirtschaftsstruktur im Kreis Steinburg ist heute geprägt von kleinen und mittelständischen Unternehmen mit weniger als 50 Mitarbeitern. Ein Meilenstein der Steinburger Wirtschaftsentwicklung war die Entscheidung, das Fraunhofer-Institut für Siliziumtechnologie (ISIT) in Itzehoe zu errichten (Fertigstellung 1994). Die anschließende Errichtung des IZET Innovationszentrum Itzehoe neben dem ISIT ergänzt diese herausragende Entwicklung.

Die Schwerpunkte wirtschaftlicher Aktivität liegen neben der Kreisstadt Itzehoe in Glückstadt, Schenefeld, Hohenlockstedt, Kellinghusen und Wilster. In der Wilstermarsch befindet sich auch der kreisübergreifende ChemCoast Park Brunsbüttel. Die Hälfte des Industrieparks liegt auf Steinburger Gebiet.

Seit 1997 ist der Kreis Steinburg Mitglied in der Metropolregion Hamburg. Hier besteht eine enge wirtschaftliche Verflechtung mit den anderen Mitgliedskreisen und insbesondere der Hansestadt Hamburg. Die Metropolregion mit ihrem vielfältigen kulturellen Angebot, der Vielzahl wissenschaftlicher Institutionen und Einrichtungen, den zahlreichen spezialisierten Firmen und den sehr guten verkehrlichen Anbindungen inklusive des leistungsfähigen internationalen Flughafens Fuhlsbüttel bieten nicht nur den Bewohnern eine hohe Lebensqualität, sondern auch den Unternehmen kurze Wege zu allen Teilen Ihrer Wertschöpfung.

Von großer Bedeutung für die zukünftige Wirtschaftsentwicklung des Kreises Steinburg ist der Bau der A 20 mit einer festen Unterelbequerung bei Glückstadt. Mit der A 20 wird den Betrieben in Steinburg die Möglichkeit gegeben, Kunden südlich der Elbe deutlich schneller zu erreichen als vorher.

Ein weiteres zukunftweisendes Vorhaben ist die Versorgung mit Glasfasertechnologie. Der Zweckverband Breitband Steinburg hat dafür gesorgt, dass der gesamte Kreis Steinburg über leistungsfähige Internetanschlüsse verfügen wird.

Landschaft, Sehenswürdigkeiten und Kultur
Mit der maritimen Elbe und der grünen, leicht bewaldeten Geestlandschaft prägen den Kreis zwei unterschiedliche, äußerst reizvolle Landschaftsformen. Die westliche Kreisgrenze bildet der Nord-Ostsee-Kanal, die meistbefahrene künstliche Seeschifffahrtsstraße der Welt. Der Kreis Steinburg hat viel zu bieten.

Vielseitig ist auch das kulturelle Leben: Das ganze Jahr hindurch gibt es ein breit gefächertes Kulturangebot: Theater Itzehoe, Kleinkunst aller Art, Kreismuseum Prinzeßhof, Wenzel-Hablik-Museum, Glückstädter Matjeswochen, Itzehoer Kulturnacht, Hohenlockstedter Pellkartoffeltage oder das weltweit bekannte Heavy Metal Fesival „Wacken Open Air" sind nur einige Beispiele dafür, dass Tradition und Moderne hier gut zusammenfinden.

Interessant ist übrigens auch, dass Deutschlands geografisch tiefster Punkt sich im Kreis Steinburg befindet. In Neuendorf-Sachsenbande in der Wilstermarsch liegt mit 3,54 m das Pendant zur Zugspitze: Deutschlands tiefste Landstelle.

Fläche: 1.056,13 km²
EW: 130.218 - EW/km²: 123
KFZ-Kennzeichen: IZ
Kreissitz: Itzehoe
www.steinburg.de

Landrat
Torsten Wendt [G] / parteilos
im Amt seit: 2013 gewählt bis: 2019

Sitzverteilung im Kreistag
Vorsitz: Peter Labendowicz

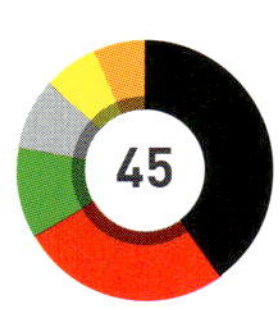

18	CDU
12	SPD
5	B.90/Grüne
3	FDP
3	Piraten
4	Sonstige

(Bürgerliche Steinburg 2, WISt 1, FW 1)

Schoepfmühle Honigfleth in der Wilstermarsch

Kreis

Stormarn

SCHLESWIG-HOLSTEIN

Der Kreis Stormarn ist…

…attraktiv und wirtschaftsstark. Hervorragende Lebens- und Arbeitsbedingungen für die Menschen in Stormarn sowie gute Verkehrsanbindungen und Gewerbeflächen zur Ansiedlung von Handel und Gewerbe sind Garanten für steigende Bevölkerungszahlen bei niedrigster Arbeitslosenquote sowie stetiges Wirtschaftswachstum.

Historische Entwicklung

Der Kreis Stormarn wurde 1867 nach dem Anschluss Schleswig-Holsteins an Preußen gebildet. Er hat sich nach dem Zweiten Weltkrieg von einem rein landwirtschaftlich strukturierten Gebiet zu einem der wirtschaftsstärksten Standorte entwickelt. Auf einer Fläche von 766 km² leben heute mehr als 235.000 Einwohner – Tendenz steigend um jährlich etwa 1.000 – in sechs Städten, sechs hauptamtlich und 43 ehrenamtlich verwalteten Gemeinden.

Wertschöpfung und Verkehr

Ein stolzer Schwan, von alters her Sinnbild für eine stürmische Gemütsart, ziert das Stormarner Wappen. Die Menschen in Stormarn sind allerdings friedlich, stürmisch hingegen ist die wirtschaftliche Entwicklung des Kreises.

Seine natürlichen Standortvorteile nutzend hat der Kreis frühzeitig eine aktive und planvolle Wirtschaftsförderung betrieben. So wurde 1957 als erste kreiseigene Wirtschaftsförderungsgesellschaft Deutschlands die Wirtschafts- und Aufbaugesellschaft Stormarn mbH (WAS) gegründet. Diese hat in zwölf Standorten 810 ha Gewerbefläche vermittelt, über 1.680 neue Betriebe gefördert und knapp 53.500 Arbeitsplätze ermöglicht. Neben Erschließung und Marketing von Gewerbeflächen bietet die WAS auch Rat und Hilfe für Existenzgründer und Investoren bei An- und Umsiedlungen.

Der Kreis Stormarn ist Mitglied der Metropolregion Hamburg, denn im globalen Wettbewerb werden Kreise nicht wahrgenommen, sondern nur starke Regionen. Eine kreis- und länderübergreifende Kooperation ist ein wichtiger Erfolgsfaktor für eine weitere dynamische Entwicklung des Kreises.

Stormarn wird gerade wegen seiner hervorragenden harten und weichen Standortvorteile wahrgenommen. Stormarn bietet den Raum, insbesondere im nachgefragten Süden unseres Kreises, der Hamburg fehlt, um den Unternehmen Gewerbeansiedlung und Expansion zu ermöglichen.

Dazu kommen beste Verkehrsanbindungen für Im- und Export in den skandinavischen wie auch in den osteuropäischen Raum, denn in Stormarn begegnen sich Ostsee und Osteuropa, Skandinavien und der Süden. Die Verkehrsverbindungen mit den Autobahnen A 1, A 20, A 21/B 404 und A 24, der Bahnverbindung Hamburg-Lübeck, der S- und U-Bahn Richtung Hamburg, den Flughäfen in Hamburg und Lübeck sowie den Fähren und Häfen in Lübeck, Hamburg und Kiel sind hervorragend geeignet.

Landschaft, Sehenswürdigkeiten und Kultur

Stormarn ist und hat Raum zum Leben. Wichtigstes Gut ist die Landschaft. Trotz intensiver, ständig fortschreitender Bebauung bestimmen nach wie vor Äcker, Wiesen, Bachläufe und Wälder zu mehr als zwei Drittel das Stormarner Landschaftsbild. Im Kreis sind bisher 17 Naturschutzgebiete ausgewiesen. Weitere Ausweisungen sind vorgesehen. Unter Landschaftsschutz stehen insgesamt 49 % der Kreisfläche.

Das Naturreservoir zu schützen und gleichzeitig erlebbar zu machen, ist eine Aufgabe, der sich Verbände, Organisationen, Kommunen und der Kreis gemeinsam mit Erfolg widmen. Positive Beispiele dafür sind das erarbeitete Stormarner Reitwegenetz und das zusammenhängende Netz an Rad- und Wanderwegen.

Die Städte und Gemeinden haben auf eine die Natur schonende Planung sehr viel Wert gelegt. Freizeit-, Sport- und Kulturangebote, moderne Einkaufsmöglichkeiten sowie viel Grün und intakte Natur sind keine Gegensätze, sondern ergänzen sich sinnvoll.

Natur, Kultur, Erholung – Mitten in der Metropolregion Hamburg gelegen, ist Stormarn ideal für einen Tagesausflug oder erholsamen Urlaub. Die Schlösser in Reinbek, heute Kulturdenkmal von nationalem Rang, und Ahrensburg, zahlreiche Herrenhäuser und Museen sowie Kulturgüter und Denkmäler kennzeichnen Stormarn Vergangenheit und weitreichenden Traditionen. Die wunderschönen Naturräume Stormarns kann man ideal mit dem Fahrrad, zu Fuß oder beim Paddeln auf dem Wasser entdecken.

In vielen Gruppen und Vereinen wird hervorragende ortsnahe Kulturarbeit geleistet. Größter Mäzen ist die Kulturstiftung der Sparkasse Stormarn, die sich für Kunst und Kultur, den Natur- und Umweltschutz, die Heimatpflege sowie Projekte der Jugend und des Sports engagiert.

Auch deshalb leben die Menschen ausgesprochen gern in Stormarn und fühlen sich hier wohl. Sie haben ihre Arbeit vor der Tür und wohnen im Grünen. Aktuelle Umfragen sehen Stormarn mit 83 % Zufriedenheit mit dem Wohnort bundesweit im Spitzenbereich.

Fläche: 766,33 km²
EW: 236.705 - EW/km²: 309
KFZ-Kennzeichen: OD
Kreissitz: Bad Oldesloe
www.kreis-stormarn.de

Landrat
Dr. Henning Görtz / CDU
im Amt seit: 2016 gewählt bis: 2022

Sitzverteilung im Kreistag
Vorsitz: Hans-Werner Harmuth

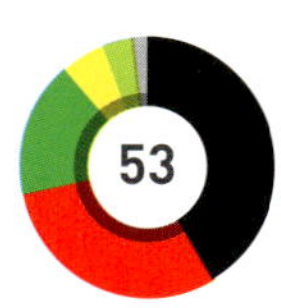

22	CDU
16	SPD
9	B.90/Grüne
3	FDP
2	Forum 21
1	fraktionslos

Mecklenburg-Vorpommern

Landkreise	**6**
Fläche km²	**22.900,91**
Einwohner	**1.302.833**
Bevölkerungsdichte EW/km²	**57**

Größte Landkreise	km²
Mecklenburgische Seenplatte	5.470,35
Ludwigslust-Parchim	4.752,44
Vorpommern-Greifswald	3.929,73

Kleinste Landkreise	km²
Nordwestmecklenburg	2.118,51
Vorpommern-Rügen	3.207,37
Rostock	3.422,51

Einwohnerstärkste Landkreise	EW
Mecklenburgische Seenplatte	261.733
Vorpommern-Greifswald	237.697
Vorpommern-Rügen	223.470

Einwohnerschwächste Landkreise	EW
Nordwestmecklenburg	155.424
Rostock	211.878
Ludwigslust-Parchim	212.631

Dichtest besiedelte Landkreise	EW/km²
Nordwestmecklenburg	73
Vorpommern-Rügen	70
Rostock	62

Dünnst besiedelte Landkreise	EW/km²
Ludwigslust-Parchim	45
Mecklenburgische Seenplatte	48
Vorpommern-Greifswald	60

Landkreis

Ludwigslust-Parchim

MECKLENBURG-VORPOMMERN

Der Landkreis Ludwigslust-Parchim ist...
...im Südwesten Mecklenburg-Vorpommerns gelegen und der zweitgrößte Landkreis Deutschlands. Er ist ländlich geprägt und gehört der Metropolregion Hamburg an. Gerade diese Mischung macht den Landkreis so lebenswert.

Historische Entwicklung

Das heutige Gebiet des Landkreises Ludwigslust-Parchim existiert seit der Kreisgebietsreform im September 2011. Zuvor bestanden seit der ersten Kreisgebietsreform in Mecklenburg-Vorpommern im Jahr 1994 der Landkreis Parchim (hervorgegangen aus den Landkreisen Sternberg, Lübz und Parchim sowie Teilen des Landkreises Schwerin) und der Landkreis Ludwigslust (als Zusammenschluss der Landkreise Hagenow und Ludwigslust sowie Teilen des Landkreises Schwerin).

Seine Wurzeln hat das Kreisgebiet des heutigen Landkreises Ludwigslust-Parchim im Herzogtum Mecklenburg-Schwerin, das 1918 als Freistaat Mecklenburg-Schwerin politische Selbstständigkeit erlangte. 1925 wurden aus den Ämtern Grabow und Ludwigslust das Amt Ludwigslust und aus den Ämtern Parchim und Lübz das Amt Parchim gebildet, die dann jeweils ab 1933 Kreis Ludwigslust und Kreis Parchim hießen. Beide Kreise gehörten nach dem Ende des zweiten Weltkriegs zum Land Mecklenburg-Vorpommern in der Sowjetischen Besatzungszone. Die ab 1949 zur Deutschen Demokratischen Republik gehörenden Landkreise wurden 1952 neu gebildet und dem Bezirk Schwerin zugeordnet. Sie existierten in dieser Form bis 1994.

Fläche: 4.752,44 km²
EW: 212.631 - EW/km²: 45
KFZ-Kennzeichen: LUP
Kreissitz: Parchim
www.kreis-lup.de

Landrat
Rolf Christiansen [P] / SPD
im Amt seit: 1994 gewählt bis: 2018

Sitzverteilung im Kreistag
Vorsitz: Olaf Steinberg

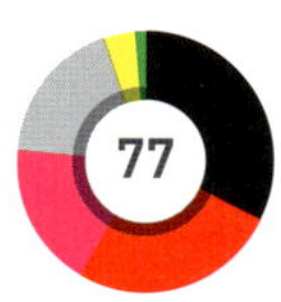

25 CDU
20 SPD
14 Die Linke
3 FDP
1 B.90/Grüne
14 Sonstige
(Allianz Bauern ländl. Raum 4, Umwelt/Piraten/FW 4, NPD 3, AfD 2, AfL 1)

Wertschöpfung und Verkehr

Durch die Lage zwischen Hamburg und Berlin verfügt der Landkreis Ludwigslust-Parchim über günstige Standortfaktoren und gilt als eine der wirtschaftsstärksten Gebiete Mecklenburg-Vorpommerns. Besonders die Gewerbe- und Industriegebiete entlang der A 24 prosperieren.

Mit einer Arbeitslosenquote von unter sieben Prozent hat der Landkreis die niedrigste in gesamt Mecklenburg-Vorpommern. Ein wesentlicher Industriezweig ist die Ernährungswirtschaft. Mehr als 30 renommierte Unternehmen produzieren im Landkreis Markenprodukte für den nationalen und internationalen Markt. Neben Süßwarenindustrie und Landwirtschaft sind auch die Maschinenbau- und Technikbranche stark vertreten.

Durch die gute Anbindung nach Hamburg und Berlin sowie Rostock ist der Landkreis auch für die Logistikbranche interessant. Mit der Erweiterung der A 14 nach Magdeburg wird weiteres Wirtschaftspotenzial erschlossen, in dem zukünftig der Verkehrsweg zwischen Ostseehäfen und Mitteldeutschland deutlich verkürzt ist. Internationale Märkte soll in naher Zukunft der Parchim International Airport verbinden. Der seit 2007 von einem chinesischen Investor betriebene Flughafen am Rande Parchims eröffnet neue Perspektiven für die Luftfrachtbranche.

Ein weiterer wichtiger Wirtschaftszweig ist die Tourismusbranche. Der Landkreis Ludwigslust-Parchim verfügt über ein gut ausgebautes Netz von Reit-, Wander- und Wasserwegen, zum Beispiel die Müritz-Elde-Wasserstraße als Verbindung zwischen Mecklenburgischer Seenplatte und Elbe. Auch die Lewitz, die Naturparks Sternberger Seenlandschaft und Nossentiner/Schwinzer Heide und die UNESCO-Biosphärenreservate Schaalsee und Flusslandschaft Elbe M-V sind beliebte Ausflugsziele. Für Wintersport-Fans bietet Europas größte Indoor-Skihalle an der A 24 in Wittenburg Schneesicherheit selbst im Sommer.

Landschaft, Sehenswürdigkeiten und Kultur

Der Landkreis zeichnet sich durch die Erhaltung und Entwicklung einer lebendigen Kulturlandschaft aus. Highlights sind traditionelle Veranstaltungen wie „Kunst offen" zu Pfingsten und zahlreiche Erntefeste im Herbst. Der Landkreis engagiert sich in Vereinen und Institutionen, beispielhaft sind der Zweckverband Mecklenburgisches Landestheater Parchim und der Verein Mahn- und Gedenkstätten im Landkreis Ludwigslust-Parchim e. V. zu nennen. Die Festspiele Mecklenburg-Vorpommern gastieren alljährlich im Landkreis. Unter anderem ist das Barockschloss Ludwigslust ein beliebter Spielort des Klassikfestivals. Ein weiterer Leuchtturm ist das Landgestüt Redefin. Der Ort ist nicht nur Pferdeliebhabern ein Begriff, sondern wartet auch mit anspruchsvollen Kulturveranstaltungen auf.

Backsteinarchitektur, Dorfkirchen, Mühlen, Schlösser, Gutshäuser und nicht zuletzt die mittelalterliche Burg in Neustadt-Glewe zeichnen den Kreis aus. Im südwestlichen Teil des Landkreises finden sich gut erhaltende Ackerbürger-Städte, wie Grabow, Boizenburg und Hagenow. Im Nordwesten ist die Stadt Zarrentin am Schaalsee mit dem einstigen Zisterzienserinnenkloster ein Besuchermagnet. Den östlichen Teil markiert der Luftkurort Plau am See. Größte Orte sind die Kreisstadt Parchim mit ihrem mittelalterlichen Stadtkern und die Stadt Ludwigslust, einst Residenz der mecklenburgischen Herzöge, liebevoll das Versailles des Nordens genannt. Das Schloss samt Museum sowie der Park mit Wasserspielen und einzigartigem Baumbestand faszinieren Besucher aus aller Welt.

Landkreis

Mecklenburgische Seenplatte

MECKLENBURG-VORPOMMERN

Der Landkreis Mecklenburgische Seenplatte ist...
...der größte Landkreis Deutschlands. Aus der Vogelperspektive sieht er vor allem grün und blau aus – geprägt durch Wälder, Seen, Flusslandschaften, Wiesen und Äcker. Der Müritz-Nationalpark mit dem Teilgebiet Serrahn gehört zum UNESCO Weltnaturerbe. Doch damit nicht genug: vier Naturparke, 64 Naturschutzgebiete, 34 Landschaftsschutzgebiete und 15 Vogelschutzgebiete befinden sich im Landkreis.

Historische Entwicklung
Am 5.9.2011 sind die Landkreise Demmin, Mecklenburg-Strelitz und Müritz sowie die bis dahin kreisfreie Stadt Neubrandenburg im Zuge einer Kreisgebietsreform im Landkreis Mecklenburgische Seenplatte aufgegangen. Im Vorfeld der Reform war über den Namen des Landkreises diskutiert worden. Denn sein Gebiet schließt sowohl Teile von Mecklenburg als auch von Vorpommern ein. Wenn auch nicht im Namen, so sind doch im Wappen beide historische Gebiete dargestellt – der mecklenburgische Ochsenkopf und der pommersche Greif.

Wertschöpfung und Verkehr
Der Landkreis im Nordosten Deutschlands liegt zwischen Ostsee, Müritz und Stettiner Haff. Die Wege zu den großen Zentren sind kurz: In etwas mehr als einer Autostunde, oder mit der Bahn, ist die Hauptstadt Berlin erreicht. Auch Hamburg liegt dank der A 20 fast vor der Haustür. Hinzu kommen die Häfen in Rostock und in Stettin (Wojewodschaft Westpommern in Polen) die ebenfalls gut zu erreichen sind. So liegt die Mecklenburgische Seenplatte im Schnittpunkt wichtiger internationaler Verkehrsverbindungen zwischen den Zentren Berlin, Hamburg, Stettin und der Öresundregion.

Mecklenburg und Vorpommern sind von jeher von Land- und Forstwirtschaft geprägt. Heute sind weitere Wirtschaftszweige hinzugekommen wie die Zulieferindustrie, Dienstleistungen, Handwerk und Lebensmittelwirtschaft und Tourismus.

Die größten Schiffspropeller der Welt werden in Waren (Müritz) hergestellt. In der modernen Gießerei werden Propeller für Tanker und Containerschiffe gegossen. Selbst die Queen Mary II, eines der größten und exklusivsten Kreuzfahrtschiffe, wird von einem Propeller angetrieben, der in der Mecklenburgischen Seenplatte hergestellt wurde.

Weitere am Weltmarkt agierende Unternehmen sind beispielsweise Weber-Maschinenbau (Schneidmaschinen für die Lebensmittelindustrie), Hobas-Rohre (Rohrleitungen für Systeme aller Art), Webasto (Zulieferer der Autoindustrie) in Neubrandenburg, die Clausohm GmbH in Neverin (Software, Automation) oder am Standort Malchin der amerikanischen Firma Cargill, eine der weltweit modernsten Pektin-Produktionsstätten. Sehr viele Menschen in der Mecklenburgischen Seenplatte leben vom Tourismus. Die Kreisstadt Neubrandenburg ist mit 63.500 Einwohnern die größte Stadt im Landkreis. Hier hat die Hochschule ihren Sitz, an der etwas mehr als 2.000 junge Leute beispielsweise Agrar- und Lebensmittelwissenschaften, Landschaftswissenschaften, Geoinformatik oder in den Fachbereichen soziale Arbeit, Bildung und Erziehung oder Gesundheit studieren.

Landschaft, Sehenswürdigkeiten und Kultur
Die Müritz, der größte Binnensee der Bundesrepublik, ist umgeben von tausend weiteren großen und kleinen Seen, die über Bäche, Kanäle oder die Havel miteinander verbunden sind. Wer es mag, kann mit dem Boot von Berlin über die Seenplatte bis nach Hamburg schippern. Im Norden des Landkreises mäandert die Peene bis zum Stettiner Haff und bildet eine geschützte Flusslandschaft mit Seitenarmen, Mooren und Feuchtgebieten.

Paddler, Wanderer und Radfahrer wissen den weiten Himmel und die herrliche Natur, die Rad- und Wanderwege zu schätzen. In den gemütlichen Kleinstädten geht es noch gemächlich zu, gern kommen Gäste zur Erholung aus den Metropolen hierher.

Ungewöhnliche Konzert- und Spielstätten der Mecklenburg-Vorpommern-Festspiele sind beliebt bei internationalen Künstlern und Musikfreunden. Die Neubrandenburger Philharmonie hat mit der Konzertkirche eine Heimstatt, die Musiker aus aller Welt für deren Akustik loben. Die Vorstellungen und Konzerte der Theater- und Orchester GmbH Neubrandenburg-Neustrelitz können alle Menschen besuchen – Busse bringen die Landbevölkerung zu den Aufführungen.

Museen für die Schriftsteller Hans Fallada (Carwitz) und Fritz Reuter (Stavenhagen), den Altertumsforscher Heinrich Schliemann (Ankershagen), für die Regionalgeschichte (Neubrandenburg) oder das frühere Großherzogtum Mecklenburg-Strelitz (Neustrelitz) laden ein. Wer in die Seenplatte kommt, sollte außerdem das Müritzeum in Waren und das Barockschloss auf der Schlossinsel Mirow besuchen.

Fläche: 5.470,35 km²
EW: 261.733 - EW/km²: 48
KFZ-Kennzeichen: MSE
Kreissitz: Neubrandenburg
www.lk-mecklenburgische-seenplatte.de

Landrat
Heiko Kärger (W, U) / CDU
im Amt seit: 2009 gewählt bis: 2018

Sitzverteilung im Kreistag
Vorsitz: Thomas Diener

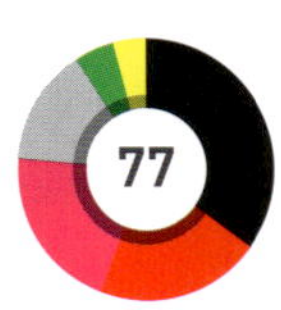

27	CDU
16	SPD
16	Die Linke
4	B.90/Grüne
3	FDP
11	Sonstige

(AfD 3, NPD 2, FW 2, Piraten 1, WGLR 1, EB 1, AB gg. WK-Ausbau 1)

Landkreis

Nordwestmecklenburg

MECKLENBURG-VORPOMMERN

Der Landkreis Nordwestmecklenburg ist...
...ein attraktiver Lebens- und Landschaftsraum mit besonderem Reiz. Als moderner Wirtschaftsstandort bildet er das industrielle Herz Mecklenburg-Vorpommerns. Als aufstrebender Teil Norddeutschlands hat Nordwestmecklenburg traditionell intensive Verbindung zu den Hansestädten Hamburg, Lübeck und Rostock, zur Landeshauptstadt Schwerin und nach Skandinavien.

Historische Entwicklung
Der Landkreis Nordwestmecklenburg besteht in seiner heutigen Struktur seit 2011 und vereint den ursprünglichen Landkreis Nordwestmecklenburg sowie die ehemals kreisfreie Hansestadt Wismar. Zum Landkreis gehören die amtsfreien Gemeinden Grevesmühlen (Stadt), die Insel Poel und die große kreisangehörige Stadt Wismar sowie neun Ämter mit 83 amtsangehörigen Gemeinden.

Die Hansestadt Wismar mit einem der am besten erhaltenen Altstadtkerne Deutschlands und Nordeuropas (seit 2002 UNESCO-Welterbe) ist die Kreisstadt Nordwestmecklenburgs. Die Kreisverwaltung befindet sich an den Standorten in Wismar und Grevesmühlen.

Wertschöpfung und Verkehr
Der Wirtschaftsstandort Nordwestmecklenburg im Nordwesten des Bundeslandes Mecklenburg-Vorpommern liegt direkt an der Ostseeküste. Nordwestmecklenburg bietet mit seiner Lage in der Metropolregion Hamburg und unweit der Hauptstadtregion Berlin-Brandenburg sowie im Städtedreieck Hansestadt Lübeck, Landeshauptstadt Schwerin und Hansestadt Rostock attraktive Gewerbeflächen für Unternehmen, die sich die besondere verkehrsgeografische Lage als Wettbewerbsvorteil sichern wollen. Mit zwei den Landkreis durchziehenden Autobahnen und dem Seehafen Wismar ist die logistische Anbindung hervorragend.

Der Landkreis zählt zu den europäischen Spitzenstandorten der Holzindustrie und des Ernährungsgewerbes. Weiterhin entwickelt sich ein medizintechnisches Cluster. Jährlich besuchen hunderttausende Touristen den Landkreis. Mit 1 Mio. Übernachtungen allein im Ostseebad Boltenhagen ist Nordwestmecklenburg ein bedeutendes Tourismuszentrum an der Ostsee.

Mit 39 Grund- und regionalen Schulen, sechs Gymnasien, zwei Gesamtschulen und neun Förderschulen, davon ein überregionales Förderzentrum mit einem landesweiten Einzugsbereich und daher einem angeschlossenen Internat, verfügt der Landkreis Nordwestmecklenburg über ein ausgewogenes und wohnortnahes schulisches Angebot. Zusätzlich bietet das Berufsschulzentrum in Wismar mit drei Arbeitsstellen und einem Internat ein breites Ausbildungsspektrum.

Fläche: 2.118,51 km²
EW: 155.424 - EW/km²: 73
KFZ-Kennzeichen: NWM
Kreissitz: Wismar
www.nordwestmecklenburg.de

Landrätin
Kerstin Weiss [K] / SPD
im Amt seit: 2014 gewählt bis: 2021

Sitzverteilung im Kreistag
Vorsitz: Klaus Becker

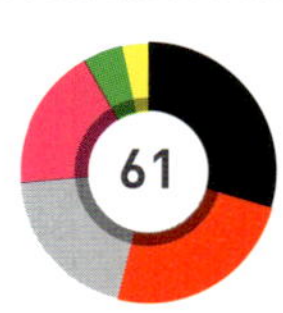

18 CDU
15 SPD
11 Die Linke
3 B.90/Grüne
2 FDP
12 Sonstige
(LUL 4, AfD 3, NPD 2, FW NWM 1, Piraten 1, Rentner 1)

Die medizinische und soziale Versorgung der Bevölkerung ist sehr gut. Moderne und leistungsfähige Krankenhäuser in Grevesmühlen und Wismar und mehrere Rehabilitationseinrichtungen, ein Netz von Sozialstationen sowie zahlreiche Alten- und Pflegeheime decken den Bedarf ortsnah ab. Kindertagesbetreuung wird in 104 Kindertageseinrichtungen und von 139 Tagespflegepersonen vorgehalten, so dass die Rechtsansprüche flächendeckend erfüllt werden können.

Landschaft, Sehenswürdigkeiten und Kultur
Eingebettet in eine sanft-hüglige Landschaft und umgeben von großen Seen und weiten Wäldern liegt Nordwestmecklenburg. Die Landschaft wurde stark von den letzten Eiszeiten geprägt, die Reihenfolge der dadurch ausgebildeten Formen ist deutlich erkennbar.

Nordwestmecklenburg bietet zudem eine einzigartige Landschaft mit über 100 km feinsandigem und breitem Ostseestrand, stillen und einsamen Seen, sanften Hügeln, großflächigen Waldgebieten und naturbelassenen Wiesen. Imposante, alte Baumalleen führen zu Bauerndörfern, alten Gehöften, Backsteinkirchen und beschaulichen Kleinstädten.

Im Landkreis Nordwestmecklenburg gibt es eine Vielzahl denkmalgeschützter Objekte. Dazu gehören die Schlösser sowie die Guts- und Herrenhäuser als ländliche Repräsentationsarchitektur. Ein besonders herausragendes Beispiel ist die größte barocke Schlossanlage Mecklenburg-Vorpommerns, das Schloss Bothmer.

Neben den prachtvollen herzoglichen Residenzen zeugen eine Vielzahl bis heute erhaltener Guts- und Herrenhäuser mit ihren Wirtschaftsgebäuden und Patronatskirchen von der Kreativität der Menschen, ihre Umwelt zu gestalten.

In der Hansestadt Wismar verbindet sich in reizvoller Weise Altes mit Modernem. Studenten der Hochschule Wismar beleben das Stadtbild. Der moderne Seehafen von Wismar gilt dank seiner Anbindung an das Eisenbahnnetz und die Bundesautobahnen A 14, A 20 und A 24 als Brücke nach Skandinavien, ins Baltikum und nach Russland.

Landkreis

Rostock

MECKLENBURG-VORPOMMERN

Der Landkreis Rostock ist...

...der viertgrößte Landkreis Deutschlands, der sich rund um das wirtschaftliche Zentrum Mecklenburg-Vorpommerns, die Hanse- und Universitätsstadt Rostock, erstreckt – von der 62 km langen Ostsee- und Haffküste über die Hügel der Mecklenburgischen Schweiz bis hin zur Mecklenburgischen Seenplatte.

Historische Entwicklung

Der Landkreis Rostock ist durch die Kreisgebietsreform im Jahre 2011 aus den Altkreisen Güstrow und Bad Doberan entstanden. Er hat damit eine noch sehr junge Geschichte. Wichtigstes Anliegen zum fünfjährigen Jubiläum ist es, den Entwicklungsprozess des Landkreises zu einem prägenden Faktor in Gesellschaft, Wirtschaft und Politik mit hohem Identifikationswert voranzutreiben.

Die Altkreise haben eine wechselhafte zunächst slawische, später durch Christianisierung und deutsche Aufsiedlung geprägte Geschichte durchlebt. Mit Ausrufung des Freistaates Mecklenburg-Schwerin 1918 wurden nach Auflösung der Ämter Kreise gebildet. Der damalige Kreis Güstrow umfasste bis 1952 das Gebiet der späteren Kreise Güstrow und Bützow. Diese entstanden bei der Neuordnung der Kreise 1952 nach Einführung der Bezirke Schwerin, Rostock und Neubrandenburg. Der ehemalige Landkreis Güstrow bestand seit der Kreisgebietsreform am 12.6.1994 und ist aus den ehemaligen Kreisen Güstrow, Teterow und Bützow (mit Ausnahme einiger Gemeinden) gebildet worden.

Der Altkreis Bad Doberan entstand im Wesentlichen ebenfalls im Rahmen der Verwaltungsreform von 1952. Der Kreis Bad Doberan wurde dabei aus dem westlichen Teil des alten Landkreises Rostock und Teilen des alten Landkreises Wismar gebildet. Nach der Gebietsreform 1994 wurde der Landkreis in seiner damaligen Form gebildet. Er entstand aus den ehemaligen Kreisen Rostock-Land, Bad Doberan und dem Amt Schwaan.

Wertschöpfung und Verkehr

Die flächenbezogene Nähe zur Hanse- und Universitätsstadt Rostock macht den Landkreis zum wirtschaftlichen Zentrum Mecklenburg-Vorpommerns und zur einzigen Regiopolregion des Landes. Im Schnittpunkt europäischer Wirtschaftsräume und des transeuropäischen Verkehrsnetzes hat er sich aufgrund der guten Infrastruktur als starker Wirtschaftsstandort etabliert.

Der Landkreis ist geprägt durch kleine und mittelständische Unternehmen. Aufgrund der Nähe zum Hafenstandort Rostock spielt die maritime Wirtschaft mit Zulieferbetrieben für den Schiffbau und innovativen Entwicklungsdienstleistern eine große Rolle. Im Bereich der erneuerbaren Energien hat sich der Kreis als Standort und Kompetenzzentrum für die Windenergiebranche einen Namen gemacht. Die zentrale Lage in Europa und die gute Infrastruktur ziehen Logistik- und Handelsunternehmen sowie Automotive-Unternehmen an. Darüber hinaus finden sich zahlreiche Nahrungsmittelproduzenten, z. B. traditionell in der Fischverarbeitung aber auch in der Getränkeindustrie.

Der Tourismus und die Gesundheitswirtschaft sind naturgegeben sehr stark ausgeprägt und bieten vielfältige Erholungs- und Freizeitmöglichkeiten. Die Arbeitslosenquote im Landkreis ist eine der niedrigsten in Mecklenburg-Vorpommern. Die Universität Rostock sowie renommierte Forschungseinrichtungen und die Berufsschulen bilden hochqualifizierte Fachkräfte aus.

Der Landkreis verfügt über eine kreiseigene Wirtschaftsfördergesellschaft, der Wirtschaftsförderung Landkreis Rostock GmbH (WLR). Sie dient der nachhaltigen Entwicklung des Kreises in den Bereichen Wirtschafts- und Tourismusstandort.

Landschaft, Sehenswürdigkeiten und Kultur

Die Landschaften des Landkreises Rostock wurden von der letzte Eiszeit, der Weichsel-Kaltzeit, geprägt, die mit dem Rückzug des Eises ein abwechslungsreiches Mosaik aus Flusstälern, Mooren, Seen und Höhenzügen hinterlassen hat. Klimatisch befindet sich das Gebiet in einer Zone zwischen dem atlantisch beeinflussten Westen und dem kontinental geprägten Osten und weist einen leichten Niederschlagsüberschuss gegenüber der Verdunstung auf.

Am auffälligsten wird diese Lage durch die räumliche Verteilung großer Hochmoorkomplexe, die mit dem Göldenitzer Moor und dem Teufelsmoor bei Sanitz ihre östliche Verbreitungsgrenze in Mitteleuropa haben.

Der Süden des Landkreises wird von mehreren großen und zahlreichen kleineren Seen beherrscht, die der Mecklenburgischen Seenplatte zuzurechnen sind. Die Warnow passiert nach dem Durchbruchstal unterhalb des Silberberges bei Klein Raden die Kreisgrenze und mündet schließlich bei Rostock in die Ostsee. Die Recknitz entspringt einer Hochebene bei Teterow, ihr breites Urstromtal verläuft ab Laage in Richtung Nordosten, bevor es sich bei Triebsses (Landkreis Vorpommern-Rügen) nach Nordwesten wendet und die Recknitz schließlich ebenfalls in die Ostsee mündet.

Eine der bedeutenden landschaftlichen Auffälligkeiten sind die vielen kleinen, wassergefüllten Senken, die als Sölle bekannt sind. Dabei handelt es sich wie bei einigen Seen auch um die Überbleibsel von Eisblöcken (sog. Toteis) in der flach geschliffenen Landschaft.

Fläche: 3.422,51 km²
EW: 211.878 - EW/km²: 62
KFZ-Kennzeichen: LRO
Kreissitz: Güstrow
www.landkreis-rostock.de

Landrat
Sebastian Constien[V] / SPD
im Amt seit: 2013 gewählt bis: 2020

Sitzverteilung im Kreistag
Vorsitz: Ilka Lochner-Borst

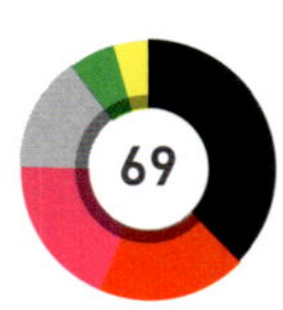

26	CDU
13	SPD
13	Die Linke
4	B.90/Grüne
3	FDP
10	Sonstige

(FW 3, AfD 2, NPD 2, AuF 1, parteilos 1, EB 1)

Landkreis

Vorpommern-Greifswald

MECKLENBURG-VORPOMMERN

Der Landkreis Vorpommern-Greifswald ist…
…der drittgrößte Landkreis Deutschlands. Mit fast 4.000 km² Fläche ist er mehr als viermal so groß wie Berlin. Er ist eine bekannte Adresse für Touristen: Mit seinen langen Sandstränden auf der Insel Usedom, dem Segelrevier Greifswalder Bodden, dem Naturpark „Am Stettiner Haff" und der Peene lockt der Landkreis jedes Jahr Tausende Urlauber an.

Historische Entwicklung
Der Landkreis Vorpommern-Greifswald hat bereits zwei Kreisgebietsreformen hinter sich. Die erste fand im Jahre 1994 statt. Bei der damaligen Kreisgebietsreform entstanden aus den DDR-Kreisen die Landkreise Ostvorpommern und Uecker-Randow sowie die kreisfreie Hansestadt Greifswald.

Im Zuge der Kreisgebietsreform am 4.9.2011 wurde aus der Stadt Greifswald, den Landkreisen Ostvorpommern, Uecker-Randow sowie Teilen des Landkreises Demmin (Ämter Jarmen-Tutow, Peenetal/Loitz) der heutige Landkreis Vorpommern-Greifswald gebildet.

Wertschöpfung und Verkehr
Der Landkreis weist zudem beachtliche Potenziale in Form spezialisierten produzierenden Gewerbes auf, die ausbaufähig und teilweise vernetzbar sind. Gießereibetriebe und Schwerindustrie sind neben der Landwirtschaft traditionell verwurzelt.

Grenzüberschreitend spielt die Verbindung Greifswald–Szczecin im Hinblick auf wirtschaftliche und gesellschaftliche Kooperationen eine große Rolle. Mit der langen gemeinsamen Grenze zu Polen und der Küstennähe erschließt sich dem Landkreis Vorpommern-Greifswald der gesamte Ostseeraum. Hinzu kommen mit der A 11 und A 20 direkte Anbindungen an die Achse Berlin-Lübeck-Hamburg. Ergänzt wird dies durch die Bahnlinie Berlin-Stralsund.

Für Unternehmen, die im gesamten norddeutschen Raum aktiv sind und Handelsbeziehungen rund um die Ostsee anstreben, ist Vorpommern somit kein Randphänomen, sondern zentrale Drehscheibe des Handels.

Die Hansestadt Greifswald gilt mit ihrer Universität als einer der beliebtesten Studienorte der Bundesrepublik und hat als Wissenschaftsstandort weltweit Bedeutung. Nur folgerichtig, haben sich etliche weitere Forschungsinstitute und Fertigungsstätten der Hochtechnologie ganz in der Nähe angesiedelt.

Landschaft, Sehenswürdigkeiten und Kultur
Sonne, Wasser und 40 km feinster Sandstrand, eine der längsten grenzüberschreitenden Promenaden Europas und viele Kulturangebote ziehen die Gäste im Sommer und zunehmend auch in den anderen Jahreszeiten an. Wer sich selbst aktiv betätigen will, kann im Kanu paddeln und Biber beobachten oder mit dem Rad das weite Land an Haff, Peene, Uecker und Randow erkunden. Liebhaber des Wanderns mit Höhenunterschieden kommen in den eiszeitlich geprägten Brohmer Bergen auf ihre Kosten.

Die Insel Usedom zählt zu den Touristenmagneten der Ostsee. Während der Gründerzeit im 19. Jahrhundert entstanden auf der Insel zahlreiche Seebäder – seitdem ist Usedom durch den Tourismus geprägt. Zeugnisse dieser Zeit sind zahlreiche Villen im Stil der Bäderarchitektur sowie die Seebrücke Ahlbeck. Die Europa-Promenade, die längste Strandpromenade Europas, erstreckt sich über eine Länge von über 12 km von Bansin bis Świnoujście. In den Orten auf der Insel befinden sich zahlreiche Hotels, Pensionen, Ferienwohnungen und Campingplätze. Hinzu kommen Freizeiteinrichtungen wie Meerwasserbäder, eine Schmetterlingsfarm (Trassenheide), Bauernhöfe und Handwerksbetriebe (Strandkorbmanufaktur Heringsdorf), Kletterparks, Museen sowie etliche Kultur- und Kinderangebote.

Generell verfügt der Landkreis Vorpommern-Greifswald über ein reiches Kulturangebot: Zwei Theater – das Theater Vorpommern in Greifswald und die Vorpommersche Landesbühne Anklam – locken ihr Publikum sowohl in beide Häuser als auch Open Air an.

Für internationale Aufmerksamkeit sorgen das Pommersche Landesmuseum in Greifswald, das Otto-Lilienthal-Museum in Anklam, das Historisch Technische Museum in Peenemünde, das Ukranenland in Torgelow, das Eisenbahnerlebniszentrum in Pasewalk, das Schloss Bröllin als Ort für junge Kunstprojekte sowie das Atelier Otto Niemeyer Holstein auf der Insel Usedom.

Zusätzlich bieten zahlreiche Kunstvereine, Ateliers bildender Künstler und nicht zuletzt die jährliche Aktionen „Festspiele Mecklenburg-Vorpommern" und „Kunst Offen" dafür, dass man ein vielfältiges kulturelles Angebot im Kreis vorfindet. Nicht zuletzt die Kreismusikschulen bieten jede Menge kultureller Begegnungen: An über 90 Unterrichtsorten können Talentierte aller Altersgruppen ein Instrument erlernen und in der Gruppe musizieren.

Großen Anklang finden zudem die vielfältigen Angebote der Kreisvolkshochschule an den drei Standorten Anklam, Pasewalk und Greifswald, die spannenden Veranstaltungen der Usedomer Literaturtage, Konzerte in Bugewitz und die Workshops im Klanghaus Klein Jasedow.

Fläche: 3.929,73 km²
EW: 237.697 - EW/km²: 60
KFZ-Kennzeichen: VG
Kreissitz: Anklam
www.kreis-vg.de

Landrätin
Dr. Barbara Syrbe [5, 6] / Die Linke
im Amt seit: 2001 gewählt bis: 2018

Sitzverteilung im Kreistag
Vorsitz: Michael Sack

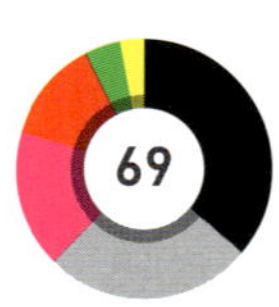

- 25 CDU
- 12 Die Linke
- 9 SPD
- 3 B.90/Grüne
- 2 FDP
- 18 Sonstige

(Kompetenz für Vorpommern 7, NPD 5, AfD 3, Bürgerliste Greifswald 1, WG Bauernverband 1, Altern. Liste 1)

Stralsund – Altstadt, Blick vom Turm der St. Marien-Kirche
Landkreis Vorpommern-Rügen

Landkreis

Vorpommern-Rügen

MECKLENBURG-VORPOMMERN

Der Landkreis Vorpommern-Rügen ist...
...deutschlandweit bekannt für Urlaub, Sonne und Strand. Mit zwei Nationalparks, einem UNESCO Weltnaturerbe, einem Biosphärenreservat und weiteren Natur- und Landschaftsschutzgebieten sind in Vorpommern-Rügen zwei Drittel der Landkreisfläche unter Schutz gestellt. Im Frühjahr und im Herbst rasten hier bis zu 70.000 Kraniche.

Historische Entwicklung

Nach dem Ende des Zweiten Weltkrieges wurde im Jahr 1945 das Land Mecklenburg-Vorpommern gegründet, welches aber 1947 bereits in Mecklenburg umbenannt wurde. Die historische Grenze zwischen Pommern und Mecklenburg wurde ignoriert.

Im Jahre 1952 wurden die DDR-Länder in Bezirke umgewandelt. Im Bezirk Rostock wurden zeitgleich auf dem Gebiet des heutigen Landkreises Vorpommern-Rügen die Kreise Rügen, Stralsund, Grimmen und Ribnitz-Damgarten sowie der Stadtkreis Stralsund gebildet.

1994 entstand durch eine Landkreisneuordnung aus den Kreisen Grimmen, Stralsund und Ribnitz-Damgarten der Landkreis Nordvorpommern. Der Landkreis Rügen bestand weiter, die Hansestadt Stralsund blieb kreisfrei.

Aus diesen drei Verwaltungseinheiten entstand 2011, erneut durch eine Landkreisneuordnung, der heutige Landkreis Vorpommern-Rügen mit der Hansestadt Stralsund als Kreisstadt, die zugleich UNESCO Weltkulturerbe ist. Mit ihrer historischen Altstadt, ihrer Geschichte, der einmaligen Lage am Wasser und den historischen Bauten gehört sie zu den bedeutendsten Sehenswürdigkeiten an der Ostsee.

Wertschöpfung und Verkehr

Das Straßennetz im Landkreis umfasst 4.030 km. Davon sind 41 km Autobahnen und 205 km Bundesstraßen. Die Hansestadt Stralsund und die Insel Rügen sind an das ICE-Netz angeschlossen. Fähren von und nach Schweden und Dänemark legen regelmäßig im Fährhafen Sassnitz ab und an. Der Ostsee-Flughafen in Barth ist mit seiner 1.685 m langen Landebahn gut für die allgemeine Luftfahrt gerüstet. Hier und auf dem Flugplatz Güttin auf Rügen werden auch Rundflüge angeboten.

Von den 3.207 km² Fläche des Landkreises werden 2.139 km² von der Landwirtschaft genutzt, 638 km² sind Wald- und Erholungsflächen und auf ca. 14 km² ist Gewerbe und Industrie angesiedelt.

Neben dem Tourismus mit mehr als 9 Mio. Gästeübernachtungen bei ca. 2.000.000 Gästeankünften sind Dienstleistung, Landwirtschaft und die Gesundheitsindustrie wichtige Wirtschaftszweige. Vier Krankenhäuser mit ca. 1.150 Betten, 13 Kur- und Rehakliniken mit ca. 2.700 Betten und eine Vielzahl an privaten Wellness-, Pflege- und Heilangeboten sind über den Landkreis verteilt.

Bei einer Küstenlänge von 1.025 km wird Wassersport natürlich groß geschrieben. Neben den Tiefwasserhäfen in Sassnitz und Stralsund reihen sich 38 Sportboothäfen wie eine Perlenkette entlang der Boddengewässer. Deutschlandweit großen Anklang finden die ca. 1.500 km Radwege im Landkreis.

Fläche: 3.207,37 km²
EW: 223.470 - EW/km²: 70
KFZ-Kennzeichen: VR
Kreissitz: Stralsund
www.lk-vr.de

Landrat
Ralf Drescher [FI] / CDU
im Amt seit: 2008 gewählt bis: 2018

Sitzverteilung im Kreistag
Vorsitz: Andrea Köster

27	CDU
12	Die Linke
9	SPD
4	B.90/Grüne
4	Bürger f. Stralsund
13	Sonstige

(FDP 3, AfD 3, Bauern 3, NPD 2, BFR 1, Adomeit 1)

Landschaft, Sehenswürdigkeiten und Kultur

Malerische Kreidefelsen, feinsandige Ostseestrände, üppige Buchenwälder, idyllische Fischerdörfer und mondäne Ostseebäder – das und viel mehr machen die Insel Rügen zur begehrtesten und bekanntesten Urlaubsinsel Deutschlands. Der Jasmund ist mit nur 3.000 ha der kleinste Nationalpark Deutschlands. Ein 493 ha großes Teilstück dieses Nationalparks wurde am 25.6.2011 zum UNESCO-Weltnaturerbe ernannt.

Die Gemeinden auf der Halbinsel Fischland-Darß-Zingst sind ehemalige Seefahrer- und Fischerdörfer. Schilfgedeckte Häuser mit bunten Haustüren prägen die Orte. Das Ostseeheilbad Zingst entwickelte sich in den letzten Jahren zu einem weltweit beachteten Ort der Fotografie und das Ostseebad Ahrenshoop hat mit seiner über 100-jährigen Geschichte als Maler-Ort und Künstlerkolonie einen internationalen Ruf. Dort, wo Nord- und Weststrand der Halbinsel aufeinandertreffen, liegt eines der größten Neulandanlandungsgebiete Europas – der Darßer Ort. Bei heftigen Stürmen dringen die Wellen der Ostsee tief in den Darßer Urwald vor. Zurück bleiben bizarre Holzbilder am Strand und oft auch Bernstein.

Die Ostsee und ihr mildes Seereizklima zeichnen sich durch eine gesunde salzhaltige Luft und viel Sonnenschein aus. Auf den Inseln Rügen und Hiddensee sowie auf der Halbinsel Fischland-Darß-Zingst werden regelmäßig rund 2.000 Sonnenstunden gemessen – das ist etwa ein Drittel mehr als im bundesdeutschen Durchschnitt.

Über 20.000 Denkmäler, 65 Museen und zwei Theater sorgen für Kulturgenuss zu jeder Jahreszeit. Und noch heute repräsentiert die historische Stralsunder Altstadt eindrucksvoll die Blütezeit der Hanse im 14. Jahrhundert. Aus dieser Zeit stammen das schönste Backstein-Rathaus des Nordens und die prunkvollen Kaufmannshäuser. Drei gotische Backsteinkirchen bezeugen eindrucksvoll die meisterliche Sakralarchitektur des Mittelalters.

Niedersachsen

Landkreise und Region Hannover	**38**
Fläche km²	**46.490,26**
Einwohner	**6.838.086**
Bevölkerungsdichte EW/km²	**147**

Größte Landkreise	km²
Emsland	2.882,05
Region Hannover	2.290,79
Osnabrück	2.121,60

Kleinste Landkreise	km²
Peine	534,95
Friesland	607,91
Osterode am Harz	636,02

Einwohnerstärkste Landkreise	EW
Region Hannover	1.128.037
Osnabrück	351.316
Emsland	315.757

Einwohnerschwächste Landkreise	EW
Lüchow-Dannenberg	48.728
Wittmund	56.539
Holzminden	71.438

Dichtest besiedelte Landkreise	EW/km²
Region Hannover	492
Peine	244
Schaumburg	231

Dünnst besiedelte Landkreise	EW/km²
Lüchow-Dannenberg	40
Uelzen	64
Heidekreis	73

Landkreis

Ammerland

NIEDERSACHSEN

Der Landkreis Ammerland ist...

...im Nordwesten mittendrin – so könnte man die Lage des Ammerlandes, des westlichen Portals der Metropolregion Bremen-Oldenburg, prägnant beschreiben. Durch die unmittelbare Nähe zur Universitätsstadt Oldenburg und durch die günstige Lage zu den Seehäfen und Ferienzentren an der ostfriesischen Küste hat der Landkreis Ammerland eine besondere Attraktivität. Reizvolle Landschaft, gesundes Klima, vielfältige Kultur- und Freizeitangebote, leistungsfähige Infrastruktur, qualifizierte Arbeitsplätze und ein hervorragendes Wirtschaftsklima machen den Landkreis Ammerland zu einem Ort, an dem man gerne lebt und arbeitet. Seit Jahren hat der Kreis eine der geringsten Arbeitslosenquoten in Niedersachsen.

Historische Entwicklung

Schon um das Jahr 800 n. Chr. bestand im Ammerland ein eigenständiges Herrschaftsgebiet („pagus ameri"), das in seinen Grenzen etwa dem heutigen Landkreis entsprach. Als moderne Verwaltungseinheit geht der Kreis auf die Oldenburgische Verwaltungsreform von 1933 zurück. Damals wurden die sechs heute noch bestehenden Großgemeinden geschaffen, deren äußere Grenzen sich an alten Kirchspielgrenzen orientieren.

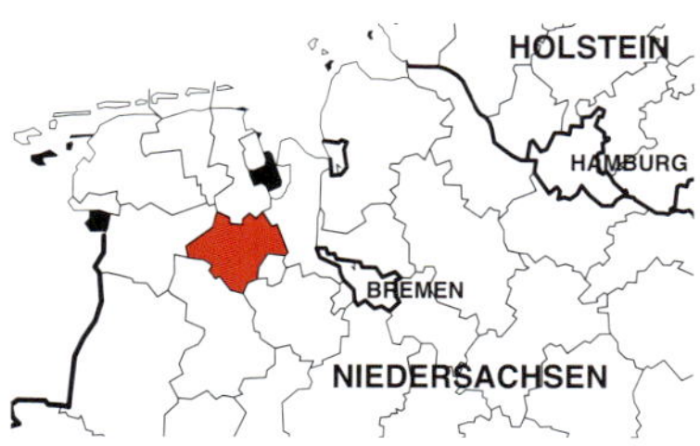

Wertschöpfung und Verkehr

Das Wirtschaftsklima im Landkreis Ammerland gilt als hervorragend, sodass sich hier in Bestlage, wie Immobilienmakler es nennen würden, viele leistungsfähige und international konkurrenzfähige mittelständische Unternehmen angesiedelt haben. Gekennzeichnet ist der Standort durch ein breites Branchenspektrum mit Schwerpunkten in der Ernährungswirtschaft, dem Maschinen- und Anlagenbau und der Gesundheitswirtschaft (vier große Kliniken mit weit über 3.000 Mitarbeitern sowie weitere Reha-Einrichtungen), weiterhin mit viel Tourismus (jährlich fast 1,2 Mio. Übernachtungen) sowie prosperierender Land- und Baumschulwirtschaft und einem überdurchschnittlich hohen Handwerkerbesatz (1.711).

Vergleichsweise geringe Arbeitslosenquoten (2015: 4,3 %) bei in den letzten Jahrzehnten stetig gestiegenen Bevölkerungszahlen (in den letzten 25 Jahren 25.000 neue Einwohner) belegen die Leistungsfähigkeit der Unternehmen. Die wirtschaftliche Stärke und die Dynamik des Landkreises Ammerland hängen auch mit der ausgezeichneten Verkehrsanbindung zusammen.

Landschaft, Sehenswürdigkeiten und Kultur

Gepflegte Parkanlagen, wunderschöne Gärten, mächtige Wallhecken, Moor, Heide, Wald und Wiesen: Die Landschaft im Nordwesten Niedersachsens, die sich rund um das Bad Zwischenahner Meer erstreckt, ist vielseitig.

Fläche: 728,37 km²
EW: 119 917 - EW/km²: 165
KFZ-Kennzeichen: WST
Kreissitz: Westerstede
www.ammerland.de

Landrat
Jörg Bensberg / parteilos
im Amt seit: 2001 gewählt bis: 2021

Sitzverteilung im Kreistag
Vorsitz: Wolfgang Mickelat

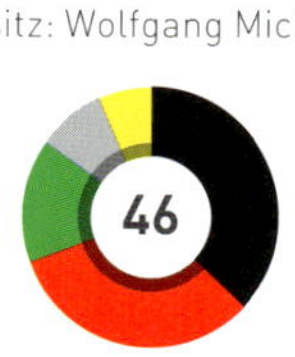

17	CDU
15	SPD
7	B.90/Grüne
3	FDP
4	Sonstige

(UWG 3, parteilos 1)

Das milde Klima und der Moorboden bieten ideale Bedingungen für die Züchtung von Rhododendren. Daher haben sich im Laufe der Jahrzehnte mehr als 350 Baumschulen und damit fast die Hälfte aller niedersächsischen Betriebe hier angesiedelt, die der Landschaft mit ihren auf 2.600 ha sorgfältig gepflanzten Gehölzreihen unübersehbar ihr typisch ammerländisches Gesicht verleihen. 90 % aller in Deutschland gezogenen Rhododendren und 75 % der Freilandazaleen entstammen den Baumschulen des Ammerlandes, was unseren Landkreis zum wichtigsten und bekanntesten Baumschulzentrum Europas erhebt.

Eine besondere Attraktion ist die alle vier Jahre stattfindende „RHODO" in Westerstede, die größte Rhododendronschau Europas: Bis zu 100.000 Besucher ließen sich von den gleichzeitig blühenden Rhododendren bezaubern. Sehenswert sind aber auch die einzigartigen Rhododendronparks in Linswege und Gristede, die sich zum Teil schon länger als 100 Jahre im Familienbesitz befinden.

In Bad Zwischenahn befindet sich der „Park der Gärten" – das Gartenkulturzentrum Niedersachsen –, in dem auf 140.000 m² über 40 professionell gestaltete Themengärten und darüber hinaus Pflanzensortimente und Lehrpfade reichlich Anregung für den eigenen Garten bieten. Der 2.000 Arten und Sorten umfassende Rhododendron-Bestand des Parks ist berühmt und einmalig in Europa.

Weil die Landschaft im Ammerland eben ist, finden Radfahrer paradiesische Verhältnisse: Auf 20 Routen können Touristen die wunderschöne Parklandschaft mit ihren zahlreichen Sehenswürdigkeiten wie Schloss und Palais des Herzogs von Oldenburg, dem ältesten Freilichtmuseum Deutschlands, ehrwürdigen Kirchen mit historischen Schätzen, majestätischen Windmühlen, idyllischen Bauernhöfen und verwunschenen Privatgärten erleben.

Das kulturelle Angebot ist sehr facettenreich und erstreckt sich von den Internationalen Rasteder Musiktagen über das bekannte Oldenburger Landesreitturnier bis hin zu spannenden heimischen Brauchtumsveranstaltungen.

Landkreis

Aurich

NIEDERSACHSEN

Der Landkreis Aurich ist...
...die Energieregion im Nordwesten Deutschlands mit reicher Geschichte, abwechslungsreicher Natur und einem vielfältigen kulturellen Angebot. Gelegen am UNESCO-Weltnaturerbe Wattenmeer verbindet der Landkreis Aurich in ganz besonderer Art seine attraktive Küstenlage mit den Standorten wichtiger zukunfts- und wachstumsorientierter Unternehmen.

Historische Entwicklung

Der Landkreis Aurich befindet sich im äußersten Nordwesten von Niedersachsen und bildet das Zentrum der historischen Landschaft Ostfriesland. Nachdem Preußen 1884 auch in seinen norddeutschen Landesteilen eine Kreisverfassung eingeführt hatte, existierten die Landkreise Aurich, Norden und Emden nebeneinander.

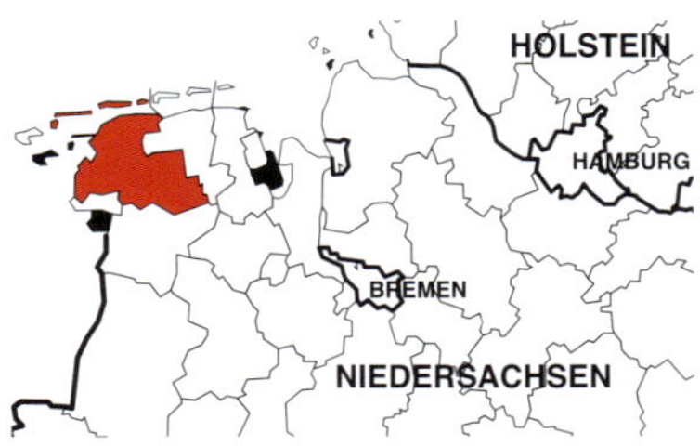

Fläche: 1 287,31 km²
EW: 187.998 - EW/km²: 146
KFZ-Kennzeichen: AU
Kreissitz: Aurich
www.landkreis-aurich.de

Landrat
Harm-Uwe Weber / SPD
im Amt seit: 2011 gewählt bis: 2019

Sitzverteilung im Kreistag
Vorsitz: Otto Thiele

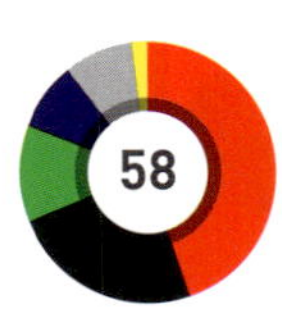

26	■	SPD
14	■	CDU
7	■	B.90/Grüne
5	■	Freie Wähler
1	■	FDP
5	■	Sonstige

(Die Linke 2, GFA 2, S.W.K. 1)

Über die Gebietsreform von 1932, die die größten Teile des Kreises Emden zum Landkreis Norden schlug, hatte diese Gliederung Bestand bis 1977, als die damalige niedersächsische Kreisreform die Landkreise Norden und Aurich auflöste und zum neuen Landkreis Aurich zusammenführte. Zum Kreissitz wurde seinerzeit Aurich bestimmt.

Der Landkreis besitzt im Westen und Norden eine Küste entlang der Nordsee. Im Osten grenzt er an den Landkreis Wittmund und im Süden an den Landkreis Leer sowie an die kreisfreie Stadt Emden.

Wertschöpfung und Verkehr

Der Landkreis Aurich ist über die Bundesautobahnen A 31 und A 28 schnell zu erreichen. Die Bahn fährt bis nach Norddeich.

Vor allem die Entwicklung der regenerativen Energien hat dem ursprünglich landwirtschaftlich geprägten Landkreis Aurich in der jüngsten Vergangenheit einen ganz erheblichen wirtschaftlichen Aufschwung und eine tief greifenden strukturellen Wandel gebracht. Mit ENERCON ist der größte deutsche Hersteller von Windkraftanlagen und eines der weltweit führenden Unternehmen in dieser Branche im Landkreis Aurich ansässig und auch viele Zulieferbetriebe haben sich hier angesiedelt.

Im Landkreis Aurich ist aber keineswegs nur die Windenergie zu Hause. Die große Zahl mittelständischer und innovativer Unternehmen, die nicht nur regional, sondern auch national und international erfolgreich tätig sind, gewährleistet einen breiten Branchenmix mit ausgesprochenen Stärken bei technologisch anspruchsvoller Entwicklung und Produktion.

Mit über 8,1 Mio. Übernachtungen ist der Tourismus einer der wichtigsten Wirtschaftszweige im Landkreis Aurich. Neben den traditionellen Nordsee-Heilbädern Norderney, Juist und Baltrum sind vor allem die Küstenbadeorte Norden-Norddeich, Greetsiel, Dornumersiel und Neßmersiel bei den Urlaubern beliebt. Aber auch die Binnenlandgemeinden erfreuen sich eines großen Zuspruchs. Landkreis und Gemeinden haben in diesen Wirtschaftszweig investiert und damit zusätzliche Einkommens- und Beschäftigungsmöglichkeiten geschaffen.

Landschaft, Sehenswürdigkeiten und Kultur

Die Küstenlinie von über 70 km Länge mit den vorgelagerten kreisangehörigen Inseln und dem Nationalpark Niedersächsisches Wattenmeer prägen das Gesicht des Landkreises Aurich ebenso wie seine drei vorherrschenden Landschaftstypen Marsch, Geest und Moor. ,02

Steinerne Zeugen einer wechselvollen Geschichte sind neben der historischen Versammlungsstätte „Upstalsboom" bei Aurich vor allem zahlreiche alte Häuptlingssitze, Burgen und Steinhäuser, typische Warfendörfer, romanische Kirchen mit oftmals wertvollen Orgeln und die für Ostfriesland charakteristischen Gulfhöfe.

Zahlreiche Museen laden die Besucher ein. Faszinierende Einblicke in die Welt des ostfriesischen „Nationalgetränks" bietet das Ostfriesische Teemuseum in Norden, das nach einer umfangreichen Umgestaltung im Oktober 2014 wieder eröffnet wurde. Das 2015 eingeweihte Energie-, Bildungs- und Erlebnis-Zentrum in Aurich macht das Thema Energie interaktiv erfahrbar. Das Moormuseum in Moordorf erinnert an das schwere und entbehrungsreiche Leben der einstigen Moorkolonisten.

Der Landkreis Aurich verfügt über eine breitgefächerte und facettenreiche Kulturszene. Eine der größten Kulturveranstaltungen ist der „Musikalische Sommer" in Ostfriesland, der jeweils im Juli und August Konzerte an wunderschönen Orten bietet. Neben diesem großen Festival werden weitere Konzertreihen und Einzelveranstaltungen angeboten, wie die Gezeitenkonzerte der Ostfriesischen Landschaft oder Konzerte an den zahlreichen historischen Orgeln im Landkreis Aurich. Ausstellungen wie die Greetsieler Woche oder die Dornumer Kunsttage haben eine lange Tradition.

Landkreis

Celle

NIEDERSACHSEN

Der Landkreis Celle ist…

…land- und forstwirtschaftlich geprägt und liegt nordöstlich von Hannover. Seine Einwohner leben in den Städten Bergen und Celle, den Samtgemeinden Flotwedel, Lachendorf und Wathlingen, den Gemeinden Eschede, Faßberg, Hambühren, Südheide, Wietze und Winsen (Aller) sowie dem Gemeindefreien Bezirk Lohheide.

Historische Entwicklung

Der Landkreis Celle wurde, wie alle Kreise der seit 1866 preußischen Provinz Hannover, am 1.4.1885 aus den früheren Ämtern Celle und Bergen sowie acht Ortschaften des Amtes Meinersen gebildet. 1973 kam dann die bis dahin kreisfreie Stadt Celle hinzu. Abgesehen von dieser Eingliederung hat sich der Landkreis Celle in seinen äußeren Grenzen seitdem nur unwesentlich verändert.

Die Kreisstadt Celle war vom Ende des 14. bis zum Beginn des 18. Jahrhunderts die Hauptresidenz der Herzöge von Lüneburg.

Wertschöpfung und Verkehr

Der Landkreis Celle liegt am südlichen Rand der Lüneburger Heide vor den Toren der Landeshauptstadt Hannover. Er wird vom einem dichten Bundes-, Landes- sowie einem 315 km langen Kreisstraßennetz durchzogen, das ihn mit umliegenden Bundesautobahnen verbindet. Nahezu vollständig werden die Straßen von einem Radwegenetz begleitet. Die Nord-Süd-Hauptlinie der Deutschen Bahn durchquert den Landkreis Celle. Celle ist Sitz der Osthannoversche Eisenbahn AG, die über Tochterunternehmen an verschiedenen Regionalbahnen (erixx, metronom) beteiligt ist.

Wirtschaftlich geprägt ist der Landkreis von der Landwirtschaft sowie von klein- und mittelständigen Unternehmen. Schwerpunkte bilden dabei weltweit bekannte Zulieferbetriebe der Erdölwirtschaft, aber auch Unternehmen der Papierherstellung und der Rüstungsindustrie. Die Bundeswehr ist an mehreren Standorten vertreten (Heeresflieger, Luftwaffenschule, NATO-Truppenübungsplatz) und der Fremdenverkehr hat im Nordkreis, in der Stadt Celle und entlang der Aller Bedeutung. Der Landkreis wurde als Familienfreundlicher Arbeitgeber, als Fahrradfreundliche Kommune und als Pferdefreundliche Region ausgezeichnet.

Der Landkreis ist Träger sämtlicher weiterführender Schulen. Mit sechs allgemeinbildenden Gymnasien, neun Oberschulen, einer Gesamtschule, sechs Förderschulen sowie drei berufsbildenden Schulen mit drei beruflichen Gymnasien stellt der Landkreis vielfältige Bildungsmöglichkeiten für alle Schüler im Kreisgebiet sicher. Eine Fachhochschule des evangelischen Missionswerks in Hermannsburg ergänzt das Angebot.

Fläche: 1.545,19 km^2
EW: 176.157 - EW/km^2: 114
KFZ-Kennzeichen: CE
Kreissitz: Celle
www.landkreis-celle.de

Landrat
Klaus Wiswe [P] / CDU
im Amt seit: 1999 gewählt bis: 2021

Sitzverteilung im Kreistag
Vorsitz: Torsten Harms

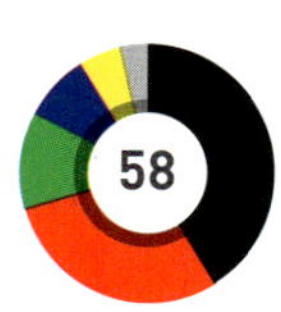

24 CDU
17 SPD
7 B.90/Grüne
5 WG Landkreis
3 FDP
2 Sonstige
(Die Linke 1, Einzelabgeordnete 1)

Landschaft, Sehenswürdigkeiten und Kultur

Der Landkreis Celle ist einer der waldreichsten Landkreise Deutschlands. 75.000 ha Wald- und Heideflächen und damit 46 % seines Gebietes prägen das Landschaftsbild. Verschiedene regionale und überregionale Wander-, Rad- und Reitwege durchziehen das Kreisgebiet, darunter der schon mehrfach ausgezeichnete „Heidschnuckenweg". Der landschaftlich schönste Teil davon entfällt auf den 500 km^2 großen „Naturpark Südheide" im Norden des Landkreises, während der Süden durch die Flußlandschaft entlang der Aller mit dem überregionalen Aller-Radweg geprägt ist. Im Westen liegt das „Naturschutzgebiet Meißendorfer Teiche/Bannetzer Moor", ein ausgedehntes Teich- und Feuchtgebiet, im Ostkreis findet sich auf 2.450 ha das gemeinsam mit dem Nachbarkreis Gifhorn betriebene „Naturschutzgebiet Lutter". Beide Gebiete gehören zu den wenigen vom Bund anerkannten gesamtstaatlich repräsentativen Naturschutzgebieten

Kultureller Hauptanziehungspunkt ist die historische Altstadt von Celle mit ihren Fachwerkbauten aus dem ausgehenden 15. bis 18 Jahrhundert, dem Alten Rathaus, der Stadtkirche mit der Fürstengruft der Welfen, dem niedersächsischen Bieneninstitut, dem Bomann-Museum mit wechselnden Ausstellungen sowie dem Kunstmuseum Celle mit der Sammlung von Robert Simon. Das herzogliche Schloss, 1318 erstmals erwähnt, beherbergt neben der Schlosskapelle aus dem 15. Jahrhundert das älteste Barocktheater Deutschlands mit eigenem Ensemble.

Bundesweit berühmt ist auch die alljährliche Hengstparade des in Celle beheimateten Niedersächsischen Landgestüts. Daneben finden sich viele Attraktionen im Kreisgebiet, u.a. das um 1229 als Zisterzienserkloster gegründete Kloster Wienhausen mit der Ausstellung gotischer Wandteppiche, die Gedenkstätte Bergen-Belsen, das Deutsche Erdölmuseum in Wietze (hier fanden 1858 die weltweit ersten erfolgreichen Erdölbohrungen statt), das Albert-König-Museum in Unterlüß, die Stechinelli-Kapelle in Wieckenberg, der Winser Museumshof, die Arno-Schmidt Stiftung in Bargfeld, sind dafür Beispiele.

Landkreis

Cloppenburg

NIEDERSACHSEN

Der Landkreis Cloppenburg ist...

...einer der flächengrößten Landkreise in Niedersachsen. Eine Ausdehnung von 52 km in der Nord-Süd-Achse und 37 km in der Ost-West-Achse geht mit einer sowohl landschaftlichen als auch sprachlichen Vielfalt einher, da von Löningen und Essen im Süden bis Barßel und dem Saterland im Norden die unterschiedlichsten Gebiete vereinigt sind.

Historische Entwicklung

Die auf den ersten Blick scheinbar konstruierte Form des Landkreises Cloppenburg kann aber auf eine lange Tradition und Geschichte zurückblicken. Es gibt ihn in dieser Form in etwa von Beginn der Existenz geschlossener Territorialherrschaft im Mittelalter an.

1933 entstand im Zuge der oldenburgischen Verwaltungsreform aus den bis dahin selbständigen Ämtern Cloppenburg und Friesoythe der Landkreis Cloppenburg. Er stellte damit die räumliche Einheit des Verwaltungsbezirks Cloppenburg wieder her, der seit dem frühen Mittelalter bis zum Jahre 1814 über Jahrhunderte bestanden hatte.

Durch die niedersächsische Verwaltungs- und Gebietsreform hat sich der Gebietszuschnitt in den Jahren 1972 und 1974 noch etwas verändert und es erfolgte die Zusammenfassung der früheren 18 Gebietskörperschaften zu den heutigen drei Städten und zehn Gemeinden.

Wertschöpfung und Verkehr

In den vergangenen Jahrzehnten hat sich der Landkreis Cloppenburg bemerkenswert entwickelt und ist heute ein leistungsfähiger Landkreis im Nordwesten Niedersachsens. „Vom Armenhaus der Nation zu einer Boom-Region", wie DIE ZEIT bereits 2009 feststellte.

Der Landkreis Cloppenburg nimmt mit seinen 13 Städten und Gemeinden deutschlandweit eine demografische Sonderstellung ein: Mit der höchsten Geburtenrate und als einer der „jüngsten" Landkreise der Republik hat er eine überaus günstige Altersstruktur. Insbesondere Familien fühlen sich hier wohl – dafür spricht auch die vergleichsweise hohe Eigenheimquote von rund 80 %. Aber auch wenn in der mittelfristigen Perspektive noch mit Bevölkerungswachstum zu rechnen ist, wird schon heute in allen Planungen der Wettbewerb um qualifizierte Fachkräfte berücksichtigt.

In der öffentlichen Wahrnehmung steht häufig ausschließlich die Agrar- und Ernährungswirtschaft im Vordergrund. Tatsächlich sind aber 60 % der Unternehmen anderen Branchen zuzuordnen. Branchenmix und Vielfalt sorgen für eine gesunde Wirtschaftsstruktur im Landkreis Cloppenburg und fangen konjunkturelle Schwankungen ab.

Fläche: 1.418,43 km²
EW: 162.350 - EW/km²: 114
KFZ-Kennzeichen: CLP
Kreissitz: Cloppenburg
www.lkclp.de

Landrat
Johann Wimberg / CDU
im Amt seit: 2014 gewählt bis: 2021

Sitzverteilung im Kreistag
Vorsitz: Bernhard Hackstedt

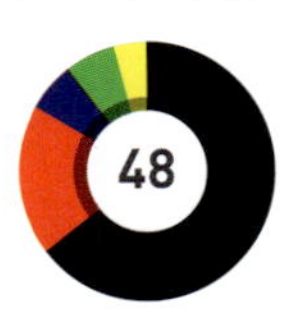

31	CDU
9	SPD
3	UBF
3	B.90/Grüne
2	FDP

Das Rückgrat der breit gefächerten Wirtschaftsstruktur bilden die vielen kleinen und mittelständischen Unternehmen. Sie sind äußerst innovativ, kreativ, zukunftsgerichtet und regional wie überregional gut vernetzt.

Landschaft, Sehenswürdigkeiten und Kultur

Der Landkreis Cloppenburg verfügt über leistungsfähige Verkehrsanbindungen durch die Autobahnen A 1 und A 29, die Europastraße E 233 sowie die Bundesstraßen B 72, 213, 68 und 401. Sie stellen wichtige Verbindungen, auch in die Niederlande und nach Skandinavien, dar.

Die Bahnlinie Wilhelmshaven-Oldenburg-Osnabrück durchläuft auf einer Länge von 30 km den Landkreis Cloppenburg. Die Bahnstrecken Essen-Löningen-Emsland und Sedelsberg-Ocholt sowie Cloppenburg-Friesoythe werden für die Güterbeförderung und touristische Zwecke genutzt und bieten weitere Optionen für die Zukunft.

Die ausgewiesene Bundeswasserstraße Küstenkanal durchzieht den Landkreis im Norden parallel zur B 401 auf einer Länge von 19,5 km und hier ist am c-Port ein Binnenhafen angesiedelt.

Der nördliche Landkreis wird durch die beiderseits des Küstenkanals liegenden weiten Hochmoore (u.a. Esterweger Dose, Vehnemoor), der Fehnkultur mit den Kanälen, Brücken und Schleusen sowie drei Tiedegewässer mit Ebbe und Flut geprägt. Der längste noch durchgängig schiffbare Fehnkanal Deutschlands, der Elisabethfehnkanal, ist hier zu finden.

Die Mitte des Landkreises wird durch die in der Eiszeit entstandenen Geestgebiete, großen Waldflächen, der Thülsfelder Talsperre mit ausgedehnten Heideflächen sowie den Ahlhorner Fischteichen gekennzeichnet.

Das südliche Kreisgebiet zeichnet sich durch die historische Kulturlandschaft des Hasetals und der EU-Vogelschutzgebiete Mittel- und Südradde aus.

Aus dem vielschichtigen und vielseitigen kulturellen Leben im Landkreis Cloppenburg sind das Niedersächsische Freilichtmuseum „Museumsdorf Cloppenburg", das Moor- und Fehnmuseum Elisabethfehn sowie das Postgeschichtliche Museum Friesoythe und das Deutsche Kinotechnische Museum Löningen zu erwähnen.

Landkreis

Cuxhaven

NIEDERSACHSEN

Der Landkreis Cuxhaven ist...
...mit über 600.000 Gästen und über 6 Mio. Übernachtungen eine der bedeutendsten Tourismusdestinationen Deutschlands.

Historische Entwicklung
1977 entstand der neue Großkreis Cuxhaven durch die Gebietsreform, die die früheren Landkreise Land Hadeln und Wesermünde und die bis dahin kreisfreie Stadt Cuxhaven zu einem über 2.000 km² großen Landkreis Cuxhaven zusammenfügte. Der Kreis Hadeln wurde nach der Annexion des Königreichs Hannover durch Preußen 1885 aus dem ehemaligen hannoverschen Amt Otterndorf und der Stadt Otterndorf gebildet.

Bei der Kreisreform 1932 wurden der Landkreis Lehe und der Landkreis Geestemünde aufgelöst und zum Landkreis Wesermünde vereinigt sowie der Kreis Hadeln mit dem größten Teil des benachbarten Kreises Neuhaus an der Oste sowie der Gemeinde Altenwalde aus dem aufgelösten Landkreis Lehe zum Kreis Land Hadeln zusammengefasst.

Wertschöpfung und Verkehr
Cuxhaven mit den starken Metropolregionen Hamburg und Bremen-Oldenburg im Rücken bietet in ihrem Zusammenschluss von Stadt und Landkreis Cuxhaven ein breites Portfolio einer leistungsfähigen Wirtschaftsstruktur. Neben den Kernbranchen Hafen- und Logistikwirtschaft und Tourismus zählen die Land-, Ernährungs-, und Fischwirtschaft sowie der in den letzten Jahren stark gewachsene Bereich der erneuerbaren Energien zu den Stärken des Wirtschaftsstandortes Cuxhaven. Insbesondere im Bereich der Offshore-Windenergie zählen Cuxhaven und Bremerhaven zu den führenden Standorten Europas. Der Ausbau der Onshore-Windenergie wird seit der Verabschiedung des Regionalen Raumordnungsprogramms 2012 weiter vorangebracht.

Neben den starken Wirtschaftsbranchen kommt eine leistungsfähige Verkehrsinfrastruktur hinzu, die eine Erreichbarkeit per Straße, Schiene, Wasser und auch per Luft (Seeflughafen Cuxhaven/Nordholz) gewährleistet.

Mit der Agentur für Wirtschaftsförderung als einer von Landkreis und Stadt gemeinsam geschaffenen Organisationseinheit existiert eine leistungsfähige Wirtschaftsförderung. Deren Tätigkeitsschwerpunkte umspannen einen weiten Bogen von der gewerblichen und kommunalen Investitionsförderung und Beratung für die regionsbedeutsamen Wirtschaftsbereiche bis hin zu Industrie- und Gewerbeflächen. Die Agentur für Wirtschaftsförderung versteht sich dabei als Bindeglied zwischen Wirtschaft, Verwaltung, Banken und Institutionen und initiiert, begleitet und koordiniert Projekte zur Förderung des Wirtschaftsstandortes („One Stop Agency").

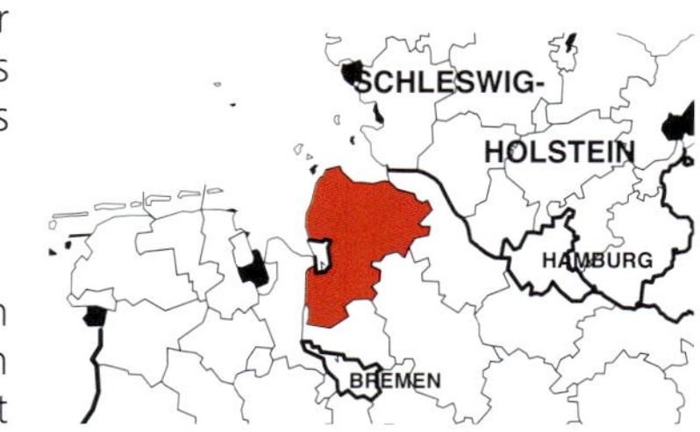

Fläche: 2.057,77 km²
EW: 196.787 - EW/km²: 96
KFZ-Kennzeichen: CUX
Kreissitz: Cuxhaven
www.landkreis-cuxhaven.de

Landrat
Kai-Uwe Bielefeld [U] / parteilos
im Amt seit: 2004 gewählt bis: 2019

Sitzverteilung im Kreistag
Vorsitz: Jörg-Andreas Sagemühl

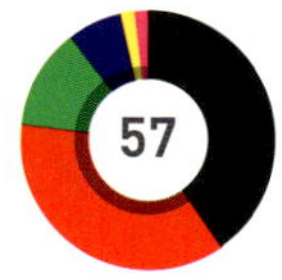

24 CDU
20 SPD
7 B.90/Grüne
4 WG
1 FDP
1 Die Linke

Landschaft, Sehenswürdigkeiten und Kultur
Wo sich Elbe und Weser in der Nordsee treffen – bei der zu Hamburg gehörenden Insel Neuwerk –, da kann man von Cuxhaven aus zu Fuß hingehen – nämlich übers Watt. Das Wattwandern gehört mit zu den schönsten Erlebnissen im CUXLAND, so heißt die touristische Dachmarke für den Landkreis Cuxhaven. Das CUXLAND hat sich in den letzten Jahrzehnten zu einer ungewöhnlich attraktiven und abwechslungsreichen Urlaubslandschaft entwickelt und bietet nicht nur Urlaubsgästen eine hohe Lebensqualität. Die Nordseeküste und das UNESCO Weltnaturerbe Wattenmeer prägen den Tourismus im Landkreis. Das CUXLAND ist zudem eine der vielseitigsten Urlaubsdestinationen in Deutschland. Grünes Marschenland, Geest und Moore, große Seen und kleine Flüsse, Kanäle und Waldgebiete sorgen für eine Landschaft, die zum Rad-, Wasser- und Reitwandern einlädt.

In Cuxhaven – dem größten Nordseeheilbad – gibt es einen 12 km langen Sandstrand. An der Alten Liebe, dem historischen Schiffsanleger, lassen sich große und kleine Schiffe aus nächster Nähe beobachten. Ob Kreuzfahrtschiff, Fähre, Katamaran, Kutter, Ausflug- oder Frachtschiff – manchmal sogar auch Windjammer – nahezu alle Schiffe in Richtung Skandinavien, Baltikum oder in den Hamburger Hafen passieren das CUXLAND. Besonders sehenswert sind die kleinen Kutter- und Sportboothäfen entlang der Weser und der Elbe. In Dorum kann der alte Leuchtturm „Obereversand" und Wremen der „Kleine Preuße" sogar besichtigt werden.

An den Grünstränden im Wurster Land und der Seenlandschaft im Nordseebad Otterndorf kann man sich herrlich entspannen. Die sehenswerte Altstadt von Otterndorf ist einen Besuch wert. Dort lebte einst der bekannte Homer-Übersetzer Johann-Heinrich Voß.

Zu den besonders schönen Ferienorten gehört das Moorheilbad Bad Bederkesa am gleichnamigen See. Neben der Moor-Therme „Aqua Vitales" lohnt ein Besuch der Burg Bederkesa, ein Kleinod unter den Burgen und unter den Museen im deutschen Nordwesten.

Ähnliches gilt für die Burg in Hagen zwischen Bremen und Bremerhaven. Die Burg war einst Sommersitz der Bremer Bischöfe. Heute ist sie Museum und vielseitig genutzter Veranstaltungsplatz. Mit der über die Oste führende Schwebefähre in Osten gibt es im CUXLAND eine der letzten sieben Schwebefähren auf der Welt zu besichtigen.

Landkreis

Diepholz

NIEDERSACHSEN

Der Landkreis Diepholz ist...
...ein dynamischer, leistungsstarker und innovativer Wirtschaftsstandort mit vielen Perspektiven. Der Landkreis Diepholz ist ein moderner Landkreis, der die Herausforderungen der Zukunft annimmt und gestaltet.

Historische Entwicklung
Der Landkreis Diepholz wurde im Zuge der zweiten Kreisreform im Jahr 1977 aus dem überwiegenden Teilen der im Jahr 1932 gebildeten Landkreise Grafschaft Hoya und Grafschaft Diepholz gebildet. Nach der Gebietsreform wurde die lang diskutierte Frage des Kreissitzes so gelöst, dass die Verwaltungszentrale in Diepholz liegt, in Syke aber sich eine Außenstelle befindet, um der Bevölkerung im Norden des Kreises weite Wege zur Verwaltung zu ersparen. Heute bietet der Landkreis seine Dienstleistungen bis hin zur Kraftfahrzeugzulassung auch in vielen Rathäusern an.

Wertschöpfung und Verkehr
Der Landkreis Diepholz mit seinen 15 Städten, Samtgemeinden und Gemeinden ist ein dynamischer und leistungsstarker Wirtschaftsstandort im Herzen Niedersachsens mit einer gesunden, ausgewogenen und umweltverträglichen Wirtschaftsstruktur, einem modernen Branchenmix, einer wirtschaftsfreundlichen Infrastruktur und einem innovativen Mittelstand.

Im Norden grenzt der Landkreis Diepholz an die Freie Hansestadt Bremen und im Süden an Nordrhein-Westfalen. Er gehört zu den sechs größten Landkreisen Niedersachsens. Durch die nördlichen Gemeinden Stuhr und Weyhe verläuft die Bundesautobahn A 1 und die Bundesstraßen B 6 und B 51 verbinden die nördlichen Gemeinden des Landkreises mit den südlichen Gemeinden.

Die Partnerschaft von Wirtschaft und Politik, schnelle Kontaktmöglichkeiten und einfache Verwaltungswege sorgen dafür, dass sich über 10.000 Unternehmen in unserem Landkreis wohlfühlen.

Im Landkreis Diepholz herrscht ein wirtschaftsfreundliches Klima. Die Auswirkungen dieses guten Klimas sind spürbar. Die Beschäftigung stieg in den letzten zehn Jahren wesentlich stärker als im Landes- und Bundesdurchschnitt, die Arbeitslosenquote liegt erheblich darunter. All dies sind gute Voraussetzungen für zukunftssichere gewerbliche und industrielle Investitionen im Landkreis Diepholz.

Aktive Wirtschaftsförderung bedeutet für den Landkreis Diepholz, unbürokratisch, flexibel und effektiv zu handeln, den Unternehmen ein serviceorientiertes, angenehmes und freundliches Behördenklima zu bieten und als kompetenter Ansprechpartner stets zur Verfügung zu stehen.

Fläche: 1.988,05 km²
EW: 211.093 - EW/km²: 106
KFZ-Kennzeichen: DH
Kreissitz: Diepholz
www.diepholz.de

Landrat
Cord Bockhop / CDU
im Amt seit: 2011 gewählt bis: 2019

Sitzverteilung im Kreistag
Vorsitz: Dr. Dr. Wolfgang Griese

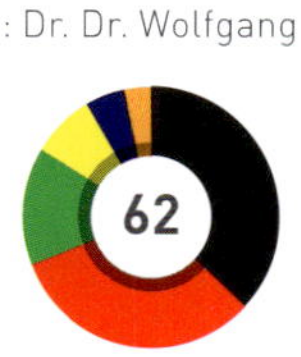

23 CDU
20 SPD
9 B.90/Grüne
5 FDP
3 Freie WG
2 BS Fraktion

Kontinuität und Zuverlässigkeit im Interesse der Betriebe verlangen vom Landkreis Diepholz auch, auf gesellschaftliche und wirtschaftliche Veränderungen wie die Herausforderungen der Globalisierung, den Wandel zur wissensbasierten Industrie- und Dienstleistungsgesellschaft oder die demografische Entwicklung zu reagieren. Kreative und innovative Lösungen werden durch bestehende Netzwerke und eine überregionale Zusammenarbeit unterstützt.

Der Wirtschaftsstandort Landkreis Diepholz ist nicht nur dynamisch, veränderungsbereit und innovativ - er ist auch sympathisch und damit den Herausforderungen der Zukunft gewachsen.

Landschaft, Sehenswürdigkeiten und Kultur
Im Süden das Urlaubs- und Naturparadies Dümmer, der zweitgrößte See Niedersachsens, im Norden die Weser und dazwischen die Diepholzer Moorniederung mit ihrer jährlichen Rast von zigtausenden Kranichen und der Naturpark Wildeshauser Geest. Das sind die Landschaften des Landkreises Diepholz.

Niedersachsens zweitgrößter Binnensee im Zentrum des Naturparks Dümmer ist gleichermaßen Anziehungspunkt für Segelsportler, Naturliebhaber und Ausflügler, die einfach mal einen oder mehrere entspannte Tage in herrlicher Umgebung erleben möchten. Der See und die angrenzenden weiträumigen Niedermoore sind ein Naturjuwel von internationaler Bedeutung und Heimat zahlreicher seltener Vogelarten.

Kleinere und größere Museen wie das Kreismuseum in Syke, das Dümmer-Museum in Lembruch, das Heimatmuseum Aschen oder das Museum der Strohverarbeitung in Twistringen veranschaulichen diverse Aspekte der jeweiligen Orts- bzw. regionalen Geschichte. Attraktionen sind auch die erste Museums-Eisenbahn Deutschlands in Bruchhausen-Vilsen und die restaurierten Wind- und Wassermühlen im Kreisgebiet.

Konzerte und Theateraufführungen in den Theatern in Syke, Sulingen, Diepholz, Weyhe sowie im „Gut Varrel" in Stuhr und zahlreiche kleine, auch plattdeutsche Bühnen bereichern das kulturelle Leben im Landkreis Diepholz.

Dümmer See
Landkreis Diepholz

Landkreis

Emsland

NIEDERSACHSEN

Der Landkreis Emsland ist...

...unter vielen Gesichtspunkten ein Landkreis, der in den vergangenen Jahrzehnten eine deutschlandweit vermutlich einzigartige Entwicklung durchlaufen hat. Die einst dünn besiedelte Moorlandschaft hat sich zu einem liebens- und lebenswerten Landkreis entwickelt, der sowohl wirtschaftlich als auch strukturell bundesweite Spitzenplätze einnimmt.

Historische Entwicklung

Jahrhundertelang galt das Emsland als „Armenhaus Deutschlands", als Land öder und weitgehend unzugänglicher Moor- und Heidegebiete. Am 5.5.1950 schließlich beschloss der Bundestag einstimmig den Antrag zur „Erschließung der Ödländereien des Emslandes", der im Rahmen der Wiederaufbauhilfe (European Recovery Programm, Marshall-Plan) realisiert werden konnte. Schwerpunkte waren zu Beginn die Kultivierung von Ödland und Moor, die Flurbereinigung und die Anlage bzw. Erneuerung von Infrastruktur, später lag der Fokus auf der Ansiedlung von Industrie und Gewerbe.

Mit einer Gebietsreform nach einem langwierigen politischen Diskussionsprozess wurde schließlich am 1.8.1977 der heutige Großkreis Emsland aus den Kreisen Aschendorf-Hümmling, Meppen und Lingen mit Kreissitz in Meppen und Außenstellen in Papenburg (Aschendorf) und Lingen gebildet.

Insgesamt wurden nach dem Zweiten Weltkrieg im Rahmen des „Emslandplans" unter Federführung der zuständigen Emsland GmbH bis 1989 gut 2 Mrd. DM dort investiert. Gut investiertes Geld, denn die Entwicklung in den vergangenen Jahrzehnten dürfte selbst die kühnsten Erwartungen der damals politisch Verantwortlichen weit übertroffen haben. Aus dem eher rückständigen, rein agrarisch orientierten Gebiet wurde im Zuge eines behutsamen Ausbaus der Industrie und einer erstaunlich problemlosen Integration zahlreicher Flüchtlinge ein bundesweites Vorbild für die erfolgreiche Umsetzung eines Regionalplanes.

Wertschöpfung und Verkehr

Mit einer Fläche von 2.880 km² ist das Emsland nicht nur der größte Landkreis Niedersachsens, sondern sogar größer als das Saarland. Hauptverkehrsader ist die von Norden nach Süden verlaufende „Emsachse", die sich dank Ems, Dortmund-Ems-Kanal, der B 70 und der Ende 2004 fertiggestellten Emsland-Autobahn A 31 mit beachtlichen Schritten zu einem leistungsfähigen Verkehrs- und Wirtschaftskorridor entwickelt. Aktuelles Projekt von internationaler Bedeutung ist der angestrebte Ausbau der E 233, der die Ost-West-Verbindungen und die heimische Wirtschaft weiter stärken wird.

Bis weit in die 70er Jahre prägte die Landwirtschaft das Erwerbsleben, heute dominiert ein breites Branchenspektrum mit mittelständischen Spezialbetrieben, gepaart mit einer Reihe großer Industrieunternehmen der Holz- und Kunststoffverarbeitung, der Maschinen-, Fahrzeug- und Schiffbaubranche sowie der Energiewirtschaft.

Viele der Unternehmen sind Hidden Champions, agieren nicht nur international, sondern sind mit ihren Angeboten nicht selten in der Weltspitze zu finden. Die weitgehend inhabergeführte Struktur, ihre starke regionale Verwurzelung und ein hohes Innovationspotenzial sind die Trümpfe der vielfältigen und gesunden Wirtschaft, die wiederum die Basis bildet für die sehr niedrige Arbeitslosenquote der emsländischen Bevölkerung.

Rund 314.000 Menschen leben derzeit im Landkreis – und damit gut 50.000 mehr als noch Anfang der 1990er Jahre. Diese Werte kommen zum einen durch die gute Geburtenstatistik zustande, zum anderen ziehen viele Menschen in das Kreisgebiet, da die Lebensqualität im Emsland einfach stimmt. Die Region besticht neben hervorragenden Bildungs- und Betreuungsangeboten für den Nachwuchs auch durch bezahlbare Immobilien- und Grundstückspreise sowie tolle Freizeitmöglichkeiten – allesamt maßgebliche Faktoren, die eine Entscheidung für den Landkreis leicht machen.

Landschaft, Sehenswürdigkeiten und Kultur

Touristisch hat sich der Landkreis in den vergangenen Jahren zu einer beliebten Feriendestination entwickelt. Der Landkreis ist nicht nur durch seine vielfältigen Landschaftstypen bekannt, sondern wird insbesondere von Radfahrern geschätzt. Besucher können aber genauso inmitten einer wunderschönen Umgebung Golf und Tennis spielen, Wanderungen unternehmen oder mit dem Kanu den Kreis vom Wasser aus erkunden.

Das breite Kulturangebot, mit dem „Emsländischen Kultoursommer" und seinem „Kleinen Fest im Großen Park" auf der barocken Schlossanlage Clemenswerth als jährliche Highlights, setzt zusätzliche Akzente. Musikfestivals, Konzerthighlights in der Emslandarena in Lingen (Ems)oder Jazzgrößen im Heimathaus in Twist, aber auch zahlreiche Museen, restaurierte Windmühlen, Kirchen und Herrensitze ergänzen die kulturelle Vielfalt und tragen bei zu einem ausgewogenen Gleichgewicht zwischen Tradition und Moderne.

Fläche: 2.882,05 km²
EW: 315.757 - EW/km²: 110
KFZ-Kennzeichen: EL
Kreissitz: Meppen
www.emsland.de

Landrat
Reinhard Winter / CDU
im Amt seit: 2011 gewählt bis: 2019

Sitzverteilung im Kreistag
Vorsitz: Hermann Schweers

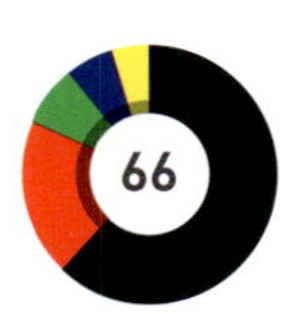

41	CDU
13	SPD
5	B.90/Grüne
4	UWG
3	FDP

Landkreis

Friesland

NIEDERSACHSEN

Der Landkreis Friesland ist...
...geprägt von Entwicklung und Tradition, einer anhaltenden Dynamik und der Offenheit für Neues. Acht Städte und Gemeinden bilden den Landkreis: Von der Insel Wangerooge ganz im Norden über die Gemeinde Wangerland, die Städte Jever und Schortens und die Gemeinde Sande bis zu den Gemeinden Zetel und Bockhorn sowie der Stadt Varel im Süden.

Historische Entwicklung

Trotz reicher Geschichte, geprägt durch die schon von römischen Chronisten erwähnten Friesen – der Landkreis Friesland als Verwaltungseinheit ist relativ jung. 1933 wurden im Zuge der Oldenburgischen Verwaltungsreform die Amtsbezirke Varel und Jever zum „Amtsverband Friesland" zusammengelegt – seit 1939 heißt dieses Gebiet „Landkreis Friesland".

Seine zweite Geburtsstunde erlebte der Landkreis Friesland 1980 – zweieinhalb Jahre zuvor war er aufgelöst und geteilt worden, der niedersächsische Staatsgerichtshof erklärte die Teilung aber nach massiven Protesten für verfassungswidrig.

Friesland bietet heute quer durch die Jahrhunderte Spuren einer bewegten und bewegenden Geschichte. Ob Sturmfluten und Deichbau, wuchtige Wehrkirchen, filigrane Altäre, alte Handelshäfen oder ein traditionelles Wurtendorf – wer die Augen offen hält, kann den spannenden und stetigen Wandel nachverfolgen.

Wertschöpfung und Verkehr

Vor dem Deich das UNESCO-Weltnaturerbe Wattenmeer, hinter dem Deich tausende Hektar Naturschutzgebiete, und trotzdem gut angebunden durch Autobahn, Bundesstraßen, den Flughafen JadeWeserAirport, Häfen und Schienen – in Friesland ist die Mobilität im ländlichen Raum ein wichtiger Schwerpunkt der Verkehrsentwicklung. So ist die Sicherstellung und Weiterentwicklung eines bedarfsgerecht sowie wirtschaftlich und ökologisch getragenen ÖPNV, zum Beispiel durch einen Urlauberbus, ebenso zentraler Inhalt wie die Vernetzung von Verkehrsgebieten.

Unternehmen von internationalem Rang genauso wie kleine und mittlere Betriebe haben im Landkreis Friesland zahlreiche attraktive Arbeitsplätze geschaffen. Die Arbeitslosenquote liegt so niedrig wie seit Jahrzehnten nicht und sinkt weiter. Aus Friesland kommen Innovationen, die ganze Branchen prägen, zum Beispiel im Flugzeugbau. Aber auch bekannte Dienstleister der Kommunikationsbranche gehören zu den wichtigsten Arbeitgebern im Landkreis. Der Tourismus sichert tausende Arbeitsplätze, genauso wie eine moderne Landwirtschaft, die weiterhin das Bild von Friesland prägt.

Chancen für Friesland zu erkennen, sie zu nutzen und neue Chancen zu schaffen ist eine der Kernaufgaben der Verwaltung des Landkreises Friesland. Die Kreisverwaltung bewegt dabei mehr als 190 Mio. € im Jahr, demokratisch gesteuert durch den direkt gewählten Kreistag. Keine Kassenkredite und seit sieben Jahren ein ausgeglichener Haushalt kennzeichnen die erfolgreiche und vorausschauende Finanzpolitik in Friesland. Als moderner Dienstleister bietet die Verwaltung Rückenwind für die Wirtschaft und die Bildungslandschaft, dazu gehören erstklassige Schulen und Betreuungsmöglichkeiten. Sie setzt sich ein für Familien, für Kinder, Jugendliche und Senioren, im Bereich Inklusion, für den Umweltschutz und vieles mehr.

Durch die kreiseigene Breitbandfördergesellschaft Friesland mbH wird von 2016 bis 2018 der kreisweite 30 bzw. 50 Mbit/s Breitbandausbau angegangen.

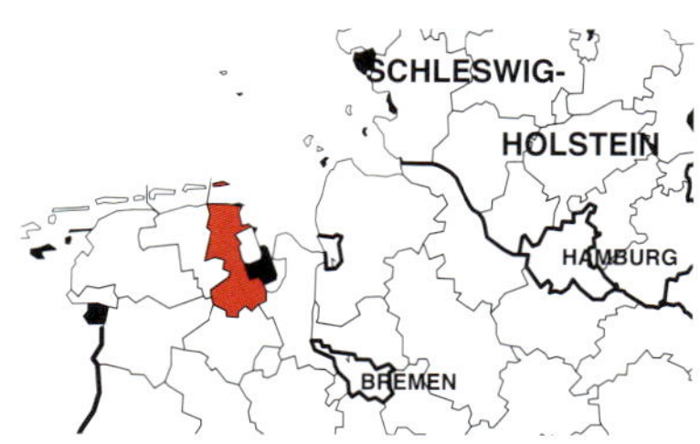

Fläche: 607,91 km²
EW: 96.937- EW/km²: 159
KFZ-Kennzeichen: FRI
Kreissitz: Jever
www.friesland.de

Landrat
Sven Ambrosy / SPD
im Amt seit: 2003 gewählt bis: 2019

Sitzverteilung im Kreistag
Vorsitz: Bernd Pauluschke

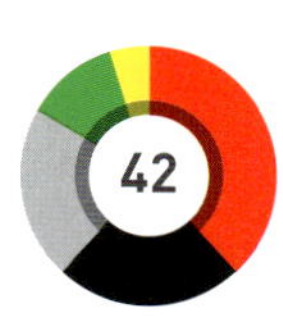

16	SPD
10	CDU
5	B.90/Grüne
2	FDP
9	Sonstige

(ZV 2, UWG 2, BfB 1, M.M.W. 1, SWG 1, BBV/F 1, Die Linke 1)

Landschaft, Sehenswürdigkeiten und Kultur

Friesland ist ein Landkreis direkt an der Küste, ein attraktives Reiseziel mit rund 600.000 Übernachtungsmöglichkeiten und jährlich etwa 3,8 Mio. Übernachtungen sowie Millionen Tagesgästen. Idyllische Dörfer und Höfe, städtisches Leben, Einkaufen um die Ecke und Kultur von Spitzenklasse bis schräg. Ob feine Sandstrände oder malerische Küsten, ob Schwimmen, Paddeln, Wasserski, Boßeln oder auf über 640 km Radwegen fahren – Friesland bietet zahlreiche Möglichkeiten für Urlauber, Naturliebhaber, Ruhesucher, Horizontgucker, Strandkorblieger und Kulturgenießer.

Friesland setzt auf eine umfassende Pflege des kulturellen Erbes und Bewusstseins und so lässt sich abwechslungsreiche Kultur und vielfältige Geschichte erleben. Meisterwerke niederländischer Renaissance-Schnitzkunst aus dem 16. Jahrhundert sind hier ebenso zu finden wie ein Wasserschloss aus dem 17. Jahrhundert. Das alte Blaudruckerhandwerk gewährt Einblicke und zahlreiche historische Windmühlen prägen das Landschaftsbild. Kooperationen des Landkreises mit kulturellen Einrichtungen wie Museen, der Landesbühne Nord, Kulturverbänden und Klassikveranstaltungen fördern und erweitern das kulturelle Angebot in Friesland.

Erholung für Körper und Geist – auch das bietet der Kreis. Denn Gesundheit spielt in Friesland eine doppelt wichtige Rolle. Die Menschen profitieren von einem starken Netzwerk leistungsfähiger Gesundheitseinrichtungen, von Praxen hervorragender niedergelassener Ärzte bis zu hochmodern ausgestatteten Krankenhäusern der Spitzenmedizin. Auch die Gäste im Landkreis nutzen diese Angebote zum Gesundbleiben und -werden, im heilsamen Nordseeklima zum Beispiel bei einem Strandspaziergang im Weltnaturerbe Wattenmeer.

Landkreis

Gifhorn

NIEDERSACHSEN

Der Landkreis Gifhorn ist...
...einer der flächengrößten Kreise Niedersachsens, er erstreckt sich von Braunschweig im Süden bis weit in die Lüneburger Heide hinein. Für die hier lebenden Einwohner stehen attraktive Wohngebiete in schöner und facettenreicher Naturlandschaft zur Verfügung.

Historische Entwicklung

Aufgrund der Kreisordnung für die Provinz Hannover von 1884 wurde der Landkreis Gifhorn am 1.4.1885 gegründet. Sein Gebiet umfasste neben dem alten Amt und der vordem kreisfreien Stadt Gifhorn auch Teile der Ämter Fallersleben und Meinersen sowie der Amtsvogtei Eicklingen. Das Gebiet war erst im Gefolge des Krieges von 1866 zu Preußen gekommen, welches das Gebiet des vormaligen Königreichs Hannover annektierte und zur Provinz machte. Die umfassendste Gebietsveränderung trat für den Kreis im Jahr 1932 ein, als ihm sein nördlicher Nachbar, der Kreis Isenhagen, im Rahmen der damaligen preußischen Kreisreform zugeschlagen wurde. Dadurch verdoppelte sich seine Fläche, und die Bevölkerungszahl stieg von etwa 40.000 auf über 60.000.

Nach dem Zweiten Weltkrieg hatte sich die Einwohnerzahl aufgrund der vielen Ostflüchtlinge noch einmal bis auf über 100.000 erhöht. Das aufstrebende Wolfsburg erreichte 1951 seine Auskreisung und profitierte 1972 infolge der Niedersächsischen Gebietsreform noch einmal nachhaltig von Gifhorner Gebieten.

Stetiger Zuzug, vornehmlich von VW-Pendlern oder Spätaussiedlern, ließ die Bevölkerungszahl des Landkreises Gifhorn schließlich bis auf über 170.000 anwachsen. Heute pendeln täglich etwa 25.000 Gifhorner nach Wolfsburg.

Wertschöpfung und Verkehr

Bis zur Gründung des Volkswagenwerks 1938 war der Kreis Gifhorn landwirtschaftlich geprägt, etwas Industrie gab es lediglich in Form der Gifhorner Glashütte, der Torfwerke bei Triangel sowie der Kaliabbauschächte in Ehmen.

Die Ansiedlung neuer Unternehmen und eine Vielzahl neu geschaffener Arbeitsplätze trugen in den letzten Jahren kontinuierlich zur Weiterentwicklung der regionalen Wirtschaftsstruktur bei. Bedingt durch die unmittelbare Nähe zu VW steht im Focus der wirtschaftlichen Ausrichtung vorrangig der Automobilsektor. Nationale wie internationale Partner der Automobilindustrie sind mit Produktionsstätten, Entwicklungszentren oder Niederlassungen vertreten. Volkswagen selbst ist mit seiner Teststrecke, dem internationalen Messelager, dem Forschungszentrum für alternative Antriebe und einer Achsproduktion im Landkreis Gifhorn ansässig.

Fläche: 1.562,84 km²
EW: 172.541 - EW/km²: 110
KFZ-Kennzeichen: GF
Kreissitz: Gifhorn
www.gifhorn.de

Landrat
Dr. Andreas Ebel / CDU
im Amt seit: 2014 gewählt bis: 2021

Sitzverteilung im Kreistag
Vorsitz: Werner Warnecke

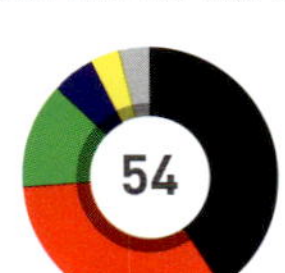

22	CDU
18	SPD
7	B.90/Grüne
3	Unabhängige
2	FDP
2	Sonstige

(Die Linke 1, Piraten 1)

Der Landkreis ist Standort international bedeutender Ingenieurdienstleister. Auch dadurch bedingt erreicht die Ingenieursdichte einen Platz unter den Top 10 in Deutschland.

Neben der Automobilindustrie liegen die wirtschaftlichen Schwerpunkte in der Metallverarbeitung, der Kunststoff- und der Druckindustrie, der Bauwirtschaft und im Dienstleistungsbereich. Die Landwirtschaft und die Verarbeitung land- und forstwirtschaftlicher Produkte haben ebenfalls einen besonderen Stellenwert.

Durch den geplanten Lückenschluss der A 39 zwischen Wolfsburg und Lüneburg und die damit verbundene Anbindung an den Hamburger Hafen und an Nordeuropa wird es einen weiteren spürbaren Entwicklungsschub für den Landkreis geben. Auch der Elbe-Seiten-Kanal ist ein wichtiger Standortfaktor. Hier gilt es, diesen Schifffahrtsweg durch die Beseitigung des Nadelöhrs Scharnebeck zukunftsfähig zu machen.

Landschaft, Sehenswürdigkeiten und Kultur

Auch touristisch erfreut sich der Landkreis, der als Südheide Gifhorn vermarktet wird, ständig wachsender Beliebtheit. Weite Wälder, geheimnisvolle Moore, leuchtende violette Heideflächen, erfrischende Badeseen und die romantischen Urstromtäler von Aller, Oker und Ise erwarten die Besucher. Neben diesen naturräumlichen Potenzialen sind es besonders die touristischen Einrichtungen wie das Internationale Mühlenmuseum in Gifhorn, das Otter-Zentrum in Hankensbüttel und kulturelle Events, die Gäste anziehen.

Landkreis

Goslar

NIEDERSACHSEN

Der Landkreis Goslar ist…

…durch seine zentrale Lage in Deutschland und seiner Topografie sehr vielfältig. Neben seinen touristischen Stärke steht er auch für wirtschaftliche Entwicklungen und Innovationen. Weiter weist er hervorragende Möglichkeiten zum Wohnen, Arbeiten, Studieren, Tagen und Erholen auf. Der Landkreis Goslar umfasst weite Teile des Oberharzes sowie das nordwestliche und nördliche Harzvorland und reicht bis zum Ballungsraum Hannover-Braunschweig-Salzgitter.

Historische Entwicklung

Seine Geburtsstunde erlangte der Landkreis Goslar durch die Neubildung der Kreise Liebenburg und Zellerfeld im April 1885. Lediglich durch territoriale Gebietsveränderungen wie die Auskreisungen und Wiedereingliederung von Gemeinden veränderte sich das Gebiet des Landkreises. In der neueren Entwicklung verändern Fusionen, wie beispielsweise die Fusion der Bergsstadt St. Andreasberg mit der Stadt Braunlage im Jahr 2011, die Gemeindegrenzen im Landkreis.

Fläche: 965,29 km²
EW: 137.256 - EW/km²: 142
KFZ-Kennzeichen: GS
Kreissitz: Goslar
www.landkreis-goslar.de

Landrat
Thomas Brych / SPD
im Amt seit: 2013 gewählt bis: 2018

Sitzverteilung im Kreistag
Vorsitz: Dr. Günter Benne

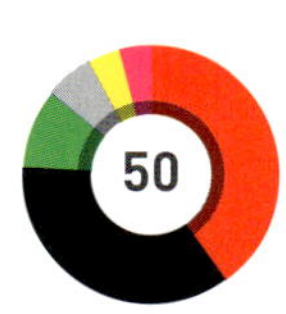

20 SPD
18 CDU
5 B.90/Grüne
2 FDP
2 Die Linke
3 Sonstige
(Bürgerliste 2, fraktionslos 1)

Wertschöpfung und Verkehr

Industrie und Gewerbe sowie eine Vielzahl von Dienstleistungsbetrieben bestimmen das wirtschaftliche Geschehen im Landkreis Goslar. Neben einer breiten Palette gewerblicher Branchen mit vielen Klein- und Mittelbetrieben sind sogenannte „Hidden Champions" hier angesiedelt. Den reichhaltigen Bodenfunden vor mehr als 1.000 Jahren am Rammelsberg bei Goslar ist es zu verdanken, dass sich schon sehr früh die Grundstoffindustrie entwickelte. Das Fachwissen aus dem Bergbau wurde dann genutzt und stetig weiterentwickelt. Insbesondere auf dem Gebiet des Recycling und der Sekundärrohstoffe ist in den letzten Jahren eine eigene starke Industrie gewachsen, mit der der Landkreis Goslar auf dem besten Weg ist eine der weltweiten Spitzenpositionen einzunehmen. Die Holz- und Papierindustrie und die Nahrungsmittel- und Getränkeindustrie verarbeiten die natürlichen Erzeugnisse des Harzes und des Harzvorlandes. Betriebe aus anderen Branchen vervollständigen die industrielle Produktion zu einer vielfältigen Palette.

Der Dienstleistungsbereich erfasst neben Handel und Handwerk auch viele Einrichtungen der Gesundheit, der Erholung und der Bildung.

Schließlich machen die zügigen Verkehrsverbindungen durch die Autobahnen 7 und 395, Bundesstraßen und Bahnverbindungen mit den Räumen Hannover/Braunschweig und Göttingen/Kassel den Landkreis Goslar zu einer guten Geschäftsadresse.

Die Technische Universität Clausthal steht bei nationalen wie internationalen Wirtschaftsunternehmen hoch im Kurs. Gelehrt und geforscht wird in den Bereichen Energie und Rohstoffe, Natur- und Materialwissenschaften, Wirtschaftswissenschaften, Mathematik, Informatik, Maschinenbau und Verfahrenstechnik.

Einen wissenschaftlichen Ableger der TU Clausthal bildet das Energie-Forschungszentrum in Goslar. Es beschäftigt sich vor allem mit neuen Technologien und hat sich in den letzten Jahren hervorragend entwickelt.

Landschaft, Sehenswürdigkeiten und Kultur

Der Tourismus ist neben der Forschung und chemischen Industrie ein Grundbaustein der wirtschaftlichen Entwicklung des Landkreises nach der Beendigung des Bergbaus. Darum bietet der Landkreis Goslar ein umfangreiches Angebot an Kur- und Fremdenverkehrsorten. Nur wenige Mittelgebirge können auf eine solch abwechslungsreiche Landschaft wie den Harz zurückgreifen – den Kontrast zwischen steil aufragenden Bergen und den Ebenen des Vorlandes-, Wälder, wildromantische Bäche, Wasserfälle, Klippen sowie zahlreiche Talsperren und Teichen. Viele Attraktionen wie Monsterroller-Abfahrten, Hochseilparks, Bergbahnen, Lifte und modernen Einrichtungen für den Wintersport ergänzen das touristische Angebot.

Eine wichtige Bedeutung haben inzwischen auch die Mountainbiker erlangt. Ihnen steht mit der Volksbank Arena Harz ein Routennetz mit weit mehr als 2.300 km zur Verfügung.

Für Erholungssuchende und kulturhistorisch Interessierte bieten das UNESCO-Welterbe Bergwerk Rammelsberg, die Altstadt von Goslar und die Oberharzer Wasserwirtschaft wichtige Anlaufpunkte. Die Oberharzer Wasserwirtschaft beinhaltet 22 Wanderwege entlang aktiver und passiver Gräben, Teiche und Wasserläufen mit einer Gesamtlänge von ca. 112 km. Das als Meisterwerk früher Bergbau- und Ingenieurskunst geltende Wassersystem aus vielen Komponenten diente den Bergleuten zur Energieerzeugung.

Bergwerk Rammelsberg

Landkreis

Göttingen

NIEDERSACHSEN

Der Landkreis Göttingen ist...
...ein Landkreis mit Charakter. Mit zwölf Städten und Gemeinden in idyllischer Landschaft, innovativen Unternehmen, als vielfältiger Hochschul- und Wissenschaftsstandort und kulturelles Zentrum prägt er Südniedersachsen über die Landkreisgrenzen hinaus.

Historische Entwicklung
Der Landkreis Göttingen in seiner jetzigen Form ist relativ jung. Er entstand durch die Gebietsreform 1973 aus den alten, 1885 geschaffenen preußischen Kreisen Duderstadt, Göttingen und Hann. Münden. 1945 wurden die drei Altkreise von amerikanischen, später von britischen Truppen besetzt.

Der damalige Landkreis Göttingen hatte 65.400 Einwohner (ohne die kreisfreie Stadt Göttingen), darunter 36 % Heimatvertriebene und Flüchtlinge. Friedland wurde mit seinem Heimkehrerlager für Millionen deutscher Flüchtlinge, Heimatvertriebene und Kriegsgefangene zum Synonym für Freiheit und Neubeginn. Durch die endgültige Schließung der Zonengrenze 1952 wurden die Landkreise Göttingen und Duderstadt zu Grenzkreisen, eine Bewirtschaftung jenseits der Grenze liegenden Ländereien war nicht mehr möglich. 1964 vergrößerte sich der Landkreis Göttingen durch die Eingliederung der Stadt Göttingen, die Einwohnerzahl stieg an auf über 155.000 Menschen.

Nach der Kreisfusion 1973 bis heute stieg die Einwohnerzahl auf 248.000 Menschen an. Seit 1998 besteht die Verwaltungsspitze nur noch aus einer Person. Eine einschneidende Veränderung steht am 1.11.2016 bevor: Die Fusion mit dem Landkreis Osterode am Harz (S. 104) zu einem neuen Landkreis Göttingen für 322.000 Menschen.

Wertschöpfung und Verkehr
Der Landkreis Göttingen liegt verkehrstechnisch gut erreichbar zentral in der Mitte Deutschlands. Die Autobahn A 7 verläuft in Nord-Süd-Richtung durch das Kreisgebiet, am Dreieck Drammetal beginnt die A 38 als Verbindung nach Osten. Über die südlich von Kassel anschließende A 44 besteht eine Autobahnverbindung zum Rhein-Ruhr-Raum. Über den Knotenpunkt Göttingen mit ICE-Halt ist das Schienennetz überregional gut angeschlossen, der öffentliche Personennahverkehr wird größtenteils über den Verkehrsverbund Südniedersachsen (VSN) abgewickelt.

Wirtschaftsschwerpunkte im Landkreis sind: Elektrotechnik, Mess- und Regeltechnik, Biotechnologie, Gesundheitsbranche, Kunststoff, Verpackung, Handwerk und Lebensmittel. Zahlreiche renommierte Unternehmen sind hier angesiedelt. Der Landkreis ist Bioenergieregion mit dem bundesweit ersten Bioenergiedorf Jühnde.

Fläche: 1.117,24 km²
EW: 250.220 - EW/km²: 224
KFZ-Kennzeichen: GÖ
Kreissitz: Göttingen
www.landkreisgoettingen.de

Landrat
Bernhard Reuter [P] / SPD
im Amt seit: 2011 gewählt bis: 2019

Sitzverteilung im Kreistag
Vorsitz: Edeltraud Wucherpfennig

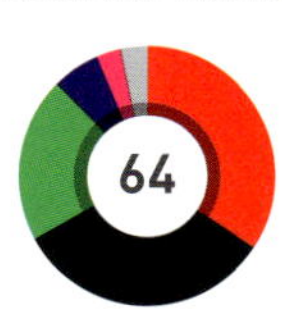

22	■	SPD
21	■	CDU
13	■	B.90/Grüne
4	■	FWLG
2	■	Die Linke
2	■	Sonstige

(Piraten 1, FDP 1)

Im Landkreis Göttingen herrscht eine ausgeprägte Netzwerkkultur vor. Mit dem Regionalverband Südniedersachsen, der SüdniedersachsenStiftung, der Metropolregion Hannover-Braunschweig-Göttingen-Wolfsburg, dem SüdniedersachsenInnovationscampus und weiteren werden Synergien genutzt und die Region gefördert. Die Wirtschaftsförderung wird über die WRG GmbH (Wirtschaftsförderung Region Göttingen) betrieben, die jährlich den Innovationspreis vergibt. Wissenstransfer und Bildungsmanagement wird auf einem hohen Niveau über die Universität Göttingen, die Fachhochschulen und zahlreiche wissenschaftliche Forschungseinrichtungen vorangetrieben.

Landschaft, Sehenswürdigkeiten und Kultur
Der Landkreis zeigt ein facettenreiches Landschaftsbild mit vielfältiger Kulturlandschaft: Flüsse, Berge und ausgedehnte Laubwälder werden ergänzt durch malerische Fachwerkdörfer. Es gibt in der Region sechs Naturschutzgebiete, vier Landschaftsschutzgebiete und 70 Naturdenkmale. Mit der Rhumequelle hat der Landkreis eine der ergiebigsten Karstquellen Europas.

Regelmäßig wiederkehrende kulturelle Veranstaltungen wie die Händelfestspiele, das Jazzfestival, der Literaturherbst, die Figurentheatertage, der Kultursommer, Kultur im Kreis, die Verleihung des Satirepreises „Göttinger Elch" und vieles mehr ziehen ein internationales Publikum an. Das Göttinger Symphonie Orchester ist über die Grenzen Göttingens hinaus bekannt. Die Theaterszene bietet mit Deutschem und Jungen Theater und diversen freie Gruppen ein buntes Programm. Eine Vielzahl von Veranstaltungsorten, Kunst- und Kulturstätten zeugt von einem lebenswerten Landkreis mit reichhaltigem Kulturangebot. Rittergut Besenhausen, Packhof Hann. Münden, Kunsthalle HGN Duderstadt, Eichsfeldhalle und Stadtpark Duderstadt, Stadthalle Dransfeld, Schloss Gieboldehausen, Kirchen usw.

Neben touristischen Angeboten in den Städten ist der Landkreis auch hervorragend für Radfahrer und Wanderer geeignet, das Radwegenetz umfasst rund 1400 km. Die Paddelstrecken auf Werra, Weser, Rhume und Leine sind sehr reizvoll. Weitere Sehenswürdigkeiten sind z. B. der Seeburger See, die 1.000 Jahre alte Burg Plesse, die Burg Adelebsen, die historischen Rathäuser in Duderstadt und Hann, Münden und vieles mehr.

Landkreis

Grafschaft Bentheim

NIEDERSACHSEN

Der Landkreis Grafschaft Bentheim ist…
…mittlerweile der einzige Landkreis in Deutschland, der sich „Grafschaft" nennen darf. Die Grafschaft Bentheim trägt ihre reiche Geschichte schon im Namen. Zugleich ist dieser Landstrich ganz im Südwesten Niedersachsens ein moderner, für die Zukunft gut aufgestellter Landkreis.

Historische Entwicklung
Die Geburtsstunde des Landkreises Grafschaft Bentheim schlug am 1.4.1885. An diesem Tag trat die Kreisordnung für die preußische Provinz Hannover in Kraft. Die früheren Ämter Bentheim und Neuenhaus bildeten den neuen Landkreis, wie er bis heute Bestand weitestgehend hat. Kreisstadt wurde zunächst Bentheim, der traditionelle Verwaltungsmittelpunkt der Grafschaft, später Nordhorn.

Die Geschichte der Grafschaft Bentheim ist wesentlich älter als der Landkreis. Als eigenständiges Territorium bildete sich die Grafschaft im Mittelalter im Grenzgebiet der Bistümer Münster und Utrecht heraus. 1486 erhob der Kaiser die Grafschaft Bentheim zur freien Reichsgrafschaft.

Als Teil des Königreichs Hannover wurde sie schließlich 1866 in das Staatsgebiet Preußens eingegliedert und in der Folge 1885 zum Landkreis Grafschaft Bentheim.

Wertschöpfung und Verkehr
Wirtschaftlich hat der Landkreis Grafschaft Bentheim innerhalb weniger Jahrzehnte einen tiefgreifenden Strukturwandel von einem landwirtschaftlich geprägten Randgebiet zu einem äußerst dynamischen Landkreis mit starkem Beschäftigungswachstum gemeistert.

Trotz des Niedergangs der Textilindustrie, die über Jahrzehnte der dominierende Wirtschaftszweig war, und den damit verbundenen erheblichen Strukturbrüchen zählt die Grafschaft zu den wachstumsstärksten Gebieten Deutschlands und kann auf eine der niedrigsten Arbeitslosenquoten im Land Niedersachsen verweisen.

Dass die Grafschaft wirtschaftlich so gut da steht, liegt nicht zuletzt an ihrer hervorragenden Erreichbarkeit. Mit der direkten Anbindung an zwei Autobahnen, einem gut ausgebauten Straßennetz, einer eigenen Eisenbahn mit Güterverkehrszentrum und dem Zugang zum internationalen Schienenverkehr kann das Kreisgebiet heute mit einer überdurchschnittlich guten Verkehrsanbindung aufwarten. Entlang dieser Verkehrslinien sind in den vergangenen Jahren leistungsstarke Gewerbe- und Industriegebiete gewachsen.

Fläche: 980,87 km²
EW: 134.329- EW/km²: 137
KFZ-Kennzeichen: NOH
Kreissitz: Nordhorn
www.grafschaft-bentheim.de

Landrat
Friedrich Kethorn [G] / CDU
im Amt seit: 2005 gewählt bis: 2019

Sitzverteilung im Kreistag
Vorsitz: Heinrich von Brockhausen

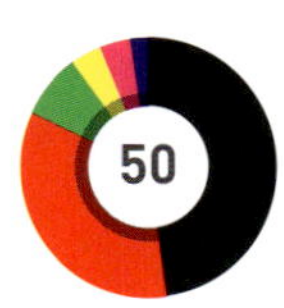

24	CDU
17	SPD
4	B.90/Grüne
2	FDP
2	Die Linke
1	Pro Grafschaft

Landschaft, Sehenswürdigkeiten und Kultur
Die Grafschaft Bentheim setzt sich aus einer außergewöhnlichen Vielfalt unterschiedlicher Landschaftsräume zusammen. In dieser Kulturlandschaft wechseln sich Heide, Hoch- und Niedermoore mit bewaldeten Höhenrücken und dem Flusstal der Vechte ab.

Zentrale Lebensader der Grafschaft war lange die Vechte, die den Landkreis der Länge nach von Südost nach Nordwest durchfließt. Die Vechte prägt seit jeher den Siedlungsraum, bis in die Neuzeit diente der Fluss als wichtigster Verkehrsweg (jahrhundertelang wurde der Bentheimer Sandstein über die Vechte in nahe und ferne Länder gebracht) und ist heute wichtiges touristisches Element.

Der westlichste Ausläufer des Teutoburger Waldes wird in Bad Bentheim von der größten Höhenburg Nordwestdeutschlands gekrönt.

Mit ihrer günstigen Verkehrslage, einer attraktiven Landschaft, touristischen Highlights und Besuchermagneten wie z.B. der Burg Bentheim hat die Grafschaft Bentheim gute Voraussetzungen für eine positive touristische Entwicklung. Diese begann bereits vor 200 Jahren mit der Geschichte des Kurbades in Bentheim und setzt sich bis heute fort.

Der Landkreis Grafschaft Bentheim ist 2007 und auch 2011 als „Fahrradfreundlichster Landkreis Niedersachsens" ausgezeichnet worden.

Nicht nur das historische Bewusstsein wird in der Grafschaft Bentheim gepflegt, auch mit zeitgenössischer Kunst setzt sich der Landkreis auseinander: In Nordhorn, Neuenhaus und Bad Bentheim gibt es eine Reihe öffentlicher und privater Galerien und Museen. Überregionale Beachtung finden die offenen Museen „kunstwegen" und „raumsichten". Zentren der bildenden Künste sind die Freilichtbühne in Bad Bentheim und der Konzert- und Theatersaal in Nordhorn.

Landkreis

Hameln-Pyrmont

NIEDERSACHSEN

Der Landkreis Hameln-Pyrmont ist...
...ein wunderschönes Fleckchen Erde mit Geschichte, Kultur, intakter Natur und einer aufgeschlossenen, engagierten Bevölkerung. Er liegt inmitten des Weserberglandes.

Historische Entwicklung
Am 1.4.1885 endete die alte hannoversche Ämterverfassung mit dem Inkrafttreten der Kreisordnung für die preußische Provinz Hannover vom 6.5.1884: Der Kreis Hameln entstand als neuer preußischer Verwaltungskreis aus den Städten Hameln und Bodenwerder und den Ämtern Hameln, Polle und Lauenstein.

Mit dem Gesetz zur Neugliederung der Gemeinden im Raum Hameln vom 20.11.1972 wurde die Niedersächsische Verwaltungs- und Gebietsreform durchgeführt: Die Stadt Hameln wurde 1973 nach 50 Jahren Kreisfreiheit wieder als Große Selbstständige Stadt in den Landkreis eingegliedert. Die Gemeinden Emmerthal, Flecken Aerzen, Flecken Coppenbrügge und Flecken Salzhemmendorf bildeten sich zum 1.1.1973. Die Landgemeinden Hemeringen und Lachem wurden mit der zum Landkreis Grafschaft Schaumburg gehörenden Stadt Hessisch Oldendorf zusammengeschlossen.

Nach Auflösung des Kreises Springe vergrößerte sich der Landkreis Hameln-Pyrmont 1974 um die Stadt Bad Münder. Am 1.8.1977 wurde schließlich die Stadt Hessisch Oldendorf nach Auflösung des Landkreises Grafschaft Schaumburg eingegliedert: Seitdem besteht der Landkreis Hameln-Pyrmont aus den Städten Hameln, Bad Münder, Bad Pyrmont und Hessisch Oldendorf, der Gemeinde Emmerthal sowie den Flecken Aerzen, Coppenbrügge und Salzhemmendorf.

Wertschöpfung und Verkehr
Acht Städte und Gemeinden bilden den Landkreis Hameln-Pyrmont, darunter – als Zentrum des mittleren Weserberglandes – die Stadt Hameln mit rund 56.000 und das altehrwürdige Staatsbad Pyrmont mit knapp 19.000 Bürgern.

Die geografische Lage zwischen den Ballungsräumen Hannover, Hildesheim und Ostwestfalen-Lippe begünstigt insbesondere den Wirtschaftsraum. Der Dienstleistungssektor ist gekennzeichnet durch das Banken- und Versicherungsgewerbe, eine ausgewogene mittelständische Industrie sowie Handel, Handwerk, Tourismus und Erholung. Auch das Gesundheitswesen hat hier verschiedene Standorte für die Ansiedlung von Krankenhäusern, Kur- und Rehabilitationseinrichtungen gewählt.

Der Landkreis verfügt über einen hohen Grad an schulischer Eigenversorgung. Neben dem Regelschulwesen gibt es ein breit gefächertes berufsbildendes Angebot. Die private Hochschule Weserbergland (HSW) mit den kommunalen Trägern Landkreis und Stadt Hameln sowie der Wirtschaft steht für professionellen Wissenstransfer zwischen Hochschule und Unternehmen.

In kurzer Zeit sind die A 2 und A 7 erreichbar. Ein geografisches Plus ist auch die Nähe zum Wirtschaftsstandort Hannover: Der Flughafen Langenhagen bietet gute Anbindungen aus der Luft und ist ebenso wie die Landeshauptstadt in kurzen, regelmäßigen Abständen mit der S-Bahn erreichbar.

Fläche: 796,14 km²
EW: 147.813 - EW/km²: 186
KFZ-Kennzeichen: HM
Kreissitz: Hameln
www.hameln-pyrmont.de

Landrat
Tjark Bartels / SPD
im Amt seit: 2013 gewählt bis: 2018

Sitzverteilung im Kreistag
Vorsitz: Werner Sattler

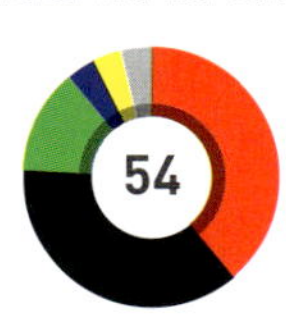

21	SPD
19	CDU
7	B.90/Grüne
2	ProBürger
2	FDP
3	Sonstige

(Die Linke 1, Unabhängige 1, fraktionslos 1)

Landschaft, Sehenswürdigkeiten und Kultur
Der Landkreis Hameln-Pyrmont ist von Natur und Kultur reich beschenkt, ein buntes Mosaik aus Naturlandschaft, Städten und Dörfern, Schlössern und Burgen. Hier ist die Heimat vieler bekannter deutscher Märchen und Legenden, auch die weltbekannte Sage vom Hamelner Rattenfänger zählt dazu.

Gelegen an der Deutschen Märchenstraße und an der Straße der Weserrenaissance ist der Landkreis eingebettet in den seit 1975 bestehenden Naturpark Weserbergland. Idyllische Dörfer und kulturhistorisch bedeutsame Burgen, Schlösser, Kirchen und Bürgerhäuser laden zum Entdecken ein – per pedes auf den zahlreichen Wanderwegen oder mit dem Rad auf dem gut ausgebauten Radwegenetz. Der Radwanderweg Weser erfreut sich wachsender Beliebtheit und gehört zu den meist befahrenen Radwegen in Deutschland.

Hier im Zentrum der Weserrenaissance findet sich die größte Ansammlung von Renaissancebauten nördlich der Alpen. Herausragende Zeugnisse sind neben der Altstadt Hamelns die Schlösser Hämelschenburg und Schwöbber. Die Gäste des Weserberglandes finden hier eine reizvolle, intakte Landschaft: Die Weser mit ihren Zuflüssen, aber auch die vielen waldreichen Höhenzüge, von denen Süntel, Deister und Ith die bekanntesten sind, laden zu erholsamen Momenten und abwechslungsreicher Freizeitgestaltung ein.

Region Hannover

NIEDERSACHSEN

Die Region Hannover ist…
…auch 15 Jahre nach ihrer Gründung als kommunale Gebietskörperschaft in dieser Form einmalig.

Der Regionsbegriff steht in Hannover nicht nur für einen geografischen Raum, sondern auch für eine Verwaltung, die das Dach für 21 Städte und Gemeinden bildet und die wichtigsten Aufgaben der öffentlichen Daseinsvorsorge in einer Hand hält.

Historische Entwicklung
Aufgaben bündeln, wo es sinnvoll ist, Angebote bürgernah gestalten, wo es möglich ist – das war die Überlegung, als im Jahr 2001 der Landkreis und die kreisfreie Stadt Hannover sowie der Kommunalverband Hannover zu einer Einheit verschmolzen wurden. Diese Idee trägt bis heute.

Unter anderem ist die Region Hannover Trägerin des öffentlichen Personennahverkehrs und der Abfallentsorgung, der örtlichen Sozialhilfe, der Berufsbildenden Schulen und der kommunalen Krankenhäuser. Hinter allem steht eine Verwaltung mit rund 2.700 Mitarbeitern, die dafür sorgen, dass der Alltag für 1,1 Mio. Einwohner funktioniert.

Leistungsstark und effizient: So hat sich die Region Hannover als kreisparallele Gebietskörperschaft aufgestellt. Sie sorgt als Behörde mit dafür, dass ihre Einwohner ganz individuelle Lebensentwürfe verwirklichen können. Dabei ist es egal, ob sie im Grünen leben oder das Flair einer selbstbewussten Großstadt genießen wollen – die Region Hannover mit ihren 21 Städten und Gemeinden bietet beides.

Wertschöpfung und Verkehr
Zur hohen Lebensqualität in der Region Hannover gehört auch, dass fast jedes Ziel mit Bus und Bahn gut erreichbar ist. So bleiben die Menschen auch ohne eigenes Auto mobil. In Laatzen wohnen, in Hannover arbeiten, auf dem Steinhuder Meer segeln – dank des gut ausgebauten Öffentlichen Personennahverkehrs kein Problem. Davon profitieren auch die Besucher – zum Beispiel, wenn sie eine der großen Messen wie die CeBIT oder die HANNOVER Messe besuchen. Denn die Region punktet nicht nur als Wohnort, sondern auch als dynamischer und zukunftsorientierter Wirtschafts- und Messestandort. Internationale Konzerne wie die TUI und Continental sind hier zu Hause. Ebenso wie kleinere Unternehmen, die sich mit High-Tech-Lösungen weltweit einen Namen gemacht haben.

Im Zentrum Europas gelegen, ist die Region Hannover geprägt durch so unterschiedliche Landschaftsräume wie den Deister, ein Höhenzug im Südwesten der Region, das Steinhuder Meer im Nordwesten oder die Burgdorfer Aue im Osten. Rund die Hälfte des Gebiets steht unter Landschafts- oder Naturschutz.

Als Verkehrsknotenpunkt mit den beiden Autobahnen A 2 und A 7, der Nord-Süd- und der Ost-Westachse im Fernbahnverkehr, dem Mittellandkanal und dem Hannover Airport hat sich die Region Hannover in den vergangenen Jahren nicht nur zu einem Magneten für Logistikunternehmen entwickelt. Sie erobert auch Märkte in wachsenden Schlüsselbranchen – von der Kreativwirtschaft über den Bereich Automotive bis zur Gesundheitswirtschaft.

Landschaft, Sehenswürdigkeiten und Kultur
Das Gebiet der Region umfasst knapp 2.300 km² Fläche, geprägt von unterschiedlichen Lebensräumen. Etwa die Hälfte des Gebiets steht unter Landschafts- oder Naturschutz – ökologische Schätze, die exklusive Erholungsmomente garantieren.

Fläche: 2.290,79 km²
EW: 1.128.037 - EW/km²: 492
KFZ-Kennzeichen: H
Sitz: Hannover
www.region-hannover.de

Regionspräsident
Hauke Jagau / SPD
im Amt seit: 2006 gewählt bis: 2021

Sitzverteilung in der Regionsversammlung
Vorsitz: Bodo Messerschmidt

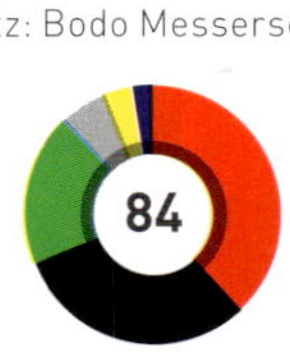

31	SPD
26	CDU
16	B.90/Grüne
3	FDP
2	Die Hannoveraner
6	Sonstige

(FW 2, Linke und Piraten 3, fraktionslos 1)

Hannover mit vielfältigen Einkaufsmöglichkeiten und einem breiten kulturellen Angebot bildet das Zentrum der Region. Knapp die Hälfte aller Regionseinwohnerinnen und -einwohner leben in der niedersächsischen Landeshauptstadt. Eine attraktive Infrastruktur und viele Freizeitmöglichkeiten bieten aber auch die übrigen 20 Städte und Gemeinden. Ob Spielplätze oder Hallenbäder, Sportvereine oder die über 20 geprüften Badeseen – es gibt immer etwas zu erleben.

Wer kulturell etwas erleben möchte, muss nicht zwangsweise in Hannover das Bühnenprogramm durchstöbern. Die Kulturlandschaft erstreckt sich wie ein bunter Regenbogen über die gesamte Region. Da gibt es zum Beispiel das „Mimuse Festival" in Langenhagen, die Reihe „Kultursommer" und Konzerte im Springer Jagdschloss und auf Schloss Marienburg in Pattensen. Aber auch Schauspielhaus und Opernhaus in Hannover sowie die „Lange Nacht der Museen" gehören gewiss zu den kulturellen Leckerbissen.

Über zu wenig Bühnen, Museen und Feste kann man sich auf jeden Fall nicht beklagen! Immer einen Besuch wert ist der Zoo Hannover, der mit seinen Erlebniswelten wie Sambesi oder Yukon Bay weit über die Grenzen der Region hinaus bekannt und beliebt ist. Ein Blick auf den Veranstaltungskalender der Region Hannover macht deutlich, dass es eher an Zeit mangelt, um alle Angebote wahrnehmen zu können.

Landkreis

Harburg

NIEDERSACHSEN

Der Landkreis Harburg ist...

...einer der wachstumsstärksten und attraktivsten Landkreise in Niedersachsen: Seinen Bewohnern und Gästen bietet der Landkreis ländliche Idylle und Natur ebenso wie ein urbanes Lebensgefühl im Süden der Metropolregion Hamburg. Hier finden Jung und Alt, Alteingesessene und junge Familien beste Arbeits- und Lebensbedingungen, ein gut ausgebautes Verkehrsnetz sowie wirtschaftliche Dynamik direkt vor den Toren Hamburgs.

Historische Entwicklung

Die Geburtsstunde des Kreises schlug Ende des 19. Jahrhunderts. Mit der 1885 erlassenen Kreisordnung des Königreichs Preußen entstanden zunächst aus der Stadt Harburg der Stadtkreis Harburg und aus Stadt und Amt Winsen der Kreis Winsen. 1932 wurden die beiden Kreise Harburg und Winsen zusammengelegt.

Durch das Groß-Hamburg-Gesetz von 1937 wurde die Stadt Harburg Teil der Freien und Hansestadt Hamburg. Zunächst verblieb der Verwaltungssitz des Landkreises noch in Harburg, wurde aber wegen kriegsbedingter Zerstörungen 1944 ins Schloss nach Winsen (Luhe) verlegt. 1958 wurde die Luhestadt endgültig zum neuen Kreissitz des Landkreises Harburg.

Wertschöpfung und Verkehr

Der Landkreis hat sich von einem ländlich geprägten Agrarkreis zu einem der bedeutendsten Wachstumsmotoren in der Metropolregion Hamburg entwickelt. Der Wirtschaftsstandort zeichnet sich insbesondere durch kleine und mittelständische Betriebe und eine hohe Gründungsintensität aus. Das Spektrum reicht von Handwerk und Dienstleistung über Handel, Logistik und Fahrzeug- und Maschinenbau bis hin zu Hightech-Unternehmen.

Bei der Zahl der Beschäftigten konnte der Landkreis Harburg in den letzten Jahren ein überdurchschnittliches Wachstum verzeichnen: Zwischen 2003 und 2013 wurden über 8.000 Arbeitsplätze geschaffen. Die Zahl der Beschäftigten stieg von 45.000 auf aktuell mehr als 53.000. Die Nähe zu Hamburg und die ökonomische Prosperität der vergangenen Jahre und Jahrzehnte trugen zu einem rasanten Bevölkerungswachstum bei. Lebten 1939 nur 65.000 Menschen im Landkreis Harburg, so sind es heute über 245.000. Auch das gute Angebot an Schulen und Kindertagesstätten lockt junge Familien in die Städte und Gemeinden des Landkreises.

Ein großer Pluspunkt des Landkreises ist seine verkehrsgünstige Lage: Im Süden der Metropolregion Hamburg führen mehrere Autobahnen sowie ein gut ausgebautes Straßen- und Bahnstreckennetz durch den Landkreis Harburg. Sie ermöglichen kurze Wege sowohl in die Natur als auch in die benachbarten Regionen und Großstädte Hamburg, Bremen und Hannover. Das erklärt auch die hohe Zahl der Pendler, die zum Bevölkerungswachstum der letzten Jahrzehnte erheblich beigetragen haben. Ihnen steht ein gut getaktetes Regionalzug-Angebot mit schneller Anbindung an Fernzüge in Hamburg oder Lüneburg zur Verfügung.

Landschaft, Sehenswürdigkeiten und Kultur

Der Landkreis Harburg liegt südlich von Hamburg im Nordosten Niedersachsens und erstreckt sich von der Marschlandschaft am Südufer der Elbe bis weit in die Lüneburger Heide. Neben dicht besiedelten Ortschaften mit guten Einkaufs-, Gesundheits-, Sport- und Freizeitmöglichkeiten können Bürger, Urlauber und Erholungssuchende die weiten Kulturlandschaften und Naturräume genießen.

Fläche: 1.245,00 km²
EW: 245.199 - EW/km²: 197
KFZ-Kennzeichen: WL
Kreissitz: Winsen (Luhe)
www.landkreis-harburg.de

Landrat
Rainer Rempe / CDU
im Amt seit: 2014 gewählt bis: 2021

Sitzverteilung im Kreistag
Vorsitz: Rudolf Meyer

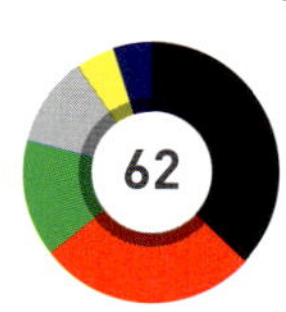

23	CDU
17	SPD
9	B.90/Grüne
3	FDP
3	Wählergemeinschaft
7	Sonstige

(M2-Fraktion 2, Unabhängige 1, FW 1, weitere 3)

Besonders attraktiv ist die charakteristische Landschaft der Lüneburger Heide, die nicht nur zur Heideblüte, sondern ganzjährig mehr als 5 Mio. Menschen aus aller Welt anzieht.

Darüber hinaus wurden in den letzten Jahren weitere touristische Potenziale erschlossen – etwa durch den Ausbau eines dichten Wegenetzes für Wanderer, Radfahrer und Reiter sowie kostenlose Bus- und Shuttle-Angebote.

Überregional bekannt sind das Freilichtmuseum am Kiekeberg mit seinem Agrarium, einer bundesweit einzigartigen, 4.000 m2 großen Ausstellungswelt zu Landwirtschaft und Ernährungswirtschaft.

Zu den weiteren Highlights gehören der Naturpark Lüneburger Heide, die Wildparks Lüneburger Heide und Schwarze Berge und das Vielseitigkeitsreiten im internationalen Pferdesportzentrum Luhmühlen.

Und auch die Kunststätte Bossard in Jesteburg-Lüllau ist mit einem hochkarätigen Ausstellungs- und Veranstaltungsangebot als Gesamtkunstwerk weit über die Landkreis- und Landesgrenzen hinaus bekannt.

Landkreis

Heidekreis

NIEDERSACHSEN

Der Heidekreis ist...
...mitten in Niedersachsen gelegen und schon in seiner Form unverkennbar: Wie eine schräggestellte Sanduhr erstreckt sich das Kreisgebiet mit der Heideregion im Norden und dem Aller-Leine-Tal im Süden. Ideal inmitten des Städtedreiecks Hamburg, Bremen und Hannover und mit hohem Freizeit- und Erholungswert bietet der Heidekreis beste Lebens- und Arbeitsbedingungen für jede Generation.

Historische Entwicklung
Die ausgeprägte „Wespentaille" des Kreisgebietes markiert die ehemalige Kreisgrenze zwischen dem Altkreis Soltau im Norden, Ende des 19. Jahrhunderts aus dem Amt Soltau entstanden, und dem Altkreis Fallingbostel im Süden, zu dem seinerzeit die Ämter Ahlden und Fallingbostel zusammengelegt wurden. 1977 machte die niedersächsische Kreisreform aus den Kreisen Soltau und Fallingbostel einen der größten ländlichen Flächenkreise Niedersachsens. Seit dem 1.8.2011 trägt der Landkreis den Namen Heidekreis.

Wertschöpfung und Verkehr
Mit über 2 Mio. Übernachtungsgästen und rund 9 Mio. Tagesbesuchenden jährlich ist der Tourismus ein wichtiger Wirtschaftssektor im Heidekreis. Die weitere Wirtschaftsstruktur des Kreises mit lebhaftem mittelständischen Branchenmix und gesundem Standortklima wird durch seine Lage in den Metropolregionen Hamburg und Hannover bestimmt. Die stärkste wirtschaftliche Dynamik im Heidekreis geht von den Bundesautobahnen A 7 und A 27 aus.

Bekannte Unternehmen der chemischen Industrie, Ernährungswirtschaft und des Maschinenbaus, aus Logistik und Distribution nutzen die Potenziale der günstigen und gut erschlossenen Gewerbegebiete an den elf Autobahnanschlussstellen im Kreisgebiet.

Großflächig wird das Bild des Heidekreises nach wie vor durch Land- und Forstwirtschaft geprägt, die rund 75 % der Kreisfläche einnehmen. Deutlich sind hier der landwirtschaftliche Strukturwandel und die zunehmende Bedeutung der Produktion erneuerbarer Energien besonders aus Wind und Biomasse erkennbar.

Die gute Verkehrsinfrastruktur im Heidekreis ist eine wichtige Basis für die Entwicklung der Region. Sie erschließt das Kreisgebiet ideal und bindet es direkt über Autobahnen und Schienen an drei internationale Flughäfen sowie die Überseehäfen Hamburg und Bremen an. Schnelles Internet trägt bereits heute zur guten Wohn- und Wirtschaftsstandortqualität in den Zentralen Orten bei, die flächendeckende Breitbanderschließung wird 2018 abgeschlossen sein.

Fläche: 1.873,70 km²
EW: 136.200 - EW/km²: 73
KFZ-Kennzeichen: HK
Kreissitz: Bad Fallingbostel
www.heidekreis.de

Landrat
Manfred Ostermann / parteilos
im Amt seit: 2007 gewählt bis: 2021

Sitzverteilung im Kreistag
Vorsitz: Friedrich-Otto Ripke

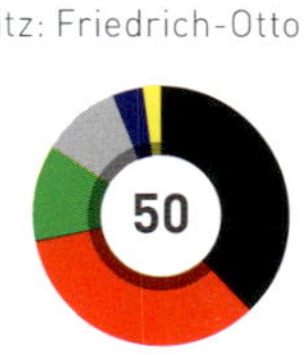

19 CDU
17 SPD
6 B.90/Grüne
2 BürgerUnion
1 FDP
5 Sonstige
(WBL2, UWG 1,
NPD 1, parteilos 1)

Landschaft, Sehenswürdigkeiten und Kultur
Die Kulturlandschaft der Lüneburger Heide ist weltberühmt: ihre herbe Schönheit und Weite, der Wilseder Berg und Totengrund, idyllische Heidedörfer mit Reet gedeckten Niedersachsenhäusern. Bereits 1922 als erstes Gebiet in Deutschland unter Schutz gestellt, ist die Lüneburger Heide heute mit einer Größe von 234 km2 auch eines der größten deutschen Naturschutzgebiete. Doch Natur im Heidekreis ist nicht nur Heide. Dazu gehören ebenso die üppigen Auen- und Flusslandschaften des Aller-Leine-Tales, zahlreiche klare Heidebäche, urwüchsige Moore und ausgedehnte Laub- und Mischwälder.

Aufwendig erhaltene Kulturschätze machen Vergangenheit im Heidekreis erlebbar: Steinzeitliche Großsteingräber wie die Sieben Steinhäuser bei Ostenholz, archäologische Stätten aus der Bronzezeit, mittelalterliche Burgen im Aller Tal, das Schloß Ahlden, Kloster Walsrode oder historische Dorflagen wie Wilsede und Krelingen.

Vielseitig und unterhaltsam präsentiert sich das kulturelle Leben der Gegenwart, z. B. mit darstellender Kunst, mit Theater und Konzerten unterschiedlicher Bühnen und Genres in verschiedenen Orten, mit einer lebendigen Szene für Junge und Junggebliebene.

In Sachen Freizeit und Erholung stellt der Heidekreis jede Metropole in den Schatten. Einmalig in Europa ist das Angebot an berühmten Freizeitparks in enger Nachbarschaft: Heide-Park Soltau, Serengeti-Park Hodenhagen, Weltvogelpark Walsrode, Center Parcs Bispinger Heide, Südsee-Camp Wietzendorf, Snow Dome Bispingen vertreiben jede Langeweile und bringen Schwung in Familienausflug, Kurztrip oder Urlaub.

Wellness und Gesundheitsurlaube sind im Heidekreis dank der Kraft der Sole in der Soltau-Therme, im Kneipp Heilbad Bad Fallingbostel oder in den Luftkur- und Erholungsorten wie Bispingen, Neuenkirchen, Schneverdingen, Schwarmstedt oder Wietzendorf möglich.

Fitnessfans können auf kilometerlangen ausgeschilderten Routen zu interessanten Zielen Radfahren, Wandern, Nordic Walken oder Reiten. Wellen- und Naturbäder oder klare Heideseen z. B. bei Bad Fallingbostel, Bispingen, Munster, Wietzendorf oder im Aller Leine Tal laden zum Schwimmen, Tauchen und sogar Surfen ein. Und dass es in der intakten Natur- und Landschaft des Heidekreises fast überall Ruhe, Entspannung und Erholung gratis gibt, versteht sich wie von selbst.

Landkreis

Helmstedt

NIEDERSACHSEN

Der Landkreis Helmstedt ist…

…ein Landkreis im Osten des Landes Niedersachsen an der Grenze zu Sachsen-Anhalt. Mit einer Fläche von rund 670 km² ist er einer der kleinsten Landkreise in Niedersachsen.

Historische Entwicklung

1832 verkündete Herzog Wilhelm von Braunschweig eine neue Landschaftsordnung. Dies war die Geburtsstunde des Landkreises Helmstedt mit damals 41.131 Einwohnern in drei Städten, 59 Dörfern und 79 Weilern. Im darauffolgenden Jahr nahm der erste Kreisdirektor seine Arbeit auf. Infolge der Einführung einer neuen Kreisordnung 1925 wählte der Kreistag erstmals einen Kreisausschuss, dessen Vorsitz der Kreisdirektor führte.

Ende des Zweiten Weltkrieges besetzten zunächst die US-Amerikaner, dann die Briten das Kreisgebiet. Durch die Teilung Deutschlands entstand an der Ostseite des Landkreises Helmstedt eine über 100 km lange Grenze zur DDR. Erhebliche Gebietsverschiebungen gab es Anfang der 1960er Jahre und 1972/74 durch Abtretungen und Austausch zwischen den Kreisen Helmstedt, Gifhorn, Braunschweig und der Stadt Wolfsburg. Der Fall der innerdeutschen Grenze führte erneut zu Veränderungen. 2003 trat der erste direkt gewählte Landrat sein Amt an.

Wertschöpfung und Verkehr

Die bedeutendste europäische Ost-West Verbindung, die A 2, führt auf über 30 km mitten durch den Landkreis Helmstedt und sorgt für hervorragende Anbindungen der drei Städte Helmstedt, Königslutter und Schöningen.

In Nord-Süd Richtung wird der Landkreis durch die A 39 erschlossen, die eine effektive Anbindung der Städte Salzgitter, Braunschweig und Wolfsburg sicher stellt. Daher finden immer mehr Zulieferbetriebe für den VW-Konzern ihre Heimat im Landkreis Helmstedt. Mit dem Lückenschluss zwischen Wolfsburg und Lüneburg wird künftig auch eine effiziente Anbindung der Hansestadt Hamburg an den hiesigen Wirtschaftsraum gegeben sein. Insofern ist Mobilität ein Markenzeichen des Landkreises Helmstedt und entsprechend dynamisch gestaltet sich das Wirtschaftsleben.

Der Strukturwandel vom ehemaligen Braunkohlebergbaustandort zum modernen Produktions- und Dienstleistungsstandort ist bereits weitgehend vollzogen worden. Über ein gut ausgebautes Straßennetz sind die vorhandenen Gewerbeflächen bestens erreichbar, und auch die Wohngebiete sind optimal mit den Produktions- und Dienstleistungsstandorten verbunden. Damit bietet der Landkreis die Möglichkeit des Wohnens in naturnaher Umgebung.

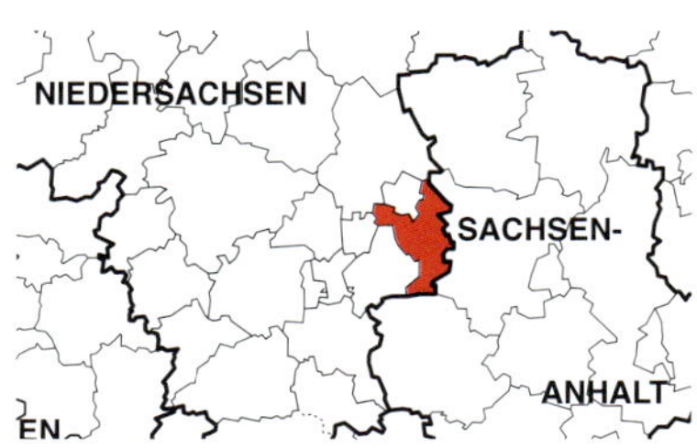

Fläche: 674,02 km²
EW: 90.908 - EW/km²: 135
KFZ-Kennzeichen: HE
Kreissitz: Helmstedt
www.helmstedt.de

geschäftsführend
mit der Wahrnehmung der Geschäfte beauftragt
Hans Werner Schlichting

Sitzverteilung im Kreistag

Vorsitz: Torsten Koch

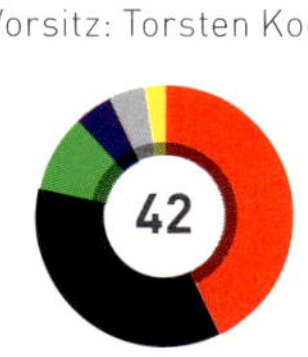

18	SPD
15	CDU
4	B.90/Grüne
2	UWG
1	FDP
2	Sonstige

(Die Linke 1, NPD 1)

Durch die Bahnverbindung, die Braunschweig mit Magdeburg bzw. Berlin verbindet, wird der Anschluss im Regional- und Fernverkehr sichergestellt. Viele Pendler nutzen täglich diese Möglichkeiten. Die Bedienung des ÖPNV erfolgt auf der Grundlage eines Nahverkehrsplanes durch ein regionales Busunternehmen, dessen Gesellschafter der Landkreis Helmstedt ist und sichert den Linienverkehr fast rund um die Uhr. Der Regionalflughafen Braunschweig-Wolfsburg bietet die Möglichkeit der schnellen Verbindung Richtung Europa. Die Anbindung an den Rest der Welt erfolgt über die nahen Flughäfen Hannover und Leipzig.

Landschaft, Sehenswürdigkeiten und Kultur

Der Landkreis Helmstedt ist geprägt vom Übergang der Mittelgebirgszone in das Norddeutsche Tiefland. Entlang der Höhenzüge Elm, Dorm und Heeseberg, verlaufen überregional bedeutsame Verkehrswege. Die abwechslungsreiche Landschaft zwischen Großem Bruch und Aller ist eine außerordentlich reiche und vielfältige Kulturregion. Weltberühmt sind die im Braunkohletagebau gefundenen 300.000 Jahre alten Schöninger Speere, die ältesten erhaltenen hölzernen Jagdwaffen der Menschheit. Seit 2013 sind sie im innovativen Forschungs- und Erlebniszentrum paläon bei Schöningen attraktiv in Szene gesetzt.

Der mittelalterliche Kaiserdom zu Königslutter, den Kaiser Lothar III. 1135 als seine Grabeskirche errichten ließ, gilt als eines der bedeutendsten Bauwerke der Romanik in Deutschland. Die Marienklöster St. Marienberg in Helmstedt und Mariental im Lappwald zeigen weitere eindrucksvolle Beispiele romanischer Baukunst.

Von der Zeit Helmstedts als älteste Universitätsstadt des Herzogtums Braunschweig zeugt das Juleum Novum, ein prunkvoller reich geschmückter Bau im Stil der Weserrenaissance. Die Aula dient bis heute als kultureller Veranstaltungsort und der alte Weinkeller beherbergt das Kreis-und Universitätsmuseum.

Aber auch die jüngste Geschichte ist im Landkreis allgegenwärtig: Der Grenzübergang Helmstedt-Marienborn zwischen Ost- und Westdeutschland ist hier noch erlebbar. Bei der Tour „Grenzenlos" geht es von der Gedenkstätte Deutsche Teilung Marienborn über das Grenzdenkmal Hötensleben zum Zonengrenz-Museum in der Stadt Helmstedt. Hier kann die deutsche Teilung und die damit verbundenen Problemstellungen an Originalplätzen und Objekten nachvollzogen werden.

Landkreis

Hildesheim

NIEDERSACHSEN

Der Landkreis Hildesheim ist...
...der Landkreis, in dessen Grenzen man drei Weltkulturerbestätten vorfindet.

Historische Entwicklung
Nach der Übertragung der preußischen Kreisordnung (1872) auf die Provinz Hannover wurden 69 Landkreise gebildet. Mit Inkrafttreten der Kreisordnung wurden die (Alt-)kreise Hildesheim, Marienburg, Gronau (Leine) sowie der Landkreis Alfeld (Leine) gebildet. Nach dem Zweiten Weltkrieg wurden die Kreise Hildesheim-Land und Marienburg zum Landkreis Hildesheim-Marienburg zusammengelegt. Im Zuge einer Gemeindereform wurde die Stadt Hildesheim eingekreist und 1977 eine Kreisreform verabschiedet, in der die beiden Altkreise Hildesheim-Marienburg und Alfeld zum neuen Landkreis Hildesheim zusammengelegt wurden.

Wertschöpfung und Verkehr
Die wirtschaftliche Struktur des Landkreises wird wesentlich durch international angesehene Unternehmen der Elektrotechnik, der Nachrichten- und Übertragungstechnik, des Maschinen- und Apparatebaus, der Papierherstellung und -verarbeitung, des Modell- und Formenbaus und der Gummiindustrie geprägt. Eine Vielfalt von Handwerks- und Handelsunternehmen sowie Dienstleistungsbetrieben runden dieses Erscheinungsbild ab.

Der Landkreis hat es sich zu einer besonderen Aufgabe gemacht, die Wirtschaft zu stärken. Aus diesem Grund wurde im Jahr 2002 die Wirtschaftsförderungsgesellschaft Hildesheim Region HI-REG gegründet. Sie begleitet Existenzgründer, Unternehmer und Investoren bei allen unternehmerischen Fragestellungen und setzt dabei auf eine lösungsorientierte Kooperation mit regionalen Banken, Kommunen und wirtschaftsorientierten Einrichtungen. Der Wirtschaftsstandort befindet sich im Gravitationsfeld bedeutender Wirtschafts- und Technologiezentren inmitten der Metropolregion Hannover Braunschweig Wolfsburg Göttingen, in der mehr als 50 Kommunen, 16 Hochschulen und 50 Unternehmen und Verbände vernetzt arbeiten, um die Attraktivität und Zukunftsfähigkeit des Standortes zu entwickeln.

Ein wesentlicher Faktor dabei ist die Verkehrsinfrastruktur. Dazu zählen die Autobahnanschlüsse (A 7) ebenso wie sechs Bundesstraßen, aber auch der Zweigkanal, der den Mittellandkanal direkt mit dem im Hildesheimer Gewerbegebiet gelegenen Binnenhafen verbindet. Wachsender Bedeutung erfreut sich der Verkehrslandeplatz Hildesheim. Wer dort mit seinem Geschäftsflugzeug landet, kann über die A 7 schnell die Messe (20 km) den Flughafen Hannover – Langenhagen (40 km) erreichen. Ebenso gut ist die Eisenbahninfrastruktur, die durch den ICE – Anschluss (Berlin – München) sowie durch diverse DB und Privatbahnlinien die Verbindungen zu den nationalen und internationalen Schienenverkehren erschließt.

Fläche: 1.206,01 km²
EW: 274.554 - EW/km²: 228
KFZ-Kennzeichen: HI
Kreissitz: Hildesheim
www.landkreishildesheim.de

Landrat
Reiner Wegner / SPD
im Amt seit: 2006 gewählt bis: 2016

Sitzverteilung im Kreistag
Vorsitz: Dagmar Hohls

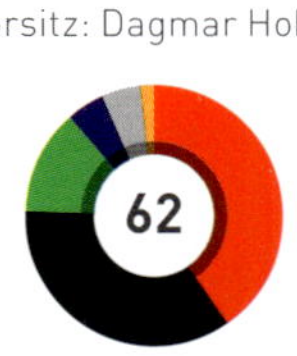

25	SPD
22	CDU
8	B.90/Grüne
3	Die Unabhängigen
1	Bündnis
3	Sonstige

(Die Linke 1, Piraten 1, FDP 1)

Landschaft, Sehenswürdigkeiten und Kultur
„Schön HIer!" – das ist kurz und knapp das Motto, mit dem sich der zwischen Hannover und Harz gelegene Landkreis nach außen darstellt. Es sind 1.205 km², auf denen sich unterschiedlichste Landschaftsformen, eine traditionsreiche Architektur, hochmoderne Industrien, wichtige Verkehrswege und bemerkenswerte Kultureinrichtungen finden.

Da sind zunächst die zwei UNESCO Weltkulturerbestätten, der Mariendom und die Michaeliskirche in Hildesheim, zu nennen, die nach Renovierung in voller Schönheit erstrahlen. Hinzu kommt ein innovativer Industriebau, der ebenfalls Welterbestatus erlangt hat und den der Bauhausarchitekt Walter Gropius 1911 errichtete. Das Fagus-Werk in Alfeld (Leine) gilt weltweit als der Ursprungsbau der Moderne und ist ein lebendes Denkmal zwischen Architektur und Produktion.

Der Landkreis ist aber auch ein exzellenter Bildungsstandort. Das unterstreichen mehr als 12.000 Studierende, die an der Stiftung Universität Hildesheim, der Hochschule für angewandte Wissenschaft und Kunst (HAWK) und der Norddeutschen Hochschule für Rechtspflege ihre Qualifikationen für Beruf, Forschung und Lehre ausbilden. Gerade die Hochschulen tragen wesentlich dazu bei, dass das Kulturleben stets neue Impulse erhält. Das machen Angebote der freien Theaterszene bis zum Theater für Niedersachsen (TfN), das Roemer- und Pelizaeusmuseum sowie das neue Dom-Museum deutlich.

Die Kulturlandschaft hat viele Gesichter. Historisch wertvolle Kirchen, Klöster, Gutshöfe, Schlösser sind architektonische Zeugen vergangener Zeiten mit großer Strahlkraft. Für Naturliebhaber bietet der Landkreis eine faszinierende und abwechslungsreiche Landschaft voller Erlebnismöglichkeiten.

Über 400 km Radweg führen durch Wälder, Berge und Täler zu schönen Orten. Der Kurort Bad Salzdetfurth bietet Erholung für Körper und Seele. Flüsse und zahlreiche Seen laden zu einer Entdeckungsreise ein, bei der das Kreismotto „Schön HIer!" seine Bestätigung findet.

Fagus-Werk in Alfeld

Landkreis

Holzminden

NIEDERSACHSEN

Der Landkreis Holzminden ist...

...eine der kleineren Gebietskörperschaften in Niedersachsen. Als Teil der Mittelgebirgsregion kommt der Landkreis Holzminden mit einem Waldanteil von 46 % im eigenen Land gleich hinter dem Harz. Das Holz hat die soziale und wirtschaftliche Entwicklung vor allem im Zusammenspiel mit den vorhandenen Bodenschätzen maßgeblich geprägt. Heute entwickelt sich vor allem die Solling-Vogler-Region zu einem immer beliebteren Ziel für Touristen – letztlich auch durch die unmittelbare Lage im Weserbergland und an der Weser.

Historische Entwicklung

Die Neueinteilung des Herzogtums Braunschweig in sechs Kreisdirektionen durch den braunschweigischen Herzog Wilhelm gilt 1832 als Geburtsjahr des Landkreises Holzminden. 1941 sowie während der Gebietsreform 1972 bis 1977 kamen weitere Gemeinden hinzu.

Aktuell leben in den vier Städten Holzminden, Stadtoldendorf, Eschershausen und Bodenwerder sowie weiteren 28 Gemeinden rund 71.400 Menschen. Im Jahre 1949 war die Bevölkerungszahl infolge der Aufnahme von Vertriebenen und Flüchtlingen aus den ehemals deutschen Ostgebieten und Mitteldeutschland auf über 100.000 Einwohner angestiegen und hatte sich – gegenüber 54.900 im Jahre 1939 – fast verdoppelt.

Wertschöpfung und Verkehr

Seit Ende des 19. Jahrhunderts wandelte sich der Landkreis Holzminden von einer auf Landwirtschaft und Gewerbe basierenden Wirtschaftsstruktur in Richtung Industrie, die weiterhin stark mit den Bodenschätzen verbunden war. Die industrielle Entwicklung war anfangs bestimmt von den reichhaltigen Holzvorkommen im Solling und Vogler sowie den im Weserbergland vorkommenden Bodenschätzen wie Gips, Kalk, Sandstein, Asphalt oder Kies. Heute haben darüber hinaus hochspezialisierte und weltweit erfolgreiche Unternehmen aus der Elektrotechnik, der Glasherstellung sowie der Riech- und Geschmacksstoffherstellung großen Anteil an der Entwicklung. Ebenfalls über die Landesgrenzen Niedersachsens bekannt: Die 1747 gegründete Porzellanmanufaktur in Fürstenberg.

Es lohnt sich, im Landkreis Holzminden zu leben. Geboten wird bezahlbarer Wohnraum, Bauland zu erschwinglichen Quadratmeterpreisen, herrliche Natur und wirklich attraktive Freizeitmöglichkeiten – um nur vier zu nennen. Räumlich betrachtet, liegt der Landkreis Holzminden seit der Wiedervereinigung zentral in Deutschland, grenzt als Teil von Südniedersachsen im Westen an Nordrhein-Westfalen und im Süden an Hessen.

Wer mit dem Auto unterwegs ist, der kann sich in der Regel auf eine landschaftlich reizvolle Reise ohne Staus freuen. Aufgrund der Lage mitten in einem Autobahnviereck ist das Netz an Bundes- und Landesstraßen entsprechend gut ausgebaut. Gleiches gilt für den Personennahverkehr.

Die besonders ausgeprägte Zusammenarbeit mit den benachbarten Landkreisen schafft innerhalb eines regionalen Entwicklungskonzeptes wertvolle Synergien zur nachhaltigen Förderung des Weserberglandes. Bei dieser strategischen Positionierung sind die Unternehmen direkt oder über Wirtschaftsverbände aktiv eingebunden. Eine wachsende Bedeutung bei der Wertschöpfung erhält der Tourismus – was sich unter anderem in der Dachmarke „Weserbergland Tourismus" und dem interkommunalen Tourismuszentrum Solling-Vogler-Region wiederspiegelt sowie im Erfolg der Vertriebsoffensive „Echt! Solling- Vogler" für regionale Produkte.

Fläche: 692,59 km²
EW: 71.438 - EW/km²: 103
KFZ-Kennzeichen: HOL
Kreissitz: Holzminden
www.landkreis-holzminden.de

Landrätin
Angela Schürzeberg / SPD
im Amt seit: 2011 gewählt bis: 2019

Sitzverteilung im Kreistag
Vorsitz: Dr. Wolfgang Bönig

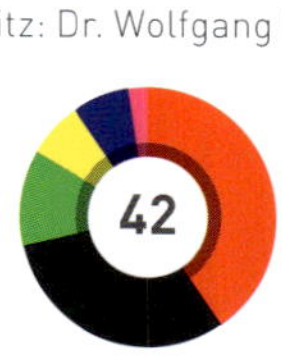

17 SPD
13 CDU
5 B.90/Grüne
3 FDP
3 UWG
1 Die Linke

Die Wirtschaftsstruktur im Landkreis Holzminden ist geprägt von kleinen und mittleren Unternehmen und einigen wenigen großen Unternehmen, darunter auch Global Player wie der Duft- und Aromenhersteller Symrise und Stiebel Eltron. Vorherrschende Branchen sind die Glas- und Elektroindustrie sowie das Gesundheits- und Transportwesen. Die überdurchschnittlich hohe Exportquote von über 52 % ist ein Beweis für die Internationalität des Kreises und dem Vorhandensein von spannenden Arbeitsplätzen in einem ländlichen Umfeld.

Landschaft, Sehenswürdigkeiten und Kultur

Das romantische Flusstal der Weser, die lang gestreckten, bewaldeten Höhenzüge von Solling, Vogler, Hils und Ith und die vielfältig gegliederten besiedelten Seitentäler mit anheimelnden Fachwerkdörfern bestimmen das Landschaftsbild. Dazu kommen eine Vielzahl sehenswerter historischer Gebäude wie zum Beispiel die Klosterkirche in Amelungsborn, die Schlösser in Bevern, Fürstenberg und Hehlen sowie attraktive Baudenkmäler – unter anderem aus der Zeit der Weserrenaissance.

Touristen schätzen ebenfalls die enge Beziehung zu den Sagengestalten der Brüder Grimm oder dem „Lügenbaron" in Bodenwerder. Und das ist nicht geflunkert, denn Hieronymus Carl Friedrich Freiherr von Münchhausen hat es wirklich gegeben. Tatsache ist ferner, dass der etwas über 500 km lange Fernradweg entlang der Weser zu den schönsten in Deutschland zählt. Ein Geheimtipp unter Outdoor-Begeisterten ist der Weserbergland-Weg, der vom deutschen Wanderverband mit der höchsten Qualität prämiert wurde. Kein Wunder, führen die Rad- und Wanderwegstrecken in mitten die Natur mit wenigen Steigungen auch entlang der Weser vorbei an historischen Fachwerkstädten, kleinen Dörfern und Burgruinen.

Landkreis

Leer

NIEDERSACHSEN

Der Landkreis Leer ist...
...ein Landkreis mit Perspektive – attraktiver, aufstrebender Wirtschaftsstandort und liebenswerter Lebensraum. Mit weitsichtigen Konzepten bereiten sich Wirtschaft, Politik und Verwaltung auf eine alternde Gesellschaft vor. Damit es auch in Zukunft noch heißt: Hier lässt es sich gut arbeiten und leben. Der Landkreis Leer setzt für dieses Ziel die Bildung und Kultur mit in die erste Reihe.

Historische Entwicklung
Der Landkreis Leer entstand am 1.4.1885 aus den alten Ämtern Leer und Stickhausen sowie der selbständigen Stadt Leer, überstand sowohl die preußische Gebietsreform aus dem Jahre 1932 – damals sind die Landkreise Leer und Weener zusammengefasst worden – als auch die große Landkreisreform von 1979. Heute gehören zum Landkreis Leer sieben Einheitsgemeinden, zwei Samtgemeinden und drei Städte, darunter die Nordseeinsel Borkum.

Wertschöpfung und Verkehr
Der Landkreis Leer verfügt über ein gut ausgebautes Netz von Bundes- und Landesstraßen. Der Anschluss an die Autobahn besteht über die A 28 in Richtung Oldenburg-Bremen. Die Anbindung an das Ruhrgebiet erfolgt durch die A 31, die über Leer bis nach Emden führt, die zu den Niederlanden durch die A 280. Die Kreisstadt Leer ist Eisenbahnknotenpunkt für die Nord-Süd- und Ost-West-Verkehre.

Über die E 22 erreicht man von der Kreisstadt Leer aus in weniger als einer Stunde die niederländische Stadt Groningen. Mit den nördlichen Gemeinden der Niederlande sind aufgrund der unmittelbaren Nachbarschaft bereits viele grenzübergreifende Kooperationen entstanden. Dadurch verbessern sich für die Menschen die Mobilitätschancen, das Arbeiten im Nachbarland wird erweitert und Freizeitangebote können besser genutzt werden.

Der Landkreis Leer ist der zweitgrößte Reedereistandort nach Hamburg. Der tidefreie Hafen Leer sichert Arbeitsplätze für viele Hundert Menschen. Das Maritime Kompetenzzentrum und der in Leer angesiedelte Fachbereich Seefahrt der Hochschule Emden/Leer haben eine große Bedeutung für Leer als maritimen Bildungsstandort. 2015 fiel in Leer und Elsfleth der Startschuss für das Green-Shipping Kompetenzzentrum Niedersachsen, das sich mit Fragen der innovativen und umweltschonenden Schifffahrt beschäftigt. Darüber hinaus ziehen die maritimen Veranstaltungen am Leeraner Hafen, am Fischereihafen Ditzum oder am historischen Hafen Weener jährlich viele Besucher an.

Leer ist ein starker Standort mit hoher Innovationskraft. Namenhafte Software-Firmen haben sich hier angesiedelt. Initiativen wie das Software-Netzwerk Leer, das sich für die Ausbildung zukünftiger IT-Talente stark macht, zeigt, dass die Branche in Leer und Umgebung zunehmend an Bedeutung gewinnt.

Nicht nur maritime Wirtschaft und IT-Branche, sondern auch Maschinen – und Metallbau, Kunststoff- und Papierindustrie, Elektrotechnik, Handel und Dienstleistungen, landwirtschaftliche Betriebe sowie Zulieferer für VW und Meyer Werft prägen die breitgefächerte Wirtschaftsstruktur des Landkreises Leer maßgeblich.

Landschaft, Sehenswürdigkeiten und Kultur
Das Kreisgebiet entspricht dem abwechslungsreichen und typisch ostfriesischen Landschaftsbild mit Marsch, Moor und Geest und den Flüssen Ems, Leda und Jümme, die den Landkreis durchqueren. Über Jahrhunderte hat sich hier eine landwirtschaftlich geprägte Naturlandschaft entwickelt, die aufgrund ihrer Vielfältigkeit nicht nur die Wirtschaftsgrundlage für landwirtschaftliche Betriebe bildet, sondern auch Tourismus, Naturerlebnis und anderen Wirtschaftszweigen breiten Raum bietet.

Das Besondere im Landkreis Leer sind die zahlreichen Orte, an denen Kultur in ihrer ganzen Weite stattfindet. So gehören das Zollhaus in Leer, der Kulturspeicher, das restaurierte Theater an der Blinke oder die vielen Kulturstätten ebenso zum Bild wie historische Stätten in Kirchen oder Häuptlingsburgen. Kulturelle Schätze im Besitz des Landkreises sind die Evenburg, die der Landkreis nach historischem neugotischem Vorbild restauriert hat, das Kunsthaus, die Ehemalige Jüdische Schule, sowie die Haneburg und das Gut Stikelkamp, einst das Vorwerk eines Johanniterklosters.

Von internationaler Bedeutung ist auch das Organeum in Weener. Es vermittelt mit seinen Veranstaltungen die reichhaltige Orgellandschaft, die im Landkreis anzutreffen ist. Das Schulmuseum Folmhusen, das Mühlenmuseum Mitling-Mark, das Fehn- und Schifffahrtsmuseum, die Heimatmuseen Leer und Rheiderland, der Natur- und Kulturpark Dollart, die Burg Stickhausen und das Teemuseum in Leer sind ebenfalls beliebte Ausflugsorte, die die Geschichte des Landkreises Leer für jedermann zugänglich machen.

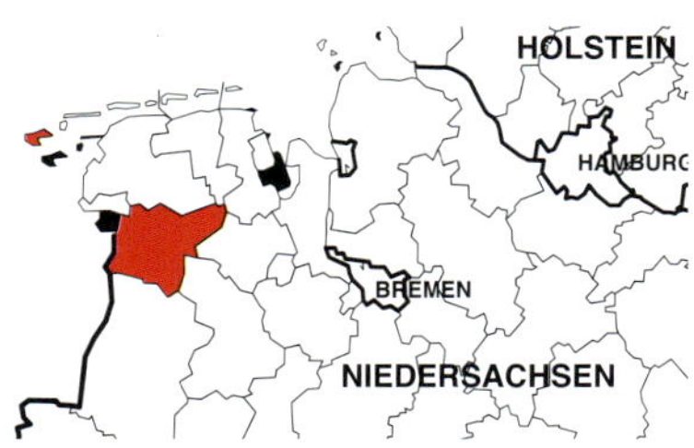

Fläche: 1.086,01 km²
EW: 165.809 - EW/km²: 153
KFZ-Kennzeichen: LER
Kreissitz: Leer
www.landkreis-leer.de

Landrat
Bernhard Bramlage [F] / SPD
im Amt seit: 2001 gewählt bis: 2016

Sitzverteilung im Kreistag
Vorsitz: Hermann Koenen

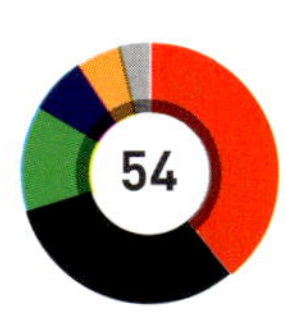

- 21 SPD
- 17 CDU
- 7 B.90/Grüne
- 4 AWG
- 3 B2F
- 2 Einzelmitglieder

Landkreis

Lüchow-Dannenberg

NIEDERSACHSEN

Der Landkreis Lüchow-Dannenberg ist...
...im Herzen Norddeutschlands gelegen der bevölkerungsschwächste Landkreis Deutschlands und ist zugleich reich an Natur- und Landschaftswerten.

Historische Entwicklung

Die Preußische Kreisordnung wurde durch königlich preußische Verordnung 1885 auch in der Provinz Hannover eingeführt. Es entstanden auf Basis der alten Grafschaften die Kreise Lüchow und Dannenberg. Durch „Verordnung über die Neugliederung von Landkreisen" des preußischen Innenministers vom 1.8.1932 wurden diese zusammengelegt zu einem neuen Kreis mit Sitz in Dannenberg.

Die erste Kreistagswahl nach dem Zweiten Weltkrieg fand am 13.10.1946 statt und Lüchow bekam eine Nebenstelle der Kreisverwaltung. Am 7.7.1949 entschied sich der Kreistag für den künftigen Sitz der Kreisverwaltung in Lüchow. Die Verwaltungs- und Gebietsreform der 1970er Jahre sah die Zusammenlegung der Kreise Uelzen und Lüchow-Dannenberg vor. Nach der Regierungsneubildung von CDU und FDP in Hannover legte der Koalitionsvertrag vom 5.12.1976 überraschend die Eigenständigkeit dieser beiden Landkreise fest. Am 22.2.1977 benannte der Niedersächsische Ministerpräsident Dr. Ernst Albrecht Gorleben im Landkreis Lüchow-Dannenberg als Standort für eine nationale Atommülldeponie. Es sollte der größte Industriepark Europas entstehen.

Fläche: 1.220,70 km²
EW: 48.728 - EW/km²: 40
KFZ-Kennzeichen: DAN
Kreissitz: Lüchow (Wendland)
www.luechow-dannenberg.de

Landrat
Jürgen Schulz / parteilos
im Amt seit: 2006 gewählt bis: 2021

Sitzverteilung im Kreistag
Vorsitz: Dieter Sauter

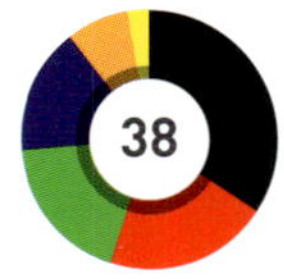

13	■	CDU
8	■	SPD
7	■	B.90/Grüne
6	■	UWG
3	■	SOLI
1	■	FDP

Wertschöpfung und Verkehr

Die Strukturen des Landkreises Lüchow-Dannenberg sind von den Wasserverhältnissen der Elbe geprägt worden. Nach dem Kriege wurden diese durch Gewässer- und Deichbaumaßnahmen beherrscht, Siedlungs- und Gewerbeentwicklung dadurch erstmals ermöglicht. Wie kein anderer Landkreis litt er dann 40 Jahre unter der Teilung Deutschlands. An drei Seiten von der DDR umschlossen lagen allein im Landkreis Lüchow-Dannenberg über 10 % der innerdeutschen Grenze. Heute befindet sich der Landkreis zentral in der Mitte Norddeutschlands. Marktferne und fehlende infrastrukturelle Erschließungen sind jedoch geblieben. Hinzu kommt wie bei keinem anderen Landkreis die seit 1977 andauernde Auseinandersetzung um „Gorleben". Und dennoch: Trotz oder vielleicht gerade wegen dieser Umstände entwickelte sich eine besonders hohe Identifikation der Menschen mit ihrem Landkreis mit einem hohen Maß an ehrenamtlichem und bürgerschaftlichen Engagement.

Starke Cluster der Metallverarbeitung sowie der Veredelung von landwirtschaftlichen Erzeugnissen schaffen es derzeit, die öffentlichen Ansprüche zu decken. Im Schatten von „Gorleben" entwickelte sich mit ca. 12-15 % ein hoher Anteil von Bio-Landwirtschaft mit einer starken Quote an Direktvermarktung in Hofläden. Der Landkreis definiert sich heute als Bioenergieregion und hat sich als energieautarke Gegend mit Angeboten wie der ersten reinen Biogas-Tankstelle Deutschlands und vielen aus Biogasanlagen versorgten Nahwärmenetzen einen Namen gemacht.

Landschaft, Sehenswürdigkeiten und Kultur

Die jahrzehntelange Abgeschiedenheit und dünne Besiedlung des Landkreises führten zu einer wohl einzigartigen Entwicklung der Natur. Ganze Reihen von Rote Listen-Arten der Flora und Fauna haben hier ihren Lebensraum. Über 60 % der Fläche des Landkreises stehen unter Naturschutz. Allen voran das Biosphärenreservat Niedersächsische Elbtalaue als Teil des bundesländerübergreifenden UNESCO-Biosphärenreservates Flusslandschaft Elbe. Geschützt wird damit eine der letzten großen naturnahen Flussauen Europas, die Heimat von Seeadler, Schwarzstorch und Kranich. Ein einzigartiges Refugium nicht nur für tausende nordischer Rastvögel sondern auch für den ruhesuchenden Individualtouristen. Südlich der Elbauen schließt sich das Wendland mit seinen einzigartigen Rundlingsdörfern mit liebevoll restaurierten Fachwerkhäusern an.

Unberührte Natur und dünn besiedelte Kulturlandschaften haben ein Paradies für Künstler und Kulturschaffende entstehen lassen: Zwischen Himmelfahrt und Pfingsten öffnen sie in besonderer Weise ihre Ateliers. Die „Kulturelle Landpartie" zieht sich durch den gesamten Landkreis und hat sich zu einem der größten Landschafts- und Kulturfestivals Deutschlands entwickelt. Die etablierte Kunst findet im Landkreis Lüchow-Dannenberg Ende Juli/Anfang August mit den Sommerlichen Musiktagen Hitzacker ihren Höhepunkt, dem ältesten Kammermusikfestival Deutschlands.

Landkreis

Lüneburg

NIEDERSACHSEN

Der Landkreis Lüneburg ist…
…ein Landkreis mit vielen Gesichtern und gehört zu den wachsenden Gebieten im Norden Niedersachsens. Für fast 180.000 Menschen, die hier wohnen, arbeiten und leben, bietet der Landkreis eine Vielzahl an Möglichkeiten. Die Nähe zur Großstadt Hamburg und die Lage in der Metropolregion Hamburg prägen den Landkreis. Die landschaftlich einmalige Kulisse macht das Leben und Arbeiten in unseren Städten und Gemeinden so attraktiv. Im geografischen und infrastrukturellen Mittelpunkt liegt die 1.000-jährige Salz- und Hansestadt Lüneburg.

Historische Entwicklung
Der Kreis Lüneburg entstand 1867 aus dem Amt Lüneburg, der selbständigen Stadt Lüneburg und dem Amt Bleckede. Nach einer Auflösung dieses Kreises nach nur wenigen Jahren wurde der Landkreis Lüneburg erst 1932 aus den ehemaligen Landkreisen Lüneburg und Bleckede neu gebildet. Grund war die Kreisreform, die eine Aufhebung kleinerer Landkreise vorsah.

Mit Kriegsende und durch die Errichtung einer sowjetisch und einer britisch besetzten Zone wurde das Amt Neuhaus vom Landkreis Lüneburg abgetrennt. Die Grenzpolizei errichtete an verschiedenen Orten Kommandostellen mit Unterkünften für die Mannschaften.

1974 wurde die bis dahin kreisfreie Stadt Lüneburg in den Landkreis Lüneburg eingegliedert, einzelne Gemeinden wurden mit den umliegenden Landkreisen Harburg, Soltau-Fallingbostel, Uelzen und Lüchow-Dannenberg getauscht. Mit der Rückgliederung der Gemeinde Amt Neuhaus durch einen Staatsvertrag zwischen den Ländern Niedersachsen und Mecklenburg-Vorpommern 1993 wurde der Landkreis Lüneburg, so wie wir ihn heute kennen – mit sieben Samtgemeinden (Amelinghausen, Bardowick, Dahlenburg, Gellersen, Ilmenau, Ostheide, Scharnebeck), zwei Einheitsgemeinden (Adendorf, Amt Neuhaus) und den Städten Lüneburg und Bleckede.

Wertschöpfung und Verkehr
Der Landkreis Lüneburg ist nicht nur Zuzugsgebiet und ein attraktives Reiseziel, sondern auch wirtschaftlich ein Landkreis mit vielen Facetten und einem hohen Wachstumspotenzial. Pendler, Reisende und Unternehmen profitieren von einer guten Verkehrsinfrastruktur. Die Wirtschaftsregion Lüneburg wird durch mittelständische, inhabergeführte Unternehmen mit internationalen Geschäftsbeziehungen geprägt, die Wachstumsstärke dieser Unternehmen sorgt für eine dynamische Wirtschaft. Hochwertige Arbeits- und Ausbildungsstätten in allen Wirtschaftssektoren und gute Verkehrsanbindungen über Straße, Schiene und Wasserweg machen das Arbeiten im Landkreis so attraktiv. Der Landkreis Lüneburg leistet damit seinen Beitrag für die Positionierung der Metropolregion Hamburg als einer der führenden Wirtschaftsstandorte in Europa.

Aber auch darüber hinaus leisten Landkreis und Hansestadt ihren Beitrag zur Attraktivität der ganzen Metropolregion Hamburg: mit großer Vielfalt an Natur und Landschaft von der Elbe bis in die Lüneburger Heide, mit attraktiven Wohngebieten und Freizeitangeboten und mit hochwertiger, historisch gewachsener Baukultur – darunter die Lüneburger Altstadt, Städte sowie Dörfer im Elbetal und auf den Geesthöhen.

Landschaft, Sehenswürdigkeiten und Kultur
Der Landkreis Lüneburg ist ein lebens- und liebenswerter Landkreis in der Metropolregion Hamburg. Gäste fühlen sich hier genauso wohl wie Einheimische – und das liegt vor allem an den Menschen: Ehrenamtliches Engagement hat im Landkreis Lüneburg einen hohen Stellenwert. Viele Bürger setzen sich freiwillig für das Gemeinwohl ein. Die Kreisverwaltung würdigt das ehrenamtliche Engagement der Bürger insbesondere mit dem jährlichen Tag der Ehrenamtlichen.

Von der Einsatzbereitschaft der Bürger profitiert auch der Tourismus. So haben Bürger mit der Archeregion Amt Neuhaus ehrenamtlich ein einzigartiges Ausflugsziel an der Elbe geschaffen. Das Heideblütenfest in Amelinghausen und die Turniere in Luhmühlen wären ohne ehrenamtliches Engagement undenkbar. Und jedes Jahr ziehen die artenreiche Natur und die vielen Sehenswürdigkeiten und Ausflugsziele – von der Lüneburger Heide über die Hansestadt Lüneburg und den Bardowicker Dom bis zur Elbtalaue – viele Touristen in den Landkreis Lüneburg.

Fläche: 1.323,63 km²
EW: 178.122 - EW/km²: 135
KFZ-Kennzeichen: LG
Kreissitz: Lüneburg
www.landkreis-lueneburg.de

Landrat
Manfred Nahrstedt [K] / SPD
im Amt seit: 2006 gewählt bis: 2021

Sitzverteilung im Kreistag
Vorsitz: Heinz Fricke

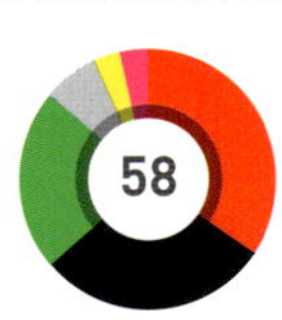

20	SPD
17	CDU
13	B.90/Grüne
2	FDP
2	Die Linke
4	Sonstige

(Die Unabhängigen 2, parteilos 1, UWL/Bündnis Rechte 1)

Landkreis

Nienburg/Weser

NIEDERSACHSEN

Der Landkreis Nienburg/Weser ist...
...ein Landstrich im Herzen Niedersachsens zwischen Hannover und Bremen. Mit rund 120.000 Einwohnern auf einer Fläche von 1.398 km² zählt er zu Niedersachsens dünn besiedelten Gebieten. Sein Zentrum ist die Kreisstadt Nienburg/Weser mit rund 32.000 Einwohnern.

Historische Entwicklung

Durch die Kreisordnung für die Provinz Hannover traten 1885 an die Stelle der damals bestehenden Amtsbezirke die Kreise als neue Verwaltungsbezirke. Unter dem Eindruck der Weltwirtschaftskrise 1932 wurde eine Kreisreform durchgeführt. Sie führte u. a. zur Zusammenlegung der Kreise Nienburg und Stolzenau. Der sogenannte „Großkreis Nienburg" entstand.

Die Zeit nach dem Zweiten Weltkrieg war geprägt von Verwaltungs- und Gebietsreformen: Erst 1977 erhielt der Landkreis Nienburg seinen heutigen Zuschnitt, insbesondere durch Zusammenlegung mit zwei Samtgemeinden aus dem Landkreis Grafschaft Hoya.

Wertschöpfung und Verkehr

Optisch und wirtschaftlich geprägt ist der Landkreis bis heute durch seine Landwirtschaft. Tierhaltung und Ackerbau stehen dabei im Vordergrund. Die sandigen Geestböden bringen eine ganz besondere kulinarische Köstlichkeit hervor: den Nienburger Spargel. Als eingetragenes Markenzeichen ist das Edelgemüse weit über die Kreisgrenzen hinaus bekannt und wird von ortsansässigen Speditionen frisch bis nach Japan transportiert.

Daneben setzen große wie kleinere mittelständische Unternehmen im Kreisgebiet mit Erfolg auf den Export und bieten qualifizierte Arbeitsplätze und damit wichtige Impulse für die regionale Entwicklung. Die Glas- und Papierproduktion, die Lebensmittelhersteller, die Chemische Industrie, Automobil- und Fahrradzulieferer oder der Sondermaschinen- und Anlagenbau sind Branchenschwerpunkte, die bis in den internationalen Markt liefern. Ein Hersteller von Lebensmittelzusatzstoffen vertreibt seine Produkte von Nienburg aus in die ganze Welt. Ein großer Kartonhersteller produziert in Hoya, ein Chemie-Werk arbeitet in Steyerberg, und in Eystrup stellt ein namhafter Hersteller von Marmelade seine süße Ware her. In Rehburg sind ein Automobilzulieferer und ein Milchverarbeitungsbetrieb die größten Arbeitgeber. Das Wesertal bei Stolzenau ist das bedeutendste Kiesabbaugebiet in Niedersachsen: Im Kreisgebiet lagern über 700 Mio. t Kies und Sand, das sind 15 % aller Vorräte in Niedersachsen.

Landschaft, Sehenswürdigkeiten und Kultur

Sattes Grün und ein schillerndes Blau – das sind die prägenden Farben des Landkreises aus der Vogelperspektive. Dort, wo die Weser das Weserbergland hinter sich lässt und umsäumt von Wiesen und Wäldern durch die Porta Westfalica in die norddeutsche Tiefebene eintritt, beginnt der Mittelweserraum. Mehr als 80 Flusskilometer entlang der Mittelweser erstreckt sich der Landkreis Nienburg/Weser. Weitläufige Flussmarschen gehen hier über in leicht wellige, von den Gletschern der Eiszeit geformte Geestgebiete. Große Moor- und Waldgebiete prägen ebenso das Bild dieser norddeutschen Landschaft.

Seinen Bürgern bietet der Landkreis eine ausgewogene Mischung kultureller Angebote, darunter ein überregional angesehenes Theater und mehrere Museen, etwa das Niedersächsische Spargelmuseum, der Dinosaurier-Park Münchehagen und das Niedersächsische Polizeimuseum.

Die Lebensqualität im Landkreis wird außerdem durch zahlreiche Sportstätten und Bäder sowie eine flächendeckende Schulstruktur mit mehreren Gymnasialstandorten positiv geprägt.

Eine der tragenden Säulen dieser landschaftsbezogenen Aktivurlaubs- und Erholungsregion ist das Radwandern. Der Weser-Radwanderweg gehört zu den beliebtesten Radrouten in Deutschland. Daneben bietet das ausgeschilderte Radverkehrsnetz auf über 1.000 km Länge mit dem Weserradweg als Hauptachse gute Voraussetzungen für ausgiebige Radtouren. Auch das Reiten, Motor-, Segel- und Drachenfliegen sind beliebte Outdoor-Aktivitäten für Einheimische und Touristen.

Fläche: 1.398,97 km²
EW: 119.631 - EW/km²: 86
KFZ-Kennzeichen: NI
Kreissitz: Nienburg/Weser
www.landkreis-nienburg.de

Landrat
Detlev Kohlmeier / parteilos
im Amt seit: 2011 gewählt bis: 2019

Sitzverteilung im Kreistag
Vorsitz: Dr. Ralf Weghöft

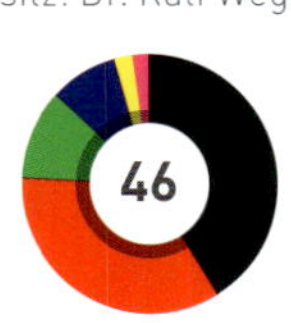

19	CDU
16	SPD
5	B.90/Grüne
4	WG
1	FDP
1	Die Linke

Landkreis

Northheim

NIEDERSACHSEN

Der Landkreis Northeim ist...

...vielfältig und attraktiv. Das Gebiet zwischen Harz und Weser im südlichen Niedersachsen überzeugt durch herrliche Landschaften, schöne Städte und Gemeinden, leistungsstarke Industriebetriebe und hält viele bekannte, aber auch weniger bekannte „Schätze" bereit.

Historische Entwicklung

Der Landkreis Northeim wurde durch die Kreisordnung für die Provinz Hannover am 1.4.1885 aus der Taufe gehoben. Zum Kreis Northeim gehörten fortan Amt und Stadt Northeim, die Stadt Moringen und vom Amt Osterode die Gemeinden Berka, Duhm, Gillersheim, Suterode und Wachenhausen. Die Kreise Northeim, Einbeck und Uslar bildeten zusammen mit 14 anderen Kreisen den Regierungsbezirk Hildesheim.

In der Geschichte des Landkreises Northeim gab es in der Folge mehrere Gebietsreformen. Im Jahr 1932 ging der Kreis Uslar nach einer preußischen Verordnung im Kreis Northeim auf. Auf Beschluss des Niedersächsischen Landtages wurden die Landkreise Northeim und Einbeck am 1.3.1974 zum Landkreis Northeim zusammengelegt. Durch die Gründung der Gemeinde Katlenburg-Lindau kamen Teile des früheren Landkreises Duderstadt zum Landkreis Northeim hinzu. Seine bis heute erhaltene Gestalt erlangte der Landkreis Northeim am 1.8.1977. Es wurden Teile des Kreises Gandersheim, nämlich Bad Gandersheim und Kreiensen, sowie die Gemeinde Kalefeld, die vorher zum Kreis Osterode gehörte, Bestandteil des Landkreises Northeim.

Wertschöpfung und Verkehr

Der Landkreis Northeim mit seinen rund 134.000 Einwohnern liegt mitten im Herzen von Deutschland und damit mitten in Europa. Bis in die niedersächsische Landeshauptstadt Hannover sind es nur rund 90 km, in die Universitätsstadt Göttingen rund 20 km. Der Landkreis Northeim verfügt über ausgezeichnete Verkehrsanbindungen. Gelegen in der Nähe des Knotenpunktes der A 7, A 38 und A 44, verfügt er über kurze Wege in alle Himmelsrichtungen und ist so ein reizvoller Wirtschaftsstandort in Südniedersachsen. Die Bahnhöfe in Northeim und Kreiensen sind Knotenpunkte für den Nord-Süd- und den Ost-West-Verkehr. Nächster ICE-Haltepunkt ist Göttingen. Im Kreisgebiet gibt es vier Anschlussstellen an die Autobahn A 7 Hannover-Kassel. Die Flughäfen in Hannover und Kassel sind in kürzester Zeit zu erreichen.

Die weit überwiegende Zahl der ansässigen Betriebe sind mittelständische Unternehmen. Die Unternehmensbranchen spiegeln dabei die Vielfältigkeit des Landkreises wieder. Vom innovativen Zwei-Mann-Betrieb bis zum global operierenden Großunternehmen, vom traditionellen Fruchtsafthersteller bis zum Saatzuchtlieferanten. Die Unternehmenskultur im Landkreis Northeim ist vielschichtig. Die Nachbarschaft zum Universitätsstandort Göttingen und der Hochschule für angewandte Wissenschaft und Kunst (HAWK) macht den Landkreis Northeim zum Bestandteil der Wissens- und Bildungsregion Göttingen. Zahlreiche Ausgründungen aus der Universität oder der HAWK bereichern die Unternehmenskultur.

Landschaft, Sehenswürdigkeiten und Kultur

Das Gebiet des Landkreises Northeim reicht von der Weser im Westen bis zu den Harzvorbergen im Osten. Die Landschaften sind sehr abwechslungsreich. Sie werden geprägt durch das Tal der Leine und den Solling. Außerdem durch viele kleinere bewaldete Höhenzüge. Sie werden von kleinen Tälern durchzogen.

Fläche: 1.267,07 km²
EW: 133.905 - EW/km²: 106
KFZ-Kennzeichen: NOM
Kreissitz: Northeim
www.landkreis-northeim.de

Landrätin
Astrid Klinkert-Kittel / parteilos
im Amt seit: 2016 gewählt bis: 2021

Sitzverteilung im Kreistag
Vorsitz: Peter Traupe

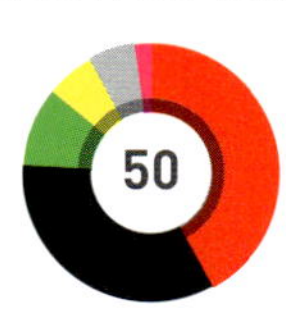

21 SPD
17 CDU
4 B.90/Grüne
3 FDP
1 Die Linke
4 Sonstige
(UWG 2, Northeim 21 1, fraktionslos 1)

Der Landkreis Northeim hat eine Gesamtfläche von 1.266 km². In den Städten und Dörfern locken Fachwerkhäuser in den verschiedensten kunstvollen und aufwendig restaurierten Ausprägungen. Die Städte Northeim und Einbeck liegen an der deutschen Fachwerkstraße und können auf erlebnisreichen Führungen erkundet werden. Einbeck ist durch sein Bier schon im Mittelalter weit über die Region hinaus bekannt geworden. Mit der alten Stadtwüstung Nienover und dem rekonstruierten Mittelalterhaus, der Kirchenruine Winnefeld, der Töpfergeschichte in Fredelsloh und dem römisch-gemanischen Schlachtfeld am Harzhorn ist die Region voller Zeugen der Kulturhistorie.

Die Flüsse Leine und Rhume, die Northeimer Seenplatte, drei Golfplätze, ein Segelfluggelände und reizvolle Radwege bieten vielfältige Möglichkeiten der Naherholung. In Sachen Kultur hat der Landkreis Northeim Besonderes zu bieten. Im Theater der Nacht in Northeim werden die liebevoll in der eigenen Werkstatt kreierten Puppen in unterhaltsamen Stücken zum Leben erweckt. In der Kurstadt Bad Gandersheim finden in den Sommermonaten vor dem Dom die Domfestspiele statt. Hier kommen Theater- und Musicalfans auf ihre Kosten.

Für alle Liebhaber von Oldtimern oder für Motorradfans bietet der PS.SPEICHER in Einbeck eine einmalige Erlebnisausstellung. Auf mehr als 4.000 m² Ausstellungsfläche erzählen über 270 teilweise einzigartige historische Fahrräder, Motorräder und Automobile spannende Geschichten rund um die Mobilität.

Landkreis

Oldenburg

NIEDERSACHSEN

Der Landkreis Oldenburg ist...
...landschaftlich reizvoll. Neben einer guten Infrastruktur und einem ansprechenden Siedlungsbild mit anerkannt guten Wohn- und Freizeitwerten ist dies der Grund für eine steigende Bevölkerungsentwicklung. Die Zahl der Kreiseinwohner ist seit 1980 um über 30.000 auf heute über 126.000 gestiegen.

Historische Entwicklung
Der Beginn der Geschichte als kommunale Gebietskörperschaft datiert aus dem Jahre 1933, als der Landkreis im Zuge der Oldenburgischen Gebiets- und Verwaltungsreform aus Teilen der früheren Ämter Oldenburg und Delmenhorst sowie aus dem ehemaligen Amt Wildeshausen gebildet wurde.

Im Zusammenhang mit der Niedersächsischen Gemeinde- bzw. Kreisreform von 1974/77 schieden die Gemeinden Stuhr und Hasbergen aus dem Landkreis Oldenburg aus, während ihm die Samtgemeinde Harpstedt mit ihren acht Mitgliedsgemeinden neu zugeordnet wurde. Kreissitz ist seit dem 1.7.1988 die Stadt Wildeshausen.

Das Kreisgebiet ist fast kreisförmig und befindet sich beiderseits der mittleren Hunte mit einer Größe von 1.063 km². Aufgrund seiner Lage im Raum bildet der Landkreis Oldenburg den Schnittpunkt der ihn umgebenden Landesteile und Städte, für die er eine wichtige Brückenfunktion zu leisten hat. Im Rahmen einer europäischen Regionalbildung wird seine Verbindung zu den Oberzentren große Bedeutung gewinnen.

Wertschöpfung und Verkehr
Der Landkeis Oldenburg verfügt über eine hervorragende Verkehrslage an drei Bundesautobahnen (A 1, A 28, A 29), zwei Bundesstraßen (212, 213) und fünf Bahnlinien, die eine schnelle Verbindung zum gesamten nordwestdeutschen Raum und zu den Nachbarländern herstellen. Hinzu kommen zwei Wasserstraßen (Küstenkanal und untere Hunte), die für Europaschiffe bis 1.350 t schiffbar sind, und Flugplätze in Ganderkesee und in der Gemeinde Hatten.

Wirtschaftlich ist der Landkreis Oldenburg, der sich in den vergangenen Jahren sehr positiv weiterentwickelt hat, geprägt durch einen gesunden Branchenmix aus Industrie, Handel, Dienstleistung und Handwerk. Zuwächse in den Beschäftigungszahlen, eine im Vergleich zur Region niedrige Arbeitslosenzahl und ein starker Anstieg der gewerblichen Unternehmen zeugen davon. Außerdem haben die vielen kleinen und mittelständischen Unternehmen mit ihrer starken Anpassungsfähigkeit an die Erfordernisse des Marktes dazu beigetragen.

Als Teil der guten Infrastruktur steht der Bevölkerung das komplett ausgestaltete Schulangebot zur Verfügung. Hinzu kommt das modern eingerichtete Berufsbildungszentrum in Wildeshausen mit weit gefächerten Berufsfeldern. Darüber hinaus gibt es ein inhaltlich und regional breites Erwachsenenbildungsangebot mehrerer gemeindlicher Volkshochschulen und sonstiger Bildungsträger.

Landschaft, Sehenswürdigkeiten und Kultur
Ein charakteristisches Merkmal des Landkreises Oldenburg ist, dass das Kreisgebiet aus den drei großen für Nordwestdeutschland typischen Naturräumen Marsch, Moor und Geest besteht. Flächenmäßig überwiegen in der Mitte und im Süden des Landkreises die Geestlandschaften mit ihren Hochflächen. Zusammen mit seinen nördlichen Randgebieten, die Teil der Oldenburger Hochmoorgebiete sowie der Wesermarschenlandschaft sind, ergibt sich ein heterogenes Landschaftsgefüge.

Hervorgehoben durch seine attraktive Lage im Naturpark Wildeshauser Geest ist der Landkreis Oldenburg ein überregional bekanntes und gern besuchtes Wander- und Radwandergebiet für Tages- und Übernachtungsgäste.

Inmitten dieser Landschaft mit reizvollem Charme, der die Flussläufe der Hunte, Delme und Lethe sowie zahlreiche natürliche und künstliche Seen den besonderen Akzent verleihen, befinden sich eine beeindruckende Vielzahl prä- und kulturhistorischer Sehenswürdigkeiten als eindrucksvolle Zeugen einer wechselvollen Vergangenheit. Wasser- und Windmühlen, zum Teil als Restaurant, Museum oder Galerie genutzt, interessante Museen und Sammlungen sind sehr beliebt.

Die Voraussetzungen für eine weitere positive Entwicklung sind im Landkreis Oldenburg günstig. Das beruht zum einen auf einer guten wirtschaftlichen Strukturentwicklung der vergangenen Jahre und einer trotz der generellen kommunalen Finanzprobleme geordneten Finanzsituation und zum anderen – von fast noch größerer Bedeutung – auf dem Leistungswillen und dem guten Miteinander der im Landkreis Oldenburg lebenden Menschen, Organisationen und Verbände.

Fläche: 1.063,14 km²
EW: 126.798 - EW/km²: 119
KFZ-Kennzeichen: OL
Kreissitz: Wildeshausen
www.oldenburg-kreis.de

Landrat
Carsten Harings / parteilos
im Amt seit: 2014 gewählt bis: 2021

Sitzverteilung im Kreistag
Vorsitz: Helmut Hinrichs

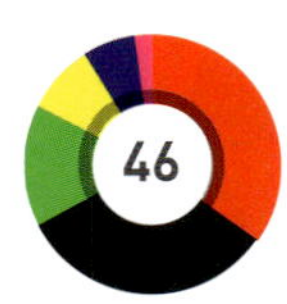

16	SPD
15	CDU
7	B.90/Grüne
4	FDP
3	UWG-FWG
1	Die Linke

Landkreis

Osnabrück

NIEDERSACHSEN

Der Landkreis Osnabrück ist...

...traditionsbewusst und modern, entspannt und geschäftig. Der Landkreis ist ein sehr dynamischer Wirtschafts- und attraktiver Lebensraum. Hier leben weltoffene und gastfreundliche Menschen, die sich über Urlauber und andere Gäste auf Zeit ebenso freuen wie über neue Mitmenschen. Aus der Summe all dieser Eigenschaften erwächst ein lebens- und liebenswertes Osnabrücker Land.

Historische Entwicklung

Der Landkreis Osnabrück umfasst heute ziemlich genau die Grenzen des alten Fürstbistums Osnabrück. Als Wiege des Osnabrücker Landes gilt die Iburg, auf der die erste Preußenkönigin Sophie-Charlotte geboren worden ist. Bad Iburg und Charlottenburg in Berlin sind auch heute noch freundschaftlich verbunden.

Eine vollständige Neuordnung der Kreis- und Gemeindegrenzen brachte die Gebietsreform 1972. Die Landkreise Bersenbrück, Melle und Wittlage wurden mit dem größten Teil des damaligen Landkreises Osnabrück zu einem neuen Landkreis Osnabrück zusammengeschlossen. Die damals 261 Einzelgemeinden wurden zu den heute bestehenden 34 Einheitsgemeinden zusammengefasst. Dabei schlossen sich im Nordkreis 17 der Einheitsgemeinden zu den vier Samtgemeinden Artland, Bersenbrück, Fürstenau und Neuenkirchen zusammen. Die Kreisverwaltung hat ihren Sitz am Schölerberg auf dem Gebiet der Stadt Osnabrück.

Wertschöpfung und Verkehr

Der Landkreis Osnabrück ist der zweitgrößte in Niedersachsen. Durch seine Lage bietet der Wirtschaftsstandort glänzende Aussichten, um Märkte zu erschließen: Im Umkreis von 200 km erschließt sich das Marktpotenzial von über 40 % der deutschen und über 75 % der niederländischen Bevölkerung.

Zieht man mit dem Zirkel einen Kreis von einer Erreichbarkeit innerhalb von acht Stunden rund um Osnabrück, so leben mehr als 135 Mio. Menschen in diesem Gebiet.

Ein weiteres Indiz für die außerordentlich günstige Lage sind die Unternehmen, die sich hier angesiedelt haben: In einem Umkreis von 250 km haben 47 der 50 größten japanischen Firmen und 30 der 50 größten amerikanischen Konzerne einen Ableger. Und im Umkreis von nur 200 km residieren mehr als die Hälfte der größten deutschen Unternehmen.

Die Verkehrsachsen A 1 (Hamburg-Ruhrgebiet), A 30 (Hannover-Amsterdam) und A 33 (Bielefeld) begünstigen diese Lage. Aber auch Bahn-Linien mit ICE-Verbindungen sowie der internationale Flughafen Münster-Osnabrück und der Mittelland-Kanal binden das Osnabrücker Land in sehr guter Weise an.

Der Wirtschaftsstandort Landkreis Osnabrück hat mit seinen rund 115.000 sozialversicherungspflichtig Beschäftigten einen überdurchschnittlich hohen Beschäftigungsstand. Die Arbeitslosigkeit ist auf niedrigem Niveau, was für ein gutes Qualifikationsniveau im Wirtschaftsraum spricht. Universität und Hochschule Osnabrück genießen mit ihrem Studienangebot einen sehr guten Ruf.

Im Osnabrücker Land bildet ein breit aufgestellter Mittelstand das Fundament der Wirtschaft, was die Region robust und erfolgreich macht. Diese stimmige Mischung und diese Vielfalt der Branchen bescheren dem Osnabrücker Land glänzende Arbeitsmarktzahlen, die verlässlich besser sind als der Landesdurchschnitt. Und sie sorgen für eine stabile Aufwärtsentwicklung.

Landschaft, Sehenswürdigkeiten und Kultur

Landschaftlich reizvoll gelegen, wird der Landkreis Osnabrück geprägt vom UNESCO Geopark terra.vita, eingebettet in den Ausläufern von Wiehengebirge und Teutoburger Wald, die unseren südlichen Landkreis fast in ein kleines Allgäu verwandeln. 300 Mio. Jahre Erdgeschichte spiegeln sich im Osnabrücker Land wider, die 150 Mio. Jahre alten Saurierspuren in Bad Essen-Barkhausen sind die spektakulärsten Zeugen der Urzeit.

Radfahrer, Wanderer oder Reiter fühlen sich im Osnabrücker Land besonders wohl und wer es eiliger hat, folgt mit dem Auto drei ausgezeichneten Ferienstraßen.

Im Landkreis gibt es wunderschöne Heilbäder, Städte und Gemeinden, die ihr jeweils ganz eigenes Profil und ihren ganz eigenen Charakter pflegen und die sich dennoch wohlfühlen als Bestandteile des vielfältigen Osnabrücker Landes.

Weltpolitische Bedeutung genießt die Varusschlacht in Kalkriese, bei der die Germanen im Jahr 9 n. Chr. die römischen Legionen des Feldherrn Varus vernichtend geschlagen haben.

Fläche: 2.121,60 km²
EW: 351.316 - EW/km²: 166
KFZ-Kennzeichen: OS
Kreissitz: Osnabrück
www.landkreis-osnabrueck.de

Landrat
Dr. Michael Lübbersmann / CDU
im Amt seit: 2011 gewählt bis: 2019

Sitzverteilung im Kreistag
Vorsitz: Clemens Lammerskitten, MdL

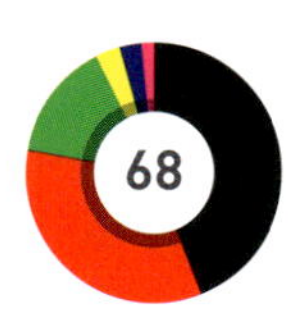

30	CDU
23	SPD
10	B.90/Grüne
2	FDP
2	Unabhängige
1	Die Linke

Landkreis

Osterholz

NIEDERSACHSEN

Der Landkreis Osterholz ist...

...ein direkt vor den Toren der Hansestadt Bremen gelegener Landkreis, der Einwohner und Besucher gleichermaßen mit einer einzigarten Natur und einmaligen kulturellen Angeboten begeistert. Eine mittelständisch geprägte und zugleich innovative Wirtschaft, ein besonderer Schwerpunkt auf frühkindliche, schulische und berufliche Bildung und ein eng geflochtenes Netz an ehrenamtlichen Initiativen schaffen für Familien und für Menschen aller Altersgruppen ein Umfeld, in dem man gerne lebt und arbeitet.

Historische Entwicklung

Der Landkreis Osterholz hat seinen Namen Osterholz dem ehemaligen Kloster in der Kreisstadt zu verdanken. Bis zum Dreißigjährigen Krieg war das Kloster, wie auch das benachbarte Kloster Lilienthal, Teil des Erzstifts Bremen. Aus den beiden Klöstern gingen dann Ämter hervor, die ab 1719 im Kurfürstentum Hannover offizielle politische Gemeinwesen wurden.

Der Kreis Osterholz wurde 1885 durch die Einführung der Preußischen Kreisordnung aus dem Ämtern Osterholz und Lilienthal geschaffen. Der Kreis Blumenthal wurde zwar 1932 mit dem Kreis Osterholz zusammengeschlossen, allerdings musste 1939 ein Teil der hinzugewonnenen Gemeinden (Aumund, Blumenthal, Farge, Grohn, Lesum und Schönebeck) an die Stadt Bremen abgegeben werden. Damit verlor der Landkreis Osterholz einen großen Teil seiner Einwohner.

Auf die Kreisreform von 1974 gehen letzte Änderungen zurück, als die Gemeinden Axstedt und Lübberstedt aus dem damaligen Landkreis Wesermünde sowie die Weserinsel Harriersand in das Kreisgebiet eingegliedert wurden.

Die Kreisstadt Osterholz-Scharmbeck ist geografischer Mittelpunkt. Auch die Samtgemeinde Hambergen sowie die Gemeinden Grasberg, Lilienthal, Ritterhude, Schwanewede und die über die Landesgrenzen hinaus als Künstlerkolonie bekannte Gemeinde Worpswede haben ganz spezielle kuturelle Eigenheiten, Berühmtheiten und Spezialitäten, eine einzigartige Natur und vielfältige Traditionen.

Wertschöpfung und Verkehr

Trotz des Traditionsbewusstseins behält der Landkreis den Blick für die Zukunft und bietet Unternehmen einen attraktiven Wirtschaftsraum mit einer leistungsfähigen Infrastruktur und vielseitigen Gewerbegebieten. Die beiden Hauptverkehrsachsen A 27 und B 74 und die Bahnstrecke Bremen-Bremerhaven binden den Landkreis eng an Bremen an. Als weitere Vorteile sind die Nähe zum Bremer Flughafen und zu den Häfen in Bremen und Bremerhaven zu nennen. Die Wirtschaft im Landkreis ist überwiegend mittelständisch geprägt. Die Entwicklung der Wirtschaft verläuft dadurch mitunter etwas weniger dynamisch, ist im Gegensatz jedoch sehr krisenfest. Die Mitarbeiterbindung ist ausgesprochen hoch. Die Innovationsförderung auch in kleinen und mittleren Unternehmen ist ein Schwerpunkt der Wirtschaftsförderung des Landkreises.

Landschaft, Sehenswürdigkeiten und Kultur

Die Landschaft im Landkreis Osterholz präsentiert sich vielfältig und überaus reizvoll. Drei Naturräume bilden untereinander einen markanten Kontrast: Im Westen, entlang der Weser, kündigen rau anmutende, tafelflache und landwirtschaftlich geprägte Marschen die Nähe zur Nordsee an. Im Herzen des Landkreises erstreckt sich eine wellige, vergleichsweise waldreiche Geestlandschaft. Im östlichen Teil des Kreisgebietes liegt das sagenumwobene, heute weitestgehend kultivierte Teufelsmoor. In der Mitte dieser Niederungslandschaft erhebt sich der Weyerberg mit dem bekannten Künstlerdorf Worpswede.

Jahrhunderte lang war das Augenmerk im östlichen Teil des heutigen Kreisgebietes vor allem auf die Torfgewinnung gerichtet. Noch heute kündigt das Kreiswappen mit Torfkahn und Bremer Schlüssel von der Funktion des Teufelsmoores als Gewinnungsgebiet für den von der Bremer Bevölkerung begehrten Brennstoff. Mit fortschreitender Kultivierung wandelte sich das Gesicht des Teufelsmoores. Heute bedecken ausgedehnte Grünländereien den Landschaftsraum, Torfabbau spielt keine Rolle mehr.

Naturschutzgebiete vermitteln dem Naturfreund, dem Erholungsuchenden oder dem kunstinteressierten Besucher Worpswedes noch einen Eindruck von der ursprünglichen Moorlandschaft mit ihren typischen, heute bestandsgefährdeten Pflanzen- und Tiergemeinschaften. Ein besonderes Highlight stellt das Naturschutzgroßprojekt „Hammeniederung" dar. Stets im Fokus ist dabei die Erlebbarkeit von Natur und Landschaft durch Bürger und Besucher. Das Wegekonzept Hammeniederung sowie mehrere Aussichtstürme bilden hierfür eine gelungene Grundlage.

Fläche: 650,80 km²
EW: 111.484 - EW/km²: 171
KFZ-Kennzeichen: OHZ
Kreissitz: Osterholz-Scharmbeck
www.landkreis-osterholz.de

Landrat
Bernd Lütjen / SPD
im Amt seit: 2013 gewählt bis: 2021

Sitzverteilung im Kreistag
Vorsitz: Peter Schnaars

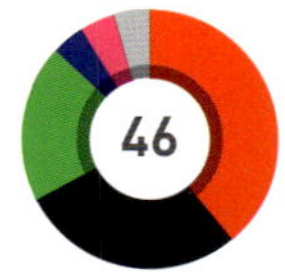

18	SPD
13	CDU
9	B.90/Grüne
2	Bürgerfraktion
2	Die Linke
2	Sonstige

(FDP 1, Unabhängige 1)

Landkreis

Osterode am Harz

NIEDERSACHSEN

Der Landkreis Osterode am Harz ist…
…einer der industriedichtesten Kreise in Niedersachsen und beheimatet seit Generationen leistungsfähige Wirtschaftsunternehmen. Nordöstlich das reizvolle Mittelgebirge Harz, südwestlich hügeliges Vorland mit allen Attributen wohnfreundlicher Landschaftsprägung. Attraktive Städte und sympathische Dörfer reihen sich entlang des Harzrandes verkehrsgünstig nebeneinander. Und die Natur zeigt sich von ihren schönsten Seiten.

Historische Entwicklung

Der 1.4.1885 gilt als Geburtsstunde für den Landkreis Osterode am Harz, da an diesem Tag die Kreisordnung für die Provinz Hannover in Kraft trat. Nicht nur das Kreisgebiet hat sich seit damals verändert. Bis 1945 gehörten Teile zur thüringischen Grafschaft Hohenstein. Weitere umfangreiche Veränderungen ergaben sich durch die Gebiets- und Verwaltungsreform der 1970er Jahre.

Der Landkreis ist einer der am stärksten überalterten Kreise Deutschlands. Die Einwohnerzahl wird von rd. 73.700 bis zum Jahr 2030 auf dann 61.600 weiter sinken.

Eine einschneidende Veränderung steht am 1.11.2016 bevor: die Fusion mit dem Landkreis Göttingen zu einem neuen Landkreis Göttingen (S. 86).

Wertschöpfung und Verkehr

Vielfältige natürliche Ressourcen haben den Harz zum ersten Industrierevier in Deutschland werden lassen. Ohne Bergbau und Verhüttung wäre die industrielle Revolution nicht denkbar gewesen. Hinzu kam der Erfindungsreichtum der hier lebenden Menschen. Der erste rein deutsche Dampfwagen wurden in dem Herzoglich Braunschweigischen Eisenhüttenwerk zu Zorge gebaut.

Von der großen Bergbaugeschichte des Harzes ist kein Abbaubetrieb unter Tage mehr übrig geblieben. Dass der Kreis aber den ständigen Strukturwandel zu meistern versteht, zeigt die Wirtschaftsgeschichte der Kreisstadt: Im 19. Jahrhundert war sie die größte Industriestadt im Königreich Hannover. Von der einstmaligen „Textil- und Terrakottahochburg" ist nichts mehr vorhanden. Dafür konnten sich neue Industrien entwickeln.

Die hervorragenden Standortfaktoren verschonen jedoch nicht von gravierenden Schrumpfungsprozessen und wirtschaftlichen Strukturumbrüchen. Durch einen kontinuierlichen Bevölkerungsrückgang seit den 1970er-Jahren, nur unterbrochen durch temporäre Wanderungsgewinne nach der Grenzöffnung, schreitet der demografische Wandel kontinuierlich fort.

Heute wird die Wirtschaftsstruktur des Landkreises von einer breiten Palette an modernen Industrie- und Dienstleistungsbetrieben geprägt. Als Kompetenzfelder sind zu nennen: Elektro/Medizin/Feinwerktechnik, Automotive, Druckequipment, Kunststoff, Gips, Holz, Kraftwerksbau, Logistik, Gesundheit, Tourismus, Seniorenbetreuung. Viele der Unternehmen gehören mit ihren Produkten zu den führenden ihrer Branche, z.T. europa- bzw. weltweit.

Einer der Vorteile des Wirtschaftsstandortes Osterode am Harz ist ihre zentrale Lage mitten in Deutschland – und damit die gute Erreichbarkeit. Zur zentralen Nord-Süd-Autobahn A 7 bestehen kurze Anbindungen. Die Bundesstraße B 243 führt zur A 38 nach Halle und Leipzig. Der IC-Bahnhof Northeim und der ICE-Bahnhof Göttingen sorgen für die Erreichbarkeit per Bahn. Der internationale Flughafen Hannover ist in einer Autostunde zu erreichen.

Gemeinsam mit dem Land, dem Nachbarlandkreis Goslar und der TU Clausthal versucht der Landkreis seine Entwicklung auf die zukünftigen Herausforderungen durch die Initiative „Zukunft Harz: Wachstum und Beschäftigung" auszurichten. Aus den zentralen Megatrends Demografie, Globalisierung, Gesundheit und Klima erwachsen Aufgaben wie die Deckung des Fachkräftebedarfs, die Steigerung der Innovationsfähigkeit, Ressourceneffizienz oder die Initiierung einer integrierten kommunalen Klimapolitik.

Landschaft, Sehenswürdigkeiten und Kultur

Den Landkreis Osterode am Harz zeichnet eine einzigartige Kulturlandschaft aus. Dies hat auch die UNESCO anerkannt mit dem Weltkulturerbe-Titel für die Oberharzer Wasserwirtschaft, in dem die musealen Einrichtungen ZisterzienserMuseum Kloster Walkenried und die Schachtanlage Knesebeck Bad Grund einbezogen sind. Im Landkreis liegen die Wurzeln: Die Mönche des Klosters Walkenried waren die Erfinder dieses ausgeklügelten Wasserwirtschaftssystems.

Der Harz und das Harzvorland sind reich an Kulturschätzen und interessanten Ausflugszielen. Im Nationalpark Harz lässt sich die sagenumwobene Bergwildnis in einer einzigartigen und artenreichen Mittelgebirgslandschaft genießen. Vor den Toren des Harzes erstreckt sich eine abwechslungsreiche Karstlandschaft. Das Museum am Berg zeigt die archäologischen Funde und sensationellen Forschungsergebnisse aus der Lichtensteinhöhle in einer modernen Ausstellung.

Fläche: 636,02 km²
EW: 73.793 - EW/km²: 116
KFZ-Kennzeichen: OHA
Kreissitz: Osterode am Harz
www.landkreis-osterode.de

geschäftsführend
mit der Wahrnehmung der Geschäfte beauftragt
Gero Geißelreiter

Sitzverteilung im Kreistag
Vorsitz: Herbert Lohrberg

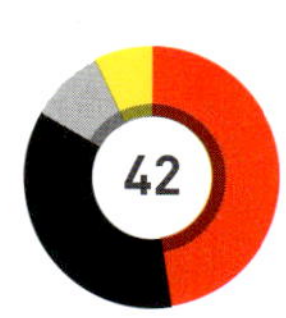

20	SPD
15	CDU
3	FDP
4	Sonstige

(B.90/Grüne 2, Die Linke 1, BI 1)

Landkreis

Peine

NIEDERSACHSEN

Der Landkreis Peine ist...
...lebendig, lebenswert, innovativ: So platziert sich der Landkreis Peine mit seinen rund 130.000 Einwohnern als attraktiver Wirtschaftsstandort zwischen den Ballungszentren Hannover und Braunschweig. Tradition und Innovation, Heimat und wirtschaftliche Weltoffenheit bilden hier ein harmonisches Miteinander.

Historische Entwicklung
Der Landkreis Peine ist im Zuge der Preußischen Kreisreform von 1885 entstanden. Damals wurden das Amt Peine aus dem ehemaligen Hochstift Hildesheim und die alte Gografschaft Edemissen zu einer neuen Verwaltungseinheit zusammengelegt. 30.000 Einwohner bevölkerten den Kreis bei seiner Gründung; heute sind es rund 100.000 mehr.

Seine heutige Gestalt erhielt der Kreis erst relativ spät: 1972 wurde er um einige Gemeinden aus dem Landkreis Wolfenbüttel, 1974 unter anderem um die Großgemeinden Wendeburg und Vechelde aus dem ehemaligen Landkreis Braunschweig erweitert. Andererseits wurden drei Gemeinden dem damaligen Landkreis Hannover und eine Gemeinde dem Landkreis Gifhorn zugeschlagen, wodurch das Kreisgebiet seinen, aus funktioneller Sicht, idealen, nahezu dreiecksförmigen Grundriss erhielt.

Nach der Gemeindegebietsreform und einer Gemeindefusion in jüngerer Vergangenheit bilden heute die Einheitsgemeinden Hohenhameln, Edemissen, Ilsede, Lengede, die Stadt Peine, Vechelde und Wendeburg den Landkreis Peine.

Wertschöpfung und Verkehr
Peine und Stahl – diese Assoziation war über Jahrzehnte hinweg imageprägend für den Peiner Wirtschaftsraum. Und auch heute ist sie durchaus noch zutreffend – denn während anderswo traditionelle Wirtschaftszweige komplett weggebrochen sind, wird in Peine auch mehr als 150 Jahre nach Gründung der Ilseder Hütte immer noch fleißig Stahl erzeugt. Dabei ist die Peiner Stahlproduktion alles andere als eine „Altindustrie". Vielmehr verbirgt sich hinter der Peiner Träger GmbH, die unter dem Dach der Salzgitter AG aus Stahlschrott neuen Rohstahl herstellt und daraus unter anderem den weltweit bekannten Peiner Träger fertigt, ein modernes Unternehmen.

Dennoch hat sich die Abhängigkeit des Peiner Wirtschaftsraumes vom Stahl im Laufe der letzten Jahre deutlich verringert. Zahlreiche Unternehmen aus verschiedensten Wirtschaftszweigen haben sich etabliert und sind gewachsen, sodass mittlerweile ein ausgesprochen vielfältiges Branchenspektrum besteht. Insbesondere die Kunststoffindustrie und die Logistik sind auf Wachstumskurs und profitieren von den Standortvorteilen des Kreises.

Fläche: 534,95 km²
EW: 130.601 - EW/km²: 244
KFZ-Kennzeichen: PE
Kreissitz: Peine
www.landkreis-peine.de

Landrat
Franz Einhaus [S] / SPD
im Amt seit: 2000 gewählt bis: 2016

Sitzverteilung im Kreistag
Vorsitz: Eva Schlaugat

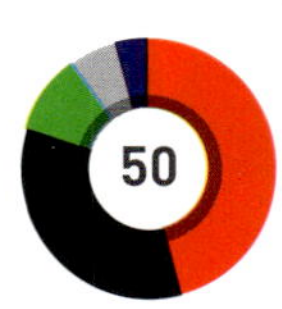

23	SPD
17	CDU
5	B.90/Grüne
2	Peine Bürgerschaft
3	Sonstige

(FDP 1, Die Linke 1, Freie Bürger Ilsede 1)

Was den Landkreis Peine für Unternehmen so attraktiv macht, ist der vorhandene Mix aus günstigen Standortbedingungen mit seiner hervorragenden Lage- und Anbindungsqualität. Die Position im Schnittpunkt der bedeutenden Bevölkerungs- und Wirtschaftszentren Braunschweig, Wolfsburg, Salzgitter, Hannover und Hildesheim lässt sich durch die günstigen verkehrsinfrastrukturellen Bedingungen vorteilhaft nutzen. Die in Ost-West-Richtung mitten durch das Kreisgebiet verlaufende A 2 sorgt für eine erstklassige Verknüpfung mit dem großräumigen Autobahnsystem. Schnell erreicht man die A 7 und die A 39, die eine zügige Weiterfahrt in Richtung Norden und Süden gewährleisten. Zusammen mit dem dichten Netz der Bundesstraßen sorgt dieses für einen straßenseitigen Verkehrsanschluss, wie er besser kaum sein könnte.

In das Verkehrsnetz ist der Kreis aber nicht nur über die Straße, sondern auch auf der Schiene günstig eingebunden. Weniger als zwei Stunden dauert die Bahnfahrt nach Berlin.

Auch zu den Flughäfen in Braunschweig und Hannover-Langenhagen ist es dank der direkten Autobahnanbindung nur ein kurzer Weg. Und wer gern das Binnenschiff nutzt, kann über den Mittellandkanal und den Stichkanal nach Salzgitter den Peiner Hafen sowie mehrere Umschlagstellen im Kreisgebiet anfahren.

Abgesehen von der Verkehrsinfrastruktur gibt es jedoch noch weitere Standortfaktoren, mit denen der Peiner Wirtschaftsraum zu punkten vermag. Positiv zu Buche schlagen dabei die attraktiven und gleichzeitig erschwinglichen Gewerbeflächen, die für viele Gewerbetreibende nutzbringenden Unternehmensparks und Starterhöfe, die moderaten Gewerbesteuerhebesätze und vergleichsweise geringe Gebührenbelastungen etwa im Bereich der Ver- und Entsorgung.

Landschaft, Sehenswürdigkeiten und Kultur
Der Landkreis Peine teilt sich in seinen natürlichen Voraussetzungen von fruchtbaren Ackerböden der Hildesheimer Lössbörde im Süden bis hin zu den zur niedersächsischen Geest gehörenden Burgdorf-Peiner Sandplatten im Norden auf. Die Attraktivität des Kreises liegt im überwiegend dörflichen Charakter sowie seiner detaillierten kulturellen Vielfalt. Seit einiger Zeit wird durch Aktivitäten der kreiseigenen Wirtschafts- und Tourismusfördergesellschaft die Naherholung im Rahmen eines regionalen Marketings gestärkt und herausgehoben.

Landkreis

Rotenburg (Wümme)

NIEDERSACHSEN

Der Landkreis Rotenburg ist...

...von der Fläche her einer der größten Landkreise in Niedersachsen. Er liegt zwischen den Ballungsräumen Hamburg und Bremen im ländlichen Raum Niedersachsens und hat eine Nord-Süd-Ausdehnung von fast 100 km und eine Fläche von 2.070 km². Zum Landkreis gehören die Städte Rotenburg (Wümme), Bremervörde, Visselhövede und Zeven, zwei Einheitsgemeinden sowie acht Samtgemeinden mit 52 Mitgliedsgemeinden.

Historische Entwicklung

Der heutige Landkreis Rotenburg (Wümme) entstand 1977 aus den ehemaligen Landkreisen Bremervörde und Rotenburg. Schaut man weiter in die Geschichte zurück, bietet sich ein wechselvolles Bild. Rotenburg und Bremervörde wurden im Hochmittelalter gegründet. Die „Rodeburg", die 1195 in Rotenburg errichtet wurde, diente als Schutzburg des Bistums Verden gegen den benachbarten Erzbischof von Bremen. In Bremervörde wurde einige Jahre zuvor die Burg Vörde gebaut, die eine Zeitlang auch als Sitz der Bremer Erzbischöfe diente. Von beiden Burgen ist heute nichts mehr erhalten.

In der Hannoverschen Zeit entstanden dann die eigenständigen Ämter Rotenburg/Hannover, Bremervörde und Zeven. 1885 wurden sie zu preußischen Landkreisen. Mit der Kreisreform im Jahr 1932 wurden die Landkreise Bremervörde und Zeven zu einem Landkreis Bremervörde mit Kreissitz in Bremervörde zusammengeschlossen.

Wertschöpfung und Verkehr

Die Wertschöpfung ist mit ca. 25.000 € pro Einwohner unterdurchschnittlich im Vergleich zu Bund und Land, da der Landkreis einen deutlichen Auspendlerüberschuss aufweist. Die wirtschaftlichen Rahmenbedingungen im Landkreis Rotenburg (Wümme) haben sich jedoch in den letzten Jahren positiv entwickelt. Mit 4,3 % im Juni 2016 zählt die Arbeitslosenquote im Landkreis zu den niedrigsten in Niedersachsen. Spiegelbildlich dazu wächst die Beschäftigung im Kreisgebiet stetig an. Die wichtigsten Branchen sind der Logistiksektor, die Gesundheitswirtschaft und die Nahrungsmittelverarbeitende Industrie.

Hauptverkehrsadern im Landkreis Rotenburg (Wümme) sind die Autobahn A 1 Hamburg-Bremen, die das Kreisgebiet in der Mitte auf einer Länge von rund 40 km durchquert, die B 71, B 74, B 75 und B 440 sowie die L 142. Von den durch das Kreisgebiet verlaufenden Eisenbahnstrecken hat vor allem die Strecke zwischen Hamburg und Bremen überregionale Bedeutung. Eine Anbindung an das Wasserstraßennetz besteht für Sportbootfahrer über die bis Bremervörde schiffbare Oste.

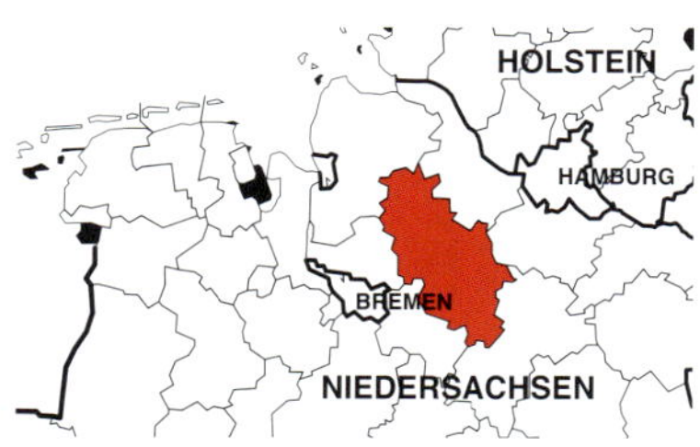

Fläche: 2.070,37 km²
EW: 161.842 - EW/km²: 78
KFZ-Kennzeichen: ROW
Kreissitz: Rotenburg (Wümme)
www.lk-row.de

Landrat
Hermann Luttmann (V)/ CDU
im Amt seit: 2006 gewählt bis: 2021

Sitzverteilung im Kreistag
Vorsitz: Friedhelm Helberg

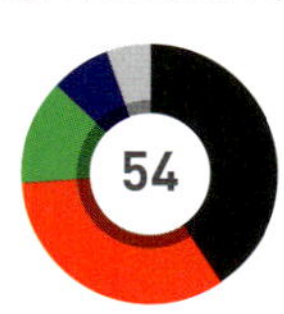

22 CDU
18 SPD
7 B.90/Grüne
4 WFB
3 Sonstige

(FDP 1, Die Linke 1, NPD 1)

Landschaft, Sehenswürdigkeiten und Kultur

Der Landkreis Rotenburg (Wümme) ist ländlich geprägt. Neben landwirtschaftlichen Nutzflächen bestimmen Wälder, Moore, die reizvollen Flusstäler von Wümme und Oste mit den ihnen zufließenden Bachläufen sowie einige Heideflächen den Charakter einer noch weitgehend unzersiedelten Landschaft. In den Geestgebieten stellen jahrhundertealte Haufendörfer mit markanten Eichenbeständen die charakteristische Siedlungsform dar. Für die Moorniederungen im nordwestlichen Kreisgebiet sind die nach ihrem Gründer benannten, sich an Kanälen entlangziehenden, Findorff-Siedlungen mit aufgereihter Bebauung kennzeichnend.

Zweimal im Jahr kommt es zu einem ganz besonderen Naturschauspiel. Im Frühjahr und Herbst durchziehen tausende von Kranichen das Gebiet, um auf dem Weg zu Ihren Brutplätzen im Landkreis eine Rast einzulegen.

Überregional bedeutsame Veranstaltungen sind das Rockfestival „Hurricane" in Scheeßel und die landwirtschaftliche Ausstellung in Tarmstedt. Beide locken jedes Jahr mehrere zehntausende Menschen an. Ein weiterer Veranstaltungshöhepunkt ist das internationale Trachtenfest in Scheeßel. Jedes Jahr treffen sich hier rund 300 Teilnehmer aus aller Welt, die ihre Trachten, Tänze und Musik vorstellen.

In kultureller Hinsicht erwähnenswert ist der Schriftsteller Walter Kempowski. Er fand in Nartum seine Heimat und baute hier nach seinen Vorstellungen ein Haus, in dem er lebte und arbeitete und das immer noch viele literaturbegeistere Menschen anzieht, Haus Kreienhoop.

Überregional von Bedeutung ist auch die Gedenkstätte Lager Sandbostel. Hier können die Besucher mehr über die Geschichte des ehemaligen Kriegsgefangenenlagers Sandbostel erfahren. Auf Teilen des Geländes befindet sich eine Dauerausstellung, dazu können einige alte Lagergebäude besichtigt werden.

Dazu kommen unzählige kleine Museen, Heimathäuser, Theater und Veranstaltungen. Viele davon entstanden aus Eigeninitiative der Menschen vor Ort und werden ehrenamtlich betrieben und gepflegt. Die Menschen sind hier verwurzelt und engagieren sich im Naturschutz, Sportvereinen und in kulturellen Einrichtungen.

Landkreis

Schaumburg

NIEDERSACHSEN

Der Landkreis Schaumburg ist...
...mit einer Fläche von 676 km² einer der kleineren niedersächsischen Landkreise. Mit einer Einwohnerzahl von 155.000 liegt er hinsichtlich der Bevölkerungsdichte jedoch gemeinsam mit Hildesheim in Niedersachsen an dritter Stelle. Mittelzentren im eher ländlich geprägten Kreisgebiet sind die Kreisstadt Stadthagen und die Städte Bückeburg, Bad Nenndorf und Rinteln. Insbesondere zu Hannover bestehen rege Pendlerbeziehungen.

Historische Entwicklung
Im Jahre 1918 wurde das ehemalige Fürstentum Schaumburg-Lippe politisch umgewandelt in das Land Schaumburg-Lippe und ging 1946 – kurz nach Ende des Zweiten Weltkrieges – im Zuge der Neugliederung des Bundesgebietes im Bundesland Niedersachsen auf.

Die Grafschaft Schaumburg gehörte seit 1866 zu Preußen und wurde 1932 der Provinz Hannover zugeteilt.

Die Neugestaltung der kommunalen Ebenen brachte die beiden Landkreise Schaumburg-Lippe und Grafschaft Schaumburg hervor. Mit der Niedersächsischen Verwaltungs- und Gebietsreform von 1977 wurden die Hauptgebiete der beiden Kreise zum Landkreis Schaumburg zusammengelegt.

Wertschöpfung und Verkehr
Der Landkreis befindet sich innerhalb der dichtbesiedelten, verkehrs- und gewerbereichen Zonen am Rande der Mittelgebirge – in ostwestlicher Richtung zwischen dem nordöstlichen Westfalen, der Region Hannover und in nordsüdlicher Richtung zwischen dem Steinhuder Meer und dem Lippischen Bergland.

Die eher im nördlichen Kreisgebiet liegenden Gewerbegebiete grenzen an den Mittellandkanal mit Anschluss an das europäische Wasserstraßennetz, die eher im Süden liegenden Flächen liegen im unmittelbaren Einzugsbereich der A 2. Mitten durch den Landkreis führt die wichtige Ost-West-Schienentrasse Hannover-Minden mit den Bahnhöfen in Stadthagen und Bückeburg.

Die räumliche Nähe zur Landeshauptstadt und Messe-Metropole Hannover und insbesondere zum internationalen Flughafen Hannover-Langenhagen stellt sich als äußerst vorteilhaft dar. Dieser kann aus dem Kreisgebiet in 30 bis 50 min erreicht werden.

Das Rückgrat der heimischen Wirtschaft bilden kleine und mittlere Unternehmen. Von den etwa 42.000 Arbeitsplätzen im Schaumburger Land sind nahezu 35.000 Arbeitnehmer bei Unternehmen in einer Größenordnung bis 249 Mitarbeiter beschäftigt.

Der Anteil der Beschäftigten im produzierenden Gewerbe ist mit rund 9.533 (23 %) gegenüber dem Land Niedersachsen überdurchschnittlich. Die Anzahl der Beschäftigten im Dienstleistungssektor liegt mit 48 % etwa im Landesdurchschnitt.

Dank seiner abwechslungsreichen Landschaft zwischen der Weser und dem Steinhuder Meer sowie der kulturellen und gesellschaftlichen Lebendigkeit seiner Städte und Dörfer verfügt das Schaumburger Land über einen hohen Wohn- und Freizeitwert. Deshalb liegen besondere endogene Potenziale vor allem im Bereich des sanften Tourismus. In den Bädern des Schaumburger Landes, Bad Nenndorf und Bad Eilsen, suchen die Menschen schon seit über 200 Jahren dank Schwefel und Schlamm Linderung ihrer Leiden. Auf flachen bis leichthügeligen Landstrichen, aber auch in den Bückebergen und im Wesergebirge kommen Radler auf ihre Kosten.

Fläche: 675,57 km²
EW: 155.847- EW/km²: 231
KFZ-Kennzeichen: SHG
Kreissitz: Stadthagen
www.schaumburg.de

Landrat
Jörg Farr / SPD
im Amt seit: 2011 gewählt bis: 2019

Sitzverteilung im Kreistag
Vorsitz: Werner Vehling

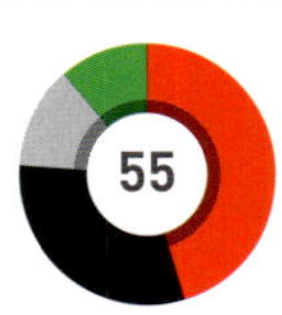

- **25** SPD
- **17** CDU
- **6** B.90/Grüne
- **7** Sonstige

(WGS 4, FDP 1, WIR 1, Die Linke 1)

Landschaft, Sehenswürdigkeiten und Kultur
Der Landkreis Schaumburg ist an der Schwelle der norddeutschen Tiefebene landschaftlich reizvoll mit natürlichen Grenzen durch die waldreichen Höhenzüge des Deisters, Süntels und des Weserberglandes sowie in den flachen nördlichen Regionen durch das Steinhuder Meer und den Schaumburger Wald entlang des Mittellandkanales. Zu den Ausläufern der Mittelgebirge gehören die Bückeberge (367 m); die höchste Erhebung des Landkreises liegt in Goldbeck (378 m).

Im Schaumburger Land liegt der Geburtsort von Wilhelm Busch, der 1865 die Bildergeschichte von „Max und Moritz" veröffentlichte, die weltbekannt ist. Das Geburtshaus in Wiedensahl betreibt der Förderkreis Wilhelm Busch Wiedensahl e. V. als Museum.

Die als Gaststätte bewirtschaftete Schaumburg in der Nähe Hessisch-Oldendorfs und andere historische Bauten und Baudenkmäler wie Schloss, Mausoleum und Stadtkirchen in Bückeburg, Schloss, „Amtspforte" und St. Martini Kirche in Stadthagen, das Stift Obernkirchen, der historische Marktplatz in Rinteln und das Kloster Möllenbeck sind nur einige herausragende bauhistorische Zeugnisse. Die „Straße der Weserrenaissance", von den an der Weser gelegenen Landkreisen 1989 erstmalig ausgeschildert, ist gleichsam Wegweiser für Kunst- und Geschichtsinteressierte.

Landkreis

Stade

NIEDERSACHSEN

Der Landkreis Stade ist...
...mit fast 200.000 Einwohnern der unmittelbare westliche Nachbar der Freien und Hansestadt Hamburg auf niedersächsischer Seite der Unterelbe. Er erstreckt sich 80 km am linken Flussufer in Richtung Nordsee.

Im Landkreis Stade, Teil der Metropolregion Hamburg, trifft Zukunft auf Tradition: Einer der führenden Wirtschaftsstandorte Norddeutschlands mit Bestnoten in Standort-Rankings ist gleichzeitig mit dem Alten Land ein für Obstbau und Tourismus bekannter Landstrich. Kreisstadt ist die Hansestadt Stade, eine der ältesten Städte im Norden Europas.

Historische Entwicklung

Der „Geburtstag" des Landkreises Stade ist der 1.10.1932, als die Preußische Staatsregierung den Großkreis Stade aus den bisherigen Kreisen Kehdingen (Land Kehdingen), Jork (Altes Land und Buxtehude) und Stade (mit den Geestgebieten) verordnete. Die drei Altkreise waren keine 50 Jahre zuvor von Preußen geschaffen worden, das 1866 das Königreich Hannover annektiert hatte.

Wertschöpfung und Verkehr

Noch heute sind am Erscheinungsbild wichtige geschichtliche Perioden erkennbar wie die mittelalterliche Kolonisierung des Alten Landes durch die Holländer an der Siedlungsstruktur, die Hansezeit (Hansestädte Stade und Buxtehude) sowie die Zeit der schwedischen Herrschaft (1645 bis 1712) insbesondere an historischen Gebäuden der Kreisstadt. Die wirtschaftliche Entwicklung des Kreises wurde im 19. Jahrhundert zunächst durch den sich erweiternden Obstbau im Alten Land, die Pferdezucht in Kehdingen und die Intensivierung des Ackerbaus auf der Geest geprägt. Der katastrophale Stadtbrand in Hamburg 1842 führte zum Bau von rund hundert Ziegeleien, die bis Mitte des 20. Jahrhunderts erheblich zur Wirtschaftskraft der Marschregion beitrugen.

Neue wirtschaftliche Perspektiven ergaben sich seit Mitte der 1960er Jahre durch die Industrialisierung an der Elbe im Bereich Stade-Bützfleth (Kernkraftwerk, Dow Chemical, Aluminium-Industrie, Industriehafen).

Der traditionell durch eine äußerst leistungsfähige Landwirtschaft und das größte nordeuropäische Obstbauanbaugebiet (Altes Land) geprägte Landkreis Stade hat sich in den vergangen fünf Jahrzehnten zusätzlich zu einem Hightech-Standort entwickelt. Global Player wie Dow Chemical und Airbus können sich auf die Unterstützung exzellenter Netzwerke verlassen, in denen sich zahlreiche mittelständische Unternehmen engagieren. Einige von ihnen, etwa aus dem Bereich Maschinenbau, gelten sogar als „heimliche Weltmarktführer".

Fläche: 1.266,02 km²
EW: 197.448 - EW/km²: 156
KFZ-Kennzeichen: STD
Kreissitz: Stade
www.landkreis-stade.de

Landrat
Michael Roesberg [W] / parteilos
im Amt seit: 2006 gewählt bis: 2021

Sitzverteilung im Kreistag
Vorsitz: Hermann Krusemark

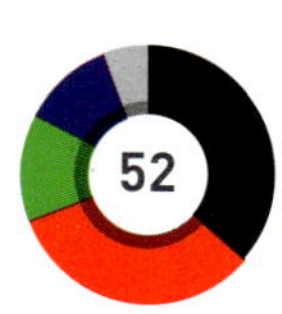

19	■	CDU
17	■	SPD
7	■	B.90/Grüne
6	■	FWG
3	■	Sonstige

(FDP 1, Die Linke 1, NPD 1)

Allein die Stader Kreishandwerkerschaft vertritt 900 Betriebe aus 19 Innungen. Gemeinsam mit Forschungs- und Bildungseinrichtungen wie der „hochschule21" in Buxtehude und dem Stader „Hansecampus" der privaten Fachhochschule Göttingen bilden Unternehmen schlagkräftige Fachkräfteschmieden.

Ein Musterbeispiel für Vernetzung ist das CFK-Valley Stade rund um Airbus, dem heute größten europäischen Standort zur Fertigung von Leichtbaustrukturen aus CFK (carbonfaserverstärkte Kunststoffe). Im international ausgerichteten Verbund CFK-Valley e.V. konzentrieren über 100 Partner ihr Expertenwissen, darunter Unternehmen wie Dow, Volkwagen und ThyssenKrupp sowie Forschungseinrichtungen wie das Deutsche Zentrum für Luft- und Raumfahrt und zwei Fraunhofer-Institute.

Direkt am Weltschifffahrtsweg Elbe gelegen, verfügt der Landkreis Stade zudem über eine leistungsfähige Verkehrsinfrastruktur. Der Seehafen Stade ist der drittgrößte in Niedersachsen. Die B 3 und B 73 sowie die A 26 verbinden den Landkreis in Richtung Hamburg. Als Elbquerung wird die geplante A 20 (Küstenautobahn) die nördlichen Nachbarländer mit dem westlichen Niedersachsen verbinden und den Landkreis Stade stärken. Mit S-Bahn oder Metronom ist Hamburg in weniger als einer Stunde erreichbar.

Landschaft, Sehenswürdigkeiten und Kultur

Über 9 Mio. Touristen lassen sich jährlich von der Vielfalt des Stadt- und Landlebens, von Kultur und Natur im Landkreis Stade beeindrucken: Fachwerk, Fleete und enge Gassen verleihen den Hansestädten Stade und Buxtehude mittelalterliches Flair. Museen mit modernen Konzepten wie der „Schwedenspeicher" oder das „Kunsthaus" mit Ausstellungen namhafter Künstler sowie Kirchen mit historischen Orgeln begeistern Gäste aus vielen Ländern. Hinzu kommen beliebte Feste und Märkte wie Stader Holkfest, Jorker Blütenfest, Harsefelder Herbst- und Winterzauber oder Himmelpfortener Christkindmarkt.

Ein gut ausgebautes Fahrradwegenetz von insgesamt 1.000 km Länge verbindet die Sehenswürdigkeiten der Dörfer und Städte. Der „Obstgarten" Altes Land verwandelt sich im Frühjahr in ein Blütenmeer. Kehdingen mit seiner berühmten Pferdezucht gilt auch als Dorado für Naturfreunde (Natureum Niederelbe). Das maritime Erbe der Elbe ist überall zu erleben: im Wischhafener Küstenschifffahrtsmuseum, an Häfen, Leuchttürmen oder vom Strand aus – mit Blick auf riesige Containerschiffe auf dem Weg von Hamburg in alle Welt.

Landkreis

Uelzen

NIEDERSACHSEN

Der Landkreis Uelzen ist...
...typisch ländlich. Er ist Teil der Lüneburger Heide und zugleich Mitglied der Metropolregion Hamburg. Politisch ist er in die vier Samtgemeinden Aue, Bevensen-Ebstorf, Rosche, Suderburg, die Gemeinde Bienenbüttel sowie die Kreisstadt Uelzen gegliedert. Er gehört zu den dünn besiedelten Gebieten Niedersachsens. Flächenmäßig nimmt er den zehnten Rang innerhalb Niedersachsens ein.

Historische Entwicklung
Der heutige Kreis Uelzen umfasst das Gebiet der historischen Ämter Oldenstadt, Bodenteich, Medingen und Ebstorf. In der nachnapoleonischen Zeit wurden die Ämter des ehemaligen Fürstentums Lüneburg im Zuge von Modernisierungsmaßnahmen zur Landdrostei Lüneburg zusammengefasst. Nach der Annexion des Königreichs Hannover durch Preußen 1866 blieben die Ämter zunächst bestehen. Erst zum 1.4.1885 erfolgte eine Kreiseinteilung nach der preußischen Kreisordnung. Damit begann auch die Geschichte des Landkreises Uelzen.

Wertschöpfung und Verkehr
Die Wirtschaft ist mittelständisch geprägt und zeigt eine gesunde Mischung aus Landwirtschaft, gewerblicher Produktion, Handel und Dienstleistungen. Das verarbeitende Gewerbe ist geprägt durch die Veredelung landwirtschaftlicher Produkte, die zu Zucker, Speiseeis, Backwaren, Milchtrockenprodukten und Wurst verarbeitet werden. Im Landkreis wird außerdem ungefähr jede siebte deutsche Speisekartoffel angebaut. Auch die Erzeugung erneuerbarer Energien spielt eine immer wichtigere Rolle. Die Herstellung von Büroartikeln, die Tierversicherung und der Versandhandel von Textilien schaffen ebenfalls zahlreiche Arbeitsplätze.

Besondere Bedeutung hat der Gesundheits- und Sozialbereich mit insgesamt neun Krankenhäusern und Kliniken, die zum Teil international ausgerichtet sind. Die Kureinrichtungen in Bad Bevensen mit der großen Jod-Sole-Therme und in Bad Bodenteich dienen neben der Gesundheit auch dem Tourismus.

Obwohl der Landkreis Uelzen in der Mitte eines der größten, (noch) nicht direkt von Autobahnen erschlossenen Gebiete in Deutschland liegt, profitiert er von seiner günstigen geografischen Lage im Herzen der Städte Berlin, Bremen, Hamburg und Hannover. Über die Schiene (u. a. Hauptstrecke Hamburg-Hannover), den Wasserweg (Elbe-Seitenkanal) sowie die Bundesstraßen ist eine gute Erreichbarkeit gewährleistet. In der Planung befindet sich der Lückenschluss der A 39 zwischen Lüneburg und Wolfsburg. Er wird die verkehrliche Anbindung nochmals deutlich verbessern, auch über eine Querverbindung zur A 14 von Magdeburg nach Schwerin.

Landschaft, Sehenswürdigkeiten und Kultur
Mitten in der Lüneburger Heide gelegen bietet der Landkreis Uelzen beste Voraussetzungen für einen sanften und naturnahen Tourismus. Wandern, Reiten, Radfahren oder Bootausflüge sind beliebte Urlaubsaktivitäten. Sehenswerte Besonderheiten sind die spätsommerliche Heideblüte zum Beispiel in der Ellerndorfer Wacholderheide, das Museumsdorf Hösseringen, das Handwerksmuseum in Suhlendorf, die Burg Bodenteich, das Schloss Holdenstedt, das Kloster Medingen sowie die mächtige Doppelschleuse in Esterholz. Das Heidekloster Ebstorf beherbergt eine originalgetreue Kopie der Ebstorfer Weltkarte, die das christlich-europäische Weltbild des ausgehenden Mittelalters darstellt.

Märchenhaft schön ist der „Hundertwasser-Bahnhof" in Uelzen. Der Architekt und Lebensreformer Friedensreich Hundertwasser hat die Pläne für den Umbau des Bahnhofs selbst entworfen. Aus einem Backsteingebäude des 19. Jahrhunderts ist so ein weit bekanntes Bauwerk geworden – ökologisch, modern und doch der Tradition verpflichtet.

Zur Lebensqualität gehört auch ein vielfältiges Kultur- und Bildungsangebot. Immer wieder locken zahlreiche kulturelle Highlights einheimische wie auswärtige Gäste gleichermaßen zu den jeweiligen Veranstaltungen. Der Reigen reicht von Symphonie- und Kammerkonzerten über verschiedenste Theateraufführungen, Musiktheater oder literarische Veranstaltungen, Kabarett- und Comedy-Abenden bis hin zu den weit über die Grenzen des Landkreises hinaus bekannten Holdenstedter Schlosswochen und der „Internationalen Sommerakademie Lüneburger Heide".

Mit dem Campus Suderburg der Ostfalia-Hochschule für angewandte Wissenschaften als einem der kleinsten Hochschulstandorte Deutschlands kann der Landkreis Uelzen auch hier mit einer Besonderheit aufwarten. Mit den Fakultäten „Bau-Wasser-Boden" sowie „Handel und Soziale Arbeit" werden hier besonders zukunftsträchtige Studiengänge angeboten.

Fläche: 1.454,17 km²
EW: 92.533 - EW/km²: 64
KFZ-Kennzeichen: UE
Kreissitz: Uelzen
www.uelzen.de

Landrat
Dr. Heiko Blume / CDU
im Amt seit: 2011 gewählt bis: 2019

Sitzverteilung im Kreistag
Vorsitz: Heinz-Hermann Schulze

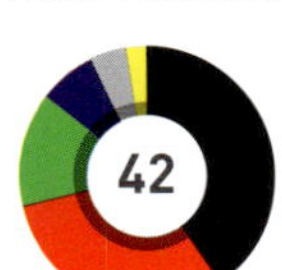

17 CDU
13 SPD
6 B.90/Grüne
3 UWG
1 FDP
2 Sonstige
(RRP 1, WG Keine A39 1)

Landkreis

Vechta

NIEDERSACHSEN

Der Landkreis Vechta ist...

...ein junger, familienfreundlicher und wirtschaftsstarker Landkreis im Oldenburger Münsterland. Die vielfältige Bildungslandschaft, ein attraktiver Arbeitsmarkt und günstige Lebenshaltungskosten sind starke Argumente für den Standort im Dreieck zwischen Osnabrück, Oldenburg und Bremen. Für die Zukunft werden dem Landkreis Vechta daher steigende Einwohner- und Erwerbstätigenzahlen prognostiziert.

Historische Entwicklung

1803 wurde das Amt Vechta als Vorläufer des Landkreises in das Herzogtum Oldenburg inkorporiert und 1879 um das Gebiet der beiden aufgelösten Ämter Damme und Steinfeld vergrößert. Nach Bildung des Landes Niedersachsen erfuhr das Kreisgebiet nur geringe gebietliche Veränderungen.

Seither ist die Geschichte des Landkreises vor allem durch den wirtschaftlichen Aufstieg geprägt. Galt das Oldenburger Münsterland einst als Armenhaus Deutschlands, konnte sich der Landkreis Vechta zu einer der dynamischsten Wirtschaftsregionen im Nordwesten entwickeln. Triebkräfte hierfür waren neben der Fertigstellung der A 1 im Jahr 1968 die geografische Lage zwischen den Großhäfen im Norden und den Absatzmärkten im Ruhrgebiet, die insbesondere für die Veredlungswirtschaft optimale Voraussetzungen schuf.

Von 1969 an musste der Kreis Vechta angesichts einer geplanten kommunalen Neugliederung acht Jahre um seine Eigenständigkeit kämpfen. Erst am 9.6.1977 beschloss der Niedersächsische Landtag, dass der Landkreis Vechta selbständig bleibt.

Wertschöpfung und Verkehr

Der Landkreis Vechta ist mit vorwiegend familien- und inhabergeführten Unternehmen stark mittelständisch geprägt. Sein Schwerpunkt liegt im verarbeitenden Gewerbe. Mehr als ein Drittel aller sozialversicherungspflichtig Beschäftigten sind in diesem Sektor tätig. Daneben zählen Kunststofftechnik, Maschinenbau, die Agrar- und Ernährungsindustrie sowie das Dienstleistungs- und Baugewerbe zu den wichtigsten Branchen des Landkreises.

Rund 60 % der Katasterflächen werden landwirtschaftlich genutzt. Um die Landwirtschaft herum hat sich eine geschlossene Wertschöpfungskette gebildet – von der Futtermittelproduktion über die Lebensmitteltechnologie bis hin zur international nachgefragten Agrartechnik.

Der Landkreis kann auf hervorragende ökonomische Daten verweisen. Er liegt mit einer Arbeitslosenquote von rund 4 % unter dem Landes- und Bundesdurchschnitt – ein Trend, der sich fortzusetzen scheint. Laut einer Studie des Hamburgischen Weltwirtschaftsinstituts gehört der Landkreis Vechta zu den Gebieten, die in den nächsten 15 Jahren deutschlandweit den stärksten Anstieg an Erwerbstätigen verzeichnen werden. Dies ist sicher auch einer der Gründe für die optimistischen Bevölkerungsprognosen: Nach Berechnungen der Bertelsmann Stiftung soll die Einwohnerzahl auf über 139.000 im Jahr 2025 steigen.

In 2013 lagen die Gewerbesteuereinnahmen pro Einwohner bei etwa 465 € bzw. 114 % des Landesdurchschnitts. Die Wirtschaftskraft im Landkreis trägt zu gesunden öffentlichen Haushalten bei, was wiederum kommunale Investitionen ermöglicht. Pro Kopf wurden in 2013 rund 421 € in Schulen, Kindergärten oder Infrastruktur investiert. Das war der dritthöchste Wert in Niedersachsen.

Fläche: 812,62 km²
EW: 136.184 - EW/km²: 168
KFZ-Kennzeichen: VEC
Kreissitz: Vechta
www.landkreis-vechta.de

Landrat
Herbert Winkel / CDU
im Amt seit: 2014 gewählt bis: 2021

Sitzverteilung im Kreistag
Vorsitz: Bernard Echtermann

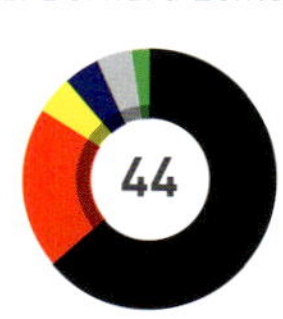

28	CDU
9	SPD
2	FDP
2	UWG
1	B.90/Grüne
2	Sonstige

(Die Linke 1, parteilos 1)

Infrastrukturell ist der Landkreis Vechta optimal vernetzt. Er liegt direkt an der Verkehrsachse A 1, die auf Höhe Osnabrück im Süden die A 2 kreuzt. Die Flughäfen Bremen, Münster/Osnabrück und Hannover sind schnell zu erreichen. Zudem hat der Landkreis im Jahr 2013 mit den Städten und Gemeinden sowie den örtlichen Verkehrsunternehmern das innovative Nahverkehrssystem „moobil+" ins Leben gerufen, das ein hohes Maß an Mobilität im ländlichen Raum garantiert. Außerdem verfügt der Landkreis über ein gut ausgebautes Straßen- und Radwegenetz.

Landschaft, Sehenswürdigkeiten und Kultur

Abwechslungsreich zeigen sich Umwelt und Natur des Landkreises. Von den Dammer Bergen und dem Westufer des Dümmer Sees im Süden bis hin zu den Mooren im Norden vereint er vielfältige Landschaftsbilder, die zur Erkundung auf dem Sattel einladen. Durch die agrarische Prägung hat sich eine naturbelassene Kulturlandschaft entwickelt, in der sich außerhalb der zehn Städte und Gemeinden alte Bauerschaften, gepflegte Hofstellen und grünes Weideland abwechseln.

Der mittelalterliche Zitadellenpark in Vechta, das Industriemuseum in Lohne oder die Burg Dinklage lassen das historische Erbe des Landkreises greifbar werden. Die Tier- und Pflanzenwelt im Landkreis Vechta bringen beispielsweise das Goldenstedter Moor, die weitläufigen Wälder der Dammer Schweiz und eine Vielzahl an Naturlehrpfaden den Besuchern näher.

Landkreis
Verden

NIEDERSACHSEN

Der Landkreis Verden ist…
…einer der wirtschaftsstärksten Kreise im norddeutschen Raum. Eine durch mittelständische Unternehmen geprägte Wirtschaftsstruktur, eine hohe Industriedichte, gute Lebens- und Arbeitsbedingungen, die unmittelbare Nachbarschaft zu Bremen und die zentrale Lage in Niedersachsen mit den entsprechend guten überregionalen Verkehrsanbindungen kennzeichnen den Landkreis.

Historische Entwicklung
Der Landkreis Verden geht in seinen heutigen Grenzen im Wesentlichen auf die Kreisreform von 1932 zurück. In diesem Jahre wurden die aus den Ämtern Achim und Verden hervorgegangenen gleichnamigen Altkreise zu einer Verwaltungseinheit zusammengelegt. Gleichzeitig wurde dadurch eine jahrhundertealte territoriale Trennungslinie beseitigt, die im Mittelalter als Diözesangrenze zwischen dem Erzbistum Bremen und dem Bistum Verden und schließlich als Grenze zwischen den Herzogtümern Bremen und Verden festgelegt war.

Aus dem neu gebildeten Landkreis Verden wurden im Jahre 1939 die bereits zu Vorstädten gewordenen Gemeinden Hemelingen, Arbergen und Mahndorf ausgegliedert und an das Land Bremen bzw. die Stadt Bremen abgetreten. Durch die bisher letzte Kreisreform in den 1970er Jahren wurde das Kreisgebiet um die ehemalige Gemeinde Hülsen aus dem Landkreis Soltau-Fallingbostel, um kleinere Gebietsteile aus dem ehemaligen Landkreis Grafschaft Hoya sowie um das frühere Braunschweigische Amt Thedinghausen erweitert.

Wertschöpfung und Verkehr
Der Landkreis Verden zeichnet sich durch eine besondere Wirtschaftsstärke aus. Mittelständische Unternehmen und eine hohe Industriedichte prägen die regionale Wirtschaftsstruktur. Der Landkreis Verden profitiert im starken Maße von seiner Nähe zum Oberzentrum Bremen und seiner zentralen Lage in Niedersachsen mit den entsprechend guten Anbindungen an das überregionale Straßen- und Schienenverkehrsnetz.

Neun Anschlussstellen an den beiden überregionalen, sich kreuzenden Verkehrsachsen A 1 und A 27 sowie die Anbindung an die Fernstrecken der Eisenbahn bilden die Grundlage einer ausgezeichneten Verkehrsinfrastruktur. Darüber hinaus macht die Nähe zum Oberzentrum Bremen mit Hafen, Güterverkehrszentrum, Flughafen sowie Hochschul- und Forschungseinrichtungen den Standort Landkreis Verden für die Ansiedlung mittelständischer Industrie und mittelständischen Gewerbes attraktiv.

Im Landkreis Verden gibt es ca. 43.500 sozialversicherungspflichtig Beschäftigte. Ein breitgefächerter mittelständischer Branchenmix sorgt für eine solide Wirtschaftsbasis.

Fläche: 787,95 km²
EW: 133.215 - EW/km²: 169
KFZ-Kennzeichen: VER
Kreissitz: Verden (Aller)
www.landkreis-verden.de

Landrat
Peter Bohlmann / SPD
im Amt seit: 2005 gewählt bis: 2019

Sitzverteilung im Kreistag
Vorsitz: Helmut Prossner

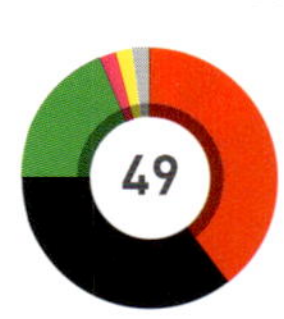

19 SPD
18 CDU
9 B.90/Grüne
1 FDP
1 Linke
1 parteilos

Schwerpunktbranchen im Landkreis Verden sind u. a. die Ernährungswirtschaft, der Maschinenbau, die Metallverarbeitung und die Elektrotechnik. Zahlreiche überregional bedeutende und international erfolgreiche Unternehmen sind im Landkreis Verden ansässig.

Darüber hinaus hat sich das Gebiet um Verden zu einem herausragenden Zentrum der Tierzucht und Tiervermarktung von Pferden und Rindern mit zahlreichen Auktions- und Ausstellungsveranstaltungen entwickelt.

Landschaft, Sehenswürdigkeiten und Kultur
Den Landkreis Verden kennzeichnet ein abwechslungsreiches Landschaftsbild, das alle typischen Landschaftselemente Norddeutschlands aufweist. Die Flussmarschen der Weser- und Allerniederung nehmen den südwestlichen Teil des Kreisgebietes ein. Sie sind Zentren der hannoverschen Pferdezucht. Die Wümmeniederung, die den Norden des Landkreises durchzieht, weist zahlreiche Niedermoore auf und gilt als schützenswertes Feuchtgebiet von internationaler Bedeutung.

Die leicht hügelige Verdener und Lintelner Geest verleiht dem Südosten des Kreisgebietes seinen typischen Charakter. Die waldreiche Landschaft dieses Teils des Kreisgebietes mit seinen Hochmooren und Heideflächen bildet einen Übergang zur nahen Lüneburger Heide.

Ein hervorragend ausgebautes und dicht erschlossenes Radwegenetz macht den Landkreis zu einem Paradies für Radler. Auf ausgeschilderten Wegen und abseits von Hektik und Straßenlärm lassen sich mit dem Fahrrad vielfältige reizvolle Landschaften und zahlreiche Sehenswürdigkeiten erleben.

Neben den vielen Wind- und Wassermühlen zählen der Verdener Dom, der Erbhof in Thedinghausen, das Schloss Etelsen und der Amtshof in Ottersberg zu den bedeutenden Baudenkmälern im Kreisgebiet.

Museen wie das Deutsche Pferdemuseum und das Domherrenhaus in Verden, das Otto-Modersohn-Museum und die Galerie Fischerhuder Maler im Künstlerdorf Fischerhude sowie zahlreiche Konzertveranstaltungen überregionalen Ranges laden zu Besuchen ein.

Landkreis

Wesermarsch

NIEDERSACHSEN

Der Landkreis Wesermarsch ist…

…mit Wasser reich gesegnet. Kaum ein anderer Landkreis der Bundesrepublik ist so von Wasser umspült, wie der Landkreis Wesermarsch.

Historische Entwicklung

Seit dem 10. Jahrhundert sicherten die Bewohner der Wesermarsch den fruchtbaren Marschboden durch Erdwälle vor der See. Die im 11. Jahrhundert errichteten Kirchen zeugen von dem beachtlichen Wohlstand und der bewahrten Freiheit der Rüstringer Friesen. Im Mittelalter bewirkten gewaltige Sturmfluten tiefgreifende Veränderungen des Küstenverlaufes.

Seit 1774 stand die Wesermarsch unter der Herrschaft des Großherzogtums Oldenburg.

Die Wesermarsch wurde in sieben Ämter aufgeteilt. Nach verschiedenen Verwaltungsneugliederungen wurde schließlich 1933 der Landkreis Wesermarsch aus den damaligen Amtsbezirken Butjadingen, Brake und Elsfleth sowie aus Teilen der Ämter Delmenhorst und Varel gebildet. Er blieb durch die Gebietsreformen fast unbeschadet in seiner früheren Größe erhalten.

Wertschöpfung und Verkehr

Die Wirtschaftsstruktur des Landkreises Wesermarsch ist extrem vielfältig. Längs der Weser siedeln moderne Industriebetriebe des Fahrzeugbaus: Luftfahrtindustrie, Werften mit Spezialschiffbau und -reparatur, Zulieferbetriebe für den Automobilbereich sowie Produktionsbetriebe der maritimen Verbundwirtschaft. Im gesamten Kreisgebiet sind mittelständische Unternehmen und Familienbetriebe aus Handel und Handwerk beheimatet, die in ihrem jeweiligen Betätigungsfeld mit hochspezialisierten Produkten oder Dienstleistungen überregionale Nachfrage erzeugen.

Im Bereich der Landwirtschaft ist die Wesermarsch als eine der bundesweit größten zusammenhängenden Grünlandregionen vor allem durch ihre Viehhaltung zur Fleisch- und Milchproduktion bedeutend.

Als Wissenschaftsstandort punktet der Landkreis Wesermarsch mit der Jade Hochschule Wilhelmshaven/Oldenburg/Elsfleth und dem Maritimen Campus in Elsfleth, die als Studien-, Aus- und Weiterbildungseinrichtungen an überregionaler Bedeutung gewonnen haben.

Hinsichtlich seiner Verkehrsinfrastruktur fungiert der Landkreis Wesermarsch als Bindeglied zwischen dem Oldenburger Land und dem Elbe-Weser-Dreieck. Zwei Bundestraßen verbinden das Kreisgebiet mit den umliegenden Oberzentren Bremen, Bremerhaven und Oldenburg, über die westlich des Landkreises verlaufende A 29 ist die Stadt Wilhelmshaven zügig zu erreichen, der Wesertunnel bei Rodenkirchen öffnet den Weg in die Städte und Landkreise östlich der Weser. Die geplante Ausbautrasse der Küstenautobahn A 20 wird unmittelbar durch das Zentrum des Kreisgebietes verlaufen.

Die überregionale Vernetzung des Landkreises Wesermarsch ermöglicht einen regen Austausch mit anderen Gebietskörperschaften: Über interkommunale Zusammenschlüsse wie die Metropolregion Nordwest, die JadeBay GmbH und das Regionalforum Bremerhaven verfolgen die Partnerkommunen das gemeinsame Ziel, ihre Entwicklung zu einem überregional lukrativen Wirtschaftsstandort und einem zugleich attraktiven Gebiet zum Leben, Lernen und Arbeiten voranzutreiben.

Fläche: 821,90 km²
EW: 88.765 - EW/km²: 108
KFZ-Kennzeichen: BRA
Kreissitz: Brake
www.landkreis-wesermarsch.de

Landrat
Thomas Brückmann / parteilos
im Amt seit: 2013 gewählt bis: 2018

Sitzverteilung im Kreistag
Vorsitz: Kurt Winterboer

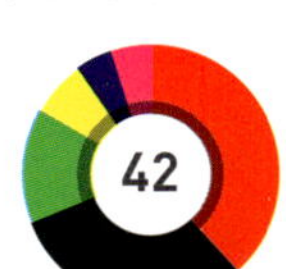

16	SPD
13	CDU
6	B.90/Grüne
3	FDP
2	UW
2	Die Linke

Landschaft, Sehenswürdigkeiten und Kultur

94 km Flussdeiche und 62 km Seedeiche schützen das niedrig gelegene Marschland vor Überflutungen. Die weiten Marsch- und Moormarschflächen zwischen Weser und Jadebusen mit großen Einzelhöfen, die zum Teil noch auf Wurten liegen, die grüne Küste, an der sich in den vergangenen Jahre Ferienplätze entwickelt haben und die Hafenstädte Brake, Elsfleth und Nordenham mit Handel und Industrie mit Hochtechnologie und Forschung charakterisieren die Wesermarsch.

Die Wesermarsch ist attraktives Urlaubsland an Nordsee, Jade und Weser – eine faszinierende Kombination aus Angeboten: Im Norden die Nordsee, der Jadebusen und das UNESCO-Weltnaturerbe Wattenmeer für Badeurlaub und Wattwanderungen, östlich die Weser mit maritimem Flair und im Binnenland naturnahe Freizeit- und Erholungsangebote mit Führungen zu überregional bekannten landschaftsgeschichtlichen Orten (z.B. Moore, Orgelbau, historische Bauwerke wie Mühlen). 840 km ausgeschilderte Radwege sorgen für wahres Radfahrvergnügen.

Landkreis

Wittmund

NIEDERSACHSEN

Der Landkreis Wittmund ist...

...landschaftlich reizvoll und von großer Vielfalt. Sehr gut spiegeln sich Tradition und Moderne im Kreishaus von 1901 mit seinem ehrwürdigen Sitzungssaal wider, in dem heute noch die Kreisbediensteten ihre Büros mit Blick auf den Wittmunder Markt haben.

Als zweitkleinste Gebietskörperschaft im Land Niedersachsen ist der ostfriesische Landkreis mit den Festlandsgemeinden Wittmund, Friedeburg, Esens und Holtriem sowie den Inseln Langeoog und Spiekeroog ein von Geest, Moor und Marsch geprägter Landstrich mit dünner Besiedlung.

Historische Entwicklung

Der Landkreis Wittmund als Gebietskörperschaft entstand am 1.4.1885 durch den Zusammenschluss der Ämter Esens und Wittmund sowie der Stadt Esens. Der Kreis umfasste zur Gründungszeit eine Gesamtfläche von 741,28 km² und war damit der größte Landkreis im damaligen Regierungsbezirk Aurich und auch einer der größten innerhalb der preußischen Provinz Hannover. Zum ersten großen Gebietsverlust kam es, als am 1.4.1919 die Stadt Wilhelmshaven ausschied. 1951 wurden die Gemeinden Wiesmoor und Mullberg an den Landkreis Aurich abgetreten. 1972 verlor der Landkreis Wittmund weitere Gemeinden an drei Nachbarkreise. Das Kreisgebiet verkleinerte sich so auf 655,56 km².

Im Zuge der Kreisreform 1977 wurde der Landkreis Wittmund aufgelöst. Ein entsprechender Beschluss des Niedersächsischen Landtages, Wittmund solle bei einer Fusion im Landkreis Friesland aufgehen, wurde jedoch vom Niedersächsischen Staatsgerichtshof 1979 rückgängig gemacht. Damit blieb alles beim Alten – der Landtag beschloss per Gesetz am 16. Dezember 1979 die Wiederherstellung des Landkreises Wittmund. Das wurde in der Bevölkerung mit großer Begeisterung aufgenommen, und ihr Selbstbewusstsein hat von diesem politischen Sieg profitiert.

Wertschöpfung und Verkehr

Wichtigster Wirtschaftszweig des Landkreises ist der Tourismus. Die Nordseeinseln Langeoog und Spiekeroog sowie die Küstenbadeorte Neuharlingersiel, Carolinensiel/Harlesiel sowie Esens-Bensersiel mit ihren zum Teil malerischen Häfen, von denen aus die Fischer mit ihren bunten Kuttern zum Fang aufbrechen, ziehen jedes Jahr Hunderttausende von Gästen an. 2015 lag die Zahl der Übernachtungen auf den Inseln, an der Küste und im Hinterland erneut deutlich über 5 Mio.

Aber auch produzierendes und verarbeitendes Gewerbe, Land- und Forstwirtschaft, das Baugewerbe und die Fischerei sind Wirtschaftszweige von Gewicht. Größter privater Arbeitgeber ist die international tätige Rehau AG mit rund 650 Mitarbeitern.

Große wirtschaftliche Impulse erhofft sich Wittmund vom Jade-Weser-Port, dem neuen Tiefwasserhafen des Landes Niedersachsen in Wilhelmshaven, der tideunabhängig am tiefen Wasser des Jadebusens liegt. Er ging im September 2012 in Betrieb. Der Containerhafen kommt immer besser in Schwung. Auch das Areal des Kavernenfeldes in Etzel (Gemeinde Friedeburg) ist wichtig – hier wurden seit dem Jahr 2006 rund 800 Mio. € in den weiteren Ausbau von Kavernen in einem riesigen, unterirdischen Salzstock investiert, um Gas und Erdöl zu lagern. Dieser Bereich hat sich zur norddeutschen Energiedrehscheibe und zum nationalen Zentrum für Energiespeicherung entwickelt.

Auch der Standort des Traditions-Jagdgeschwaders „Richthofen" mit seinen fast 900 beschäftigten Soldaten und Zivilangestellten ist aus dem Landkreis nicht wegzudenken. Von hier aus starten die modernen Eurofighter der Luftwaffe zu ihren Übungsflügen über der Nordsee und zu Aufklärungseinsätzen über ganz Deutschland.

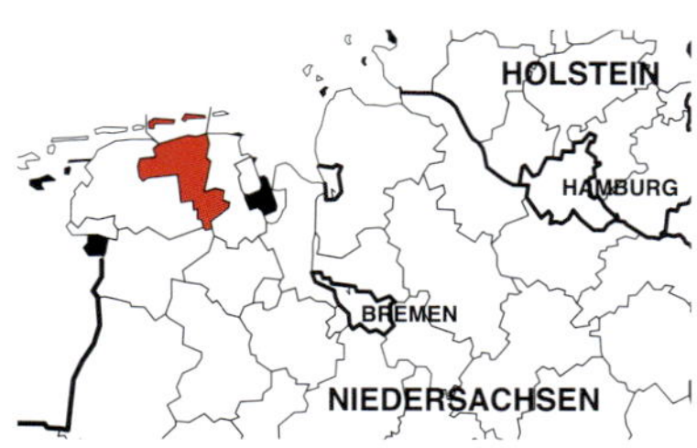

Fläche: 656,64 km²
EW: 56.539 - EW/km²: 86
KFZ-Kennzeichen: WTM
Kreissitz: Wittmund
www.landkreis-wittmund.de

Landrat
Matthias Köring / parteilos
im Amt seit: 2010 gewählt bis: 2016

Sitzverteilung im Kreistag
Vorsitz: Arthur Engelbrecht

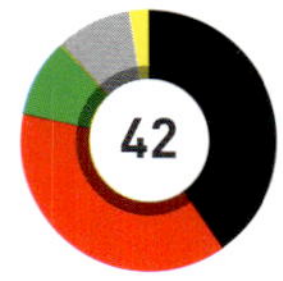

17 CDU
16 SPD
4 B.90/Grüne
1 FDP
4 Sonstige

(BFB 1, EBI 1, FWG 1, Die Linke 1)

Landschaft, Sehenswürdigkeiten und Kultur

Der Landkreis Wittmund liegt an der Nordsee zwischen Wilhelmshaven und Emden und ist verkehrsgünstig vom Ruhrgebiet aus über die Autobahn A 31 („Ostfriesenspieß") oder dem Raum Bremen/Oldenburg über die A 29 zu erreichen. Er bietet auf kleinem Raum so viele Naturschönheiten: die beiden Inseln mit ihren Stränden, die zuweilen wilde Nordsee, das UNESCO-Weltnaturerbe Wattenmeer, aber auch Deutschlands größten Hochmoorsee, das einzigartige Ewige Meer in Eversmeer.

Zu den zahlreichen Sehenswürdigkeiten, die einen Besuch lohnen, gehören ebenso die vielen kleinen, mittelalterlichen Dorfkirchen mit ihren wertvollen Einrichtungen und historischen Orgeln, die vielen Windmühlen und andere geschichtsträchtige Stätten. Das Sielhafenmuseum in Carolinensiel, das Buddelschiffmuseum in Neuharlingersiel oder der Luftkurort Werdum mit seinem Park seltener Haustierrassen und der ostfriesischen Küstenbrauerei sind als Anlaufpunkte bei Touristen beliebt. Hinzu kommt ein gut ausgebautes Radwegenetz.

Landkreis

Wolfenbüttel

NIEDERSACHSEN

Der Landkreis Wolfenbüttel ist...

...ein attraktiver Wohn- und Lebensort für rund 120.000 Menschen. Zwischen Harz und Heide in landschaftlich reizvoller Umgebung gelegen, bietet er seinen Einwohnern vor dem Hintergrund einer reichen kulturellen Geschichte ein hohes Maß an Lebensqualität.

Historische Entwicklung

Die Geburtsstunde der Kreisdirektion Wolfenbüttel schlug am 1.1.1833 und war das Ergebnis einer großen Reform der braunschweigischen Staatsverwaltung. Im Zuge seiner Entwicklung erlebte der Landkreis mehrere einschneidende territoriale Veränderungen: unter anderem während der Weimarer Republik und wenige Jahre später unter der Diktatur des Nationalsozialismus. Die heutigen Kreisgrenzen gehen auf die Niedersächsische Gebietsreform im Jahr 1974 zurück.

Zum Landkreis Wolfenbüttel gehören heute die Städte Hornburg, Schöppenstedt und Wolfenbüttel , die Einheitsgemeinden Cremlingen und Schladen-Werla sowie die Samtgemeinden Baddeckenstedt, Elm-Asse, Oderwald und Sickte.

Wertschöpfung und Verkehr

Über einen langen Zeitraum hinweg war die Wirtschaft des Landkreises Wolfenbüttel von einer außerordentlich leistungsfähigen Landwirtschaft geprägt: Auf den fruchtbaren Lössböden werden auch heute noch Zuckerrüben und Getreide angebaut, wenn auch in weit geringerem Umfang. Darüber hinaus existiert ein traditionell breit gefächertes Handwerk mit zahlreichen kleinen und mittleren Betrieben. Daneben entwickelten sich Unternehmen weiterer Branchen bis hin zum Dienstleistungssektor, so dass der Landkreis Wolfenbüttel heute über eine vielfältige Wirtschaftsstruktur verfügt.

Als Ausgleich für verloren gegangene Arbeitsplätze in der Landwirtschaft ergaben sich besonders enge Wirtschaftsbeziehungen zu den Stadtregionen Salzgitter, Braunschweig und Wolfsburg: Sehr viele Menschen aus dem Kreisgebiet pendeln täglich dorthin zu ihrem Arbeitsplatz. Gemeinsam mit den Arbeitsplätzen im Landkreis Wolfenbüttel selbst führt dies zu einer relativ hohen Pro-Kopf-Kaufkraft im Landkreis Wolfenbüttel.

Als wertvoller Impulsgeber für die Wirtschaft im Landkreis Wolfenbüttel hat sich die Ostfalia Hochschule für angewandte Wissenschaften einen ausgezeichneten Ruf erworben. Am Standort Wolfenbüttel bieten die Fakultäten für Elektrotechnik, Informatik, Maschinenbau und Versorgungstechnik sowie Recht und Soziale Arbeit gute Studienbedingungen. Im Bereich Wissens- und Technologietransfer ermöglicht die Ostfalia den Unternehmen im Landkreis gute Kooperationsmöglichkeiten.

Zu den positiven Standortfaktoren im Landkreis Wolfenbüttel zählt die gute Verkehrsinfrastruktur: Mit der durchgängigen Autobahn A 395 sind die benachbarte Großstadt Braunschweig und die Erholungs- und Freizeitangebote im nahen Mittelgebirge Harz in wenigen Minuten zu erreichen. Als weitere wichtige Verkehrsadern liegen die A 2 und A 7 in unmittelbarer Nachbarschaft.

Auch auf der Datenautobahn liegt der Landkreis Wolfenbüttel vorn: Mit dem Ausbau einer flächendeckenden Breitbandversorgung in eigener Regie steigert er die Standortqualität für all jene Unternehmen, die auf das schnelle Internet angewiesen sind.

Landschaft, Sehenswürdigkeiten und Kultur

Wer im Landkreis Wolfenbüttel lebt, kann direkt vor der Haustür Natur aktiv erleben. Die bewaldeten Höhenzüge von Elm, Oderwald und Asse, die Hainberge und die Lichtenberge sind beliebte Ziele für Erholungssuchende und Freizeitsportler. Einer der schönsten Flecken im Landkreis ist das idyllische Reitlingstal, eine von steil abfallenden Berghängen umschlossene Wiesenlandschaft im weitläufigen Areal des Naturparks Elm-Lappwald mit seinem Netz von über hundert Strecken- und Rund-wanderwegen. Zahlreiche alte Schlösser, Burgen, Gutshäuser und Kirchen bilden eine geschlossene Kulturlandschaft, die der Umgebung der historischen Residenzstadt Wolfenbüttel ihren eigenen Reiz verleiht.

Kultureller Mittelpunkt und wirtschaftliches Zentrum ist die Kreisstadt Wolfenbüttel. Das Schloss als ehemalige Residenz der Welfenherzöge von Braunschweig-Lüneburg (1432–1754) und die international bekannte Herzog August-Bibliothek als Schatzhaus voller Bücher und lebendige Forschungsstätte sind besondere Anziehungspunkte in dieser modernen Kulturstadt mit Tradition.

Literaturfreunde, Theaterfans und Musikliebhaber genießen in Stadt und Kreis eine lebendige kulturelle Szene und ein Veranstaltungsangebot von hohem Niveau. In den Gemeinden des Landkreises engagieren sich viele Menschen ehrenamtlich in Gruppen, Vereinen und anderen Institutionen und tragen so zu einem lebendigen Gemeinschaftsleben bei.

Die Städte und Gemeinden des Landkreises halten eine breite Palette von Einrichtungen im Bildungsbereich vor und zeichnen sich durch eine gut ausgebaute Infrastruktur für Menschen jeden Alters und insbesondere Familien aus. Dies sind Pluspunkte, die Alteingesessene ebenso wie Neubürger und Gäste zu schätzen wissen.

Fläche: 722,56 km²
EW: 120.035 - EW/km²: 166
KFZ-Kennzeichen: WF
Kreissitz: Wolfenbüttel
www.lk-wolfenbuettel.de

Landrätin
Christiana Steinbrügge / SPD
im Amt seit: 2013 gewählt bis: 2018

Sitzverteilung im Kreistag
Vorsitz: Oliver Ganzauer

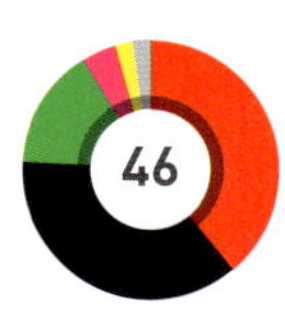

18 SPD
17 CDU
7 B.90/Grüne
2 Die Linke
1 FDP
1 Sonstige
(parteilos 1)

Sachsen-Anhalt

Landkreise	**11**
Fläche km²	**19.870,91**
Einwohner	**1.687.711**
Bevölkerungsdichte EW/km²	**85**

Größte Landkreise	km²
Stendal	2.423,14
Börde	2.366,65
Altmarkkreis Salzwedel	2.293,04

Kleinste Landkreise	km²
Burgenlandkreis	1.413,68
Salzlandkreis	1.426,73
Saalekreis	1.433,66

Einwohnerstärkste Landkreise	EW
Harz	219.618
Salzlandkreis	196.750
Saalekreis	186.510

Einwohnerschwächste Landkreise	EW
Altmarkkreis Salzwedel	86.071
Jerichower Land	91.359
Stendal	114.668

Dichtest besiedelte Landkreise	EW/km²
Salzlandkreis	138
Burgenlandkreis	130
Saalekreis	130

Dünnst besiedelte Landkreise	EW/km²
Altmarkkreis Salzwedel	38
Stendal	47
Jerichower Land	58

Altmarkkreis Salzwedel

SACHSEN-ANHALT

Der Altmarkkreis Salzwedel ist...
...ein Landkreis, der den Menschen, die in ihm leben, arbeiten und ihn besuchen, vieles bietet: Einen fruchtbaren Boden, auf dem die Vorstellung von einem selbstbestimmten Leben in einem Wirtschaftsraum genauso blüht und gedeiht wie die Möglichkeit des Einklangs von Beruf und Familie.

Historische Entwicklung
Schon immer war das Gebiet der westlichen Altmark Grenzland und im Mittelalter Ausgangspunkt für die Eroberung der späteren Gebiete Brandenburgs/Preußens östlich der Elbe. Der rote brandenburgsche Adler im Wappen des Altmarkkreises Salzwedel symbolisiert die jahrhundertealte Zugehörigkeit der Altmark zur Mark Brandenburg, der Lüneburger Löwe auf goldenem Schild weist auf die Zugehörigkeit zu Braunschweig–Lüneburg hin und der ankerkreuzförmige Beschlag erinnert an die Bedeutung „Albrecht des Bären".

Durch königliches Edikt vom 30.4.1815 wurde die Altmark in die Kreise Salzwedel, Stendal, Osterburg und Gardelegen gegliedert sowie der preußischen Provinz Sachsen zugeordnet. Diese Verwaltungsorganisation hatte im Grundsatz bis zum Jahr 1952 Bestand. Am 25.7.1952 beschloss der Landtag des Landes Sachsen-Anhalt eine Neugliederung der Stadt- und Landkreise – es wurden die Kreise Salzwedel, Gardelegen, Klötze und Kalbe/Milde in der westlichen Altmark gebildet.

Nach den ersten freien Kommunalwahlen am 6.5.1990 bildeten die Landkreise Salzwedel, Gardelegen und Klötze die neue Struktur, die dann bei der Gebietsreform 1994 die Gebietskörperschaft Altmarkkreis Salzwedel hervorbrachte. Im Juli 2014 jährte sich die Entstehung des Altmarkkreises Salzwedel zum 20. Mal, der heute in seiner Struktur aus fünf Einheits- und Verbandsgemeinden besteht. Dank der Deutschen Einheit wurde der Altmarkkreis Salzwedel vom Grenzlandkreis in die Mitte Deutschlands versetzt.

Wertschöpfung und Verkehr
26 Jahre nach der Wiedervereinigung ist der Altmarkkreis Salzwedel längst kein „weißer Fleck" auf der Landkarte mehr. Insbesondere der Mittelstand hat mit einem großen Angebot an Arbeits- und Ausbildungsplätzen eine herausragende Bedeutung. In den letzten Jahren haben sich zusätzlich neue Unternehmen angesiedelt, die mit innovativen Verfahrenstechniken auf nationalen und internationalen Märkten vertreten sind. Aufgrund der naturräumlichen Ausstattung gehören traditionell leistungsstarke landwirtschaftliche Unternehmen und ein ausgeprägtes forstwirtschaftliches Potenzial zu den Standortvorteilen der Altmark. Im Zuge der Energiewende und dem damit verbundenen Umbau des Energiesystems, etablierte sich im Altmarkkreis Salzwedel die Nutzung und Veredelung von Biomasse. Zahlreiche Windenergie-, Biogas- und Photovoltaikanlagen erzeugen nachhaltig Strom und Wärme und haben die Region daher zur anerkannten „Bioenergie-Region" gemacht.

Leider gelten bisher Bundesstraßen im Altmarkkreis Salzwedel als Hauptadern für den Verkehr. An der Fertigstellung der geplanten Nord-Süd-Achsen A 14 und A 39 sowie der Querverbindung zwischen den beiden Trassen der Bundesstraße B 190n, muss für die überregionale Anbindung festgehalten werden.

Zu den vorrangigen Aufgaben des Landkreises gehört auch die Versorgung mit Breitbandinternet. Mit der Gründung eines kommunale Zweckverband Breitband Altmark (ZBA) will der Altmarkkreises Salzwedel die altmärkischen Städte und Gemeinden mit einer zukunftsfesten Breitbandinternetinfrastruktur (FTTH) erschließen.

Fläche: 2.293,04 km²
EW: 86.071 - EW/km²: 38
KFZ-Kennzeichen: SAW
Kreissitz: Salzwedel
www.altmarkkreis-salzwedel.de

Landrat
Michael Ziche [P] / CDU
im Amt seit: 2008 gewählt bis: 2022

Sitzverteilung im Kreistag
Vorsitz: Heinrich Schmauch

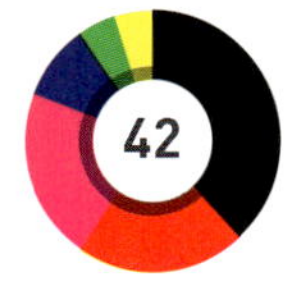

16	CDU
9	SPD
9	Die Linke
4	FL
2	B.90/Grüne
2	FDP

Landschaft, Sehenswürdigkeiten und Kultur
Die westliche Altmark ist eine historische Kulturlandschaft im Norden des heutigen Sachsen-Anhalts. Sie ist Bestandteil der norddeutschen Tiefebene und wird naturräumlich durch den Elbverlauf im Osten und einen Teil des sogenannten Göhrde-Fläming-Höhenzuges im Westen begrenzt. Mit einer Fläche so groß wie das Saarland und einer geringen Besiedlungsdichte, bietet der Landkreis Platz- und Ruheressourcen. Aktiv-Genuss- und Kultururlauber sind daher im Altmarkkreis Salzwedel genau richtig. Radfahren, Wandern und Reiten sind die bevorzugten Themen des Landtourismus.

Der 500 km lange Radweg „Altmarkrundkurs" oder der 200 km „Vier-Länder-Grenzradweg" entlang des Grünen Bandes, der Straße der Romanik oder im Naturpark Drömling vermitteln den Gästen puren Natur- und Kulturgenuss. Ein besonderer Anziehungspunkt ist der Arendsee – der nicht nur Norddeutschlands tiefster See ist, der 2012 auch schon zum „Lieblingssee Deutschland" gekürt wurde.

Für die kulturinteressierten Besucher liefert der Landkreis mit zahlreichen Großsteingräbern, den mehr als 300 Feldsteinkirchen, Klöstern und dem Freilichtmuseum in Diesdorf, dem ältesten in Deutschland, Relikte aus tausenden Jahren Regionalgeschichte. Geschichte zum Anfassen und köstliche Baumkuchen aus der Hansestadt Salzwedel - wenn das nicht Lust auf einen Besuch macht!

Landkreis

Anhalt-Bitterfeld

SACHSEN-ANHALT

Der Landkreis Anhalt-Bitterfeld ist...
...in der Mitte von Sachsen-Anhalt an den Flüssen Elbe und Mulde, zwischen der Dübener Heide und dem Fläming gelegen.

Historische Entwicklung

Als Ergebnis des Wiener Kongresses kam das Gebiet der ehemaligen Grafschaft mit weiteren nördlichen Teilen Sachsens zur preußischen Provinz Sachsen und wurde 1816 dem neu gebildeten Kreis Bitterfeld im Regierungsbezirk Merseburg zugeschlagen. Das restliche Gebiet ging 1918 nach der Gründung des Freistaates Anhalt in die Kreise Dessau-Köthen und Zerbst über.

Nach dem Zweiten Weltkrieg gehörten alle drei Kreise zum Land Sachsen-Anhalt. Nach der DDR-Gebietsreform von 1952 wurden die Kreise Köthen und Bitterfeld dem Bezirk Halle und der Kreis Zerbst dem Bezirk Magdeburg zugeordnet. Alle drei Kreise hatten auch nach der Neugründung des Landes Sachsen-Anhalt im Jahre 1990 weiter Bestand. Die zweite Kreisgebietsreform im Land Sachsen-Anhalt im Jahr 2007 sah ursprünglich nur die Zusammenlegung der Landkreise Bitterfeld und Köthen vor. Durch einen Bürgerentscheid erzwangen jedoch die Einwohner von Zerbst und 21 weiterer Gemeinden, die ursprünglich zum Landkreis Jerichower Land gehen sollten, eine Zuordnung zum Landkreis Anhalt-Bitterfeld. Wegen seiner zentralen Lage wurde Köthen am 1.7.2007 zum Sitz des Landratsamtes bestimmt.

Fläche: 1.453,53 km²
EW: 165.076 - EW/km²: 114
KFZ-Kennzeichen: ABI
Kreissitz: Köthen (Anhalt)
www.anhalt-bitterfeld.de

Landrat
Uwe Schulze [G] / CDU
im Amt seit: 2001 gewählt bis: 2021

Sitzverteilung im Kreistag
Vorsitz: Veit Wolpert

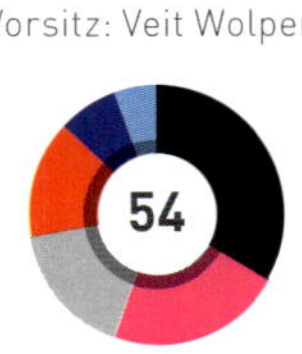

- 18 CDU
- 12 Die Linke
- 8 SPD
- 4 WLS
- 3 AfD
- 9 Sonstige

(B.90/Grüne 2, FDP 2, Pro Wolfen 1, FFZ1, FW 1, FWG Muldestausee 1, NPD 1)

Wertschöpfung und Verkehr

Autobahnen und Bundesstraßen tangieren und verbinden die Städte sowie die Industrie- und Gewerbegebiete innerhalb des Kreises. Nach Berlin und ebenso zum Ballungsraum Leipzig/Halle benötigt man mit dem Auto nur kurze Zeit. Eines der dichtesten Eisenbahnverkehrsnetze Europas mit den Knotenbahnhöfen Bitterfeld und Köthen sorgt für hervorragende Anbindungen. Der Elbhafen Aken ist für die Wirtschaft trimodale Schnittstelle des Güterverkehrs und ein gefragter Umschlagsplatz. Der Interkontinentalflughafen Leipzig/Halle, welcher schnell erreichbar ist, schafft Verbindungen in die ganze Welt.

Anhalt-Bitterfeld ist wirtschaftlich gut aufgestellt. Die Region Bitterfeld-Wolfen punktet mit einer hochmodernen Industrie für chemische und pharmazeutische Produkte. Im 1.200 ha großen Chemiepark Bitterfeld-Wolfen bieten mehr als 350 Unternehmen über 11.000 moderne und sichere Arbeitsplätze.

Studieren auf höchstem Niveau und praxisbezogen kann man an der Hochschule Anhalt (FH), die ihren Sitz in Köthen und weitere Standorte in Bernburg und Dessau hat und an der über 8.000 Studierende eingeschrieben sind. Während in Köthen (Anhalt) die ingenieurwissenschaftlichen Studiengänge dominieren, gilt Bernburg als der „grüne Campus" und Dessau folgt der Bauhaus-Tradition.

Landschaft, Sehenswürdigkeiten und Kultur

Viele historische Persönlichkeiten hinterließen in Anhalt-Bitterfeld ihre Spuren. Johann Sebastian Bach lebte und arbeitete von 1717 bis 1723 als Hofkapellmeister in Köthen. Hier komponierte er unter anderem die „Brandenburgischen Konzerte". Katharina die Große, die im 18. Jahrhundert 34 Jahre lang das Russische Reich als Zarin regierte, war eine Anhalt-Zerbster Prinzessin. Zerbst kann sich rühmen, das einzige Katharina-Denkmal Deutschlands zu besitzen. Die Chemiker Gustav Wilmanns und Wilhelm Schneider entwickelten 1936 in Wolfen den ersten praktikablen Mehrschicht-Farbfilm der Welt. 1941 wurde der erste mit Agfacolor-Filmmaterial hergestellte Spielfilm – „Frauen sind doch die besseren Diplomaten" mit Marika Rökk und Willy Fritsch – in Deutschland uraufgeführt.

Wer in Anhalt-Bitterfeld touristisch Einzigartiges entdecken möchte, wird hier fündig. Zum Beispiel im ersten Buchdorf Deutschlands in Mühlbeck-Friedersdorf. Zahlreiche Antiquariate lassen das Herz von Leseratten höher schlagen. Oder im Gutspark Altjeßnitz, der den größten und ältesten barocken Irrgarten Deutschlands beherbergt. Oder im Museumsdorf Reppichau, wo man überall auf Motive aus dem Sachsenspiegel, dem ältesten deutschen Rechtsbuch und ersten deutschen Prosawerk trifft, das der berühmte Sohn des Ortes Eike von Repgow im 13. Jahrhundert verfasste. Oder in der Schatzkammer alter Schriften, der Francisceumsbibliothek in Zerbst.

Auch die Naturfreunde kommen in Anhalt-Bitterfeld nicht zu kurz. Die Naturparks Dübener Heide und Fläming und das Biosphärenreservat Mittelelbe sind Orte der Ruhe, des Erlebens und der Erholung. Eines der jüngsten Gewässer Deutschlands, der Goitzschesee bei Bitterfeld, wo einst Braunkohle abgebaut und als Nebenprodukt Bernstein gefördert wurde, lädt nicht nur zum Baden ein. Rad- und Wanderfreunde kommen ebenso auf ihre Kosten wie Besucher, die den Pegelturm besteigen oder eine Bootsfahrt unternehmen möchten. Apropos Radwandern: Durch Anhalt-Bitterfeld führt der Elberadweg und bietet gerade hier einen seiner schönsten Abschnitte. In Aken trifft er auf den Europaradweg R 1. Der Muldentalradweg schlängelt sich durch die neue Bitterfelder Seenlandschaft. Und der Radweg entlang der Fuhne erfreut ebenso das Radlerherz.

Landkreis

Börde

SACHSEN-ANHALT

Der Landkreis Börde ist...
...der „Kreis auf gutem Boden“ – Namenspatron ist die zwischen Colbitz-Letzlinger Heide und Harzvorland gelegene, sehr fruchtbare Magdeburger Börde. Der Kreis hat sich im Zuge des Strukturwandels von einer Landwirtschafts- hin zu einer Industriekultur als Wirtschaftsstandort etabliert.

Historische Entwicklung

Die 1816 gebildete preußische Provinz Sachsen bekam nach dem Befreiungskrieg und der Gebietsrückgabe an Preußen eine neue Kreiseinteilung. Die damaligen Kreise Neuhaldensleben, Wolmirstedt, Oschersleben und Wanzleben sowie ein Teil des Kreises Gardelegen deckten sich im Wesentlichen mit dem heutigen Landkreis Börde.

Nach Ende des Zweiten Weltkrieges gehörte das Territorium des heutigen Landkreises Börde zur sowjetischen Besatzungszone. Mit der Gründung der DDR 1949 wurden anstelle der Provinz bzw. des Landes Sachsen-Anhalt die Bezirke Magdeburg und Halle eingerichtet. 1950/52 wurden die Kreisgrenzen neu festgelegt. Dadurch entstanden die Kreise Haldensleben, Wolmirstedt, Oschersleben und Wanzleben annähernd in der bis 1994 bestehenden Form.

Die Deutsche Einheit 1990 führte zur Wiederherstellung des Landes Sachsen-Anhalt und zu einer ersten Gebietsreform 1994. Dabei wurde aus den Kreisen Haldensleben und Wolmirstedt zuzüglich einiger Gemeinden aus den Kreisen Stendal und Klötze der Landkreis Ohrekreis gebildet. Aus den Kreisen Oschersleben und Wanzleben sowie einer Ortschaft aus dem Kreis Staßfurt entstand der Landkreis Bördekreis. Als Kreisstädte wurden Haldensleben und Oschersleben bestimmt.

Im Zuge der zweiten Gebietsreform im Land Sachsen-Anhalt wurden zum 1.7.2007 die bisherigen Landkreise Ohrekreis und Bördekreis zum neuen Landkreis Börde zusammengeschlossen.

Wertschöpfung und Verkehr

Der Landkreis Börde hat sich nachhaltig als Wirtschaftsstandort etabliert. Unternehmen finden hier eine solide Basis für ihr unternehmerisches Handeln vor. Die Städte und Gemeinden haben Gewerbe- und Industriegebiete erschlossen, die bereits gut ausgelastet sind. Viele kleine und mittelständische Handwerks-, Dienstleistungs-, Handels- und Industriebetriebe sind Arbeitgeber für die Menschen der Region.

Die Bundesautobahnen A 2 und A 14, der Mittellandkanal, ein gut ausgebautes Bahnstreckennetz sowie die Nähe zu den Flughäfen Berlin, Hannover und Leipzig bilden eine vielseitige Infrastruktur. Die kurzen Wege zu den Technologiezentren Braunschweig und Magdeburg mit wissenschaftlichen Einrichtungen und Schnittstellen zu den großen Automobilherstellern reflektieren auf den Wirtschaftsstandort.

Wirtschaftszweige mit überregionaler Bedeutung finden sich im gesamten Kreisgebiet. Gehaltvolle Elemente enthält im Landkreis Börde nicht nur der Boden, der zu den besten in Deutschland zählt und das Ernährungsgewerbe zur umsatzstärksten Branche im Land Sachsen-Anhalt macht, sondern durch seine natürlichen Vorkommen auch die Glas-, Keramik- und Baustoffindustrie begünstigt.

Die soziale Infrastruktur mit wertvollen Bildungsmöglichkeiten, modernen Sport- und Freizeitangeboten und vielseitiger Kultur mit Geschichte und reizvollen Naturerlebnissen spielt ebenfalls eine bedeutsame Rolle.

Fläche: 2.366,65 km²
EW: 172.829 - EW/km²: 73
KFZ-Kennzeichen: BK
Kreissitz: Haldensleben
www.boerdekreis.de

Landrat
Hans Walker [U] / CDU
im Amt seit: 2011 gewählt bis: 2018

Sitzverteilung im Kreistag
Vorsitz: Gabriele Brakebusch, MdL

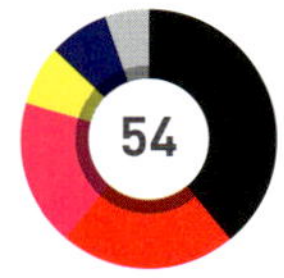

21	CDU
12	SPD
10	Die Linke
4	FDP
4	FUWG
3	Sonstige

(B.90/Grüne 2, Piraten 1)

Landschaft, Sehenswürdigkeiten und Kultur

Der Landkreis Börde besticht durch seine Freizeit- und Erholungsmöglichkeiten, sehenswerten Kirchen und Klöster, Schlösser und Burgen, Museen sowie historischen Baudenkmäler.

Geographisch gesehen ist dieser Landkreis als Bindeglied zwischen Mittelgebirgsland und norddeutscher Tiefebene gelegen. Seine besonderen Reize bezieht der Kreis aus der Vielfalt seiner Landschaften. Von der fruchtbaren Börde im Süden, dem größten zusammenhängenden Schwarzerdegebiet Deutschlands erstreckt sich der Landkreis Börde zum Norden zur Wiesen- und Sumpflandschaft Drömling. Bewaldete Höhenzüge und die Colbitz-Letzlinger Heide mit dem größten geschlossenen Lindenwald Europas prägen die Mitte des Landkreises.

Die Sehenswürdigkeiten des Kreises dokumentieren die wechselvolle Geschichte dieses Landstriches. Vor dem Haldensleber Rathaus ist ein in seiner Art einmaliger Roland zu sehen. Zur Bewahrung der jüngeren Industriegeschichte wird durch den Landkreis in Hundisburg eine alte Ziegelei als produzierendes technisches Denkmal erhalten. Das Barockschloss in Hundisburg gehört zu den bedeutendsten Bauwerken in Sachsen-Anhalt. Erholungssuchenden bieten sich vielseitige Angebote im einzigen Luftkurort des Landkreises in Flechtingen.

Burgenlandkreis

SACHSEN-ANHALT

Der Burgenlandkreis ist...
...Bestandteil des mitteldeutschen Wirtschaftsraumes. Sein Name Burgenlandkreis ist auf die zahlreichen mittelalterlichen Burgen zurückzuführen, die diese Landschaft entlang von Saale, Unstrut und Weißer Elster prägen. So wachen etwa die Burgen Saaleck und Rudelsburg über das Saaletal in Bad Kösen.

Historische Entwicklung
Der Burgenlandkreis entstand 1994 im Zuge einer Kreisgebietsreform. Damals gingen die ehemaligen Landkreise Naumburg, Nebra und Zeitz zusammen. Mit der zweiten Kreisgebietsreform im Jahre 2007 erfolgte die Fusion mit dem Landkreis Weißenfels. Kreisstadt ist die Domstadt Naumburg.

In der Vergangenheit war das Gebiet Schauplatz historischer Schlachten. Zu den bekanntesten zählt wohl die Schlacht bei Lützen im Dreißigjährigen Krieg, in der der schwedische König Gustav II. Adolf am 6.11.1632 sein Leben ließ. Auch die Doppelschlacht um Jena und Auerstedt im Jahr 1806 fand in Teilen des heutigen Burgenlandkreises statt.

Wertschöpfung und Verkehr
Der Burgenlandkreis ist wirtschaftlich und infrastrukturell gut entwickelt. Das Ernährungsgewerbe ist der strukturprägendste Wirtschaftszweig. Stellvertretend hierfür stehen die Rotkäppchen-Mumm Sektkellerei in Freyburg, die Firma Tönnies GmbH in Weißenfels, das Südzucker-Werk Zeitz, die Henglein GmbH in Klosterhäseler und das Frischli-Milchwerk in Weißenfels.

Darüber hinaus sorgt ein breit gefächerter Branchenmix aus Chemie- und Baustoffindustrie, Maschinenbau, Logistik, Abbau und Veredlung von Braunkohle sowie einer leistungsfähigen Landwirtschaft für eine ausgewogene Wirtschaftsstruktur, deren Rückgrat Mittelstand, Handwerk und Dienstleistung sind.

Die Autobahnen 9 und 38 zählen zu den wichtigsten Standortfaktoren. Sie machen den Landkreis für Unternehmen attraktiv, was sich zum einen in Neuansiedlungen widerspiegelt und zum anderen auch darin zeigt, dass ansässige Firmen auch weiter am Standort investieren. Die sehr gute Anbindung an das Eisenbahnnetz sowie der nahe gelegenen Flughafen Leipzig/Halle ergänzen die infrastrukturellen Standortvorteile.

Ein weiteres wichtiges Standbein im Burgenlandkreis ist der Tourismus. So bieten gut ausgebaute Wander-, Rad- und Wasserwege beste Voraussetzungen, um den Landkreis per Pedes, mit dem Drahtesel oder bei Kanutouren auf Unstrut, Saale und Elster zu erkunden. Der Burgenlandkreis ist Gründungsmitglied der Europäischen Metropolregion Mitteldeutschland. Als solche sieht er vor allem in der stärkeren Vernetzung und Zusammenarbeit mit den angrenzenden Städten und Landkreisen in Sachsen und Thüringen eine Chance, den Wirtschafts- und Tourismusstandort bekannter zu machen.

Fläche: 1.413,68 km²
EW: 184.055 - EW/km²: 130
KFZ-Kennzeichen: BLK
Kreissitz: Naumburg (Saale)
www.burgenlandkreis.de

Landrat
Götz Ulrich [K] / CDU
im Amt seit: 2014 gewählt bis: 2021

Sitzverteilung im Kreistag
Vorsitz: Dieter Stier, MdB

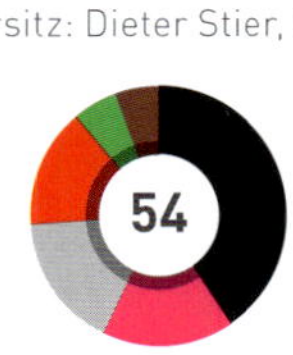

22 CDU
9 Die Linke
8 SPD
3 B.90/Grüne
3 NPD
9 Sonstige
(FDP 2, BFW-Landgemeinden 2, FW 2, AfD 2, ZLB/BBDZ 1)

Landschaft, Sehenswürdigkeiten und Kultur
Der Weinanbau an Saale und Unstrut prägt die Gegend seit über 1.000 Jahren. So laden vielerorts urige Straußenwirtschaften zum Verweilen bei einem guten Tropfen ein. Wer den Landkreis besucht, der wird auch von der vielfältigen Kulturlandschaft und von den natürlichen Schönheiten beeindruckt sein.

Archäologische Funde von Weltrang, wie die Himmelsscheibe von Nebra sowie das älteste Sonnenobservatorium der Menschheitsgeschichte in Goseck weisen den Kreis als Wiege der vorzeitlichen Kulturgeschichte aus. Am Fundort der Himmelsscheibe wurde 2007 das Erlebniscenter Arche Nebra in Form einer goldenen Himmelsbarke geöffnet. Seitdem kommen jährlich viele Touristen hierher. Inmitten dieser reizvollen Landschaft findet sich eine beeindruckende Vielzahl kulturhistorischer Sehenswürdigkeiten. Hierzu zählen Kloster und Kaiserpfalz Memleben, der Sterbeort der deutschen Könige und Kaiser.

Aus dem satten Grün der terrassierten Weinberge erheben sich zahlreiche markante Burgen und Schlösser. Nirgendwo sonst in Deutschland stehen so viele und prächtige Bauwerke auf engstem Raum. Seit vielen Jahren bezaubern die Neuenburg in Freyburg, der Dom zu Naumburg, die Rudelsburg in Bad Kösen, Schloss Moritzburg in Zeitz, die Novalisgedenkstätten in Weißenfels die Menschen und führen auf geheimnisvollen Wegen in die Vergangenheit.

Besonders der Naumburger Dom ist ein Besuchermagnet. Der zwischen 1243 und 1249 vom Naumburger Meister geschaffene Westchor mit seinen zwölf Stifterfiguren gilt in seiner konzeptionellen Anlage und seiner theologischen Gesamtaussage als einzigartig. Wegen dieser Einzigartigkeit bewerben sich der Naumburger Dom und die Kulturlandschaften an Saale und Unstrut 2017 für eine Aufnahme in das UNESCO-Welterbe.

Landkreis

Harz

SACHSEN-ANHALT

Der Landkreis Harz ist…

…eine der reizvollsten und schönsten Feriendestinationen des Landes Sachsen-Anhalt, in der sich die Ursprünglichkeit und Schönheit von Natur und Kultur in beeindruckender Weise mit einer Fülle an geschichtlichen und kulturellen Besonderheiten verbinden. Zugleich ist er einer der leistungsstärksten Wirtschafts- und Wissenschaftsstandorte des Landes.

Historische Entwicklung

Der nach dem nördlichsten deutschen Mittelgebirge benannte Landkreis entstand am 1.7.2007 aus den ehemaligen Landkreisen Halberstadt, Quedlinburg und Wernigerode sowie der Stadt Falkenstein/Harz aus dem ehemaligen Landkreis Aschersleben-Staßfurt.

Das Gebiet des heutigen Landkreises Harz hat historische Wurzeln, die weit in eine überaus bedeutende Geschichte zurückreichen. Es gilt als Mittelpunkt des ersten deutschen Staates im 10. und 11. Jahrhundert und war eine wichtige Machtbasis Deutscher Kaiser und Könige. Über Jahrhunderte hinweg waren Gebiete des heutigen Landkreises vom Wechsel verschiedener Herrschaftshäuser, insbesondere aus Preußen, Anhalt, Braunschweig und Hannover, beeinflusst.

Nach dem Ende des Zweiten Weltkrieges fiel das heutige Kreisgebiet in die sowjetische Besatzungszone. Die mit der Auflösung der Länder in der damaligen DDR entstandenen Kreisstrukturen wurden im Wesentlichen nach der Wiederherstellung des Landes Sachsen-Anhalt im Jahr 1990 beibehalten. Erst mit der zweiten Kreisgebietsreform 2007 entstand der Landkreis Harz als einwohnerstärkster und einer der flächenmäßig größten Landkreise im Bundesland Sachsen-Anhalt.

Wertschöpfung und Verkehr

Nach 1990 haben die zentrale Lage zwischen dem mitteldeutschen Industriegebiet und dem Raum Braunschweig/Hannover, der Strukturwandel der Wirtschaft und der zügig realisierte Ausbau der Infrastruktur zu einer dynamischen Entwicklung im heutigen Kreisgebiet geführt. Von enormer wirtschaftlicher Bedeutung ist die vierspurige B 6 – eine der wichtigsten West-Ost-Trassen in Mitteldeutschland. Ihre Anbindung an die Autobahnen A 14 in Ostrichtung und an die A 395 in Westrichtung sorgt für eine ideale Verkehrsinfrastruktur. Auch die überregionalen Bundesautobahnen A 2, A 7 und A 9 sind schnell zu erreichen.

Die wirtschaftliche Stärke des Landkreises als Industriestandort ist vor allem dem produzierenden Gewerbe zu verdanken. Zahlreiche mittelständische Unternehmen sowie Handwerker und Gewerbetreibende sorgen für Wirtschaftskraft und Stabilität. Hervorzuheben sind solche Branchen wie Automobilzulieferung, Metall- und Maschinenbau, Pulvermetallurgie und Stahlindustrie, Kunststoffverarbeitung und Medizintechnik sowie Ernährungswirtschaft.

Fläche: 2.104,52 km²
EW: 219.618 - EW/km²: 104
KFZ-Kennzeichen: HZ
Kreissitz: Halberstadt
www.kreis-hz.de

Landrat
Martin Skiebe [W] / CDU
im Amt seit: 2013 gewählt bis: 2020

Sitzverteilung im Kreistag
Vorsitz: Dr. Michael Haase

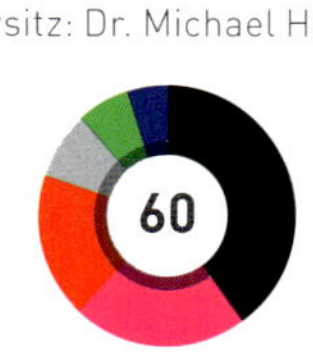

24 CDU
13 Die Linke
11 SPD
4 B.90/Grüne
3 BUKO e.V.
5 Sonstige
(FDP 2, BIOH 1, BV Unterharz 1, NPD 1)

Die Landwirtschaft findet im nördlichen Harzvorland hervorragende Standortbedingungen und ist durch leistungsstarke Unternehmen der Pflanzen- und Tierproduktion sowie durch ihre langjährige Tradition in der Saatzucht und Züchtungsforschung gekennzeichnet.

Den Wissenschaftsstandort Landkreis Harz prägen neben der Hochschule Harz mit ihren An-Instituten auch Bundesforschungseinrichtungen wie das Julius Kühn-Institut oder das Robert-Koch-Institut sowie weitere hochklassige Bildungseinrichtungen.

Als bedeutendster Tourismusstandort Sachsen-Anhalts verfügt der Landkreis über eine Vielzahl von Unternehmen der Hotel- und Gastronomiebranche. In wachsendem Maße sind aber auch die Kultur und die Gesundheits-und Sozialwirtschaft wichtige Wirtschaftsfaktoren.

All diese Bereiche tragen zu einer erfreulichen Entwicklung des Arbeitsmarktes bei, sodass die Arbeitslosenquote im Landkreis Harz unter dem Landesdurchschnitt liegt.

Landschaft, Sehenswürdigkeiten und Kultur

In kaum einem anderen Gebiet vereinen sich landschaftliche Schönheit, Geschichte und Kultur so vollkommen wie im Landkreis Harz. Die UNESCO-Welterbestadt Quedlinburg mit ihrem Schlossbergensemble, der Dom von Halberstadt mit seinem kostbaren Domschatz, das zauberhafte Schloß Wernigerode oder die Burg Falkenstein sind nur einige markante Anziehungspunkte, die jährlich Millionen von Besuchern in ihren Bann ziehen. Wunderschöne Kirchen, Klöster und Parkanlagen laden genauso wie die imposante Natur des Harzes zum Verweilen ein.

Der Nationalpark Harz, die wildromantischen Täler von Bode, Selke und Ilse, die Rübeländer Tropfsteinhöhlen oder mystische Plätze wie der Hexentanzplatz, die Roßtrappe und die Teufelsmauer sind beliebte Wander- und Ausflugsziele und über allem thront majestätisch der sagenumwobene Brocken, der höchste Berg des Mittelgebirges.

Zahlreiche Museen und Veranstaltungen wie die Dom- oder die Schlossfestspiele in Halberstadt und Wernigerode, der Kaiserfrühling in Quedlinburg oder die unzähligen Harzer Brauchtums- und Traditionsfeste zeugen vom kulturellen Reichtum des Landkreises. Gut ausgebaute Wander- und Radwege sowie zahlreiche Angebote für Trendsportarten bieten aktive Erholung für Jung und Alt.

Schloss Quedlinburg

Landkreis

Jerichower Land

SACHSEN-ANHALT

Der Landkreis Jerichower Land ist...

...ein idyllischer Ort zum Leben, ein dynamischer Wirtschaftsstandort und ein interessantes Reiseziel für Touristen. Verkehrsgünstig gelegen an der A 2 und dem einzigartigen Wasserstraßenkreuz von Elbe- und Mittellandkanal befindet sich der Landkreis im Herzen von Deutschland.

Historische Entwicklung

Mit der Gründung des Klosters Jerichow im Jahre 1114 werden die angrenzenden Gebiete zwischen Elbe und Havel als Jerichower Land bezeichnet. Sie bilden den Ursprung des heutigen Landkreises. Unter brandenburgisch-preußischer Verwaltung entsteht 1701 der Jerichowsche Creyß mit den Kreisen Jerichow I und Jerichow II. Diese Verteilung bleibt auch nach der Gründung der Provinz Sachsen 1816 bestehen.

Im 19. Jahrhundert erlebt das Jerichower Land einen wirtschaftlichen Aufschwung. Dies ermöglichen viele Industrieansiedlungen und eine gute Verkehrsanbindung zu den aufstrebenden Zentren Magdeburg und Berlin. Die Stadt Burg entwickelt sich zu einem wichtigen Industriestandort. Hier existieren neben der Schuh- und Lederfabrikation auch Schwermaschinenbau und Textilindustrie. Genthin wächst als Verwaltungszentrum zu einer Beamten- und Schulstadt. Direkt am Kanal entstehen verschiedene Ziegeleien und Schiffswerften. Die übrige Region bleibt eher landwirtschaftlich geprägt.

Mit der Kreisgebietsreform der DDR 1952 fallen die Randgebiete an die neugeschaffenen Kreise Havelberg, Rathenow, Brandenburg, Loburg und Zerbst. Die Kernstücke der beiden ehemaligen Jerichowschen Kreise, die Landkreise Burg und Genthin bleiben bestehen. Mit der politischen Wende im Herbst 1989 vollzieht sich auch eine wirtschaftliche Umgestaltung und Neuorientierung. Einige der ehemaligen volkseigenen Betriebe können unter den neuen marktwirtschaftlichen Bedingungen nicht mehr bestehen, andere erleben nach ihrer Privatisierung einen Aufschwung. Neue Gewerbe lassen sich in den vielerorts angelegten Gewerbegebieten nieder. Im Zuge der Kreisgebietsreformen 1994 und 2007 werden die beiden Kreise Burg und Genthin zu dem Landkreis, der heute wieder den traditionsreichen Namen Jerichower Land führt.

Wertschöpfung und Verkehr

Das Jerichower Land ist ein lukrativer Wirtschaftsstandort mit einer außergewöhnlich guten Infrastruktur. Neben der Autobahnanbindung und Bahnanbindungen sind Elbe und Elbe-Havel-Kanal einschließlich des Wasserstraßenkreuzes bei Hohenwarthe wichtige Verkehrsverbindungen, die durch den Landkreis verlaufen.

Fläche: 1.576,84 km²
EW: 91.359 - EW/km²: 58
KFZ-Kennzeichen: JL
Kreissitz: Burg
www.lkjl.de

Landrat
Steffen Burchhardt / SPD
im Amt seit: 2014 gewählt bis: 2021

Sitzverteilung im Kreistag
Vorsitz: Matthias Fickel

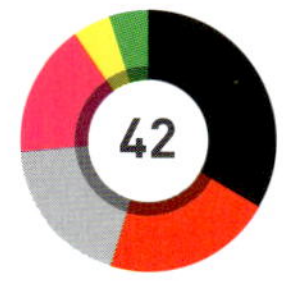

14	CDU
9	SPD
7	Die Linke
2	FDP
2	B.90/Grüne
8	Sonstige

(FW 2, FW/Endert 2, FWG J 2, LWG 1, WG Fläming 1)

Eine ausgewogene Wirtschaftsstruktur mit traditionsreichen Mittelstandsbetrieben und kontinuierlichen Neuansiedlungen junger Unternehmen zeichnet den Landkreis aus. Im Industrie- und Gewerbegebiet der Stadt Burg findet man eine Vielzahl weltweit operierender Firmen. Der Chemie und Metallstandort Genthin kann auf eine über 90-jährige Waschmittelgeschichte zurückblicken.

Die unverwechselbare Landschaft bietet auch ideale Voraussetzungen für Erholungssuchende. Ein über 500 km gut ausgebautes Rad- und Wanderwegenetz führt durch das Jerichower Land. Auf Campingplätzen, in Hotels und Jugendherbergen stehen mehr als 1.600 Betten zur Verfügung. In vielen Gegenden kann man ländliche Lebensweise und traditionelle Feste erleben. Naturliebhaber, Freizeitsportler und Kulturinteressierte kommen hier gleichermaßen auf ihre Kosten.

Landschaft, Sehenswürdigkeiten und Kultur

Das Jerichower Land hat viele Gesichter – die Elbe mit ihren Wiesen und Deichen in weiten Niederungen, Wälder und Auen, der Fiener Bruch mit Siedlungsdünen und die Ausläufer des Flämings im Burger Land. Kraniche, Reiher und Graugänse sind hier beheimatet. Die Großtrappe brütet im Niedermoorgebiet des Fiener Bruches.

Die Landschaft ist ursprünglich und abwechslungsreich, in den Schutzgebieten leben Biber, Großtrappen und Schwarzstörche. Das Jerichower Land ist reich an historischen Denkmälern und Sehenswürdigkeiten. Ob das Kloster Jerichow, die Wasserburg zu Gommern oder die längste Trogbrücke Europas – der Landkreis hat für jeden Geschmack etwas zu bieten.

Der Landkreis ist in der Nordroute der Straße der Romanik mit neun Bauwerken eingebunden. Die Tour durch das Mittelalter führt unter anderem zur St. Petri Kirche in Leitzkau, zu den beiden romanischen Kirchen in Burg, zur Pfarrkirche in Redekin und zum Kloster Jerichow. Die Klosterkirche ist der älteste romanische Backsteinbau östlich der Elbe. Mitte des 12. Jahrhunderts wurde sie als Prämonstratenserstift St. Marien-Nicolai gegründet.

Das Wasserstraßenkreuz Hohenwarthe mit der längsten Trogbrücke Europas, der aus den Jahren 1936/1938 stammende Schleusenkomplex in Niegripp oder auch die Wasserburg in Gommern aus dem 16. Jahrhundert sind nur ein paar der beeindruckenden bautechnischen Denkmäler mit denen der Landkreis aufwartet.

Landkreis

Mansfeld-Südharz

SACHSEN-ANHALT

Der Landkreis Mansfeld-Südharz ist...
...im südwestlichen Teil von Sachsen-Anhalt gelegen. Er wurde im Zuge der Gebietsreform 2007 durch die ehemaligen Landkreise Sangerhausen und Mansfelder Land gebildet. Die Kreisstadt ist Sangerhausen.

Historische Entwicklung

Im Laufe des Mittelalters hatten sich auf dem Gebiet des Landkreises mehrere Herrschaftssysteme etabliert. Den größten Anteil hatte die Grafschaft Mansfeld, in deren Bereich auch die Städte Hettstedt, Lutherstadt Eisleben und Gerbstedt lagen. Die Grafschaft kam 1815 endgültig zu Preußen. Ein weiteres Grafengeschlecht übte seit 1210 die Herrschaft über den Westen des Kreisgebietes aus, die Grafen zu Stolberg. Ganz im Norden gehörte Sandersleben zu den anhaltischen Fürstentümern, von 1918 bis 1945 zum Freistaat Anhalt.

Wechselnden Herrschaftsverhältnissen unterlagen die Städte Sangerhausen und Allstedt. Sangerhausen gehörte seit 1291 der brandenburgischen Markgrafen, ging 1340 in den Besitz des Herzogtums Braunschweig und kam 1372 unter wettinisch-sächsische Herrschaft. Die sächsische Periode endete 1815 mit der Übernahme durch Preußen. Das übrige heutige Kreisgebiet mit Ausnahme von Sandersleben und Tilkerode war bereits seit 1815 infolge des Wiener Kongresses in preußischer Hand.

Von den bis 1818 neu eingerichteten preußischen Kreisen bildeten der Mansfelder Gebirgskreis, der Mansfelder Seekreis und der Landkreis Sangerhausen das heutige Kreisgebiet. Diese Einteilung blieb im Wesentlichen bis 1994 bestehen. Bei der ersten Kreisgebietsreform wurden 1994 die Landkreise Hettstedt und Eisleben zum Landkreis Mansfelder Land zusammengelegt.

Wertschöpfung und Verkehr

Die Zeugen des Bergbaues, die im Kreisgebiet weithin sichtbaren Abraumhalden, geben Zeugnis über 800 Jahre andauernden Bergbau- und Hüttenbetrieb. Diese Herausforderungen und Auswirkungen haben sowohl den Landkreis als auch seine Bewohner weitgehend geprägt. Der Landkreis gehört zu den wirtschaftsschwächeren Gebieten von Sachsen-Anhalt. Trotz positiver Entwicklungen im Landkreis liegt die Arbeitslosenquote noch über dem Landesdurchschnitt.

Nach dem Niedergang des Kupferbergbaus und der Aluminiumverhüttung im Mansfelder Raum entwickelten sich neue Wirtschaftszweige. In der Lutherstadt Eisleben mit der Klemme AG oder in Sangerhausen mit der Mifa AG und Hettstedt mit der MKM (Mansfelder Kupfer und Messing Werke) entstanden Arbeitsplätze im größeren Umfang. Bei Amsdorf gibt es außerdem den Tagebau Amsdorf, die dortige Montanwachsfabrik der Romonta GmbH deckt nach eigenen Angaben 80 % des weltweiten Montanwachsbedarfs. Im waldreichen Westen des Kreises wird Forstwirtschaft und in der Osthälfte überwiegend Landwirtschaft betrieben.

Die Harzgebiete und die Lutherstädte Eisleben und Mansfeld profitieren von der Tourismusbranche. Durch die Bundesautobahn 38 (Leipzig-Göttingen) im Zusammenhang mit dem Neubau des Autobahnkreuzes Sangerhausen mit der A 71 (Schweinfurt-Sangerhausen) ist der Landkreis mit dem Fahrzeug optimal zu erreichen.

Landschaft, Sehenswürdigkeiten und Kultur

Der Norden des Landkreises wird vom Mansfelder Bergland, dem östlichsten Teil des Harzes bestimmt. Bei Ulzigerode erreicht das Gebiet mit dem 291 m hohen Mahnberg seinen höchsten Punkt. Nach Osten schließt sich das Harzvorland mit seiner fast waldlosen, flachwelligen und abwechslungsarmen Landschaft an. Im Westen gehören Teile des Südharzes zum Landkreis, und hier liegt mit dem 580 m hohen Großen Auerberg der höchste Punkt des Kreises. Im Südwesten schließt der Landkreis mit der Goldenen Aue ab. In dem fruchtbaren Niederungsgebiet liegt auch der 6 km² große Stausee Kelbra. An der Ostgrenze des Kreises befindet sich mit dem 3 km² großen Süßen See das zweitgrößte Gewässer des Kreises.

Die Lutherstadt Eisleben ist die Geburtsstadt des Reformators Martin Luther und hier starb er auch. Die Luthergedenkstätten, Luthers Geburts- und Sterbehaus, gehören seit 1996 zur Welterbeliste (UNESCO). In der historischen Europastadt Stolberg erblickte der Reformator Thomas Müntzer – der Gegenpart von Luther – das Licht der Welt, in Allstedt hielt er im Juli 1524 seine berühmte Fürstenpredigt. In Wallhausen wurde 912 der spätere deutsche Kaiser Otto I. (der Große) geboren.

Die Kreisstadt Sangerhausen beheimatet im Europa-Rosarium die weltgrößte Rosensammlung mit 8.300 Rosensorten und -arten, die jährlich von über 100.000 Besuchern bewundert werden.

Fläche: 1.448,82 km²
EW: 142.054 - EW/km²: 98
KFZ-Kennzeichen: MSH
Kreissitz: Sangerhausen
www.mansfeldsuedharz.de

Landrätin
Dr. Angelika Klein / Die Linke
im Amt seit: 2014 gewählt bis: 2021

Sitzverteilung im Kreistag
Vorsitz: Norbert Born

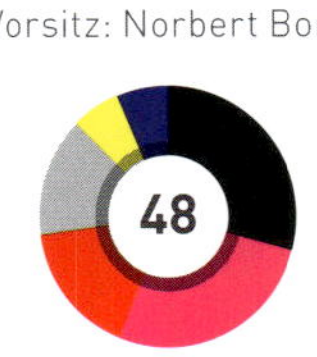

14	CDU
13	Die Linke
8	SPD
3	FDP
3	FBM
7	Sonstige

(FWG 3, Bauernverband 2, B.90/Grüne 1, Regionale 1)

Saalekreis

SACHSEN-ANHALT

Der Saalekreis ist...
...ein Landkreis mit vielen Facetten. Im Süden von Sachsen-Anhalt gelegen umschließt er die Stadt Halle ringförmig. Namensgebend ist der Fluss Saale, der sich auf einer Länge von 66,6 km durch den Landkreis zieht. Zugleich verbindet er die im Norden gelegenen Porphyr-Kuppen und -schluchten mit der im Osten befindlichen Saale-Elster-Aue, die sich wie ein grünes Band in Richtung Leipzig dehnt. Als Teil der Metropolregion Mitteldeutschland verbinden sich im Saalekreis Tradition und Moderne, stehen futuristisch anmutende Industriekomplexe liebevoll bewahrten Zeugnissen der Vergangenheit gegenüber.

Historische Entwicklung
Der Saalekreis entstand 2007 durch die Fusion des historischen Saalkreises mit dem Landkreis Merseburg-Querfurt, der eine Kreisgebietsrefom zuvor aus den Kreisen Merseburg und Querfurt gebildet wurde. Hier zwischen Merseburg und Petersberg, zwischen Querfurt und Wettin sowie zwischen Landsberg und Bad Lauchstädt lebten und regierten Markgrafen, Bischöfe, Könige und sogar Kaiser. Davon berichten nicht nur Dom und Schloss in der Kreisstadt Merseburg, sondern auch mächtige Burgen, Kirchen oder Herrenhäuser, die mit klangvollen Namen und markanten Ereignissen verbunden sind. Bis heute sehenswert ist übrigens auch das repräsentative Ständehaus zu Merseburg, das eigens für das Parlament der preußischen Provinz Sachsen erbaut wurde.

Fläche: 1.433,66 km²
EW: 186.510 - EW/km²: 130
KFZ-Kennzeichen: SK
Kreissitz: Merseburg
www.saalekreis.de

Landrat
Frank Bannert / CDU
im Amt seit: 2007 gewählt bis: 2021

Sitzverteilung im Kreistag
Vorsitz: Frank Gebhardt

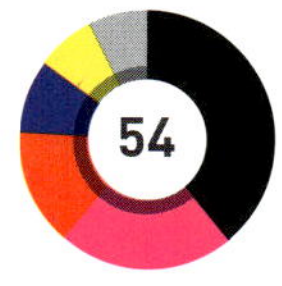

21	■	CDU
12	■	Die Linke
8	■	SPD
5	■	STATT Partei
4	■	FDP
4	■	Sonstige

(B.90/Grüne 2, AfD 1, NPD 1)

Wertschöpfung und Verkehr
Als „Herz des mitteldeutschen Chemiedreiecks" ist der Saalekreis mit seinen Industriestandorten Leuna und Schkopau zugleich einer der wirtschaftsstärksten Landkreise in Sachsen-Anhalt. Auch wenn die politische Wende 1989/90 zunächst tiefe Einschnitte mit sich brachte, so bot sich mit der Privatisierung der Leuna-Werke die einmalige Chance, einen der ersten Chemieparks und zugleich den größten Chemiestandort seiner Art in Deutschland zu etablieren. Namhafte internationale Unternehmen wie Linde, Domo, TOTAL oder Dow stehen beispielhaft für die Chemische und Kunststoffverarbeitende Industrie im Saalekreis. Die enge Zusammenarbeit mit Forschungseinrichtungen wie der Hochschule Merseburg oder den im Saalekreis ansässigen Fraunhofer Instituten bildet nicht nur die Basis für Fachkräftenachwuchs, sondern auch für neue Technologien.

Gleichbedeutend dem Chemiestandort hat sich das Kreisgebiet als Logistik- und Gewerbestandort in und um Landsberg und Kabelsketal einen Namen gemacht. Neben seiner zentralen Lage in Mitteldeutschland verfügt der Saalekreis mit seinen 15 Autobahnanschlüssen und der unmittelbaren Nähe zum Interkontinentalflughafen Leipzig/Halle auch über eine hervorragende Verkehrsinfrastruktur. Investoren sollte es leicht fallen, im Süden Sachsen-Anhalts zu investieren, weil hier die Chemie zwischen allen Beteiligten stimmt und davon profitieren vor Ort auch zahlreiche Mittelständler.

Rund 70 % der Gesamtfläche des Landkreises sind landwirtschaftlich genutzt. Angebaut werden Getreide, Zuckerrüben, Mais und Ölsaat. Auch der Hopfen für Bier ist hier zu finden, der zugleich die Grundlage für die Landsberger Brauerei, die einzige Privatbrauerei in Sachsen-Anhalt, liefert, während auf den Weinhängen des Saalekreises schon seit über 1.000 Jahren Weinreben kultiviert werden. Heute gehören die Weingüter zum nördlichsten Weinanbaugebiet Deutschlands, der Saale-Unstrut-Region.

Landschaft, Sehenswürdigkeiten und Kultur
Der Saalekreis mit seiner Kreisstadt Merseburg zählt zu den geschichtsträchtigsten Gegenden Deutschlands – egal, ob entlang bedeutsamer touristischer Themenstraßen wie der Straße der Romanik, der Weinstraße Mansfelder Seen, im Saaletal, am Geiseltalsee, dem größten Binnensee Deutschlands, oder in zahlreichen Parks und Gärten – hier kann man Geschichte atmen. König Heinrich I., die Wettiner, der Templerorden, die Edlen Herren von Querfurt, Geheimrat Goethe und viele mehr – sie alle hinterließen hier ihre Spuren, auf denen sich trefflich wandeln lässt.

Nebenbei bemerkt wurde auf dem Mittelberg im Ziegelrodaer Forst die berühmte Himmelsscheibe von Nebra gefunden und nicht weit vom kleinen Ort Langeneichstädt berichten ein jungsteinzeitliches Steinkammergrab und die Reproduktion eines Menhir, eines aufrecht stehenden unbehauenen Steins, in den eine Dolmengöttin eingeritzt ist, von den Jenseitsvorstellungen der Menschen vor Jahrtausenden.

Übrigens auch für Filmemacher und Schauspieler wie George Clooney oder Til Schweiger ist der Saalekreis kein Geheimtipp mehr. Mit Burg Querfurt kann der Landkreis eine echte „Filmburg" sein eigen nennen, wo schon der „Medicus" oder die „Päpstin" gedreht wurden. Daneben ziehen Jahr für Jahr hochkarätige kulturelle Veranstaltungen wie das Burgfest Querfurt, die Carl-Loewe-Festtage in Löbejün, das Goethe-Theater Bad Lauchstädt, das Schlossfest in Merseburg oder die Merseburger Orgeltage Besucher aus Nah und Fern in den Saalekreis.

Salzlandkreis

SACHSEN-ANHALT

Der Salzlandkreis ist…
…der dichtest besiedelte Landkreis in Sachsen-Anhalt. Knapp 200.000 Einwohner leben in zwei Verbands- und elf Einheitsgemeinden.

Historische Entwicklung
Im Jahr 2007 ist der Salzlandkreis im Zuge einer Gebietsreform durch Fusion der ehemaligen Landkreise Aschersleben-Staßfurt, Bernburg und Schönebeck entstanden. Der Name Salzlandkreis bezieht sich auf den Bodenschatz Salz. Es prägt den Kreis in der Mitte Deutschlands, in der Vergangenheit und heute. Salzsole-, Steinsalz- und Kalivorkommen waren Grundlage für die Entwicklung und sind Alleinstellungsmerkmal, das auch für die Tourismusbranche von Interesse ist. Die „Salzige Tour" ist ein Beispiel dafür. Sie bietet Einwohnern, Besuchern und Gästen ein buntes Spektrum an Freizeit- und Kulturangeboten rund um das weiße Gold, das sich auch im Wappen des Landkreises wieder findet.

Wertschöpfung und Verkehr
Die zentrale Lage in Sachsen-Anhalt und Deutschland zwischen den Ballungszentren Magdeburg und Halle/Leipzig sowie die ausgezeichnete Infrastruktur begünstigen die wirtschaftliche Entwicklung des Salzlandkreises. Neben den wichtigen Straßenachsen (Bundesautobahn A 14, „Nordharzautobahn" B 6) verfügt der Standort über eine gute Bahn- und Wasserstraßenanbindung. Magdeburg-Cochstedt ist der einzige internationale Flughafen in Sachsen-Anhalt, der insbesondere gute Voraussetzungen im Bereich Cargo und Logistik besitzt.

Der Wirtschaftsstandort ist im Raum Aschersleben geprägt durch verarbeitende Industriebetriebe im Bereich des Werkzeugmaschinenbaus, der Aluminiumverarbeitung und der Vliesstoffproduktion. Bernburg ist hingegen bekannt für seine „fünf weißen Pulver". Denn neben Salz, Soda und Zement werden auch Zucker und Mehl hergestellt.

Im Raum Staßfurt befindet sich die „Wiege der Kaliindustrie". Hier entstanden 1852 die ersten Kalischächte der Welt, die bis heute vor allem für die Landwirtschaft und die chemische Industrie von Bedeutung sind.

Die Elektronikproduktion und besonders die Fernsehtechnik etablierten sich in Staßfurt erfolgreich am Markt. Schönebeck als Tor zur Landeshauptstadt Magdeburg nimmt eine wichtige Rolle im Bereich Maschinen- und Fahrzeugbau ein.

Die Land- und Nahrungsgüterwirtschaft ist dank der hervorragenden Qualität der Böden in allen Teilen des Landkreises sehr gut entwickelt.

Fläche: 1.426,73 km²
EW: 196.750 - EW/km²: 138
KFZ-Kennzeichen: SLK
Kreissitz: Bernburg (Saale)
www.salzlandkreis.de

Landrat
Markus Bauer [S] / SPD
im Amt seit: 2014 gewählt bis: 2021

Sitzverteilung im Kreistag
Vorsitz: Thomas Leimbach

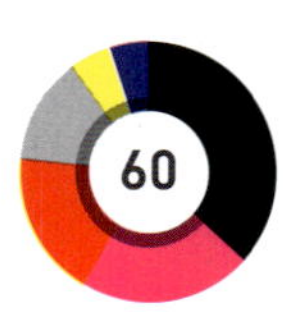

22	CDU
13	Die Linke
11	SPD
3	FDP
3	WIDAB
8	Sonstige

(B.90/Grüne 2, UWG 2, NPD 2, ALC 1, WG E-S-W 1)

Auch die Forschungsinstitute tragen zu hohen Erträgen bei. Die Hochschule Anhalt sorgt mit ihren Studenten aus der ganzen Welt für Austausch und Wissen. Der „grüne Campus" der Hochschule Anhalt in Bernburg bietet neben dem landwirtschafts- und ernährungswissenschaftlichen Profil wirtschaftswissenschaftliche Studiengänge. Der Biotech-Campus Gatersleben als international bedeutsames Zentrum der grünen Biotechnologie vereint eine Reihe von Forschungseinrichtungen und Firmen der Pflanzengenetik und Kulturpflanzenforschung.

Landschaft, Sehenswürdigkeiten und Kultur
Die artenreichen Auenwälder an den Flüssen Bode, Eine, Elbe, Fuhne, Saale, Wipper und Ziethe können mit dem Fahrrad entlang der Radwanderwege erkundet werden. Der Bode-, Saale- und Elberadweg, der Europaradweg R 1 und der Harzvorland-Radweg bieten Wegstrecken, die Sehenswürdigkeiten und Landschaft erfahrbar machen. Die Fähren, mit denen die Flüsse gequert werden können, Brücken und charakteristische Schleusen sind als technische Bauwerke eine Besonderheit. Auch zahlreiche Seen, die dort entstanden sind, wo ehemals Bergbau betrieben wurde, gehören zum Spektrum dazu. Zu Fuß lässt es sich nicht nur auf dem St. Jakobus Pilgerweg oder dem Lutherweg pilgern.

Schlösser und Höfe sowie Stationen der Straße der Romanik lohnen einen Besuch und bieten Kulturinteressierten bleibende Eindrücke. Malerische Dörfer und imposante Stadtanlagen gilt es genauso zu entdecken, wie beispielsweise die Altstadt von Aschersleben, die älteste Stadt im Land. Hier erheben sich an einem grünen Promenadenring die Türme der früheren Stadtbefestigung. Historische Parks und Gärten locken als „Gartenträume" mit üppiger Pracht.

Die Salzländer, wie die Einwohner des Salzlandkreises genannt werden, verstehen es auch, zusammen Feste zu feiern. Viele traditionsreiche Veranstaltungen sind eng mit der Kultur- und Wirtschaftsgeschichte verbunden und begleiten die Menschen durch das ganze Jahr. Neujahrskonzerte, Stadt- und Erntefeste gibt es nahezu in jedem Ort. Museen, Theater, Vereinshäuser und Märkte, Tiergärten und Bäder laden zum Verweilen und Genießen ein.

Landkreis

Stendal

SACHSEN-ANHALT

Der Landkreis Stendal ist...

...einer der größten, aber auch einer der dünnst besiedelten Landkreise Deutschlands. Im Norden Sachsen-Anhalts gelegen umfasst er den östlichen Teil der Altmark und den Elbe-Havel-Winkel. Zusammen mit dem Altmarkkreis Salzwedel bildet er eine einheitliche Wirtschafts- und Kulturregion, die reich ist an historischen Sehenswürdigkeiten und unverbrauchter Natur.

Historische Entwicklung

Die Städte im Landkreis sind noch heute geprägt von der Hansezeit. Auf seinem Territorium zählt der Landkreis sechs ehemalige Mitglieder dieses Bundes. Nach den Napoleonischen Kriegen wurde die Altmark der preußischen Provinz Sachsen zugeschlagen und in vier Kreise gegliedert. Einer davon ist seit jener Zeit der Kreis Stendal. Am 1.4.1815 erblickte in Schönhausen (Elbe) der spätere Reichskanzler Otto von Bismarck das Licht der Welt. Unter anderem deshalb wird die Altmark oft als „Wiege Preußens" bezeichnet. Bis 1919 wirkten drei Mitglieder der Familie von Bismarck in Stendal als Landrat.

Nach dem Zweiten Weltkrieg ursprünglich britisch besetzt, zogen hier nach einem Landtausch jedoch im Juli 1945 sowjetische Truppen ein. In der DDR gehörte das Gebiet des heutigen Landkreises Stendal, welches zeitweilig in fünf Kreise aufgegliedert war, zum Bezirk Magdeburg.

1974 begannen bei Arneburg die Bauarbeiten am Kernkraftwerk Stendal, welche bis zum Jahr 1989 andauerten und nie vollendet wurden. Mit Auflösung der DDR gehörten die verbliebenen drei Kreise der östlichen Altmark wieder zum Land Sachsen-Anhalt. Im Zuge der Kreisgebietsreform 1994 schlossen sie sich zum heutigen Landkreis Stendal zusammen.

Wertschöpfung und Verkehr

Die Altmark – grüne Wiese mit Zukunft – befindet sich genau im Zentrum der nord-ostdeutschen Ballungsräume Berlin, Hamburg, Hannover und Leipzig. Als Eisenbahnknotenpunkt liegt Stendal an der ICE-Trasse Berlin-Hannover, der „Amerikalinie" Hamburg-Berlin und der für den Nord-Süd-Handel wichtigen Strecke Leipzig-Rostock. Mehrere gut ausgebaute Bundesstraßen kreuzen das Kreisgebiet, mit der im Bau befindlichen Nordverlängerung der A 14 wird die Verkehrsinfrastruktur noch einmal erheblich verbessert. Über den Elbhafen Tangermünde ist die Erreichbarkeit auf dem Wasserweg sichergestellt und mit Stendal/Borstel verfügt der Landkreis Stendal über einen der leistungsfähigsten Verkehrslandeplätze Sachsen-Anhalts.

Vorwiegend ländlich geprägt, bestimmen leistungsfähige Landwirtschaftsbetriebe und Unternehmen der Nahrungsmittelerzeugung und –verarbeitung einen großen Teil der wirtschaftlichen Struktur des Kreises. Traditionell stark sind die Sektoren Handwerk und Dienstleistungen.

Als Gradmesser für die Innovationskraft kann man den Ausbau der erneuerbaren Energien betrachten. So ist die Altmark eine der 21 anerkannten Bioenergie-Regionen in Deutschland. Neben diesen Branchen finden sich auch herausragende Industriebetriebe, wie zum Beispiel eines der größten Zellstoffwerke und die modernste Papierfabrik Europas.

Eine besondere Stärke des Landkreises besteht in der Vernetzung vieler Unternehmen. Unter Einbeziehung des Forschungspotenzials der fest im Territorium verwurzelten Hochschule Magdeburg-Stendal werden unkonventionelle Formen der wirtschaftlichen Zusammenarbeit erprobt, neue Denkansätze etabliert und regionale Kräfte gebündelt.

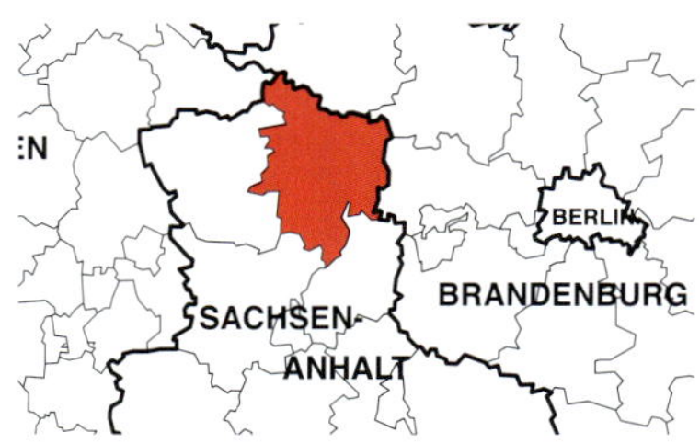

Fläche: 2.423,14 km²
EW: 114.668 - EW/km²: 47
KFZ-Kennzeichen: SDL
Kreissitz: Stendal
www.landkreis-stendal.de

Landrat
Carsten Wulfänger [F] / CDU
im Amt seit: 2013 gewählt bis: 2020

Sitzverteilung im Kreistag
Vorsitz: Lothar Riedinger

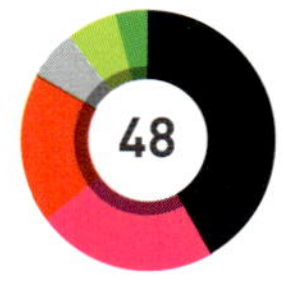

20	■	CDU
11	■	Die Linke
9	■	SPD
3	■	Landwirte
2	■	B.90/Grüne
3	■	Sonstige

(FDP 2, NPD 1)

Landschaft, Sehenswürdigkeiten und Kultur

Prägend für die Landschaft sind die großen Flüsse Elbe und Havel. Mit der Anerkennung der Flusslandschaft Elbe ist 1997 das erweiterte UNESCO-Biosphärenreservat Mittelelbe entstanden. Große Teile davon liegen im Kreis Stendal. Besucher finden hier nahezu unberührte oder teilweise renaturierte Auenlandschaften mit einer reichen Artenvielfalt. Im Einklang damit stehen die Einzugsgebiete der naturnah belassenen Nebenflüsse Uchte, Aland, Biese und Tanger sowie das besonders schützenswerte Niederungsgebiet „Altmärkische Wische". Ebenfalls zum Landkreis Stendal gehört im Südwesten ein Teil der Colbitz-Letzlinger Heide – des größten zusammenhängenden Heidegebietes Mitteleuropas.

Von der Blütezeit im Mittelalter zeugen hervorragend erhaltene Bauwerke an der „Straße der Romanik" wie die Taufkirche Bismarcks in Schönhausen oder der prachtvolle Dom zu Havelberg. Einmalig in Europa ist die große Dichte romanischer Feldsteinkirchen in den Dörfern der Altmark. In der wundervollen Fachwerkstatt Tangermünde erzählt die traumhaft über der Elbe liegende Burg davon, dass Kaiser Karl IV. diesen Ort zu seinem Nebensitz gemacht hatte und in Stendal spürt man beim Anblick des Tangermünder und des Uenglinger Tores den Atem der Hanse. Johann-Joachim Winckelmann, der Begründer der wissenschaftlichen Archäologie und der Kunstgeschichte, war in der Hansestadt zu Hause. Sein Wirken wird in einem eigenen Museum gewürdigt. Einzigartig sind die Glasmalereien im Stendaler Dom, die es in dieser Geschlossenheit in keiner anderen deutschen Kirche gibt.

Felseninsel Stein im Wörlitzer Park
Landkreis Wittenberg
© Henrik Bollmann

Luther-Denkmal in der Lutherstadt Eisleben
© Landkreis Mansfeld-Südharz

Landkreis

Wittenberg

SACHSEN-ANHALT

Der Landkreis Wittenberg ist...
...in direkter Nachbarschaft zu Sachsen und Brandenburg gelegen, nur eine Autostunde von Berlin und Leipzig entfernt. Zentrum ist die Lutherstadt Wittenberg. Weitere Städte sind Annaburg, Bad Schmiedeberg, Coswig (Anhalt), Gräfenhainichen, Jessen (Elster), Kemberg, Oranienbaum-Wörlitz und Zahna-Elster.

Historische Entwicklung
1547 wurde der sächsische „Kurkreis" errichtet, mit Übergang an Preußen 1816 der landrätliche Kreis eingeteilt. 1863 wurden auch im Herzogtum Anhalt Landkreise gebildet.

Von 1952 bis 1990 bestanden die Kreise Wittenberg, Gräfenhainichen, Roßlau (Bezirk Halle) sowie Jessen (Bezirk Cottbus). Ergebnis der Kreisgebietsreform 1994 waren die Landkreise Wittenberg (Wittenberg, Jessen und Teile Gräfenhainichens) sowie Anhalt-Zerbst (Zerbst, Roßlau und Teile Gräfenhainichens). Mit der Reform 2007 bekam der Landkreis Wittenberg die Verwaltungsgemeinschaften „Wörlitzer Winkel" und „Coswig (Anhalt)" des ehemaligen Landkreises Anhalt-Zerbst hinzu.

Fläche: 1.930,30 km^2
EW: 128.721 - EW/km^2: 67
KFZ-Kennzeichen: WB
Kreissitz: Lutherstadt Wittenberg
www.landkreis-wittenberg.de

Landrat
Jürgen Dannenberg[V] / Die Linke
im Amt seit: 2007 gewählt bis: 2021

Sitzverteilung im Kreistag
Vorsitz: Lothar Hensel

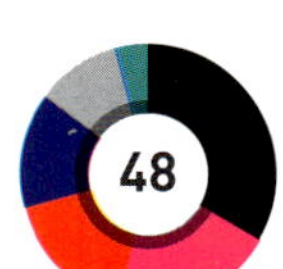

16 CDU
10 Die Linke
8 SPD
7 FW
2 AdB
5 Sonstige
(B.90/Grüne 1, FDP 1, AfD 1, BBP 1, NPD 1)

Wertschöpfung und Verkehr
Den Landkreis als Wirtschafts- und Industriestandort kennzeichnet eine Mischung klein- und mittelständischer Unternehmen. Die chemische Industrie dominiert am Standort Piesteritz. Namhafte Investoren komplettieren den Agro-Chemie-Park. Strukturbestimmend sind weiter der Maschinenbau, der Spezialfahrzeugbau, die Verpackungsmittelindustrie, die Nahrungs- und Genussmittelbranche sowie die Produktion keramischer Erzeugnisse. Die Hälfte der Kreisfläche wird landwirtschaftlich genutzt.

Der Landkreis Wittenberg verfügt über eine gute Anbindung an das internationale Verkehrsnetz. In der Kreisstadt kreuzen sich zwei Bundesstraßen überregionaler Bedeutung. Anschlüsse an die A 9 bestehen über die Abzweige Oranienbaum, Vockerode, Coswig, Köselitz und Klein-Marzehns. Wittenberg ist Eisenbahnknoten der Strecken Berlin–München sowie Magdeburg–Dresden. Vom Industriehafen in Piesteritz können Transportgüter auch dem Wasserweg Kunden erreichen.

Vier Gymnasien, flächendeckend Grund- und Sekundarschulen sowie ein modernes Berufsschulzentrum kennzeichnen die Bildungslandschaft. Die Kreisvolkshochschule, die Kreismusikschule sowie das Kreismedienzentrum ergänzen im Bildungszentrum Lindenfeld ein umfangreiches Angebot freier Träger. Mit der Rückkehr der Martin-Luther-Universität Halle-Wittenberg an ihren Gründungsort sind in der Stiftung Leucorea wissenschaftliche Institute heimisch geworden. In unmittelbarer Nähe der Schlosskirche ist die Evangelische Akademie Sachsen-Anhalt zu finden.

Bestandteile der medizinischen Versorgung sind drei Krankenhäuser: Die Klinik Bosse ist spezialisiert auf die Fachrichtungen Psychiatrie, Psychotherapie, Geriatrie und Neurologie. Das akademische Lehrkrankenhaus der Universität Halle – Wittenberg wird von der Paul Gerhardt Diakonie Krankenhaus und Pflege GmbH getragen. Vor den Toren der Stadt Coswig befindet sich ein modernes Herzzentrum.

Landschaft, Sehenswürdigkeiten und Kultur
Der Naturpark Dübener Heide im Süden des Kreises gilt als größtes Waldgebiet Mitteldeutschlands. Die Kureinrichtungen in Bad Schmiedeberg aber auch zahlreiche kulturelle und touristische Attraktionen stehen für eine ausgewogene Entwicklung. Nicht zu vergessen Ferropolis vor den Toren Gräfenhainichens ein Ensemble von ausgedienten Braunkohlebaggern.

Durch den nördlichen Kreis erstreckt sich der Fläming, ein waldreicher Höhenzug, ebenfalls im Status eines Naturparks. Im Jessener Land befindet sich eines der nördlichsten Weinanbaugebiete Europas. Die Elbe durchfließt auf fast 100 km eine naturnahe Auenlandschaft. So bietet das Kreisgebiet zahlreiche Möglichkeiten zur aktiven Erholung und Entspannung.

Neben den Reformationsstätten ist der Wörlitzer Park attraktiver Anziehungspunkt für Touristen. Ebenfalls zum Dessau-Wörlitzer Gartenreich gehören Park und Schloss der Barockstadt Oranienbaum. Von den Jessener Weinbergen bis nach Gräfenhainichen, der Geburtsstadt des evangelischen Liederdichters Paul Gerhardt, lässt sich so manches Kleinod aus vergangenen Zeiten entdecken. Zahlreiche Museen und Galerien laden mit ihren Exponaten und Ausstellungen ein. Kunst und Natur begegnen sich Skulpturenpark Bülzig. Sehenswert sind die romanischen Feldsteinkirchen entlang der mitteldeutschen Kirchenstraße. Jedes Jahr im Juni feiert Wittenberg mit Luthers Hochzeit ein historisches Stadtfest.

Brandenburg

Landkreise	**14**
Fläche km²	**28.923,35**
Einwohner	**2.065.658**
Bevölkerungsdichte EW/km²	**71**

Größte Landkreise	km²
Uckermark	3.076,92
Potsdam-Mittelmark	2.591,95
Ostprignitz-Ruppin	2.526,56

Kleinste Landkreise	km²
Oberspreewald-Lausitz	1.223,08
Barnim	1.479,68
Spree-Neiße	1.657,43

Einwohnerstärkste Landkreise	EW
Potsdam-Mittelmark	207.498
Oberhavel	204.898
Märkisch-Oderland	188.422

Einwohnerschwächste Landkreise	EW
Prignitz	77.550
Ostprignitz-Ruppin	98.886
Elbe-Elster	104.997

Dichtest besiedelte Landkreise	EW/km²
Barnim	118
Oberhavel	113
Oberspreewald-Lausitz	92

Dünnst besiedelte Landkreise	EW/km²
Prignitz	36
Ostprignitz-Ruppin	39
Uckermark	39

Landkreis

Barnim

BRANDENBURG

Der Landkreis Barnim ist…
…vor allem wegen seiner beeindruckenden Landschaft bekannt und entwickelt sich seit einigen Jahren mehr und mehr zum beliebten Wohnstandort für viele Berliner, die ein Häuschen im Grünen suchen.

Historische Entwicklung
Der Barnim ist ursprünglich die Bezeichnung einer brandenburgischen Landschaft, die im 13. Jahrhundert nach und nach in den Besitz der askanischen Markgrafen überging. Im 15. Jahrhundert unterschied man in der Region dann schon den Hohen vom Niederen Barnim, aus denen sich seit dem 16. Jahrhundert die Kreise Ober- und Niederbarnim entwickelten, die bis zu ihrer Auflösung 1952 mit einigen territorialen Veränderungen existierten. So musste etwa der Kreis Niederbarnim 1810 die Ortschaften Moabit, Wedding, Gesundbrunnen, Boxhagen, Rummelsburg und Stralau an den Regierungsbezirk Berlin abtreten.

Im Zuge der Schaffung der DDR bildete man ab 1952 Bezirke und gänzlich neue Kreise. Dabei entstanden die Kreise Bernau und Eberswalde. Nach der Wende 1989/90 veränderte sich sowohl der Verwaltungsaufbau als auch das Verwaltungshandeln noch einmal fundamental: Durch das Kreisneugliederungsgesetz von 1992 wurde im Zuge der Kommunalwahlen vom 5.12.1993 aus den Kreisen Bernau und Eberswalde der Landkreis Barnim gebildet. Kreisstadt und Sitz der Verwaltung ist seitdem Eberswalde.

Wertschöpfung und Verkehr
Durch den Landkreis Barnim verlaufen die Bundesautobahnen A 10 (Berliner Ring) und A 11 von Berlin nach Stettin. Sechs Bundesstraßen erschließen das Gebiet (B 2, B 109, B 158, B 167, B 198, B 273). Zudem fährt die Berliner S-Bahn im 20-Minuten-Takt bis nach Bernau. Eine Eisenbahnlinie von Berlin über Eberswalde nach Stralsund oder Stettin bildet zusammen mit der Heidekrautbahn, der ODEG und der Barnimer Busgesellschaft das öffentliche Personenverkehrssystem.

Für den Güterverkehr spielt die Schienenverbindung ebenso eine bedeutende Rolle wie die in Ost-West-Richtung verlaufende Wasserstraße Oder-Havel-Kanal. Für den Wasser-Tourismus wurde im Zuge der Wasserinitiative Nord (WIN) in den vergangenen Jahren unter anderem der Finowkanal, Europas älteste künstliche Wasserstraße, wiederhergerichtet. Vor allem der Tagestourismus ist in diesem Zusammenhang eines der größten Einnahmefelder.

Historisch gewachsen ist dazu eine metallverarbeitende Industrie in und um Eberswalde. In den vergangenen 25 Jahren hat sich der Landkreis aber vor allem als Gesundheitsstandort mit mehreren Kliniken einen Namen gemacht.

Als weiteres Standbein soll sich das Thema Nachhaltigkeit etablieren. Hierzu hat sich der Landkreis bereits vor einigen Jahren der Null-Emissions-Strategie „Die Zukunft ist erneuer:bar" verschrieben. Zahlreiche Firmen vom haben sich des Themas mittlerweile angenommen.

Ein weiterer Schwerpunkt in der Arbeit des Landkreises liegt im Setzen hoher Bildungsstandards, mit denen gewährleistet werden soll, dass auch künftig genügend gut ausgebildete Barnimer für den Arbeitsmarkt zur Verfügung stehen. Die Arbeit wird von der Bildungsinitiative Barnim koordiniert.

Landschaft, Sehenswürdigkeiten und Kultur
Die Landschaft ist ein Pfund, mit dem der Landkreis wuchern kann. Der südliche Teil des Landkreises liegt geografisch gesehen auf der Barnimhochfläche, während sich die Kreisstadt Eberswalde und das Umland im Eberswalder Urstromtal erstrecken. Der nördliche Teil wiederum liegt bereits im Hügelland der Uckermark. Im Nordwesten erstreckt sich das Waldgebiet der Schorfheide.

Der Barnim ist also geprägt von ausgedehnten Wäldern (rund 46 % der Gesamtfläche) sowie zahlreichen Seen und Flüssen (5 % der Gesamtfläche). Der bekannteste See ist wohl der Werbellinsee. Aber auch Liepnitzsee oder Wandlitzsee erfreuen sich bei Tagetouristen großer Beliebtheit. Zu den bekanntesten Sehenswürdigkeiten gehören wohl das Kloster Chorin, das Schiffshebewerk Niederfinow, das Paul-Wunderlich-Haus in Eberswalde oder der historische Altstadtkern von Bernau mit seiner fast vollständig erhaltenen Stadtmauer.

Zum Wandern und Radwandern locken die großen Landschaftsschutzgebiete. Das von der UNESCO geschützte Biosphärenreservat Schorfheide-Chorin und der Naturpark Barnim sind nur zwei der unberührten Naturschönheiten im 700 km Rad- und über 1.000 km langen Wanderwegenetz. Zu Wasser erkunden die Besucher den Barnim auf mehr als 100 km langen Wasserwegen.

Familien und aktive Wassersportler finden ihre Erholung in den Seebädern, beim Surfen, Tauchen oder Wasserski. Kulturbegeisterte Besucher beeindrucken die alten Feld- und Backsteinbauten, die markanten Kirchen, Klöster und Schlösser. Imposante Industriedenkmale bezeugen die spannende Geschichte der Gegend und bleiben selten unbeachtet.

Fläche: 1.479,68 km²
EW: 174.981 - EW/km²: 118
KFZ-Kennzeichen: BAR
Kreissitz: Eberswalde
www.barnim.de

Landrat
Bodo Ihrke / SPD
im Amt seit: 1990 gewählt bis: 2018

Sitzverteilung im Kreistag
Vorsitz: Prof. Dr. Alfred Schultz

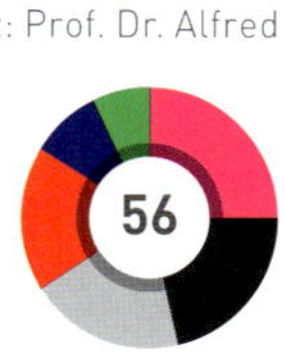

14 Die Linke
12 CDU
10 SPD
5 BVB/FW
4 B.90/Grüne
11 Sonstige
(Bürgerfraktion 3, FDP 2, Bauernverband 2, Bündnis Schorfheide 1, AfD 1, BfB 1, NPD 1)

Landkreis

Dahme-Spreewald

BRANDENBURG

Der Landkreis Dahme-Spreewald ist…
…ein starker Wirtschaftsstandort in Ostdeutschland, gekennzeichnet durch den Bau des Flughafens Berlin Brandenburg, die Nähe zu Berlin und ausgestattet mit einer exzellenten Infrastruktur.

Historische Entwicklung

Im Zuge des Wiener Kongresses und der preußischen Verwaltungsreformen des Jahres 1815/1816 kam es für das Gebiet zu grundlegenden Veränderungen. Während der Kreis Teltow bereits vor 1815 zum preußischen Staat gehörte, gingen die Kreise Lübben und Luckau als Teile des ehemals sächsischen Markgraftums Niederlausitz nun ebenfalls dort über. Alle drei Kreise gehörten ab 1815 zur neu geschaffenen Provinz Brandenburg bzw. ab 1946 zum Land Brandenburg.

Nach der Gründung der DDR wurde das Gebiet des Landes Brandenburg 1952 in Bezirke gegliedert. Die Kreise Lübben und Luckau gehörten zum Bezirk Cottbus. Der Kreis Teltow wurde aufgelöst und der aus großen Teilen daraus gebildete Kreis Königs Wusterhausen ging in den Bezirk Potsdam ein. Mit der politischen Wendezeit 1989/90 erfolgte eine Auflösung der Bezirksstrukturen. Im neuen Bundesland Brandenburg bestanden die drei Landkreise zunächst fort. Im Zuge der Kreisgebietsreform schlossen sich die Kreise Lübben, Luckau und Königs Wusterhausen im Jahr 1993 zum heutigen Landkreis Dahme-Spreewald zusammen. Kreisstadt wurde Lübben (Spreewald).

Wertschöpfung und Verkehr

Der unmittelbar an Berlin angrenzende Landkreis Dahme-Spreewald gehört durch seine günstige Lage zur wachstumsstarken Hauptstadtregion und nimmt eine zentrale Position im europäischen Binnenmarkt ein. Exzellente Verkehrsanbindungen zu Wasser, zu Lande, auf Schienen und in der Luft sichern logistische Vorteile. Mit dem Flughafen Berlin Brandenburg entsteht ein europäisches Luftfahrtkreuz mit Direktverbindungen in alle Welt. Der Binnenhafen in Königs Wusterhausen ist die Drehscheibe im Ost-West-Verkehr und wichtiges Verteilzentrum für Berlin. Rund um den Flughafen siedelten sich bereits zahlreiche Unternehmen und Einrichtungen der Luft- und Raumfahrtindustrie sowie ihre innovativen Zulieferer an. Besonders das Flughafenumfeld in Schönefeld, Wildau und Königs Wusterhausen ist von Dynamik und Wachstum geprägt.

Landschaft, Sehenswürdigkeiten und Kultur

Ausufernde Seen, Flüsse und Kanäle, gesäumt von weiten Wäldern und ursprünglicher Natur machen den Reichtum dieser einzigartigen Landschaft von Berlin über das mit 70 Seen große Dahme-Seenland bis in den Spreewald und hin zum Naturpark Niederlausitzer Landrücken aus.

Ein ausgebautes, touristisches Radwanderwegenetz mit 560 km Radtouren führt durch die abwechslungsreiche Landschaft zu Sehenswürdigkeiten im Landkreis und in benachbarte Gebiete. Thematische Touren verbinden landschaftliche Besonderheiten mit Stätten der Kultur und Geschichte.

Orte wie Königs Wusterhausen, Lübben und Luckau laden mit ihren historischen Stadtkernen zum Spazieren ein. Zahlreiche Feste und Veranstaltungen bringen Einwohner und Gäste bei sportlichen sowie kulturellen und künstlerischen Höhepunkten zusammen.

Im Süden des Landkreises, auf halber Strecke zwischen Berlin und Dresden, macht der Spreewald von sich reden. Hier entdeckt man ein von vielen hundert Fließen durchwebtes Auengebiet. Wie ein dichtes Netz durchziehen die Fließe auf 1.550 km das Land im Spreewald. Ein Unikat in Europa. Die über Jahrhunderte entstandene Kulturlandschaft genießt die Anerkennung als UNESCO-Biosphärenreservat und ist Bestandteil eines weltweiten Netzes großflächig angelegter Schutzgebiete.

Für Abwechslung ist mit Radfahren und Skaten, Wandern und Walken, Wassersport und Camping und natürlich Wasserwandern gesorgt. Bei einer Kahnfahrt oder einer gemütlichen Paddeltour über die romantischen Spreearme kann man den Zauber der Lagunenlandschaft heute noch wie vor hundert Jahren erleben.

Ein Geheimtipp für Camper und Wasserfans ist der Schwielochsee. Freizeitkapitäne können mit dem eigenen Boot aus allen Himmelsrichtungen anreisen oder mieten sich vor Ort alles, was sie brauchen für eine Spazierfahrt oder den großen Törn.

Tatsächlich, nur eine Autostunde entfernt von Berlin, mitten im Landkreis Dahme-Spreewald, kann man Urlaub machen wie an der Südsee. In einer der größten freitragenden Hallen der Welt in Krausnick liegt Tropical Islands, die Groß und Klein jeden Tag rund um die Uhr mit tropischen Temperaturen und Regenwald verführt.

Aus dieser Vielfalt, die täglich zwischen Fließ und Flughafen vibriert, schöpft der Landkreis Kraft für Innovationen und Expansionen, für Erholung und Entspannung, für Familienglück und Lebensqualität, für Internationalität und Lebensart.

Fläche: 2.274,48 km²
EW: 161.952 - EW/km²: 71
KFZ-Kennzeichen: LDS
Kreissitz: Lübben (Spreewald)
www.dahme-spreewald.de

Landrat
Stephan Loge [V] / SPD
im Amt seit: 2008 gewählt bis: 2024

Sitzverteilung im Kreistag
Vorsitz: Martin Wille

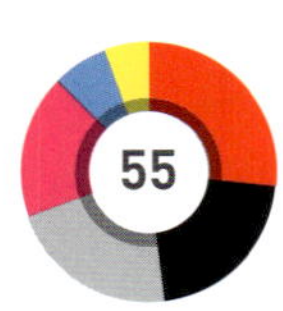

15	SPD
12	CDU
10	Die Linke
4	AfD
3	FDP
11	Sonstige

(B.90/Grüne 3, UBL 3, Bauern 3, NPD 1, Wir für KW 1)

Landkreis

Elbe-Elster

BRANDENBURG

Der Landkreis Elbe-Elster ist...

...Teil der Lausitz. Er liegt im Süden Brandenburgs im Dreiländereck zwischen Sachsen, Sachsen-Anhalt und Brandenburg. Geprägt durch kleinere Hügelketten, Flüsse und Seen ist der Landkreis Paradies für Radtouristen und Wanderer. Wirtschaftliche Kompetenzzentren bilden die Kreisstadt Herzberg, die Städte Finsterwalde und Elsterwerda sowie die für ihr Mineralwasser bekannte Kurstadt Bad Liebenwerda.

Historische Entwicklung

Als Folge des Wiener Kongresses von 1814/15 fielen große Teile von Sachsen an Preußen, darunter auch die Niederlausitz sowie die Hälfte der Oberlausitz. Von einem Tag zum anderen wurden die dort lebenden Menschen von Sachsen zu Preußen. Ob Grenzsteine, architektonische Zeugnisse oder Traditionen wie das sächsische Wandermarionettentheater: Im heute brandenburgischen Elbe-Elster-Land lassen sich zahlreiche Spuren der sächsischen Vergangenheit entdecken.

Nach 1815 entstanden die Kreise Schweinitz, Luckau, Torgau und Bad Liebenwerda. Im Jahre 1950 wurde der Kreis Schweinitz in Kreis Herzberg umbenannt und 1952 im Zuge der Kreisgebietsreform in die Kreise Herzberg und Jessen aufgeteilt. Aus dem ehemaligen Kreis Luckau wurde der Kreis Finsterwalde herausgelöst. Der Kreis Bad Liebenwerda blieb bestehen. Der Landkreis Elbe-Elster wurde im Dezember 1993 aus den ehemaligen Kreisen Herzberg, Bad Liebenwerda und Finsterwalde gebildet. Seit der Gemeindereform 2003 gibt es 22 amtsangehörige Gemeinden, elf Städte und fünf Ämter.

Wertschöpfung und Verkehr

Durch seine geografische Lage verbindet der Landkreis das Land Brandenburg mit dem mitteldeutschen Wirtschaftsraum. Mit dem Hafen in Mühlberg verfügt er über eine direkte Elbe-Anbindung via Hamburg Richtung Nord- und Ostsee.

Die Land- und Forstwirtschaft stellt für den Wirtschaftsstandort Elbe-Elster ein bedeutendes Wirtschaftspotenzial dar. Mit rund 160.000 ha Nutzfläche entfallen fast 85 % der Fläche des Landkreises auf diesen Wirtschaftszweig. Das Ausbildungsnetzwerk Landwirtschaft, in dem rund 25 landwirtschaftliche Unternehmen und die Auszubildenden dieser Branche organisiert sind, gewährleistet einen intensiven Austausch rund um landwirtschaftliche Themen.

Der „Regionale Einkaufsführer", das Online-Angebot rEEgional.de und das Engagement des Landkreises auf der Internationalen Grünen Woche stärken zudem die Direktvermarktung land- und forstwirtschaftlicher Erzeugnisse. Neben der Land- und Forstwirtschaft hat auch die Metall- und Elektrobranche große Bedeutung für den Wirtschaftsraum Elbe-Elster. Elbe-Elster ist prädefiniertes C-Fördergebiet. Damit stehen vergleichsweise gute Fördermöglichkeiten für Investitionsvorhaben von Unternehmen zur Verfügung. Mit dem regionalen Lotsendienst, der Regionalpartnerschaft mit der Kreditanstalt für Wiederaufbau (KfW) und durch die Nutzung unterschiedlicher regionaler Netzwerke hält der Landkreis vielfältige Angebote für eine effiziente Wirtschaftsförderung vor. Eine eigene Ausbildungsmesse bietet Unternehmen eine Plattform, sich Bewerbern und Arbeitskräften zu präsentieren.

Landschaft, Sehenswürdigkeiten und Kultur

Im Landkreis Elbe-Elster spielt das ganze Jahr die Musik. Die Kreismusikschule „Gebrüder Graun" ist ein wichtiger Eckpfeiler der musikalischen Bildung. Zum ersten Mal gelang es, einen ersten Preis beim Bundeswettbewerb „Jugend musiziert" zu holen. Weitere Preise runden dieses Ergebnis ab und machen die Einrichtung zur mit Abstand erfolgreichsten Kreismusikschule im Land Brandenburg. Dort im Südwesten hat der Landkreis im Naturpark Niederlausitzer Heidelandschaft noch mehr zu bieten. Rund 100.000 Besucher sahen sich 2014 die Landesausstellung im Schloss Doberlug an.

Die Zahl unterstreicht das große Interesse am Landkreis, wo Preußen Sachsen küsst. Die Schlacht bei Mühlberg 1547 zum Beispiel schrieb Weltgeschichte. Mit dem Ereignis gehört Mühlberg an der Elbe zu den „Stätten der Reformation", die das Europäische Kulturerbesiegel tragen dürfen. Im Museum der frisch sanierten Klosterpropstei wird an die kriegerische Auseinandersetzung modern und innovativ erinnert. Schlösser, Klöster und Klosterkirchen sowie Herzberg mit der St. Marienkirche als eines der Zentren der Reformation in Deutschland sind sehr sehenswert.

Dazu gehören aber ganz sicher auch spektakuläre Zeugnisse der Industriegeschichte wie die gewaltige Kohleabraumförderbrücke F 60 in Lichterfeld und die Brikettfabrik „Louise" in Domsdorf.

Auch eine Vielzahl gut erhaltener Windmühlen bietet der Landkreis Elbe-Elster. Alle diese Ausflugsziele lassen sich per Rad auf rund 400 km ausgebauten und beschilderten Strecken erkunden. Die „Kohle-Wind & Wasser Tour" auf 250 km Länge erschließt den Landkreis auf faszinierende Weise.

Fläche: 1.899,57 km²
EW: 104.997- EW/km²: 55
KFZ-Kennzeichen: EE
Kreissitz: Herzberg
www.lkee.de

Landrat
Christian Heinrich-Jaschinski [5,6] / CDU
im Amt seit: 2010 gewählt bis: 2018

Sitzverteilung im Kreistag
Vorsitz: Thomas Lehmann

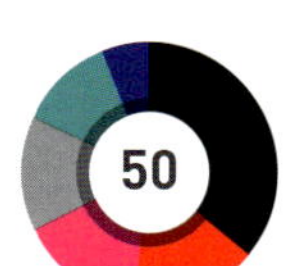

18	CDU
8	SPD
8	Die Linke
6	WG LUN
3	BVB/FW
7	Sonstige

(FDP 2, BfF 1, B.90/Grüne 1, AfD 1, Hz 1, NPD 1)

Landkreis

Havelland

BRANDENBURG

Der Landkreis Havelland ist...
...der größte Teil des Naturraums Havelland. Die idyllische Landschaft des Havellandes ist von Flüssen, Seen, Wiesen und Wäldern geprägt. Stille märkische Dörfer laden zum Ausspannen ein und die weitgehend intakte Natur bietet viele Möglichkeiten aktiver Erholung. Mit seiner an Berlin angrenzenden Lage im Westen des Landes Brandenburg ist der Landkreis ein wichtiges Bindeglied zwischen Berlin und den westlichen Metropolregionen Hamburg, Bremen-Oldenburg sowie Hannover-Braunschweig-Göttingen-Wolfsburg.

Historische Entwicklung
Aus der Teilung des frühneuzeitlichen Havelländischen Kreises gingen 1816 die Kreise Osthavelland und Westhavelland mit dem Sitz des Landratsamtes in Nauen bzw. in Rathenow hervor. Sie bestanden im Wesentlichen in ihrer ursprünglichen Form bis 1950. Mit Wirkung vom 1.6.1950 verlor der Stadtkreis Rathenow seine kommunalrechtliche Eigenschaft als Stadtkreis. Die Stadt Rathenow wurde Teil des Landkreises Westhavelland. Zeitgleich wurden verschiedene Gemeinden aus dem Kreis Westhavelland an den Stadtkreis Brandenburg (Havel) und den Kreis Osthavelland abgegeben.

Durch die Verwaltungsreform 1952 wurden aus den jeweiligen Kernen der Kreise Ost- und Westhavelland mit erheblichen Gebietsverlusten die Kreise Nauen und Rathenow geschaffen. Noch mehrfach änderten sich bis Mitte der 50er Jahre die Kreisgrenzen, was mit einer Abgabe beziehungsweise auch einer Zuteilung einzelner Gemeinden einherging.

1993 wurden die Kreise Nauen und Rathenow zum Landkreis Havelland mit der Kreisstadt Rathenow und den beiden Verwaltungssitzen Rathenow und Nauen zusammengelegt.

Wertschöpfung und Verkehr
Die Ausprägung der Wirtschaftsbranchen stellt sich im Landkreis Havelland regional sehr differenziert dar. Im Raum Rathenow/Premnitz dominieren insbesondere Unternehmen aus den Bereichen der Optik, Kunststoffe, Chemie und Metall, dort ist die Wirtschaft überwiegend geprägt von strukturbestimmenden Leitbetrieben, in deren Umfeld eher kleinere Zulieferbetriebe agieren.

Die Schwerpunkte im Berliner Umland liegen insbesondere im Bereich Verkehr, Mobilität, Logistik, Metall und Ernährungswirtschaft. Durch die verkehrsgünstige Lage des Landkreises nimmt die Zahl der Berufspendler in und aus dem Landkreis zu.

Erheblicher Zuzug und damit eine Zunahme der Bevölkerung aus der Metropole Berlin in das Havelland ist hier ebenfalls zu beobachten. Im Landkreis Havelland wurde im Jahr 2013 ein Bruttoinlandsprodukt von ca. 2,72 Mrd. € generiert. Dies entspricht ca. 4,5 % der Wirtschaftsleistung des Landes Brandenburg (57,27 Mrd. €). Ausgehend vom Jahr 2005 lässt sich für den Landkreis ein Wachstum von ca. 30 % konstatieren, die Wirtschaftsleistung des Landes Brandenburg ist im gleichen Zeitraum um ca. 27 % gewachsen.

Landschaft, Sehenswürdigkeiten und Kultur
Die faszinierende Vielfältigkeit der havelländischen Landschaft zeigt mit Schlössern, Herrenhäusern, Kirchen, Parkanlagen und mittelalterlichen Städten ihre Reize. Dabei markiert die westliche Grenze des Kreises der Naturpark Westhavelland. Die vielfach geschützte Naturlandschaft bietet eine seltene Flora und Fauna.

Nahe der Landesgrenze zu Sachsen-Anhalt befindet sich die Kreisstadt des Havellandes, Rathenow. Das älteste Bauwerk der Stadt, die Sankt-Marien-Andreas-Kirche, wurde weithin sichtbar auf dem Kirchberg der Altstadt erbaut. Wer Land und Leute vom Wasser aus erleben möchte, dem sei eine Bootsfahrt auf der Havel oder dem nahe gelegenen Hohennauener und Ferchesarer See zu empfehlen. Ist man mit dem Auto entlang der B 5 unterwegs, laden reizvolle kleine Dörfer zum Verweilen ein. Auf halber Wegstrecke liegt das Dorf Ribbeck mit seinem Schloss. Hier weiß man Geschichten um das bekannte Gedicht zu erzählen.

In der Stadt Nauen angekommen, begrüßt den Besucher ein imposantes Rathaus in Neoromanik. Die Stadt Falkensee liegt an der Westseite Berlins und ist mittlerweile die größte Stadt im Landkreis.

An der südlichen Kreisgrenze des Landkreises befindet sich das ehemalige Fischerdorf und jetzige Stadt Ketzin/Havel. Hier lässt es sich hervorragend angeln oder frischen Fisch in einem der urigen Gasthöfe genießen.

In kultureller Hinsicht hat sich das Havelland zu einem lebendigen Kultur- und Kunstraum entwickelt. Künstlerdörfer, Künstlerkolonien, Kulturscheunen wurden durch Künstler oder Kulturakteure aufgebaut. Konzertreihen, Theateraufführungen, Ausstellungen zeigen die kulturell-künstlerische Vielfalt des Havellandes. Hier sind besonders die Havelländischen Musikfestspiele oder die im Schloss Ribbeck stattfindenden Schlossfestspiele zu nennen. Nicht nur die Kulturszene freut sich auf die jährlich stattfindende Galmer Hofkultur oder die Ausstellungen im Kolonistendorf Neuwerder, bei denen Kunst im ländlich geprägten Raum gezeigt wird.

Fläche: 1.727,29 km²
EW: 155.408 - EW/km²: 90
KFZ-Kennzeichen: HVL
Kreissitz: Rathenow
www.havelland.de

Landrat
Roger Lewandowski / CDU
im Amt seit: 2016 gewählt bis: 2024

Sitzverteilung im Kreistag
Vorsitz: Manuela Vollbrecht

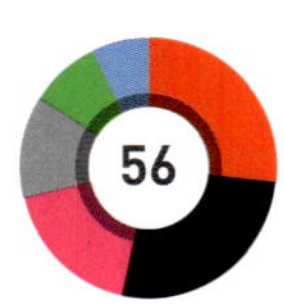

15 SPD
15 CDU
10 Die Linke
5 B.90/Grüne
4 AfD
7 Sonstige
(FDP 3, Bauern 1, NPD 2, BVB/FW 1)

Landkreis

Märkisch-Oderland

BRANDENBURG

Der Landkreis Märkisch-Oderland ist...
...sowohl der östlichste Landkreis Brandenburgs als auch einer der östlichsten Kreise der Bundesrepublik. Mit rund 190.000 Einwohnern ist Märkisch-Oderland der drittgrößte Landkreis in Brandenburg.

Historische Entwicklung

Entstanden ist der heutige Landkreis mit der Kreisstadt Seelow im Rahmen der Kreisgebietsreform von 1993 durch den Zusammenschluss der Altkreise Bad Freienwalde, Seelow und Strausberg. Seine historischen Wurzeln reichen indes ungleich weiter. Der Landkreis blickt auf eine lange Besiedlungsgeschichte und viele historische Wendepunkte.

Bedeutsame historische Meilensteine waren die Trockenlegung des Oderbruchs ab 1735, der Baubeginn der Königlich Preußischen Ostbahn 1848 oder die schweren Kämpfe im Frühjahr 1945, zu denen auch die Schlacht an den Seelower Höhen zählt.

Wertschöpfung und Verkehr

Ein großer Teil der Wertschöpfung findet in den gut ausgelasteten Gewerbegebieten im berlinnahen Raum des Landkreises statt. An unseren attraktiven Wirtschaftsstandorten finden leistungsstarke Unternehmen aus dem Mittelstand und aufstrebende junge Firmen gleichermaßen beste Voraussetzungen für ihre Entwicklung.

Eine gute Verkehrsanbindung ist hierbei von besonderer Bedeutung. Mit der S-Bahnanbindung nach Berlin und der historischen Ostbahnstrecke als wichtigem Verkehrskorridor zwischen der Hauptstadt und den polnischen Nachbarn verfügt der Landkreis neben der gut ausgebauten Straßeninfrastruktur auch über wichtige Bahnlinien.

In den östlichen Gebieten des Landkreises überwiegen Landwirtschaft, Tourismus und Kleinhandwerk das Wirtschaftsgeschehen.

Eine durchweg positive Entwicklung hat der Ausbau erneuerbarer Energien im Landkreis genommen. Mit den Freiflächensolarparks, den mehr als 250 Windrädern, den 40 Biogasanlagen und mehr als 2.000 PV-Anlagen auf Dachflächen produziert der Landkreis mehr Strom, als im Landkreis verbraucht wird, und ist somit zu einem Exporteur von sauberem Strom aus erneuerbaren Energien geworden. In Neuhardenberg befindet sich auf einer Fläche von 240 ha einer von Europas größten Solarparks, der mit einer elektrischen Gesamtleistung von 145 MWp rund 48.000 Haushalte versorgt.

Zukunftsweisend ist der Neuhardenberger Solarpark auch in Hinblick auf die immer wichtiger werdenden Stromspeichertechnologien. So ist hier mit 5 MW Europas leistungsfähigster Lithium-Ionen-Batteriespeicher installiert, der Einspeisungsspitzen ebenso wie Flauten kompensieren kann und einen wichtigen Beitrag zur Stabilität der Stromnetze liefert.

Fläche: 2.158,65 km²
EW: 188.422- EW/km²: 87
KFZ-Kennzeichen: MOL
Kreissitz: Seelow
www.maerkisch-oderland.de

Landrat
Gernot Schmidt / SPD
im Amt seit: 2005 gewählt bis: 2021

Sitzverteilung im Kreistag
Vorsitz: Dr. Sibylle Bock

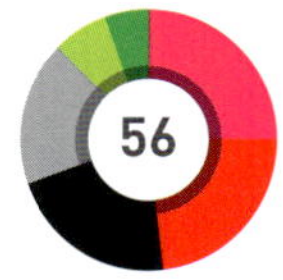

14	Die Linke
13	SPD
12	CDU
4	Bauern
3	B.90/Grüne
10	Sonstige

(AfD 3, FDP 2, Pro Zukunft 1, BVB/FW 1, FAW/Mut zur Wahrheit 1, UBB 1, NPD 1)

Landschaft, Sehenswürdigkeiten und Kultur

Im Landkreis Märkisch-Oderland befinden sich vielgestaltige und reizvolle Landschaftsräume wie das Strausberger Wald- und Seengebiet, der Rüdersdorfer Muschelkalkrücken, die Minialpen der Märkischen Schweiz und das berühmte Oderbruch.

Der ländliche Raum überzeugt mit einer gut ausgebauten touristischen Infrastruktur. So ziehen die überregionalen Rad- und Wanderwege, die vielen herrlichen Seen und zahlreichen Kulturangebote Tagesausflügler und Feriengäste an.

Märkisch-Oderland verfügt über mehr als 300 km gut ausgebaute überregionale touristische Radwege, die wie der Oderbruchbahn-Radweg, die märkische Schlössertour, der Oder-Neiße-Radweg oder die Tour Brandenburg im bundesweiten Vergleich sehr gute Bewertungen erhielten.

Südlich des Landkreises liegen die kreisfreie Stadt Frankfurt (Oder) und der Landkreis Oder-Spree, nördlich der Landkreis Barnim und östlich beginnt in der Flussmitte der Oder die Republik Polen.

Märkisch Oderland verfügt mit dem Strausberger Wald- und Seengebiet, dem Rüdersdorfer Muschelkalkrücken, den Minialpen der Märkischen Schweiz und dem berühmten Oderbruch über vielgestaltige und reizvolle Landschaftsräume. Neben den naturräumlichen Ausflugzielen bietet unsere Region für Erholungssuchende zudem mit der historischen Kur- und Badestadt Bad Freienwalde, den beiden Kurklinik Standorten in Rüdersdorf und Dahlwitz-Hoppegarten, dem einzigen Kneipp-Kurort Brandenburgs, Buckow und dem Erholungsort Waldsieversdorf ein breites Spektrum an gesundheits- und kulturtouristischen Angeboten.

Mit seinen Theatern, Museen und Gedenkstätten hat sich in Märkisch-Oderland eine reiche und namenhafte Landschaft von Kultureinrichtungen mit hochkarätigen Veranstaltungen entwickelt. Niveauvolle Gastronomie und eine Vielzahl an Hotels, Pensionen, Gasthöfen und Privatquartieren laden Gäste ein, die Schönheiten der Region zu genießen und länger im Kreis zu verweilen.

Heute lässt sich sagen, dass durch die landschaftlichen, historischen und architektonischen Besonderheiten ebenso wie die regionsspezifischen Traditionen und das Zutun der Menschen eine Kulturlandschaft erwachsen ist, die Heimat und Zuhause ist.

Landkreis

Oberhavel

BRANDENBURG

Der Landkreis Oberhavel ist...
...ein Landkreis zwischen Metropole und Naturidyll. Er bewegt sich im Spannungsverhältnis von Großstadt und ländlicher Gelassenheit, von hoch spezialisiertem Technologie- und Industriestandort und unberührter Natur, von bewegender Historie und lebenswerter Heimat.

Historische Entwicklung
Oberhavel ist noch jung. Mit der Kreisgebietsreform im Land Brandenburg entstand der Landkreis am 6.12.1993 aus den Kreisen Oranienburg und Gransee, die Kreisstadt ist Oranienburg. Historisch betrachtet umfasst er Teile von Mecklenburg, Ruppin, Uckermark, Niederbarnim und Havelland. Er gehört somit zur alten Mark Brandenburg. Oberhavel liegt „direkt drüber" – nämlich über der Bundeshauptstadt. In dieser ausgezeichneten Lage kann man alle Vorteile der Berlinnähe genießen; gleichzeitig aber auch vieles, was es in der Großstadt nicht gibt – weite Landschaft, charmante Dörfer, historisch bedeutsame Orte, Wasser in Hülle und Fülle...

Wertschöpfung und Verkehr
Unternehmen finden nicht nur leistungsbereite und gut ausgebildete Fachleute, sondern einen Kreis, der weltoffen und aufgeschlossen ist für Neues. Und eine perfekte Infrastruktur: Autobahnring, Wasserstraßen und die Berliner Flughäfen sichern den Fernverkehr. Im Verkehrsverbund Berlin-Brandenburg ist der Bahn-Regionalverkehr hauptsächlich auf die Metropole Berlin ausgerichtet, was vielen Pendlern den täglichen Weg zur Arbeit erleichtert. Er wird durch ein umfangreiches Busliniennetz ergänzt. Viele Kommunen im Süden haben einen S-Bahn-Anschluss nach Berlin.

Oberhavel ist einer der wirtschaftsstärksten Landkreise in Ostdeutschland. Wer sich hier für einen Standort entscheidet, trifft auf renommierte Nachbarn. Wo einst die AEG Lokomotiven und Flugzeuge baute, entwickelt und produziert heute die Hennigsdorfer Bombardier Transportation Triebzüge für den ICE, für S- und U-Bahnen. Die RIVA Stahl GmbH produziert hochwertige Stähle für viele Branchen. Attraktive Stadtmöbel der Wall-AG Velten künden unter anderem im New Yorker Stadtbild vom unternehmerischen Know-how der Region. Tabletten der Takeda GmbH Oranienburg lindern weltweit Schmerzen. Erfolgsgeschichte schreibt auch die Oranienburger Orafol Europe GmbH; deren Folien machen das Leben in über 100 Ländern bunter. Kurz: Oberhavel ist Heimstatt vieler global agierender Unternehmen.

Der Landkreis verbindet seine Tradition als Industriestandort mit der Förderung von Schlüsseltechnologien für den wirtschaftlichen Strukturwandel. In der Zukunftsbranche Biotechnologie bilden die Unternehmen im Technologiepark Hennigsdorf nahezu die gesamte Wertschöpfungskette für die Entwicklung neuer Diagnostika und Therapeutika ab. Klassische Start-Up-Unternehmen und Hochschul-Spin-Offs arbeiten hier gemeinsam mit etablierten Pharma-Unternehmen. Bei der Ansiedlung und Entwicklung von Unternehmen leistet die kreiseigene Wirtschafts,- Innovations- und Tourismusförderung Oberhavel GmbH (WInTO) wertvolle Unterstützung.

Ein bedeutender Wirtschaftsfaktor ist auch die Landwirtschaft. Gesundes Fleisch, Obst und Gemüse direkt vor der Haustür zu haben, ist immer mehr Hauptstädtern wichtig. Das nutzen Produzenten und Direktvermarkter, die ihre Angebote immer häufiger auch mit touristischen Angeboten koppeln. Dabei zeichnen sich die Produkte made in Oberhavel durch eine große Vielfalt aus. Sie reicht von Spargel, Erdbeeren und Chicorée – mit der Schwanteland GmbH ist einer der größten Chicoréeproduzenten Deutschlands hier ansässig – über Straußeneier, Fleisch von Robustrindern, Ziegenfrischkäse und Heidehonig bis hin zu Wildsalami, Rosenblütensirup, Havelzander und gar essbaren Kräutersträußen.

Landschaft, Sehenswürdigkeiten und Kultur
Seinen Namen verdankt der Landkreis der oberen Havel. Wie ein blaues Band durchzieht sie den Landkreis von Nord nach Süd und prägt das Antlitz einiger Städte. Sie ist aber nicht nur Namensgeberin, sondern zugleich auch Erholungsraum, Lebensquell, geografische Klammer, Wirtschaftsfaktor und Wasserstraße. Oberhavel zählt zu den wasserreichsten Gegenden Deutschlands. Die Havel mit ihren Kanälen und Seen bildet ein wahres Dorado nicht nur für Wassersportler. Auf 122 km führt der Radfernweg Berlin-Kopenhagen durch Oberhavel. Wie an einer Perlenschnur säumen dabei große und kleine Attraktionen den gut ausgebauten Weg. Zahlreiche Hotels, Pensionen und Fremdenzimmer laden nach dem Pedalritt zum Verweilen ein. Sie bieten die viel gerühmte Brandenburger Landküche und haben sich meist auf die Bedürfnisse von Radfahrern eingestellt.

Eine Tour durch Oberhavel ist stets auch eine Reise durch berlin-brandenburgische Geschichte. Historische Stadtkerne, Angerdörfer, Schlösser, Parks und Industriedenkmale zeugen davon. Sind die Zeiten als kurfürstliche Residenz und kaiserliches Jagdrevier für Oberhavel auch vorbei, so sind doch wieder gekrönte Häupter und Staatsmänner bei uns Gast. Die Bundesregierung empfängt Regierungschefs und Staatsoberhäupter aus aller Welt in ihrem Gästehaus in Meseberg. Das Barockschloss am malerischen Huwenowsee ist der rechte Ort, um nach anstrengenden Verhandlungen Entspannung zu finden.

Fläche: 1.808,20 km²
EW: 204.898 - EW/km²: 113
KFZ-Kennzeichen: OHV
Kreissitz: Oranienburg
www.oberhavel.de

Landrat
Ludger Weskamp [FI] / SPD
im Amt seit: 2015 gewählt bis: 2023

Sitzverteilung im Kreistag
Vorsitz: Karsten Peter Schröder

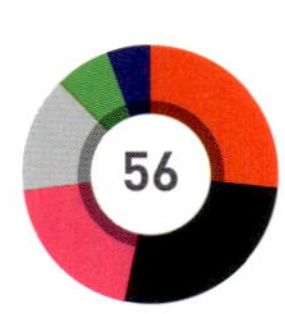

15 SPD
15 CDU
11 Die Linke
4 B.90/Grüne
3 BVB/FW
8 Sonstige
(FDP 2, NPD 2, LGU 1, BB 1, Die Unabhängigen 1, Piraten 1)

Landkreis

Oberspreewald-Lausitz

BRANDENBURG

Der Landkreis Oberspreewald-Lausitz ist...
...ein Landkreis im Wandel, der hautnah erlebt werden kann.

Historische Entwicklung
Der Landkreis Oberspreewald-Lausitz in seiner heutigen Form entstand 1993 im Rahmen der brandenburgischen Kreisreform durch Zusammenlegung der Landkreise Calau und Senftenberg. Er besitzt umfangreiche Bergbau(alt)flächen. Geschichte und Zukunft sind für Einwohner sowie Gäste gleichermaßen greifbar.

Durch die Flutung früherer Tagebaue entsteht eine spektakuläre Wasserwelt. In wenigen Jahren werden zehn Seen durch schiffbare Kanäle miteinander verbunden sein. Das Lausitzer Seenland ist eine Urlaubsdestination im Entstehen, die sich immer erkennbarer vom Braunkohlerevier zur größten von Menschenhand geschaffenen Wasserlandschaft Europas entwickelt.

Der Landkreis wird zudem geprägt durch die Sorben und Wenden, eine hier lebende nationale Minderheit, welche den Landkreis einst besiedelten. Deren Bräuche wurden über Jahrhunderte erhalten und spiegeln sich in Kultur, Tradition und Lebensweise der Menschen wider. Der Spreewald ist ein ausgedehntes Niederungsgebiet und eine historische Kulturlandschaft. Um diese Landschaft zu schützen und zu bewahren, wurde der Spreewald 1990 zum Biosphärenreservat erklärt und erhielt 1991 den UNESCO-Status.

Wertschöpfung und Verkehr
Der Landkreis besitzt eine günstige verkehrstechnische Anbindung. Die wichtigen Verkehrsadern A 13 in Nord-Süd-Richtung mit zehn ausgebauten Anschlussstellen und die A 15 in Nord-Ost-Richtung mit zwei Anschlussstellen, sowie die B 96, B 156 und B 169 durchqueren das Kreisgebiet.

Vorwiegend klein- und mittelständische Unternehmen im produzierenden sowie im Dienstleistungsgewerbe und im Handel prägen die Wirtschaft des Landkreises. Für Unternehmen mit langer Tradition stehen u.a. die Ortrander Eisenhütte GmbH und die Tenova Takraf GmbH.

Die BASF Schwarzheide GmbH ist Teil der BASF – dem führenden Chemieunternehmen weltweit. Der Produktionsstandort präsentiert sich als modernes, zuverlässiges und wettbewerbsfähiges Unternehmen und als industrieller Leuchtturm.

Nach 1990 erfolgte die Neuansiedlung von vielen Unternehmen, so z. B. Vestas Blades Deutschland GmbH in Lauchhammer, ALTRAD Plettac Produktions GmbH in Großräschen und die Porcelaingres GmbH in Vetschau/Spreewald. Mit der BTU Cottbus-Senftenberg steht den Unternehmen ein starker Partner zur Seite, der auf exzellente Forschung sowie erfolgreichen Wissens- und Technologietransfer setzt.

Landschaft, Sehenswürdigkeiten und Kultur
Sehenswert sind viele Orte im Landkreis Oberspreewald-Lausitz, die Geschichte bewahren und dokumentieren sowie Ausflugsziele und Orte zur Einkehr darstellen. So zeigt sich Lübbenau, das Zentrum des Oberspreewaldes, von Fontane nicht umsonst „...eine Hauptstadt, die unbestrittene Spreewaldresidenz" genannt, mit liebenswerten Fachwerkhäusern, dem Spreewaldmuseum des Landkreises im Torbogenhaus, der Barocken St. Nicolai Kirche und dem historischen Ensemble des Schlossbezirkes.

Im Freilandmuseum Lehde ist alles zu finden, was den Spreewald berühmt gemacht hat – reetgedeckte Blockhäuser, sorbische/wendische Trachten und natürlich alles über die beliebte Spreewaldgurke und den scharfen Meerrettich.

Auf dem Gebiet der Kmehlener Berge ganz im Süden des Landkreises, befindet sich die höchste Erhebung des Landes Brandenburg, der Kutschenberg mit seinen 201 m.

Altes und Neues wird in der über 725 Jahre alten Kreisstadt Senftenberg harmonisch verbunden und ergänzt. Am Markt sind Häuser aus dem 17. Jahrhundert erhalten und neue Gebäude in sanfter Anpassung entstanden.

Kulturhistorischer Ausgangspunkt ist die Renaissancefestung aus dem 16. Jahrhundert. Wegen seiner Erdbauweise ist der Festungswall eine Rarität unter den Festungsanlagen in Deutschland. Im Museum des Landkreises im Schloss gibt es neben wechselnden Ausstellungen viel Wissens- und Erlebenswertes zur Geschichte der Lausitz.

Die NEUE BÜHNE Senftenberg gehört zu den einmaligen Kulturschätzen des Landkreises. Als Theater der Stadt Senftenberg 1946 gegründet, seit 1959 „Theater der Bergarbeiter", später mit der Rekonstruktion Anfang der neunziger Jahre unter dem Namen „Neue Bühne", war es Sprungbrett für viele erfolgreiche Schauspieler und Regisseure.

Ein Erlebnis besonderer Art ist das Amphitheater am Senftenberger See als Open Air-Bühne für Konzerte und Theater. Es liegt in einmaliger Lage am Strand des Senftenberger Sees in Großkoschen.

Im Lausitzer Seenland ist der Senftenberger See ein vielseitiges Tourismuszentrum für die ganze Familie. Hier gibt es neben Badestränden, einem Wassersportzentrum und dem Stadthafen Senftenberg auch Fahrgastschifffahrt, Campingplätze und einen Familienpark mit attraktiven Ferienhäusern in waldreicher Umgebung.

Fläche: 1.223,08 km²
EW: 112.896 - EW/km²: 92
KFZ-Kennzeichen: OSL
Kreissitz: Senftenberg
www.osl-online.de

Landrat
Siegurd Heinze / parteilos
im Amt seit: 2010 gewählt bis: 2018

Sitzverteilung im Kreistag
Vorsitz: Martina Gregor-Ness

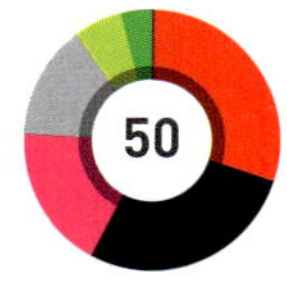

15	SPD
14	CDU
9	Die Linke
3	Bauern
2	B.90/Grüne
7	Sonstige

(NPD 2, FDP 1, SFB 1, AGSUS 1, FWS 1, BVB/FW 1)

Landkreis

Oder-Spree

BRANDENBURG

Der Landkreis Oder-Spree ist...
...der Landkreis mit der neuesten Grenzbrücke ins Nachbarland Polen. Der Landkreis im Osten Brandenburgs punktet mit einer breit aufgestellten Wirtschaftsstruktur, guter Verkehrsanbindung in die Hauptstadt Berlin und seiner wald- und wasserreichen Landschaft.

Historische Entwicklung

Verglichen mit dem Lebensalter eines Menschen ist der Landkreis Oder-Spree noch ein „junges Ding“. Wenig mehr als zwei Jahrzehnte sind seit der Gründung des Kreises im Dezember 1993 vergangen. Aus den drei Kreisen Fürstenwalde, Eisenhüttenstadt und Beeskow sowie der kreisfreien Stadt Eisenhüttenstadt entstand per Landesgesetz die neue Verwaltungseinheit mit Beeskow als Kreisstadt. Weite Gebiete des heutigen Landkreises Oder-Spree gehörten über einen langen Zeitraum zum einstigen Landkreis Beeskow-Storkow. Dessen Ursprünge reichen ins Jahr 1836 zurück, damals als Bestandteil der preußischen Provinz Brandenburg.

Wertschöpfung und Verkehr

Oder-Spree zählt zu den großen Landkreisen in Deutschland. Eine attraktive Infrastruktur garantiert zügiges Vorankommen: 56 Autobahnkilometer mit neun Anschlussstellen, Hunderte Kilometer Bundes-, Landes- und Kreisstraßen ziehen sich durch den Landkreis. Aber auch auf dem Wasser ist die Region bestens zu erreichen – über die Oder, die Spree, den Oder-Spree-Kanal und die Storkower Gewässer.

Diese Verkehrsanbindung schätzen nicht nur Touristen und Kurgäste. Sie bietet auch Unternehmen günstige Voraussetzungen. So hat sich in Oder-Spree eine vielseitige Wirtschaftsstruktur entwickelt. Sie wird geprägt durch Zentren der Stahl- und Metallindustrie insbesondere an den Standorten Eisenhüttenstadt und Fürstenwalde/Spree. Mehr als 5.000 Beschäftigte, das entspricht annähernd 10 % der Arbeitnehmer, sind in dieser Branche tätig.

In Beeskow hat sich die Holzverarbeitungsindustrie etabliert, in Eisenhüttenstadt neben dem Stahlwerk eine moderne Papierfabrik und aus Fürstenwalde/Spree kommen unter anderem Stahltürme für Windräder und hocheffiziente Reifen. Aber auch viele kleinere und mittlere Unternehmen unterschiedlichster Branchen und die Gewerbegebiete Spreenhagen, Erkner, Müllrose, Storkow und Jacobsdorf sowie das Güterverkehrszentrum Berlin-Ost Freienbrink zeugen von einer soliden wirtschaftlichen Entwicklung des Standortes zwischen dem südöstlichen Berliner Stadtrand und der polnischen Grenze.

Hinzu kommen landwirtschaftliche Betriebe unterschiedlicher Größe. 37 % der Fläche des Landkreises werden von rund 1.400 Beschäftigten in über 300 Betrieben landwirtschaftlich genutzt. Zu einem dynamischen Wirtschaftsfaktor hat sich der Tourismus entwickelt.

Das gemeinsam mit dem Nachbarkreis Märkisch-Oderland profilierte Reisegebiet Seenland Oder-Spree steht mit mehr als zwei Mio. Übernachtungen pro Jahr an der Spitze der Tourismusdestinationen in Brandenburg.

Einen hohen Stellenwert haben in der Kreisentwicklung zukunftsfähige Strukturen in der Bildungslandschaft. Acht weiterführende Schulen, fünf Förderschulen sowie das Oberstufenzentrum Oder-Spree mit seinen Standorten in Fürstenwalde/Spree und Eisenhüttenstadt befinden sich in Trägerschaft des Landkreises. Diese Bildungseinrichtungen sind seit Jahren ein Schwerpunkt der Investitionstätigkeit im Kreis.

Fläche: 2.256,75 km²
EW: 177.823 - EW/km²: 79
KFZ-Kennzeichen: LOS
Kreissitz: Beeskow
www.l-os.de

Landrat
Manfred Zalenga / parteilos
im Amt seit: 2002 gewählt bis: 2018

Sitzverteilung im Kreistag
Vorsitz: Dr. Franz H. Berger

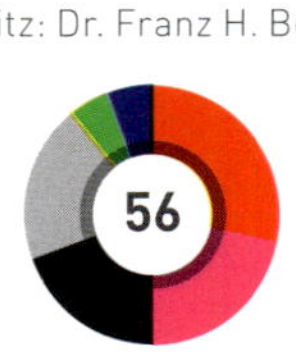

16	SPD
12	Die Linke
11	CDU
3	B.90/Grüne
3	BVB/FW
11	Sonstige

(AfD 3, FDP 2, NPD 2, B-J-A 2, BVFO 1, Piraten 1)

Landschaft, Sehenswürdigkeiten und Kultur

Was den Landkreis ausmacht, ist nicht der eine, alles überstrahlende Besuchermagnet. Es sind viele kleine „Perlen“, die den Landkreis Oder-Spree auch bei Gästen hoch im Kurs stehen lassen. Die natürliche Kulisse liefern große Waldgebiete, die fast die Hälfte des Kreisgebietes einnehmen, saubere Seen und schmucke Ortschaften.

Wer hier Zuhause ist, hat oft vor der Haustür, wovon Urlauber träumen: den prächtigen Sonnenuntergang über einem See, den idyllisch gelegenen Platz für ein Picknick oder den gut ausgebauten Radweg. Das Streckennetz im Seenland Oder-Spree zählt mit seinen 2.000 Radel-Kilometern zu den bundesweit besten mit Touren entlang Oder und Neiße, zu Schlössern der Mark Brandenburg, zu Burgen in Beeskow, Storkow und Friedland oder durch den Naturpark Schlaubetal.

Ein Ort mit besonderer Geschichte ist das einstige Kloster Neuzelle. Wer dort lange nicht war, wird staunen – nicht nur über die Stiftskirche mit ihrem prächtigen Barockschmuck. Himmlisches Theater heißt ein ganz neues Museum auf dem Gelände des heutigen Stifts Neuzelle. Die dort erstmals seit über 150 Jahren wieder ausgestellten Passionsdarstellungen gehören zu den bedeutendsten Kunstwerken aus der Ausstattung des früheren Klosters. Europaweit gibt es nichts Vergleichbares, heißt es unter Kunstkennern.

Die schätzen auch ein anderes Kleinod, das sich inzwischen über Kreisgrenzen hinaus einen Namen gemacht hat, die Oper Oder-Spree. Sie führt im Sommer junge Sängerinnen und Sänger aus unterschiedlichen Ländern zusammen und lässt das Kloster Neuzelle und die Burg Beeskow zeitweilig zu Konzertsälen werden.

Landkreis

Ostprignitz-Ruppin

BRANDENBURG

Der Landkreis Ostprignitz-Ruppin ist...
...flächenmäßig der drittgrößte Landkreis im Land Brandenburg. Er liegt im Norden von Brandenburg, in den Reisegebieten Ruppiner Seenland und Prignitz.

Historische Entwicklung

Der Landkreis Ostprignitz-Ruppin wurde aus den Altkreisen Kyritz ohne die Gemeinden des Amtes Gumtow, Neuruppin, Wittstock sowie den Gemeinden Blumenthal, Grabow und Rosenwinkel (Kreis Pritzwalk) und Keller (Kreis Gransee) gebildet. Er verfügte 1993 über 2.511 km^2 und hatte 116.866 Einwohner.

Mit Ablauf des Tages der Kommunalwahlen vom 5.12.1993 wurde die Neugliederung des Landkreises wirksam. Neun Ämter mit 125 Gemeinden sowie zwei amtsfreie Gemeinden, Neuruppin und Wittstock/Dosse, nahmen nach der Kommunalwahl, am 6.12.1993, ihre Arbeit auf.

Zum 26.10.2003 hatte der Landkreis noch 23 Gemeinden (drei Ämter mit 16 Gemeinden, drei amtsfreie Gemeinden und vier amtsfreie Städte), die durch freiwillige Zusammenschlüsse und per Gesetz neu gegliedert.

Wertschöpfung und Verkehr

Die Wirtschaft in Ostprignitz-Ruppin ist vielfältig aufgestellt. Leistungsfähige Betriebe, vor allem aus den Bereichen Kunststoffe/Chemie, Metallverarbeitung und der Ernährungswirtschaft haben sich angesiedelt. Namhafte Unternehmen, zum Beispiel aus der Holzwirtschaft, produzieren national und international gefragte Qualitätsprodukte. Der Gesundheitssektor und der Tourismus haben sich zu Branchen mit sehr guten Wachstumspotenzialen entwickelt.

Über die Hälfte der Fläche von Ostprignitz-Ruppin wird landwirtschaftlich genutzt, davon rund zwei Drittel als Acker- und ein Drittel als Grünland. Rund 12 % der Flächen werden ökologisch bewirtschaftet. Wälder machen rund ein Drittel der Fläche Ostprignitz-Ruppins aus.

Das Angebot an Kliniken, Laboren, niedergelassenen Ärzten und Therapeuten sowie Pflegeeinrichtungen sichert die Versorgung der Bevölkerung auf hohem Niveau. Deutschlands jüngste Medizinische Hochschule in Neuruppin sowie Fachschulen zur Ausbildung von Pflegepersonal sichern den Fachkräftenachwuchs und sind wichtige Partner für die Umsetzung innovativer Ideen der medizinischen Unternehmen.

Die verkehrsgünstige Lage an den Autobahnen A 24 Berlin-Hamburg und A 19 nach Rostock ist ein starkes Kriterium bei Standortentscheidungen. Zahlreiche Gewerbegebiete liegen direkt in Autobahnnähe und verkürzen dadurch die Transportwege auf ein Minimum. Mit der Anbindung zu den Häfen nach Hamburg und Rostock, zum Elbeport in Wittenberge im Landkreis Prignitz und dem Güterverkehrszentrum Wustermark im Landkreis Havelland liegen wichtige Logistikzentren in annehmbarer Entfernung. Der Verkehrslandeplatz in Kyritz und der Flugplatz Ruppiner Land in Fehrbellin können von Privat- und Berufsfliegern genutzt werden.

Landschaft, Sehenswürdigkeiten und Kultur

Eine abwechslungsreiche Natur- und Kulturlandschaft prägt diesen Landstrich – so gibt es im Landkreis 85 Seen und eine Gewässerstrecke von ca. 3.500 km. Die Landschaft des Landkreises ist geprägt durch eiszeitliche Ablagerungen wie End- und Grundmoränen, Sander und Urstromtäler mit überwiegend sandigen und moorigen aber auch lehmigen Böden. Der Landkreis ist Bestandteil der naturräumlichen Haupteinheiten der Mecklenburgischen Seenplatte, des zentralen Niederungs- und Plattenlandes und des Luchlandes.

Der Landkreis zeichnet sich durch ein reizvolles Landschaftsbild aus, das durch den Wechsel von Laub- und Nadelwäldern, Wiesen, Weiden und Feldern, Alleen, Niederungen, Bächen und Seengebieten geprägt ist. Auf Grund seiner Landschaftsausstattung – besonders wegen des Gewässerreichtums (8.492 ha) und der großen zusammenhängenden Waldgebiete (85.086 ha) – ist der Landkreis als Tourismus- und Naherholungsgebiet für Erholungssuchende und Naturliebhaber von großer Bedeutung.

Im Landkreis befinden sich derzeit 17 Naturschutzgebiete sowie zwei Naturparks – Stechlin-Ruppiner Land und Westhavelland. Diese stellen ein hohes Potenzial für den sanften Tourismus dar. Kern des Naturparks Stechlin-Ruppiner Land ist die faszinierende Wald- und Seenlandschaft, mit Buchenwäldern und Klarwasserseen. Für Radtouristen sind in den letzten Jahren zahlreiche Radwege ausgebaut und gebaut worden.

Aber nicht nur Naturliebhaber finden hier ein lohnendes Reiseziel, auch für Kulturinteressierte gibt es große Reichtümer: Das Schloss Rheinsberg mit dem Kurt Tucholsky Literaturmuseum, der Kammeroper und dem Schlosstheater, das Museum des Dreißigjährigen Krieges in Wittstock, die Bilderbogensammlung im Museum Neuruppin, Denkmale zur Schlacht bei Fehrbellin in Hakenberg, der Archäologische Park in Freyenstein, das Brandenburgische Haupt- und Landgestüt Neustadt (Dosse) und das Kloster Stift zum Heiligengrabe sowie zahlreiche Spuren, die solch bedeutende Persönlichkeiten wie Fontane, Schinkel und Friedrich II. hinterlassen haben, laden zum Entdecken und Erholen ein.

Fläche: 2.526,56 km^2
EW: 98.886 - EW/km^2: 39
KFZ-Kennzeichen: OPR
Kreissitz: Neuruppin
www.ostprignitz-ruppin.de

Landrat
Ralf Reinhardt [(W)] / SPD
im Amt seit: 2010 gewählt bis: 2018

Sitzverteilung im Kreistag
Vorsitz: Manfred Richter

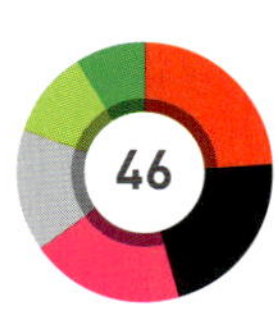

11	SPD
10	CDU
9	Die Linke
5	WG KBV
4	B.90/Grüne
7	Sonstige

(FDP 2, BVB/FW 2, FWG 1, BG Ruppin 1, Pro Ruppin 1)

Landkreis

Potsdam-Mittelmark

BRANDENBURG

Der Landkreis Potsdam-Mittelmark ist…
…das Gebiet im Südwesten Brandenburgs, das von der Berliner Stadtgrenze bis zur Landesgrenze Sachsen-Anhalts reicht und sowohl die kreisfreie Landeshauptstadt Potsdam als auch die kreisfreie Stadt Brandenburg an der Havel umschließt.

Historische Entwicklung

In der Verwaltungsgeschichte des Gebietes zwischen Havelland und Hohem Fläming stellen die Jahre 1815, 1952 und 1993 gravierende Einschnitte dar. Der Norden des Territoriums war Teil von Brandenburg/Preußen, der Süden gehörte seit Jahrhunderten zu Sachsen. Im Norden Sachsens direkt an der Grenze zu Preußen, lag das Amt Belzig mit Rabenstein. 1815 musste Sachsen im Zuge des Wiener Kongresses Gebiete an Preußen abtreten. Belzig wurde preußisch und gleichzeitig Kreisstadt des Landkreises Zauch-Belzig.

In der DDR waren große Landkreisstrukturen nicht gewollt. 1952 wurde aus Zauch Belzig der wesentlich kleinere Kreis Belzig erneut mit Belzig als Kreissitz. Nach der Wende war dieser noch bis zum Tag der Kommunalwahl am 5.12.1993 existent. Dieses Datum ist somit die Geburtsstunde des heutigen Landkreises Potsdam-Mittelmark, der aus den Kreisen Belzig, Potsdam-Land und Brandenburg-Land sowie der Stadt Treuenbrietzen und deren umliegenden Gemeinden (bisher zum Kreis Jüterbog gehörend) mit dem Kreissitz Belzig (seit 2010 Bad Belzig) zusammengeführt wurde.

Mit den Kommunalwahlen vom 26.10.2003 trat in Brandenburg die Gemeindegebietsreform in Kraft. Die Anzahl der Gemeinden im Landkreis sank von 173 auf 38, wovon 14 amtsfrei und 24 amtsangehörig waren. Die Zahl der Ämter reduzierte sich von 18 auf 5 und die Zahl der Verwaltungen von 22 auf 19. Mit der Dezimierung der Fläche des Landkreises von 2.683,19 km² auf 2.592 km² verringerte sich auch die Zahl der Einwohner von 213.427 auf ca. 200.000.

Fläche: 2.591,95 km²
EW: 207.498 - EW/km²: 80
KFZ-Kennzeichen: PM
Kreissitz: Bad Belzig
www.potsdam-mittelmark.de

Landrat
Wolfgang Blasig [P] / SPD
im Amt seit: 2009 gewählt bis: 2017

Sitzverteilung im Kreistag
Vorsitz: Werner Große

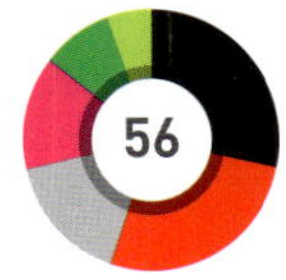

16	CDU
15	SPD
8	Die Linke
5	B.90/Grüne
3	FBB
9	Sonstige

(AfD 3, FDP 2, BVB/FW 2, Liste BiK-BiT 1, NPD 1)

Wertschöpfung und Verkehr

Wirtschaftlich hat Potsdam-Mittelmark ein sehr großes Entwicklungspotenzial. Etwa 12.000 Betriebe gibt es im Kreis, die meisten davon sind kleine und mittlere Unternehmen. Momentan vereint der Landkreis in seiner Wirtschaftsstruktur einen Branchen-Mix von Hightech-Unternehmen bis zu alteingesessenen Handwerksbetrieben. Ebenso prägen Land- Forst- und Fischereiwirtschaft sowie Obstbau und ein auf sanften Tourismus ausgerichteter Fremdenverkehr das Bild des Landkreises. Im letzten Jahrzehnt gab es viele Anstrengungen von Firmen und Kommunen, um den Tourismus als einen neuen Wirtschaftszweig zu etablieren.

Im Raum Teltow/Stahnsdorf dominieren Unternehmen der Technologie- und Medienbranche, neben kleineren Dienstleistern und Verwaltungen. Gleichzeitig entwickelt sich das Potsdamer Umland zum Forschungs-, Medien- und Kulturstandort. In der Region Brandenburg/ Werder(Havel) haben sich neben Landwirtschaft und Gartenbau an verschiedenen Standorten kleinere Metallbau- und Maschinenbaubetriebe angesiedelt. Dagegen sind im südlichen Teil des Kreises vor allem Firmen der Baubranche zu finden. An der Peripherie des Ballungsraums Berlin/ Potsdam prägen Land-, Forst- und Fischereiwirtschaft sowie Obstbau den Landkreis.

Mit einer Arbeitslosenquote unter 6 % liegt Potsdam-Mittelmark unter dem Bundesdurchschnitt.

Verkehrstechnisch ist der Landkreis sehr gut erschlossen. Zum einen bedingt durch die Lage im Dreieck der Autobahnen Berlin-Nürnberg-München A 9 und Berlin Hannover A 2 sowie die Anbindung an den Berliner Ring, zum anderen durch das Netz der Deutschen Bahn AG mit den elektrifizierten Hauptstrecken Berlin-Hannover und Berlin-Dessau-Leipzig, dem Anschluss an den Berliner Eisenbahn- und S-Bahn Ring als auch eine Vielzahl von Nebenstrecken. Von Bedeutung ist ebenso die gute Erreichbarkeit der Berliner Flughäfen.

Landschaft, Sehenswürdigkeiten und Kultur

Bedingt durch die attraktiven Anteile an den Reisegebieten Havelland und Fläming steht Potsdam-Mittelmark auf einem führenden Platz der Beliebtheitsskala der Ausflugsziele im Land Brandenburg. Im Norden, rund um Potsdam und die Stadt Brandenburg an der Havel, zieht vor allem die Havel mit ihrer malerischen Seenkette die Wassersportler an. Die Stadt Werder (Havel) ist als Metropole des Obstanbaus und des Feierns rund um Blüten, Säfte und Weine schon über 100 Jahre bekannt und beliebt. Beelitz ist weithin durch ein Gemüse bekannt, welches zu den Delikatessen auf Deutschlands Tellern zählt; der Spargel.

Ausgedehnte Wälder und Wiesen, kleine Flüsse und Bäche sowie die sanften Hügel des Hohen Flämings im Süden der Region sind ein ideales Ausflugsziel für jene Gäste, die Ruhe und Erholung suchen. Ob als Wanderer, mit dem Fahrrad oder hoch zu Ross – man kann vieles entdecken; beispielsweise romantische Burgen und Klöster, Schlösser und Herrenhäuser, Wind- und Wassermühlen, Denkmäler verschiedenster Prägung, historische Stadt- und Dorfkerne, über 60 Museen, Erlebnis-, Kur- und Freizeitbäder, traditionelles Handwerk u. v. m.

Landkreis

Prignitz

BRANDENBURG

Der Landkreis Prignitz ist…
…auf halben Weg zwischen den Wirtschaftsmetropolen Hamburg und Berlin gelegen. Er ist der nord-westlichste Landkreis Brandenburgs. Aufgrund seiner besonderen Lage innerhalb Brandenburgs ist der Landkreis Prignitz in mehreren Hinsichten ein Unikat. Er liegt im Vierländereck Mecklenburg-Vorpommern-Niedersachsen-Sachsen-Anhalt-Brandenburg.

Historische Entwicklung

Die Prignitz gehört zu den ältesten deutschen Siedlungsgebieten östlich der Elbe.

Die Landschaftsbezeichnung „Prignitz" trat 1349 erstmals in einer Urkunde auf. Die Prignitzer Städte wuchsen seit der zweiten Hälfte des 19. Jahrhunderts – besonders Wittenberge erlangte Bedeutung mit der Anbindung an die Eisenbahnlinien Berlin-Hamburg als Eisenbahnknotenpunkt, Warenumschlagplatz, Binnenschifffahrtshafen und Industriestandort.

Mit der Verwaltungsreform in Preußen teilte man die Prignitz 1817 in die Kreise Ost- und Westprignitz mit den Hauptstädten Kyritz und Perleberg. Die Prignitz wurde 1952 auf die neu geschaffenen Bezirke Magdeburg, Potsdam und Schwerin aufgegliedert.

1990 wurden die alten Länder wiederhergestellt und im Zuge der brandenburgischen Kommunalwahl trat am 5.12.1993 eine erneute Kreisgebietsreform in Kraft – der Landkreis Prignitz entstand in seiner jetzigen Form, der Teile der Ostprignitz mit Pritzwalk, Meyenburg und Demerthin sowie nahezu den gesamten alten Kreis Westprignitz (ohne Havelberg) umfasst.

Verwaltungsmäßig gliedert sich der Landkreis Prignitz nach der Gemeindegebietsreform des Jahres 2003 in drei Städte, vier amtsfreie Gemeinden und vier Ämter.

Wertschöpfung und Verkehr

Der Landkreis Prignitz verzeichnet ein stetiges Wachstum – sei es touristisch, wirtschaftlich oder infrastrukturell. Die unmittelbare Nähe zu den Metropolen Hamburg und Berlin, sowie die ideale Anbindung zu Wirtschaftsstädten wie Hannover, Magdeburg, Schwerin oder Rostock bieten gute Voraussetzungen für wirtschaftliche Kooperationen und Ansiedlungen. Der gesamte Landkreis ist durch seine Anbindungen an die A 14/A 19/A 24 und die B 189/B 5 infrastrukturell voll erschlossen. In den vergangenen Jahren siedelten sich zahlreiche nationale und internationale Firmen im Kreis an und trugen zur wirtschaftlichen Attraktivität bei.

Die Prignitz ist auf grund der natürlichen Bedingungen seit jeher auch ein Landwirtschaftsstandort; landwirtschaftliche Produktion und die Verarbeitung landwirtschaftlicher Produkte prägen die kreisliche Wirtschaft. Bei einem Grünlandanteil von etwa einem Viertel der landwirtschaftlichen Nutzfläche bilden die Rinder- und Milchproduktion neben der Produktion von Marktfrüchten einen Schwerpunkt.

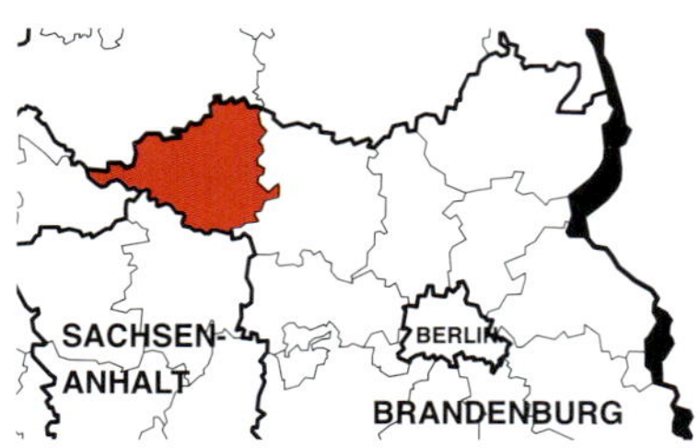

Fläche: 2.138,59 km²
EW: 77.550 - EW/km²: 36
KFZ-Kennzeichen: PR
Kreissitz: Perleberg
www.landkreis-prignitz.de

Landrat
Torsten Uhe / parteilos
im Amt seit: 2014 gewählt bis: 2022

Sitzverteilung im Kreistag
Vorsitz: Rainer Pickert

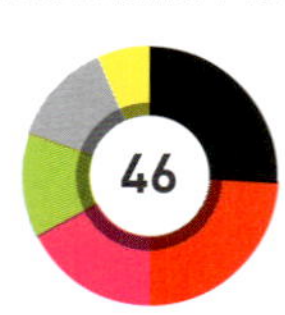

12	CDU
11	SPD
8	Die Linke
6	Bauern
3	FDP
6	Sonstige

(FWPP 3, B.90/Grüne 2, AfD 1)

Landschaft, Sehenswürdigkeiten und Kultur

Ein natürliches Gefüge aus Flüssen und Bächen, einzelnen Seen sowie weiten Wiesen, Wäldern und Feldern kennzeichnet die Landschaft der Prignitz. Das größte zusammenhängende Schutzgebiet ist mit rund 53.000 ha der Brandenburgische Teil des länderübergreifenden Biosphärenreservates „Flusslandschaft Elbe". Hier hat sich bedingt durch den Grenzverlauf eine faszinierende Flusslandschaft erhalten, in der Ökosysteme noch weitgehend selbstregulierend funktionieren.

Die Prignitz ist ein ideales Gebiet für Radwanderfreunde. In ihrer reizvollen sanftwelligen Landschaft radelt man ungestört auf den Deichen entlang der Elbe und Havel, auf herrlichen Wald- und Wiesenwegen, unter alter Alleen und auf den schmalen Verbindungsstraßen zwischen den Dörfern.

Besondere Sehenswürdigkeiten sind der ehemaliger Wallfahrtsort mit Wunderblutkirche in Bad Wilsnack, die Burganlage in Lenzen, das Kleinbahnmuseum mit „Pollo"-Strecke in Mesendorf-Lindenberg, das Hünengrab aus der Jungsteinzeit in Mellen, die historische Altstadt von Perleberg (Markt mit Roland), die älteste erhaltene Wasserburg Norddeutschlands in Plattenburg, die Kirche St. Nikolai sowie der Trappenberg mit Bismarckturm in Pritzwalk, das europäische Storchendorf mit Storchenmuseum in Rühstädt, das Königsgrab sowie das größte bronzezeitliche Hügelgrab im nördlichen Mitteleuropa in Seddin und die Altstadt mit Steintor, Turmuhr, Gründerzeit- und Jugendstilviertel in Wittenberge.

Von Ausstellungen über Feste aller Art in Stadt und Land bis hin zu Theatern und Konzerten reicht die Palette der Prignitzer Kultur- und Kunstfesttage. Im Laufe der Jahre hat sich der „Prignitz-Sommer" zu einer Institution entwickelt; viele seiner Projekte zeichnen sich heute durch Eigenständigkeit und Professionalität aus. Genannt seien hier das Dixielandfest in Wittenberge, die Lotte-Lehmann-Akademie in Perleberg oder die textilen Sonderausstellungen im Schloss Meyenburg.

Als Publikumsmagneten haben sich auch die Elblandfestspiele in Wittenberge, die Schlossnacht in Meyenburg, das Pilgerfest in Bad Wilsnack, der Prignitzer Märchentag in Groß Woltersdorf und das Plattenburg-Spektakel bewährt.

Landkreis

Spree-Neiße

BRANDENBURG

Der Landkreis Spree-Neiße ist...
...moderner, innovativer Energiestandort und bietet zugleich reizvolle Naturlandschaften mit zahlreichen Gewässern und Heideflächen. Er beheimatet die Mehrheit der Niederlausitzer Sorben/Wenden, die Angehörige einer nationalen Minderheit mit eigener Sprache und Kultur sind.

Im Südosten von Brandenburg, zwischen den Metropolen Berlin und Dresden sowie dem prosperierenden polnischen Breslau gelegen, erstreckt sich der Landkreis Spree-Neiße vom Oberspreewald im Nordwesten bis zur Neiße im Osten. Mit seiner Fläche umfasst er ein großes Territorium der Niederlausitz mit gemeinsamen Traditionen sowie kulturellen und wirtschaftlichen Besonderheiten.

Historische Entwicklung
Der Landkreis Spree-Neiße wurde am 6.12.1993 im Zuge der Kreisgebietsreform im Land Brandenburg aus den ehemaligen Kreisen Cottbus-Land, Forst (Lausitz), Guben und Spremberg gebildet. Das oben abgebildete gevierteilte Wappen vereint symbolhaft die vier Altkreise. Seinen Namen erhielt der Landkreis von den beiden Flüssen Spree und Neiße, die sein Territorium durchfließen.

Der Landkreis besteht aus den fünf Städten Forst (Lausitz), Spremberg, Guben, Drebkau und Welzow. Im Weiteren gehören zu ihm die Ämter Burg, Peitz und Döbern-Land sowie die amtsfreien Gemeinden Kolkwitz, Neuhausen/Spree und Schenkendöbern.

Wertschöpfung und Verkehr
Der Landkreis Spree-Neiße befindet sich am äußeren Entwicklungsraum des Landes Brandenburg an der europäischen Binnengrenze zur Republik Polen und der Landesgrenze zum Freistaat Sachsen. Ein breites Spektrum von Wirtschaftsbranchen und Sektoren kennzeichnen den Landkreis. Im Bundesland Brandenburg ist der Landkreis Spree-Neiße das Zentrum der Energiewirtschaft und der Energietechnik.

Zugleich beheimatet er die Entwicklung und Anwendung von neuen Energien. Weitere wichtige regionale Wirtschaftszweige sind die Land- und Forstwirtschaft, Chemische Industrie, das Baugewerbe und metallverarbeitende Gewerbe, die Nahrungsmittelindustrie sowie die Textil-, Papier- und Glasindustrie.

Der Wirtschaftsstandort Spremberg ist einer von 15 regionalen Wachstumskernen im Land Brandenburg, in denen ausgewählte zukunftsorientierte Branchen gefördert werden. Die Stadt ist hochmoderner Industriestandort mit dem Schwerpunkt Energiewirtschaft, Papierherstellung und Papierverarbeitung. Der die Landesgrenze zu Sachsen übergreifende Industriepark Schwarze Pumpe mit über 80 ansässigen Unternehmen und seiner Industriekompetenz ist überregional bekannt. Das Rückgrat der heimischen Wirtschaft bilden die über unterschiedliche Branchen verteilten vielen kleinen und mittelständischen Unternehmen.

Landschaft, Sehenswürdigkeiten und Kultur
Der Landkreis Spree-Neiße zählt zu den sonnenreichsten Gebieten Deutschlands. Sein besonderer Reiz besteht in sanften hügeligen Landschaften mit vielen Gewässern, Heideflächen und Wäldern. Der Spreewald mit unzähligen Wasserarmen und seiner mystischen Landschaft sowie dem Heilquellen-Kurort Burg (Spreewald) sind ein weithin bekanntes Natur- und Erholungserlebnis.

Daneben lädt die Niederlausitz mit einer aus Tagebauen neu entstehenden Seenlandschaft Freizeitsportler und Erholungssuchende in die Natur ein. Geschichtsfreunde finden in der Fischer- und Festungsstadt Peitz zahlreiche gut erhaltene Bauwerke aus längst vergangener Zeit vor.

Ein besonderes Fest für die Sinne bietet der „Ostdeutsche Rosengarten" in der Kreisstadt Forst (Lausitz), in dem im Juni eines jeden Jahres die „Rosengartenfesttage" stattfinden.

Von der einst blühenden Tradition der Tuchindustrie im Landkreis zeugt das Gubener Stadt- und Industriemuseum, das neben dem Rathaus in einer ehemaligen Hutfabrik untergebracht ist.

Für Einheimische und Touristen besonders attraktiv ist das dichte Radwegenetz, das fast 1.000 km zum Befahren bereithält.

Als Wandergebiet noch ein Geheimtipp, lohnt gerade deswegen ein Ausflug in die Steinitzer Alpen, die Kaltenborner Berge und den UNESCO Global Geopark Muskauer Faltenbogen. Für Pferdefreunde und Familien halten die regionalen Reiterhöfe und Reitvereine Erholung und Spaß in der Natur bereit.

Seit Jahrhunderten bewahren die im Landkreisgebiet lebenden Angehörigen des sorbischen/wendischen Volkes ihre eigene Sprache, Traditionen und Geschichte. Im Landkreis wird heute an zehn Schulen die sorbische/wendische Sprache vermittelt und in Witaj-Gruppen lernen die Kleinsten in vier Kindertagesstätten spielerisch Sorbisch/Wendisch. Die Bräuche der Sorben/Wenden, die zumeist heidnischen Ursprungs und an den Naturkreislauf geknüpft sind, prägen die Kulturlandschaft und Veranstaltungsangebote im Landkreis Spree-Neiße entscheidend mit.

Fläche: 1.657,43 km²
EW: 118.030 - EW/km²: 71
KFZ-Kennzeichen: SPN
Kreissitz: Forst (Lausitz)
www.landkreis-spree-neisse.de

Landrat
Harald Altekrüger / CDU
im Amt seit: 2010 gewählt bis: 2018

Sitzverteilung im Kreistag
Vorsitz: Monika Schulz-Höpfner

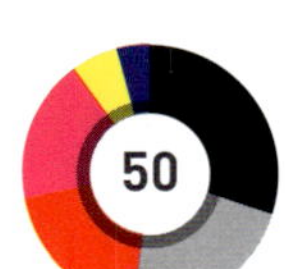

15	CDU
10	SPD
9	Die Linke
3	FDP
2	BVB/FW
11	Sonstige

(Klinger Runde 2, NPD 2, GUB 1, WG LW/Umwelt 1, B.90/Grüne 1, VS 1, AfD 1, Bürgerinitiative SPB 1, WLR 1)

Landkreis

Teltow-Fläming

BRANDENBURG

Der Landkreis Teltow-Fläming ist...
...ein ebenso vielseitiger wie interessanter Landkreis im Süden von Berlin. Traditionsreiche Geschichte und spannende Gegenwart, ländliches Leben und unmittelbare Hauptstadtnähe, funktionierende Infrastruktur und zahllose Freizeitangebote, attraktive Arbeitsplätze und exzellente Aufstiegschancen – nicht umsonst zählt Teltow-Fläming zu den attraktivsten Wirtschafts- und Wohnstandorten in den neuen Bundesländern.

Historische Entwicklung
Gebildet im Zuge der brandenburgischen Kommunalreform im Dezember 1993, entstand der Landkreis Teltow-Fläming aus den damaligen Kreisen Jüterbog, Luckenwalde und Zossen. Für den Namen standen Landschaftsbezeichnungen Pate: die eiszeitlich entstandene Teltower Platte im Norden (Teltow) und der Niedere Fläming im Süden.

Während der Landkreis Teltow-Fläming noch recht jung ist, weist er eine sehr lange und wechselvolle Geschichte auf. Bis heute prägt sie das Bild der Städte und Dörfer. Seit 1815 gehört das Territorium zu Brandenburg. Durch den Anschluss an die Anhalter Eisenbahn ergaben sich seit 1841 günstige Voraussetzungen für die industrielle Entwicklung der Region. Darüber hinaus wurden große Teile des heutigen Landkreises im 19. und 20. Jahrhundert für militärische Zwecke genutzt.

Wertschöpfung und Verkehr
Dort, wo noch vor einigen Jahren vor allem Landwirtschaft und russisches Militär das Sagen hatten, entwickelte sich ein attraktives Wirtschafts- und Wohnareal von internationaler Bedeutung.

Heute zählt der Landkreis Teltow-Fläming zu den wichtigsten Standorten der deutschen Luft- und Raumfahrtindustrie und nimmt Spitzenplätze auf den Gebieten der Biotechnologie und des Fahrzeugbaus ein. Namhafte Unternehmen, unter ihnen Mercedes-Benz, RollsRoyce oder MTU Maintenance, siedelten sich hier an. Siemens und VW errichteten im Landkreis ihre neuen Zentrallager, in Baruth/Mark entstand ein großes Holzkompetenzzentrum. Das Güterverkehrszentrum in Großbeeren zählt

Insgesamt nutzen rund 12.000 Firmen – vom Einzelunternehmer bis hin zu großen Konzernen – die weitreichenden Entfaltungsmöglichkeiten, die ihnen der Landkreis bietet.

Dafür gibt es gute Gründe: die Nähe zum Ballungsraum Berlin, bestens ausgebildete Fachkräfte, eine investitionsfördernde Verwaltung und die außergewöhnlich gute Infrastruktur. So wird der Landkreis Teltow-Fläming von den Autobahnen A 9, A 10 und A 13 flankiert. Fünf ausgebaute Bundesstraßen – die B 96, die B 101, die B 102, die B 115 und die B 246 – durchziehen den Landkreis in Nord-Süd- und Ost-West-Richtung und haben zum Teil direkte Autobahn-Anbindung. Eisenbahnstrecken führen nach Leipzig, Dresden und Berlin. Sie verbinden den Landkreis mit allen nationalen und internationalen Zielorten. Der neue Großflughafen Berlin-Brandenburg International entsteht in unmittelbarer Nähe zum Landkreis Teltow-Fläming und ist nach seiner Fertigstellung in kürzester Zeit zu erreichen. Für Geschäftsflugzeuge gibt es in Schönhagen einen Verkehrslandeplatz – der meistfrequentierte seiner Art in den neuen Bundesländern. Dort und auf den Flugplätzen Oehna-Zellendorf und Reinsdorf können Freizeitpiloten im Landkreis punktgenau starten und landen.

Während im Norden des Landkreises die Industrie boomt, ist der Süden von Teltow-Fläming nach wie vor ländlich geprägt. Rund 400 Agrarbetriebe bearbeiten fruchtbare Böden, züchten Tiere und produzieren Lebensmittel. Darüber hinaus gewinnen Energiewirtschaft und ländlicher Tourismus zunehmend an Bedeutung.

Schnelles Internet ist im Landkreis Teltow-Fläming nahezu flächendeckend eine Selbstverständlichkeit.

Fläche: 2.104,20 km²
EW: 161.488 - EW/km²: 77
KFZ-Kennzeichen: TF
Kreissitz: Luckenwalde
www.teltow-flaeming.de

Landrätin
Kornelia Wehlan / Die Linke
im Amt seit: 2013 gewählt bis: 2021

Sitzverteilung im Kreistag
Vorsitz: Dr. Gerhard Kalinka

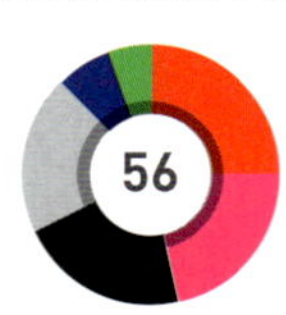

14	SPD
12	Die Linke
12	CDU
4	BVB/FW
3	B.90/Grüne
11	Sonstige

(BV 3, AfD 3, FDP 2, Plan B 2, NPD 1)

Landschaft, Sehenswürdigkeiten und Kultur
Wer seine Freizeit aktiv gestalten möchte, ist im Landkreis Teltow-Fläming genau richtig. Die Flaeming-Skate, Europas größte Rad- und Skate-Strecke, zieht begeisterte Gäste aus dem In- und Ausland an. Die 230 km lange Bahn führt auf feinstem Asphalt durch die reizvolle Landschaft des Niederen Flämings und des Baruther Urstromtals.

Darüber hinaus komplettieren zahlreiche weitere Sport- und Freizeitstätten oder Sehenswürdigkeiten das Angebot. Da sind die historischen Altstädte von Jüterbog und Dahme/Mark, da ist das lebendige Museumsdorf Baruther Glashütte, da gibt es das einstige Zisterzienserkloster in Kloster Zinna, historische Mühlen, interessante Militärdenkmale und vieles mehr.

Erholung und Entspannung findet man in den Thermen von Luckenwalde und Ludwigsfelde oder an den zahlreichen Badeseen. Anderenorts kann man golfen, angeln, reiten oder wandern.

Kulturfreunde kommen bei hochkarätigen Konzerten, Theateraufführungen oder auch bei zahlreichen Dorf- und Heimatfesten auf ihre Kosten. Wen es hinaus in die Natur zieht, der findet im Norden des Landkreises eine wunderschöne Seenlandschaft. Der Naturpark Nuthe-Nieplitz ist Lebensraum für eine vielfältige Tier- und Pflanzenwelt und ein Vogelparadies.

Grumsiner Forst im Landkreis Uckermark

Landkreis

Uckermark

BRANDENBURG

Der Landkreis Uckermark ist...
...die wald- und seenreiche Landschaft zwischen Havel und unterer Oder und der nordöstlichste Teil des Landes Brandenburg. Selten fällt ein Landkreis mit einer historisch gewachsenen Region zusammen – in der Uckermark ist es der Fall.

Historische Entwicklung

Die Uckermark war in ihrer Geschichte Grenzgebiet und sie ist es auch heute noch. Nach den napoleonischen Befreiungskriegen und der Neuordnung der Provinz Brandenburg teilte man 1816 die Uckermark in die Kreise Angermünde, Prenzlau und Templin.

1952 führte die Gebietsreform in der DDR zu erneuten territorialen Veränderungen. Mit der Auflösung der Länder und der Gliederung in Bezirke wurde auch die Zusammengehörigkeit der Uckermark unterbrochen: Die Kreise Prenzlau und Templin gehörten ab diesem Zeitpunkt zum Bezirk Neubrandenburg, der Kreis Angermünde und die kreisfreie Stadt Schwedt/Oder zum Bezirk Frankfurt (Oder).

Nach der Wiedervereinigung entschieden sich die Einwohner der Kreise Prenzlau und Templin per Volksentscheid eindeutig für die Zugehörigkeit zum Bundesland Brandenburg. Durch einen Bürgerentscheid kamen am 1.8.1992 die Stadt Brüssow und 15 weitere Gemeinden der Landkreise Pasewalk und Strasburg aus dem Bundesland Mecklenburg-Vorpommern zum Kreis Prenzlau.

Am 6.12.1993 wurde der Landkreis Uckermark, bestehend aus den Altkreisen Angermünde, Prenzlau und Templin sowie der vormals kreisfreien Stadt Schwedt/Oder, aus der Taufe gehoben. Kreisstadt wurde Prenzlau.

Wertschöpfung und Verkehr

Die Infrastruktur der Uckermark ist nach der deutschen Einheit grundlegend ausgebaut worden. Die Bundesautobahnen A 11 (Berlin–Stettin–Minsk) und A 20 (Berlin–Rostock–Lübeck) durchkreuzen den Landkreis und schaffen Anbindungen an die transeuropäischen Verkehrsachsen zwischen Nord- und Südeuropa sowie den Achsen zwischen West- und Osteuropa.

Darüber hinaus verlaufen durch den Landkreis wichtige Schienenverkehrs- und Wasserwegeverbindungen in Nord-Süd-Richtung zwischen Berlin und der Ostsee. Hervorragende Bedingungen für den schienengebundenen Güterverkehr bietet insbesondere der Wirtschaftsstandort Schwedt/Oder mit den Direktanschlüssen zu den großen Industrieflächen und zum dortigen Industriehafen. Der Schwedter Hafen mit seinem attraktiven Logistikangebot ist Teil der Havel-Oder-Wasserstraße von Berlin- Spandau führend über das polnische Stettin in Richtung Ostsee.

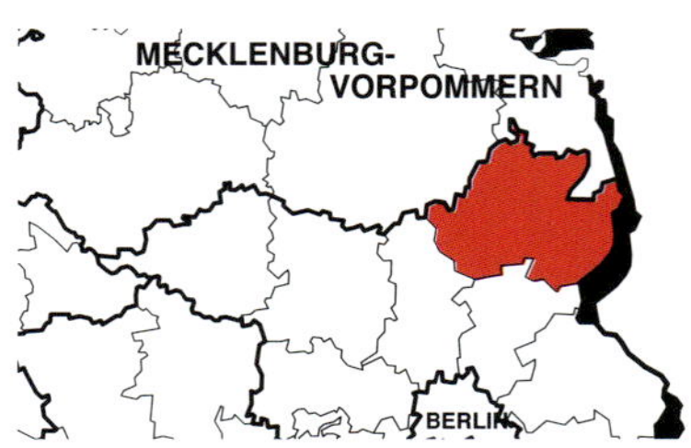

Fläche: 3.076,92 km²
EW: 120.829 - EW/km²: 39
KFZ-Kennzeichen: UM
Kreissitz: Prenzlau
www.uckermark.de

Landrat
Dietmar Schulze[K] / SPD
im Amt seit: 2010 gewählt bis: 2018

Sitzverteilung im Kreistag
Vorsitz: Wolfgang Seyfried

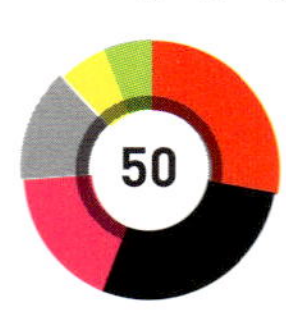

14	SPD
14	CDU
9	Die Linke
3	FDP
3	BLR
7	Sonstige

(B.90/Grüne 2, NPD 2, RdUM 1, AfD 1, BVB/FW 1)

Neben einigen auf dem Weltmarkt agierenden Industrieunternehmen in den Städten ist die uckermärkische Wirtschaftsstruktur in der Fläche vor allem geprägt durch kleine und mittelständische Handels-, Handwerks-, Gewerbe- und Dienstleistungsbetriebe.

Zu den Branchenschwerpunkten der Uckermark gehören u. a. Kunststoffe/Chemie sowie Mineralölwirtschaft/Biokraftstoffe, Energiewirtschaft/-technologie, Papier, holzverarbeitende Wirtschaft, Landwirtschaft und Tourismus.

Die Uckermark gilt als einer der bevorzugten landwirtschaftlichen Standorte im Land Brandenburg. Sie verfügt über eine landwirtschaftliche Nutzfläche von ca. 180.000 ha. Aufgrund der sehr guten Ackerbaustandorte wird die Uckermark auch gern als Kornkammer Brandenburgs bezeichnet.

Landschaft, Sehenswürdigkeiten und Kultur

Die Bezeichnung „Uckermark" ist zurückzuführen auf die slawischen Ukranen, die im 6./7. Jahrhundert n. Chr. das Gebiet besiedelten. Das Gesicht der Uckermark ist das Ergebnis der letzten großen Eiszeit. Sie hinterließ ein außergewöhnliches Relief, das fast alle eiszeitlichen Formen in großer Anzahl und teilweise beispielhafter Ausprägung erkennen lässt.

Die Natur steht in der Uckermark unter ganz besonderem Schutz. Drei Nationale Naturlandschaften – der Nationalpark Unteres Odertal, Deutschlands einziger Auennationalpark, das Biosphärenreservat Schorfheide-Chorin und der 800 km² große Naturpark Uckermärkische Seen - sorgen dafür, dass wertvolle Naturschätze auch für folgende Generationen erhalten bleiben.

Das UNESCO-Welterbekomitee hat im Jahr 2011 fünf Buchenwaldgebiete in Deutschland in die Liste des Welterbes aufgenommen. Eines davon ist der Grumsiner Forst im Biosphärenreservat Schorfheide-Chorin.

Die über 500 Seen der Uckermark, Sölle, Flussläufe und Moore, ausgedehnte Wälder, Felder und Wiesen bieten ideale Voraussetzungen für einen erholsamen Urlaub. Gäste können aus einem facettenreichen Angebot an exklusiven Hotels, urigen Pensionen, Ferienwohnungen, Restaurants, Gasthöfen, wählen. Wanderfreunde, ob zu Fuß, mit dem Rad oder Kanu, finden hier ein weitverzweigtes und sehr gut ausgebautes Wegenetz vor, das durch reizvolle Landschaften, historische Stadtkerne mit gut erhaltenen Stadtmauern, vorbei an prächtigen Schlössern und Herrenhäusern, alten Klöstern und Kirchen führt.

Nordrhein-Westfalen

Kreise und StädteRegion Aachen	**31**
Fläche km²	**30.383,50**
Einwohner	**10.519.267**
Bevölkerungsdichte EW/km²	**346**

Größte Kreise	km²
Hochsauerlandkreis	1.960,17
Steinfurt	1.795,76
Borken	1.420,98

Kleinste Kreise	km²
Mettmann	407,22
Ennepe-Ruhr-Kreis	408,46
Rheinisch-Bergischer-Kreis	437,32

Einwohnerstärkste Kreise	EW
Recklinghausen	613.092
Rhein-Sieg-Kreis	585.781
StädteRegion Aachen	547.661

Einwohnerschwächste Kreise	EW
Olpe	134.759
Höxter	142.770
Euskirchen	188.158

Dichtest besiedelte Kreise	EW/km²
Mettmann	1.173
Recklinghausen	806
Ennepe-Ruhr-Kreis	791

Dünnst besiedelte Kreise	EW/km²
Höxter	119
Hochsauerlandkreis	133
Euskirchen	151

StädteRegion

Aachen

NORDRHEIN-WESTFALEN

Die StädteRegion Aachen ist...
...als Rechtsnachfolgerin des Kreises Aachen seit 2009 die Aachener Antwort auf gesellschaftliche Veränderungen. Ihr Ziel ist es, den Lebensraum Aachen im europäischen Wettbewerb zukunftsfähig zu machen und die Lebensqualität der Menschen zu verbessern. Die StädteRegion steht für Fortschritt und wirtschaftliches Wachstum.

Historische Entwicklung
Der Aachener Raum fiel nach der Eroberung der linksrheinischen Gebiete 1794 an Frankreich. Der Handel mit dem „Grand Empire" bescherte ihr Wohlstand. Einen tiefen Einschnitt gab es 1815/16, als die Rheinlande auf dem Wiener Kongress an Preußen fielen. Der neugebildete Kreis Aachen lag nun an der Außengrenze der westlichsten Provinz Preußens und später des Deutschen Reichs und war seitdem von seinen natürlichen Absatzmärkten abgeschnitten.

Im Jahr 2009 bildeten der ehemalige Kreis Aachen und die Stadt Aachen die StädteRegion Aachen. Diese Entwicklung ist bislang einmalig, da sie aus der Region selbst in politischem und gesellschaftlichem Konsens forciert worden ist.

Wertschöpfung und Verkehr
Als Folge der Industrialisierung gehörte die wirtschaftliche Zukunft der Aachener Region der Textil- und Nadelindustrie, der Blei- und Zinkindustrie sowie den Steinkohlebergwerken im Wurm- und Inderevier, die schon ab 1820 gegründet wurden – Jahrzehnte vor der Industrialisierung des Ruhrgebiets. Dem Technologiepotenzial kam zudem die 1870 gegründete Technische Hochschule Aachen zugute.

Nach dem Zweiten Weltkrieg profitierte der stark industriegeprägte Kreis Aachen von der Gründung der Europäischen Kohle- und Stahlunion bzw. Wirtschaftsgemeinschaft 1950/57. Das Wirtschaftspotenzial wuchs rasch, doch das Ende des Steinkohlebergbaus kam schon 1992. Hier gelang allerdings ein Strukturwandel, der von vielen Technologiezentren und vor allem der RWTH Aachen mit ihren mehr als 40.000 Studierenden getragen wird.

Die StädteRegion Aachen ist durch ein starkes verarbeitendes Gewerbe und die untrennbar damit verbundene Wissenschaftslandschaft geprägt, in deren Zentrum eine der wenigen deutschen Exzellenzuniversitäten sowie eine der renommiertesten Fachhochschulen stehen. Der sich gerade entwickelnde RWTH-Campus ist bestes Beispiel für die Vernetzung von Hochschule und Wirtschaft. In der StädteRegion Aachen gibt es eine besonders dichte und technologieorientierte Unternehmensstruktur. Dies zeigt sich einerseits durch eine besonders hohe Gründungsintensität technologieorientierter Unternehmen. Zudem sind rund 20 % der Unternehmen im Maschinenbau tätig. Aber auch in der traditionsreichen Nahrungsmittelherstellung arbeiten rund 5.000 sozialversicherungspflichtig Beschäftigte.

Eine Reihe transeuropäischer Hauptachsen des Personen- und Güterverkehrs führen durch das Gebiet der StädteRegion. So sind zahlreiche bedeutende europäische Metropolregionen (London, Paris, Antwerpen, Rotterdam, Lüttich, Brüssel...) innerhalb kürzester Zeit zu erreichen. Aufgrund der zentralen, verkehrsgünstigen Lage sind in der StädteRegion Aachen einige große internationale Speditionsunternehmen ansässig.

Landschaft, Sehenswürdigkeiten und Kultur
Besucher der StädteRegion Aachen können malerischen Stauseen und die wild-romantische Vennlandschaft erleben. Wilde Narzissen blühen in den Tälern der Eifel und kristallklare Bäche schlängeln sich durch die Landschaft. Die Ranger des Nationalparks Eifel bieten die Möglichkeit, die unberührte Natur im einzigen Nationalpark Nordrhein-Westfahlens auf individuellen Touren kennenzulernen. Aber auch für Radfahrer bietet der Vennbahnradweg ein Highlight. Der steigungsarme und sehr gut frequentierte Premium-Radweg führt mitten durch die wunderschöne Eifellandschaft in der StädteRegion.

Wer sich eher für das städtische Leben begeistert, kann sich vom Charme der Kaiserstadt Aachen verzaubern lassen und auf den Spuren von Kaiser Karl durch die historische Altstadt wandeln. Jeder sollte in seinem Leben einmal den imposanten, über 1.200 Jahre alten Dom besichtigen, der als erstes deutsches Monument in die UNESCO-Liste als Weltkulturerbe aufgenommen wurde. Auch die historischen Altstädte in Monschau und Stolberg sind absolut sehenswert.

Die Museumslandschaft ist abwechslungsreich: Zu den wichtigsten Ausstellungshäusern in Aachen zählen das Ludwig Forum für Internationale Kunst, das Suermondt-Ludwig-Museum und das neue, europäisch ausgerichtete und hervorragend konzipierte Stadtmuseum „Centre Charlemagne". Aber auch außerhalb Aachens bietet das Energeticon in Alsdorf umfangreiche Informationen zum Thema Energie und Bergbaugeschichte an. Im Kunst- und Kulturzentrum der StädteRegion Aachen in Monschau werden mehrmals jährlich Fotografie-Ausstellungen von Künstlern gezeigt, die Weltruhm genießen. Von den verschiedenen Weihnachtsmärkten über den Aachener und Eschweiler Karneval, die Weltreiterspiele (kurz: CHIO) bis hin zum Kulturfestival: Es gibt zu jeder Zeit im Jahr zudem noch Top-Ereignisse, die einen Besuch in der StädteRegion Aachen noch lohnenswerter machen.

Fläche: 706,95 km²
EW: 547.661 - EW/km²: 775
KFZ-Kennzeichen: AC
Kreissitz: Aachen
www.staedteregion-aachen.de

Städteregionsrat
Helmut Etschenberg / CDU
im Amt seit: 2009 gewählt bis: 2020

Sitzverteilung im Städteregionstag
Vorsitz: Helmut Etschenberg

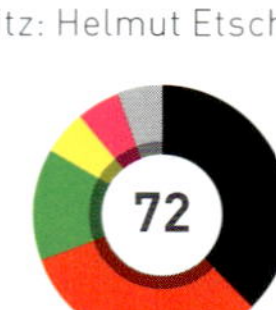

27	■	CDU
23	■	SPD
10	■	B.90/Grüne
4	■	Die Linke
4	■	FDP
4	■	Sonstige

(Piraten 1, AfD 1, UFW 1, parteilos 1)

Kreis
Borken

NORDRHEIN-WESTFALEN

Der Kreis Borken ist…

…ein junger Kreis mit Tradition und Zukunft. Seit seiner Neubildung im Rahmen der Kommunalreform 1975 hat er in vielen Bereichen einen erstaunlichen Wandel durchlaufen: Eine ausgesprochen positive Bevölkerungsentwicklung, eine kräftig gestärkte Wirtschaftsstruktur, eine deutlich ausgebaute Bildungs- und Verkehrsinfrastruktur, ein intaktes Landschaftsbild sowie eine ausgeprägte Kulturszene sind die Garanten für ausgezeichnete Lebens- und Arbeitsbedingungen.

Historische Entwicklung

In der Folge des Wiener Kongresses entstanden im preußisch gewordenen Teil von Westfalen u. a. die Kreise Ahaus und Borken mit jeweils rund 35.000 Einwohnern. Diese Verwaltungsstruktur im Westmünsterland blieb über mehr als 150 Jahre im Wesentlichen erhalten. Im Zuge der kommunalen Neugliederung in Nordrhein-Westfalen 1975 wurde dann insbesondere aus den beiden Altkreisen sowie der ab 1923 kreisfreien Stadt Bocholt der neue Kreis Borken gebildet. Die dreifache Anordnung der Maueranker auf dem Kreiswappen weist darauf hin.

Wertschöpfung und Verkehr

Die wirtschaftliche Entwicklung hin zu einem breiten Branchenmix – vor allem größtenteils inhabergeführte mittelständische Unternehmen mit internationalen Geschäftsbeziehungen – verlief außerordentlich erfolgreich. Die Folge dieses gelungenen Strukturwandels: Im Bezirk der Arbeitsagentur Borken-Coesfeld liegt die Arbeitslosenquote deutlich unter dem Landesdurchschnitt und dem Wert in Deutschland insgesamt.

Für diese positive Entwicklung gibt es viele Gründe. Einer ist sicherlich die weiter zunehmende Innovationsstärke gerade der kleinen und mittleren Unternehmen im Kreisgebiet. Nicht wenige sind sogar Hidden Champions, die auf ihren Märkten Weltgeltung haben. Internationalität selbst in kleinsten Unternehmen ist im Westmünsterland also längst kein Fremdwort mehr.

Außerdem: Mit über 48 % Anteil erneuerbarer Energien am Gesamtstromverbrauch liegt der Kreis Borken weit vorne in Nordrhein-Westfalen. Beim Anschluss an die superschnellen Datenautobahnen nimmt der Kreis Borken als ländlich geprägtes Gebiet sogar bundesweit eine Spitzenstellung ein. Inzwischen hat fast jeder vierte Haushalt einen unmittelbaren Zugang zum weltweiten Glasfasernetz.

Vielfältige schulische und berufliche Chancen zur Qualifizierung und Spezialisierung stehen der nachwachsenden Generation offen. Überörtlich wirkende Einrichtungen wie die Berufsbildungsstätte Westmünsterland und die Technische Akademie Ahaus eröffnen zudem in enger Kooperation mit der Wirtschaft interessante Qualifizierungsmöglichkeiten. Wissenschaftliche Forschung und Lehre in enger Anlehnung an die Erfordernisse der Praxis betreibt die Westfälische Hochschule am Campus Bocholt, die auch über einen Studienort in Ahaus verfügt. Die Handwerksakademie auf Schloss Raesfeld rundet auf dem Gebiet der betrieblichen Fort- und Weiterbildung die Angebotspalette ab.

Mit dem Kreisentwicklungsprogramm „Kompass 2025" stellt sich der Kreis den künftigen Herausforderungen. Bei der Realisierung der Zielvorstellungen können die Verantwortlichen im Kreis Borken auf ein konstruktives Zusammenwirken unterschiedlichster gesellschaftlicher und wirtschaftlicher Netzwerke sowie auf den ausgeprägten ehrenamtlichen Einsatz vieler engagierter Bürger bauen.

Getreu der alten münsterländischen Devise „Wir packen's selbst an!" schauen die Menschen daher mit großem Optimismus in die Zukunft. Zu Recht, wie sich immer wieder erweist: So setzt der westmünsterländische Raum, zu dem auch der Kreis Coesfeld sowie sieben Lippe-Kommunen gehören, derzeit mit breiter Unterstützung aus der Wirtschaft im Rahmen der REGIONALE 2016 ein anspruchsvolles Strukturprogramm um, das unter der Devise „ZukunftsLAND – Die REGIONALE im Münsterland" steht.

Landschaft, Sehenswürdigkeiten und Kultur

Dass der Kreis Borken als Raum an der rund 108 km langen münsterländisch-niederländischen Grenze eine reiche Vergangenheit hat, davon zeugen vor allem viele Sehenswürdigkeiten. In zahlreichen Museen, wie beispielsweise im LWL-Industriemuseum TextilWerk in Bocholt oder im Bauernhausmuseum in Vreden, wird die wechselvolle regionale Historie, werden aber auch Spezialthemen auf anschauliche Weise präsentiert.

Besondere Highlights sind das international ausstrahlende Rock- und Popmuseum in Gronau, die nordrhein-westfälische Landesmusikakademie in Heek und das Künstlerdorf Schöppingen. Auch auf touristischem Gebiet hat das westliche Münsterland viel zu bieten, insbesondere mit der Initiative „Grenzenlose Naturerlebnisse".

Fläche: 1.420,98 km²
EW: 365.191 - EW/km²: 257
KFZ-Kennzeichen: BOR
Kreissitz: Borken
www.kreis-borken.de

Landrat
Dr. Kai Zwicker / CDU
im Amt seit: 2009 gewählt bis: 2020

Sitzverteilung im Kreistag
Vorsitz: Dr. Kai Zwicker

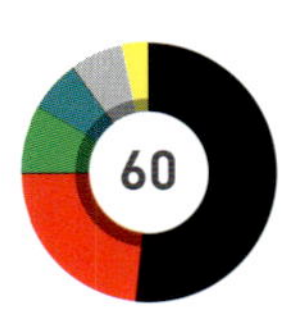

31	CDU
14	SPD
5	B.90/Grüne
4	UWG
2	FDP
4	Sonstige

(Die Linke 1, Stadtpartei 1, AfD 1, Piraten 1)

Kreis

Coesfeld

NORDRHEIN-WESTFALEN

Der Kreis Coesfeld ist...
...geprägt durch Lagegunst und Lebensqualität. Zwischen der alten Provinzialhauptstadt Münster und dem Ballungsraum Ruhrgebiet, inmitten der reizvollen Park- und Kulturlandschaft des Münsterlandes, liegt der Kreis mit seinen elf Städten und Gemeinden. Rund 215.000 Menschen wissen die hohe Lebensqualität abseits der Großstadthektik und die sehr gute Verkehrsanbindung zu schätzen.

Historische Entwicklung
Der 1816 von den Preußen gegründete Kreis Coesfeld war ursprünglich einer von insgesamt zehn im Regierungsbezirk Münster.

Der erste Landrat war Dr. Clemens von Bönninghausen, der die Amtsgeschäfte zunächst von seinem Gut in Darup aus führte, viel mehr aber als Hausarzt der Dichterin Annette von Droste-Hülshoff Bekanntheit erlangte.

Die Einteilung des Kreises blieb im Wesentlichen bis zur kommunalen Neugliederung im Jahr 1975 erhalten. In deren Folge erhielt der Kreis mit Sitz in Coesfeld weite Teile des aufgelösten Nachbarkreises Lüdinghausen. Gleichzeitig kamen Gebiete des ebenfalls aufgelösten Kreises Münster dazu.

Wertschöpfung und Verkehr
Sehr positive harte und weiche Standortfaktoren schaffen ein Klima, das Kreativität, Dynamik und damit Innovationen fördert: War der Kreis Coesfeld einst im Wesentlichen für Bauernhöfe und Textilfabriken bekannt, so verfügt er nunmehr über eine zwar immer noch mittelständisch geprägte, aber weitaus vielseitigere Branchenstruktur. Landwirtschaft und Handwerk konnten dabei bis heute ihren hohen Stellenwert sichern. Die Landwirtschaft prägt und erhält mit ihren Betrieben die Kulturlandschaft durch Integration von landwirtschaftlicher Produktion und Naturschutz. Mit innovativen Produkten und Ideen ist es den mittelständisch geprägten Gewerbe- und Handwerksbetrieben in den letzten Jahren gelungen, neue nationale und internationale Märkte zu erschließen.

Heute stehen für Wirtschaft „Made in COE" beispielsweise Agrarmarktforschung, Ernährungswirtschaft, medizinische Produkte, Zulieferungen für die Luft- und Raumfahrtindustrie, Spezialmaschinen für die Textilindustrie, aber auch Design der Extraklasse. Im Laufe der vergangenen 20 Jahre ist die Zahl der Arbeitsplätze um über 40 % gestiegen. Mit einer sehr niedrigen Arbeitslosenquote – 2,8 % im November 2015 – weist der Kreis seit vielen Jahren den günstigsten Wert in ganz Nordrhein-Westfalen auf.

Landschaft, Sehenswürdigkeiten und Kultur
Nicht nur als Wirtschaftsstandort, sondern auch ökologisch, kulturell und touristisch hat der Kreis viel zu bieten. Überregional ist er auch als „Kreis der Wasserburgen" bekannt: Kaum ein anderer Kreis weist eine derart hohe Dichte und Vielfalt an historischen Gräftenhöfen, Herrensitzen, Wasserburgen und -schlössern auf. Das Schloss Nordkirchen begeistert als imposante Barockanlage. Besonders zu nennen sind auch die beiden Kulturzentren des Kreises Coesfeld: die Kolvenburg in Billerbeck und die Burg Vischering in Lüdinghausen.

Hochkarätige Kulturereignisse holt auch das private „konzert theater coesfeld" nach Coesfeld, das durch die gemeinnützige „Ernsting Stiftung Alter Hof Herding" in der Kreisstadt betrieben wird. Die Stiftung hat zudem ein Museum für moderne Glaskunst in Coesfeld-Lette eingerichtet. Einem anderen, regionaltypischen Material ist das Baumberger-Sandstein-Museum in Havixbeck gewidmet. Der Kunstverein Münsterland, mit Sitz in Coesfeld, zeigt zeitgenössische Kunst in seinen hellen und freundlichen Räumen. Die Freilichtbühnen in Billerbeck und Coesfeld-Flamschen inszenieren mitreißende Eigenproduktionen für Kinder und Erwachsene. Zu den herausragenden Angeboten des Kreises zählen neben den zahlreichen historischen Ausflugszielen auch das sehr gut ausgebaute Radwegenetz und die vielen attraktiven Reitwege.

Fläche: 1.112,04 km²
EW: 215.996 - EW/km²: 194
KFZ-Kennzeichen: COE
Kreissitz: Coesfeld
www.kreis-coesfeld.de

Landrat
Dr. Christian Schulze Pellengahr / CDU
im Amt seit: 2015 gewählt bis: 2020

Sitzverteilung im Kreistag
Vorsitz: Dr. Christian Schulze Pellengahr

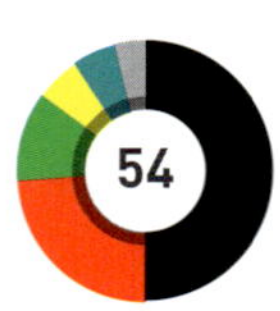

27 CDU
13 SPD
6 B.90/Grüne
3 FDP
3 UWG
2 Sonstige
(Die Linke 1, Familie 1)

Kreis
Düren

NORDRHEIN-WESTFALEN

Der Kreis Düren ist...

...der Energiekreis an der Rur im Westen Nordrhein-Westfalens. Drei aktive Braunkohletagebaue prägen ihn ebenso wie die Hightech-Forschung. Im Forschungszentrum Jülich und auf dem Campus Jülich der FH Aachen werden die Technologien der Zukunft entwickelt, etwa das Solarturmkraftwerk. Der Jülicher Physiker Peter Grünberg wurde 2007 sogar mit dem Nobelpreis gewürdigt.

Historische Entwicklung

Der heutige Kreis Düren ist Anfang 1972 im Zuge der kommunalen Neugliederung entstanden, im Wesentlichen durch die Vereinigung der vormals selbstständigen Kreise Düren und Jülich. Während es in ihnen in den 1960er Jahren noch 129 selbständige Gemeinden gab, waren es nach Abschluss der Verwaltungsreform im neuen Kreis Düren nur noch 15. In der Kreisstadt Düren leben heute gut 90.000 der fast 260.000 Einwohner des Kreises Düren, sie ist die mit Abstand größte der Gemeinden. Heimbach an der Rur ist mit rund 4.400 Einwohnern die kleinste Stadt in NRW.

Die Städte Düren und Jülich wurden am 16.11.1944 durch alliierte Bomber fast vollständig zerstört und in den 1950er Jahren im Stil der Zeit wieder aufgebaut.

Wertschöpfung und Verkehr

Der Kreis Düren ist traditionell von der Landwirtschaft und der Papierindustrie geprägt. In der Jülicher Börde werden vor allem Zuckerrüben angebaut, in der hügeligen Eifel dominieren Wälder, Wasser und Weiden das Bild. Schon früh nutzten die Menschen das weiche Rurwasser zur Produktion. Heute sind die mittelständischen Firmen der Papier- und deren Zulieferindustrie High-Tech-Unternehmen, die teils weltweit agieren. Das Metallgewebe der GKD Gebr. Kufferath AG zum Beispiel ziert zahlreiche prominente Bauwerke. Zuletzt wurde der Hauptstadtflughafen von Katar mit dem Architekturgewebe ausgestattet. Für die Industrie- und Dienstleistungsunternehmen ist die Lage des Kreises Düren mitten im Herzen Europas zwischen der Rheinschiene im Osten sowie Aachen und den Benelux-Ländern im Westen ideal, zumal die Verkehrsinfrastruktur sehr gut ausgebaut ist.

Die Tagebaue Hambach und Inden im Kreis Düren sowie der Tagebau Garzweiler unmittelbar jenseits der Kreisgrenze versorgen Deutschland seit Jahrzehnten verlässlich mit Energie. An der Kohle hängen Zigtausende Arbeitsplätze im Kreis. Wenn die Kohleförderung 2030 im Tagebau Inden ausläuft, soll dort ein See von der Größe des Tegernsees entstehen. Seit Jahren bereiten sich die Anrainerkommunen mit ihrer Entwicklungsgesellschaft indeland auf die Zeit danach vor.

Fläche: 941,37 km²
EW: 259.073 - EW/km²: 275
KFZ-Kennzeichen: DN
Kreissitz: Düren
www.kreis-dueren.de

Landrat
Wolfgang Spelthahn / CDU
im Amt seit: 1999 gewählt bis: 2020

Sitzverteilung im Kreistag
Vorsitz: Wolfgang Spelthahn

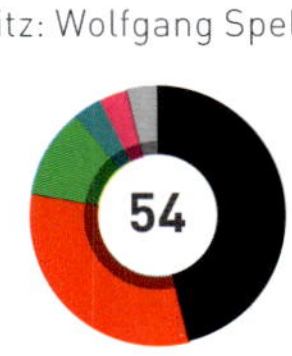

25 CDU
17 SPD
6 B.90/Grüne
2 UWG
2 Die Linke
2 Sonstige
(Piraten 1, AfD 1)

Der 36 m hohe Aussichtsturm Indemann ist seit 2009 Symbol des Wandels im Indeland. Als beliebtes Ausflugsziel bietet er Einblicke in den Tagebau Inden und Ausblicke auf die Zukunft des Kreises.

Im Forschungszentrum Jülich und in der Abteilung Jülich der FH Aachen suchen kluge Köpfe aus aller Welt nach Antworten auf die Herausforderungen der Zukunft. Dabei dient das Technologiezentrum Jülich jungen Firmen als Sprungbrett in den Markt.

Gemeinsam haben der Kreis und die Exzellenz-Uni RWTH Aachen auf einer Steinkohlenbrache das Autotestzentrum Aldenhoven gebaut. Dort können auch kleine und mittelgroße Unternehmen ihre Entwicklungen erproben. Weltweit nur hier können schon heute Assistenzsysteme für Straßenfahrzeuge in der Praxis getestet werden, die ihre Signale von den künftigen europäischen Galileo-Satelliten bekommen.

Landschaft, Sehenswürdigkeiten und Kultur

Der Nationalpark Eifel ist NRW-weit das einzige Schutzgebiet dieser höchsten Güteklasse. In seinen Wäldern darf sich die Natur seit 2004 frei entfalten. Ranger führen Gäste durch den Lebensraum von Wildkatze, Biber und Co. Der an Burgen und Schlössern reiche Kreis Düren hat den touristischen Schwung gezielt verstärkt. Die Internationale Kunstakademie auf der Burg Heimbach, die neue Jugendherberge Nideggen und das neue Freizeitbad in Kreuzau sind Beispiele dafür. Am Rursee, zweitgrößter Stausee in Deutschland, ist ein Feriendorf mit über 1.100 Betten eröffnet worden, in Jülich wurde der Brückenkopf-Park um ein Gästehaus erweitert. Zuletzt schossen die Übernachtungszahlen steil nach oben. Für Wanderer, Radler und Wassersportler ist der Kreis Düren mit seiner landschaftlichen Vielfalt ein Paradies.

Sehenswertes gibt es zuhauf: Das Burgenmuseum Nideggen, das Deutsche Glasmalereimuseum Linnich und das Leopold-Hoesch-Museum in Düren finden ihr Publikum ebenso wie der Brückenkopf-Park und die Zitadelle Jülich oder der Indemann. Neuerdings lockt der Bikepark Hürtgenwald zum rasanten Ritt ins Kalltal ein.

Ennepe-Ruhr-Kreis

NORDRHEIN-WESTFALEN

Der Ennepe-Ruhr-Kreis ist…
…ein Kreis mit St(r)ahlkraft, in dem „ppP" für „professionell produzierte Produkte" steht, die Landschaft in den Farben blau und grün verspricht beste Wohnqualität und lädt zum kleinen Urlaub zwischendurch ein.

Historische Entwicklung

Der Kreis verdankt sein Entstehen dem Gesetz zur kommunalen Neugliederung des Rheinisch-Westfälischen Industriegebietes. Hierdurch wurden zum 1.8.1929 die nicht in die benachbarten Großstädte eingemeindeten Restgebiete der ehemaligen Landkreise Hagen, Hattingen und Schwelm zum Ennepe-Ruhr-Kreis zusammengelegt. Dazu zählten die Städte Gevelsberg, Hattingen, Herdecke, Schwelm und Wetter, die Einzelgemeindeämter Ende, Herbede, Milspe und Voerde sowie die Ämter Blankenstein, Breckerfeld, Haßlinghausen, Hattingen, Sprockhövel und Volmarstein. Sitz der Kreisverwaltung wurde die seinerzeit mit 22.753 Einwohnern größte Stadt Schwelm.

Um wirtschaftliche und soziale Entwicklungen voranzutreiben, erwies sich die Amtsstruktur im Laufe der Zeit allerdings als ungeeignet. Dem trug der nordrhein-westfälische Landtag mit der kommunalen Neugliederung zum 1.1.1970 Rechnung. Nach dem Wegfall der Amtseinteilung bildeten die Städte Breckerfeld, Ennepetal, Gevelsberg, Hattingen, Herbede, Herdecke, Schwelm, Sprockhövel und Wetter den Kreis.

Nach einigen weiteren Grenzberichtigungen erhielt der Ennepe-Ruhr-Kreis mit der bisher letzten Gebietsreform sein heutiges Aussehen. Witten – bis dahin selbstständig und zwischenzeitlich mit der Stadt Herbede zusammengelegt – komplettiert seit dem 1.1.1975 das Nonett der Städte im Ennepe-Ruhr-Kreis.

Wertschöpfung und Verkehr

Der Kreis war, ist und bleibt einer der am stärksten gewerblich-industriell geprägten Räume Nordrhein-Westfalens. Nahezu 40 % der sozialversicherungspflichtig Beschäftigten arbeiten in der Produktionswirtschaft. Sie machen den Kreis zum „industriellen Herzen des Ruhrgebiets". Während andere Gebiete den Strukturwandel und den Weg in die Dienstleistungsgesellschaft betonen, steht „ppP" im Kreis nach wie vor und auch ganz bewusst „für professionell produzierte Produkte".

Gut zwei Drittel der im produzierenden Gewerbe Tätigen sind den Branchen Metallerzeugung und -bearbeitung sowie Maschinenbau zuzuordnen. Jeder zweite Beschäftigte im Maschinenbau in der Metropole Ruhr und jeder dritte Beschäftigte in der Metallerzeugung arbeitet in einem Unternehmen im Kreis. Die Palette reicht dabei von einer Vielzahl an kleinen und mittelständischen Unternehmen, die oft seit Generationen in Familienbesitz sind, bis hin zu mehr als zwei Dutzend Weltmarktführern.

Die ganz besondere St(r)ahlkraft, die an Ennepe und Ruhr zu verzeichnen ist, ist auch an Zahlen ablesbar: Die Gesamtbruttowertschöpfung lag 2013 bei gut 8,27 Mrd. Euro. das produzierende Gewerbe hatte daran mit 3,26 Mrd. einen beeindruckenden Anteil von 39,4 %.

A 1, A 40, A 43, A 44, A 45, A 46 – viele Autobahnen führen in den Kreis, erschließen ihn in Kombination mit Bahn- und Flugverbindungen optimal. Die umliegenden Großstädte, die Ballungsräume Ruhrgebiet und Köln/Düsseldorf sind in weniger als einer Stunde erreichbar. Dies schätzen nicht nur die Unternehmen als Standortvorteil, auch die Menschen profitieren von besten Anschlüssen für Arbeits- und Privatleben.

Landschaft, Sehenswürdigkeiten und Kultur

Bewohner und Besucher überzeugt der Ennepe-Ruhr-Kreis mit seiner Landschaft. Blau und Grün sind vorherrschend. Das Blau liefern die Flüsse, die durch den Kreis fließen. Die wichtigsten standen bei der Wahl des Namens Pate: die Ennepe im Süden und die Ruhr im Norden. Blau sind auch die zahlreichen Seen. Im Norden der Kemnader Stausee, der Harkort- und Hengsteysee; im Süden die Heilenbecker Talsperre, die Ennepetalsperre, die Glörtalsperre und die Hasper Talsperre. Grün ins Spiel bringen die ausgedehnten Wälder – immerhin ein Drittel der Gesamtfläche des Kreises – sowie die Täler, Auen und im höher gelegenen Süden die breiten Hochflächen.

In gerade einmal einer halben Stunde finden sich viele Einwohner der umliegenden fünf Großstädte im Grünen wieder. Aktive Ausflügler – Radler, Paddler, Wanderer oder Skater – nutzen den RuhrtalRadweg, die Wanderwege in den Wäldern des Südkreises und die nostalgische RuhrtalBahn für einen kleinen Urlaub zwischendurch, unternehmen Touren per Kanu auf der Ruhr, zu mittelalterlichen Burgen und Herrenhäusern, in sehenswerte Altstädte mit ihren Fachwerkhäusern und Gässchen oder zu den Wurzeln des Bergbaus und der Industrialisierung wie beispielsweise die Standorte des Westfälischen Industriemuseums in Hattingen und Witten. Für ein vielfältiges kulturelles Angebot zeichnen insbesondere die Städte sowie die dort aktiven Gruppen, Vereine und Verbände verantwortlich.

Fläche: 408,46 km²
EW: 322.916 - EW/km²: 791
KFZ-Kennzeichen: EN
Kreissitz: Schwelm
www.en-kreis.de

Landrat
Olaf Schade / SPD
im Amt seit: 2015 gewählt bis: 2020

Sitzverteilung im Kreistag
Vorsitz: Olaf Schade

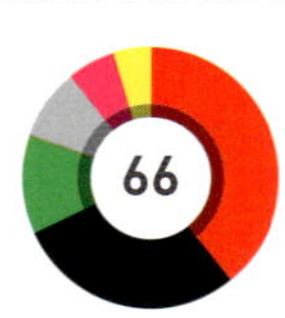

26	SPD
19	CDU
8	B.90/Grüne
4	Die Linke
3	FDP
6	Sonstige

(FW 2, Piraten 2, AfD 1, ALFA 1)

Kreis

Euskirchen

NORDRHEIN-WESTFALEN

Der Kreis Euskirchen ist...

...ein Ort zum Wohlfühlen. Durch seine landschaftliche Schönheit, seine reizvollen Städte und Gemeinden und das vielfältige Kultur- und Freizeitangebot bietet er seinen Bürgern eine hohe Wohn- und Lebensqualität. Hierzu trägt natürlich auch seine günstige Lage im Städtedreieck Köln-Bonn-Aachen bei.

Historische Entwicklung

1816 sind die ersten Landkreise Blankenheim, Gemünd, Rheinbach und Lechenich gegründet worden. Das heutige Kreisgebiet wurde mehrfach neu gegliedert, bis schließlich im Januar 1972 die Kreise Euskirchen und Schleiden zum heutigen Kreis Euskirchen zusammengeschlossen wurden.

Wertschöpfung und Verkehr

Der Kreis Euskirchen gehört zu den eher dünn besiedelten Flächenkreisen in Nordrhein-Westfalen. Daher kommt dem ÖPNV, aber auch dem Individualverkehr eine bedeutende Rolle zu. Die wichtigste Straßenverbindung im Kreisgebiet und für einen Großteil der Eifel ist die A 1, die sog. Eifelautobahn. Aber auch über die A 61 und zahlreiche Bundesstraßen ist der Kreis verkehrsgünstig zu erreichen.

Ergänzend zum regulären ÖPNV-Angebot fahren auf einigen Strecken abseits dichter besiedelter Gebiete auch der TaxiBus und das Anruf-Sammel-Taxi. Diese fahren nur bei Bedarf und müssen vom Fahrgast vorab telefonisch bestellt werden.

Nach der Stilllegung von mehreren Nebenstrecken werden von dem ehemals 214 km langen Eisenbahnnetz heute noch 84 km für den Personenverkehr genutzt. Der große Bahnhof der Stadt Euskirchen bildet den zentralen Knotenpunkt für den Schienenverkehr im Kreisgebiet. Während die Bördebahn zwischen Euskirchen und dem benachbarten Kreis Düren für den Personenverkehr derzeit nur saisonal bedient wird, stehen die Voreifel-, Eifel- und Erfttalbahn ganzjährig für Fahrgäste zur Verfügung. Besonders bei den Pendlerströmen auf der Voreifelstrecke zwischen Euskirchen und Bonn sowie der Eifelstrecke zwischen Trier und Köln wird die starke Verflechtung zwischen dem Kreis Euskirchen und der Rheinschiene deutlich. An Sonn- und Feiertagen wurde mit der Oleftalbahn ein zusätzlicher Museumsbahnverkehr eingerichtet.

Unter seinem Slogan „Kreis Euskirchen – Einfach wohl fühlen!" stellt sich der fahrradfreundliche Kreis Euskirchen nicht nur in seiner ganzen Schönheit und Vielfalt vor, sondern auch als ein Kreis, der seine vielfältigen Zukunftsaufgaben innovativ, dynamisch und leistungsfähig angeht. Weltweit operierende Industrieunternehmen, viele mittelständische Handels- und Dienstleistungsunternehmen sowie eine große Zahl von Handwerksbetrieben prägen die solide Wirtschaftsstruktur des Kreises.

Landschaft, Sehenswürdigkeiten und Kultur

Die interessante Landschaft kann bei einer Wanderung oder Fahrradtour durch die Eifel oder die Zülpicher Börde bewundert werden.

Ein ganz besonderes Naturerlebnis bietet der Nationalpark Eifel mit Burg Vogelsang. Der Nationalpark Eifel ist der erste in Nordrhein-Westfalen. Neben einmaligen Ausblicken auf die Talsperre Rur-, Ober- und Urftsee, können auf dem Wildnis-Trail inmitten romantischer Bachtäler und Buchenwälder über 1.800 bedrohte Tier- und Pflanzenarten erkundet werden - auf eigene Faust oder mit einem Ranger. Die 100 ha große Anlage der ehemaligen NS-Ordensburg Vogelsang, die nach dem Zweiten Weltkrieg erst britischer, dann belgischer Truppenübungsplatz war, lädt mit seinem Ausstellungs- und Bildungszentrum zur Besichtigung ein.

Viele Besucher lockt auch die jährlich stattfindende Euskirchener Kulturnacht an. Bei einem Mix von Theater, Musik oder Comedy wird für jeden Geschmack etwas geboten. Auf knapp 20 außergewöhnlichen Bühnen präsentieren die Künstler jeweils im 20-Minuten-Takt ihr Programm. Nach jeder Vorstellung kann die Spielstätte gewechselt werden. Ebenfalls erfolgreich sind das jährliche Eifeler Musikfestival im Kloster Steinfeld sowie der Herbstsalon für Kunst und Kunsthandwerk, der alle zwei Jahre zur Herbstzeit im Kreishaus Euskirchen stattfindet.

Im Kreis Euskirchen befinden sich zudem viele Burgen und Schlösser sowie historische Bauten aus der Römerzeit. Zu den schützenswerten Kulturdenkmälern zählt u. a. eine Vielzahl an jüdischen Friedhöfen.

Wer sich mehr für das Leben der Menschen von früher interessiert, für den ist das Rheinische Freilichtmuseum Kommern oder das Rheinische Industriemuseum Kuchenheim genau das Richtige: im Freilichtmuseum stehen die Arbeit und Freizeit sowie der Alltag und die Feste der Menschen im Rheinland im Mittelpunkt, während im Industriemuseum eine vollständig erhaltene Volltuchfabrik mit einem Maschinenpark aus dem frühen 20. Jahrhundert erkundet werden kann.

Fläche: 1.248,73 km²
EW: 188.158 - EW/km²: 151
KFZ-Kennzeichen: EU
Kreissitz: Euskirchen
www.kreis-euskirchen.de

Landrat
Günter Rosenke [G] / parteilos
im Amt seit: 1994 gewählt bis: 2020

Sitzverteilung im Kreistag
Vorsitz: Günter Rosenke

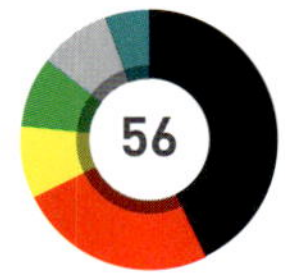

24	CDU
14	SPD
5	FDP
5	B.90/Grüne
3	UWV
5	Sonstige

(Bürgerforum BüFo 2, Linke 2, parteilos 1)

Kreis

Gütersloh

NORDRHEIN-WESTFALEN

Der Kreis Gütersloh ist...

...vor allem ein wirtschaftsstarker Standort: Schlüsselzuweisungen aus der Landeshauptstadt? Gibt es so gut wie nie, meist geht der Kreis Gütersloh leer aus. Das liegt an der hohen Steuerkraft der 13 Gemeinden, die nicht nur die Heimat vieler Mittelständler sind, sondern auch die von Unternehmen von internationalem Rang: Bertelsmann, Claas, Gerry Weber, Hörmann, Miele, Storck – und mit Nobilia und Tönnies auch die nationalen Marktführer bei Küchen und Schlachtbetrieben.

Historische Entwicklung

13 Städte und Gemeinden bilden seit 1973 den Kreis Gütersloh. Eine Besonderheit zieht sich einmal quer durch ihn hindurch: Im Norden dominieren die Sozialdemokraten, im Süden die Christdemokraten. Im Süden ist die Mehrheit katholisch, im Norden evangelisch. Karneval ist im Norden ein Fremdwort, während der Süden die fünfte Jahreszeit ausgiebig feiert. Unterschiede mit langer Geschichte.

Der Nordwesten des Kreises fühlt sich dem Ravensberger Land zugehörig, geprägt durch jahrhundertelangen Einfluss Preußens. Die beiden 1973 fusionierten Altkreise Halle und Wiedenbrück entstanden 1816, als Preußen die Provinz Westfalen in Regierungsbezirke und Kreise aufteilte. Die Grenze des preußischen Königreichs verlief lange durch den heutigen Kreis Gütersloh. Der Westen ist natur- und kulturlandschaftlich im Münsterland verankert.

Die großen Mächte standen sich im heutigen Kreisgebiet gegenüber: Die Grafschaft Ravensberg war seit 1647 brandenburgisch-preußisch. Dem Fürstbistum Osnabrück stand nach dem Westfälischen Frieden abwechselnd ein katholischer Bischof (Bayern) und ein evangelischer (Hannover/England) vor, die Grafschaft Rietberg gelangte unter das Dach des Grafen von Kaunitz aus Mähren in Österreich und die Preußen hatten das Sagen in Ravensberg. Erst Napoleon setzte dieser Aufteilung ein Ende. Nach Preußens Sieg 1813 weitete das Königreich seine Herrschaft schließlich über ganz Westfalen aus.

Wertschöpfung und Verkehr

Der Kreis Gütersloh – ein innovatives Kraftpaket und stärkster Standort für Maschinenbau und Nahrungsmittel in Nordrhein-Westfalen. Weitere Kernkompetenzen des Wirtschaftsstandortes liegen in den Branchen Elektro-Industrie, Logistik, Medien und Möbel. In kaum einer anderen Region haben so viele Unternehmen mit Weltruf ihren Sitz. Neben den Global Playern ist es der erfolgreiche, innovationsstarke Mittelstand, der den Kreis Gütersloh zum Kraftpaket in Ostwestfalen-Lippe macht. Auf rund 360.000 Einwohner kommen über 20.000, meist inhabergeführte Unternehmen und über 159.000 sozialversicherungspflichtige Beschäftigte. Die Arbeitslosenquote liegt stets auf schwäbischem Niveau. Auch was die Wirtschaftsleistung pro Erwerbstätigen angeht, liegt der Kreis in NRW stets ganz vorne – oder auf Platz zwei oder drei.

Den Namen des Kreises Gütersloh tragen die Unternehmen mit ihren Produkten in alle Länder der Welt. Das Kennzeichen „GT" verbindet sich mit Millionen-Auflagen von Büchern, Zeitschriften und elektronischen Medien des größten Medienkonzerns der Welt, Bertelsmann, mit Hausgeräten von Miele, mit den Landmaschinen des Erntespezialisten Claas, mit den süßen Verlockungen aus der Bonbonküche von Storck, mit Hörmann-Toren in aller Welt.

Durch die A 2 gibt es eine direkte Anbindung an die Industrie-Regionen an Rhein und Ruhr sowie nach Berlin. Und das fehlende Teilstück der A 33 ist nach 50-jähriger Planungsgeschichte im Bau. Im Mittelpunkt der Verkehrswege liegt die Kreisstadt Gütersloh, wirtschaftliches und kulturelles Zentrum mit 98.000 Einwohnern. Die weiteren Städte und Gemeinden sind Rheda-Wiedenbrück, Rietberg, Schloß Holte-Stukenbrock, Harsewinkel, Halle/Westf., Versmold, Werther/Westf., Borgholzhausen, Verl, Steinhagen, Herzebrock-Clarholz und Langenberg.

Fläche: 969,21 km²
EW: 354.463 - EW/km²: 366
KFZ-Kennzeichen: GT
Kreissitz: Gütersloh
www.kreis-guetersloh.de

Landrat
Dr.h.c. Sven-Georg Adenauer[M] / CDU
im Amt seit: 1999 gewählt bis: 2020

Sitzverteilung im Kreistag
Vorsitz: Dr.h.c. Sven-Georg Adenauer

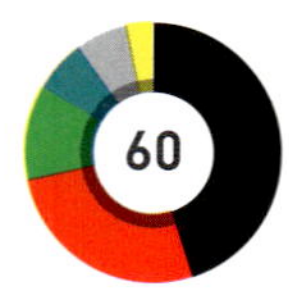

27	CDU
16	SPD
7	B.90/Grüne
4	FWG-UWG
2	FDP
4	Sonstige

(Die Linke 2, AfD 2)

Landschaft, Sehenswürdigkeiten und Kultur

Vier Fünftel der Kreisfläche sind land- und forstwirtschaftlich genutzt und es gibt eine rekordverdächtige Golfplatz-Dichte. Natur, Kultur – der Kreis ist auch hier geprägt durch unterschiedliche Landschaften: Sie reichen vom Quellgebiet der Ems im Süden bis zu den Wäldern des Teutoburger Waldes im Norden. Dort unterhalb den Höhenzügen des Teutos hat auch Roger Federer ‚sein Wohnzimmer' – im Gerry Weber Stadion, Heimat des Tennis-Rasenturniers Nummer 1 in Deutschland, den „Gerry-Weber-Open".

Weit über die Grenzen des Kreises hinaus bekannt ist das Klassikfestival „Haller Bachtage" und das neue Gütersloher Theater. Gleich zwei Landesgartenschau-Parks – in Rietberg und Rheda-Wiedenbrück – gibt es im Kreisgebiet. Kunstbeflissene orientieren sich zudem nach Werther, der Heimat des 1951 verstorbenen Malers und Bildhauers Peter August Böckstiegel. Das von Böckstiegel selbst gestaltete Künstlerhaus in Arrode (Werther/Westf.) gewährt einen einmaligen und authentischen Ein- und Überblick in sein Leben und sein meisterliches Schaffen.

Kreis

Heinsberg

NORDRHEIN-WESTFALEN

Der Kreis Heinsberg ist…

…der westlichste Kreis der Bundesrepublik, ein Kreis auf halber Strecke zwischen Mönchengladbach und Aachen. Spektakuläre Landschaften sucht man hier vergeblich, aber der Kreis mit seinen auenartigen Tälern von Rur, Wurm und Schwalm, mit seinen Wäldern, den geschützten Heideflächen bei Teveren und dem Naturpark Schwalm-Nette sind zu jeder Jahreszeit sehens- und erlebenswert. Darüber hinaus ist der Kreis Heinsberg durch weite landwirtschaftlich genutzte Flächen geprägt. Die Kreisgrenze erstreckt sich über eine Länge von 171 km, fast 78 km davon sind identisch mit der deutsch-niederländischen Grenze.

Historische Entwicklung

Der Kreis Heinsberg ist darüber hinaus ein sehr altes Siedlungsgebiet. Dies beweisen Bodenfunde aus den verschiedensten Epochen, ob es nun steinzeitliche Werkzeuge mit einem Alter von bis zu 100.000 Jahre sind, oder der rund 7.000 Jahre alte Holzbrunnen, der zu Beginn der 1990er Jahre bei Kückhoven gefunden wurde. Auch die Römer waren in der Region heimisch, zumal das Gebiet durch Römerstraßen, wie etwa die bedeutende Verbindung Heerlen-Xanten, erschlossen wurde.

Aber auch die Christianisierung hinterließ ihre siedlungsgeschichtlichen Spuren, da bereits im 8. Jahrhundert erste Kirchenbauten nachzuweisen sind. Mehrere über 1.000 Jahre alte Kirchen mögen als Beleg dafür dienen. Zahlreiche Motten, die um die erste Jahrtausendwende als Fliehburgen vor einfallenden Wikingerhorden dienten, sind ebenfalls Zeugnisse früher Siedlungsgeschichte.

Vom Mittelalter bis zum Ende der französischen Besatzungszeit im frühen 19. Jahrhundert erlebte die Region eine wechselvolle Geschichte, häufig unter dem Einfluss wechselnder Herrschaftsverhältnisse. Erst mit dem Wiener Kongress 1815/16 entstanden die Strukturen, die uns auch heute noch vertraut sind.

Mit Errichtung des Regierungsbezirks Aachen im Königreich Preußen entstanden 1816 die Kreise Heinsberg, Geilenkirchen und Erkelenz. Während der Kreis Erkelenz 156 Jahre Bestand hatte, wurden die Kreise Geilenkirchen und Heinsberg 1932 zusammengefasst. Im Jahr 1951 wurde dieser Kreis in „Selfkantkreis Geilenkirchen-Heinsberg" umbenannt. Maßgebend dafür war die vorübergehende Unterstellung des Selfkantgebietes unter niederländische Verwaltung in den Jahren 1949 bis 1963. Am 1.1.1972 entstand der neue Kreis Heinsberg im Rahmen der kommunalen Neugliederung im Raum Aachen durch Zusammenlegung der Kreise Geilenkirchen-Heinsberg und Erkelenz.

Fläche: 627,99 km²
EW: 249.310 - EW/km²: 397
KFZ-Kennzeichen: HS
Kreissitz: Heinsberg
www.kreis-heinsberg.de

Landrat
Stephan Pusch / CDU
im Amt seit: 2004 gewählt bis: 2020

Sitzverteilung im Kreistag
Vorsitz: Stephan Pusch

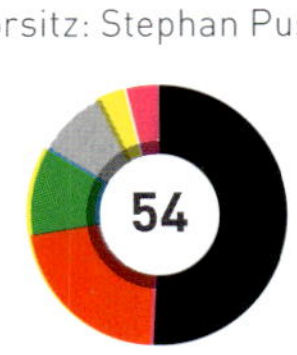

28	CDU
12	SPD
5	B.90/Grüne
2	FDP
2	Die Linke
5	Sonstige

(Freie Wähler 2, AfD 2, NPD 1)

Wertschöpfung und Verkehr

Der heutige Kreis Heinsberg ist in den mehr als vier Jahrzehnten seines Bestehens einem steten Wandel ausgesetzt gewesen. Das Aufbrechen der wirtschaftlichen Monostrukturen (Bergbau, Chemieindustrie) und der folgende Strukturwandel haben das Gesicht des Kreises Heinsberg seit seiner Entstehung verändert. Kennzeichnend hierfür sind die infrastrukturellen Veränderungen. War der Kreis Heinsberg 1972 noch nicht an das Netz der Bundesautobahnen angeschlossen, so ist mit dem Ausbau der A 46 bis Heinsberg eine wesentliche Grundlage für eine erfolgreiche Umstrukturierung geschaffen worden. Der Lückenschluss der A 46 mit der niederländischen A 2 in der Provinz Limburg über die B 56 n ist absehbar und dürfte voraussichtlich im Jahr 2017 erfolgen.

Im Rahmen des Strukturwandels und den damit verbundenen gemeinsamen Anstrengungen des Kreises sowie seiner Städte und Gemeinden ist insbesondere in den vergangenen 25 Jahren eine völlig neu strukturierte heimische Wirtschaft entstanden, die mit einem gesunden Branchenmix, leistungsfähigen Großbetrieben und einem in seiner Vielfalt beeindruckenden Mittelstand den Weg in die Zukunft weist. Aushängeschilder sind zwei große Logistikzentren der Firmen QVC bzw. Jago oder das Siemens-Prüfcenter für Schienenfahrzeuge auf dem früheren Flugplatzgelände in Wegberg-Wildenrath, aber auch die vielen kommunalen Gewerbe- und Industriegebiete bzw. -parks. Darüber hinaus wurden neue Wirtschaftszweige erschlossen, wie etwa der Tourismus. Nach wie vor spielt auch die Landwirtschaft eine große Rolle, wobei Ackerbau und Milchviehwirtschaft überwiegen. Ebenfalls von wirtschaftlicher Bedeutung ist die Air Base in Geilenkirchen, auf der die Awacs-Frühwarnflotte der NATO stationiert ist.

Landschaft, Sehenswürdigkeiten und Kultur

Als Flachlandkreis mit abwechslungsreicher Landschaft hat sich der Kreis Heinsberg vor allem unter Fahrradtouristen einen Namen gemacht. Als einer der ersten Kreise in Nordrhein-Westfalen hat er das in Belgien und den Niederlanden angewandte Knotenpunktsystem für Radwanderwege übernommen und auch für eine grenzüberschreitende Vernetzung von Radwanderwegen gesorgt. Zu den Sehenswürdigkeiten gehören u. a. das Naturschutzgebiet Teverener Heide mit über 100 gefährdeten Tier- und Pflanzenarten, der Naturpark Schwalm-Nette, die zahlreichen Schlösser, Burgen und Herrenhäuser, zahlreiche alte wie sehenswerte Gotteshäuser, das Museum BEGAS HAUS in Heinsberg mit einer der größten Sammlungen von Werken der Künstlerfamilie Begas, das Besucherbergwerk an der ehemaligen Steinkohlezeche in Hückelhoven sowie viele private Museen.

Kreis

Herford

NORDRHEIN-WESTFALEN

Der Kreis Herford ist…

… ein Landstrich zwischen Wiehengebirge und Teutoburger Wald – und ein Platz, an dem es sich leben lässt. Die Balance von Arbeit und Leben zu finden, gelingt hier vielen Menschen auffallend gut. Wie sonst könnten so viele Unternehmen so erfolgreich sein? So etwas geht nur mit Leuten, die offen sind für die Welt und bereit für Neues. Sture Ostwestfalen? Das war einmal, vielleicht, vor langer Zeit.

Historische Entwicklung

Der Kreis Herford wurde durch Verordnung der „Königlichen Regierung im Weserlande zu Minden" am 18.10.1816 ins Leben gerufen. Zeitgleich entstand auch der benachbarte Kreis Bünde und die übrigen Kreise im alten Territorium Minden und Ravensberg. Weil sich die Aufteilung nicht bewährte, wurden beide Kreise am 1.1.1832 zusammengelegt. Seitdem besteht der Kreis Herford gebietlich nahezu unverändert, also mehr als 180 Jahre lang. Bis 1933 stellte die Familie von Borries die Landräte.

Wertschöpfung und Verkehr

Der Kreis Herford liegt in Deutschlands „Möbelbecken". Hier hat der Möbelbau Tradition. Sie geht häufig auf kleine Handwerksbetriebe zurück, die Tischlereien. Mitten in der alten Hansestadt Herford aber nahm eine Entwicklung ihren Anfang, die bis heute nicht an ein Ende gekommen ist – die Serienfabrikation von Möbeln. Gustav Kopka hieß der Pionier, der 1861 die allererste Möbelfabrik weit und breit an den Start brachte, mit Maschinen, Arbeitsteilung und kaufmännischer Abteilung. Mitentscheidend für den Erfolg war die Eisenbahn: Sie wickelte den Transport der Produkte zu den Kunden in den Ballungszentren an Rhein und Ruhr und nach Berlin ab.

Heute ist die Küchenmöbelindustrie Leitbranche. Hier sind die Spezialisten für exklusive Lösungen wie Poggenpohl, Siematic und Eggersmann zu Hause und die Hersteller großer Stückzahlen wie Nolte in Löhne und Häcker in Rödinghausen. Mit den Möblern im Verbund sind benachbarte Branchen gewachsen. Sie liefern, was eine moderne Küche ausmacht: Beschläge, Elektrogeräte und Spülen, Fronten und Lampen, Lacke, Leime und Kunststoffteile. Dazu kommen Maschinen und Anlagen für Werkstoffveredlung, Teilefertigung, Montage, Hard- und Software für Steuerung und Automatisierung. Jede dritte in Europa montierte Küche kommt von hier.

Geändert haben sich die Transportwege: An die Stelle der Eisenbahn sind der LKW und die Autobahnen A 2 und A 30 getreten. Fast 100.000 Fahrzeuge rollen täglich über die A 2, davon mehr als ein Viertel LKW.

Neben dem Möbelcluster sind Maschinenbauer, Bekleidungshersteller, die Nahrungsmittelindustrie und Dienstleister stark vertreten.

Landschaft, Sehenswürdigkeiten und Kultur

Zwischen Teutoburger Wald und Wiehengebirge liegt das Ravensberger Hügelland. Tiefe Täler wechseln sich mit Kuppen und Höhenrücken ab. Die Lößböden sind fruchtbar, die ersten Spuren des Ackerbaus rund 6.500 Jahre alt. Ein Merkmal der Landschaft sind die Sieke, von Wiesenbauern umgebaute Bachtäler. In ihnen verlaufen die Bäche am Rand, damit die Bauern im ebenen Talgrund Grünfutter gewinnen konnten. Die Landwirtschaft spielte immer eine wichtige Rolle – auf Kosten des Waldes. Der Kreis Herford ist der waldärmste Kreis in Nordrhein-Westfalen. Rittergüter und Herrensitze liegen übers Land verstreut und laden zu Ausflügen ein.

Fläche: 450,41 km²
EW: 249.219 - EW/km²: 553
KFZ-Kennzeichen: HF
Kreissitz: Herford
www.kreis-herford.de

Landrat
Jürgen Müller / SPD
im Amt seit: 2015 gewählt bis: 2020

Sitzverteilung im Kreistag
Vorsitz: Jürgen Müller

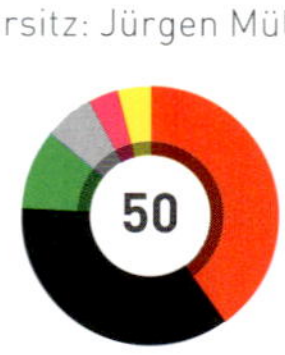

20 SPD
18 CDU
5 B.90/Grüne
2 Die Linke
2 FDP
3 Sonstige
(AfD 2, WG 1)

Zu den kulturellen Schwergewichten zählt die Nordwestdeutsche Philharmonie, das Landesorchester für Ostwestfalen-Lippe mit Sitz in Herford. Ihre 78 Musiker geben rund 130 Konzerte pro Jahr, die meisten in der Region. Auf Tourneen durch Europa, nach Japan und USA, stellen sie ihr künstlerisches Niveau unter Beweis. Mit besonderen Konzerten für junge Leute und einem Mitmachorchester für Amateure kümmern sie sich um den musikalischen Nachwuchs und die Konzertbesucher von Morgen.

Die Evangelische Kirche von Westfalen bildet ihre Kirchenmusiker seit 1948 an der Hochschule für Kirchenmusik in Herford aus – eine Einrichtung mit Strahlkraft in alle Welt.

Das Museum Marta Herford, 2015 zehn Jahre alt geworden, hat sich zu dem bekanntesten Leuchtturm entwickelt. Von Frank O. Gehry entworfen, präsentiert das Haus die Kunst der Gegenwart. Daneben ist es Sitz der Verbände der Möbelindustrie. Mit spektakulären Ausstellungen der erfindungsreichsten Künstler wirkt Marta als Hot Spot für helle Köpfe, geistige Bewegung, Offenheit und Neugierde.

Eine vielgliedrige freie Szene ist meist in Vereinen organisiert. Laienmusiker geben auf dem weiten Feld der Chöre und Orchester, Big Bands und Posaunenchöre, Combos und Ensembles den Ton an. Ganze Schulklassen musizieren, Musikschulen unterstützen sie dabei. Mehr als zwanzig Museen eröffnen Blicke in die Vergangenheit. Rathausgalerien zeigen, was freie Künstler schaffen. Das kulturelle Selbermachen steht hoch im Kurs – schon wegen der Balance von Arbeit und Leben.

Hochsauerlandkreis

NORDRHEIN-WESTFALEN

Der Hochsauerlandkreis ist...
...der flächengrößte Kreis Nordrhein-Westfalens. Kennzeichnend ist die regional sehr unterschiedliche Besiedlungsdichte, die sich zwischen relativ stark zwischen verstädterten (Arnsberg, 73.436 Einwohner/km²) und überwiegend ländlichen Strukturen (107 Einwohner/km²) unterscheidet.

Das geografische Bild wird geprägt von einer waldreichen Mittelgebirgslandschaft mit Seen und reizvollen Flusstälern. Die höchsten Erhebungen in Nordrhein-Westfalen liegen im Hochsauerlandkreis: der bekannte Kahle Asten (841 m ü.N.N.) und der zwei Meter höhere Langenberg.

Historische Entwicklung
Mit der kommunalen Neugliederung 1975 entstand aus den Kreisen Arnsberg, Brilon und Meschede der Hochsauerlandkreis.

Wertschöpfung und Verkehr
Die Wirtschaftsstruktur des HSK ist überwiegend mittelständisch geprägt. Die Unternehmen positionieren sich mit ihren qualifizierten Belegschaften am Markt und stellen sich im globalen Wettbewerb mit modernen Techniken, Marktnähe, Flexibilität sowie Standorttreue auf. Kernelemente der im Hochsauerlandkreis praktizierten unternehmensorientierten Arbeitsmarktpolitik sind der stetige Technologietransfer zwischen Wissenschaft und Wirtschaft sowie der durch die Telekommunikationsgesellschaft Südwestfalens forcierte Ausbau des digitalen Breitbandnetzes im ländlichen Raum, mit denen der Hochsauerlandkreis das 2013 im Kreistag einstimmig beschlossene Zukunftsprogramm umsetzt. Ziel ist, heimischen Firmen mit entsprechenden Angeboten Wettbewerbsvorteile zu verschaffen, um vorhandene Arbeitsplätze zu erhalten und neue zu generieren.

Die Südwestfalen-Initiative der fünf Kreise Olpe, Siegen-Wittgenstein, Soest, Märkischer Kreis und Hochsauerlandkreis verfolgt mit ihrem Regionalmarketing die Vernetzung zur Wirtschaft und stärkt die Wahrnehmung der Region Südwestfalen als drittstärkste Industrieregion Deutschlands mit mehr als 150 weltmarktführenden Unternehmen. Über dem Landes-Durchschnitt liegt der Wert der im Produzierenden Gewerbe tätigen Menschen. Im HSK sind es 42 %, die für über 45 % Bruttowertschöpfung sorgen. Der größte Anteil mit 56 % aller Erwerbstätigen im Hochsauerlandkreis arbeitet im Dienstleistungssektor. Der Hochsauerlandkreis zeichnet sich seit Jahren durch eine hohe Beschäftigtenrate und eine niedrige Arbeitslosenquote aus. Im Schnitt liegt die Arbeitslosigkeit unter 5 % – ein Wert, der zu den positiven Spitzenreitern in Nordrhein-Westfalen zählt.

Fläche: 1.960,17 km²
EW: 261.561 - EW/km²: 133
KFZ-Kennzeichen: HSK
Kreissitz: Meschede
www.hochsauerlandkreis.de

Landrat
Dr. Karl Schneider / CDU
im Amt seit: 2005 gewählt bis: 2020

Sitzverteilung im Kreistag
Vorsitz: Dr. Karl Schneider

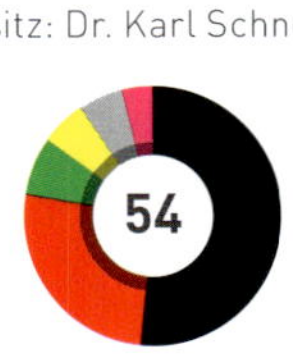

28 CDU
14 SPD
4 B.90/Grüne
3 FDP
2 Die Linke
3 Sonstige
(SBL/FW 2, Piraten 1)

Garant für die positive wirtschaftliche Entwicklung im Hochsauerlandkreis ist das gut ausgebaute Straßen- und Schienennetz. Bedeutendste Straßen-Verkehrsachse ist die Bundesautobahn A 46, die das Gebiet von West nach Ost erschließt und die eine direkte Verbindung zu den Ballungsräumen an Rhein und Ruhr herstellt. Die A 46 ist durchgängig zwischen Neheim und Bestwig zu befahren. Derzeit laufen die Arbeiten an der Großbaustelle der A 46 auf dem 5,6 km langen Teilstück von Bestwig nach Nuttlar, zu denen auch der Bau der Talbrücke Nuttlar, die dann mit 115 m die höchste Talbrücke in Nordrhein-Westfahlen sein wird, gehört. Mit den auf der Oberen Ruhrtalbahn (Schwerte-Warburg) verkehrenden Linien RE 17 Hagen-Warburg-Kassel/Wilhelmshöhe und RE 57 Dortmund-Winterberg-Brilon/Stadt werden regionale wie überregionale Verbindungen Richtung Ruhrgebiet an das IC/ICE und Thalys-Fernverkehrsnetz hergestellt. Die Obere Ruhrtalbahn ist damit die Hauptachse im Schienenverkehr im Hochsauerlandkreis.

Stets den Erfordernissen der modernen Entwicklungen in Wirtschaft, Handel, Handwerk und Verwaltung entsprechen auch die Angebote der Berufskollegs mit etwa 9.000 Schülern, deren Träger der Hochsauerlandkreis ist. Sie bieten an den Standorten Neheim-Hüsten, Arnsberg, Meschede, Olsberg und Brilon differenzierte Aus- und Weiterbildungsmöglichkeiten. Die Vielfalt der Abschlüsse schließt die Möglichkeit ein, auch die Allgemeine Hochschulreife zu erwerben.

Landschaft, Sehenswürdigkeiten und Kultur
Zu den guten regionalen Rahmenbedingungen des Hochsauerlandkreises zählen auch die Angebote in den Bereichen Tourismus, Sport und Kultur. Zu einer sauerländischen Sportstätte mit internationalem Renommee hat sich die VELTINS-EisArena in Winterberg etabliert, Austragungsort zahlreicher nationaler und internationaler Wettbewerbe im Bob-, Rodel- und Skeleton-Sport seit ihrer Eröffnung im Jahr 1977.

Wie kaum ein anderes Musikfestival ist der „Sauerland-Herbst", das größte Blechblasfestival der Welt, ein Treffpunkt für Köpfe der Blechblas-Szene auf internationalem Top-Niveau geworden, der alljährlich ein Publikum in der Größenordnung von 6.500 Zuschauern anzieht und vom Hochsauerlandkreis konzipiert und veranstaltet wird. Den Hochsauerlandkreis zeichnen darüber hinaus zahlreiche Vereine und Gemeinschaften aus, die die Region mit identitätsstiftender Mitmach-Kultur prägen.

Kreis

Höxter

NORDRHEIN-WESTFALEN

Der Kreis Höxter ist...

...vielfältig plus X. Zwischen Eggegebirge und Weserbergland gelegen, bietet der Kreis Höxter eine Fülle an Naturschönheiten und Kulturzeugnissen, erlebbar auf Wander-, Rad- und Wasserwegen, mit Gleitschirm oder Segelflugzeug aus der Luft. Historische Städte und Dörfer punkten mit westfälischer Gastlichkeit. Exzellente Unternehmen, interessante Arbeitsplätze, viele Freizeitangebote, ausgeprägte Familienfreundlichkeit, hohe Sicherheit und günstige Wohnkosten summieren sich zu der guten Lebensqualität im Kreis Höxter.

Historische Entwicklung

Bis 1803 gehörte der größte Teil des Kreisgebiets zum Fürstbistum (Hochstift) Paderborn oder zur Reichsabtei Corvey. Nach der napoleonischen Zeit schuf die preußische Regierung 1816 die Landkreise Höxter, Brakel und Warburg mit jeweils einem Landrat an der Spitze. 1832 wurden die Kreise Brakel und Höxter zum Kreis Höxter vereint. Mit der Kreisordnung von 1886/87 änderte sich der Charakter der Kreise nachhaltig: Waren sie bis dato vor allem staatliche Verwaltungsbezirke mit nur wenigen eigenen Aufgaben, so wurde ihre Funktion als kommunale Selbstverwaltungskörperschaft nunmehr deutlich verstärkt.

Im Zuge der kommunalen Gebietsreform vereinigte das Land Nordrhein-Westfalen 1975 die Kreise Höxter und Warburg zum heutigen Kreis Höxter mit seinen zehn Städten Bad Driburg, Beverungen, Borgentreich, Brakel, Höxter, Marienmünster, Nieheim, Steinheim, Warburg und Willebadessen.

Wertschöpfung und Verkehr

Mittelständische Unternehmen prägen das wirtschaftliche Leben im Kreis Höxter. Sie sind in unterschiedlichen Branchen – Automotive, Anlagen- und Maschinenbau, Glas, Möbel, Gesundheit und Wellness – zum Teil weltweit erfolgreich. Hoch innovativ und produktiv, zählen viele zu den Hidden Champions. Auch auf internationaler Bühne wird die Bodenständigkeit, Produktqualität und Verlässlichkeit der Unternehmen hoch geschätzt. Die meisten der im Kreis Höxter ansässigen Betriebe sind seit Generationen in Familienhand und zeichnen sich durch ihre Verantwortung für den Standort und ihre Mitarbeiter aus.

Mehr als fünf Sechstel des Kreisgebiets bestehen aus Wäldern, artenreichen Landschaften und Ackerland. Diese natürlichen Ressourcen sind die Trümpfe der Region. Jedes Jahr genießen hier hunderttausende Erholungssuchende, Kurgäste und Urlauber Naturvielfalt, Kulturerlebnis, Wellness und Freizeitspaß.

Die Wälder sind Lebens- und Erholungsraum, aber auch Reservoir für die Möbelindustrie und Energielieferant. Nicht umsonst ist der Kreis Höxter ausgezeichnete Bioenergieregion. Nachwachsende Rohstoffe bieten ein enormes Biomassepotenzial, das importierte fossile Energieträger ersetzt und die Wertschöpfung im Kreis Höxter ebenso stärkt wie die Vermarktung regionaler Erzeugnisse.

Mitten in Deutschland gelegen, ist der Kreis Höxter im Süden durch eine Autobahn sowie durch Bundesstraßen und Bahnanbindungen verkehrstechnisch erschlossen. Schnell erreichbar sind der Airport Paderborn und die Oberzentren im Dreiländereck von Nordrhein-Westfalen, Hessen und Niedersachsen.

Fläche: 1.201,42 km²
EW: 142.770 - EW/km²: 119
KFZ-Kennzeichen: HX
Kreissitz: Höxter
www.kreis-hoexter.de

Landrat
Friedhelm Spieker / CDU
im Amt seit: 2009 gewählt bis: 2020

Sitzverteilung im Kreistag
Vorsitz: Friedhelm Spieker

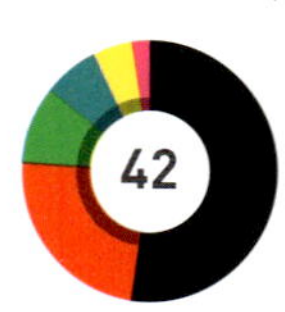

22	CDU
10	SPD
4	B.90/Grüne
3	WG
2	FDP
1	Die Linke

Landschaft, Sehenswürdigkeiten und Kultur

Die einstige Reichsabtei Corvey an der Weser zählte im Mittelalter zu den bedeutendsten Klöstern des Frankenreichs. Fast 1.200 Jahre nach der Grundsteinlegung erklärte die UNESCO das Karolingische Westwerk der Reichsabtei und die untergegangene Klosterstadt Corvey 2014 zum Weltkulturerbe der Menschheit.

Romantisch am Weserbogen gelegen und am Weser-Radweg, einem der attraktivsten Radwege Deutschlands, ist Corvey ein kultureller Leuchtturm und Besuchermagnet. Als Klosterregion ist der Kreis Höxter reich an lebendigen und historischen Klöstern, deren Pforten für Gäste offen stehen – als spirituelle Orte, Pilgerstätten oder Kunstzentren, wie die Abtei Marienmünster als „Kloster der Klänge".

Zahlreiche Schlösser der Weserrenaissance, Adelshöfe, Herrenhäuser und Burgen sind Zeugnisse der Geschichte. Gärten und Landschaftsparks verbinden ideenreich Natur, Kunst und Architektur. Der Gräfliche Park Bad Driburg wurde mehrfach zu einem der zehn schönsten Gärten Deutschlands gewählt.

Magische Orte und beliebte Touristenziele sind auch der Weser-Skywalk, das Weidenpalais im Schlosspark Rheder, der hoch aufragende Vulkankegel Desenberg bei Warburg und andere Erlebnisgebiete der „Erlesenen Natur". Wer Westfalen schmecken möchte, besucht das einzigartige „Westfalen Culinarium", eine kulinarische Museumsmeile, in Nieheim, wo auch zweijährig der Deutsche Käsemarkt stattfindet.

Corvey – Weltkulturerbe im Kreis Höxter

Kreis

Kleve

NORDRHEIN-WESTFALEN

Der Kreis Kleve ist...
...sympatisch, vielfältig und modern. Geografisch günstig gelegen zwischen den Ballungsräumen in den Niederlanden sowie an Rhein und Ruhr, bilden 16 Städte und Gemeinden mit gut 300.000 Einwohnern den Kreis Kleve. Mitten zwischen Düsseldorf, Arnheim, Nimwegen und Venlo bietet der Kreis Kleve einen Standort mit hoher Wirtschaftskraft und vielseitigen Freizeitmöglichkeiten.

Historische Entwicklung
Kurz nach dem Wiener Kongress (1815) gründete Preußen im Jahr 1816 den Regierungsbezirk Kleve, bestehend aus den Landkreisen Kleve, Geldern, Rees, Dinslaken, Kempen und Rheinberg. Mit Auflösung des Regierungsbezirks Kleve im Jahr 1822 schuf Preußen mit dem Zusammenschluss der preußischen Provinzen Niederrhein und Jülich-Kleve-Berg die Rheinprovinz. Die Rechtsvorgänger des heutigen Kreises Kleve – die 1816 gegründeten Landkreise Kleve (bis 1935 Cleve), Geldern, Rheinberg (später Moers, gegründet 1857) und Rees – gehörten innerhalb der Rheinprovinz dem Regierungsbezirk Düsseldorf an.

Im Rahmen der ersten Phase der kommunalen Gebietsreform im Jahr 1969 wurden die Landkreise in Kreise umbenannt und neu strukturiert. In der zweiten Neugliederungsphase im Jahr 1975 wurde der alte Kreis Kleve gemeinsam mit dem Kreis Geldern und Teilgebieten der Kreise Moers (Gemeinde Rheurdt) und Rees (Städte Emmerich und Rees) zum heutigen Kreis Kleve. In dieser Form besteht der Kreis Kleve auch heute noch.

Wertschöpfung und Verkehr
Der Kreis Kleve überzeugt mit einer attraktiven Infrastruktur und wachsenden Beschäftigungszahlen. Leitbranchen sind neben den Bereichen Gesundheit/Sozialwesen und Agrobusiness/Food auch das Baugewerbe sowie der Anlagen- und Maschinenbau. Mittelständische und häufig inhabergeführte Unternehmen prägen die Wirtschaftsstruktur des Kreises Kleve.

Ganz neue Möglichkeiten der Gewerbeansiedlung bieten sich im Kreis Kleve durch den Virtuellen Gewerbeflächenpool, der die Gewerbeflächen aller Städte und Gemeinden im Kreis Kleve zu einem Ganzen zusammenfasst. So kann eine Gemeinde bei einer Unternehmensansiedlung aus diesem Gewerbeflächenpool bis zu 10 ha Fläche nehmen, natürlich unter bestimmten Voraussetzungen wie zum Beispiel der ökologischen Vertretbarkeit. Partner in diesem Pilotprojekt sind die Bezirksregierung Düsseldorf, der Kreis Kleve sowie alle 16 Städte und Gemeinden.

Die besonderen Entwicklungen in den vergangenen Jahren, allen voran die Etablierung des Airports Weeze mit rund 1,9 Mio. Passagieren im Jahr 2015 und die Gründung der Hochschule Rhein-Waal im Jahr 2009 haben den Kreis Kleve noch attraktiver werden lassen. An der Hochschule Rhein-Waal mit Campussen in Kleve und Kamp-Lintfort (Kreis Wesel) studieren etwa 6.000 Studenten. Hauptstandort ist die Kreisstadt Kleve. 85 % der Studiengänge werden in englischer Sprache angeboten, Studierende aus mehr als 100 Nationen studieren an der Hochschule Rhein-Waal.

Im Kreis Kleve verbinden das dichte Autobahnnetz, der Rhein-Waal-Terminal im Hafen der Stadt Emmerich am Rhein und der Airport Weeze den Flächenkreis an der deutsch-niederländischen Grenze mit der ganzen Welt. Eine bedeutende Entwicklung verzeichnet der Kreis Kleve im Bereich Tourismus. Waren es vor 25 Jahren noch 330.000 Gäste, übernachten heute jedes Jahr rund 860.000 Besucher im Kreis Kleve. Neben vielen auch ausgezeichneten Hotels stehen im Kreis Kleve etwa 400 Ferienwohnungen zur Verfügung.

Fläche: 1.232,99 km²
EW: 304.963 - EW/km²: 247
KFZ-Kennzeichen: KLE
Kreissitz: Kleve
www.kreis-kleve.de

Landrat
Wolfgang Spreen / CDU
im Amt seit: 2004 gewählt bis: 2020

Sitzverteilung im Kreistag
Vorsitz: Wolfgang Spreen

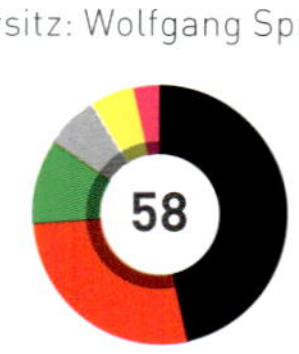

27 CDU
16 SPD
6 B.90/Grüne
3 FDP
2 Die Linke/Piraten
4 Sonstige
(UKF 2, parteilos 2)

Landschaft, Sehenswürdigkeiten und Kultur
Die Kulturangebote im Kreis Kleve sind beachtenswert und auch über die Grenzen des Kreises Kleve hinaus bekannt. Zahlreiche Museen wie das Museum Schloss Moyland und das Kurhaus Kleve sowie Kirchen, Burgen und Herrenhäuser liefern einen eindrucksvollen Nachweis für die künstlerische und kulturelle Vielfalt im Kreis Kleve. Attraktive Ausstellungen, traditionsreiche Veranstaltungen und eine Vielzahl ehrenamtlich geführter Kultureinrichtungen runden das Angebot ab.

Die Lage am Rhein mit den idyllischen Altrheinarmen, die großen Wälder, Herrensitze und Wasserburgen, der eiszeitlich bedingte Höhenzug, die Vogelwelt und die vielen Freizeitmöglichkeiten begeistern von Jahr zu Jahr mehr Touristinnen und Touristen, die den Kreis Kleve einmal entdeckt, immer wieder gerne besuchen. Fahrradfahren, Wandern, Golfspielen und Paddeln auf der Niers gehören zu den beliebtesten „entschleunigenden" Freizeitaktivitäten. Wunderschöne Naturpfade, Rheinpromenaden mit viel Flair, ein mittelalterlicher Marktplatz, ein sehr sehenswertes Straßenmalerfest und historische Ortskerne – all das macht den Kreis Kleve aus. Im Kreis Kleve haben viele Einwohner das Gefühl, dort zu leben, wo andere Urlaub machen.

Kreis

Lippe

NORDRHEIN-WESTFALEN

Der Kreis Lippe ist...

...ein Kreis im Nordosten Nordrhein-Westfalens. Im Jahre 1123 wurde Bernhadus de Lippe zusammen mit seinem Bruder Hermann erstmals namentlich in einer Urkunde erwähnt, das „Lipperland" blickt also auf eine fast 900-jährige Geschichte zurück. Der Kreis Lippe bildet heute zusammen mit Westfalen und dem nördlichen Teil des Rheinlandes das Land Nordrhein-Westfalen, mit Detmold als Kreisstadt.

Historische Entwicklung

Angefangen bei Bernhadus de Lippe entwickelte sich der Kreis Lippe zu einer Grafschaft, später zu einem Fürstentum und schließlich zum Land Lippe. Mit Ende des Ersten Weltkriegs wurde Lippe ein Freistaat innerhalb der neugegründeten Weimarer Republik und schließlich am 21.1.1947 durch die Militärverordnung Nr. 77 der britischen Besatzungsmacht mit dem Land Nordrhein-Westfalen vereinigt. Aus dem Regierungsbezirk Minden (heutiges Ostwestfalen) und Lippe wurde der neue Regierungsbezirk Minden-Lippe mit Sitz in Detmold.

1949 traten die vom nordrhein-westfälischen Landtag am 5.11.1948 verabschiedeten Gesetze zur Regelung der Vereinigung des Landes Lippe mit dem Land Nordrhein-Westfalen in Kraft, woraufhin der Landesverband Lippe gebildet wurde, der bis heute das Vermögen des ehemaligen Landes Lippe verwaltet.

1969 und 1970 erfolgte eine Neugliederung der Gemeinden in den Kreisen Lemgo und Detmold, aus den ehemals 168 selbstständigen lippischen Städten und Gemeinden wurden 16 gebildet. Das sog. „Bielefeld-Gesetz" bestimmte die Bildung des neuen Kreises Lippe mit Wirkung vom 1.1.1973, Sitz der Verwaltung ist seither Detmold.

Wertschöpfung und Verkehr

Wirtschaftlich profitiert Lippe vor allem von den kleinen und mittelständischen Unternehmen. Überregional oder auch weltweit bekannte Unternehmen haben hier ihren Hauptsitz – bekannteste Vertreter sind die Elektronikspezialisten Phoenix Contact und Weidmüller sowie die Wortmann-Gruppe, die mit ihrer Marke „Tamaris" Marktführer bei Damenschuhen ist. Als Wirtschaftsstandort ist Ostwestfalen-Lippe ein starker Industrie- und Dienstleistungsstandort mit einer höheren Industrieproduktion als das gesamte Ruhrgebiet. Der Kreis Lippe dient deshalb auch als Referenzstandort für den ländlichen Raum und zeigt Entwicklungsmöglichkeiten auf.

Durch Ostwestfalen-Lippe verlaufen die A 2, A 30 und A 44, wichtigste Bundesstraßen in Nord-Süd-Richtung sind die B 68 und B 239. Außerdem führt die Ostwestfalenstraße als gut ausgebaute Schnellstraße von der A 2 von der Stadtgrenze Bielefelds südlich von Bad Salzuflen über Lemgo und weiter als B 252 über Blomberg und Warburg bis zur A 44.

Um die vielen Sehenswürdigkeiten des „Lipperlandes" miteinander zu verbinden, eröffnete der Kreis Lippe im Oktober 2014 die Alleenstraße. Sie führt an verschiedenen Sehenswürdigkeiten und kulturellen Schätzen entlang und verschafft den Touristen einen wunderbaren Eindruck von Lippe.

Landschaft, Sehenswürdigkeiten und Kultur

Lippe ist ein beliebtes touristisches Ziel mit jährlich gut 12,8 Mio. Tagesgästen. Dank seiner Geschichte ist das „Lipperland" reich an eigener Kultur sowie deutschlandweit bekannten Sehenswürdigkeiten. Das Gebiet zeichnet sich durch seine vielen mittelalterlichen Bauwerke aus, eine Besonderheit stellen die Gebäude aus der Zeit der Weserrenaissance im 16. Jahrhundert dar. Beliebte Ziele sind zum Beispiel das Hexenbürgermeisterhaus in Lemgo oder das Landestheater in Detmold. Die wissenschaftliche Aufbereitung findet in den zahlreichen Museen statt: Neben dem lippischen Landesmuseum ist vor allem auch das LWL-Freilichtmuseum ein beliebtes Ausflugsziel in Lippe.

Eine der meist besuchten Sehenswürdigkeiten ist jedoch das Hermannsdenkmal, das von Ernst von Bandel im Teutoburger Wald errichtet wurde und inoffizielles Wahrzeichen des Landkreises ist: Lippe wird auch als „Land des Hermann" bezeichnet, denn lange nahmen Forscher an, dass die berühmte Schlacht des Cheruskerfürsten Arminius gegen die Römer im lippischen Gebiet des Teutoburger Waldes stattfand.

Im Hinblick auf die Landschaft gibt es im Lipper Gebiet nicht nur den Naturpark Teutoburger Wald/Eggegebirge, sondern auch das Dünenfeld in der Senne bei Augustdorf: Es ist eines der ältesten Binnendünenfelder Deutschlands.

Ein landschaftliches Alleinstellungsmerkmal sind auch die Externsteine im Horn-Bad Meinberger Ortsteil Holzhausen. Die Sandsteinformation gehört zu den beliebtesten touristischen Zielen in Deutschland, die unter anderem durch die astronomische Station im Turmfelsen und dem Kreuzabnahmerelief einen großen Bekanntheitsgrad gewonnen hat.

Fläche: 1.246,21 km²
EW: 345.127 - EW/km²: 277
KFZ-Kennzeichen: LIP
Kreissitz: Detmold
www.kreis-lippe.de

Landrat
Dr. Axel Lehmann / SPD
im Amt seit: 2015 gewählt bis: 2020

Sitzverteilung im Kreistag
Vorsitz: Dr. Axel Lehmann

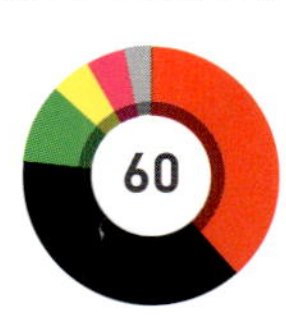

23	CDU
23	SPD
6	B.90/Grüne
3	FDP
3	Die Linke
2	parteilos

Märkischer Kreis

NORDRHEIN-WESTFALEN

Der Märkischer Kreis ist…
…einzigartig in seiner Vielfalt. 15 Städte und Gemeinden bilden unter seinem Dach eine starke Gemeinschaft. In ihm verbindet sich hohe Lebensqualität auf ideale Weise mit einem traditionsreichen und lebendigen Industriestandort. Eine intakte Umwelt, naturnahes Wohnen und ein vielfältiges Angebot an Bildungs-, Sport- und Freizeitmöglichkeiten schaffen einen hohen Erlebnis- und Erholungswert. Dabei sind die Unterschiede zwischen den beiden großen Städten Iserlohn mit etwa 93.000 Einwohnern und der Kreisstadt Lüdenscheid mit gut 73.000 Einwohnern im Vergleich zu Nachrodt-Wiblingwerde (6.496 Einwohner) und Herscheid (7.222) sehr groß.

Historische Entwicklung
Im Zuge der Gebietsreform in Nordrhein-Westfalen entstand der Märkische Kreis am 1.1.1975 aufgrund des Sauerland-Paderborn-Gesetzes aus den Alt-Kreisen Iserlohn und Lüdenscheid, der kreisfreien Stadt Iserlohn sowie dem Amt Balve. Schon vor der Gründung ging es turbulent zu. Der Alt-Kreis Lüdenscheid orientierte sich entgegen den Plänen der Landesregierung eher südlich und focht mit dem Kreis Olpe einen Kampf um Plettenberg aus. Der Kreis Iserlohn rang zäh um seine Selbständigkeit, war aber im Rahmen des Gesamtkonzepts zu klein, um sich gegenüber den Ballungszentren des Ruhrgebiets und Hagen zu behaupten. Schließlich musste der Kreis noch Gebiete an Hagen (Hohenlimburg) und den Kreis Unna (Schwerte-Westhofen) abgeben. Die Stadt Iserlohn verlor ihre Kreisfreiheit, wurde aber immerhin mit Letmathe, Hennen, Sümmern und Kesbern zum Mittelzentrum ausgebaut.

Mit seinen 1.060 km² Fläche und ca. 415.000 Einwohnern ist der Märkische Kreis heute einer der größten und bevölkerungsreichsten Kreise in ganz Deutschland. Wasserkraft, Holzreichtum und Eisenerze ließen bereits vor mehreren Hundert Jahren eine tragende klein- und mittelständische Industrie wachsen.

Wertschöpfung und Verkehr
Der Märkische Kreis zählt längst zu den industriestärksten Gebieten in Nordrhein-Westfalen und ist im Verbund mit den vier übrigen Kreisen in Südwestfalen zum drittstärksten in Deutschland geworden. Ein Schwerpunkt liegt in der metallverarbeitenden Industrie. So produzieren mehr als 50 % aller deutschen Hersteller von Schrauben, Federn und Stanzteilen sowie die Mehrzahl aller deutschen Drahtziehereien zwischen Ruhr, Lenne und Volme. Namhafte Zulieferbetriebe für die Automobilindustrie fertigen Elektroniksysteme und Bauteile aus Stahl, Aluminium, Titan und Nickel für Jet-Fahrwerke und ABS-Systeme. Ein zweites starkes Standbein ist die Kunststoffverarbeitung und der Kunststoffmaschinenbau.

Fläche: 1.061,06 km²
EW: 413.820 - EW/km²: 390
KFZ-Kennzeichen: MK
Kreissitz: Lüdenscheid
www.maerkischer-kreis.de

Landrat
Thomas Gemke / CDU
im Amt seit: 2009 gewählt bis: 2020

Sitzverteilung im Kreistag
Vorsitz: Thomas Gemke

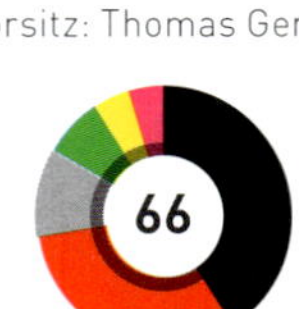

27	CDU
21	SPD
5	B.90/Grüne
3	FDP
3	Die Linke
7	Sonstige

(UWG 3, AfD 2, Piraten 1, NPD 1)

Viele Unternehmen zählen zu den Global Playern ihrer Branche. Innovative Lichttechnik, Schalt- und Regeltechniken, Armaturen und Sanitärausstattungen sowie Entsorgungs- und Recycling-Techniken werden im Kreis entwickelt, produziert und weltweit exportiert. Trotz des Industriereichtums werden rund 80 % der Gesamtfläche forst- und landwirtschaftlich genutzt. Der Kreis bietet mit zwei Autobahnen günstige Verkehrsanbindungen, Ver- und Entsorgungssicherheit, leistungsfähige Aus- und Weiterbildungsmöglichkeiten, Transferangebote im Bereich Forschung und Entwicklung.

Besonders stolz ist der Kreis auf seine Märkischen Kliniken in Lüdenscheid – mit 28 Fachabteilungen ein Haus der Spitzenversorgung. Nationalen Ruf genießen auch das Sportkrankenhaus Hellersen mit seinen Olympiaärzten, die Lungenklinik und die Hans-Prinzhorn Klinik in Hemer. Kaum ein anderer Kreis ist Träger so vieler Berufskollegs und Förderschulen. Mit ihrer modernen Ausstattung und zukunftsweisenden Ausbildungsberufen sind sie in der Wirtschaft gut angesehen. Ein wichtiger Impulsgeber für die Region ist Fachhochschule Südwestfalen mit ihrem Haupt-Standort in Iserlohn sowie die private Business Information und Technology School (BiTS). Unter dem Stichwort Regionalmarketing gründete der Märkische Kreis vor vielen Jahren die Gesellschaft zur Wirtschafts- und Strukturförderung (GWS) und setzt nach der erfolgreichen REGIONALE 2013 gemeinsam mit den südwestfälischen Kreisen ganz auf die gemeinsamen Stärken.

Landschaft, Sehenswürdigkeiten und Kultur
Der Kreis ist Teil des neuen Naturparks Sauerland-Rothaargebirge, mit 3.826 km² der zweitgrößte Naturpark Deutschlands. Zehn herrlich gelegene Talsperren, Flüsse und Seen geben der Landschaft eine typische Prägung. Mehr als 170 Sehenswürdigkeiten, Museen und Denkmäler laden zu Entdeckungstouren in Vergangenheit und Gegenwart ein. Kulturelles Wahrzeichen und touristisches Highlight ist die Burg Altena. Wie zuvor schon die Luisenhütte in Balve-Wocklum, Deutschlands älteste erhaltene Hochofenanlage, wurde auch die Burg Altena als Denkmal mit nationaler Bedeutung anerkannt. Weltweit bekannt ist die Burg als Standort der ersten und damit ältesten Jugendherberge der Welt. Ein Besuch in den Museen der Burg sowie im nahe gelegenen Deutschen Drahtmuseum lohnt sich ebenso.

Kreis

Mettmann

NORDRHEIN-WESTFALEN

Der Kreis Mettmann ist...

...das neanderland zwischen Rhein, Ruhr und Bergischem Land mit den zehn kreisangehörigen Städten Erkrath, Haan, Heiligenhaus, Hilden, Langenfeld, Mettmann, Monheim am Rhein, Ratingen, Velbert und Wülfrath. Mit rund 477.000 Einwohnern auf 407 km² Fläche ist er der am dichtesten bevölkerte Kreis Deutschlands. Der Kreis Mettmann ist die Heimat des weltbekannten Neandertals, in dem vor 160 Jahren der Neandertaler entdeckt wurde.

Historische Entwicklung

Als Folge des Wiener Kongresses kamen die Rheinlande 1815 zu Preußen. 1816 wurden die Kreise Düsseldorf und Mettmann gebildet. Letzterer wurde 1820 mit dem Kreis Elberfeld vereinigt und erst 1861 wieder selbstständig. Im Zuge der kommunalen Neugliederung des rheinisch-westfälischen Industriegebiets von 1929 wurden die beiden Kreise Düsseldorf und Mettmann zum Kreis mit dem Doppelnamen Düsseldorf-Mettmann zusammengelegt. 1975 entstand durch eine weitere Neugliederung der heutige Kreis Mettmann, der im Süden um die aus dem aufgelösten Rhein-Wupper-Kreis kommenden Städte Langenfeld und Monheim am Rhein (erst seit 1976) erweitert wurde.

Fläche: 407,22 km²
EW: 477.760 - EW/km²: 1.173
KFZ-Kennzeichen: ME
Kreissitz: Mettmann
www.kreis-mettmann.de

Landrat
Thomas Hendele [P] / CDU
im Amt seit: 1999 gewählt bis: 2020

Sitzverteilung im Kreistag
Vorsitz: Thomas Hendele

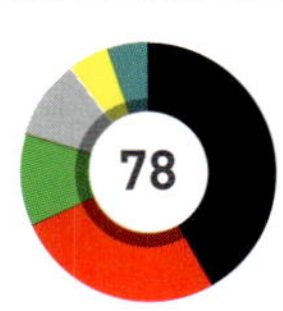

33 CDU
21 SPD
9 B.90/Grüne
4 FDP
4 WG1
7 Sonstige
(Die Linke 3, Piraten 2, AfD 1, parteilos 1)

Wertschöpfung und Verkehr

Der Kreis Mettmann besticht durch seine zentrale Lage: Düsseldorf, Köln, Wuppertal und das Ruhrgebiet befinden sich in unmittelbarer Nachbarschaft. Nicht weniger als elf kreisfreie Städte und Kreise umgeben ihn. Acht Bundesautobahnen durchziehen den Kreis, wenige Kilometer trennen ihn vom internationalen Logistikdrehkreuz des Flughafens Düsseldorf, nur knapp 30 km vom Köln-Bonner Flughafen.

Im Kreis Mettmann leben Menschen aus 154 Nationen. Die Kaufkraft ist seit Jahren eine der höchsten in Nordrhein-Westfalen. Seit Januar 2008 ist der Kreis Mettmann schuldenfrei. Ein starker Mittelstand und traditionsreiche Familienbetriebe prägen seine Wirtschaftsstruktur. Zudem haben global agierende Konzerne hier eine Heimat gefunden. Mit einer breiten Expertise im Bereich der Schließ- und Sicherungstechnik haben sich die Städte im Norden des Kreises international einen Namen gemacht. Egal, ob Haus- oder Autoschlüssel – fast jeder hat schon ein Produkt der hier ansässigen Unternehmen in den Händen gehalten.

In Wülfrath befindet sich das größte Kalkwerk Europas. Vor allem im Süden des Kreises sind Unternehmen der Biotechnologie, Chemie und Pharmazie mit Fokus auf Forschung und Entwicklung zuhause. Weitere starke Branchen sind der Metall- und Maschinenbau, Handel und Dienstleistungen sowie die Telekommunikation. Die Zahl der Patentanmeldungen liegt auf Platz zwei im landesweiten Vergleich. Die Tourismus-Förderung des Kreises nimmt eine zunehmend tragende Rolle ein und zieht auch weitere Unternehmen und qualifizierte Fachkräfte an.

Landschaft, Sehenswürdigkeiten und Kultur

Vor den Toren der Metropolen an Rhein und Ruhr bieten die zehn Städte des Kreises Mettmann eine abwechslungsreiche Vegetation und überraschende Idylle: Türkisfarbene Seen, malerische Bachtäler, Auen- und Heidelandschaften sowie üppige Waldgebiete durchziehen die Region rund um das weltbekannte Neandertal, das zu den ältesten Naturschutzgebieten Deutschlands zählt. Mit mehr als 70 % Naturflächen bildet der Kreis ein grünes Zentrum inmitten der Zentren. In Trägerschaft des Kreises kooperieren seine zehn Städte unter der touristischen Dachmarke neanderland, in Anlehnung an den berühmten Ureinwohner. Menschen, die hier leben und arbeiten sowie Tages- und Wochenendtouristen besuchen den Kreis für den kleinen Urlaub vor der Haustür. Für Touristen stehen über 7.000 Gästebetten bereit.

Ein Paradies für Wanderer ist der neanderland STEIG. Auf rund 240 km führt er einmal rund um den Kreis. Am Wegesrand liegen liebevoll restaurierte Ortschaften mit historischen Plätzen, typisch bergische Architektur, Kirchen, Burgen, Schlösser und Museen. Beliebte Ausflugsziele sind etwa der Waldkletterpark Velbert, das LVR-Industriemuseum Textilfabrik Cromford in Ratingen oder der Zeittunnel Wülfrath. Naturerlebnis und Landgenuss lassen sich auf den zahlreichen Biohöfen des neanderlands miteinander verbinden. Ungewöhnliche Perspektiven eröffnet der PanoramaRadweg niederbergbahn, eine ca. 40 km lange stillgelegte historische Bahntrasse.

Mehr als 20 Museen und Erlebnisräume laden zu spannenden Ausflügen für die ganze Familie ein, darunter das weltberühmte Neanderthal Museum in Mettmann mit dem angrenzenden Eiszeitlichen Wildgehege. Lange Museumsnächte, Theater- und Musikfestivals, wie etwa die neanderland BIENNALE, Kunstevents, wie die neanderland TATORTE, sowie traditionelle Feste runden das breite Kulturangebot ab.

Kreis

Minden-Lübbecke

NORDRHEIN-WESTFALEN

Der Kreis Minden-Lübbecke ist…
…ganz oben im Norden von Nordrhein-Westfalen. Der Kreis Minden-Lübbecke entstand 1973 im Zuge der Gebietsreform durch den Zusammenschluss der Kreise Minden und Lübbecke. Im Kreisgebiet leben rund 309.000 Menschen in elf Kommunen. Zum Kreis gehören die Städte Bad Oeynhausen, Espelkamp, Lübbecke, Minden, Petershagen, Porta Westfalica, Rahden und Preußisch Oldendorf sowie die Gemeinden: Hille, Hüllhorst und Stemwede. Einmalig sind 43 erhaltene und restaurierte Mühlen (Windmühlen, Rossmühlen, Wassermühlen und eine Schiffmühle), die dem Kreis den Namen Mühlenkreis Minden-Lübbecke geben. Gegenwärtig zeigt die mittelständische Wirtschaft sowie Gesundheitswesen, viele Dienstleistungsunternehmen und Handwerk eine leistungsstarke Präsenz.

Historische Entwicklung
Der Kreis Minden-Lübbecke erstreckt sich nördlich des Wiehengebirges in die norddeutsche Tiefebene, zum größten Teil westlich der Weser, umrandet von niedersächsischen Kreisen. Das Gebiet des Kreises entspricht heute noch größtenteils dem bis 1815 bestandenen Besitztum des preußischen Fürstentums Minden. Viele preußische Bauten wie die ehemalige Defensionskaserne der Festung Minden, heute das Preußen-Museum Minden, und die Festungsbauwerke erinnern an die Zeiten der Preußen.

Wertschöpfung und Verkehr
Der Kreis Minden-Lübbecke verfügt über einen gesunden Branchenmix aus bekannten Großunternehmen und leistungsstarken Mittelständlern, die für Stabilität und Innovationskraft stehen. Hinzu kommen ein leistungsfähiges Handwerk, ein breites Spektrum von Dienstleistungen und Angeboten im touristischen Bereich, eine zukunftsorientierte Landwirtschaft und ein stetig wachsender Pool von unternehmensnahen Dienstleistungen.

Bekannte Produkte heimischer Firmen sind auf dem Weltmarkt präsent: Namen wie Melitta-Kaffee, HARTING-Automaten, WAGO-Klemmen, MERKUR-Spielotheken, Porta-Möbel, EDEKA Minden-Hannover und viele mehr verkörpern die hervorragende Marktposition Minden-Lübbecker Unternehmen. Die herausragenden Branchen im Kreis Minden-Lübbecke sind Maschinenbau, Kunststoff- und Elektrotechnik, Handel und Gesundheitswirtschaft.

Wichtiger Standortvorteil ist die verkehrsgünstige Lage: Im Kreisgebiet kreuzen sich die A 30 Amsterdam/Rotterdam-Bac Oeynhausen und die A 2 Aachen-Berlin. Die Bundesbahnfernstrecke Rhein-/Ruhrgebiet-Berlin bzw. -Hamburg sorgt für eine hervorragende Anbindung an das europäische Schienennetz. Die kreiseigene Schieneninfrastruktur und die Bedienungsmöglichkeit durch die Mindener Kreisbahnen GmbH bieten besondere Standortvorteile.

In Minden begegnen sich am Wasserstraßenkreuz Weser und Mittellandkanal. Der Mindener Binnenhafen verfügt als trimodale Drehscheibe über eine Anbindung an Wasser, Schiene und Straße. Die Nähe zu den Flugplätzen Hannover und Paderborn/Lippstadt sorgt auch im Luftverkehr für eine schnelle Erreichbarkeit, zusätzliches Plus für Geschäftsreisende ist der Verkehrslandeplatz Porta Westfalica/Vennebeck.

Auch als Hochschulstandort hat sich der Kreis Minden-Lübbecke stark weiterentwickelt: Der Campus Minden der Fachhochschule Bielefeld ist ein wichtiger Faktor für die Ausbildung von Fachkräften vor Ort gemeinsam mit den heimischen Unternehmen, aber auch für die Etablierung von Forschung. MINT-Studiengänge sind entstanden, Bachelor wie auch Master machen heute ihren Abschluss in Minden und zwei Forschungsschwerpunkte sind mittlerweile entstanden. Auch akademische Pflegeberufe werden erfolgreich am Campus Minden studiert. Darüber hinaus absolvieren Medizinstudenten der Ruhr-Universität Bochum an den Mühlenkreiskliniken und dem Klinikum Herford den praktischen Teil ihrer Ausbildung. Damit etabliert sich der Kreis Minden-Lübbecke außerdem weiter als Gesundheitsstandort, der schon am Campus Minden sowie mit der Akademie für Gesundheitsberufe viele Möglichkeiten in diesem Bereich zu bieten hat.

Fläche: 1.152,41 km²
EW: 309.216 - EW/km²: 268
KFZ-Kennzeichen: MI
Kreissitz: Minden
www.minden-luebbecke.de

Landrat
Dr. Ralf Niermann / SPD
im Amt seit: 2007 gewählt bis: 2020

Sitzverteilung im Kreistag
Vorsitz: Dr. Ralf Niermann

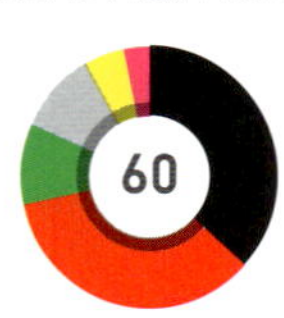

22	■	CDU
21	■	SPD
6	■	B.90/Grüne
3	■	FDP
2	■	Die Linke
6	■	Sonstige

(Wählergr. 3, AfD 2, Piraten 1)

Landschaft, Sehenswürdigkeiten und Kultur
Der Mühlenkreis Minden-Lübbecke ist in einer reizvollen Landschaft an Weser und Wiehengebirge gelegen. Hier beginnt die norddeutsche Tiefebene mit einer vielfältigen Natur- und Tierwelt. Das Wiehengebirge hat kürzlich eine UNESCO-Auszeichnung erhalten. Die UNESCO erkennt als Global Geopark die besondere geologische Bedeutung der Region an, die 300 Mio. Jahre Erdgeschichte bewahrt und für die Menschen erlebbar macht. Ein weiterer Naturschatz im Kreisgebiet ist das zwischen dem Wiehengebirge und dem Mittellandkanal liegende Hiller Moor, es ist mit 467 ha eines der bedeutendsten Hochmoore in Westfalen. Die Westfälische Mühlenstraße mit ihren 43 Mühlen ist das Markenzeichen des Kreises und erstreckt sich über das gesamte Kreisgebiet. Die Mühlen sind mit rund 320 km als Fahrradroute ausgeschildert und bei Besuchern von außerhalb, aber auch bei Einheimischen sehr beliebt. Gerade in den Sommermonaten, wenn vor Ort gemahlen und gebacken wird. Zu den herausragenden Sehenswürdigkeiten gehören das Kaiser-Wilhelm-Denkmal in Porta Westfalica, das Wasserstraßenkreuz mit dem Mittellandkanal in Minden oder der Historische Kurpark in Bad Oeynhausen.

Oberbergischer Kreis

NORDRHEIN-WESTFALEN

Der Oberbergischer Kreis ist...
...Heimat von rund 270.000 Menschen. Die Oberberger leben auf einem Gebiet, das sich von Radevormwald im Norden bis Morsbach im Süden und von Lindlar im Westen bis Reichshof im Osten erstreckt. Ob Rom, Straßburg, Ente, Seidenfaden, Kaffekanne oder Apfelbaum – im Kreisgebiet gibt es 1.441 Dörfer und Weiler mit teils außergewöhnlichen Namen.

Historische Entwicklung
Die eigentliche Geburtsstunde des Kreises war im Jahr 1932. Damals wurden die Kreise Gummersbach und Waldbröl zum Oberbergischen Kreis vereinigt. In seiner heutigen Form besteht der Oberbergische Kreis seit dem 1.1.1975. Im Zuge der kommunalen Neuordnung wurde das Kreisgebiet um fast 360 km² ausgeweitet. Seit 40 Jahren gehören folgende 13 Städte und Gemeinden zum Oberbergischen: Radevormwald, Hückeswagen, Wipperfürth, Lindlar, Marienheide, Engelskirchen, Gummersbach, Bergneustadt, Wiehl, Reichshof, Nümbrecht, Waldbröl und Morsbach.

Fläche: 918,84 km²
EW: 270.618 - EW/km²: 295
KFZ-Kennzeichen: GM
Kreissitz: Gummersbach
www.oberbergischer-kreis.de

Landrat
Jochen Hagt / CDU
im Amt seit: 2015 gewählt bis: 2020

Sitzverteilung im Kreistag
Vorsitz: Jochen Hagt

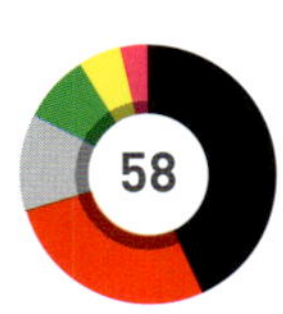

25	CDU
16	SPD
5	B.90/Grüne
3	FDP
2	Die Linke
7	Sonstige

(AfD 2, WG1 2, Piraten 1, WG2 1, proNRW 1)

Wertschöpfung und Verkehr
Das Oberbergische ist über die A 1,A 4 und A 45 gut an den Fernverkehr angebunden. Als Mitglied der Metropolregion Köln/Bonn wirbt der Kreis regelmäßig für seine Strukturen. Oberberg präsentiert sich gemeinsam mit dem Rhein-Erft-Kreis, der Stadt Leverkusen und dem Rheinisch-Bergischen Kreis unter dem Motto „Der Speckgürtel von Köln" als Standort in unmittelbarer Nähe zu Köln. Durch eine optimale Infrastruktur werden alle Vorteile geboten, die auch Köln zu bieten hat, ergänzt durch einen hervorragenden Freizeitwert.

Landschaft, Sehenswürdigkeiten und Kultur
Der Oberbergische Kreis liegt zwischen der Talebene des Rheins und dem sauerländischen Bergland. Das Gummersbacher Bergland in der Kreismitte bildet mit 518 m die höchste Erhebung, dort sind zugleich die Quellgebiete der Agger und der Wupper. Der Oberbergische Kreis weist die meisten Talsperren in Nordrhein-Westfalen auf. Einige der insgesamt zehn Talsperren dienen der Trinkwasserversorgung, die übrigen sind beliebte Freizeitziele, malerisch eingebettet in die bucklige Landschaft. Hinzu kommt eine Vielzahl von Stauseen und Stauweihern. Mit insgesamt rund 1.202 ha Speicheroberfläche liegt der Kreis an erster Stelle im Land.

Als zentraler Bestandteil des Naturparks Bergisches Land ist der Kreis Ziel von zahlreichen Erholungssuchenden. Hunderte Kilometer gekennzeichnete Rad- und Wanderwege in der Naturarena Bergisches Land führen vorbei an grünen Wäldern, weiten Wiesen und idyllischen Dörfer mit den typischen Fachwerk- und Schieferhäusern. Als Teil des Bergischen Wanderlands bietet der Oberbergische Kreis mit dem Bergischen Weg und dem Bergischen Panoramasteig zwei Qualitätsfernwanderwege durch die abwechslungsreiche, offene Kulturlandschaft. Zahlreiche Themenwege – die Bergischen Streifzüge – machen auf unterschiedlich langen Tagestouren historische oder naturkundliche, technische oder literarische Themen erlebbar.

Ein Wahrzeichen des Kreises ist das Museum und Forum Schloss Homburg in Nümbrecht. Es liegt in Trägerschaft des Oberbergischen Kreises und wurde in den vergangenen Jahren im Rahmen des NRW-Strukturprogramms Regionale 2010 erweitert. Gläserne Neubauten schaffen eine gelungene Verbindung von Barock und Moderne. Das Schloss erhielt eine konzeptionelle Neuausrichtung und dient seit der Wiedereröffnung im Jahr 2014 als multifunktionales Begegnungs- und Veranstaltungszentrum für Kultur, Wirtschaft und Wissenschaft. Im Jahr 2016 feiert das Museum seinen neunzigsten Geburtstag.

Weitere Schlösser können in Hückeswagen und Gimborn besucht werden. Eine Vielzahl an Bodendenkmälern, Burgruinen, kleinen Dorfkirchen mit aufwändigen Wandmalereien – die sogenannten „bonten Kerken" – ziehen nicht nur Geschichtsinteressierte in ihren Bann. Einige historische Altstädte mit Fachwerkhäusern und Kopfsteinpflaster wie in Bergneustadt, Wiehl, Hückeswagen und Wipperfürth laden zum Spaziergang durch vergangene Zeiten ein.

Der Landschaftsverband Rheinland hält zwei weitere Ausflugsziele bereit: das Bergische Freilichtmuseum Lindlar für Ökologie und bäuerlich-handwerkliche Kultur sowie das Rheinische Industriemuseum mit seiner Außenstelle in der ehemaligen Baumwollspinnerei Ermen & Engels in Engelskirchen.

Der Bergische Abfallwirtschaftsverband informiert in Lindlar über Stoffumwandlung sowie Umwelttechnologie- und -techniken. Gemeinsam mit den Projektpartnern des Oberbergischen Kreises und des Rheinisch-Bergischen Kreises wurde das bisherige Entsorgungszentrum Leppe zum Kompetenz-, Lern- und Innovationsort „:metabolon" ausgebaut.

Damit auch Touristen von außerhalb das Oberbergische mit all seinen Vorzügen erleben können, gibt es im Kreisgebiet eine hohe Zahl an Fremdenbetten und Gästeübernachtungen – es ist ein Kapital, mit dem der Kreis wuchern kann und dessen Potenzial künftig noch mehr ausgeschöpft werden soll.

Kreis

Olpe

NORDRHEIN-WESTFALEN

Der Kreis Olpe ist...
...„Klein aber fein“. So nämlich könnte ein Urteil über den Kreis Olpe kurz und knapp lauten, dem einwohnerkleinsten Kreis Nordrhein-Westfalens.

Historische Entwicklung
Seit seiner Gründung im Jahre 1817 hat der Kreis Olpe als einer der wenigen Kreise im Land kaum oder allenfalls geringe Gebietsänderungen erfahren. Selbst die Gebietsreform der 1960er und 1970er Jahre, bei der aus ehemals 23 Gemeinden im Kreis vier Städte und drei Gemeinden gebildet wurden, beließ den Kreis Olpe in seinen Grenzen praktisch unverändert. Damit stellt der Kreis Olpe eine seit fast zwei Jahrhunderten landschaftlich und kulturell gewachsene Einheit dar.

Wertschöpfung und Verkehr
Der Kreis Olpe ist ein innovativer, wachstumsstarker Wirtschafts- und Industriestandort in Südwestfalen, umgeben von einer Landschaft, in der es sich gleichermaßen gut leben und arbeiten lässt. Mit diesen Vorzügen ist der lebens- und liebenswerte Kreis Anziehungspunkt für hoch qualifizierte Fachkräfte ebenso wie für Erholung suchende Besucher.

Der Kreis Olpe hat sich besonders in den letzten Jahrzehnten zu einem facettenreichen Industriekreis entwickelt. Rund 70.000 Erwerbstätige haben hier in den verschiedenen Branchen ihren Arbeitsplatz.

Verkehrsgünstig im Kreuzungsbereich der Bundesautobahnen A 45 – der Sauerlandlinie – und A 4 Aachen-Köln-Olpe gelegen sind die Ballungsgebiete an Rhein und Ruhr in nur einer Stunde zu erreichen. Daneben optimieren die überregionalen Verkehrsverbindungen über mehrere Bundesstraßen (B 54, B 55, B 236 und B 517) die Voraussetzungen für die Ansiedlung von Industrie und Gewerbe.

Mittelständisches Unternehmertum samt hochqualifiziertem Personal, wegweisender Ingenieurskunst und kreativem Erfindergeist haben den Kreis Olpe zu einem Schwergewicht in Sachen Wirtschaft entwickelt. Seine Struktur ist geprägt von einem vielfältigen Mix der unterschiedlichsten Branchen in Industrie, Handel, Handwerk und Dienstleistungen. Ergänzt wird das Leistungsspektrum durch land- und forstwirtschaftliche Betriebe sowie eine moderne Tourismusbranche mit einem reichhaltigen gastronomischen Angebot.

Ein leistungsorientiertes und zukunftsweisendes Schul- und Bildungssystem garantiert jungen Menschen optimale Ausbildungschancen. Zusätzliche Fort- und Weiterbildungsmöglichkeiten eröffnen attraktive Perspektiven für Berufseinsteiger und erfahrene Fachkräfte gleichermaßen.

Fläche: 712,14 km^2
EW: 134.759 - EW/km^2: 189
KFZ-Kennzeichen: OE
Kreissitz: Olpe
www.kreis-olpe.de

Landrat
Frank Beckehoff [F] / CDU
im Amt seit: 1999 gewählt bis: 2020

Sitzverteilung im Kreistag
Vorsitz: Frank Beckehoff

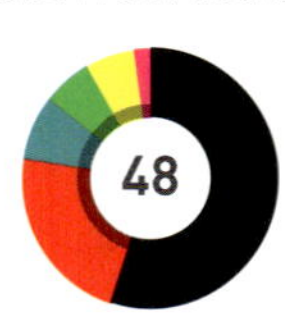

27 CDU
11 SPD
4 Wählergr.
3 B.90/Grüne
2 FDP
1 Die Linke

Gleichzeitig bietet der Kreis Olpe ein vielseitiges und reizvolles Landschaftsbild. Ausgedehnte Waldgebiete wechseln sich mit offenen Wiesentälern ab und eröffnen für den Erholungssuchenden ein ideales Freizeitgebiet, in dem sich der Genuss einer intakten Naturlandschaft hervorragend mit gesundheitsfördernden Aktivitäten wie Wandern und Radfahren kombinieren lässt. Nicht ohne Grund verlaufen die beiden Fernwanderwege Rothaarsteig und Sauerland-Höhenflug durch den Kreis Olpe, dessen Gebiet vollständig im zweitgrößten Naturpark Deutschlands „Sauerland-Rothaargebirge“ liegt.

Landschaft, Sehenswürdigkeiten und Kultur
Das umfangreiche Kultur- und Freizeitangebot mit Konzerten, Ausstellungen und Tourneetheatern sorgt für weitere Attraktivität des Kreises Olpe. Rekordwerte werden bei der Mitgliederzahl in Musik- und Gesangvereinen sowie Sport- und Schützenvereinen erzielt.

Der Kreis Olpe bietet also nicht nur für die Touristen, sondern vor allem auch für die Men-schen, die dort leben und arbeiten, ein hohes Maß an Lebens- und Wohnqualität. Der ländliche Raum ist wieder „in" als Wohnplatz, als Freizeitstandort, als Alternative zur meist lauten und teuren Großstadt. Auch die Unternehmen entdecken zunehmend den Charme des Kreises Olpe als Kombination zwischen Firmenstandort und Wohn- und Arbeitsplatz für ihre Mitarbeiter.

Mit verschiedenen Initiativen und Projekten wird an der Zukunftsfähigkeit des Kreises gearbeitet und dabei weit über den Tellerrand hinausgeschaut. Die Städte Attendorn, Drolshagen und Olpe sowie die Stadt Meinerzhagen aus dem benachbarten Märkischen Kreis setzen gemeinsam das Projekt „NaturErlebnisgebiet Biggesee-Listersee“ um. Durch ein umfassendes Maßnahmenpaket gewinnen die Seen und die umliegende Landschaft deutlich an Attraktivität.

Die Gemeinde Finnentrop und die Stadt Lennestadt sind Partner der „LenneSchiene“, einem Gemeinschaftsprojekt von acht Kommunen in Südwestfalen, die die Lebensqualität der Bürger im Lennetal steigern und das touristische Potenzial weiter aktivieren wollen. Dies sind nur zwei Beispiele verschiedener Projekte, die im Rahmen des Strukturförderprogramms REGIONALE 2013 des Landes Nordrheinwestfalen in Südwestfalen bereits in großen Teilen umgesetzt wurden.

Kreis

Paderborn

NORDRHEIN-WESTFALEN

Der Kreis Paderborn ist...
...anders als man denkt! Mit modernen Arbeitsplätzen gleich nebenan und intakter Natur vor der Haustür. Die Lebensqualität ist hoch und bezahlbar. Im Herzen des Kreises liegt die Universitätsstadt Paderborn, eine moderne und weltoffene Großstadt mitten im Grünen. Hier vereint sich pulsierendes Großstadtflair und Theaterleben mit erholsamer Idylle, moderner Wirtschaftsstandort mit jahrtausendalter Geschichte, quirliges Uni-Leben mit Brauchtumspflege in intakten Dorfgemeinschaften. Die Menschen sind weltoffen und geerdet. Klar und zuverlässig.

Historische Entwicklung
Paderborn und Kirche gehören untrennbar zusammen. Die Silhouette des Paderborner Doms prägt das Bild dieser Stadt. Seine erhabene Größe verleiht ihm eine unzerstörbare Würde und kündet von einer jahrhundertealten, wechselvollen Geschichte. Viele sakrale Bauten von monumentaler Schönheit erinnern an das Wirken der Fürstbischöfe, die immer auch Landesherren waren. Ihr Herrschaftsgebiet umfasste das alte „Hochstift“, das Gebiet der heutigen Kreise Paderborn und Höxter.

Diese Verbindung hat dem gesamten Paderborner Land eine reiche Kulturgeschichte mit Schlössern und Kirchen beschert. Wie sehr diese Verbindung immer noch trägt, zeigt sich zu Libori, eines der größten und ältesten Volksfeste überhaupt.

Wertschöpfung und Verkehr
Der Kreis Paderborn liegt mitten in Deutschland und ist durch Schiene, Autobahn und den Airport Paderborn/Lippstadt bestens zu erreichen.

Im Kreis Paderborn bestellen Wissenschaft und Wirtschaft gemeinsam die Märkte der Zukunft. „It's OWL“ (intelligente technische Systeme) ist ein vom Bundesforschungsministerium ausgezeichneter Spitzencluster und spielt dabei eine Schlüsselrolle. Über 170 Unternehmen, Forschungseinrichtungen, Hochschulen und Organisationen haben sich in diesem Netzwerk zusammengeschlossen und entwickeln gemeinsam innovative Produkte und Produktionssysteme.

Der Kreis Paderborn ist Mitglied in diesem Spitzencluster. In einem innovativen und kreativen Umfeld aus Hightech-Unternehmen, Universität und Forschungseinrichtungen werden im westfälischen „Pader Valley“ zukunftsweisende Technologien und intelligente Softwarelösungen entwickelt. „Made in Paderborn“ ist längst zu einem Gütesiegel avanciert. Das Paderborner Land ist insgesamt durch einen breit gefächerten Branchen-Mix krisenfest aufgestellt. Gesunder Mittelstand und etablierte Weltmarkt-Unternehmen – alles vorhanden. Bildungs- und Forschungseinrichtungen sichern den wissenschaftlichen Nachwuchs und die Wettbewerbsfähigkeit.

Fläche: 1.246,80 km²
EW: 299.071 - EW/km²: 240
KFZ-Kennzeichen: PB
Kreissitz: Paderborn
www.kreis-paderborn.de

Landrat
Manfred Müller [W] / CDU
im Amt seit: 2004 gewählt bis: 2020

Sitzverteilung im Kreistag
Vorsitz: Manfred Müller

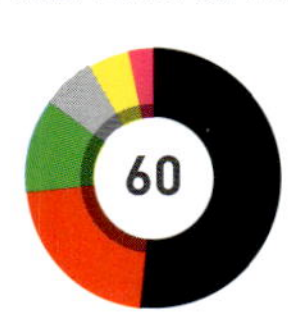

31 CDU
13 SPD
7 B.90/Grüne
3 FDP
2 Die Linke
4 Sonstige
(FBI/FW 3, Piraten 1)

Landschaft, Sehenswürdigkeiten und Kultur
Die Landschaften im Kreis Paderborn sind wie geschaffen zum Durchatmen. Die Bergrücken des Teutoburger Waldes im Norden, das Eggegebirge im Osten und die Ausläufer des Sauerlandes im Süden umarmen sattgrüne bewaldete Hügel, aber auch die herbwindige Paderborner Hochfläche, fruchtbare Äcker und Wiesen sowie ein stilles Meer aus Sand, die Senne.

Im Paderborner Land gibt es zahlreiche, hervorragend ausgeschilderte Wander- und Radwege. Mit dem Viadukt Wanderweg, Paderborner Höhenweg und Eggeweg hat der Deutsche Wanderverband gleich drei Wanderwege mit dem Gütesiegel „Qualitätsweg“ zertifiziert.

Und der Allgemeine Deutsche Fahrrad Club hat die Paderborner Land Route mit drei Qualitätssternen veredelt. Das gastronomische Angebot ist so vielfältig wie das Land. Westfälische Gastfreundschaft wird täglich neu unter Beweis gestellt. Gleich zwei Badestädte bieten Erholungssuchenden umfangreiche Gesundheitsangebote.

Das Wahrzeichen des Paderborner Landes ist die Wewelsburg, Deutschlands einzige Dreiecksburg in heute noch geschlossener Bauweise. Sie beherbergt zwei Abteilungen: Das Historische Museum des Hochstifts Paderborn stellt die Geschichte des Paderborner Landes von den Anfängen der Besiedlung bis zur Säkularisation vor.

Die Erinnerungs- und Gedenkstätte Wewelsburg 1933-1945 zeigt in der Daueraustellung „Ideologie und Terror der SS“ die Geschichte der Schutzstaffel in Wewelsburg und des hiesigen Konzentrationslagers. Dabei handelt es sich um die einzige museale Gesamtdarstellung der Geschichte und Verbrechen der SS. Inhaltlich endet die Ausstellung nicht 1945, sondern beleuchtet unter anderem die Aufarbeitung des SS-Terrors nach dem Krieg, die heutige Rezeption des historischen Ortes Wewelsburg und das Nachkriegsleben von Tätern und Opfern.

Überhaupt sind die vielen Museen im Kreis Paderborn zahlreiche Anziehungspunkte für Interessierte. Dazu zählen auch das Diözesanmuseum des Erzbistums Paderborn und das LWL-Landesmuseum für Klosterkultur im Kloster Dalheim. Das neue Theater im Herzen Paderborns mit seinen renommierten Aufführungen ist längst kein Geheimtipp mehr.

Kreis

Recklinghausen

NORDRHEIN-WESTFALEN

Der Kreis Recklinghausen ist...
...der bevölkerungsreichste Kreis Deutschlands i.e.S.. Er ist der direkte Übergang vom Ruhrgebiet ins Münsterland – mit allen Vorzügen, die damit verbunden sind: Eine hervorragende Infrastruktur und ein reiches Kulturangebot treffen auf viel Grün kombiniert mit den tiefen Spuren von über 100 Jahren Bergbau-Geschichte.

Historische Entwicklung

Schon bei seiner Gründung im Jahr 1816 gehörte der Kreis Recklinghausen mit rund 40.000 Einwohnern zu den größten in Preußen. Er umfasste das ehemalige Vest Recklinghausen und die Herrlichkeit Lembeck.

Vor allem der Steinkohle-Bergbau hat die Region und ihre Menschen geprägt. 25 Zechen haben zu Höchstzeiten zehntausenden Menschen Arbeit gegeben. Einige Fördertürme und historische Gebäude legen heute Zeugnis über diesen Teil der Geschichte ab – und laden nicht nur bei der ExtraSchicht, der Nacht der Industriekultur, zum Schnuppern von Industrieluft ein.

Mit fortschreitender Urbanisierung lernten die Menschen sehr schnell die Vorzüge des Kreises Recklinghausen zu schätzen: Aus dem ganzen Ruhrgebiet pilgerten sie an schönen Sommertagen zum Baden an die Seen in Haltern oder ans Dattelner Meer, um im Schatten der Bäume den Schiffen an Europas größtem Kanalknotenpunkt zuzuschauen. Das hat sich bis zum heutigen Tage nicht geändert.

Wertschöpfung und Verkehr

Mit der Schließung der Zeche Auguste Victoria in Marl im Dezember 2015 endete die aktive Bergbau-Zeit im Kreis Recklinghausen. Gemeinsam arbeiten die zehn Städte und der Kreis daran, den Strukturwandel in der Region voran zu treiben. Dabei hat der Standort Vest logistisch eine herausragende Infrastruktur zu bieten: Vier Kanäle, fünf Autobahnen und ein umfangreiches Schienennetz sorgen für schnelle Transportwege.

Größter Arbeitgeber ist der Chemiepark in Marl, einer der größten Chemiestandorte in Deutschland. Rund 100 hochmoderne Produktionsanlagen befinden sich auf einer Fläche von 6,5 km². Mehr als 10.000 Mitarbeiter sorgen dafür, dass von dort aus jedes Jahr über 4 Mio.t Produkte in die ganze Welt verschickt werden.

Im Vestischen Kreis lässt es sich auch „lecker leben". Die Sterne- und Fernsehköche Björn Freitag und Frank Rosin sind ebenso im Kreis beheimatet wie der Koch der Fußball-Nationalmannschaft Holger Stromberg.

Wer lieber selbst zum Kochlöffel greift und Wert auf Frische legt, hat beim Einkauf die Qual der Wahl: 57 Hofläden bieten ihre Ware erntefrisch vom Feld an. Und wem das noch immer nicht frisch genug ist, der kann im Kreis Recklinghausen auch selber ernten: Erdbeeren und Pflaumen, Äpfel und Himbeeren, Kartoffeln und Bohnen – dies alles und viele weitere Leckereien können von Hand bei verschiedenen Landwirten im Vest geerntet werden.

Landschaft, Sehenswürdigkeiten und Kultur

Der Kreis Recklinghausen vereint Ruhrgebiet und Münsterland auf einer Fläche von 760 km². Wandern im Naturpark Hohe Mark und beim Halden-Hügel-Hopping, ein Spaziergang durch die Westruper Heide, eine Bootstour auf dem Halterner Stausee oder Mountainbiken auf den Halden des Reviers gehören zu den beliebten Freizeitaktivitäten.

Acht Schlösser und beeindruckende Industriekultur stehen dicht beisammen und sind Schauplatz für Klavierfestivals, Theater und vieles mehr.

Die Ruhrfestspiele und der Grimme-Preis sind bundesweit bekannt und lenken jedes Jahr die mediale Aufmerksamkeit auf Städte im Kreis. Die Neue Philharmonie Westfalen und das Westfälische Landestheater Castrop-Rauxel begeistern die Menschen weit über die Kreisgrenzen hinaus.

Auch in den 25 Museen kommen Kultur- und Geschichtsinteressierte auf ihre Kosten. Das Angebot reicht vom LWL-Römermuseum in Haltern am See über das Ikonenmuseum in Recklinghausen bis zum Jüdischen Museum in Dorsten.

Auf historische Entdeckungstour gehen kann man auch im Alten Dorf Westerholt. 57 Fachwerkhäuser, die ältesten aus dem 17. Jahrhundert, werden von ihren Bewohnern gehegt und gepflegt und mit liebevoll ausgewählter Bepflanzung in Szene gesetzt. Gleich nebenan findet man das Schloss Westerholt und einen von vier Golfplätzen im Kreis Recklinghausen.

Fläche: 760,45 km²
EW: 613.092 - EW/km²: 806
KFZ-Kennzeichen: RE
Kreissitz: Recklinghausen
www.kreis-recklinghausen.de

Landrat
Cay Süberkrüb [5] / SPD
im Amt seit: 2009 gewählt bis: 2020

Sitzverteilung im Kreistag
Vorsitz: Cay Süberkrüb

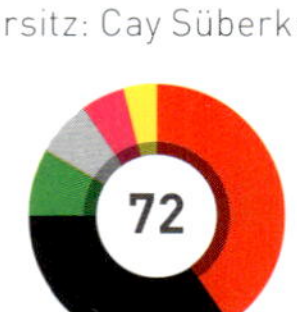

29	SPD
25	CDU
6	B.90/Grüne
4	Die Linke
3	FDP
5	Sonstige

(UBP 3, Piraten 2)

Rhein-Erft-Kreis

NORDRHEIN-WESTFALEN

Der Rhein-Erft-Kreis ist…
…ein starker Wirtschaftsraum mit einer vielfältigen Wirtschaftsstruktur. Zudem sind Natur und Landschaft prägende Erscheinungsbilder für ihn und seine Lebensqualität.

Historische Entwicklung

Das erste einschneidende Ereignis mit direkten Folgen für den Rhein-Erft-Kreis stellt der Wiener Kongress im Jahr 1815 dar. In seiner Folge wurden die ehemals französischen Rheinländer preußisch. 1822 entstand die Rheinprovinz mit Sitz in Koblenz und den fünf Regierungsbezirken Aachen, Düsseldorf, Köln, Koblenz und Trier, für die Bürger zunächst eine große Umstellung. Im Regierungsbezirk Köln entstanden in Folge seit 1816 unter anderem der Landkreis Köln, der Kreis Bergheim und der Kreis Euskirchen.

Durch den eingesetzten Strukturwandel, bedingt durch den künftigen Wegfall des Braunkohleabbaus, haben sich in den letzten Jahren weitere Branchen zunehmend etabliert. Hierzu zählen u.a. die Bereiche Informations- und Kommunikationstechnologie, Medien, Biotechnologie, Umwelttechnologie, Logistik und zunehmend auch die Gesundheitswirtschaft, die einen hohen Arbeitskräftebedarf bergen.

Landschaft, Sehenswürdigkeiten und Kultur

Der Rhein-Erft-Kreis zeichnet sich durch seine hohe Lebensqualität, auch bedingt durch die unmittelbare Nachbarschaft zur Metropole Köln, aus, die sich in zahlreichen Sport-, Freizeit- und Kulturangeboten und in vielfältigen Naherholungsmöglichkeiten darstellt. Zahlreiche Rad- und Wanderwege, wie beispielsweise der Erft-Radweg, führen an vielen Mühlen, Schlössern und Wasserburgen vorbei.

Bis 1975 hatte die preußische Kreiseinteilung Bestand und Gültigkeit. Im Zuge der kommunalen Reform musste der Altkreis Köln, im Gegensatz zu den ehemaligen Kreisen Bergheim und Euskirchen, starke Gebietsverluste hinnehmen. Durch das am 1.1.1975 in Kraft getretene Köln-Gesetz wurden die Gemeinden Bedburg, Bergheim, Elsdorf und Kerpen des Kreises Bergheim und die Gemeinden Brühl, Frechen, Hürth und Pulheim des Kreises Köln sowie die Stadt Erftstadt aus dem Kreis Euskirchen zum Erftkreis mit Bergheim als Kreisstadt zusammengefasst.

Das „Wesseling-Gesetz" vom 1.6.1976 erweiterte den Erftkreis später um die Stadt Wesseling.

Ein herausragender Schritt zur besseren Identifikation der Menschen zwischen Rhein und Erft mit ihren unterschiedlich strukturierten Lebensräumen war schließlich die Aufnahme des seit alters her internationalen Markenzeichens Rhein in den Kreisnamen. Im Jahr 2003 wurd so aus dem Erftkreis der Rhein-Erft-Kreis.

Wertschöpfung und Verkehr

Dank der günstigen geographischen Lage des Rhein-Erft-Kreises an den großen europäischen Transitrouten, die den Kreis innerhalb weniger Autostunden mit den großen Containerhäfen in den Niederlanden und Belgien verbinden, gehört der Kreis zur Herzkammer der europäischen Wirtschaft.

Mit der chemischen Industrie am Rhein und der kohleverarbeitenden Industrie an der Erft verfügt der Rhein-Erft-Kreis über zwei starke Standbeine, die tausenden Menschen Arbeit geben. Hinzu kommen die über 5.000 mittelständischen Handwerksbetriebe mit etwa 130.000 sozialversicherungspflichtigen Arbeitsplätzen, die zusammengefasst das Fundament der wirtschaftlichen Leistungsfähigkeit des Kreises bilden.

Fläche: 704,62 km²
EW: 459.448 - EW/km²: 652
KFZ-Kennzeichen: BM
Kreissitz: Bergheim
www.rhein-erft-kreis.de

Landrat
Michael Kreuzberg / CDU
im Amt seit: 2013 gewählt bis: 2020

Sitzverteilung im Kreistag
Vorsitz: Michael Kreuzberg

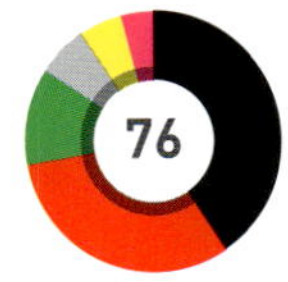

31	■	CDU
24	■	SPD
9	■	B.90/Grüne
4	■	FDP
3	■	Die Linke
5	■	Sonstige

(proNRW 2, WG 2, Piraten 1)

Die Schlossstadt Brühl mit den UNESCO-Weltkulturerbe-Schlössern Augustusburg und Falkenlust und dem renommierten Max-Ernst-Museums ist ein Publikumsmagnet. Kulturelle Highlights im Rhein-Erft-Kreis sind die jährlich wiederkehrenden KunstTage in der Abtei Brauweiler sowie zahlreiche musikalische Veranstaltungen in den kreativen Städten des Rhein-Erft-Kreises.

Weltweite Aufmerksamkeit erlangte der Rhein-Erft-Kreis 2005 mit dem Weltjugendtag, als auf dem Marienfeld in Kerpen eine Million junge Menschen zur Abschlussmesse kamen. Mit dem heutigen Papsthügel blieb dem Rhein-Erft-Kreis eine Landmarke erhalten, die Generationen noch an dieses großartige Ereignis erinnern wird.

Schloss Augustusburg im Rhein-Erft-Kreis

Rheinisch-Bergischer Kreis

NORDRHEIN-WESTFALEN

Der Rheinisch-Bergische Kreis ist…
…innovativ und traditionsreich, weltoffen und gelassen, dynamisch und modern. Mitten in Europa gelegen hält er mit seinen acht Gemeinden eine – auch durch fortschrittliche Unternehmen bedingte – gute Infrastruktur, eine schöne Natur sowie eine Vielzahl an Angeboten und Aktivitäten bereit.

Historische Entwicklung
Der Rheinisch-Bergische Kreis wurde im Zuge der kommunalen Gebietsreform in Nordrhein-Westfalen am 1.1.1975 aus den Teilen des ehemaligen Rheinisch-Bergischen Kreises und des früheren Rhein-Wupper Kreises gebildet.

In seinen heutigen Grenzen umfasst er die Städte Bergisch Gladbach, Burscheid, Leichlingen, Overath, Rösrath und Wermelskirchen sowie die Gemeinden Kürten und Odenthal. Neben dem Bezug zum Rhein verdankt der Kreis seinen Namen dem Adelsgeschlecht der Grafen von Berg, das über mehrere Generationen hinweg über die Grafschaft Berg herrschte.

Wertschöpfung und Verkehr
Agil und innovativ – das charakterisiert den Wirtschaftsstandort Rheinisch-Bergischer Kreis. Hightech-Firmen und Industrie haben hier ebenso eine Heimat wie hochspezialisierte Handwerksunternehmen. Aus dem Kreis agieren viele Firmen weltweit und sind in ihren Geschäftsbereichen oftmals sogar Marktführer. Um diese Firmen optimal zu begleiten, aber auch Neugründer zu unterstützen, gibt es die Rheinisch-Bergische Wirtschaftsförderungsgesellschaft. Sie steht Unternehmern und Unternehmen in allen Phasen des Wirtschaftens kompetent zur Seite.

Damit Menschen im Rheinisch-Bergischen Kreis sich wohl fühlen und eine hohe Lebensqualität genießen können, wird ein Fokus auf die Bereiche Bildung, Gesundheit und Familienförderung gelegt. Hier setzt man bereits bei den Kleinsten an und bietet eine Vielzahl an Beratungs- und Unterstützungsangeboten. Diese richten sich beispielsweise an Familien mit Babys und kleinen Kindern. Aber auch während der Schulzeit werden die Familien begleitet und in vielen Themen unterstützt. Dabei zielen die Projekte auf Sensibilisierung und Prävention ab.

Auch im Bereich Bildung gibt es eine breite Palette an Angeboten und Initiativen – schließlich ist dies eine Investition in die Zukunft. Als Referenzkommune des Landes Nordrhein-Westfalen für den Übergang Schule-Beruf ist der Kreis Vorreiter und hat eine Vielzahl an Maßnahmen und Projekten entwickelt, in denen sich Schüler frühzeitig mit Stärken und Schwächen auseinandersetzen, verschiedene Berufe kennenlernen und so herausfinden, welcher für sie geeignet ist.

Fläche: 437,32 km²
EW: 279.497 - EW/km²: 639
KFZ-Kennzeichen: GL
Kreissitz: Bergisch Gladbach
www.rbk-direkt.de

Landrat
Dr. Hermann-Josef Tebroke / CDU
im Amt seit: 2012 gewählt bis: 2017

Sitzverteilung im Kreistag
Vorsitz: Dr. Hermann-Josef Tebroke

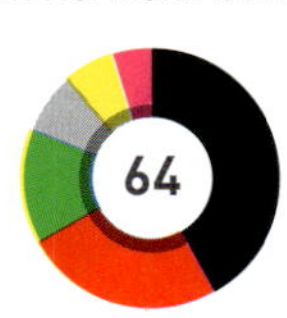

27	CDU
16	SPD
9	B.90/Grüne
4	FDP
3	Die Linke
5	Sonstige

(ALFA 2, FW 2, AfD 1)

Dadurch wird nicht nur eine Perspektive für die jungen Menschen geschaffen, sondern auch in die Zukunft der ganzen Gesellschaft investiert – denn auf diesem Weg legt man das Fundament für die Sicherung der Wettbewerbsfähigkeit der Unternehmen. Um Fachkräfte akquirieren zu können und sich als Arbeitgeber gut zu präsentieren, ist es aber ebenso wichtig, passende Arbeitsbedingungen zu schaffen. Dies bedeutet auch, dass die Unternehmen familienfreundlich aufgestellt sind und die Vereinbarkeit von Familie und Beruf fördern. Damit tragen sie ebenfalls dazu bei, die Attraktivität des Kreises für Familien zu steigern.

Landschaft, Sehenswürdigkeiten und Kultur
Die großen und kleinen Wunder der Natur entdecken, an der frischen Luft aktiv sein oder ganz einfach die Ruhe in den Wäldern genießen und die Seele baumeln lassen – die vielfältige Landschaft des Rheinisch-Bergischen Kreises hält für jeden das richtige Angebot bereit.

Der Königsforst und die Wahner Heide sind artenreiche Schutzgebiete von europäischem Rang. Gemeinsam bilden sie einen der größten und bedeutendsten Schutzgebietskomplexe in Nordrhein-Westfalen.

Naturliebhaber können hier viel über Flora und Fauna der Region erfahren. Auch für Sportbegeisterte hat der Rheinisch-Bergische Kreis viel zu bieten. Die beiden Premiumwanderwege, der Bergische Weg und der Panoramasteig, sowie die zahlreichen Streifzüge und Rundwanderwege locken Wanderer von nah und fern. Daneben finden sowohl Mountainbiker, Hobbyradler als auch Rennradfahrer eine Vielzahl an gut ausgeschilderten und abwechslungsreichen Strecken. Hier geht es vorbei an Talsperren, Mühlen oder alten Schlössern und Burgen, die es zu entdecken lohnt. Wer den müden Beinen etwas Ruhe gönnen möchte, findet in einer der vielen Einkehrmöglichkeiten das passende Angebot. Sowohl Sterne- Restaurants als auch traditionelle bergische Küche erfreuen hier den Genießer-Gaumen. So wird die bergische Gastfreundschaft in Tradition und Moderne vereint.

Rhein-Kreis Neuss

NORDRHEIN-WESTFALEN

Der Rhein-Kreis Neuss ist...
...einer der größten Landkreise Deutschlands. Er liegt am Niederrhein in Nachbarschaft zu den Metropolen Köln und Düsseldorf, zum Ruhrgebiet und zu den Benelux-Staaten.

Historische Entwicklung
Vor dem Hintergrund des Wirtschafts- und Bevölkerungswachstums der Nachkriegszeit und der gestiegenen Ansprüche an großräumige Kommunalplanung erwiesen sich die größtenteils noch aus dem 19. Jahrhundert stammenden Gemeindegrenzen im nordrhein-westfälischen Ballungsgebiet spätestens in den 1970er Jahren als nicht mehr zeitgemäß. Der Gesetzgeber legte deshalb zum 1.1.1975 die über 30 Gemeinden, Ämter und Städte des Kreises Grevenbroich und die bis dahin kreisfreie Stadt Neuss zu acht großflächigen und leistungsfähigen Einheiten im damals neuen Kreis Neuss zusammen. Seit 2003 trägt dieser den Zusatz „Rhein-" im Namen.

Wertschöpfung und Verkehr
Die Leipziger Oskar-Patzelt-Stiftung verlieh dem Rhein-Kreis Neuss 2013 beim Großen Preis des Mittelstands die Auszeichnung „Kommune des Jahres". Solchermaßen geehrt, in die Gütegemeinschaft für Mittelstandsorientierung aufgenommen, mit dem NRW-Innovationspreis ausgezeichnet und als erster Fairtrade-Kreis Deutschlands aktiv, versteht sich der Rhein-Kreis Neuss als Dienstleister in allen Lebenslagen.

Rund 4.000 Mitarbeiter und 250 Ausbildungskräfte sind für den Rhein-Kreis Neuss und seine Einrichtungen aktiv. Über 300 Berufsbilder decken die Beschäftigten von der Verwaltung übers Krankenhaus bis zum Technologiezentrum ab. Die Palette reicht vom Raumplaner bis zur Schulpsychologin, vom Sicherheitsfachmann bis zum Wirtschaftsförderer, von der Ärztin bis zum Informatiker.

Im Juni 2016 vermeldete der Rhein-Kreis Neuss ein Allzeithoch bei den sozialversicherungspflichtig Beschäftigten von über 140.000. Die Arbeitslosenquote an Rhein, Erft und Gillbach war zuletzt die niedrigste in der Region. Mit einer Exportquote von 55 % und etwa 2.500 ortsansässigen ausländischen Unternehmen ist der Rhein-Kreis Neuss ein stark international orientierter Wirtschaftsstandort, der von der fortschreitenden Globalisierung profitiert.

Diese Prägung hat eine lange Historie. Bereits die Römer hatten sich dort aufgrund der zentralen Lage in Europa und der guten Anbindung durch den Rhein niedergelassen. Später folgte unter anderem Napoleon, der ebenfalls um die besondere Bedeutung und Lage der Region wusste. So ist der Rhein-Kreis Neuss heute Heimat zahlreicher internationaler Unternehmen. Weltweit bekannte Konzerne wie 3M, UPS, Toshiba, Medtronic, Epson, Kyocera, Asics, Hydro oder Johnson & Johnson haben dort ihre Europa- oder Deutschland-Zentralen. Nicht nur sie schätzen die hervorragenden Verkehrsanbindungen.

Zwei internationalen Flughäfen in Düsseldorf und Köln liegen quasi vor der Haustür und bieten attraktive Direktverbindungen in viele Länder der Welt. Das dichte Autobahn- und Schienennetz ermöglicht es, Städte wie Köln, Düsseldorf und Aachen, aber auch die Niederlande sowie das Ruhrgebiet schnell und unkompliziert zu erreichen – sei es für berufliche Zwecke oder für die Freizeit. Und für die Wirtschaft sind die Rheinhäfen – und hier insbesondere die Neuss Düsseldorfer Häfen – das Tor zur Welt.

Fläche: 576,52 km²
EW: 442.522 - EW/km²: 768
KFZ-Kennzeichen: NE
Kreissitz: Neuss
www.rhein-kreis-neuss.de

Landrat
Hans-Jürgen Petrauschke / CDU
im Amt seit: 2009 gewählt bis: 2020

Sitzverteilung im Kreistag
Vorsitz: Hans-Jürgen Petrauschke

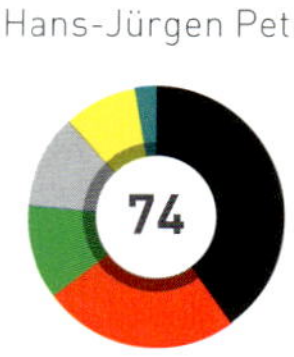

30	CDU
19	SPD
9	B.90/Grüne
7	FDP
3	UWG
6	Sonstige

(Linke 3, FKG 2, Zentrum 1)

Landschaft, Sehenswürdigkeiten und Kultur
Der Rhein-Kreis Neuss kann getrost aus dem Vollen schöpfen, wenn es um Kultur und Freizeit geht. Auf engstem Raum wird dort viel geboten: Die modernen Museen von Hombroich gehören genauso dazu wie die romanischen Basiliken in Neuss und Knechtsteden, das barocke Wasserschloss Dyck, die mittelalterliche Zollfeste Zons oder das über 1.200 km lange Radwegenetz. Internationale Kunstausstellungen, Festivals und Konzerte unterstreichen die Weltoffenheit des Rhein-Kreises Neuss.

In der Vorburg der ehemaligen kurkölnischen Landesburg Friedestrom in Zons ist das im Jahr 1972 eröffnete Kreismuseum untergebracht. Ebenfalls beheimatet ist dort das nach einem bekannten Mundart-Künstler benannte Internationale Mundartarchiv Ludwig Soumagne, das sich als Dokumentationsstelle für die jüngere deutschsprachige Dialektliteratur versteht. Im Kreiskulturzentrum Sinsteden erleben die Besucher eine besondere Beziehung zwischen Kunst und Landwirtschaft. In den Skulpturen-Hallen des Bildhauers Ulrich Rückriem – eröffnet im Jahr 1994 – haben etwa 100 seiner Werke ein ständiges Zuhause gefunden. Daneben liegt das Landwirtschaftsmuseum, in dem eine beeindruckende Ausstellung zur Geschichte der Landtechnik im 19. und 20. Jahrhundert gezeigt wird.

Rhein-Sieg-Kreis

NORDRHEIN-WESTFALEN

Der Rhein-Sieg-Kreis ist...
...mit rund 585.000 Einwohnern in 19 Städten und Gemeinden der zweitgrößte Kreis i.e.S. in Deutschland.

Historische Entwicklung
Seine aktuelle Gestalt und seinen Namen erhielt der Rhein-Sieg-Kreis 1969 im Zuge einer Gebietsreform.

Der Bonn/Berlin-Beschluss von 1991 hatte zunächst hinter die weitere Entwicklung ein großes Fragezeichen gesetzt, denn der Kreis ist mit der Stadt Bonn und ihrer ehemaligen Hauptstadtfunktion eng verflochten. Entgegen allen Erwartungen hat der Kreis jedoch eine sehr positive Entwicklung genommen und weist heute eine überdurchschnittliche Wachstumsdynamik auf.

Wertschöpfung und Verkehr
Hauptkennzeichen der Wirtschaft im Rhein-Sieg-Kreis ist die Branchenvielfalt in Verbindung mit einer von kleinen und mittleren Firmen geprägten Betriebsgrößenstruktur. Die hohe Exportquote von rund 40 % unterstreicht die internationale Wettbewerbsfähigkeit der Unternehmen. Qualifizierte Arbeitskräfte und leistungsstarke innovative Unternehmen sind die besten Garanten für die Zukunftsfähigkeit.

Aus diesem Grunde setzt der Rhein-Sieg-Kreis auf den Ausbau von Bildung und Wissenschaft. Die Hochschule Bonn-Rhein-Sieg mit ihren rund 8.000 Studierenden in den drei Standorten Sankt Augustin, Rheinbach und Hennef ist dabei sicherlich das Flaggschiff dieser Einrichtungen, doch in Summe liegen alle Hochschulen – also auch die Alanus Hochschule in Alfter und die Internationale Hochschule Bad Honnef – mit ihrer Entwicklung weit über Plan und nehmen in ihren jeweiligen Rankings Spitzenplätze ein. Die wirtschaftliche Entwicklung profitiert davon durch die Verfügbarkeit an qualifiziertem Personal, durch besseren Zugang zu Innovationen und durch Ausgründungen junger, zukunftsorientierter Firmen.

Die bevorzugte geografische Lage im Kerngebiet Europas mit einer exzellenten Verkehrsanbindung an das europäische Autobahnnetz, an die Flughäfen Köln/Bonn, Düsseldorf und Frankfurt sowie an das Hochgeschwindigkeitsschienennetz der Deutschen Bahn ermöglichen eine europäische und internationale Ausrichtung der Standortentwicklung.

Landschaft, Sehenswürdigkeiten und Kultur
Mit dem Hauptstadtbeschluss von 1991 setzte eine Neuausrichtung des regionalen Fremdenverkehrs ein: weg vom Hauptstadttourismus, hin zu anderen touristischen Schwerpunkten wie Kongresswesen, Kultur und Events, Wellness und Fitness sowie Naherholung und Naturerlebnis. Als besondere touristische Destinationen bildeten sich dabei heraus:

- Das Mittelrheintal mit seinen Burgen und Schlössern als Weltkulturerbe. Das Siebengebirge als ältestes Naturschutzgebiet Deutschlands und dem Drachenfels als dem wohl berühmtesten Aussichtspunkt.

- Das Siegtal, das zwischen dem Bergischen Land und dem Westerwald bis zur Mündung in den Rhein auf rund 140 km verläuft. Unterwegs laden waldreiche Höhenzüge und Täler zum Wandern und Radeln ein; der Fluss selbst bietet Wassersportlern ein interessantes Revier. Aber auch die beschaulichen Fachwerkdörfer, Kirchen, Burgen und Museen entlang der Ufer sind für den Besucher lohnende Ausflugsziele.

- Die Landschaft der Voreifel, des Vorgebirges und des Drachenfelser Ländchens mit ihren Sehenswürdigkeiten und den Freizeit- und Naturerlebnismöglichkeiten. Typisch sind die zahlreichen Wasserburgen. Im Frühjahr kann man hier im größten geschlossenen Obstanbaugebiet in Nordrhein-Westfalen die Blütenpracht tausender Obstbäume bewundern. Das Waldgebiet Kottenforst innerhalb des Naturparks Rheinland bietet ein unbegrenztes Angebot an Erholung für alle Sportbegeisterten und Naturfreunde.

Das Kulturleben an Rhein und Sieg gestaltet sich sehr vielseitig und umfangreich. Dabei unterstützt der Rhein-Sieg-Kreis das reichhaltige lokale kulturelle Angebot seiner Kommunen durch gezielte kreisweite Aktivitäten: So erscheint seit 1986 das kulturelle und historische Jahrbuch des Rhein-Sieg-Kreises. Alle zwei Jahre wird der mit 20.000 € dotierte Rheinische Kunstpreis vergeben. Im Rahmen des Internationalen Beethovenfestes Bonn finden hochwertige Konzerte auch im Kreisgebiet statt.

Durch Zuschüsse unterstützt der Kreis bürgerschaftliches Engagement auf dem Gebiet der Kultur und deren Projekte so z. B. das Besucherbergwerk Grube Silberhardt in Windeck, das Bilderbuchmuseum Troisdorf oder auch die Förderung des Chorwesens. Der Kreis engagiert sich außerdem für verschiedene Kulturprojekte, wie beispielsweise das Museum zur Geschichte des Naturschutzes auf Schloss Drachenburg in Königswinter und die Gedenkstätte Landjuden an der Sieg in Windeck. Das gesamte Kulturleben im Rhein-Sieg-Kreis wird jedem Anspruch gerecht und präsentiert sich in lebendiger Vielfalt als ein Gütezeichen des Kreises.

Fläche: 1.153,21 km²
EW: 585.781 - EW/km²: 508
KFZ-Kennzeichen: SU
Kreissitz: Siegburg
www.rhein-sieg-kreis.de

Landrat
Sebastian Schuster / CDU
im Amt seit: 2014 gewählt bis: 2020

Sitzverteilung im Kreistag
Vorsitz: Sebastian Schuster

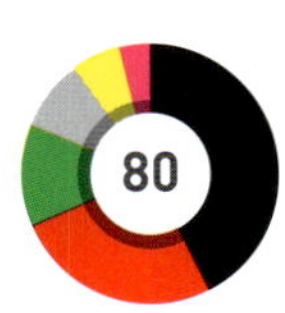

34	CDU
21	SPD
10	B.90/Grüne
5	FDP
3	Die Linke
7	Sonstige

(AfD 3, WG 1, Volksabstimmung 1, NPD 1, Piraten 1)

Kreis

Siegen-Wittgenstein

NORDRHEIN-WESTFALEN

Der Kreis Siegen-Wittgenstein ist...
...der waldreichste Kreis Deutschlands. Die Kreis- und Universitätsstadt Siegen ist Oberzentrum für rund 1 Mio. Menschen im Schnittpunkt der drei Bundesländer Nordrhein-Westfalen, Hessen und Rheinland-Pfalz.

Historische Entwicklung
Nach der napoleonischen Zeit wurden die Kreise Siegen und Wittgenstein gebildet. 1817 wurden beide Kreise in die preußische Provinz Westfalen eingegliedert. Seit 1946 gehörten sie dem neu geschaffenen Bundesland Nordrhein-Westfalen an. Mit den beiden Siegerland-Gesetzen von 1966 und 1968 begann die kommunale Neugliederung im Kreis Siegen. 1975 wurde diese Strukturreform mit der Bildung des Kreises Siegen aus den beiden Altkreisen Siegen und Wittgenstein abgeschlossen. Seit 1984 führt der Kreis den Namen Siegen-Wittgenstein.

Wertschöpfung und Verkehr
Der Kreis Siegen-Wittgenstein ist mit seinen Städten und Gemeinden Teil von Südwestfalen, der drittstärksten Industrieregion Deutschlands. Wirtschaftliches Rückgrat ist eine überwiegend mittelständisch geprägte Unternehmensstruktur. Dabei stellt das produzierende Gewerbe fast die Hälfte aller Arbeitsplätze. Die wichtigsten Branchen sind die Metallerzeugung und -verarbeitung, der Maschinenbau sowie die Herstellung von Gummi und Kunststoffwaren. Zahlreiche Unternehmen sind Weltmarktführer. Die Exportquote erreicht im verarbeitenden Gewerbe knapp 50 %.

Zahlreiche renommierte und überregional bekannte Unternehmen haben ihren Sitz in Siegen-Wittgenstein, wie z. B. die Krombacher Brauerei, die Berleburger Schaumstoffwerke, die Kunststofflaufbahnen produzieren, auf denen immer wieder Weltrekorde gelaufen werden, oder SONOR, ein Unternehmen, dessen Schlagzeuge in vieler (Welt-)Hits zu hören sind.

Die Universität Siegen mit inzwischen annähernd 20.000 Studierenden ist ein wesentlicher Faktor für die zukunftsfähige Entwicklung des Kreises. Der Wissenstransfer zwischen Universität und Unternehmen und Unternehmensgründungen aus der Universität heraus tragen zur zukunftsfähigen Entwicklung der Region bei.

Siegen-Wittgenstein liegt verkehrsgünstig an den Bundesautobahnen 45 („Sauerlandlinie") und 4 zwischen den Ballungsräumen an Rhein, Main und Ruhr. Herzstücke der Schieneninfrastruktur sind die Sieg-Strecke nach Köln, die Ruhr-Sieg-Strecke nach Hagen sowie die Dillstrecke nach Gießen und Frankfurt. Hinzu kommen die Rothaarbahn nach Bad Berleburg, die Obere Lahntalbahn von Erndtebrück nach Marburg und die Hellertalbahn von Dillenburg nach Betzdorf.

Landschaft, Sehenswürdigkeiten und Kultur
Als waldreichster Kreis Deutschlands ist Siegen-Wittgenstein bei Wanderern äußert beliebt – insbesondere der Premiumfernwanderweg „Rothaarsteig – der Weg der Sinne". Thematische Wander-Höhepunkte links und rechts des Rothaarsteigs laden zudem zum Erkunden ein. Auch die Wisent-Wildnis in Bad Berleburg ist ein Naturerlebnis, das jedes Jahr zehntausende Besucher anlockt.

Neben den Erhebungen des Rothaargebirges prägen drei Flusstälern die Landschaft: Sieg, Lahn und Eder entspringen nur wenige Kilometer voneinander entfernt auf dem Rothaarkamm. Im QuellenReich werden sie für Besucher erlebbar gemacht.

Ein beliebtes Ausflugsziel ist auch der Alte Flecken, die historische Altstadt von Freudenberg mit ihrem einzigartigen Fachwerk-Ensemble. Im Schloss Berleburg, das ebenfalls für Besucher zugänglich ist, leben Richard Prinz zu Sayn-Wittgenstein-Berleburg und seine Frau, Ihre Königliche Hoheit Prinzessin Benedikte, Schwester der Königin von Dänemark.

Das noch recht junge Museum für Gegenwartskunst in Siegen hat sich innerhalb weniger Jahre internationales Renommee erworben. Im Siegerlandmuseum im Oberen Schloss in Siegen sind Original-Gemälde von Peter Paul Rubens zu sehen. Der Barockmaler gilt als berühmtester Sohn der Stadt. Er wurde am 28.6.1577 in Siegen geboren.

Fläche: 1.132,89 km²
EW: 275.909 - EW/km²: 244
KFZ-Kennzeichen: SI
Kreissitz: Siegen
www.siegen-wittgenstein.de

Landrat
Andreas Müller / SPD
im Amt seit: 2014 gewählt bis: 2020

Sitzverteilung im Kreistag
Vorsitz: Andreas Müller

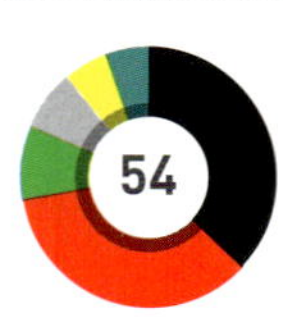

20	CDU
19	SPD
5	B.90/Grüne
3	FDP
3	UWG
4	Sonstige

(Die Linke 2, parteilos 2)

Kreis

Soest

NORDRHEIN-WESTFALEN

Der Kreis Soest ist...
...der nördlichste Kreis Südwestfalens.

Historische Entwicklung

„Eine fast ideale Konzeption, dieser Kreis Soest". Dieses Lob formulierte die Landesregierung in ihrer Gesetzesbegründung zur Neugliederung, die zur Bildung des heutigen Kreises Soest am 1.1.1975 führte. Er setzt sich zusammen aus den ehemaligen Kreisen Lippstadt und Soest, dem Amt Warstein (früher Kreis Arnsberg) und kleineren Teilen weiterer Kreise.

Die beiden Altkreise blicken auf eine 200-jährige Geschichte zurück und damit auf Gebietsstrukturen, die bis in die Territorialzeit des 18. Jahrhunderts zurückreichen. Preußen schuf 1817 die Kreise Soest und Lippstadt.

Mit der Kreisordnung von 1887 wuchsen die Kreise zu kommunalen Körperschaften mit umfangreichen Zuständigkeiten. In diesem Jahr beschloss der Soester Kreistag den Bau eines Kreishauses in Soest, das einzige in Westfalen, das sich seit dieser Zeit ununterbrochen an gleicher Stelle befindet.

Wertschöpfung und Verkehr

Der Kreis Soest hat sich, betrachtet man Umsatz, Produktion und Exportquote, über Jahrzehnte als dynamischer Wachstumsstandort bewiesen. Eine solide Wirtschaftsstruktur und gute Verkehrsanbindungen mit der A 44 der A 2 und der A 445 sowie mit sieben Bundesstraßen und vier Bahnstrecken mit elf Bahnhöfen unterstützen diese Entwicklung. Nahezu 100.000 Menschen sind in mittelständisch geprägten Unternehmen und Institutionen sozialversicherungspflichtig tätig. Automobilzulieferindustrie, IT-Branche, Brauereiwirtschaft, Handwerk, Dienstleistungen, Zementindustrie und viele andere Wirtschaftszweige schaffen Arbeitsplätze und damit Sicherheit und Wohlstand für die hier lebenden Menschen. Namen mit Weltruf wie Hella und die Warsteiner Brauerei, aber auch kleine Handwerksbetriebe bilden eine solide Basis.

Zwei leistungsfähige Regionalflughäfen, Paderborn/Lippstadt und Dortmund, befinden sich in unmittelbarer Nähe. Als Bildungsstandort mit zwei Hochschulen, sieben Berufskollegs und zahlreichen Schulen hat der Kreis Soest hervorragende Angebote für junge Menschen und gleichzeitig gut ausgebildete Absolventen für den Arbeitsmarkt. Die Technologie-Zentren CarTec, KFE und Konwerl leisten einen wichtigen Technologietransfer in die Wirtschaft.

Auch die Landwirtschaft spielt bei guten Bodenbedingungen immer noch eine große Rolle. Das Versuchs- und Bildungszentrum Landwirtschaft Haus Düsse der Landwirtschaftskammer Nordrhein-Westfalen unterstützt die landwirtschaftliche Aus- und Weiterbildung. Der Kreis Soest übernimmt auch eine Vorreiterrolle bei der Versorgung durch regenerative Energien, zum Beispiel mit einer großen Zahl an Windrädern.

Landschaft, Sehenswürdigkeiten und Kultur

Die 14 Städte und Gemeinden des Kreises zeichnen sich durch viele kulturelle Angebote in Theatern, Stadthallen und Kirchen aus und blicken auf eine beachtliche Geschichte zurück. Der Reichtum an herausragenden Bau- und Kunstdenkmälern, darunter Kirchen, Wasserburgen und Schlösser sowie viele Fachwerkhäuser mit aufwendigem Balkenschnitzwerk, ist ungewöhnlich groß.

Naherholungsgebiete gibt es in großer Zahl, Badeseen laden zur Erholung, Wander- und Radwege zur Bewegung ein. Kanufahren auf der Lippe, Golfsport auf vier großzügig angelegten Plätzen oder auch Fallschirmspringen ergänzen die Angebote.

Veranstaltungen von bundesweiter Bekanntheit wie die Warsteiner Internationale Montgolfiade oder die Soester Allerheiligenkirmes ziehen jährlich Hunderttausende in den Kreis.

Einige Naturschutzgebiete gehören wegen ihrer ursprünglichen Flora zu den wertvollsten in Westfalen. Weit bekannt sind der Möhnesee und der Naturpark Arnsberger Wald sowie das Bäderdreieck mit Bad Sassendorf, Bad Waldliesborn und Bad Westernkotten. Seine Kurkliniken aber auch die acht Allgemeinkrankenhäuser sind wichtiges Grundgerüst der gesundheitlichen Versorgung. Das Museum Westfälische Salzwelten in Bad Sassendorf fordert mit dem Slogan auf „Entdecke das Geheimnis des weißen Goldes", das schon vor Hunderten von Jahren eine herausragende Bedeutung hatte.

Fläche: 1.328,63 km²
EW: 296.742 - EW/km²: 223
KFZ-Kennzeichen: SO
Kreissitz: Soest
www.kreis-soest.de

Landrätin
Eva Irrgang / CDU
im Amt seit: 2007 gewählt bis: 2020

Sitzverteilung im Kreistag
Vorsitz: Eva Irrgang

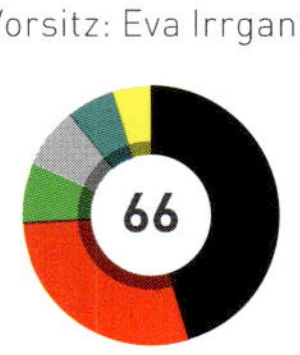

30	CDU
19	SPD
5	B.90/Grüne
4	WG
3	FDP
5	Sonstige

(Die Linke 2, AfD 2, "Die SO!" 1)

Kreis

Steinfurt

NORDRHEIN-WESTFALEN

Der Kreis Steinfurt ist…
…der flächenmäßig zweitgrößte Kreis in Nordrhein-Westfalen. Eine gesunde Wirtschaftsstruktur, vielfältige Freizeitmöglichkeiten, eine breite Schullandschaft, erschwingliches Bauland und günstige Verkehrsanbindungen durch die Autobahnen A 1, A 30 und A 31 sind nur einige der Faktoren, die die hohe Lebensqualität ausmachen.

Historische Entwicklung
Im Jahr 1816, als sich erstmals ein politischer Raum Westfalen mit klaren Grenzen und einer einheitlichen Verwaltungsorganisation entwickelte, entstanden unter anderem der alte Kreis Steinfurt und der Kreis Tecklenburg.

Viele Bürger verbinden mit der Gründung des Kreises Steinfurt ein anderes Datum als das Jahr 1816: Am 1.1.1975 trat die kommunale Gebietsreform für die Städte und Gemeinden sowie für die Kreise in Kraft. 1974 hatte der Düsseldorfer Landtag das Zusammengehen des Altkreises Steinfurt mit dem Kreis Tecklenburg sowie mit Greven und Saerbeck aus dem Landkreis Münster zum neuen Kreis Steinfurt beschlossen. „TE – muß bleiben" war seinerzeit ein weitverbreiteter Slogan.

Das ist heute kein Thema mehr. Auch wenn die Autos wieder mit „TE" und „BF" gekennzeichnet werden können, ist der Kreis Steinfurt heute ein Ganzes, über die Jahrzehnte zusammengewachsen, stolz auf das Erreichte und gespannt auf die Zukunft.

Wertschöpfung und Verkehr
Der Kreis Steinfurt liegt im Universitätsdreieck Münster–Osnabrück–Enschede, die ingenieurwissenschaftlichen Fachrichtungen der Fachhochschule Münster, eine der größten Fachhochschulen in Deutschland, sind in Steinfurt zu finden, die Fernuniversität Hagen hat in Rheine ein Studienzentrum und dort wurde auch im Jahre 2009 die Mathias Hochschule gegründet, eine private Fachhochschule für Gesundheit, Wirtschaft und Technik. Seit 1.1.2016 führt die praxisHochschule den akademischen Betrieb weiter.

Die Wirtschaftsförderungs- und Entwicklungsgesellschaft des Kreises Steinfurt (WESt) unterstützt dabei nach Kräften. Sie schult den unternehmerischen Nachwuchs und hilft, neue Unternehmen und potenzielle Arbeitgeber am Markt zu etablieren. Die WESt engagiert sich im Besonderen im Bereich Transfer zwischen Wissenschaft und Wirtschaft.

Die Herausforderung „Zukunft" nimmt der Kreis Steinfurt auch als Modellregion für Agenda 21 in NRW an. Die guten Erfahrungen des Agenda-Prozesses kamen dem Kreis Steinfurt auch bei seiner zweiten LEADER-Bewerbung zu Gute, dem EU-Programm zur Förderung ländlicher Gebiete. Beide Bewerberregionen im Kreis bekamen im Mai 2015 vom Land NRW zum zweiten Mal den Zuschlag. Sie erhalten nun bis 2022 insgesamt rund 6,2 Mio. € an Fördermitteln für ihre Projekte.

Ein Projekt geht noch weiter in die Zukunft: „Kreis Steinfurt – energieland 2050". Der Zukunftskreis Steinfurt hat sich damit das ehrgeizige Ziel gesetzt, bis 2050 energieautark zu werden – für Klimaschutz, Versorgungsunabhängigkeit und regionale Wirtschaftsförderung.

Fläche: 1.795,76 km²
EW: 437.127 - EW/km²: 243
KFZ-Kennzeichen: ST
Kreissitz: Steinfurt
www.kreis-steinfurt.de

Landrat
Dr. Klaus Johannes Effing / CDU
im Amt seit: 2015 gewählt bis: 2020

Sitzverteilung im Kreistag
Vorsitz: Dr. Klaus Johannes Effing

27	CDU
20	SPD
7	B.90/Grüne
3	FDP
3	UWG
2	Die Linke

Landschaft, Sehenswürdigkeiten und Kultur
Im Kreis Steinfurt lässt es sich gut leben. Die Tourismusbranche im Kreis Steinfurt folgt dem landesweiten Positiv-Trend: 328.070 Gäste weist das statistische Landesamt IT.NRW für das Jahr 2015 aus – ein satter Zuwachs von 7,3 % im Vergleich zum Vorjahr. Die Zahl der vom Landesamt registrierten Gästeübernachtungen im Kreis Steinfurt stieg sogar um 8,2 % auf 804.862 Übernachtungen.

Ob auf dem Drahtesel, auf dem Pferd oder in Wanderschuhen – der Kreis Steinfurt lässt sich dank eines gut ausgebauten Fahrrad-, Reit- und Wanderwegenetzes auf verschiedene Weise erkunden. Jüngst, im Sommer 2015, vom Deutschen Wanderinstitut ausgezeichnet wurden zum Beispiel die sieben Wanderwege „Teutoschleifen". Damit ist das Tecklenburger Land die nördlichste von bisher drei Premium-Wanderregionen in Deutschland.

Die Kulturlandschaft im Kreis Steinfurt wird maßgeblich durch die 24 Städte und Gemeinden im Kreis geprägt und gestaltet. Sie sorgen mit ihren Kulturschaffenden für ein ausgesprochen vielfältiges und interessantes Kulturangebot. Das Kulturbüro des Kreises Steinfurt unterstützt die Gemeinden, Vereine und freien Träger. Im Rahmen der Kulturförderung des Kreises werden die Kulturschaffenden beraten, vernetzt und informiert.

Mit dem DA, Kunsthaus Kloster Gravenhorst unterhält der Kreis ein Denkmal, er fördert mit seinem partizipativen Projektstipendium KunstKommunikation international arbeitende Künstlerinnen und Künstler und spricht mit diesem Angebot inzwischen sowohl ein breites regionales Publikum als auch überregional die Kunstwelt an.

Kreis
Unna

NORDRHEIN-WESTFALEN

Der Kreis Unna ist...
...„Mittendrin und damit das Herz Nordrhein-Westfalens". So lautet die gleichermaßen geografische wie gefühlsmäßige Standortbeschreibung für den Kreis Unna. Wirtschaftlich dem pulsierenden Ruhrgebiet verbunden, genießen die Menschen gleichzeitig den freien Blick auf die natürliche Schönheit von Sauerland, Münsterland und der westfälischen Bördelandschaft.

Historische Entwicklung
In seinem Kern entstand der Kreis bereits 1753 im Rahmen der preußischen Verwaltungsreform als Landkreis Hamm. 1930 erfolgte die Umbenennung in Kreis Unna. Seinen heutigen Zuschnitt mit acht Städten (Bergkamen, Fröndenberg/Ruhr, Kamen, Lünen, Schwerte, Selm, Unna und Werne) und zwei Gemeinden (Bönen und Holzwickede) erhielt der Kreis zwischen Ruhr und Lippe 1975 bei der kommunalen Neuordnung.

Wertschöpfung und Verkehr
Erfolgreich gearbeitet und gut gelebt wurde schon im Mittelalter längs des Hellwegs – einer wichtigen alten, den Kreis von Ost nach West durchziehenden Handelsroute. Viele kennen sie als „frühen Vorläufer" der Bundesstraße 1.

Seit Beginn der Industrialisierung wurde über 100 Jahre lang in dem Ballungsrandkreis von Dortmund Geld mit „Schwarzem Gold" gemacht. Seit dem Rückzug des Bergbaus wird der Kreis im Rahmen des Strukturwandels erfolgreich zu einem Dienstleistungs- und Technologiestandort umgebaut.

Ein Plus und wichtiger Baustein für die weiter gelingende zukunftsorientierte Ausrichtung als Lebens- und Wirtschaftsstandort ist die Lage inmitten der dichtesten Hochschullandschaft Deutschlands mit der altehrwürdigen Universität im westfälischen Münster oder im Vergleich dazu noch recht jungen Hochschulen wie etwa in Bochum, Dortmund und Hamm (Westfalen).

„Logistikstandort Nr. 1 in NRW": Dieser Titel steht für eine vorausschauende und erfolgreiche Wirtschaftsförderung, die aus der zentralen (Verkehrs-)Lage in Nordrhein-Westfalen – am Kamener Kreuz schneiden sich mit der A 1 und der A 2 die beiden meistfrequentierten Autobahnen Deutschlands – ein tragfähiges, Arbeitsplätze schaffendes „Geschäftsmodell" machte. 70 % der sozialversicherungspflichtigen Arbeitsplätze entfallen auf das Dienstleistungsgewerbe, 30 % auf das produzierende Gewerbe.

Im Kreis zu Hause – in der Welt erfolgreich: Das könnte als Leitsatz für gleich mehrere, hier verwurzelte Unternehmen gelten. Sie haben die Nase vorn in den Kompetenzfeldern Gesundheit, Biowissenschaften, Maschinenbau, Fabrikautomation, nachhaltige Kreislaufwirtschaft und Tourismuswirtschaft und machen aus den beiden Buchstaben UN fast so etwas wie ein Markenzeichen.

Landschaft, Sehenswürdigkeiten und Kultur
Auf der einen Seite das industriell geprägte Ruhrgebiet, auf der anderen das eher ländlich strukturierte Westfalen. Dieses Kontrastprogramm spiegelt sich im täglichen Leben in schnellen Verbindungen und kurzen Wegen sowohl zum Arbeitsplatz als auch zu unverbrauchten, gleich vor der Haustür liegenden Naherholungsräumen wider.

Ein Fahrrad hat jeder, und geradelt wird immer und überall: durch schöne Landschaften, durch fahrradfreundliche Städte, entlang an Flüssen oder dem Datteln-Hamm-Kanal. Für ein Päuschen bietet sich übrigens die Marina Rünthe in Bergkamen an, denn hier gibt es Yachthafen-Flair und wegen der vorbeiziehenden dicken Pötte auch immer etwas zu gucken.

Viele Freizeitmöglichkeiten zu meist kleinem Preis – das ist längst nicht alles, was den Kreis Unna kennzeichnet. Aus vorindustrieller Zeit sind historische Städtekerne wie etwa in Werne und bedeutsame Zeitzeugen aus Stein wie z. B. das Barock-Schloss Cappenberg in Selm – Alterssitz des großen preußischen Staatsreformers Karl Freiherr vom und zum Stein – erhalten. Das weltweit einzige Zentrum für Internationale Lichtkunst in den Gewölben der Lindenbrauerei in Unna ist auf jeden Fall ein „Hingucker" und der nachts als „Yellowmarker" strahlende Zechenturm in Bönen gibt als Ostpol auf der Route der Industriekultur Orientierung.

Und natürlich: Feste feiern können die Menschen im Kreis Unna von jeher und fast immer. Zu den weit über die Kreisgrenzen hinaus bekannten Veranstaltungen gehören Un(n)a Festa Italiana – das größte italienische Fest nördlich der Alpen –, das mit einer über 625-jährigen Geschichte wahrhaftig traditionsreiche Volksfest Sim Jü in Werne, aber auch das Welttheater der Straße in Schwerte, die Drachenfeste in Kamen und Lünen sowie das Kinofest Lünen – eines der wichtigsten cineastischen Festivals deutschlandweit.

Fläche: 543,21 km²
EW: 391.774 - EW/km²: 721
KFZ-Kennzeichen: UN
Kreissitz: Unna
www.kreis-unna.de

Landrat
Michael Makiolla / SPD
im Amt seit: 2004 gewählt bis: 2020

Sitzverteilung im Kreistag
Vorsitz: Michael Makiolla

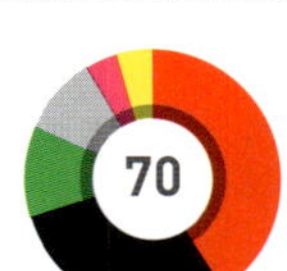

29 SPD
21 CDU
8 B.90/Grüne
3 Die Linke
3 FDP
6 Sonstige
(GFL-Lünen / UWG-Selm 3, Piraten 2, FW 1)

Kreis

Viersen

NORDRHEIN-WESTFALEN

Der Kreis Viersen ist...
...sowohl durch abwechslungsreiche Landschaften mit Wäldern, Heide, Seen und Flüssen als auch durch eine gesunde Wirtschaftsstruktur, insbesondere einen starken Mittelstand geprägt. Das Herzstück des Naturparks Schwalm-Nette bietet ein ausgedehntes Wander-, Rad- und Reitwegenetz. Unternehmen profitieren von der guten Erreichbarkeit der Ballungsräume an Rhein und Ruhr sowie der Nähe zu den benachbarten Benelux-Staaten mit ihren bedeutenden Überseehäfen.

Historische Entwicklung
Das Gebiet des heutigen Kreises Viersen gehörte seit dem Mittelalter zu den Territorien der Herzogtümer Geldern und Jülich sowie zum Erzstift Köln. Nach der Auflösung dieser Herrschaftsgebiete in der Franzosenzeit gelangte es wie der gesamte Niederrhein an Preußen. Vorgängerkreise waren seit 1816 der Kreis Kempen und seit 1929 der Kreis Kempen-Krefeld. Der heutige Kreis Viersen besteht seit 1975 und umfasst neun Städte und Gemeinden. Der Kreissitz wurde von der Stadt Kempen in die Stadt Viersen verlagert. Zum Kreis Viersen gehören neben Viersen und Kempen noch die Städte Nettetal, Tönisvorst und Willich sowie die Gemeinden Brüggen, Grefrath, Niederkrüchten, Schwalmtal.

Wertschöpfung und Verkehr
Laut Industrie- und Handelskammer Mittlerer Niederrhein vollzieht sich der Strukturwandel im Kreis Viersen im Vergleich zum Land Nordrhein-Westfalen rasanter – ein gesunder Branchenmix mit einem überdurchschnittlich wachsenden Dienstleistungssektor kennzeichnet heute die einst durch die Textilindustrie geprägte Region. Schwerpunkte des verarbeitenden Gewerbes sind die Nahrungsmittelindustrie, der Maschinenbau, die Metallverarbeitung sowie die Chemische Industrie. Das Gesundheits- und Sozialwesen, Handel und unternehmensbezogene Dienstleistungen sind die Beschäftigungsmotoren des tertiären Sektors. Kleine und mittlere Unternehmen, häufig familiengeführt und spezialisiert, sind eine besondere Stärke des Standortes.

Eine ausgesprochen hohe Wohn-, Lebens- und Freizeitqualität machen den Kreis Viersen für junge Familien attraktiv. Neben seinem umfassenden Bildungsangebot kann der Kreis Viersen mit einer gut ausgebauten Verkehrsinfrastruktur auftrumpfen. Durch den Kreis Viersen bzw. an der Kreisgrenze entlang verlaufen die Autobahnen 40 (Duisburg-Venlo), 44 (M'gladbach-Düsseldorf), 52 (Roermond-D'dorf), 57 (Köln-Nimwegen) und 61 (Koblenz-Venlo). Neben dem in direkter Nachbarschaft gelegenen Flughafen Düsseldorf sind in einem Radius von unter 100 km zudem die Flughäfen Köln-Bonn, Weeze und Eindhoven bestens erreichbar. Kein Wunder also, dass zahlreiche nationale und internationale Unternehmen und Konzerne wie MARS, Griesson-de Beukelaer oder Saint Gobain den Kreis Viersen als zentralen Standort zur Erschließung der westeuropäischen Märkte nutzen. In besonderer Weise gilt dies auch für ausländische Unternehmen – über 400 haben ihren Sitz im Kreis Viersen, stark vertreten sind neben niederländischen, belgischen und schweizerischen Firmen auch Unternehmen aus Japan.

Für den Kreis Viersen als starken Logistikstandort ist die Konversion des ehemaligen britischen Militärflughafens Elmpt direkt an der A 52 von großer Bedeutung. Im Schienenverkehr hat eine Weiterführung der Regiobahn ab Düsseldorf über Kaarst hinaus bis Viersen Priorität, perspektivisch bis Venlo. Der Rhein und die Maas als bedeutende Wassertransportwege liegen in unmittelbarer Nähe zum Kreisgebiet. Die damit einhergehenden Warenströme haben positive Auswirkungen auf die Wirtschaftskraft.

Landschaft, Sehenswürdigkeiten und Kultur
Dass auch das Flachland seine Reize haben kann, beweist die Tatsache, dass durch den Kreis Viersen seit 2012 vier zertifizierte Premiumwanderwege des Deutschen Wanderinstituts verlaufen. Die Landschaft ist abwechslungsreich, fast ein Fünftel ist Wald. Wasser ist das beherrschende Element. Meist an oder in der Nähe von Flüssen und Seen liegen malerisch Mühlen, Schlösser, Herrenhäuser, Gehöfte und Weiler.

Auch kulturell hat der Kreis einiges zu bieten. Jede der neun Städte und Gemeinden hat ihr Profil geschärft. In Kempen beispielsweise ist die klassische Musik zu Hause, in Viersen das internationale Jazz Festival, in Nettetal die Literatur. Einen überregionalen Ruf haben die Neersener Schlossfestspiele. Das Niederrhein-Theater in Brüggen bewegt sich ebenfalls auf hohem Niveau. Meist in Bronze gegossene Figuren knüpfen an Tradition und Brauchtum an: In Breyell erinnert der Kiependräger an den bäuerlichen Wanderkrämer, in Anrath der Köbes an die vielen Hausbrauereien, in Kempen ist der Samariter St. Martin Ehrenbürger, in Niederkrüchten der Heideschnitter. Die Schützenherrlichkeit feiert in Willich Jahr für Jahr fröhliche Urständ.

Fläche: 563,28 km²
EW: 295.067 - EW/km²: 524
KFZ-Kennzeichen: VIE
Kreissitz: Viersen
www.kreis-viersen.de

Landrat
Dr. Andreas Coenen / CDU
im Amt seit: 2015 gewählt bis: 2020

Sitzverteilung im Kreistag
Vorsitz: Dr. Andreas Coenen

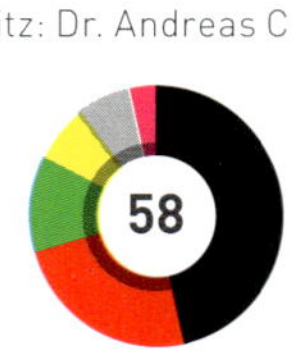

27 CDU
14 SPD
7 B.90/Grüne
4 FDP
2 Die Linke
4 Sonstige
(Freie Alternative 2, Piraten 1, FW 1)

Kreis

Warendorf

NORDRHEIN-WESTFALEN

Der Kreis Warendorf ist...
...eine Pferdemetropole. In ihm sind wichtige Institutionen wie das Deutsche Olympiade Komitee für Reiterei (DOKR), die Deutsche Reiterliche Vereinigung (FN) oder das Nordrhein-Westfälische Landgestüt angesiedelt. Der Kreis Warendorf gehört zur Münsterländer Parklandschaft. Die mittelständisch geprägte Wirtschaft bietet zahlreiche Arbeitsplätze. Ein wichtiger Standortfaktor ist die Bildungslandschaft mit einem vielfältigen Schul- und Hochschulangebot.

Historische Entwicklung

Nach der Auflösung des Fürstbistums Münster im Zuge der Säkularisation nach dem Reichsdeputationshauptschluss von 1803 fiel der östliche Teil des Münsterlandes an das Königreich Preußen und bildete dort das Erbfürstentum Münster. Dabei schlug die Geburtsstunde der Kreise Warendorf, Beckum, Lüdinghausen und Münster.

1806 wurde das Münsterland von Napoleon besetzt und neu geordnet. Nach dem Ende der Franzosenzeit fielen das Münsterland und damit auch die Kreise Beckum und Warendorf wieder an Preußen.

Der heutige Kreis Warendorf entstand 1975 durch den Zusammenschluss der damaligen Kreise Beckum und Warendorf. Hinzu kamen noch die Stadt Drensteinfurt, die bis dahin zum Kreis Lüdinghausen gehörte, sowie Albersloh, Rinkerode und Telgte aus dem aufgelösten Kreis Münster. Sitz der Kreisverwaltung wurde Warendorf.

Seit 1975 ist die Einwohnerzahl kontinuierlich gestiegen. Lebten bei der kommunalen Neugliederung noch 214.000 Menschen im neu gebildeten Kreis Warendorf, so waren es 40 Jahre später schon 274.000. Allein in den 1990er-Jahren verbuchte der Kreis Warendorf einen Einwohnerzuwachs von 20.000.

Wertschöpfung und Verkehr

Ein wichtiger wirtschaftlicher Schwerpunkt ist der Maschinen- und Anlagenbau – der Kreis Warendorf zählt dabei zu den größten Standorten in Deutschland. Abfüllanlagen, Förderbänder, Separatoren, Melk- und Fütterungsanlagen sowie komplette Zementwerke werden hier hergestellt und sind in der ganzen Welt gefragt. Zentrale Bedeutung für den Kreis hat auch die Kunststoff- und Metallverarbeitung.

Die Zementindustrie hat im Kreis nach wie vor einen festen Platz. Aus den Werken in Beckum und Ennigerloh kommt etwa ein Zehntel der deutschen Zementproduktion. Die Bergbautradition endete dagegen im Jahr 2000 mit der Schließung der Zeche Westfalen in Ahlen. Traditionell eine große Rolle spielt die Landwirtschaft. Über 70 % der Kreisfläche wird landwirtschaftlich genutzt. Und auch die Ernährungswirtschaft ist bedeutsam.

Über die Bundesautobahnen A 1, A 2 und A 44 sowie über zahlreiche Bundesstraßen ist der Kreis Warendorf aus allen Richtungen gut erreichbar. Weitere wichtige Fernverkehrsverbindungen sind die Bahnlinien vom Ruhrgebiet nach Hannover bzw. Berlin sowie die Strecke von Münster nach Hamm bzw. Köln.

Landschaft, Sehenswürdigkeiten und Kultur

Der Kreis Warendorf grenzt im Westen an die Stadt Münster und den Kreis Steinfurt, im Norden an Niedersachsen, im Osten an den Kreis Gütersloh und im Süden an die Kreise Coesfeld und Soest sowie an die Stadt Hamm. Größte Flüsse sind die Ems und die Lippe. Nennenswerte Erhebungen gibt es nur im südöstlichen Kreisgebiet mit den Beckumer Bergen. Höchster Punkt ist der Mackenberg in Oelde mit 173 m.

Flussradwege wie der EmsRadweg und der Werseradweg sind bei Touristen und Einheimischen beliebt. Aber auch die 100-Schlösser-Route durchs Münsterland führt über wesentliche Teile durch die Münsterländer Parklandschaft im Kreis Warendorf.

Das kulturelle Leben im Kreis wird unter anderem von vielen Museen getragen: Das Religio – Museum für religiöse Kultur in der Wallfahrtsstadt Telgte, das Museum für Westfälische Literatur in Oelde-Stromberg, das Museum Abtei Liesborn mit seiner weltbekannten Kruzifix-Sammlung in einer früheren Benediktinerabtei sowie das von der Theodor F. Leifeld-Stiftung finanzierte Kunstmuseum in Ahlen und das Fritz-Winter-Haus mit dem Schwerpunkt moderne Kunst in Ahlen sind wichtige Beispiele.

Zu den zahlreichen Sehenswürdigkeiten im Kreisgebiet gehört neben historischen Stadtkernen in Warendorf und Telgte die Stiftskirche St. Bonifatius in Warendorf-Freckenhorst. Ihr Taufstein gilt als Meisterwerk romanischer Bildhauerkunst und bedeutendstes steinernes Taufbecken in Deutschland. In Ahlen können sich Besucher auf dem früheren Bergwerksgelände der Zeche Westfalen, die 100 Jahre der größte Arbeitgeber der Region war, über den Strukturwandel nach dem Ende des Steinkohleabbaus informieren.

Fläche: 1.319,41 km²
EW: 273.412 - EW/km²: 207
KFZ-Kennzeichen: WAF
Kreissitz: Warendorf
www.kreis-warendorf.de

Landrat
Dr. Olaf Gericke [U] / CDU
im Amt seit: 2006 gewählt bis: 2020

Sitzverteilung im Kreistag
Vorsitz: Dr. Olaf Gericke

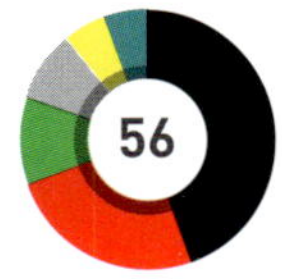

25	CDU
14	SPD
6	B.90/Grüne
3	FDP
3	FWG
5	Sonstige

(Die Linke 2, AfD 2, Piraten 1)

Kreis

Wesel

NORDRHEIN-WESTFALEN

Der Kreis Wesel umfasst...
...die Ballungsrandzone des Ruhrgebiets und bildet mit seinen eher landwirtschaftlich geprägten Gebieten die grüne Lunge des Ruhrgebiets.

Historische Entwicklung
Der Niederrhein ist eine Kulturlandschaft mit einer langen Geschichte, deren sichtbare Zeugen in Xanten und an anderen Orten bis in die römische Kaiserzeit zurück reichen. Vom Niederrhein aus gründeten die Franken das erste mittelalterliche Großreich. Außerdem entstand in Kamp das erste Zisterzienserkloster Deutschlands.

Die Gründung der preußischen Kreise Moers, Dinslaken und Rees markierte nach der französischen Herrschaft einen Neubeginn, der mit dem Aufstieg der Montanwirtschaft auch einen wirtschaftlichen Aufschwung mit sich brachte.

Nach der kommunalen Neugliederung am 1.1.1975 entstand aus den drei Altkreisen Dinslaken, Moers und Rees der neue Kreis Wesel. Auf beiden Seiten des Rheins wurde eine Kulturlandschaft erschlossen, deren Schönheit immer mehr Besucher für sich entdecken. Der Archäologische Park Xanten lässt das römische Leben am Niederrhein lebendig werden, während die mächtige Gotik von St. Victor in Xanten und St. Willibrordi in Wesel das Kunstschaffen des Spätmittelalters erfahrbar machen.

Wertschöpfung und Verkehr
Der Rhein ist die Lebensader für den Kreis Wesel und der Hafenverbund DeltaPort bietet mit drei Häfen optimale Ansiedlungsbedingungen. Außerdem erschließen sechs Autobahnen den Kreis und die Bahnlinie Oberhausen-Amsterdam schafft beste Voraussetzungen für den Schienenverkehr. Aufgrund dieser hervorragenden Infrastruktur haben sich Logistikwirtschaft, Chemie, Maschinenbau, Metallverarbeitung, Nahrungsmittelgewerbe, unternehmensnahe Dienstleistungen, Forschung und Entwicklung dauerhaft hier angesiedelt.

Im Kreis gibt es viele Global Player, u. a.: Die Klimatechniker der Firma Trox, ALTANA und Byk-Chemie, Solvay, Paradies Betten, Bonita, Lemken, Norgren, Gardemann, Trimet, Alu-Concept AG, Underberg, sappi, Kerrygold, Dr. Oetker. Aufgrund der günstigen Lage gibt es Distributionszentren von ALDI Nord, EDEKA und Lidl, der AMAZON Deutschland GmbH und der KAISER + KRAFT GmbH.

Die Gesellschaft für Informations-, Mobilfunk- und Satellitenfunktechnik (IMST GmbH) bietet wirtschaftsnahe Forschung und Technologietransfer und 2009 hat die Hochschule Rhein-Waal ihren Standort in Kamp-Lintfort eröffnet.

Fläche: 1.042,80 km^2
EW: 457.244 - EW/km^2: 438
KFZ-Kennzeichen: WES
Kreissitz: Wesel
www.kreis-wesel.de

Landrat
Dr. Ansgar Müller [P] / SPD
im Amt seit: 2004 gewählt bis: 2020

Sitzverteilung im Kreistag
Vorsitz: Dr. Ansgar Müller

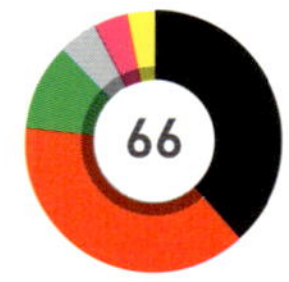

25	CDU
25	SPD
7	B.90/Grüne
3	Die Linke
2	FDP
3	Sonstige

(AfD 2, VWG 1, Piraten 1)

Die hiesigen Unternehmen erwirtschafteten 2012 ein Bruttoinlandsprodukt von 11.547 Mio. €. In der einheimischen Wirtschaft arbeiten 123.229 sozialversicherungspflichtig beschäftigte Menschen. 32 % der Beschäftigten arbeiten im produzierenden Gewerbe, 67 % im Dienstleistungsgewerbe. Die Exportquote betrug im Jahr 2012 47 % und lag 5 % über dem Landesschnitt. 2013 wurden in den Häfen 5.870.900 t Güter umgeschlagen. Die Kaufkraft liegt bei 2,5 Mrd. €.

Landschaft, Sehenswürdigkeiten und Kultur
Radfahren ist die wohl beliebteste Entspannung der Menschen am Niederrhein. Die flache Landschaft und ein vorbildliches Wegenetz bieten ideale Vorausetzungen für ausgedehnte Touren. Beliebt sind auch Golfen, Reiten, Wandern und dank des Rheins, der Lippe und vieler Seen, der Wassersport. Vor allem die Xantener Nord- und Südsee ziehen eine Vielzahl von Wassersportlern an.

Kulturellen Genuss bieten die zahlreichen Festivals, Konzerte, Museen und Theater. Dabei besteht u.a. die Wahl zwischen dem Fantastival im Burgtheater Dinslaken, dem Jazz-Festival in Moers, dem Siegfried-Spektakel in Xanten und den Marienthaler Abenden. Das Landestheater Burghofbühne und das Schlosstheater Moers bieten darüber hinaus anspruchsvollen Theatergenuss.

Zeugnisse der bewegten Vergangenheit finden sich überall. So lässt der Archäologische Park in Xanten die Römerzeit aufleben. Das Preußen-Museum Nordrhein-Westfalen in Wesel und der barocke Terrassengarten des Klosters Kamp, der die Vorlage für Schloss Sanssouci von Friedrich II bot, lohnen einen Besuch.

In der Museumslandschaft bieten neben dem Grafschafter Museum in Moers und dem Voswinkelshof in Dinslaken zahlreiche Spezialmuseen, wie das Peschkenhaus in Moers, das Ordensmuseum in Kamp und das Otto-Pankok Museum in Hünxe, Kultur und Geschichte.

Rheinland-Pfalz

Landkreise	**24**
Fläche km²	**18.783,73**
Einwohner	**2.973.796**
Bevölkerungsdichte EW/km²	**158**

Größte Landkreise	km²
Eifelkreis Bitburg-Prüm	1.626,26
Bernkastel-Wittlich	1.167,60
Trier-Saarburg	1.101,50

Kleinste Landkreise	km²
Rhein-Pfalz-Kreis	304,94
Germersheim	463,35
Kusel	573,34

Einwohnerstärkste Landkreise	EW
Mayen-Koblenz	210.441
Mainz-Bingen	204.514
Westerwaldkreis	199.131

Einwohnerschwächste Landkreise	EW
Vulkaneifel	60.775
Cochem-Zell	62.041
Kusel	70.883

Dichtest besiedelte Landkreise	EW/km²
Rhein-Pfalz-Kreis	492
Mainz-Bingen	338
Neuwied	286

Dünnst besiedelte Landkreise	EW/km²
Eifelkreis Bitburg-Prüm	59
Vulkaneifel	67
Cochem-Zell	90

Landkreis

Ahrweiler

RHEINLAND-PFALZ

Der Landkreis Ahrweiler ist...
...ein Tourismusmagnet zwischen Weinbergen und Wanderwegen an Rhein, Ahr und in der Eifel. Vor allem aber: ein aktiver Wirtschaftsraum mit großer Eigendynamik und eine Schnittstelle zwischen europäischen Ballungsgebieten, durch Verkehrswege exzellent angebunden.

Historische Entwicklung
Die Geburtsstunde des Kreises Ahrweiler schlug am 14.5.1816 als einem von 16 Kreisen des Regierungsbezirks Koblenz. 1818 lebten hier 26.000 Menschen. 1932 wurde der Nachbarkreis Adenau aufgelöst, weite Gebiete davon fielen an den Landkreis Ahrweiler. Die Verwaltungsreform der 1970er Jahre brachte weitere Gebietszuwächse, unter anderem den Laacher See.

Wertschöpfung und Verkehr
Der Kreis Ahrweiler, linksrheinisch im nördlichen Rheinland-Pfalz gelegen, ist Bestandteil der Ausgleichsregion Bonn/Rhein-Sieg/Ahrweiler. Diese – länderübergreifende – Kooperation verbindet die frühere Bundeshauptstadt Bonn sowie den Rhein-Sieg-Kreis mit dem Kreis Ahrweiler.

Nach der deutschen Wiedervereinigung drohten durch den Hauptstadtbeschluss und dem damit verbundenen Umzug der Bundesregierung und der Bundesministerien von Bonn nach Berlin erhebliche wirtschaftliche Einbußen und massive Arbeitsplatzverluste. Bis heute kämpft der Landkreis dafür, dass das Berlin/Bonn-Gesetz nicht ausgehöhlt wird, sprich: dass an der Aufgabenteilung zwischen Bonn und Berlin nicht gerüttelt wird.

Ahrweiler als Teil der Region mit Bonn und Rhein-Sieg erhielt ab 1991 Ausgleichsprojekte. Allen voran die Fachhochschule RheinAhrCampus in Remagen (Fachbereiche Mathematik und Technik sowie Wirtschafts- und Sozialwissenschaften), das Arp Museum Bahnhof Rolandseck und mehrere Gewerbeparks. Auf einer dieser Industrieflächen, dem Innovationspark Rheinland in der Gemeinde Grafschaft unmittelbar an der europäischen Nord-Süd-Verkehrsachse A 61, siedelt sich der Weltkonzern Haribo an.

International bekannt ist AW wegen seiner Mineralwässer – die fünf Betriebe Apollinaris, Brohler, Sinziger, Rhodius und Tönissteiner sind mit rund 1.000 Beschäftigten zugleich ein wichtiger Wirtschaftsfaktor – dem Nürburgring, Kloster und See Maria Laach, Burg Olbrück sowie der Brücke von Remagen. Und natürlich: wegen des Ahr-Rotweins und der Spitzengastronomie. Mehrere Deutsche Weinköniginnen kommen aus dem AW-Land.

Die Nähe zur früheren Bundeshauptstadt verschaffte dem Kreis ein Bauwerk gigantischen Ausmaßes für den Fall eines atomaren Krieges: den „Ausweichsitz der Verfassungsorgane des Bundes im Krisen- und Verteidigungsfall zur Wahrung von deren Funktionstüchtigkeit". Diese in 19 km Tunnelanlagen gelegene unterirdische Stadt wurde ab 2001 zurückgebaut. 200 m sind geblieben. Diese „Dokumentationsstätte Regierungsbunker" ist heute ein Museum des Kalten Krieges.

Für Familien ist im Kreis Ahrweiler bestens gesorgt: günstige Baulandpreise, ein hervorragendes Angebot an Kindergartenplätzen, ein modernes und breit gefächertes Schulangebot sowie vielfältige Freizeit- und Kultureinrichtungen. Gezielt setzt der Kreis auf die Förderung von Vereinen und dem Ehrenamt.

Ahrweiler ist ein leistungsstarker Wirtschafts- und Wissenschaftsstandort. Firmen, die sich für einen Standort hier entscheiden, finden exzellente Bedingungen: Die zentrale Lage in der Mitte Europas. Attraktive Industrie- und Gewerbeflächen. Der stabile Arbeitsmarkt mit gut ausgebildeten Fachkräften, resultierend auch aus dem breit aufgestellten Schulangebot. Das attraktive Wohnen am Rande der Ballungszentren. Eine Umwelt mit hohem Freizeitwert in einer Ferienregion.

Außerdem: Die Marktnähe an der Schnittstelle zu den großen Verdichtungsräumen Rhein-Ruhr und Rhein-Main, benachbart zu den Finanzplätzen Frankfurt und Düsseldorf. Es gibt kaum eine Region in Deutschland, die in Tagesdistanz einen Einzugsbereich von nahezu 50 Mio. Menschen erreichbar macht. Die Flughäfen Köln/Bonn, Düsseldorf, Frankfurt/Main und Luxemburg liegen in einem Radius von maximal 150 km.

Der Rhein als wichtigste europäische Binnenwasserstraße kann über die Häfen von Remagen und Brohl-Lützing genutzt werden. Über das Bonner Containerterminal besteht ein direkter Anschluss an die Überseehäfen Rotterdam und Antwerpen.

Landschaft, Sehenswürdigkeiten und Kultur
Der Kreis Ahrweiler ist in der Eifel und am Rhein gelegen. Beide markieren die topografischen Extreme innerhalb des Kreises Ahrweiler. Als höchster Berg ragt die Hohe Acht mit 746 m hinaus – der Rhein bei Rolandswerth stellt mit 51 m den tiefsten Punkt dar. Der Kreis Ahrweiler erstreckt sich über eine Fläche von insgesamt 787 km². Die Ausdehnung beträgt von West nach Ost 40 km, von Nord nach Süd 24 km. Wälder bedecken 52 % der Kreisfläche.

Fläche: 786,98 km²
EW: 126.643 - EW/km²: 161
KFZ-Kennzeichen: AW
Kreissitz: Bad Neuenahr-Ahrweiler
www.kreis-ahrweiler.de

Landrat
Dr. Jürgen Pföhler / CDU
im Amt seit: 2000 gewählt bis: 2024

Sitzverteilung im Kreistag
Vorsitz: Dr. Jürgen Pföhler

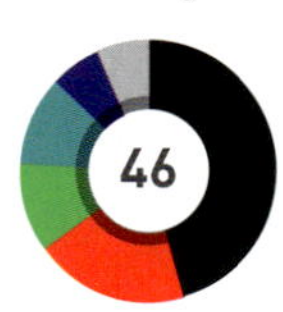

21	CDU
9	SPD
5	B.90/Grüne
5	FWG
3	parteilos
3	Sonstige

(FDP 2, Die Linke 1)

Landkreis

Altenkirchen

RHEINLAND-PFALZ

Der Landkreis Altenkirchen ist...
...eine Mischung aus grünem Industriekreis und Wohnkreis zwischen den Ballungsräumen Rhein-Ruhr und Rhein-Main. High-Tech-Familienbetriebe in Metall- und Maschinenbau, Naturerlebnis Westerwald und Sieg, über 900 Vereine, tolle Kulturinitiativen und -orte sind hier kein Gegensatz.

Historische Entwicklung

Der Landkreis Altenkirchen konnte am 14.5.2016 auf eine 200-jährige Geschichte zurückblicken. Nach den Kriegen Napoleons und des Wiener Kongresses traten Friedrich August Herzog zu Nassau-Usingen und Friedrich Wilhelm Fürst zu Nassau-Weilburg infolge eines am 31.5.1815 zu Wien geschlossenen Staatsvertrages Gebiete an Preußen ab. Dazu zählten die Ämter Altenkirchen samt Schöneberg und dem Kirchspiel Hamm, Schönstein, Freusburg und Friedewald. Die Herrschaft Wildenburg wurde aus dem Großherzogtum Berg schon am 5.4.1815 ausgegliedert und kam zu Preußen.

Somit zeichneten sich die Kreisgrenzen ab, die mit Bildung der Provinz Großherzogtum Niederrhein und des Regierungsbezirks Koblenz, der 1816 entstand, amtlich wurden. Dieser wurde in 16 Kreise aufgeteilt, von denen einer Altenkirchen war. Im Kreis wurden neun Bürgermeistereien gebildet. Seitdem hat der Kreis fast keine größeren Grenzkorrekturen erfahren. Lediglich die Gemeinde Berod wurde 1970 vom damaligen Oberwesterwaldkreis in den Kreis eingegliedert.

Wertschöpfung und Verkehr

Das Rückgrat der heimischen Wirtschaft bilden heute neben wenigen größeren die vielen kleinen und mittelständischen Betriebe. Schwerpunktbranchen sind dabei der Maschinenbau sowie die Metall- und Kunststoffverarbeitung. Das produzierende Gewerbe ist mit fast der Hälfte der sozialversicherungspflichtig Beschäftigten immer noch Hauptsäule der Wirtschaftskraft im Kreis, wenn auch der Dienstleistungsbereich mehr und mehr an Bedeutung gewinnt. Im Landkreis Altenkirchen haben über 35.000 sozialversicherungspflichtig Beschäftigte ihren Arbeitsplatz.

Durch die A 4 im Norden, die A 45 im Osten und die A 3 im Süden und Westen ist der Kreis von drei Bundesautobahnen umrahmt. Ein dichtes Netz an Bundes- und Landstraßen gewährleisten die Zufahrt zu den Autobahnen. Innerhalb des Kreisgebietes sorgt ein gut ausgebautes Kreisstraßennetz von über 400 km Länge für einen fließenden Verkehr.

Die Hauptverkehrsader im Schienenverkehr ist die Siegstrecke Gießen-Köln mit Haltepunkten in Kirchen, Betzdorf, Wissen und weiteren Gemeinden. Im gesamten Kreisgebiet gilt der Tarif des Verkehrsverbundes Rhein-Sieg (VRS).

Fläche: 642,01 km²
EW: 128.228 - EW/km²: 200
KFZ-Kennzeichen: AK
Kreissitz: Altenkirchen (Westerwald)
www.kreis-altenkirchen.de

Landrat
Michael Lieber[S] / CDU
im Amt seit: 2006 gewählt bis: 2022

Sitzverteilung im Kreistag
Vorsitz: Michael Lieber

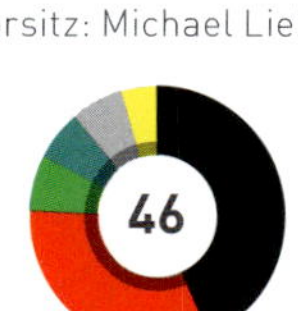

20	CDU
15	SPD
3	B.90/Grüne
3	FWG
2	FDP
3	Sonstige

(Die Linke 2, Piraten 1)

In Siegburg (Rhein-Sieg-Kreis) und Montabaur (Westerwaldkreis) stehen nahe ICE-Bahnhöfe für Fernreisen zur Verfügung. Für die Verkehrserschließung innerhalb des Kreises sind die von der Westerwalbahn GmbH betriebene Daadetalbahn von Daaden nach Betzdorf sowie die Hellertalbahn, die von Herdorf nach Dillenburg fährt, wichtig

Landschaft, Sehenswürdigkeiten und Kultur

Der Landkreis Altenkirchen liegt als nördlichster Kreis des Landes Rheinland-Pfalz zwischen den Ballungsräumen Köln-Siegen-Frankfurt. Aufgrund der günstigen Lage vor den Toren der Stadt Siegen im Norden und unmittelbar an der Autobahn A 3 (Köln-Frankfurt) im Süden, ist der Kreis vor allem als Wohnraum beliebt.

Während im Norden des Kreises breite, vor Jahrmillionen entstandenen Gebirgsbrücken (Giebelwald und Windhahn) über dem reizvollen Siegtal das Landschaftsbild prägen, sind es im Süden überwiegend landwirtschaftlich genutzte Flächen, die im Sommer in verschiedenen Farben ein facettenreiches Bild bieten. Letzteres kann man vom Raiffeisenturm auf dem Beulskopf genießen. Von dort reicht der wundervolle Panoramablick über das Siebengebirge bis zum Kölner Dom.

Der Kreis ist zwar nicht reich gesegnet mit monumentalen kulturhistorischen Denkmälern, gleichwohl gibt es eine Reihe Kleinode, die sich lohnen, entdeckt zu werden. Dazu gehören die vielen kleinen Kirchen auf den Dörfern mit den unterschiedlichen Baustilen. Romantik, Gotik, Barock bis hin zum Fachwerk oder Mischformen erwarten den Besucher.

Viele Kirchen sind wahre Schmuckstücke. Doch was wäre der Kreis ohne seine Schlösser im Privatbesitz: Schloss Friedewald, das im Stil der Spätrenaissance dem Heidelberger ähnelt oder die Hatzfeld'schen Anwesen Wasserschloss Crottorf, Schloss Schönstein bei Wissen und die Wildenburg bei Friesenhagen.

Landkreis

Alzey-Worms

RHEINLAND-PFALZ

Der Landkreis Alzey-Worms ist...

...der größte weinbautreibende Landkreis Deutschlands. Im Süden Rheinhessens gelegen, umfasst er eine Fläche von 588 km² und besteht aus der Kreisstadt Alzey sowie den Verbandsgemeinden Alzey-Land, Eich, Monsheim, Wonnegau, Wöllstein und Wörrstadt mit den Städten Osthofen und Wörrstadt .

Historische Entwicklung

Zahlreiche archäologische Bodenfunde dokumentieren eine frühe Besiedlung des heutigen Kreisgebiets. So geht beispielsweise die Stadt Alzey auf eine keltische Siedlung um 400 v. Chr. zurück. Im späten 12. Jahrhundert wurde der Alzeyer Raum zum Zentrum der aufstrebenden „Pfalzgrafschaft bei Rhein" und bis Ende des 18. Jahrhunderts war Alzey Sitz des größten kurpfälzischen Oberamtes, dessen Gebiet auch als „Kornkammer der Kurpfalz" bezeichnet wurde. Im Jahre 1797 fiel das gesamte linksrheinische Territorium an Frankreich. Das Gebiet des heutigen Landkreises war bis 1814 Bestandteil des Departements Donnersberg (Mont-Tonnerre).

Im Vollzug der Wiener Kongressakte gelangte es an das Großherzogtum Hessen. 1835 verfügte ein Erlass die Einrichtung der Kreise Alzey und Worms. Aus den beiden rheinhessischen Landkreisen Alzey und Worms wurde im Zuge der territorialen Verwaltungsreform des Jahres 1969 der Landkreis Alzey-Worms in seinem jetzigen Zuschnitt geschaffen. Die Kreisverwaltung hat ihren Sitz in der Stadt Alzey.

Wertschöpfung und Verkehr

Im Landkreis Alzey-Worms trifft die landschaftliche Idylle der rheinhessischen Weinkulturlandschaft mit ihren sanften Hügeln auf wirtschaftliche Dynamik. Neben der klassischen Wirtschaftsstruktur mit einem guten Branchenmix kleiner und mittlerer Unternehmen aus dem produzierenden Gewerbe und dem Dienstleistungssektor, stellt auch der Weinbau einen bedeutenden Wirtschaftsfaktor dar. In Alzey-Worms befindet sich die Hälfte der Rebflächen Rheinhessens.

Rund 6.500 neue Arbeitsplätze, ein Plus von mehr als 30 %, seit dem Jahr 2000 und eine deutlich unter dem Landesdurchschnitt liegende Arbeitslosenquote von 4,3 % im Jahr 2015 sind Kennzeichen der wirtschaftlichen Dynamik. Rund 29.000 Menschen haben hier einen sozialversicherungspflichtigen Arbeitsplatz in überwiegend kleinen und mittleren Unternehmen.

Aber auch Global Player sind im Kreis Alzey-Worms zu Hause. Beim FOCUS-MONEY Ranking 2011 zur Wirtschaftsstärke der deutschen Landkreise belegte der Kreis Alzey-Worms auch im bundesweiten Vergleich einen Platz im oberen Viertel der wirtschaftsstärksten Standorte, in Rheinland-Pfalz sogar den zweitbesten Rang.

Fläche: 588,14 km²
EW: 125.998 - EW/km²: 214
KFZ-Kennzeichen: AZ
Kreissitz: Alzey
www.kreis-alzey-worms.de

Landrat
Ernst Walter Görisch [V, K] / SPD
im Amt seit: 2004 gewählt bis: 2020

Sitzverteilung im Kreistag
Vorsitz: Ernst Walter Görisch

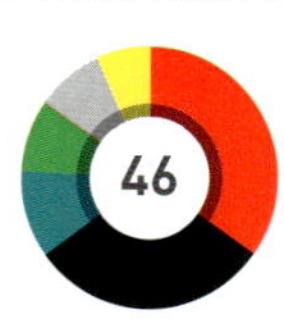

16	SPD
14	CDU
5	FWG
4	B.90/Grüne
2	FDP
5	Sonstige

(Die Linke 2, ALFA 2, AfD 1)

Die Lage der Landkreise wird zusätzlich durch den Schnittpunkt der beiden Bundesautobahnen A 61 und A 63 aufgewertet. Von Alzey aus sind sowohl das gesamte Rhein-Main- und Rhein-Neckar-Gebiet als auch die Räume Koblenz und Kaiserslautern in weniger als einer Stunde Autofahrt erreichbar. Die Lage im Knotenpunkt zweier internationaler Autobahnen bedeutet mithin für den Raum Alzey einen erheblichen Standortvorteil.

Zugverbindungen im Kreisgebiet führen im „Rheinland-Pfalz-Takt" von Alzey nach Mainz und Kirchheimbolanden, von Worms nach Mainz, von Worms über Monsheim und Alzey nach Bingen und von Alzey und Worms über Monsheim nach Grünstadt.

Landschaft, Sehenswürdigkeiten und Kultur

Die weite, mit Reben bewachsene Hügellandschaft prägt den Kreis. Den Hauptteil des Kreises bildet das fruchtbare Alzeyer Hügelland. Einen reizvollen Kontrast zur Weinlandschaft bildet der Teil der Rheinhessischen Schweiz mit seinen Wäldern, ausgedehnten Wiesen und verträumten Bachläufen. Einen ganz eigenen Reiz haben auch die idyllischen Rheinauen mit reicher Flora und Fauna sowie das Gebiet der Eicher Seen.

Die Geschichte des Kreises und der Ursprung des Weinbaus, der bereits von den Römern begründet wurde, reichen mehr als 2.000 Jahre zurück. Überall in den kleinen idyllischen Gemeinden sind die Zeitzeugen vergangener Tage noch heute sichtbar. Obwohl die Industrialisierung auch an den Städten und Gemeinden nicht spurlos vorübergegangen ist, haben sich die rebenumrankten Ortschaften ihre Ursprünglichkeit erhalten. Marktplätze aus dem Mittelalter, gut erhaltene Stadtmauern, Fachwerkhäuser und die Vielzahl sakraler Gebäude spiegeln Kulturen wider, die hier ansässig waren.

Inmitten der Urlaubsregion Rheinhessen gelegen, ist Alzey-Worms ein beliebtes Ziel für Übernachtungsgäste und Tagestouristen. Die Gäste- und Übernachtungszahlen steigen kontinuierlich an, und der Tourismus ist ein wichtiger Wirtschaftsfaktor mit weiterem Wachstumspotenzial.

In den vergangenen Jahren sind im Landkreis und in Rheinhessen insgesamt erhebliche touristische Weiterentwicklungen rund um Wein, Landschaft und naturnahe Aktivitäten wie Radfahren und Wandern gelungen. Auch das mittlerweile gerade im Landkreis Alzey-Worms erhebliche Angebot an hochwertigen Übernachtungsmöglichkeiten beim Winzer – dessen Ausbau über viele Jahre vom Landkreis gefördert wurde – begeistert immer mehr Urlauber.

Landkreis

Bad Dürkheim

RHEINLAND-PFALZ

Der Landkreis Bad Dürkheim ist...
...ein typisches Stück Pfalz zwischen Wald und Wein. Lebensfrohe Menschen, mediterranes Klima, Pfälzerwald und Reben, dazwischen die älteste Touristikroute Deutschlands, die Deutsche Weinstraße.

Historische Entwicklung

Kelten in der jüngeren Eisenzeit, Römer im ersten Jahrhundert vor Christus – schon früh war das Gebiet um Bad Dürkheim besiedelt, Ausgrabungen belegen 2.000 Jahre Weinbau. Von Saliern über Staufer bis zu den Grafen von Leiningen wussten viele Herrscher die einzigartige Landschaft zu schätzen. Hardenburg, Wachtenburg, Kloster Limburg, Burg Neuleiningen oder die Burgen im Elmsteiner Tal geben noch heute Zeugnis davon. 1793 fiel der heutige Landkreis inks des Rheins an Frankreich, es entstand das „Département du Mont Tonnerre" (Donnersberg).

Nach 1815 ging die Pfalz an das Königreich Bayern, Rechte wurden eingeschränkt. Die Bayern behielten die hohen Abgaben der napoleonischen Zeit bei, Zollvorschriften wirkten sich negativ auf den Weinabsatz aus. Das Fest auf dem Hambacher Schloss 1832 war die erste demokratische Massenveranstaltung der deutschen Geschichte: 30.000 Menschen forderten staatliche Einheit der deutschen Kulturnation und bürgerliche Rechte wie Meinungs-, Rede- und Pressefreiheit, Versammlungs- und Vereinigungsfreiheit sowie Handels- und Gewerbefreiheit. Das Hambacher Schloss ist damit eine Wiege der deutschen Demokratie.

Der Landkreis Bad Dürkheim wurde am 7.7.1969 in seiner heutigen Ausdehnung aus Teilen der ehemaligen Kreise Neustadt und Frankenthal neu gebildet.

Wertschöpfung und Verkehr

Die Pfalz wird häufig als „Toskana Deutschlands" bezeichnet: Fruchtbare Rheinebene, Rebenmeer und Wald bilden zusammen mit dem milden Klima die Grundlagen für Land-, Forst- und Weinwirtschaft. Nur hier blühen Mandeln in dieser Fülle, gedeihen Feigen und Spargel in dieser Form. Insbesondere der Tourismus ist ein wichtiger Wirtschaftszeig, wie ständig steigende Übernachtungszahlen beweisen.

Mit rund 8.300 ha Rebfläche gehört der Landkreis zum Weinbaubereich „Mittelhaardt", die Pfalz ist das größte Riesling-Anbaugebiet der Welt, Weinlagen von Weltruhm finden sich hier. Rund um das Jahr locken Wein- und andere Feste Gäste an und belegen die Fröhlichkeit der Pfälzer. Daneben ist das mittelständische Handwerk mit rund 3.000 Betrieben stark vertreten, darunter die einzige Kandiermanufaktur Deutschlands.

Fläche: 594,79 km²
EW: 131.530 - EW/km²: 221
KFZ-Kennzeichen: DÜW
Kreissitz: Bad Dürkheim
www.kreis-bad-duerkheim.de

Landrat
Hans-Ulrich Ihlenfeld [G] / CDU
im Amt seit: 2013 gewählt bis: 2021

Sitzverteilung im Kreistag
Vorsitz: Hans-Ulrich Ihlenfeld

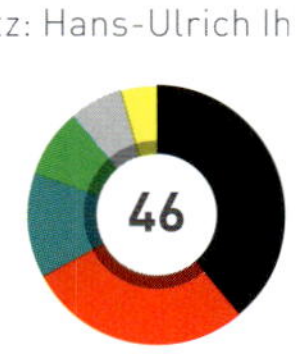

18	CDU
13	SPD
6	FWG
4	B.90/Grüne
2	FDP
3	Sonstige

(AfD 2, Die Linke 1)

Bestens erschlossen durch Straße und Schiene, bietet der Landkreis hervorragende Verkehrsanbindungen innerhalb der Metropolregion Rhein-Neckar, zu den Zentren Mannheim/Ludwigshafen und weiter nach Frankreich, Frankfurt oder Stuttgart. Gewerbe und Industrie finden so bestgeeignete Standortbedingungen vor, vor allem in den Mittelzentren Bad Dürkheim, Grünstadt und Haßloch.

Der Landkreis zeichnet sich durch ein überdurchschnittliches Betreuungsangebot, eine breite Schullandschaft und Erwachsenenbildung (mit hervorragender Anbindung an die Hochschulen), kreative Wein- und Tourismuswirtschaft, hohe Wohnqualität bei ausgeprägtem Gesundheits- und Sozialwesen und beste Erholungsmöglichkeiten in der Natur- und Kulturlandschaft aus.

Landschaft, Sehenswürdigkeiten und Kultur

Abwechslungsreiche, reizvolle Landschaft prägen den Kreis: Je zur Hälfte ist der Landkreis mit seinen 48 Gemeinden Teil der Rheinebene und des Naturparks Pfälzerwald, dem größten zusammenhängenden Waldgebiet Deutschlands. Wanderer freuen sich über zertifizierte Wanderwege wie den Pfälzer Weinsteig. Außer in den Alpen findet sich nirgendwo in Deutschland ein so dichtes Netz an Hütten zum Einkehren.

Es ist ein Landkreis der Superlative: In Bad Dürkheim wartet das größte Weinfass der Welt und die Saline, eines der größten Gradierwerke Deutschlands. Die Feierlaune der Pfälzer zeigt sich bei der Vielzahl der Weinfeste, insbesondere beim Wurstmarkt in Bad Dürkheim, dem größten Weinfest der Welt, und beim längsten Weinfest, dem Erlebnistag Deutsche Weinstraße auf 80 km. Die Tradition des Weinbaus belegen die römische „villa rustica" bei Wachenheim, die „Römische Kelter" bei Ungstein und Rebmesserfunde. Einzigartige Museen wie das Deutsche Film- und Fototechnikmuseum in Deidesheim, das Pfalzmuseum für Naturkunde in Bad Dürkheim oder die alte Samenklenge in Elmstein als Haus der Forst- und Waldgeschichte tragen ebenso zur Freizeitgestaltung bei wie die Erlebnisparks Holiday Park in Haßloch und Kurpfalzpark in Wachenheim.

Landkreis

Bad Kreuznach

RHEINLAND-PFALZ

Der Landkreis Bad Kreuznach ist...
...ein Landkreis, in dem es sich in allen Altersphasen des Lebens gut leben lässt. Im Jahr 2016 wurde der Landkreis 200 Jahre alt. Dieses Jubiläum wurde im Rheinland-Pfälzischen Freilichtmuseum in Bad Sobernheim am 15.5.2016 mit einem großen Bürgerfest gefeiert.

Historische Entwicklung

Der 14.5.1816 gilt als die eigentliche Geburtsstunde des heutigen Landkreises, als Preußen als Folge des Wiener Kongresses die Gebiete nördlich der Nahe erhielt. Die „Königliche Regierung zu Koblenz" gab an diesem Tage die neugebildeten Kreise, so auch den Kreis Kreuznach, wie er damals noch hieß, amtlich bekannt.

In einer Instruktion des preußischen Staatskanzlers Fürst von Hardenberg vom 3.7.1815 wurde für die Organisation der Regierungsbezirke und Kreise folgende Regel aufgestellt: „... dass niemand weiter als zwey bis drey Meilen (Anm.: 15 bis 23 km) zum Sitz der Kreisbehörde hat und also, ohne auswärts zu übernachten, seine Geschäfte bei derselben abmachen kann". Die Einwohnerzahl der Kreise sollte zwischen 20.000 und 36.000 liegen.

1816 erfolgte die Errichtung des Kreises Kreuznach im Rahmen der preußischen Verwaltungsorganisation mit 56 Gemeinden und 30.100 Einwohnern. 1816/17 der Zugang von 26 Gemeinden mit 8.300 Einwohnern. 1932 erfolgte die Vereinigung der Kreise Kreuznach und Meisenheim zum Großkreis mit 107 Gemeinden und rund 100.000 Einwohnern. 1969/70 wurde im Zuge der Territorialen Verwaltungsreform in Rheinland-Pfalz der Zuschnitt des Kreises Bad Kreuznach drastisch verändert. Der Kreis Bad Kreuznach ging aus der Reform gestärkt hervor.

Die Bildung des Landes Rheinland-Pfalz im Jahr 1947 war für den Landkreis Bad Kreuznach ein bedeutsames historisches Ereignis: Er ist nun nicht mehr länger Grenzlandkreis, eine Position, die er seit Anfang des 18. Jahrhunderts eingenommen hatte, sondern liegt jetzt in der Mitte des neuen staatlichen Gefüges.

Wertschöpfung und Verkehr

In den letzten Jahrzehnten haben in der Wirtschafts- und Sozialstruktur des Kreises Bad Kreuznach große Veränderungen stattgefunden. Bis in die 1960er Jahren waren von den wenigen Städten insbesondere im Nahetal (Bad Kreuznach, Bad Münster am Stein-Ebernburg, Bad Sobernheim, Kirn) abgesehen die Landwirtschaft in den übrigen Verbandsgemeinden mit ihren agrarisch strukturierten Dörfern vorherrschend.

Dies hat sich ab den 1980er Jahren geändert.

Fläche: 863,71 km²
EW: 155.944 - EW/km²: 181
KFZ-Kennzeichen: KH
Kreissitz: Bad Kreuznach
www.kreis-badkreuznach.de

Landrat
Franz-Josef Diel / CDU
im Amt seit: 2009 gewählt bis: 2017

Sitzverteilung im Kreistag
Vorsitz: Franz-Josef Diel

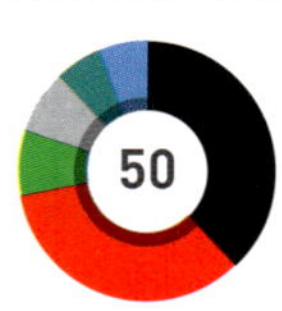

19	CDU
17	SPD
4	B.90/Grüne
3	FWG
3	AfD
4	Sonstige

(FDP 2, Die Linke 2)

An erster Stelle stehen heute Dienstleistungen, gefolgt von produzierendem Gewerbe, Handel und Verkehr. Besonders große Wachstumschancen werden künftig den Kompetenzfeldern Weinbau/Ernährung Gesundheit und Tourismus sowie Bauen und Umwelttechnik eingeräumt.

Ein wichtiges Ziel ist die Verkehrsinfrastruktur im Kreisgebiet stetig zu verbessern und den jeweils notwendigen Bedürfnissen anzupassen. Dies gilt insbesondere für die wichtige West-Ost-Achse, B 41, die stellenweise vierspurig ausgebaut ist. Hauptsächlich am östlichen Rand des Kreisgebietes bestehen Verbindungen zur A 61 und zur A 60, welche die Anbindung mit dem überaus wichtigen Rhein-Main-Gebiet herstellen. Auch die Aufrechterhaltung des ÖPNV wird den Landkreis künftig vor große Herausforderungen stellen.

Landschaft, Sehenswürdigkeiten und Kultur

Der Landkreis Bad Kreuznach liegt im Übergang vom Nord- und Südteil des Landes Rheinland-Pfalz, also im Herzen dieses Bundeslandes. Die höchste Erhebung ist der Ellerspring (658 m) im Soonwald. Die Ost-West-Ausdehnung beträgt 42 km, die Nord-Süd-Ausdehnung 40 km. Von Westen nach Nord-Osten durchschneidet die Nahe, ein Nebenfluss des Rheins, unser Kreisgebiet. Geografisch betrachtet ist der Landkreis Bad Kreuznach ein Ausläufer der Oberrheinischen Tiefebene, gelegen zwischen dem westlichen Teil des Rheinischen Schiefergebirges und dem Nordpfälzer Bergland. Geprägt wird das Kreisgebiet im Wesentlichen durch das Nahe- und Glantal. Bereits zum Hunsrück gehören geografisch die Höhen des Lützelsoons und des Soonwalds, im Norden des Kreisgebiets.

Wellness, Gesundheit und Kuren in Bad Kreuznach, Bad Münster am Stein-Ebernburg und Bad Sobernheim stehen stellvertretend für den Ruf des Kreises als bedeutendes Kur- und Erholungsgebiet. Eine besondere Bedeutung nimmt der Weinbau ein. Neben dem Nahewein werden im südöstlichen Kreisgebiet Rheinhessenweine erzeugt.

Für sportliche Aktivitäten bietet der Landkreis ein Rad- und Wanderwegenetz, Jugendherbergen, Sport- und Spielplätze, Schwimmbäder, Hallenbäder, Kanufahren, Bergsteigen, Golfanlagen, Reitplätze, Luftsportplätze und Landeplätze. Großer Beliebtheit erfreuen sich auch die Fahrraddraisinen, die zwischen Staudernheim und Altenglan verkehren. Weitere Highlights sind der Barfußpfad und das Rheinland-Pfälzische Freilichtmuseum in Bad Sobernheim sowie die Klosteranlage Disibodenberg (Heilige Hildegard von Bingen).

Landkreis

Bernkastel-Wittlich

RHEINLAND-PFALZ

Der Landkreis Bernkastel-Wittlich ist...
...eingebettet in die drei Landschaften Eifel, Mosel und Hunsrück. Er liegt verkehrsgünstig im Herzen von Rheinland-Pfalz und ist aufgrund seiner touristischen Angebote jedes Jahr Ziel von tausenden Besuchern aus aller Welt.

Historische Entwicklung
Der Landkreis Bernkastel-Wittlich ist durch die Kreisreform 1969 und durch die Verbandsgemeindereform 1970 aus dem Großteil der früheren Landkreise Wittlich und Bernkastel sowie einzelnen Grenzgemeinden aus den ehemaligen Kreisen Zell und Trier-Saarburg entstanden.

Wertschöpfung und Verkehr
Durch die Autobahnen A 1 und A 60 ist der Landkreis an das Autobahnnetz angeschlossen. Mit dem in Bau befindlichen Hochmoselübergang ergeben sich weitere hervorragende Entwicklungschancen in Richtung Rhein-Main. Die Bundesbahnstrecke Trier-Koblenz führt durch das Kreisgebiet und ermöglicht damit Anschluss an Bahnstrecken im gesamten Bundesgebiet und im benachbarten Ausland. Darüber hinaus bieten die nahen Flughäfen Hahn und Luxemburg Flugverbindungen in die ganze Welt.

Während früher fast ausschließlich Landwirtschaft und Weinbau Erwerbsquellen boten, finden heute die Arbeitnehmerinnen und Arbeitnehmer im gesamten Landkreis in Industrie, Handel und Handwerk über 40.000 vielseitige Arbeitsplätze. Die Wirtschaftsstruktur im Landkreis ist geprägt durch eine für die Region überdurchschnittlich hohe Anzahl an industriellen Großbetrieben, sehr vielen mittelständischen Betrieben und einem eindrucksvollen Potential an Klein- und Kleinstbetrieben.

Zu den wichtigsten Branchen im Landkreis Bernkastel-Wittlich gehört unter anderem der Maschinenbau einschließlich Metallbe- und -verarbeitung, die Nahrungsmittel-, Verpackungsmittel- und Holzindustrie. Von herausragender Bedeutung sind ebenfalls die Vielzahl und die Vielfalt handwerklicher Betriebe.

Weiterhin von großer Bedeutung sind Landwirtschaft und Weinbau. Der gesunde Branchenmix aus Industrie, Landwirtschaft, Tourismus und sonstigen Dienstleistungen hat sich auch in Krisenzeiten bewährt.

Landschaft, Sehenswürdigkeiten und Kultur
Die Eifel bietet mit ihrer einzigartigen aus Vulkanen gewachsenen Natur eine Vielfalt an Urlaubsmöglichkeiten. Dazu einen Bilderbogen an Sehenswürdigkeiten – angefangen bei den Burgen und Schlössern, über Kirchen, Klöster und römische Ausgrabungen bis hin zu liebevoll eingerichteten Museen. Auch erdgeschichtlich Interessierte, Geowissenschaftler und Vulkanologen sind von der Millionen Jahre alten Eifelregion begeistert. Grabungen des Naturhistorischen Museums Mainz haben das Eckfelder Trockenmaar weltweit bekannt gemacht. Unter den zahlreichen spektakulären Funden ist besonders das 50 Mio. Jahre alte „Eckfelder Urpferdchen" zu nennen, das im Maarmuseum in Manderscheid zu bewundern ist.

Vor 2.000 Jahren brachten die Römer den Weinbau an die Mosel. Zahlreiche Bauwerke aus der Römerzeit zeugen von dieser Epoche. Die Mosel zählt weltweit zu den attraktivsten Flusslandschaften. Wie an einer Perlenschnur reihen sich Sehenswürdigkeiten wie mittelalterliche Burgen, Museen, antike Kelteranlagen und architektonisch wertvolle Ensemble aneinander. Die Mosel stellt zusammen mit Saar und Ruwer das größte Rieslinganbaugebiet der Welt dar. Unter Weinliebhabern gilt der Moselriesling als Krone des Weingenusses.

Der Hunsrück weist eine der besten Luftqualitäten Deutschlands auf. Darüber hinaus zählt er zu den waldreichsten deutschen Urlaubslandschaften. Landwirtschaftlich genutzte Hochflächen, große Waldgebiete und tiefe Flusstäler prägen diese Landschaft, die gespickt ist mit naturgegebenen Höhepunkten und sehenswerten Überresten aus keltischer, römischer und mittelalterlicher Zeit.

Mit 816 m lädt der Erbeskopf als höchste Erhebung des Landes Rheinland-Pfalz zum Wandern oder Mountainbikefahren ein und bietet vielfältige Wintersportmöglichkeiten. Die Wintersport, Natur- und Umweltbildungsstätte „Hunsrückhaus" am Erbeskopf informiert interessierte Besucherinnen und Besucher über Natur und Umwelt und bietet Exkursionen, Erlebnistage und Vorträge an. Seit Frühjahr 2015 ist der Nationalpark Hunsrück-Hochwald eröffnet.

Fläche: 1.167,60 km²
EW: 110.981 - EW/km²: 95
KFZ-Kennzeichen: WIL
Kreissitz: Wittlich
www.bernkastel-wittlich.de

Landrat
Gregor Eibes / CDU
im Amt seit: 2011 gewählt bis: 2019

Sitzverteilung im Kreistag
Vorsitz: Gregor Eibes

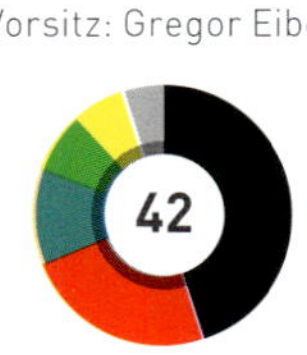

19 CDU
10 SPD
5 FWG
3 B.90/Grüne
3 FDP
2 Sonstige
(Die Linke 1, ÖDP 1)

Landkreis

Birkenfeld

RHEINLAND-PFALZ

Der Landkreis Birkenfeld ist...

...einer der jüngeren Landkreise in Rheinland-Pfalz und führt seit dem 1.5.2015 den Zusatz „Nationalparklandkreis". Ungeachtet dessen, kann dieser Landstrich an der oberen Nahe auf eine lange und bewegte Geschichte zurückblicken, zumal die Einheit des Gebiets nicht durch wirtschaftliche, geografische oder kulturelle Dynamik hergestellt, sondern mehr durch Hoheitsakte, Kriege und Gewalt in der vergangenen Zeit begründet wurde.

Historische Entwicklung

Durch den Wiener Kongress von 1815 wurde ein Landstrich nördlich der oberen Nahe mit „20.000 Seelen" 1817 dem (Groß-) Herzogtum Oldenburg unter der Bezeichnung „Fürstentum Birkenfeld" zugeschlagen, während der Raum südlich der Nahe bereits 1816 an das Herzogtum Sachsen-Coburg-Saalfeld gefallen war und später den Namen „Fürstentum Lichtenberg" führte.

Der heutige Landkreis Birkenfeld entstand erst am 1.4.1937, als im Zuge des sog. Groß-hamburg-Gesetzes der Restkreis St. Wendel-Baumholder mit dem oldenburgischen Landesteil Birkenfeld zu dem neuen preußischen Kreis Birkenfeld vereinigt wurde. In diesem neuen Kreis entstand in den Jahren 1937/40 eine innere Grenze durch die Anlegung des Truppenübungsplatzes Baumholder, dem 14 Gemeinden und zahlreiche Einzelgehöfte und Mühlen mit rund 4.000 Einwohnern weichen mussten. Darüber hinaus wurden Gemarkungsflächen von weiteren 14 Gemeinden dem Truppenübungsplatz zugeschlagen, der heute eine Größe von rd. 112 km² umfasst.

Heute verfügt der Landkreis über 96 Gemeinden mit rund 81.000 Einwohnern, gegliedert in die Stadt Idar-Oberstein und die Verbandsgemeinden Baumholder, Birkenfeld, Herrstein und Rhaunen.

Die jüngste Geschichte des Landkreises brachte weitgreifende Veränderungen mit sich. An Pfingsten 2015 wurde der Nationalpark Hunsrück-Hochwald eröffnet. Dieser umfasst ca. 10.000 ha, der überwiegende Teil der Fläche liegt im Kreis Birkenfeld, ca. 10 % der Gesamtfläche im benachbarten Saarland, was ihn zu einem länderübergreifenden Nationalpark macht.

Wertschöpfung und Verkehr

Wer im Nationalparklandkreis Birkenfeld investieren will, findet längst nicht mehr nur kleine Gewerbeflächen in hügeliger Lage entlang von Kreis- oder Landesstraßen, sondern kann sich in direkter Nachbarschaft einer Hochschule unmittelbar neben der A 62 mit guter Anbindung an die Benelux-Länder und Frankreich niederlassen. Der Kreis Birkenfeld liegt günstig inmitten der Oberzentren Mainz, Trier, Kaiserslautern und Saarbrücken und ist an die Nahebahn Mainz-Saarbrücken im Halbstundentakt angebunden.

Einen Quantensprung bedeutete für den Kreis der seit 1993 zivil genutzte Flughafen Frankfurt-Hahn. Seine Entwicklungsimpulse sind für den Landkreis von unschätzbarem Wert. Die Verknüpfung von günstiger Verkehrsinfrastruktur einerseits und schöner Landschaft andererseits macht einen besonderen Reiz aus. Als weiterer Standortvorteil sind die günstigen Grundstücks- und Immobilienpreise anzusehen.

Im Nationalparklandkreis Birkenfeld sind gleichermaßen Hochtechnologie und solides Handwerk beheimatet. Kleinere und mittlere Unternehmen mit starker – meist familiärer – Verwurzelung stellen insbesondere unter Arbeitsmarktgesichtspunkten eine verlässliche Größe dar. Das gilt nicht nur für den Branchenführer Fissler, sondern auch für Firmen wie Effgen in Herrstein, Gebrüder Schmidt in Idar-Oberstein, Stephan in Frauenberg, Howatherm Klimatechnik in Brücken oder die rasant gewachsenen Mineralbrunnen in Schwollen. Viele Firmen profitieren vom Forschungs- und Technologietransfer mit der Hochschule auf dem Umwelt-Campus Birkenfeld.

Als Folge der nachlassenden Fertigungstiefe in den Automobilkonzernen hat sich zudem im vergangenen Vierteljahrhundert als zweites wirtschaftliches Standbein neben dem traditionsreichen Edelstein- und Schmuckgewerbe eine bedeutende Zuliefererindustrie entwickelt.

Landschaft, Sehenswürdigkeiten und Kultur

Der Nationalparklandkreis Birkenfeld ist mitten in Rheinland-Pfalz gelegen, im Städtedreieck Trier-Kaiserslautern-Frankfurt, unmittelbar anschließend an den Hunsrück, mit dem Erbeskopf (816 m) als höchster Erhebung. Es gibt zahlreiche Alleinstellungsmerkmale und Ausflugsziele für jedermann geeignet. Neben dem Nationalpark Hunsrück-Hochwald mit seinen Quellmooren, Buchenwäldern und der Wildkatzenpopulation gibt es Premiumwanderwege und Radstrecken unterschiedlichster Schwierigkeitsgrade, zudem Bergwerke, Museen, Edelsteinschleifereien und historische Ortskerne, die keine Langeweile aufkommen lassen. Hinzu kommt der kulturelle und geschichtliche Reichtum durch die Kelten und Römer, die zahlreiche Spuren hinterlassen haben.

Fläche: 776,57 km²
EW: 80.591 - EW/km²: 104
KFZ-Kennzeichen: BIR
Kreissitz: Birkenfeld
www.landkreis-birkenfeld.de

Landrat
Dr. Matthias Schneider / CDU
im Amt seit: 2011 gewählt bis: 2019

Sitzverteilung im Kreistag
Vorsitz: Dr. Matthias Schneider

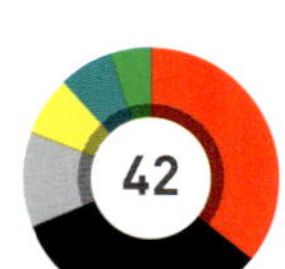

15	■	SPD
14	■	CDU
3	■	FLKB
3	■	FDP
2	■	B.90/Grüne
5	■	Sonstige

(Die Linke 2, LUB 2, AfD 1)

Landkreis

Cochem-Zell

RHEINLAND-PFALZ

Der Landkreis Cochem-Zell ist...
...geprägt von seinen drei Landschaften Mosel, Eifel und Hunsrück. Jährlich kommen rund 700.000 Besucher zum Übernachten und mehrere als Tagesbesucher in den Landkreis. Damit ist Cochem-Zell die tourismusstärkste Destination in Rheinland-Pfalz.

Historische Entwicklung
Im Jahre 1816 entstanden die Landkreise Cochem und Zell. Die heutigen Grenzen des Landkreises sind größtenteils ein Ergebnis der rheinland-pfälzischen Verwaltungsreform von 1969. Während der vormalige Landkreis Cochem in seiner Substanz erhalten blieb, wurden von dem ehemaligen Landkreis Zell der nördliche und mittlere Teil in den neuen Kreis Cochem-Zell eingegliedert. Im Jahr 2014 wurde die Verbandsgemeinde Treis-Karden im Rahmen der rheinland-pfälzischen Gebietsreform aufgelöst und auf die Verbandsgemeinden Cochem und Kaisersesch aufgeteilt. Zudem wechselten drei Gemeinden in den benachbarten Rhein-Hunsrück-Kreis.

Somit besteht der Landkreis Cochem-Zell mit seinen rund 62.000 Einwohnern nunmehr aus den vier Verbandsgemeinden Cochem, Kaisersesch, Ulmen und Zell. Sitz der Kreisverwaltung ist die Stadt Cochem.

Wertschöpfung und Verkehr
Der Landkreis Cochem-Zell ist ein dynamischer Wirtschaftsstandort im Einzugsgebiet der Städte Koblenz und Trier. Auf ca. 700 km² bietet der Landkreis Raum für Ideen und günstige Voraussetzungen für Investitionen. Ob Existenzgründer oder bereits existierende Unternehmen – alle finden hier einen zur Kreativität anregenden Standort mit Charme, Charakter, Geschichte und Zukunft.

Besonders die weichen Standortfaktoren wie Familienfreundlichkeit, Klimaschutz, Erholungs- und Freizeitangebot sind in Cochem-Zell stark ausgeprägt. Zudem nimmt der Tourismus- und Dienstleistungssektor eine große Rolle bei der Bruttowertschöpfung ein.

In Zeiten der Digitalisierung ist ein gut ausgebautes Breitbandnetz unverzichtbar und stellt eines der wichtigsten Standortvorteile dar. Daher sind bereits jetzt alle Ortsgemeinden im Landkreis an die schnelle Datenautobahn mit mindestens 16 Mbit/s, in der Regel aber mit 50 Mbit/s angeschlossen. In einzelnen besonders gut angebundenen Gemeinden sind sogar Bandbreiten von bis zu 100 Mbit/s zu erreichen. Realisiert wurde dies durch die Breitband-Infrastrukturgesellschaft Cochem-Zell mbH, ein bundesweit wohl einmaliger Zusammenschluss von Kommunen und Privatwirtschaft, die sich zum Ziel gesetzt hat, ein flächendeckendes Breitbandnetz auf Basis moderner Glasfasertechnologie auszubauen.

Fläche: 692,36 km²
EW: 62.041 - EW/km²: 90
KFZ-Kennzeichen: COC
Kreissitz: Cochem
www.cochem-zell.de

Landrat
Manfred Schnur [U] / CDU
im Amt seit: 2007 gewählt bis: 2023

Sitzverteilung im Kreistag
Vorsitz: Manfred Schnur

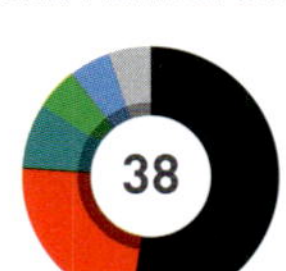

20	CDU
9	SPD
3	FWG
2	B.90/Grüne
2	AfD
2	Sonstige

(FDP 1, Die Linke 1)

Die Gesellschaft folgte dabei stets dem Solidarprinzip: Jede Ortsgemeinde – egal wie klein und wie schwer erschließbar sie ist – erhält den Zugang zur Daten-Autobahn.

Auch verkehrstechnisch ist der Landkreis gut angebunden. Das nördliche Kreisgebiet wird von der Bundesautobahn 48 (Trier-Koblenz) berührt. Ferner durchziehen es mehrere Bundes-, Landes- und Kreisstraßen, darunter die B 49, B 259, B 421, und B 416. Für den Schienenverkehr liegen neun Bahnhöfe und Haltepunkte im Kreis, darunter die Bahnhöfe Cochem und Bullay mit Nahverkehrsverbindungen nach Bad Bertrich, zum Flughafen Frankfurt-Hahn, Traben-Trarbach und Zell (Mosel).

Um sich zukunftsfähig aufzustellen, hat sich der Landkreis zum Ziel gesetzt, junge Menschen zu halten bzw. in die Region zu holen und damit attraktive Rahmenbedingungen für das Leben und Arbeiten zu sichern. Mit der Zukunftsallianz Cochem-Zell (ZaC), die der Landkreis gemeinsam mit vielen regionalen Akteuren gegründet hat und dem flächendeckenden Breitbandausbau, wurden hierfür bereits die Weichen gestellt.

Landschaft, Sehenswürdigkeiten und Kultur
Inmitten steiler Weinberge fließt die windungsreiche Mosel und trennt somit Eifel und Hunsrück. Überall entlang des Flusses laden historische Dörfer und romantische Städtchen ihre Besucher zum Verweilen ein und empfangen Gäste gerne mit einem Glas Moselwein.

Ob eine Wanderung auf dem Mosel- oder Hunsrücksteig oder auf den Spuren der Römer, eine Schiffsfahrt mit anschließendem Besuch auf einer mittelalterlichen Burg oder für Wagemutige den Klettersteig im steilsten Weinberg Europas, dem Bremmer Calmont, passieren – hier ist für jeden das Passende dabei. Auch die Eifel- und Hunsrückhöhen belohnen Erholungssuchende auf einer Wanderung mit weiten Ausblicken in eine herrliche Landschaft.

Im Radius von 25 km um die Reichsburg Cochem zählt man 33 Schlösser, Burgen und Burgruinen, darunter bekannte wie die Burgen Eltz, Pyrmont, Arras und Metternich, die alle auch besichtigt werden können.

Für Gesundurlaubende bietet sich das Heilbad in Bad Bertrich mit Deutschlands einzigen warmen Glaubersalzquellen im Gesundland Vulkaneifel an.

Donnersbergkreis

RHEINLAND-PFALZ

Der Donnersbergkreis ist...
...„in der Pfalz ganz oben". Die Landschaft wird geprägt vom 687 m hohen Donnersberg – dem höchsten Berg der Pfalz.

Historische Entwicklung
In vorgeschichtlicher Zeit gab es auf dem Donnersberg ein keltisches Oppidum, das von einem mächtigen Ringwall umgeben war. Gestützt auf authentische Grabungsfunde entstand im Jahr 2004 in Steinbach das Freilichtmuseum „Keltendorf". Neuerdings verbindet ein Skulpturenweg das Dorf und den „Keltischen Donnersberg". Zu den Spuren aus der Römerzeit gehören die „villa rustica" bei Katzenbach und der römische Vicus in Eisenberg. Ruinen einstmals stolzer Burganlagen im Donnersberger Land laden ebenso zum Besuch ein wie 16 Museen. Am Hasenbühl bei Göllheim wurde im Jahr 1298 eine historisch bedeutsame Schlacht geschlagen, bei der Adolf von Nassau die Königskrone an Albrecht von Österreich verlor. Das Königkreuzdenkmal erinnert daran.

Schon zu Zeiten, als das linke Rheinufer unter französischer Herrschaft stand, gab es eine Gebietsbezeichnung – Departement du mont tonnère – die sich am Donnersberg orientierte. Ab 1815 folgte die Bayerische Zeit und seit fast 50 Jahren ist der Donnersbergkreis ein kleiner aber feiner Teil von Rheinland-Pfalz. Heute leben hier gut 75.000 Menschen in 81 Gemeinden.

Die Kreisstadt Kirchheimbolanden mit ihrer barocken Altstadt war einst die „Kleine Residenz" der Fürsten von Nassau-Weilburg, das malerisch gelegene Obermoschel ist die kleinste Stadt der Pfalz. Eisenberg blickt auf eine bedeutende Industriegeschichte (Eisengewinnung und Tonabbau) zurück. Die Stadt Rockenhausen mit kleinen Galerien und Museen hat sich zum Ziel für Kunst- und Kulturfreunde entwickelt.

Wertschöpfung und Verkehr
Nahe dem Rhein-Main-Gebiet gelegen, stellt der Donnersbergkreis eine grüne Oase inmitten geballter Wirtschaftskraft dar. Zu den im Landkreis ansässigen Wirtschaftbetrieben zählen weltweit agierende Unternehmen der Sparten Automobilzulieferung, Elektro- und Fein-werktechnik. Bedeutsam sind auch Branchen wie Bau- und Werkstoffe sowie innovative Apparatetechnik, wobei aus dem Mittelstand ein hoher Anteil der Wirtschaftskraft erwächst.

Im Sinne des bereits 1998 erstellten Donnersberger Energiekonzepts DENK wird hier mit einem Mix aus Wind, Wasser, Sonne und Biomasse die weitgehende Autarkie bei der Ener-gieerzeugung angestrebt. Auch aus dem Faktor Tourismus erwächst eine beachtliche Wert-schöpfung. Im Jahr 2014 übernachteten 64.181 Urlauber im Landkreis, der 1.261 Gästebetten vorweisen kann.

Die Schullandschaft im Donnersbergkreis hält viele Ausbildungsgänge vor und wird ständig weiterentwickelt. Frühzeitig wurde hier das Ineinandergreifen von Schule und Wirtschaft als Mittel gegen den Fachkräftemangel von morgen erkannt. Unter dem Titel „Job aktiv" initiiert das Wirtschaftsforum Donnersberger Land seit der Jahrtausendwende vielfältige Aktivitäten zur Berufsfindung und beruflichen Fortbildung. Seit 2007 beteiligt sich der Landkreis an der bundesweiten Initiative „Berufswahlsiegel". Die jährliche Karriere-Messe „Berufs- und Studienkompass" ist ein wichtiger Infotermin für alle Schüler im Berufswahlalter. Auch die Kampagne pro Pflegeberufe mit jährlichen Aktionstagen in Krankenhaus und Pflegeheim dient der Berufsorientierung. Eine seit 2005 bestehende Beschäftigungs- und Qualifizierungsgesellschaft hilft Langzeitarbeitslosen beim Wiedereinstieg in die Arbeitswelt.

Fläche: 645,49 km²
EW: 74.962 - EW/km²: 116
KFZ-Kennzeichen: KIB
Kreissitz: Kirchheimbolanden
www.donnersberg.de

Landrat
Winfried Werner / SPD
im Amt seit: 1991 gewählt bis: 2017

Sitzverteilung im Kreistag
Vorsitz: Winfried Werner

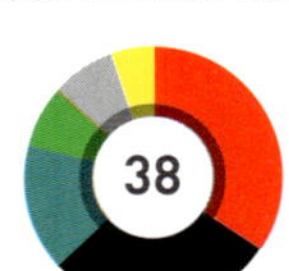

13	SPD
11	CDU
6	FWG
3	B.90/Grüne
2	FDP
3	Sonstige

(AfD 2, Die Linke 1)

Landschaft, Sehenswürdigkeiten und Kultur
Rund um den Eiswoog bei Ramsen im Biosphärenreservat Pfälzer Wald ist ein barrierefreier Erlebnispfad entstanden, der auch behinderten Menschen das Natur-Genießen ermöglicht. Gewässer mit ihren Talauen sind charakteristische Landschaftselemente. Im Landkreis gibt es 13 Naturschutzgebiete und 23 geschützte Landschaftsbestandteile. Etwas Besonderes ist das Naturschutzgebiet Steinbühl, in dem eine halbwilde Weidelandschaft für Konikpferde und Taurusrinder entstand.

Der Donnersberg-Touristik-Verband ist Ansprechpartner für Urlaubsgäste. Das Übernachtungsangebot reicht hier vom komfortablen 4-Sterne-Hotel bis zu Urlaub auf dem Bauernhof, Campingplätzen oder Jugendherberge. Neben „Zeitreisen" zu (früh)geschichtlichen Spuren ist auch das Schaubergwerk „Weiße Grube" bei Imsbach mit der Bergbauerlebniswelt ein beliebtes Ausflugsziel. Es erinnert an die regionale Bergbautradition und ist ein Bestandteil des Geotourismus.

Ansonsten sind bei Urlaubern Wandern und Radfahren gefragt. Weinfreunde kommen im Donnersbergkreis doppelt auf ihre Kosten, denn hier kann man gute Tropfen aus dem Alsenztal (Anbaugebiet Nahe) und dem Zellertal (Weinstraße) genießen.

Eifelkreis Bitburg-Prüm

RHEINLAND-PFALZ

Der Eifelkreis Bitburg-Prüm ist…
…zu finden im Westen des Landes Rheinland-Pfalz und gehört zur Region Trier. Mit 235 Gemeinden und einer Fläche von 1.626 km² ist er mit Abstand der größte Flächenkreis des Landes Rheinland-Pfalz.

Historische Entwicklung
Der im Jahre 1970 im Zuge der Verwaltungsreform neu gebildete Landkreis Bitburg-Prüm (jetzt: Eifelkreis Bitburg-Prüm) umfasst den Altkreis Bitburg, wesentliche Teile des Altkreises Prüm und Randgebiete der ehemaligen Landkreise Wittlich und Trier.

Durch die auf dem Wiener Kongress vorgenommene Grenzziehung fiel dieses Gebiet an Preußen. Diese Randlage hat sich in eine zentrale Lage im EU-Raum verwandelt, die dem Eifelkreis weitere Chancen im Hinblick auf die wirtschaftliche Entwicklung bietet.

Wertschöpfung und Verkehr
Das Wirtschaftsleben des Landkreises war seit frühester Zeit weitgehend von der Landwirtschaft geprägt. In den letzten Jahrzehnten hat sich jedoch ein ständig wachsender Übergang zu einer industriell und gewerblich ausgerichteten Wirtschaft vollzogen.

Zur wirtschaftlichen Basis des Kreises zählen Industriebetriebe aus verschiedenen Branchen. Landwirtschaft, Handel, Gewerbe, Dienstleistungsbetriebe und Fremdenverkehr prägen heute die Wirtschaftskraft des Landkreises Bitburg-Prüm. Nach dem Abzug der US-amerikanischen Streitkräfte von ihrem Luftwaffenstützpunkt bei Bitburg im Jahre 1994 hat dort eine Neuorientierung stattgefunden: Mittlerweile ist auf dem Gelände der ehemaligen Air Base ein Gewerbe-, Freizeit- und Dienstleistungszentrum entstanden.

Die Wirtschaftsbetriebe des Kreises profitieren von den guten Verkehrsanbindungen nach Luxemburg sowie nach Süddeutschland und an das im Norden gelegene Ruhrgebiet. Die Verkehrsstärken auf den einzelnen Straßen liegen zwischen 100 und 2.000 Kfz/Tag, auf 1.000 Einwohner sind rund 600 Kfz zugelassen. Damit besitzen die Bewohner des Kreises Bitburg-Prüm mehr Autos als der deutsche „Durchschnittsbürger“.

Landschaft, Sehenswürdigkeiten und Kultur
Im Nordosten grenzt der Eifelkreis an den Landkreis Vulkaneifel, im Osten an Bernkastel-Wittlich und im Südosten an Trier-Saarburg. Südwestlicher Nachbar ist das Großherzogtum Luxemburg, im Nordwesten das Königreich Belgien. Daraus ergibt sich zu beiden Ländern eine Grenzlinie von 136 km, die wegen der guten nachbarschaftlichen Beziehungen im Alltagsleben jedoch kaum als Grenze empfunden wird.

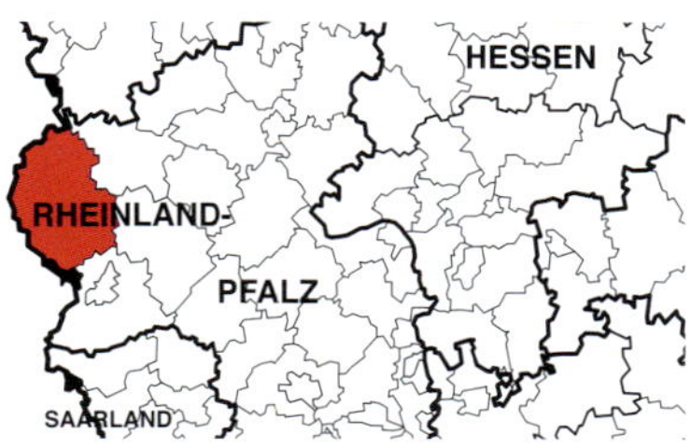

Fläche: 1.626,26 km²
EW: 96.408 - EW/km²: 59
KFZ-Kennzeichen: BIT
Kreissitz: Bitburg/Eifel
www.bitburg-pruem.de

Landrat
Dr. Joachim Streit / FWG
im Amt seit: 2009 gewählt bis: 2017

Sitzverteilung im Kreistag
Vorsitz: Dr. Joachim Streit

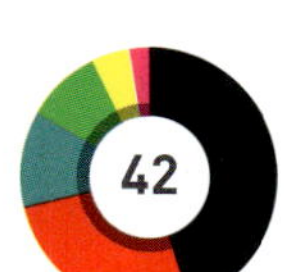

19	■	CDU
11	■	SPD
5	■	FWG
4	■	B.90/Grüne
2	■	FDP
1	■	Die Linke

Von der 600 m hohen Schneifel im Nordosten mit dem Schwarzen Mann (698 m) als höchste Erhebung des Kreises erstreckt sich das Kreisgebiet über den Schiefergebirgssockel des Isleks bis in die weiträumige Hügellandschaft des Bitburger Gutlandes im Süden. Im Norden und Osten hat das Gebiet Anteil an Kalkeifel und der Kyllburger Waldeifel. Das Bitburger Gutland ragt von Südwesten in die Ferschweiler Hochfläche hinein, das Kerngebiet des Naturparks Südeifel, der ein Teil des deutsch-luxemburgischen Naturparks ist. Im Südosten durchfließt die Kyll auf ihrem Weg zur Mosel die Hügel- und Berglandschaft.

Etwa 30 % der Gesamtfläche ist von Wald bedeckt, der zusammen mit den romantischen Schluchten, Tälern und Bergen der Landschaft ihren eigentümlichen Reiz und Erholungswert gibt. Im Eifelkreis Bitburg-Prüm bestehen derzeit die Naturparke Südeifel und Nordeifel, das Landschaftsschutzgebiet „Zwischen Ueß und Kyll“, 30 Naturschutzgebiete und 146 Naturdenkmäler.

Die Tradition der kulturellen Landschaft im Eifelkreis Bitburg-Prüm wird von einem Teppich kulturhistorischer Zeugnisse aus der Zeit der Römer, einem ausgedehnten denkmalgeschützten Architekturbestand und von einer in das 19. Jahrhundert zurückreichenden Tradition der Musikvereine getragen.

Die vielgestaltigen kulturellen Aktivitäten im Eifelkreis Bitburg-Prüm sind in erster Linie mit dem Vereinsleben in den Dorfgemeinschaften und mit ehrenamtlicher Initiative verbunden. Diese Aktivitäten bestehen unabhängig von institutioneller Kulturarbeit.

Die Musikschule des Eifelkreises Bitburg-Prüm, der Bereich Denkmalschutz und -pflege und das Kreismuseum Bitburg-Prüm sind dem aus der Tradition des Lebens im ländlichen Raum kommenden kulturellen Selbstverständnis eng verbunden. Im Jahr 1991 hat der Eifelkreis Bitburg-Prüm die Schloss- und Hüttenanlage Weilerbach aus dem 18. Jahrhundert erworben. Sie ist nach Wiederaufbau, Restaurierung und Einrichtung eines Museums-Cafés auch mit ihren Konzertreihen inzwischen ein wichtiger Anziehungspunkt.

Auch Schloss Malberg ist nach einer aufwändigen und kostenintensiven Restaurierung nun für die Öffentlichkeit zugänglich. Das barocke Gebäude ist ein Denkmal von nationaler Bedeutung und gemäß der Haager Konvention ein schützenswertes Kulturgut. Die Basilika St. Salvator in Prüm ist ein weiteres herausragendes Bauwerk des Eifelkreises. Als Aufbewahrungsort der Reliquie der Sandalen Christi war die Abteikirche der Benediktiner-Abtei Prüm so kostbar ausgestattet, dass sie „Goldene Kirche“ genannt wurde.

Landkreis

Germersheim

RHEINLAND-PFALZ

Der Landkreis Germersheim ist...
...aufgrund des milden Klimas, der vielen Sonnentage und einer einzigartigen Naturlandschaft mit malerischen Altrheinarmen, Baggerseen, Wäldern, Bach- und Wiesentälern ein beliebtes Ausflugs- und Urlaubsziel für Touristen, insbesondere bei Wanderern und Radfahrern.

Als Kulturstandort bietet der Landkreis Germersheim ein breites Angebot an Kultur- und Freizeitmöglichkeiten. Regionale landwirtschaftliche Produkte sowie herzliche und weltoffene Einwohner prägen ebenfalls das Bild des gleichzeitig sehr wirtschaftsstarken und attraktiven Landkreises in der Südpfalz.

Historische Entwicklung

Der Landkreis Germersheim geht auf das am 1.4.1818 vom bayerischen König Maximilian I. gebildete Landkommissariat Germersheim zurück, das 1862 zum Bezirksamt und 1939 in den Landkreis Germersheim überführt wurde. Der Verwaltungsbezirk wurde im Laufe seiner Geschichte kaum verändert. Einzige Grenzkorrektur im Zuge der rheinland-pfälzischen Verwaltungsreform um 1970 war die Eingemeindung von Hayna nach Herxheim am 16. März 1974, das dadurch den Landkreis verließ.

Ab Ende der 1960er Jahre wurden Ober- und Niederlustadt zur Gemeinde Lustadt zusammengelegt (1969), Sondernheim nach Germersheim eingemeindet (1972) und Büchelberg, Maximiliansau und Schaidt schlossen sich auf freiwilliger Basis der Stadt Wörth am Rhein an (1979). Der Landkreis Germersheim besteht heute aus sechs Verbandsgemeinden, 31 Gemeinden sowie den zwei verbandsfreien Städten Germersheim und Wörth.

Wertschöpfung und Verkehr

Der Landkreis Germersheim liegt strategisch günstig inmitten der Rheinebene. Als Teil und Partner regionaler und überregionaler Netzwerke ist er bestens vernetzt, so als Teil der Südpfalz, der Europäischen Metropolregion Rhein-Neckar, der Technologieregion Karlsruhe sowie des deutsch-französischen Eurodistricts PAMINA.

Der Landkreis ist wirtschaftsstark und verzeichnet seit Jahrzehnten eine Erfolgsbilanz bei der Ansiedelung großer und mittelständischer Unternehmen. Der Landkreis Germersheim steht für das Motto „Raum zum Leben, Raum für Ideen" und bietet den Unternehmen, deren Arbeitnehmern und Familien eine hohe Lebensqualität.

Die Unternehmen profitieren nicht nur aufgrund des investitionsfreundlichen Klimas oder der Tatsache, das Verwaltungsvorgänge schnell und kundenorientiert bearbeitet werden, sondern auch wegen der optimalen Verkehrsanbindungen an Straße und Schiene sowie über die beiden Rheinhäfen in Germersheim und Wörth auch an den Wasserweg. Die Flughäfen in Karlsruhe, Stuttgart und Frankfurt sind vom Landkreis Germersheim aus sehr gut erreichbar. Auch die Landwirtschaft besitzt einen großen Stellenwert und überzeugt mit hervorragenden Regionalprodukten wie beispielsweise Spargel, Erdbeeren, Äpfel oder Honig.

In den kommunalen Gremien des Landkreises Germersheim werden Zukunftsaufgaben wie demografische Entwicklung, Familienfreundlichkeit, Bildung, Soziales, Energieversorgung und generationsübergreifendes Miteinander konstruktiv und frühzeitig in den Blick genommen und bearbeitet. Nicht nur die Verkehrswege, auch die sozialen Infrastrukturen, Kindertagesstätten und Schulen sind bestens ausgeprägt und werden ständig weiterentwickelt.

Landschaft, Sehenswürdigkeiten und Kultur

Der Rhein bildet die östliche Grenze zu Baden-Württemberg und südlich stellt die Lauter die Grenze zum Elsass bzw. Frankreich dar. Die Landschaft ist geprägt vom Rhein mit seinen „urwaldartigen" Rheinauen, dem Bienwald und landwirtschaftlichen Flächen. Etwa zwei Drittel der Fläche des Landkreises Germersheim stehen unter Naturschutz. Für Radfahrer ist das mit über 500 km gut ausgeschilderte Wegenetz ein Paradies, für Wanderer ist es der Bienwald.

Im zweiten Jahrhundert n. Chr. wurde das Gebiet des heutigen Landkreises Germersheim vorübergehend Teil der römischen Provinz „Germania superior". Beim Rudern eines originalgetreu nachgebauten römischen Patrouillenschiffes auf einem malerischen Baggersee bei Neupotz können Besucher römische Geschichte aktiv erleben. Im Terra Sigillata-Museum in Rheinzabern werden Gäste in die Geheimnisse römischer Keramik-Manufaktur eingeweiht.

In Germersheim befindet sich die größte bayrische Festungsanlage außerhalb Bayerns: das Weißenburger Tor, die Festungsanlage Fronte Beckers mit dem Skulpturenweg, der Stadtpark Fronte Lamotte, das historische Ludwigstor und das Zeughaus. Weitere Sehenswürdigkeiten sind zum Beispiel das Deutsche Straßenmuseum in Germersheim, die Ziegeleien in Sondernheim und Jockgrim, der Abenteuerpark Fun Forest, die Straußenfarm in Rülzheim sowie die vielen Heimatmuseen.

Fläche: 463,35 km²
EW: 126.266 - EW/km²: 273
KFZ-Kennzeichen: GER
Kreissitz: Germersheim
www.kreis-germersheim.de

Landrat
Dr. Fritz Brechtel [W] / CDU
im Amt seit: 2001 gewählt bis: 2017

Sitzverteilung im Kreistag
Vorsitz: Dr. Fritz Brechtel

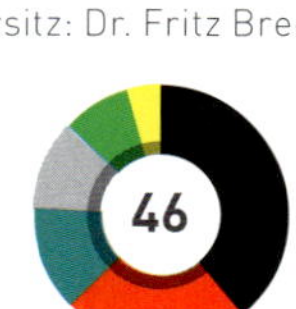

- **18** CDU
- **11** SPD
- **6** FWG
- **4** B.90/Grüne
- **2** FDP
- **5** Sonstige (AfD 2, Linke 1, REP 1, parteilos 1)

Landkreis

Kaiserslautern

RHEINLAND-PFALZ

Der Landkreis Kaiserslautern ist…
…geprägt von sanften Hügeln, rotem Buntsandstein und Wald. Von den Höhenzügen der Westricher Hochfläche über die Senke der Westricher Niederung bis hin zu den Ausläufern des Pfälzerwaldes gestaltet sich die Landschaft abwechslungsreich und reizvoll.

Historische Entwicklung
Vorläufer des Landkreises Kaiserslautern war das 1818 eingerichtete königlich bayerische Landkommissariat Kaiserslautern. 1862 wurde das Landkommissariat Kaiserslautern in das Bezirksamt Kaiserslautern überführt und 1939 entstand hieraus der Landkreis Kaiserslautern unter Einbeziehung des aufgelösten Bezirksamtes Landstuhl. Bei der Kreisreform, die am 7.6.1969 wirksam wurde, gab es einen Gebietsaustausch mit dem Landkreis Kusel.

Wertschöpfung und Verkehr
Zwang die ländliche Struktur vor zweihundert Jahren noch viele Menschen, andere Erwerbsmöglichkeiten zu suchen und die Heimat zu verlassen, so ist es mittlerweile für viele eher ein Privileg, auf dem Land zu wohnen und in einem der vielen Betriebe im Kreis oder in der Stadt zu arbeiten.

Mit seiner Lage im Schnittpunkt der europäischen Metropolregionen Rhein-Neckar, Rhein-Main und Saar-Lor-Lux ist der Landkreis infrastrukturell bestens verknüpft. Die Region ist in Ost-West-Richtung durch die Autobahn A 6 Mannheim-Kaiserslautern-Saarbrücken und in Nord-Süd-Richtung durch die Autobahnen A 63 Mainz-Kaiserslautern und A 62 Trier-Landstuhl-Pirmasens erschlossen. Im Schienenverkehr ist über die Schnellbahnstrecke Paris-Frankfurt der direkte Einstieg in Kaiserslautern möglich.

Ein dichtes Regionalbahnnetz bietet im Halbstundentakt beste Reisemöglichkeiten. Die Nähe zu den Flughäfen Frankfurt-Rhein-Main, Frankfurt-Hahn, Saarbrücken und die Lage des größten NATO-Flughafens, der Ramstein Air Base, stellen auch eine Anbindung des Landkreises an den weltweiten Luftverkehr sicher.

Diese optimale Verkehrsanbindung macht den Landkreis Kaiserslautern als Wirtschaftsstandort attraktiv. Die vorausschauende Erschließung von großen Industrie- und Gewerbeflächen durch die Kommunen und die hervorragende Arbeit der gemeinsamen Wirtschaftsförderungsgesellschaft von Stadt und Kreis tragen ihre Früchte. Viele moderne Unternehmen siedeln sich an. Aber es sind vor allem die vielen kleineren und mittleren Unternehmen, die das Rückgrat unserer Wirtschaft bilden.

Auch die nachbarschaftliche Beziehung zu den über 55.000 US-Amerikanern, die seit über 60 Jahren rund um den Flugplatz Ramstein in den Gemeinden leben, hat die wirtschaftliche Entwicklung positiv beeinflusst, als wichtiger Arbeitgeber oder als Mieter vieler Immobilien.

Trotz der positiven wirtschaftlichen Entwicklung des Kreises machen sich auch hier der Bevölkerungsrückgang und die wachsende Zahl älterer Menschen bemerkbar. Die Veränderungen in der Bevölkerungs- und Altersstruktur sind eine Herausforderung, der sich die Kreisentwicklung zu stellen hat. Zusammen mit seinen Gemeinden arbeitet der Kreis darauf hin, Barrieren für ältere oder behinderte Menschen weiter abzubauen und die Infrastruktur so anzupassen, dass für alle Bewohner des Landkreises eine gleichberechtigte Teilhabe möglich ist.

Den jungen Menschen soll die Chance für eine optimale Bildung gegeben werden. Mit attraktiven Angeboten ist die Schullandschaft im Landkreis Kaiserslautern auch im Landesvergleich hervorragend aufgestellt.

Landschaft, Sehenswürdigkeiten und Kultur
Die abwechslungsreiche und ursprüngliche Landschaft mit dem Biosphärenreservat Naturpark Pfälzerwald und den Weiten der Westricher Hochfläche oder der Westricher Niederung sind ein lohnenswertes touristisches Ziel.

Sportliche Naturliebhaber können sich im Mountainbikepark Pfälzerwald mit seinen Strecken in unterschiedlichsten Schwierigkeitsgraden austoben, andere nutzen die vielen Wandermöglichkeiten.

Es lohnt sich aber auch auf den Spuren des alten Jakobspilgerwegs den Landkreis Kaiserslautern mit herausragenden Baudenkmälern wie etwa der ehemaligen Zisterzienserabteikirche in Otterberg zu erkunden.

Aktive Vereine, ambitionierte Amateurbühnen und eine Vielzahl an Kulturschaffenden gestalten ein buntes kulturelles Angebot für Einheimische und Gäste. Kleine Museen bergen Erinnerungen an die kulturelle Vergangenheit des Landkreises.

Fläche: 639,88 km²
EW: 104.288 - EW/km²: 163
KFZ-Kennzeichen: KL
Kreissitz: Kaiserslautern
www.kaiserslautern-kreis.de

Landrat
Paul Junker / CDU
im Amt seit: 2009 gewählt bis: 2017

Sitzverteilung im Kreistag
Vorsitz: Paul Junker

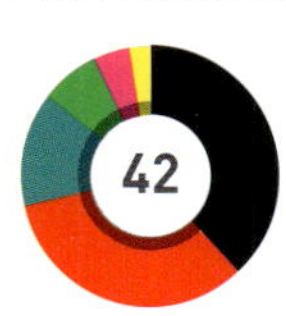

16	CDU
14	SPD
6	FWG
3	B.90/Grüne
2	Linke
1	FDP

Landkreis

Kusel

RHEINLAND-PFALZ

Der Landkreis Kusel ist...

...ein liebenswerter Lebensraum im Südwesten von Rheinland-Pfalz, eingebettet in die abwechslungsreiche Landschaft des Nordpfälzer Berglandes. Er bietet seinen Bewohnern und Besuchern neben vielfältigen touristischen und kulturellen Angeboten auch eine ausgezeichnete Infrastruktur.

Historische Entwicklung

Der Landkreis Kusel wurde nach der Vertreibung Napoleons im Jahre 1818 als Teil des Königreichs Bayern gegründet und bestand aus den Kantonen Kusel, Wolfstein und Lauterecken. Der frühere Verwaltungssitz Burg Lichtenberg kam dabei zu dem neu errichteten Fürstentum Lichtenberg. Die neue Administration behielt in der Pfalz das französische Rechtssystem bei.

Nach dem Ende des Ersten Weltkrieges und der Bildung des Saargebietes wurde der Kanton Waldmohr aus dem früheren Bezirksamt Homburg bis 1940 voll in den Kreis Kusel integriert. Der langgezogene Flächenkreis Kusel erfuhr dann durch die Verwaltungsreform 1969-1974 noch einmal eine einschneidende Veränderung. 25 Gemeinden im Norden und Westen kamen neu zum Landkreis, darunter auch die Burg Lichtenberg, 13 Orte wurden an Nachbarkreise abgetreten. Sieben Verbandsgemeinden wurden gebildet: Altenglan, Glan-Münchweiler, Kusel, Lauterecken, Schönenberg-Kübelberg, Waldmohr und Wolfstein.

Heute hat der Landkreis Kusel 98 selbständige Gemeinden – von Orten mit 5.000 und mehr Einwohnern wie Schönenberg-Kübelberg, Waldmohr oder Kusel, bis hin zu kleinen Dörfern mit unter 100 Einwohnern. Durch freiwillige Fusion entstand bereits im Nordkreis die Verbandsgemeinde Lauterecken-Wolfstein. 2017 werden im Südkreis Glan-Münchweiler, Schönenberg-Kübelberg und Waldmohr fusionieren, 2018 dann auch Kusel und Altenglan.

Wertschöpfung und Verkehr

Der Landkreis Kusel liegt unmittelbar an den Autobahnen A 62 und A 6. Seine Wirtschaftsstruktur war lange Zeit von der Landwirtschaft geprägt, die heute als Erwerbszweig aber ihre Bedeutung weitgehend verloren hat. Stattdessen ist, bei sich insgesamt abschwächenden strukturellen Problemen, ein Wandel zum Produktions-, Handels- und Dienstleistungssektor eingetreten.

Als Wirtschaftsstandort gewinnt der Landkreis Kusel zunehmend an Bedeutung. Die zentrale Lage in Europa und ein gut ausgebautes Verkehrsnetz spielen dabei eine gewichtige Rolle. Im Landkreis finden sich motivierte Arbeitskräfte, ein gutes Kita- und Schulangebot, die Gewerbemieten, Immobilien- und Grundstückspreise sind günstig, die Lebenshaltungskosten niedrig. Attraktive Gewerbegebiete sind über den gesamten Kreis verteilt und bieten mittelständischen Betrieben die Möglichkeit zur Expansion. Als einer der ersten Landkreise in Deutschland hat Kusel einen flächendeckenden Breitbandausbau realisiert – ein wichtiger Aspekt für die Attraktivität und Zukunftsfähigkeit des Landkreises.

Landschaft, Sehenswürdigkeiten und Kultur

Der Kreis Kusel mit seinem Wechsel zwischen offener Landschaft und Waldgebieten ist gegliedert durch die Täler von Glan und Lauter. Wandermusikanten waren einst Exportschlager der Region. Sie zogen im 19. Jahrhundert in alle Welt und verdienten mit ihren Kapellen gutes Geld. Georg Drumm aus Erdesbach etwa komponierte einen Zeremonienmarsch des Weißen Hauses „Hail America". Der aus einer Musikantenfamilie stammende Fritz Wunderlich hat bis heute unzählige Fans in aller Welt: er gehörte zur Spitze der Operntenöre des 20. Jahrhunderts. Im Kuseler Heimatmuseum hat die „Fritz-Wunderlich-Gesellschaft" ein umfangreiches Musikarchiv eingerichtet und würdigt so den großen Sohn der Stadt.

An Sehenswürdigkeiten ist die Burg Lichtenberg zu nennen, das Wahrzeichen des Landkreises und eine der größten Burganlagen Deutschlands mit ihrem Musikantenland-Museum, dem Urweltmuseum „Geoskop" und der Jugendherberge. In Reipoltskirchen finden wir eine der besterhaltenen Pfälzer Tiefburgen, mit Malschule und Skulpturenweg als Teil der Europäischen Straße des Friedens.

Großen Wert legen die Westpfälzer auf gutes Essen und Trinken. Die „Kulinarische Landstraße" und der „Europäische Bauernmarkt" bieten so manche kulinarische Köstlichkeit und fördern das Image der im Landkreis hergestellten Produkte.

Neben gut ausgebauten Rad- und Wanderwegen sowie anderen Freizeitmöglichkeiten hat sich die Draisinenbahn auf der ehemaligen Glantalstrecke zu einem großen touristischen Erfolg entwickelt.

Fläche: 573,34 km²
EW: 70.883 - EW/km²: 124
KFZ-Kennzeichen: KUS
Kreissitz: Kusel
www.landkreis-kusel.de

Landrat
Dr. Winfried Hirschberger [P] / SPD
im Amt seit: 1985 gewählt bis: 2017

Sitzverteilung im Kreistag
Vorsitz: Dr. Winfried Hirschberger

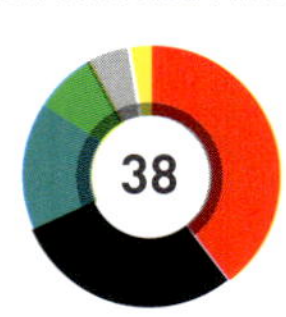

15 SPD
11 CDU
6 FWG
3 B.90/Grüne
1 FDP
2 Sonstige
(Linke 1, parteilos 1)

Landkreis

Mainz-Bingen

RHEINLAND-PFALZ

Der Landkreis Mainz-Bingen ist…
…ein innovativer, moderner und zukunftsfähiger Landkreis, eingebettet in eine der schönsten und abwechslungsreichsten Landschaften des Landes: Das Weltkulturerbe Mittelrhein und Rheinhessen, das 2016 seinen 200. Geburtstag feiert.

Historische Entwicklung

Der Landkreis entstand 1969 im Zuge der Kommunalreform durch die Zusammenlegung der Kreise Mainz und Bingen. Sitz des neuen Kreises war der Erthaler Hof in der Landeshauptstadt Mainz, der aber bald schon zu eng wurde. 1995 zog die Verwaltung deshalb in das neu erbaute Kreishaus nach Ingelheim.

Wertschöpfung und Verkehr

Der Landkreis befindet sich, im wahrsten Sinne des Wortes, in einer idealen Lage. Am Rande des Rhein-Main-Gebietes gelegen, ist er eng mit und in dieser wirtschaftsstarken Region verbunden und vernetzt. Durch Autobahnen, den Rhein als Europas größte und wichtigste Wasserstraße, das Schienennetz und den komfortabel ausgebauten ÖPNV ist er unmittelbar an diese Metropolregion und Rhein-Neckar angeschlossen. Die Wege zu den Flughäfen Frankfurt und Frankfurt-Hahn (Hunsrück) und damit in die ganze Welt sind kurz.

Strukturell zeichnet sich Mainz-Bingen durch ein produktives Miteinander von kleinen und mittelständischen Betrieben sowie Großunternehmen mit Weltruf aus. Nicht zuletzt durch eines der weltweit führenden Pharmaunternehmen mit Sitz in Ingelheim ist die Wirtschaftskraft in Mainz-Bingen und damit auch die den Kreis finanzierende Umlage erheblich.

Das Wirtschaftsmagazin Focus Money bezeichnete den Landkreis 2014 zum zweiten Mal nach 2005 als die wirtschaftsstärkste Gebietskörperschaft in ganz Deutschland. Und auch andere Studien attestieren dem Landkreis, dessen Bevölkerungszahl nach wie vor und stetig steigt, eine besondere Familienfreundlichkeit, Zukunftsfähigkeit und Wirtschaftsstärke.

Mainz-Bingen versucht, diese komfortable Situation nachhaltig zu nutzen. Der Kreis ist heute praktisch schuldenfrei. Der Abfallwirtschaftsbetrieb kann durch sorgsames Wirtschaften, die Kooperation mit der Stadt Mainz und die frühzeitige Rückstellungen der Nachsorgekosten der Kreismülldeponie Müllgebühren abbilden, die seit Einführung des Gebührensystems 1995 nie so günstig waren wie heute. Im Rahmen der Ehrenamtsförderung wurden bisher weit über 1.000 Projekte von Vereinen, ehrenamtlichen Gruppen und Initiativen mit einer Gesamtsumme von über 20 Mio. € unterstützt.

Fläche: 605,74 km²
EW: 204.514 - EW/km²: 338
KFZ-Kennzeichen: MZ
Kreissitz: Ingelheim am Rhein
www.mainz-bingen.de

Landrat
Claus Schick / SPD
im Amt seit: 1992 gewählt bis: 2017

Sitzverteilung im Kreistag
Vorsitz: Claus Schick

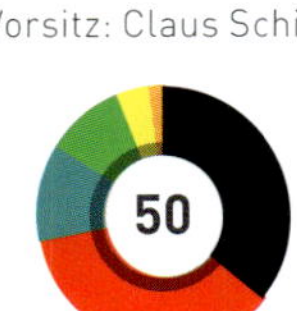

18	CDU
18	SPD
6	B.90/Grüne
5	FWG
2	FDP
1	Piraten

Die Energiedienstleistungsgesellschaft Rheinhessen-Nahe mbH (EDG) betreibt rund 110 Blockheizkraftwerke, eine Biogasanlage, 38 Photovoltaikanlagen und einen Windpark, hat Nahwärmenetze für rund 1.000 Wohneinheiten in fünf Neubaugebieten und über 250 öffentliche Gebäude aufgebaut. Dadurch werden jährlich 42.600 to CO_2 eingespart, das entspricht 14,2 Mio. l Heizöl.

Zukunftsweisend ist auch die Schulstruktur. Mainz-Bingen ist ein Bildungslandkreis. Über 235 Mio. € wurden seit 1992 in Gebäude und Ausstattung der weiterführenden Schulen investiert, um allen Jugendlichen die besten Voraussetzungen zu bieten für einen erfolgreichen Start in ihre berufliche Zukunft. Ein weiterer Schwerpunkt ist die Vereinbarkeit von Familie und Beruf mit einer U3-Betreuungsquote, die seit Jahren landesweit führend ist. Als erste öffentliche Verwaltung im Land hat Mainz-Bingen eine eigene Betriebskita errichtet.

Landschaft, Sehenswürdigkeiten und Kultur

Ihren ursprünglichen und liebenswerten Charme hat sich der Landkreis trotz seiner modernen Struktur und Wirtschaftsstärke erhalten und zeichnet sich durch einen hohen Freizeitwert und großes ehrenamtliches Engagement der Menschen aus. Zahlreiche Angebote für Freizeit und Sport, kulturelle Einrichtungen, historische Stadtteile und Gebäude laden zum Erholen, Ruhe tanken und zur aktiven Gestaltung ein. Viele herausragende Persönlichkeiten haben hier gelebt: Karl der Große errichtete in Ingelheim eine bedeutende Kaiserpfalz, die heilige Hildegard von Bingen wirkte hier ebenso wie Sebastian Münster und Matthäus Merian. Carl Zuckmayer und Stefan George, zwei bedeutende Schriftsteller der Neuzeit, stammen von hier.

Drei weltbekannte Weinanbaugebiete prägen den Landkreis: Mittelrhein, Nahe und Rheinhessen. Seit Juni 2002 ist das Mittelrheintal, zu dem auch die Strecke zwischen Bingen und Bacharach gehört, Weltkulturerbe der UNESCO. Die Stadt Bingen richtete 2008 die Landesgartenschau am malerischen Rheinufer aus. Und vor allem die Menschen hier sind etwas ganz Besonderes: weltoffen, gastfreundlich und herzlich.

Landkreis

Mayen-Koblenz

RHEINLAND-PFALZ

Der Landkreis Mayen-Koblenz ist...
...mit rund 210.000 Einwohnern der bevölkerungsreichste Landkreis in Rheinland-Pfalz. Er ist ein junger Landkreis mit Tradition, so lautet der Slogan. Er liegt im nördlichen Rheinland-Pfalz, das zu den jüngsten Landschaften Europas gehört: Noch vor 13.000 Jahren regnete es Lava, Bims und Asche aus dem Laacher-See-Vulkan. Das prägt den Kreis wirtschaftlich und touristisch bis in die Gegenwart.

Historische Entwicklung
Nach dem Wiener Kongress 1815 entstanden die Kreise Mayen und Koblenz. Nach mehreren territorialen Umverteilungen begann die Landesregierung Ende der 1960er Jahre, die Größen der Gebietskörperschaften zu erweitern und aus den Gebieten der Altkreise Mayen und Koblenz entstand am 7.11.1970 der Landkreis Mayen-Koblenz. Amtssitz wurde Koblenz.

Der Landkreis gliederte sich 40 Jahre lang in die drei Städte Mayen, Andernach und Bendorf sowie die acht Verbandsgemeinden Maifeld, Mendig, Pellenz, Rhens, Untermosel, Vallendar, Vordereifel und Weißenthurm. Durch die 2010 angestoßene Kommunal- und Verwaltungsreform fusionierten zum 1.7.2014 Rhens und Untermosel zur Verbandsgemeinde Rhein-Mosel.

Wertschöpfung und Verkehr
Mayen-Koblenz zählt beim Bruttoinlandsprodukt und der Bruttowertschöpfung zu Marktpreisen zu den stärksten im Land Rheinland-Pfalz. In den einst vorherrschenden Industriebereichen Bau, Steine, Erden ist ein starker Rückgang zu verzeichnen. Dennoch liegen die natürlichen Schätze der Region nach wie vor in der Erde. Bimsstein, Schiefer, Ton, Basalt, Gips und Dolomit werden zum Teil noch über Tage abgebaut. Die sich daraus entwickelnde Wirtschaftsstruktur hat sich heute durch die planvoll geförderte Ansiedlung mittelständischer Betriebe zu einer vielgestaltigen Struktur entwickelt.

1971 wurde die Wirtschaftsförderungsgesellschaft am Mittelrhein mbH (WFG) gegründet. Sie entwickelt und verbessert die Wirtschafts- und Sozialstruktur, indem sie ansiedlungswillige und ansässige Betriebe unterstützt. Die WFG schafft die Voraussetzungen, dass sich Gewerbe- und Dienstleistungsbetriebe trotz erheblich gestiegener Anforderungen ansiedeln. Dies erfordert zum Beispiel, möglichst großflächige, zusammenhängende Industriegebiete anbieten zu können, ohne die Belange des Umweltschutzes und der Landschaftspflege außer Acht zu lassen.

Der Landkreis Mayen-Koblenz hat sich mit seiner hervorragenden Infrastruktur zu einer Drehscheibe im nördlichen Rheinland-Pfalz entwickelt. In Nord-Süd-Richtung wird das Kreisgebiet von der Autobahn A 61 und in Ost-West-Richtung von der A 48 auf insgesamt 91 km Länge durchzogen. 183 km Bundes-, 285 km Landes- und 280 km Kreisstraßen ergänzen diese Achsen. Dem Schienenverkehr stehen die beiden Rheinstrecken und die in das Saarland führende Moselstrecke zur Verfügung. Für den Luftverkehr gibt es den Landeplatz Winningen/Mosel. Schiffbare Wasserstraßen sind Rhein und Mosel, die Häfen (Andernach, Bendorf und Weißenthurm) schaffen die Verbindung zum Ruhrgebiet, zu den Industriegebieten Nordfrankreichs und Luxemburgs und den Nordsee- und Rheinmündungshäfen.

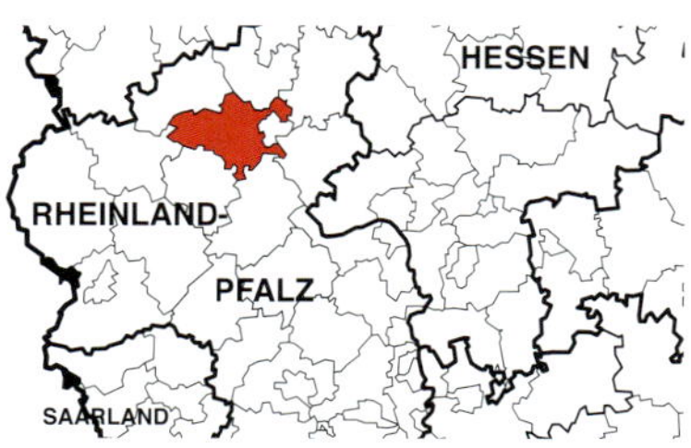

Fläche: 817,26 km²
EW: 210.441 - EW/km²: 257
KFZ-Kennzeichen: MYK
Kreissitz: Koblenz
www.kvmyk.de

Landrat
Dr. Alexander Saftig / CDU
im Amt seit: 2009 gewählt bis: 2024

Sitzverteilung im Kreistag
Vorsitz: Dr. Alexander Saftig

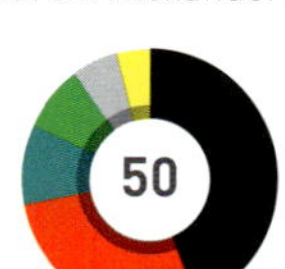

22	CDU
14	SPD
5	FWG
4	B.90/Grüne
2	FDP
3	Sonstige

(AfD 2, Die Linke 1)

Landschaft, Sehenswürdigkeiten und Kultur
Mayen-Koblenz, das sind Burgen und Schlösser, Weine und Vulkane, das ist die Ferienregion zwischen Deutschem Eck, Nürburgring, Laacher See und Burg Eltz. Auf engstem Raum finden Touristen den Rhein mit seinen romantischen Städten. Hier ist die sonnige Untermosel mit ihrem unvergleichlichen Riesling, der in steilen Schieferhängen angebaut wird. Und Mayen-Koblenz ist die vulkanische Osteifel, in der vor Jahrtausenden die Berge Lava gespuckt haben.

1972 wurde die Rhein-Mosel-Eifel-Touristik (REMET) zur Förderung des Tourismus gegründet, 1996 folgte die Vulkanpark GmbH.

Ein Drittel der Fläche sind Erholungs- und Waldgebiete. Der Landkreis Mayen-Koblenz ist ein „Weinland" erster Güte, klimatisch begünstigt zwischen ozeanischem und kontinentalen Einflussbereich. Insbesondere der Riesling genießt internationale Anerkennung.

Der Tourismus ist für Mayen-Koblenz ein Markt mit Zukunft. Mit den 26 Premiumwanderwegen „Traumpfaden", davon wurden vier als „Deutschlands schönster Wanderweg" ausgezeichnet, spielt die Region in der Champions-League des Wanderns und bietet mit Rheinromantik im UNESCO-Welterbe Oberes Mittelrheintal, den steilsten Weinbergen der Mosel und den Vulkanen der Osteifel unterschiedliche Landschaftsräume auf engem Raum und damit Abwechslung pur. Es gibt eine hervorragende Infrastruktur zum Wandern (Traumpfade, Rheinsteig, Moselsteig) und Radfahren, touristische Leuchttürme wie die Burg Eltz – „die" deutsche Ritterburg – den Laacher See, Schloss und Burg Sayn, Schloss Bürresheim oder die Wacholderheiden der Osteifel.

Landkreis

Neuwied

RHEINLAND-PFALZ

Der Landkreis Neuwied ist…
…der einzige im Westerwald liegende Landkreis, der auch mit der weltweit bekannten Naturschönheit – dem Rhein – aufwarten kann. Durch die dem Rhein zufließenden Bäche und Flüsse, insbesondere Wied und Saynbach, ist die Hochfläche des Westerwaldes fein gegliedert. Wegen der landschaftlichen Schönheit und dem hohen Waldanteil, gerade an Laubwäldern, sind fünf Sechstel der Kreisfläche als Naturpark Rhein-Westerwald ausgewiesen.

Der Landkreis erstreckt sich vom Neuwieder Becken bis vor die Tore Bonns, reicht über die A 3 von Frankfurt nach Köln ein gutes Stück in den Westerwald hinein und verbindet damit die Flughäfen Frankfurt und Köln/Bonn.

Historische Entwicklung
Der Grundstein für den Landkreis wurde 1816 nach dem Wiener Kongress gelegt. Bei der Errichtung des Großherzogtums Niederrhein, der späteren Rheinprovinz, durch Preußen wurde der Landkreis gebildet und dem Regierungsbezirk Koblenz zugeordnet. Im Jahre 1822 wurden der Kreis Linz/Rhein und die Bürgermeisterei Engers/Rhein dem Landkreis Neuwied angeschlossen. Heute umfasst der Landkreis die große kreisangehörige Stadt Neuwied und acht Verbandsgemeinden.

Bemerkenswert ist die Geschichte der Kreisstadt Neuwied. Friedrich III., einer der Grafen von Wied, gründete 1653 die Stadt. Mit kräftiger Werbung und dem Versprechen auf Glaubensfreiheit zog er zahlreiche Glaubensflüchtlinge in die Stadt. Damit trugen unter anderen Herrnhuter, Mennoniten, Juden und Hugenotten zu einem raschen Aufblühen der Stadt bei.

Ein riesiger Ausbruch des in der Eifel liegenden Maria-Laach-Vulkanes, heute Laacher See, vor 12.000 Jahren prägte Jahrtausende später die Industrie. Die Bimsschichten aus dem Vulkan bildeten die Grundlage für eine weit verbreitete Steinindustrie, die maßgeblich am Wiederaufbau nach dem Zweiten Weltkrieg beteiligt war. Neben dem Bims gehörten Basalt und Ton zu den bedeutendsten Bodenschätzen des Landkreises.

Wertschöpfung und Verkehr
Der Landkreis liegt zentral in Europa. Durch die EU-Erweiterung 2004 galt die zum Landkreis Neuwied gehörige Gemeinde Kleinmaischeid bis zum 31.12.2006 als geografischer Mittelpunkt der Europäischen Union. Dies dokumentiert noch heute ein Denkmal, das einen Zirkel zeigt. Mit dem EU-Beitritt Rumäniens und Bulgariens 2007 verlagerte sich dieser jedoch in eine hessische Gemeinde. Aufgrund dieser zentralen Lange und seiner hervorragenden Verkehrsanbindung ist der Landkreis ein Standort für einen leistungsfähigen, überwiegend mittelständig strukturierten, guten Branchenmix. Viele dieser Unternehmen haben sich in ihren Nischen zu Weltmarktführern entwickelt, die durch die Verwaltungen in ihren Planungen unterstützt werden und somit an ihren Standorten im Landkreis ihre Potenziale weiterentwickeln können. Dies gilt sowohl für das produzierende Gewerbe, die Gesundheitswirtschaft, Lebensmittelindustrie, das Handwerk, als auch für die Dienstleistungsbranche.

Besonders hervorzuheben ist, dass im Landkreis Neuwied alle Formen von Förderschulen vorhanden sind. Deren Einzugsgebiet reicht weit über die Kreisgrenzen hinaus.

Die außergewöhnlich guten Bildungsangebote im Bereich der allgemeinbildenden Schulen (Grundschule, Realschule plus, Fachoberschule, integrierte Gesamtschule (IGS), Gymnasium), der berufsbildenden Schulen sowie der Förderschulen unterstützen dies zusätzlich und bieten Fachkräften und Familien eine sehr gute Lebensqualität.

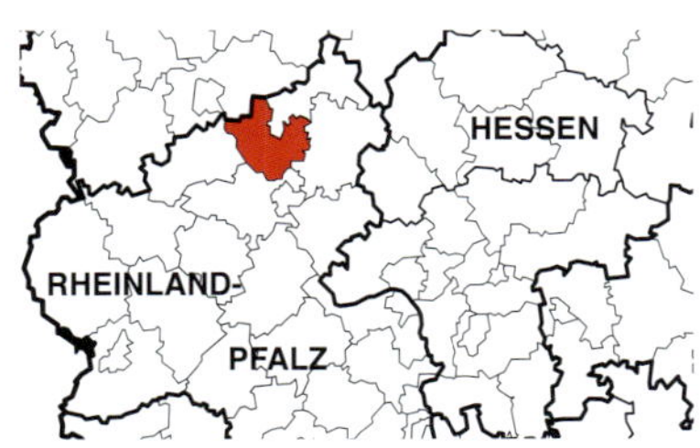

Fläche: 626,88 km²
EW: 179.317 - EW/km²: 286
KFZ-Kennzeichen: NR
Kreissitz: Neuwied
www.kreis-neuwied.de

Landrat
Rainer Kaul / SPD
im Amt seit: 1993 gewählt bis: 2017

Sitzverteilung im Kreistag
Vorsitz: Rainer Kaul

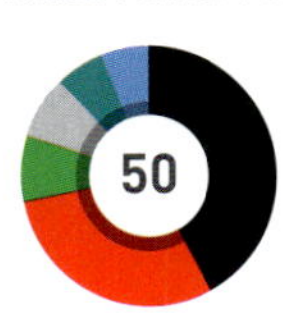

21	CDU
15	SPD
4	B.90/Grüne
3	FWG
3	AfD
4	Sonstige

(FDP 2, Die Linke 2)

Landschaft, Sehenswürdigkeiten und Kultur
Die prähistorische Funde unter den Bimsschichten, römische Kastelle zur Sicherung des über 28 km durch den Kreis verlaufenden Limes, hervorragende Handwerkerkunst, der hohe Waldanteil im Naturpark machen den Landkreis zu einer einzigartig abwechslungsreichen Landschaft.

Auf dem Gelände des ehemaligen Schlosses Monrepos ist heute eine Außenstelle des Römisch-Germanischen Zentralmuseums, in dem wissenschaftlich gearbeitet wird. Die Präsentationen der Forschungsergebnisse des Museums für die Archäologie des Eiszeitalters Monrepos bieten einen faszinierenden Einblick in die älteste Geschichte des Menschen. Die RömerWelt Caput Limitis in Rheinbrohl bietet als Erlebnismuseum einmalige Einblicke in das Leben der Römer am Rhein, im Roentgen-Museum befindet sich eine der weltweit größten Möbelausstellung der Gebrüder Roentgen, die einst Königshäuser belieferten. Der Zoo Neuwied ist ein Publikumsmagnet für Jung und Alt. Das Spätbarockschloss in Engers gehört zur Landesstiftung Villa Musica, das Schlosstheater und die Städtische Galerie Mennonitenkirche sind ebenfalls wichtige kulturelle Einrichtungen.

Engagierte Initiativen und Gastronomen bieten beste Kleinkunst, ob im Wiedtal oder im Puderbacher Land. Zahlreiche Wanderwege, ein Klettersteig oder auch ein Stück RheinSteig laden zum Aktivurlaub ein. Romantische Weinorte, exzellente Gastronomie, eine moderne Jugendherberge ergänzen diese Angebote ebenso wie Weinfeste und Bauern- oder Handwerkermärkte.

Rhein-Hunsrück-Kreis

RHEINLAND-PFALZ

Der Rhein-Hunsrück-Kreis ist…
…als einer der lebenswertesten Landkreise weltweit ausgezeichnet und liegt mitten in Rheinland-Pfalz. Das Welterbe Oberes Mittelrheintal begrenzt den Kreis im Nordosten, die Höhen des Naturparks Soonwald-Nahe im Südosten. Im Bereich des Flughafens Frankfurt-Hahn endet die südliche und zur Mosel hin die westliche Ausdehnung.

Historische Entwicklung
Der Rhein-Hunsrück-Kreis wurde 1969 aus den ehemaligen Landkreisen St. Goar und Simmern sowie weiteren Gebietsanpassungen mit den Nachbarkreisen Bad Kreuznach, Bernkastel und Zell gebildet. Bei der Verwaltungsreform 2014 wurden drei Gemeinden aus dem Landkreis Cochem-Zell eingegliedert.

Die Grundzüge der bis heute bestehenden Verwaltungsgliederung reichen zurück ins Jahr 1816, als das linke Rheinufer nach der französischen Zeit in den Besitz Preußens überging.

Wertschöpfung und Verkehr
Der Rhein-Hunsrück-Kreis hat eine zentrale Lage in Europa zwischen den Ballungsgebieten Rhein-Main, Köln-Bonn und Mannheim-Ludwigshafen. Mit der Autobahn A 61 und den Bundesstraßen B 9, B 50 und B 327 verfügt er über eine sehr gute Verkehrsinfrastruktur. Die Fertigstellung des Hochmoselübergangs im Jahr 2018 wird den Landkreis zudem an den belgisch-niederländischen Wirtschaftsraum anbinden. Ein gut ausgebautes Landes- und Kreisstraßennetz komplettiert das Verkehrsstraßenangebot im Landkreis.

Der Flughafen Frankfurt-Hahn hat sich seit seiner Umwandlung von einem Militärflughafen im Jahr 1993 zu einem bedeutenden internationalen Luftfahrtstandort, sowohl im Fracht- als auch im Passagierbereich, entwickelt. Ein starker und aufstrebender Mittelstand mit rund 6.600 kleinen und mittleren Unternehmen aus den Bereichen Industrie, Handel und Dienstleistung sorgt für Arbeitsplätze und Wertschöpfung. In der jüngsten Vergangenheit hat der massive Ausbau der erneuerbaren Energien, insbesondere der Windkraft, zu erheblichen Wertschöpfungspotenzialen im Landkreis geführt, von denen viele Gemeinden profitieren.

Landschaft, Sehenswürdigkeiten und Kultur
Landschaftsprägend sind das romantische Mittelrheintal mit den Rebflächen in terrassierten Steillagen aus Schiefer zum Hunsrück hin, die bewaldeten Quartzkämme des Naturparks Soonwald-Nahe sowie die Äcker und Wiesen auf der Hunsrück-Hochfläche; Gegensätze, die den unverwechselbaren Charakter des Landkreises formen.

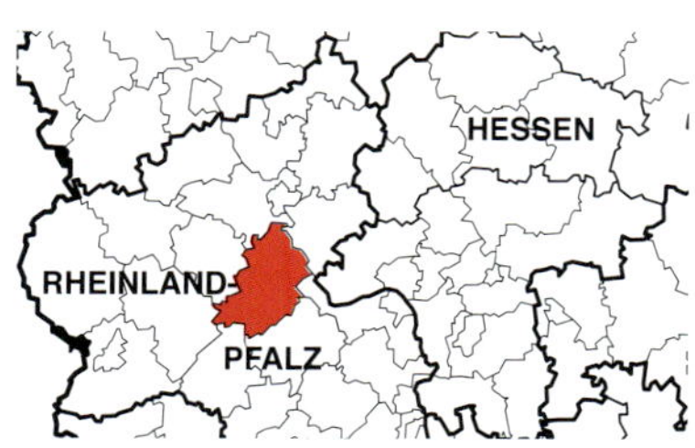

Fläche: 991,10 km²
EW: 101.945 - EW/km²: 103
KFZ-Kennzeichen: SIM
Kreissitz: Simmern
www.kreis-sim.de

Landrat
Dr. Marlon Bröhr / CDU
im Amt seit: 2015 gewählt bis: 2023

Sitzverteilung im Kreistag
Vorsitz: Dr. Marlon Bröhr

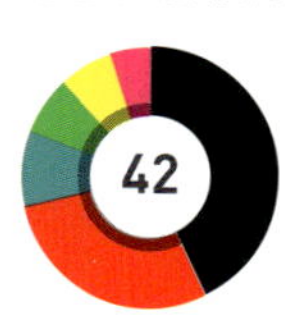

18	CDU
12	SPD
4	FWG
3	B.90/Grüne
3	FDP
2	Linke

Burgen und Schlösser am Rhein sowie weitere zahlreiche frühgeschichtliche und mittelalterliche Wehranlagen sind in nahezu einmaliger Dichte vorhanden. Dome, Kirchen und Kastelle zeugen von der einstigen Bedeutung der Region; Grabdenkmäler in Simmern oder Altäre in Oberwesel sind von größter kunsthistorischer Relevanz.

Herrliche Wanderwege, wie der Rheinsteig, der Saar-Hunsrück-Steig, der Rhein-Burgenweg, der Ausoniuswanderweg, davon abschweifende Traumschleifen durch Wälder und Bachtäler oder Deutschlands längste und höchste Hängeseilbrücke, die Geierlay bei Mörsdorf, sind unvergessliche Erlebnisse. Kinofans können auf den Spuren der weltberühmten und preisgekrönten Film-Tetralogie des Regisseurs Edgar Reitz, bestehend aus „Heimat – Eine deutsche Chronik", „Die Zweite Heimat – Chronik einer Jugend", „Heimat 3 – Chronik einer Zeitenwende" und „Die andere Heimat – Chronik einer Sehnsucht", wandeln. Ausgehend vom Hunsrück-Museum in Simmern lohnen sich die Wege nach „Schabbach" (Gehlweiler und Woppenroth), ins Günderodehaus nach Oberwesel und zu vielen anderen Drehorten.

Im Hunsrück-Museum finden Kunstliebhaber auch die Werke des Malers und Bildhauers Friedrich Karl Ströher in einer einzigartigen Dauerausstellung. Weinliebhaber können die feinen Gewächse auf Schieferterroir genießen. In der kurfürstlichen Burg in Boppard kann man sich mit dem berühmtesten Sohn der Stadt, Michael Thonet, Erfinder der Bugholzmöbel und Begründer des Industriedesigns, beschäftigen.

Das Museum in Oberwesel bietet eine beeindruckende Dokumentation zur Schifffahrt am Rhein. Weitere liebevoll gestaltete Museen laden zum Besuch ein. Beschauliche Radwege, wie der Schinderhannes-Radweg oder anspruchsvolle Strecken durch Berg- und Tallandschaften, sind ein Vergnügen für Radsportler. Naturliebhaber finden im Soonwald Entspannung, können seltene Tiere, üppige Orchideenbestände und außergewöhnliche Felsformationen bewundern.

Ein reichhaltiger Veranstaltungskalender mit historischen Märkten, Kleinkunst auf Freilichtbühnen, Konzerten, Schauspiel und Theater ist Sinnbild lebendiger Kultur.

Oberes Mittelrheintal – Burg Katz und Loreley
Rhein-Lahn-Kreis

Rhein-Lahn-Kreis

RHEINLAND-PFALZ

Der Rhein-Lahn-Kreis ist…
…geprägt durch die Vielfalt seiner reizvollen Landschaften – von der Loreley am Rhein zum wildromantischen Lahntal bis zu den anmutigen Höhen des Taunus. So vielfältig wie die Landschaften sind aber auch die Menschen, die Rheinländer wie die Einricher, die Bewohner des Nassauer Landes wie des „Blauen Ländchens". Ihnen allen ist neben einer gewissen Bodenständigkeit und Pragmatik auch eine besondere Herzlichkeit und Lebensfreude eigen.

Historische Entwicklung
Der Rhein-Lahn-Kreis wurde im Rahmen der Gebietsreform von 1969 durch den Zusammenschluss der damaligen Landkreise Unterlahn und Loreley gebildet. Diese beiden Kreise konnten auf eine lange Tradition bis zurück in herzoglich-nassauische und anschließend preußische Zeiten zurückblicken. Zuvor jedoch war das heutige Kreisgebiet zahlreichen weltlichen wie geistlichen Herren untertan und damit nicht nur verwaltungsmäßig, sondern auch konfessionell stark zersplittert.

Unter den Herrschaftsgeschlechtern, die im Rhein-Lahn-Kreis ihren Stammsitz haben, ragen die Grafen von Nassau heraus, die nicht nur einen deutschen König hervorbrachten, sondern deren Nachfahren noch heute in Luxemburg und in den Niederlanden die Fürstenhäuser stellen. Bekanntester Sohn des Rhein-Lahn-Kreises ist der in Nassau geborene preußische Reformer Freiherr vom und zum Stein.

Die heutige Kreisstadt Bad Ems war im 19. Jahrhundert einer der beliebtesten Kurorte im deutschsprachigen Raum; Kaiser, Könige und der gesamte europäische Hochadel, aber auch berühmte Dichter wie Dostojewski und Komponisten wie Jacques Offenbach, waren hier regelmäßig zu Gast. Und mit Bismarcks „Emser Depesche" schrieb Bad Ems 1870 sogar Weltgeschichte.

Wertschöpfung und Verkehr
Heute zählt der Rhein-Lahn-Kreis 137 Ortsgemeinden und Städte. Ein gut ausgebautes Straßennetz, zwei ICE-Bahnhöfe und mehrere Autobahnanschlüsse vor der Haustür und das nun im gesamten Kreisgebiet im Aufbau befindliche schnelle Internet machen die einst von Landwirtschaft, Bergbau und Kleingewerbe geprägte Region zu einem bevorzugten Wohn- und Wirtschaftsstandort. Nicht zu unterschätzen ist dabei die günstige Lage zwischen den beiden Ballungsgebieten Köln/Bonn und Rhein-Main.

Noch immer gibt es im Rhein-Lahn-Kreis rund 500 landwirtschaftliche Betriebe, und auch der Weinbau wird an Rhein und Lahn groß geschrieben, tragende Säule der heimischen Wirtschaft ist aber seit Jahrzehnten der Mittelstand. Neben Weltfirmen wie Leifheit (Haushaltswaren) und bekannten Namen wie Kaiser-Backformen oder Schaefer-Kalk sind es vor allem die zahlreiche innovativen und oftmals hochspezialisierten Firmen im Bereich der Metallverarbeitung, Medizintechnik, Chemie und Elektronik oder dem Dienstleistungssektor, die das Rückgrat der Wirtschaft bilden. Alle Faktoren zusammen sorgen für eine Arbeitslosenquote, die konstant unterhalb der Fünf-Prozent-Marke liegt.

Traditionsbewusst und zugleich modern stellen sich die Handwerksbetriebe dar, die in großer Vielzahl ihre Dienste anbieten. Das Handwerk wie auch die mittelständische Industrie und der Dienstleistungssektor profitieren dabei von einem gut ausgebauten Schulsystem sowie den nahegelegenen Hochschulen.

Von großer Bedeutung für die Wirtschaft des Kreises ist auch der Tourismus. Durch die zahlreichen historischen Denkmäler (wie die Marksburg), die Naturschönheiten (Mittelrheintal, Loreley, Lahntal), aber auch das Kur- und Bäderwesen ist der Rhein-Lahn-Kreis in den Bereichen Kultur, Natur, Wandern, Genuss, Wellness und Gesundheit hervorragend aufgestellt.

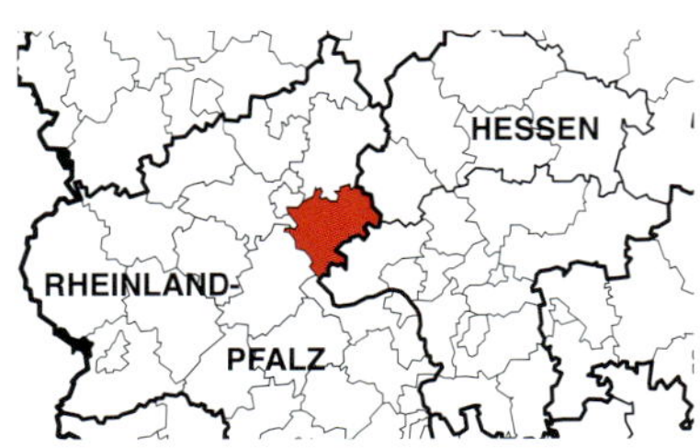

Fläche: 782,32 km²
EW: 121.487 - EW/km²: 155
KFZ-Kennzeichen: EMS
Kreissitz: Bad Ems
www.rhein-lahn-kreis.de

Landrat
Frank Puchtler / SPD
im Amt seit: 2014 gewählt bis: 2022

Sitzverteilung im Kreistag
Vorsitz: Frank Puchtler

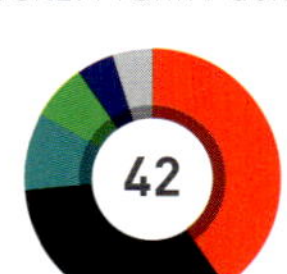

17	■	SPD
14	■	CDU
4	■	FWG
3	■	B.90/Grüne
2	■	ALFA
2	■	Sonstige

(FDP 1, Die Linke 1)

Landschaft, Sehenswürdigkeiten und Kultur
Seit 2002 darf sich das Obere Mittelrheintal, das zu einem guten Teil zum Rhein-Lahn-Kreis gehört, UNESCO-Welterbe nennen. Der weltbekannte Loreleyfelsen, dem Heinrich Heine sein berühmtestes Gedicht widmete, aber auch die bekannte Marksburg und viele weitere Zeugnisse der Vergangenheit locken nicht erst seitdem Hunderttausende Besucher an. Seit der Rheinromantik des 19. Jahrhunderts ist der Mittelrhein eines der beliebtesten Reiseziele der Deutschen.

Damit nicht genug: Der Obergermanisch-Rätische Limes, seit 2005 ebenfalls UNESCO-Welterbestätte, durchläuft auf vielen Kilometern den Rhein-Lahn-Kreis. Wachtürme, Palisaden, Limes-Wanderungen und vor allem die 2011 errichtete, authentische Rekonstruktion des Limeskastells Pohl sind wahre Publikumsmagnete.

Am Rhein erfreut sich der Premiumwanderweg „Rheinsteig" bei Wanderern großer Beliebtheit und das wildromantische Lahntal ist bei Radfahrern, Wanderern und immer mehr auch bei Kanufahrern und Paddlern „im Kommen". Veranstaltungen wie „Rhein in Flammen", das Kulturfest „Gegen den Strom", die Raderlebnistage „TalTotal" und „Fahr zur Aar", das Lahnsteiner Bluesfestival oder der Bartholomäusmarkt in Bad Ems mit dem berühmten Blumenkorso sorgen das ganze Jahr über für weitere Attraktionen.

Rhein-Pfalz-Kreis

RHEINLAND-PFALZ

Der Rhein-Pfalz-Kreis ist...

...der Gemüsegarten Deutschlands. 9 % der Gemüseanbaufläche in Deutschland liegen im Rhein-Pfalz-Kreis. Dabei ist er flächenmäßig der kleinste Landkreis in Rheinland-Pfalz. Durch seine Lage in der Metropolregion Rhein-Neckar, rund um die Städte Ludwigshafen und Mannheim, ist er gleichzeitig Wohn- und Lebensraum für 150.000 Menschen und hat damit die fünfthöchste Einwohnerzahl in Rheinland-Pfalz.

Historische Entwicklung

Die erste Kreisverwaltung mit Sitz in Ludwigshafen eröffnete am 1.7.1886 als „Königlich Bayerisches Bezirksamt" ihre Pforten. Bei der rheinland-pfälzischen Verwaltungsreform von 1969 wurden die vor 1886 zum Bezirksamt Speyer gehörenden Landgemeinden wieder zusammengefasst. Hinzu kamen der Ostteil des früheren Landkreises Frankenthal und zwei Gemeinden aus dem Landkreis Neustadt. Der junge Kreis bestand nun aus 26 Ortschaften mit etwa 118.490 Einwohnern. Seit der Eingemeindung von Ruchheim zur kreisfreien Stadt Ludwigshafen im Jahr 1974 wurden die Grenzen des Kreises nicht mehr verändert. Zum 1.1.2004 wurde der Kreis in Rhein-Pfalz-Kreis umbenannt.

Wertschöpfung und Verkehr

Der Rhein-Pfalz-Kreis liegt in der Metropolregion Rhein-Neckar und umschließt die kreisfreien Städte Ludwigshafen, Frankenthal und Speyer. Viele Bürgerinnen und Bürger wohnen und leben im Kreis und pendeln zu ihrer Arbeitsstätte in die umliegenden Städte. Auch innerhalb des Kreises haben sich starke wirtschaftliche Strukturen entwickelt und namhafte Unternehmen ihre Niederlassungen gegründet. Durch die gut ausgeprägte Infrastruktur mit einem dichten Straßen- und Schienennetz sowie der kurzen Wege zu den Rheinhäfen in Ludwigshafen und Germersheim ist der Kreis interessant für Unternehmen und Arbeitssuchende.

Entgegen dem allgemeinen Trend verzeichnet der Rhein-Pfalz-Kreis weiterhin Bevölkerungszuwächse. Ende des Jahres 2014 lebten im Rhein-Pfalz-Kreis 150.051 Personen. Diese erwirtschafteten ein Bruttoinlandsprodukt von rund 54.000 € pro Erwerbstätigem. Wichtiger Wirtschaftszweig ist die Landwirtschaft. Neun Prozent der gesamten Gemüseanbaufläche Deutschlands liegen im Kreis. Dabei entwickeln sich zunehmend landwirtschaftliche Unternehmen mit mehreren hundert, teilweise über tausend Hektar Anbaufläche. Zur Bewässerung dieser großen Anbauflächen führte der Kreis bereits in den 1980er Jahren ein Beregnungssystem ein, das Wasser aus dem Altrhein auf die Felder transportiert.

Der Rhein-Pfalz-Kreis verfügt über einen gut ausgebauten öffentlichen Personennahverkehr mit mehreren Nahverkehrsschienenstrecken und durch den ICE-Knoten Mannheim über eine direkte Anbindung zum überregionalen Schienennetz. Durch den Güterumschlag in Mannheim und Ludwigshafen erreichen auch Waren in kürzester Zeit ihr Ziel.

In 80 km Entfernung liegt mit dem Flughafen Frankfurt ein weltweites Drehkreuz, während mit dem Flughafen Mannheim und dem Flugplatz Speyer in unmittelbarer Umgebung Luftverkehrspunkte für Kurzstrecken liegen. Mit den A 6, A 61 und A 650 führen drei überregionale Fernstraßen durch den Kreis. Die vierspurig ausgebaute B 9 verbindet die Orte innerhalb des Kreises mit den umliegenden Städten. Die hohe Siedlungsdichte führt dazu, dass alle Gemeinden auch beim Datenverkehr gut erschlossen und angebunden sind.

Landschaft, Sehenswürdigkeiten und Kultur

Neben den weitläufigen Gemüseanbauflächen in der Rheinebene liegen die touristisch sehr reizvollen Rheinauen. Ein naturbelassenes Kleinod mit vielen Badeseen, Ausflugsmöglichkeiten und Naturerlebnissen. Topografisch ist der Kreis eben, was gerade für Fahrradtouristen interessant ist.

Daneben bieten die 25 Gemeinden des Kreises zahlreiche Sehenswürdigkeiten: Kleine Schlösser in Lambsheim, Limburgerhof, Kleinniedesheim und Fußgönheim, zahlreiche Baudenkmäler, über den ganzen Kreis verteilt vielfach Kunst und Skulpturen im öffentlichen Raum und ein sehr aktives Netzwerk von Heimatmuseen machen den Kreis interessant. Das Deutsche Kartoffelmuseum in Fußgönheim zeigt beispielsweise alles rund um die Kartoffel. Auch musikalisch hat der Kreis einiges zu bieten, was sich insbesondere in der Musikschule des Kreises, der größten in Rheinland-Pfalz, widerspiegelt.

Mit einer der großen Volkshochschulen in Rheinland-Pfalz trägt der Kreis mit vielfältigen Bildungs-, Vortrags- und Exkursionsangeboten zu einem breiten kulturellen Angebot bei. Die vier eigenen Kreisbäder bieten den Menschen im Kreis Sport und Erholung.

Fläche: 304,94 km²
EW: 150.051 - EW/km²: 492
KFZ-Kennzeichen: RP
Kreissitz: Ludwigshafen am Rhein
www.rhein-pfalz-kreis.de

Landrat
Clemens Körner / CDU
im Amt seit: 2009 gewählt bis: 2017

Sitzverteilung im Kreistag
Vorsitz: Clemens Körner

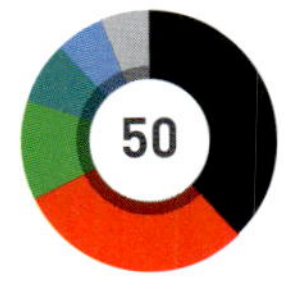

19	■	CDU
15	■	SPD
6	■	B.90/Grüne
4	■	FWG
3	■	AfD
3	■	Sonstige

(FDP 2, parteilos 1)

Landkreis

Südliche Weinstraße

RHEINLAND-PFALZ

Der Landkreis Südliche Weinstraße ist…
…ganz im Süden der Pfalz in unmittelbarer Nachbarschaft zum Elsass gelegen und wird geografisch durch drei Landschaftsformen geprägt: die fruchtbare oberrheinische Tiefebene im Osten, die sanften Weinberge und Hügelketten entlang des Haardtrandes und die ausgedehnten Wälder im Biosphärenreservat Naturpark Pfälzerwald.

Historische Entwicklung
800 v. Chr. als Keltensiedlung in der Pfalz erstmals erwähnt, wird im Bereich der heutigen Südlichen Weinstraße 83 n. Chr. die römische Provinz „Germania Superior" gegründet, deren Bewohner bereits Weinbau betreiben.

Im Jahr 1024 beginnt die Salierherrschaft mit der Wahl Konrad II. zum König; die Reichsfeste Trifels wird erstmals erwähnt. 1138 übernehmen die Staufer die Reichsführung; der Trifels wird Mittelpunkt des Reiches und Hauptaufbewahrungsort der Reichsinsignien und Staatsgefängnis für Richard Löwenherz.

Im Dreißigjährigen Krieg (1618-1648) wird die Pfalz von verschiedenen Besatzern regiert und während des Pfälzischen Erbfolgekrieges von 1688-1697 in weiten Teilen zerstört. Als Folge des Wiener Kongresses (1816) wurde die Pfalz bayrisch.

Am 27.5.1832 fand das Hambacher Fest statt; seither gilt das Hambacher Schloss als eine Geburtsstätte der Deutschen Demokratie.

Im Jahr 1969 aus den beiden ehemaligen Kreisen Landau und Bad Bergzabern zunächst als Landkreis Landau-Bad Bergzabern gebildet, führt der Landkreis seit Januar 1978 den Namen Südliche Weinstraße.

Wertschöpfung und Verkehr
„Herzland Europas" wird die Südliche Weinstraße genannt. Gut erschlossene Autostraßen und hervorragenden Schienenverbindungen führen in eine Landschaft, die viel von ihrem ursprünglichen Charakter bewahrt hat. In den letzten Jahren haben viele Betriebe die überzeugenden Vorteile dieses Standorts mit seinen idealen Arbeits-, Wohn, und Freizeitbedingungen erkannt und sich angesiedelt.

Die Lage des Landkreises Südliche Weinstraße und seine Angebote bieten für die Zukunft noch vielen Betrieben aller Branchen gute Standortvoraussetzungen. Die Ballungszentren Rhein-Neckar, Karlsruhe und Straßburg sind in 30 min. erreichbar. Der wirtschaftliche Schwerpunkt liegt im Bereich des produzierenden Gewerbes sowie in der Papier- und Karton-herstellung und -verarbeitung. Die Wirtschaftsstruktur ist durch einen ausgewogenen Branchenmix und innovationsfreudige Mittelständler bestimmt. Die Arbeitslosenquote der Südlichen Weinstraße liegt bisher immer unter dem Landesdurchschnitt.

Fläche: 639,84 km²
EW: 109.735 - EW/km²: 172
KFZ-Kennzeichen: SÜW
Kreissitz: Landau
www.suedliche-weinstrasse.de

Landrätin
Theresia Riedmaier / SPD
im Amt seit: 1997 gewählt bis: 2021

Sitzverteilung im Kreistag
Vorsitz: Theresia Riedmaier

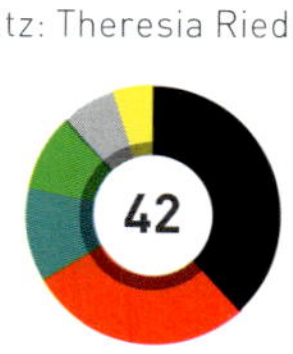

16	CDU
12	SPD
5	FWG
4	B.90/Grüne
2	FDP
3	Sonstige

(AfD 2, Die Linke 1)

Landschaft, Sehenswürdigkeiten und Kultur
Die Südliche Weinstraße ist eine Genussregion mit großartiger Natur und hat sich auch als Wellness- und Gesundheitsregion erfolgreich positioniert. Im sonnigen Süden der Pfalz ist gute Lebensart zu Hause.

Feine Weine, lukullische Köstlichkeiten, Pfälzer Gastfreundschaft und eine Landschaft wie aus dem Bilderbuch machen den Aufenthalt an der Südlichen Weinstraße zum Erlebnis. Bereits im März und April verzaubern rosa und weiß blühende Mandelbäume die Landschaft während die Pfälzer Mandelwochen zu zahlreichen Veranstaltungen einladen. Im (Früh-)Sommer reifen zuerst Erdbeeren, Spargel und anschließend Feigen und Zitronen. Im Herbst scheint es, als habe die ganze Landschaft einen kleinen Schwips, wenn der neue Wein von der Kelter fließt und im Pfälzerwald Kastanien gesammelt werden. Im Winter reift der neue Jahrgang in den Kellern seiner Vollendung entgegen und Beschaulichkeit kehrt ein in den romantischen Winzerdörfern und den munteren Städtchen.

Die Burg Trifels oberhalb von Annweiler und Schloss Villa Ludwigshöhe bei Edenkoben sind historische Bauten von europäischer Dimension. Die Südliche Weinstraße gehört zu den großen Kulturlandschaften Deutschlands.

Der Landkreis setzt viel auf die Förderung von Kunst und Kultur. Sichtbare Zeichen dafür sind die zahlreichen regelmäßigen und anspruchsvollen Ausstellungen im Kreishaus, die jährlich stattfindenden Kulturtage und die Förderung der Kulturorte im Landkreis.

Mit knapp 12.000 ha Rebfläche ist die Südliche Weinstraße einer der größten weinbautreibenden Kreise in der Bundesrepublik Deutschland. Gut 60 Mio. Weinstöcke rechts und links der Deutschen Weinstraße bilden ein Rebenmeer und liefern Spitzengewächse.

Die Weine der Südlichen Weinstraße haben durch engagierte, kompetente und im guten Sinne ehrgeizige Winzerbetriebe und -familien einen Qualitätssprung vom Massenwein zur nationalen und sogar internationalen Spitze erreicht. Die junge Winzergeneration wird durch eine ganz eigene vorbildliche Initiative gefördert: den Wettbewerb „Die junge Südpfalz – da wächst was nach".

Landkreis

Südwestpfalz

RHEINLAND-PFALZ

Der Landkreis Südwestpfalz ist...
...mit einer Fläche von 954 km² der größte Landkreis der Pfalz. Sieben Verbandsgemeinden mit 84 Ortsgemeinden bilden die untere kommunale Verwaltungsebene. Mit einer Fläche von nahezu 600 km² liegt er im Naturpark Pfälzerwald, dem größten zusammenhängenden Waldgebiet Deutschlands. Seit 1992 trägt dieser Naturpark das von der UNESCO verliehene Prädikat Biosphärenreservat.

Historische Entwicklung

Der Landkreis Südwestpfalz ist Rechtsnachfolger der ehemaligen Landkreise Pirmasens und Zweibrücken und feiert 2018 sein 200-jähriges Bestehen. Der 18.2.1818 gilt als die Geburtsstunde des heutigen Landkreises. Durch königlichen Erlass wurden die seit 1814 bestehenden, aus der französischen Arrondissementseinteilung hervorgegangenen vier Bezirksdirektionen aufgehoben und zwölf Landkommissariate eingerichtet. Zu diesen gehörten auch das Landkommissariat Pirmasens und das Landkommissariat Zweibrücken mit seinen jeweiligen Kantonen.

Die jetzigen Grenzen des Landkreises sind im Rahmen der territorialen Verwaltungsreform 1968/72 festgelegt worden. Der Landkreis erhielt einen völlig neuen Zuschnitt. Aus dem im Jahre 1969 aufgelösten Landkreis Bad Bergzabern wurden die Gemeinden Darstein, Dimbach, Lug, Schwanheim, Spirkelbach und Wilgartswiesen dem Landkreis Pirmasens zugeschlagen. Auch wurden die damals zum Landkreis gehörenden Gemeinden Erlenbrunn, Fehrbach, Hengsberg und Winzeln aufgelöst und in das Gebiet der kreisfreien Stadt Pirmasens eingegliedert.

Gleiches Schicksal ereilte den Ortsteil Niedersimten der ehemaligen Gemeinde Simten. Die einschneidendste Veränderung war die Eingliederung des ehemaligen Landkreises Zweibrücken mit der Mehrzahl seiner Gemeinden in den Landkreis Pirmasens im Jahr 1972.

Zum 1.1.1997 wurde der Landkreis Pirmasens in Landkreis Südwestpfalz umbenannt.

Fläche: 953,65 km²
EW: 96.410 - EW/km²: 101
KFZ-Kennzeichen: PS
Kreissitz: Pirmasens
www.lksuedwestpfalz.de

Landrat
Hans Jörg Duppré [P] / CDU
im Amt seit: 1979 gewählt bis: 2017

Sitzverteilung im Kreistag
Vorsitz: Hans Jörg Duppré

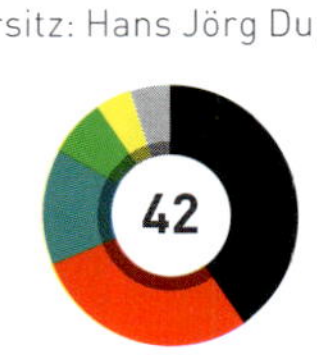

17	CDU
12	SPD
6	FWG
3	B.90/Grüne
2	FDP
2	Sonstige

(Die Linke 1, NPD 1)

Wertschöpfung und Verkehr

Durch seine Lage in der Mitte Europas und inmitten der Ballungsräume Mannheim/Ludwigshafen/Heidelberg, Karlsruhe und Saarbrücken sowie in unmittelbarer Nähe zu den französischen Nachbargebieten Elsass und Lothringen erreicht der Landkreis Südwestpfalz 8 Mio. Menschen im Umkreis von 150 km.

Noch vor einigen Jahren war die Wirtschaft im Landkreis überwiegend von der Schuhindustrie und ihren Zulieferbranchen geprägt. Inzwischen sind der Maschinenbau, die Medizintechnik, die Biotechnologie und die Kunststoffindustrie die wirtschaftlich dominierenden Bereiche. Schuhfabriken bestehen nur noch wenige. Ausgehend von der Schuhindustrie hat sich allerdings der Schuhgroß- und -einzelhandel in den letzten Jahren stark entwickelt. In Hauenstein ist im Rahmen einer „Schuhmeile" ein umfangreiches Angebot an Schuhverkaufsstätten entstanden, die von März bis Oktober sogar sonntags Einkaufsmöglichkeiten bieten. Dem Handwerk kommt eine ebenfalls herausragende Position in der Wirtschaftsstruktur zu.

Die Wege zu Europas Metropolregionen sind kurz. Die Städte Paris, Luxemburg, Brüssel, Straßburg, Frankfurt, Mainz und Stuttgart sind alle von der Südwestpfalz aus über die deutschen Autobahnen A 8 und A 62 in wenigen Stunden unmittelbar erreichbar. Der größte deutsche Flughafen in Frankfurt am Main befindet sich nur knapp 160 km entfernt.

Landschaft, Sehenswürdigkeiten und Kultur

Im äußersten Südwesten Deutschlands gibt es sie noch, die romantischen Wiesentäler, bizarren Felsmassive und weiten Wälder. Mit dem Biosphärenreservat Naturpark Pfälzerwald ist die Südwestpfalz ideal für Wanderfreunde. Gleich mehrere ganz neue Premium-Wanderwege, die höchste Ansprüche erfüllen, hat die WANDERarena Pfälzerwald-Nordvogesen zu bieten. Aber auch wer in seinem Urlaub Radeln, Klettern, Reiten, Tennis spielen, Golfen, Angeln, Bogen schießen oder in Naturseen baden will, wird hier auf seine Kosten kommen. Der Mountainbike-Park Pfälzerwald besteht seit nunmehr über zehn Jahren und hat nichts von seiner Beliebtheit eingebüßt. Im Gegenteil: Er ist weiter gewachsen auf über 800 km.

Europas größte Buntsandstein-Felsenlandschaft beeindruckt mit Formationen wie den „Altschlossfelsen", dem „Teufelstisch" oder dem „Drachenfels", um die sich zahlreiche Mythen ranken.

Trutzige Burgen erinnern an die Geschichte der Kelten, Römer, Salier und Staufer. Neben dem größten Burgmassiv und der höchst gelegenen Burg der Pfalz ist im Landkreis Südwestpfalz auch die einzige noch bewohnte Burg der Pfalz, der Berwartstein, zu finden. Im Kloster Hornbach wird der Alltag des Mönchslebens früherer Zeiten wieder lebendig.

Tiefer in die Heimatkunde einsteigen kann man beim Besuch im Deutschen Schuhmuseum in Hauenstein, beim Ausflug unter die Erde in die langen Stollen der alten Erzgrube Nothweiler oder bei der ganz besonderen Begegnung mit der Natur im Biosphärenhaus Pfälzerwald/Nordvogesen. Dort bietet der Baumwipfelpfad außergewöhnliche Ausblicke und Panoramen auf die Landschaft.

Landkreis

Trier-Saarburg

RHEINLAND-PFALZ

Der Landkreis Trier-Saarburg ist...
...ein Kreis, in dem sich Leben, Arbeiten, Wohnen und Erholen hervorragend vereinbaren lassen.

Historische Entwicklung

Das heutige Kreisgebiet umschließt das Gebiet der ehemaligen römischen Kaiserstadt Trier und gehörte bis 1794 überwiegend zum Kurfürstentum Trier und zum Herzogtum Luxemburg. Nach dem Wiener Kongress und dem Zweiten Pariser Frieden wurden, nun unter preußischer Herrschaft, die Gebiete des Kreises Saarburg und des Landkreises Trier umschrieben.

Die beiden Altkreise Trier und Saarburg hatten durch die Kämpfe zum Ende des Zweiten Weltkrieges große Zerstörungen erlitten und waren seit Juli 1945 Teil der französischen Besatzungszone. Eine im Juli 1946 durch die Militärregierung verordnete Zuschlagung des Kreises Saarburg an das Saargebiet wurde im Juni 1947 teilweise wieder zurückgenommen.

Im Zuge der Verwaltungsreformen 1969/70 in Rheinland-Pfalz wurden der Landkreis Trier und der Kreis Saarburg am 7.6.1969 zum heutigen Landkreis Trier-Saarburg vereinigt und danach in sieben neu zugeschnittene Verbandsgemeinden gegliedert. Eine der damals ausgekreisten Gemeinden, Trittenheim, kehrte zum 1.1.2012 in den Landkreis Trier-Saarburg zurück.

Wertschöpfung und Verkehr

Der Landkreis Trier-Saarburg als wirtschafts- und strukturschwacher Raum in isolierter Grenzlage – das war einmal! Seit den 1990er Jahren erlebt der Landkreis mit landesweit höchsten Wachstumsraten eine dynamische wirtschaftliche Entwicklung. Die Arbeitslosenquote ist seit Längerem – dank der Nachbarschaft zu Luxemburg – eine der niedrigsten in Rheinland-Pfalz.

Zu verdanken ist diese Entwicklung in erster Linie den innovations- und investitionsfreudigen Unternehmen mit ihren qualifizierten und motivierten Mitarbeitern. Positiv wirken sich auch die grundlegenden Standortfaktoren aus. Durch die Entstehung des europäischen Binnenmarktes rückt der Landkreis in das Zentrum europäischer Märkte. Enge wirtschaftliche Beziehungen bestehen zum Großherzogtum Luxemburg. Rund 12.000 Beschäftigte pendeln täglich über Mosel und Sauer. Auch die Auftragsbücher der zahlreichen Handwerksbetriebe im Kreis werden durch Kunden aus dem benachbarten Luxemburg gut gefüllt. Die Autobahn verbindet den Landkreis mit den Wirtschaftsräumen Köln/Ruhrgebiet, Saarland/Lothringen, Rhein/Main, Rhein/Neckar. Hinzu kommen die Großschifffahrtsstraßen Mosel und Saar, die Bahnverbindungen und die nahegelegenen internationalen Flughäfen Luxemburg und Frankfurt/Hahn.

Fläche: 1.101,50 km²
EW: 145.227 - EW/km²: 132
KFZ-Kennzeichen: TR
Kreissitz: Trier
www.trier-saarburg.de

Landrat
Günther Schartz [F] / CDU
im Amt seit: 2006 gewählt bis: 2021

Sitzverteilung im Kreistag
Vorsitz: Günther Schartz

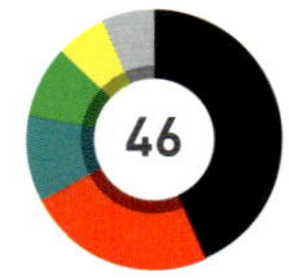

20	CDU
11	SPD
5	FWG
4	B.90/Grüne
3	FDP
3	Sonstige

(Die Linke 1, Piraten 1, ALFA 1)

Eine intakte Natur und Landschaft, attraktives Wohnen inmitten einer 2.000-jährigen Kulturlandschaft, ein abwechslungsreiches kulturelles Angebot sowie die modernen Sport-, Freizeit und Gesundheitseinrichtungen runden das Bild eines attraktiven Wirtschaftsstandortes ab.

Die Wirtschaftsförderung setzt auf funktionierende Kooperation. Durch eine vorausschauende und gezielte Gewerbeflächenpolitik der Kommunen, des Kreises und der Zweckverbände ist es gelungen, ein räumlich ausgewogenes Angebot an Gewerbeflächen bereitzustellen. Jede der sieben Verbandsgemeinden verfügt über größere landesweit bzw. regional bedeutsame Gewerbestandorte.

Ein Beispiel hierfür ist der Industriepark Region Trier, erfolgreich geführt von einem interkommunalen Zweckverband. Er kann als eines der erfolgreichsten Konversionsprojekte in Rheinland-Pfalz gelten. 130 Betriebe mit rund 2.500 Beschäftigten – mit einem hohen Anteil an Existenzgründungen und neuen Arbeitsplätzen entstanden auf dem ehemaligen französischen Hubschrauberareal. Ein Direktanschlusses an die Autobahn A 1 sorgt für eine 1A-Lage des Standortes.

Nicht vergessen werden darf der Fremdenverkehr als ein wichtiger Wirtschaftsfaktor. Die Übernachtungszahlen haben die Marke von 1,2 Mio. pro Jahr überschritten – nicht zuletzt dank weithin bekannter Premiumwanderwege wie dem Mosel- oder dem Saar-Hunsrücksteig sowie der Radwege entlang von Mosel, Saar und Ruwer. Trotz des ungebrochenen Strukturwandels behalten Landwirtschaft und Weinbau unübersehbare Zukunftsbedeutung für die Lebensfähigkeit des ländlichen Raumes, den Erhalt der Kultur- und Erholungslandschaft und die Produktion wichtiger Rohstoffe, Nahrungs- und Genussmittel, wobei dem Wein – mit Spitzenlagen von Weltruf – naturgemäß eine besondere Rolle zukommt. Und gerade in jüngster Zeit haben viele renommierte, aber auch junge Weingüter international mit ihren Spitzenweinen von sich reden gemacht.

Landschaft, Sehenswürdigkeiten und Kultur

Der waldreiche Hunsrück, die Hochflächen der Südeifel und des Saargaus sowie die tief eingeschnittenen Flüsse Mosel, Saar und Ruwer, die auch die weithin bekannte Weinbauregion prägen, bestimmen das kontrastreiche Landschaftsbild.

Die Naturparke Saar-Hunsrück und Südeifel sowie das vielfältige Rad- und Wanderwegenetz sind nur einige Beispiele für den hohen Freizeit- und Erholungswert des Landkreises.

Landkreis

Vulkaneifel

RHEINLAND-PFALZ

Der Landkreis Vulkaneifel ist...
...bekannt für seine vom Vulkanismus geprägte Landschaft, die in ihrer geologischen Erscheinungsform in Deutschland einzigartig ist. Er gliedert sich in 109 Ortsgemeinden und fünf Verbandsgemeinden, die ihren jeweiligen Sitz in Daun, Gerolstein, Hillesheim, Jünkerath und Kelberg haben.

Historische Entwicklung
Auf Grund der Beschlüsse des Wiener Kongresses kam das heutige Kreisgebiet im Jahr 1815 zum Königreich Preußen. Wegen der teilweise noch ungeklärten und ungeregelten Grenzverhältnisse wurde der damalige Kreis Daun zunächst von Prüm verwaltet.

Die jetzigen Grenzen des Landkreises Vulkaneifel mit seinen 109 Gemeinden sind im Rahmen der Gebiets- und Verwaltungsreform im Jahr 1970 festgelegt worden. Der ehemalige preußische Kreis blieb dabei in seiner Substanz erhalten und wurde durch Eingemeindungen von insgesamt 28 Gemeinden aus den Landkreisen Mayen-Koblenz, Bitburg-Prüm und Ahrweiler erheblich vergrößert.

Zum 1.1.2007 erfolgte mit einem einstimmigen Kreistagsbeschluss und einem mehrheitlichen Votum der Kreisbevölkerung die Umbenennung in einen gebiets- und landschaftsbezogenen Kreisnamen: Landkreis Vulkaneifel.

Wertschöpfung und Verkehr
Ein gut ausgebautes Straßenverkehrsnetz mit direktem Anschluss an die Autobahnen A 1 und A 48 ermöglicht ein schnelles Erreichen der Ballungszentren Köln/Bonn, der Städteregion Aachen sowie der Oberzentren Koblenz und Trier. Zu den standortnahen Flughäfen zählen Köln-Bonn, Frankfurt-Hahn, Frankfurt und Luxemburg.

Im Landkreis Vulkaneifel lässt es sich aber nicht nur sehr gut leben und Urlaub machen, sondern auch arbeiten. Für kleine als auch für große Unternehmen ist der Landkreis Vulkaneifel ein attraktiver Wirtschaftsstandort, nicht zuletzt auch wegen der Grenznähe zur Saar-Lor-Lux-Region. Zahlreiche mittelständische Unternehmen, die weltweit agieren und das in unterschiedlichen Branchen, wie beispielsweise die Mineralwasserindustrie, sind hier ansässig und prägen die Unternehmenslandschaft. Den Bereichen Land- und Forstwirtschaft, Handwerk, Industrie und Dienstleistungen (insbesondere Tourismus) kommen dabei eine wichtige Bedeutung zu. Erst im Jahr 2014 ist der Landkreis Vulkaneifel als „Mittelstandsfreundliche Kommune" ausgezeichnet worden.

Als Bereicherung zählt auch der im benachbarten Landkreis Ahrweiler gelegene Nürburgring, der als legendäre „Grüne Hölle" einen weltweiten Bekanntheitsgrad hat.

Fläche: 911,04 km²
EW: 60.775 - EW/km²: 67
KFZ-Kennzeichen: DAU
Kreissitz: Daun
www.vulkaneifel.de

Landrat
Heinz-Peter Thiel / parteilos
im Amt seit: 2013 gewählt bis: 2021

Sitzverteilung im Kreistag
Vorsitz: Heinz-Peter Thiel

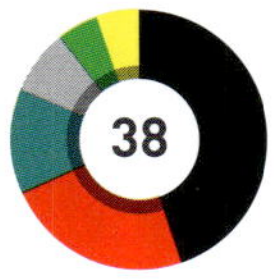

17	CDU
9	SPD
5	FWG
2	B.90/Grüne
2	FDP
3	Sonstige

(parteilos 2, Die Linke 1)

Um die regionale Wertschöpfung auch in Zukunft zu stärken, wurden im Landkreis Vulkaneifel bereits zahlreiche Initiativen zum Standortmarketing, zur Existenzgründung, zur Fachkräftesicherung und -gewinnung sowie zur Entwicklung innovativer Projekte gestartet. Zusätzlich bestehen verschiedene Netzwerke mit speziellen Schwerpunkten, die den Dialog zwischen den Akteuren im Landkreis intensivieren und weiter ausbauen.

Landschaft, Sehenswürdigkeiten und Kultur
Als Mittelgebirgslandschaft besticht der Landkreis durch die geologischen Besonderheiten der namensgebenden vulkanischen Aktivitäten. Dieses Alleinstellungsmerkmal hat das Landschaftsbild über die Jahrhunderte geprägt und in Form von Vulkankegeln, Mineralwasserquellen, Maaren und weiteren Naturphänomenen markante Spuren hinterlassen.

Aufgrund der vielfältigen Rad- (Maare-Mosel-Radweg) und Wanderwege (Eifelsteig, Vulkaneifelpfade) und der einzigartigen Landschaft bietet der Landkreis Vulkaneifel einen hohen Freizeit- und Erholungswert sowohl für Einheimische als auch für viele Touristen.

Als Markenzeichen zählt aber auch der im Jahre 2010 offiziell eingeweihte Natur- und Geopark Vulkaneifel, der Großteile des Landkreises Vulkaneifel enthält. Als Ausdruck der internationalen Wertschätzung erhielt der Natur- und Geopark 2015 die Anerkennung als UNECSO Global Geopark.

Darüber hinaus ist der Landkreis Vulkaneifel auch als Krimiland Eifel bekannt: Ein Krimihotel in Hillesheim, Wandern auf den Eifel-Krimiwanderwegen und damit auf den Spuren der Eifelkrimis von Jacques Berndorf sowie das Hillesheimer Kriminalhaus machen die Vulkaneifel zum kriminellen Schauplatz.

Kulturell zieht das alle zwei Jahre stattfindende Krimifestival „Tatort Eifel" mit zahlreichen Veranstaltungen wie Krimi-Lesungen, Comedy-Veranstaltungen, Konzerten, Filmpremieren etc., tausende Krimifans und Fachbesucher aus der Film- und Fernsehbranche in die Vulkaneifel.

Westerwaldkreis

RHEINLAND-PFALZ

Der Westerwaldkreis ist...
...sowohl ein idealer Wirtschaftsstandort als auch grüne Lunge, zwischen den Ballungsgebieten Rhein-Main und Rhein-Ruhr, die mit ihren landschaftlichen Reizen auch viele Urlauber und Erholung Suchende lockt. Mit dem Slogan „Frisch wie der Wind!" wirbt er mit seinen optimalen Verkehrsanbindungen und seinem Wirtschaftswachstum.

Historische Entwicklung
1815 wurde das heutige Kreisgebiet im Herzogtum Nassau erstmals in einem größeren Flächenstaat vereinigt. Im Jahr 1866 kam das Gebiet zu Preußen und wurde nach preußischem Vorbild anfangs in drei Landkreise untergliedert, bis 1932 der Kreis Westerburg mit dem alten Oberwesterwaldkreis zu einem neuen Oberwesterwaldkreis mit Sitz in Westerburg zusammengelegt wurde.

1974 erfolgte der Zusammenschluss von Ober- und Unterwesterwald zum heutigen Westerwaldkreis mit Sitz in Montabaur.

Wertschöpfung und Verkehr
In den zurückliegenden Jahrzehnten hat sich im Westerwaldkreis ein dynamischer Strukturwandel vollzogen, der aus einem vormals von keramischem Handwerk mit großer Tradition, Basaltabbau und Agrarwirtschaft geprägten Landstrich, einen sehr heterogen strukturierten, starken Wirtschaftsstandort mit Zukunftspotenzial gemacht hat. Seit dem Jahr 1996 wachsen die Produktivität, der Gesamtumsatz, der Auslandsumsatz und die Exportquote im verarbeitenden Gewerbe der Region stetig – selbst während konjunktureller Schwächephasen. Selbst im Krisenjahr 2009 war der Westerwaldkreis mit knapp 5 Mrd. € wirtschaftlich stärkster Landkreis in Rheinland-Pfalz.

Seit einigen Jahren weist der Kreis eine Arbeitslosenquote von zeitweilig unter 4 % auf, was Vollbeschäftigung bedeutet, die nicht zuletzt einem gesundem Branchen-Mix von produzierendem Gewerbe und Dienstleistern, sowie einem großen Potenzial von gut ausgebildeten Arbeitskräften geschuldet ist.

Verschiedene Rankings von Forschungsinstituten und Fachzeitschriften weisen dem Kreis regelmäßig überdurchschnittlich gute Platzierungen zu. Gemessen an seiner Wirtschaftskraft liegt der Westerwaldkreis auf Platz zwei in Rheinland-Pfalz.

Die schnelle Erreichbarkeit der in unmittelbarer Nachbarschaft angesiedelten internationalen Messestandorte und Flughäfen innerhalb von 30 bis 45 min ist einer der besonderen Standortvorteile des Westerwaldkreises. Neben den Autobahnen A 3, A 48 und A 45, die das Kreisgebiet optimal erschließen, war insbesondere die Realisierung des ICE-Bahnhofs in Montabaur ein Glücksfall.

und Garant für eine weitere gute wirtschaftliche Entwicklung. Damit wurde die schnelle Anbindung an die großen Zentren in Deutschland und Europa ermöglicht.

Landschaft, Sehenswürdigkeiten und Kultur
Die Zauberworte heißen Wandern und Nordic Walking. Es gibt kaum einen Pfad oder Wanderweg im klimatisch milden Gebiet zwischen Rhein, Lahn, Sieg und Dill, der sich nicht für diese gleichermaßen beliebten und gesunden Sportart eignet.

Bestes Beispiel hierfür ist der im Sommer 2008 eingeweihte Westerwaldsteig, der es Wanderern ermöglicht, die Vielschichtigkeit und Abwechslung des zu über 48 % bewaldeten Landkreises hautnah zu erfahren und zu erwandern. Von der Abtei Marienstatt mit ihrer 800 Jahre alten Basilika, der ältesten gotischen Kirche rechts des Rheins über das barocke Franziskanerkloster Marienthal, dessen Mauern dem Wanderer schon aus der Ferne den Weg weisen, hin zum nur einen Steinwurf entfernt liegenden, mehrfach preisgekrönten Fachwerkdorf Mehren.

Eine Reihe weiterer Sehenswürdigkeiten, wie die Westerwälder Seenplatte mit ihren sieben Weihern, der Tertiär- und Erlebnispark Stöffel sowie die Kroppacher Schweiz und Bad Marienberg im Hohen Westerwald sind immer einen Besuch wert.

Mit dem Naturpark Nassau, dem Buchfinkenland, den romantischen Tälern von Gelbach, Brexbach, Saynbach und Nister, der Krombach- und Breitenbachtalsperre und dem Kannenbäckerland, wo ein Besuch der zahlreichen Töpfereien oder des Keramikmuseums Westerwald ein Muss ist, genau wie die Töpfer- und Keramikmärkte in Ransbach-Baumbach oder Höhr-Grenzhausen, ließe sich die Liste der Sehenswürdigkeiten, die den Kreis zu einem touristischen Highlight machen, beliebig lang fortsetzen.

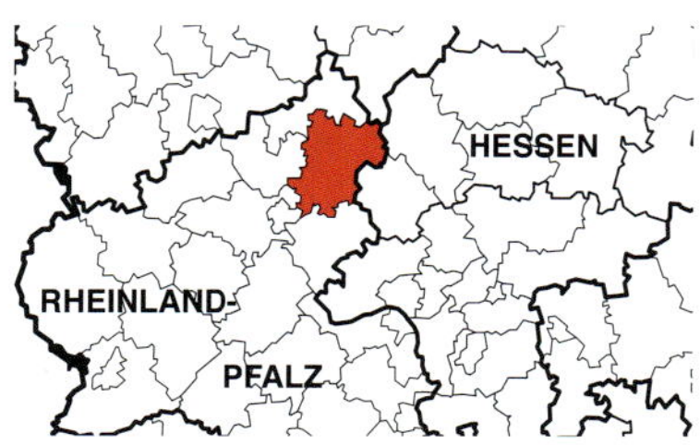

Fläche: 988,98 km²
EW: 199.131 - EW/km²: 201
KFZ-Kennzeichen: WW
Kreissitz: Montabaur
www.westerwaldkreis.de

Landrat
Achim Schwickert / CDU
im Amt seit: 2009 gewählt bis: 2017

Sitzverteilung im Kreistag
Vorsitz: Achim Schwickert

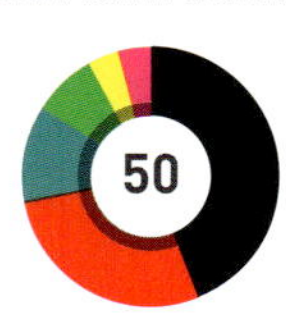

22	■	CDU
14	■	SPD
6	■	FWG
4	■	B.90/Grüne
2	■	FDP
2	■	Die Linke

Saarland

Landkreise und Regionalverb. Saarbrücken	**6**
Fläche km²	**2.568,69**
Einwohner	**989.035**
Bevölkerungsdichte EW/km²	**385**

Größte Landkreise	km²
Merzig-Wadern	555,16
St. Wendel	476,23
Saarlouis	459,03

Kleinste Landkreise	km²
Neunkirchen	249,25
RV Saarbrücken	410,63
Saarpfalz-Kreis	418,39

Einwohnerstärkste Landkreise	EW
Regionalverband Saarbrücken	325.604
Saarlouis	195.632
Saarpfalz-Kreis	143.532

Einwohnerschwächste Landkreise	EW
St. Wendel	88.259
Merzig-Wadern	102.987
Neunkirchen	133.021

Dichtest besiedelte Landkreise	EW/km²
Regionalverband Saarbrücken	793
Neunkirchen	534
Saarlouis	426

Dünnst besiedelte Landkreise	EW/km²
St. Wendel	185
Merzig-Wadern	186
Saarpfalz-Kreis	343

Landkreis

Merzig-Wadern

SAARLAND

Der Landkreis Merzig-Wadern ist...

...mit seiner abwechslungsreichen Natur und Kulturlandschaft Teil des Naturparks Saar-Hunsrück. Jeder Ort bietet eine individuelle Auswahl an kulturellen, gastronomischen und sportlichen Highlights. Merzig-Wadern wird der „grüne Kreis des Saarlandes" genannt. Zu diesem Ruf haben seine große Waldflächen beigetragen.

Historische Entwicklung

Am 1.9.1816 umfasste der Kreis Merzig neun Bürgermeistereien mit rund 21.000 Einwohnern.

Gemäß dem Versailler Vertrag wurden 1919 Losheim, Weiskirchen, Wadern als „Restkreis" mit Sitz in Wadern abgetrennt und verblieben bei Preußen; der überwiegende Teil des Kreises Merzig, der danach als „Stammkreis Merzig" bezeichnet wurde, verblieb im Saargebiet unter Verwaltung des Völkerbundes. Nach der Volksabstimmung im Januar 1935 kam der Stammkreis Merzig wieder zum Deutschen Reich.

1964 erhielt der Kreis die aktuelle Bezeichnung Landkreis Merzig-Wadern. Der Landkreis umfasst die Kreisstadt Merzig, die Stadt Wadern und die Gemeinden Beckingen, Losheim am See, Mettlach, Weiskirchen und Perl.

Wertschöpfung und Verkehr

In der Großregion Saar-Lor-Lux präsentiert sich der Landkreis Merzig-Wadern als kultureller, wirtschaftlicher Mittelpunkt und idealer Wirtschaftsstandort. Firmen wie Villeroy & Boch in Mettlach, ThyssenKrupp System Engineering in Lockweiler, SaarGummi International GmbH in Büschfeld, Homanit in Niederlosheim, Kohlpharma in Merzig und das Leibniz-Zentrum für Informatik auf Schloss Dagstuhl unterhalten von hier aus weltweite Wirtschafts- und Forschungsbeziehungen.

An der Grenze zu Frankreich und Luxemburg an den Autobahnen A 8 und A 1 liegt die Region Merzig-Wadern zentral im Quatropôle-Netz von Saarbrücken, Trier, Luxemburg und Metz. Zahlreiche Unternehmen nutzen die gute Verkehrsanbindung, sowohl an den Raum Brüssel/Luxemburg wie an das Rhein-Main-Gebiet, erfolgreich für ihre Geschäfte.

Als Schnittstelle zwischen Unternehmen und Verwaltung ist die Gesellschaft für Wirtschaftsförderung im Landkreis Merzig-Wadern mbH (GfW) seit 1988 der kompetente Ansprechpartner bei wirtschaftlichen Fragen. Die GfW fördert Technologieinnovationen und begleitet Seminare mit Wirtschaftsthemen, was die wirtschaftliche Attraktivität des Landkreises Merzig-Wadern erhöht, die wirtschaftlichen Rahmenbedingungen des Dreiländerecks systematisch verbessert und Start-ups die richtigen Anreize gibt.

Fläche: 555,16 km²
EW: 102.987 - EW/km²: 186
KFZ-Kennzeichen: MZG
Kreissitz: Merzig
www.merzig-wadern.de

Landrätin
Daniela Schlegel-Friedrich [K] / CDU
im Amt seit: 2004 gewählt bis: 2019

Sitzverteilung im Kreistag
Vorsitz: Daniela Schlegel-Friedrich

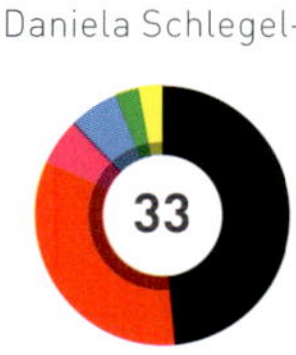

16 CDU 16
11 SPD 11
2 Die Linke 2
2 AfD 2
1 B.90/Grüne 1
1 FDP 1

Größter Wirtschaftsbereich ist der Dienstleistungssektor, gefolgt vom produzierenden Gewerbe und dem Bereich Handel, Verkehr, Gastgewerbe. So hat sich der Tourismus durch die landschaftlichen Vorzüge von Saar, Mosel und Hochwald zu einem wichtigen Wirtschaftsfaktor etabliert. Die touristische Produktentwicklung liegt bei der Saarschleifenland Tourismus GmbH, der Tourismusorganisation des Landkreises Merzig-Wadern. Die Premium-Wanderwege, das größte Erfolgsprodukt im Kreis, wurden gemeinsam mit den Gemeinden und dem Projektbüro Saar-Hunsrück-Steig auf den Weg gebracht.

Landschaft, Sehenswürdigkeiten und Kultur

Das Wahrzeichen des Landkreises ist die Saarschleife. Vom Aussichtspunkt Cloef im Ortsteil Orscholz, einem anerkannten heilklimatischen Kurort, genießt man einen einmaligen Blick auf das Weltnaturerbe des Saarlandes.

Merzig-Wadern ist eines der ältesten Siedlungsgebiete der Römer und Kelten im Saarland. Herausragendes Beispiel ist die römische Villa von Nennig mit dem größten, am besten erhaltenen Fußbodenmosaik nördlich der Alpen. Die Faszination der Antike wird lebendig in der rekonstruierten römischen Villenanlage im Archäologiepark Römische Villa Borg, neben der Burg Montclair und dem Museum Schloss Fellenberg eine Einrichtung der Kulturstiftung für den Landkreis Merzig-Wadern.

Einblicke in die Industriekultur geben viele Museen wie das Historische Kupferbergwerk Düppenweiler und das Feinmechanische Museum Fellenbergmühle. Ebenfalls Kulturschaffende profitieren von den Einflüssen des Dreiländerecks, so zu sehen beim Bildhauersymposium „Steine an der Grenze" als auch beim grenzüberschreitenden Projekt „Gärten ohne Grenzen". Dort erleben Gartenliebhaber Gartenkultur in ihrer Vollendung.

Landkreis

Neunkirchen

SAARLAND

Der Landkreis Neunkirchen ist…
…der einzige Rosenkreis Deutschlands und mit sieben dynamischen Städten und Gemeinden im Ostsaarland gelegen. Als ehemaliger traditionsreicher Bergbau- und Industriestandort ist der Landkreis historisch gewachsen und durch sehr unterschiedliche Strukturen geprägt. Der Landkreis Neunkirchen bewegt sich im Spannungsverhältnis von Stadt und ländlicher Idylle, von geschichtsträchtiger Hinterlassenschaft sowie spezialisiertem Wirtschafts- und Industriestandort, von unberührter Natur und lebenswerter Heimat.

Historische Entwicklung

Der heutige Landkreis Neunkirchen hat eine relativ kurze Geschichte und ist 1974 im Rahmen der saarländischen Gebietes- und Verwaltungsreform mit kleinen räumlichen Veränderungen aus dem früheren Kreis Ottweiler hervorgegangen. Der Landkreis Ottweiler wurde am 30.6.1814 im Rahmen einer Neugliederung unter bayrisch-österreichischer Verwaltung gegründet. Zwei Jahre später wurde auf Beschluss des Wiener Kongresses die Kreisfläche verändert und dem preußischen Staat zugeordnet.

Wertschöpfung und Verkehr

Unter der preußischen Verwaltung folgte eine Konzentration auf den Nutzen der Kohle- und Eisenerzlagerstätten. Kohle und Stahl wurden für viele Jahre zu einem zentralen Wirtschafts- und Entwicklungsfaktor der Region. Durch die Industrialisierung von Bergbau und Stahlindustrie stieg die Einwohnerzahl arbeitsplatzbedingt drastisch an. 1982 wurde das Neunkircher Eisenwerk geschlossen, das ehemalige Hüttenareal ist heute Industriedenkmal und überregionaler, stark frequentierter Veranstaltungsort. Die Kreisstadt Neunkirchen bekam 1989 mit dem Saarpark-Center ein attraktives, regional wichtiges Handels- und Dienstleistungszentrum. 1995 schloss mit der Grube Reden die letzte Grube im Kreisgebiet.

Bis heute sind die Merkmale industriell geprägter Ansiedlungen und Arbeiterdörfer typisch für die hiesigen Orts- und Landschaftsbilder. Den Wirtschafts- und Siedlungsstrukturen entsprechend haben sich eine besondere Sozialkultur, Mentalität und Identität ausgeprägt. In Verbindung mit dem Niedergang der Stahlindustrie wurde ein langwieriger Strukturwandel eingeleitet, dem sich der Landkreis und seine Gemeinden jedoch mutig gestellt haben.

Mit dem Strukturwandel sind im Landkreis viele neue Industrie- und Gewerbegebiete entstanden, deren Potenziale durch die Wirtschaftsförderungsgesellschaft unterstützt werden. Für die weitere Wirtschaftsentwicklung und Zukunftsfähigkeit des Kreises ist die gute Schul- und Betreuungsinfrastruktur von großem Nutzen. Mit der gezielten und effizienten Bildungspolitik wird gleichzeitig die Grundlage zur Generierung neuer Impulse und Innovationen für die regionale Wirtschaftsstruktur geschaffen. Im Hinblick auf Wirtschafts- und Forschungsaktivitäten verfügt der Kreis in der SaarLor-Lux-Region mit den überregionalen Verkehrsachsen über Lagegunst und bietet entsprechende Anbindungschancen.

2015 wurde der Landkreis vom Bundesministerium für Ernährung und Landwirtschaft als Modellregion für das Projekt Land(auf)Schwung auserwählt. Das Modellvorhaben befähigt den Landkreis in Bezug Strukturwandel und Demografie Schritte im Sinne einer nachhaltigen und integrativen Kreisentwicklung anzugehen. Dabei werden innovative Projekte und neue Formen der Teilhabe auf den Weg gebracht, mit dem Ziel die Daseinsvorsorge und die regionale Wertschöpfung weiterhin zu stärken. Die Auserwählung ist eine Chance für die Realisierung wichtiger Impulsprojekte im Sinne der nachhaltigen Zukunftsfähigkeit des Kreises.

Landschaft, Sehenswürdigkeiten und Kultur

Der Tourismus im Landkreis Neunkirchen hat sich in den vergangenen Jahren sehr positiv entwickelt. Die Gästezahlen entwickeln sich gut, was für die Attraktivität der Destination spricht. Seit über 30 Jahren ist der Landkreis Neunkirchen der erste und einzige Rosenkreis in Deutschland und verfügt über acht zum Teil parkähnliche Rosengärten. Einer von ihnen ist der Rosengarten im Freizeitzentrum Finkenrech, der seit 2015 auch Partner der „Gärten ohne Grenzen" ist und mit thematisch orientierten Gartenbereichen, wie dem asiatischen Garten, lockt.

Alleinstellungsmerkmal und noch Zukunftspotenzial besitzt der Erlebnisort Reden, der als ehemaliger Bergwerksstandort mit überregionalen Veranstaltungshighlights wie der SR3-SommerAlm, dem Fantasie- und Rollenspielkonvent (FaRK) und dem Erlebnismuseum „Gondwana - Das Praehistorium" lockt. Auch glänzt der Landkreis mit einem vielfältigen Kulturprogramm in den Veranstaltungszentren „Neue Gebläsehalle", „Big Eppel", und der „Illipse". Für ein attraktives Freizeitangebot sorgen der Neunkircher Zoo, Premium-, Themen- sowie Radwanderwege. Durch das vielfältige Spektrum an gesellschaftlichen Angeboten ist die gesamte Bandbreite an Kunst, Kultur, Sport-, Musik- und Freizeitaktivitäten vorhanden.

Fläche: 249,25 km²
EW: 133.021 - EW/km²: 534
KFZ-Kennzeichen: NK
Kreissitz: Ottweiler
www.landkreis-neunkirchen.de

Landrat
Sören Meng[V] / SPD
im Amt seit: 2016 gewählt bis: 2024

Sitzverteilung im Kreistag
Vorsitz: Sören Meng

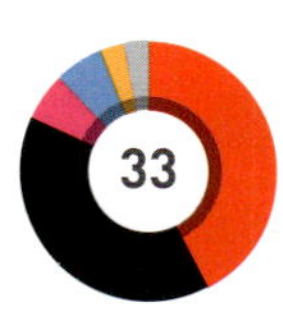

14	SPD
13	CDU
2	Die Linke
2	AfD
1	Piraten
1	parteilos

Regionalverband Saarbrücken

SAARLAND

Der Regionalverband Saarbrücken...
...verbindet Städte, Gemeinden und Menschen.

Historische Entwicklung

Er ist Rechtsnachfolger des 1816 gebildeten Landkreises Saarbrücken, der 1974 aufgelöst wurde und dessen ehemalige Gemeinden mit der Stadt Saarbrücken einen neuen Stadt-Umland-Verband bildeten. Ihm gehören zehn Städte und Gemeinden an. Neben den typischen Aufgaben eines Landkreises ist er auch für die Raumplanung zuständig.

Aufgrund ihrer unmittelbaren Lage zu Frankreich wurde die Saarregion immer wieder zum politischen Zankapfel. Auch weil das Saarbrücker Land über reichlich Bodenschätze verfügte, die bereits im späten Mittelalter und sehr intensiv ab Mitte des 18. Jahrhunderts geborgen und verhüttet wurden.

Im Rahmen der Neuordnung Europas nach der französischen Revolution fiel das Saarbrücker Land an Preußen und der Aufbau der „neuen" Verwaltung begann 1816 mit der Errichtung des Landkreises Saarbrücken. Weitere geschichtsträchtige Eckpfeiler der Landkreishistorie im 19. Jahrhundert sind der deutsch-französische Krieg von 1870/71 und die Gründung des Rechtsschutzvereins in Bildstock 1889, der als erste Gewerkschaftsbewegung Deutschlands gilt. Im 20. Jahrhundert folgten die Phase der Völkerbundverwaltung als Folge des Ersten Weltkrieges, die Rückgliederung in das Deutsche Reich 1935, nach dem Zweiten Weltkrieg die Zeit der französischen Militärregierung und des Saarstaates bis zur Eingliederung des Saarlandes in die Bundesrepublik 1957. Es mag sein, dass aus diesen ständigen Anpassungsprozessen das besondere Lebensgefühl in der Region, ihre Offenheit Neuem und Fremden gegenüber und das „savoir vivre" erwachsen ist.

Aus der kommunalen Gebiets- und Verwaltungsreform 1974 ging der neu gebildete Stadtverband Saarbrücken hervor, der durch die Verwaltungsstrukturreform von 2008 in Regionalverband umbenannt wurde. Ihm gehört als Oberzentrum die Landeshauptstadt Saarbrücken an. Weiterhin gehören die Mittelstadt Völklingen, die Städte Püttlingen, Sulzbach und Friedrichsthal sowie die Gemeinden Heusweiler, Riegelsberg, Quierschied, Kleinblittersdorf und Großrosseln dazu. Das Haushaltsvolumen des Regionalverbandes beträgt anno 2016 rund 456 Mio. €. Zu seinen Pflichtaufgaben gehören Jugendhilfe und Soziales, Jobcenter, Schulen, Gesundheit und Planungsaufgaben. Des Weiteren kümmert er sich um Kultur-, Tourismus- und Wirtschaftsförderung. Verwaltungssitz ist das Saarbrücker Schloss.

Fläche: 410,63 km²
EW: 325.604 - EW/km²: 793
KFZ-Kennzeichen: SB
Kreissitz: Saarbrücken
www.regionalverband-saarbruecken.de

Regionalverbandsdirektor
Peter Gillo [G] / SPD
im Amt seit: 2009 gewählt bis: 2019

Sitzverteilung im Kreistag
Vorsitz: Peter Gillo

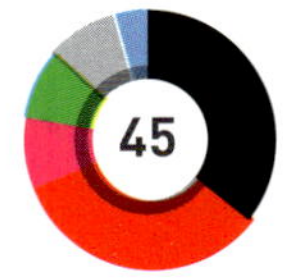

16 CDU
15 SPD
4 Die Linke
4 B.90/Grüne
2 AfD
4 Sonstige
(FDP 1, NPD 1, parteilos 2)

Wertschöpfung und Verkehr

Mit fast 800 Einwohnern/km² ist der Regionalverband ein Verdichtungsraum, der das Arbeitsmarkt- und Dienstleistungszentrum des Saarlandes bildet. Hier lebt ein Drittel der saarländischen Bevölkerung und mit rund 206.000 Erwerbstätigen hat fast die Hälfte hier ihren Arbeitsplatz. Der Regionalverband liegt im Schnittpunkt der europäischen Verbindungsachsen Paris-Frankfurt und Brüssel-Luxemburg-Straßburg. Die Arbeitsmärkte der Großregion Saar-Lor-Lux sind miteinander verflochten, was in den Pendlerströmen deutlich zum Ausdruck kommt. Seine Vorzüge: das gut ausgebaute Verkehrsnetz auf Straße und Schiene, im Wasser und zu Luft, vielfältige Bildungseinrichtungen, die Forschungs- und Entwicklungslandschaft an den Hochschulen im Regionalverband, motivierte Arbeitnehmer und eine hohe Akademikerdichte. Diese Qualitäten sind das Resultat der geschichtlichen Herausforderungen und des saarländischen strukturellen Wandels. Unternehmen mit Weltruf haben im Regionalverband ihre (Zweig)niederlassungen: ZF-Getriebe, Saarstahl, Halberg Guss, Hager Elektro, Hydac Technology, zunehmend aber auch kleinere und sehr leistungsfähige Unternehmen im Apparatebau oder etwa im IT- oder Biotech-Bereich.

Der Regionalverband sieht seine übergemeindlichen Arbeiten auch im grenzübergreifenden Kontext. Mit dem „Eurodistrict Saar-Moselle" ist 2010 ein kommunaler Zusammenschluss von acht Gemeindeverbänden mit 100 französischen und deutschen Städten und Gemeinden entstanden. Insbesondere in Wirtschafts- und Tourismusfragen, im Nahverkehr, aber auch auf politischer und Verwaltungsebene, erfolgt so eine stärkere Zusammenarbeit in diesem Europäischen Verbund für territoriale Zusammenarbeit (EVTZ).

Landschaft, Sehenswürdigkeiten und Kultur

Der Regionalverband ist ein „Verdichtungsraum im Wald": Als Achse dient die Saar. Ihre Seitentäler umranken sanfte, dicht bewaldete Hügel. Spannend für unsere Gäste sind neben dem Besuch dieser mit bestens markierten Wander- und Radwegen versehenen Landschaft sowie dem Genuss der französisch inspirierten Küche sicherlich auch die Begegnungen mit unseren kulturhistorischen Sehens- und Erlebenswürdigkeiten. Allen voran das Weltkulturerbe Völklinger Hütte, das von der prägenden Zeit der Industriebarone erzählt.

Völklinger Hütte

Landkreis

Saarlouis

SAARLAND

Der Landkreis Saarlouis ist...
...zuhause im Saarland, im Herzen der Saar-Lor-Lux-Region.

Historische Entwicklung

1816 gegründet, waren wir mal französisch, mal preußisch und eine kleine Zeit lang sogar mal Teil des eigenständigen Saarlandes. Das hat nicht nur unsere lebhafte Geschichte, sondern auch die Menschen und ihre Art zu leben sehr geprägt.

Der Landkreis Saarlouis ist mit rund 200.000 Einwohnern der bevölkerungsreichste Landkreis i.e.S. im Saarland und umfasst auf einer Gesamtfläche von 459 km² 13 Städte und Gemeinden. Er zählt zu den ältesten Landkreisen Deutschlands, die heute noch fast vollständig in ihren ursprünglichen Kreisgrenzen von 1816 existieren. Hier gibt es kurze Wege zu Natur, Kultur, Industrien und in die Nachbarländer der Großregion, was den Landkreis kulturell und wirtschaftlich prägt.

Die Kombinationen aus Geschichte und Moderne, aus Natur und Technik verleihen dem Landkreis einen ganz besonderen Flair: Man kann das Stadtleben genießen und hat ausgedehnte Wälder und Wiesen direkt vor der Haustür.

Die geschichtsträchtige Kreisstadt Saarlouis wurde von Sonnenkönig Ludwig XIV. errichtet.

Wertschöpfung und Verkehr

Kohle und Stahl waren einst die Lebensadern des Landkreises. Heute ist die Stahlindustrie neben dem Automobilbau immer noch einer der größten Wirtschaftsmotoren – in zahlreichen Gewerbegebieten vereinen sich zudem auch die Bereiche Maschinen- und Anlagebau, Automotive, Logistik und Handel.

Kleine und mittelständische Firmen arbeiten Hand in Hand mit weltweit erfolgreichen Großunternehmen. Ein neues Industriegebiet auf dem Lisdorfer Berg entsteht derzeit in direkter Nachbarschaft zur größten Freiflächenphotovoltaikanlage des Saarlandes, die sich neben einem der wunderschönen Ausflugsziele, dem Linslerhof in Überherrn, befindet.

Der starke Wirtschaftsstandort ist offen für die Zukunft, offen für neue Ideen und Wachstumsfelder. Im Herzen der Saar-Lor-Lux-Region ist der Landkreis außerdem unmittelbar an das europäische Verkehrsnetz angeschlossen. Ob per Bahn, per Schiff oder über gut ausgebaute Bundes- und Fernstraßen – der Landkreis und seine Unternehmen stehen für einen zuverlässigen und schnellen Warentransport und bieten damit auch beste Voraussetzungen für Betriebsansiedlungen und Existenzgründer.

Fläche: 459,03 km²
EW: 195.632 - EW/km²: 426
KFZ-Kennzeichen: SLS
Kreissitz: Saarlouis
www.kreis-saarlouis.de

Landrat
Patrik Lauer[P,F] / SPD
im Amt seit: 2012 gewählt bis: 2019

Sitzverteilung im Kreistag
Vorsitz: Patrik Lauer

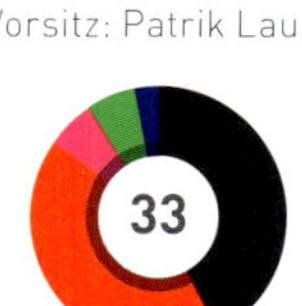

14	■	CDU
14	■	SPD
2	■	Die Linke
2	■	B.90/Grüne
1	■	ALFA 1

Unterstützt wird das von aktiver Familienpolitik: Die Kita-Kinderland Einrichtungen auf dem Campus Nobel in Saarwellingen zum Beispiel bieten Eltern verlängerte Betreuungszeiten bis in die Abendstunden. 28 weiterführende Schulen in der Trägerschaft des Landkreises sorgen für optimale Bildungsvoraussetzungen für alle Kinder. Gerechte Bildungschancen von Beginn an und sorgen für individuelle Förderung, beispielsweise im neu eingerichteten Schülerforschungszentrum, das allen jungen Menschen im Landkreis offen steht.

Landschaft, Sehenswürdigkeiten und Kultur

Industrie und Naherholung sind im Landkreis keine Gegensätze – und das bereits seit 200 Jahren. In vielen Orten haben sich landestypische Bauern- und Arbeiterhäuser erhalten, die den Dörfern des Landkreises ihren Charakter und ihre Eigenart geben: die lothringer und die südwestdeutschen Bauernhäuser, in Sandstein gemauert, Wohn- und Wirtschaftsteil unter einem Dach vereint, und die Bergarbeiterhäuser des 19. Jahrhunderts mit ihren Backstein- oder Klinkerfassaden.

Im Landkreis Saarlouis wird die Vergangenheit gelebt und geliebt: Beispielsweise beim Kultursommer im Festungsgraben „Ravelin V" in der Europastadt Saarlouis, bei einem Spaziergang auf die „Bergehalde" in Ensdorf, bei einem Besuch der berühmten „Lebacher Eier", oder hoch oben im grünen Saargau auf den geschichtlichen Spuren des „Grenzblickweges" entlang der französischen Grenze.

Was den Landkreis Saarlouis jedoch ganz besonders auszeichnet, das sind die Menschen, die hier leben. Durch ihre Lebensfreude und ihre Gastfreundschaft machen sie den Kreis Saarlouis zu einem ganz besonders herzlichen Fleckchen Erde.

Saarpfalz-Kreis

SAARLAND

Der Saarpfalz-Kreis ist...
...im Osten des Saarlandes an der französischen Grenze gelegen in guter Nachbarschaft zu Rheinland-Pfalz. Der Saarpfalz-Kreis ist ein grüner Kreis: Von seiner Gesamtfläche werden etwa 44 % landwirtschaftlich genutzt, ein knappes Drittel davon ist Wald.

Historische Entwicklung
Das Gebiet des heutigen Saarpfalz-Kreises gehörte nach dem Abtreten Napoleons ab 1816 als Bestandteil der Pfalz zum Königreich Bayern. In diese Zeit fallen die Homburger Vormärz-Ereignisse ab 1830 mit Landcommissär Philipp Jakob Siebenpfeiffer im Mittelpunkt, die 1832 mit dem Hambacher Fest ihren Höhepunkt fanden, der florierende Kohlebergbau am Höcherberg sowie die Kohleförderung, Stahl- und Glasverarbeitung in St. Ingbert und damit ein massives Bevölkerungswachstum. Nach der gescheiterten „pfälzischen Revolution" 1849, in der sich die Region für die Durchsetzung der von der Frankfurter Paulskirche beschlossenen, demokratischen Verfassung engagierte, machten sich viele „Fortyeighther" von hier auf den Weg nach Amerika. Aufgrund der rasanten Bevölkerungsentwicklung und Industrialisierung erhielt St. Ingbert 1829 die Stadtrechte und wurde 1902 von Zweibrücken als eigenes Bezirksamt ausgegliedert.

Nach dem Ersten Weltkrieg kam es in der Folge des Friedensvertrags von Versailles 1919 zu einschneidenden territorialen Veränderungen. Das komplette Bezirksamt St. Ingbert sowie Teile der Bezirksämter Homburg und Zweibrücken wurden dem neu konstruierten „Saargebiet" zugeordnet, das unter Verwaltung des Völkerbundes stand. Für die ehemals pfälzischen Teile des neuen „Saarstaats" bürgerte sich ab 1919 der Begriff Saarpfalz ein, der später namengebend für den Saarpfalz-Kreis sein sollte. Nach dem Niedergang der traditionellen Montanindustrie finden sich speziell am Höcherberg und in St. Ingbert bis heute noch zahlreiche Relikte der Industriekultur. Der Saarpfalz-Kreis wurde im Rahmen der kommunalen Gebiets- und Verwaltungsreform im Saarland zum 1.1.1974 gebildet und ist Rechtsnachfolger der früheren Landkreise St. Ingbert und Homburg mit Sitz in der Kreis- und Universitätsstadt Homburg.

Wertschöpfung und Verkehr
Der Saarpfalz-Kreis ist ein zentraler Wirtschaftsstandort im Herzen Europas mit guten Verbindungen nach Frankreich, Luxemburg und in die Rhein-/Main-Metropolen. Die Arbeitslosenquote liegt bei 5,1 % (Nov. 2015). Großunternehmen wie BOSCH, Michelin, INA-Schaeffler, Dr. Theiss Naturwaren, Hager Group oder SAP und viele erfolgreiche mittelständische Betriebe zeugen von einem sehr wirtschaftsfreundlichen Klima und auch sonst überzeugenden Rahmenbedingungen.

Die Medizinische Fakultät der Universität des Saarlandes in Homburg und der Gesundheitspark in St. Ingbert machen den Saarpfalz-Kreis zudem zu einem wichtigen Standort in der Gesundheitsversorgung und der medizinischen Forschung. Auch der Tourismus ist ein wichtiger Wirtschaftsfaktor.

Wichtig dabei ist auch die gute Verkehrsanbindung. Die Kreisstadt Homburg ist nach Saarbrücken der wichtigste Verkehrsknotenpunkt im Saarland – mit der A 6 von Saarbrücken nach Mannheim, der A 8 von Zweibrücken nach Trier und der B 10 im Straßenverkehr, als IC-/EC-Haltepunkt aber auch im Schienenverkehr mit hervorragenden Direktverbindungen nach Mannheim, Stuttgart, Frankfurt, Saarbrücken, München, Metz und Paris.

Fläche: 418,39 km²
EW: 143.532 - EW/km²: 343
KFZ-Kennzeichen: HOM
Kreissitz: Homburg
www.saarpfalz-kreis.de

Landrat
Dr. Theophil Gallo [S] / SPD
im Amt seit: 2015 gewählt bis: 2025

Sitzverteilung im Kreistag
Vorsitz: Dr. Theophil Gallo

13 CDU
13 SPD
2 Die Linke
2 B.90/Grüne
1 AFD
2 Sonstige
(Familie 1, FWG 1)

Landschaft, Sehenswürdigkeiten und Kultur
Abwechslungsreiche Freizeitangebote, verbunden mit französischem Flair, versprechen einen unvergesslichen Aufenthalt in der Saarpfalz. Inmitten einer außergewöhnlichen Naturlandschaft trifft man auf zahlreiche Sehenswürdigkeiten. Beindruckende Beispiele sind der Europäische Kulturpark Bliesbruck-Reinheim, ein grenzüberschreitender Archäologiepark, sowie etwa das Römische Freilichtmuseum in Schwarzenacker.

Noch weiter in die Historie zurück weisen zwei ca. 5.000 Jahre alte Menhire, der Gollenstein bei Blieskastel und der Spillenstein in Rentrisch. Auch „steinalt" sind der Große Stiefel, ein Sandsteinfels in Form eines Stiefels bei St. Ingbert und die Schlossberghöhlen in Homburg, Europas größte Buntsandsteinhöhlen. Steinreich ist das Gebiet mit dem Kohlebergbau nicht geworden. Einen erlebnisreichen Einblick in die harte Arbeit der Kumpels unter Tage vermitteln das Erlebnisbergwerk Rischbachstollen in St. Ingbert und das Saarländische Bergbaumuseum in Bexbach. Weitblick bewiesen aber auch die Ritter von Kirkel mit dem Bau ihrer Burg, die jedes Jahr im Sommer den Kirkeler Burgsommer mit Ritterspektakel und Mittelaltermarkt beheimatet. Die anerkannte Slow-City Blieskastel mit der barocken Altstadt lädt zum Flanieren und Entspannen ein. Der Bliesgau gehört zu den jüngsten deutschen UNESCO-Biosphärenreservaten.

Landkreis

St. Wendel

SAARLAND

Der Landkreis St. Wendel ist...
...traditionsverbunden und weltoffen zugleich, dank seiner herzlichen Einwohner und der malerischen Landschaft einzigartig – eine lebens- und liebenswerte Heimat mitten in Europa.

Historische Entwicklung
Die Geschichte des Landkreises St. Wendel als politische Einheit geht auf den Wiener Kongress zurück: Für seine Teilnahme an den Befreiungskriegen wird Ernst I. von Sachsen-Coburg-Saalfeld ein Gebiet von etwa 9,5 Quadratmeilen als Entschädigung zugesprochen, das er 1819 zum Fürstentum erhebt. Die Stadt St. Wendel ist Regierungssitz seiner Exklave. 1834 verkauft Ernst I. das Fürstentum an Preußen, das daraus den Kreis St. Wendel im Regierungsbezirk Trier bildet. Nach dem Ersten Weltkrieg wird das Saargebiet vom Deutschen Reich abgetrennt, der Kreis St. Wendel dabei zerschnitten: Etwa Zwei Drittel der Fläche bleibt unter der Bezeichnung „Restkreis St. Wendel-Baumholder" Teil Preußens, als „Stammkreis St. Wendel" werden 26 Gemeinden dem Saargebiet zugeschlagen.

Nach dem Zweiten Weltkrieg wird das Gebiet des Kreises St. Wendel unter französischer Besatzung auf Kosten benachbarter, saarländischer wie rheinland-pfälzischer Kreise vergrößert. Weitere geringfügige Änderungen der Kreisgrenzen gibt es im Zuge der Verwaltungsreform 1974. Seit dieser Zeit setzt sich der Landkreis zusammen aus der Kreisstadt St. Wendel und den Gemeinden Freisen, Marpingen, Namborn, Nohfelden, Nonnweiler, Oberthal und Tholey.

Wertschöpfung und Verkehr
Der Landkreis St. Wendel liegt im Saar-Lor-Lux-Wirtschaftsraum sowie im Schnittpunkt europäischer Handels- und Verkehrsströme. Die guten Fernverbindungen und das leistungsfähige Verkehrsnetz sorgen für kurze Wege und eine schnelle Anbindung an die Wirtschaftszentren im Süden und Westen Deutschlands sowie nach Frankreich und in die Benelux-Staaten.

Wirtschaftlich zeichnet den Landkreis eine ausgewogene und robuste Mischstruktur aus: Dienstleistungen, gewerbliche Produktion, Handel und expandierende Zukunftssektoren prägen das Wirtschaftsleben. Wertvolle Arbeitsplätze schaffen neben einigen hier ansässigen Global Players wie Fresenius, Nestlé Wagner, Globus, Hörmann KG, vor allem klein- und mittelständischen Unternehmen, die, oft in Familienhand, fest verwurzelt im Kreis sind.

Zwei Zukunftsfelder, die in den vergangenen Jahren bundesweit an Bedeutung gewonnen haben, wurden im Landkreis St. Wendel bereits frühzeitig besetzt: Tourismus und Energie. Vom seit Jahren stetig wachsenden Tourismus profitieren die kommunalen Kassen und die regionale Wirtschaft. Mit der bundesweit beachteten und bereits mehrmals ausgezeichneten Initiative „Null-Emission Landkreis St. Wendel" gestaltet der Landkreis die Energiewende vor Ort, fördert dabei die regionale Wirtschaft und sorgt für die Vernetzung zahlreicher Akteure.

Seit 2005 ist der Landkreis Optionskommune: Die Arbeitslosigkeit wurde seitdem halbiert (3,6 %), 3.500 neue Stellen geschaffen. Die Jugendarbeitslosigkeit gehört zu den niedrigsten bundesweit.

Landschaft, Sehenswürdigkeiten und Kultur
Im grünen Norden des Saarlandes gelegen, prägen die Ausläufer des Hunsrücks die Landschaft des Landkreises St. Wendel. Auf einer Fläche von 476 km² wechseln sich dabei bewaldete Hügel mit offener Kulturlandschaft ab, durchzogen von zahlreichen prämierten Rad- und Wanderwegen. Vielfältige Freizeitmöglichkeiten bietet der 1979 eröffnete Bostalsee, mit 120 ha der größte Freizeitsee im Südwesten, Sitz eines Center Parcs und Ort zahlreicher Veranstaltungen. Zwischen dem Bostalsee und der Kreisstadt St. Wendel liegt die Straße der Skulpturen: 48 Künstler aus elf Ländern haben hier eine Freiluft-Galerie geschaffen, die bundesweit einmalig ist.

Kulturhistorische Kleinode zeugen von der bewegten Vergangenheit der Region. Etwa der keltische Ringwall bei Otzenhausen, der mit seinen bis zu 12 m hohen Steinwällen als eine der größten Befestigungsanlagen Europas gilt. Um den 596 m hohen Schaumberg bei Tholey finden sich Spuren der Römerzeit, im nahegelegenen Wareswald, wo Ausgrabungen eine Siedlung freilegen. Auf dem Schaumberg selbst steht der 37 m hohe Schaumbergturm, der der deutsch-französischen Freundschaft gewidmet ist und der eine herrliche Aussicht auf die Umgebung bietet. In Tholey befindet sich mit der Benediktinerabtei St. Mauritius auch die wahrscheinlich älteste Abtei auf deutschem Boden.

Benannt sind Landkreis und Kreisstadt nach dem hl. Wendelin, der wohl im 6. Jahrhundert in der Region als Missionar wirkte. Schon bald nach seinem Tod setzte ein reges Pilgerwesen ein. Seine Gebeine ruhen in der 1446 fertiggestellten Wendelinusbasilika in St. Wendel, dem Wahrzeichen der Stadt, die für zahlreiche Events bekannt ist. Von tiefer Frömmigkeit zeugen auch der „Hochwalddom" in Nonnweiler, der „Bliestaldom" in Bliesen, die Marienverehrungsstätte in Marpingen sowie die zahlreichen Kirchen und Kapellen im Landkreis.

Fläche: 476,23 km²
EW: 88.259 - EW/km²: 185
KFZ-Kennzeichen: WND
Kreissitz: St. Wendel
www.landkreis-st-wendel.de

Landrat
Udo Recktenwald (W) / CDU
im Amt seit: 2008 gewählt bis: 2022

Sitzverteilung im Kreistag
Vorsitz: Udo Recktenwald

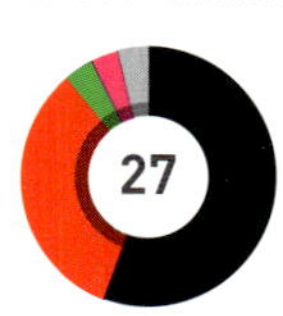

15	■	CDU
9	■	SPD
1	■	Die Linke
1	■	B.90/Grüne
1	■	parteilos

Hessen

Landkreise	**21**
Fläche km²	**20.388,96**
Einwohner	**4.633.534**
Bevölkerungsdichte EW/km²	**227**

Größte Landkreise	km²
Waldeck-Frankenberg	1.848,45
Schwalm-Eder-Kreis	1.538,51
Vogelsbergkreis	1.458,99

Kleinste Landkreise	km²
Main-Taunus-Kreis	222,39
Offenbach	356,30
Groß-Gerau	453,05

Einwohnerstärkste Landkreise	EW
Main-Kinzig-Kreis	407.619
Offenbach	341.669
Wetteraukreis	297.369

Einwohnerschwächste Landkreise	EW
Odenwaldkreis	96.082
Werra-Meißner-Kreis	100.206
Vogelsbergkreis	105.763

Dichtest besiedelte Landkreise	EW/km²
Main-Taunus-Kreis	1.034
Offenbach	959
Groß-Gerau	576

Dünnst besiedelte Landkreise	EW/km²
Vogelsbergkreis	72
Waldeck-Frankenberg	85
Werra-Meißner-Kreis	98

Landkreis

Bergstraße

HESSEN

Der Landkreis Bergstraße ist...
...mit seinen 22 Städten und Gemeinden sehr facettenreich. Die charakteristischen Unterschiede im Landschaftsbild, die Bergstraße mit ihren Burgen, Schlössern und Weinbergen, der Odenwald mit seinen Wäldern, das Ried direkt am Rhein oder das Hessische Neckartal direkt am Neckar, prägen den Kreis.

Historische Entwicklung
Entstanden ist der Kreis Bergstraße in einer politisch schwierigen Zeit im Jahr 1938. Er wurde aus dem Kreis Bensheim und Heppenheim zusammengefasst. Die Gebietsreform trat am 1.11.1938 in Kraft und der Kreis Heppenheim bekam die neue Bezeichnung Landkreis Bergstraße.

Eine Gebietserweiterung fand dann nochmals 1945 statt, als die ehemaligen Riedgemeinden des Kreises Bensheim (Groß-Rohrheim, Bürstadt, Biblis, Lampertheim) eingegliedert wurden. Das damit entstehende Kreisgebiet hat jedoch weit zurückreichende historische Wurzeln. Es entspricht nahezu dem ehemaligen Kurmainzer Oberamt Starkenburg (ca. 1250-1805), erweitert um Lampertheim, das Lautertal und Lindenfels.

Wertschöpfung und Verkehr
Als Unternehmensstandort ist der Kreis Bergstraße seit Jahrzehnten der Motor der Entwicklung Südhessens. Rund 16.000 Industrie-, Handels- und Handwerksbetriebe bilden das wirtschaftliche Standbein des Kreises Bergstraße. Neben einem prosperierenden Mittelstand gibt es auch einige Global Players. Zahlreiche kleine und mittelständische Unternehmen haben sich als Dienstleistungsbetriebe und Zulieferer für internationale Firmen etabliert.

Der Kreis Bergstraße liegt als Scharnier zweier europäischer Metropolregionen, Rhein-Main und Rhein-Neckar, in der Mitte zwischen Frankfurt am Main und Heidelberg und verfügt über sehr gute Anschlussmöglichkeiten sowie eine hervorragende Verkehrsinfrastruktur: Der Frankfurt International Airport befindet sich in wenigen Minuten Entfernung und die europäischen Straßenfernverkehrsverbindungen A 5, A 6 sowie A 67 sind für jedes Unternehmen schnell zu erreichen. Die Bahnverbindungen mit Direktverbindungen reichen nach Zürich, Stuttgart sowie Frankfurt am Main oder nach Karlsruhe-Basel, Stuttgart-München, Darmstadt-Berlin, Frankfurt/Main-Köln, sowie von Mannheim und Frankfurt nach Paris. Darüber hinaus befindet sich der zweitgrößte Binnenhafen Europas im nahen Mannheim.

Aufgrund seiner großen Vielfalt und des Facettenreichtums ist der Landkreis seit Jahren immer wieder ein beliebter Drehort für nationale und internationale Filmproduktionen. Indische Filmemacher haben das Potenzial als Filmstandort erkannt und einige Bollywood-Filme realisiert.

Fläche: 719,52 km²
EW: 263.822 - EW/km²: 367
KFZ-Kennzeichen: HP
Kreissitz: Heppenheim
www.kreis-bergstrasse.de

Landrat
Christian Engelhardt / CDU
im Amt seit: 2015 gewählt bis: 2021

Sitzverteilung im Kreistag
Vorsitz: Gottfried Schneider

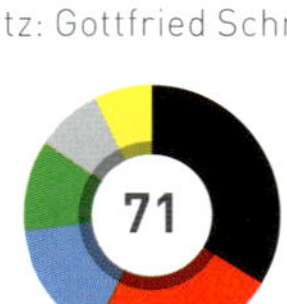

24	CDU
17	SPD
11	AfD
8	B.90/Grüne
5	FDP
6	Sonstige

(FW 3, Die Linke 2, Piraten 1)

Landschaft, Sehenswürdigkeiten und Kultur
Kulturell hat der Kreis Bergstraße das ganze Jahr über ein abwechslungsreiches Programm zu bieten. Traditionelle Dorffeste, Weinmärkte, Musikveranstaltungen bis hin zu weit über den Kreis Bergstraße hinaus bekannte Festspiele erstrecken sich über das ganze Jahr hinweg.

Zu Beginn des Jahres werden in vielen Orten im Kreis Bergstraße Neujahrskonzerte angeboten. Anschließend folgt die närrische Zeit mit zahlreichen Fastnachtssitzungen und teilweise sehr aufwändig gestalteten Umzügen in einigen Kommunen des Kreises Bergstraße. Der Hoch- und Spätsommer ist neben einem vielfältigen kulturellen Sommerprogramm mit Festspielen, Festivals, Straßentheatern und diversen Freilichtaufführungen geprägt von großen Weinfesten wie dem Bergsträßer Weinmarkt in Heppenheim, dem Bergsträßer Winzerfest in Bensheim oder aber dem großen Lampertheimer Spargelfest. Zu Beginn des Herbstes lockt noch einmal eine Großveranstaltung Scharen von Gästen in den Kreis: Die Veranstaltung Felsenmeer in Flammen. Zum Jahresende locken in unterschiedlichen Orten Advents- und Weihnachtsmärkte zum besinnlichen Bummeln ein.

Inmitten dieser Landschaft mit reizvollem Charme zwischen Wäldern, Weinreben und Auen, findet sich eine beeindruckende Vielzahl von prä- und kulturhistorischer Sehenswürdigkeiten: Das Kloster Lorsch, dass seit dem Jahre 1991 zum UNESCO Welterbe zählt, der UNESCO Geo-Naturpark mit einer Fläche von 3.500 km² und seinen Geopunkten wie zu Beispiel das Felsenmeer, das Schloss Auerbach, die Solardraisinie, die Sommerrodelbahn oder der Kletterwald machen den Landkreis Bergstraße zu einem Naherholungsziel für Jung und Alt.

Kloster Lorsch
Karolingische Torhalle (Westseite)

Landkreis

Darmstadt-Dieburg

HESSEN

Der Landkreis Darmstadt-Dieburg ist...
...voller Lebensqualität, Wirtschaftskraft und Entwicklungsdynamik.

Historische Entwicklung

Nach 1821 wurde das Großherzogtum Hessen mit einer tief greifenden Verwaltungsreform in Gemeinden eingeteilt. Die Landratsbezirke Dieburg und Reinheim waren die Vorläufer des Kreises Dieburg. Das Gebiet um Darmstadt war den Landratsbezirken Langen bzw. Bensheim zugeordnet. Bereits 1832 wurden die Verwaltungsbezirke vergrößert. Der Kreis Dieburg entstand durch die Zusammenlegung der Landratsbezirke Reinheim und Dieburg, allerdings ohne manche heute kreisangehörige Gemeinden. 1848 wurden durch die Verschiebungen Regierungsbezirke geschaffen, und 1852 entstand der Kreis Darmstadt neu, der zuvor Stadtkreis war.

1938 wurde Darmstadt kreisfrei und schied aus dem Kreisgebiet Darmstadt aus. Der Landkreis Darmstadt wurde um Gebiete im Süden erweitert. Mit der hessischen Gebietsreform von 1977 entstand der Landkreis Darmstadt-Dieburg aus den Landkreisen Darmstadt und Dieburg, verbunden mit Zu- und Abgängen einzelner Gemeinden.

Wertschöpfung und Verkehr

Unternehmen mit Weltruf, ein traditionsreicher Mittestand, ein lebendiges Handwerk und solider Handel prägen die Wirtschaftsstruktur in Darmstadt-Dieburg. Die Vielfalt macht die Wirtschaft hier krisenfest. Aktive Gewerbevereine sowie eine enge Zusammenarbeit von Unternehmen, Politik und Verwaltung festigen die Standortattraktivität. Gewerbeflächenpotenziale gewährleisten Zukunftschancen.

Der Landkreis Darmstadt-Dieburg profitiert von der besten Infrastrukturausstattung bundesweit. Dafür sorgen der Frankfurter Flughafen, die Anbindung an die Autobahnen A 3, A 5 und A 67 sowie der Zugang zu mehreren ICE-Fernbahnhöfen, ein gut ausgebautes Straßennetz und ein ausgeklügeltes Angebot im ÖPNV.

Basis für die zukunftsfähige Entwicklung des Landkreises ist die hervorragende Bildungsinfrastruktur. An den rund 80 modernen Schulen, dem Berufsschulzentrum in Dieburg und im Schuldorf Bergstraße mit Internationalem Kindergarten und internationaler Schule hat Ausbildung mit Weitblick seit Langem Tradition. Kluge Köpfe absolvieren ihr Studium an der TU-Darmstadt, der Hochschule Darmstadt mit Mediencampus in Dieburg, der Evangelischen Fachhochschule oder an der Fachhochschule Aschaffenburg.

Fläche: 658,65 km²
EW: 287.966 - EW/km²: 437
KFZ-Kennzeichen: DA
Kreissitz: Darmstadt
www.ladadi.de

Landrat
Klaus Peter Schellhaas [G] / SPD
im Amt seit: 2009 gewählt bis: 2021

Sitzverteilung im Kreistag
Vorsitz: Dagmar Wucherpfennig

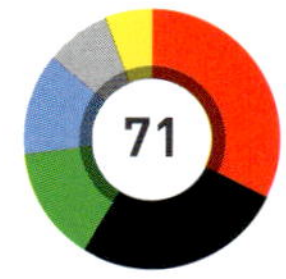

23	■	SPD
19	■	CDU
10	■	B.90/Grüne
9	■	AfD
4	■	FDP
6	■	Sonstige

(Die Linke 3, FW 2, Piraten 1)

Die Gesundheitsversorgung ist in Darmstadt-Dieburg ein zentraler Schwerpunkt, der durch die modernen Kreiskliniken Darmstadt-Dieburg in Groß-Umstadt und Jugenheim seinen Ausdruck findet.

Landschaft, Sehenswürdigkeiten und Kultur

Der tiefste Punkt liegt bei Griesheim auf 88 m Höhe, der Höhepunkt ist das Luftkurgebiet Neunkirchner Höhe mit 592 m. Zwischen Nord und Süd liegen 31 km, von West nach Ost sind es 38 km. Dazu gehören fast 300 km² Landwirtschaftsfläche, mehr als 230 km² Wald und 7 km² Gewässer.

Viel beachtet ist das Kulturleben, an dem sich Künstler und Kunstinitiativen und die mit Begeisterung eingerichteten Museen in den Städten und Gemeinden beteiligen. An der Spitze steht die einzigartige Fossilienfundstätte UNESCO Welterbe Grube Messel. Beliebt ist auch der Kultursommer Südhessen, bei dem sich Hoch- und Subkultur auf den Bühnen präsentieren. Schlösser und Burgen werden mit Leben gefüllt und sind Ziele für Wanderungen in den Höhen des Odenwalds und der Bergstraße.

Radfahrer kommen bei mehr als 700 km bestens ausgeschilderten Radwegen auf ihre Kosten. In spannende Themen einsteigen kann, wer der Kunststoffstraße, Fachwerkstraße, dem Hugenottenweg oder der Milchstraße folgt. Kulinarische Genüsse serviert die Direktvermarktungsinitiative „Frisch und Lecker", wo Gastronomen und Erzeuger Gutes auf kurzen Wegen auf den Tisch bringen.

Lebendiges und aktives Ehrenamt beweist die beeindruckende Zahl von 2.000 Vereinen. Konzerte, Ausstellungen, Lesungen, sportliche Wettstreite, Schauen, Theaterbühnen, Obstgärten und vieles mehr sind den Vereinsmitgliedern ein Podium. Ein Partnerschaftsverein pflegt lebendige Partnerschaften mit North East Derbyshire, dem Landkreis Zwickau, dem Verwaltungsbezirk Mlada Boleslav und der Provinz Florenz.

Landkreis

Fulda

HESSEN

Der Landkreis Fulda ist...
...in der Mitte Deutschlands im Dreiländereck Hessen-Bayern-Thüringen gelegen und versteht sich mit seinem Oberzentrum Stadt Fulda als eigenständiger Wirtschaftsstandort im Fadenkreuz der Wirtschaftsräume Rhein-Main, Kassel, Südthüringen und Würzburg.

Rund 220.000 Einwohner leben in den 23 Städten und Gemeinden des Landkreises. Die Stadt Fulda zählt mit ihren angrenzenden Gemeinden Petersberg, Künzell und Eichenzell mehr als 100.000 Einwohner.

Historische Entwicklung

1821 war das Geburtsjahr des Landkreises; die Geschichte der Stadt Fulda reicht bis zur Gründung des Benediktinerklosters im Jahr 744 zurück. Abt Sturmius hatte damals das Kloster im Auftrag des angelsächsischen Glaubensboten Bonifatius gegründet. Neben dem Kloster gibt es in Stadt und Landkreis zahlreiche beeindruckende Bauwerke, insbesondere barocke Gebäude. Erwähnt seien an dieser Stelle der Fuldaer Dom, das Fuldaer Stadtschloss, die Michaelskirche, das Schloss Fasanerie in Eichenzell oder die Grabeskirche der heiligen Lioba in Petersberg.

Wertschöpfung und Verkehr

Ein wichtiger Erfolgsfaktor des Landkreises ist die exzellente Verkehrsanbindung. Die Stadt Fulda ist ein ICE-Knotenpunkt, und das Autobahndreieck an der A 7 und A 66 liegt für die Bewohnerinnen und Bewohner des Landkreises quasi vor der Haustür. Unternehmen können in nur drei Stunden ihre Kunden in Berlin, Hamburg oder München erreichen – und das sehr komfortabel per ICE. Der Frankfurter Rhein-Main-Flughafen ist sowohl mit dem Auto als auch mit dem ICE in einer Stunde Fahrzeit erreichbar.

Der Landkreis Fulda verbindet die Lebensqualität des ländlichen Raumes und die Dynamik eine Wirtschaftsstandortes, der durch einen innovativen und breitgestreuten mittelständischen Branchenmix geprägt ist. Schwerpunkte liegen in der Automobilzulieferindustrie, im Maschinen- und Anlagenbau und zunehmend im Dienstleistungssektor. Nicht zuletzt ist es dem Branchenmix zu verdanken, dass der Landkreis Fulda seit gut 20 Jahren die niedrigste Arbeitslosenquote in ganz Hessen hat und damit zu einem der attraktivsten Gebiete geworden ist.

Im Landkreis Fulda reichen sich innovative Hochtechnologie-Firmen, barocke Vergangenheit und die zum Teil noch unberührte Natur des Biosphärenreservats Rhön die Hand. Die Landschaft, die auch als „Land der offenen Fernen" bezeichnet wird, mit ihren Bergen und Kuppen, Auen, Flüssen und Wäldern bietet Lebensraum für Pflanzen, Tiere und Menschen. Sehr wahrscheinlich ist es das Zusammenspiel von Tradition und Moderne, Hochtechnologie und traumhafter Natur, das den besonderen Charme ausmacht. Kurz gesagt: Die Menschen in Stadt und Landkreis Fulda können dort leben und arbeiten, wo andere Urlaub machen.

Tradition ist ein Teil der Lebensqualität, die sich auch über Bildung, Gesundheitsversorgung und Kulturangebote definiert. Der Landkreis Fulda ist Träger von über 60 öffentlichen Schulen für die Primarstufe sowie Sekundarstufe I und II. Fünf Privatschulen bereichern die Bildungslandschaft. Zudem ist die Stadt Fulda ein Hochschulstandort. Für rund 8.000 Studierende bildet die Hochschule Fulda die Basis ihrer akademischen Ausbildung. Weiterhin bietet die Theologische Fakultät Fulda die Möglichkeit, katholische Theologie zu studieren, und die Volkshochschulen von Stadt und Landkreis halten ein breites sowie abwechslungsreiches Bildungsangebot für alle Generationen vor.

Mit einem Beschäftigungsanteil von knapp 13 % an der Gesamtbeschäftigung nimmt die Gesundheitsbranche eine führende Position im Landkreis Fulda ein. Das Kompetenzspektrum des Standorts reicht von einer Kliniklandschaft mit ausgewiesenen Spezialeinrichtungen und anerkannten Experten über eine leistungsfähige ambulante Patientenversorgung in Medizin, Pflege und Rehabilitation bis hin zu Bildungsträgern und der Hochschule, die sich unter anderem den Schwerpunkt Pflege und Gesundheit gesetzt hat. Nicht zuletzt runden zahlreiche Wellness-Anbieter das Profil der Gesundheitsregion ab.

Landschaft, Sehenswürdigkeiten und Kultur

Die Schlösser, Burgen und Kirchen zeugen von vergangenen Zeiten. Ein Hauch Nostalgie schwingt auch bei Bräuchen und Festen mit, die ihren festen Platz im Kalender haben. So wird beispielsweise die Tradition des Hutzelfeuers, mit dem ursprünglich wohl der Winter ausgetrieben wurde, am ersten Fastensonntag in der österlichen Bußzeit gepflegt.

Zudem gibt es in dem überwiegend katholisch geprägten Landkreis Fulda die Tradition des Klapperns. Zwischen Gründonnerstag bis zur Osternacht schweigen die Kirchenglocken, und die Klapperjungen und -mädchen laden mit ihren Klappern morgens, mittags und abends zu den Gottesdiensten ein. Auch die Kirmes und die Fastnacht werden in Stadt und Landkreis Fulda ausgiebig gefeiert.

Fläche: 1.380,40 km²
EW: 217.326 - EW/km²: 157
KFZ-Kennzeichen: FD
Kreissitz: Fulda
www.landkreis-fulda.de

Landrat
Bernd Woide / CDU
im Amt seit: 2006 gewählt bis: 2018

Sitzverteilung im Kreistag
Vorsitz: Helmut Herchenhan

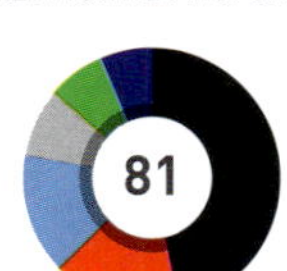

38	CDU
13	SPD
12	AfD
6	B.90/Grüne
5	CWE
7	Sonstige

(FDP 4, Die Linke.Offene Liste 2, REP 1)

Landkreis

Gießen

HESSEN

Der Landkreis Gießen ist...
...Hessens Mitte – Wissen, Wirtschaft und Kultur.

Historische Entwicklung

Der Landkreis Gießen ging aus den großherzoglich-hessischen Landratsbezirke Gießen, Grünberg und Hungen hervor. Bei einer Gebietsreform 1874 wurden die Landkreise Hungen und Grünberg aufgelöst und deren Städte und Gemeinden zum größten Teil dem Landkreis Gießen zugeordnet. Von 1832 bis 1945 war der Gießener Landrat auch gleichzeitig Provinzialdirektor der Provinz Oberhessen.

1938 wurde die Stadt Gießen ausgekreist, das Kreisgebiet im Osten erweitert.

Anfang der 1970er Jahre kam es zu Gebietsreformen und Veränderungen der Kreisgrenzen. Besonderheit war die Bildung der Großstadt Lahn und dem „großen" Lahn-Dill-Kreis im Jahr 1977. Im Wesentlichen wurden dabei die Gebiete von Stadt und Landkreis Gießen, sowie Landkreis Wetzlar und Dillkreis zusammengefasst. 1979 wurden die Stadt Lahn und der „große" Lahn-Dill-Kreis aufgelöst. Es entstand im Osten ein größerer Landkreis Gießen mit der kreisangehörigen Sonderstatusstadt Gießen und im Westen der „kleine" Lahn-Dill-Kreis mit der kreisangehörigen Sonderstatusstadt Wetzlar.

Wertschöpfung und Verkehr

Am Schnittpunkt der Autobahnen A 5 und A 45 gelegen, bietet der Kreis attraktive Gewerbeflächen. Der internationale Flughafen Frankfurt ist in nur 40 Autominuten zu erreichen.

Verschiedene Hochschulen machen die Universitätsstadt Gießen zu einem Ort der Bildung und Forschung. Wissenschaftliches Aushängeschild ist die Justus-Liebig-Universität, daneben bietet die Technische Hochschule Mittelhessen ein praxisorientiertes Studienangebot. Ergänzend gibt es die Hochschule für Polizei und Verwaltung, die Verwaltungs- und Wirtschaftsakademie sowie die Freie Theologische Hochschule.

Dank der Hochschulen leben hochqualifizierte Fachkräfte vieler im Landkreis. Die Wirtschaft im Landkreis Gießen ist mittelständisch geprägt. Einige Unternehmen gelten als Hidden Champions mit Weltmarktführerschaft, z. B. im Maschinen- und Anlagenbau sowie Medizin- und Elektrotechnik.

Schnelles Internet und stabile Datenleitungen sind ein Muss für Unternehmen im Wettbewerb. Der Ausbau eines flächendeckenden Glasfasernetzes wird Hand in Hand mit den Gemeinden vorangetrieben und 2017 abgeschlossen sein.

Fläche: 854,67 km²
EW: 259.834 - EW/km²: 304
KFZ-Kennzeichen: GI
Kreissitz: Gießen
www.landkreis-giessen.de

Landrätin
Anita Schneider / SPD
im Amt seit: 2010 gewählt bis: 2021

Sitzverteilung im Kreistag
Vorsitz: Karl-Heinz Funck

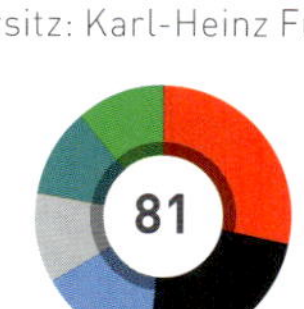

23	SPD
19	CDU
12	AfD
9	B.90/Grüne
9	Freie Wähler
9	Sonstige

(FDP 4, Gießener Linke 4, Piraten 1)

Rund 500 Mio. € werden im Landkreis für den Kauf von Primärenergie ausgegeben. Der Kreistag hat 2011 das Sachgebiet Regionale Energiepolitik eingerichtet. Vor allem im Wärmebereich soll der Energieverbrauch drastisch reduziert und fossile Energieträger durch regenerierbare ersetzt werden. Der Landkreis Gießen hat ein Klimaschutzkonzept erstellt, in der Folge einen Klimaschutzmanager beschäftigt, und sich erfolgreich um eine Masterplanförderung beworben.

Landschaft, Sehenswürdigkeiten und Kultur

Der Landkreis Gießen liegt mitten in Hessen. Geprägt wird das Gießener Land von seiner hügeligen Landschaft mit seinen Fachwerkstädtchen, Streuobstwiesen, Burgen, Schlössern und Klosteranlagen sowie seinen Gewässern allen voran der Lahn.

Vor 2.000 Jahren lebten hier Kelten, Römer und Germanen. Das UNESCO-Weltkulturerbe Limes mit nachgebildetem Wachturm, Wall, Graben und Palisadenzaun zeugt ebenso von der Geschichte wie eine Keltensiedlung am Dünsberg.

Die Tourismusförderung wird immer bedeutender und setzt dabei auf die Verbindung von Geschichte und Naturerlebnis an weitläufigen Wäldern, Wiesen, Bächen und Biotopen. Es gibt viele Möglichkeiten, die Natur zu erleben: Während einer Wandertour auf den zertifizierten Wanderwegen Lahnwanderweg und Kelten-Römer-Pfad, im Sattel auf dem Lahnwanderweg oder auch im Kanu auf der Lahn.

Das kulturelle Angebot bereichert das Stadttheater in Gießen, ein Drei-Sparten-Haus mit überregionaler Ausstrahlung, oder auch das Mitmachmuseum Mathematikum. Dazu kommen mehrere Kinos in der Stadt Gießen, in Grünberg und das für sein ausgewähltes Programm als bestes Kino Deutschlands ausgezeichnete Kino Traumstern in Lich. Daneben machen vor allem Sommerfestivals mit überregionaler Ausstrahlung von sich reden, vorneweg das 1950er- und 1960er-Jahre-Festival Golden Oldies mit zehntausenden Besuchern aus ganz Deutschland sowie das Internationale Folk-Festival in Grünberg oder das Hessische Blues, Schmus & Apfelmusfestival in Laubach.

Landkreis

Groß-Gerau

HESSEN

Der Kreis Groß-Gerau ist...

...seit seiner Gründung im Jahr 1832 vom armen Bauernland zu einem wirtschaftlich prosperierenden Landkreis geworden. Heute leben hier Menschen aus über 100 Ländern friedlich zusammen.

Historische Entwicklung

Am 20.8.1832 wurde die Gebietskörperschaft Kreis Groß-Gerau durch ein Edikt des großherzoglich-hessischen Innenministers aus der Taufe gehoben. 1874 erhielt der Kreis dann mit der Zuordnung von Gernsheim und Klein-Rohrheim seine heutige Gestalt.

Noch Mitte des 19. Jahrhunderts ernährten sich 75 % der Bevölkerung von der Landwirtschaft, viele Menschen aus dem Ried suchten ihr Glück in der Auswanderung, vor allem nach Nordamerika. Erst um die vorletzte Jahrhundertwende änderte sich mit der einsetzenden Industrialisierung diese Situation allmählich. Zählte der Kreis im Jahr seiner Gründung noch 27.000 Einwohner, so waren es 1945 schon 120.000 – eine Zahl, die sich mittlerweile nochmals mehr als verdoppelt hat.

Neben dem 1813 in Goddelau geborenen Schriftsteller Georg Büchner gehört Peter Schöffer, 1425 in Gernsheim geboren und enger Kollege Johannes Gutenbergs, zu den bedeutendsten Persönlichkeiten des Kreises. Nicht zu vergessen der 1837 geborene Rüsselsheimer Schlosser Adam Opel: Hat sich doch aus seiner Nähmaschinen- und Fahrradmanufaktur eines der bedeutendsten europäischen Automobilunternehmen entwickelt.

Wertschöpfung und Verkehr

Heute liegt der Kreis Groß-Gerau als moderner Wirtschafts-, Arbeits-, und Lebensraum inmitten der prosperierenden Technologieregion Rhein-Main-Neckar in unmittelbarer Nähe zu den Großstädten Darmstadt, Frankfurt, Wiesbaden und Mainz. Die Vorzüge liegen auf der Hand: die Lage im Schnittpunkt der großen europäischen Verkehrsstraßen, die Nähe des Handels- und Finanzplatzes Frankfurt, kurze Wege zu bedeutenden Messen, Wissenschafts- und Medienstandorten. Dazu ein gut ausgebautes Bildungswesen und hochqualifizierte und -motivierte Arbeitskräfte. Der Kreis Groß-Gerau gehört zu den wenigen hessischen Landkreisen mit weiterhin steigender Bevölkerungszahl.

Bereits ein kurzer Blick auf die Karte belegt die hervorragende Verkehrsanbindung. Autobahnen führen in Richtung Köln, Hannover, Nürnberg, Stuttgart und Basel. Bahnstrecken gewährleisten die Verbindung mit wichtigen Wirtschaftsstandorten in der unmittelbaren Nachbarschaft. Mit Rhein und Main begrenzen die beiden bedeutendsten Wasserstraßen Europas das Kreisgebiet, der Frankfurter Rhein-Main-Flughafen liegt teilweise auf dem Gebiet des Kreises und auch mit dem Fahrrad lassen sich dank eines engen Routennetzes und der günstigen Topographie viele Strecken schnell und sicher zurücklegen.

Der Kreis Groß-Gerau ist ein traditionell bedeutender und erfolgreicher Wirtschaftsstandort. Besonders bekannt ist die hier ansässige Automobilindustrie: Namhafte Hersteller, Zulieferer sowie Forschungs- und Entwicklungseinrichtungen arbeiten im Kreis Groß-Gerau Hand in Hand und bilden einen Teil des Automotive-Cluster RheinMainNeckar. Aber auch Luft- und Raumfahrt, IT/Software, Logistik und Chemie finden hier ideale Bedingungen vor.

Landschaft, Sehenswürdigkeiten und Kultur

In der Oberrheinischen Tiefebene gelegen, zeigt der Kreis ein vielfältiges Landschaftsbild. Fast ein Viertel des Kreisgebietes bedecken Waldflächen. Im Europareservat Kühkopf-Knoblochsaue – dem größten zusammenhängenden Naturschutzgebiet in Hessen – finden Abertausende von Brut- und Zugvögeln Brut- und Rastplätze. Das Gebiet zählt zu den wärmsten in Deutschland: Ende April beginnt hier die Apfelblüte, und der Spargel, das kulinarische Markenzeichen des Kreises, findet auf den sonnigen Böden ideale Wachstumsvoraussetzungen.

Breit und vielfältig sind auch die Sport- und Freizeiteinrichtungen: Fast 270 Sportvereine bieten Möglichkeiten für körperliche Betätigung jedweder Art, im Sommer laden in den Rheinauen zahlreiche Seen zum Baden ein, die auch mit dem Fahrrad gut zu erreichen sind. Zu den bedeutendsten Sehenswürdigkeiten zählen neben dem Geburtshaus Georg Büchners in Riedstadt-Goddelau und dem Naturschutzinformationszentrum auf dem Kühkopf bei Stockstadt die Mainmündung bei Ginsheim-Gustavsburg, die Rüsselsheimer Festung, Schloss Dornberg in Groß-Gerau, die Deutsche Fachwerkstraße in Trebur und die älteste Orgel Hessens in Büttelborn-Worfelden.

In den 14 Gemeinden des Kreises hat sich ein überaus reges und vielfältiges kulturelles Leben entwickelt. Das südhessische Theaterfestival „Volk im Schloss" (Groß-Gerau) erfreut sich dabei ebenso großer Beliebtheit wie etwa die „Tage der alten Musik" in Stockstadt oder die Aufführungen im Rüsselsheimer Stadttheater.

Fläche: 453,05 km²
EW: 260.793 - EW/km²: 576
KFZ-Kennzeichen: GG
Kreissitz: Groß-Gerau
www.kreisgg.de

Landrat
Thomas Will / SPD
im Amt seit: 2010 gewählt bis: 2022

Sitzverteilung im Kreistag
Vorsitz: Gerald Kummer

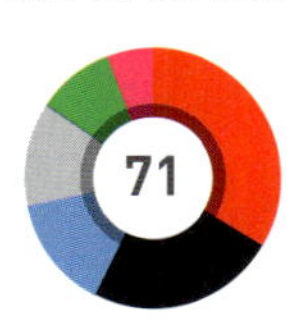

- 24 SPD
- 17 CDU
- 10 AfD
- 7 B.90/Grüne
- 4 Die Linke.OL
- 9 Sonstige

(FDP 3, FW-Bürgerliste 3, FW 2, Piraten 1)

Landkreis

Hersfeld-Rotenburg

HESSEN

Der Landkreis Hersfeld-Rotenburg ist...
...die ungefähre geographische Mitte Deutschlands. Er liegt in einer abwechslungsreichen Mittelgebirgslandschaft, die sich vom Stölzinger Gebirge im Norden durch das Fulda- und Haunetal bis hin zu den Ausläufern der Rhön erstreckt. Im Osten wird er begrenzt durch die Werra und die Landesgrenze zu Thüringen, im Westen durch die Höhenzüge des Knülls.

Historische Entwicklung
Die Geburtsstunde der ehemals selbstständigen Kreise Hersfeld und Rotenburg war die Errichtung der kurhessischen Kreisämter im Zuge der Verwaltungsreform des Kurfürstentums Hessen im Jahre 1821. Der Kreis Hersfeld wurde mit 27.002 Einwohnern der Provinz Fulda einberechnet. Der Kreis Rotenburg mit 29.071 Einwohnern wurde der Provinz Niederhessen (Kassel) zugeordnet.

Der Landkreis Hersfeld-Rotenburg wurde am 1.8.1972 im Zuge der Gebietsreform durch Zusammenschluss der Kreise Hersfeld und Rotenburg gebildet. Geregelt durch das Neugliederungsgesetz schlossen sich zwei Kreise mit einer ähnlichen Geschichte zusammen. Vor 1972 hatte der Kreis Hersfeld 80 Gemeinden, der Kreis Rotenburg 68. Heute besteht der Landkreis Hersfeld-Rotenburg aus vier Städten und 16 Gemeinden.

Wertschöpfung und Verkehr
Seit Anfang des 20. Jahrhunderts hat die Kali-Industrie große Bedeutung für das Arbeitsplatzangebot im Landkreis. Das Werk Werra der Kali+Salz AG hat über 4.000 Arbeitnehmer. Heute besitzt die in Kassel ansässige Kali+Salz AG die führende Position auf dem Weltmarkt.

Durch das Kreisgebiet führen die Bundesautobahnen A 7 (Würzburg-Kassel), A 5 (Frankfurt-Hattenbacher Dreieck) und A 4 (Kirchheimer Dreieck-Erfurt). Seine zentrale Lage in der geografischen Mitte Deutschlands nach der Wiedervereinigung Deutschlands hat Hersfeld-Rotenburg für seine Entwicklung im Bereich der Logistik erfolgreich genutzt. Der Standort ist zur europäischen Logistik-Drehscheibe für nationale und internationale Distribution geworden und wird diese Position weiter ausbauen.

Herausragende Akut- und Rehabilitationseinrichtungen überwiegend in Bad Hersfeld und Rotenburg sind überregional anerkannt und zählen zu den größten Arbeitgebern.

Auch regenerative Energien sind ein stark wachsender Zukunftsmarkt. Vor allem in der Gemeinde Alheim wurde diese Entwicklung frühzeitig erkannt und für wirtschaftliche Entwicklung genutzt. Auch im Werratal oder in Neuenstein sind sehr positive Entwicklungen zu beobachten.

Fläche: 1.097,12 km²
EW: 119.394 - EW/km²: 109
KFZ-Kennzeichen: HEF
Kreissitz: Bad Hersfeld
www.hef-rof.de

Landrat
Dr. Michael Koch / CDU
im Amt seit: 2015 gewählt bis: 2021

Sitzverteilung im Kreistag
Vorsitz: Horst Hannich

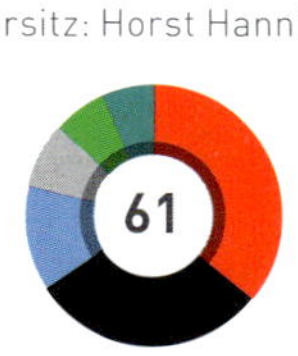

22	SPD
18	CDU
8	AfD
4	B.90/Grüne
4	FWG
5	Sonstige

(FDP 3, Die Linke 2)

Landschaft, Sehenswürdigkeiten und Kultur
Das Gebiet um Bad Hersfeld, Bebra und dem hessischen Teil des Werratals bei Heringen im „Kalidreieck" umgibt eine waldreiche Mittelgebirgslandschaft. Durch naturbelassene Wälder, Auen und Flusstäler mit reicher Flora und Fauna führen Wanderwege und Pfade zu Aussichtspunkten, historischen Stätten oder anderen Sehenswürdigkeiten. Unter dem Begriff „Waldhessen" vermarktet sich der Landkreis Hersfeld-Rotenburg touristisch.

Die Bad Hersfelder Stiftsruine ist eine der größten romanischen Kirchenruinen der Welt. Seit 1951 finden dort jährlich die berühmten Festspiele unter freiem Himmel statt. Ebenfalls eine Besichtigung wert ist der Katharinenturm mit der ältesten gegossenen Glocke, der Lullusglocke. Hier wird außerdem Deutschlands ältestes Volksfest, das Lullusfest, gefeiert. Rotenburg an der Fulda lockt mit den vielen bunten Fachwerkhäusern. Außer Rathaus, Schloss und den Kirchen bestand und besteht heute noch fast ganz Alt-Rotenburg aus solchen Bauten.

Südwestlich von Bad Hersfeld befindet sich Breitenbach am Herzberg mit der Burg Herzberg und dem jährlichen Mittelalterfest im August. Westlich von Bad Hersfeld lockt Friedewald, mit der imposanten Wasserburg und dem Dreienberg, der zum Biosphärenreservat der Rhön gehört, zu einem Ausflug.

In Philippsthal kommt man der Grenze zu Thüringen sehr nah. Neben dem Kalibergbau findet man hier auch das Grenzmuseum. Das „Land der weißen Berge" um die Stadt Heringen im Werratal lässt ehemalige Grenzgeschichte wieder aufleben und fasziniert mit seinen Industriedenkmälern. In Schenklengsfeld steht die älteste Linde Deutschlands, annähernd 1250 Jahre alt.

Hochtaunuskreis

HESSEN

Der Hochtaunuskreis ist...
...Teil der dicht besiedelten und wirtschaftsstarken Metropolregion Frankfurt Rhein-Main. Gleichzeitig ist der Hochtaunuskreis von der idyllischen Mittelgebirgslandschaft des Taunus mit seinen teilweise ländlichen Strukturen geprägt. Dieses Zusammenspiel zwischen landschaftlicher Schönheit, wirtschaftlicher Stärke und der Lage inmitten des Ballungsraums zeichnet den Hochtaunuskreis in besonderer Weise aus.

Historische Entwicklung
Nach der Annexion durch Preußen wurden 1867 die nassauischen Ämter Königstein und Usingen sowie das landgräfliche Amt Homburg – insgesamt 88 Städte und Gemeinden – zum Obertaunuskreis vereinigt. Im Zuge einer Verwaltungsreform wurde 1886 die nördliche Kreishälfte als eigenständiger Landkreis Usingen aus dem Obertaunuskreis herausgelöst.

Zwischen 1918 und 1928 existierte für die Verwaltung der französisch besetzten Kreisteile außerdem ein eigener „Hilfskreis Königstein".

Nach dessen Auflösung wurden 1928 etliche Gemeinden im südwestlichen Kreisgebiet dem damals neu gebildeten Main-Taunus-Kreis zugeschlagen. Der kleine und strukturschwache Kreis Usingen wurde 1932 wieder in den Obertaunuskreis einverleibt, bereits ein Jahr später allerdings im Zuge der nationalsozialistischen Machtergreifung wiedererrichtet.

Erst zum 1.8.1972 wurden beide Kreisteile wieder zusammengefügt – nun unter dem neuen Namen Hochtaunuskreis.

Wertschöpfung und Verkehr
Der Hochtaunuskreis beheimatet eine ganze Reihe international erfolgreicher Unternehmen – vom Mittelständler bis zum Dax-Konzern. Zu den wichtigsten Wirtschaftszweigen zählen die Consultingbranche, die Automation sowie die Gesundheitswirtschaft, die vor allem in den beiden Kurstädten Bad Homburg v.d.H. und Königstein von Bedeutung ist.

Als Wirtschaftsstandort profitiert der Hochtaunuskreis natürlich von seiner Lage im Zentrum der Region Frankfurt Rhein-Main, die mit dem Frankfurter Flughafen und mehreren bundesweit bedeutenden Autobahn- und Eisenbahnknotenpunkten, insgesamt als eines der wichtigsten Verkehrsdrehkreuze Deutschlands bezeichnet werden kann. Der Hochtaunuskreis selbst ist verkehrlich durch ein dichtes Straßennetz, zwei Autobahnen, mehrere S-Bahn- und Regionalbahnlinien und zwei U-Bahn-Linien erschlossen.

Neben der Verkehrsinfrastruktur tragen auch die anderen Bestandteile der öffentlichen Infrastruktur, wie die in den Jahren 2012-2014 neu errichteten kreiseigenen Hochtaunus-Kliniken an den Standorten Bad Homburg und Usingen, zur Beliebtheit des Hochtaunuskreises als Wohn- und Wirtschaftsstandort bei. Dies gilt auch für die 59 Schulen des Hochtaunuskreises, in die der Kreis seit dem Jahr 2000 fast 1 Mrd. € investiert hat.

Fläche: 482,02 km²
EW: 230.798 - EW/km²: 479
KFZ-Kennzeichen: HG
Kreissitz: Bad Homburg v.d.Höhe
www.hochtaunuskreis.de

Landrat
Ulrich Krebs [F] / CDU
im Amt seit: 2006 gewählt bis: 2018

Sitzverteilung im Kreistag
Vorsitz: Jürgen Banzer

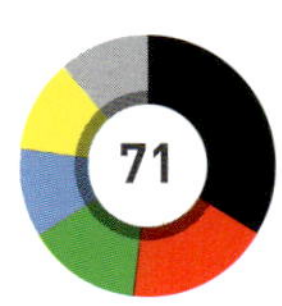

24	CDU 24
13	SPD 13
10	B.90/Grüne 10
8	FDP 8
8	AfD 8
8	Sonstige 8

(FWG H 5, Die Linke 2, REP 1)

Landschaft, Sehenswürdigkeiten und Kultur
Das Gebiet des Hochtaunuskreises bildet die Kernregion des Taunus, dessen Mittelgebirgslandschaft als Naturpark ausgewiesen ist. Der Taunushauptkamm mit seiner höchsten Erhebung, dem Großen Feldberg, durchzieht das Kreisgebiet von West nach Ost und gliedert es in den dicht besiedelten Vorder- und den ländlich-idyllischen Hintertaunus.

Im Hochtaunuskreis sind bedeutende Zeugnisse aus einer über zweitausendjährigen Geschichte zu entdecken – von keltischen Anlagen über mittelalterliche Burgen und Städte und das barocke Homburger Landgrafenschloss bis hin zu Bauwerken des Wilhelminismus, die an die Blütezeit Bad Homburgs als Kurstadt und Sommerresidenz des Deutschen Kaisers erinnern.

Eine herausragende Position als Weltkulturerbe nimmt der Obergermanisch-Raetische Limes ein, dessen eindrucksvollstes Teilstück den Hochtaunuskreis durchzieht. Im rekonstruierten Römerkastell Saalburg wird die Geschichte der einstigen Grenze des Römischen Weltreiches anschaulich vermittelt.

In unmittelbarer Nähe dazu ist das Freilichtmuseum Hessenpark die zweite bedeutende museale Einrichtung des Landes Hessen im Gebiet des Hochtaunuskreises. Von besonderer literaturgeschichtlicher Bedeutung sind die zwei längeren Aufenthalte Friedrich Hölderlins in Homburg.

Landkreis

Kassel

HESSEN

Der Landkreis Kassel ist...
...mitten in Deutschland, im Herzen Europas und in Hessen ganz oben gelegen. Er grenzt unmittelbar an die Südniedersachsen und Ostwestfalen.

Historische Entwicklung

In seiner heutigen Form entstand der Landkreis Kassel durch die Gebietsreform im Jahr 1972, als die früheren Kreise Wolfhagen, Hofgeismar und Kassel, die sich im heutigen Kreiswappen wiederfinden, zusammengefasst wurden. Das Kreisgebiet umschließt die kreisfreie Stadt Kassel.

Landgraf Wilhelm IV. von Hessen-Kassel legte 1571 unterhalb der Sababurg einen 130 ha großen „Thiergarten" an. Um diese Anlage der Nachwelt zu erhalten, übernahm der heutige Landkreis Kassel 1971 den Park und baute seitdem die Anlage zu einem beispielhaften Tierpark für Großtiere aus. Im 17. Jahrhundert wurde der Landkreis neue Heimat für rund 4.000 Glaubensflüchtlinge aus Frankreich: Hugenotten und Waldenser.

Die Brüder Grimm haben in der Region Kassel ihre Geschichten zusammengetragen. Die Grimmschen Märchen, die zu den meistübersetzten und meistgelesenen Büchern der Welt gehören, wurden zumeist in Schauenburg gesammelt und 1812 erstmals veröffentlicht.

Mit dem Ende des Kurfürstentums Hessen kam der Landkreis zu Preußen und litt nach dem Zweiten Weltkrieg unter den Auswirkungen der deutschen Teilung. Mit der Grenzöffnung haben sich neue Potenziale für den Landkreis Kassel ergeben.

Wertschöpfung und Verkehr

Kassel ist Logistikdrehscheibe. Denn eins ist unumstritten: Mitten im Herzen Deutschlands und Europas gelegen, verfügt der Landkreis über eine optimale Verkehrsanbindung auf Schiene und Straße. Ausgehend von den Impulsen der Universität Kassel haben sich in den letzten Jahren High-Tech-Unternehmen und Weltmarktführer im Bereich erneuerbare Energien im Landkreis Kassel angesiedelt. Davon profitiert vor allem auch das Handwerk.

Durch verstärkte Anwendung erneuerbarer Energie- und Effizienztechnologien sind mehrere tausend Arbeitsplätze entstanden, vor allem im Bereich Gebäudesanierung und durch den Betrieb von Wind-, Solar- und Biogasanlagen. Der größte Arbeitgeber ist und bleibt das Volkswagenwerk Baunatal mit rund 13.000 Beschäftigten. Der Landkreis hat in den letzten Jahren seinen Zukunftsauftrag ernst genommen und in Bildung investiert. Heute können sich Schüler von der Grundschule bis zum Oberstufengymnasium über frisch gestrichenen Flure, neugestaltete Schulhöfe, sanierte und modernisierte Räume, die eine helle und freundliche Atmosphäre vermitteln, freuen. Seit dem Jahr 2007 wurden über 350 Mio. € in die Schulen im Landkreis Kassel investiert.

Landschaft, Sehenswürdigkeiten und Kultur

Bekannt ist der Kreis als Hessens grüne Nordspitze, was nicht verwundert, sind doch fast 40 % der Kreisfläche Wald. Reinhardswald, Habichtswald und Kaufunger Wald bestimmen zusammen mit den Flüssen Weser, Diemel und Fulda das Bild einer typischen Mittelgebirgskulturlandschaft.

Die 29 Städte und Gemeinden blicken auf eine jahrhundertealte Tradition zurück, die sich nicht zuletzt in ihren sorgfältig erhaltenen Fachwerkkernen zeigt. Die Ecomuseen Reinhardswald und Habichtswald erschließen mit jährlich mehreren hundert Veranstaltungen die Themenbereiche „Mensch, Natur, Arbeit". Die ungewöhnliche reichhaltige Palette archäologischer und kulturhistorischer Kostbarkeiten in und um den Reinhardswald herum sollte man auf jeden Fall erkunden. Mit einer Reihe von themenbezogenen Ecopfaden kann man hier Geschichte ohne Anstrengung zu Fuß erwandern. Tradition und Moderne passen im Landkreis Kassel sehr gut zusammen: Kulturelles Erbe und die Geschichte werden hier als wichtiger Ansatz für regionale Identität betrachtet.

Ob Gewerbeflächen, niveauvolle und bezahlbare Häuser oder Wohnungen, Ziel für den nächsten Kurzurlaub: Der Landkreis Kassel bietet all das und noch mehr.

Fläche: 1.292,92 km²
EW: 233.451 - EW/km²: 181
KFZ-Kennzeichen: KS
Kreissitz: Kassel
www.landkreiskassel.de

Landrat
Uwe Schmidt / SPD
im Amt seit: 2009 gewählt bis: 2021

Sitzverteilung im Kreistag
Vorsitz: Andreas Güttler

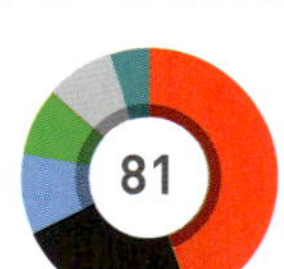

36	SPD
19	CDU
8	AfD
7	B.90/Grüne
4	Freie Wähler
7	Sonstige

(FDP 3, Die Linke 3, fraktionslos 1)

Bergpark Wilhelmshöhe in Kassel
Blick auf die zentrale Parkachse

Lahn-Dill-Kreis

HESSEN

Der Lahn-Dill-Kreis ist…
…ist einer der waldreichsten, zugleich aber auch einer der am höchsten industrialisierten Kreise Hessens.

Seinen Namen verdankt der Lahn-Dill-Kreises den beiden größten Flüssen im Kreisgebiet: Der Dill, einem Nebenfluss der Lahn, die wiederum ein Nebenfluss des Rheins ist.

Historische Entwicklung
Er reicht im Osten und Nordosten bis an die Ausläufer des Rothaargebirges, im Nordwesten an den Hohen Westerwald, im Süden an das Lahntal und den Taunus sowie im Südosten an die Wetterau. In seiner jetzigen Form am 1.8.1979 entstanden, ist der Lahn-Dill-Kreis eine flächenmäßige Zusammenfassung des ehemaligen Dillkreises und des früheren Landkreises Wetzlar – ohne die Gemeinden Biebertal, Wettenberg und die früheren Kleebachgemeinden, die heute zum Landkreis Gießen gehören.

Der Kreis Wetzlar (1816 bis 31.12.1976) wurde im Zusammenhang mit den Beschlüssen des Wiener Kongresses in der Folge 1816 als preußischer Landkreis und als erster Landkreis überhaupt im heutigen Hessen gegründet. Damals war er eine unscheinbare Enklave ohne territoriale Verbindung zu Preußen und mit einer lediglich verwaltungsmäßigen Zuordnung zu dem preußischen Großherzogtum Niederrhein.

Der frühere Dillkreis (22.2.1867 bis 31.12.1976) wurde aufgrund einer königlich-preußischen Verordnung u. a. in dem vormaligen Herzogtum Nassau aus den ehemaligen nassauischen Ämtern Dillenburg und Herborn geschaffen. Vorher gab es auf diesem Gebiet noch keine den heutigen Landkreisen vergleichbare kommunale Gebietskörperschaft. Im Zuge der Neuordnung nach dem Zweiten Weltkrieg wurde der Landkreis dem Bundesland Hessen zugeordnet.

Im Rahmen der Hessischen Gebietsreform wurden die vorher selbständigen Landkreise Gießen, Dillkreis und Wetzlar zum 1.1.1977 zu einem neuen Landkreis mit dem Namen Lahn-Dill-Kreis zusammengeschlossen. Die ebenfalls zum 1.1.1977 neu gebildete, kreisfreie Stadt Lahn umfasste räumlich die heutigen Städte Gießen und Wetzlar sowie die heutigen Gemeinden Wettenberg, Heuchelheim und Lahnau. Mit Wirkung vom 31.7.1979 wurden die Stadt Lahn und der Lahn-Dill-Kreis wieder aufgelöst.

Wertschöpfung und Verkehr
Der Lahn-Dill-Kreis liegt zentral zwischen den Wirtschaftsräumen Rhein-Main und Rhein-Ruhr. Verkehrsgünstige Lage mit Autobahnanbindungen „vor der Tür", die Flughäfen Frankfurt und Köln-Bonn in ca. einer Stunde zu erreichen, den Regionalflughafen Siegerland in direkter Nachbarschaft, gute Verbindungen im Öffentlichen Personennahverkehr.

Lahn-Dill ist ein dynamisches Wirtschaftsgebiet mit der höchsten Industriedichte in Hessen und traditionsreichen Handwerksunternehmen. Neben einigen Großunternehmen bildet der Mittelstand, meist inhabergeführte Familienunternehmen, das wirtschaftliche Rückgrat.

Der Lahn-Dill-Kreis ist ausgestattet mit guten Schul- und Ausbildungsmöglichkeiten sowie zahlreichen ergänzenden Ausbildungs-, Fortbildungs- und Qualifizierungsmöglichkeiten. Dazu gehören Angebote wie das StudiumPlus der Technischen Hochschule Mittelhessen und die Möglichkeit, an drei nahe gelegenen Universitäten zu studieren. Seit 2005 besteht in Kooperation mit der Industrie- und Handelskammer Lahn-Dill das Bündnis für Familie, das aktiv und öffentlichkeitswirksam zur Vereinbarkeit von Beruf und Familie beiträgt.

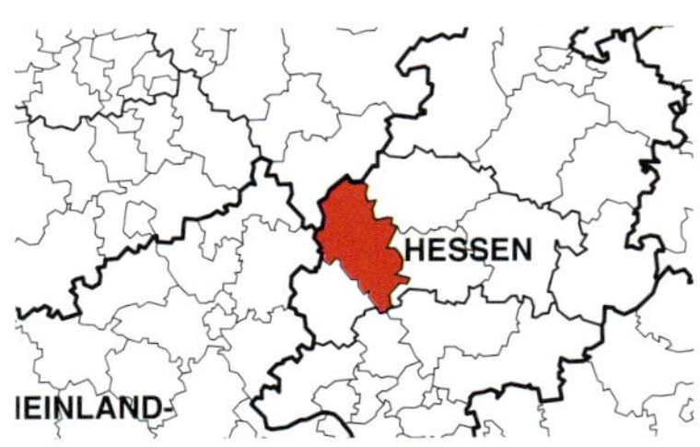

Fläche: 1.066,52 km²
EW: 251.440 - EW/km²: 236
KFZ-Kennzeichen: LDK
Kreissitz: Wetzlar
www.lahn-dill-kreis.de

Landrat
Wolfgang Schuster / SPD
im Amt seit: 2006 gewählt bis: 2018

Sitzverteilung im Kreistag
Vorsitz: Elisabeth Müller

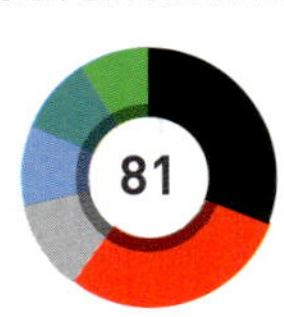

25 CDU
24 SPD
8 AfD
8 FWG
7 B.90/Grüne
9 Sonstige
(FDP 4, Die Linke 3, NPD 2)

Landschaft, Sehenswürdigkeiten und Kultur
Der Lahn-Dill-Kreis grenzt naturräumlich an den Westerwald, das Rothaargebirge und den Taunus. Die Flüsse Lahn und Dill sind landschaftlich prägend. Eine Mischung aus weiten Ebenen und einer waldreichen Mittelgebirgslandschaft machen zu einem spannenden Anziehungspunkt im Herzen von Mittelhessen. Im „steinreichen" Lahn-Dill-Kreis – mitten im Geopark Westerwald-Lahn-Taunus – sind die Schätze der Erde, z. B. Marmor, Ton und Eisen, zu entdecken. Außerdem empfängt man Gäste auch gern stilecht in den Burgen und Schlössern. Auf Frischluftfanatiker warten 350 km Wander- und 1000 km Radwege.

Politisch-historisch zeigt sich der Lahn-Dill-Kreis ebenso vielfältig. So war die Stadt Wetzlar lange Zeit als Reichsstadt auch Sitz des Reichskammergerichts, an dem auch Johann Wolfgang Goethe tätig war. Neben der Vielzahl kulturhistorischer Relikte, die sich überall im Kreis finden, sind es vor allem die vielen kleinen und großen, aber immer sehenswerten Museen und Sammlungen, in denen sich dieser Vielfalt nachspüren lässt.

Landschaftsformen, Bergbau, Industrie und Landwirtschaft haben das Leben der Menschen bestimmt – dazu die Politik der Mächtigen. Das Lahn-Dill-Gebiet nicht reich im üblichen Sinne, überaus reich jedoch an arbeitsamen und zähen Menschen, die durch das Land geprägt wurden und ihm gleichsam ihren unverwechselbaren Stempel aufdrückten.

Landkreis

Limburg-Weilburg

HESSEN

Der Landkreis Limburg-Weilburg ist...
...eine romantische Mittelgebirgslandschaft, bestehend aus Westerwald und Taunus. Als blaues Band durchzieht die Lahn das Kreisgebiet. Aktiver Tourismus wird groß geschrieben. Gelegen an der A 3, mit ICE-Haltepunkt in Limburg, in der Mitte zwischen Köln und Frankfurt, ist Limburg-Weilburg wirtschaftlich sehr dynamisch.

Historische Entwicklung
Von 1806 bis 1866 gehörte das Gebiet des heutigen Landkreises zum Herzogtum Nassau. Nach der im Juni 1866 erfolgten Besetzung durch Preußen wurde 1867, durch die preußische Verordnung der Oberlahnkreis mit Weilburg als Sitz gebildet. Fast 20 Jahre später entstand 1886 aus den Ämtern Limburg, Hadamar und Camberg der Kreis Limburg mit Sitz in Limburg an der Lahn.

Durch die ICE-Schnellfahrstrecke Köln-Rhein/Main der Deutschen Bahn mit dem Anschlusspunkt Limburg rückt Limburg-Weilburg noch näher an die bedeutenden Wirtschaftsräume Rhein-Main und Rhein-Ruhr. Der Frankfurter Flughafenist mit dem ICE in nur 18 Fahrminuten ab dem Bahnhof Limburg-Süd erreichbar. Der Flughafen Köln/Bonn ist nur 45 Minuten entfernt. In je ca. 4 Stunden ist man in München oder in Hamburg.

Diese günstige Lage ermöglicht es, rund 15 Mio. Kunden in nur zwei Auto-Fahrstunden zu erreichen.

Der Landkreis Limburg-Weilburg war einer der ersten hessischen Landkreise, der mit einer flächendeckenden Versorgung der Bürger und Unternehmen mit leistungsstarken Internetanschlüssen mit einer Leistung von 50 Mbit/s begann.

Im Rahmen der hessischen Kreisreform vereinigte sich der Oberlahnkreis mit dem Kreis Limburg am 1.7.1974 zum Landkreis Limburg-Weilburg. Sitz der Kreisverwaltung ist die ehrwürdige Domstadt Limburg an der Lahn.

Wertschöpfung und Verkehr
Limburg-Weilburg verfügt über eine stabile klein- und mittelständische Wirtschaftsstruktur, die sehr breit aufgestellt ist. Der Landkreis ist aber auch Sitz großer internationaler Unternehmen und starker Marken mit weltweiten Geschäftsbeziehungen. Schwerpunkt der Wertschöpfung ist inzwischen der innovative und dynamische Dienstleistungssektor mit seinen vielfältigen Branchen.

Die früher zumeist standortgebundenen Produktionsstätten durchliefen einen gravierenden Strukturwandel. Das eisenerzeugende Gewerbe im Landkreis wurde durch den Maschinenbau (Harmonic Drive AG) sowie durch die Eisen-, Blech- und Metallwarenindustrie (Blechwarenfabrik Limburg GmbH) ersetzt. Der einst bedeutende Steine- und Erdenbereich hat sich mehr in einen Grundstoffsektor (Stephan Schmidt KG) gewandelt. Der hochwertige Ton des Landkreises wird immer noch abgebaut und weltweit exportiert. Eine neue Blüte erleben die traditionsreichen Mineralwässer, die unter dem Begriff „Selters" weltweit konsumiert werden.

Namhafte internationale Unternehmen aus den Branchen Glaserzeugung und Veredlung (GLASHÜTTE LIMBURG Leuchten GmbH + Co. KG), Verpackung (Tetra Pak Produktions GmbH & Co KG Limburg) und der Pharmazie (Mundipharma GmbH) sind inzwischen die größten regionalen Arbeitgeber.

Die wichtigste Fernverkehrsstraße des Landkreises ist die A 3 (Köln-Frankfurt) mit den Anschlussstellen Limburg Nord, Limburg Süd und Bad Camberg.

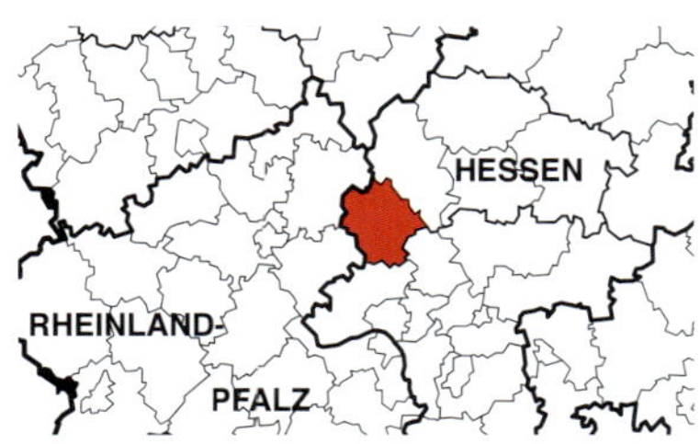

Fläche: 738,49 km²
EW: 170.385 - EW/km²: 231
KFZ-Kennzeichen: LM
Kreissitz: Limburg/Lahn
www.landkreis-limburg-weilburg.de

Landrat
Manfred Michel / CDU
im Amt seit: 2006 gewählt bis: 2018

Sitzverteilung im Kreistag
Vorsitz: Joachim Veyhelmann

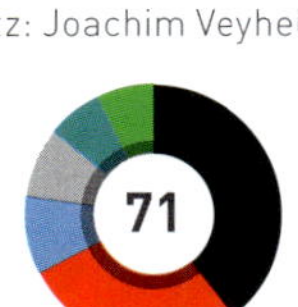

28 CDU
20 SPD
7 AfD
5 B.90/Grüne
5 Freie Wähler
6 Sonstige
(FDP 4, Die Linke 2)

Landschaft, Sehenswürdigkeiten und Kultur
Limburg-Weilburg bildet den Lebensraum für rund 170.000 Menschen, die in 19 Städten und Gemeinden des Landkreises leben. Eine wesentlich größere Anzahl von Urlaubern erholt sich vom Frühjahr bis Herbst in der gesunden Luft dieser Gegend. Aktiver Tourismus wird groß geschrieben. Besonders Radfahrer, Wanderer und Wasserwanderer kommen hier auf ihre Kosten.

Kunst, Kultur und Geschichte reichen sich allerorts die Hand. Schon von der Autobahn aus ist der berühmte Limburger Dom zu sehen. Am Fuße der spätromanischen Basilika lädt Limburgs historische Altstadt zum Verweilen ein. Die Weilburger Schlosskonzerte, die im Innenhof des barocken Schlosses alljährlich im Frühsommer gegeben werden, sind weit bekannt.

Viele andere Sehenswürdigkeiten, darunter die legendäre Lubentius-Kirche in Dietkirchen, die Burg Runkel, das Schloss in Hadamar oder der Amthof von Bad Camberg zeichnen diesen Kreis aus. Die fröhliche Lebensart der Bewohner wird dadurch gekennzeichnet, dass sie in mehr als 1.000 Vereinen der verschiedensten Art das ganze Jahr über für rege Unterhaltung sorgen.

Main-Kinzig-Kreis

HESSEN

Der Main-Kinzig-Kreis ist...
...der mit Abstand bevölkerungsreichte Landkreis in Hessen. Im Osten des Rhein-Main-Gebietes zählt er zu den attraktivsten und wachstumsstärksten Gebieten rund um Frankfurt und bietet zudem mit dem Spessart und der Heimat der Brüder Grimm eine der schönsten Kulturlandschaften Deutschlands.

Historische Entwicklung
Ein Blick auf historische Karten zeigt das Gebiet des heutigen Main-Kinzig-Kreises um etwa 1800 als einen Flickenteppich. Die damaligen politischen „Herrschaften" hatten über Jahrhunderte das Gebiet geteilt. Doch 1821 wurde schließlich die Verwaltungseinheit „Provinz Hanau" gegründet, die bis zur Annexion Kurhessens durch Preußen 1868 bestand. Dieser Zuschnitt mit den späteren Landkreisen Hanau, Gelnhausen und Schlüchtern hielt sich im Wesentlichen bis 1974. Dann entstand 1974 aus den Altkreisen Hanau, Gelnhausen und Schlüchtern der Main-Kinzig-Kreis mit der heutigen Kreisstadt Gelnhausen.

Wertschöpfung und Verkehr
Der Main-Kinzig-Kreis in direkter Nachbarschaft zu Frankfurt/Main bietet beste Voraussetzungen für wirtschaftliche Entwicklung und weltweite Vernetzung. Hier im Herzen Europas findet sich eine ideale Infrastruktur gepaart mit hervorragender Lebensqualität. Kaum eine Landschaft kann auf eine ähnliche Tradition als Handels- und Wirtschaftsstandort verweisen. An der historischen Verkehrsroute zwischen Frankfurt und Leipzig sorgten bereits Kelten, Römer, Franken, Staufer und viele andere für Handel, Austausch, Entwicklung und Wohlstand.

Heute ist der Main-Kinzig-Kreis geprägt von Industrie, Technologietransfer, Innovation und Logistik. Die A 66 als zentrale Verkehrsachse sorgt über die A 3 und die A 45 für eine schnelle Anbindung. Binnen kurzer Zeit sind der Flughafen Rhein-Main sowie zentrale Bahnverbindungen zu erreichen. In Hanau bietet der leistungsstarke Mainhafen als zweitgrößter Umschlagplatz an der Rhein-Main-Donau-Wasserstraße eine weitere attraktive Verkehrsanbindung. Einzigartig ist das rund 600 km lange Glasfasernetz, das der Kreis in eigener Verantwortung innerhalb von zwei Jahren errichtet hat. Damit steht flächendeckend ein digitales Netz von höchster Leistungsfähigkeit zur Verfügung.

Eine Basis für die dynamische Entwicklung der Wirtschaftsstruktur ist zudem der ausgeprägte Branchenmix: Produzierendes Gewerbe (2.960 Betriebe), Handel (6.960), Gastgewerbe (1.475), Verkehr und Lagerei (1.022), sonstige Dienstleistungen (11.670). Wirtschaftsschwerpunkte liegen auf Dienstleistung, Chemie, Automation, Automotive, Materials und Logistik. Die Wirtschaftsprognosen sind positiv. Ein auf 11,5 Mrd. € (2012) angewachsenes Bruttoinlandsprodukt ist dafür ein klares Indiz. Weltwirtschaftsunternehmen wie Heraeus, Veritas, Thermo Fisher Scientific, Tantec und Engelbert Strauß sind Beispiele für eine funktionierende Industriekultur.

Fläche: 1.397,55 km²
EW: 407.619 - EW/km²: 292
KFZ-Kennzeichen: MKK
Kreissitz: Gelnhausen
www.mkk.de

Landrat
Erich Pipa [P] / SPD
im Amt seit: 2005 gewählt bis: 2017

Sitzverteilung im Kreistag
Vorsitz: Rainer Krätschmer

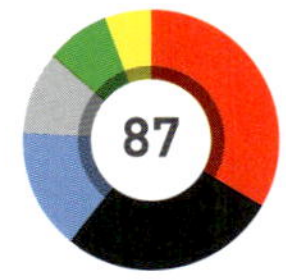

29 SPD
24 CDU
13 AfD
7 B.90/Grüne
5 FDP
9 Sonstige
(FW 4, Die Linke 3, REP 1, NPD 1)

Landschaft, Sehenswürdigkeiten und Kultur
Mit dem Stauferkaiser Barbarossa begann der Aufstieg der Reichsstadt Gelnhausen. Auf einer Kinziginsel ließ Kaiser Friedrich I. Barbarossa um 1180 die Kaiserpfalz errichten. Auch die Türme der Marienkirche prägen weithin sichtbar das Stadtbild. Auf einem Basaltkegel im Hügelland zwischen Hanau und Büdingen thront die Ronneburg. Das stattliche Bauwerk entstand vermutlich Anfang des 13. Jahrhunderts und ist heute ein beliebtes Ausflugsziel.

Große Anziehungskraft und Ausstrahlung besitzt auch das Schloss Philippsruhe in Hanau, unweit der Einmündung der Kinzig in den Main. Es wurde als Landschloss von Graf Philipp Reinhard von Hanau-Lichtenberg 1701 im Stil des Barock errichtet und ist heute ein Museum. Daneben gibt es noch eine ganze Reihe weiterer Orte, die durch ihre reiche Geschichte und ihre Schlösser wie Wilhelmsbad und Steinheim in Hanau, Büdesheim, Langenselbold, Birstein, Meerholz und Schloss Eisenhammer zu Besuchen einladen. In Steinau gibt es nicht nur einen historischen Stadtkern und das Schloss zu bewundern, sondern auch das Brüder-Grimm-Museum. Sehenswert sind auch das Deutsche Goldschmiedehaus und das Hessischen Puppen & Spielzeugmuseum in Hanau.

Im ehemaligen Benediktinerkloster Schlüchtern, heute Gymnasium und Kirchenmusikschule, ist eine romanische Krypta aus der Gründungszeit um 800 erhalten. Zudem finden sich die Burg Brandenstein und die Burgruine Steckelberg. Eine Besonderheit sind zudem die beiden benachbarten Kurstädte Bad Orb und Bad Soden-Salmünster mit ihren reizvollen Wellness, Gesundheits- und Freizeitangeboten. Einzigartig sind auch die ausgedehnten Streuobstwiesen bei Maintal-Hochstadt, wo sich ein toller Blick auf die Frankfurter Skyline bietet.

Main-Taunus-Kreis

HESSEN

Der Main-Taunus-Kreis ist...
...nah am Zentrum und fern der Hektik. Der kleinste Kreis Deutschlands liegt mitten in der Region Frankfurt Rhein-Main – und doch im Grünen.

Historische Entwicklung

Die Geschichte des Kreises reicht weit zurück – nicht nur bis zu den Römern, die auf dem Hochfeld in Hofheim, auf dem heute das Landratsamt steht, ein Kastell errichtet haben. Nein, die älteste bekannte Bewohnerin ist noch weit älter: nämlich 4.500 Jahre. Forscher haben das Skelett der Keltin in Hattersheim geborgen. In seiner heutigen Gestalt existiert der Kreis seit 1928. Damals wurde seine Geburtsurkunde, das Preußische Landesgesetz Nr. 13321, unterschrieben.

Wertschöpfung und Verkehr

Wer in Eppstein auf die Taunuswälder schaut, in Kriftel auf die Streuobstwiesen oder in Flörsheim auf die Weinberge, würde es nicht vermuten: Der Kreis liegt im Kern des Ballungsraums Rhein-Main zwischen Frankfurt, Wiesbaden und Mainz. In 15 Minuten ist man mit dem Auto am größten Flughafen Deutschlands. Die S-Bahn verbindet die zwölf Städte und Gemeinden mit dem Frankfurter Hauptbahnhof. Von hier sind es gut eine Stunde nach Köln, vier nach Paris und etwas mehr als dreieinhalb nach Berlin. Mehrere Autobahnen führen nach Frankfurt, Wiesbaden und darüber hinaus.

Rund 17.300 Unternehmen gibt es hier – darunter große Namen wie Samsung, Procter & Gamble und die Deutsche Börse, aber auch viele Mittelständler, die in ihrem Bereich zur Weltspitze gehören, etwa bei Papierschneidemaschinen, Abfüllanlagen und Diamantbohrern. Die erste Shoppingmall Deutschlands mit täglich 40.000 Kunden ist das Main-Taunus-Zentrum in Sulzbach.

Landschaft, Sehenswürdigkeiten und Kultur

Von der Engelsburg hat sich Puccinis Tosca schon unzählige Male in den Tod gestürzt. Im Main-Taunus-Kreis ereilt sie dieses traurige Schicksal auf einer anderen Burg: nämlich auf der der Herren von Eppstein. Hier finden in jedem Sommer die Burgfestspiele statt. In der mittelalterlichen Ruine kann man dann Cinderella, dem eingebildeten Kranken oder eben Tosca begegnen. Kulturell hat der Kreis für viele Geschmäcker etwas im Angebot. Architektur-Interessierte können sich das Hundertwasser-Haus in Bad Soden mit seinen bunten Zinnen und Türmen ansehen. Cineasten sind beim Kurzfilmfestival Shorts at Moonlight in Hofheim gut aufgehoben. Wer klassische Musik in barocker Umgebung mag, ist bei den Gallus-Konzerten in Flörsheim richtig – besonders im Dezember: Bei Kerzenschein gibt es dann in der Kirche Weihnachtslieder zu hören. Auch im Landratsamt finden regelmäßig Konzerte und Ausstellungen statt – die Kinderkonzerte, bei denen Stücke wie Die Zauberflöte gegeben werden, sind Wochen im Voraus ausgebucht. An Thomas Manns Zauberberg erinnert die ehemalige Lungenklinik in Kelkheim-Ruppertshain, in der heute unter anderem Galerien und Ateliers untergebracht sind.

Doch das kulturelle Leben hört an den Kreisgrenzen nicht auf. In Frankfurt warten zum Beispiel die Alte Oper, das Städel, die Schirn und das Museum für Moderne Kunst. Im Rheingau werden während des dortigen Musik-Festivals Klöster, Schlösser und Weingüter zu Konzertsälen. Und in Wiesbaden und Mainz warten die Landesmuseen mit ihren Schätzen auf.

Bei Wanderern beliebt ist die Bonifatius-Route, die von Mainz nach Fulda führt. Sie folgt den Spuren des Trauerzugs, der im 8. Jahrhundert den Sarg des Heiligen von Mainz nach Fulda gebracht hat. Unterwegs lassen sich etwa die Anna-Kapelle bei Flörsheim oder das Bonifatiuskreuz im Eschborner Stadtmuseum besichtigen. Weniger spirituell ist ein anderes Kulturprojekt: Die Route der Industriekultur, die von Aschaffenburg am Main bis Bingen am Rhein reicht, lenkt den Blick auf das industrielle Erbe.

Bekannt ist der Main-Taunus-Kreis auch für seine Parks. Im Bad Sodener Kurpark gibt es zum Beispiel sprudelnde und schwefelige Quellen; Gingko-, Trompeten- und Riesenlebensbäume wachsen hier. In den Weilbacher Kiesgruben, die zum Regionalpark RheinMain gehören, ist aus einem zerstörten Abbauareal ein Naturschutzgebiet geworden, in dem eine kleine Ziegenherde die Aufgabe eines Rasenmähers übernimmt. Im Hattersheimer Rosarium, ebenfalls ein Teil des Regionalparks, blühen im Sommer 6.500 Rosen in rund 100 verschiedenen Sorten. Wer es etwas weniger ruhig mag, ist auf dem Hochheimer Markt richtig, einem der größten regionalen Volksfeste.

Fläche: 222,39 km²
EW: 229.976 - EW/km²: 1.034
KFZ-Kennzeichen: MTK
Kreissitz: Hofheim am Taunus
www.mtk.org

Landrat
Michael Cyriax (W) / CDU
im Amt seit: 2011 gewählt bis: 2017

Sitzverteilung im Kreistag
Vorsitz: Wolfgang Männer

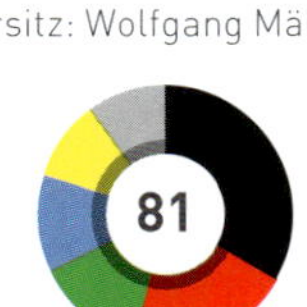

27	CDU
17	SPD
11	B.90/Grüne
10	AfD
8	FDP
8	Sonstige

(FWG 5, Die Linke 3)

Landkreis

Marburg-Biedenkopf

HESSEN

Der Landkreis Marburg-Biedenkopf ist...
...ein modern ausgerichteter Kreis mit großer Geschichte und viel Potenzial. Er bietet Standortvorteile aufgrund einer geringen Arbeitslosigkeit, vielseitigen und auf der Höhe der Zeit agierenden Firmen, lebens- und liebenswerten Orten und eine flächendeckende Versorgung aller Orte mit schnellem Internet.

Historische Entwicklung
Marburg-Biedenkopf gehört zum Regierungsbezirk Gießen in Mittelhessen. Der Kreis besteht aus 22 Städten und Gemeinden, wobei die größte Stadt und das einzige Oberzentrum die Universitätsstadt Marburg ist. Hier ist auch die 1527 gegründete und damit erste protestantische Universität, die Philipps-Universität, verortet.

In seiner heutigen Form besteht der Kreis seit 1974. Er hat eine Reihe von Vorläufern, wie ab dem Jahr 1821 die Kreise Gladenbach, Marburg, Kirchhain und Battenberg. Nach zahlreichen Veränderungen vereinigte schließlich die Verwaltungsreform von 1974 die Kreise Marburg und Biedenkopf zum Landkreis Marburg-Biedenkopf. Die Stadt Marburg verlor ihren 1929 erworbenen Status als kreisfreie Stadt und wurde, mit Sonderrechten versehen, ebenfalls in den Kreis integriert.

Wertschöpfung und Verkehr
Marburg-Biedenkopf ist ein attraktiver Standort für Unternehmen. Die Gewerbesteuerhebesätze sind relativ niedrig und die zentrale Lage im Herzen Deutschlands wird durch eine gute Verkehrsanbindung zum Rhein-Main-Gebiet zusätzlich aufgewertet.

Viele Bildungsinstitutionen sorgen zudem für ein breites Angebot zur Weiterqualifikation. Im Landkreis gibt es Deutschlands einzigartige Blindenstudienanstalt und durch die Nähe zu den drei Hochschulen in Mittelhessen, den Universitäten in Marburg und Gießen sowie zur Technischen Hochschule Mittelhessen mit einer Außenstelle in Biedenkopf stehen hochqualifizierte Arbeitskräfte zur Verfügung. Transferzentren sorgen für eine enge Verzahnung zu den Unternehmen. Entsprechend verfügen viele Unternehmen über ein hohes Technologieniveau.

Mehrere Kliniken, darunter das Universitätsklinikum in Marburg, gewährleisten zudem eine medizinische Versorgung auf hohem Niveau.

Es gibt ein breit gefächertes Angebot an Schulen, Kindergärten sowie Sport- und Kultureinrichtungen. Der Landkreis verfügt über ein hervorragendes Angebot für Kinder, dazu gehören die Unterbringung von Kindern unter drei Jahren, die Versorgung mit Kindertagesstätten sowie das Betreuungsangebot an Grundschulen. Seit der Ersteinrichtung 1990 ist dieses Angebot hinsichtlich der pädagogischen Standards hessenweit an führender Position und wird kontinuierlich weiterentwickelt.

Marburg-Biedenkopf wurde als einer von drei Landkreisen von der Bundesregierung ausgewählt, einen „Masterplan 100 % Klimaschutz" aufzustellen, deshalb gibt es in diesem Bereich nicht nur viele interessante Ansätze, sondern jüngst auch Partnerschaften mit anderen Landkreisen, die von den hier gemachten Erfahrungen partizipieren.

Der Kreis hat als Leitmotiv zu einer nachhaltigen Entwicklung das Motto ausgegeben, global zu denken und regional zu handeln. So sollen unter anderem bis 2050 eine Halbierung des Energiebedarfs und eine massive Reduzierung der Treibhausgase erfolgen. Mit 100 % regional erzeugter Energie aus erneuerbaren Energiequellen und dem effizienten Einsatz von Energie, will der Landkreis seine Unabhängigkeit sowie profitable Vorteile erzielen, die regionale Wertschöpfung dadurch verbessern und unabhängig vom Weltmarkt und den fossilen Energieträgern agieren.

Landschaft, Sehenswürdigkeiten und Kultur
Burgen, Schlösser, malerische Städte und Dörfer, Seen, Berge und Täler bilden eine abwechslungsreiche Erholungslandschaft. Das Lahn-Dill-Bergland, der elfte Naturpark Hessens, ist genauso Bestandteil des Landkreises wie beispielsweise zu einem großen Teil der Burgwald, das größte zusammenhängende Waldgebiet in Hessen. Über ein gut ausgebautes Wander- und Radwegenetz und sogar mit dem Kanu auf der Lahn können sich Besucher und Einwohner im Landkreis die Natur bestens erschließen. Durch den Kreis verläuft zudem die Deutsche Märchenstraße.

Kulturell gesehen besticht der Landkreis neben den vielfältigen Angeboten in Marburg durch eine sehr lebendige und breit angelegte Infrastruktur mit vielen kulturellen Vereinen, Initiativen und Einzelkünstlern. Durch überregional bekannte Veranstaltungen wie etwa die Eckelshausener Musiktage, die Schlossfestspiele in Biedenkopf, die Kunsttage des Kreises aber auch durch einzigartige Volksfeste wie die nur alle sieben Jahre stattfindenden Grenzgänge, den Gladenbacher Kirschenmarkt, das Marburger Stadtfest oder die Trinitatiskirmes in Neustadt, um nur einige wenige zu nennen, gibt es allerorten sowohl Neues wie auch Traditionelles und Einzigartiges zu erleben.

Fläche: 1.262,55 km²
EW: 241.598 - EW/km²: 191
KFZ-Kennzeichen: MR
Kreissitz: Marburg-Cappel
www.marburg-biedenkopf.de

Landrätin
Kirsten Fründt / SPD
im Amt seit: 2014 gewählt bis: 2020

Sitzverteilung im Kreistag
Vorsitz: Detlef Ruffert

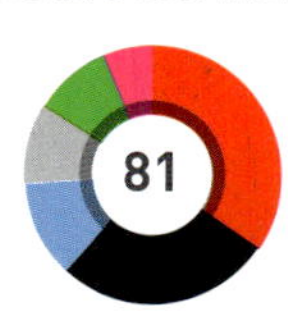

28	SPD
22	CDU
10	AfD
8	B.90/Grüne
5	Die Linke
8	Sonstige

(FW 4, FDP 3, Piraten 1)

Odenwaldkreis

HESSEN

Der Odenwaldkreis ist...
...ist ein Landkreis im Regierungsbezirk Darmstadt in Hessen und – gemessen an der Einwohnerzahl – der kleinste des Bundeslandes. Ihm gehören fünf Städte und zehn Gemeinden an, Sitz der Kreisverwaltung ist die Stadt Erbach.

Historische Entwicklung
Die Geburtsstunde der heutigen Kreisverwaltung im Odenwald wird, geschichtlich gesehen, auf den 1.5.1822 datiert. Zur praktischen Umsetzung der in der Folge des Wiener Kongresses von 1814/15 gehörte die in den Jahren nach 1820 verwirklichte Verwaltungsreform mit dem Ziel einer für das gesamte Land einheitlichen Organisation.

Auf Grundlage des „Gesetzes betreffend die innere Verwaltung und die Vertretung der Kreise und Provinzen" vom 12.6.1874 wurden die damaligen Kreise Erbach und Neustadt zu dem größeren Kreis Erbach zusammengeschlossen, aus dem nach der kommunalen Gebietsreform 1972 der Odenwaldkreis werden sollte.

Wertschöpfung und Verkehr
Als einziger Kreis in Hessen ohne einen Autobahnanschluss musste sich der industriell eher strukturschwache Odenwaldkreis für seine Wirtschaftsförderung etwas einfallen lassen. Gelungen ist dabei von der Idee zu Anfang des neuen Jahrtausends bis zur raschen Umsetzung innerhalb verhältnismäßig kurzer Zeit ein Projekt unter Federführung der Odenwald-Regional-Gesellschaft mbH, das bundesweit Beachtung fand: Der flächendeckende Ausbau von Breitbandverbindungen in einem ländlichen Gebiet – die fast hundertprozentige Versorgung mit schnellem Internet.

Von entscheidender Bedeutung ist neben dem so geschaffenen Anschluss an die Datenautobahn der Erhalt und Ausbau der Odenwald-Bahn mit der Bestandssicherung des Südabschnitts zwischen Eberbach am Neckar und Erbach. Die Odenwald-Bahn verbindet das namensgebende Mittelgebirge mit der Metropolregion Rhein-Main, mit den Universitätsstädten Darmstadt und Frankfurt.

Im Jahr 2008 erfolgten eine deutliche Fahrplanausweitung und die Einrichtung der zügigen Verbindung – genannt „schneller Odenwälder" – zwischen Odenwald und Frankfurt. Den im Verhältnis wenigen großen Industriebetrieben wie Pirelli, Rowenta oder Bosch Rexroth stehen eine Vielzahl an kleinen und mittelständischen Unternehmen in Dienstleistung, Handel und Gewerbe und vor allem im längst nicht mehr allein traditionell orientierten, sondern hochmodernen Handwerk gegenüber. Einen bedeutsamen Standortfaktor bildet das Gesundheitszentrum Odenwaldkreis in Erbach (mehr als 700 Beschäftigte) mit seinen Betriebsteilen Kreiskrankenhaus, Alten- und Pflegeheim sowie einer Kranken- und Altenpflegeschule.

Fläche: 623,98 km²
EW: 96.082 - EW/km²: 154
KFZ-Kennzeichen: ERB
Kreissitz: Erbach/Odenwald
www.odenwaldkreis.de

Landrat
Frank Matiaske / SPD
im Amt seit: 2015 gewählt bis: 2021

Sitzverteilung im Kreistag
Vorsitz: Rüdiger Holschuh

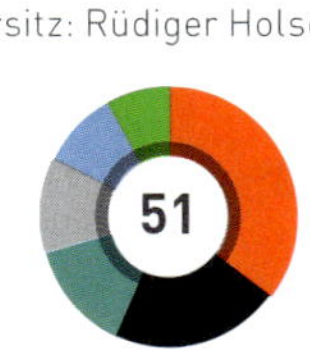

18 SPD
11 CDU
7 ÜWG
5 AfD
4 B.90/Grüne
6 Sonstige
(FDP 3, Die Linke 2, parteilos 1)

Landschaft, Sehenswürdigkeiten und Kultur
Der Odenwald vereint mit seinen Höhenzügen und Tälern eine der reizvollsten Mittelgebirgslandschaften der Bundesrepublik. Wälder und Grünland wechseln sich ab, immer wieder fließen kleine naturbelassene Bäche durch die Region, die seit langem flächendeckend als Landschaftsschutzgebiet ausgewiesen ist. Seit 2015 zählt der Geo-Naturpark Bergstraße-Odenwald zum Programm UNESCO-Geopark, das außergewöhnliche Einblicke in die Erdgeschichte vermittelt.

Der Odenwaldkreis birgt eine faszinierende Vielfalt an Sehenswürdigkeiten: beeindruckende Baukultur, Burgen, Schlösser und historische Fachwerk-Ensembles. Nicht allein daraus erwächst der Tourismus als einer der großen Wirtschaftsfaktoren. Die Geschichtsforschung der Gegenwart beschäftigt sich in jüngster Zeit mit Recherchen zum Erzbergbau, der als Merkmal für die Besiedlung früher offensichtlich nicht ausreichend Beachtung fand.

Dem reichhaltigen kulturellen Geschehen gelingt ein vortrefflicher Brückenschlag von der Tradition zur Moderne. Besondere Beispiele bieten das Deutsche Elfenbeinmuseum in Erbach, der Erbach-Michelstädter Theatersommer mit alljährlich vielen tausend Besuchern, die Aufführungen auf der Freilichtbühne in der Kur- und Thermenstadt Bad König sowie Kleinkunstbühnen wie das Patat in Michelstadt oder die Alte Post in Brensbach. Großes Publikum locken auch Musikveranstaltungen unterschiedlichster Stilrichtungen in nahezu allen Städten und Gemeinden im Kreisgebiet. Ein aktuelles Beispiel ist das Festival Sound of the Forest.

Landkreis

Offenbach

HESSEN

Der Landkreis Offenbach ist...
...eine lebenswerte und wirtschaftsstarke Gemeinschaft aus 13 Städten und Gemeinden im Zentrum der Metropolregion Frankfurt Rhein-Main. Viele schätzen den Kreis wegen der Innovationskraft und Stärke der Unternehmen, der Vielzahl an Arbeitsplätzen, der Nähe zum Frankfurter Flughafen und wegen der sog. Soft Skills: Eltern finden für den Nachwuchs Plätze in der Kinderbetreuung, topsanierte Schulen oder etwa besondere Angebote wie zweisprachige Krabbelgruppen und eine Internationale Schule. Außerdem punktet der Kreis mit seinem breiten Spektrum an Kultur-, Sport- und Freizeitmöglichkeiten.

Historische Entwicklung

Beim Blick in die Geschichte des Kreises Offenbach fallen Parallelen zur heutigen Vielfalt an Nationen und Kulturen in den Metropolstädten ins Auge. Kelten, Germanen, Römer und Franken besiedelten die Fläche südlich des Mains.

Mit Menschen aus rund 160 Nationen ist heute fast die ganze Welt im Kreis Offenbach zuhause. Und die Geschichte etwa der Stadt Neu-Isenburg wird im Hinblick auf den Strom an Zuwanderern wieder lebendig. Hugenotten gründeten sie 1699. Viele Bürger besinnen sich auf die erste Siedlung durch fremde Glaubensflüchtlinge aus Frankreich und unterstützen Schutzsuchende aus Kriegs- und Krisengebieten, die im Kreis Offenbach ankommen.

Der Kreis nahm 1832 erstmals Gestalt an, als 40 Orte zu einer neuen Gebietseinheit zusammengefügt wurden. Doch der Zuschnitt wurde oft verändert. Historisch betrachtet ist eine hohe Dynamik typisch für den Kreis. Rechnerisch kommen und gehen jedes Jahr so viele Einwohner wie eine Kleinstadt zählt. Die Bevölkerung wächst. Das Plus wird noch größer – auch wegen der Flüchtlinge, die sich dort eine neue Existenz aufbauen möchten.

Erst seit Ende der 1970er Jahre kehrte Ruhe im kommunalen Zuordnungs-Wirrwarr ein. Bei der Gebietsreform entstanden damals zehn Städte und drei Gemeinden, die sich auf den gemeinsamen Weg machten, das Verbindende zu stärken und ein Wir-Gefühl zu schaffen. Seit 2002 befindet sich der Verwaltungssitz des Kreises in Dietzenbach und nicht mehr in der Stadt Offenbach. Diese gibt dem Kreis zwar seinen Namen, aber sie gehört nicht zu ihm.

Wertschöpfung und Verkehr

Der wirtschaftliche Erfolg des Kreises beruht auf der Leistungskraft der 30.000 im Kreis angesiedelten Unternehmen, die knapp 120.000 Jobs schaffen. Die Arbeitslosigkeit liegt bei nur 4,6 % und bei Jugendlichen unter 25 Jahren gar bei 3,8 % (November 2015). Als wesentliche Standortvorteile des Kreises nennen Unternehmen die hervorragende Infrastruktur mit dem eng gestrickten Autobahn- sowie Bus- und Bahnnetz, die Nachbarschaft zu Deutschlands größtem Airport in Frankfurt und den größten Verkehrslandeplatz Deutschlands in Egelsbach. Shopping Malls und lebendige Einkaufsmeilen in den Cities runden das Angebot ab. Apropos: Der Kaufkraftindex der Bürger betrug 2015 laut Industrie- und Handelskammer 114 Punkte und liegt damit weit über dem Durchschnitt.

Landschaft, Sehenswürdigkeiten und Kultur

Die 13 Gemeinden des Kreises haben ganz unterschiedliche Charaktere und bieten eine große Vielfalt und Abwechslung. Manche Städte sind von Betriebsamkeit und Business geprägt, andere von Fachwerkidylle, engen Gassen mit Kopfsteinpflaster und einem sanft vorbeifließenden Main.

Eine Touristenhochburg liegt in Seligenstadt am Main, wo die historische Altstadt sowie die ehemalige Benediktinerabtei mit Basilika Jahr für Jahr Tausende von Besuchern anziehen. Beliebte Ausflugorte sind außerdem zur Rhododendronblüte das Schloss Wolfsgarten in Langen und die aus dem 11. Jahrhundert stammende Burganlage in Dreieichenhain, die an der Deutschen Fachwerkstraße liegt. Dort genießt das Publikum vor der Naturbühne mit Sandsteinmauer im Sommer Musik, Varieté sowie Kabarett – bei den Burgfestspielen gibt es viel Theater.

Erholung finden die Menschen im Kreis Offenbach direkt vor der Haustür im Grünen. Fast die Hälfte der Fläche des Kreises besteht aus Wald mit einem gut ausgebauten Netz an Reit-, Spazier- und Fahrradwegen, die zu Badeseen und Ausflugslokalen führen. Dieser Facettenreichtum und die Weltoffenheit sorgen dafür, dass sich die kommunale Gemeinschaft zu einem Kreis mit hoher Lebensqualität entwickelt hat.

Fläche: 356,30 km²
EW: 341.669 - EW/km²: 959
KFZ-Kennzeichen: OF
Kreissitz: Dietzenbach
www.kreis-offenbach.de

Landrat
Oliver Quilling / CDU
im Amt seit: 2010 gewählt bis: 2022

Sitzverteilung im Kreistag
Vorsitz: Bernd Abeln

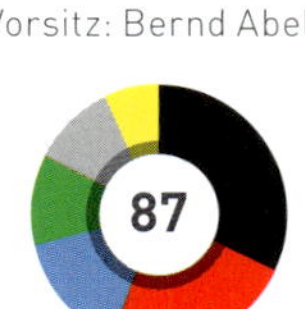

28	CDU
21	SPD
13	AfD
10	B.90/Grüne
6	FDP
9	Sonstige

(Die Linke 3, FW 3, FL-NEV 2, Piraten 1)

Rheingau-Taunus-Kreis

HESSEN

Der Rheingau-Taunus-Kreis ist...
...vielfältig – zwischen Tourismus, Tradition und einer pulsierenden Wirtschaft. Geschichtsträchtige Sehenswürdigkeiten, ein ausgedehntes Wanderwegenetz und mannigfaltige kulturelle Angebote bieten einen hohen Freizeit- und Erholungswert. Die Nähe zu den Zentren Frankfurt am Main, Wiesbaden und Mainz sowie zum Frankfurter Flughafen steigert nicht nur die touristische Attraktivität, sondern auch die Bedeutung des Landkreises als Wohn- und Wirtschaftsstandort.

Historische Entwicklung
Der Rheingau-Taunus-Kreis entstand 1977 im Zuge einer Gebietsreform aus dem Zusammenschluss von Rheingau- und Untertaunuskreis und ist dem Regierungsbezirk Darmstadt zugeordnet. Die Kreisstadt ist Bad Schwalbach. Nachdem im Deutschen Krieg das Herzogtum Nassau 1866 durch Preußen besetzt war, wurde der Regierungsbezirk Wiesbaden in zwölf Kreise eingeteilt. Die nassauischen Ämter Rüdesheim am Rhein, Eltville, St. Goarshausen und Braubach bildeten den Rheingaukreis; Langenschwalbach, Wehen und Idstein den Untertaunuskreis. Kreisstadt im Rheingaukreis war Rüdesheim am Rhein, im Untertaunuskreis Langenschwalbach (heute Bad Schwalbach).

Fläche: 811,48 km²
EW: 182.117 - EW/km²: 224
KFZ-Kennzeichen: RÜD
Kreissitz: Bad Schwalbach
www.rheingau-taunus-kreis.de

Landrat
Burkhard Albers / SPD
im Amt seit: 2005 gewählt bis: 2017

Sitzverteilung im Kreistag
Vorsitz: Klaus-Peter Willsch

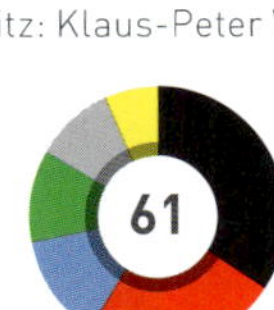

21 CDU
15 SPD
8 AfD
7 B.90/Grüne
4 FDP
6 Sonstige
(FWG 4, Die Linke 2)

1886 wurden durch die neue Kreisordnung der Provinz Hessen-Nassau kleinere Kreise geschaffen. In diesem Zuge wurden auch der Rheingau- und Untertaunuskreis geteilt: Rüdesheim am Rhein und Eltville blieben im Rheingaukreis, während St. Goarshausen und Braubach den neuen Kreis St. Goarshausen bildeten. Im Untertaunuskreis teilte man das Gebiet um Bad Camberg dem neu geschaffenen Kreis Limburg zu. Die Gründung des Main-Taunus-Kreises 1928 führte dazu, dass der Untertaunus 17 Gemeinden verlor. Nach dem Zweiten Weltkrieg lagen beide Kreise in der amerikanischen Besatzungszone und wurden Teil des Landes Hessen.

Wertschöpfung und Verkehr
Der Rheingau-Taunus-Kreis ist wegen seiner guten Anbindungen an das Rhein-Main-Gebiet eine beliebte Wohngegend. Kreis- und Bundesstraßen sowie Autobahnen, aber auch die Bus- und Bahnlinien sorgen für eine gute Infrastruktur. Die räumliche Nähe zum Ballungsraum Rhein-Main und die gute Erreichbarkeit bieten ausgezeichnete Entwicklungschancen im Hinblick auf Wohnen, Gewerbe, Dienstleistungen, Tourismus und Erholung und bieten Vorteile für die Nutzung von überregionalen Bildungs-, Kultur- und Versorgungseinrichtungen.

Gleichzeitig weist der Landkreis sehr unterschiedliche Strukturräume für die wirtschaftliche Entwicklung auf. Diese reichen vom eher ländlich geprägten Westkreis bis hin zu den Städten und Gemeinden an der Peripherie zur Landeshauptstadt Wiesbaden.

Der Rheingau-Taunus-Kreis möchte seine hohe Qualität als Lebens- und Erholungsraum erhalten und weiter entwickeln. Dazu gehört sowohl ein umfangreiches Angebot an schulischen Aus- und Weiterbildungsmöglichkeiten für jedes Lebensalter als auch ein bewusster Umgang mit Ressourcen durch Reduzierung des CO_2-Ausstosses.

Landschaft, Sehenswürdigkeiten und Kultur
Der Kreis ist hinsichtlich seiner Kultur- und Naturräume Taunus und Rheingau/Mittelrheintal sehr unterschiedlich geprägt. Je nach Landnutzung ergeben sich im kleinräumigen Wechsel unterschiedliche Kulturlandschaften, wie die Weinbaulandschaft im Rheingau, die ausgedehnte Waldlandschaft im Wisper- und Hochtaunus sowie die offene, landwirtschaftlich geprägte Landschaft des Untertaunus. Gemeinsam mit den kulturhistorischen und strukturräumlichen Eigenarten führt dies zu abwechslungsreichen Landschaftsbildern mit einem hohen Potenzial für Tourismus und Naherholung.

Internationale Bekanntheit erlangt der Kreis unter anderem durch den Weinanbau im Rheingau. Die Verbindung von Weinkultur und Rheinromantik ist ein Garant für den Tourismus, der Besucher aus der ganzen Welt anzieht. Touristenmagnete sind hierbei beispielsweise das Niederwalddenkmal in Rüdesheim am Rhein und das Kloster Eberbach in Eltville mit seiner jahrhundertelangen Tradition. Im Untertaunus lädt die aufwändig restaurierte Altstadt in Idstein mit ihren Fachwerkhäusern zum Bummeln ein. Die beiden Heilbäder Schlangenbad und Bad Schwalbach locken Erholungssuchende mit ihren Verwöhnprogrammen.

Mit den UNESCO Welterbestätten Obergermanisch-Raetischer Limes und Oberes Mittelrheintal beherbergt der Landkreis zwei historische Stätten.

Das Rheingau Musik Festival zählt zu den führenden Musikfestivals Deutschlands und lockt jährlich mehr als 120.000 Musikliebhaber in den Rheingau. Musikveranstaltungen und Theateraufführungen an historischen Spielstätten wie der Burg Eltville, Burg Hohenstein oder der Altstadt Idsteins runden das kulturelle Angebot ab.

Schwalm-Eder-Kreis

HESSEN

Der Schwalm-Eder-Kreis ist...
...mit den waldreichen Mittelgebirgen des Habichtswaldes, Knüllgebirges und des Kellerwaldes, mit den Flüssen Schwalm, Eder und Fulda, mit bunten Fachwerkensembles in 27 Städten und Gemeinden flächenmäßig der zweitgrößte hessische Landkreis. Er umfasst 11 Städte und 16 Gemeinden.

Historische Entwicklung
Im Kreisgebiet gibt es zahlreiche Funde aus der jüngeren Steinzeit, bspw. das in der Nähe von Fritzlar-Züschen zu besichtigende Steinkammer-Grab (etwa 2000 v.Chr.) Der Raum des heutigen Schwalm-Eder-Kreises ist historisch bestimmt von den Entwicklungen, die von dem alten chattischen Stammland um Gudensberg und Fritzlar (ab 300 v.Chr.) ausgingen, von dem Jahrhunderte dauernden Machtkampf zwischen Hessen und Mainz (8. bis 16. Jahrhundert) sowie von der Geschichte der Grafschaft Ziegenhain.

Als Geburtsstunde der Landkreise gilt die Einrichtung der kurhessischen Kreisämter im Zuge der Verwaltungsreform des Kurfürstentums Hessen im Jahr 1821. Als Folge der hessischen Gebietsreform bilden die ehemaligen Landkreise Fritzlar-Homberg, Melsungen und Ziegenhain seit dem 1.1.1974 den Schwalm-Eder-Kreis.

Wertschöpfung und Verkehr
Die zentrale Lage in der Mitte Deutschlands mit den leistungsfähigen Verkehrsanbindungen der Bundesautobahnen A 7 und A 49 und den Bahnstrecken Hannover-Würzburg sowie Kassel-Frankfurt machen den Schwalm-Eder-Kreis auf Straßen und Schienen schnell erreichbar. Ein moderner Containerbahnhof in Malsfeld/Beiseförth bildet einen wichtigen Umschlagplatz für den Güterverkehr.

Die interkommunalen Gewerbegebiete, die Förderprogramme von Land und Bund sowie der Europäischen Union machen den Schwalm-Eder-Kreis zu einem attraktiven Wirtschaftsstandort.

Handwerk, Land- und Forstwirtschaft, Dienstleistungsunternehmen, produzierendes Gewerbe und der Tourismus gestalten die vielfältigen Wirtschaftsstrukturen.

Der Schwalm-Eder-Kreis ist erfolgreich in der Nutzung erneuerbarer Energien und der Energieeinsparung und beteiligt sich an vielen Projekten, die den Klimaschutz vorantreiben. Der Kreis ist sich seiner Vorbildfunktion für seine Bürger bewusst und setzt Impulse. Die erfolgreiche Arbeit des Schwalm-Eder-Kreises im Bereich des Klimaschutzes findet auf Landes- und Bundesebene Beachtung.

Besonders stolz ist der Schwalm-Eder-Kreis auf die Auszeichnungen, die auf internationalem Parkett errungen wurden: Drei erfolgreiche Teilnahmen am LivCom Award, einem internationalen Wettbewerb für Kommunen mit zukunftsfähigen Konzepten, der von der UNEP, dem Umweltprogramm der UNO unterstützt wird, sind Beleg für die beachtenswerte Arbeit des Kreises.

Fläche: 1.538,51 km²
EW: 179.466 - EW/km²: 117
KFZ-Kennzeichen: HR
Kreissitz: Homberg (Efze)
www.schwalm-eder-kreis.de

Landrat
Winfried Becker / SPD
im Amt seit: 2015 gewählt bis: 2021

Sitzverteilung im Kreistag
Vorsitz: Michael Kreutzmann

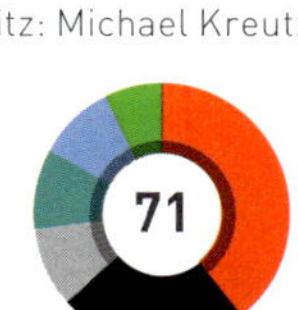

28 SPD
17 CDU
7 AfD
7 FWG
5 B.90/Grüne
7 Sonstige
(FDP 4, Die Linke 2, Piraten 1)

Landschaft, Sehenswürdigkeiten und Kultur
Das Kurhessische Bergland – die Urlaubs- und Freizeitdestination des Schwalm-Eder-Kreises – bietet reizvolle Landschaften und vielfältige Freizeit- und Erholungsmöglichkeiten. Über 7.000 Kulturdenkmäler sowie zahlreiche Schlösser, Burgen, Kirchen und Museen sind sehenswerte Zeugen einer reichhaltigen Kulturgeschichte. Besonders faszinierend wirken Konzerte, Theater und Freilichtveranstaltungen im kulturhistorischen Ambiente.

Der Fernwanderweg X8 (Barbarossaweg) wurde ab 2001 zu einem Kunstwanderweg erweitert. Dazu wurden im Rahmen des Projektes Ars Natura entlang der Strecke natur- und ortsbezogene Kunstwerke aus ökologischen Materialien installiert. Die Werke stammen überwiegend von hiesigen Künstlern und wurde von der EU gefördert.

Mehrere Orte liegen an der Deutschen Märchenstraße und zeigen Figuren und Orte aus Märchen, die hier ihren Ursprung haben sollen. Städte und Gemeinden aus der Schwalm und dem Knüllgebirge schlossen sich deshalb zum Rotkäppchenland zusammen und präsentieren Orte, an denen die Brüder Grimm ihre Märchen gesammelt haben. Namensgebend ist das Märchen Rotkäppchen. Der Legende nach sollen die Brüder beim Anblick der Schwälmer Tracht, zu der auch der rote Schnatz als Kopfbedeckung zählt, zu dem Märchen inspiriert worden sein.

Zu den kulinarischen Spezialitäten zählt nicht nur die bekannte Ahle Worscht. Mit Weckewerk und Schmandkuchen und mit regionalen Fisch- und Wildgerichten lässt sich der Schwalm-Eder-Kreis auch á la carte genießen.

Vogelsbergkreis

HESSEN

Der Vogelsbergkreis ist…
…der Landkreis auf dem größten Vulkanfeld Mitteleuropas. Er ist der östlichste Landkreis im Regierungsbezirk Gießen, gleichzeitig der drittgrößte und der am dünnsten besiedelte Landkreis Hessens. Die demografische Entwicklung machen den Verantwortlichen in Politik und Wirtschaft nicht nur Sorgen – sie bieten auch Chancen.

Historische Entwicklung
Der Vogelsbergkreis ist am 1.8.1972 entstanden. Grundlage war das Gesetz zur Neugliederung der Landkreise Alsfeld und Lauterbach. Der Vogelsbergkreis umfasst die Gebiete der früheren Landkreise Alsfeld und Lauterbach, Teile des ehemaligen Landkreises Büdingen (Stadt Schotten) und einzelne Gemeinden der ehemaligen Landkreise Gelnhausen und Ziegenhain sowie des Landkreises Fulda. Der Kreis gehört zum Regierungsbezirk Gießen (Mittelhessen).

Wertschöpfung und Verkehr
Nicht nur Landschaft und Architektur sind interessant – der Vogelsbergkreis liegt auch zentral: Vom Südwesten des Kreises sind es nur 65 km bis zur Rhein-Main-Metropole Frankfurt, von der Kreisstadt Lauterbach aus nur 20 min. zum ICE-Bahnhof Fulda (Strecke München-Hamburg). Außerdem sorgen die Autobahn-Anbindungen an die A 5 und die A 7 sowie zur A 66 und zur A 45, 1.000 km Straßennetz, darunter fünf Bundesstraßen, und die regional bedeutsame Vogelsbergbahn Fulda-Gießen für Mobilität.

Der jahrzehntelange Trend des Auspendelns ist gestoppt, er ist sogar schon ein wenig gedreht – inzwischen gibt es mehr Ein- als Auspendler. Das hat mit der Attraktivität der Vogelsberger Firmen zu tun, aber auch mit dem bereits deutlich veränderten positiven Image des Vogelsbergkreises. Die Arbeitslosenzahlen sind erheblich besser als in Hessen insgesamt – nur Fulda und Bad Homburg haben bessere Werte. Bei allen ökonomischen Parametern hat der Vogelsbergkreis mächtig aufgeholt: Bruttoinlandsprodukt, Produktivität und Beschäftigung. Alle Anstrengungen gelten der Fachkräftesicherung.

Der Vogelsbergkreis ist zudem gelistet unter den Top-10-Standorten von Prognos beim Stichwort Familienfreundlichkeit. Die untersuchten Kriterien: Erschwinglichkeit von Wohneigentum, Entfernung zu Mittelzentren, Erholungsfläche je Einwohner, Anteil Familienwohnungen mit mehr als drei Räumen, Zahl der Kinder und Jugendlichen in Sportvereinen, Zahl der verunglückten Kinder im Straßenverkehr, Kriminalitätsrate (Körperverletzungen, Einbrüche), Kinderarzt-Dichte.

Hinzu kommt das umfassende Schulangebot mit allen Schulformen und verlässlichen Betreuungszeiten inklusive Mensen. An vier Schulen kann man die allgemeine Hochschulreife erwerben, an zwei Schulen das Fachabitur, zwei leistungsfähige Berufsschulzentren mit vielen Fachschulangeboten sind regional sehr bedeutsam. Gute Vernetzungen bestehen mit den Hochschulen in Fulda, Gießen, Marburg, Kassel und Frankfurt.

Landschaft, Sehenswürdigkeiten und Kultur
Mitten in Deutschland und mitten in Hessen, zwischen Frankfurt und Kassel, zwischen Gießen und Fulda liegt der Vogelsberg, das größte zusammenhängende Vulkanmassiv Mitteleuropas mit 2.400 km² Fläche (das sind 11,4 % der hessischen Landesfläche). Die Landschaft ist höchst abwechslungsreich und wohltuend harmonisch – die sanften Horizontlinien, die in Jahrmillionen von unzähligen Vulkanschloten geprägt wurden, erinnern oft an die Toscana.

Tourismus im Vogelsberg ist eine Wachstumsbranche. Immer öfter kommen Radler, Wanderer, Reiter und Familien in den Naturraum Vogelsberg. Historisch wertvolle und liebevoll erhaltene mittelalterliche Stadtkerne in den 19 Städten und Gemeinden locken ebenso wie zahlreiche Kulturevents (AlsfeldMusikArt, Lauterbacher Pfingstmusiktage, Nieder-Mooser Orgelkonzerte, Schlitzerländer Trachtenfest u.v.m.), erstklassige Freizeitangebote, moderne Schwimmbäder, Museen und eine hervorragende heimische Küche. Die größten Gemeinden sind die Städte Alsfeld, Schotten und Schlitz, die Kreisstadt Lauterbach und die Gemeinde Mücke.

Die Vulkanregion Vogelsberg strebt an, 2016 nationaler Geopark zu werden. Die Geologie hat die Grundlage gelegt für eine Fauna und Flora, die in ihrer Vielfalt und Besonderheit in Europa einzigartig ist. Dieser überdurchschnittliche und bemerkenswerte Artenreichtum ist von repräsentativer Bedeutung und soll durch ein Naturschutzgroßprojekt des Bundes erhalten werden. Der Vogelsberg wird als zertifizierter Nationaler Geopark bald noch mehr Besucher anlocken.

Der Naturpark Hoher Vogelsberg, erneut zertifiziert als Qualitätsnaturpark, ist mit über 55 Jahren der älteste seiner Art in Deutschland. Der Sitz der Deutschen Stiftung Denkmalschutz befindet sich im Schloss Romrod. Die Hessische Landesmusikakademie hat ihren Sitz in Schloss Hallenburg in Schlitz.

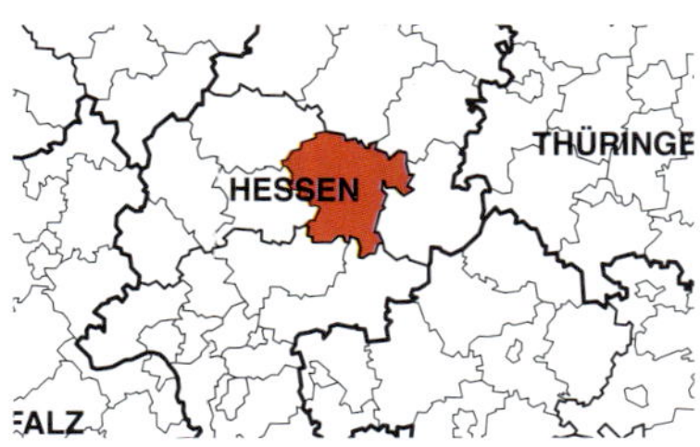

Fläche: 1.458,99 km²
EW: 105.763 - EW/km²: 72
KFZ-Kennzeichen: VB
Kreissitz: Lauterbach
www.vogelsbergkreis.de

Landrat
Manfred Görig (S) / SPD
im Amt seit: 2012 gewählt bis: 2018

Sitzverteilung im Kreistag
Vorsitz: Dr. Hans Heuser

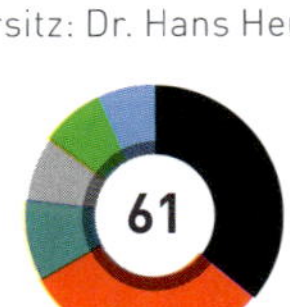

22 CDU
19 SPD
6 Freie Wähler
5 B.90/Grüne
4 AfD
5 Sonstige
(FDP 3, Die Linke 2)

Landkreis

Waldeck-Frankenberg

HESSEN

Der Landkreis Waldeck-Frankenberg ist...
...der flächenmäßig größte Landkreis in Hessen. Er zeichnet sich durch eine vielfältig strukturierte, intakte Landschaft aus und wird von drei großen Stauseen geprägt: dem Diemelsee, dem Edersee und dem Twistesee.

Historische Entwicklung
Waldeck-Frankenberg entstand am 1.1.1974 aus dem Zusammenschluss der Altkreise Waldeck und Frankenberg. Namensgebend für den Kreis ist das ehemalige Fürstentum bzw. der spätere Landkreis Waldeck sowie die an der Eder gelegene Kreisstadt des ehemaligen Landkreises Frankenberg. In den Jahren 1972 bis 1977 führte die Kreisneuordnung in Hessen zu einer Umbildung der ursprünglich 39 Landkreise in die jetzt bestehenden 21 Landkreise. Auf gemeindlicher Ebene hat die Territorialreform die Zahl von einst 189 Städten und Gemeinden im Landkreis auf 22 verringert.

Wertschöpfung und Verkehr
Im nördlichen Teil hat Waldeck-Frankenberg mit der A 44 einen direkten Anschluss an das Autobahnnetz. Im Südosten verläuft die A 49 in der Nähe des Kreisgebiets. Außerdem wird der Kreis durch die Bahnstrecken Kassel-Bad Arolsen-Korbach sowie Brilon-Willingen-Frankenberg-Marburg und Wabern-Bad Wildungen erschlossen.

Der Landkreis Waldeck-Frankenberg hat sich als Wirtschaftsstandort günstig strukturiert und als wenig krisenanfällig erwiesen. Für ihn spricht ihre zentrale Lage mitten in Deutschland. Im Schnittpunkt zwischen den Wirtschaftsregionen Rhein/Main, Rhein/Ruhr und Niedersachsen gibt es einen breiter Branchenmix, der besonders flexibel auf Konjunkturschwankungen reagieren kann.

Zwei Großbetriebe aus dem Bereich der Klima- und Heizungstechnik sowie der gummiverarbeitenden Industrie arbeiten hier seit langem erfolgreich. Daneben dominieren mittelständische Industrie- und Gewerbebetriebe die wirtschaftliche Landschaft. Für den Ausbildungsmarkt ist das Handwerk die größte Stütze. Trotz intensiver industrieller Nutzung verfügt Waldeck-Frankenberg über eine hohe Umweltqualität.

Landschaft, Sehenswürdigkeiten und Kultur
Geographisch stellt sich Waldeck-Frankenberg wie folgt dar: In das westliche Kreisgebiet ragen die Ausläufer des Rothaargebirges. Ihm schließen sich östlich der Burgwald, der Kellerwald, Namensgeber für Hessens einzigen Nationalpark Kellerwald-Edersee – mit seinen einzigartigen Buchenwäldern seit 2011 zugleich Weltnaturerbe der UNESCO – und das Waldecker Tafelland an.

Fläche: 1.848,45 km²
EW: 156.460 - EW/km²: 85
KFZ-Kennzeichen: KB
Kreissitz: Korbach
www.landkreis-waldeck-frankenberg.de

Landrat
Dr. Reinhard Kubat / SPD
im Amt seit: 2010 gewählt bis: 2021

Sitzverteilung im Kreistag
Vorsitz: Iris Ruhwedel

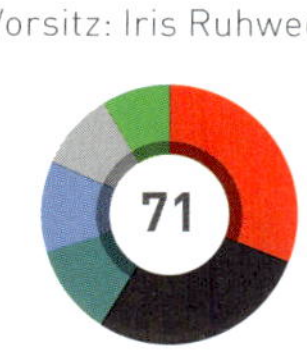

22	SPD
20	CDU
8	AfD
8	FWG
6	B.90/Grüne
7	Sonstige

(FDP 5, Die Linke 2)

Ein Großteil des Landkreises ist mit Wald bedeckt, die höchste Erhebung des Kreises ist mit seinen 843 m der Langenberg im Waldeckischen Upland. In der Mitte Waldeck-Frankenbergs befindet sich der Edersee, der größte der drei Stauseen; er dient u. a. der Stromgewinnung.

Mit der Tourismusdestination Waldecker Land belegt der Landkreis Waldeck-Frankenberg seit Jahren die Spitzenposition im Urlaubsbereich des Landes Hessen. Vor allem im Wanderbereich hat der Kreis mit sieben Qualitätsweitwanderwegen, z. B. dem Urwaldsteig Edersee, und 19 Extratouren, die als Halbtags- bzw. Tagesvariante im Süden Waldeck-Frankenbergs angelegt sind, viel zu bieten. Dazu kommen über 80 Qualitätsgastgeber „Wanderbares Deutschland", die vom Deutschen Wanderverband zertifiziert wurden.

Wer sich eher dem Radtourismus verschrieben hat, kommt ebenfalls auf seine Kosten. Für Radtouristen stehen die Hessischen Radfernwege R5, R6, R8, der Eder-Radweg, der Diemelradweg, der Edersee-Radweg rund um den größten Waldeck-Frankenberger Stausee, der Kassel-Edersee-Radweg und weitere regionale Radwege zur Verfügung. Hinzu kommt der Mountainbikepark im upländischen Willingen.

Ein weiteres touristisches Pfund, mit dem Waldeck-Frankenberg wuchern kann, ist der bereits erwähnte Nationalpark Kellerwald-Edersee. Naturfreunde können sich außerdem in den Naturparks Diemelsee und Kellerwald-Edersee oder im nationalen Geopark GrenzWelten von der landschaftlichen und geologischen Vielfalt des Landkreises überzeugen.

Mit seinen zahlreichen Bau- und Kunstdenkmalen, großartigen Kirchen und zahlreichen mittelalterlichen Ortsbildern ist der Landkreis prädestiniert, Kunst- und Kulturfreunden aus nah und fern ein adäquates Reiseziel zu bieten. Insbesondere die ehemalige Residenzstadt des Fürstentums Waldeck-Pyrmont, Bad Arolsen, hat sich mit ihren Barockfestspielen und einer lebendigen Museumslandschaft zu einem kulturellen Mittelpunkt entwickelt. Fast jede Stadt und Gemeinde verfügt über einen eigenen Kulturverein, der sich der Förderung des kulturellen Lebens widmet.

Das Jazzfestival sowie das Sambafestival in der Kur- und Badestadt Bad Wildungen locken Jahr für Jahr zahllose Gäste in den Landkreis. Herausragende Ereignisse in der Kulturszene sind außerdem das Altstadt- und Kulturfest in der Kreis- und Hansestadt Korbach, die Klosterkonzerte in Haina und die sommerlichen Aufführungen der Freilichtbühnen in Korbach und Twistetal-Twiste.

Werra-Meißner-Kreis

HESSEN

Der Werra-Meißner-Kreis ist...
...im Nordosten von Hessen gelegen und ist gewiss landschaftlich äußerst reizvoll. Der Kreis ist Teil des Hessischen Berglandes. Natürliche Schönheit und Harmonie prägen die alte Kulturlandschaft an Werra und Meißner mit ihren attraktiven Fachwerkstädten und Dörfern, in denen sich Einheimische und Neubürger gern zu Hause fühlen und deren Gastlichkeit sich bei Touristen und Urlaubern immer großer Beliebtheit erfreut.

Historische Entwicklung
Aus der Zusammenlegung der ehemals selbständigen Landkreise Eschwege und Witzenhausen entstand 1974 der Werra-Meißner-Kreis, als Kreisstadt wurde Eschwege bestimmt. Beide Landkreise waren 1821 durch kurfürstliches Organisationsedikt geschaffen worden.

Als 1945 die Grenzen zwischen der amerikanischen und der sowjetischen Besatzungszone festgelegt wurden, gliederte man im Rahmen des sog. „Wanfrieder Abkommens" fünf Dörfer des Kreises Witzenhausen in den Kreis Worbis (Thüringen) aus und zwei Dörfer aus dem Kreis Worbis in den Kreis Witzenhausen ein.

Wertschöpfung und Verkehr
Die Wirtschaft des Werra-Meißner-Kreises ist in ihrer vierhundertjährigen Geschichte im Herzen Deutschlands vielen Einflüssen unterlegen. Das Gebiet war Kreuzungspunkt alter Handelswege. Von Bedeutung waren seine Rohstoffvorkommen (z. B. Holz, Tone, Braunkohle).

Heute hat der Werra-Meißner-Kreis deutschland- und europaweit eine zentrale Funktion eingenommen. In der geografischen Mitte Deutschlands hat sich Nordhessen zu einer logistischen Drehscheibe entwickelt. Durch seine Lage im Dreiländereck zu Niedersachsen und Thüringen im Norden und Osten hat der Kreis viele Kontakte in die Wirtschaftsregionen Göttingen und Eisenach sowie zum nordhessischen Oberzentrum Kassel, welches westlich liegt. Durch die Nähe der wichtigen ICE-Haltepunkte Göttingen, Kassel, Fulda und Eisenach sowie die Autobahnen 4, 7, 38 und 44 verfügt der Kreis über eine sehr gute Verkehrserschließung.

Viele Unternehmen des Werra-Meißner-Kreises agieren international. Aber auch die mittelständischen Betriebe, die einen großen Anteil an der wirtschaftlichen Entwicklung des Kreises haben, sind gefragt, wenn es darum geht, maßgeschneiderte Lösungen zu finden und technische Neuentwicklungen voranzutreiben.

Schwerpunkte der Wirtschaft sind Zulieferbetriebe für die Automobilindustrie, Werkzeug-, Formen- und Sondermaschinenbauunternehmen, die Kunststoff- und Papierverarbeitung sowie die Feuerfestindustrie.

Zahlreiche Schulstandorte, die in den vergangenen Jahren aufwendig modernisiert wurden, bilden das Rückgrat der Bildungslandschaft Werra-Meißner. Besonders hervorzuheben sind die beiden Hochschulstandorte Witzenhausen und Bad Sooden-Allendorf. Der Fachbereich Ökologische Agrarwissenschaften der Universität Kassel in Witzenhausen mit der weltweit ersten Professur für Ökologischen Landbau und die Diploma Fachhochschule in Bad Sooden-Allendorf bieten interessante Studiengänge und damit gute Berufsaussichten.

Im innovativen Umfeld der Universität in Witzenhausen haben sich in den letzten Jahrzehnten viele Unternehmen der Bio- und Energiewirtschaft angesiedelt.

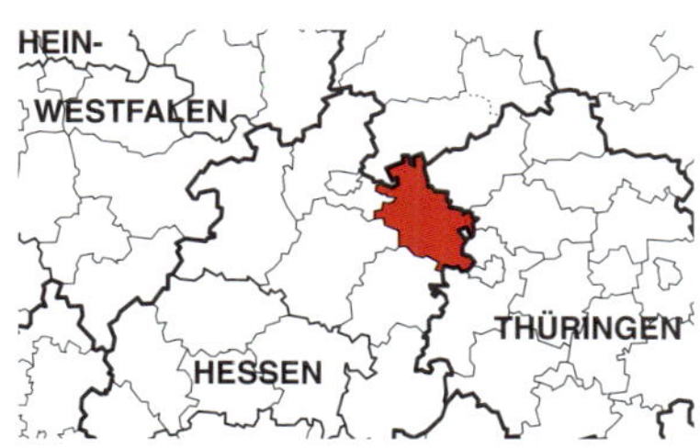

Fläche: 1.024,70 km²
EW: 100.206 - EW/km²: 98
KFZ-Kennzeichen: ESW
Kreissitz: Eschwege
www.werra-meissner-kreis.de

Landrat
Stefan G. Reuß[V] / SPD
im Amt seit: 2006 gewählt bis: 2018

Sitzverteilung im Kreistag
Vorsitz: Dieter Franz

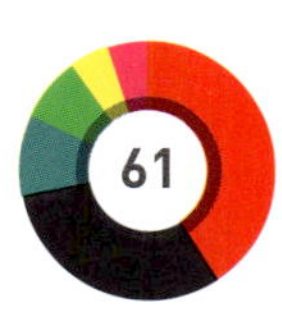

25	SPD
19	CDU
6	FWG
5	B.90/Grüne
3	FDP
3	Die Linke

Jeweils rund 40 % der Kreisfläche werden landwirtschaftlich bzw. forstwirtschaftlich genutzt. Markant für den Werra-Meißner-Kreis ist das Nebeneinander von kleinräumiger, extensiver Landwirtschaft auf ökologisch wertvollsten Flächen und leistungsfähigen Vollerwerbsbetrieben mit überdurchschnittlich guter Flächenausstattung, insbesondere in den Gunstlagen des Werratals.

Landschaft, Sehenswürdigkeiten und Kultur
Unter dem Namen Werratal hat sich die Gegend als immer beliebteres Tourismusziel gerade bei Wanderern, Radwanderern und Wassersportlern einen Namen gemacht. Über 40 % der Kreisfläche sind FFH- bzw. Vogelschutzgebiete, und so hat sich die Region zwischen dem höchsten Berg Kurhessens, dem Hohen Meißner und dem Werratal einen Namen als landschaftliches Kleinod gemacht. Buchstäblich märchenhaft ist es auf dem Hohen Meißner selbst, der als Hausberg der Grimm'schen Märchengestalt Frau Holle bekannt ist.

Die Besucher finden in den vielen kleinen Orten und Städten mit ihren malerischen Fachwerkhäusern viele touristische Attraktionen. Besondere Höhepunkte der touristischen Infrastruktur sind das Premiumwanderwegenetz im Naturpark Meißner-Kaufunger Wald, der Werratal-Radweg, das Kanurevier Werra, die Vielzahl spannender kleiner Museen und der Gesundheitsstandort Bad Sooden-Allendorf.

Kulturhistorisch interessant sind neben den Fachwerkstädten und dem Landgrafenschloss in Eschwege die authentische Verortung der Märchen- und Sagenfigur Frau Holle wie auch die Spuren der früheren innerdeutschen Grenzgeschichte entlang des Grünen Bandes.

Wetteraukreis

HESSEN

Der Wetteraukreis ist...
...das Ergebnis des Zusammenschlusses der Landkreise Friedberg und Büdingen im Jahre 1972.

Historische Entwicklung
Die Wetterau ist eine uralte Kulturlandschaft und neben dem Pariser Becken die einzige in Europa, die seit 7.000 Jahren ohne Unterbrechung besiedelt ist. Das Gebiet der Wetterau war im Laufe der Geschichte in zahlreiche Herrschaftsgebiete zersplittert. Charakteristisch ist der Verlauf des Limes in der Wetterau. Die Römer, bekannt für ihre Effizienz, machten einen weiten Bogen für ihren Grenzwall, um die fruchtbare Wetterau dem römischen Reich einzuverleiben.

Seit dem 19. Jahrhundert gehörte das heutige Kreisgebiet zum Großherzogtum Hessen, das die beiden Kreise Friedberg und Büdingen innerhalb der Provinz Oberhessen bildete. Die fruchtbare Ebene der Wetterau war von jeher eine wichtige Durchzugsstraße von Nord nach Süd. Die Hohe Straße verband die wichtigen Messestädte Frankfurt und Leipzig, und auch die erste hessische Eisenbahn zwischen Kassel und Frankfurt führt durch die Wetterau.

Wertschöpfung und Verkehr
„Hier ist der Heilkraft heiliges Land, hier haben die Götter zu dem Schönen umher, heiter das Gute gesellt." lobt Johann Isaak von Gerning Anfang des 19. Jahrhunderts die Wetterau.

Er spielt damit auf die Heilquellen an und die gesunde Luft. Auch heute noch sind das Themen von großer Bedeutung. Die Wetterau als grüner Norden des Rhein-Main-Gebietes ist ein gewichtiges Argument für die touristische Entwicklung des Kreises.

Die Wirtschaft der Wetterau ist von mittelständischen Unternehmen geprägt. Sie sorgen mit ihrem breiten Angebot für eine Vielzahl von Arbeitsplätzen. Dabei gibt es auch eine ganze Reihe von Hidden Champions. Die meisten Arbeitsplätze gibt es rund um das Thema Gesundheit. Die Arbeitslosenquote in der Wetterau liegt bei etwa 5 % deutlich unter dem Bundesschnitt.

Die Anmutung der Landschaft freilich wirkt ländlich. In vielen Stellen hat sich die Wetterau ihr Image als Kornkammer des Heiligen Römischen Reiches bewahrt. Hier blüht im Mai der Raps und im Sommer zeugen die vollen Ähren von einer reichen Ernte. Auch die Zuckerrübe ist weit verbreitet und gedeiht wegen der fruchtbaren Böden hervorragend. Gleichwohl arbeiten nur wenige Menschen in der Landwirtschaft, die meisten sind im Dienstleistungsbereich beschäftigt.

Fläche: 1.100,70 km²
EW: 297.369 - EW/km²: 270
KFZ-Kennzeichen: FB
Kreissitz: Friedberg
www.wetteraukreis.de

Landrat
Joachim Arnold [u] / SPD
im Amt seit: 2008 gewählt bis: 2020

Sitzverteilung im Kreistag
Vorsitz: Armin Häuser

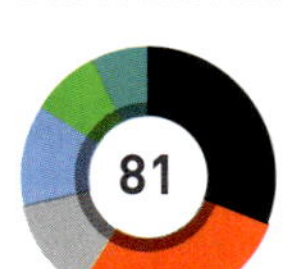

25	CDU
23	SPD
10	AfD
7	B.90/Grüne
6	FWG/UWG
10	Sonstige

(FDP 4, Die Linke 3, NPD 2, Piraten 1)

Landschaft, Sehenswürdigkeiten und Kultur
Die Wetterau ist das Land der Kelten, Römer und des Mittelalters. Herausragend sind die Funde eines fast vollständig erhaltenen Keltengrabes am Glauberg. In der Folge der archäologischen Ausgrabung entstand ein Landesmuseum von europäischer Bedeutung für die Keltenforschung.

Wertvolle Zeugnisse vergangener Kulturen sind in den zahlreichen Wetterauer Museen zu finden. Unter freiem Himmel und überhaupt nicht den Anschein eines Museums gebend sind die Bauwerke vergangener Jahrhunderte, die in vielen Wetterauer Kommunen zu sehen sind. Herausragend sind sicherlich die Altstadt von Büdingen mit dem Ysenburger Schloss, der Stadtmauer mit seinen mächtigen Stadttoren, die Altstädte von Butzbach und Nidda. In Friedberg kann man bei Besichtigung der Altstadt und der größten Burganlage Deutschlands die Rivalität zwischen Burg und Stadt nachempfinden.

Die Besteigung des Adolfsturms, eines der Wahrzeichen der Wetterau, wird mit einem grandiosen Fernblick belohnt, der vom Taunus bis zum Vogelsberg und über die gesamte westliche Wetterau reicht. Bad Nauheim ist neben Darmstadt die Stadt des Jugendstils in Deutschland. Die historischen Badeanlagen aus dem 19. Jahrhundert erinnern an eine mondäne Badekultur, die Stars und Sternchen aus der ganzen Welt anlockte.

Wer sich die Städte und Dörfer der Wetterau angeschaut hat, wird gewiss auch Lust auf Natur bekommen. In der Wetterau hat er dafür die allerbesten Voraussetzungen. Ein Radwegenetz, das seinesgleichen sucht, und herrliche Wanderwege, die in weitläufige Auenlandschaften, wie etwa das Bingenheimer Ried, endlose Felder und dunkle Wälder führen, bieten für jeden Geschmack das Richtige. Zu den attraktivsten Radrouten im Wetteraukreis zählt der Vulkanradweg, der zu guten Teilen auf einer stillgelegten Eisenbahnstrecke verläuft. Von den Höhen des Vogelsberges bis an die Ufer des Mains bei Hanau lässt sich gemächlich radeln, eine Tour, die man auch gut mit Kindern unternehmen kann.

Das Kreiswappen veranschaulicht mit dem doppelköpfigen Adler die Bedeutung der Wetterau als altes Reichsgebiet. Der Wellenbalken symbolisiert das Flüsschen Wetter, das der Landschaft und dem Kreis seinen Namen verliehen hat. Der untere Teil enthält Farben des Büdinger Landes und des Hauses Ysenburg-Büdingen.

Thüringen

Landkreise	**17**
Fläche km²	**15.373,63**
Einwohner	**1.606.272**
Bevölkerungsdichte EW/km²	**104**

Größte Landkreise	km²
Wartburgkreis	1.307,43
Schmalkalden-Meiningen	1.210,73
Saale-Orla-Kreis	1.151,30

Kleinste Landkreise	km²
Sonneberg	433,61
Altenburger Land	569,41
Nordhausen	713,92

Einwohnerstärkste Landkreise	EW
Gotha	135.381
Wartburgkreis	125.835
Schmalkalden-Meiningen	125.056

Einwohnerschwächste Landkreise	EW
Sonneberg	56.809
Hildburghausen	64.673
Sömmerda	70.537

Dichtest besiedelte Landkreise	EW/km²
Altenburger Land	163
Gotha	145
Sonneberg	131

Dünnst besiedelte Landkreise	EW/km²
Hildburghausen	69
Saale-Orla-Kreis	72
Kyffhäuserkreis	74

Landkreis

Altenburger Land

THÜRINGEN

Der Landkreis Altenburger Land ist...
...im Zentrum des aufstrebenden mitteldeutschen Wirtschaftsstandorts Leipzig, Halle, Chemnitz, Zwickau sowie Jena gelegen. Die reizvolle Hügellandschaft, idyllische Vierseithöfe, großflächige Waldgebiete und wunderschön gelegene Seen prägen den Kreis. Besonders erlebenswert ist die über 1.000 Jahre alte Residenzstadt Altenburg mit dem Altenburger Schloss, dem Spielkartenmuseum, dem Theater und dem Lindenau-Museum.

Historische Entwicklung
Das Herz des Landkreises schlägt in der kleinen Residenzstadt Altenburg. Von einem der sieben Hügel der Stadt blickt das Schloss stolz auf eine jahrhundertealte Historie zurück. Barbarossa weilte hier und er veranlasste den Bau des heutigen Wahrzeichens der Stadt, den „Roten Spitzen". Altenburg blieb in all den Jahrhunderten weitgehend von Zerstörungen verschont und so ist heute noch ein mittelalterlicher Stadtkern vorhanden. Bewunderung ruft immer wieder das 1564 vollendete Rathaus aus der Hochrenaissance hervor. Kirchen und Türme prägen das Bild der Stadt. Parks, Grünanlagen und der Insel-Zoo laden zum Verweilen ein.

Wertschöpfung und Verkehr
Seit dem 1.1.2015 ist das Altenburger Land Mitglied im Verein Europäische Metropolregion Mitteldeutschland und dadurch wirtschaftlich, touristisch sowie mit Forschungs- und Bildungseinrichtungen im mitteldeutschen Ballungsraum stärker vernetzt. Insbesondere Unternehmen der Automobilzulieferindustrie, des Maschinen- und Anlagenbaus, der Kunststoffverarbeitung und des luftfahrtaffinen Gewerbes haben sich im Altenburger Land angesiedelt. Traditionelle Wirtschaftszweige wie die Lebensmittelindustrie oder die Landwirtschaft runden das breite ökonomische Spektrum ab. Die wirtschaftlichen Vorzüge werden dabei vor allem durch eine sehr gute Anbindung an den Straßen-, Schienen- und Luftverkehr, beste Standortbedingungen und ein hervorragend funktionierendes Service- und Beratungsangebot der öffentlichen Verwaltung begünstigt. Gleichermaßen gehören die gut ausgebildeten Fach- und Führungskräfte, die Bildungskapazitäten wie auch die hohe Wohn- und Lebensqualität zu den besonderen Stärken des Altenburger Landes.

Landschaft, Sehenswürdigkeiten und Kultur
Das Altenburger Land bietet im wahrsten Sinne des Wortes viele Trümpfe. In Altenburg wurde zwischen 1810 und 1815 das Skatspiel erfunden, in der Stadt ist das internationale Skatgericht zu Hause und hier steht auch das weltweit einzige Denkmal, das einem Kartenspiel gewidmet ist: der Skatbrunnen. Dass das Altenburger Land sehr reizvoll ist, wusste auch schon Kaiser Barbarossa: Im 12. Jahrhundert hat er in der heute ostthüringischen Stadt eine Pfalz errichtet. Das Schloss wurde 300 Jahre später (1455) zum Schauplatz des Altenburger Prinzenraubes: Ritter Kunz von Kauffungen entführte 1455 in einer Nacht-und-Nebel-Aktion die heranwachsenden Prinzen Ernst und Albrecht, Söhne des Kurfürsten Friedrich der Sanftmütige. Zuvor war Kauffungen für Friedrich in den Krieg gezogen, verlor Etliches an Hab und Gut und wurde gefangen genommen. Er kaufte sich frei und forderte das Geld sowie die verlorenen Sachwerte per Klage zurück, vergebens. Während der Flucht scheiterte auch die Entführung. Heute gelten Ernst und Albrecht als Begründer der Länder Thüringen und Sachsen.

Neben dem Residenzschloss (darin beherbergt ist auch ein Schloss- und Spielkartenmuseum) und dem Altenburger Theater ist vor allem das Lindenau-Museum ein kultureller Leuchtturm: Es ist nach dem Altenburger Politiker, Naturwissenschaftler und Förderer der schönen Künste Bernhard August von Lindenau (1779-1854) benannt, der unter anderem ab 1831 die Leitung des sächsischen Gesamtministeriums inne hatte. In seiner Personalpolitik bewies Lindenau eine glückliche Hand, als er den Architekten Gottfried Semper (1803-1879) an die Dresdner Kunstakademie berief. In Altenburg eröffnete 1848 sein Museum auf dem Pohlhof.

Gut dreißig Jahre später zeichnete Julius Robert Enger (1820-1890) für einen Neubau des Museums verantwortlich. Es beherbergt heute Kunstsammlungen von internationalem Rang. Neben der kostbaren Sammlung früher italienischer Meister, einer der größten weltweit außerhalb des Ursprunglandes Italien, einer Sammlung von Gipsabdrücken nach Vorbildern aus der Antike und der Renaissance, einer Sammlung antiker Vasen und einer der schönsten Spezialbibliotheken Thüringens, verfügt das Lindenau-Museum heute auch in großem Umfang über zeitgenössische Kunst.

Das Altenburger Land ist auch landschaftlich reizvoll. Unter anderem bietet das Naherholungsgebiet Pahna beste Erholung. Baden, Segeln oder Angeln am Haselbacher See kann ebenfalls die Freizeit bereichern. Zum Wandern und Radfahren stehen mehr als 300 km markierte Wege zur Verfügung. Zudem laden gemütliche Landgasthöfe zum Verweilen ein. Hier kann man beim frischgezapften Bier aus der einheimischen Brauerei weitere regional typische Spezialitäten wie Bauernkuchen, Altenburger Ziegenkäse und Schmöllner Mutzbraten probieren. Schmölln, die zweitgrößte Stadt im Landkreis, wurde während des 19. Jahrhunderts vor allem durch die Knopfindustrie bekannt. Ein Knopfmuseum in der an der Sprotte gelegenen Stadt erinnert an diese Zeit.

Fläche: 569,41 km²
EW: 92.705 - EW/km²: 163
KFZ-Kennzeichen: ABG
Kreissitz: Altenburg
www.altenburgerland.de

Landrätin
Michaele Sojka / Die Linke
im Amt seit: 2012 gewählt bis: 2018

Sitzverteilung im Kreistag
Vorsitz: Christian Gumbrecht

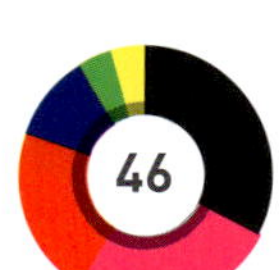

15	CDU
12	Die Linke
10	SPD
5	Die Regionalen
2	AfD
2	Sonstige

Landkreis
Eichsfeld

THÜRINGEN

Der Landkreis Eichsfeld ist...

...Übergang – zwischen Nord und Süd, Ost und West, den nieder- und oberdeutschen Sprachräumen, zwischen evangelischer und der katholischen Religion oder auch zwischen den Wassereinzugsgebieten von Weser und Elbe sowie geografischer Mittelpunkt Deutschlands.

Historische Entwicklung

Nach dem Wiener Kongress 1815 wurde das Eichsfeld unter Preußen in die Kreise Heiligenstadt, Worbis und Mühlhausen aufgeteilt und das Königreich Hannover erhielt den nördlichen Teil um Duderstadt. Weder der preußische Kulturkampf und der nationalsozialistische Kirchenkampf noch kommunistische Sozialisierungsversuche konnten die Einheit und das gemeinsame Bekenntnis zur eichsfeldischen Heimat bis heute sprengen. Nach der Überwindung der deutschen Teilung mit der Wiedervereinigung 1990 wurden am 1.7.1994 die Kreise Heiligenstadt und Worbis zum Landkreis Eichsfeld zusammengeschlossen.

Wertschöpfung und Verkehr

Das Eichsfeld bildet einen Stabilisierungsraum zwischen den Metropolregionen Mitteldeutschland und Hannover/Braunschweig-Göttingen-Wolfsburg sowie dem wirtschaftlichen Wachstumsraum Eisenach. Der seit mehr als 20 Jahren bestehende Landkreis zählt zu den prosperierenden Wirtschaftsräumen Deutschlands.

Ausdruck dieser Entwicklung ist eine lebendige mittelständisch orientierte Wirtschaft. Traditionelles und doch innovatives Handwerk findet sich neben Hightech-Unternehmen mit modernster Produktionsweise.

Investoren profitieren hier von ausgezeichnet erschlossenen Flächen, hoch qualifizierten Fachkräften und der Nähe zu den Wissenschaftsstandorten Göttingen und Kassel. Der Bau der A 38 zu Beginn des neuen Jahrtausends mit der seit Ende 2009 durchgängigen Befahrbarkeit war und ist ein Meilenstein für diese Entwicklung.

Landschaft, Sehenswürdigkeiten und Kultur

Charakteristisch für das Eichsfeld ist die hügelige und facettenreiche Mittelgebirgslandschaft zwischen Harz und Werra. Seit fast einem halben Jahrtausend ist das Heilbad Heiligenstadt die Hauptstadt des Eichsfeldes mit sehenswerten Kirchen, dem einstigen kurmainzer Schloss und weiteren barocken Gebäuden. Dingelstädt, der über Jahrhunderte prosperierende zentrale Marktflecken erhielt 1859 Stadtrechte und erlangte durch sein vielseitiges Handwerk beachtliche wirtschaftliche Bedeutung. Die Stadt Leinefelde-Worbis mit ihren neun Stadtteilen liegt an den Quellen von Leine, Wipper, Hahle und Ohne. Neben gepflegtem Fachwerk im Stadtteil Worbis ist Leinefelde vor allem für seinen beispielhaften und hochrangig gewürdigten Stadtumbau bekannt.

Rad- und Wanderwege laden zum Erkunden des Kreises im Herzen Deutschlands ein.

Die Natur in Reinform präsentiert sich im Naturpark Eichsfeld-Hainich-Werratal. Burgen, Schlösser und Klöster sind malerische Zeitzeugen neben modernen Museen und Freizeitattraktionen. Bereits 1856 wusste der Dichter Theodor Storm über das Eichsfeld zu sagen: „Ich weiß nicht, dass ich jemals von der zauberhaften Schönheit eines Erdfleckens so innerlichst berührt worden wäre."

Auch Papst Benedikt XVI. merkte bei seinem Besuch im September 2011 an: „Ich habe seit meiner Jugend so viel vom Eichsfeld gehört, dass ich es besuchen wollte, um mit Euch zu beten." Die Eichsfelder haben zu jeder Zeit ein stark regions- und religionsgeprägtes Bild in die Gesellschaft eingebracht, dabei auch ein hohes Maß an Toleranzfähigkeit entwickelt. Ein klares, werteorientiertes Familien- und Gesellschaftsbild sowie generationsübergreifende Verantwortlichkeit zeichnet die Menschen im Kreis aus. Die meisten Bräuche fanden ihre Wurzeln im gelebten katholischen Glauben. Das Eichsfeld gilt als Wallfahrtsland in Deutschlands Mitte, wo noch heute Wallfahrten und Prozessionen den Jahreslauf prägen.

Das Eichsfeld selbst wird von außen als homogen betrachtet – nach innen stellt sich ein vielschichtiges buntes Bild der Mentalitäten dar. Diese Vielfalt von innen verbunden mit Offenheit und Tradition als Stütze der Moderne soll auch in Zukunft ein homogenes Bild des Eichsfeldes transportieren. Die Menschen identifizieren sich mit „ihrem" Eichsfeld und tragen dieses Bewusstsein auch nach außen.

Fläche: 943,07 km²
EW: 100.730 - EW/km²: 107
KFZ-Kennzeichen: EIC
Kreissitz: Heilbad Heiligenstadt
www.kreis-eic.de

Landrat
Dr. Werner Henning [F] / CDU
im Amt seit: 1990 gewählt bis: 2018

Sitzverteilung im Kreistag
Vorsitz: Dr. Werner Henning

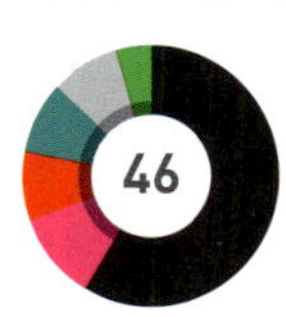

27 CDU
5 Die Linke
4 SPD
4 Freie Wähler
2 B.90/Grüne
4 Sonstige
(NPD 2, FDP 1, ÖDP/Familie 1)

Landkreis

Gotha

THÜRINGEN

Der Landkreis Gotha ist...

...wirtschaftlich gesund und lebenswert mit reizvollen Landschaften, wo Bonifatius, Luther, Bach und Salzmann einst ihre Spuren hinterließen, Chinesisch auf dem Stundenplan mancher Abiturienten steht und von der aus nicht nur Süßigkeiten und Fahrzeugteile ihren Weg in aller Herren Länder finden.

Historische Entwicklung

Der Landkreis Gotha besteht seit 1.10.1922. Das Kreiseinteilungsgesetz brachte eine neue Verwaltungsgliederung für das damalige Land Thüringen, die territorial stark an die 1918/19 untergegangenen Herzogtümer – in diesem Falle an das Herzogtum Sachsen-Coburg-Gotha – anknüpfte. Im 18. Jahrhundert galt das Herzogtum als ein Mittelpunkt der Aufklärung. In diesem freigeistigen Umfeld entwickelte sich ein reges wissenschaftliches Leben, das viele Persönlichkeiten der Wissenschaft und der Kunst magisch anzog und das Herzogtum zum naturwissenschaftlich geprägten Gegenpol der Klassikerstadt Weimar etablierte.

Während des 20. Jahrhunderts überstand der Landkreis Gotha mehrere Gebietsreformen; zuletzt 1994, als zahlreiche Gemeinden im Norden und Osten zur heutigen Gebietskulisse hinzukamen. Das eigentliche Kernland aber blieb über die wechselvollen Jahrzehnte stets erhalten.

Wertschöpfung und Verkehr

Der Landkreis Gotha ist eine der stärksten Wirtschaftsstandorte in Thüringen, was das Bruttoinlandsprodukt (BIP) und die Industrieleistung als Indikatoren beweisen. Gleich nach der Landeshauptstadt Erfurt und Jena (in Sachen BIP) und dem Ilm-Kreis (Industriespitzenreiter) hat sich der Kreis zwischen Inselsberg und Apfelstädtmündung in der thüringer Spitzengruppe festgesetzt. Maßgeblich dafür ist ein gesunder Branchenmix. Dessen tragende Säule ist insbesondere die Industrie, die sich vor allem in den Branchen Automobilzulieferer, Nahrungsmittel und Kunststoff- und Metallverarbeitung konzentriert. Ergänzt wird das große industrielle Potenzial durch verschiedene Logistikzentren, denen allesamt die zentrale Lage in Deutschland sowie die hervorragende Verkehrsanbindung zugute kommt.

Abgerundet wird das Portfolio der heimischen Wirtschaft von einer bunten und weithin differenzierten Landschaft aus Kleinunternehmen, landwirtschaftlichen Gesellschaften und Handwerksbetrieben. Moderne Landwirtschaft prägt insbesondere den Norden des Landkreises. Die begnadeten Böden rund um die Fahner'sche Höhe gelten heute zu Recht dank ihrer Kirsch- und Apfelplantagen als Obstgarten des Freistaats. Zur Wirtschaftsleistung trägt nicht zuletzt der Tourismus erheblich bei. Die gut frequentierten Kur- und Erholungsorte entlang des Nordhangs des Thüringer Waldes sorgen dafür, dass der Landkreis thüringenweit seit Jahren die meisten Übernachtungen pro Jahr verbuchen kann.

Fläche: 935,89 km²
EW: 135.381 - EW/km²: 145
KFZ-Kennzeichen: GTH
Kreissitz: Gotha
www.landkreis-gotha.de

Landrat
Konrad Gießmann [5,6] / CDU
im Amt seit: 2006 gewählt bis: 2018

Sitzverteilung im Kreistag
Vorsitz: Werner Kukulenz

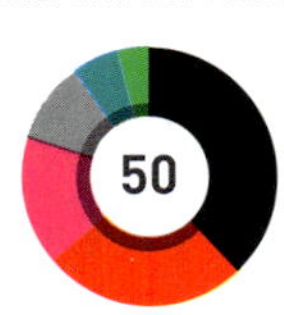

19	CDU
13	SPD
8	Die Linke
3	Freie Wähler
2	B.90/Grüne
5	Sonstige

(NPD 2, FDP 1, Piraten 1, BI-Sprecherrat 1)

Landschaft, Sehenswürdigkeiten und Kultur

Spuren der langen Geschichte Thüringens prägen noch heute das kulturelle Antlitz des Kreises: Ortsbildprägend für Gotha ist Schloss Friedenstein, das zahlreiche Kunst- und Kulturschätze birgt. Kunstsinnige und wissenschaftsinteressierte Herzöge haben über die Jahrhunderte vielfältige kunstgeschichtliche, historische und naturkundliche Sammlungen zusammengetragen, die heute in den Museen des „Barocken Universums" ansprechend präsentiert werden. Vor allem zum Verwirklichen fernab des Berufs bietet der Landkreis Gotha zwischen Fahner'scher Höhe und Rennsteig die sprichwörtliche Qual der Wahl: Wie wäre es mit ausgedehnten Wanderungen an der frischen Luft?

Zum Abstecher auf das Dach des Freistaats eignet sich vortrefflich der Große Inselsberg, von dessen 916 m hohen Gipfel bei gutem Wetter selbst der Brocken im Harz zu erkennen ist. Wer es sportlicher mag, kann sich auf 600 km ausgeschilderte Radrouten verlegen, deren Bandbreite von familienfreundlichen Strecken wie dem rund 50 km langen Nessetalradweg zwischen Kindel und Erfurter Innenstadt bis hin zur fordernden Route rund um die Talsperren im Süden für geübte Mountainbiker kaum Wünsche offen lassen.

Auch Wasserratten kommen im Mittelgebirgsvorland auf ihre Kosten: Das Badeparadies TABBS in Tabarz lädt zu Wellness und Spaßbaden ein, während das kürzlich wieder eröffnete Gothaer Stadtbad im feinsten Jugendstil vor allem Sportschwimmer anspricht. Und im Sommer lockt das alljährliche Rafting Tausende nach Tambach-Dietharz: Der Ablass an der Schmalwassertalsperre sorgt für halsbrecherische Fahrten auf den Schnellen der Apfelstädt.

Aber selbstredend genügt es bereits, nur die Seele im Grünen baumeln zu lassen. Dafür – und ohne im Widerspruch zur wirtschaftlichen Stärke zu stehen – ist im Landkreis Gotha inzwischen die Hälfte der Gesamtfläche unter Naturschutz gestellt worden. Seltene Arten wie der wieder heimische Schwarzstorch ergänzen dank dieser Vorkehrungen die natürliche Vielfalt.

Landkreis

Greiz

THÜRINGEN

Der Landkreis Greiz ist...
...sehr reizvoll in der Mitte Deutschlands gelegen. Er ist Teil des Vogtlandes.

Historische Entwicklung

Ursprünglich germanisch, waren die von Kaiser Friedrich I. Barbarossa im 12. Jahrhundert eingesetzten Verwalter seiner östlichen Reichsgebiete namensgebend. Sie wurden als Vögte bezeichnet und hatten ihren Stammsitz auf der Osterburg in Weida, weshalb die Stadt auch „Wiege des Vogtlandes" genannt wird. Der Begriff Vogtland hat sich bis heute erhalten.

Die Nachfahren der Vögte zu Weida – die Fürsten Reuß – hinterließen eine reiche Kulturlandschaft. Aus ihrer Zeit stammten eine Vielzahl sehenswerter historischer Bauten, wie das Kloster Mildenfurth, das Obere und Untere Schloss in Greiz oder die einzige in Deutschland original erhaltene überdachte Holzbrücke in Wünschendorf.

Auch der heutige Amtssitz der Kreisverwaltung wurde 1812 vom Fürstenhaus Reuß eigens zu diesem Zweck errichtet und urkundlich belegt seit 1868 als Landratsamt genutzt.

Die Reußen wurden wegen ihrer mehrfachen Erbteilung ein Synonym deutscher Kleinstaaterei. Die Stadt Greiz wurde so zeitweise zur Residenz zweier Fürstentümer. Diese vereinigten sich 1919 zum Volksstaat Reuß und wurden 1920 Teil des Landes Thüringen.

Im April 1945 erreichten amerikanische Truppen die Region. Aufgrund der Vereinbarungen der Alliierten räumten sie das Land am 3.7.1945. Es wurde Teil der Sowjetischen Besatzungszone Deutschlands und ab dem 7.11.1990 Teil des neu entstanden Freistaates Thüringen. Die heutigen Grenzen des Landkreises Greiz bestehen seit dem 1.7.1994, nachdem sich in der damaligen Gebietsreform die ehemaligen Landkreise Gera-Land, Zeulenroda und (Alt-)Landkreis Greiz zusammenschlossen.

Wertschöpfung und Verkehr

Mit Beginn der Industrialisierung entstand im Vogtland eines der Zentren für Textilherstellung und -veredlung in Europa. Wohlstand und aufstrebendes Bürgertum prägen die Architektur der Städte. Bauten des Klassizismus und Jugendstil dominieren diese bis heute.

In den zurückliegenden Jahrzehnten hat der Landkreis einen erheblichen Strukturwandel gemeistert. Schmerzliche Einschnitte boten zugleich Chancen für Neues. Tatkraft, optimale Standortbedingungen, Visionen und Engagement führten zur Stabilisierung traditioneller Branchen und Herausbildung neuer Wirtschaftszweige. Sektorale Schwerpunkte sind heute der Maschinen- und Anlagenbau, die Chemie, die Textilindustrie sowie die Holz- und Metallverarbeitung.

Gesunde Strukturen machen die Landwirtschaftsbetriebe zu einem stabilen Partner der Ernährungswirtschaft. Darüber hinaus betreiben sie Anlagen zur Energiegewinnung, produzieren nachwachsende Rohstoffe und bieten in der Direktvermarktung Frische und Qualität für die Verbraucher.

In den Schlüsselbranchen Medizintechnik, Umwelttechnik und Fahrzeugzulieferindustrie aber auch in der Fertigung von Bauelementen hat sich eine starke Position aufgebaut. Das hohe Innovationspotenzial macht Unternehmen aus dem Landkreis Greiz heute zu gefragten Partnern der Großindustrie.

Der Landkreis Greiz liegt mitten in der mitteldeutschen Wachstumsregion, deren Zentren wie der Wissenschaftsstandort Jena, die internationale Messe- und Universitätsstadt Leipzig oder die Automobilstandorte Leipzig-Zwickau-Chemnitz schnell zu erreichen sind.

Landschaft, Sehenswürdigkeiten und Kultur

Wer den Landkreis Greiz besucht, wird schnell von seiner Vielfalt begeistert sein. Den Gast erwartet im Thüringer Vogtland nicht nur die Gastlichkeit einer berühmten regionalen Küche, sondern vor allem eine Landschaft, deren Reiz in der Abwechslung liegt. Mittelgebirge, enge Täler, anmutige Hochflächen, Felsformationen mit Flussdurchbrüchen, weite Auen und sanftes Hügelland, Wälder und Seen prägen die Landschaft. Über 1.300 km umfasst das Wanderwegenetz. Gut ausgebaute Radwege sowie eine hervorragende Infrastruktur für Reiter zeichnen den Landkreis aus.

Doch auch in punkto Kultur bietet er Vielfalt auf höchstem Niveau. Ob bei Konzerten der Vogtland-Philharmonie Greiz-Reichenbach, in den Sammlungen der Museen oder bei überregional beachteten Kunstfestivals wie dem Greizer Theaterherbst oder der Greizer Karikaturen-Triennale kommen Kulturliebhaber auf ihre Kosten.

Fläche: 845,97 km²
EW: 101.382 - EW/km²: 120
KFZ-Kennzeichen: GRZ
Kreissitz: Greiz
www.landkreis-greiz.de

Landrätin
Martina Schweinsburg [P] / CDU
im Amt seit: 1990 gewählt bis: 2018

Sitzverteilung im Kreistag
Vorsitz: Andreas Hemmann

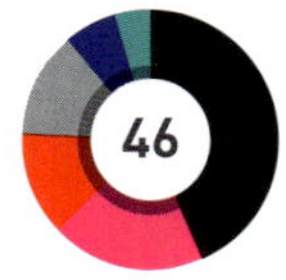

20 CDU
9 Die Linke
6 SPD
3 IWA
2 Pro-Kommune - FWG
6 Sonstige
(BIZ 2, NPD 2, B.90/Grüne 1, FPD 1)

Landkreis

Hildburghausen

THÜRINGEN

Der Landkreis Hildburghausen ist...
...ein Landkreis im fränkisch geprägten Süden Thüringens.

Historische Entwicklung

Das Jahr 1868 war die Geburtsstunde des Landkreises Hildburghausen: Im Regierungsblatt vom 15.4.1868 des Herzogtums Sachsen-Meiningen wird das Gesetz zur Bildung von vier Landkreisen (Hildburghausen, Meiningen, Sonneberg, Saalfeld) veröffentlicht.

Nach der Bildung des Landes Thüringen im Jahre 1920 wurde am 16.6.1922 das Gesetz über die „Neuabgrenzung der Kreise und Gemeinden" (Kreiseinteilungsgesetz) verabschiedet. In der Anlage heißt es, dass der Landkreis den Namen Hildburghausen tragen und die Kreisstadt Hildburghausen sein soll.

Im Juli 1952 kommt es zur Bildung der Bezirke Erfurt, Gera und Suhl, damit Auflösung des Landes Thüringen auf Grundlage der Verwaltungsreform im Gebiet der ehemaligen DDR. Mit 96 Gemeinden ist der Landkreis Hildburghausen Bestandteil des Bezirkes Suhl.

Nach der Wende liegt der einstige Grenzkreis nun wieder mitten im Herzen des geeinten Deutschlands.

Wertschöpfung und Verkehr

Das Netz der Autobahnen A 71 und A 73 sowie der Bundesstraßen gewährleistet eine gute und schnelle Erreichbarkeit der Ballungsgebiete in ganz Deutschland und Europa. Durch die Nähe zu den Universitäten, Hoch- und Fachhochschulen, die bereits gut zusammenwirkende Partner zahlreicher Unternehmen sind, bietet der Landkreis auch ideale Voraussetzungen als Investitionsstandort.

Neben traditionellen Branchen wie der Metall- und Holzverarbeitung oder der Glas-, Porzellan- und Möbelherstellung haben sich in den Gewerbegebieten neue Zweige angesiedelt, die von modernster Verfahrenstechnik geprägt sind, darunter viele Unternehmen der Automobilzulieferindustrie.

Landschaft, Sehenswürdigkeiten und Kultur

Der Landkreis Hildburghausen liegt im südlichen Teil des Freistaates Thüringen. Von den Höhen des Thüringer Waldes im Norden zum Schiefergebirge im Osten, vom Heldburger Unterland im Süden bis zu den Ausläufern der Rhön im Westen bietet er eine Fülle von Schönheiten und charakteristischen Merkmalen einer deutschen Mittelgebirgslandschaft mit herrlichen Misch- und Nadelwäldern.

In der Rennsteigregion befinden sich ein gut erschlossenes Erholungsgebiet, besonders jedoch ein hervorragendes Wintersportgebiet mit Loipen, Skiwanderwegen und zwei Skiliften mit Pisten in Masserberg und Heubach.

Weitere Sehenswürdigkeiten und Ausflugsziele sind zum Beispiel die Rennsteigwarte Masserberg, der Bleßberg mit Aussichtsturm und Wanderheim oder der Bergsee Ratscher. Ebenso lohnenswert ist das Wasserwandern auf der Werra.

Auch eine Vielzahl an Burgen, Schlössern und Museen gibt es im Landkreis Hildburghausen zu besichtigen, beispielsweise das Hennebergische Museum Kloster Veßra, das Otto-Ludwig-Museum oder das Naturhistorische Museum Schloss Bertholdsburg in Schleusingen.

Ebenso bemerkenswert ist der reiche Bestand an Bau- und Bodendenkmälern, wie die Veste Heldburg, die von den Kelten in frühgeschichtlicher Zeit errichtete Steinsburg auf dem Kleinen Gleichberg oder die Fachwerkhäuser im hennebergisch-fränkischen Stil.

Fläche: 938,42 km²
EW: 64.673 - EW/km²: 69
KFZ-Kennzeichen: HBN
Kreissitz: Hildburghausen
www.landkreis-hildburghausen.de

Landrat
Thomas Müller / CDU
im Amt seit: 1994 gewählt bis: 2018

Sitzverteilung im Kreistag
Vorsitz: Thomas Müller

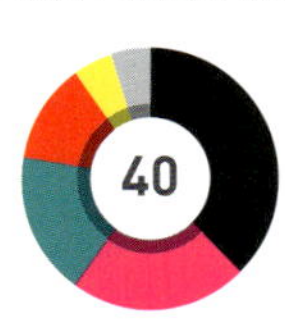

15	CDU
9	Die Linke
7	Freie Wähler
5	SPD
2	FDP/FB
2	Sonstige

(B.90/Grüne 1, BZH 1)

Ilm-Kreis

THÜRINGEN

Der Ilm-Kreis ist...

...ländlich geprägt. Im Norden grenzt der Landkreis an die Landeshauptstadt Erfurt. Im Sommer 2008 wurde der amtliche Mittelpunkt Thüringens im Ilm-Kreis ermittelt. Ein Felsstein mit Gedenktafel weist im Ort Rockhausen darauf hin.

Historische Entwicklung

Verschiedene Thüringer Fürstenhäuser beeinflussten die Entwicklung der sieben Städte und 37 Gemeinden. Die Kreisstadt Arnstadt, auch ältester Ort Thüringens (704 Jahre), ist eng mit der Person Johann Sebastian Bach verbunden, der hier seine erste Organistenstelle ausübte. Auch Martin Luther weilte einige Male in der Stadt. Die große kreisangehörige Stadt Ilmenau ist geprägt durch die Technische Universität. Johann Wolfgang von Goethe war in Ilmenau und Umgebung tätig. Als Staatsminister des Weimarer Hofes war er einst beauftragt, das verwahrloste Finanz- und Steuerwesen zu prüfen.

Der Ilm-Kreis wurde 1994 im Rahmen der Gebietsreform aus den Landkreisen Arnstadt und Ilmenau gebildet.

Wertschöpfung und Verkehr

Trotz seiner ländlichen Prägung ist der Kreis wirtschaftlich stark. Verkehrsmäßig ist das Gebiet sehr gut erschlossen. Die A 4 mit dem Erfurter Kreuz tangiert den Kreis im Norden und die A 71 durchquert ihn. Mit diesen Autobahnanschlüssen ist eine schnelle Erreichbarkeit der Großräume Deutschlands und Europas gewährleistet. Auf dem Schienenweg ist der Kreis über den ICE-Knoten Erfurt mit allen Zentren Deutschlands verbunden und die Nähe zum Flughafen Erfurt-Weimar optimiert die Verkehrsinfrastruktur.

Standort von hochmodernen Industrie- und Gewerbeunternehmen des Anlagenbaus, der Elektrotechnik, des Maschinen- und Werkzeugbaus sowie von Betrieben der Verpackungs- und Automobilzulieferindustrie ist heute die Fläche um die Kreisstadt Arnstadt. Die starke Konzentration von High-Tech-Unternehmen der Energie- und Solartechnik kann als zukunftsweisend betrachtet werden. Diese positive Entwicklung findet ihren Ausdruck in der Industriegroßfläche „Erfurter Kreuz" mit über 50 Unternehmen und mehr als 12.000 Beschäftigten.

Kennzeichnend für die Region Ilmenau ist die einzige Technische Universität des Freistaates Thüringen. Sie gilt als Innovationszentrum, Impulsgeber und kreativer Motor im Bereich Technik sowie das angesiedelte Fraunhofer Institut stehen für die allseitige Entwicklung im Ilm-Kreis.

Nicht nur die einheimischen Unternehmer und Investoren wissen die Standortvorteile des Ilm-Kreises zu schätzen. Auch weltbekannte und international tätige Unternehmen nehmen verstärkt das Wissenschafts- und Innovationspotenzial der TECHNOLOGIE REGION ILMENAU ARNSTADT für sich in Anspruch.

42 % der Fläche des Ilm-Kreises werden landwirtschaftlich genutzt. Traditionelles Handwerk und Brauchtum finden sich ebenfalls im Ilm-Kreis, dabei vor allem beheimatet das Glasbläser-, Porzellan- und Töpferhandwerk, die Gartenzwergherstellung und der Olitätenhandel. Thüringer Klöße, Thüringer Rostbratwurst sind nur einige der kulinarischen Genüsse.

Landschaft, Sehenswürdigkeiten und Kultur

Die Landschaft reicht vom Südrand des Thüringer Beckens – dieser Teil ist meist hügelig – über die reich bewaldeten, von Flusstälern durchschnittenen Vorberge des Thüringer Waldes bis zum Gebirgsmassiv mit den höchsten Bergen des Thüringer Waldes, dem Großen Beerberg mit 983 m Höhe, dem Schneekopf – Hausberg der Gehlberger – mit 978 m Höhe und dem Großen Finsterberg mit 944 m Höhe. Auf dem Berg Schneekopf befindet sich seit Sommer 2008 wieder ein Aussichtsturm, von welchem man diese Höhe in Thüringen erreichen kann. Von der Plattform in 1.001 m Höhe bietet sich ein grandioser Rundblick weit über die Grenzen Thüringens hinaus. Die beiden Flüsse Gera und Ilm prägen den Landkreis im Westen bzw. im Osten.

Das UNESCO-Biosphärenreservat Vessertal-Thüringer Wald, eine Besonderheit des Ilm-Kreises und komplett vom Naturpark Thüringer Wald umschlossen, umfasst eine Fläche von 17.000 ha. Es liegt zwischen den Städten Suhl, Ilmenau und Schleusingen und setzt sich vor allem aus Wäldern, Bergwiesen, aber auch aus Hochmooren zusammen. Bereits 1939 wurden erste Gebiete des heutigen Biosphärenreservates zum Naturschutzgebiet erklärt. Knapp 43 % der Fläche des Ilm-Kreises sind Naturschutzzonen. Der ländliche Kultur- und Siedlungsraum bietet auch vielfältige Angebote im Naherholungsbereich. Durch seine Lage im Thüringer Wald bietet der Landkreis vielfältige und attraktive Möglichkeiten zum Wandern und Radwandern. Einer der bekanntesten Wanderwege ist der Goethewanderweg (Qualitätsweg Wanderbares Deutschland) von Ilmenau über Manebach nach Stützerbach. Der Rennsteig – Deutschlands ältester, bekanntester und beliebtester Höhenwanderweg – lockt jährlich hunderttausende Gäste nach Thüringen und bietet mit seiner Höhenlage bis über 900 m gute Bedingungen für den Wintersport.

Fläche: 843,71 km²
EW: 108.899 - EW/km²: 129
KFZ-Kennzeichen: IK
Kreissitz: Arnstadt
www.ilm-kreis.de

Landrätin
Petra Enders [(u)] / Die Linke
im Amt seit: 2012 gewählt bis: 2018

Sitzverteilung im Kreistag
Vorsitz: Beate Misch

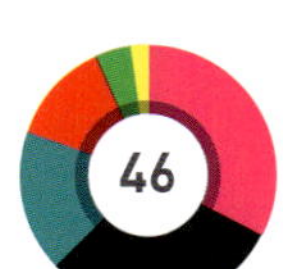

15	■	Die Linke
14	■	CDU
8	■	FWG
6	■	SPD
2	■	B.90/Grüne
1	■	FDP

Kyffhäuserkreis

THÜRINGEN

Der Kyffhäuserkreis ist…
…benannt nach dem 1896 auf den Ruinen der alten Reichsburg Kyffhausen errichteten Kyffhäuserdenkmals. Der Kreis liegt eingebettet zwischen Harz und Thüringer Wald im Kyffhäusergebirge.

Historische Entwicklung

Der Norden Thüringens gehört zu den ältesten bekannten Siedlungsgebieten in Deutschland und Europa. Grabungsergebnisse beweisen, dass hier bereits vor ca. 300.000 Jahren erste Menschen lebten. Viele der noch heute existierenden Städte und Dörfer blicken auf eine mehr als 1.000 Jahre alte Geschichte zurück. Im Mittelalter zählte die Region zum Kernland der Reformation.

1994 entstand als Ergebnis der Gebietsreform aus den Landkreisen Sondershausen und Artern der heutige Kyffhäuserkreis. Insgesamt 43 Städte und Gemeinden sowie drei Verwaltungsgemeinschaften bilden im Jahr 2015 die Gemeindestruktur rund um die Kreisstadt Sondershausen.

Wertschöpfung und Verkehr

Traditionell war und ist die Landwirtschaft um den Kyffhäuser auf Grund der ertragreichen Böden und der günstigen klimatischen Voraussetzungen ein wichtiger wirtschaftlicher Eckpfeiler. Daneben hatten die Metall- und Elektroindustrie, der Maschinenbau, der Bergbau sowie der Tourismus und das Kurwesen in der Vergangenheit eine besondere Bedeutung. Mit der politischen Wende brachen weite Teile dieser Wirtschaftszweige zusammen. Rekordarbeitslosigkeit und eine tiefe Agonie bestimmten lange Zeit die Empfindungen und Wahrnehmung.

In den vergangenen zehn Jahren gab es einen spürbaren und stabilen Umschwung. Neue, leistungsfähige Unternehmen entstanden. Besonders der Maschinenbau, die Metall- und Elektroindustrie, aber auch die Landwirtschaft und der Tourismus gingen gestärkt aus diesem tiefen Strukturwandel hervor.

Eine wichtige Voraussetzung für diesen Aufbruch war die deutliche Verbesserung der Infrastruktur. Mit den Autobahnen 38 und 71 gelang die Anbindung an das nationale und internationale Straßennetz. Umgehungsstraßen entstanden, die Mehrzahl der vorhandenen Straßen wurde saniert bzw. ausgebaut. Bis Ende 2017 soll die bedarfsgerechte Versorgung mit schnellen Internetverbindungen abgeschlossen werden.

Das Bruttoinlandsprodukt je Erwerbstätigen ist seit dem Jahr 2000 um ca. 15.500 € gestiegen und betrug 2013 48.524 €. Trotz dieser erfreulichen Entwicklung gibt es hier noch immer einen deutlichen Abstand zum bundesdeutschen Durchschnittswert. Die wichtigsten Bereiche der Wertschöpfung im Kyffhäuserkreis sind der Dienstleistungssektor, das produzierende Gewerbe sowie die Land- und Forstwirtschaft.

Landschaft, Sehenswürdigkeiten und Kultur

Einfach sagenhaft schön ist die Landschaft im Kyffhäuserkreis. Besonders für Wanderer und Radfahrer bieten der Naturpark Kyffhäuser, die Höhenzüge der Hainleite, Schmücke und der Hohen Schrecke, aber auch die Flusstäler an Unstrut und Wipper faszinierende Erlebnisse.

Buchenwälder und Steppenrasen, Feuchtwiesen und Salzquellen sind Heimat seltener Pflanzen und Tiere. Der zertifizierte Kyffhäuserweg, der Barbarossaweg, der Unstrutradweg oder der Unstrut-Werra-Radweg eignen sich hervorragend, den Kreis aktiv zu erkunden. Dabei warten immer wieder außergewöhnliche Sehenswürdigkeiten darauf, entdeckt zu werden.

Neben dem Kyffhäuser-Denkmal – dem Wahrzeichen des Landkreises – locken Panorama Museum, Schiefer Turm und die Therme in Bad Frankenhausen, Barbarossahöhle, Modellbahn Wiehe, Schloss, Freizeitpark Possen und Erlebnisbergwerk in Sondershausen, Schokoladenmanufaktur, Funkenburg Westgreußen, Wasserburg Heldrungen, historische Schlossgärten Ebeleben und Bendeleben, Ferienpark Feuerkuppe, Affenwald Straußberg sowie das Künstlerdorf Friedrichsrode.

Aber auch kulturell hat der Kyffhäuserkreis einiges zu bieten: Mit dem Loh-Orchester führt eines der ältesten Orchester Deutschlands die Musiktradition bis in die Gegenwart fort. Alljährlicher kultureller Höhepunkt im Kyffhäuserkreis sind die Thüringer Schlossfestspiele, die in der traumhaften Kulisse des Sondershäuser Schlosshofes stattfinden.

Fläche: 1.037,91 km²
EW: 77.148 - EW/km²: 74
KFZ-Kennzeichen: KYF
Kreissitz: Sondershausen
www.kyffhaeuser.de

Landrätin
Antje Hochwind [K] / SPD
im Amt seit: 2012 gewählt bis: 2018

Sitzverteilung im Kreistag
Vorsitz: Antje Hochwind

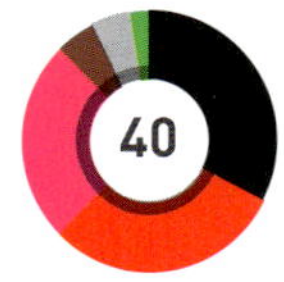

13	CDU
12	SPD
10	Die Linke
2	NPD
1	B.90/Grüne
2	Sonstige

(FDP 1, VIBT 1)

Kyffhäuserdenkmal

Landkreis

Nordhausen

THÜRINGEN

Der Landkreis Nordhausen ist…

…dort, wo der Harz am südlichsten ist. Er zählt zu den wirtschaftlichen Zentren Thüringens und liegt gut erreichbar zentral in der Mitte Deutschlands. Der Naturpark Südharz mit der in Europa einmaligen grünen Karstlandschaft ist Beleg für die außergewöhnliche Landschaft, die sich mit einer kulturellen Vielfalt verbindet. Nicht zuletzt ist der Echte Nordhäuser Doppelkorn eine deutschlandweite bekannte Spezialität.

Historische Entwicklung

Der Landkreis Nordhausen ist aus der freien Reichsstadt Nordhausen, der Grafschaft Hohenstein und dem Kreis Ilfeld hervorgegangen. Nach dem Zweiten Weltkrieg wurde der Kreis zunächst von amerikanischen, dann sowjetischen Truppen besetzt.

In den folgenden Jahren prägte insbesondere die Lage an der innerdeutschen Grenze die Entwicklung. Die Verwaltungsreform in den 1950er Jahren zog umfangreiche territoriale Veränderungen nach sich. Damals erhielt der Landkreis Nordhausen den Gebietszuschnitt, den er – abgesehen von einigen Gemeindegebietsänderungen – noch heute hat.

Wertschöpfung und Verkehr

Der Landkreis Nordhausen im Dreiländereck Thüringen, Sachsen-Anhalt und Niedersachsen blickt auf eine starke industrielle Tradition zurück, die nach dem Strukturwandel nach der Wiedervereinigung heute innovative Unternehmen fortsetzen.

Durch die Lagegunst besteht ein breites Spektrum von Ansiedlungsmöglichkeiten für Unternehmen, beispielsweise im neu entwickelten Industriegebiet Goldene Aue. Der Landkreis zeichnet sich durch eine ausgewogene Wirtschaftsstruktur und einen stabilen Branchenmix mit mittelständischem Charakter aus. Zu den Schwerpunkten zählen u. a. Maschinenbau, Automobilzulieferindustrie, Metallverarbeitung, Verpackungs-, Nahrungs- und Genussmittelindustrie. So ist beispielsweise Nordhausen durch Nordbrand einer der wichtigen Brennerei-Standorte in Deutschland.

Auch die Gesundheits- und Sozialwirtschaft hat sich dynamisch entwickelt. Ein Beispiel dafür ist das kommunal geführte Südharz Klinikum mit Maximalversorgung und mit mehr als 1.800 Beschäftigten der größte Arbeitgeber. Ein wesentlicher Baustein der gut ausgebauten Infrastruktur ist die Hochschule Nordhausen, die Maßstäbe in der Lehre und Forschung zum Beispiel in der regenerativen Energie-, Umwelt- und Recyclingtechnik setzt.

Der Landkreis Nordhausen ist durch die Autobahn A 38 als wichtigste Ost-West-Achse optimal an die Wirtschaftsräume Halle/Leipzig und Kassel/Göttingen bis zum Ruhrgebiet angeschlossen. Die kreuzenden A 7, A 9, A 14 und A 71 bieten zudem gute Nord-Süd-Verbindungen. Positiv auf die Schienenanbindung wirkt sich der neue ICE-Knoten Erfurt aus. Nordhausen verfügt zudem über einen Sonderfluglandeplatz bis 5,7 t.

Fläche: 713,92 km²
EW: 85.055 - EW/km²: 119
KFZ-Kennzeichen: NDH
Kreissitz: Nordhausen
www.landratsamt-nordhausen.de

Landrat
Matthias Jendricke [P] / SPD
im Amt seit: 2015 gewählt bis: 2021

Sitzverteilung im Kreistag
Vorsitz: Matthias Jendricke

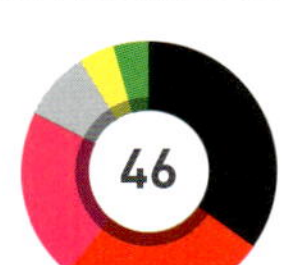

16	CDU
12	SPD
10	Die Linke
2	FDP
2	B.90/Grüne
4	Sonstige

(FW 2, NPD 2)

Landschaft, Sehenswürdigkeiten und Kultur

Auf den Pfaden der Menschheitsgeschichte können Gäste des Landkreises wandeln und dabei Natur- und Kulturerlebnisse verbinden. Das Gebiet liegt eingebettet am Grünen Band Deutschlands entlang der ehemaligen innerdeutschen Grenze, an den ersten Höhen des Harzes und der einzigartigen Südharzer Gipskarstlandschaft, die Naturliebhaber auf dem Karstwanderweg, ein Qualitätsweg Wanderbares Deutschland, erleben können.

Der Naturpark Südharz vereint diese unterschiedlichsten Naturräume auf kleinstem Raum und bietet so eine Vielfalt und Abwechslung, die ihres Gleichen sucht. Der Kreis ist zudem Teil des Geoparks Harz · Braunschweiger Land · Ostfalen, der als UNESCO Global Geopark anerkannt ist. Die klaren Kiesgewässer vor Nordhausen sind eines der bekanntesten Tauchreviere Deutschlands.

Die kulturelle Siedlungsgeschichte reicht bis ins 5. Jahrtausend v. Chr. zurück, als die ersten Ackerbauern sich hier niederließen. Archäologen fanden vor wenigen Jahren Überreste des damit ältesten Dorfs Thüringens.

Zu den kulturellen Schätzen und Sehenswürdigkeiten gehören beispielsweise das Theater Nordhausen/Loh-Orchester Sondershausen, das Schloss Heringen als Denkmal von nationaler Bedeutung, die Burgruine Hohnstein und die Ruine Ebersburg, die Pfeilerbasilika Münchenlohra sowie Park Hohenrode, das mehr als 100 Jahre alte Jugendstilbad, vielfältige Museen wie die stadthistorischen Ausstellung in der Flohburg oder dem Dom zum Heiligen Kreuz in der Rolandstadt Nordhausen. Die KZ-Gedenkstätte Mittelbau-Dora mahnt und erinnert an die Rolle im Zweiten Weltkrieg.

Die Bergbautradition können Besucher im Rabensteiner Stollen und der Langen Wand in Ilfeld entdecken, die mehr als 500-jährige Geschichte des Kornbrennens in der Echter Nordhäuser Traditionsbrennerei erleben oder etwas für ihre Gesundheit tun im Heilklimatischen Luftkurort Neustadt/Harz.

Saale-Holzland-Kreis

THÜRINGEN

Der Saale-Holzland-Kreis ist…
…ein attraktiver Wohn- und Wirtschaftsstandort in Thüringen, verkehrsgünstig gelegen am Hermsdorfer Autobahnkreuz der Bundesautobahnen 4 und 9. Im Westen durchzieht die Saale den Landkreis, im östlichen Teil des Landkreises fließt die Weiße Elster und liegt das Thüringer Holzland, das seinen Namen dem Waldreichtum und einer langen Holzhandwerk-Tradition verdankt.

Historische Entwicklung
Der Saale-Holzland-Kreis entstand 1994 im Zuge einer Gebietsreform aus den ehemaligen Landkreisen Eisenberg, Stadtroda und Jena-Land.

Das Gebiet des heutigen Landkreises war bis 1918 im Besitz der Wettiner. 1922 wurden im neu gegründeten Land Thüringen erstmals Landkreise gebildet. In der DDR wurde das Land 1952 aufgelöst und die drei Bezirke Erfurt, Gera und Suhl gebildet.

Wertschöpfung und Verkehr
Keramik und Holz waren die ursprünglichen Materialien der wirtschaftlichen Entwicklung im Saale-Holzland-Kreis. Die unverwechselbaren Töpferwaren aus Bürgel, Porzellan aus Kahla oder Reichenbach und Technische Keramik aus Hermsdorf sind traditionsreiche Produkte. Eng mit den natürlichen Gegebenheiten des Holzlandes verflochten, hat die Verarbeitung des Rohstoffes Holz lange Zeit das örtliche Handwerk geprägt. Diese „Wurzeln" bewahrend, aber an neuen Herausforderungen orientiert, hat sich ein vielseitiger Branchenmix modernster Ausrichtung entwickelt. Tatkräftig, bodenständig und mit Erfindergeist haben alteingesessene Firmen und neu entstandene Betriebe ein leistungsfähiges Wirtschaftsgefüge aus produzierendem Gewerbe, forschungsorientierten Unternehmen, Landwirtschaft, Handwerk und Dienstleistern geschaffen.

Zu den größten Arbeitgebern gehören mehrere renommierte Kliniken, darunter das Waldkrankenhaus Rudolf Elle in Eisenberg, das mehrheitlich dem Landkreis gehört und mit dem Lehrstuhl der Friedrich-Schiller-Universität Jena eine der größten universitären Orthopädien Europas beherbergt, und das Asklepios Fachklinikum Stadtroda.

Ein Leuchtturm in der Wirtschafts- und Forschungslandschaft des Landkreises ist die Stadt Hermsdorf mit dem Fraunhofer-Institut für Keramische Technologien und Systeme sowie zahlreichen innovativen Firmen.

Ergänzend zu den Autobahnen gewährleisten die gut ausgebauten Bundesstraßen 2, 7, 88 und 281 sowie der Schienenverkehr mit ICE-Anbindung eine optimale Verkehrsanbindung. Die Flughäfen Leipzig/Halle und Erfurt/Weimar erreicht man in einer knappen Fahrstunde. Für kleine Maschinen bietet der Verkehrslandeplatz Jena-Schöngleina direkte Luftverkehrsanbindung.

Als bundesweit anerkannte Bioenergieregion Jena-Saale-Holzland baut der Landkreis den Anteil erneuerbaren Energien ehrgeizig aus. Im landwirtschaftlichen Bereich ist die steigende Anzahl von heimischen Produzenten und Direktvermarktern erfreulich.

Landschaft, Sehenswürdigkeiten und Kultur
Der Saale-Holzland-Kreis ist Teil der Tourismusdestination „Saaleland". Er bietet eine einmalige Mischung von Geschichte, Kultur und Natur. Die Besucher erwarten Burgen und Schlösser, die sich wie an einer Perlenkette links und rechts der Saale erheben, darunter die Dornburger Schlösser und die Leuchtenburg mit der preisgekrönten Ausstellung „Porzellanwelten"; geschichtsträchtige kleine Städte und idyllische Dörfer, Jagdschlösser und die einzige in Deutschland erhaltene barocke Jagdanlage Rieseneck, die Kreisstadt Eisenberg mit einer der schönsten barocken Schlosskapellen Mitteldeutschlands, die Porzellanstadt Kahla, das Porzellandorf Reichenbach und die Töpferstadt Bürgel, das Thüringer Holzland mit dem Kurort Bad Klosterlausnitz, das Eisenberger Mühltal sowie den Zeitzgrund als beliebte Ausflugsziele und vieles mehr.

Zu den traditionsreichsten Festen gehört das Maibaumsetzen in vielen Orten um die Pfingstzeit. Es gibt zahlreiche Märkte, Konzertreihen und weitere kulturelle Veranstaltungen. Jedes Jahr am 3. Adventswochenende verwandelt sich das 8 km lange Eisenberger Mühltal in das „Weihnachtstal" – Deutschlands längsten Weihnachtsmarkt.

Der Saale-Holzland-Kreis verfügt über ein 750 km langes gut beschildertes Wanderwegenetz und 222 km ausgewiesene Radrouten, darunter der Saale-Radweg, der Elster-Radweg sowie der Radweg Thüringer Städtekette. Auch der Wassertourismus auf der Saale erfreut sich wachsender Beliebtheit.

Fläche: 815,23 km²
EW: 83.966 - EW/km²: 103
KFZ-Kennzeichen: SHK
Kreissitz: Eisenberg
www.saaleholzlandkreis.de

Landrat
Andreas Heller[K] / CDU
im Amt seit: 2006 gewählt bis: 2018

Sitzverteilung im Kreistag
Vorsitz: Gerd Pillau

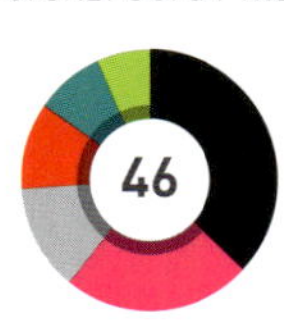

17 CDU
11 Die Linke
5 SPD
4 BI Holzland
3 Bauernverband
6 Sonstige
(B.90/Grüne 2, FDP 2, NDP 2)

Saale-Orla-Kreis

THÜRINGEN

Der Landkreis Saale-Orla ist...
...am 1.7.1994 im Zuge der Thüringer Gebietsreform aus den ehemaligen Landkreisen Lobenstein, Pößneck und Schleiz entstanden. Seinen Namen verdankt der Landkreis zwei Flüssen: Saale und Orla.

Historische Entwicklung
Historisch ist der Landkreis überwiegend aus mehreren Thüringischen Kleinstaaten sowie dem Königreich Preußen hervorgegangen.

1952 wurden die Kreise Lobenstein, Pößneck und Schleiz gebildet und dem Bezirk Gera zugeordnet. Mit der Wiedervereinigung Deutschlands wurde das Territorium mit zunächst unveränderten Kreisgrenzen in das Land Thüringen übernommen. Von diesem Territorium wechselten zum 1.4.1992 per Staatsvertrag die Stadt Mühltroff sowie die Gemeinden Langenbach und Thierbach zum Freistaat Sachsen. 1994 wurde die Stadt Lehesten mit ihren Ortsteilen Brennersgrün, Schmiedebach und Röttersdorf dem Landkreis Saalfeld/Rudolstadt angegliedert.

Wertschöpfung und Verkehr
Der Saale-Orla-Kreis gehört wirtschaftlich zu den erfolgreichsten Kreisen Thüringens. In das attraktive Landschaftsbild fügen sich etwa 6.000 vorwiegend kleine und mittlere Unternehmen aus Industrie, Landwirtschaft, Handel, Dienstleistungen und Handwerk harmonisch ein. Aber auch größere Unternehmen mit 250 und mehr Beschäftigten sind im gesamten Saale-Orla-Kreis ansässig.

Ideale Voraussetzungen für wirtschaftliche Neuansiedlungen sind aufgrund der gut ausgebauten Infrastruktur gegeben: Durch die zentrale Lage im mitteldeutschen Raum direkt an der A 9, die Nähe zum Hermsdorfer Kreuz und zur A 4 sind die Unternehmen im Landkreis schnell erreichbar.

Gute bis sehr gute Bodenverhältnisse erlauben es, dass mehr als die Hälfte der Flächen des Landkreises landwirtschaftlich genutzt wird. Etwa 400 landwirtschaftliche Betriebe gibt es im Saale-Orla-Kreis. Diese bewirtschaften ca. 38.000 ha der landwirtschaftlichen Flächen als Ackerfläche und knapp 11.500 ha als Grünland. Zudem wird die Tierproduktion im Landkreis intensiv betrieben.

Erneuerbare Energien sind im Saale-Orla-Kreis keine Zukunftsmusik: Schon seit Jahren vertraut der Landkreis auf einen Mix an erneuerbaren Energien aus Biogasanlagen, Wasserkraft, Sonnenenergie und Windrädern.

Landschaft, Sehenswürdigkeiten und Kultur
Das Blaue Band der Saale mit dem Thüringer Meer, die weiten Wälder am Rennsteig, das Plothener Teichgebiet, endlos scheinende Orchideenwiesen und viele andere Schönheiten charakterisieren die Einzigartigkeit des Naturparks Thüringer Schiefergebirge/Obere Saale. Flachhügelige Landschaften mit Wiesen und Feldern sowie markante Zechsteinriffe und Tafelberge mit herrlichen Weitblicken prägen die Orlasenke.

Der Saale-Orla-Kreis ist zudem reich an Kultur und Tradition. Die vielfältigen Schaudenkmäler, zahlreichen Museen und Bibliotheken erlauben einen Einblick in die regionalen Besonderheiten. Mit Schloß Burgk besitzt der Landkreis eines der prächtigsten Kulturdenkmäler Thüringens – malerisch am Ufer der Saale gelegen. Das Technische Schaudenkmal Gießerei Heinrichshütte beherbergt die größte und stärkste Dampfmaschine Europas. Beim regelmäßigen Schaugießen erfahren Gäste Wissenswertes zur Produktionsgeschichte des Eisengießens. Auch das Wasserkraftmuseum Ziegenrück, eines der ältesten original erhaltenen Laufwasserkraftwerke, finden Interessierte hier.

Ein ganz besonderes Highlight bietet das Deutsch-Deutsche Museum Mödlareuth mit originaler Grenzsperranlage inmitten eines 50-Seelen-Dorfes. Der Ort wurde wie sein großer Bruder Berlin 1949 in Ost und West geteilt. Die Teilung des Dorfes dauert bis heute an.

Rennsportfans dürfte das Schleizer Dreieck ein Begriff sein: Auf dieser ältesten Naturrennstrecke Deutschlands finden jedes Jahr nationale und internationale motorsportliche Rennen auf zwei und vier Rädern statt.

Im Bereich Kultur sind die Stelzenfestspiele bei Reuth ein echter Geheimtipp. Hier werden Klangerlebnisse der ganz besonderen Art geboten. Musiker des Leipziger Gewandhausorchesters musizieren gemeinsam mit einem ganzen Dorf: Landwirtschaftliche Maschinen werden einfallsreich mit klassischen Instrumenten kombiniert. Bei SonneMondSterne kommen dagegen die Fans elektronischer Tanzmusik ganz auf ihre Kosten. Das Open-Air-Festival gehört zu den größten in Europa und lockt jedes Jahr im August tausende Feierwütige ans Thüringer Meer.

Fläche: 1.151,30 km²
EW: 82.887 - EW/km²: 72
KFZ-Kennzeichen: SOK
Kreissitz: Schleiz
www.saale-orla-kreis.de

Landrat
Thomas Fügmann / CDU
im Amt seit: 2012 gewählt bis: 2018

Sitzverteilung im Kreistag
Vorsitz: Thomas Fügmann

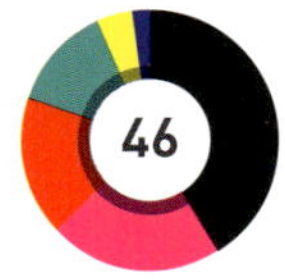

19 CDU
10 Die Linke
8 SPD
6 UVB
2 FDP
1 SIP

Landkreis

Saalfeld-Rudolstadt

THÜRINGEN

Der Landkreis Saalfeld-Rudolstadt ist...
...eine Symbiose aus reizvoller Landschaft, kultureller Vielfalt, starker Wirtschaft und solider sozialer Infrastruktur. Zwischen Thüringer Wald und Saaletal erstreckt sich der Landkreis, von dem mehr als die Hälfte Wald ist und rund ein Drittel landwirtschaftlich genutzt wird.

Historische Entwicklung
In seiner heutigen Form besteht der Landkreis Saalfeld-Rudolstadt seit 1994. Er wurde aus den ehemaligen Landkreisen Saalfeld und Rudolstadt und Teilen der Landkreise Neuhaus, Lobenstein und Pößneck gebildet. Kreisstadt ist Saalfeld. Bis 1918 war Rudolstadt Hauptstadt des Fürstentums Schwarzburg-Rudolstadt und zuvor seit 1850 Verwaltungssitz des neu gebildeten Landratsamtsbezirkes.

Der Kreis Saalfeld entstand im Jahre 1868 als einer von vier neu gebildeten Landkreisen des Herzogtums Sachsen-Meiningen. Auch nach der ersten Kreiseinteilung des Landes Thüringen 1922 hatte in Rudolstadt und Saalfeld die jeweilige Behörde des Landkreises ihren Sitz.

Die Gebietsreform von 1952 zerriss jahrhundertealte, historisch gewachsene Strukturen. Mit der Kreisgebietsreform 1994 wurde dies größtenteils rückgängig gemacht und damit gute Voraussetzungen für die Entwicklung von Wirtschaft und Infrastruktur geschaffen.

Wertschöpfung und Verkehr
Helle Köpfe, herrliche Landschaften und Kultur pur – der Landkreis profiliert sich zunehmend als Standort umweltfreundlicher Hightech-Unternehmen und punktet dabei auch im Tourismus. Als Wirtschaftsraum ist er geprägt durch bedeutende Betriebe der Branchen Medizintechnik, Nahrungsgüterproduktion, Elektrotechnik/Elektronik, Maschinen- und Werkzeugbau, Kunststofftechnik und Fahrzeugbau, Stahlindustrie, Chemieindustrie sowie Porzellan- und Glasindustrie. Man ist auf einem guten Weg. Der Landkreis liegt mit rund 2 Mrd. € Umsatz im verarbeitenden Gewerbe an einer vorderen Position in Thüringen.

Die innovativen Produkte seiner Unternehmen sind international gefragt. Röntgenröhren von Siemens Rudolstadt und Operationstische von Trumpf kommen weltweit zum Einsatz, Getriebeteile der Samag bringen Mercedes in Schwung. Saugbagger aus Saalfeld sorgen dafür, dass die Gondeln in Venedig genügend Wasser unterm Kiel haben und die EPSA, ehemals ein Zeiss-Betrieb, produziert unter anderem für die Luftfahrtindustrie.

Fläche: 1.036,03 km²
EW: 109.646 - EW/km²: 106
KFZ-Kennzeichen: SLF
Kreissitz: Saalfeld
www.saalfeld-rudolstadt.de

Landrat
Marko Wolfram / SPD
im Amt seit: 2014 gewählt bis: 2020

Sitzverteilung im Kreistag
Vorsitz: Oliver Weder

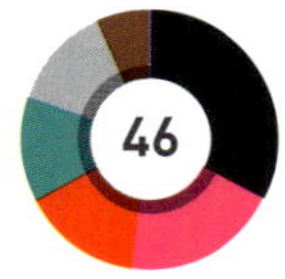

15	CDU
8	Die Linke
7	SPD
6	BfL
3	NPD
7	Sonstige

(B.90/Grüne 2, FDP 2, BI 2, fraktionslos 1)

Ein Innovations- und Gründerzentrum (IGZ) gibt Existenzgründern und jungen Unternehmen Starthilfe. Eine agile Wirtschaftsförderagentur bündelt das Standortmarketing und begleitet Unternehmen bei der Ansiedlung.

Gut ausgebaute Bundesstraßen wie die B 85, 88, 90 sowie die B 281 verbinden den Landkreis mit den Autobahnen 4, 9, 71 und mit dem nahe gelegenen Flughafen in Erfurt. Kreisstraßen schließen die Ortschaften an das überregionale Straßennetz an. Die beiden größten Städte Saalfeld und Rudolstadt liegen direkt an der Bahnlinie Berlin-München und sichern auch künftig über schnelle Verbindungen nach Jena die überregionale Vernetzung über die Schiene.

Landschaft, Sehenswürdigkeiten und Kultur
Mit dem Rennsteig, dem Schwarzatal, mit weiten Saaleauen und dem größten zusammenhängenden Stauseengebiet Deutschlands, dem Thüringer Meer bietet der Landkreis Saalfeld-Rudolstadt eine landschaftliche Vielfalt, die ihresgleichen sucht.

Gut ausgebaute Rad- und Wanderwege sowie eine Mountainbike-Strecke neben der Oberweißbacher Bergbahn laden Aktivurlauber und Erholungsuchende ein. Saale und Thüringer Meer bieten Wassersportfreunden alles, was das Herz begehrt.

An die reiche Bergbautradition erinnern die farbenprächtigen Saalfelder Feengrotten, die Morassina in Schmiedefeld, das Besucherbergwerk in Kamsdorf und der Schieferpark in Lehesten. Geschichtsbegeisterte können z. B. in Schloss Heidecksburg, im Zeughaus auf Schloss Schwarzburg, in Schloss Kochberg, auf Burg Greifenstein und im Stadtmuseum im Franziskanerkloster auf Zeitreisen gehen.

Museen und Schulen in Bad Blankenburg, Oberweißbach und Keilhau fördern und leben die Ideen des weltbekannten Pädagogen Friedrich Fröbel. Rudolstadt hat sich als „Schillers heimliche Geliebte" erfolgreich touristisch positioniert. Der deutschen Klassik verpflichtet bietet das Theater Rudolstadt mit den Thüringer Symphonikern ein abwechslungsreiches Programm. In der Klosterkirchenruine Paulinzella unterhält ein Kulturfestival alljährlich im August seine Gäste. Architekturfreunde begeistert das Bauhausensemble in Probstzella.

Über eine halbe Million Gäste lockt das Vogelschießen jedes Jahr nach Saalfeld-Rudolstadt. 452.580 Übernachtungen im Landkreis im Jahr 2015 setzen den positiven Trend der letzten Jahre fort.

Landkreis

Schmalkalden-Meiningen

THÜRINGEN

Der Landkreis Schmalkalden-Meiningen ist…
…nach seiner Fläche zweitgrößter Landkreis in Thüringen. Er erstreckt sich von den Höhenzügen des Thüringer Waldes über das Werratal, den Hügeln des Grabfelder Landes bis zu den sanften Kuppen der Rhön. Überregional bekannt ist der Landkreis vor allem für das Meininger Theater, das Dampflokwerk, die beeindruckenden Sportstätten im „Biathlon-Mekka" Oberhof sowie für den berühmten Rennsteig.

Historische Entwicklung
Der Kreis wurde im Jahr 1994 durch die Zusammenlegung der bis dahin bestehenden Landkreise Meiningen, Schmalkalden sowie Teilen von Suhl-Land gebildet. Der Landkreis Schmalkalden-Meiningen liegt inmitten von historischem Henneberger Land, das später vorwiegend vom Herzogtum Sachsen-Meiningen und der zur Landgrafschaft Hessen gehörenden Herrschaft Schmalkalden eingenommen wurde. Das sächsische Rautenkranzwappen im Wappen weist auf das von 1680-1918 existierende Herzogtum Sachsen-Meiningen hin, dessen Residenzstadt die heutige Kreisstadt war.

Wertschöpfung und Verkehr
Der Landkreis Schmalkalden-Meiningen blickt auf eine lange Tradition im Maschinenbau und bei der Produktion von Metallerzeugnissen zurück. Metallverarbeitendes Gewerbe, Werkzeug- und Kunststoffindustrie sind insbesondere in Schmalkalden, Steinbach-Hallenberg und Zella-Mehlis zu finden; Unternehmen aus Maschinenbau, Elektrotechnik und Hightech-Branche haben sich vornehmlich in Meiningen angesiedelt. In Brotterode-Trusetal befindet sich mit Automotive Lighting eines der größten Industrieunternehmen Thüringens. Lebensmittelbetriebe und Landwirtschaft sind zwischen Rhön und Rennsteig ebenfalls stark vertreten (u.a. Viba Sweets, Thüringer Waldquell). Viele Agrarbetriebe haben in den vergangenen Jahren Millionen-Investitionen gestemmt. In Kaltensundheim befindet sich einer der größten Milchviehställe Thüringens. Mit der Argrar-Holding Ökozentrum Werratal in Vachdorf kommt einer der größten und bekanntesten Biobetriebe Deutschlands aus dem Landkreis. Im Landkreis Schmalkalden-Meiningen stehen 47 Gewerbe- und Industriestandorte mit einer Bruttofläche von 818 ha zur Verfügung.

Insgesamt 57 allgemein- und berufsbildende Einrichtungen garantieren ein umfassendes Bildungsangebot im Landkreis. Am traditionellen Standort für Verwaltung, in Meiningen, befinden sich die Verwaltungsfachhochschule Fachbereich Polizei sowie mehrere medizinische Einrichtungen. Die Hochschule Schmalkalden mit rund 3.000 Studierenden hat fünf Fakultäten und bietet 31 Studiengänge an. Wirtschaftsnahe Forschungseinrichtungen wie die GFE-Schmalkalden, das Technologie- und Gründerzentrum Schmalkalden sowie Aus- und Weiterbildungsinstitutionen runden das wirtschaftliche Profil ab.

Landschaft, Sehenswürdigkeiten und Kultur
Hübsche Kleinstädte und Dörfer voller Geschichte und alten Fachwerkfassaden gepaart mit regionalen Spezialitäten und typischer thüringischer Gastlichkeit prägen den Landkreis Schmalkalden-Meiningen. Egal ob Entspannen beim Wandern (u.a. auf dem berühmten Rennsteig oder Hoch-Rhöner), Action beim Kanupaddeln auf der Werra, Radtouren auf überregionalen Top-Routen oder ausgedehnte Skitouren durch schneeweiße Wälder, große Kunst am Meininger Theater sowie Kultur und Geschichte serviert in Museen und Ausstellungen.

Ebenfalls hier beheimatet ist Thüringens Wintersport-Hauptstadt Nummer eins: Seit mehr als 20 Jahren versammeln sich in Oberhof alljährlich die besten Biathlon-Athleten der Welt, um beim Weltcup zu wetteifern. Auf der 1.200 m langen Bob- und Rennschlittenbahn duelliert sich die internationale Rennrodelelite. Die Schanzenanlagen im Kanzlersgrund, die DKB-Ski-ARENA oder die in Mitteleuropa einzigartige DKB-Skisport-Halle mit 365 Tagen Schneegarantie im Jahr sind weitere Highlights.

Großer Sport im kulturellen Sinne wird in Meiningen geboten. Die Kreisstadt gehört mit einer namenhaften Musik- und Theatergeschichte, mit ihren historischen Bauten aus dem 19. Jahrhundert, mit großzügigen Parks und Schlössern und dem Dampflokwerk zu den Städteperlen Thüringens. In der 5. Jahreszeit lohnt ein Besuch im benachbarten Werra-Städtchen Wasungen: Zwar ist der hiesige Karnelvals-Festumzug nicht der größte, dafür aber nachweislich der älteste in ganz Deutschland.

Auch im Umland kommt keine Langeweile auf. Die historische Fachwerkstadt Schmalkalden mit Schloß Wilhelmsburg, der verführerischen Viba Nougat Welt und den Parkanlagen der in 2015 ausgerichteten Landesgartenschau, die Erlebniswelt Rhönwald mit der Arche Rhön, der Trusetaler Wasserfall, der Inselsberg Funpark, das Meeresaquarium in Zella-Mehlis, die Breitunger Kiesseen oder Europas größte Spalthöhle, die Goetz-Höhle in Meiningen, sind einige der zahlreichen lohnenswerten Ausflugsziele.

Fläche: 1.210,73 km²
EW: 125.056 - EW/km²: 103
KFZ-Kennzeichen: SM
Kreissitz: Meiningen
www.lk-sm.de

Landrat
Peter Heimrich (P) / SPD
im Amt seit: 2012 gewählt bis: 2018

Sitzverteilung im Kreistag
Vorsitz: Prof. Dr. Horst Schäfer

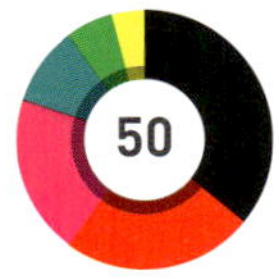

18	CDU
12	SPD
10	Die Linke
5	Freie Wähler
3	B.90/Grüne
2	FDP

Landkreis

Sömmerda

THÜRINGEN

Der Landkreis Sömmerda ist...
...liebens- und lebenswert. Er kann sowohl auf eine lange Geschichte als auch auf hochmoderne Industrie blicken. Brauchtum und Gemeinschaftssinn werden gepflegt und unzählige Traditionsfeste werden gefeiert.

Historische Entwicklung
Der Landkreis Sömmerda ist 1952 in der DDR neu gebildet worden.

Wertschöpfung und Verkehr
Die im 19. Jahrhundert einsetzende Industrialisierung spiegelt sich vor allem in der Entwicklung der Stadt Sömmerda wider. Nicolaus von Dreyse (1787-1868), Erfinder des Zündnadelgewehrs, bewirkte mit seinen unternehmerischen Fähigkeiten, dass sich Sömmerda zur Industriestadt entwickelte.

Wesentliche Voraussetzungen für die Entwicklung weiterer Industriestandorte im Landkreis wurden in der zweiten Hälfte des 19. Jahrhunderts u. a. durch den Bau von Eisenbahnlinien und die beginnende Elektrifizierung gelegt. Es entstanden bald weitere Industriebetriebe, wie das Dachziegelwerk in Sömmerda (1858), die Kofferfabrik in Kindelbrück (1913) und Zuckerfabriken in Straußfurt und Walschleben.

In den beiden Weltkriegen wurden bei Rheinmetall in Sömmerda fast ausschließlich Rüstungsgüter produziert. Die bereits 1920 aufgenommene Tradition der Herstellung von Schreib- und Rechenmaschinen wurde nach 1945 fortgeführt und gleichzeitig wurden neue Wirtschaftszweige aufgebaut. Bei Rheinmetall erfolgte nach dem Zweiten Weltkrieg die Umwandlung des Werks, zunächst in eine Sowjetische Aktiengesellschaft, später dann eingegliedert in die Kombinate „Zentronik" und „Robotron". Sömmerda wurde in der DDR zur „Hauptstadt der Computer", das Büromaschinenwerk beschäftigte in den 1980er Jahren über 13.000 Menschen.

Nach 1990 wurde die Tradition der Büromaschinen- und Computerfertigung mit Hilfe von privaten Investoren fortgesetzt. Neue Industriezweige konnten Fuß fassen und vor allem namhafte Automobilzulieferer tragen seither zur Weiterentwicklung des Landkreises als Industriestandort bei.

Gut ausgebildete Arbeitskräfte, seine unmittelbare Nähe zur Landeshauptstadt Erfurt und ein lebenswertes Umfeld machen den Landkreis Sömmerda zu einem interessanten Standort für Investitionen. 22 Industrie- und Gewerbegebiete bieten beste Voraussetzungen für die Ansiedlung von Unternehmen. Ein stabiles Handwerk unterstreicht die solide Wirtschaftsentwicklung.

Fläche: 806,84 km²
EW: 70.537 - EW/km²: 87
KFZ-Kennzeichen: SÖM
Kreissitz: Sömmerda
www.lra-soemmerda.de

Landrat
Harald Henning / CDU
im Amt seit: 2012 gewählt bis: 2018

Sitzverteilung im Kreistag
Vorsitz: Harald Henning

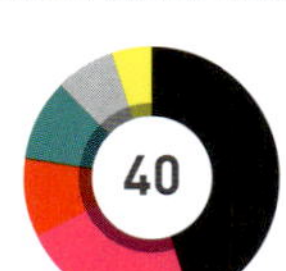

18	CDU
9	Die Linke
4	SPD
4	Freie Wähler
2	FDP
3	Sonstige

(NPD 2, B.90/Grüne 1)

Mit der A 71 ist eine schnelle Erreichbarkeit gegeben, die Fachkräfte und Logistiker schätzen. Auf Grund seiner zentralen Lage und der Anbindung an das überregionale Autobahnnetz ist der Landkreis Sömmerda mit allen Wirtschaftsräumen Deutschlands und Europas vernetzt.

Besonders günstige Bedingungen bestehen für die Automobilindustrie, da viele ansässige Unternehmen bereits Kooperationspartner für namhafte Hersteller sind. In Kölleda ist ein großes Motorenwerk entstanden, in Orlishausen werden Komponenten hergestellt, die in fast jedem europäischen Pkw verbaut sind, und die Fahrwerksfedern aus Weißensee werden in die ganze Welt geliefert.

Wie keine andere Branche prägt die Landwirtschaft das Erscheinungsbild des Landkreises Sömmerda. Knapp 75 % des Kreisgebiets ist landwirtschaftliche Nutzfläche, insgesamt rund 60.000 ha. Diese werden von 275 Landwirtschaftsbetrieben bewirtschaftet. Zusammengenommen sind sie der größte Arbeitgeber im ländlichen Raum.

Landschaft, Sehenswürdigkeiten und Kultur
Der Landkreis Sömmerda hat viele Kulturschätze zu bieten. Die flachhügelige Landschaft des Thüringer Beckens ist durchsetzt mit schmucken Dörfern und pittoresken Kleinstädten. Am besten lassen die sich mit dem Fahrrad erkunden. Gut ausgebaute regionale und überregionale Radwege führen durch die idyllische Landschaft vom Gebiet der Erfurter Seen im Süden bis zum ursprünglichen Waldgebiet des Naturschutzgroßprojekts „Hohe Schrecke" im Nordosten.

Der Landstrich ist seit der Altsteinzeit besiedelt. Überall sind Spuren aus über 400.000 Jahre Menschheitsgeschichte zu finden. Den Siedlungsplatz des ältesten Europäers, Homo erectus, kann man in Bilzingsleben auf dem archäologischen Komplex „Steinrinne" bestaunen. Dem bronzezeitlichen Herrn der Himmelsscheibe von Nebra lässt sich an seinem Hügelgrab und in der Heimatstube in Leubingen nachspüren.

Das älteste Rathaus Thüringens, die Runneburg als Schwesterburg der Wartburg und der Chinesische Garten erwarten Besucher in Weißensee. Auch einen historischen Friedhof, den Campo santo Buttstädt, gilt es im Landkreis Sömmerda zu entdecken. Und das 1.000 Jahre alte Schloss Beichlingen und das Renaissance-Schloss in Kannawurf begeistern nicht nur Architekturinteressierte, sondern locken auch mit einem abwechslungsreichen Kulturprogramm.

Landkreis

Sonneberg

THÜRINGEN

Der Landkreis Sonneberg ist...

...malerisch gelegen zwischen Rennsteig und Obermain. Von großer Bedeutung für die Entwicklung des Gebietes als traditionsreiches Handels- und Industriezentrum war die Handelsstraße zwischen den mittelalterlichen Metropolen Nürnberg und Erfurt. Der fränkisch geprägte Landkreis bietet einmalige Naturschönheiten in einer prosperierenden Region. In punkto Arbeitslosenquote konnte man vor allem dank eines enormen Wirtschaftswachstums seit der Wiedervereinigung, der thüringenweit größten Industriedichte und eines starken Mittelstands zu seinen bayerischen Nachbarn aufschließen.

Historische Entwicklung

Der Landkreis Sonneberg ist nach Fläche und Einwohnerzahl der kleinste Kreis Thüringens, der 1994 mit Teilen des 1952 neugebildeten Kreises Neuhaus am Rennweg wiedervereint wurde.

Wertschöpfung und Verkehr

Der Landkreis Sonneberg zählt zum peripheren ländlichen Raum in Deutschland mit allerdings industriedominiertem Wirtschaftsbesatz. Seit der Anbindung an die Bundesautobahn 73 und ab 2017 an die ICE-Neubautrasse Berlin–München rückte der Landkreis nicht nur lagebedingt, sondern auch verkehrstechnisch ins Zentrum Europas. Eine direkte Bahnanbindung besteht mit Nürnberg im Süden sowie mit Meiningen und Eisenach im Westen. Wichtige Verkehrswege sind auch die Bundesstraßen 4n, 89 und 281.

Bekannt ist der Landkreis vor allem als Standort der Spielzeughersteller. Bis in die 20er Jahre des vergangenen Jahrhunderts galt Sonneberg als Weltspielwarenstadt und noch heute zeugen Unternehmen wie Piko oder die Simba-Dickie-Group mit ihrem großen Vertriebszentrum von einstiger Größe. Auch die Glaskunst hat eine große Bedeutung; allen voran als enormer Wirtschaftsfaktor in der Rennsteigregion. Die Glasbläserstadt Lauscha gilt als Wiege des gläsernen Christbaumschmuckes und ist weltweit bekannt. Der Landkreis Sonneberg selbst besteht seit 1868 als Teil des damaligen Herzogtums Sachsen-Meiningen.

Ausgehend von der zentralen Lage arbeiten ambitionierte Unternehmen in vielfältigen Bereichen, vor allem der Glas-, Kunststoff-, Keramik- und Metallindustrie sowie im traditionell starken Handwerk. Wichtige Partner der Wirtschaft sind das Sonneberger Ausbildungszentrum und die Staatliche Berufsbildende Schule Sonneberg. Letztere beherbergt mit der Fachschule für Technik und Gestaltung und der Berufsfachschule Glas in der Außenstelle Lauscha zwei einmalige Bundesfachschulen.

Seit Jahren rangiert der Kreis mit einer Arbeitslosenquote von 3,5 % an der Spitze der neuen Bundesländer. Eine Besonderheit des Landkreises Sonneberg ist seine Lage an der ehemaligen innerdeutschen Grenze, welche die historisch gewachsene Kultur- und Wirtschaftsregion Coburg-Sonneberg-Kronach über 40 Jahre widernatürlich teilte. Seit der Wiedervereinigung wurden die engen Verflechtungen zum oberfränkischen Raum auf kultureller, wirtschaftlicher und sozialer Ebene wieder aufgebaut. Folgerichtig wurde der Landkreis Sonneberg im Jahr 2014 als erster Landkreis außerhalb Bayerns Mitglied der Europäischen Metropolregion Nürnberg.

Landschaft, Sehenswürdigkeiten und Kultur

Der Landkreis Sonneberg liegt idyllisch im Schnittpunkt von Frankenwald, Thüringer Schiefergebirge und Obermaintal. Der einmalige Naturraum zwischen Grünem Band und südlichem Rennsteig bietet Erholungssuchenden das ganze Jahr hinweg vielfältige Freizeitmöglichkeiten.

Insbesondere (Rad-)Wanderer und Skilangläufer finden hervorragende Bedingungen vor. Mit der Skiarena Silbersattel bei Steinach beherbergt der Landkreis Sonneberg das größte und schneesicherste Skigebiet der Gegend.

Ein besonderer Spaß ist auch die Sommer- und Snow-Tubing-Anlage in Siegmundsburg. Der Bike-Park und Hochseilgarten in Steinach und die Sommerrodelbahn Ernstthal sind weitere Anziehungspunkte.

Technikfreunden steht in Goldisthal Deutschlands größtes Pumpspeicherwerk oder das Infozentrum der ICE-Neubautrasse offen. Daneben lockt ein reiches kulturelles Angebot wie die landesweit älteste Spielzeugsammlung im Deutschen Spielzeugmuseum Sonneberg, das Museum für Glaskunst Lauscha, das Deutsche Schiefermuseum Steinach, das Deutsche Goldmuseum Theuern, das Astronomiemuseum der Sternwarte Sonneberg mit seiner weltweit bedeutenden Sammlung von Himmelsaufnahmen, das Museum Neues Schloss Rauenstein, das Museum Geißlerhaus und das Stadtmuseum in Neuhaus am Rennweg, das Haus der Natur in Goldisthal, das Sonneberger Meeresaquarium Nautiland oder die Zinselhöhle Meschenbach.

Zu den Jahreshöhepunkten zählen das in Sonneberg stattfindende Internationale Teddy- und Puppenfestival im Mai, das Steinacher Bildhauersymposium im Juli, das Sonneberger Stadt- und Museumsfest im September, die Internationalen Sonneberger Jazztage im November oder der Lauschaer Kugelmarkt an den ersten beiden Adventswochenenden.

Fläche: 433,61 km²
EW: 56.809 - EW/km²: 131
KFZ-Kennzeichen: SON
Kreissitz: Sonneberg
www.landkreis-sonneberg.de

Landrätin
Christine Zitzmann (w) / parteilos
im Amt seit: 2006 gewählt bis: 2018

Sitzverteilung im Kreistag
Vorsitz: Wilfried Luther

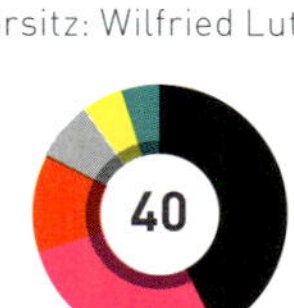

17	CDU
11	Die Linke
5	SPD
2	FDP
2	Freie Wähler
3	Sonstige

(NPD 2, B.90/Grüne 1)

Unstrut-Hainich-Kreis

THÜRINGEN

Der Unstrut-Hainich-Kreis ist...

...im Nordwesten des Freistaates Thüringen gelegen. Zwei geografische Merkmale sind für den Kreis namengebend: Der Fluss Unstrut, der den Landkreis von Nordwest nach Südost durchfließt, und der Nationalpark Hainich als europaweit größtes zusammenhängendes Buchenwaldgebiet und UNESCO Weltnaturerbe.

Historische Entwicklung

Am 1.7.1994 wurde der Unstrut-Hainich-Kreis aus den Kreisen Bad Langensalza und Mühlhausen gegründet. Die beiden Altkreise gehen direkt zurück auf die Einteilung des preußischen Regierungsbezirks Erfurt, die am 5.4.1816 im Amtsblatt der königlichen Regierung zu Erfurt verkündet wurde.

Der Langensalzaer Kreis bestand aus den drei Städten Langensalza, Tennstedt und Thamsbrück sowie 43 Gemeinden. Den Titel „Bad" bekam Langensalza erst am 28.7.1956.

Zum Mühlhäuser Kreis gehörten die 19 Dörfer der Reichsstadt Mühlhausen, die drei Dörfer der Vogtei, die elf Dörfer und Höfe der Ganerbschaft Treffurt sowie 19 eichsfeldische Orte sowie der Gerichtshof Hildebrandshausen. Bis zur Gegenwart haben sich viele dieser Dörfer als Ortsteile größeren Gemeinden angeschlossen.

Fläche: 979,69 km²
EW: 103.922 - EW/km²: 106
KFZ-Kennzeichen: UH
Kreissitz: Mühlhausen
www.unstrut-hainich-kreis.de

Landrat
Harald Zanker / SPD
im Amt seit: 1994 gewählt bis: 2018

Sitzverteilung im Kreistag
Vorsitz: Dr. Jürgen Ziegenfuß

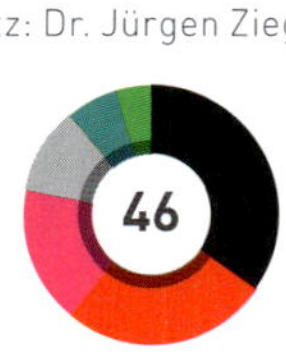

16	CDU
12	SPD
8	Die Linke
3	FWG
2	B.90/Grüne
5	Sonstige

(FDP 2, NPD 2, FWG Bürgermeiser 1)

Wertschöpfung und Verkehr

Der Unstrut-Hainich-Kreis bietet durch seine zentrale Lage innerhalb Deutschlands günstige Verkehrsanbindungen zur Ansiedlung von Unternehmen. Die gut ausgebauten Bundesstraßen bilden bedeutende Verkehrsachsen und ermöglichen kürzere Lieferwege. Zudem wird der Landkreis von den Bundesautobahnen 4, 38 und 71 umschlossen, welche durch den Ausbau des Straßennetzes in den vergangenen Jahren zunehmend zügiger erreichbar sind.

Die wirtschaftliche Situation im Unstrut-Hainich-Kreis zeichnet sich durch einen breiten und leistungsstarken Mittelstand aus und bietet damit ein breites Spektrum an Industrie und Gewerbe. Dabei hat sich neben den traditionellen Branchen wie Holz- und Möbelproduktion, Elektronik, Dachziegelproduktion und Textilindustrie in den vergangenen Jahren die Automobilzulieferindustrie als stärkster Wirtschaftszweig entwickelt. Eine besondere Bedeutung kommt dem Handwerk zu. Weiterhin ist, aufgrund der agrarstrukturellen Gegebenheiten, eine Vielzahl von landwirtschaftlichen Betrieben ansässig.

Landschaft, Sehenswürdigkeiten und Kultur

Im Landkreis Unstrut-Hainich liegt der geografische Mittelpunkt Deutschlands, der zu Beginn der 1990er Jahre in der Gemeinde Niederdorla, wenige Kilometer von Mühlhausen entfernt, festgelegt wurde. Um den Mittelpunkt für Pilger zu visualisieren, markieren eine Steinplatte und eine Kaiserlinde den entsprechenden Punkt.

Der Landkreis Unstrut-Hainich birgt ein großes touristisches Potential in sich. Historische Sehenswürdigkeiten, attraktive Ausflugsziele und beeindruckende Naturlandschaften prägen das Erscheinungsbild und locken somit Jahr für Jahr tausende Besucher an. Zunehmend konnte sich so der Tourismus als ein bedeutender Wirtschaftsfaktor entwickeln.

Seit seiner Ausweisung als einziger Nationalpark Thüringens erfreut sich der Hainich ständig wachsender Beliebtheit. Durch seine jahrzehntelange vorwiegend militärische Nutzung konnten sich urwaldähnliche Strukturen mit einzigartigen Pflanzen- und Tierbeständen entwickeln. Eine besondere Ehrung wurde dem Nationalpark am 25.6.2011 zuteil: die Auszeichnung als UNESCO-Weltnaturerbe. Das Welterbekomitee nahm die „Alten Buchenwälder Deutschlands" in die Liste der Welterbestätten auf und stellte sie somit unter weltweiten Schutz. Sie repräsentieren die wertvollsten Relikte großflächiger naturnaher Buchenwälder in Deutschland und ergänzen hervorragend das seit 2007 bestehende UNESCO-Weltnaturerbe „Buchenurwälder der Karpaten".

Zu jeder Jahreszeit einen Besuch wert ist der Baumkronenpfad an der Thiemsburg: für einen Erkundungsgang durchs Blätterdach und einen fantastischen Rundblick über das Thüringer Becken. Auf einer Pfadlänge von über 500 m erfahren Besucher Interessantes über den Wald, die Baumkronenforschung und das artenreiche Leben in den Wipfeln und am Boden.

Liebhaber historischer Städte kommen sowohl in der Kreisstadt Mühlhausen als auch in der Kur- und Rosenstadt Bad Langensalza auf ihre Kosten. Beide Städte sind stolz auf ihren mittelalterlichen Stadtkern. Ein Spaziergang in Mühlhausen auf der begehbaren Stadtmauer, ein Besuch des Bauernkriegsmuseums oder die Besichtigung einer der 13 Kirchen, in denen unter anderem Johann Sebastian Bach wirkte, gibt Anlass zu einem mehrtägigen Aufenthalt. Bad Langensalza ist als blühendste Stadt Europas gerade im Frühjahr und Sommer eine Augenweide für Liebhaber gepflegter Gartenlandschaften. Neben Rosengarten, Japanischem Garten, Arboretum und Botanischem Garten lädt das Friederikenschlösschen zum Verweilen ein.

Wartburgkreis

THÜRINGEN

Der Wartburgkreis ist...
...in erster Linie vielgestaltig: Er hat Anteile an vier nationalen Naturlandschaften – dem Biosphärenreservat Rhön, den Naturparken Thüringer Wald und Eichsfeld-Hainich-Werratal sowie dem Nationalpark Hainich mit UNESCO-Weltnaturerbeanteil. Kulturerbestandorte von nationaler Bedeutung liegen in seinem Territorium – die Landschaftsparks Altenstein und Wilhelmsthal, die Creuzburg, die Brandenburg und andere Burgen und Schlösser, die Fröbelwirkungsstätten in Schweina und der Point Alpha bei Geisa – die Reihe lässt sich weiter fortsetzen. Gemeinsam mit der Wartburgstadt Eisenach bildet er aber auch den stärksten Industriestandort in Thüringen mit innovativen Unternehmen und Produktionsstätten auf höchstem technischen Niveau.

Historische Entwicklung
Der Wartburgkreis gehört geschichtlich zu den früh besiedelten Gebieten. Zur Überwachung der historischen Handelswege wurden im Hochmittelalter zahlreiche Burgen und Befestigungsanlagen auf den Anhöhen entlang der Werra errichtet. Die berühmteste darunter ist die Wartburg bei Eisenach, die als einzige deutsche Burg zum Weltkulturerbe der UNESCO gehört.

Fläche: 1.307,43 km²
EW: 125.835 - EW/km²: 96
KFZ-Kennzeichen: WAK
Kreissitz: Bad Salzungen
www.wartburgkreis.de

Landrat
Reinhard Krebs / CDU
im Amt seit: 2006 gewählt bis: 2018

Sitzverteilung im Kreistag
Vorsitz: Karola Hunstock

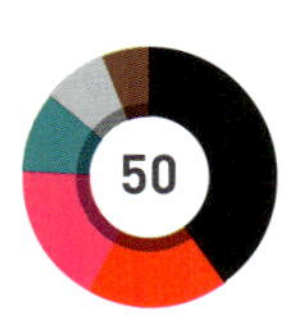

20 CDU
9 SPD
9 Die Linke
5 Freie Wähler
3 NPD
4 Sonstige
(B.90/Grüne 2, FDP 1, LAD 1)

Der mit Reichsacht und Kirchenbann belegte Martin Luther wurde auf dem Rückweg aus Worms bei Steinbach in Schutzhaft genommen und auf die Wartburg verbracht, wo er in nur zehn Monaten das Neue Testament aus dem griechischen Urtext übersetzte. Die Heilige Elisabeth weilte als Landgräfin von Thüringen auch gern auf der nahen Creuzburg, der Schwesternburg der Wartburg.

Nach der Wiedervereinigung wurde der Wartburgkreis im Rahmen der Kreisgebietsreform am 1.7.1994 aus den Landkreisen Eisenach und Bad Salzungen sowie einigen Gemeinden des Landkreises Bad Langensalza gebildet. Kreisstadt ist seitdem Bad Salzungen. Die seit 1998 kreisfreie Stadt Eisenach mit ihren rund 44.000 Einwohnern wird vom Wartburgkreis umschlossen.

Wertschöpfung und Verkehr
Der Wartburgkreis ist schuldenfrei. Die Arbeitslosenquote liegt bei 6 %, Tendenz fallend. Dem Wachstum der hiesigen Unternehmen und den willkommenen Neuansiedlungen tragen infrastrukturell gut erschlossene Gewerbegebiete mit großen Flächenangeboten Rechnung. Der Wartburgkreis liegt in der geographischen Mitte Deutschlands und ist über die A 4 ebenso schnell wie per ICE erreichbar. Besonders die Wirtschaft interessiert der Verkehrslandeplatz im gleichnamigen Industriegebiet Eisenach-Kindel.

Die Zukunftsfähigkeit bezeugt auch das stabile Wachstum der Industrieumsätze auf aktuell über 4,7 Mrd. € (2014). Von den etwa 64.300 Beschäftigten arbeiten mehr als ein Drittel in Betrieben des produzierenden Gewerbes. Die Zahl der Industriebeschäftigten je 1.000 Einwohner liegt im Kreis und in der Stadt Eisenach deutlich über dem Thüringer und dem Bundesdurchschnitt.

Fundament der erfolgreichen Wirtschaftsentwicklung ist die vielfältige Unternehmenslandschaft: Landwirtschaft und Bergbau, Automobil- und Maschinenbau sowie Tourismus, Gesundheit und Dienstleistungen unterstreichen den gesunden Branchenmix. Die Wartburgregion befindet sich in einem regionalen und überregionalen Netzwerk ausgezeichneter Berufsbildungs-, Fach- und Hochschuleinrichtungen: Produkt- und Prozessinnovationen, aber auch die Nähe zu den Nachwuchsfachkräften sind Bestandteile vieler Erfolgsgeschichten von ansässigen Unternehmen.

Landschaft, Sehenswürdigkeiten und Kultur
Der Nationalpark Hainich und die Wartburg gehören zum UNESCO Welterbe – in Werratal, Rhön und am Rennsteig kann seit nunmehr 25 Jahren grenzenlos gewandert, geradelt und gepaddelt werden. Vielerorts wird Kultur vom Feinsten geboten: zu den Thüringer Bachwochen, den Telemann-Tagen, den Lux-Festspielen, den Michael-Prätorius-Tagen oder im Güldenen Herbst.

Das Landestheater und die Landeskapelle Eisenach, die beiden Musikschulen in Eisenach und in Bad Salzungen, die Volkshochschulen, das Planetarium, die Jugendkunstschule in Schweina, die Rhöner Schnitzerschule in Empfertshausen, Chöre über Chöre und zahlreiche weitere Vereins- und Kultureinrichtungen – alle tragen dazu bei, das kulturelle Erbe zu bewahren und durch eigene Beiträge weiter zu entwickeln.

Eine intakte Natur, heilkräftige Quellen und günstige klimatische Bedingungen sind zudem beste Voraussetzungen für erfolgreiche Kur- und Wellnessaufenthalte in den Heilbädern des Wartburgkreises. Denn: Kuren hat hier Tradition. So ist Bad Liebenstein der älteste Thüringer Kurort, und als Wahrzeichen der Kreisstadt Bad Salzungen gilt ihr prächtig restauriertes Jugendstil-Gradierwerk.

Bei dem umfangreichen Erlebnisangebot im Wartburgkreis ist allem voran das Netz von Wander- und Radwegen zu nennen, das zudem über gute überregionale Anbindungen verfügt.

Wartburgland vom Hörselberg

© Andre Nestler

Landkreis

Weimarer Land

THÜRINGEN

Der Landkreis Weimarer Land ist...
...mitten in Deutschland und mitten im Leben. Egal ob quirlig urban oder idyllisch ländlich: kurze Wege zu den Zentren von Jena, Weimar und Erfurt, lebenswerte Dörfer, attraktive Kleinstädte und Kurstädte sowie eine hohe Freizeitqualität prägen das Leben im Weimarer Land.

Historische Entwicklung

Der Landkreis Weimarer Land entstand 1994 im Zuge der Kreis- und Gemeindereform Thüringens durch die Zusammenlegung der alten Landkreise Apolda und Weimar-Land, wobei zugleich Gemeinden des alten Landkreises Erfurt-Land und die Gemeinde Drößnitz des Landkreises Jena-Land eingegliedert wurden. Verwaltungssitz ist die Stadt Apolda. Das Landratsamt Apolda hat eine Außenstelle in Weimar.

Im Jahre 1920 wurde aus den bisherigen sieben thüringischen Einzelstaaten das Land Thüringen gebildet. In der Folge entstanden im Jahre 1922 16 Landkreise. Einer von ihnen war der Großkreis Weimar, in dessen Gebiet sich die zwei kreisfreien Städte Weimar und Apolda befanden. Zur Kreisstadt wurde Weimar, die zugleich Landeshauptstadt war. Im Jahre 1952 wurde der Großlandkreis Weimar in die zwei Kreise Weimar und Apolda aufgespalten, das Land Thüringen in die Bezirke Erfurt, Gera und Suhl aufgeteilt. Nach der Wiedervereinigung erfolgte die Wiedergründung des Landes Thüringen.

Aus dem ehemaligen Landkreis Weimar wurden 1994 die Gemeinden Gaberndorf, Gelmeroda, Legefeld, Niedergrunstedt, Possendorf, Süßenborn, Taubach und Tröbsdorf der kreisfreien Stadt Weimar angeschlossen. Zum 1.1.1997 wechselte die Gemeinde Neckeroda vom Landkreis Saalfeld-Rudolstadt in den Landkreis Weimarer Land.

Der Kreis umgibt die kreisfreie Stadt Weimar, bildet aber mit ihr das historische Weimarer Land, ein Begriff, der in der klassischen Zeit Weimars entstand. Goethe, Schiller, Wieland, Herder und später Liszt sowie der weimarische Hof, aber auch die Bürger des „offenen Städtchens" Weimar kannten keine Trennung der Stadt und ihres Umlandes.

Wertschöpfung und Verkehr

Am Weimarer Land kommt man nicht vorbei: Die zentrale Lage in Deutschland und Europa bietet den ansässigen Unternehmen einen optimalen Zugang zu den Märkten in West- und Osteuropa. Die A 4 und die Anschlüsse an die A 9 und A 71 auf der einen Seite, kurze Wege zur Bahn und den Flughäfen Erfurt/Weimar und Leipzig auf der anderen sind nicht nur bei Ansiedlungen von Unternehmen wichtige Argumente, sondern auch für Fachkräfte eine wichtige Voraussetzung, um das Weimarer Land als Wohn- und Industriestandort weiter zu etablieren.

Eine breite Branchenstruktur und eine vorausschauende Ansiedlungspolitik haben dafür gesorgt, dass sich der Landkreis auch bei zyklisch auftretenden Konjunkturschwankungen immer stabil gezeigt hat. Neben einem traditionell sehr starken Metall und Maschinenbausektor, ist es auch der Bereich Kunststoff/Chemie, der die wirtschaftliche Struktur im Weimarer Land prägt.

Gelebte Netzwerke, Branchenverbunde und starke Partner der Wirtschaftsförderung sind ein Garant dafür, dass sich Wirtschaft im Weimarer Land wohl fühlt und haben dazu beigetragen, dass die über 440 ha Gewerbefläche zu 86 % ausgelastet sind.

Fläche: 804,47 km²
EW: 81.641 - EW/km²: 101
KFZ-Kennzeichen: AP
Kreissitz: Apolda
www.weimarer.land.de

Landrat
Hans-Helmut Münchberg[V] / parteilos
im Amt seit: 1990 gewählt bis: 2018

Sitzverteilung im Kreistag
Vorsitz: Fred Menge

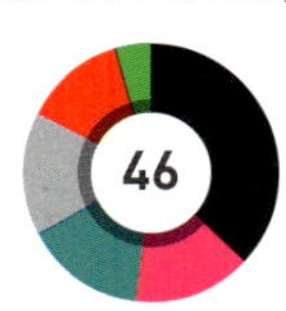

17	CDU
7	Die Linke
7	Freie Wähler
6	SPD
2	B.90/Grüne
7	Sonstige

(FDP 2, AfD 2, Piraten 1, NPD 1, Bürgerinitiativen 1)

Landschaft, Sehenswürdigkeiten und Kultur

Der Norden ist wegen seiner fruchtbaren Böden und großflächigen Ebenen eher landwirtschaftlich geprägt. Der südliche Teil zieht mit seiner sanft bewaldeten Hügellandschaft, dem Landschaftsschutzgebiet Mittleres Ilmtal und dem Ilmtal-Radwanderweg überwiegend Touristen und Erholungsuchende an.

Die „Toskana des Ostens" verdient sich ihren Namen mit Weinbaugebieten, Heilquellen in den beiden Kurorten Bad Berka und Bad Sulza, der Toskana- und Avenida-Therme und der mediterran anmutenden Landschaft, durch die sich über 600 km Radwege und über 500 km Wanderwege erstrecken.

Zwei weitere Landschaftsschutzgebiete, das mittlere Saaletal, der Schötener Grund und Naturschutzgebiete unterstreichen den Charakter und den Erholungswert des Kreises Weimarer Land und versprechen einen unvergesslichen Aufenthalt.

Sachsen

Landkreise	**10**
Fläche km²	**17.573,70**
Einwohner	**2.730.966**
Bevölkerungsdichte EW/km²	**155**

Größte Landkreise	km²
Bautzen	2.390,74
Mittelsachsen	2.113,42
Görlitz	2.106,32

Kleinste Landkreise	km²
Zwickau	949,27
Vogtlandkreis	1.411,91
Meißen	1.452,39

Einwohnerstärkste Landkreise	EW
Erzgebirgskreis	349.582
Zwickau	325.137
Mittelsachsen	312.711

Einwohnerschwächste Landkreise	EW
Nordsachsen	197.042
Vogtlandkreis	232.390
Meißen	243.745

Dichtest besiedelte Landkreise	EW/km²
Zwickau	343
Erzgebirgskreis	191
Meißen	168

Dünnst besiedelte Landkreise	EW/km²
Nordsachsen	98
Görlitz	124
Bautzen	128

Landkreis

Bautzen

SACHSEN

Der Landkreis Bautzen ist...
...mit seiner Fläche von rund 2.400 km² dreimal so groß wie Berlin. Damit ist er auch der größte im Freistaat Sachsen.

Historische Entwicklung

Der Landkreis Bautzen gehört zur Oberlausitz, die in ihrer Geschichte zahlreiche herrschaftliche Veränderungen erlebte. Das Land verlor seine Privilegien mehrfach und holte sie zurück – bis die erste Sächsische Verfassung es 1831 endgültig den anderen gleichstellte. Ihren Stolz und ihr Traditionsbewusstsein aber haben sich die Oberlausitzer bis heute bewahrt.

Die jüngste Geschichte des Landkreises Bautzen beginnt mit der Wiedervereinigung. 1990 gab es mit Bautzen, Bischofswerda, Hoyerswerda, Kamenz und Dresden-Land fünf Kreise im heutigen Gebiet.

Die erste Kreisgebietsreform 1994/96 war eine Zäsur, weil sie schon nach so kurzer Zeit erfolgte. Hoyerswerda wurde kreisfrei und Teile der Landkreise Bischofswerda und Dresden-Land gingen in den neu entstehenden Landkreisen Bautzen und Kamenz auf. Das Verbindende zwischen diesen Kreisen war die Tradition und das sorbische Siedlungsgebiet. Der Landkreis Kamenz erlebte einen beachtlichen Wiederaufbau mittelständischer Strukturen. Eine ähnliche Entwicklung gab es auch im damaligen Kreis Bautzen. Besonders in der Kreisstadt und im Oberland blühte der Mittelstand auf.

Die Kreisgebietsreform im Jahre 2008 wurde heftig diskutiert. Die Menschen im Süden orientierten sich mehr in Richtung Löbau-Zittau. Der Landkreis Kamenz sah die Einkreisung der Stadt Hoyerswerda als ausreichend an. Überlagert wurde alles durch die Diskussion über eine einheitliche Oberlausitz.

Wertschöpfung und Verkehr

Die Verwaltung, die durch diese Reform entstand, ist mit rund 1.900 Beschäftigten einer der größten Arbeitgeber der Region.

Die Industrielandschaft prägen neben Maschinenbau, Metallbearbeitung und Lebensmittelbranche, die Kunststofftechnik, der Anlagenbau und die Oberflächentechnik. Die Palette des traditionellen Handwerkes reicht von der Töpferei, dem Blaudruck, der Leinenweberei und der Granitbearbeitung bis hin zum Orgelbau. Land- und Fischereiwirtschaft runden das vielfältige Repertoire ab.

Durch die Bevölkerungsentwicklung verschoben sich in letzter Zeit die Schwerpunkte der Verwaltungsarbeit. Heut gilt es vor allem, junge Menschen in der Region zu halten, um dem Fachkräftemangel zu begegnen. Bildung wurde so zu einem Hauptthema der Kreisentwicklung.

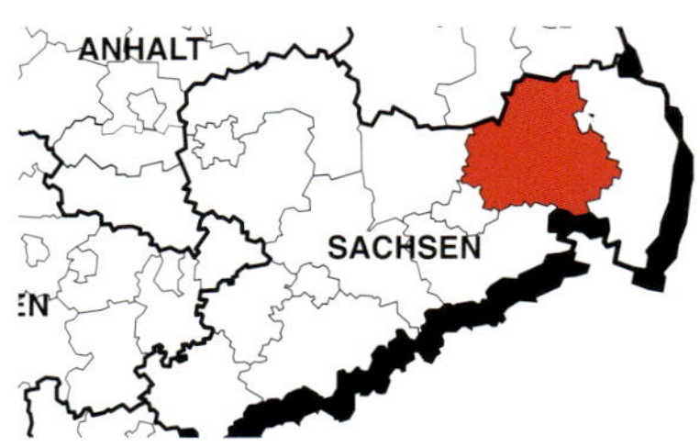

Fläche: 2.390,74 km²
EW: 306.570 - EW/km²: 128
KFZ-Kennzeichen: BZ
Kreissitz: Bautzen
www.lra-bautzen.de

Landrat
Michael Harig / CDU
im Amt seit: 2001 gewählt bis: 2022

Sitzverteilung im Kreistag
Vorsitz: Michael Harig

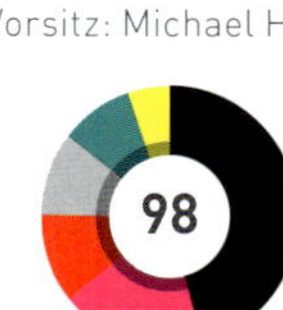

45	CDU
18	Die Linke
11	SPD
9	Freie Wähler
5	FDP
10	Sonstige

(NPD 5, B.90/Grüne 3, SWZ/SWV 1, AfD 1)

2012 gründete der Landkreis eine Energieagentur und setzte so auf Zukunftssicherung. Die Agentur bringt das Thema Energiewende voran und berücksichtigt dabei die Fakten vor Ort. Der Landkreis Bautzen war außerdem einer der wenigen, der bereits 2011 flächendeckend für schnelles Internet sorgte.

Landschaft, Sehenswürdigkeiten und Kultur

Das Kreisgebiet erstreckt sich heute von der Grenze zur Tschechischen Republik im Süden bis zum brandenburgischen Nachbarn im Norden und der Landeshauptstadt Dresden im Westen. Von Weißenberg, der östlichsten Stadt, sind es nur noch 20 km bis nach Polen.

Verweist man um Radeberg mit Stolz auf kursächsische Traditionen, fühlt man sich ansonsten eher der Oberlausitz verbunden. Im Zentrum des Kreises liegt das sorbische Siedlungsgebiet. Deutsche und Sorben leben, arbeiten und feiern hier neben-, vor allem aber miteinander.

Wohl nirgends auf der Welt gibt es auf so engem Raum eine solche landschaftliche Vielfalt: Vom Oberlausitzer Bergland im Süden über das Lausitzer Gefilde bis hin zu den Heide- und Teichgebieten im Norden ist der Landkreis Bautzen Heimat einer einzigartigen Flora und Fauna.

Selbst dort, wo an der Grenze zu Brandenburg vor kurzem noch die Eimerkettenbagger standen, entsteht eine neue Urlaubsregion: Das Lausitzer Seenland. So unterschiedlich die Landschaft ist, so unterschiedlich sind die Menschen. Aber gerade dieser Aspekt macht die Stärke und nicht zuletzt auch den Charme des Landkreises aus.

Die Kulturlandschaft steht dem um nichts nach. Einst waren hier Geistesgrößen wie Lessing, Fichte, Rietschel oder Brězan zu Hause. Schon sie fühlten sich der Vielfalt verpflichtet.

Vielfalt bietet auch das Deutsch-Sorbische Volkstheater, dem einzigen mehrsprachigen Profi-Theater Deutschlands.

Und auch die Speisekarte kann sich sehen lassen: Im Landkreis wird das „Radeberger", eine der bekanntesten Biersorten Deutschlands gebraut. Mit „Sachsenmilch" ist die derzeit größte Molkerei Europas hier zu Hause. Der Bautzener Senf passt zwar kulinarisch nicht zu Pulsnitzer Lebkuchen und Wilthener Weinbrand – in die vielfältige Wirtschaftslandschaft des Landkreises aber allemal.

Erzgebirgskreis

SACHSEN

Der Erzgebirgskreis ist...

...ein lebendiger Industriestandort im Grünen. Herzlichkeit und Heimatverbundenheit der Einwohner, einzigartige Natur und Mittelgebirgslandschaften, leistungsfähige Unternehmen und gelebtes Brauchtum gepaart mit vielfältigen Angeboten im Bereich Kultur, im Sport und der Freizeitgestaltung verleihen dem Erzgebirgskreis seine Identität.

Historische Entwicklung

Der Erzgebirgskreis besteht seit dem 1.8.2008. Er wurde im Rahmen einer Kreisgebiets- und Funktionalreform in Sachsen aus den Altlandkreisen Annaberg, Aue-Schwarzenberg, Mittlerer Erzgebirgskreis und Stollberg gebildet. Damit entstand der bevölkerungsreichste Landkreis der neuen Bundesländer, gelegen im am dichtesten besiedelten Mittelgebirge Europas.

Die besagten Altlandkreise sind aus Amtshauptmannschaften hervorgegangen. Ein Blick in die Verwaltungsgeschichte zeigt dabei ein bestimmendes Ereignis: Die administrative Neugliederung des Königreiches Sachsen im Jahr 1835. Sie brachte die Amtshauptmannschaften hervor.

Wertschöpfung und Verkehr

Der Bergbau, dessen Folgeindustrien sowie das Wirtschaften bis in die höchsten Kammlagen des Mittelgebirges prägten jahrhundertelang nicht nur Landschaft und Lebensumstände der Menschen; sie forderten auch den Erfindungsreichtum und die technische Kreativität der Erzgebirger. Diese Tugenden haben sich die Industrie- und Handwerksbetriebe bis heute bewahrt.

Mit der Spezialisierung auf Nischenprodukte und kundenspezifische Sonderanfertigungen nimmt der Wirtschaftsstandort Erzgebirge als Hersteller und Zulieferer heute deutschland- und weltweit eine besondere Position ein. Die hohe Flexibilität und Bandbreite der hier ansässigen, oft familiengeführten Unternehmen garantieren eine nachhaltige Entwicklung der gesamten Region – das beweisen zahlreiche Erfolgsgeschichten aus dem Erzgebirge.

Mit 104 Industriebeschäftigten auf 1.000 Einwohner weist der Landkreis die zweithöchste Industriedichte in Sachsen auf und das ohne einen Großkonzern. 90 % der Unternehmen in der Region beschäftigen weniger als 10 Mitarbeiter. Die Industriebranchen Metall, Maschinenbau und die Elektrotechnik sind der Motor der Wirtschaft. Von den 3.050 Industrieunternehmen mit mehr als 20 Beschäftigten in Sachsen sind 422 im Erzgebirge angesiedelt. Nicht zuletzt sind auch leistungsfähige Landwirtschaftsbetriebe ein wichtiger Teil des Wirtschaftsgeschehens.

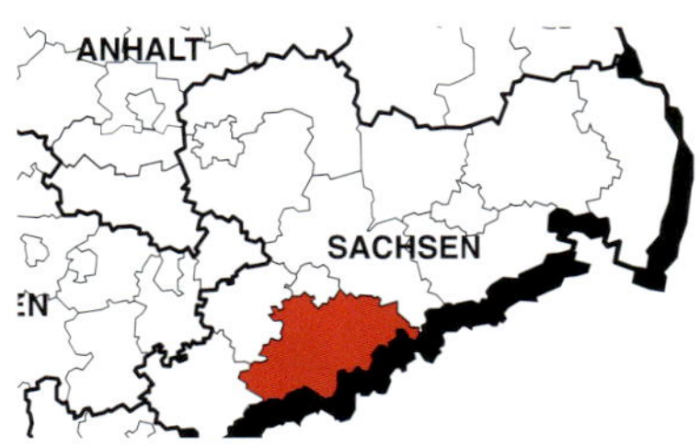

Fläche: 1.828,45 km²
EW: 349.582 - EW/km²: 191
KFZ-Kennzeichen: ERZ
Kreissitz: Annaberg-Buchholz
www.erzgebirgskreis.de

Landrat
Frank Vogel (P) / CDU
im Amt seit: 2008 gewählt bis: 2022

Sitzverteilung im Kreistag
Vorsitz: Frank Vogel

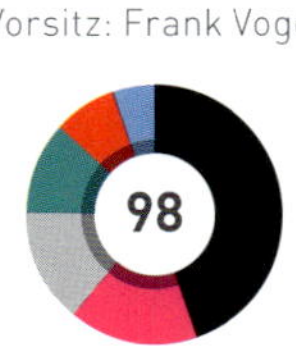

44	CDU
16	Die Linke
11	FWE
8	SPD
5	AfD
14	Sonstige (FDP 5, NPD 4, B.90/Grüne 3, FBE 2)

Landschaft, Sehenswürdigkeiten und Kultur

Der Erzgebirgskreis umfasst nahezu das gesamte sächsische West- und Mittelerzgebirge, von der Kammregion an der deutsch-tschechischen Staatsgrenze bis an den Übergang zum Erzgebirgsbecken zwischen den Städten Chemnitz und Zwickau. Mit 914 m über Normalnull ist Oberwiesenthal die höchstgelegene Stadt Deutschlands und ein bedeutendes Wintersportleistungszentrum, das direkt am Fuße des Fichtelberges, der mit 1215 m höchsten Erhebung Sachsens, liegt. Von hier aus traten viele Olympiasieger und Weltmeister ihren Siegeszug an.

800 Jahre Bergbau führten im Erzgebirge zu einer einzigartigen Beziehung zwischen Mensch und Natur, die eine Kulturlandschaft von universellem Wert hervorbrachte. Der Bergbau schuf bedeutende Denkmale, brachte Volkskünste hervor und schafft es noch heute, Tradition und Moderne zu verbinden. Deshalb strebt die Region mit dem grenzüberschreitenden Projekt Montane Kulturlandschaft Erzgebirge/Krušnohoří an, als UNESCO Weltkulturerbe anerkannt zu werden.

In der größten zusammenhängenden Tourismusregion Sachsens haben Sport, Kultur und Traditionen viele Gesichter. Der Erzgebirgskreis steckt voller Möglichkeiten: Ungewöhnliche Events an außergewöhnlichen Orten, dafür stehen die „artmontan-Kulturtage", wo die geheimnisvolle Bergwelt des Erzgebirges und Produktionsstätten von Industriebetrieben die perfekte Kulisse für Bühnenerlebnisse der Extraklasse bieten. Ein Theater mit eigenem Ensemble in Annaberg-Buchholz, die erzgebirgische Philharmonie Aue und die zweitgrößte Freilichtbühne Deutschlands, die Waldbühne in Schwarzenberg, bieten Kulturinteressierten eine großes Angebot.

Sieben Burgen und Schlösser, rund 120 Museen, viele sehenswerte Kirchen, wie die größten spätgotischen Hallenkirchen Sachsens mit der St. Annenkirche in Annaberg-Buchholz und der St.-Wolfgang-Kirche in Schneeberg sowie über 15 Schaubergwerke lassen die Vergangenheit des Erzgebirges lebendig werden. Die hohe Dichte an Vereinen, angefangen von traditionellen Schnitz- oder Klöppelvereinen bis hin zum Kunstverein, bieten Raum zur aktiven kulturellen Gestaltung. Doch auch sportlich wird etwas geboten: Im 120 km langen Naturpark Erzgebirge/Vogtland mit rund 5.000 km Wanderwegen können Besucher imposante Landschaften erkunden. Mit dem Rad oder den langen Brettern kann man zu jeder Jahreszeit die facettenreiche Landschaft genießen. Wer lieber den Profi-Sportlern bei der Arbeit zuschaut, ist z. B. im Erzgebirgsstadion der Veilchen oder in der Erzgebirgshalle beim EHV Aue ein gern gesehener Gast.

Landkreis
Görlitz

SACHSEN

Der Landkreis Görlitz ist...

...der östlichste Landkreis Deutschlands. Eine wunderschöne Landschaft, geschichtsträchtige Städte und Dörfer mit einzigartigen Sehenswürdigkeiten, Menschen mit jahrhundertealten Traditionen und Bräuchen und die Nachbarschaft zu Polen und Tschechien – das sind Markenzeichen des Landkreises Görlitz.

Historische Entwicklung

Der Landkreis Görlitz entstand am 1.8.2008 aufgrund einer sächsischen Kreisgebiets- und Funktionalreform aus dem Landkreis Löbau-Zittau, dem Niederschlesischen Oberlausitzkreis und der bis dahin kreisfreien Stadt Görlitz. Bis dahin erlebte die Region eine sehr wechselvolle Geschichte.

Besonders einschneidend war die Teilung der Oberlausitz infolge der Napoleonischen Kriege nach dem Wiener Kongress 1815 in einen preußischen und einen sächsischen Teil. Das beeinflusst den Landkreis Görlitz bis heute.

Durch die wachsende Industrie im 19. und 20. Jahrhundert gehörte die südliche Oberlausitz bald zu den am dichtesten besiedelten Gebieten in Sachsen. Handel und Wandel über die Grenze hinweg nach Böhmen florierten.

Eine jähe Wende brachte das Ende des Zweiten Weltkrieges. Das vorher zu Sachsen gehörende Gebiet der Amtshauptmannschaft Zittau östlich der Neiße, kam nach dem Potsdamer Abkommen unter polnische Verwaltung, ebenso die Gebiete der ehemals preußischen Oberlausitz nördlich davon. Die Neiße wurde zum Grenzfluss.

Die vorher zu Preußen gehörenden Gebiete der Oberlausitz westlich der Neiße wurden dem „Land Sachsen" zugeordnet. 1952 wurde Sachsen wie alle anderen Bundesländer in der DDR aufgelöst und in Bezirke gegliedert. Der heutige Landkreis Görlitz gehörte mit den Kreisen Zittau, Löbau, Görlitz, Niesky und der Kreisfreien Stadt Görlitz zum Bezirk Dresden, Weißwasser zum Bezirk Cottbus.

Erst durch die am 3.10.1990 vollzogene deutsche Einheit wurde an die historisch gewachsene Einheit der Oberlausitz im Freistaat Sachsen angeknüpft.

Wertschöpfung und Verkehr

Mit der Erweiterung des Schengen-Raumes entwickelte sich der Landkreis Görlitz zunehmend zu einer Drehscheibe der Wirtschaft im Dreiländereck Deutschland-Polen-Tschechien. Vor allem in den Schlüsselbranchen Metallbau, Kunststoffindustrie, Glasindustrie und erneuerbare Energien ist man dabei, einen gemeinsamen trinationalen Wirtschaftsraum zu entwickeln. Eine starke, mittelständisch geprägte Unternehmerschaft garantiert auch in Zukunft stabile Kooperationsbeziehungen Sonderkonditionen im Förderzeitraum 2014 bis 2020, vollständig erschlossene Gewerbegebiete mit guter Verkehrsanbindung und das hohe Innovationspotenzial mit Berufs-, Fach- und Hochschulen sowie Forschungseinrichtungen machen die Region interessant.

Der Landkreis Görlitz versteht sich als Landkreis voller Energie. Dafür stehen die Hochschule Zittau/Görlitz im Süden des Landkreises sowie die Tagebau und das Kraftwerk Boxberg im Norden.

Fläche: 2.106,32 km²
EW: 260.188 - EW/km²: 124
KFZ-Kennzeichen: GR
Kreissitz: Görlitz
www.kreis-görlitz.de

Landrat
Bernd Lange [K] / CDU
im Amt seit: 2001 gewählt bis: 2022

Sitzverteilung im Kreistag
Vorsitz: Bernd Lange

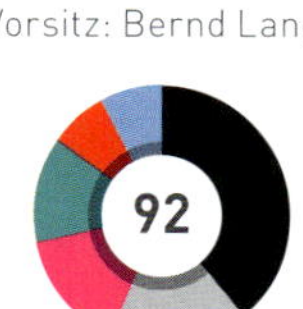

37	CDU
14	Die Linke
12	Freie Wähler
7	SPD
7	AfD
15	Sonstige

(B.90/Grüne 4, NPD 4, FDP 3, KJIK 2, BfG 1, ZKM 1)

Landschaft, Sehenswürdigkeiten und Kultur

Landschaftlich verändert der Landkreis sein Gesicht hauptsächlich in Nord-Süd-Richtung. Der flache Norden wird vom Oberlausitzer Bergbaurevier, der Muskauer Heide und der waldreichen Oberlausitzer Heide- und Teichlandschaft geprägt. In südlicher Richtung steigt die Landschaft stetig an und geht in das das Oberlausitzer Bergland über.

Beeindruckend ist der Fürst-Pückler-Park in Bad Muskau, der zum UNESCO-Weltkulturerbe gehört. Das Große Zittauer Fastentuch von 1472 ist einzigartig in Deutschland und eine Rarität in Europa, ebenso das Kleine Fastentuch von 1573. Görlitz mit seinen original erhaltenen Bauwerken aus Gotik, Renaissance, Barock, Gründerzeit und Jugendstil zählt zu den schönsten Städten Deutschlands; das 1234 von Böhmenkönigin Kunigundis gestiftete Kloster St. Marienthal in Ostritz ist das älteste unentwegt besiedelte Zisterzienserinnenkloster in Deutschland. Auf dem Löbauer Berg steht der einzige gusseiserne Aussichtsturm Europas. Die Burg- und Klosterruine auf dem Oybin ist ein Zeugnis europäischer Geschichte und die Zittauer Schmalspurbahn sowie die Waldeisenbahn Muskau locken Eisenbahnfreunde aus der ganzen Welt an. Die Oberlausitzer Umgebindehäuser, eine Verbindung von fränkischer und slawischer Bauweise, sind nirgendwo sonst in einer solchen Vielzahl erhalten geblieben.

Eine Besonderheit sind die hauptsächlich im Kirchspiel Schleife lebenden evangelischen Sorben, eine nationale Minderheit mit eigener Sprache und lebendigem Brauchtum.

Auch kulturell hat der Landkreis Görlitz einiges zu bieten. Das traditionsreiche Gerhart-Hauptmann-Theater in Görlitz und Zittau ist bekannt für hervorragende Inszenierungen und Konzertveranstaltungen.

Neues Schloss im Muskauer Park

Landkreis

Leipzig

SACHSEN

Der Landkreis Leipzig ist...
...ein familien-, wirtschafts- und gastfreundlicher Landkreis, der diese Merkmale konsequent ausbaut und pflegt. Dabei profitiert der Landkreis Leipzig von der unmittelbaren Nähe zur pulsierenden Metropole Leipzig und der attraktiven Freizeitmöglichkeiten des Leipziger Neuseenlands, des Muldentals und des Kohrener Landes.

Historische Entwicklung
Mit Bildung der Amtshauptmannschaften Borna, Grimma und Leipzig ab 1874 wurde die Territorialverwaltung von der Rechtspflege und der Finanzverwaltung getrennt. Die Amtshauptmannschaften waren die direkten Vorläufer und wurden 1939 in Kreise umbenannt. 1952 in der DDR erfolgte die Teilung der bisherigen territorialen Einheiten in die Kreise Borna, Geithain, Grimma, Leipzig und Wurzen.

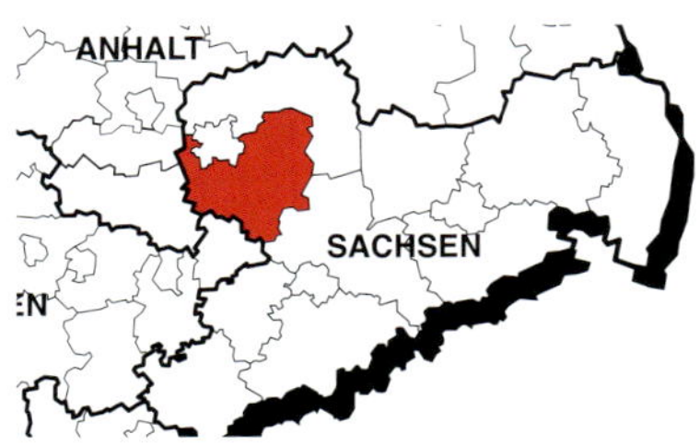

Fläche: 1.647,14 km²
EW: 257.647 - EW/km²: 156
KFZ-Kennzeichen: L
Kreissitz: Borna
www.landkreisleipzig.de

Landrat
Henry Graichen [S] / CDU
im Amt seit: 2015 gewählt bis: 2022

Sitzverteilung im Kreistag
Vorsitz: Henry Graichen

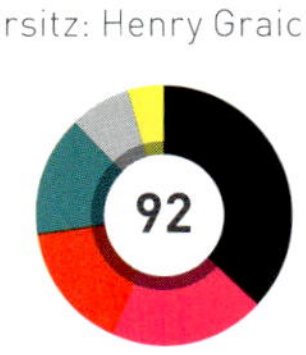

34	CDU
18	Die Linke
15	SPD
14	UWV
4	FDP
7	Sonstige

(NPD 3, B.90/Grüne 2, AfD 2)

Der heutige Landkreis Leipzig ist das Ergebnis mehrerer Gebietsreformen des Freistaates Sachsen. Die erste Kreisreform umfasste 1994 die damaligen Landkreise Leipzig, Borna und Geithain, aus denen der neue Landkreis Leipziger Land entstand. Zeitgleich wurde der Muldentalkreis aus den Landkreisen Grimma und Wurzen gebildet. Das Stadt-Umland-Gesetz zog 1999 die Grenzen im Umland der kreisfreien Städte neu und führte zu zahlreichen Eingemeindungen in die Stadt Leipzig und den Wechsel einiger Gemeinden in benachbarte Landkreise. Mit Wirkung vom 1.8.2008 entstand aus dem Landkreis Leipziger Land und den Muldentalkreis der heutige Landkreis Leipzig.

Wertschöpfung und Verkehr
Der Landkreis Leipzig ist Teil der modernen, leistungsfähigen und innovativen Wirtschafts- und Tourismusregion zwischen den Metropolen Leipzig, Halle (Saale), Chemnitz und Dresden. Für den Standort mit seinen hervorragenden Bedingungen haben sich internationale große sowie viele erfolgreiche mittelständische Unternehmen entschieden. Prägend für die Wirtschaftsstruktur sind die Branchen: Energie- und Umwelttechnik, Investitionsgüterindustrie, Chemie und Kunststoff, Automobil- und Zulieferindustrie, Ernährungs-, sowie Tourismus- und Gesundheitswirtschaft.

Der Landkreis Leipzig zeichnet sich durch ein attraktives Maß an Gewerbeflächen verschiedener Größen und Ausstattungen aus. Die meisten Gewerbegebiete liegen nur wenige Minuten von der Anschlussstelle einer Autobahn entfernt. Die Autobahnen A 9, A 14, A 38 und A 72 sowie ein gut ausgebautes Straßen- und Schienennetz gewähren einen guten transeuropäischen Anschluss. Der naheliegende Leipzig/Halle Airport dient der Region als Tor zu den weltweiten Wirtschafts- und Tourismusmärkten und bietet Frachtverkehr im 24-Stundenbetrieb. Unmittelbar im Landkreis Leipzig, direkt auf dem Gebiet des Industriestandortes Böhlen-Lippendorf, befindet sich der Verkehrslandeplatz Böhlen.

Ein Pluspunkt für das Know-how der Wirtschaftsförderung ist die interkommunale Kooperation. So arbeiten die Stadt Leipzig und die Landkreise Leipzig und Nordsachsen gemeinsam mit der IHK unter dem Dach der InvestRegion Leipzig GmbH eng zusammen und treiben gemeinsam die Entwicklung des Standortes mit rund 1 Mio. Einwohnern voran.

Landschaft, Sehenswürdigkeiten und Kultur
Die Naturräume des Landkreises bereichern das Leben der Menschen: Burgen und Schlösser, idyllische Wander- und Radwege, eine faszinierende Seenlandschaft mit touristischen Wasserwegenetz und die lebendige Kulturstadt Leipzig. Über idyllische Radwanderwege mit einer Vielzahl sich kreuzender Radrouten lässt sich der Landkreis mühelos erfahren.

Das Leipziger Neuseenland hat sich zu einer modernen Freizeitregion mit Aktiv- und Trendsportarten entwickelt - hier ist der Landschaftswandel in allen Facetten sichtbar und erlebbar. Die ehemals vom Bergbau geprägte Landschaft hat neben Wildwasserrafting, Achterbahnfahrten, Bootstouren und herrlichen Radwegen noch vieles mehr zu bieten. Besonders interessant für Wasserwanderer ist das touristische Wasserwegenetz. Hier verbinden naturbelassene Fließgewässer die Kulturstadt Leipzig mit den umliegenden neu entstandenen Seen.

Das Sächsische Burgenland präsentiert sich rechts und links der Mulde mit einer Fülle von Kulturschätzen. Seit jeher sind das Muldental und das Kohrener Land durch ihre reizvollen Landschaften mit Burgen, Schlössern und historischen Stadtbildern beliebte Ziele für Naherholung und Naturtourismus. Eine Besonderheit sind die geologischen Sehenswürdigkeiten. Der Nationale Geopark Porphyrland bietet Anziehungspunkte, die sowohl die Geologie als auch die Rohstoffe der Region und die Zeugnisse des Abbaus als regionale Besonderheit inszenieren.

Landkreis

Meißen

SACHSEN

Der Landkreis Meißen ist...
...zwischen Dresden und Leipzig gelegen. Im Osten grenzt er an die Lausitzer Heide und den Landkreis Bautzen, im Süden an den Landkreis Sächsische Schweiz-Osterzgebirge sowie die Landeshauptstadt Dresden, im Westen an den Landkreis Nordsachsen. Der Namenszusatz „Die Wiege Sachsens" verweist auf die einstige Markgrafschaft Meißen mit einer über 1.000-jährigen Geschichte.

Historische Entwicklung
Der Landkreis Meißen wurde am 1.8.2008 aus den Altkreisen Meißen sowie Riesa-Großenhain gebildet und umfaßt das Kerngebiet der einstigen Markgrafschaft.

Wertschöpfung und Verkehr
Barocke Schlossanlagen, historische Marktplätze, verwinkelte Fachwerkhäuser - der Landkreis Meißen ist reich an steinernen Zeugen vergangener Jahrhunderte. Für die Landkreisbewohner ist Geschichte mehr als nur Erinnerung an klangvolle Namen und historische Zäsuren.

Aus diesem Empfinden erklärt sich die Tradition engagierter Denkmalpflege, die auch in den Jahren der DDR mutig und streitbar verteidigt wurde. Seit 1990 hat sich das Antlitz historischer Stadtkerne, Dorfplätze, Kulturbauten gründlich gewandelt. Wo einst graue Tristesse nur eine Ahnung von früherem Wohlstand vermitteln konnte, haben Denkmalpfleger und Bauunternehmen für Glanzpunkte gesorgt. Die Albrechtsburg in Meißen, die Schlösser in Nossen, Moritzburg, Schönfeld oder Zabeltitz, die Dorfkerne Ebersbach oder Weinböhla, die historischen Straßenzüge in Radebeul, Alt-Riesa oder Großenhain gehören zu einer Kulturlandschaft, die Wohnen, Arbeiten und Freizeit vereint.

Ein anderes Kapitel Geschichte schrieb das SED-Wohnungsbauprogramm, das den Städten kaum sanierte Zentren, dafür Plattensiedlungen auf grüner Wiese bescherte. In den Dörfern sah es nicht viel besser aus, wenngleich das individuelle Wohnen hier immer einen hohen Stellenwert hatte.

Seit 1990 wurden viele neue Wohnstandorte ausgewiesen. Erfolgreich bemühen sich auch die Wohnungsgesellschaften um die Sanierung der alten Plattenbauten nicht zuletzt unter dem Druck der wachsenden Zahl an Flüchtlingen.

Während sich Industrie und Gewerbe vor allem im Elbtal angesiedelt haben, dominieren im übrigen Kreisgebiet das Handwerk und der landwirtschaftliche Erwerb. Die Vielfalt der naturnahen Erzeugnisse konnte trotz eines schwierigen Strukturwandels in der ostdeutschen Landwirtschaft nicht nur erhalten werden, sondern stetig neue Kunden von der Produktqualität überzeugen. Die besonders guten klimatischen Bedingungen im Elbtal sind zudem die Grundlage für einen seit über 800 Jahren erfolgreichen Weinanbau an steilen Hängen und auf Terrassen entlang der sächsischen Weinstraße.

Die Produktion von edlem Meißener Porzellan, Druckmaschinen, Walzen, Stahl, Textilmaschinen, Elektromotoren gehörten in Meißen, Radebeul, Großenhain und Riesa zum DDR-Erbe, dem nach der Wende - mit Ausnahme der Meißner Porzellanmanufaktur – kaum Zukunftschancen eingeräumt wurden. Wie in allen ostdeutschen Wirtschaftsregionen begann Anfang der 90er Jahre auch im sächsischen Elbtal eine dramatische Deindustrialisierung. Diese Entwicklung konnte durch eine Phase dynamischen Wirtschaftswachstums und Aufbau neuer Firmenstrukturen kompensiert werden.

Fläche: 1.452,39 km²
EW: 243.745 - EW/km²: 168
KFZ-Kennzeichen: MEI
Kreissitz: Meißen
www.kreis-meissen.de

Landrat
Arndt Steinbach / CDU
im Amt seit: 2003 gewählt bis: 2022

Sitzverteilung im Kreistag
Vorsitz: Arndt Steinbach

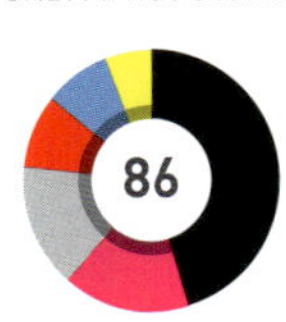

39	CDU
14	Die Linke
8	SPD
7	AfD
5	FDP
13	Sonstige

(B.90/Grüne 4, FW 4, NPD 3, DSU 1, Piraten 1)

Auf allen Industriestandorten im Landkreis herrscht stete Bewegung. Einerseits erweitern die ansässigen Firmen ihre Produktionskapazitäten wie die Wacker Chemie in Nünchritz, andererseits interessieren sich Investoren mit Fragen nach Fördermöglichkeiten wie moderner Infrastruktur für die Industrieareale.

Überzeugend für Investoren sind auch die Möglichkeiten der Aus- bzw. Weiterbildung. Der Landkreis unterhält in Riesa, Meißen, Radebeul und Großenhain leistungsfähige Berufsschulzentren mit einem sehr differenzierten Ausbildungsangebot, zu dem u. a. handwerkliche, technische, elektrotechnische und soziale Berufe gehören.

Landschaft, Sehenswürdigkeiten und Kultur
Die Bewahrung von Zeugen der Natur- und Kulturgeschichte sowie der Schutz der Tier- und Pflanzenwelt in ihren natürlichen Lebensräumen war stets ein wesentliches Anliegen der Bewohner an Elbe, Röder und Mulde. Seit 25 Jahren steht eine stabile Balance zwischen Industrie-Landwirtschaft-Natur-Umwelt im Zentrum regionaler Entwicklung. Dazu gehören auch die 21 Naturschutzgebiete mit einer Gesamtfläche von 11.415 ha, 15 Landschaftsschutzgebiete und 430 flächenhafte Naturdenkmale.

Der Landkreis Meißen bietet eine vielgestaltige Landschaft mit einem dicht geknüpften Netz an Rad- und Wanderwegen sowie ein abwechslungsreiches Kunst- und Kulturleben. Die sichtbarsten Zeichen einer erfolgreichen Entwicklung seit 1990 hat jedoch das Baugewerbe gesetzt.

Landkreis

Mittelsachsen

SACHSEN

Der Landkreis Mittelsachsen ist...

...traditionsverbunden, gleichzeitig innovativ und nachhaltig orientiert – diese Breite ist die große Stärke des Landkreises. Bereits 1713 prägte der freibergische Oberberghauptmann Hans Carl von Carlowitz den Begriff der Nachhaltigkeit.

Historische Entwicklung

Im Herzen des Freistaates Sachsen befindet sich der Landkreis Mittelsachsen, dessen Geburtsstunde am 1.8.2008 schlug. Er entstand aus dem Zusammenschluss der ehemaligen Landkreise Döbeln, Freiberg und Mittweida. Kreis- und Hauptsitz der Verwaltung ist die Berg- und Universitätsstadt Freiberg. Der Landkreis mag zwar jung sein, dennoch blickt er auf eine über 1.000-jährige Siedlungs- und Entwicklungsgeschichte zurück, verbindet Wirtschaft und Wissenschaft an den verschiedenen Standorten.

Wertschöpfung und Verkehr

Der Landkreis zwischen den Städten Dresden, Leipzig und Chemnitz zählt zu den dynamischen und starken Wirtschaftsstandorten im Osten Deutschlands. Hier verbinden sich Spitzentechnologie mit handwerklichem Können, Forschung und Entwicklung mit industrieller Fertigung. Die Standortvorteile Mittelsachsens liegen in einer Vielfalt von hochspezialisierten Firmen, zum Beispiel in den Bereichen Laser- und Halbleitertechnik, regenerative Energien, Papier- und Textilindustrie oder bei den Zulieferern für die Automobilhersteller. In der Land- und Nahrungsgüterwirtschaft sind ebenfalls interessante Unternehmen mit einem attraktiven Angebot ansässig.

Ihr unverwechselbares Gepräge erlangt die Nachhaltigkeitsregion Mittelsachsen durch den verantwortungsvollen Umgang mit Ressourcen. Mit der Technischen Universität Bergakademie Freiberg und der Hochschule Mittweida wird Mittelsachsen seiner Rolle als Innovations- und Technologieregion gerecht. Namhafte Unternehmen sind in der Wirtschafts- und Wissenschaftsregion zu Hause und prägen das Bild eines attraktiven Standortes mit hoher Leistungsfähigkeit und wirtschaftlicher Entwicklung.

Egal, ob quirlige City oder beschauliches Landleben, Mittelsachsen hat als Wohnort so einiges zu bieten. 21 Städte und 32 Gemeinden geben dem Landkreis ein vielseitiges Gesicht, historische Innenstädte stehen dabei modernen Wohnlandschaften gegenüber.

Etwa 85 % der Einwohner Mittelsachsens leben im sogenannten ländlichen Raum. Besonders Familien mit Kindern lieben das Landleben mit seinem sozialen Gefüge. Dieses Netzwerk aus Nachbarschaftshilfe, regem Vereinsleben und kirchlichen Angeboten sichert maßgeblich die Versorgungsstrukturen und bereichert das gesellschaftliche Leben auf dem Lande. Die sechs LEADER-Regionen unterstützen die Entwicklung im ländlichen Raum, deren wichtiges Instrument die entsprechende Richtlinie darstellt. Bewilligungsbehörde ist der Landkreis. Gefördert werden darüber beschäftigungswirksame Maßnahmen, Landtourismus, kommunale technische Infrastruktur, Verbesserung der Agrarstruktur, siedlungsökologische Maßnahmen, Um- und Wiedernutzung ländlicher Bausubstanz insbesondere für junge Familien bis hin zu soziokulturellen Vorhaben.

Landschaft, Sehenswürdigkeiten und Kultur

Der Landkreis erstreckt sich über das mittelsächsische Hügelland, das Erzgebirgsvorland sowie das Osterzgebirge. Im Norden wird Mittelsachsen dabei von der Leipziger Tieflandsbucht begrenzt und im Süden vom Kammgebiet des Erzgebirges. Im Osten bilden die Lommatzscher Pflege und der Tharandter Wald die natürlichen Begrenzungen, und im Westen reicht der Landkreis an den Freistaat Thüringen und an das westliche Erzgebirge heran.

Ob Theater, Museen und historische Sakralbauten, Klöster – Mittelsachsen ist reich an Kleinoden und Zeugen sächsischer Vergangenheit. Dabei spielt der Erhalt dieses kulturgeschichtlichen Erbes eine wichtige Rolle. Insbesondere 800 Jahre Bergbau führten zu einer einzigartigen Beziehung zwischen Mensch und Natur. Die angestrebte Anerkennung der Montanen Kulturlandschaft Erzgebirge/Krušnohorí als Weltkulturerbe fußt darauf. Zu den künstlerischen Hauptakteuren im Landkreis zählt zweifellos die Mittelsächsische Theater und Philharmonie gGmbH. Sie bespielt in Freiberg das älteste Stadttheater der Welt.

Eine weitere Spielstätte befindet sich in Döbeln und eine Theaterkulisse der außergewöhnlichen Art stellt die Seebühne an der Talsperre Kriebstein dar. Schlösser, Burgen, Museen, Bibliotheken und Galerien runden diese kulturelle Vielfalt ab. Und wer es lieber sportlich mag, findet in zahlreichen Sportvereinen schnell Anschluss. Den Aktivitäten sind beim Fechten, Leichtathletik, Fußball oder Tanzen kaum Grenzen gesetzt.

Fläche: 2.113,42 km²
EW: 312.711 - EW/km²: 148
KFZ-Kennzeichen: FG
Kreissitz: Freiberg
www.landkreis-mittelsachsen.de

Landrat
Matthias Damm [V, G] / CDU
im Amt seit: 2015 gewählt bis: 2022

Sitzverteilung im Kreistag
Vorsitz: Matthias Damm

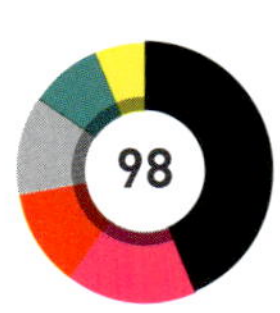

43	CDU
16	Die Linke
12	SPD
9	Freie Wähler
6	FDP
12	Sonstige

(AfD 4, B.90/Grüne 4, parteilos 2, NPD 1, RBV 1)

Landkreis

Nordsachsen

SACHSEN

Der Landkreis Nordsachsen ist...
...im Herzen Mitteldeutschlands gelegen. Getragen vom wirtschaftlichen Aufschwung in und um Leipzig sowie mit einer landschaftlichen Vielfalt überzeugend – entwickelt sich der Landkreis kontinuierlich.

Historische Entwicklung

Nach dem Wiener Kongress 1815 fielen fast zwei Drittel des Kursächsischen Territoriums an Preußen. Davon betroffen waren auch weite Teile des heutigen Kreisgebietes. Diese Verwaltungsstruktur bestand 130 Jahre und prägte die Entwicklung der Kulturlandschaft, der Industrie, der Landwirtschaft und des Gewerbes wesentlich. Im Frühjahr 1945 wurde das heutige Kreisgebiet im Westen durch die Alliierten und im Osten durch die Rote Armee besetzt. Bei Torgau trafen sich beide Streitkräfte am 25.4.1945 bei der weithin bekannten „Begegnung an der Elbe" (Elbe Day), was das nahende Ende des Zweiten Weltkrieges symbolisiert. Die Landkreise Delitzsch, Eilenburg und Torgau gehörten nunmehr zum neu geschaffenen Land Sachsen-Anhalt, nur Oschatz blieb sächsisch. Am 23.7.1952 beschloss die Volkskammer der DDR eine Neugliederung des Territoriums, die Länder wurden abgeschafft und es erfolgte die Einteilung in Bezirke. Das heutige nordsächsische Gebiet, gehörte nunmehr weitestgehend zum Bezirk Leipzig. Seit 1990 gibt es den Freistaat Sachsen wieder. Die Landkreise Delitzsch, Eilenburg, Torgau und Oschatz waren anfangs vier von 48 sächsischen Landkreisen. Am 1.8.1994 schlossen sich dann die bisherigen Landkreise Torgau und Oschatz zum neuen Landkreis Torgau-Oschatz sowie die Landkreise Delitzsch und Eilenburg zum neuen Landkreis Delitzsch zusammen. Aus diesen wiederum entstand am 1.8.2008 der Landkreis Nordsachsen in seiner heutigen Gebietsausdehnung.

Wertschöpfung und Verkehr

Der Landkreis liegt im Nordwesten des Freistaates Sachsen und grenzt an die Bundesländer Sachsen-Anhalt und Brandenburg. Auf rund 2.020 km² leben ca. 197.000 Einwohner in 11 Städten und 19 Gemeinden. Der Kreissitz ist mit dem Torgauer Schloss Hartenfels geschichtsträchtig. Mit rund 25.000 Einwohnern ist die Große Kreisstadt Delitzsch die bevölkerungsreichste Kommune.

Die Wirtschaft kennzeichnet ein breiter Branchenmix. Es dominieren neben der Flachglas- und Glasseidenindustrie, die Keramikproduktion, die Metallurgie, der Maschinen- und Anlagenbau, die Papierindustrie, die Holzverarbeitung sowie der Bereich Logistik. Das Handwerk, das Diensleistungsgewerbe, die Ernährungsgüterindustrie, die Gesundheitswirtschaft und der Tourismus sind weitere bedeutende Wirschaftszweige. Von der Gesamtfläche werden rund zwei Drittel landwirtschaftlich genutzt. Im Landkreis ist das über 300 Jahre alte Sächsische Landesgestüt Graditz beheimatet. Die Post-Tochter DHL, der Flughafen Leipzig/Halle, die Messe Leipzig sowie das Güterverkehrszentrum, Amazon, BMW und Porsche befinden sich im Landkreis bzw. in unmittelbarer Umgebung und strahlen auf die gesamte Region aus.

Die optimale Anbindung an die Verkehrsnetze von Straße (A 9, A 14), Schiene (ICE-Strecken), Luft (Flughafen Leipzig/ Halle) und Wasser (Elbehafen in Torgau) bieten Investoren hervorragende infrastrukturelle Bedingungen.

Landschaft, Sehenswürdigkeiten und Kultur

Landschaft und Tourismus sind vielfältig. Dazu gehören Teile des Naturparks Dübener Heide ebenso wie die Dahlener Heide, der Wermsdorfer Wald und die Auenlandschaften an Elbe und Mulde. Diese beiden großen Flüsse durchqueren weite Teile des Landkreises und geben ihm neben der aus ehemaligen Braunkohletagebauen entstandenen weiträumigen Seenlandschaft ein eigenes Gepräge. An Kulturschätzen, Schlössern, Denkmälern, Kirchen, ehemaligen Rittergütern sowie Mühlen der verschiedensten Bauart mangelt es in Nordsachsen nicht. Mit diesen touristischen Angeboten ist der Landkreis für die Besucher aus Nah und Fern, welche sowohl mit dem Schiff als auch mit dem Kanu, dem Rad, der Bahn oder dem Auto anreisen, seit Jahren ein Anziehungspunkt. Auch die Kurkliniken in Bad Düben und Schmannewitz sind weit über die Grenzen des Landkreises hinaus bekannt.

Historisch Interessierte können in einer der schönsten Renaissancestädte Deutschlands, der Kreisstadt Torgau, mit dem Schloss Hartenfels, dessen Kapelle der einzige von Martin Luther selbst geweihte Kirchenneubau ist, ein Highlight erleben. Hinzu kommen das Delitzscher Barockschloss, der historische Oschatzer Stadtkern mit der doppeltürmigen St. Aegidienkirche und viele anderen touristische Orte von großer Bedeutung. Die gute Wohnqualität des Landkreises zeichnet sich auch durch seine Nähe zu sozialen, kulturellen und sportlichen Einrichtungen aus.

Nordsachsen ist ein Reiterlandkreis. Viele bestehende Reitwege wurden mit dem Fernreitweg Sachsen vernetzt und überregional an weitere Reitrouten angeschlossen. Von Radsportbegeisterten werden die hervorragenden Radwanderwege von Jahr zu Jahr stärker genutzt. Mit dem Elbradweg beispielsweise durchquert der beliebteste deutsche Radweg Nordsachsen. Ergänzt wird das Angebot durch den Muldentalrad- sowie den Torgischen Weg.

Fläche: 2.020,34 km²
EW: 197.042 - EW/km²: 98
KFZ-Kennzeichen: TDO
Kreissitz: Torgau
www.landkreis-nordsachsen.de

Landrat
Kai Emanuel [W] / parteilos
im Amt seit: 2015 gewählt bis: 2022

Sitzverteilung im Kreistag
Vorsitz: Kai Emanuel

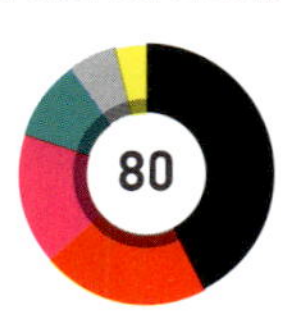

34	CDU
17	SPD
13	Die Linke
8	FWG
3	FDP
5	Sonstige

(NPD 3, B.90/Grüne 2)

Landkreis

Sächsische Schweiz-Osterzgebirge

SACHSEN

Der Landkreis Sächsische Schweiz-Osterzgebirge ist...
...zum 1.8.2008 aus den Landkreisen Sächsische Schweiz und Weißeritzkreis entstanden. Dem Landkreis gehören 36 Gemeinden an, von denen 19 das Stadtrecht innehaben. Dippoldiswalde, Freital, Pirna und Sebnitz besitzen den Status einer Großen Kreisstadt. Der Kreissitz ist Pirna.

Historische Entwicklung

Ursprünglich war das Kreisgebiet slawisch besiedelt und gelangte erst im 15. Jahrhundert unter sächsische Herrschaft. Das Fürstengeschlecht der Wettiner prägte fortan die politische, wirtschaftliche und kulturelle Entwicklung mit.

Ebenfalls prägend ist der Bergbau, der sich um 1420 entwickelte und im 16. Jahrhundert seine Blütezeit erreichte. Der Zinn-, Silber- und Eisenerzabbau sowie später die Steinkohlegewinnung und im 20. Jahrhundert der Uranbergbau bei Königstein zeichneten für mehr als 500 Jahre das Gesicht des heutigen Kreisgebietes.

Historisch gesehen, bestand das Gebiet des heutigen Landkreises bereits in der Vergangenheit in Form der beiden Amtshauptmannschaften Dippoldiswalde und Pirna.

1952 wurden gleichzeitig mit der Auflösung des Landes Sachsen durch die Administration der DDR die historisch gewachsenen Verwaltungsstrukturen grundlegend verändert und verkleinerte Kreise geschaffen. Auf dem Gebiet der ehemaligen Amtshauptmannschaft Pirna entstanden die beiden Kreise Pirna und Sebnitz. Aus der früheren Amtshauptmannschaft Dippoldiswalde bildeten sich die Kreise Dippoldiswalde und Freital. Bis zur Kreisreform vom 1.8.1994 sollte diese Gliederung Bestand haben.

Wertschöpfung und Verkehr

Der Landkreis Sächsische Schweiz-Osterzgebirge ist überwiegend ländlich geprägt und den meisten als eine sehr attraktive Tourismusregion bestens bekannt. Er kann aber auch historisch auf eine nennenswerte Branchenvielfalt mit ihren klein- und mittelständischen Betrieben rund um den Maschinenbau zurückblicken. Insbesondere führte die Wiederbelebung der Uhrenindustrie in Glashütte zu einem einzigartigen wirtschaftlichen Aufschwung. Neben diesem Leuchtturm erfolgten in den vergangenen Jahren weitere erfolgreiche Ansiedlungen von Unternehmen in den erschlossenen Gewerbegebieten.

Die Gesundheitsbranche steht in unserem Landkreis ebenfalls an der Spitze der versicherungspflichtigen Arbeitsverhältnisse aller Branchen. Die Krankenhäuser haben sich zu spezialisierten und interdisziplinären Gesundheitszentren entwickelt. Daneben verfügt der Landkreis über eine große Dichte an Kur- und Erholungskliniken.

Im Laufe der Jahre ist ein gut ausgebautes Verkehrsnetz entstanden mit der Autobahn A 17 als Hauptverkehrsader, die quer durch das Kreisgebiet bis über die Landesgrenze zu Tschechien als Transitstrecke führt.

Fläche: 1.653,72 km²
EW: 245.954 - EW/km²: 149
KFZ-Kennzeichen: PIR
Kreissitz: Pirna
www.landratsamt-pirna.de

Landrat
Michael Geisler [u] / CDU
im Amt seit: 1994 gewählt bis: 2022

Sitzverteilung im Kreistag
Vorsitz: Michael Geisler

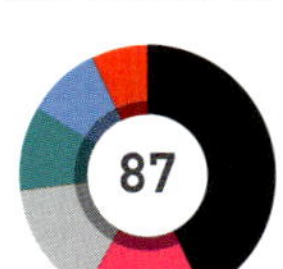

38	CDU
13	Die Linke
9	Freie Wähler
8	AfD
6	SPD
13	Sonstige

(NPD 5, B.90/Grüne 4, FDP 4)

Landschaft, Sehenswürdigkeiten und Kultur

Künstler der Romantik ließen sich von der Einmaligkeit der Landschaft inspirieren. So zum Beispiel der Maler Ludwig Richter oder der Komponist Carl Maria von Weber, der seine Oper „Freischütz" in der Nähe von Rathen ansiedelte.

Der Landkreis verfügt über ein gut ausgebautes und beschildertes Wander- und Radwanderwegenetz. Dazu gehört der „Malerweg" im Elbsandsteingebirge, der 2007 zum „Schönsten Wanderweg Deutschlands" gekürt wurde. Der Elberadweg wurde 2015 zum elften Mal in Folge zum beliebtesten Radfernweg Deutschlands gewählt. Die 1.100 Kletterfelsen bieten dem Klettersportler neben großen Herausforderungen auch eine einzigartige Kulisse und machen dieses Klettergebiet wohl zum attraktivsten und berühmtesten in ganz Sachsen.

Dagegen sind die Skigebiete im Osterzgebirge beliebte Ziele für Wintersportler. Mehrere Abfahrtshänge mit Skiliften, gespurte Loipen und der Eishalle in Geising sind neben vielen weiteren Angeboten speziell für die Wintersaison zugeschnitten. Auf der Rennschlitten- und Bobbahn in Altenberg, die Austragungsort zahlreicher nationaler und internationaler Wettkämpfe ist, können sich Gäste selbst beim Bobfahren und Rodeln ausprobieren.

Jahrhundertalte Burgen und Schlösser sowie Museen, Parks und Schaubergwerke bieten vielfältige Möglichkeiten für Urlauber und Gäste. Nicht versäumen sollte man den Besuch einer der schönsten Freilichtbühnen Europas, der Felsenbühne Rathen.

Lebendige Geschichte, Tradition und Moderne, eingebettet in zauberhaft anmutende Landschaften aus bizarren Felsen und sanften Hügeln, durchzogen vom Elbestrom, auf dem die größte und dienstälteste Raddampferflotte der Welt ihren Dienst versieht, kennzeichnen den pulsierenden Landkreis Sächsische Schweiz-Osterzgebirge im wiedervereinten Deutschland.

Vogtlandkreis

SACHSEN

Der Vogtlandkreis ist...
...im Südzipfel Sachsens im Vierländereck zwischen den Bundesländern Bayern, Thüringen, Sachsen sowie der Tschechischen Republik gelegen. Mit seiner besonderen Lage ist er Bindeglied zwischen Mittel- und Osteuropa.

Historische Entwicklung
Das Vogtland gehörte zu dem Reichsterritorium, das Kaiser Barbarossa im 12. Jahrhundert zwischen Altenburg, Eger (Cheb) und Nürnberg ausbaute. Als staufische Ministeriale verstanden es die Vögte von Weida allmählich, eine eigene Herrschaft aufzubauen. Der Titel Vogt wurde weitervererbt und ging auf alle Linien (Weida, Gera, Greiz, Plauen und Reuß-Plauen) über. Im sächsischen Teil des Vogtlandes entstanden im 16. Jahrhundert die Ämter Plauen und Voigtsberg, die später bis 1835 den Vogtländischen Creyß bildeten.

Die Ämterstruktur änderte sich 1874 mit der Errichtung der Amtshauptmannschaften Auerbach, Oelsnitz und Plauen als untere staatliche Verwaltungsorgane, zugleich auch Selbstverwaltungsverbände, die bis 1945 bzw. als Kreise bis Herbst 1952 bestanden. Dann verkleinerte eine DDR-Verwaltungsreform diese drei Kreise und schuf dazu noch die Kreise Klingenthal und Reichenbach.

Seit 1.1.1996 sind durch die Kreisgebietsreform in Sachsen alle fünf Kreise (Auerbach, Oelsnitz, Klingenthal, Plauen und Reichenbach) wieder im Vogtlandkreis vereint, der sich im Wesentlichen mit dem alten Vogtländischen Creyß deckt.

Seit 1.8.2008 gehört auch die seit 1907 kreisfreie Stadt Plauen wieder zum Vogtlandkreis. Der Sitz des Landratsamtes ist in der Großen Kreisstadt Plauen.

Wertschöpfung und Verkehr
Der Vogtlandkreis ist ein traditioneller Standort für das produzierende und verarbeitende Gewerbe. Dazu gehören bewährte Branchen des Maschinenbaus und der Metallverarbeitung, des über 300 Jahre ansässigen meisterhaften Musikinstrumentenbaus und die lange Tradition der Textil- und Bekleidungsindustrie. Die Plauener Spitze ist seit 120 Jahren ein weltbekanntes deutsches textiles Erzeugnis.

Neben der Kunststoffproduktion- und verarbeitung, der Nahrungs- und Genussmittelproduktion, der Elektrotechnik und Elektronik gewinnt die Automobilzulieferindustrie immer mehr an Bedeutung. Den Investoren stehen attraktive Industrie- und Gewerbegebiete zur Verfügung.

Eingebettet in ein transeuropäisches Autobahn- und Schienennetz bietet das Vogtland interessierten Investoren eine funktionierende Infrastruktur. Die A 9 als schnelle Verbindung von Berlin nach München durchzieht die Region. Die A 93 aus Regensburg trifft auf die A 72 nach Dresden und die E 50 nach Prag vervollständigt den Autobahnknoten Vogtland.

Das EgroNet ist ein grenzüberschreitendes europäisches Nahverkehrssystem in Teilen der Vierländerregion Sachsen, Thüringen, Bayern, Böhmen (Euregio Egrensis). Es bietet Gelegenheit, mit Straßenbahnen, Bussen und Zügen die Vierländerregion zu erkunden. So sind heute 20 Landkreise, kreisfreie Städte und Verbünde sowohl auf deutscher als auch auf tschechischer Seite involviert. Die Fläche umfasst dabei ca. 15.000 km² und bedient über 3,2 Mio. Einwohner.

Fläche: 1.411,91 km²
EW: 232.390 - EW/km²: 165
KFZ-Kennzeichen: V
Kreissitz: Plauen
www.vogtlandkreis.de

Landrat
Rolf Keil / CDU
im Amt seit: 2015 gewählt bis: 2022

Sitzverteilung im Kreistag
Vorsitz: Rolf Keil

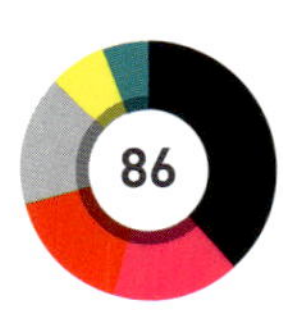

33 CDU
14 Die Linke
14 SPD
6 FDP
5 FWV
14 Sonstige
(AfD 5, DSU 3, NPD 3, B.90/Grüne 3)

Landschaft, Sehenswürdigkeiten und Kultur
Was das Vogtland zu bieten hat, sind die landschaftliche Schönheit, ausgedehnte Waldflächen, die Berge der Vogtländischen Schweiz und attraktive Naherholungsgebiete. Die Sächsischen Staatsbäder Bad Elster und Bad Brambach bieten mit ihrem einzigartigen Heilquellenvorkommen ideale Voraussetzungen für Kurangebote.

Der weithin bekannte „Musikwinkel" mit Klingenthal, Markneukirchen und Erlbach und seiner fast 350-jährigen Geschichte des Musikinstrumentenbaus macht seinem Namen mit hochkarätigen Wettbewerben, Festivals und Meisterkursen alle Ehre.

Die Hitparadenplätze der touristischen Attraktionen teilen sich die „Sparkasse Vogtland Arena" in Klingenthal, eine der modernsten Schanzen Europas, die Göltzschtalbrücke, die größte Ziegelsteinbrücke der Welt bei Mylau/Netzschkau und Wahrzeichen der Region, die neue Raumfahrtausstellung in Morgenröthe-Rautenkranz und die Ski- und Bikewelt in Schöneck.

An die 40 Museen unterschiedlichster Art und Größe bieten ihren Besuchern Aussagen zu Natur, Landschaft, Geschichte und Kultur des Vogtlandes. Im Landkreis gibt es viele attraktiver Veranstaltungshäuser. Zu den bekanntesten zählen die Markneukirchner Musikhalle, die Wernesgrüner Biertenne, das König Albert Theater in Bad Elster, die Festhalle in Plauen oder die Einrichtungen der Vogtland Kultur GmbH. Die Vogtland Philharmonie Greiz/Reichenbach, die Chursächsische Philharmonie Bad Elster, das Theater Plauen-Zwickau und sein Philharmonisches Orchester begeistern in zahlreichen Vorstellungen ihre Besucher.

Landkreis
Zwickau

SACHSEN

Der Landkreis Zwickau ist…
…der flächenmäßig kleinste der zehn Landkreise Sachsens, aber mit rund 325.000 Einwohnern und einer Bevölkerungsdichte von 343 Einwohnern pro km² der am dichtesten besiedelte. Zum Landkreis gehören 33 Städte und Gemeinden.

Historische Entwicklung
Der Landkreis Zwickau wurde im Rahmen der Verwaltungs- und Funktionalreform im Freistaat Sachsen zum 1.8.2008 aus den ehemaligen Landkreisen Chemnitzer Land und Zwickauer Land sowie der Stadt Zwickau gebildet.

Wertschöpfung und Verkehr
Der Bergbau prägte schon frühzeitig bis in das 20. Jahrhundert hinein die Wirtschaft. Der Steinkohleabbau förderte die Industrialisierung sprunghaft, die eine bedeutende infrastrukturelle Entwicklung brachte und eine Vielzahl von Industriegebäuden, Bürgerhäusern und Villen sowie gepflegte Grünanlagen entstehen ließ. Die Geburtsstunde des noch immer bedeutsamen Wirtschaftszweiges Automobilbau schlug 1904 mit der Gründung der A. Horch & Cie. Motorenwerke AG.

Der Landkreis Zwickau gilt als der Automobilstandort in Sachsen und Ostdeutschland. Seit über 100 Jahren werden hier ununterbrochen Autos gebaut, angefangen mit Horch und Audi, über den legendären Trabant bis hin zu Volkswagen. Insbesondere die Volkswagen GmbH in Sachsen mit ihrem Standort in Mosel als der größte Arbeitgeber der Region und eine breit gefächerte Zulieferindustrie, die sich hier angesiedelt hat, sind ein Garant für die positive wirtschaftliche Entwicklung des Landkreises. Daneben sind Unternehmen des Maschinenbaus, der Elektrotechnik und der Logistik anzutreffen. Gleichfalls befindet sich die ansässige Produktion Technischer Textilien auf dem Vormarsch. Von großer Bedeutung für seine ökonomische Leistungskraft ist aber auch die im Landkreis vorhandene breite Palette kleiner und mittelständischer Betriebe. Im Landkreis existieren 24 voll erschlossene Industrie- und Gewerbegebiete.

Die Autobahnen A 4 und A 72, die durch den Landkreis führen, garantieren in Verbindung mit den Bundesstraßen B 93, B 173, B 175 und B 180 die schnelle Erreichbarkeit des Landkreises und seiner Kommunen.

Die Unterstützung der praxisnahen Ausbildung der Jugend zur Sicherung des Fachkräftenachwuchses nimmt für den Landkreis einen hohen Stellenwert ein. So bestehen Studienmöglichkeiten an der Westsächsischen Hochschule Zwickau (WHZ) und an der Staatlichen Studienakademie Glauchau (BA). Weiterhin verfügt er über ein dichtes Netz an Beruflichen Schulzentren und Allgemeinbildenden Schulen.

Fläche: 949,27 km²
EW: 325.137 - EW/km²: 343
KFZ-Kennzeichen: Z
Kreissitz: Zwickau
www.landkreis-zwickau.de

Landrat
Dr. Christoph Scheurer [F] / CDU
im Amt seit: 1991 gewählt bis: 2022

Sitzverteilung im Kreistag
Vorsitz: Dr. Christoph Scheurer

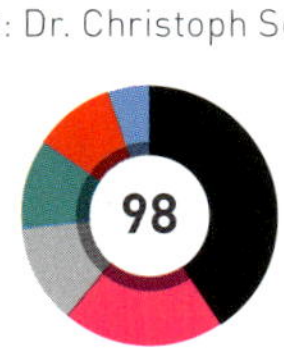

40	CDU
20	Die Linke
11	Freie Wähler
10	SPD
5	AfD
12	Sonstige

(FDP 5, NPD 4, B.90/Grüne 3)

Landschaft, Sehenswürdigkeiten und Kultur
Der Großteil des Landkreises Zwickau zählt zum Erzgebirgsvorland, nur ein kleinerer Teil im Südwesten wird dem Vogtland zugerechnet. Seine höchste Erhebung ist mit 610 m über dem Meeresspiegel der Hirschenstein im Hartmannsdorfer Forst – ehemaliger königlich-sächsischer Messpunkt. Neben den Städten mit ihren Alt- und Neubauten sind im ländlichen Raum Siedlungsformen wie Waldhufen-, Straßen- und Angerdörfer mit ortsbildprägenden Elementen wie Fachwerkhäuser sowie Drei- und Vierseitgehöfte zu finden.

Zahlreiche Museen im Landkreis laden zu einem Besuch ein. Sie geben z. B. interessante Einblicke in die Lebensweisen längst vergangener Zeiten, aber auch in die jüngere Geschichte. So kann man im August Horch Museum Zwickau, welches das einzige kraftfahrzeugtechnische Museum mit Sitz an einer früheren Fertigungsstätte ist, sehr seltene, mitunter einmalige Ausstellungsstücke der über 100-jährigen sächsischen Automobilbaukunst sehen. Zeitzeugen der industriellen Vergangenheit sind gleichfalls in den verschiedenen Museen zur Entwicklung der Textilindustrie zu finden.

Das Deutsche Landwirtschaftsmuseum Schloss Blankenhain verfügt über eine einzigartige Sammlung aus der ländlichen Lebens- und Arbeitswelt aus dem Gebiet Mitteldeutschlands, die auf einer Fläche von 11 ha. in 80 baulichen Anlagen mit 100 thematischen Ausstellungen präsentiert wird.

Die international bekannte Motorsportrennstrecke „Sachsenring" ist eine Visitenkarte für die ganze Region. Die erste Rennsportveranstaltung gab es hier 1927. Nach umfangreichen Umbauarten lebte der Sachsenring 1996 in seiner Motorsporttradition wieder auf. Seit 1998 ist er Austragungsort für den Deutschen Motorrad Grand Prix, der jährlich über 200.000 begeisterte Motorsportfans nach Hohenstein-Ernstthal/Oberlungwitz zieht.

Baden-Württemberg

Landkreise	**35**
Fläche km²	**34.506,90**
Einwohner	**8.714.202**
Bevölkerungsdichte EW/km²	**253**

Größte Landkreise	km²
Ortenaukreis	1.860,79
Ravensburg	1.631,82
Ostalbkreis	1.511,57

Kleinste Landkreise	km²
Tübingen	519,19
Enzkreis	573,69
Böblingen	617,82

Einwohnerstärkste Landkreise	EW
Rhein-Neckar-Kreis	534.729
Ludwigsburg	526.377
Esslingen	516.779

Einwohnerschwächste Landkreise	EW
Hohenlohekreis	108.816
Freudenstadt	115.147
Sigmaringen	127.716

Dichtest besiedelte Landkreise	EW/km²
Esslingen	806
Ludwigsburg	766
Böblingen	606

Dünnst besiedelte Landkreise	EW/km²
Main-Tauber-Kreis	100
Sigmaringen	106
Neckar-Odenwald-Kreis	126

Alb-Donau-Kreis

BADEN-WÜRTTEMBERG

Der Alb-Donau-Kreis ist…
…von großer landschaftlicher Vielfalt kennzeichnet. Von den Hochflächen der Schwäbischen Alb mit ihren charakteristischen Wacholderheiden führen die Täler von Blau und Lone, Schmiech und Lauter zu den Flusslandschaften von Donau und Iller. Größte Stadt im Landkreis ist Ehingen mit rund 25.000 Einwohnern. Die Lage „um Ulm herum", halbwegs zwischen Stuttgart und München, macht zum guten Teil die Standortgunst des Landkreises aus.

Historische Entwicklung
Der Alb-Donau-Kreis entstand 1973 im Rahmen einer kommunalen Gebietsreform. Seit der Gründung des Landkreises wuchs die Bevölkerung um rund 24 % auf knapp 190.000. Mit 55 Städten und Gemeinden ist der Alb-Donau-Kreis der gemeindestärkste Landkreis in Baden-Württemberg, mit 1.359 km² liegt er flächenmäßig auf Platz sieben im Bundesland.

Vielfältig sind auch die kulturgeschichtlichen Facetten: Auf der Schwäbischen Alb lagen die überwiegend evangelischen Gebiete der einstigen Freien Reichsstadt Ulm und des Herzogtums Württemberg. Entlang von Donau und Iller reihen sich die vom Barock geprägten Städte, Kirchen und Klöster des katholischen Oberschwabens. Hier gab es kleinteilige Herrschaftsgebiete der Reichsritterschaft, der Klöster und Vorderösterreichs. Die späteren Landkreise Ehingen und Ulm gingen dann 1973 im neu gebildeten Alb-Donau-Kreis auf.

In ganz andere, fernere Zeiträume führen die kleinen, kunstvoll geschnitzten Elfenbeinfiguren und Flöten aus Vogelknochen oder Elfenbein zurück, die in den Höhlen des Lone- und Achtals im Alb-Donau-Kreis und im Kreis Heidenheim gefunden wurden. Mit einem Alter von teilweise weit über 30.000 Jahren sind dies die frühesten Kunstwerke und Musikinstrumente der Menschheit. Mit Partnern wirbt der Alb-Donau-Kreis für diese einmaligen Schätze unter dem Label „Weltkultursprung". Originalfunde, wie die „Venus vom Hohle Fels" (Schelklingen/Alb-Donau-Kreis), sind unter anderem im Urgeschichtlichen Museum in Blaubeuren zu sehen.

Wertschöpfung und Verkehr
Ab dem 19. Jahrhundert spielte die Kalk- und Zementindustrie eine bedeutende Rolle für die Industrialisierung im heutigen Kreisgebiet. Sie ist auch jetzt noch ein wichtiger Wirtschaftszweig. Heute ist die Wirtschaftsstruktur des Kreises geprägt von Maschinen- und Sondermaschinenbau (wie der Weltmarktführer Liebherr), Kfz-Zulieferung, pharmazeutischer Industrie und Logistik sowie einem stark wachsenden Dienstleistungsbereich. Eng verflochten ist der Landkreis mit der Wirtschafts- und Wissenschaftsstadt Ulm. Daher befindet sich auch das Landratsamt in der kreisfreien und zentral zum Kreisgebiet liegenden Großstadt.

Wichtigste Verkehrsachsen sind die Autobahnen A 7 und A 8. Im Bau ist die Schnellbahnstrecke Ulm-Stuttgart als Teil der Magistrale Paris-München-Wien-Budapest.

Der Landkreis forciert den Breitbandausbau – im Rahmen des acht Landkreise und mehr als 200 Städte und Gemeinden umfassenden kommunalen Verbundes Komm.Pakt.Net.

Im Alb-Donau-Kreis arbeiten mittlerweile über 50.000 versicherungspflichtig Beschäftigte. Gemeinsam mit der Stadt Ulm und dem Landkreis Neu-Ulm ist der Alb-Donau-Kreis Teil der „Innovationsregion Ulm".

Fläche: 1.358,67 km²
EW: 189.129 - EW/km²: 139
KFZ-Kennzeichen: UL
Kreissitz: Ulm
www.alb-donau-kreis.de

Landrat
Heinz Seiffert / CDU (links)
im Amt seit: 2005 gewählt bis: 30.9.2016

Heiner Scheffold / parteilos (rechts)
im Amt ab: 1.10.2016 gewählt bis: 2024

Sitzverteilung im Kreistag
Vorsitz: der amtierende Landrat

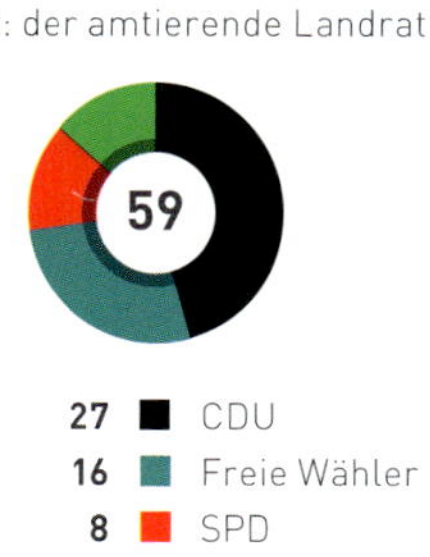

Mit vier Beruflichen Schulen sorgt der Landkreis als Schulträger für ein gutes regionales Weiterbildungsangebot für mehr als 5.000 Schüler. Das Gesundheitsnetzwerk der drei Kreiskliniken in Blaubeuren, Ehingen und Langenau mit multifunktionalen Gesundheitszentren ist dezentral und wohnortnah ausgelegt.

Landschaft, Sehenswürdigkeiten und Kultur
Längst hat der Tourismus die Kultur- und Ferienlandschaften im Alb-Donau-Kreis entdeckt. Steile Flusstäler, Höhlen und Quellen, die Wacholderheiden auf der Schwäbischen Alb, Riedlandschaften an der Donau, zahlreiche Burgruinen und Schlösser, die großen Klosteranlagen in Blaubeuren und Obermarchtal, sehenswerte historische Altstädte in Blaubeuren, Ehingen, Munderkingen, Schelklingen und Oberdischingen sind Anziehungspunkte für immer mehr Feriengäste.

Knapp 490.000 Übernachtungen werden aktuell im Beherbergungsgewerbe im Landkreis gezählt – kleine Pensionen nicht mitgerechnet. Top-Themen sind Wandern und Radeln sowie die eiszeitlichen Höhlen und die Funde der Eiszeitkunst. Das Wander- und Radwegenetz wird laufend erweitert.

Teile des Alb-Donau-Kreises gehören zum Biosphärengebiet Schwäbische Alb. Die Förderung von nachhaltigem Tourismus und regionalen Produkten kommt bei den Gästen ausgesprochen gut an. Der Landkreis ist überdies Mitglied im GeoPark Schwäbische Alb – mit UNESCO-Status.

Landkreis

Biberach

BADEN-WÜRTTEMBERG

Der Landkreis Biberach ist...
...ein Landkreis „zwischen Reagenzglas und Weidezaun". So lautet der kreiseigene Slogan. Gemeint ist damit eine gute Mischung und ein harmonisches Miteinander aus einer prosperierenden Wirtschaft und einer produktiven Landwirtschaft.

Historische Entwicklung

1806 kamen weite Teile Oberschwabens an das neu gegründete Königreich Württemberg, das die zahlreichen kleinen, ehemals selbstständigen Herrschaften einer straffen zentralen Regierung unterwarf. Administrativ gliederte Stuttgart das Königreich in 64 „Oberämter", dazu gehörte auch das Oberamt Biberach. Die Oberämter (ab 1934: Kreise) erwiesen sich als effektiv, so dass es zu einer Gebietsreform erst 1938 kam, als der Kreis Biberach um einige Gemeinden der aufgelösten Kreise Leutkirch, Laupheim und Waldsee erweitert wurde.

Bei der Kreisreform 1973 erhielt der Landkreis eine Reihe von Gemeinden aus benachbarten Kreisen und gab selbst wenige Gemeinden ab. Heute umfasst der Landkreis Biberach 45 Gemeinden, darunter sechs Städte: Bad Buchau, Bad Schussenried, Biberach, Laupheim, Ochsenhausen und Riedlingen.

Wertschöpfung und Verkehr

Der Landkreis Biberach ist zukunftsfähig. Im bundesweiten Vergleich rangiert er auf den vorderen Plätzen, wenn es um die Wirtschaftskraft geht. Hier gibt es gute Facharbeiter, innovative Hochschulen und ein breit ausgebautes berufliches Schulwesen.

Die wirtschaftliche Entwicklung spielt eine vorrangige Rolle. Branchenschwerpunkte sind die Herstellung von Baumaschinen, chemisch-pharmazeutische Unternehmen, Biotechnologie, Werkzeugmaschinenbau und Metall verarbeitende Betriebe. Die Wirtschaft ist geprägt von Handwerk und zahlreichen mittelständischen Unternehmen, aber auch von Weltmarktführern. Daneben ist der Landkreis in der Landwirtschaft äußerst produktiv: Hier werden rund 10 % der landwirtschaftlichen Erzeugnisse des Landes Baden-Württemberg produziert.

Sämtliche Schularten, von der Gemeinschaftsschule bis hin zu allen Profilen des beruflichen Gymnasiums, werden im Landkreis angeboten. Sonderpädagogische Einrichtungen bieten Kindern und Jugendlichen mit Behinderungen optimale Bildungschancen. Eine hoch technisierte und moderne Ausstattung der beruflichen Schulen des Landkreises bietet beste Voraussetzungen für den Start in das Berufsleben.

Der Landkreis ist auch Förderer der Hochschule Biberach (HBC). Traditionell steht sie als Hochschule für Bauwesen für die klassischen Disziplinen Architektur und Bauingenieurwesen. Spezialangebote differenzieren diese Studienangebote: Projektmanagement (Bau) sowie Betriebswirtschaft (Bau & Immobilien). Die HBC erweiterte ihr Studienangebot auch im Bereich Energieeffizienz und Erneuerbare Energien. Gleichzeitig setzt die HBC mit den Studiengängen Pharmazeutische Biotechnologie und Industrielle Biotechnologie (Energie & Wertstoffe) einen neuen Schwerpunkt. Überregionale Bedeutung hat auch die Fernhochschule Riedlingen.

Der Landkreis wird durch ein gut ausgebautes Straßen- und Schienennetz erschlossen. Von besonderer Bedeutung sind die B 30 als Nord-Süd- und die B 312 als Ost-West-Verbindung sowie die B 311 zwischen Ulm und Freiburg. Auch im Schienenverkehr ist der Landkreis Biberach an regionale und überregionale Orte gut angebunden. Die Fahrgäste des öffentlichen Personennahverkehrs genießen die Vorteile des großen Donau-Iller-Nahverkehrsbunds, der neben dem Landkreis Biberach auch die Städte Ulm, Neu Ulm und den Alb-Donau-Kreis umfasst.

Landschaft, Sehenswürdigkeiten und Kultur

Zwischen Schwäbischer Alb, Donau und Iller liegt im Herzen Oberschwabens der Landkreis Biberach. Mit 1.410 km² Fläche ist er der fünftgrößte Landkreis in Baden-Württemberg. Er hat bei rund 190.000 Einwohnern eine Bevölkerungsdichte von 135 Einwohnern pro km².

Weltbekannte barocke Bauten, mittelalterliches Fachwerk, romantische Mühlen und eine einzigartige Landschaft mit Hügeln, Wäldern, Seen und Mooren säumen Straßen und Wege im Landkreis. Oberschwäbische Barockstraße, Deutsche Fachwerkstraße, Mühlenstraße Oberschwaben, Oberschwäbischer Pilgerweg und Jakobsweg – sie alle führen durch den Landkreis Biberach.

In kultureller Hinsicht bietet der Landkreis traditionelle Feste, über 20 Museen, das Oberschwäbische Museumsdorf Kürnbach, die Museumsschmalspurbahn „Öchsle" – eine der letzten noch erhaltenen Schmalspurbahnen weltweit – sowie die „schönste Dorfkirche der Welt" in Steinhausen. Der Federsee bei Bad Buchau gilt als fundreichstes Moor in Europa. Dort befinden sich gut erhaltene Jagdlager, Moorsiedlungen und Pfahlbauten aus vorgeschichtlicher Zeit. Seit Juni 2011 tragen vier Fundstellen den Titel „Weltkulturerbe" der UNESCO. Ferner ist der Kreis die Heimat von renommierten Dichtern und Denkern wie Christoph Martin Wieland, Sophie von La Roche und Ernst Jünger.

Fläche: 1.409,75 km²
EW: 190.438 - EW/km²: 135
KFZ-Kennzeichen: BC
Kreissitz: Biberach an der Riß
www.biberach.de

Landrat
Dr. Heiko Schmid / parteilos
im Amt seit: 2006 gewählt bis: 2022

Sitzverteilung im Kreistag
Vorsitz: Dr. Heiko Schmid

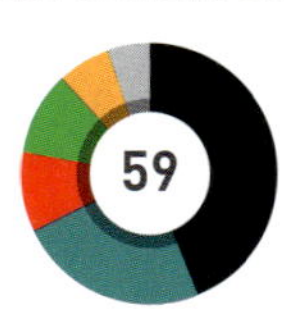

26	CDU
14	Freie Wähler
6	SPD
6	B.90/Grüne / ÖDP
4	Frauen
3	Sonstige

(FDP 2, Pro Westlicher Landkreis 1)

Landkreis

Böblingen

BADEN-WÜRTTEMBERG

Der Landkreis Böblingen ist...

...ein Landkreis, der unter Beweis stellt, dass Wirtschaft und Natur, Innovationen und Kultur, Forschung und Soziales, Bildung und Freizeit keine Gegensätze sein müssen. Getreu seinem Motto „Die Vielfalt macht's" punktet der Landkreis Böblingen in allen Bereichen und ist damit eine der attraktivsten Kreise in Baden-Württemberg, auf dessen Gemarkung sich zudem einer von zwei Mittelpunkten des Ländles befindet.

Historische Entwicklung

Zwar reichen die historischen Wurzeln zurück bis in die Zeit des Herzogtums Württemberg, viele der heutigen Landkreis-Gemeinden waren schon im Oberamt Herrenberg zusammen gefasst. Doch seine heutige Form erlangte der Landkreis Böblingen erst mit der Kreisreform im Jahr 1973. Seinerzeit wurden die Landkreise Böblingen und Leonberg zusammen geschlossen, im Jahr 2013 konnte man somit das 40-jährige Jubiläum des Kreises in seiner jetzigen Ausprägung feiern. 26 Städte und Gemeinden zählen dazu, darunter die vier Großen Kreisstädte Böblingen, Herrenberg, Leonberg und Sindelfingen. Insgesamt leben über 370.000 Menschen im Kreis, seit der Gründung konnte ein Einwohnerzuwachs von knapp 30 % verzeichnet werden.

Mit einer Gesamtfläche von knapp 618 km² ist der Landkreis Böblingen flächenmäßig der kleinste Landkreis in der Region Stuttgart, doch: Kurze Wege sind ein Vorzug des Kreises. Wer von Weissach, der nordöstlichsten Kommune, nach Bondorf, der südlichsten Gemeinde, gelangen möchte, muss nur 42 km zurücklegen.

Wertschöpfung und Verkehr

Der Landkreis Böblingen ist wichtiger Dreh- und Angelpunkt. Mit zwei Autobahnen, der A 81 und A 8, ist er an das Fernstraßennetz angebunden. Zwei S-Bahn-Linien und die Gäubahn ermöglichen den Kreisbewohnern eine schnelle und direkte Anbindung an die Landeshauptstadt Stuttgart. Darüber hinaus verbindet die S 60 die beiden Städte Böblingen und Renningen, und damit auch die S-Bahn-Linien S 1 und S 6 miteinander. Dank der Schönbuchbahn können die Bewohner der Städte und Gemeinden auf der Schönbuchlichtung auf der Schiene nach Böblingen, aber auch in den Landkreis Tübingen hinein pendeln.

Dass der Landkreis Böblingen fortschrittlich, innovativ und wirtschaftsstark ist, das ist schon seit Jahren über die Kreisgrenzen hinaus bekannt. Eine Vielzahl hochwertiger Produkte wird hier hergestellt. Neben den Global Playern wie IBM, Hewlett-Packard, Daimler, Porsche und Bosch haben andere große Firmen, haben aber auch leistungsstarke mittelständische und kleine Unternehmen ihren Sitz im Landkreis und prägen diesen ganz entscheidend mit. In den Bereichen Produktion und Dienstleistung, aber auch in den Sparten Forschung und Entwicklung nimmt man Spitzenplätze ein.

Diese Position kommt nicht von ungefähr: Der Landkreis selbst ist Träger des beruflichen Schulwesens, als solcher ein wichtiger Partner der Wirtschaft und ein Garant für gut ausgebildete Fachkräfte. Acht berufliche Schulen gewerblicher, kaufmännischer, haus- und landwirtschaftlicher Richtung mit einer Vielzahl verschiedener Ausbildungsgänge werden unterhalten. An den Schulzentren des Landkreises gibt es zudem sieben berufliche Gymnasien und sieben Fachschulen. Neben den Schulen deckt das Landratsamt Böblingen mit Abfallwirtschaft, Umweltschutz, Landwirtschaft und Forst, Verbraucherschutz und Gesundheit, Sozial- und Jugendhilfe und öffentlicher Personennahverkehr ein breites Spektrum ab und hat sich in den vergangenen vier Jahrzehnten zu einem modernen öffentlichen Dienstleistungsunternehmen entwickelt.

Gleiches gilt für den Klinikverbund Südwest, zu dem man sich gemeinsam mit dem Landkreis Calw bereits im Jahr 2006 zusammen geschlossen hat. Mit den Krankenhäusern in Herrenberg, Leonberg, Böblingen und Sindelfingen garantiert der Landkreis Böblingen seinen Bewohnern und den Patienten aus der näheren Umgebung eine wohnortnahe, dezentrale Versorgung, die ein breites medizinisches Leistungsspektrum abdeckt.

Landschaft, Sehenswürdigkeiten und Kultur

So wichtig Bildung, Gesundheit und Arbeit auch sind, Freizeit und Erholung, Kunst und Kultur, Sport und Natur tragen ganz entscheidend zum Wohlbefinden jedes Einzelnen bei. Und auch hier kann der Landkreis Böblingen mit einer tollen Vielfalt überzeugen. Im Osten prägen der Naturpark Schönbuch und der Glemswald die Landschaft, im Westen das Heckengäu. Dazwischen erstreckt sich eine fruchtbare Ackerbaulandschaft mit dem Strohgäu im Norden, mit Korngäu und Oberem Gäu im Süden.

Die Bewahrung der vielfältigen Kulturlandschaft ist ein wichtiges Anliegen – und das gleich in doppelter Hinsicht: Der Naturschutz wird groß geschrieben und dank hochkarätiger Veranstaltungen, zahlloser Einrichtungen, dank den Musik- und Volkshochschulen, den Orchestern und den vielen Vereinen haben auch Kunst, Musik und Kultur den hohen Stellenwert inne, den sie verdienen.

Fläche: 617,82 km²
EW: 374.279 - EW/km²: 606
KFZ-Kennzeichen: BB
Kreissitz: Böblingen
www.landkreis-boeblingen.de

Landrat
Roland Bernhard / parteilos
im Amt seit: 2008 gewählt bis: 2024

Sitzverteilung im Kreistag
Vorsitz: Roland Bernhard

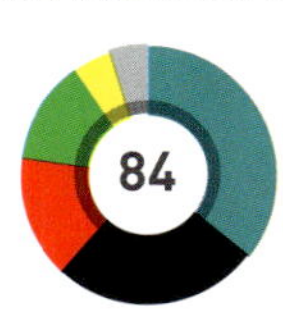

30	Freie Wähler
22	CDU
13	SPD
11	B.90/Grüne
4	FDP
4	Sonstige

(Die Linke 3, NPD 1)

Bodenseekreis

BADEN-WÜRTTEMBERG

Der Bodenseekreis ist...
...mit rund 57 km Ufer des „Schwäbischen Meeres" quasi die Südküste Deutschlands. Er erstreckt sich entlang nahezu des gesamten baden-württembergischen Nordufers des Bodensees. Nach Nordosten geht er über ins Oberschwäbische Hügelland und im Osten beginnt das Westallgäuer Hügelland. Auf einer Fläche von 665 m^2 leben rund 210.000 Menschen in 23 Städten und Gemeinden. Kreisstadt und Hauptsitz des Landratsamts ist Friedrichshafen. Der Bodenseekreis bildet zusammen mit den Landkreisen Ravensburg und Sigmaringen die Region Bodensee-Oberschwaben im Regierungsbezirk Tübingen.

Historische Entwicklung
Der Bodenseekreis wurde im Zuge der baden-württembergischen Kreisreform am 1.1.1973 durch Vereinigung des Landkreises Tettnang mit dem Hauptteil des Landkreises Überlingen gebildet. Der Landkreis Tettnang war 1934 aus dem alten württembergischen Oberamt Tettnang hervorgegangen. 1938 wurde der Landkreis Tettnang in Landkreis Friedrichshafen umbenannt, jedoch später wieder rückbenannt. Das Amt Überlingen wurde 1936 durch Vereinigung der badischen Bezirksämter Überlingen und Pfullendorf gebildet, woraus 1939 der Landkreis Überlingen entstand.

Mit der Kreisreform 1973 wurden ehemals badische und württembergische Teile zu einem Landkreis vereinigt. Der neue Landkreis bestand zu Beginn aus 32 Gemeinden. Nach Abschluss der Gemeindereform umfasst der Bodenseekreis nun 18 Gemeinden und fünf Städte.

Wertschöpfung und Verkehr
In zahlreichen Umfragen, Studien und Ranglisten zur Wirtschafts- und Innovationskraft sowie zur Zufriedenheit der Bevölkerung landet der Bodenseekreis regelmäßig auf den vorderen Plätzen oder nimmt gar die Spitzenposition an. Mit über 70 Unternehmen im Bereich Luft- und Raumfahrt zählt er heute zu den fünf wichtigsten Zentren dieser Branche der Republik.

Der Bodensee ist die Trinkwasserquelle für rund 5 Mio. Menschen allein in Baden-Württemberg. Von Sipplingen aus, der westlichsten Gemeinde des Bodenseekreises, fließen bis zu 670 Mio. l täglich hunderte Kilometer bis nach Stuttgart und Mannheim.

Es gibt zwar keine Metropole, aber mit durchschnittlich über 300 Einwohnern pro km^2 ist der Kreis relativ dicht bevölkert, was eine interessante Mischung aus ländlichem und städtischem Siedlungscharakter erzeugt. Zeppeline gehören hier ebenso zum täglichen Mobilitätsbild wie Elektromobile. Wer größere Entfernungen zu überwinden hat, dem steht der internationale Bodensee Airport Friedrichshafen zur Verfügung. Selbstverständlich zählt hier auch das Wasser zu den alltäglichen Verkehrswegen: Rund 100 Fähr- und Katamaranverbindungen jeden Tag werden von knapp 5 Mio. Passagieren pro Jahr genutzt. Eine Bundesautobahn gibt es nicht, weshalb den Bundesstraßen 30, 31 und 33 eine besondere Bedeutung als Hauptschlagadern zukommt. Deren Ertüchtigung ist politisches Dauerthema.

Landschaft, Sehenswürdigkeiten und Kultur
Der See lockt nicht nur die Wassersportler. Auch Wanderer finden in der hügeligen Landschaft des Hinterlandes, in den Wäldern, Obst- und Weinplantagen immer wieder neue Ziele. Beispielsweise auf dem 111 km langen Jubiläumswanderweg. Ebenso erlauben gut ausgebaute Radwege mit einem engmaschigen Radwegeweisungsnetz ausgedehnte Touren.

Es gibt 33 Naturschutzgebiete sowie 16 Landschaftsschutzgebiete. Die Sonderkulturen Obst, Hopfen und Wein prägen das Bild der Landschaft. Auf den Plantagen wachsen jedes Jahr tausende Tonnen sonnengebadeter Tafeläpfel sowie der Tettnanger Aroma-Hopfen. Sogar der Wald gilt als einer der produktivsten in ganz Baden-Württemberg.

Wie die Menschen in der Stein- und Bronzezeit lebten, lässt sich in Unteruhldingen bewundern. Über 6.000 Jahre alte Rudimente von Pfahlbauten am Seeufer sind die ältesten Siedlungszeugnisse am Bodensee. Rekonstruktionen dieser alten Baukunst kann der Besucher nicht nur bestaunen, sondern auch begehen – Weltkulturerbe mit hohem Erlebniswert. Viele Schlösser, Burgen und Kirchen sind weitere Zeitzeugen und erzählen von vergangenen Dynastien. Dazu gehören die Meersburg aus dem 7. Jahrhundert und das Schloss Salem. Auch die 1750 errichtet Barockkirche Birnau ist ein faszinierendes Kunstwerk aus alten Tagen.

Viele bekannte kunst- und kulturschaffende Persönlichkeiten lebten und leben im Bodenseekreis. So sind die Schriftsteller Annette von Droste-Hülshoff, die zeitweise auf der Meersburg lebte und dort verstarb, und Martin Walser sowie der Maler Hans Purrmann bekannte Namen. Im Meersburger „Roten Haus" betreibt der Bodenseekreis eine eigene Galerie. Als Mäzen regionaler und lokaler zeitgenössischer Kunst hat er eine beachtliche Kunstsammlung aufgebaut.

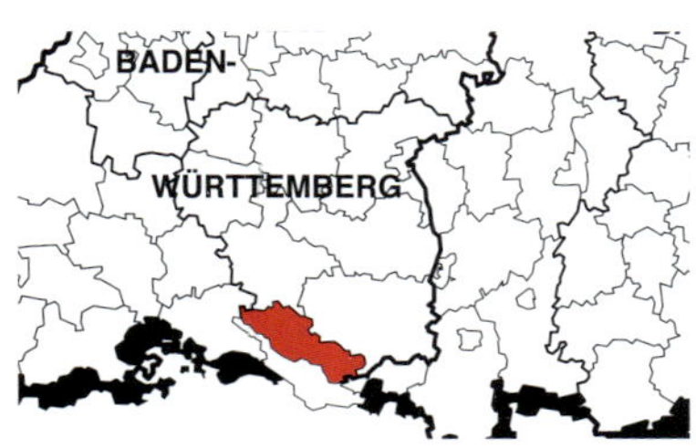

Fläche: 664,81 km^2
EW: 209.386 - EW/km^2: 315
KFZ-Kennzeichen: FN
Kreissitz: Friedrichshafen
www.bodenseekreis.de

Landrat
Lothar Wölfle / CDU
im Amt seit: 2007 gewählt bis: 2023

Sitzverteilung im Kreistag
Vorsitz: Lothar Wölfle

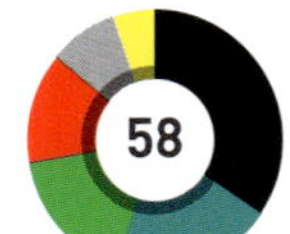

20	CDU
12	Freie Wähler
10	B.90/Grüne
8	SPD
3	FDP
5	Sonstige

(Die Linke 2, Eriskircher Liste 1, OL 1, BVÜOS 1)

Pfahlbauten im Bodenseekreis

Landkreis

Breisgau-Hochschwarzwald

BADEN-WÜRTTEMBERG

Der Landkreis Breisgau-Hochschwarzwald ist...

...ein wunderbares Fleckchen Erde in einer der landschaftlich und klimatisch attraktivsten Regionen im Südwesten Deutschlands. Vom Rhein erstreckt sich der Landkreis in West-Ost-Richtung über 65 km und reicht bis zu den höchsten Gipfeln des Südschwarzwalds. Die Länge in Nord-Süd-Richtung beträgt 40 km und reicht vom Kaiserstuhl über die Breisgauer Bucht bis in das Markgräflerland hinein.

Historische Entwicklung

Am 1.1.1973 trat das Kreisreformgesetz mit den heutigen 35 Landkreise in Baden-Württemberg in Kraft. Der Landkreis Breisgau-Hochschwarzwald entstand aus den früheren Landkreisen Freiburg, Müllheim und Hochschwarzwald.

Wertschöpfung und Verkehr

Das Kreisgebiet umfasst 50 Städte und Gemeinden zwischen 1.000 und über 18.000 Einwohnern. Insgesamt leben im Landkreis heute rund 250.000 Menschen. Die Nähe zur Universitätsstadt Freiburg mit der Albert-Ludwigs-Universität und zahlreichen Forschungs-, Entwicklungs- und Transfereinrichtungen wirkt sich positiv auf die wirtschaftliche Entwicklung der ganzen Region aus.

Der Landkreis Breisgau-Hochschwarzwald ist gemessen an den Übernachtungszahlen der tourismusstärkste Landkreis in Baden-Württemberg und zählt zu den zwölf meistbesuchten Zielen in Deutschland. Von den 50 Gemeinden melden 40 touristische Übernachtungen und tragen mit ihrer attraktiven Tourismus-Infrastruktur sehr zur Lebensqualität bei, die den Landkreis auch als Wirtschaftsstandort sehr attraktiv macht.

Die Wirtschaftsstruktur allgemein ist geprägt von mittelständischen Unternehmen. Die stärkste Einzelbranche im Kreis ist das Gesundheitswesen mit mehreren Krankenhäusern der Grundversorgung, Spezialkliniken sowie Kur- und Reha-Einrichtungen.

Landschaft, Sehenswürdigkeiten und Kultur

Der Reiz des Landkreises liegt in der topographischen und visuellen Vielfalt seiner Landschaften und seiner insgesamt sieben verschiedenen Klimazonen. Ganz Deutschland schaut oft neidisch gen Südwesten, wo auf Höhe des Breisgaus in der TV-Wetterkarte meistens die Sonne lacht und der Frühling vier Wochen früher als anderswo beginnt. Bedingt durch warme Winde aus dem Mittelmeerraum, die durch die „Burgundische Pforte" den Oberrhein entlang wehen, profitiert der Landkreis von einem mediterranen Klima. In der flachen Rheinebene dominiert daher die landwirtschaftliche Nutzung. Der Kaiserstuhl mit seinem vulkanischen Ursprung ist eine der wärmsten Gegenden Deutschlands mit einzigartiger Pflanzen- und Tierwelt. Hier und auf den sanften Hügeln des Markgräflerlandes wird vor allem Wein und Obst angebaut.

Im Hochschwarzwald bietet sich ein anderes Bild: Die subalpine Landschaft ist dominiert von Wäldern und offenen Bergkuppen mit einzigartigen Fernsichten. Hier liegen die höchsten Schwarzwaldberge, allen voran mit seinen 1.493 m der Feldberg, höchster Berg der deutschen Mittelgebirge. Er ist die Wiege des Skisports in Deutschland. Im Winter 2015/16 konnten 125 Jahre Skisport im Schwarzwald gefeiert werden. Auch den ersten Skilift der Welt gab es im Hochschwarzwald. Er wurde am 14.2.1908 in Schollach in Betrieb genommen. Zahlreiche berühmte Hochschwarzwälder haben im Wintersport großartige Erfolge errungen.

Fläche: 1.378,33 km²
EW: 252.749 - EW/km²: 183
KFZ-Kennzeichen: FR
Kreissitz: Freiburg
www.breisgau-hochschwarzwald.de

Landrätin
Dorothea Störr-Ritter / CDU
im Amt seit: 2008 gewählt bis: 2024

Sitzverteilung im Kreistag
Vorsitz: Dorothea Störr-Ritter

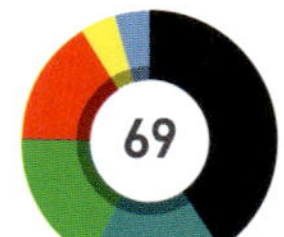

- 28 CDU
- 12 Freie Wähler
- 12 B.90/Grüne
- 11 SPD
- 4 FDP
- 2 AfD

Weltweit bekannt ist der Titisee, ebenso das Glottertal durch die TV-Serie „Schwarzwaldklinik". Kur und Gesundheit spielen eine wichtige Rolle im Landkreis: Badenweiler und Bad Krozingen sind berühmte Thermalheilbäder, weiterhin verfügt der Landkreis über 4 Heilklimatische Kurorte, zehn Luftkurorte und acht Orte, die ein Prädikat als Erholungsort tragen.

Die „Badische Küche" beeindruckt mit großer dekorierter Restaurantdichte. Neben ausgezeichneten Spitzenrestaurants und von internationalem Rang, findet sich ein breites Angebot von Häusern mit traditioneller Schwarzwälder Küche und gelebter Gastlichkeit, sowie in den heimeligen Stuben der Straußenwirtschaften bei den Winzern im Landkreis. Einige der besten Weingüter Deutschlands sind im Landkreis zu Hause.

Der Landkreis profitiert von seiner Lage an der Nord-Süd-Transitachse und von der unmittelbaren Nähe zum Elsass, mit dem es eine intensive grenzüberschreitende Zusammenarbeit gibt, und zur nur wenige Kilometer weiter südlich gelegenen Schweiz.

Landkreis

Calw

BADEN-WÜRTTEMBERG

Der Landkreis Calw ist…
…vielseitig. Er liegt zentral in der Mitte zweier Großstädte – Stuttgart und Karlsruhe – und bietet dabei mit Schwarzwald und Heckengäu zwei der schönsten Landschaften Baden-Württembergs direkt vor der Haustüre. Wirtschaftlich erfolgreiche Unternehmen mit attraktiven Arbeitsplätzen und ein Freizeit- und Kulturangebot, das seinesgleichen sucht, lassen keine Wünsche offen.

Historische Entwicklung
Am 1.10.1938 wurde durch Zusammenlegung der Oberämter Calw, Nagold und Neuenbürg unter Abtrennung der Gemeinden Fünfbronn und Schietingen der heutige Kreis Calw mit 104 selbstständigen Städten und Gemeinden gebildet. In dieser Zusammensetzung blieb er bis zur neuerlichen Kreisreform 1973 bestehen.

Nach dem Ende des Zweiten Weltkriegs wurde der Kreis Calw in das von den Franzosen als Besatzungsmacht neu gebildete Land Südwürttemberg-Hohenzollern einbezogen, 1952 ging dieses Land schließlich im neuen Bundesland Baden-Württemberg auf. Seit Abschluss der Gemeindereform in den 1970er Jahren umfasst der Landkreis Calw 25 Gemeinden, darunter zehn Städte und hiervon wiederum zwei Große Kreisstädte (Calw und Nagold).

Wertschöpfung und Verkehr
Der Landkreis Calw ist ein Unternehmensstandort mit einer großen Tradition und einer soliden Wirtschaftsstruktur. International tätige Unternehmen, ein breiter Mittelstand aus Familienunternehmen, Handwerk, Dienstleistung und Handel sowie moderne Hotellerie mit Spitzenrestaurants prägen das Bild des Landkreises. Die Stärken der namhaften Unternehmen, die im Kreis ansässig sind, liegen vor allem in den Bereichen Automotive, Maschinenbau, Holz, Kunststofftechnik, Elektronik, Kosmetik und Textil. Ihre Produkte und Dienstleistungen sind weltweit bekannt und stehen für hohe Innovation und Qualität. Das Handwerk ist eine weitere tragende Säule der Wirtschaft innerhalb des Landkreises Calw.

Die Betriebe der verschiedenen Innungen stehen für hohe Fertigkeiten und ein breites Know-how und sind Motor der heimischen Wirtschaft. Kennzeichnend für den Landkreis Calw ist zudem die starke Ausprägung im Bereich Gesundheitsdienstleistung. Der Gesundheitsbereich stellt eine der größten Branchen des Landkreises dar und weist eine überdurchschnittliche Spezialisierung im Bundesvergleich auf.

Eine lange Tradition im Kurwesen, die vorhandenen Kapazitäten in den Bereichen Wellness und Pflege sowie bedeutende Klinikstandorte, ermöglichen eine hochwertige medizinische Versorgung, die den Gesundheitsstandort Landkreis Calw auszeichnet.

Ein weiterer bedeutender Wirtschaftsfaktor ist der Tourismus und damit das Hotel- und Gaststättengewerbe. Durch seine Lage im Naturpark Schwarzwald Mitte/Nord ist der Landkreis insbesondere für Gäste aus den Ballungsräumen Stuttgart und Karlsruhe sowie aus dem nahe gelegenen Pforzheim attraktiv.

Über die Autobahnen A 81 und A 8 als Nord-Süd und Ost-West-Verbindungen sind die benachbarten Ballungsräume sowie der Internationale Flughafen Stuttgart und der Flughafen Baden-Baden in kurzer Zeit zu erreichen. Mit fünf Bundesstraßen sowie zahlreichen Landes- und Kreisstraßen ist der Landkreis Calw sehr gut erschlossen. Über die Nagold-, die Enztal- und die Albtalbahn besteht eine Anbindung an das europäische Fernverkehrsnetz. Um den Landkreis Calw noch besser an den Wirtschaftsraum Sindelfingen/Böblingen und die Landeshauptstadt Stuttgart anzuschließen, plant der Landkreis Calw mit der Realisierung der Hermann-Hesse-Bahn die Wiederinbetriebnahme der Bahnverbindung zwischen Calw, Weil der Stadt und Renningen.

Landschaft, Sehenswürdigkeiten und Kultur
Durch seine bevorzugte Lage in der reizvollen Region Nordschwarzwald bietet der Kreis Calw eine facettenreiche Erlebnislandschaft, die den Menschen ein Höchstmaß an Wohn- und Lebensqualität ermöglicht. Der kulturelle Reichtum des Kreises offenbart sich in eindrucksvollen Kulturdenkmälern, Museen, baugeschichtlich bedeutsamen Klöstern und romantischen Burgen. Traditionelle Veranstaltungen und Feste lassen die Vergangenheit wieder aufleben und entführen die Besucher in fast schon vergessene Zeiten.

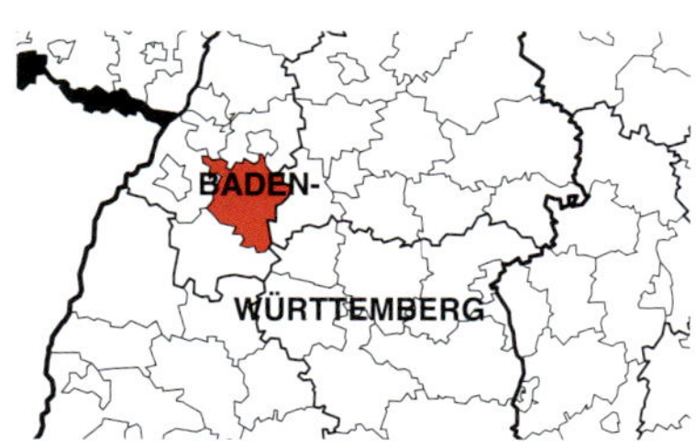

Fläche: 797,51 km²
EW: 152.766 - EW/km²: 192
KFZ-Kennzeichen: CW
Kreissitz: Calw
www.kreis-calw.de

Landrat
Helmut Riegger / CDU
im Amt seit: 2010 gewählt bis: 2018

Sitzverteilung im Kreistag
Vorsitz: Helmut Riegger

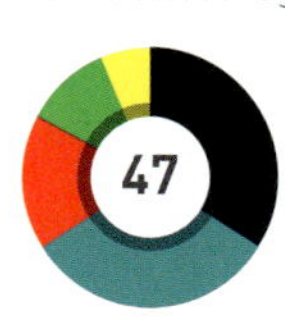

16	CDU
15	Freie Wähler
8	SPD
5	B.90/Grüne
3	FDP

Landkreis

Emmendingen

BADEN-WÜRTTEMBERG

Der Landkreis Emmendingen ist...
...ein attraktiver Wachstumsstandort in abwechslungsreicher Landschaft zwischen Rhein und Schwarzwald. Gute Arbeitsplätze, vielfältige Bildungs- und Freizeitangebote und hervorragende Verkehrsverbindungen auch ins nahe Frankreich und in die Schweiz tragen zur hohen Lebensqualität bei. Das macht den Landkreis zu einem beliebten Wohn- und Arbeitsplatz mit hoher Lebensqualität für alle Generationen und besonders auch für Familien.

Historische Entwicklung
Im Jahr 2014 konnte der 1939 gegründete Landkreis sein 75-jähriges Bestehen feiern.

Von der reichhaltigen Geschichte künden neun Burgruinen, gut erhaltene Klosterkapellen und römische Ausgrabungen Der Oberrheingraben war schon vor 1.000 Jahren eine wichtige Verkehrsader. Aus dem zehnten Jahrtausend vor Christus stammen die frühesten Funde, die auf die Anwesenheit von Menschen in dem Gebiet des heutigen Landkreises Emmendingen schließen lassen. Zahlreiche Funde aus der Zeit der Kelten und Römer zeugen von der großen Bedeutung des Kaiserstuhls und der angrenzenden Gegend. Alemannen und Franken waren für die weiteren Geschehnisse in diesem Landstrich verantwortlich. Zur Zeit der französischen Revolution gehörten die größten Gebietsanteile im Bereich des heutigen Landkreises zur Markgrafschaft Baden und zu Vorderösterreich. Seit 1805 ist das Gebiet des Landkreises badisch. Mitte des 19. Jahrhunderts gliederte er sich in die Amtsbezirke Emmendingen, Ettenheim, Kenzingen, Waldkirch und Breisach.

Das Gesetz über die Landkreisselbstverwaltung in Baden (Landkreisordnung) vom 24.6.1939 bestimmte die Landkreise als Selbstverwaltungskörperschaften. Die Geburtsstunde des Landkreises Emmendingen selbst wurde rückwirkend auf den 15.6.1939 festgelegt. Er ist seither in seinem Gebiet nahezu unverändert und ging auch nach der Kreisreform Anfang der 1970er Jahre und einer einhergehenden Gemeindereform nicht in einem größeren Landkreis auf.

Wertschöpfung und Verkehr
Über 160.000 Menschen leben in den 24 Städten und Gemeinden des Landkreises – so viele wie noch nie seit Bestehen des Landkreises. Die Bevölkerung wächst von Jahr zu Jahr. Mit einem Durchschnittsalter von 43,8 Jahren hat der Landkreis einer der jüngsten Bevölkerungen der Landkreise am Oberrhein.

Der Landkreis ist ein attraktiver Wirtschaftsstandort mit überdurchschnittlich guten Wachstumsraten. Firmen, Handwerk und Dienstleistungsbetriebe bieten wohnortnahe Arbeitsplätze für rund 44.000 Beschäftigte. Die Wirtschaft ist mittelständisch geprägt, in den Industriegebieten einiger Städte und Gemeinden haben sich weltweit operierende Firmen niedergelassen. Schwerpunkte sind Elektrotechnik, Feinmechanik/Optik, Maschinenbau und Metallverarbeitung sowie Handwerksbetriebe. Viele Arbeitsplätze bestehen auch im Dienstleistungssektor: 40 % der Beschäftigten in dieser Branche arbeiten im Gesundheitswesen in Krankenhäusern, Fachkliniken und Senioreneinrichtungen. Die Arbeitslosigkeit im Landkreis ist seit Jahren konstant niedrig bei ca. 3 %. Bedeutend sind außerdem traditionell Weinbau, Land- und Forstwirtschaft sowie Tourismus.

Die Autobahn von Frankfurt nach Basel mit drei Anschlüssen und die beiden Bundesstraßen B 3 und B 294 führen durch den Landkreis. Zu den guten Verkehrsverbindungen tragen auch die Bahnstrecken im Rheintal, im Elztal und rund um den Kaiserstuhl mit der bundesweit beachteten Regio-Karte als günstigem Nahverkehrsangebot bei. Die Deutsche Bahn plant derzeit als Großprojekt eine neue Bahn- und Gütertrasse mit zwei weiteren Gleisen durch das Rheintal. Mit der Trassenführung durch den Landkreis Emmendingen befassen sich seit vielen Jahren auch der Kreistag und die Gemeinderäte.

Der Landkreis Emmendingen ist mit dem Kreiskrankenhaus, dem Kreisseniorenzentrum St. Maximilian Kolbe in Kenzingen und den beruflichen Schulzentren in Emmendingen und Waldkirch einer der größten Arbeitgeber im Landkreis.

Landschaft, Sehenswürdigkeiten und Kultur
Vom höchsten Gipfel des Landkreises Emmendingen, dem 1.242 m hohen Kandel, reicht die grenzenlose Aussicht zum Kaiserstuhl und bis zu den Vogesen nach Frankreich. Die abwechslungsreiche Landschaft mit Schwarzwaldhängen im Elztal, der Rheinebene und Weinbergen im Breisgau und am Kaiserstuhl sorgt für viel Natur direkt vor der Haustür.

Ein Zehntel der Rebanbaufläche des Landes Baden-Württemberg liegt im Landkreis Emmendingen, durch den Landkreis führt die „Badische Weinstraße". Die landwirtschaftlichen Erzeugnisse werden direkt ab Hof und auf vielen Wochenmärkten „frisch aus der Region" verkauft.

Fläche: 679,88 km²
EW: 159.708 - EW/km²: 235
KFZ-Kennzeichen: EM
Kreissitz: Emmendingen
www.landkreis-emmendingen.de

Landrat
Hanno Hurth / parteilos
im Amt seit: 2003 gewählt bis: 2019

Sitzverteilung im Kreistag
Vorsitz: Hanno Hurth

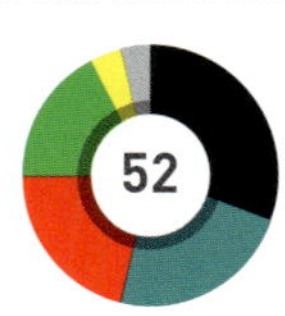

16 CDU
12 Freie Wähler
11 SPD
9 B.90/Grüne
2 FDP
2 Sonstige
(UB/ÖDP 1, parteilos 1)

Enzkreis

BADEN-WÜRTTEMBERG

Der Enzkreis ist...
...ein lebens- und liebenswürdiges Fleckchen Erde, denn er vereint in idealer Art die Tugenden von Badenern und Württembergern, die hier seit der Kreisgründung 1973 gemeinsam eine Erfolgsgeschichte geschrieben haben. Innovative und leistungsstarke, mittelständisch geprägte Betriebe, eine sehr geringe Arbeitslosenquote, dazu die günstige Lage zwischen den Ballungsräumen Stuttgart und Karlsruhe sorgen für ausgezeichnete Strukturdaten. Ein reges Vereinsleben und die landschaftliche Schönheit mit reizvollen Weinorten und zahlreichen kulturellen, sportlichen und touristischen Einrichtungen tragen zur hohen Lebensqualität bei.

Historische Entwicklung
Der Enzkreis in seinen heutigen Grenzen entstand durch die Kreisreform im Jahre 1973, als man den damaligen Landkreis Pforzheim, den Bereich Mühlacker des alten Landkreises Vaihingen, vier Gemeinden des aufgelösten Landkreises Leonberg und die Region Neuenbürg aus dem Landkreis Calw vereinte. Mit einer Fläche von 574 km² und einer Nord-Süd-Ausdehnung von 35 km ist er einer der flächenmäßig kleineren Landkreise in Baden-Württemberg.

Fläche: 573,69 km²
EW: 193.728 - EW/km²: 338
KFZ-Kennzeichen: PF
Kreissitz: Pforzheim
www.enzkreis.de

Landrat
Karl Röckinger [P] / parteilos
im Amt seit: 2003 gewählt bis: 2018

Sitzverteilung im Kreistag
Vorsitz: Karl Röckinger

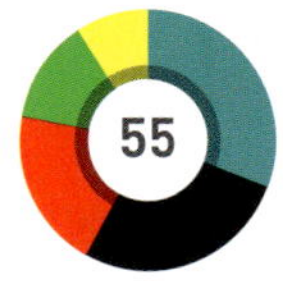

17 Freie Wähler
15 CDU
11 SPD
7 B.90/Grüne
5 FDP

Als attraktiver Wohn-, Wirtschafts- und Erholungsraum übt er dennoch eine große Anziehungskraft auf die Menschen aus: mittlerweile zählt er knapp 194.000 Einwohner. Trotz der relativ hohen Siedlungsdichte konnte er sich seine eher kleinräumige Struktur bewahren. Die Hälfte der Kreisgemeinden zählte nach der Kreisreform im Jahre 1973 weniger als 5.000 Einwohner, und daran hat sich bis heute nicht allzu viel geändert.

Wertschöpfung und Verkehr
Der Enzkreis mit seinen 28 Städten und Gemeinden bietet Unternehmen äußerst attraktive Wirtschaftsbedingungen: eine ausgezeichnete Infrastruktur, beste zentraleuropäische Lage, preisgünstige Gewerbe- und Industrieflächen sowie eine gut ausgebildete und leistungsbereite Bevölkerung.

Die Wirtschaft im Enzkreis ist überwiegend mittelständisch strukturiert: Sie ist gekennzeichnet durch Weltmarktführer, Markenartikler, Hidden Champions und einen flexiblen Zulieferbereich, vor allem im Maschinen- und Fahrzeugbau, in der Metallverarbeitung, der Medizin- und Dentaltechnik, der Elektrotechnik, Elektronik, Feinmechanik und im Schmuck.

Hinsichtlich der überregionalen Verkehrs- und Marktanbindung ist der Enzkreis gut positioniert. Die Ballungszentren Stuttgart und Karlsruhe lassen sich schnell erreichen. Viele große Industriebetriebe haben ihre Standorte in unmittelbarer Nähe und der europäische Markt liegt direkt vor der Haustür. Dazu kommen mehrere, über die ganze Region verteilte Technologie-Zentren sowie Universitäten und Hochschulen in den nahegelegenen Ballungszentren. Beides sind Garanten für den hohen Ausbildungsstand. Bedarfsgerechte Angebote für Familien mit Kindern und ein leistungsfähiges soziales Netz tun ein Übriges und sind schon lange ein Markenzeichen des Enzkreises.

Doch der Kreis schaut auch über seine Grenzen hinaus und hat mit Regionen und Kommunen in Italien, Polen und Ungarn Partnerschaften geschlossen. Auf Vermittlung des Deutschen Landkreistags und der Gesellschaft für Internationale Zusammenarbeit (GIZ) hat er 2011 eine „Kommunale Klimapartnerschaft" mit dem Masasi District in Tansania vereinbart. Unter ihrem Dach werden gemeinsam Konzepte entwickelt und umgesetzt, die dem Klimawandel begegnen und die Lebenssituation der Menschen verbessern. Doch auch vor der eigenen Haustüre setzt man auf einen schonenden Umgang mit der Natur und auf regenerative Energien. Daher wurde der Enzkreis bereits zum zweiten Mal in Folge mit dem European Energy Award in Gold ausgezeichnet.

Landschaft, Sehenswürdigkeiten und Kultur
Wo immer im Enzkreis man wohnt oder Urlaub macht – die Erholungsgebiete seiner vier reizvollen Landschaftsformen Schwarzwald, Stromberg, Kraichgau und Heckengäu liegen direkt vor der Haustür. Die Enz, der Fluss, dem der Kreis seinen Namen verdankt, eignet sich wunderbar für Paddeltouren oder um an ihr entlang zu radeln. Die Wege durch den Schwarzwald oder durch malerische Weinberge sind auch bei Wanderern und Reitern sehr beliebt.

Der Enzkreis blickt auf eine lange Geschichte und ein reiches kulturelles Erbe zurück. Dies zeigt sich in römischen Ruinen und zahlreichen Burgen und Schlössern, malerischen Fachwerkhäusern und reich ausgestatteten Kirchen, die teils bis auf das 12. Jahrhundert zurückgehen. Beliebtestes Ausflugsziel ist das über 850 Jahre alte Zisterzienserkloster Maulbronn. Als besterhaltene mittelalterliche Abtei nördlich der Alpen wurde es 1993 von der UNESCO zum Weltkulturerbe erhoben. Auch das Schloss Neuenbürg ist einen Ausflug für die ganze Familie wert: Neben einem Museum zur Kulturgeschichte des Nordschwarzwaldes wurde als besondere Attraktion ein begehbares Theater eingerichtet, das das Märchen „Das kalte Herz" von Wilhelm Hauff anschaulich und beeindruckend erzählt.

Kloster Maulbronn
Brunnenhaus

Landkreis

Esslingen

BADEN-WÜRTTEMBERG

Der Landkreis Esslingen ist…

…ein Kreis, der wirtschaftliche Stärke und landschaftliche Vielfalt im Herzen des Landes Baden-Württemberg verbindet. In den 44 Städten und Gemeinden des Landkreises leben rund 520.000 Einwohner auf einer Fläche von 641 km². Damit zählt er zu den am dichtesten besiedelten Landkreisen Deutschlands.

Historische Entwicklung

Seit dem 19. Jahrhundert bildeten die Oberämter Esslingen, Nürtingen, Kirchheim und das Amtsoberamt Stuttgart den Kernbereich des heutigen Landkreises Esslingen. Im Zuge der Verwaltungsreform von 1938 wurde das Amtsoberamt Stuttgart größtenteils dem Landkreis Esslingen einverleibt. Eingegliedert wurden ebenfalls die Schurwaldgemeinden des aufgelösten Oberamts Schorndorf sowie die Gemeinden Hochdorf (Kreis Kirchheim) und Reichenbach (Kreis Göppingen). Der Kreis Kirchheim ging 1938 in den Kreis Nürtingen über. Zum 1.1.1973 wurden die Landkreise Esslingen und Nürtingen aufgelöst und aus ihren Gebietsbestandteilen (ohne Grafenberg) der neue Landkreis Esslingen gebildet. Die letzte Erweiterung erfuhr der neue Landkreis 1975 durch die Eingliederung von Leinfelden und Musberg aus dem Landkreis Böblingen.

Wertschöpfung und Verkehr

Der Landkreis Esslingen ist die Wiege der Industrialisierung in Württemberg. 1845 rollte erstmals die Eisenbahn von Cannstatt nach Esslingen und brachte damit den Anschluss an die Zukunft. Die Maschinenfabrik Esslingen wurde zur Keimzelle. Von dieser frühen Industrialisierung profitiert der Landkreis noch heute.

Als einer der wirtschaftsstärksten Standorte Europas ist der Landkreis Esslingen heute Heimat vieler Unternehmen, die weltweit an der Spitze des technischen Fortschritts stehen. Tradition, Innovation und Lebensqualität sind Grundstein für Arbeitsplätze und Wohlstand. Zukunftsorientierte Unternehmen und renommierte Bildungseinrichtungen arbeiten Hand in Hand bei Forschung und Entwicklung neuer Produkte und Verfahren.

Die Lebensadern des Landkreises sind die hervorragenden Anbindungen an die internationalen Verkehrsnetze. Mit A 8 und B 27, der Bahnstrecke Stuttgart-München, dem Neckarhafen Plochingen sowie dem Landesflughafen Stuttgart ist der Landkreis die Verkehrsdrehscheibe des Landes. Die im Kreis gelegene Landesmesse Stuttgart ist das wirtschaftliche Schaufenster Baden-Württembergs.

Landschaft, Sehenswürdigkeiten und Kultur

Im Landkreis Esslingen liegen Ballungsgebiet und Natur nahe beieinander. Jeder zweite Quadratmeter steht im Landkreis unter Natur- und Landschaftsschutz. Exzellente Wohngebiete und hervorragend entwickelte Wirtschaftsräume wechseln sich mit reizvollen Naturräumen ab.

Das überwiegend industriell geprägte Neckartal wird umrahmt von den bewaldeten Höhen des Schurwalds und den steilen Hängen der Schwäbischen Alb. Prägend für das Albvorland sind seine Streuobstwiesen, die als schwäbisches Streuobstparadies die größte zusammenhängende Streuobstlandschaft Europas bilden. Der Albtrauf ist ein beliebtes Naherholungsgebiet für die gesamte Region Stuttgart.

Er ist zugleich wertvoller Lebensraum für Fauna und Flora mit vielen Natur- und Landschaftsschutzgebieten sowie Naturdenkmalen. Für das Biosphärengebiet Schwäbische Alb ist der Albtrauf das Alleinstellungsmerkmal, das eine UNESCO-Anerkennung möglich machte. Eine weitere Besonderheit sind die zahlreichen Spuren früherer vulkanischer Tätigkeit auf der Schwäbischen Alb. Das Naturschutzgebiet Randecker Maar – eindrucksvolles Zeugnis des Albvulkanismus – ist ein beliebter Teil des Erholungsgebietes Schopflocher Alb. Dort vermittelt das Naturschutzzentrum des Landkreises Natur pur.

Zahlreiche mittelalterliche Stadtkerne spiegeln die traditionsreiche Geschichte wider. Entlang der deutschen Fachwerkstraße kann in Esslingen a. N. die älteste Fachwerkhäuserzeile Deutschlands bestaunt werden. Der Heidengraben bei Erkenbrechtsweiler ist das größte keltische Oppidum Deutschlands. Der Römerpark in Köngen, das einstige römische Kastell Grinario, belegt, dass sich hier schon früh die Menschen heimisch fühlten. In Holzmaden gehen die Spuren des einstigen Lebens viele Millionen Jahre zurück. Das Urweltmuseum Hauff und der Urweltsteinbruch Holzmaden e. V. beherbergen weltberühmte Fossilien aus prähistorischer Zeit.

Am Fuße der Schwäbischen Alb, in Sichtweite der Burgruine Hohenneuffen, liegt das Freilichtmuseum des Landkreises Esslingen in Beuren, das einen authentischen Einblick in die Geschichte des Alltags im Mittleren Neckarraum und auf der Schwäbischen Alb bietet. Die Burg Hohenneuffen gilt zugleich als die Wiege des Landes Baden-Württemberg. Hier fand am 2.4.1948 die Dreiländerkonferenz mit Württemberg-Baden, Württemberg-Hohenzollern und Baden statt, die die Gründung des Landes Baden-Württemberg im Jahr 1952 vorbereitete.

Fläche: 641,48 km²
EW: 516.779 - EW/km²: 806
KFZ-Kennzeichen: ES
Kreissitz: Esslingen
www.landkreis-esslingen.de

Landrat
Heinz Eininger [K] / CDU
im Amt seit: 2000 gewählt bis: 2024

Sitzverteilung im Kreistag
Vorsitz: Heinz Eininger

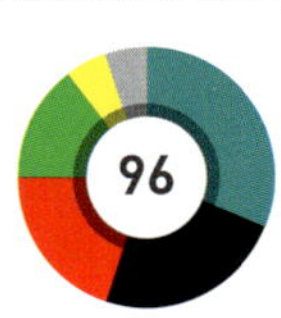

30	Freie Wähler
23	CDU
19	SPD
14	B.90/Grüne
5	FDP
5	Sonstige

(Die Linke 3, REP 2)

Landkreis

Freudenstadt

BADEN-WÜRTTEMBERG

Der Landkreis Freudenstadt ist...
...gleichzeitig Hightech und Tannenduft: ein attraktiver Wirtschaftsstandort kombiniert mit einzigartigem Naturpotenzial. Die reizvolle Erholungslandschaft des Nordschwarzwalds, das exzellente gastronomische Angebot und die kulturelle Vielfalt sorgen dafür, dass sich die Menschen hier wohlfühlen und leben und arbeiten, wo andere Urlaub machen.

Historische Entwicklung
Der Landkreis, wie er 1973 aus der Kreisreform hervorgegangen ist, setzt sich aus Gebieten sehr unterschiedlicher historischer Entwicklung zusammen. Den Kernbereich bilden neben dem bis 1972 bestehenden Altkreis Freudenstadt vor allem der nördliche Teil des ehemaligen Kreises Horb, vom ehemaligen Kreis Hechingen der sogenannte „hohenzollerische Korridor" sowie kleinere Gebiete des ehemaligen Kreises Rottweil und des ehemaligen südbadischen Landkreises Wolfach.

Nach Abschluss der Gemeindereform umfasste der neue Landkreis Freudenstadt 17 Gemeinden, darunter vier Städte, unter anderem die zwei Großen Kreisstädte Freudenstadt und Horb am Neckar. Durch die Eingemeindung der Gemeinde Betzweiler-Wälde nach Loßburg im Jahre 2007 zählt der Landkreis Freudenstadt heute noch 16 Städte und Gemeinden.

Wertschöpfung und Verkehr
Der Landkreis Freudenstadt kann sich als dynamischer und innovativer Wirtschaftsstandort in Sachen Hightech absolut sehen lassen. Die breite Branchenvielfalt umfasst international agierende Firmen, einen leistungsstarken Mittelstand, innovative Handwerksunternehmen und einen vielseitigen Dienstleistungssektor. Dank der zahlreichen hier ansässigen Markt- und Weltmarktführer ist Freudenstadt der Exportmeister der Region Nordschwarzwald.

Weitere wesentliche Stärken sind eine leistungsstarke Infrastruktur, eine günstige Einbindung in die wichtigsten Verkehrsachsen und eine schnelle Anbindung an die Schiene mit direktem ICE-Anschluss.

Landschaft, Sehenswürdigkeiten und Kultur
Tannenduft, wohl eines der auffälligsten Merkmale des Landkreises mit seinem, mit 63 % sehr hohem Waldanteil und der weitgehend ursprünglichen Natur, die die landschaftliche Attraktivität des Landkreises prägt. 66 % der Fläche des Nationalparks Schwarzwald, der sich auf 10.062 ha auf dem Höhenrücken des Nordschwarzwalds zwischen Baden-Baden und Freudenstadt hinzieht, liegen im Gebiet des Landkreises Freudenstadt.

Fläche: 870,67 km²
EW: 115.147 - EW/km²: 132
KFZ-Kennzeichen: FDS
Kreissitz: Freudenstadt
www.landkreis-freudenstadt.de

Landrat
Dr. Klaus Michael Rückert / CDU
im Amt seit: 2010 gewählt bis: 2018

Sitzverteilung im Kreistag
Vorsitz: Dr. Klaus Michael Rückert

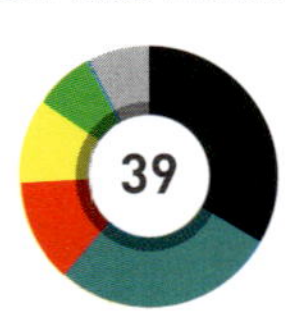

13	CDU
11	Freie Wähler
5	SPD
4	FDP
3	B.90/Grüne
3	Sonstige

(Frauen 2, REP 1)

Die Schwarzwaldhochstraße und das Neckartal sind markante landschaftliche Grenzen des Landkreises Freudenstadt im nördlichen Schwarzwald. Frische, würzige Luft, kristallklare Bäche, tiefe Wälder und Hochflächen mit wunderbarer Fernsicht sind Markenzeichen des Landkreises.

Auf über 600 km beschilderten Radwegen findet jeder Radler ein passendes Ziel. Freunde der Gemütlichkeit können gemächlich die Täler von Murg oder Kinzig hinabradeln – und mit dem Zug bequem zurückfahren.

Wanderer nutzen zahlreiche Genießerwege, die oft auf schmalen Pfaden durch tiefgrünen Tannenwald führen. Die im gesamten Schwarzwald einheitliche Beschilderung der Wanderwege sorgt dafür, dass alle Wanderer mit einfacher Übersicht zum Ziel gelangen. Zahlreiche rustikale Wanderhütten laden danach zum deftigen Schwarzwälder Vesper ein.

Im Winter sind 280 km Loipen für Langläufer gespurt und Skifahrer aus den Ballungsräumen an Rhein und Neckar füllen die Skilifte und Abfahrtshänge an der Schwarzwaldhochstraße.

Zum Wallfahrtsort für Gourmets wurde der Landkreis aber durch die phantasievollen kulinarischen Genüsse von Spitzenköchen wie Harald Wohlfahrt im Hotel Traube Tonbach, Claus-Peter Lumpp im Hotel Bareiss oder Jörg Sackmann im Hotel Sackmann, sie vereinen insgesamt acht Michelin-Sterne in der Gemeinde Baiersbronn. Diese Fülle an Meisterköchen und Spitzen-Restaurants ist in dieser Dichte in Deutschland einmalig.

Landkreis
Göppingen

BADEN-WÜRTTEMBERG

Der Landkreis Göppingen ist…
…nach seinem Slogan „Überraschend. Besser." und damit der ideale Standort zum Leben, Arbeiten, Erholen und Genießen. Als Teil der prosperierenden Metropolregion Stuttgart verfügt der Landkreis Göppingen über eine überaus verkehrsgünstige Lage, die eine schnelle Erreichbarkeit von Flughafen und Neue Messe Stuttgart sowie der Autobahn A 8 garantiert. Naturliebhaber finden am Albtrauf eine wunderbare Landschaft. Gleichzeitig ist der Landkreis im zukunftsfähigen Gesundheitssektor hervorragend aufgestellt. Leistungsfähige Kliniken und Rehabilitationszentren treffen auf traditionsreiche Heil- und Thermalbäder. Zudem gibt es eine lange Tradition der Herstellung von Naturheilmitteln.

Historische Entwicklung
Der Landkreis Göppingen wird gern auch als „Stauferkreis" bezeichnet. Im Wappen führt er den Löwen, das staufische Wappentier. Der Landkreis verweist damit auf die Stauferzeit mit der Stammburg der Staufer auf dem Göppinger Hausberg, dem Hohenstaufen.

Der Landkreis in der heutigen Form entstand 1938, es gab nahezu keine Änderungen durch das Kreisreformgesetz von 1973. Die Einwohnerzahl von gut 110.000 im Jahr 1938 nahm in der Nachkriegszeit stark zu, insbesondere durch die Aufnahme von über 48.000 Heimatvertriebenen und Flüchtlingen sowie die vermehrt zuziehenden ausländischen Arbeitnehmer. Sie verdoppelte sich bis etwa 1978.

Wertschöpfung und Verkehr
Mit dem Ende des Heiligen Römischen Reiches Deutscher Nation fielen ab 1810 alle Gebiete des heutigen Landkreises an das Königreich Württemberg. Einen enormen Schub brachte die 1847 bis Süßen freigegebene Eisenbahn durch das Filstal, wo die Tuch- und Werkzeugfabriken bald aus dem Boden sprossen. In Kuchen stand zeitweise der größte Websaal Europas, die zugehörige Arbeitersiedlung ist heute ein bedeutendes Denkmal der Industriekultur.

Bis ins frühe 20. Jahrhundert erweiterte sich das Spektrum der Großunternehmen nochmals erheblich, während abseits der pulsierenden Filstalroute mit ihren überregional bekannten Firmen wie Schuler, WMF, Märklin, Boehringer oder Schachenmayr die Landwirtschaft weiterhin traditionell betrieben wurde.

Hervorragende wirtschaftliche Rahmenbedingungen treffen auf eine besonders reizvolle Landschaft mit hohem Freizeitwert. Das macht den Landkreis zum attraktiven Wirtschaftsstandort, der neben einem guten wirtschaftlichen Klima auch ein hohes Maß an Lebensqualität bietet. Fast 80.000 sozialversicherungspflichtig Beschäftigte arbeiten in einem der 6.050 Betriebe. Große und weltweit bekannte Unternehmen wie Märklin und WMF prägen den Wirtschaftsstandort ebenso wie die zahlreichen kleinen und mittelständischen Betriebe. Sie alle profitieren von der Nähe zu Forschungseinrichtungen und Unternehmensnetzwerken, die einen raschen Wissens- und Technologietransfer ermöglichen. Zu den wichtigen Netzwerkpartnern zählen beispielsweise die Hochschulen in Göppingen und Geislingen und das Kompetenznetzwerk Mechatronik. Traditionell stammen viele Unternehmen aus dem Bereich Maschinenbau und Metallverarbeitung. Darunter auch das Unternehmen Schuler, mit führender Marktposition und Innovationsführerschaft in der Umformtechnik. Fortschritt und Tradition zeichnen Unternehmen dieser Branchen aus und führen zu hochwertigen Produkten.

Neben Firmen aus dem verarbeitenden Gewerbe haben sich seit vielen Jahren auch bedeutsame auf Naturheilmittel und Gesundheit spezialisierte Unternehmen erfolgreich im Landkreis etabliert. Dazu zählen der Naturkosmetik und -heilmittelhersteller Wala und das Kräuterhaus St. Bernhardt.

Fläche: 642,36 km²
EW: 250.117 - EW/km²: 389
KFZ-Kennzeichen: GP
Kreissitz: Göppingen
www.landkreis-goeppingen.de

Landrat
Edgar Wolff / Freie Wähler
im Amt seit: 2009 gewählt bis: 2017

Sitzverteilung im Kreistag
Vorsitz: Edgar Wolff

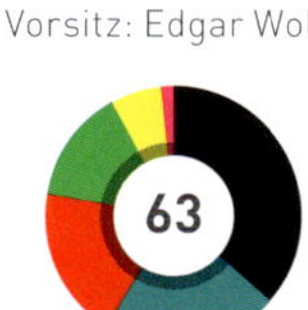

23	■	CDU
14	■	Freie Wähler
12	■	SPD
9	■	B.90/Grüne
4	■	FDP
1	■	Die Linke

Landschaft, Sehenswürdigkeiten und Kultur
Mit atemberaubenden Blicken in den „Schwäbischen Grand Canyon", einer einzigartigen Streuobstlandschaft direkt am Albtrauf oder der beeindruckenden Kulturgeschichte hat der Landkreis Göppingen Außergewöhnliches zu bieten. Es stehen den Bürgern mehr Erholungsflächen zur Verfügung als in jedem anderen Landkreis in der Region Stuttgart.

Über 1.100 km Wanderwegenetz, 19 Naturschutzgebiete auf über 3.000 ha Land und zehn touristische Radrouten im Ersten fahrradfreundlichen Landkreis Baden-Württembergs machen den Landkreis zu einem Paradies für Naturliebhaber. Hier lässt sich viel entdecken: Bizarre Felsvorsprünge, geheimnisvolle Täler oder duftende Wacholderheiden sind charakteristisch für die Umgebung. Einen traumhaften Rundumblick auf die wunderbare Landschaft des Landkreises genießt man am besten vom Hohenstaufen, dem berühmtesten der drei Kaiserberge, die als Wahrzeichen des Stauferlandes gelten. Mit „Frisch Auf!" und Bernhard Kempa wurde im Landkreis Göppingen Handballgeschichte geschrieben.

Landkreis

Heidenheim

BADEN-WÜRTTEMBERG

Der Landkreis Heidenheim ist...

...eines der schönsten Gebiete des UNESCO Geoparks Schwäbische Alb – weltweit agierende Unternehmen sind hier ebenso zu finden wie archäologische Fundstätten von Weltrang. Als einer der kleinsten Kreise Baden-Württembergs liegt der Landkreis Heidenheim zentral im Süden Deutschlands direkt an der Grenze zu Bayern und ist Teil von Ostwürttemberg im Regierungsbezirk Stuttgart.

Historische Entwicklung

Der Landkreis Heidenheim kann auf eine weit mehr als 550-jährige Tradition als Verwaltungsbezirk zurückblicken: Etwa 70 % der Fläche des heutigen Kreisgebiets waren schon 1448 Teil der Grafschaft und später des Herzogtums Württemberg und bildeten das württembergische Oberamt Heidenheim. Dieses Oberamt war räumlich vom übrigen Württemberg getrennt, wurde lange Herrschaft Heidenheim genannt und der Herzog von Württemberg führte auch den Titel Herr zu Heidenheim. 1803 wurde die bis dahin freie Reichsstadt Giengen württembergisch und dem Oberamt Heidenheim zugeteilt. Die frühere Sonderstellung der ehemaligen Klosterämter wurde aufgegeben. Bis 1938 änderte sich nichts am Gebietsstand des Oberamtes Heidenheim, das seit 1935 Kreis Heidenheim genannt wird.

Im Zuge der Kreisreform von 1938 wurden im Kreis Heidenheim mehrere Ortschaften aus dem aufgelösten Kreis Neresheim und aus dem damaligen Kreis Ulm eingegliedert. Diese neue Struktur blieb auch bei der Kreisreform von 1973 unverändert. Der Landkreis Heidenheim umfasst heute elf Städte und Gemeinden, darunter zwei Große Kreisstädte.

Wertschöpfung und Verkehr

Die wirtschaftliche Entwicklung hatte für den heutigen Landkreis schon früh eine besondere Bedeutung. Nachdem bereits die Kelten und Römer im Tagebau Erze geschürft und in einfacher Weise verhüttet hatten, begann 1365 die industrielle Verhüttung der im Umland gegrabenen Erze. Die Schwäbischen Hüttenwerke (SHW), die aus den mittelalterlichen Betrieben hervorgingen, gehören zu den ältesten Betrieben Europas.

Heutzutage finden sich im Landkreis Heidenheim weltbekannte Global Player ebenso wie hoch spezialisierte Hidden Champions im stark mittelständisch geprägten Wirtschaftsbereich. Hinzu kommt ein leistungsstarkes Handwerk mit rund 1.500 Betrieben und etwa 8.500 Beschäftigten. Besonders zeichnen sich die Unternehmen durch ihre Innovationsstärke aus: Bei Patentintensität und Patentdichte belegt der Landkreis Heidenheim einen der vordersten Plätze in der Bundesrepublik.

Fläche: 627,12 km²
EW: 128.894 - EW/km²: 206
KFZ-Kennzeichen: HDH
Kreissitz: Heidenheim an der Brenz
www.landkreis-heidenheim.de

Landrat
Thomas Reinhardt / CDU
im Amt seit: 2012 gewählt bis: 2020

Sitzverteilung im Kreistag
Vorsitz: Thomas Reinhardt

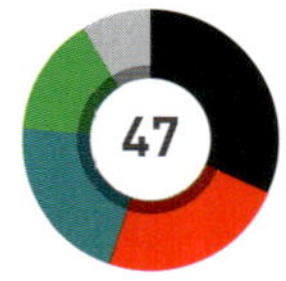

15	CDU
11	SPD
10	Freie Wähler
7	B.90/Grüne - Unabh.
4	Sonstige

(ÖDP/PB 1, Die Linke 1, FDP 1, AfD 1)

Infrastrukturell ist der Landkreis Heidenheim durch seine Lage direkt an der Autobahn A 7, unweit vom Autobahnkreuz A 7/A 8 entfernt, auch von Metropolregionen wie München, Nürnberg oder Stuttgart aus leicht zu erreichen.

Landschaft, Sehenswürdigkeiten und Kultur

Der Landkreis Heidenheim zeichnet sich durch eine reizvolle Naturlandschaft aus, deren Bild von den Hüte- und Wanderschäfern, die mit ihren Tieren auch Landschaftspflege betreiben, mitbestimmt wird. Gleichzeitig finden sich in diesem attraktiven Lebens- und Erholungsraum archäologische Fundplätze, beindruckende Höhlen, historische Baudenkmäler, ehemalige Klöster, sehenswerte Schlösser, Burgruinen oder Kirchen. Sensationsfunde wie das Mammut vom Vogelherd oder das Lonetal-Pferdchen gehören zu den ältesten Kunstwerken der Menschheitsgeschichte, die eine ganz neue Seite des vor rund 35.000 Jahren lebenden Jägers und Sammlers zeigen, und können an neu gestalteten Erlebnisplätzen wie dem Archäopark Vogelherd bestaunt werden.

Auch im kulturellen und sportlichen Bereich hat der Landkreis Heidenheim weit über seine Grenzen hinaus große Bedeutung erlangt: Besuchermagneten sind die Opernfestspiele und die Aufführungen des Naturtheaters ebenso wie die Spiele des Fußballzweitligisten 1. FC Heidenheim und der Heideköpfe (Deutscher Baseballmeister 2015).

Eine große Vielfalt bieten auch die Museen im Kreis: Beispielhaft genannt seien das Meteorkrater-Museum in Steinheim, das Steiff Museum in Giengen und die Georg Elser Gedenkstätte in Königsbronn mit der größten Dokumentation über den Widerstandskämpfer.

Der Blick auf die Vielfalt des Landkreises gelingt am besten abseits der Hauptstraßen auf den gut ausgebauten und teils zertifizierten Rad- und Wanderwegen wie dem Albschäferweg oder dem Albtäler-Radweg, die quer durch den Landkreis führen. Hier zeigt sich am eindrücklichsten der Wechsel zwischen Karstlandschaft, naturreichen Flusstälern und waldreichen Gebieten und vielerorts kann man dem Verlauf der Brenz, die durch ihre Renaturierung und die Einrichtung von Lernorten zu einem noch interessanteren Naturerlebnisraum wurde, folgen.

Landkreis

Heilbronn

BADEN-WÜRTTEMBERG

Der Landkreis Heilbronn ist...
...liegt im Norden Baden-Württembergs und erstreckt sich vom mittleren Neckarraum im Süden bis zu den Ausläufern des Odenwaldes im Norden. Einer starken und expandierenden Wirtschaftsregion steht eine reizvolle Landschaft mit schmucken Städten und Dörfern gegenüber.

Historische Entwicklung
Der ehemaligen Reichsstadt Heilbronn, die 1803 an Württemberg ging, entsprang das Oberamt Heilbronn, dem 1926 zahlreiche Gemeinden des aufgelösten Oberamts Weinsberg angeschlossen wurden. Im Januar 1934 wurde das Oberamt Heilbronn in den Kreis Heilbronn überführt, vier Jahre später entstand der Landkreis Heilbronn, dem Gemeinden aus mehreren aufgelösten Oberämtern zugeschlagen wurden. Der gleichzeitig geschaffene Stadtkreis Heilbronn zählt nicht zum Kreisgebiet, ist jedoch Sitz der Landkreisverwaltung.

Seit der baden-württembergischen Kreisreform vor mehr als 40 Jahren umfasst der Landkreis Heilbronn 46 Gemeinden, darunter 17 Städte, zu denen auch drei Große Kreisstädte zählen.

Im Zeitraum von 1990 bis 2005 ist die Einwohnerzahl des Landkreises Heilbronn von 270.000 auf 330.000 gestiegen. Für eine kurze Zeit sank die Zahl auf 324.000, liegt derzeit jedoch wieder knapp bei 330.000.

Wertschöpfung und Verkehr
Als „Baden-Württemberg im Kleinen" gilt der Landkreis Heilbronn, denn auf den rund 1.100 km² spiegelt sich die Vielfalt des ganzen Landes wider. Der Landkreis zählt deutschlandweit zu den dynamischsten Wirtschaftsstandorten mit einem starken Automobilsektor und zahlreichen weiteren Branchen wie z.B. die Schwarz-Gruppe (Lidl, Kaufland). Die Audi AG in Neckarsulm ist mit mehr als 15.000 Arbeitsplätzen der größte Arbeitgeber im Landkreis.

Die Landwirtschaft spielt ebenfalls eine bedeutende Rolle, denn auf über 50 % der Fläche gedeihen Getreide, Kartoffeln und – im mit 5.000 ha Rebfläche größten Weinlandkreis Württembergs – insbesondere der Wein.

In verschiedenen Rankings nimmt der Landkreis beachtenswerte Plätze ein. Beispielsweise im Focus-Regionen-Test 2014 im Bereich Wohlstand unter deutschlandweit 402 getesteten Städten und Gemeinden Rang 16. Oder im deutschlandweiten Focus-Money-Test 2014 im Bereich Wirtschaftsstärke: hier belegte der Landkreis Heilbronn Rang 2.

Die A 6 und A 81 durchziehen den Landkreis in Nord-Süd-Richtung sowie in West-Ost-Richtung. Drei ICE-Knotenpunkte sind mit Regionalzügen im Taktverkehr zu erreichen. Der Bus- und Schienenverkehr wird durch Stadtbahnen von Karlsruhe über Heilbronn bis Öhringen und von Heilbronn zum S-Bahn-System im Rhein-Neckar-Raum ergänzt.

Fläche: 1.099,93 km²
EW: 329.250 - EW/km²: 299
KFZ-Kennzeichen: HN
Kreissitz: Heilbronn
www.landkreis-heilbronn.de

Landrat
Detlef Piepenburg [G] / parteilos
im Amt seit: 2005 gewählt bis: 2021

Sitzverteilung im Kreistag
Vorsitz: Detlef Piepenburg

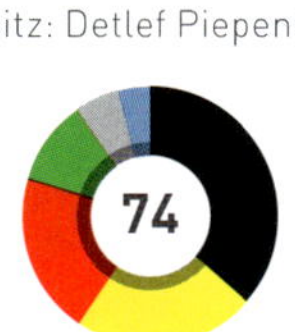

27	CDU
17	FDP/FW
15	SPD
8	B.90/Grüne
3	AfD
4	Sonstige

(ÖDP 2, Die Linke 2)

Landschaft, Sehenswürdigkeiten und Kultur
Der Landkreis Heilbronn ist reich an Kultur und Geschichte. Wer Naturerlebnisse sucht, findet sie in den reizvollen Landschaften von Kraichgau und Zabergäu, den Löwensteiner Berge und in den Tälern von Neckar, Kocher, Jagst und Sulm. Der höchste Punkt mit 564 m liegt in den Löwensteiner Bergen, der tiefste mit 142 m im Neckartal bei Gundelsheim.

In den Dörfern und Städten ist fast überall die wechselvolle Geschichte spürbar. Fachwerkhäuser, Sakralbauten, Burgen und Schlösser erinnern an die unterschiedlichen Mächte, die hier dereinst gewirkt haben.

Mit über 4.000 bekannten Fundstellen imponiert der Landkreis auch als eine archäologische Schatzkammer. Die Stauferpfalz Bad Wimpfen ist die größte Kaiserpfalz nördlich der Alpen.

Weit bekannt sind beispielsweise die Burgfestspiele in Jagsthausen mit Goethes „Götz von Berlichingen". Auch berühmte Dichter, Denker und Politiker haben ihre Spuren im Landkreis hinterlassen: Friedrich Hölderlin kam in Lauffen zur Welt, Eduard Mörike wirkte in Cleversulzbach, Georg Kropp ersann in Wüstenrot das Prinzip der Bausparkasse und Theodor Heuss, der erste deutsche Bundespräsident, war ein Brackenheimer.

Hohenlohekreis

BADEN-WÜRTTEMBERG

Der Hohenlohekreis ist...
...mit seinen rund 109.000 Einwohnern zwar der kleinste Landkreis Baden-Württembergs, hat jedoch mittlerweile in vielen Bereichen eine der vordersten Positionen erreicht. Im Herzen von Franken im Nordosten Baden-Württembergs gelegen, erstreckt sich der Hohenlohekreis von den Ausläufern des Schwäbisch-Fränkischen Waldes bis über die Jagst hinaus ins Bauland hinein.

Er wird im Norden umrahmt vom Main-Tauber-Kreis, im Osten und Süden vom Landkreis Schwäbisch Hall, im Westen vom Landkreis Heilbronn und im Nordwesten vom Neckar-Odenwald-Kreis.

Historische Entwicklung
Am 1.1.1973 trat im Bundesland Baden-Württemberg eine Gebietsreform in Kraft, die zur Geburtsstunde des heutigen Hohenlohekreises wurde. Der Hohenlohekreis wurde damals aus den ehemaligen württembergischen Landkreisen Künzelsau und Öhringen und dem zum früheren badischen Landkreis Buchen gehörenden Raum Krautheim gebildet.

Heute, über 40 Jahre später, kann der Hohenlohekreis auf eine echte Erfolgsgeschichte zurückblicken und ist in allen Bereichen hervorragend aufgestellt. In nur wenigen Jahrzehnten hat er sich von einem landwirtschaftlich geprägten Kreis zu einem dynamischen und sehr modernen Wirtschaftsraum und einem überaus leistungsfähigen Landkreis entwickelt.

Wertschöpfung und Verkehr
Der Hohenlohekreis – ein starker Wirtschaftsstandort – weist, gemessen an der Einwohnerzahl, die höchste Dichte an Weltmarktführern in Deutschland auf.

In Top-Lagen entlang der Autobahnen tragen Clusterstrukturen weltweit operierender Unternehmen zu diesem Erfolg bei. Die Schwerpunkte liegen in der elektrotechnischen Industrie, im metallverarbeitenden Gewerbe, vor allem im Fahrzeug- und Maschinenbau, sowie in der Mess-, Steuer- und Regeltechnik, der chemischen Industrie, der Kunststofftechnik und in der Textilbranche.

Darüber hinaus haben bekannte Handelsunternehmen, z. B. in der Montage- und Befestigungstechnik, leistungsfähige Handwerksbetriebe sowie zahlreiche Dienstleistungsunternehmen ihren Standort im Hohenlohekreis. Seine Lage im Zentrum der Autobahnen A 6 Heilbronn-Nürnberg, A 81 Heilbronn-Würzburg und A 7 Würzburg-Ulm, die Bundesstraße B 19 sowie die Eisenbahnlinie Heilbronn-Nürnberg begünstigen den Güteraustausch mit den benachbarten Wirtschaftszentren Heilbronn, Mannheim, Stuttgart, Würzburg und Nürnberg.

Fläche: 776,76 km²
EW: 108.816 - EW/km²: 140
KFZ-Kennzeichen: KÜN
Kreissitz: Künzelsau
www.hohenlohekreis.de

Landrat
Dr. Matthias Neth / CDU
im Amt seit: 2013 gewählt bis: 2021

Sitzverteilung im Kreistag
Vorsitz: Dr. Matthias Neth

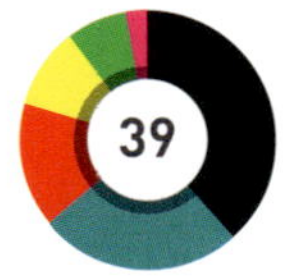

16	■	CDU
9	■	Freie Wähler
6	■	SPD
4	■	B.90/Grüne
3	■	FDP
1	■	Die Linke

Von Öhringen aus führt die Hohenlohebahn über Waldenburg und Schwäbisch Hall nach Crailsheim. In Schwäbisch Hall-Hessental schließt die Murrbahn und in Crailsheim die Jagstbahn, die Tauberbahn und die Strecke nach Nürnberg an. Seit Dezember 2005 verkehrt auch die Heilbronner Stadtbahn auf der Hohenlohebahn. Mit dieser haben die Fahrgäste die Möglichkeit von Öhringen aus nach Heilbronn bis in den Schwarzwald oder bis zur französischen Grenze zu kommen.

Landschaft, Sehenswürdigkeiten und Kultur
Die Region Hohenlohe im Norden Baden-Württembergs gehört zu den Destinationen Deutschlands, die noch als Geheimtipp gelten. Die Zahl derer, die Hohenlohe mit intakter Natur, hochwertigen landwirtschaftlichen Produkten und exzellenter Regionalküche in Verbindung bringen, steigt kontinuierlich. Nachhaltige Landwirtschaft und Tourismus sind hier kein Widerspruch, sondern ergänzen sich – und das lässt sich spüren und genießen.

Blühende Obstbäume, Herden des berühmtem Boeuf de Hohenlohe auf satten Weiden, Weinreben an den Hängen, Getreidefelder, frei laufende „schwäbisch-hällische Landschweine" unter Eichenbäumen – Hohenlohe gilt als „Feinkostladen" oder „Speisekammer Baden-Württembergs" und gehört zur ersten offiziellen Genießerregion des Landes. Hinter jeder Flussbiegung wartet eine Überraschung – die Schönheiten des Hohenlohekreises können auf vielen Rad- oder Wanderwegen individuell entdeckt werden.

„Wem es in Hohenlohe langweilig wird, der ist selber schuld". Diese Beschreibung spiegelt die kulturelle Vielfalt einer bemerkenswerten Kulturszene wider. Zahlreiche Museen, ganzjährige Theateraufführungen und der weit über die Grenzen bekannte Hohenloher Kultursommer sind nur ein kleiner Auszug des kulturellen Angebots im Hohenlohekreis.

Wie die Natur sind auch die Menschen in Hohenlohe: Authentisch und unverfälscht, nicht überschwänglich, aber stets interessiert. Einer Umfrage zufolge sehen sich die Hohenloher selbst als freundlich, herzlich und aufrichtig, aber auch als „arbeitsam und schaffig". Kein Wunder, dass hier viele Weltmarktführer zuhause sind, die umwelttechnische Hightech-Produkte vertreiben und viel Wert auf nachhaltige Betriebsabläufe legen. In ihrer Heimat sind sie fest verwurzelt.

Landkreis

Karlsruhe

BADEN-WÜRTTEMBERG

Der Landkreis Karlsruhe ist...
...von einer hohen Standortgunst und einer außerordentlichen Vielfalt gekennzeichnet. Auf einer Fläche von 1.085 km² leben in 32 Städten und Gemeinden über 430.000 Menschen. Die Einwohner genießen eine bevorzugte Wohnlage mit vielen Bildungs-, Betreuungs-, Sport- und Freizeitmöglichkeiten und es gibt eine Fülle kultureller Angebote.

Historische Entwicklung
Bei der Gründung des Bundeslandes Baden-Württemberg war das Land in 63 Landkreise und neun Stadtkreise eingeteilt. Der Landkreis in seiner heutigen Form entstand zum 1.1.1973 im Rahmen der Kreisreform aus der Fusion der früheren Kreise Karlsruhe und Bruchsal.

Wertschöpfung und Verkehr
Zentral in Europa, im Schnittpunkt bedeutender Wasserstraßen-, Schienen- und Straßenverbindungen und nahem Flughafen gelegen, ist der Landkreis Karlsruhe ein dynamischer Wirtschaftsstandort. Er ist Teil der TechnologieRegion Karlsruhe, die als Kooperations- und Entwicklungsraum kommunaler Körperschaften und der Wirtschaft mit dem Schwerpunkt auf Vermarktung, Ansiedlung und Förderung neuer Technologien abzielt. Rund 194.000 Erwerbstätige gibt es im Kreisgebiet; mehr als ein Drittel des gesamten Bruttoinlandsprodukts der Region Mittlerer Oberrhein wird hier erwirtschaftet.

Die überdurchschnittliche Kaufkraft ist ein Indiz für ein wirtschaftlich solides Fundament. Produktionsstätten, Niederlassungen, Vertriebs- und Kompetenzzentren weltbekannter Unternehmen sind hier angesiedelt. Gleichwohl entfällt der größte Anteil an Umsatz und Beschäftigung auf die mittelständischen Betriebe mit einem breiten Branchenmix und einer großen wirtschaftlichen Vielfalt.

Die Beschäftigungsschwerpunkte liegen im Handel, der Elektro-, Mess-, Steuer- und Regelungstechnik, dem verarbeitenden Gewerbe und der Dienstleistungsbranche. Wirtschaftliche Impulsgeber sind neue Technologien insbesondere im Bereich „Energie". Kennzeichnend für den Landkreis Karlsruhe ist die außerordentliche Verkehrsgunst mit besten Anbindungen und einem besonders gutem ÖPNV-Angebot mit zahlreichen Stadtbahn- und Regionalbuslinien.

Landschaft, Sehenswürdigkeiten und Kultur
Der Landkreis Karlsruhe ist eingebettet zwischen Schwarzwald und Odenwald. Er wird im Westen durch den Rhein und die Grenzen zu Rheinland-Pfalz und Frankreich, im Norden durch die Rhein-Neckar-Region, im Osten durch das Gebiet des Stromberg-Heuchelberg und im Süden durch den Schwarzwald begrenzt. Drei Landschaftsräume prägen die Geografie: die Rheinebene, der als „Toskana Deutschlands" bekannte Kraichgau und der Albgau als Nordausläufer des Schwarzwaldes. Die Höhenlage bewegt sich zwischen 96 m bei Oberhausen im Rheintal und 612 m am Mahlberg bei Völkersbach. Diese landschaftliche Vielfalt macht den besonderen Reiz des Landkreises aus.

Refugien beachtenswerter und geschützter Fauna und Flora sind die Altrheinarme und Hohlwege. Die Sandböden der Hardt bringen Spargel in einer so großen Qualität und Reichhaltigkeit hervor, dass Bruchsal als bedeutendster europäische Umschlagplatz für das königliche Gemüse gilt. Streuobst- und Weinbau in Hochkultur wird im Kraichgau betrieben.

Von Aussichtspunkten wie dem Michaelsberg, dem barocken Belvedere, der mittelalterlichen Ravensburg, dem Derdinger Horn oder dem Mahlbergturm bieten sich herrliche Panoramen. In Bruchsal strahlt das weithin bekannte Bruchsaler Schloss mit dem einzigartigen Museum mechanischer Musikinstrumente. Besonderer Zauber geht von der Klosterruine Frauenalb bei Marxzell aus, wo auch ein Fahrzeugmuseum zu bestaunen ist.

Metropole des Albgaues ist Ettlingen, in dessen Renaissance-Barockschloss die bekannten Schlossfestspiele stattfinden. Bundesweit bekannt ist das Brettener Peter-und-Paul-Fest, das jedes Jahr das Mittelalter aufleben lässt. Ein 1.700 km langes und gut ausgebautes Radroutennetz lädt zum umweltfreundlichen Erkunden ein.

Fläche: 1.084,95 km²
EW: 431.315 - EW/km²: 398
KFZ-Kennzeichen: KA
Kreissitz: Karlsruhe
www.landkreis-karlsruhe.de

Landrat
Dr. Christoph Schnaudigel / CDU
im Amt seit: 2007 gewählt bis: 2023

Sitzverteilung im Kreistag
Vorsitz: Dr. Christoph Schnaudigel

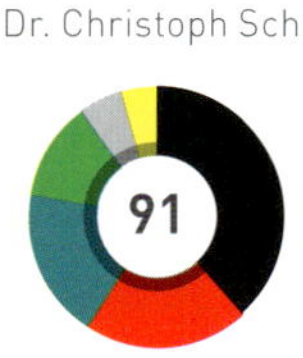

35 CDU
19 SPD
19 Freie Wähler
11 B.90/Grüne
4 FDP
3 Sonstige
(Die Linke 1, REP 1, Unabh. Liste 1)

Landkreis

Konstanz

BADEN-WÜRTTEMBERG

Der Landkreis Konstanz ist…

…aufgrund seiner besonderen Lage am Bodensee und seiner reizvollen Vulkanlandschaft im Hegau eine der beliebtesten Urlaubsgebiete Deutschlands. Zugleich ist er Sitz zahlreicher leistungsstarker und wachsender Unternehmen sowie verschiedener innovativer Branchen. Diese wiederum profitieren insbesondere vom breitgefächerten Angebot der Bildung und Forschung des Universitäts- und Hochschulstandorts Konstanz.

Historische Entwicklung

Mitte des 19. Jahrhunderts setzte sich das Gebiet des heutigen Landkreises aus den badischen Bezirksämtern Blumenfeld, Engen, Konstanz, Radolfzell und Stockach zusammen. Nach mehreren Reformen und Auflösungen einzelner Bezirksämter gingen aus der Landkreisreform 1939 die Landkreise Stockach und Konstanz hervor. Bereits ein Jahr zuvor wurde die Stadt Konstanz zum Stadtkreis erklärt.

1953 kehrte Konstanz auf eigenen Wunsch wieder zum Landkreis Konstanz zurück. Im Zuge der Kreisreform 1973 wurde schließlich der Landkreis Stockach aufgelöst und ging größtenteils an den neuen Landkreis Konstanz über.

Dieser besteht heute aus insgesamt 25 Gemeinden, darunter sieben Städte, und ist die Heimat von rund 275.000 Menschen. Große Kreisstädte sind Konstanz (rund 83.000 Einwohner), Singen (46.000) und Radolfzell am Bodensee (30.000). Eine Besonderheit stellt die Gemeinde Büsingen am Hochrhein dar, die als einzige Exklave der Bundesrepublik Deutschland gänzlich von Schweizer Staatsgebiet umgeben ist.

Wertschöpfung und Verkehr

Die breitgefächerte Unternehmensstruktur im Landkreis Konstanz mit insgesamt acht Wirtschaftsclustern bildet ein Umfeld, in dem Innovationen gedeihen können. Die Exzellenz-Universität Konstanz und die Hochschule für Technik, Wirtschaft und Gestaltung (HTWG) in Konstanz mit zusammen über 16.000 Studierenden bieten hervorragende Möglichkeiten für die Forschung und Lehre. Nicht zuletzt dank seines vielfältigen (Hoch-)Schulangebots verfügt der Landkreis über gut ausgebildete Fachkräfte. Wirtschaftlich profitiert der Landkreis auch von seiner Nähe zur angrenzenden Schweiz und Metropolregion Zürich.

Verkehrstechnisch ist der Landkreis Konstanz ebenfalls gut aufgestellt: Paradebeispiele für den Personennahverkehr sind die beiden vom Landkreis initiierten und geförderten S-Bahn-ähnlichen Nahverkehrszüge „Seehas" und „Seehäsle", durch die der Landkreis zwischen Engen und Konstanz sowie Stockach und Radolfzell optimal erschlossen ist. Dieses Nahverkehrssystem kommt nicht nur den täglichen Pendlern, sondern auch dem Tourismus zugute, der besonders am See, auf dem Bodanrück, der Halbinsel Höri, aber auch im Hegau stark entwickelt ist. Mit der Autobahn A 81, der weitestgehend vierspurig ausgebauten Bundesstraße B 33 und mehreren Bahnlinien ist das Kreisgebiet, das nur eine knappe Stunde Autostunde vom Flughafen Zürich-Kloten entfernt liegt, gut erreichbar.

Die Autofähre Konstanz-Meersburg und der Katamaran, der Pendler und Touristen zwischen Konstanz und Friedrichshafen transportiert, gewährleisten zudem auch über den See eine gute Anbindung.

Mit dem 2012 gegründeten Gesundheitsverbund Landkreis Konstanz, dem Verbund angehörigen Hegau-Jugendwerk in Gailingen, den Neurologischen Kliniken Schmieder sowie den Mettnau-Kurkliniken in Radolfzell ist der Landkreis Konstanz außerdem ein bedeutender Standort im Gesundheitswesen.

Landschaft, Sehenswürdigkeiten und Kultur

Am westlichen Teil des Bodensees zwischen Donau und Rhein gelegen, bildet der Landkreis Konstanz den Kern der viel gerühmten Kulturlandschaft Bodensee. Zu den Sehenswürdigkeiten und kulturellen Highlights zählen insbesondere die Insel Reichenau mit ehemaligem Benediktinerkloster und die Pfahlbauten aus der Stein- und Bronzezeit (beides UNESCO-Weltkulturerbe), die Konzilsstadt Konstanz, die Blumeninsel Mainau sowie die Festung Hohentwiel. Das Hermann-Hesse-Museum und Otto-Dix-Haus in Gaienhofen erinnern an die zahlreichen Schriftsteller und Künstler, die sich Anfang des 20. Jahrhunderts und zur Zeit des Nationalsozialismus auf der Halbinsel Höri niederließen bzw. vor dem Regime zurückzogen. Zahlreiche Burgen, Schlösser und Klöster zeugen von der großen Geschichte dieses Landstrichs, der als die Wiege der christlichen Kultur Südwestdeutschlands gilt.

Die vielseitige Landschaft ist besonders schützenswert – knapp mehr als die Hälfte der Kreisfläche steht unter Natur- bzw. Gewässerschutz. Der Landkreis Konstanz birgt dabei unzählige archäologische Schätze aus vielen Epochen, darüber hinaus gibt es zahlreiche Kunst- und Baudenkmale.

Noch immer wollen viele Menschen „dort leben und arbeiten, wo andere Urlaub machen". Daher ist der Landkreis Konstanz eine Zuwanderungsregion, in der hoher Freizeitwert durch eine einmalige Natur und ein breit gefächertes Kulturangebot mit der durch die Grenzlage bedingten Internationalität und einer innovativen Wirtschaft eine Einheit bilden.

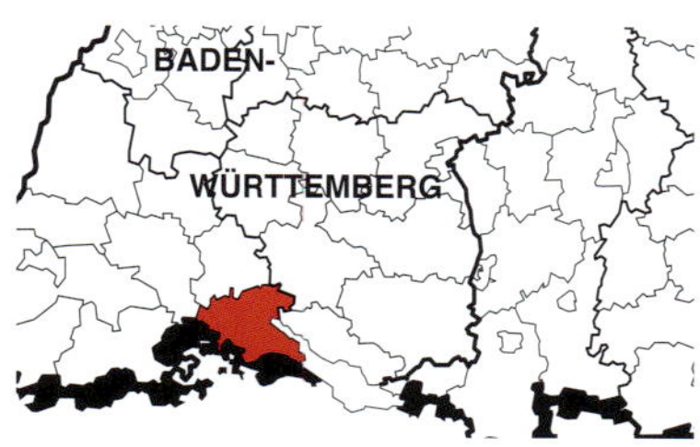

Fläche: 817,98 km²
EW: 275.785 - EW/km²: 337
KFZ-Kennzeichen: KN
Kreissitz: Konstanz
www.LRAKN.de

Landrat
Frank Hämmerle [V] / CDU
im Amt seit: 1997 gewählt bis: 2021

Sitzverteilung im Kreistag
Vorsitz: Frank Hämmerle

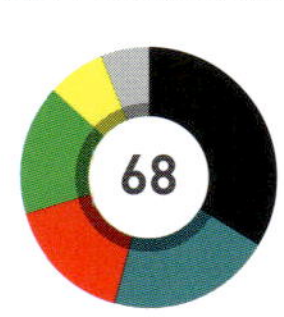

23	CDU
14	Freie Wähler
11	SPD
11	B.90/Grüne
5	FDP
4	Sonstige (Neue Linie 2, Die Linke 2)

Klosterinsel Reichenau im Landkreis Konstanz

Landkreis

Lörrach

BADEN-WÜRTTEMBERG

Der Landkreis Lörrach ist…
…im äußersten Zipfel Baden-Würtembergs gelegen und ist durch eine ungewöhnliche Vielseitigkeit seiner Landschaft gekennzeichnet. Paneuropäische Verkehrsadern kreuzen sich hier und weiten den Blick in Richtung Mittelmeer. Naturräumlich schließt sich im Westen die Rheinebene an, im Süden der Dinkelberg und im Nordosten der Schwarzwald. Das Tal der Wiese teilt den Landkreis als natürliche Symmetrieachse und zeigt das starke Gefälle im Gebirge: vom Feldberg bis zur Rheinmündung überwindet der kleine Fluss fast 900 Höhenmeter.

Historische Entwicklung
Der heutige Landkreis bildet im Alten Reich als Oberamt Rötteln – benannt nach der gleichnamigen, über der Stadt Lörrach thronenden Burg – den südlichsten Teil des markgräflich-badischen Territoriums. Auch nach der staatlichen Neuordnung 1806 und dem Anwachsen Badens zum Großherzogtum bleibt das „Markgräflerland" ein Grenzgebiet zu Frankreich und der Schweiz. Freiheitliche Ideen von dort führen dazu, dass der Raum Lörrach 1848/49 als frühes Zentrum der Demokratie hervortritt.

Die ehedem vorderösterreichisch-katholischen Orte Zell im Wiesental, Schönau im Schwarzwald und Todtnau waren zuvor im Eiltempo zu badischen Landstädten mit eigenen Ämtern erhoben worden. Über Verwaltungsreformen kamen die altbadischen Verwaltungssitze Schopfheim und Kandern hinzu.

Den letzten großen Flächenzuwachs, um mehr als ein Viertel, erfährt der Landkreis Lörrach bei der Kreisreform 1973. Denn Stuttgart teilt die anliegenden Gebiete der aufgelösten Kreise Müllheim und Säckingen dem südwestlichsten Landkreis Deutschlands zu, der mit Grenzach-Wyhlen zugleich den südlichsten Ort Baden-Württembergs stellt. Mit Lörrach, Rheinfelden (Baden) und Weil am Rhein sind hier zugleich drei Große Kreisstädte beheimatet.

Wertschöpfung und Verkehr
Der Landkreis Lörrach ist in vielfacher Hinsicht durch das Dreiländereck geprägt. So sind die Industrien am Hoch- und Oberrhein und im Wiesental durch und durch mit dem Wirtschaftsraum Basel vernetzt. Basel, die angrenzenden Schweizer Kantone, das südliche Elsass und der Landkreis Lörrach nehmen gegenseitig Produkte auf, sind Standorte international tätiger Unternehmen und bieten Arbeitsplätze für zahlreiche Grenzgänger. Dies gilt auch für den Dienstleistungssektor, den Handel und darüber hinaus für öffentliche Einrichtungen.

Die wirtschaftliche Wertschöpfung im Landkreis ist so divers wie der Landschafts- und Kulturraum. Die vom Metropolitanraum Basel geprägten Lagen sind städtisch, während im mittleren und oberen Wiesental eine ländliche Prägung vorherrscht. Hier ist allerorten die Landwirtschaft sichtbar, obwohl die Zahl der Haupterwerbsbetriebe zuletzt stark zurückgegangen ist. Außerdem ist der Schwarzwald, zu dem der größte Teil des Landkreises gehört, eine international bekannte und beliebte Tourismusdestination für alle Jahreszeiten. Im ländlichen Raum finden sich aber auch zukunftsfähige Gewerbe wie beispielsweise Unternehmen der Medizin- und Hygienetechnik oder der Automobilzulieferindustrie.

In Bezug auf den Verkehr liegt ebenfalls eine besondere (Grenz-) Lage vor. Neben den Transitrouten in Richtung Schweiz und Italien profitiert der Landkreis Lörrach von der Nähe zum Euroairport Basel Mulhouse Freiburg. Große Projekte stehen am Hochrhein an, wo die Bundesautobahn A 98 auf Fertigstellung wartet und sich das Land Baden-Württemberg, der Schweizer Bund sowie die Landkreise und Kantone die Elektrifizierung der wichtigen Bahnverbindung Basel-Rheinfelden-Schaffhausen-Singen vorgenommen haben.

Der Nahverkehr im Landkreis Lörrach per S-Bahn, Regionalbahn, Bus und Tram ist gut ausgebaut und wird mehr und mehr über die Grenzen hinweg vernetzt.

Landschaft, Sehenswürdigkeiten und Kultur
Mit dem Markgräflerland im Süden und dem zum Schwarzwald zählenden nördlichen Teil des Kreisgebietes verfügt der Landkreis Lörrach über zwei sehr unterschiedliche Erholungsgebiete: „Tannen, Thermen, Wein und Wintersport" sind vier Schwerpunkte aus ihrem weitgefächerten Angebot. Die Weite und Offenheit der Landschaft mit ihrem Wechsel zwischen Wald, Weiden und Wiesen bieten Radfahrern und Wanderern eine attraktive Kulisse – im Schwarzwald mit atemberaubenden Panoramaaussichten auf die Schweizer Alpen, den Jura und die Vogesen.

Der Landkreis Lörrach ist von zahlreichen Kultur- und Naturdenkmälern geprägt. Dazu zählen der Isteiner Klotz und die Isteiner Schwellen, die Todtnauer Wasserfälle und der Präger Gletscherkessel. Die Burgruine Rötteln, das Deutschordensschloss Beuggen und das historische Schwarzwaldhaus Schneiderhof in Endenburg gehören zu den sehenswertesten Kulturdenkmälern.

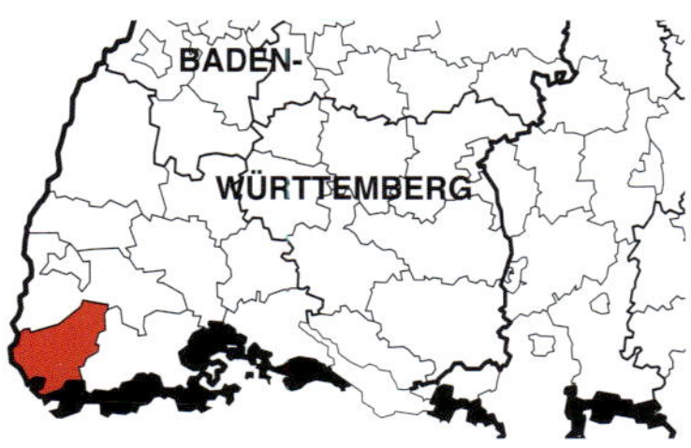

Fläche: 806,81 km²
EW: 223.692 - EW/km²: 277
KFZ-Kennzeichen: LÖ
Kreissitz: Lörrach
www.loerrach-landkreis.de

Landrätin
Marion Dammann / parteilos
im Amt seit: 2012 gewählt bis: 2020

Sitzverteilung im Kreistag
Vorsitz: Marion Dammann

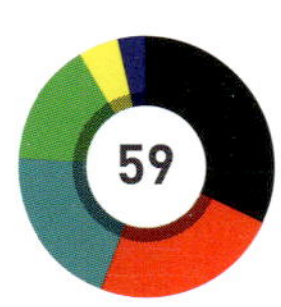

19	CDU
14	SPD
12	Freie Wähler
9	B.90/Grüne
3	FDP
2	Unabhängige

Landkreis

Ludwigsburg

BADEN-WÜRTTEMBERG

Der Landkreis Ludwigsburg ist...
...der viertgrößte Landkreis i.e.S. in Deutschland, was die Einwohnerzahl betrifft. In den 39 Städten und Gemeinden, darunter sechs Großen Kreisstädten, leben rund 530.000 Menschen. Bei einer Fläche von 687 km² ist die Bevölkerungsdichte mit rund 770 Einwohnern pro km² sehr hoch.

Die Mischung aus konkurrenzfähiger Wirtschaft, einzigartiger Natur- und Kulturlandschaft, bedeutender Historie sowie lebendigem Kulturleben sorgt für eine gute Balance zwischen Dynamik und Erholung und macht den Landkreis Ludwigsburg mit seiner hervorragenden Infrastruktur so attraktiv. Die Demografen sagen dem Landkreis ein weiteres Bevölkerungswachstum voraus.

Historische Entwicklung
Nach der napoleonischen Zeit hatten nur noch die Oberämter Ludwigsburg, Besigheim, Leonberg, Marbach und Vaihingen größeren Anteil am heutigen Kreisgebiet. Bis zur Verwaltungsneuordnung 1938 gab es nur wenige Änderungen, dann wurden die alten Oberämter Marbach, Besigheim, Brackenheim und Maulbronn aufgelöst und ihre Gemeinden den neuen Landkreisen zugeordnet. Durch die Kreisreform 1973 kamen die früher zum Oberamt Marbach zählenden Gemeinden Gronau (bisher Kreis Heilbronn), Affalterbach und Rielingshausen (bisher Kreis Backnang) zum Landkreis Ludwigsburg. Die Gemeinden des aufgelösten Landkreises Vaihingen wurden etwa hälftig dem Enzkreis und dem Landkreis Ludwigsburg zugeteilt, der zudem noch vom ebenfalls aufgelösten Landkreis Leonberg Gerlingen, Korntal, Münchingen, Hemmingen, Hirschlanden sowie Ditzingen mit Schöckingen und Heimerdingen aufnahm.

Der Landkreis pflegt im Besonderen die deutsch-französische Freundschaft: Es gibt im Landkreis mehr als 20 deutsch-französische Städtepartnerschaften; die erste bundesweit schlossen 1950 Ludwigsburg und Montbéliard. Schon zwei Jahre zuvor ist das Deutsch-Französische Institut in Ludwigsburg gegründet worden. 1962 hielt der französische Präsident de Gaulle im Ludwigsburger Schlosshof seine „Rede an die deutsche Jugend", die den Beginn der deutsch-französischen Aussöhnung und Freundschaft markiert.

Wertschöpfung und Verkehr
Der Landkreis Ludwigsburg ist nicht nur Teil des wirtschaftsstarken Ballungsraums rund um die Landeshauptstadt Stuttgart, sondern auch selbst begehrter Wirtschaftsstandort für weltbekannte Unternehmen wie Porsche, Mercedes-AMG, Bosch und Trumpf sowie für zahlreiche mittelständische Betriebe.

Mit der Ansiedlung der Filmakademie Baden-Württemberg und der Akademie für Darstellende Kunst Baden-Württemberg in Ludwigsburg hat sich der Landkreis zu einem bundesweit bedeutsamen Zentrum für Film-, Theater- und Medienschaffende entwickelt. Als Hochschulstandort für den Verwaltungs- und Lehrernachwuchs sowie für die Bereiche Diakonie, Religionspädagogik und Sozialwesen ist er schon seit vielen Jahrzehnten ein Begriff.

Der Landkreis Ludwigsburg ist auch ein bekanntes Weinbaugebiet. Knapp 2.100 ha Rebfläche machen mehr als 18 % am Anbaugebiet Württemberg aus. Fast 200 Weinbaubetriebe und 10 Weingärtnergenossenschaften produzieren – oftmals in Steillagen – Weine, die zunehmend in die internationale Spitzenklasse vorstoßen. Auch die anderen landwirtschaftlichen Produkte aus dem Obst- und Gemüsebau zeichnen sich durch höchste Qualität aus.

Der öffentliche Personennahverkehr ist im Landkreis Ludwigsburg hervorragend ausgebaut. Busse und Bahnen bilden ein engmaschiges Verkehrsnetz. Das Landratsamt optimiert die Buskonzepte stetig in enger Zusammenarbeit mit den Städten und Gemeinden. Allein 2016 gibt der Landkreis für den öffentlichen Personennahverkehr mehr als 31 Mio. Euro aus. Die Hauptverkehrsachsen des Individualverkehrs sind die A 81 sowie die Bundesstraßen 10 und 27.

Landschaft, Sehenswürdigkeiten und Kultur
Der Landkreis Ludwigsburg umfasst weite Teile des Neckarbeckens nördlich von Stuttgart. Im Herzen Württembergs gelegen, bietet der Landkreis Ludwigsburg eine abwechslungsreiche Landschaft entlang des Neckars und rund um den Hohenasperg. In Marbach am Neckar wurde 1759 Friedrich Schiller geboren. Das Erbe des bedeutenden deutschen Dramatikers wird vom Marbacher Schiller-Nationalmuseum gepflegt und präsentiert. Im benachbarten Literaturmuseum der Moderne hat seit 2006 die neuere Literatur ihre Heimat. Ein Besuchermagnet ist das Ludwigsburger Schloss. Weitere Anziehungspunkte stellen die zahlreichen Museen im Landkreis dar, darunter das Urmensch-Museum in Steinheim und das Keltenmuseum in Eberdingen-Hochdorf. Ein kulturhistorisches Kleinod ist die spätgotische Alexanderkirche in Marbach am Neckar. Musikkenner aus der ganzen Welt schätzen die alljährlich stattfindenden Ludwigsburger Schlossfestspiele.

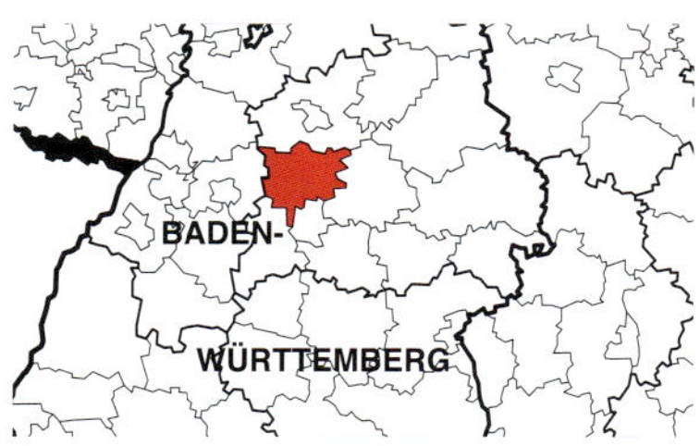

Fläche: 686,83 km²
EW: 526.377 - EW/km²: 766
KFZ-Kennzeichen: LB
Kreissitz: Ludwigsburg
www.landkreis-ludwigsburg.de

Landrat
Dr. Rainer Haas [W,U] / parteilos
im Amt seit: 1996 gewählt bis: 2020

Sitzverteilung im Kreistag
Vorsitz: Dr. Rainer Haas

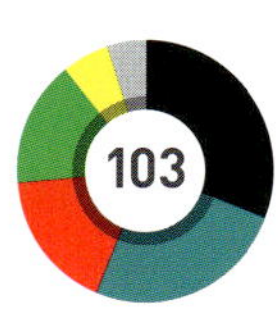

32	CDU
26	Freie Wähler
18	SPD
16	B.90/Grüne
6	FDP
5	Sonstige

(Die Linke 4, REP 1)

Main-Tauber-Kreis

BADEN-WÜRTTEMBERG

Der Main-Tauber-Kreis ist...
...der Landkreis an „der Spitze von Baden-Württemberg". In diesem prosperierenden Wirtschaftsraum mit Perspektive sind besonders viele Weltmarktführer zu Hause. Eine Prognos-Studie bezeichnet den Main-Tauber-Kreis als „Top-Region für Familien". In der herrlichen Ferienlandschaft „Liebliches Taubertal" können die Einwohner leben und arbeiten, wo andere Urlaub machen.

Historische Entwicklung
Zwischen 1803 und 1809 wurde im Zuge der Säkularisierung der Süden des heutigen Main-Tauber-Kreises (bis Mergentheim) dem Königreich Württemberg und der nördliche Teil dem badischen Landeshoheitsgebiet zugesprochen. 1938 wurden der Landkreis Mergentheim und der Landkreis Tauberbischofsheim geschaffen, diese wurden 1973 gemeinsam mit fünf Gemeinden aus dem ehemaligen Landkreis Buchen zum Main-Tauber-Kreis zusammengeführt.

Wertschöpfung und Verkehr
Im Main-Tauber-Kreis haben sich besonders viele Weltmarktführer angesiedelt. Mit 23 Weltmarktführern erreicht der Main-Tauber-Kreis die fünfthöchste Dichte in Deutschland. Die meisten Weltmarktführer sind alteingesessene Familienunternehmen, aber auch zu Großkonzernen gehörende Unternehmen und Start-Ups prägen den Wirtschaftsstandort.

Eine besonders niedrige Arbeitslosenquote zeichnet den Landkreis aus. In den vergangenen Jahren entstanden im Main-Tauber-Kreis konstant zusätzliche Arbeitsplätze, seit 2008 über 3.600. Insgesamt 50.215 Beschäftigte gehen im Landkreis ihrer beruflichen Karriere nach.

Eine Stärke der ansässigen Wirtschaft ist die Unabhängigkeit von Konjunkturschwankungen durch einen vielfältigen Branchenmix. Die beschäftigungsintensivsten Branchen im Landkreis sind der Maschinenbau, das Gesundheitswesen, der Einzel- und Großhandel und die Möbel- und Bauindustrie. In Wertheim haben sich Cluster für Laborglas sowie Löt- und Kabelprüftechnik gebildet. Im südlichen Landkreis hat sich ein Explosionsschutzcluster angesiedelt. Mit insgesamt circa 3,15 Mio. m² freier Gewerbefläche bietet der Main-Tauber-Kreis noch ausreichend Möglichkeiten, um zu investieren und zu expandieren.

Der Main-Tauber-Kreis liegt verkehrsgünstig im Zentrum Europas. Er ist der nördlichste Kreis Baden-Württembergs und gehört als Teil der Region Heilbronn-Franken zum Kooperationsraum Metropolregion Stuttgart. Der Main-Tauber-Kreis grenzt in einzigartiger Weise an drei weitere Metropolregionen an (Rhein-Main, Rhein-Neckar und Nürnberg). Mit der Anbindung an die Bundesautobahnen A 3, A 7 und A 81 sind diese Zentren in etwa einer Stunde zu erreichen. Als Besonderheit gewährleistet der Mainhafen Wertheim über den Rhein-Main-Donau-Kanal die Verbindung zu den europäischen Binnenwasserstraßen. Zunehmend wird von Unternehmen der Verkehrslandeplatz Niederstetten genutzt.

Landschaft, Sehenswürdigkeiten und Kultur
Die Tauber durchfließt den Main-Tauber-Kreis von Creglingen-Archshofen bis nach Wertheim und mündet dort in den Main. Das 120 km lange Taubertal und seine zahlreichen Seitentäler sind in die umliegenden Höhenzüge eingebettet.

Die wunderbaren Weine des Taubertals stammen aus den drei Anbaugebieten Franken, Baden und Württemberg. Sie ergänzen sich bestens mit den kulinarischen Köstlichkeiten des Landkreises, von Grünkernspezialitäten über Hällisches Landschwein bis zum „Boeuf de Hohenlohe". Wein und kulinarische Köstlichkeiten ziehen Rad- und Wandertouristen ebenso an wie die eindrucksvollen mittelalterlichen Städte und gepflegten Dörfer mit Schlössern, Burgen, Kirchen, Klöstern, Gärten und anderen Kulturdenkmalen.

Das Radwegenetz durch das „Liebliche Taubertal" und die angrenzenden Gebiete umfasst 2.200 km – darunter auch den 100 km langen Radweg „Liebliches Taubertal – Der Klassiker", einer der beliebtesten deutschen Radwanderwege und zugleich der einzige Fünf-Sterne-Radweg in Deutschland laut Klassifizierung durch den Allgemeinen Deutschen Fahrrad-Club (ADFC). Der Panoramawanderweg Taubertal trägt das Zertifikat „Wanderbares Deutschland". Darüber hinaus gibt es zahlreiche weitere Angebote für Rund- und Streckenwanderungen.

Ein Kulturdenkmal von nationaler Bedeutung ist die frühere Zisterzienserabtei Kloster Bronnbach (bei Wertheim), die seit 1986 dem Landkreis gehört und sich zum geistig-wissenschaftlich-kulturellen Zentrum entwickelt hat. Eine besondere Rolle spielen auch Gesundheit und Sport, gerade mit dem Heilbad Bad Mergentheim, dem nach Übernachtungszahlen größten Kurort Baden-Württembergs, und dem Fechtzentrum mit Olympiastützpunkt in Tauberbischofsheim.

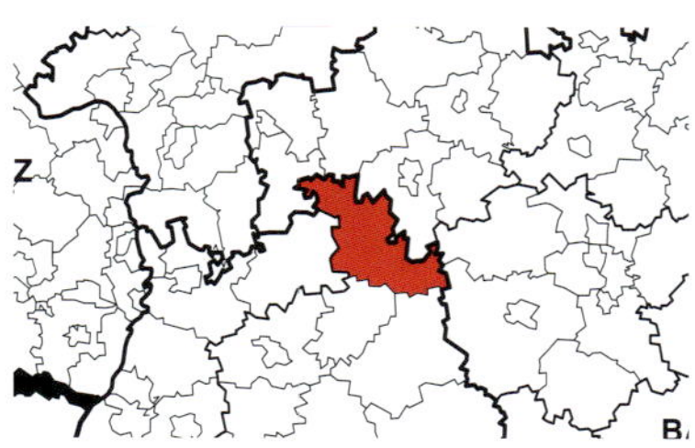

Fläche: 1.304,41 km²
EW: 130.299 - EW/km²: 100
KFZ-Kennzeichen: TBB
Kreissitz: Tauberbischofsheim
www.main-tauber-kreis.de

Landrat
Reinhard Frank / CDU
im Amt seit: 2005 gewählt bis: 2021

Sitzverteilung im Kreistag
Vorsitz: Reinhard Frank

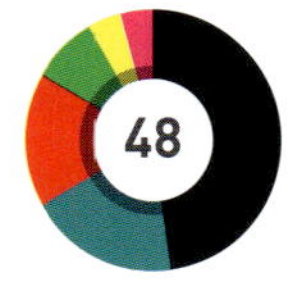

23 CDU
10 Freie Wähler
8 SPD
4 B.90/Grüne
2 FDP
1 Die Linke

Neckar-Odenwald-Kreis

BADEN-WÜRTTEMBERG

Der Neckar-Odenwald-Kreis ist...
...aufgrund drei ganz unterschiedlicher Natur- und Landschaftsräume, aber noch viel mehr wegen seiner freundlichen, bodenständigen und fleißigen Menschen einfach einmalig. Denn diese sorgen nicht nur dafür, dass der Kreis wirtschaftlich erfolgreich und touristisch attraktiv bleibt, sondern sie bringen sich in den 27 Städten und Gemeinden auch mit bewundernswertem bürgerschaftlichen Engagement ein. Das ist es, was uns in ganz besonderer Weise ausmacht. Ein Markenzeichen und ein absoluter Pluspunkt.

Historische Entwicklung
Der Neckar-Odenwald-Kreis ist am 1.1.1973 als Ergebnis der baden-württembergischen Kreisreform aus den früheren Landkreisen Mosbach und Buchen entstanden.

Mit dem Ende des Alten Reichs fiel 1806 das gesamte Kreisgebiet Baden zu. Bis in die Zeit der Weimarer Republik erfuhr die Verwaltungsgliederung mehrere Umgestaltungen. Nach dem Zweiten Weltkrieg gehörten die beiden Landkreise Mosbach und Buchen zu denjenigen im Südwesten, die überdurchschnittlich viele Flüchtlinge und Vertriebene aufnahmen, und das, obwohl sie damals selbst zu den strukturell weniger entwickelten Gebieten in Baden-Württemberg zählten. Letztlich hat sich das für die gesamte Region aber sehr positiv ausgewirkt. Ab den 1950er Jahren erhielt vor allem auch die Entwicklung der Infrastruktur wichtige Impulse.

Wertschöpfung und Verkehr
Der Neckar-Odenwald-Kreis gehört zum ländlichen Raum. Die Anbindung an das überregionale Verkehrsnetz erfolgt leider nur über einen einzigen Autobahnanschluss. Daneben gibt es aber ein gut ausgebautes Bundes-, Landes- und Kreisstraßennetz sowie Verkehrsanbindungen auf der Schiene über die Frankenbahn nach Würzburg und Stuttgart, sowie über die S-Bahn Rhein-Neckar in Richtung Heidelberg, Mannheim und Ludwigshafen und über die Stadtbahn Nord Richtung Heilbronn.

Die Breitbandversorgung ist schon jetzt überdurchschnittlich gut, wird derzeit gerade bis Ende 2017 aber noch weiter flächendeckend ausgebaut.

Die Wirtschaft ist geprägt durch kleine und mittlere Betriebe mit großer Innovationskraft, darunter eine ganze Reihe von europa- und weltweit operierenden Marktführern. Sie gehören überwiegend dem Maschinenbau, sowie dem metall- und kunststoffverarbeitenden Bereich an. Darüber sorgt ein breiter Branchenmix aber ergänzend für wirtschaftliche Stabilität. Auch die Land- und Forstwirtschaft spielt nach wie vor eine wichtige Rolle.

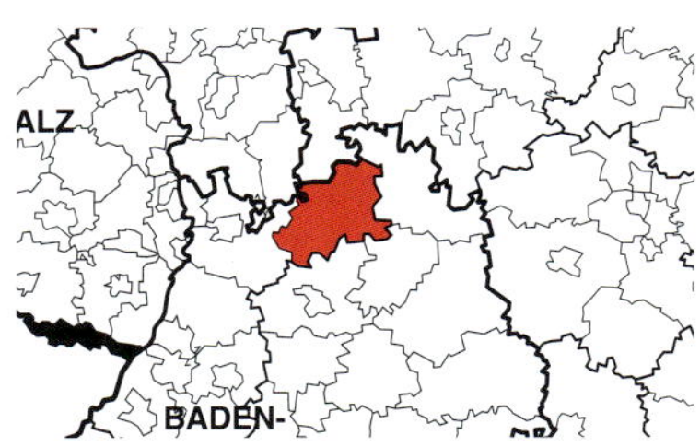

Fläche: 1.126,25 km^2
EW: 141.651 - EW/km^2: 126
KFZ-Kennzeichen: MOS
Kreissitz: Mosbach
www.neckar-odenwald-kreis.de

Landrat
Dr. Achim Brötel [S] / CDU
im Amt seit: 2005 gewählt bis: 2021

Sitzverteilung im Kreistag
Vorsitz: Dr. Achim Brötel

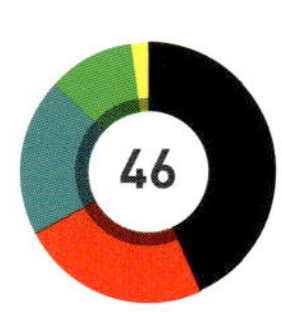

20	CDU
11	SPD
9	Freie Wähler
5	B.90/Grüne
1	FDP

Eine sehr gute Schullandschaft und die Duale Hochschule Baden-Württemberg in Mosbach prägen den Bildungssektor.

Der Neckar-Odenwald-Kreis ist Vorreiter in der Erzeugung und Nutzung von Bioenergie. Schon 2008 wurde das Ziel erreicht, alle Privathaushalte ausschließlich mit Strom aus Erneuerbaren Energien versorgen zu können. Bezogen auf den Gesamtstromverbrauch werden heute rechnerisch 51 % des Bedarfs aus regenerativen Energiequellen gedeckt. Das ist führend in Baden-Württemberg.

Landschaft, Sehenswürdigkeiten und Kultur
Drei unterschiedliche Landschaftsräume, die reizvolle Mittelgebirgslandschaft des Odenwaldes, das romantische Neckartal und die sanfte Hügellandschaft des Baulandes, machen den geografischen Charakter des Neckar-Odenwald-Kreises aus. Jedes Jahr locken Freizeit- und Kulturangebote eine Vielzahl von Gästen in die Ferienregion. Vor allem Wander- und Radwege wie der 2012 eröffnete Qualitätswanderweg „Neckarsteig" bieten abwechslungsreiche Naturerlebnisse.

Zu den bekanntesten Sehenswürdigkeiten zählt die Eberstadter Tropfsteinhöhle in Buchen, die mit inzwischen über 4 Mio. Besuchern auch eines der fünf Eingangstore in den UNESCO-Geo-Naturpark Bergstraße-Odenwald bildet. Ebenso zu nennen sind die Deutsche Greifvogelwarte auf Burg Guttenberg, die Burg Hornberg als Alterssitz des Ritters Götz von Berlichingen, das Schloss Zwingenberg, das im Eigentum des Hauses Baden steht und jährlich Schauplatz der überregional bekannten Schlossfestspiele ist, und die historischen Altstädte der Mittelzentren Mosbach und Buchen.

Freunde römischer Kultur kommen im Römermuseum Osterburken oder durch Wanderungen am Obergermanisch-Raetischen Limes bzw. seinem Vorgänger, dem Odenwald-Limes, voll auf ihre Kosten. Darüber hinaus lässt sich die Geschichte des Kreises auch in rund 40 Museen und Sammlungen nachvollziehen. Das Leben unserer Vorfahren wird im Odenwälder Freilandmuseum in Walldürn-Gottersdorf mit original eingerichteten Häusern aus dem 17. bis zum 20. Jahrhundert sehr anschaulich dargestellt.

Ortenaukreis

BADEN-WÜRTTEMBERG

Der Ortenaukreis ist…
…der flächengrößte Landkreis in Baden-Württemberg und besticht durch seine vielseitige Natur- und Kulturlandschaft, die von der Rheinebene über die Vorbergerzone bis hin zu den Höhenlagen des Schwarzwaldes reicht. Seine 60 km lange gemeinsame Grenze mit Frankreich und die unmittelbare Nachbarschaft zur Europastadt Strasbourg, mit der sie zugleich den Eurodistrikt Strasbourg-Ortenau bildet, machen den Ortenaukreis zum geographischen Zentrum der Europäischen Union.

Historische Entwicklung
Die Geburtsstunde des Ortenaukreises schlug am 1.1.1973. Zum Ortenaukreis wurde der südliche Teil des Landkreises Bühl, der Großteil der Landkreise Kehl und Wolfach sowie die Landkreise Offenburg und Lahr zusammengefasst. 51 Städte und Gemeinden, die im Zuge der Gemeindereform entstanden sind, bilden heute den Ortenaukreis.

Durch die Badische Landkreisordnung vom 24.6.1939 wurden die bestehenden Amtsbezirke in Landkreise umgewandelt. Für den Bereich der Ortenau waren dies die Landkreise Bühl, Kehl, Lahr, Offenburg und Wolfach, die bis zur Kreisreform bestehen sollten.

Wertschöpfung und Verkehr
Der Ortenaukreis ist das wirtschaftliche Zugpferd am Oberrhein – rund 60 % der Industrieumsätze am südlichen Oberrhein erzielt der Wirtschaftsstandort Ortenau. Er ist gekennzeichnet durch einen guten Branchenmix mittelständischer, zumeist inhabergeführter Unternehmen, Kleinunternehmen und Weltmarktführer mit einer starken Wirtschaftskraft. Die Unternehmerlandschaft steht für jährlich rund 13 Mrd. € Bruttowertschöpfung und bietet 165.000 Arbeitsplätze. Sie zeichnet sich durch einen besonderen Erfindergeist, Innovation und durch die Freude an der großen Verantwortung aus, die eine Selbstständigkeit mit sich bringt. Maschinen, Holz, Wein und Obst sind die Spitzenprodukte aus der Region und auch im Dienstleistungs- und Mediensektor sind Konzerne aus der Ortenau tonangebend.

Dass die zahlreichen Unternehmen, die in der Ortenau lebenden und arbeitenden Menschen, aber auch die Gäste aus aller Welt sicher und schnell an ihr Ziel kommen, garantieren die sechs Autobahnanschlussstellen und die über 1.000 km langen Kreis-, Landes- und Bundesstraßen, über welche die Städte und Gemeinden im ländlich geprägten Ortenaukreis optimal miteinander ver- und an den Fernverkehr angebunden sind.

Ergänzt werden sie durch den gut ausgebauten und stetig modernisierten Öffentlichen Personennahverkehr der Tarifgemeinschaft Ortenau (TGO), die attraktive Preis- und Serviceangebote für Einheimische wie Gäste anbietet. Um Schülern und Berufstätigen eine echte, sichere und umweltfreundliche Alternative zum motorisierten Verkehr zu bieten, baut der Landkreis auch die Radwege entlang der Kreisstraßen sukzessive aus.

Fläche: 1.860,79 km²
EW: 415.639 - EW/km²: 223
KFZ-Kennzeichen: OG
Kreissitz: Offenburg
www.ortenaukreis.de

Landrat
Frank Scherer / parteilos
im Amt seit: 2008 gewählt bis: 2016

Sitzverteilung im Kreistag
Vorsitz: Frank Scherer

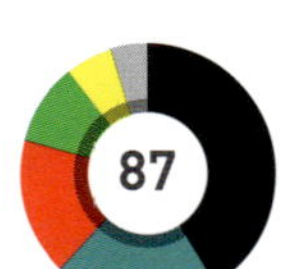

36	CDU
18	Freie Wähler
15	SPD
9	B.90/Grüne
5	FDP
4	Sonstige

(Die Linke 2, AfD 1, Ortenauer Liste 1)

Landschaft, Sehenswürdigkeiten und Kultur
Geprägt von dichten Wäldern, sonnigen Rebhängen und blühenden Weiden, dazu Weinen und Kulinarik auf höchstem Niveau ist die Ortenau auch bei Touristen eine der beliebtesten Regionen im Schwarzwald. Sie wartet mit National- und Naturpark, mit Spitzenweinen, Obst und Edelbränden, mit über 1.700 Sonnenstunden im Jahr, einer mit sieben Michelin-Sternen dekorierten Gastronomie und einer exzellenten Hotellerie auf. Wie begehrt die Ortenau als Reiseziel ist, belegen nicht zuletzt die über 3 Mio. Übernachtungsgäste und 17 Mio. Tagestouristen die jährlich in die Ortenau strömen, um es Kennern und Genießern wie Goethe, Victor Hugo, Voltaire und Mark Twain gleichzutun.

Die Tages- und Urlaubsgäste erwarten rund 70 Museen, zahlreiche Sehenswürdigkeiten, wie Burgen und Schlösser, sowie weitere bekannte Kultur- und Freizeiteinrichtungen, darunter das Schwarzwälder Freilichtmuseum Vogtsbauernhof und Deutschlands größter Freizeitpark, der Europa-Park Rust. Hinzu kommt ein facettenreiches Veranstaltungsprogramm, das vom klassischen Konzert über das bilinguale Theater bis hin zum Brauchtumsfest reicht.

Wunderbar erkunden lässt sich der Landkreis auch auf den 30 verschiedenen E-Bike- und Tourenrad-Strecken rund um das Thema „Sagen und Mythen der Ortenau" oder einem der zertifizierten Wanderwege und Erlebnispfade im und rund um den Naturpark Schwarzwald Mitte/Nord oder den neu gegründeten Nationalpark Schwarzwald.

Ostalbkreis

BADEN-WÜRTTEMBERG

Der Ostalbkreis ist...
...ein attraktiver Lebens- und Wirtschaftsraum in zentraler Lage in Süddeutschland im Dreieck zwischen Stuttgart, Ulm und Nürnberg. Er besticht durch ein lebendiges Mosaik aus 42 Städten und Gemeinden in einer abwechslungsreichen Naturlandschaft am Rande und auf der Schwäbischen Alb sowie durch seine vielseitige Kultur.

Historische Entwicklung
Im Jahr 1803 und endgültig dann mit dem Staatsvertrag mit Bayern aus dem Jahre 1810 entstanden die heutigen politischen Grenzen und das Land um Rems, Kocher, Jagst und Eger wurde Bestandteil des Königreichs Württemberg. Mit den sechs Oberämtern Aalen, Ellwangen, Gaildorf, Gmünd, Neresheim und Welzheim wurden neue Verwaltungsstrukturen eingerichtet, die bereits die unmittelbaren Rechtsvorgänger des heutigen Ostalbkreises waren. Die württembergischen Oberämter hatten bis zur Kreisreform des Jahres 1938 Bestand, mit der die Landkreise Aalen und Schwäbisch Gmünd aus den Oberämtern neu gebildet wurden.

Mit der Kreisreform zum 1.1.1973 entstand schließlich der heutige Ostalbkreis aus dem Landkreis Aalen, dem größten Teil des Landkreises Schwäbisch Gmünd sowie einem Teil des Altkreises Backnang.

Wertschöpfung und Verkehr
Die Autobahn A 7 führt als wichtigste Nord-Süd-Verbindung schnurgerade durch den Ostalbkreis und macht ihn als Wirtschaftsraum besonders interessant. Expandierende Firmenzentralen, Entwicklungszentren, Produktions- und Logistikeinrichtungen weltbekannter Marken und innovativer Unternehmen belegen dies. Die Schwäbischen Hüttenwerke – mit über 650 Jahren eines der ältesten und bekanntesten Industrieunternehmen Deutschlands und heute noch technologieführend mit innovativen Firmen in verschiedenen Branchen – stehen sinnbildlich für die prosperierende Entwicklung. Das exportstarke Produktionsgewerbe nimmt dabei rund 47 % der rund 119.000 sozialversicherungspflichtig Beschäftigten auf, gefolgt von gut 52 % im Dienstleistungssektor und 0,5 % in der Land- und Forstwirtschaft.

Die Arbeitslosenquote liegt im und teils sogar unter dem niedrigen Landesdurchschnitt. Der reine Industriestandort hat sich über Produktion, Forschung und Entwicklung längst zum Technologie- und Hochtechnologiestandort gewandelt. Neben gewachsenen Kompetenzfeldern im Maschinen- und Anlagenbau stehen dafür auch Wirtschaftscluster in der Oberflächentechnik oder der Photonik. Global agierende Marktführer wie z. B. Carl Zeiss, Triumph International, VARTA oder Robert Bosch haben hier ebenso ihre Wurzeln wie erfolgreiche Mittelständler oder junge Firmengründer. Innovative Hochschulen für Gestaltung, Gesundheitswesen, Pädagogik, Technik und Wirtschaft verzeichnen an den Studienorten Aalen, Ellwangen und Schwäbisch Gmünd eine stetig steigende Zahl an Studierenden.

Überhaupt ist die Bildungspalette überdurchschnittlich und reicht von der frühkindlichen Bildung bis zum Landesgymnasium für Hochbegabte und der Internationalen Musikschulakademie Schloss Kapfenburg. Hinzu kommen pulsierende Städte, bezahlbare Mieten und ein vielfältiges Freizeitangebot sowie kurzfristig erreichbare Metropolen wie Stuttgart, München und Frankfurt. Für schnelle Businessreisen gibt es zwei Verkehrslandeplätze.

Landschaft, Sehenswürdigkeiten und Kultur
Mit der Schwäbischen Alb, dem Albvorland mit einem kleinen Anteil am Ries und den Keuperwaldbergen hat der Ostalbkreis Anteil an den drei prägenden Großlandschaften des Süddeutschen Schichtstufenlandes. Wegen seines landschaftlichen Reichtums ist er beliebtes Naherholungsgebiet. Kelten, Römer, Alamannen und Staufer haben ein reiches archäologisches Erbe hinterlassen, das Kulturliebhaber in ihren Bann zieht.

So reich wie die 7.500-jährige Geschichte, die in einer der größten Museumslandschaften des Landes dargestellt wird, so zahlreich sind ihre unmittelbaren Zeugen: Der Ipf als ehemaliger keltischer Fürstensitz, das einzigartige Limestor Dalkingen am UNESCO-Welterbe Limes, alamannische Reihengräberfunde oder die Staufergrablege Kloster Lorch. Überregionale Bedeutung genießen das Freilichtmuseum am Rätischen Limes in Rainau, das Limesmuseum in Aalen, das Besucherbergwerk Tiefer Stollen in Aalen-Wasseralfingen oder das Alamannenmuseum in Ellwangen. Gleiches gilt für Baudenkmale wie die romanische Johanniskirche und das gotische Münster in Schwäbisch Gmünd, die barocke Residenzstadt Ellwangen, viele Burgen und Schlösser wie die Kapfenburg bei Lauchheim, Schloss Hohenbaldern, die Ritterburg Niederalfingen, Ruinen wie die Burgruine Hohenrechberg und nicht zuletzt für eine der schönsten Barockkirchen Europas, für die Abteikirche in Neresheim auf dem Härtsfeld.

Fläche: 1.511,57 km²
EW: 308.205 - EW/km²: 204
KFZ-Kennzeichen: AA
Kreissitz: Aalen
www.ostalbkreis.de

Landrat
Klaus Pavel [F] / CDU
im Amt seit: 1996 gewählt bis: 2020

Sitzverteilung im Kreistag
Vorsitz: Klaus Pavel

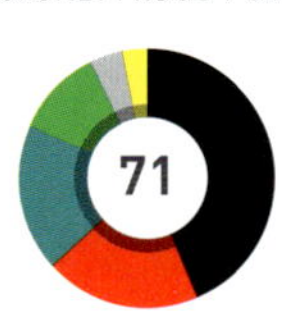

31	CDU
14	SPD
13	Freie Wähler
8	B.90/Grüne
2	FDP
3	Sonstige

(Die Linke 2, AfD 1)

Limestor Dalkingen

Landkreis

Rastatt

BADEN-WÜRTTEMBERG

Der Landkreis Rastatt ist...
...in landschaftlicher, wirtschaftlicher und kultureller Hinsicht ein Juwel. Die reizvolle Landschaft zwischen Schwarzwald, Rhein und Reben inmitten des Naturparks Schwarzwald Mitte/Nord und des Nationalparks Schwarzwald bietet vielfältige Möglichkeiten für Freizeit und Naherholung. Mit seiner Lagegunst an der wichtigsten Nord-Süd-Entwicklungsachse Europas besitzt der Landkreis hervorragende Standortqualitäten und ist ein prosperierender Wirtschaftsraum. Eine lebendige Kultur- und Kleinkunstszene, rege Vereinsaktivitäten sowie traditionelle Feste und Bräuche prägen das gesellschaftliche Leben. Die badische Gastlichkeit sowie eine erstklassige Gastronomie tragen zur hohen Lebensqualität bei.

Historische Entwicklung
Am 1.1.1973 wurde der 1939 gebildete Landkreis Rastatt mit den meisten Gemeinden des aufgelösten Landkreises Bühl und vier weiteren Gemeinden zum neuen Landkreis vereinigt.

Wertschöpfung und Verkehr
Das 19. Jahrhundert wurde durch den wachsenden Verkehr und die beginnende Industrialisierung geprägt. Städte wie Bühl und Gaggenau gewannen an Bedeutung. Vor allem durch das unerschöpfliche Vorkommen des Rohstoffes Holz und die zur Verfügung stehende Wasserkraft siedelte sich die Papier verarbeitende Industrie im Murgtal an, die bis heute dort vertreten ist. Daneben entstanden zukunftsweisende Unternehmen wie Bergmanns Industriewerke oder die Gaggenauer Eisenwerke, in deren Fußstapfen später Mercedes-Benz trat. Zum zentralen Ort entwickelte sich die Stadt Rastatt, die 1700 zur Residenzstadt der Markgrafschaft Baden-Baden erhoben wurde.

Risikobereitschaft, ein unternehmensfreundliches Klima und ein großes Potenzial hoch qualifizierter Fachkräfte sind die Basis für eine überdurchschnittliche Wirtschaftskraft. Weltweit agierende Großunternehmen sowie eine Vielzahl kleiner und mittelständischer Unternehmen, darunter innovative Dienstleister, ein expandierender Handel und eine breite Handwerkerschaft, bilden einen gesunden Mix. Für noch mehr Schlagkraft hat sich der Landkreis mit seinen 23 Städten und Gemeinden, dem Stadtkreis Baden-Baden sowie zahlreichen Unternehmen und Kreditinstituten zur Wirtschaftsregion Mittelbaden zusammengeschlossen.

Nach wie vor ist vor allem das produzierende Gewerbe mit automobilen Produktionsstandorten in Rastatt, Gaggenau und Kuppenheim, mit weltbekannten Zulieferern der Industrie in Bühl und Bühlertal und mit bedeutenden High-Tech-Unternehmen von enormer Bedeutung. Ein großer Vorteil ist dabei die unmittelbare Nähe zu den Forschungseinrichtungen der Technologieregion Karlsruhe, allen voran das Karlsruher Institut für Technologie (KIT). Die einzigartige Bildungs- und Forschungslandschaft in der Region bietet außergewöhnliche Chancen. Herausragende Verkehrsanbindungen über Straße (A 5 Frankfurt-Karlsruhe-Basel) und Schiene (DB-Strecke Karlsruhe-Basel), den Flughafen Karlsruhe/Baden-Baden sowie die Schiffsanlegestellen Staustufe Iffezheim und Rheinmünster-Greffern und den nur 25 km entfernten Rheinhafen Karlsruhe sind die Adern einer pulsierenden Wirtschaft.

Fläche: 738,75 km²
EW: 224.687 - EW/km²: 304
KFZ-Kennzeichen: RA
Kreissitz: Rastatt
www.landkreis-rastatt.de

Landrat
Jürgen Bäuerle / CDU
im Amt seit: 2005 gewählt bis: 2021

Sitzverteilung im Kreistag
Vorsitz: Jürgen Bäuerle

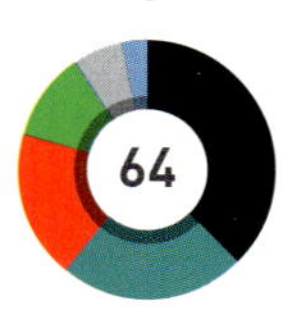

24	CDU
15	Freie Wähler
12	SPD
7	B.90/Grüne
2	AfD
4	Sonstige

(FDP 2, FuR 1, parteilos 1)

Landschaft, Sehenswürdigkeiten und Kultur
Schwarzwald, Rhein und Reben prägen das Landschaftsbild. Im Westen bildet der Rhein die natürliche Grenze zum französischen Nachbarn. In der milden Rheinebene gedeihen Erdbeeren und Spargel bestens. Dahinter erhebt sich die Vorbergzone mit Streuobstwiesen und Weinbergen. Kenner und Genießer wissen den Riesling und den Spätburgunder zu schätzen, die hier gedeihen.

„Eine Spur wilder" präsentiert sich der Schwarzwald im ersten Nationalpark des Landes Baden-Württemberg, rund um den „Hohen Ochsenkopf", der höchsten Erhebung im Landkreis. Mit seinen tief eingeschnittenen Tälern und schroffen Felswänden beschert der nördliche Schwarzwald Rad- und Wanderfreunden auf seinen Höhen grandiose Ausblicke. Die „Murgleiter" zählt dabei zur Spitzenklasse deutscher Premiumwanderwege.

Überregional bekannt und immer einen Besuch wert sind das Unimog-Museum in Gaggenau, die Volksschauspiele Ötigheim mit Deutschlands größter Freilichtbühne, die Rennbahn in Iffezheim, Treffpunkt für Freunde des Galoppsports aus aller Welt, und das renommierte Kleinkunstfestival „tête-à-tête" in Rastatt.

Der Landkreis ist eine wahre Schatzkammer, was seine unzähligen Baudenkmäler anbelangt. Im Süden fällt schon von weitem das romanische Münster Schwarzach ins Auge. Im Norden stellt die berühmte Wallfahrtskirche Bickesheim in Durmersheim mit der ersten Abbildung des badischen Wappens ein unvergleichliches historisches Kleinod dar.

Das Herz der Großen Kreisstadt Rastatt ist das Barockschloss des Markgrafen Ludwig Wilhelm, des legendären Türkenlouis. Heute beherbergt es zwei Museen, das Wehrgeschichtliche Museum mit seiner einzigartigen militärhistorischen Sammlung und die sehenswerte Erinnerungsstätte für die Freiheitsbewegungen in Deutschland. Das Hauptwerk der Städtischen Galerie Rastatt ist die großformatige Holzschnitt-Collage „Wege der Weisheit: die Hermannsschlacht" des weltberühmten Künstlers Anselm Kiefer.

Landkreis
Ravensburg

BADEN-WÜRTTEMBERG

Der Landkreis Ravensburg ist...
...flächenmäßig der zweitgrößte Landkreis in Baden-Württemberg. Das Spektrum der Landschafts- und Lebensräume reicht von oberschwäbischem Barock bis Westallgäuer Hügellandschaft, von den Mooren des Wurzacher Rieds bis zu den Bergwiesen des Schwarzen Grats.

Historische Entwicklung
König Friedrich von Württemberg gliederte 1810 sein Königreich in Landvogteien und Oberämter. Das Gebiet des heutigen Landkreises Ravensburg gehörte zur Landvogtei Bodensee. Der Landvogtei nachgeordnet waren die Oberämter Tettnang, Ravensburg, Wangen, Leutkirch, Waldsee und Saulgau. 1934 wurden die Oberämter in Kreise umbenannt, von denen 1938 viele aufgelöst wurden, darunter Leutkirch und Waldsee. Der Großteil des Kreises Waldsee kam dabei zum Kreis Ravensburg, der Großteil des Kreises Leutkirch zum Kreis Wangen. Auch von den früheren Oberämtern Saulgau und Tettnang wurden beiden Kreisen Gemeinden zugeteilt.

Mit der Kreisreform 1973 sollten größere, leistungsstarke Landkreise gebildet werden und selbst die 1938 entstandenen Kreise Ravensburg und Wangen galten der fortschrittlichen Landespolitik nun als zu klein für kommende, moderne Anforderungen. So formte die Kreisreform den heutigen Landkreis Ravensburg aus den Gemeinden der Altkreise Ravensburg und Wangen, verstärkt durch zwölf Gemeinden des aufgelösten Kreises Saulgau und zwei Gemeinden des Altkreises Biberach.

Wertschöpfung und Verkehr
Der Landkreis Ravensburg ist seit jeher landwirtschaftlich geprägt. Von der landwirtschaftlich genutzten Fläche ist er der größte Kreis im Land und mit rund 70.000 Milchkühen stehen hier 20 % des baden-württembergischen Milchviehbestandes. Nicht ohne Stolz wird der Landkreis Ravensburg daher gerne als größter Bauernhof Baden-Württembergs bezeichnet.

Parallel dazu hat er sich aber auch zu einem wirtschaftlich strak florierenden Standort entwickelt. Die Grundlage dafür bilden viele kleine und mittelständische Unternehmen, die durch stetige Innovationen ihre Marktposition bestätigen oder ausbauen. Ob Software oder Maschinenbau, Medizin, Automotive oder Landwirtschaft – weltweit trifft man auf Mittelständler aus dem Landkreis Ravensburg. Durch oberschwäbischen Tüftlergeist und traditionsbewusstes Unternehmertum entwickelten sich hier namhafte Markt- und Technologieführer – nicht wenige davon in ihrem Bereich Weltmarktführer.

Einen wichtigen Beitrag zu diesem Erfolg leistet die Wirtschafts- und Innovationsförderungsgesellschaft Landkreis Ravensburg (WiR) mit den Schwerpunkten Standortmarketing, Wirtschafts- und Unternehmensförderung, Unterstützung beim Aufbau von Netzwerken und Kooperationen, Wissenstransfer und Förderprogrammen sowie einer Kontaktstelle Frau und Beruf. Daneben verleiht die WiR zusammen mit der Kreissparkasse Ravensburg seit 2001 den Innovationspreis für besonders auszeichnungswerte Innovationen.

Die Tradition der Standortförderung reicht weit zurück. Bereits Mitte des 19. Jahrhunderts wollte der Ravensburger Stadtschultheiß Franz von Zwerger die Region in eine bessere Zukunft führen. Beharrlich kämpfte er um die Realisierung der Südbahn, die 1850 fertiggestellt wurde. Im Sinne einer modernen Standortförderung konnte er den Schweizer Maschinenfabrikanten Escher Wyss mit einem unwiderstehlichen Angebot gewinnen: Escher Wyss bekam ein Grundstück direkt neben dem neuen Bahnhof, bestückt mit Wasserrechten. Dazu durfte er die Stadtmauer abtragen und die Steine zur Errichtung der eigenen Fabrikation nutzen. Die modernen Wasserturbinen der Schweizer waren weitaus effizienter als die im Allgäu verbreiteten Wasserräder. Ein neuer Überschuss an Energie führte zu einem beachtlichen Wachstum.

Landschaft, Sehenswürdigkeiten und Kultur
Charakteristisch für die Geschichte der Landschaft zwischen Donau und Bodensee ist die jahrhundertelange kleinräumige politische Vielfalt. Zahlreiche geistliche und adelige Herrschaften haben eine stattliche Anzahl von Burgen, Schlössern und Klosteranlagen hinterlassen. So durchquert die Oberschwäbische Barockstraße auch den Landkreis Ravensburg. Auf ihr lässt sich erfahren, wie Klöster und Adelsfamilien einst prunkvolle Zeichen ihrer Macht setzten. Heute dienen diese Bauten meist der Allgemeinheit und werden vielfach als Veranstaltungsstätten genutzt. Einen prominenten Platz nimmt dabei Schloss Achberg ein, das Kulturzentrum des Landkreises. Ergänzend dazu vermittelt das Bauernhaus-Museum Wolfegg mit seinen wiedererrichteten Bauernhäusern alte Hausformen und eine längst vergangene ländlich-bäuerliche Lebenswelt.

Der Landkreis Ravensburg ist darüber hinaus ausgesprochen musikalisch. Über 9.000 Musiker in 114 Blasmusikkapellen, die Weingartener Tage für Neue Musik oder die Teilnahme am Bodenseefestival belegen das eindrucksvoll.

Dem lebendigen Brauchtum verpflichtet spielen auch die Fasnet sowie unzählige Kirchen- und Stadtfeste eine wichtige Rolle im kulturellen Jahreskalender. Zur Brauchtumspflege gehört auch der Weingartner Blutritt – mit rund 3.000 Reitern und 30.000 Besuchern die größte Reiterprozession Europas.

Fläche: 1.631,82 km²
EW: 275 339 - EW/km²: 169
KFZ-Kennzeichen: RV
Kreissitz: Ravensburg
www.landkreis-ravensburg.de

Landrat
Harald Sievers / CDU
im Amt seit: 2015 gewählt bis: 2023

Sitzverteilung im Kreistag
Vorsitz: Harald Sievers

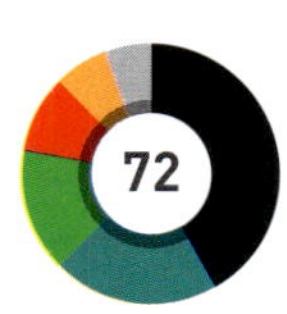

30 CDU
15 Freie Wähler
11 B.90/Grüne
7 SPD
5 ÖDP
4 Sonstige
(FDP 2, Die Linke 2)

Rems-Murr-Kreis

BADEN-WÜRTTEMBERG

Der Rems-Murr-Kreis ist…
…ein Ort der Vielfalt. In kurzen Entfernungen erreichen Einwohner und Besucher verschiedene Welten. Sie können sich sowohl ins Einkaufsvergnügen stürzen und die Atmosphäre in den von Fachwerk geprägten Innenstädten genießen als auch die Ruhe und Abgeschiedenheit des Schwäbischen Waldes erleben.

Historische Entwicklung
Die Verbindung von scheinbaren Gegensätzen ist der rote Faden, der sich durch die Geschichte des Rems-Murr-Kreises zieht. Ab 150 n. Chr. trennte der obergermanischrätische Limes – der im Landkreis schnurgerade zwischen Murrhardt und Alfdorf verläuft – das römische Imperium vom germanischen Siedlungsgebiet. Zugleich war die Grenze jedoch Ort eines regen wirtschaftlichen und kulturellen Austausches. Heute ist der Limes ein UNESCO-Welterbe. Bei Veranstaltungen und Führungen der Limes-Cicerone und am landesweiten Aktionstag „Am Limes grenzenlos" wird das römische Erbe direkt erlebbar. Im Mittelalter ist das Kreisgebiet die Wiege Badens und Württembergs. Die Grafen von Württemberg haben ihre Grablege im Stift von Weinstadt-Beutelsbach, die Markgrafen von Baden lassen sich bis in die Mitte des 13. Jahrhunderts in Backnang beerdigen. Ihre letzten Ruhestätten in der Kirche St. Pancratius sind erhalten und können besichtigt werden. Um 1300 führt eine Heirat die Herrschaftsgebiete der beiden Häuser im Rems-Murr-Kreis zusammen – 650 Jahre bevor die Bundesländer Baden und Württemberg sich vereinigen. Dieser Meilenstein war auch die Basis für den nächsten Schritt: 1973 fusionierten der Altkreis Waiblingen und Teile des Altkreises Backnang zum Rems-Murr-Kreis und gaben der Region ihre heutige Gestalt.

Wertschöpfung und Verkehr
Die Bundesstraßen B 14 und B 29 sowie die S-Bahn-Strecken nach Schorndorf und Backnang ermöglichen ein rasches Pendeln zwischen den Kommunen des Rems-Murr-Kreises und binden diesen an Stuttgart an. Die Drehscheibe zur Welt, der Flughafen Stuttgart und das Schaufenster der Region, die Messe Stuttgart liegen gleich um die Ecke.

Für Freizeitfahrten erschließen zudem der Waldbus, der Limesbus und der Berg- und Talbus den Schwäbischen Wald. Diese verkehren an Sonn- und Feiertagen saisonal vom 1. Mai bis 3. Oktober. So können auch Radfahrer nach einer Tour durch das Plateaubergland gemütlich mit dem Bus weiterfahren. Eine Besonderheit ist die von Berufspendlern und Schülern liebevoll „Wiesel" genannte Wieslauftalbahn von Rudersberg-Oberndorf nach Schorndorf. Die Strecke wird vom Landkreis und den Kommunen Schorndorf und Rudersberg getragen, um den Bürgern auch im ländlichen Raum ein attraktives ÖPNV-Angebot zu machen, das den Geldbeutel und die Umwelt schont. Wer es lieber altmodisch mag, steigt in einen Dampflok-Zug. Zwischen April und Oktober sowie im Dezember und Januar fährt an verschiedenen Sonn- und Feiertagen eine Museumsbahn zwischen Schorndorf und Rudersberg.

Fläche: 858,14 km²
EW: 414.016 - EW/km²: 482
KFZ-Kennzeichen: WN
Kreissitz: Waiblingen
www.rems-murr-kreis.de

Landrat
Dr. Richard Sigel / parteilos
im Amt seit: 2015 gewählt bis: 2023

Sitzverteilung im Kreistag
Vorsitz: Dr. Richard Sigel

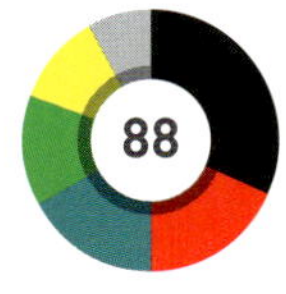

28	■	CDU
16	■	SPD
15	■	Freie Wähler
12	■	B.90/Grüne
10	■	FDP/FW
7	■	Sonstige

(AfD/ Die Unabhängige 4, Die Linke 2, ÖDP 1)

Landschaft, Sehenswürdigkeiten und Kultur
Cleverle und Tüftler pflegen das Handwerk und machen Traditionen, die das Gesicht des Landkreises prägen, fit für die Rahmenbedingungen des 21. Jahrhunderts. Die Mitarbeiter von Global Players wie Stihl (Motorsägen), Bosch (Haushaltsgeräte) und Kärcher (Haushaltsgeräte) schaffen im Landkreis Innovationen und Produkte, die dem Kreis auch in Zukunft seine Spitzenstellung sichern. Aber auch für kleine und mittelständische Betriebe ist der Rems-Murr-Kreis ein attraktiver Wirtschaftsstandort. Ein besonderes Merkmal des Kreises ist seine breite Gewerbe- und Industriestruktur. Waren und Dienstleistungen „Made in Rems-Murr-Kreis" werden in alle Welt exportiert. Rund 15 % der sozialversicherungspflichtig Beschäftigten arbeiten in der Boombranche Maschinenbau. Das ist baden-württembergischer Landesrekord. Natur und High-Tech, Idylle und städtischer Trubel – an Rems und Murr sind diese Begriffe kein Widerspruch, sondern fügen sich zu einer Region mit höchster Lebensqualität.

Seinen Namen hat der 1973 gegründete Landkreis von den Flüssen Rems (81 km) und Murr (54 km). Insgesamt gehören 31 Städte und Gemeinden zum Rems-Murr-Kreis. Darunter befinden sich die sechs Großen Kreisstädte Backnang, Fellbach, Schorndorf, Waiblingen, Weinstadt und Winnenden.

Mit einer Fläche von rund 900 km² umfasst der 1979 gegründete Naturpark Schwäbisch-Fränkischer Wald den Raum zwischen den Städten Backnang, Heilbronn, Öhringen, Schwäbisch Hall, Gaildorf, Lorch und Schorndorf. Für Entdecker ist der Schwäbische Wald eine Fundgrube. Die reizvolle Landschaft lädt zum Wandern durch tiefe Schluchten, vorbei an alten Mühlen, rasante Mountainbike-Ausflüge, Reiten, Planwagenfahren oder Baden ein. Aber auch Spaziergänge durch die charakteristischen Streuobstwiesen oder durch die Weinberge des Remstales, deren Wengerter immer wieder für ihre Spitzenprodukte ausgezeichnet werden, sind ein besonderes Erlebnis. Im Winter sind die Bergkuppen beliebte Ausflugsziele zum Rodeln, Ski- und Eislaufen. Weit über die Region hinaus bekannt ist der Mühlenwanderweg mit seinen zahlreichen gut erhaltenen bzw. restaurierten historischen Mühlen.

Landkreis

Reutlingen

BADEN-WÜRTTEMBERG

Der Landkreis Reutlingen ist...

...mit rund 1.093 km² der größte Landkreis in der Region Neckar-Alb und zählt zu den wirtschaftsstarken Gebieten des Landes Baden-Württemberg. Rund 278.000 Einwohner leben in 26 Städten und Gemeinden vor und auf der landschaftlich reizvollen Schwäbischen Alb.

Historische Entwicklung

Nach dem Untergang der Staufer gelang es den Grafen von Württemberg, etwa zwei Drittel des Kreisgebiets in ihrer Hand zu vereinigen. Württemberg gliederte sein Territorium in Verwaltungsbezirke (die Ämter, später Oberämter), die ab 1934 in Kreise umbenannt wurden. In diese Verwaltungsstruktur wurden auch die in napoleonischer Zeit dazugewonnenen Gebiete einbezogen, etwa die des Klosters Zwiefalten, der Reichsstadt Reutlingen und einiger Reichsritterschaften. Nach mehreren Verwaltungsreformen bestanden seit 1938 im heutigen Kreisgebiet nur noch die beiden Landkreise Münsingen und Reutlingen.

Bei der Kreisreform 1973 wurden die beiden Kreise aufgelöst und größtenteils zum neuen Landkreis Reutlingen zusammengefasst. Seit dem Abschluss der wenig später erfolgten Gemeindereform 1975 gehören 26 Gemeinden zum Landkreis Reutlingen, darunter die großen Kreisstädte Reutlingen und Metzingen, die Städte Bad Urach, Hayingen, Münsingen, Pfullingen und Trochtelfingen sowie der gemeindefreie Gutsbezirk Münsingen.

Wertschöpfung und Verkehr

Von den Fruchtgummis aus der Dettinger Knorpelkirsche, über die wiederentdeckten Alblinsen bis hin zu den Albbüffel-Produkten: Die Menschen im Landkreis Reutlingen sprühen vor Einfallsreichtum, wenn es darum geht, die Schätze ihrer Heimat natur- und umweltschonend zu nutzen. Der große Impuls kam im Jahr 2001, als der Landkreis Reutlingen in Förderprogramme von Land und Bund für naturschutzorientierte Regionalentwicklung aufgenommen wurde. Viele pfiffige Ideen und Projekte konnten dadurch angestoßen und unterstützt werden. Den wirtschaftlichen Nutzen mit einem nachhaltigen Vorteil für Natur und Umwelt zu verbinden, dieser Gedanke wurde mit dem ersten anerkannten Biosphärengebiet Baden-Württembergs, in dessen Herzen der Landkreis liegt, konsequent fortgeführt. Im Bereich der nachhaltigen Regionalentwicklung hat sich der Landkreis und die Schwäbische Alb so zu einer Modellregion mit internationaler Bedeutung entwickelt. Mit der erfolgten Auswahl unter 25 Bewerbern für das europäische Förderprogramm LEADER für die Jahre 2015 bis 2020 wird die Erfolgsgeschichte fortgesetzt.

Fläche: 1.092,72 km²
EW: 278.031 - EW/km²: 254
KFZ-Kennzeichen: RT
Kreissitz: Reutlingen
www.kreis-reutlingen.de

Landrat
Thomas Reumann / parteilos
im Amt seit: 2005 gewählt bis: 2021

Sitzverteilung im Kreistag
Vorsitz: Thomas Reumann

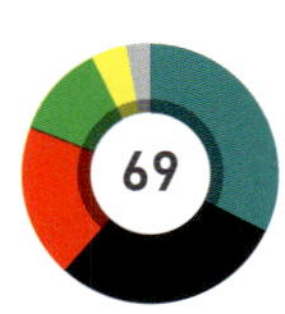

22	Freie Wähler
20	CDU
13	SPD
8	B.90/Grüne
3	FDP
3	Sonstige

(Die Linke 2, WiR1)

Ein landes- und bundesweit anerkanntes Erfolgsmodell ist die Kommunale Gesundheitskonferenz des Landkreises, die bereits im Jahr 2010 ins Leben gerufen wurde. Ziel des Zusammenschlusses aller wichtigen Berufsgruppen und Akteure aus dem Gesundheitsbereich ist, die qualitativ hochwertige medizinische Versorgung im Landkreis auch in Zukunft zu gewährleisten sowie Gesundheitsförderung und Prävention zu stärken. Modell ist der Landkreis nicht nur im Umgang mit demografischen Herausforderungen, sondern auch beim Thema Inklusion. Für das Umsetzen der UN-Konvention über die Rechte von Menschen mit Behinderungen hat der Landkreis im Jahr 2013 eine Inklusionskonferenz einberufen, welche die Gleichstellung von Menschen mit Handicap in allen Lebensbereichen voranbringen möchte.

Der Landkreis Reutlingen ist ein bedeutender Wirtschaftsraum. Traditionelle leistungsfähige Handwerksbetriebe, mittelständische Unternehmen, weltweit bekannte Industrieunternehmen und Neugründungen von Medizin- und Biotechnologiefirmen sind Garanten für eine sichere Zukunft. Große Standortvorteile sind die räumliche Nähe zur Messe und zum Flughafen in Stuttgart sowie hervorragende Verkehrsanbindungen: auf der Straße ebenso wie auf der Schiene, im Fernverkehr ebenso wie im öffentlichen Personennahverkehr, nicht zuletzt auch mit der geplanten zukunftsweisenden Regionalstadtbahn.

Landschaft, Sehenswürdigkeiten und Kultur

Wirtschaftsraum und einzigartige Naherholungsgebiete der Schwäbischen Alb liegen im Landkreis Reutlingen dicht beieinander. Mit dem Biosphärengebiet Schwäbische Alb und dem GeoPark kann er gleich zwei UNESCO-Anerkennungen vorweisen. Beliebte Ausflugsziele im Landkreis sind unter anderem Schloss Lichtenstein, das Zwiefalter Münster – ein Paradebeispiel barocker Baukunst, das Haupt- und Landgestüt Marbach sowie eine Reihe von Burgruinen vor allem im malerischen Lautertal.

Ein besonderes Naturdenkmal stellt die auf 271 m begehbare Bärenhöhle dar, die bekannteste unter unseren Tropfsteinhöhlen. Der Bad Uracher Wasserfall lockt im Sommer wie im Winter zahlreiche Wanderer an. Mit der „Outlet City" Metzingen liegt im Landkreis Reutlingen ein weltweit bekanntes Einkaufsparadies. Besuchermagneten sind zudem zahlreiche Top-Events wie etwa der Schäferlauf in Bad Urach, die Hengstparade in Marbach oder das Kartoffelfest in St. Johann.

Rhein-Neckar-Kreis

BADEN-WÜRTTEMBERG

Der Rhein-Neckar-Kreis ist...
...mit seinen rund 535.000 Einwohnern der drittgrößte Kreis i.e.S. in Deutschland und der einwohnerstärkste in Baden-Württemberg. Von Weinheim, der mit rund 44.000 Einwohnern größten Stadt, bis hin zu Heddesbach, mit rund 500 Einwohnern die kleinste Gemeinde, umfasst der Kreis insgesamt 54 Städte und Gemeinden – darunter sechs Große Kreisstädte.

Der Rhein-Neckar-Kreis hat in den letzten vierzig Jahren seines Bestehens eine beachtliche Aufwärtsentwicklung genommen. Er zählt heute aufgrund seiner Größe, seiner wirtschaftlichen Entwicklung und seiner vielfältigen Landschaftsstruktur zu den leistungsstärksten und reizvollsten Landkreisen und Wachstumsräumen in Deutschland.

Historische Entwicklung
Am 1.1.1973 erhielt der Rhein-Neckar-Kreis im Zuge der kommunalen Neuordnung seinen Namen und seine heutige Gestalt. Damals wurde die ehemaligen Landkreise Heidelberg und Mannheim und ein Teil des Landkreise Sinsheim zu einem Landkreis zusammengeführt. Seitdem erstreckt sich der Rhein-Neckar-Kreis auf 1.062 km² und umschließt die Stadt Heidelberg und grenzt an die Stadt Mannheim an.

Das Besondere am Rhein-Neckar-Kreis: Der Landkreis grenzt direkt an Rheinland-Pfalz (Brühl (Baden), Altlußheim/Altrip, Speyer), besitzt aber eine Exklave, die nur zwei Kilometer von Bayern (Badisch Schöllenbach/Kirchzell-Breitenbach) entfernt ist. Seit der Kreisreform 1973 konnte der Rhein-Neckar-Kreis einen Bevölkerungszuwachs von mehr als 110.000 Menschen verbuchen – Tendenz steigend.

Wertschöpfung und Verkehr
Der Rhein-Neckar-Kreis verfügt über viele Arbeitsplätze und Zukunftsperspektiven. Die Attraktivität des Kreises bei Wirtschaftsunternehmen resultiert vor allem aus seinen Standortvorteilen. In Nachbarschaft zu den Stadtkreisen Heidelberg und Mannheim und in der Metropolregion Rhein-Neckar bietet der einwohnerstärkste Landkreis in Baden-Württemberg qualifizierte Arbeitsplätze in Verbindung mit familienfreundlichen Wohnbedingungen und vielfältigen Freizeitangeboten. Mehrere hundert Betriebe haben hier ihren Sitz – namhafte Unternehmen der verschiedenen Branchen. Die geografische und verkehrspolitisch zentrale Lage im europäischen Wirtschaftsraum mit einer Marktnähe zu rund 30 Mio. kaufkräftigen Menschen und nicht zuletzt das breite Angebot an attraktiven preiswerten Gewerbegrundstücken in den einzelnen Rhein-Neckar-Kreis-Kommunen begünstigen eine besondere europäische und internationale Ausrichtung der einzelnen Branchen.

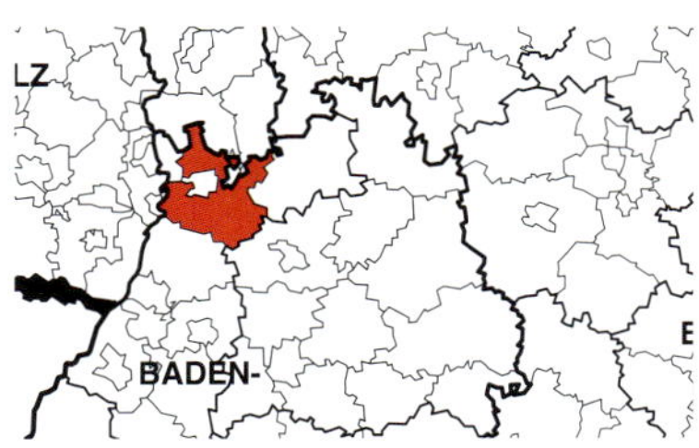

Fläche: 1.061,71 km²
EW: 534.729 - EW/km²: 504
KFZ-Kennzeichen: HD
Kreissitz: Heidelberg
www.rhein-neckar-kreis.de

Landrat
Stefan Dallinger / CDU
im Amt seit: 2010 gewählt bis: 2018

Sitzverteilung im Kreistag
Vorsitz: Stefan Dallinger

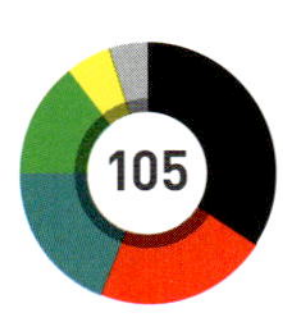

36 CDU
23 SPD
20 Freie Wähler
15 B.90/Grüne
6 FDP
5 Sonstige
(Die Linke 4,
Weinheimer Liste 1)

Moderne Bildungseinrichtungen mit 13 Berufsschulen, vier Sonderschulen und zwei Sonderschulkindergärten, ein breit gefächertes Dienstleistungsspektrum, exzellente Verkehrsanbindungen zu Straße, Schiene, Luft und Wasser zeichnen den Rhein-Neckar-Kreis ebenfalls aus. So wird zum Beispiel durch den ICE-Haltepunkt Mannheim und die Anbindung an die Flughäfen Frankfurt, Stuttgart, Mannheim und Karlsruhe/Baden-Baden die nationale und internationale Erreichbarkeit des Landkreises erheblich verbessert.

Landschaft, Sehenswürdigkeiten und Kultur
Aber nicht nur Verkehr und Wirtschaft prägen den Rhein-Neckar-Kreis. Zwischen der Bergstraße und dem südlichen Odenwald im Norden, dem romantischen Neckartal und dem Kraichgau im Osten und der Rheinebene im Westen präsentiert sich eine abwechslungsreiche und interessante Kulturlandschaft mit einer Vielzahl von Sehenswürdigkeiten.

Vielseitig sind die kulturellen und touristischen Angebote, angefangen von Burgen und Schlössern über historische Ortskerne und Museen aller Art bis hin zu einem reichhaltigen Angebot an sportlichen Aktivitäten. Regionale Besonderheiten wie zum Beispiel das Schwetzinger Schloss und das Auto und Technik Museum Sinsheim sowie die Sport- und Veranstaltungsstätten SAP-Arena in Mannheim und Rhein-Neckar-Arena in Sinsheim runden die Vielfältigkeit des Kreises ab.

Landkreis

Rottweil

BADEN-WÜRTTEMBERG

Der Landkreis Rottweil ist...
...ein attraktiver Lebensraum im Herzen Baden-Württembergs. Zwischen Schwarzwald und Schwäbischer Alb gelegen, vereint er eine intakte Landschaft, hohe Lebensqualität, eine innovative Wirtschaft und kulturelle Vielfalt.

Historische Entwicklung
Der Landkreis Rottweil erhielt durch das am 1.1.1973 in Kraft getretene Kreisreformgesetz seine heutige Gestalt. Der „Drei-Länder-Kreis" liegt an der Nahtstelle des Südweststaats. Das Kreisgebiet umfasst ehemals württembergisches, ehemals badisches und ehemals hohenzollerisch-preußisches Staatsgebiet (nahezu den gesamten früheren Landkreis Rottweil sowie Teile der ehemaligen Landkreise Horb, Wolfach, Hechingen und Villingen-Schwenningen und Freudenstadt).

Der Landkreis Rottweil umfasst insgesamt 21 Gemeinden; darunter sind sechs Städte: Dornhan, Oberndorf am Neckar, Rottweil, Schiltach, Schramberg und Sulz am Neckar. Im Kreisgebiet leben aktuell rund 136.000 Einwohner. Mit einer Bevölkerungsdichte von rund 180 Einwohnern pro km² bietet der Landkreis Raum zum Leben.

Wertschöpfung und Verkehr
Der Landkreis Rottweil liegt im Schnittpunkt bedeutender Verkehrsachsen. Die Autobahn A 81 und die Bundesstraße B 14 verbinden in Nord-Süd-Richtung den oberen mit dem mittleren Neckarraum ebenso wie mit dem Bodenseeraum. Die Bundesstraßen B 27, B 462 und B 294 erschließen den mittleren Schwarzwald und die Schwäbische Alb in Ost-West-Richtung. Die „Gäubahn" auf der Achse Stuttgart – Zürich zählt zu den wichtigen Schienenverkehrswegen in Baden-Württemberg.

Der Landkreis Rottweil ist ein leistungsstarker Wirtschaftsraum mit zahlreichen innovativen Unternehmen und attraktiven Ausbildungsplätzen. Er zeichnet sich durch eine hohe, über dem Landesdurchschnitt liegende Industriedichte aus und bietet rund 60.000 Arbeitsplätze. Global Player sind hier ebenso zu Hause wie mittelständische Erfolgsunternehmen oder traditionsreiche Handwerksbetriebe. Im Branchenspektrum dominieren der Maschinenbau und weitere Sparten der Metallindustrie sowie die Elektrotechnik und die Präzisionstechnik. Auch der Handel ist im Landkreis stark vertreten.

Im Landkreis Rottweil bieten sich für Unternehmen gute Entwicklungschancen. Im ländlichen Raum sind die Investitionskosten niedrig. Die Arbeitskräfte sind gut ausgebildet. Die niedrige Arbeitslosenquote im Landkreis spricht für die hohe Prosperität, aber auch für die Identifikation der Bevölkerung mit dem Wirtschaftsstandort.

Fläche: 769,43 km²
EW: 135.912 - EW/km²: 177
KFZ-Kennzeichen: RW
Kreissitz: Rottweil
www.landkreis-rottweil.de

Landrat
Dr. Wolf-Rüdiger Michel / CDU
im Amt seit: 2002 gewählt bis: 2018

Sitzverteilung im Kreistag
Vorsitz: Dr. Wolf-Rüdiger Michel

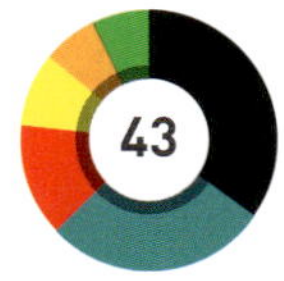

15 CDU
12 Freie Wähler
6 SPD
4 FDP
3 ÖDP
3 B.90/Grüne

Der Landkreis investiert für ein Bildungsangebot auf hohem Niveau in sein Schulwesen, sorgt für ein leistungsfähiges Straßennetz und fördert mit einer Breitbandinitiative diesen wichtigen Standortfaktor für einen schnellen Informations- und Wissensaustausch.

Landschaft, Sehenswürdigkeiten und Kultur
Der Landkreis Rottweil liegt da, wo Schwarzwald und Schwäbische Alb auf Sichtweite zusammenrücken. Das Kreisgebiet erstreckt sich von den Höhen des mittleren Schwarzwalds über die oberen Gäue auf beiden Seiten des Neckars bis zum Trauf der Schwäbischen Alb. Im mittleren und nördlichen Schwarzwald ist einer der der größten Naturparke Deutschlands entstanden. Die intakte Landschaft ist das Hauptkapital des Erholungstourismus im Kreisgebiet.

Kreisweit besitzen Kunst und Kultur einen hohen Stellenwert. Die Palette der Sehenswürdigkeiten reicht von geschichtsträchtigen Städten über beeindruckende Naturdenkmale bis hin zu Museen mit einzigartigen Ausstellungsstücken. Kultur und Natur lassen sich in einer harmonischen Wechselbeziehung erleben. Den besten Überblick bietet künftig der Rottweiler Mega-Turm mit der höchsten Besucherplattform Deutschlands.

Im kulturellen Leben der Städte und Gemeinden gehen Tradition und Innovation eine symbiotische Verbindung ein. So hat die Kulturstadt Rottweil neben ihrem historischen Ambiente auch moderne Kunst von internationalem Rang zu bieten – und selbstverständlich auch ein „Brauch-Event" der Extraklasse: den Rottweiler Narrensprung.

Landkreis

Schwäbisch Hall

BADEN-WÜRTTEMBERG

Der Landkreis Schwäbisch Hall ist…
…der Kreis der freundlichen und liebenswerten Menschen, der kreativen Köpfe, der fleißigen Hände, der Innovationen und der heimatkulturellen Tradition.

Historische Entwicklung
Das Gesetz über die Landeseinteilung vom 25.4.1938 hob zum 1.10.1938 insgesamt 27 Kreise auf, darunter auch Gaildorf und Gerabronn. Mit dem Limpurger Land kamen große Teile des Kreises Gaildorf an den Kreis Backnang, der Rest des ehemaligen Amtsbezirks fiel an den Kreis Hall, der zudem um Bühlertann und Bühlerzell (zuvor Oberamt Ellwangen) sowie um einzelne Gemeinden aus den Kreisen Künzelsau und Öhringen erweitert wurde.

Die Bevölkerung verteilt sich auf einer Fläche von 1.484 km², so dass im Landkreis Schwäbisch Hall 127 Menschen auf einem km² leben. Damit zählt der Landkreis Schwäbisch Hall zu den am dünnsten besiedelten Gebieten Baden-Württembergs.

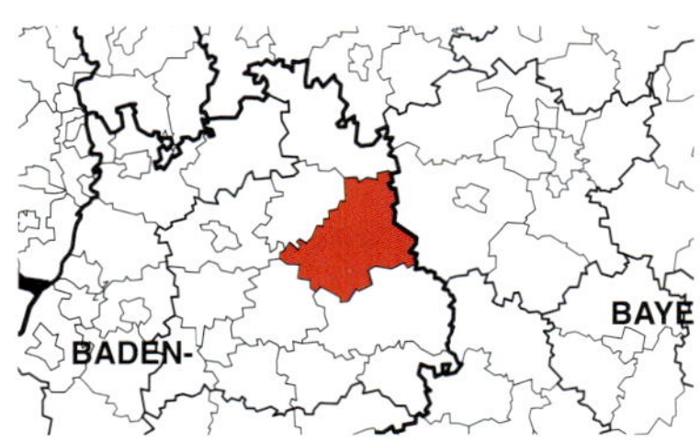

Fläche: 1.484,00 km²
EW: 188.974 - EW/km²: 127
KFZ-Kennzeichen: SHA
Kreissitz: Schwäbisch Hall
www.lrasha.de

Landrat
Gerhard Bauer / parteilos
im Amt seit: 2004 gewählt bis: 2019

Sitzverteilung im Kreistag
Vorsitz: Gerhard Bauer

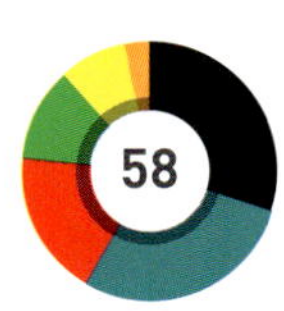

17	Freie Wähler
16	CDU
11	SPD
7	B.90/Grüne
5	FDP
2	ÖDP

Wertschöpfung und Verkehr
Die Wirtschaft des Kreises weist eine gute Unternehmensstruktur auf. Besonders stark vertreten ist dabei das verarbeitende Gewerbe, das in erster Linie von der Investitionsgüterindustrie (Maschinenbau) geprägt wird. Ebenfalls von großer Bedeutung sind die Elektrotechnik, sowie die Eisen-, Blech- und Metallverarbeitung, Kfz-Zulieferbetriebe, die Holzverarbeitung, die Ernährungs- sowie die Papier- und Druckindustrie.

Der Landkreis bietet einen breit gefächerten und stark ausgeprägten Branchenmix, der vor allem von mittelständischen und vielfach familiengeführten Betrieben geprägt ist. Dieses Wirtschaftswachstum hat sich kontinuierlich und vorwiegend aus dem Bestand heraus entwickelt. Die ansässigen Betriebe wuchsen stetig und beständig und aus ihnen heraus entstanden innovative Existenzgründungen, aus denen mit den Jahren international agierende Unternehmen geworden sind. Die Investitionsfreude der Betriebe ist so hoch wie noch nie. Zudem bieten die Betriebe hervorragende und vielseitige Ausbildungsmöglichkeiten sowie sichere und attraktive Arbeitsplätze. Das wiederum bedeutet für viele Arbeitnehmer eine positive Zukunftsperspektive und für den Landkreis Schwäbisch Hall Wertschöpfung und Wohlstand.

Die meist familiengeführten Betriebe weisen ein hohes technologisches Leistungsvermögen auf. Hierzu passt ein vielseitiges Handwerk. Und dazu wiederum kommt ein gut entwickelter Dienstleistungssektor, der eine gute Basis auch für die künftige Wirtschaftsentwicklung im Landkreis Schwäbisch Hall ist. Der Landkreis Schwäbisch Hall, mitten in Süddeutschland, bietet das ideale Umfeld für Unternehmen und persönliche Erfolge. In unserem ländlich strukturierten Raum kommt der Land- und der Forstwirtschaft als Wirtschaftsfaktoren eine besondere Bedeutung zu.

Ein ganz besonders sympathischer Vertreter aus dem Bereich der Landwirtschaft ist das weithin bekannte „Schwäbisch-Hällische Landschwein". Schwäbisch Hällisches Qualitätsschweinefleisch ist eine geografische Herkunftsbezeichnung, die von der Europäischen Union geschützt ist. Auch das Limpurger Rind ist als Weideochse europaweit als geschützte Ursprungsbezeichnung eingetragen. Das „Bauernland Hohenlohe" bietet eine breite Palette frisch und natürlich produzierter Lebensmittel.

Landschaft, Sehenswürdigkeiten und Kultur
„Der Landkreis ist reich an Kultur jeglicher Art. Städtebauliche Ensembles wie z. B. die Innenstädte von Schwäbisch Hall, Vellberg oder Kirchberg oder einzelne Baudenkmale wie das Schloss Langenburg oder die Comburg bei Schwäbisch Hall, Einzelobjekte wie die Schildmauer in Amlishagen oder die Ruine Leofels sind sehenswert", schreibt Landrat a.D. Ulrich Stückle im Buch „Der Landkreis ganz persönlich" (2015).

Hohenlohe ist ein Eldorado für Radfahrer. 332 km lang ist die Strecke auf dem mit vier Sternen klassifizierten Kocher-Jagst-Radweg – von der Quelle des Kochers bis zur Mündung in den Neckar und dann zurück entlang der Jagst zum Ausgangspunkt. Die ausgewiesenen regionalen Rad- und Wanderwege sind besonders bei Aktivurlaubern sehr beliebt.

Das Land der Burgen, Klöster und Schlösser, historische Städte in einer wunderschönen Landschaft, die von der Hohenloher Ebene und den dazwischenliegenden Flusstälern von Kocher, Jagst und Bühler geprägt ist, umgeben von der Frankenhöhe und den Schwäbisch-Fränkischen Waldbergen. Tiefen Einblick in die bäuerliche Tradition bekommen die Besucher des Hohenloher Freilandmuseums in Wackershofen. Geschichte einatmen kann man auch in den ehemaligen Residenzstädtchen Langenburg und Kirchberg, mit den Hohenloher Fürstenschlössern oder in Vellberg, mit der mittelalterlichen Trutzfeste über dem Bühlertal.

Schwarzwald-Baar-Kreis

BADEN-WÜRTTEMBERG

Der Schwarzwald-Baar-Kreis ist…
…ein vielgestaltiger Wirtschafts- und Lebensraum. Attraktive Städte und Gemeinden, eine innovationsfreudige mittelständische Industrie, ein gut aufgestelltes Gesundheitswesen, Forschung und Lehre, Dienstleistungsgewerbe, eine moderne öffentliche Verwaltung und ein breit ausgerichtetes Bildungswesen zeichnen den Landkreis aus.

Der Schwarzwald-Baar-Kreis, das sind aber auch Donau und Neckar, Europäische Wasserscheide, Schwarzwald und Schwarzwalduhr, Bollenhut und Schwarzwälder Schinken oder Schwarzwälder Kirschtorte – weltweit bekannte Marken. Im Schwarzwald-Baar-Kreis entspringen sieben bedeutende Quellen: Brigach, Breg, Donau, Schiltach, Elz, Gutach und Neckar. Aus diesem Alleinstellungsmerkmal entstand der Name „Quellenland Schwarzwald-Baar-Kreis".

Historische Entwicklung
Seit 1939 verwalteten die Landratsämter Donaueschingen und Villingen fast den ganzen heutigen, am 1.1.1973 ins Leben getretenen Kreis.

Wertschöpfung und Verkehr
Kennzeichnend seit etwa 1870 ist eine Modernisierung der Infrastruktur, eine kulturelle Entwicklung und eine aufkommende Uhrenindustrie. Die nach 1900 errichteten Garnisonen in Villingen und Donaueschingen waren prägend. Neubeginn und Aufschwung nach 1945 folgten der (west-)deutschen Nachkriegsgeschichte, begleitet vom Neuerstarken der Uhren(groß)industrie und der landwirtschaftlichen Modernisierung.

Aus der Uhrenindustriekrise entstand ein breites Spektrum an Hochtechnologieunternehmen und mittelständischen Marktführern. Hochschulen siedelten sich an. Überall im Kreisgebiet veränderte sich zudem der in den 1960er Jahren entstandene Wirtschaftszweig des Kur- und Bäderwesens. Gesundheitsreformen, demografischer Wandel und veränderte Lebensgewohnheiten haben eine Hinwendung zur Tourismuswirtschaft und entsprechenden Freizeit- und Aufenthaltsformen angestoßen.

Hochqualifizierte Arbeitsplätze, bezahlbares Bauland, gesunde Umgebung, gute Infrastruktur, aktives Vereinsleben und ein rundum familienfreundliches Klima – das sind die Dinge, die zählen und die der Schwarzwald-Baar-Kreis bietet. Renommierte Bildungseinrichtungen runden neben Hochschulen in Villingen-Schwenningen und Furtwangen die Bildungslandschaft ab.

Der Schwarzwald-Baar-Kreis besitzt eine intakte Natur. Hier ist es ein Vergnügen, tief durchzuatmen und den brillanten Sternenhimmel durch die glasklare Luft zu betrachten. Drei Viertel der Städte und Gemeinden im Schwarzwald-Baar-Kreis sind „prädikatisiert", also staatlich anerkannte Heilklimatische Kurorte, Heilbäder, Luftkur- und Erholungsorte. Ein Meilenstein wurde bei der medizinischen Versorgung mit der Eröffnung des neuen Schwarzwald-Baar Klinikums 2013 erreicht. Das Großklinikum umfasst 750 Betten mit einer Nutzfläche von 46.000 m². In einem OP-Zentrum stehen 15 Operationssäle zur Verfügung.

Ganz aktiv verfolgt der Schwarzwald-Baar-Kreis das Ziel, schnelles Internet über Glasfaseranschlüsse direkt ins Haus (FTTB) für alle Unternehmen und die über 206.000 Bürger anbieten zu können. Dabei ziehen alle 20 Städte und Gemeinden sowie der Landkreis im Zweckverband Breitbandversorgung Schwarzwald-Baar an einem Strang, um zukunftsorientiert aufgestellt zu sein.

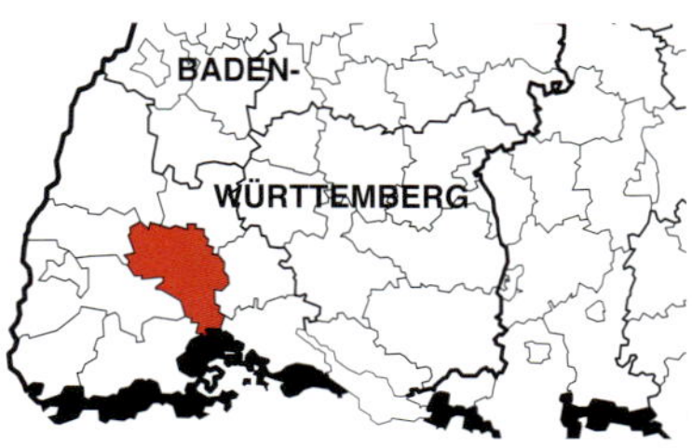

Fläche: 1.025,26 km²
EW: 206.116 - EW/km²: 201
KFZ-Kennzeichen: VS
Kreissitz: Villingen-Schwenningen
www.schwarzwald-baar-kreis.de

Landrat
Sven Hinterseh / CDU
im Amt seit: 2012 gewählt bis: 2020

Sitzverteilung im Kreistag
Vorsitz: Sven Hinterseh

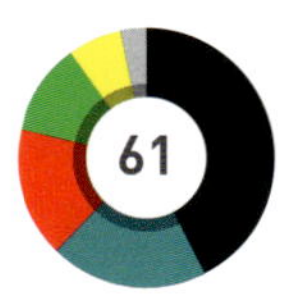

26	CDU
12	Freie Wähler
10	SPD
7	B.90/Grüne
4	FDP
2	Sonstige

(AfD 1, DLHV 1)

Viele Wege führen zum Schwarzwald-Baar-Kreis, der auf halber Strecke zwischen Stuttgart und Bodensee und in unmittelbarer Nähe zur Schweiz und Frankreich liegt. Der Schwarzwald-Baar-Kreis ist durch die Autobahn A 81 Stuttgart-Singen leicht erreichbar. Zudem erschließen mehrere Bundes-, Landes- und Kreisstraßen den Landkreis. Der Schwarzwald-Baar-Kreis ist auch gut mit der Bahn zu erreichen. Die bekannteste Strecke ist die Schwarzwaldbahn, durch die der Landkreis direkt an das bundesweite Intercity-Netz angeschlossen ist. Der Nahverkehr im Schwarzwald-Baar-Kreis ist gut vertaktet, die Vernetzung von Bus und dem 2003 eingeführten „Ringzug" optimal gelöst.

Landschaft, Sehenswürdigkeiten und Kultur
Die Baar und der Schwarzwald – im Schwarzwald-Baar-Kreis vereinen sich Gegensätze: Die Baar mit ihrer von Licht erfüllten Weite, wo Ackerland und Wiese die Landschaft prägen, liegt mit den Städten Donaueschingen, Blumberg, Bräunlingen, Hüfingen und Bad Dürrheim im Osten. Der Schwarzwald mit seinen bewaldeten Bergrücken und seinen typischen Höfen im Westen – hier liegen die Schwarzwaldorte Triberg, Schonach, Schönwald, St. Georgen, Königsfeld, Furtwangen, Vöhrenbach und Gütenbach.

Wirtschaftlicher und kultureller Mittelpunkt ist die Doppelstadt Villingen-Schwenningen. Das Oberzentrum mit über 82.000 Einwohnern bietet ein reichhaltiges Kultur- und Freizeitangebot, eine intakte Infrastruktur, ausgezeichnete Bildungsangebote und attraktive Innenstädte. In direkter Nachbarschaft dazu liegen die Umlandgemeinden Brigachtal, Dauchingen, Mönchweiler, Niedereschach, Tuningen und Unterkirnach.

Landkreis

Sigmaringen

BADEN-WÜRTTEMBERG

Der Landkreis Sigmaringen ist...
...einmalig in seinen abwechslungsreichen Landschaften. Von schroffen Felsen der Schwäbischen Alb und dem wildromantischen Tal der Oberen Donau bis zur Seenlandschaft der nördlichen Bodenseeregion und den weiten Horizonten Oberschwabens überrascht der Kreis neben der landschaftlichen auch mit geschichtlicher und kultureller Vielfalt.

Historische Entwicklung
In seiner heutigen Form entstand der Landkreis Sigmaringen im Zuge der Kreisreform 1973 in Baden-Württemberg aus den meisten Gemeinden des Altkreises Sigmaringen und Gemeinden der bisherigen Landkreise Saulgau, Stockach und Überlingen. Als einziger Kreis umfasst er zu annähernd gleichen Teilen Anteile von allen drei historischen Gebietsbestandteilen des 1952 geschaffenen Südweststaates: Von Baden, Württemberg sowie dem ein knappes Jahrhundert lang, von 1850 bis 1945, zu Preußen gehörigen Hohenzollern.

Wertschöpfung und Verkehr
Der Landkreis Sigmaringen ist ein dynamisch wachsender Kreis mit 25 Städten und Gemeinden, einer Hochschule und über 65.000 Erwerbstätigen. Der starke Anstieg der Beschäftigtenzahlen mit gleichzeitig unterdurchschnittlicher Arbeitslosigkeit zeugt davon. Das breit gefächerte Wirtschaftsgefüge umfasst sowohl den traditionellen Handwerks- und Familienbetrieb als auch den auf Zukunftstechnologien spezialisierten Fachbetrieb.

Der Kreis Sigmaringen liegt zentral in Süddeutschland im Schnittpunkt der Metropolregion Stuttgart und der internationalen Wirtschaftsregion Bodensee. Er ist Teil der Region Bodensee-Oberschwaben. Die Eisenbahnstrecke der Donautalbahn verläuft durch sein Gebiet. Der Verkehrslandeplatz RegioAirport Mengen ist Tor für die Anreise aus der Luft.

Landschaft, Sehenswürdigkeiten und Kultur
Zusammen mit einer vielfältigen, wunderschönen Landschaft und einem reichen bau- und kunstgeschichtlichen Erbe zeichnet sich der Kreis Sigmaringen durch ein ehrenamtlich geprägtes vitales Kulturleben in seinen Kommunen aus. Neben einem Netz von hauptamtlich und professionell besetzten Kultureinrichtungen, darunter die Hofbibliothek und die Sammlungen des Fürsten von Hohenzollern auf Schloss Sigmaringen, das Staatsarchiv Sigmaringen als Schatzkammer der hohenzollerischen Geschichte, die Erzabtei Beuron mit der größten Bibliothek Oberschwabens, die Heuneburg-Museen mit einmaligen Zeugnissen des frühkeltischen Fürstensitzes und der traditionsreichen Kunstgalerie „Fähre" in Bad Saulgau, bestimmt vor allem bürgerschaftliches Engagement das kulturelle Profil: Es findet im Wesentlichen nur das an Kultur statt, was aktive und selbstbewusste Bürger gestalten und organisieren.

Das Kulturleben wird von einer vielschichtigen Musikszene mit zahlreichen Blasmusikvereinen, in der Nachwuchsförderung erfolgreichen Musikschulen, traditionsreichen Gesangvereinen und modernem Liedgut verpflichteten „jungen" Chören, einer kleinen, agilen Jazzszene, einigen wenigen Kammer- und Symphonieorchestern und einer bunten „Jungen Szene" mit Bands aus den Bereichen Rock, HipHop und Pop geprägt. Ähnlich vital präsentiert sich der Bereich Bräuche und Traditionen. Hier bestimmen aktive Narrenzünfte, ein lebendiges Krippenbrauchtum, Garden und Wehren sowie dem Schwäbischen Albverein verbundene Trachten- und Volkstanzgruppen das Bild. Im ganzen Landkreis sind attraktive Musik- und Kleinkunstbühnen entstanden. Auch das Theaterleben ist durch Laienbühnen und Tourneeprogramme bunt und abwechslungsreich. Im Bereich der bildenden Kunst sind an die Seite der kommunalen Galerien private Galerien getreten.

Eigene kulturelle Akzente setzt der Landkreis über eine regional profilierte Kunstsammlung sowie die 2006 im Meßkircher Renaissanceschloss eröffnete Kreisgalerie mit Dauer- und Wechselausstellungen, einer über das Kreisarchiv gestalteten historischen Bildungs- und Öffentlichkeitsarbeit sowie über einen jährlichen Kulturschwerpunkt mit einem kreisweiten Veranstaltungsprogramm zu wechselnden Themen.

Das Obere Donautal mit seinen idyllischen und zertifizierten Wanderwegen, dem Benediktinerkloster Erzabtei in Beuron, seinen traumhaften Ausblicken und den malerischen Burgen, zieht zahlreiche Touristen an, die diesen Landstrich zu Fuß, mit dem Kanu oder auf dem Donauradwanderweg mittels Fahrrad genießen. Touristische Highlights sind daneben das Schloss Sigmaringen, die Keltensiedlung Heuneburg und das Projekt Campus-Galli. Hier wird mit Mitteln des 9. Jahrhunderts der Neubau einer Klosterstadt gelebt.

Fläche: 1.204,34 km²
EW: 127.716 - EW/km²: 106
KFZ-Kennzeichen: SIG
Kreissitz: Sigmaringen
www.landkreis-sigmaringen.de

Landrätin
Stefanie Bürkle / CDU
im Amt seit: 2014 gewählt bis: 2022

Sitzverteilung im Kreistag
Vorsitz: Stefanie Bürkle

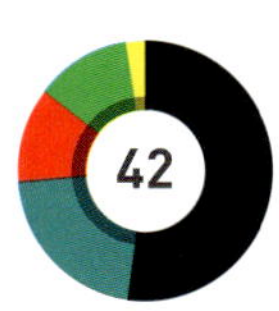

22	CDU
9	Freie Wähler
5	SPD
5	B.90/Grüne
1	FDP

Landkreis

Tübingen

BADEN-WÜRTTEMBERG

Der Landkreis Tübingen ist...
...mit seiner Mischung aus reizvoller Landschaft und exzellenter Infrastruktur gepaart mit großer kultureller Vielfalt einer der zukunftsfähigsten Wirtschafts-, Bildungs- und Wohnstandorte in Deutschland.

Historische Entwicklung
Vorläufer des heutigen Landkreises Tübingen waren die württembergischen Oberämter Tübingen und Rottenburg, sowie Teile der Oberämter Horb, Herrenberg und Reutlingen. Die Kreisreformen 1938 und 1973 führten zum Zuschnitt des heutigen Landkreises als flächenkleinstem in Baden-Württemberg, der aber hinsichtlich seiner Einwohnerzahl von circa 218.000 Menschen im Mittelfeld liegt. Die Einwohner verteilen sich auf 15 Gemeinden, darunter die drei Großen Kreisstädte: Tübingen, Rottenburg und Mössingen. Im Kreisgebiet sind mit der Kreisstadt Tübingen und ihrer Landesuniversität als einstiger Hochburg des Protestantismus und der Großen Kreisstadt Rottenburg als katholischer Bischofssitz zwei konfessionelle Pole präsent. Von den Zerstörungen des Zweiten Weltkriegs blieb das Kreisgebiet bis auf wenige Ausnahmen weitgehend verschont.

Wertschöpfung und Verkehr
Ein breit gefächertes Schulsystem und im Anschluss daran berufliche Bildung, Fachhochschulen und die Eberhard-Karls-Universität Tübingen sichern ein hohes Bildungsniveau und machen den Landkreis zu einem begehrten Gewerbe- und Dienstleistungsstandort. Universitätsnahe innovative Firmen spielen eine tragende Rolle im Wirtschaftsgefüge des Landkreises. Der Technologiepark Tübingen-Reutlingen ist Deutschlands größtes Gründerzentrum für Biotechnologie und bietet mit seinen hochschulnahen Büros und Laborräumen Unternehmen aus dem Bereich der Biotechnologie und der Medizintechnik eine hervorragende Plattform. Trotz solcher gewerblicher Zugpferde dominiert nach wie vor der Dienstleistungsbereich die Wirtschaft im Landkreis, nicht zuletzt dank der vielen Arbeitsplätze an der Universität, an den Universitätskliniken und bei den Landes-, Kreis- und Diözesanverwaltungen.

Der Landkreis Tübingen liegt verkehrsgünstig im Herzen Baden-Württembergs mit seinen beiden Hauptverkehrsachsen B 27 Stuttgart-Schaffhausen und B 28 Ulm-Straßburg, die sich in der Stadt Tübingen als zentralem Verkehrsknotenpunkt des Landkreises kreuzen. Die B 27 verbindet als vierspurige Ausbaustrecke zwischen Tübingen und Stuttgart den Landkreis mit der Landeshauptstadt und insbesondere mit dem Landesflughafen in Leinfelden-Echterdingen. Die B 28 erhält ihre Bedeutung vor allem durch ihre Verbindung der beiden Oberzentren Tübingen und Reutlingen, schließt aber auch den westlichen Landkreis an die Bundesautobahn A 81 Stuttgart-Singen an. Wichtigste Eisenbahnstrecke ist die zweigleisige, elektrifizierte Neckartalbahn, die von Tübingen aus über Reutlingen und Esslingen nach Stuttgart führt.

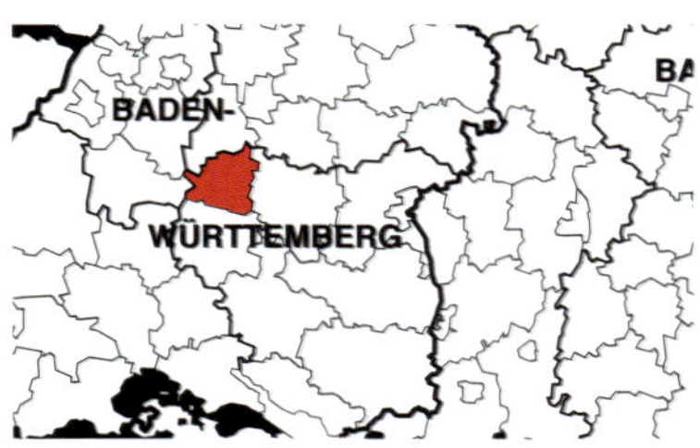

Fläche: 519,19 km²
EW: 218.355 - EW/km²: 421
KFZ-Kennzeichen: TÜ
Kreissitz: Tübingen
www.kreis-tuebingen.de

Landrat
Joachim Walter [P] / CDU
im Amt seit: 2003 gewählt bis: 2019

Sitzverteilung im Kreistag
Vorsitz: Joachim Walter

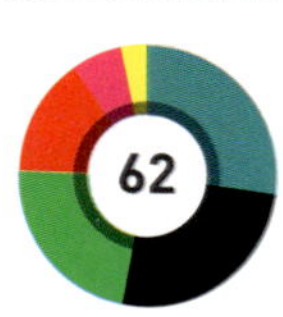

17	Freie Wähler
16	CDU
14	B.90/Grüne
9	SPD
4	Die Linke
2	FDP

Landschaft, Sehenswürdigkeiten und Kultur
Das Landkreisgebiet erstreckt sich zwischen dem wald- und tälerreichen Naturpark Schönbuch im Norden und der „Blauen Mauer" des Traufs der Schwäbischen Alb im Süden. Hier haben die wichtigsten Flüsse – der von Westen kommende Neckar, die jenseits der Kreisgrenze entspringende Ammer und die vom Albrand herabfließende Steinlach – eine vielfältig strukturierte Region geschaffen.

Neben den Flusstälern prägen bewaldete Höhenzüge den Landkreis Tübingen, vor allem der als Naherholungsgebiet für den Stuttgarter Raum geschätzte Schönbuch nördlich und der Rammert südlich des Neckars. Im Ammer- und im Neckartal haben sich an steilen Südhängen zu den Flüssen hin Reste des Weinbaus erhalten, der in Mittelalter und Früher Neuzeit das Wirtschaftsleben dominierte. Unter den geistigen Getränken aus der Region ragen sonst eher die hochprozentigen hervor, ein Resultat der vielen Obstbaumwiesen im Ammertal und noch mehr im Steinlachtal, wo die Kirschblüte alljährlich Hunderte von Spaziergängern an den Albrand – etwa nach Nehren oder Belsen – lockt.

Kultur ist allgegenwärtig im Landkreis Tübingen, der europaweit zu den Landschaften mit der höchsten Dichte an Museen zählt. Ein absolutes Highlight ist sicherlich das weltweit bedeutende Universitätsmuseum auf Schloss Hohentübingen. Es verwahrt in seinem wahren Urzeitzoo eine Weltsensation – die ältesten Kunstwerke der Menschheit. Mit dem bronzenen „Tübinger Waffenläufer" stellt das Museum auch hochwertigste antike Kulturschätze aus. Kein Bewohner des Landkreises Tübingen muss in die Welt hinausfahren, wenn er Hochkultur schnuppern möchte, er hat weltweit bedeutende Kulturschätze direkt vor der eigenen Haustür. Die vielen heimatkundlichen Museen verschaffen zudem vielfältige Einblicke in die spannende Lokalgeschichte des Landkreises.

Die hohe Lebensqualität gepaart mit Kultur und Geistesleben ist ein unschlagbarer Standortvorteil des Landkreises Tübingen, für den Wirtschaftsstandort, den zukunftsfähigen Bildungsstandort, aber auch das touristische Ziel mit Weltsensationen.

Landkreis

Tuttlingen

BADEN-WÜRTTEMBERG

Der Landkreis Tuttlingen ist...
...eine blühende und prosperierende Gewerbelandschaft, in der industrielle Stärke, wirtschaftliche Dynamik, Schaffenskraft und Innovationsgeist Hand in Hand wirken. Weltfirmen sind im Landkreis genauso zu Hause wie kleinere Mittelständler, die in ihrer Branche Spitze sind.

Historische Entwicklung

Obwohl das Gebiet des heutigen Landkreises Tuttlingen um 1800 noch einen ausgesprochenen „Flickenteppich" mit einer Vielzahl an geistlichen und weltlichen Territorien und Ämtern bildete, gab es eine Keimzelle des Landkreises Tuttlingen: das württembergische Amt Tuttlingen. Die politischen Ereignisse zwischen 1803 und 1806 bereiteten dem territorialen „Flickenteppich" ein Ende und auf dem Gebiet des jetzigen Landkreises Tuttlingen entstanden die zwei Oberämter Tuttlingen und Spaichingen.

Zwei Marksteine in der Geschichte des Landkreises Tuttlingen bildeten die Kreisreform von 1938 und die Verwaltungsreform der 1970er Jahre. Erstere verleibte dem Kreis Tuttlingen fast alle Gemeinden des aufgelösten Kreises Spaichingen ein. Der Landkreis Tuttlingen wurde aus 21 Gemeinden des bisherigen Oberamtes Tuttlingen und 16 Gemeinden des aufgehobenen Spaichinger Oberamtes gebildet.

Der Landkreis Tuttlingen in seiner heutigen Form ist ein Kind der Verwaltungsreform der 1970er Jahre, im Zuge derer er wesentlich erweitert und durch zahlreiche badische Gemeinden aus den Kreisen Stockach und Donaueschingen sowie die Gemeinde Bärenthal aus dem Kreis Sigmaringen vergrößert wurde. Er umfasst heute eine Fläche von 734 km² und zählt fast 135.000 Einwohner. Abzüglich der Kreisstadt Tuttlingen verteilen sich 100.000 Einwohner auf 34 selbstständige Gemeinden. Die Große Kreisstadt Tuttlingen erfüllt die Aufgaben eines Mittelzentrums. Ebenfalls eine herausgehobene Bedeutung haben die klassischen Unterzentren Spaichingen und Trossingen.

Wertschöpfung und Verkehr

Der Landkreis Tuttlingen wandelte sich seit dem späten 19. Jahrhundert von einer landwirtschaftlich geprägten Region zu einer blühenden Gewerbelandschaft mit hoher Industriedichte. Neben attraktiven Landschaften ist deswegen die außerordentliche Wirtschaftskraft seiner Unternehmen der besondere Stolz des Landkreises. Landkreis und Stadt Tuttlingen sind nicht nur Heimat für das „Weltzentrum der Medizintechnik", sondern auch für international bekannte Betriebe im Bereich Maschinenbau, Elektrotechnik und der Drehteile- und Zerspanungstechnik. Bis in die jüngere Zeit spielte die Tuttlinger Schuhindustrie eine bedeutende Rolle. Trossingen ist durch seine Musikinstrumentenindustrie weithin bekannt geworden.

Der Mittelstand ist das Rückgrat des Landkreises Tuttlingen. Kleine, mittlere und auch einige große Mittelständler sorgen für die wirtschaftliche Stabilität der Region. Mutige Arbeitgeber und eifrige Arbeitnehmer waren stets Träger des rasanten Aufschwungs. Obwohl es der ländliche Raum nicht leicht gehabt hat, sich gegen die wirtschaftlichen Ballungsgebiete zu behaupten, ist der Landkreis Tuttlingen heute über Ländergrenzen hinweg bekannt für sein gutes wirtschaftliches Fundament und seine hohe Steuerkraft.

Über die Autobahn A 81 ist der Landkreis an das überörtliche Straßennetz in Nord-Süd-Richtung Stuttgart-Tuttlingen-Zürich bestens angebunden. Darüber hinaus liegt er im Schnittpunkt der Bahnlinien Freiburg-Ulm, Stuttgart-Singen-Zürich und Konstanz-Offenburg-Karlsruhe. Genau in der Mitte zwischen Stuttgart und Zürich ist es zu den internationalen Flughäfen nicht weit.

Fläche: 734,35 km²
EW: 134.607 - EW/km²: 183
KFZ-Kennzeichen: TUT
Kreissitz: Tuttlingen
www.landkreis-tuttlingen.de

Landrat
Stefan Bär / Freie Wähler
im Amt seit: 2012 gewählt bis: 2020

Sitzverteilung im Kreistag
Vorsitz: Stefan Bär

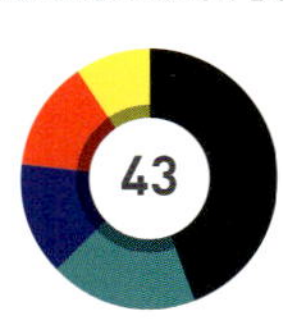

19	CDU
8	Freie Wähler
6	OGL
6	SPD
4	FDP

Landschaft, Sehenswürdigkeiten und Kultur

Der Landkreis Tuttlingen besticht aber nicht nur durch seine enorme Wirtschaftskraft, sondern auch durch eine einzigartige Naturschönheit, die ihn zu einem Vorzugsstandort macht. Geografisch umfasst das Kreisgebiet die südwestlichen Ausläufer der Schwäbischen Alb (Heuberg, Baaralb, Hegaualb) und den östlichen Teil der Baar. Das wildromantische Donautal, ausgedehnte Wacholderheiden auf der Albhochfläche oder das einmalige Naturschauspiel der Donauversickerung prägen das abwechslungsreiche Landschaftsbild des Landkreises Tuttlingen.

Auch kulturell wird im Landkreis Vieles geboten. Das Southside-Festival in Neuhausen ob Eck ist im gesamten Land bekannt und zieht jedes Jahr über 60.000 Besucher an. Auch der Honberg-Sommer und die Tuttlinger Hallen bringen immer wieder internationale Größen in unseren Landkreis. Zusätzlich überzeugt der Landkreis durch breites ehrenamtliches Engagement. Das eng verzahnte werteorientierte Gemeinschaftsleben spiegelt sich vor allem in der hohen Anzahl ehrenamtlich in Vereinen und Organisationen tätiger Menschen wider.

Landkreis

Waldshut

BADEN-WÜRTTEMBERG

Der Landkreis Waldshut ist...
...die Brücke zur Schweiz und das Tor zum Schwarzwald. Dieser Slogan bringt den Charakter der Landschaft am Hochrhein und im Südschwarzwald recht treffend zum Ausdruck. Über 1.131 km² erstreckt sich der Landkreis Waldshut von den Gipfeln des Südschwarzwalds im Norden bis zur Schweizer Grenze im Süden. Die gemeinsame Grenze misst rund 140 km.

Historische Entwicklung

Auf dem Gebiet des heutigen Landkreises Waldshut bestanden vor dem 19. Jahrhundert eine Reihe historischer Herrschaftsgebiete. Der größte Teil des jetzigen Kreises gehörte zu Vorderösterreich, etwa die so genannten Waldstädte Laufenburg, Säckingen und Waldshut. Im Rahmen der Neuordnung des deutschen Südwestens durch Napoleon in den Jahren 1801 bis 1806 und durch die Ergebnisse des Wiener Kongresses wurde das Gebiet durch Säkularisation und Mediatisierung vereinigt und beinahe komplett unter die Herrschaft des Großherzogs von Baden gestellt.

Bei der Neuordnung des Landes Baden 1936 wurde das Amt Schopfheim mit Wirkung zum 1.10.1936 aufgehoben und den Ämtern und späteren Landkreisen Lörrach und Säckingen zugeteilt.

Abgeschlossen wurden die vielfachen Verwaltungsreformen durch die Veränderungen im Zuge der Kreis- und Gemeindereform ab 1972, in deren Folge die Landkreise Säckingen und Hochschwarzwald (Neustadt) aufgelöst und die Gemeinden auf die neu gebildeten Landkreise Breisgau-Hochschwarzwald, Lörrach und Waldshut aufgeteilt wurden.

Wertschöpfung und Verkehr

In 32 Städten und Gemeinden des Landkreises Waldshut leben rund 165.000 Menschen, die gemeinsam mit jährlich rund 380.000 Ferien- und Kurgästen die Schönheit der Landschaft und ihren hohen Freizeitwert genießen. Mit rund 2 Mio. Übernachtungen sind Tourismus und Gesundheitswesen wichtige Wirtschaftsfaktoren. Am Hochrhein und im Südschwarzwald sind sowohl einige Weltkonzerne wie auch viele kleine und mittlere Unternehmen aktiv. Darunter befinden sich auch etliche hochspezialisierte, innovative Industriebetriebe, die erfolgreich am Weltmarkt agieren. Zu den bekanntesten Namen zählen etwa die Aluminiumwerke Wutöschingen, Dunkermotoren, Franke, Sedus Stoll oder der Sto-Konzern, um nur einige zu nennen. Auch das Kultbier „Tannenzäpfle" wird im Landkreis Waldshut gebraut, genauer gesagt, im 1.000 m hoch gelegenen Rothaus, wo die Badische Staatbrauerei Rothaus ihren Sitz hat.

Der Landkreis Waldshut ist im Westen durch die Rheintal-Autobahn (A 5) und im Osten durch die A 81 von Stuttgart nach Singen in das europäische Straßennetz eingebunden. Außerdem existieren gute Anbindungen an das dichte Schweizer Straßen- und Autobahnnetz. Die Wirtschafts- und Kulturzentren Basel, Zürich, Freiburg und Konstanz sind – sowohl mit dem Auto als auch mit dem Zug – schnell erreichbar. Der Flughafen Zürich-Kloten und der Euro-Airport Basel-Mulhouse-Freiburg liegen sozusagen „vor der Haustüre".

Fläche: 1.131,15 km²
EW: 165.211 - EW/km²: 146
KFZ-Kennzeichen: WT
Kreissitz: Waldshut-Tiengen
www.landkreis-waldshut.de

Landrat
Dr. Martin Kistler / FDP
im Amt seit: 2014 gewählt bis: 2022

Sitzverteilung im Kreistag
Vorsitz: Dr. Martin Kistler

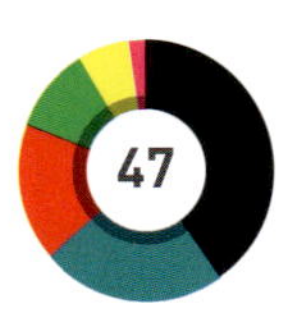

19	CDU
11	Freie Wähler
8	SPD
5	B.90/Grüne
3	FDP
1	Die Linke

Landschaft, Sehenswürdigkeiten und Kultur

Der größte Teil des Landkreises gehört zum Naturpark Südschwarzwald. Die Hochwertigkeit der Landschaft zeigt sich beispielsweise auch in der hohen Zahl der ausgewiesenen Naturschutzgebiete. So ist es auch nicht weiter verwunderlich, dass hier – im äußersten Südwesten Deutschlands – ein Biosphärengebiet und damit eine von der UNESCO anerkannte Modellregion für nachhaltige Entwicklung entstehen soll. Dem „Biosphärengebiet Schwarzwald" werden auch viele Gemeinden des Kreises Waldshut angehören. Hier gibt es bereits viele Beispiele dafür, dass sich die Belange von Mensch und Natur in hohem Maße in Einklang bringen lassen. So steigen rund 80.000 Wanderer jährlich in die wildromantische Wutachschlucht, durch die auch einzelne Etappen des „Schluchtensteigs" führen, der zu den schönsten und bekanntesten Fernwanderwegen Deutschlands zählt. Dieses Beispiel zeigt, dass Naturschutz und Tourismus nicht im Widerspruch zueinander stehen müssen.

Doch der Landkreis verfügt nicht nur über einen sehr hohen Freizeitwert, sondern auch über ein lebendiges kulturelles Leben in den Städten und Gemeinden, über eine reichhaltige Museumslandschaft und über zahlreiche kulturhistorische Denkmäler, wie den Dom in St. Blasien oder das Fridolinsmünster in Bad Säckingen. Und dass der Landkreis Waldshut großes kulturelles Potenzial besitzt, wird auch daran deutlich, dass er international bedeutende Künstler wie Anne Sophie Mutter, Hans Thoma und Franz Xaver Winterhalter hervorgebracht hat. Und auch der Landkreis selbst betreibt eine intensive Kulturarbeit, etwa in seinem Kulturzentrum Schloss Bonndorf, der einzigen Mehrsparteneinrichtung im Südschwarzwald, in der Ausstellungen, Konzerte und literarische Veranstaltungen ihren Platz haben. Diese Reihe bewegt sich auf professionellem, meist internationalem Niveau und würde auch jeder größeren Stadt zur Ehre gereichen.

Zollernalbkreis

BADEN-WÜRTTEMBERG

Der Zollernalbkreis ist...
...ein Landkreis im südlichen Baden-Württemberg. Sein Name bezieht sich zum einen auf die gemeinsamen historischen Wurzeln des Kreises. Diese liegen für weite Teile des Kreisgebiets in der zollerischen Vergangenheit. Zum anderen verweist er auf die Zollernalb, einem landschaftlich besonders reizvollen Teil der Schwäbischen Alb, der im im Südosten des Kreises liegt. Der zentrale Bereich liegt im Vorland der Schwäbischen Alb. Im Norden reicht die Kreisgrenze bis fast an den Neckar, im Südosten beinahe an die Donau.

Historische Entwicklung
Der Zollernalbkreis besteht im Wesentlichen aus früherem württembergischen und hohenzollerischen Gebiet, was sich im Wappen des Kreises widerspiegelt.

1806 blieben die beiden Fürstentümer Hohenzollern-Hechingen und Hohenzollern-Sigmaringen dank der Protektion Napoleons zunächst als souveräne Staaten erhalten, wurden aber 1850 nach ihrer Abtretung durch die regierenden Fürsten an Preußen als „Hohenzollernsche Lande" in den preußischen Staat eingegliedert. Dieses Gebiet ging in dem 1952 gebildeten Land Baden-Württemberg auf. Der ehemals hohenzollerische Teil des Zollernalbkreises umfasste im Großen und Ganzen den 1925 gebildeten Kreis Hechingen, in dem damals die Oberämter Hechingen und Haigerloch zusammengefasst worden waren.

Die andere Hälfte des Zollernalbkreises gehörte – mit Ausnahme von zwei ehemals badischen Gemeinden – seit 1806 zum Königreich Württemberg. Im Zeitraum von 1806 bis 1973 war das Kerngebiet dieses Kreisteils im Oberamt (ab 1934 Kreis) Balingen vereinigt.

Der Zollernalbkreis wurde im Zuge der Kreisreform 1973 aus dem Altkreis Balingen, einem Großteil des ehemals hohenzollerischen Kreises Hechingen sowie einzelnen Gemeinden der früheren Landkreise Sigmaringen, Rottweil und Stockach gebildet. Der Kreis hat damit Anteil an einst württembergischen, hohenzollerischen und, mit den Gemeinden des Landkreises Stockach, badischen Gebieten.

Wertschöpfung und Verkehr
Der Zollernalbkreis wird über die Hauptverkehrsachsen A 81 (Stuttgart-Singen) sowie die B 27 (Tübingen-Rottweil) und die B 463 (Horb-Sigmaringen) angebunden. Er liegt an der Bahnstrecke Stuttgart-Tübingen-Aulendorf.

Eine vielfältige mittelständische Wirtschaft prägt den Landkreis. Trotz des erheblichen Strukturwandels in der Textilindustrie ist im Zollernalbkreis ein für Baden-Württemberg überdurchschnittlich hoher Anteil an Beschäftigten im produzierenden Gewerbe tätig.

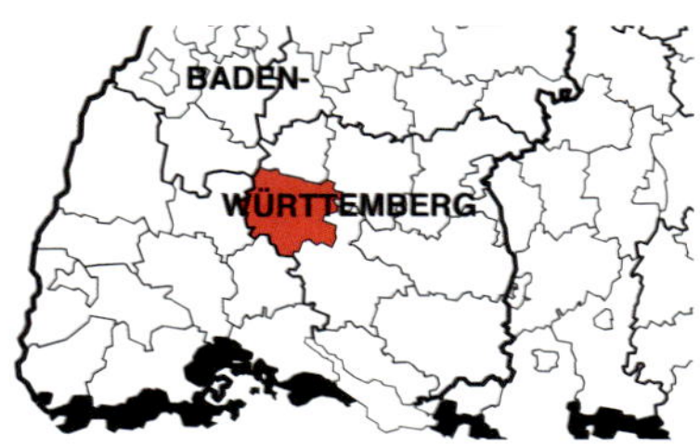

Fläche: 917,71 km²
EW: 186.360 - EW/km²: 203
KFZ-Kennzeichen: BL
Kreissitz: Balingen
www.zollernalbkreis.de

Landrat
Günther-Martin Pauli / CDU
im Amt seit: 2007 gewählt bis: 2023

Sitzverteilung im Kreistag
Vorsitz: Günther-Martin Pauli

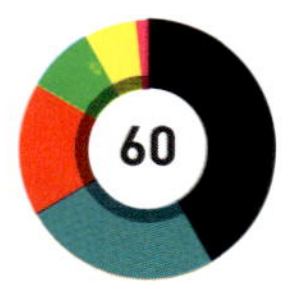

25	CDU
15	Freie Wähler
10	SPD
5	B.90/Grüne
4	FDP
1	Die Linke

Dominierende Produktionszweige sind heute der Maschinenbau, die Textil- und Bekleidungsindustrie, die Elektrotechnik sowie die Medizintechnik.

Zahlreiche Weltmarktführer und bekannte Marken sind im Zollernalbkreis beheimatet: Dazu gehören die Firmen Blickle Räder & Rollen, Bizerba, Gambro Dialysatoren, Groz-Beckert, Mey, Ridi Leuchten, Sanetta, Theben oder Trigema.

Landschaft, Sehenswürdigkeiten und Kultur
Gekennzeichnet ist das Landschaftsprofil des Zollernalbkreises durch den steilen Stufenhang mit dem Albtrauf, der die Albhochfläche (1.011 m) vom tieferen Vorland (400 m) trennt. Weitgespannte Albhochflächen mit malerischen Wacholderheiden, tiefeingeschnittene Täler mit schroffen Felsabhängen, Streuobstwiesen sowie Buchen- und Nadelwälder zeichnen diesen Teil der Schwäbischen Alb aus. Wer entlang des Albtraufs wandert, wird mit einem wundervollen Panoramablick ins Albvorland bis hin zum Schwarzwald oder die Alpen belohnt. Die Gegend um Meßstetten, Nusplingen und das Obere Schlichemtal ist Teil des Geoparks Schwäbische Alb mit bedeutenden Fossilienfunden.

Ein Wahrzeichen des Kreises ist die Burg Hohenzollern, Stammburg des im Jahre 1061 erstmals erwähnten Adelsgeschlechts der Hohenzollern, das sich im Jahre 1214 in eine schwäbische und eine fränkische Linie aufspaltete, aus der die Kurfürsten von Brandenburg und die späteren preußischen Könige und deutschen Kaiser hervorgingen. Die schwäbische Linie der Zolllern blieb weiterhin im Raum des heutigen Zollernalbkreises ansässig.

Neben dieser überregional bekannten Burg bieten die ehemaligen zollerischen Residenzstädte Haigerloch und Hechingen, die Stadt Albstadt mit ihren Industriebauten und Fabrikantenvillen sowie die früheren württembergischen Amtsstädte Balingen und Rosenfeld besondere Sehenswürdigkeiten, Museen und Sammlungen.

Namhafte Kunstausstellungen, Musik- und Kulturevents sowie das bedeutende Regionaltheater Lindenhof in Burladingen-Melchingen locken regelmäßig Besucher aus dem In- und Ausland in den Zollernalbkreis.

Bayern

Landkreise	**71**
Fläche km²	**68.463,07**
Einwohner	**8.968.110**
Bevölkerungsdichte EW/km²	**131**

Größte Landkreise	km²
Ansbach	1.971,84
Traunstein	1.534,00
Passau	1.530,29

Kleinste Landkreise	km²
Fürth	307,55
Lindau (Bodensee)	323,44
Fürstenfeldbruck	434,79

Einwohnerstärkste Landkreise	EW
München	332.800
Rosenheim	251.850
Augsburg	242.697

Einwohnerschwächste Landkreise	EW
Lichtenfels	66.540
Kronach	67.998
Kulmbach	72.541

Dichtest besiedelte Landkreise	EW/km²
München	501
Fürstenfeldbruck	484
Fürth	370

Dünnst besiedelte Landkreise	EW/km²
Neustadt a.d.Waldnaab	67
Tirschenreuth	68
Neustadt a.d.Aisch-Bad Windsheim	77

Landkreis

Aichach-Friedberg

BAYERN

Der Landkreis Aichach-Friedberg ist...
...im Herzen Bayerns, zwischen den Zentren München, Augsburg und Ingolstadt gelegen. Bestens zu erreichen ist er über die A 8 München-Augsburg, die quer durch den Landkreis verläuft. Das gilt auch für die Bahnlinien Augsburg-Ingolstadt und Augsburg-München. Knapp 130.000 Einwohner im Landkreis verteilen sich auf die Städte Aichach und Friedberg sowie 22 Gemeinden. Friedberg ist die größte Stadt des Landkreises.

Historische Entwicklung
Die Wittelsbacher hatten in Oberwittelsbach bei Aichach einst ihren Stammsitz. Im benachbarten Unterwittelsbach hatte Mitte des 19. Jahrhunderts Herzog Max in Bayern, Vater der späteren Kaiserin Elisabeth („Sissi") von Österreich, seine Sommerresidenz. Das dortige Wasserschlösschen ist heute als „Sissi-Schloss" eine Attraktion auf der „Sissi-Straße", die von Augsburg über Bad Ischl und Wien bis nach Gödöllö bei Budapest führt.

In seiner heutigen Form entstand der Landkreis im Zuge der Gebietsreform 1972 aus Großteilen der früheren Landkreise Aichach und Friedberg sowie aus Einzelgemeinden der Nachbarlandkreise Fürstenfeldbruck, Neuburg a. d. Donau und Schrobenhausen. Gleichzeitig wurde er dem Regierungsbezirk Schwaben zugeordnet. Gerne bezeichnet sich Aichach-Friedberg noch immer als der altbaierische Landkreis im Regierungsbezirk Schwaben. Sowohl Friedberg (bis 1944) als auch Aichach (bis 1972) gehörten ehemals zu Altbaiern, was sich in Kultur und Dialekt widerspiegelt.

Wertschöpfung und Verkehr
Überwiegend kleine und mittelständische Betriebe prägen die wirtschaftliche Struktur des Landkreises und haben großen Anteil an der insgesamt positiven Entwicklung in den letzten Jahren, mit einer durchwegs niedrigen Arbeitslosenquote.

Der Landkreis selbst hat in jüngster Zeit vor allem in die Bereiche Bildung, Soziales und Verkehrsinfrastruktur investiert. An weiterführenden Schulen gibt es drei Gymnasien, vier Realschulen und eine Berufliche Oberschule, die überwiegend erst in den letzten Jahren entstanden sind bzw. erweitert und auf den neuesten Stand gebracht wurden.

In Friedberg betreibt der Landkreis erfolgreich ein runderneuertes Krankenhaus. In Aichach, dem zweiten Standort der „Kliniken an der Paar", wird 2017 der Neubau eröffnet, der modernste medizinische Anforderungen erfüllt. In Mering hat der Landkreis das frühere Krankenhaus in ein Gesundheits- und Sozialzentrum umgewandelt, das in der Vielfalt seiner Angebote und in seinen Synergiemöglichkeiten im weiten Umkreis einzigartig ist.

Fläche: 780,33 km²
EW: 129.294 - EW/km²: 166
KFZ-Kennzeichen: AIC
Kreissitz: Aichach
www.lra-aic-fdb.de

Landrat
Dr. Klaus Metzger / CSU
im Amt seit: 2014 gewählt bis: 2020

Sitzverteilung im Kreistag
Vorsitz: Dr. Klaus Metzger

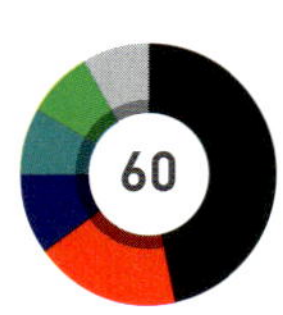

28	CSU
11	SPD
6	Die Unabhängigen
5	Freie Wähler
5	B.90/Grüne
5	Sonstige

(REP 2, ÖDP 2, FDP 1)

Von wachsender Bedeutung für den Landkreis ist der Tourismus. Ganz stark bezieht sich der Landkreis als „Wittelsbacher Land" dabei auf seine historischen Wurzeln.

Landschaft, Sehenswürdigkeiten und Kultur
Die herrliche Landschaft lädt mit vielen Rad- und Wanderwegen zum Erleben und Genießen ein: Vorbei an den vielen Schlössern und Kirchen und entlang naturbelassener Fluss- und Bachläufe bietet das Wittelsbacher Land Genuss für Leib und Seele. In lauschigen Biergärten und traditionsreichen Gasthäusern wird zu herzhaften Schmankerln hervorragendes heimisches, teils selbst gebrautes Bier serviert.

Typisch altbayerische Kultur findet sich dabei im Wittelsbacher Land ebenso wie typisch schwäbische. Besonderheit des Wittelsbacher Lands ist die außergewöhnliche Vielzahl an sehenswerten Wallfahrtskirchen. Für Theaterfreunde bietet das Hofberg-Freilichttheater in Schiltberg den seltenen Genuss, Klassiker in der Kulisse der noch erhaltenen Wallanlagen zu erleben.

Familienspaß bieten zum Beispiel Fred Rai's Western-City mit den Süddeutschen Karl-May-Festspielen in Dasing, der Kletterwald Schloss Scherneck und der Soccerpark (mit Fußballgolf) bei Rehling oder die „Erlebniswelt Bayerischer Hiasl" auf Gut Mergenthau bei Kissing, wo man dem berühmt-berüchtigten Wilderer und Räuberhauptmann näher kommt.

Landkreis

Altötting

BAYERN

Der Landkreis Altötting ist…

…das A und Ö in Bayern – liegt zentral zwischen München, Passau und Salzburg und beheimatet den bedeutendsten Wallfahrtsort Bayerns und die längste Burg der Welt. Seine Wirtschaft besteht aus einem gesunden und lebendigen Branchenmix und Unternehmen mit ganz unterschiedlichen Betriebsgrößen. Der Landkreis ist dabei ein wesentlicher Bestandteil des bayerischen Chemiedreiecks – einer Schlüsselregion für die Chemieindustrie weltweit. Der Hightech-Standort mit weltweit anerkanntem technischem Know-how ist ein Aushängeschild für die wirtschaftliche Leistungsfähigkeit Bayerns.

Historische Entwicklung

Das 1939 in Landkreis umbenannte Bezirksamt Altötting wurde 1862 durch den Zusammenschluß der Landgebiete älterer Ordnung Altötting und Burghausen neu gebildet.

Wertschöpfung und Verkehr

Jahrhundertelang war dieses Gebiet fast unberührtes Wald- und Bauernland. Elektrizität, die aus dem Wasserreichtum von Inn und Alz gewonnen wurde, gab dann um die Zeit des Ersten Weltkriegs den Anstoß zur Entwicklung der chemischen Industrie. Sie hat den Landkreis Altötting gemeinsam mit den vielen mittleren und kleineren Gewerbebetrieben zu einem sehr wirtschaftsstarken Landkreis gemacht.

Der „Prognos Zukunftsatlas 2010 – Regionen im Zukunftswettbewerb" untersuchte Wohlstand/soziale Lage, Demografie, Arbeitsmarkt und Wettbewerb/Innovation und bescheinigt dem Landkreis Altötting sehr hohe Zukunftschancen. Der Landkreis ist ein leistungsfähiger und zukunftsorientierter Investitionsraum – nicht nur in Bayern, sondern auch auf europäischer Ebene.

So ist der Landkreis Altötting nicht zuletzt mit dem bayerischen Chemiedreieck ein wichtiger Wirtschaftsstandort, an dem eine Vielzahl bedeutender internationaler Unternehmen angesiedelt ist. Burghausen ist sowohl Sitz des größten Werkes der Wacker Chemie AG als auch der petrochemischen Raffinerie der OMV Deutschland GmbH, in Burgkirchen befindet sich der Industriepark Werk Gendorf. Auf dem Gelände der ehemaligen Hoechst AG haben sich verschiedene international tätige Firmen der chemischen Industrie niedergelassen.

Gemeinsam mit vielen mittleren und kleineren Gewerbebetrieben verhalfen sie dem Landkreis Altötting zu einer besonderen Stellung unter den wirtschaftskräftigen Landkreisen Bayerns. Und die schwungvolle Entwicklung zeigt: Die Rahmenbedingungen sind (und bleiben) günstig!

Beim Vergleich des Bruttoinlandsprodukts liegt er seit Jahren immer unter den ersten fünf Landkreisen bzw. kreisfreien Städten Oberbayerns. Dabei er sich mit Kalibern wie Stadt und Landkreis München, Stadt Ingolstadt und Landkreis Starnberg messen.

Die Verkehrsanbindung schreitet mittlerweile voran. So wird die A 94 von München nach Passau zügig weitergebaut. Der zweigleisige Ausbau der Bahn mit Elektrifizierung von München über Mühldorf nach Salzburg mit Abzweig nach Burghausen ist abschnittsweise im Bau.

Landschaft, Sehenswürdigkeiten und Kultur

Der Landkreis liegt malerisch an Inn und Salzach und bietet eine hohe Lebensqualität. Das Landschaftsbild ist geprägt von einer etwa 10 km breiten Ebene, in der der Inn fließt und die im Norden und Süden von einer üppig grünen Hügellandschaft begrenzt wird. Im Landkreis mündet auch die Salzach in den Inn, der sich in Passau mit der Donau vereinigt.

Im Landkreis gibt es vier Naturschutzgebiete und fünf Landschaftsschutzgebiete. Zudem gibt es über 100 Naturdenkmäler wie markante Einzelbäume, Alleen, Baumgruppen, Streuwiesen, Moore, Steinbrüche, Felsen, Tümpel und Weiher.

Trotz der Prägung als Industrielandkreis hat sich der ländliche Raum seinen hohen Stellenwert als Heimat von Brauchtum und Brauchtumspflege, von Volkskunst und Volksmusik erhalten. Eine Vielzahl von Heimat- und Trachtenvereinen, Gesangs- und Musikgruppen sowie Schützenvereinen pflegen das historische Erbe und laden zum Mitmachen ein.

Das umfangreiche Freizeitangebot reicht von Badeseen und Trimmpfaden über die Kartbahn und Golfplätze bis hin zu fast 400 km Rad- und Wanderwege.

Viele schöne Biergärten laden im Sommer zum Verweilen ein. Das Angebot wird abgerundet von kulturellen Veranstaltungen, beispielsweise auf Schloss Tüßling oder dem jährlichen Burghauser Jazz-Festival.

Die Marienwallfahrt mit der Gnadenkapelle in Altötting zieht jährlich rund 1 Mio. Pilger an. Ein zusätzlicher Besuchermagnet ist das Geburtshaus von unserem ehemaligen Papst Benedikt XVI. in Marktl. Burghausen mit der längsten Burg der Welt (1.051 m) und der liebevoll renovierten Altstadt, ist immer einen Besuch wert.

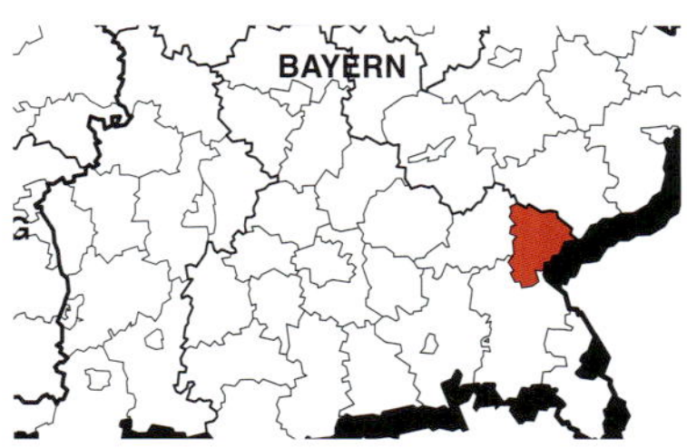

Fläche: 569,35 km²
EW: 107.465 - EW/km²: 189
KFZ-Kennzeichen: AÖ
Kreissitz: Altötting
www.lra-aoe.de

Landrat
Erwin Schneider / CSU
im Amt seit: 2000 gewählt bis: 2020

Sitzverteilung im Kreistag
Vorsitz: Erwin Schneider

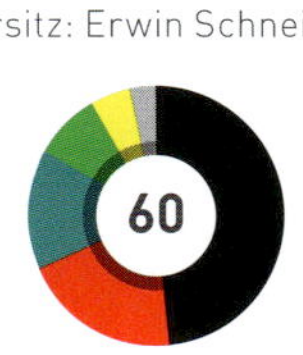

29 CSU
12 SPD
9 Freie Wähler
5 B.90/Grüne
2 FDP
3 Sonstige
(ÖDP 2, REP 1)

Landkreis

Amberg-Sulzbach

BAYERN

Der Landkreis Amberg-Sulzbach ist...
...einzigartig. So gibt es deutschlandweit nur im Amberg-Sulzbacher Land einen Sandberg, auf dem im Sommer Ski gefahren wird. Deutschlandweit einmalig dürften auch die aus Wallfahrten heraus entstandenen Bergfeste im Landkreis sein, die ebenso Ausdruck jahrhundertealter Tradition sind wie die mehr als 120 Kirchweihen.

Historische Entwicklung
Bis zur Gebietsreform 1972 waren die beiden Kreise Amberg und Sulzbach permanenten Veränderungen unterworfen. So wurde durch die Vereinigung der Stadt Sulzbach mit Rosenberg das Bezirksamt Sulzbach 1934 in Bezirksamt Sulzbach-Rosenberg umbenannt. Im Landkreis Amberg führte die durch Erweiterung des Truppenübungsplatzes Hohenfels entstandene Randlage der Lauterachtalgemeinde Hohenburg, die zum Kreis Parsberg gehörte, 1963 zu einer Einbindung in den Landkreis Amberg.

Anlässlich der Gebietsreform 1972 erfolgte schließlich die Vereinigung der beiden Landkreise Amberg und Sulzbach-Rosenberg zum Landkreis Amberg-Sulzbach. Dabei wurden dem neu geschaffenen Landkreis auch die Märkte Schmidmühlen und Kastl zugesprochen. Zuwachs gab es zudem aus allen umgebenden Alt-Landkreisen. Abgänge in kleinerem Umfang erfolgten an die Landkreise Schwandorf und Nürnberger Land.

Wertschöpfung und Verkehr
Als Wirtschaftsstandort hat sich der Landkreis Amberg-Sulzbach in den vergangenen Jahren äußerst positiv entwickelt. Vor allem im Dienstleistungsbereich erfährt der Landkreis seine größte Wertschöpfung. Aber auch im produzierenden Gewerbe konnte das Amberg-Sulzbacher Land in den vergangenen Jahren zulegen.

Trotz schwieriger geografischer Lage zwischen den zwei Truppenübungsplätzen Grafenwöhr und Hohenfels ist der Landkreis ein attraktiver Standort für moderne und innovative Betriebe, darunter sog. Hidden Champions (unbekannte Weltmarktführer), die hier ihre Heimat gefunden haben und attraktive Arbeitsplätze anbieten. Die Firmen verfügen im Amberg-Sulzbacher Land nicht nur über eine hervorragende Infrastruktur, die mit dem Breitbandausbau noch besser wird, sondern können mithilfe von Einrichtungen wie Fraunhofer UMSICHT oder auch der Ostbayerischen Technischen Hochschule, von denen der Landkreis immens profitiert, u.a. auf hochqualifiziertes Personal zurückgreifen und dem Fachkräftemangel entgegenwirken.

In Zusammenarbeit mit dem Zweckverband Nahverkehr Amberg-Sulzbach (ZNAS) bietet der Landkreis Amberg-Sulzbach einen attraktiven öffentlichen Personennahverkehr an. Überregional ist der Landkreis in den Verkehrsverbund Großraum Nürnberg (VGN) eingebunden. Gleiches gilt für die Kooperation mit dem Regensburger Verkehrsverbund (RVV). Zudem ist der Landkreis Teil des Tarifverbundes Oberpfalz NORD (TON).

Auf der Schiene liegt der Landkreis an der Strecke Nürnberg-Schwandorf bzw. Nürnberg-Weiden. Er kämpft aktuell für eine Elektrifizierung der Schienenstrecke, insbesondere im Rahmen der Metropolenbahn München/Nürnberg-Prag. Zur hervorragenden Infrastruktur trägt außerdem die A 6 von Nürnberg nach Prag bei.

Landschaft, Sehenswürdigkeiten und Kultur
Der Landkreis Amberg-Sulzbach liegt zwischen Nürnberg, Bayreuth und Regensburg und ist Teil des Bayerischen Jura. Zahlreiche Burgen, Schlösser, Ruinen und Klöster zeugen von historischer Bedeutung der einst durch Eisen und Erz geprägten Region. Mit mehr als 50 % Waldbestand zählt der Landkreis zu den waldreichsten in ganz Bayern. Die Naturparke Fränkische Schweiz-Veldensteiner Forst und Hirschwald liegen ganz oder zumindest teilweise im Landkreis Amberg-Sulzbach. Sanfte Hügel und Täler locken Radfahrer und Wanderer in die Region, um den Landkreis auf dem bekannten Fünf-Flüsse-Radweg oder auf einem der prämierten Wanderwege wie Jurasteig oder Erzweg besser kennenzulernen.

Inmitten der reizvollen Landschaft laden beispielsweise das erste Deutsche Türmermuseum in Vilseck oder das Erste Bayerische Schulmuseum in Sulzbach-Rosenberg ein. Ein Abstecher lohnt sich aber auch nach Kastl. In der romanischen Klosterkirche wird in einem Schrein der als Mumie bewahrte Leichnam der Prinzessin Anna aufbewahrt. Die Tochter Ludwigs des Bayern starb 1319 während eines Aufenthalts ihres Vaters in Kastl.

An der Bayerischen Eisenstraße liegt zudem eines der bedeutendsten überregionalen Museen in Bayern, das Bergbau- und Industriemuseum im Kultur-Schloss Theuern.

Namen wie Günter Grass sind eng mit dem Literaturhaus Oberpfalz in Sulzbach-Rosenberg verbunden, in dem das vom Literaturnobelpreisträger signierte Typoskript des Romans „Die Blechtrommel" aufbewahrt wird.

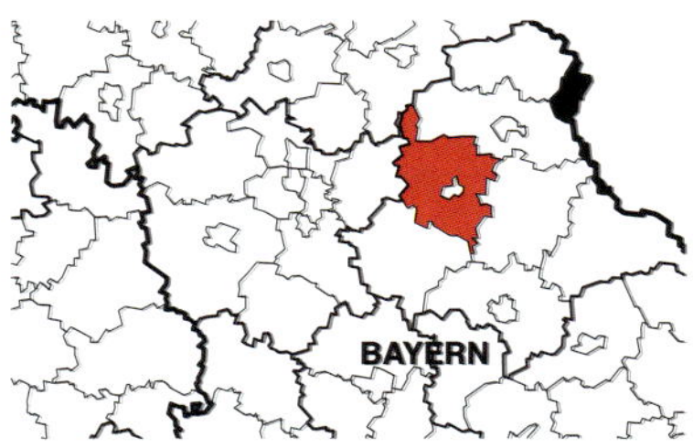

Fläche: 1.255,75 km²
EW: 103.045 - EW/km²: 82
KFZ-Kennzeichen: AS
Kreissitz: Amberg
www.amberg-sulzbach.de

Landrat
Richard Reisinger / CSU
im Amt seit: 2008 gewählt bis: 2020

Sitzverteilung im Kreistag
Vorsitz: Richard Reisinger

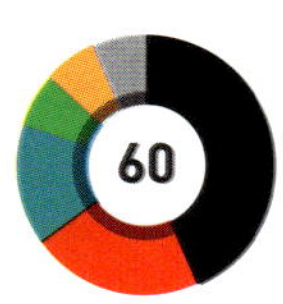

26	CSU
13	SPD
9	Freie Wähler/ FW-Kreisverband
4	B.90/Grüne
4	ÖDP
4	Sonstige

(FW/FDP 3, fraktionslos 1)

Landkreis
Ansbach

BAYERN

Der Landkreis Ansbach ist...
...der flächengrößte Landkreis im Freistaat Bayern. Dem Landkreis gehören insgesamt 58 Städte, Märkte und Gemeinden an. Er ist mit mehr als 5.000 Betrieben und drei Hochschulen sowohl innovativer Wirtschaftsraum mit besten Lebens- und Arbeitsbedingungen als auch facettenreiches und attraktives Tourismusziel.

Historische Entwicklung
Am 1.7.2012 feierte der Landkreis Ansbach 40. Geburtstag. Im Jahr 1972 schlossen sich die Kreise Dinkelsbühl, Feuchtwangen, Rothenburg ob der Tauber und Ansbach, die kreisfreie Stadt Rothenburg ob der Tauber sowie Kommunen der Landkreise Gunzenhausen, Neustadt/Aisch, Schwabach und Nördlingen zusammen. Der neu gewählte Kreistag konstituierte sich am 13.7.1972.

In den Jahren 1972 bis 1978 vollzog sich im Gemeindebestand noch ein großer Strukturwandel. Seit dem 1.5.1978 gehören dem Landkreis Ansbach nun insgesamt 58 Städte, Märkte und Gemeinden an. Heute ist der Landkreis Ansbach mit seinen rund 180.000 Einwohnern zu einer Institution geworden, die sich mit Blick auf die beachtlichen Strukturdaten bewährt hat.

Wertschöpfung und Verkehr
Der Landkreis Ansbach, der seine Bevölkerungszahl in den letzten vierzig Jahren um rund 25.000 Einwohner steigern konnte, hat heute gute Ausgangsbedingungen. Nie zuvor gab es so viele sozialversicherungspflichtige Beschäftigte im Landkreis. Im dynamisch wachsenden Landkreis im westlichen Mittelfranken arbeiten rund 55.000 Beschäftigte in mehr als 5.000 mittelständischen Unternehmen, darunter mehr als 2.500 Handwerksbetriebe. Hinzu kommen rund 150 Industriebetriebe, die weltweit operieren. Tragende Säulen der Industrie sind die Automobilzulieferer mit dem Schwerpunkt Kunststoffverarbeitung sowie Unternehmen aus dem Bau- und Bauzulieferbereich einschließlich der Möbelbranche. Auch bei den erneuerbaren Energien kann der Landkreis Ansbach eine außerordentliche Entwicklung vorweisen: So werden heute bereits 70 % des Strombedarfs durch Strom aus erneuerbaren Energien gedeckt.

Der Landkreis Ansbach ist als Straßenbaulastträger für rund 600 km Kreisstraßen zuständig, die über 970 Ortsteile an das regionale Verkehrsnetz anbinden. Um die Leistungsfähigkeit seines Kreisstraßennetzes zu erhalten, stemmt der Landkreis jedes Jahr millionenschwere Investitionen für den allgemeinen Straßenunterhalt und Ausbaumaßnahmen. Zentrale Straßenverkehrsadern nach Westen und Osten sowie Norden und Süden der Republik sind die Autobahnen A 6 und A 7. Von großer Bedeutung sind auch die Bahnhauptstrecke München-Ansbach-Würzburg, die IC-Linie Stuttgart-Ansbach-Nürnberg sowie das S-Bahnnetz. Als Mitglied des Verkehrsverbundes Großraum Nürnberg investiert der Landkreis Ansbach nahezu 1 Mio. € jährlich zur Verbesserung des öffentlichen Personennahverkehrs.

Landschaft, Sehenswürdigkeiten und Kultur
Zum Landkreis Ansbach zählen zahlreiche sehenswerte Städte. Vor allem die ehemaligen Reichsstädte Rothenburg ob der Tauber und Dinkelsbühl bestechen durch wunderschöne Altstädte. Die beiden historischen Städte liegen heute an den Knotenpunkten der touristischen Routen „Romantische Straße", „Burgenstraße" und der „Deutschen Limesstraße".

Der Landkreis Ansbach ist geprägt von einer abwechslungsreichen und vielfältigen Landschaft mit hohem Erholungswert. Als landschaftliche Höhepunkte sind insbesondere die Altmühlaue mit landesweit bedeutsamen Wiesenbrütergebieten, die Frankenhöhe, der Hesselberg und das Taubertal mit seinen Seitentälern anzusehen.

Das Kulturprogramm präsentiert sich in sämtlichen Spielarten des Geschmacks und Anspruchs aller Altersklassen: Vom bekannten Taubertalfestival bis hin zum Windsbacher Knabenchor, von den Kreuzgangspielen in Feuchtwangen, dem Landestheater Dinkelsbühl über das Kriminalmuseum in Rothenburg bis hin zum Limeseum in Ruffenhofen oder dem Museum „Vom Kloster zur Stadt" in Heilsbronn ist für jeden Geschmack etwas dabei. Ein weiteres Highlight des kulturellen Programms im Landkreis Ansbach stellen die historischen Festspiele dar. Die „Kinderzeche" in Dinkelsbühl und „Der Meistertrunk" in Rothenburg ob der Tauber gelten als immaterielles Kulturerbe Bayerns.

Zudem bereichern viele ehrenamtliche Vereine, Gruppen und Musikkapellen das gesellschaftliche Leben im Landkreis Ansbach. Sie alle stehen für eine rege Ehrenamtskultur. Mittlerweile ist der Landkreis Ansbach bayernweit führend bei den ausgegebenen Ehrenamtskarten. Rund 7.000 Ehrenamtliche haben die Karte bereits erhalten oder beantragt und rund 100 Akzeptanzstellen bieten Rabatte und Vergünstigungen für die Karteninhaber.

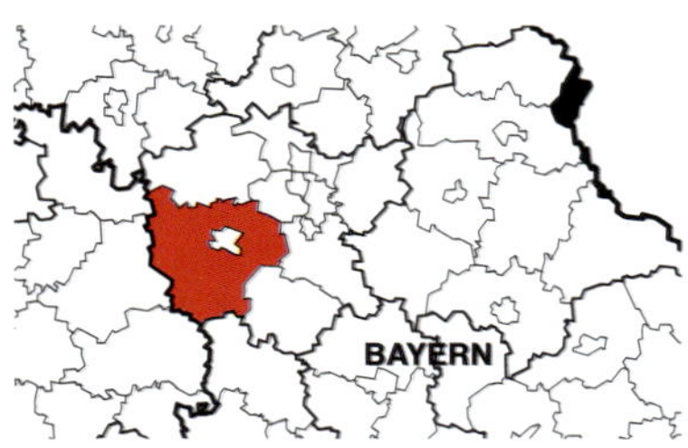

Fläche: 1.971,84 km²
EW: 179.419 - EW/km²: 91
KFZ-Kennzeichen: AN
Kreissitz: Ansbach
www.landkreis-ansbach.de

Landrat
Dr. Jürgen Ludwig / CSU
im Amt seit: 2012 gewählt bis: 2020

Sitzverteilung im Kreistag
Vorsitz: Dr. Jürgen Ludwig

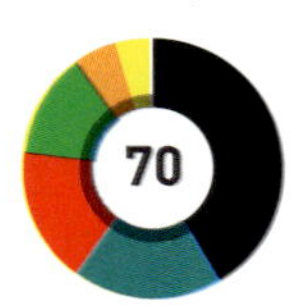

29	CSU
13	Freie Wähler
12	SPD
9	B.90/Grüne
4	ÖDP
3	FDP

Landkreis

Aschaffenburg

BAYERN

Der Landkreis Aschaffenburg ist...

...die Heimat der Bayern im Rhein-Main-Gebiet. Der mit 32 kreisangehörigen Gemeinden bevölkerungsstärkste Landkreis Unterfrankens hat seiner Lage am nordwestlichen Rande Bayerns das Beste abgewonnen. Einerseits ist er Teil eines der wichtigsten Wirtschaftszentren Europas, andererseits bietet er durch seine geografischen Bedingungen ein hohes Maß an Lebens- und Freizeitqualität.

Historische Entwicklung

Der bayerische Teil der Geschichte des Landkreises Aschaffenburg beginnt 1814, nachdem das Untermaingebiet zuvor mehrere Jahrhunderte den Erzbischöfen von Mainz zugeordnet war. In München war man sich dennoch der zentralen Funktion Aschaffenburgs bewusst.

Nach dem 2. Weltkrieg trug im Bayerischen Landtag Hanns Seidel, welcher zunächst Landrat des Landkreises Aschaffenburg und dann später Ministerpräsident Bayerns wurde, die Erwartungen des Gebiets vor. Er betonte deren politische Zugehörigkeit zu Bayern, verwies aber gleichzeitig auf die wirtschaftliche Zugehörigkeit zum Rhein-Main-Gebiet. Seidel bezeichnet Aschaffenburg als wichtiges Bindeglied zwischen dem Rhein- und Maingebiet, bei gleichzeitiger Treue der Bewohner zu Bayern – eine Aussage, die auch für den heutigen Landkreis Aschaffenburg noch zutreffend ist. Dieser ist 1972 aus den beiden 1862 gebildeten Bezirksämtern Aschaffenburg und Alzenau entstanden.

Wertschöpfung und Verkehr

Der Landkreis Aschaffenburg besitzt eine starke Wirtschaftsstruktur mit hoher Leistungskraft und einer Vielfalt von Branchen. Geprägt ist sie durch eine Vielzahl mittelständischer und kleinerer Betriebe, welche aufgrund ihrer hohen Flexibilität schnell auf Veränderungen am Markt reagieren können. Die Schwerpunkte der Industrie liegen in den Bereichen von Textil und Kleidung, Holzverarbeitung und Papierherstellung, Chemie, Elektrotechnik, Feinmechanik, Stahl- und Maschinenbau sowie der Nahrungs- und Genussmittel.

Dazu zählen auch zahlreiche global agierende High-Tech-Firmen und Logistikunternehmen, die die gute Infrastruktur im Landkreis Aschaffenburg zu schätzen wissen. Ob Autobahnen, Schienen, Flughäfen oder Wasserstraßen – der Landkreis Aschaffenburg kann mit allem dienen. Die wichtigste Verkehrsader ist die Autobahn A 3 Frankfurt–Würzburg. Aber auch die Bahn mit ICE-Halt in Aschaffenburg sorgt für eine gute Anbindung ins deutsche und europäische Schienennetz. Von besonderer Bedeutung ist der nahe Rhein-Main-Flughafen in Frankfurt, der für den deutschen und den internationalen Luftverkehr eines der wichtigsten Zentren in Europa und über die Autobahn A 3 direkt mit dem Landkreis Aschaffenburg verbunden ist. Kleinere Geschäftsflugzeuge können sogar direkt vor Ort auf dem Verkehrslandeplatz Aschaffenburg in Großostheim landen.

Landschaft, Sehenswürdigkeiten und Kultur

Die Menschen im Landkreis und der angrenzenden Metropolregion Frankfurt/Rhein-Main finden überdurchschnittliche Erwerbsmöglichkeiten vor, moderne Versorgungseinrichtungen und ein hervorragendes soziales und kulturelles Angebot. Die reizvolle Landschaft der Mainebene, fruchtbare Weinhänge und der angrenzende Naturpark Spessart, Teil des größten zusammenhängenden Mischwaldgebiets Deutschlands, bieten gleichzeitig ein ungewöhnlich hohes Maß an Lebensqualität.

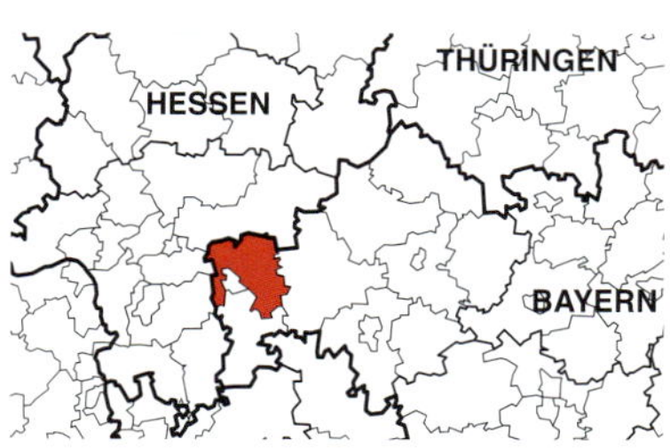

Fläche: 699,15 km²
EW: 172.776 - EW/km²: 247
KFZ-Kennzeichen: AB
Kreissitz: Aschaffenburg
www.landkreis-aschaffenburg.de

Landrat
Prof. Dr. Ulrich Reuter / CSU
im Amt seit: 2002 gewählt bis: 2020

Sitzverteilung im Kreistag
Vorsitz: Prof. Dr. Ulrich Reuter

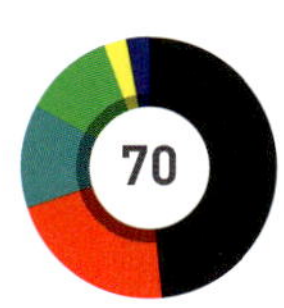

34	CSU
15	SPD
9	Freie Wähler/ FW-Kreisverband
8	B.90/Grüne
2	FDP
2	Neue Mitte

Auch der Fremdenverkehr spielt als Wirtschaftsfaktor eine wichtige Rolle. Die weitläufigen Wälder, die Täler und Sehenswürdigkeiten sind ein begehrtes Reiseziel für Urlauber. Gastronomie- und Beherbergungsbetriebe, ein dichtes Netz von Rad- und Wanderwegen sowie viele Bau- und Kunstdenkmäler bieten alle Voraussetzungen für Aktivurlauber. Die beiden „Spessartwege", die zum großen Teil auf dem Gebiet des Landkreises verlaufen und vier weitere ausgezeichnete Wanderwege führen an dem Schönsten vorbei, was der Spessart zu bieten hat: Beeindruckende Landschaften, spektakuläre Aussichtspunkte, historische Orte und gemütliche Einkehrmöglichkeiten. Auch die zahlreichen ausgeschilderten Radwege im Landkreis zeigen Besuchern und Einheimischen die Schönheiten des Landkreises.

Das Wasserschloss Mespelbrunn (16. Jh.), die Wallfahrtskirche Hessenthal (1439), die Burg Alzenau (1395), das ehemalige Kloster Schmerlenbach (13. Jh.), der Nöthigshof in Großostheim (ab 13. Jh.) oder die Wallfahrtskirche in Alzenau-Kälberau (14. bis 16. Jh.) sind nur einige der Anziehungspunkte für Besucher.

Landkreis

Augsburg

BAYERN

Der Landkreis Augsburg ist...
...im östlichen Mittelschwaben gelegen, ein Bindeglied zwischen Altbayern und Schwaben. Er umschließt vom Westen her zur Hälfte das Gebiet der kreisfreien Stadt Augsburg, wodurch auch geografisch die engen Wechselbeziehungen deutlich werden und hat 46 kreisangehörige Gemeinden. Er erstreckt sich von Norden nach Süden mit einer Länge von 65 km, die Ost-West-Ausdehnung beträgt rund 40 km.

„Wenn ich viel reisen sollt', wollt' ich nirgends lieber denn durch Schwaben und Bayernland ziehen" – schon vor 500 Jahren wusste Martin Luther um die Vorzüge des Schwabenlandes, das erst im Nachgang der Napoleonischen Kriege zu Beginn des 19. Jahrhunderts an Bayern fiel. Besonders lohnenswert ist die Reise durch das Augsburger Land, das durch seine Nähe zur Stadt Augsburg, die Vorzüge einer leicht erreichbaren Großstadt mit den Schönheiten des ländlichen Raumes verbindet.

Historische Entwicklung

Im Jahr 1972 wurden durch die Gebietsreform die Landkreise Augsburg und Schwabmünchen zum heutigen Landkreis Augsburg zusammengelegt. Gemeinden des ehemaligen Landkreises Wertingen sowie einige Orte der Altlandkreise Donauwörth und Neuburg/Donau kamen ebenfalls hinzu. Nach weiteren Gemeindezusammenlegungen war die Gebietsreform schließlich im Jahr 1978 weitgehend abgeschlossen.

An der Einwohnerzahl gemessen, ist der Landkreis Augsburg der größte der zehn schwäbischen und der drittgrößte der bayerischen Landkreise.

Wertschöpfung und Verkehr

Spitzentechnologie, wie beispielsweise im Bereich Umwelttechnologie, verbindet sich im Landkreis Augsburg mit handwerklichem Können, Forschung und Entwicklung mit industrieller Fertigung. Industrie und Handwerk wissen gut ausgebildete Arbeitskräfte zu schätzen, und so sind viele namhafte Unternehmen im Augsburger Land zu Hause.

Als Teil des drittgrößten bayerischen Wirtschaftsraumes, zentral gelegen zwischen den europäischen Technologiezentren München und Stuttgart, braucht Augsburg den Vergleich mit internationalen Standorten nicht zu scheuen. Eine konstant niedrige Arbeitslosenquote (unter 3 %) bildet die Säule einer großen Bandbreite mittelständischer Unternehmen; aber auch internationale Konzerne nutzen die gute Lage, wie angesiedelte große Logistikzentren im südlichen Landkreis (Amazon, Lidl, Aldi, jüngstes Beispiel BMW) beweisen.

Auch das Thema Bildung hat im Augsburger Land einen hohen Stellenwert: als Schulaufwandsträger von 17 Schulen, davon sechs Realschulen und fünf Gymnasien, einem Beruflichen Schulzentrum mit Fachoberschule und Berufsoberschule sowie zwei Landwirtschaftsschulen ist der Landkreis Augsburg gut aufgestellt. Mit dem Schmuttertal-Gymnasium in Diedorf, das im Oktober 2015 eingeweiht wurde, entstand dort das erste deutsche Gymnasium im Plusenergiestandard und in Holzbauweise, das als Vorzeigeeinrichtung gilt.

Mit seiner vorbildlichen Verkehrsinfrastruktur schafft der Landkreis beste Grundlagen für Unternehmen, aber auch für Berufspendler und Privatpersonen. Beispielsweise durch die Autobahnen A 8 nach München und Ulm/Stuttgart, A 96 nach Lindau und München, die B 17 Richtung Süden nach Füssen, die B 2 Richtung Norden nach Donauwörth und Nürnberg mit Anschluss an die Bundesautobahn A 9 oder die B 300 Richtung Ingolstadt.

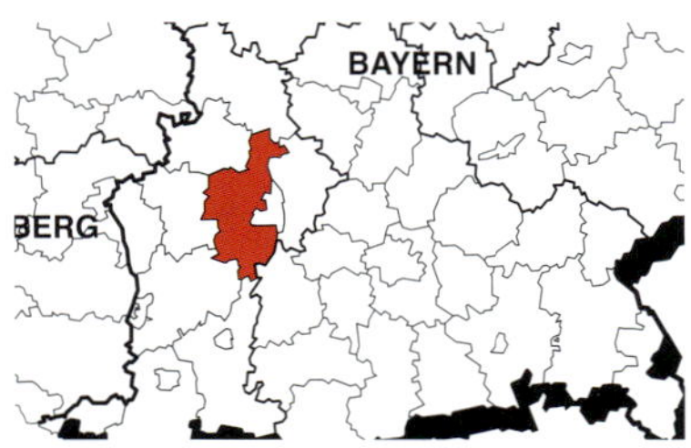

Fläche: 1.071,13 km²
EW: 242.697 - EW/km²: 227
KFZ-Kennzeichen: A
Kreissitz: Augsburg
www.landkreis-augsburg.de

Landrat
Martin Sailer / CSU
im Amt seit: 2008 gewählt bis: 2020

Sitzverteilung im Kreistag
Vorsitz: Martin Sailer

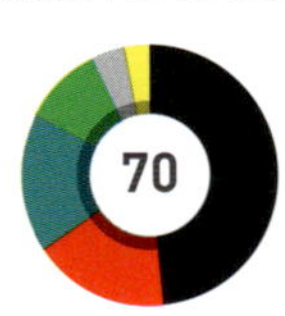

34	CSU
12	SPD
12	FW-Kreisverband
7	B.90/Grüne
2	FDP
3	Sonstige

(ÖDP 2, parteilos 1)

Landschaft, Sehenswürdigkeiten und Kultur

Der Landkreis Augsburg liegt im schwäbisch-bayerischen Alpenvorland, nur 30 Autominuten westlich von München. Der Landkreis Augsburg ist ein Familienland mit hoher Anziehungskraft. Ein attraktiver Wirtschaftsraum und ausgezeichnete Lebensqualität bilden hier keine Gegensätze. Man kann pure Lebensfreude in einer herrlichen Natur- und Kulturlandschaft genießen.

Eine wahre Fundgrube bietet die reiche Kultur: In den hügeligen Wäldern der Stauden, im Fischacher Weiler Heimberg, liegen die Wurzeln des Musikgenies Wolfgang Amadeus Mozart; im Holzwinkel, genauer gesagt in Welden, trieb der berühmte Heimatdichter Ludwig Ganghofer in seiner Kindheit und Jugendzeit seine Späße und Streiche und das Wirtschafts- und Finanzimperium der Fugger nahm seinen Anfang auf dem Lechfeld. Kirchen und Klöster, alte Pilgerwege und archäologische Bodendenkmäler prägen das Augsburger Land.

Eine Vielzahl aktiver Vereine, traditionelle Dorf-, Heimat- und Volksfeste, Ausstellungen, Vorträge und Konzerte bieten ein breites Spektrum an Veranstaltungen für jeden Geschmack. Erlebnisbäder wie das „Titania" in Neusäß oder die „Gerfriedswelle" in Gersthofen locken mit ihren Attraktionen. Wer lieber an der frischen Luft unterwegs ist, für den bieten die mehr als 2.000 km Rad- und Wanderwege durch den Naturpark Augsburg Westliche Wälder, übrigens den einzigen Naturpark in Schwaben, eine Vielzahl von Möglichkeiten.

Landkreis
Bad Kissingen

BAYERN

Der Landkreis Bad Kissingen ist...
... der lebens- und liebenswerte Bäderlandkreis, der zum Kommen und Bleiben einlädt. Hier sind sie alle Zuhause: die kulturelle Hochburg Bad Kissingen, die beliebten Kurorte Bad Brückenau und Bad Bocklet, außerdem mit Hammelburg die älteste Weinstadt Frankens und viele erlebenswerte Orte mehr. Das UNESCO-Biosphärenreservat wartet mit der Rhön auf alle, die entspannt oder sportlich Zeit in der Natur verbringen und dabei eine einmalige Aussicht genießen wollen.

Auch fürs Köpfchen gibt es Ausgezeichnetes – im wahrsten Sinne des Wortes: Für das hervorragende Bildungsangebot ist der Landkreis Bad Kissingen zur „Bildungsregion in Bayern" ernannt worden. Davon profitiert am Ende auch die heimische Wirtschaft: Der Landkreis ist wegen der zentralen Lage und der optimalen Standortfaktoren beliebt bei Unternehmen.

Historische Entwicklung
Der Landkreis Bad Kissingen, wie er heute besteht, ist eine Schöpfung der Landkreisreform aus dem Jahre 1972. Er entstand mit Ausnahme geringer Grenzkorrekturen durch den Zusammenschluss der ehemaligen Landkreise Bad Kissingen, Bad Brückenau und Hammelburg sowie der kreisfreien Stadt Bad Kissingen.

Wertschöpfung und Verkehr
Die Bereiche Gesundheitswesen, Medizin, Tourismus, Bildung und das gut aufgestellte Handwerk gehören mit zu den Stärken des Bäderlandkreises, in dem seit Beginn der Neuzeit die Heilkraft der Quellen erkannt und genutzt wurde. Eine gute Infrastruktur, auch im Breitbandsektor, ermöglicht Unternehmen eine dynamische Entwicklung. In den Gewerbegebieten der Städte, Märkte und Gemeinden bieten sich individuelle Möglichkeiten in gesicherter autobahnnaher Lage.

Die durchschnittliche Pkw-Fahrzeit zur nächsten Autobahn-Anschlussstelle beträgt im Landkreis Bad Kissingen nur acht Minuten. Grund hierfür ist die hervorragende Anbindung des Landkreises an die Nord-Süd-Achse A 7 sowie an die A 71 mit insgesamt sieben Anschlussstellen.

Ein Netz von 125 km Bundesstraßen, 192 km Staatsstraßen, 234 km Kreisstraßen und 209 km Gemeindeverbindungsstraßen (außerorts) erschließt alle Gemeinden und Produktionsstandorte. Ebenso spielt der Schienenverkehr eine wichtige Rolle: Erfurter Bahn GmbH und DB Regio AG bieten mit dem Fahrplankonzept „Kissinger Stern" die Möglichkeit, attraktive Ziele schnell und größtenteils umsteigefrei zu erreichen. Die internationalen Flughäfen Frankfurt/Rhein-Main, Nürnberg und Erfurt können über Straße und Schiene zügig erreicht werden.

Fläche: 1.136,96 km²
EW: 102.901 - EW/km²: 91
KFZ-Kennzeichen: KG
Kreissitz: Bad Kissingen
www.landkreis-badkissingen.de

Landrat
Thomas Bold / CSU
im Amt seit: 2002 gewählt bis: 2020

Sitzverteilung im Kreistag
Vorsitz: Thomas Bold

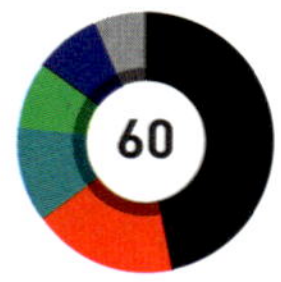

28	CSU
11	SPD
7	FW-CBB
5	B.90/Grüne - Bürger f. Umwelt
4	PWG
5	Sonstige

(ÖDP 3, FDP 2)

Eine weitere günstige Verkehrserschließung des Landkreises bietet das leistungsfähige Busliniennetz. Durch einen möglichen Beitritt des Landkreises Bad Kissingen in den Verkehrsverbund Mainfranken kann die Attraktivität weiter gesteigert werden.

Landschaft, Sehenswürdigkeiten und Kultur
Mit einer Fläche von ca. 1.137 km² ist der Bäderlandkreis der zweitgrößte in Unterfranken. Entsprechend groß ist auch die Vielfalt an Freizeit- und Erholungsmöglichkeiten. Das Thema Gesundheit/Wellness steht besonders in den drei Staatsbädern Bad Kissingen, Bad Brückenau und Bad Bocklet im Mittelpunkt. Sport heißt hier wandern, klettern, mountainbiken, bootswandern, Wasserski, golfen, Ski fahren und vieles mehr.

Das UNESCO-Biosphärenreservat Rhön lädt im bayerischen Teil auf einer Gesamtfläche von knapp 130 km² zum aktiv sein, Erholen und Weiterbilden ein. In den zwei attraktiven Informationszentren Haus der Langen Rhön in Oberelsbach und Haus der Schwarzen Berge in Wildflecken-Oberbach können sich die Besucher über die Natur- und Kulturlandschaft Rhön informieren. An rund 140 Wanderparkplätzen sind Karten installiert, die Informatives über Wanderwege und örtliche Besonderheiten liefern.

Attraktive Veranstaltungen von internationalem Rang wie die Musikfestivals Kissinger Sommer und Kissinger Winterzauber oder auch die Konzertreihen des Bayerischen Kammerorchesters Bad Brückenau sind kulturelle Aushängeschilder des Landkreises. Namhafte Orchester und Künstler von Weltrang nutzen das beeindruckende Ambiente der historischen Bauten für Aufführungen. Überregional bekannt sind außerdem unter anderem die Bayerische Musikakademie in Hammelburg, das Heimatspiel in Münnerstadt sowie das Fränkische Theater Schloss Maßbach.

Landkreis

Bad Tölz-Wolfratshausen

BAYERN

Der Landkreis Bad Tölz-Wolfratshausen ist…

…quicklebendig. Seine Wurzeln fußen in einer alten Geschichte, sein Gesicht gaben ihm eine reiche Natur und die bäuerliche Tradition. Seine Vitalität bezieht er aus dem sprichwörtlichen Fleiß seiner Menschen und der Innovationskraft der regionalen Betriebe. Fortschritt und Tradition sind also eng verwoben hier.

Historische Entwicklung

Der Landkreis entstand 1972 im Zuge der Gebietsreform und ist damit gerade mal etwas über vier Jahrzehnte jung. Seine Vorgänger, der Landkreis Bad Tölz und der Landkreis Wolfratshausen haben dagegen deutlich mehr Jahre auf dem Buckel.

Der frühere Landkreis Bad Tölz war mit seiner räumlichen Ausdehnung im Wesentlichen eine Schöpfung der ersten Jahrzehnte des 19. Jahrhunderts. Zum alten Landgericht kamen der Hauptteil des ehemaligen Klostergerichtes Benediktbeuern und später die Hofmarken Reichersbeuern und Sachsenkam.

Der ehemalige Landkreis Wolfratshausen bestand als selbstständige Bezirksverwaltungseinheit erst seit 1902. Damit war die geschichtlich gewachsene Einheit des einstigen Land- und Pflegegerichts mit dem Mittelpunkt des Marktes Wolfratshausen wieder hergestellt, wenn auch in wesentlich kleinerem Umfang als bisher.

Wertschöpfung und Verkehr

Vom familiären Handwerksbetrieb bis zum Global Player spannt sich die Bandbreite der hier ansässigen Unternehmen und Branchen. Viele mittelständische, meist inhabergeführte Betriebe bilden das wirtschaftliche Rückgrat des Landkreises mithohem Ausbildungsstandard, stabilen Arbeits- und Ausbildungsplätzen, einer guten Infrastruktur, einem wirtschaftsfreundlichen Klima und einer geringen Arbeitslosenquote.

All dies hat dazu geführt, dass der Landkreis längst zu einem attraktiven Standort für Unternehmensansiedlungen in der Metropolregion München geworden ist. Neue Gewerbegebiete in den Städten und Gemeinden bilden die Grundlage für ortsnahe Arbeits- und Ausbildungsplätze. Die Standardmarketing-Initiative Wirtschaftsforum Oberland, eine gemeinsame Plattform für die Zusammenarbeit von Unternehmen, Verbänden und Kommunen, sorgt für eine professionelle Außendarstellung des Wirtschaftsstandorts „Münchner Oberland".

Wie stark gerade der Mittelstand die Wirtschaft im Landkreis prägt, belegt ein Blick in die Statistik: Rund 3.100 Handwerksbetriebe beschäftigten 8.700 Personen und 770 Auszubildende. Jeder vierte Erwerbstätige ist bei einem Handwerksbetrieb beschäftigt.

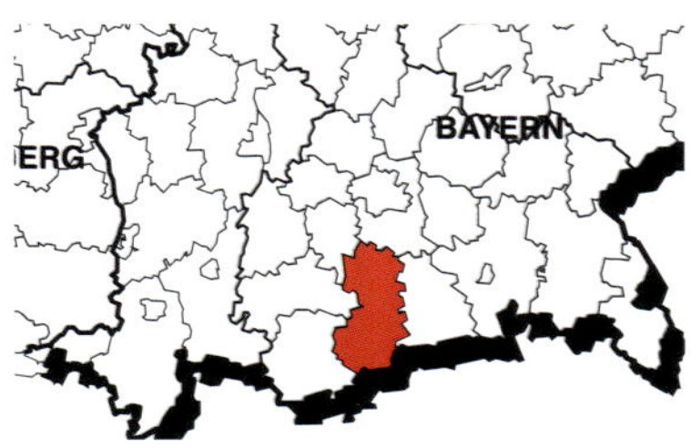

Fläche: 1.110,69 km²
EW: 123.340 - EW/km²: 111
KFZ-Kennzeichen: TÖL
Kreissitz: Bad Tölz
www.lra-toelz.de

Landrat
Josef Niedermaier / Freie Wähler
im Amt seit: 2008 gewählt bis: 2020

Sitzverteilung im Kreistag
Vorsitz: Josef Niedermaier

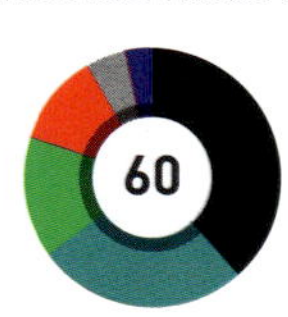

23	CSU
16	Freie Wähler
9	B.90/Grüne
7	SPD
2	FUW
3	Sonstige

(BP 2, FDP 1)

Der Landkreis verfügt über ein eng geknüpftes Netz von Bundes-, Staats-, Kreis- und Gemeindestraßen und über ein optimal vertaktetes Buslinien-Grundnetz. Der nördliche Landkreis ist mit der S 7 als Teil des MVV an den Großraum München angeschlossen. Die Strecke München-Lenggries wird von der Bayerischen Oberlandbahn betrieben. Der westliche Schienenstrang von der DB-Hauptstrecke München-Garmisch-Partenkirchen zweigt ab und erschließt die Gemeinden im Loisachtal.

Landschaft, Sehenswürdigkeiten und Kultur

Die Naturschutzgebiete im Landkreis Bad Tölz-Wolfratshausen zählen zu den schönsten Europas. Einzigartige Naturreservate wie die „Pupplinger Au", das „Ellbach-Kirchsee-Moor" oder die Insel „Sassau" im Walchensee prägen einen Landkreis, der zu den eindrucksvollsten Landschaften des bayerischen Alpenraumes gehört. Der Erhalt dieses Schatzes ist nur möglich, wenn die natürlichen Lebensräume vor nachteiligen Veränderungen bewahrt werden.

Seine Spitzenstellung in Sachen Natur- und Landschaftsschutz untermauert der Landkreis mit Zahlen und Fakten. So nehmen die kartierten Biotope 17 % der gesamten Kreisfläche ein – das ist deutschlandweit führend. Wasser ist Leben, heißt es. Von daher muss hier viel Leben sein, denn die Gesamtzahl der Flüsse, Wildbäche, Seen, Weiher und Gumpen ist gar nicht bekannt. Offiziell sind 5,1 % der Kreisfläche, also über 5.600 ha, Wasserfläche.

Wohl kaum ein Gebiet bietet Einheimischen und Gästen im Sommer wie im Winter so viele attraktive Angebote für Sport, Spiel und Spaß. Spektakuläre Manöver der Isarflößer, herausgeputzte Rösser bei den Leonhardifahrten oder einfach nur die Natur erleben in der Kräuter-Erlebnis-Region Tölzer Land. Für Fahrrad-Reisende durchqueren das Tölzer Land zwei namhafte Radwegeverbindungen, nämlich der Bodensee-Königssee-Radweg sowie ganz neu seit 2015 die internationale, alpenüberquerende Radroute München-Venezia. Mit rd. 1,5 Mio. Gästeübernachtungen und einem jährlichen touristischen Bruttoumsatz von rd. 313 Mio. € zählt das Tölzer Land zu den größten Destinationen sowohl Oberbayerns als auch Bayerns insgesamt.

Landkreis

Bamberg

BAYERN

Der Landkreis Bamberg ist...

...ein Paradies für Wanderer und Radfahrer im Herzen Frankens. Er hat Anteil an drei Naturparks: die beschaulichen Haßberge im Nordwesten, im Osten die wild-romantische Fränkische Schweiz und der abwechslungsreiche Steigerwald im Westen. Dazwischen erstrecken sich breite und fruchtbare Talgründe um Main und Regnitz. Inmitten dieser eindrucksvollen Naturlandschaft liegt die kreisfreie Stadt Bamberg, deren Altstadt von der UNESCO zum Weltkulturerbe ernannt worden ist. Zahlreiche Rad- und Wanderwege bieten die Möglichkeit, den Landkreis näher kennen zu lernen.

Historische Entwicklung

Der Landkreis Bamberg trägt seinen Namen nach der alten Kaiser- und Bischofsstadt an der Regnitz. In seiner kommunalpolitischen Selbstständigkeit und staatlichen Behördenfunktion ist der Landkreis ein die Stadt Bamberg umschließendes kulturell und wirtschaftlich bedeutsames Gemeinwesen.

Eine enge Verzahnung zwischen den Gemeinden des Landkreises und dem Weltkulturerbe Stadt Bamberg prägt die gemeinsame geschichtliche Entwicklung. Als Geburtsjahr des Landkreises Bamberg in seiner heutigen Form kann das Jahr 1862 bezeichnet werden. Aus den beiden Bamberger Landgerichten wurden die Bezirksämter Bamberg I und Bamberg II gebildet, die 1929 zusammengelegt wurden.

Seine heutige Form bekam der Landkreis Bamberg während der Gebietsreformen von 1971 bis 1980. Die Landkreisreform hat mit Wirkung zum 1.7.1972 acht Gemeinden aus dem Landkreis Bamberg ausgegliedert, 17 neue sind hinzugekommen. Damit erhöhten sich die Einwohnerzahl auf rund 106.000 Einwohner und die Fläche auf 1.121 km². Seit der Gemeindegebietsreform im Jahr 1980 ist der Landkreis Bamberg noch einmal einwohnerstärker und flächenmäßig größer geworden. Heute zählt er 36 Gemeinden und ist der einwohnerstärkste Landkreis in Oberfranken.

Wertschöpfung und Verkehr

Der Landkreis Bamberg liegt strategisch günstig im Norden Bayerns und in der Mitte Deutschlands und Europas. Er gehört zum Kern der Europäischen Metropolregion Nürnberg. Über die A 3, A 70 und A 73 ist der Raum Bamberg optimal an das Autobahnnetz angeschlossen. Geschäftsleute können direkt den Flugplatz Bamberg-Breitenau ansteuern oder den 30 Minuten entfernt gelegenen internationalen Flughafen Nürnberg nutzen. Eine direkte ICE-Anbindung in Bamberg führt von München über Leipzig nach Berlin. Frachtschiffe gelangen auf der über 3.000 km langen Wasserstraße des Main-Donau-Kanals zwischen dem Schwarzen Meer und der Nordsee direkt nach Bamberg. Der Bayernhafen Bamberg bietet darüber hinaus einen bimodalen Terminal für den Güterumschlag zwischen Straße und Schiene.

Der Landkreis Bamberg gehört zu den Top-Wirtschaftsstandorten in Deutschland mit einer überdurchschnittlich hohen Zahl mittelständischer und handwerklicher Betriebe. Insgesamt sind hier über 5.500 Unternehmen angesiedelt, darunter auch einige Niederlassungen großer Unternehmen wie z. B. Rewe, Michelin, INA, Brose. Besonders Betriebe aus dem Bereich der Automobilzulieferer sowie etliche aufstrebende jüngere Firmen, z. B. aus der IT-Branche, sind hier erfolgreich tätig.

Der Landkreis Bamberg zählt über 51.000 Erwerbstätige, davon knapp 35.000 sozialversicherungspflichtig Beschäftigte. Die Arbeitslosigkeit bewegt sich auf einem konstant niedrigem Niveau, dem niedrigsten in ganz Oberfranken.

Landschaft, Sehenswürdigkeiten und Kultur

Zahlreiche Aktivangebote wie Radfahren, Klettern, Wandern und Kanufahren steigern die Attraktivität. Sehenswürdigkeiten wie die Klosteranlage in Ebrach, das größte Barockschloss Deutschlands, Schloss Weissenstein in Pommersfelden, das fürstbischöfliche Jagdschloss Seehof in Memmelsdorf, die Giechburg bei Scheßlitz oder das Museum Levi Strauss' in Buttenheim sind kultur-historische Zeugnisse und wertvolle Bausteine für die von vielen geschätzte Lebensqualität im Bamberger Land.

Der Landkreis Bamberg ist das Herzstück der „Genussregion Oberfranken". Kulinarische Angebote wie das frisch gebraute Bier, der regional angebaute Wein und die fränkische Küche, gepaart mit der typischen Gastfreundschaft, bezeugen das. Mit seinen 64 Brauereien hat der Landkreis Bamberg – gemessen an seiner Einwohnerzahl – die höchste Brauereidichte der Welt zu bieten. In hunderten Gastronomiebetrieben, 82 Biergärten und 34 traditionellen Bierkellern können es sich Besucher aus nah und fern gut gehen lassen. Allein in der Region Bamberg werden unzählige verschiedene Biersorten gebraut, darunter seit 2015 auch das Landkreisbier „36 Kreisla".

Fläche: 1.167,83 km²
EW: 144.695 - EW/km²: 124
KFZ-Kennzeichen: BA
Kreissitz: Bamberg
www.landkreis-bamberg.de

Landrat
Johann Kalb / CSU
im Amt seit: 2014 gewählt bis: 2020

Sitzverteilung im Kreistag
Vorsitz: Johann Kalb

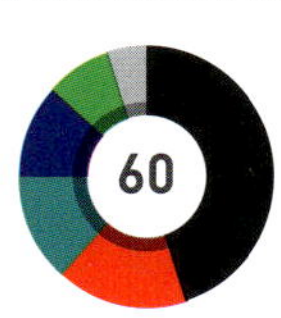

27 CSU
10 SPD
8 Freie Wähler/WG
7 Bürgerblock
5 B.90/Grüne - Alternative Liste 5
3 Sonstige
(ÖDP/Parteifreie 2, FDP 1)

Landkreis

Bayreuth

BAYERN

Der Landkreis Bayreuth ist…
…vor allem bei Familien geschätzt. Hier finden sie hohe Lebensqualität, günstigen Wohnraum und außerordentlich gute Betreuungsangebote für Kinder. Besonders für junge Familien ist eine optimale Vereinbarkeit von Kindererziehung und Beruf möglich.

Historische Entwicklung
Im Rahmen der kommunalen Gebietsreform am 1.7.1972 wurde aus sieben ehemaligen Landkreisen bzw. Landkreisteilen der Landkreis Bayreuth geschaffen. Den Hauptanteil stellen die ehemaligen Landkreise Bayreuth und Pegnitz. Kleinere Gebietsteile kamen aus den Altlandkreisen Ebermannstadt, Eschenbach, Kemnath, Kulmbach und Münchberg hinzu. Geschichtlich gesehen setzt sich der Landkreis aus wesentlichen Teilen des ehemaligen Markgrafentums Ansbach/Bayreuth, Teilen des Hochstifts Bamberg, aus altbayerischem Gebiet der Oberpfalz und kleineren Flächenanteilen der Freien Reichsstadt Nürnberg zusammen. Sitz des Landratsamtes ist die Universitätsstadt Bayreuth.

Wertschöpfung und Verkehr
Der Landkreis Bayreuth mit einem Verflechtungsbereich von rd. 300.000 Einwohnern hat 33 Gemeinden mit insgesamt 105.000 Einwohnern. Der Raum Bayreuth zeichnet sich durch eine direkte Lage an der verkehrstechnisch wichtigen Bundesautobahn A 9 (Berlin-Nürnberg-München), der Bundesautobahn A 70 (Bayreuth-Schweinfurt) sowie an überregional bedeutsamen Bundes- und Staatsstraßen aus. Die Flughäfen Nürnberg (80 km entfernt), Leipzig (195 km entfernt) und München (215 km entfernt) sind über Autobahnen unkompliziert erreichbar. In den Schienenverkehr Nürnberg-Dresden ist Bayreuth stündlich eingebunden.

Lange Industrietradition und umfassende Erfahrung in der Produktion bilden im Landkreis Bayreuth das Potenzial für die Zukunft. Moderne mittelständische Unternehmen mit internationaler Ausrichtung, qualifizierte Dienstleister und leistungsfähige Handwerksbetriebe sind im Landkreis erfolgreich. 51 Industriebetriebe mit 20 und mehr Beschäftigten und rd. 1.800 Handwerksbetriebe bilden die wirtschaftliche Basis. Besondere Kompetenzen liegen in den Bereichen Neue Materialien als Querschnittstechnologie, Automotive Technology, Maschinen- und Anlagenbau, Elektrotechnik, Mechatronik und Automation.

Eine Vielzahl sog. Hidden Champions unterstreicht die hohe Qualität als Wirtschaftsstandort. Hier finden sich viele Unternehmen, die erfolgreich Produkt- und Managemententscheidungen treffen und die sich dank der Kostenstrukturen und Bildungsangebote voll auf die Entwicklung innovativer Produkte konzentrieren können. Der Wirtschaftsstandort Landkreis Bayreuth bietet neben einer hervorragenden wirtschaftsnahen Infrastruktur – Universität, hochkarätige Forschungs- und Technologietransfereinrichtungen, funktionierende Kooperationsnetzwerke, umfassendes Angebot an beruflichen Aus- und Weiterbildungsmöglichkeiten – schnelle Entscheidungswege der öffentlichen Strukturen und langfristige Stabilität der Rahmenbedingungen. Kleine und mittelständische Unternehmen stehen bei uns im Mittelpunkt. Besondere Aufmerksamkeit kommt zudem Existenzgründern durch ein überdurchschnittliches Serviceangebot zu.

Unternehmensrelevante Kosten sind im Wirtschaftsraum Bayreuth niedriger als in anderen attraktiven Wirtschaftsräumen. Investitionen erreichen so eine höhere Wertschöpfung. Das Lohnniveau bei vergleichbaren Unternehmen liegt bis zu 20 % unter dem in deutschen und internationalen Ballungsräumen. Immobilien- und Grundstückspreise sind bei hohem Qualitätsniveau der Objekte und Flächen günstig. Potenzielle Investoren werden intensiv durch ein funktionierendes Netzwerk von Ansprechpartnern betreut.

Fläche: 1.273,74 km²
EW: 104.615 - EW/km²: 82
KFZ-Kennzeichen: BT
Kreissitz: Bayreuth
www.landkreis-bayreuth.de

Landrat
Hermann Hübner [FI] / CSU
im Amt seit: 2008 gewählt bis: 2020

Sitzverteilung im Kreistag
Vorsitz: Hermann Hübner

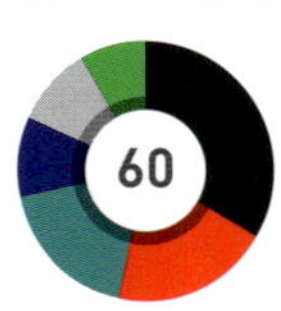

20	CSU
12	SPD
11	Freie WG
6	WG Lkr.
5	B.90/Grüne/Unabh.
6	Sonstige

(Junge Liste 5, FDP 1)

Landschaft, Sehenswürdigkeiten und Kultur
Der Landkreis Bayreuth, der Mitglied der Metropolregion Nürnberg ist, weist in Oberfranken eine zentrale Lage auf. Inmitten einer Bilderbuchlandschaft mit dem Fichtelgebirge im Norden und der Fränkischen Schweiz im Süden sind vor allem der Hummelgau und das Rotmaintal einzigartige Gebiete, die Eigenart und Brauchtum bis heute erhalten haben.

Interessante Einblicke bieten insbesondere das Fränkische-Schweiz-Museum Tüchersfeld bei Pottenstein, das Freilandmuseum Grassemann bei Warmensteinach, Schloss Fantaisie in Eckersdorf und das Krügemuseum in Creußen.

Burgenfreunde kommen besonders in Ahorntal, Aufseß, Pottenstein und Waischenfeld auf ihre Kosten; Höhlenfreunde in der Sophienhöhle im Ailsbachtal und der Teufelshöhle in Pottenstein. Die Seilschwebebahnen in Bischofsgrün und Warmensteinach bringen Naturfreunde in wenigen Minuten zum Ochsenkopf. Gern besucht wird der NaturKunstRaum auf der Neubürg bei Mistelgau. Hier haben zehn renommierte Künstler aus dem In- und Ausland harmonisch ihre Werke in der Landschaft positioniert.

Der Landkreis Bayreuth vergibt alle zwei Jahre einen Kulturpreis (Haupt- und Förderpreis) und veranstaltet Kulturpreisträger-Konzerte.

Landkreis

Berchtesgadener Land

BAYERN

Der Landkreis Berchtesgadener Land ist...
...der im äußersten Südosten Bayerns und Deutschlands, direkt an der Grenze zu Österreich gelegene Landkreis Deutschlands. Er umfasst 15 Gemeinden mit drei Städten und drei Marktgemeinden. Flächenmäßig nimmt der Landkreis Berchtesgadener Land unter den 71 bayerischen Landkreisen die 43. Stelle ein; unter den 20 oberbayerischen Landkreisen steht er an 9. Stelle. Er gehört damit in Bayern zu den mittelgroßen Landkreisen.

Seit 2010 ist der gesamte Landkreis Biosphärenregion und wurde bereits 1990 von der UNESCO als Biosphärenreservat anerkannt. Der Landkreis Berchtesgadener Land gehört der EuRegio Salzburg-Berchtesgadener Land-Traunstein an.

Historische Entwicklung
Die drei Teilgebiete des Berchtesgadener Landes hatten auch eine unterschiedliche geschichtliche Entwicklung: Die reichsunmittelbare Fürstprobstei Berchtesgaden wurde nach Jahrhunderten wechselvoller Geschichte, die besonders durch kriegerische Auseinandersetzungen wegen des Salzes gekennzeichnet waren, schließlich im Rahmen der allgemeinen Säkularisation im Jahre 1803 aufgelöst. 1810 kam das Gebiet zum Königreich Bayern.

Bad Reichenhall, die heutige Kreisstadt, war demgegenüber seit jeher bayerisches Territorium. Aus keltischen und römischen Anfängen erreichte auch dieses Gebiet dank der Solevorkommen und der Salzverarbeitung Reichtum und Ansehen. Kehrseite war, dass auch hier immer wieder Kriege wegen des Salzes geführt wurden, besonders mit den benachbarten Salzburger Fürstbischöfen. Um die Mitte des 19. Jahrhunderts entwickelte sich ein anderer Erwerbszweig, der die Stadt zu einer erneuten Blüte brachte und der sie auch heute noch charakterisiert: das Soleheilbad.

Der nördliche Teil des Landkreises gehört zum Rupertiwinkel, dessen Name auf Rupertus, den ersten Bischof von Salzburg, zurückgeht. Dieses Gebiet unterstand bis zum Wiener Kongress dem Fürsterzbistum Salzburg und ist seit 1816 bayerisch.

Erst durch die Landkreisgebietsreform in Bayern 1972 entstand aus den früheren Landkreisen Laufen und Berchtesgaden sowie aus der kreisfreien Stadt Bad Reichenhall der Landkreis Berchtesgadener Land in seiner heutigen Ausprägung.

Wertschöpfung und Verkehr
Das Berchtesgadener Land ist nicht nur ein einzigartiger Tourismus- und Sportstandort, sondern vor allem auch ein attraktiver Wirtschaftsstandort mit einer ausgezeichneten Infrastruktur. Hier treffen landschaftliche Schönheit, Seen, Berge, alte Städte, Kultur, Tourismus und Hochtechnologie aufeinander.

Neben dem Tourismus besteht ein leistungsstarker Branchenmix aus größeren, mittleren und kleineren Betrieben mit hoher Technologieorientierung und internationaler Ausrichtung, die auf dem Weltmarkt erfolgreich sind.

Der Landkreis Berchtesgadener Land liegt an den Verkehrsachsen der A 8, der Bahnlinie München-Salzburg-Wien mit kurzer Anbindung zum Flughafen Salzburg.

Landschaft, Sehenswürdigkeiten und Kultur
Jedes Gebiet im Landkreis hat seine eigene Charakteristik: Im südlichen, hochalpinen Teil der Berchtesgadener Talkessel mit einer unvergleichlichen Bergkulisse um Watzmann und Königssee, dem Alpen-Nationalpark Berchtesgaden und vielen touristischen Attraktionen, in der Landkreismitte mit der attraktiven Alpenstadt Bad Reichenhall und ihren breitgefächerten Angeboten im Gesundheits- und Wellnessbereich sowie vielfältigen kulturellen Veranstaltungen und im nördlichen, voralpinen Teil des Landkreises mit den Gemeinden des Rupertiwinkels, wo sich Natur und Architektur profaner und sakraler Baukunst in wunderbarer Weise verbinden.

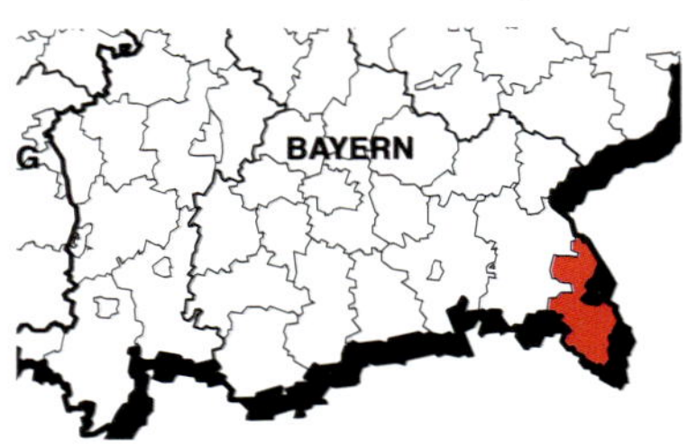

Fläche: 839,92 km²
EW: 102.976 - EW/km²: 123
KFZ-Kennzeichen: BGL
Kreissitz: Bad Reichenhall
www.lra-bgl.de

Landrat
Georg Grabner / CSU
im Amt seit: 2002 gewählt bis: 2020

Sitzverteilung im Kreistag
Vorsitz: Georg Grabner

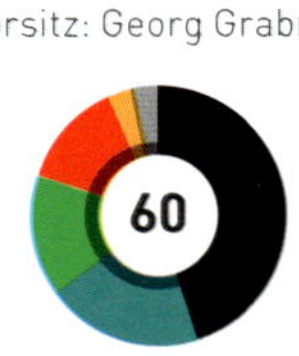

27	CSU
12	Freie Wähler
9	B.90/Grüne
8	SPD
2	ÖDP
2	Sonstige

(REP 1, FDP 1)

Landkreis

Cham

BAYERN

Der Landkreis Cham ist...
...ein innovativer und fortschrittlicher und gleichzeitig traditionsbewusster Lebens- und Wirtschaftsraum, dessen Menschen zuversichtlich in die Zukunft blicken. Der einst strukturschwache Grenzlandkreis im Osten Bayerns hat sich nach dem Fall des „Eisernen Vorhangs" zu einem international wettbewerbsfähigen Gebiet in der Mitte Europas entwickelt. Gerade in den vergangenen beiden Jahrzehnten hat sich hier eine äußerst dynamische Entwicklung vollzogen.

Historische Entwicklung
Mit der Verwaltungsreform 1803 entstanden die zunächst für Verwaltung und Rechtsprechung zuständigen Landgerichte Cham, Kötzting, Waldmünchen und Roding, die später in Bezirke und dann in Landkreise umbenannt wurden. Die drei erstgenannten und der östliche Teil des Landkreises Roding sowie einige Gemeinden weiterer Kreise wurden 1972 im Zuge der Gebietsreform zum neuen Landkreis Cham im Regierungsbezirk Oberpfalz zusammengeschlossen.

Wertschöpfung und Verkehr
Die Wirtschaftsstruktur im Landkreis Cham ist geprägt durch einen breit aufgestellten Mittelstand mit den Schwerpunkten Maschinenbau, Elektrotechnik, Metallerzeugnisse und Kunststofftechnik.

Mitte der 1980er-Jahre noch als „Kältepol der Arbeitslosigkeit in Deutschland" bezeichnet, kann er nun eine Arbeitslosenquote weit unter Bundes- und Landesdurchschnitt vorweisen. Gleichzeitig steigt die Zahl und die Wertigkeit der Arbeitsplätze überdurchschnittlich. Findige mittelständische Unternehmer und fleißige Arbeitnehmer haben ihre Stärken herausgestellt und ihre Chancen genutzt. Mit Kreativität und Innovationskraft ist es ihnen gelungen, den Wertschöpfungs- und Veredelungsprozess in den Landkreis zu holen, statt nur „verlängerte Werkbank" internationaler Konzerne zu sein.

Der Landkreis Cham unterstützt diese Entwicklung durch eine engagierte Wirtschaftsförderung und Regionalmanagement-Aktivitäten auf breiter bürgerschaftlicher Basis. Bildung, Qualifikation und Innovation haben einen besonders hohen Stellenwert. Mit dem Technologie Campus Cham und seiner Ausrichtung auf das Studium „Bachelor Dual International Mechatronics" gelingt zunehmend die Etablierung akademischer Bildung im Landkreis Cham. Die Anerkennung als „Bildungsregion in Bayern" verdeutlicht diesen Anspruch.

Die gute wirtschaftliche Entwicklung und die zunehmende Vernetzung in der grenzüberschreitenden Europaregion Donau-Moldau erfordern einen weiteren Ausbau der Verkehrswege. Das Hauptaugenmerk richtet sich dabei auf den Ausbau der Bundesstraßen, die mangels eines unmittelbaren Autobahnanschlusses diese Funktion übernehmen müssen, sowie auf den Ausbau der Metropolenbahn München/Nürnberg-Furth im Wald-Pilsen-Prag.

Fläche: 1.520,17 km²
EW: 125.844 - EW/km²: 83
KFZ-Kennzeichen: CHA
Kreissitz: Cham
www.landkreis-cham.de

Landrat
Franz Löffler [W] / CSU
im Amt seit: 2010 gewählt bis: 2020

Sitzverteilung im Kreistag
Vorsitz: Franz Löffler

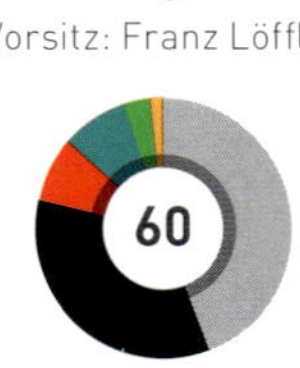

21 CSU
5 Freie Wähler
5 SPD
2 B.90/Grüne
1 ÖDP
26 Sonstige
(GLLW 6, FWSL 6, HBL 5, FCWG 5, GF 4)

Landschaft, Sehenswürdigkeiten und Kultur
Der Landkreis Cham ist nicht nur ein moderner Wirtschaftsraum, sondern auch eine attraktive Urlaubsdestination im Bayerischen Wald, dem größten zusammenhängenden Waldgebirge Mitteleuropas. Mit rund 2,4 Mio. Gästeübernachtungen nimmt er die touristische Spitzenstellung innerhalb der Oberpfalz ein. Das gut strukturierte Beherbergungsangebot reicht vom anerkannten „5-Sterne Bauernhof" über bestens ausgestattete Wellness-Hotels bis hin zum Familien-Designhotel. Zahlreiche Freizeit- und Erholungsmöglichkeiten wie der Freizeitpark „Churpfalzpark", der Bayerwald-Tierpark Lohberg oder das Freizeitzentrum am Hohenbogen bieten Abwechslung und Erlebnis.

Attraktive Wanderwege, allen voran der Qualitätswanderweg „Goldsteig", durchqueren den Landkreis, die Mountainbiker finden herausfordernde Strecken im Naturpark Oberer Bayerischer Wald, und entlang der Flüsse lässt sich hervorragend Genuss-Radeln. Eine Bootswanderstrecke führt auf dem Fluss Regen vom Blaibacher See bis Regensburg. Als „Gesundheitsregion plus" setzt der Landkreis auf Prävention und den Erhalt der Gesundheitsversorgung in der Fläche. Eine besondere Rolle nimmt dabei auch das Kneippheilbad Bad Kötzting ein.

Sieben Festspielorte, zahlreiche Museen und Galerien sowie Klöster und Burgen prägen den Ruf des Landkreises Cham als kulturell reich. Das älteste Volksschauspiel Deutschlands, der Further Drachenstich, zählt wie die Jahrhunderte alte Reiterwallfahrt zu Bad Kötzting, der Pfingstritt, zum immateriellen Kulturerbe Bayerns. Wie eng Kultur und Technik verknüpft sind, zeigt sich auch am Beispiel des hier entwickelten weltgrößten Schreitroboters, der als „Further Drache" die Hauptrolle im Festspiel innehat. Überregionale Aufmerksamkeit zieht auch das architektonisch einzigartige Konzerthaus in der kleinen Gemeinde Blaibach auf sich.

Landkreis

Coburg

BAYERN

Der Landkreis Coburg ist…

…„die schönste Gegend der Welt!“, so beschrieb Johann Gottfried Herder im Jahre 1788 in einem Brief an seine Frau die Schönheit und den Liebreiz des Coburger Landes.

Vervollkommnet wird dieser Eindruck im Anblick der sich über Stadt und Landkreis Coburg erhebenden Veste. Sie war zu allen Zeiten Mittelpunkt sowohl der Landschaft als auch der Geschichte. Hier ist gleichsam das Herz, durch dessen Schlag sich eine eigenständige Kultur entfaltete.

Historische Entwicklung

In einer Volksabstimmung 1919 entschied sich die Bevölkerung des Freistaates Coburg gegen den Anschluss an den Freistaat Thüringen und damit für Bayern. Der Anschluss wurde im Juli 1920 vollzogen. Wir Coburger sind somit die einzig freiwilligen Bayern. Das macht uns selbstbewusst und unterscheidet uns von den anderen Landkreisen.

Das Landratsamt Coburg ist sowohl das älteste als auch das jüngste Landratsamt in Bayern. Das älteste deswegen, weil es bereits im Jahre 1858 durch Gesetz von Herzog Ernst II. von Sachsen-Coburg begründet wurde – die Bezirksämter in Bayern entstanden später im Jahr 1862. Und es ist zugleich das jüngste Landratsamt in Bayern, weil sich Coburg erst 1920 – wie oben erwähnt – dem Freistaat anschloss.

Wertschöpfung und Verkehr

Nach dem Zweiten Weltkrieg teilte der Landkreis Coburg über 40 Jahre bis zur Wiedervereinigung 115,6 km – das ist die Hälfte seiner gesamten Kreisgrenze – mit der damaligen DDR. Er war damit von seinen benachbarten Wirtschafts- und Lebensräumen in Thüringen abgeschnitten.

Trotz alledem konnte der Raum Coburg eine positive Entwicklung verzeichnen. Diese Entwicklung ist wohl in erster Linie dem Willen und der Schaffenskraft der Menschen, die hier leben, zu verdanken. Einen wesentlichen Aufbaubeitrag leisteten auch die vielen Vertriebenen, die nach dem Krieg im Coburger Land eine neue Heimat fanden. 1939 hatte der Landkreis 40.426 Einwohner, 1946 waren es durch die Flüchtlingsströme 61.144. Anfang der 1960er Jahre gab es noch 129 politische Gemeinden im Kreisgebiet, darunter 22 mit weniger als 100 Einwohnern. Unmittelbar vor der Gemeindegebietsreform vom 10.5.1978 umfasste der Landkreis insgesamt noch 51 Gemeinden. Nach Abschluss der Gemeindegebietsreform bestehen im Landkreis 17 Städte und Gemeinden.

Der Raum Coburg gehört zu den am stärksten industrialisierten Gebieten der Bundesrepublik Deutschland. Gleichwohl konnten im Kreis die natürliche Beschaffenheit und der Reiz der Landschaft erhalten werden, ein Kapital, das der Fremdenverkehr zunehmend zu nutzen versteht.

Die durch die Wiedervereinigung der beiden deutschen Staaten zurück gewonnene zentrale Lage in der Mitte Deutschlands und Europas bedingte eine weitgehende Neuorientierung und Anpassung in allen Lebensbereichen.

So öffneten sich nach der Wiedervereinigung die Märkte Thüringens. Andererseits strömte von dort Kaufkraft nach Coburg. Seit 1989 haben sich vielfältige wirtschaftliche Verflechtungen ergeben. Traditionelle Wirtschaftsbeziehungen zu Thüringen lebten wieder auf. Das Coburger Land hat eine Mittlerfunktion zu Thüringen, was der Regionalplan Oberfranken-West ausdrücklich feststellt. Inzwischen besteht eine gute Verkehrsanknüpfung an das ehemalige DDR-Gebiet über Autobahn, Bundes-, Staats-, Kreis- und Gemeindeverbindungsstraßen sowie Bahnlinien.

Fläche: 590,47 km²
EW: 86.715 - EW/km²: 147
KFZ-Kennzeichen: CO
Kreissitz: Coburg
www.landkreis-coburg.de

Landrat
Michael Busch / SPD
im Amt seit: 2008 gewählt bis: 2020

Sitzverteilung im Kreistag
Vorsitz: Michael Busch

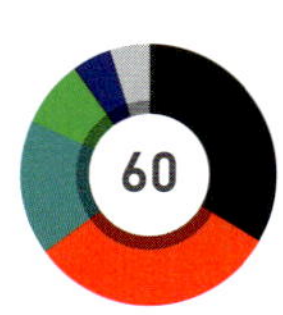

20	CSU-Landvolk
19	SPD
10	Freie Wähler
5	B.90/Grüne
3	Unabh.Bürger
3	Sonstige

(ÖDP 2, FDP 1)

Landschaft, Sehenswürdigkeiten und Kultur

Das Coburger Land am Fuße der Mittelgebirgslandschaften des Frankenwaldes, der Fränkischen Schweiz und des Thüringer Waldes bietet eine Vielfalt, die ihresgleichen sucht. Ob Wandern oder Städtebesichtigung, ob Kultur oder Sport, ob Ruhe oder Geselligkeit – ein jeder findet hier, was er gerne mag.

Jede Stadt, jede Gemeinde des Landkreises Coburg hat Besonderes aufzuweisen, wie z. B. das Gerätemuseum des Coburger Landes in der Alten Schäferei Ahorn, die ThermeNatur Bad Rodach, Schloß Rosenau in Rödental, das Museum der Deutschen Spielzeugindustrie in Neustadt b. Coburg, den Wildpark Schloß Tambach in der Gemeinde Weitramsdorf und die historische Altstadt von Seßlach.

Die Landkreisbürger sind heitere und fleißige Menschen; sie sind bei aller Traditionsverbundenheit zielstrebig und aufgeschlossen für Modernität und Fortschritt. Alle Menschen im Landkreis Coburg – die Einheimischen wie die Neubürger – verbindet ein Zusammengehörigkeitsgefühl in dem Wissen, dass es sich hier gut leben lässt.

Landkreis

Dachau

BAYERN

Der Landkreis Dachau ist...

...ein lebens- und liebenswerter Landkreis, der am nordwestlichen Stadtrand von München liegt. Mit seiner westlichen Kreisgrenze berührt er den Regierungsbezirk Schwaben. Dachau gehört heute zu den wirtschafts- und wachstumsstärksten Gebieten Deutschlands. Die günstige Lage im Ballungsraum München macht das Wohnen im Landkreis attraktiv. Die Landeshauptstadt liegt vor der Tür, ebenso wie das ruhige, idyllische Landleben.

Historische Entwicklung

Durch das bayerische Distriktratsgesetz von 1852 wurde ein körperschaftlicher Verband der im damaligen Landgericht Dachau gelegenen Gemeinden gebildet, der die übergemeindlichen Selbstverwaltungsaufgaben wahrnahm. 1862 wurde die Justiz von der Verwaltung getrennt und das Landgericht in Bezirksamt Dachau umbenannt. 1919 brachte das Selbstverwaltungsgesetz eine Erweiterung der Selbstverwaltungsaufgaben. 1939 wurde das Bezirksamt in Landratsamt umbenannt.

Die Landkreisreform 1972 vergrößerte den Landkreis Dachau um zehn Gemeinden aus dem früheren Landkreis Aichach, um fünf Gemeinden aus dem früheren Landkreis Friedberg und um eine Gemeinde aus dem Landkreis Fürstenfeldbruck. Die Gemeinde Fahrenzhausen wurde an den Landkreis Freising abgetreten. 1973 erhielt die Stadt Dachau die Bezeichnung Große Kreisstadt verliehen. 1984 wurde der Ort Weißling nach Petershausen eingemeindet und kam dadurch vom Landkreis Freising zum Landkreis Dachau.

Die nunmehr dreißigjährige Geschichte des Landkreises in seiner jetzigen Ausdehnung beweist, dass er die in ihn gesetzten Erwartungen erfüllt: einmal als selbstbewusster und eigenständiger Gegenpol zur bayerischen Landeshauptstadt; zum anderen als leistungsfähiger Partner, der zusammen mit dem großstädtischen Nachbarn jene infrastrukturellen Probleme zu bewältigen vermag, welche sich auf Grund der besonderen räumlichen Zuordnung ergeben.

Wertschöpfung und Verkehr

Der Landkreis Dachau ist ein begehrter Wirtschaftsstandort. Ein breiter Branchenmix aus international agierenden Großunternehmen, einem innovativen Mittelstand und wachstumsstarken Start-up-Unternehmen sorgt für eine stabile Wirtschaftskraft, auch wenn Unternehmen aus den Bereichen IT und Automotive zahlenmäßig sehr stark vertreten sind. Nahezu jede Branche findet optimale Standort- und Infrastrukturvoraussetzungen im Dachauer Land.

Durch die Nähe zum Flughafen München sowie dem sternförmig von München ausgehenden Autobahn- und Eisenbahnnetz bestehen dichte und schnelle Verbindungen in alle Richtungen. Auch der Daseinsvorsorge wird ein hoher Stellenwert eingeräumt. Dies gewährleisten zum Beispiel zwei Kliniken mit sehr hohem Standard in vielen Fachrichtungen. Um zukünftigen Herausforderungen gerecht zu werden, sind neben wirtschaftlichen Strukturen qualitativ hochwertige Bildungseinrichtungen notwendig.

Dachau wird nicht umsonst als „Schullandkreis" bezeichnet. Neben dem bestehenden hervorragenden Schulangebot wird kontinuierlich in den Aus- und Neubau von weiterführenden Schulen sowie in die Förderung der sog. MINT-Fächer investiert. In den letzten Jahren erfolgte ein intensiver Ausbau von Kinderkrippen und Kindergärten, um ausreichende Betreuungsplätze im gesamten Landkreis anbieten zu können. Getroffene Maßnahmen der Ganztagsbetreuung und zur Inklusion werden stetig erweitert.

Fläche: 579,18 km²
EW: 146.279 - EW/km²: 253
KFZ-Kennzeichen: DAH
Kreissitz: Dachau
www.landratsamt-dachau.de

Landrat
Stefan Löwl / CSU
im Amt seit: 2014 gewählt bis: 2020

Sitzverteilung im Kreistag
Vorsitz: Stefan Löwl

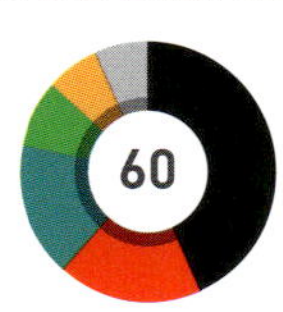

26	CSU
11	SPD
10	FW/FW-Kreisverband
5	B.90/Grüne
4	ÖDP
4	Sonstige

(Freie Wähler 3, FDP 1)

Landschaft, Sehenswürdigkeiten und Kultur

Das Dachauer Land hat zwei landschaftliche Seiten: das Moorgebiet im Süden und das daran anschließende Hügelland im restlichen Kreisgebiet. Die Amper, neben Glonn und Ilm einer der wichtigsten Flussläufe, bildet auf weite Strecken die natürliche Grenze zwischen beiden landschaftlichen Gebieten.

Erholung in nächster Nähe bieten die Amper- und Glonnauen, herrliche Badeseen, Rad- und Wanderwege, sowie Sport-, Freizeit- und Golfanlagen.

Die prachtvolle Kirche des ehemaligen Chorherrenstifts in Kloster Indersdorf mit seinem großen Klosterkomplex kündet bis heute von der geistigen und wirtschaftlichen Macht vergangener Stiftszeiten. Als letzter Großbau des Barocks auf altbayerischem Boden gilt die prunkvolle Klosterkirche des in Altomünster beheimateten Birgittenordens.

An die dunkelste Zeit der deutschen Geschichte erinnert die Gedenkstätte des Konzentrationslagers Dachau. Es war das erste nationalsozialistische KZ und wurde Vorbild für die meisten anderen. Nach Kriegsende diente es u.a. als Internierungslager für NS-Funktionäre und Unterkunft für Vertriebene und Flüchtlinge. Heute ist die Gedenkstätte auch ein weltweit anerkannter Lernort.

Um diese geschichtsträchtige Vergangenheit zu bewältigen, hat sich eine international beachtete Kunst- und Kulturszene etabliert. Die Dachauer Schlosskonzerte, viele Kleinkunst- und Theaterveranstaltungen sowie Ausstellungen in den Gemeinden, Vereins- und Brauchtumsfeste, Faschingszüge, Märkte und Volksfeste bereichern das öffentliche Leben im gesamten Landkreis und fördern die Gemeinschaft.

Landkreis

Deggendorf

BAYERN

Der Landkreis Deggendorf ist...
...geliebte Heimat, attraktiver Wirtschafts- und Bildungsstandort, begehrtes Zuzugsgebiet und bietet eine moderne Infrastruktur, ideale Wohn- und Freizeitmöglichkeiten – und das im Herzen Niederbayerns.

Historische Entwicklung

Der heutige Landkreis war seit jeher Sitz übergeordneter Verwaltungsbehörden. Aus den Wittelsbacher Landgerichten (Pflegegerichte) entstand 1862 das Bezirksamt Deggendorf, das im Jahr 1939 in die Gebietskörperschaft „Landkreis Deggendorf" mündete.

Das heutige Kreisgebiet entstand mit der Gebietsreform 1972. Damals wurden Teile der ehemaligen Landkreise Vilshofen, Landau und Bogen eingegliedert. Das vergrößerte Landkreisgebiet machte 1980 den Umzug vom historischen Gebäude in der Pfleggasse an den heutigen Standort notwendig.

Zum Landkreis gehören 26 Gemeinden, darunter die Große Kreisstadt Deggendorf und die Städte Plattling und Osterhofen.

Wertschöpfung und Verkehr

Aus einem überwiegend landwirtschaftlich geprägten Gebiet hat sich der Landkreis Deggendorf in den vergangenen Jahrzehnten hin zu einer Boom-Region mit einem gesunden Branchenmix entwickelt.

Mitentscheidend für diese Entwicklung war der Bau des Autobahnkreuzes Deggendorf, das die Anbindung an die Metropolregionen ermöglichte. Hinzu kommen die sehr gute Schienenanbindung mit einem ICE-Halt in Plattling auf der Strecke Hamburg-Wien sowie der Donau-Freihafen.

Der Landkreis Deggendorf setzte früh auf den „Rohstoff" Bildung. Mehr als 80 staatliche, kommunale und private Einrichtungen ermöglichen eine wohnortnahe Aus-, Fort- und Weiterbildung der Bevölkerung in Schule und Beruf. Mit landkreiseigenen Berufsfachschulen setzt der Landkreis im sozialen, kulturellen und technischen Bereichen wichtige Akzente. Mit dem Neubau des Schulzentrums wird dieser Weg konsequent weitergeführt.

Die Gründung der heutigen Technischen Hochschule sorgte für einen weiteren Entwicklungsschub. Mit derzeit mehr als 5.600 Studenten ist sie ein wichtiger Fachkräftepool für die Unternehmen der gesamten Region. Ein Schwerpunkt der TH Deggendorf liegt im Wissens- und Technologietransfer, durch die zahlreichen Technologie-Campi im ländlichen Raum profitieren auch umliegende Landkreise.

Fläche: 861,30 km²
EW: 115.699 - EW/km²: 134
KFZ-Kennzeichen: DEG
Kreissitz: Deggendorf
www.landkreis-deggendorf.de

Landrat
Christian Bernreiter[P] / CSU
im Amt seit: 2002 gewählt bis: 2020

Sitzverteilung im Kreistag
Vorsitz: Christian Bernreiter

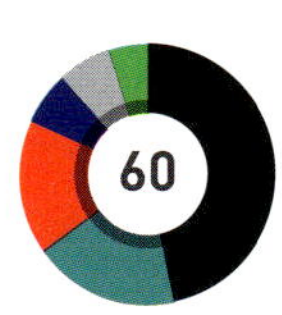

28	CSU
11	Freie Wähler
10	SPD
4	Junge Liste
3	B.90/Grüne
4	Sonstige

(ÖDP 2, FDP 1, REP 1)

Der Landkreis sieht sich bei der Kreisentwicklung als Partner und Dienstleister der regionalen Wirtschaft.

Landschaft, Sehenswürdigkeiten und Kultur

Das Wappen des Landkreises symbolisiert die geografische Lage an den Flüssen Donau und Isar, die Zugehörigkeit zum Bayerischen Wald und zum niederbayerischen Gäuboden – dargestellt durch den blauen Wellenbalken, den grünen Dreiberg und die goldene Feldfarbe. Dadurch vereinen sich völlig unterschiedliche Naturräume, die in der Freizeitgestaltung alle Möglichkeiten eröffnen. Im landkreiseigenen Infozentrum Isarmündung werden dem Besucher die einzigartigen Fluss- und Auenlandschaften an der Mündung der Isar in die Donau nahe gebracht. Das gut ausgebaute Radwegenetz an den Flüssen schafft ein wahres Rad-Eldorado.

Gleichzeitig bieten die ersten Höhenzüge des Bayerischen Waldes ausgezeichnete Wander- und Wintersportmöglichkeiten. Dabei sind die Kulturlandschaften, z.B. im Lallinger Winkel oder im Perlbachtal, besonders beliebte Urlaubsdestinationen.

Die kulturelle Entwicklung ist untrennbar mit den Benediktinerklöstern Niederaltaich und Metten verbunden. Vom Kloster Niederaltaich aus begann im 8. Jahrhundert die Besiedlung des Bayerischen Waldes. Seit jeher und bis heute gehen von beiden Klöstern überregionale geistliche und geistige Impulse aus. Zudem glänzen sie als kulturtouristische Highlights im Deggendorfer Land. So genießt die barocke Klosterbibliothek in Metten Weltruhm.

Mit der Asambasilika in Osterhofen-Altenmarkt schufen die Baumeister Johann Michael Fischer ein Meisterwerk spätbarocker Kirchenbaukunst.

Weitere kulturelle Sehenswürdigkeiten sind das Schloss Egg, dessen Ursprünge ins Hochmittelalter zurückreichen, die Rokoko-Kirche Loh oder die romanische Kirche St. Jakob in Plattling.

Um die archäologischen Schätze zu bewahren, hat der Landkreis bereits Anfang der 1980er-Jahre mit einer eigenen Kreisarchäologie Pionierarbeit geleistet. Im Museum Quintana in Künzing wird die hiesige Siedlungsgeschichte bis in die Jungsteinzeit zurück anschaulich dokumentiert. Weitere Museen wie das Ziegel- und Kalkmuseum in Flintsbach widmen sich verschiedenen Aspekten der regionalen Geschichte.

Die Donaustadt Deggendorf hat sich zu einem modernen Zentrum des kulturellen und wirtschaftlichen Lebens entwickelt und ist als Tagungsstadt und bei Städtetouristen gleichermaßen gefragt.

Landkreis

Dillingen a.d.Donau

BAYERN

Der Landkreis Dillingen a.d.Donau ist...
...in zentraler Lage zwischen den Ballungszentren Süddeutschlands wirtschaftlich stark, ökologisch vorbildlich und humanitär für seine Besucher und Bürger. Als dynamischer Wirtschaftsstandort bildet er die Grundlage für eine hohe Lebensqualität mit Perspektiven.

Der traditionsverbundene und zukunftsorientierte Landkreis Dillingen a.d.Donau umfasst die Ausläufer der Schwäbischen Alb im Norden und die nördlichsten Hügel des Alpenvorlandes im Süden Dabei durchquert die Donau, Mitteleuropas größter Strom, den Landkreis von West nach Ost. Der Landkreis Dillingen a.d.Donau zeichnet sich beispielhaft durch eine hohe Lebensqualität, ein breites kulturelles Angebot sowie eine naturräumliche Vielfalt mit hohem Naherholungswert aus.

Historische Entwicklung
Der Landkreis kann auf eine lange und vielfältige Geschichte zurückblicken. Der Landkreis Dillingen in seiner heutigen Gestalt ist anlässlich der Gebietsreform im Jahr 1972 durch die Eingliederung der früheren kreisfreien Stadt Dillingen a.d.Donau und der westlichen Hälfte des Landkreises Wertingen in den Altlandkreis Dillingen a.d.Donau gebildet worden.

Wertschöpfung und Verkehr
Eine Vorreiterrolle nimmt der Landkreis Dillingen a.d.Donau beim Einsatz erneuerbarer Energien ein. So werden bereits seit einigen Jahren mehr als 120 % der gesamten verbrauchten Strommenge durch regenerative Energien erzeugt.

Bei einem nachhaltigen Ausbau der regenerativen Energien hat der Landkreis die besten Chancen, als einer der ersten Landkreise in Bayern energieautark zu werden. Der angestrebte Ausbau der regenerativen Energien stellt für den Landkreis Dillingen a.d.Donau einen wesentlichen Standortindikator dar und gewährleistet ein hohes Maß an regionaler Wertschöpfung.

Der Landkreis Dillingen a.d.Donau zählt zu den attraktiven Wirtschafts-, Kultur- und Lebensräumen mit Zukunft. Dafür stehen führende Unternehmen aus innovativen und zukunftsträchtigen Branchen, eine besondere Branchenvielfalt und eine sehr niedrige Arbeitslosenquote. Mit dem nachhaltigen Ausbau der Verkehrsinfrastruktur ist es gelungen, die großen Wirtschaftszentren München, Nürnberg, Stuttgart, Augsburg, Ingolstadt und Ulm anzubinden.

Der nachhaltige Ausbau der Bildungseinrichtungen und der Bildungsangebote hat im Landkreis Dillingen a.d.Donau seit Jahrzehnten höchste Priorität. Bis zum Jahr 2018 wird der Kreis über 85 Mio. € allein in seine Bildungseinrichtungen investieren, um beste Ausbildungsvoraussetzungen, auch für die berufliche Bildung, zu schaffen.

Ganz besonderen Wert legt der Landkreis Dillingen a.d.Donau auf ein vielfältiges Angebot an schulischer und außerschulischer Bildung und wird somit auch gerne als „Bildungslandkreis" bezeichnet. So findet sich heute ein engmaschiges Netz an verschiedenen Schulen und außerschulischen Bildungseinrichtungen, wie beispielsweise die Akademie für Lehrerfortbildung und Personalentwicklung, im Landkreis

Landschaft, Sehenswürdigkeiten und Kultur
Neben der ehemaligen bedeutenden fürstbischöflichen Residenz- und Universitätsstadt Dillingen a.d.Donau, die auch als das „schwäbische Rom" bezeichnet wird, stehen das herzogliche Renaissanceschloss in Höchstädt a.d.Donau sowie die evang.-luth. Dreifaltigkeitskirche in Haunsheim beispielhaft für den Reichtum an kunsthistorischen Sehenswürdigkeiten im Landkreis.

Die naturräumlichen Besonderheiten und das reiche Erbe an Sehenswürdigkeiten prägen den Landkreis. Die vielfältige Seenlandschaft mit mehreren hundert Naturseen bietet für Familien mit Kindern und Wassersportler eine herrliche Abwechslung zum Alltag.

Der landschaftliche Dreiklang aus Alpenvorland, Donautal und Schwäbischer Alb macht den Landkreis zu einem echten Radler-Paradies. Mehr als 620 km Radwege, darunter der Donauradweg, ziehen sich durch den Landkreis Dillingen a.d.Donau. Ein Jakobus-Wanderweg und der Schwäbische-Alb-Südrand-Wanderweg bilden das Rückgrat zahlreicher, herrlich gelegener Wanderwege im Landkreis.

Fläche: 792,22 km²
EW: 93.478 - EW/km²: 118
KFZ-Kennzeichen: DLG
Kreissitz: Dillingen a.d. Donau
www.landkreis-dillingen.de

Landrat
Leo Schrell / Freie Wähler
im Amt seit: 2004 gewählt bis: 2022

Sitzverteilung im Kreistag
Vorsitz: Leo Schrell

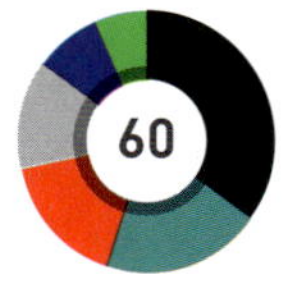

21 CSU
12 Freie Wähler
10 SPD
5 Zukunft
4 B.90/Grüne
8 Sonstige
(FDP 3, Bürgerliste 3, REP 2)

Landkreis

Dingolfing-Landau

BAYERN

Der Landkreis Dingolfing-Landau ist...
...ein Stück Altbayern, typisch und unverwechselbar mit unaufdringlicher Schönheit. Hier vereinen sich harmonisch industrieller Fortschritt mit Landwirtschaft und Tradition.

Historische Entwicklung
Das Gebiet des heutigen Landkreises Dingolfing-Landau ist bayerisches Kernland. 1803 wurde im Kreisgebiet das Landgericht Landau errichtet, aus Teilen dieses Bezirkes entstand 1838 das Landgericht Dingolfing. Im Jahr 1862 wurden im Zuge der Trennung von Justiz und Verwaltung neben den Landgerichtsbezirken die Bezirksämter Dingolfing und Landau geschaffen, die 1939 die Bezeichnung „Landratsamt" erhielten. 1972 wurden beide Altlandkreise im Rahmen der großen Gebietsreform zum Landkreis Dingolfing-Landau zusammengeschlossen.

Wertschöpfung und Verkehr
Hohes Wirtschaftswachstum, hohe Beschäftigungszahlen, geringe Lebenshaltungskosten, beste Infrastruktur und ein hoher Freizeitwert machen das Leben im Landkreis lebenswert.

Diese dargebotene Lebensqualität verschaffte dem Landkreis im Focus-Ranking 2013 „Wo Deutschland am besten ist" unter 402 untersuchten Landkreisen und kreisfreien Städten bei der Gesamtbewertung einen Spitzenplatz unter den „Top Five". Unangefochtener Sieger ist Dingolfing-Landau bei den Kategorien Wohlstand und Jobs und belegt damit in Deutschland den ersten Platz.

Diesen Wohlstand hat Dingolfing-Landau dem weltweit größten Produktionsstandort der BMW-Group in der Kreisstadt Dingolfing zu verdanken. Täglich verlassen 1.600 Fahrzeuge das Werk und treten die Reise in die gesamte Welt an, vor allem nach Asien und in die USA. Ebenso werden im Dingolfinger Werk die Aluminiumkarosserien für die Edelmarke Rolls-Royce gefertigt. Von den 18.500 Beschäftigten sind 10.000 Pendler, die täglich aus ganz Niederbayern mit Bussen nach Dingolfing kommen.

Der Startschuss für die Automobilindustrie im Landkreis fiel 1955, als die Hans-Glas-GmbH, die früher Sämaschinen und in der Nachkriegszeit Motorroller produzierte, das legendäre „Goggomobil" aufs Band legte. Die Glas-Modelle wurden laufend erweitert, darunter auch Sport-Cabrios und V8-Limousinen, liebevoll „Glaseratis" genannt. Als 1967 die BMW AG die Glas-Werke übernahm, fand sie aufgrund der bereits vorhandenen Produktionsanlagen und den bestens geschulten Facharbeitern ideale Bedingungen vor.

Eine gewichtige Rolle im Landkreis spielt immer noch die Landwirtschaft. Dabei kommt dem Gemüseanbau große Bedeutung zu. Dingolfing-Landau ist Deutschlands größtes zusammenhängendes Anbaugebiet für Feldgemüse und beim Anbau von Einlegegurken die Nummer Eins. Knapp 11.000 Saisonarbeiter aus Osteuropa kommen jährlich ins Anbaugebiet als Erntehelfer. Nach der Ernte erfährt das Gemüse kurze Verarbeitungswege und wird durch Betriebe wie Develey oder Fischer-Konserven zu feinsauren Delikatessen veredelt. Verbraucher und Gaststätten profitieren von der Direktvermarktung der feldfrischen Waren.

Ein großes Plus für den Landkreis mit seinen 15 Gemeinden ist die verkehrsgünstige Lage. Zentral im westlichen Niederbayern gelegen, führt die Autobahn A 92, München-Deggendorf, durch den Landkreis, die Bundesstraße B 20 durchquert als eine der wichtigsten Nord-Süd-Verbindungen ebenso das Kreisgebiet. Der Landkreis liegt außerdem an der Bahnstrecke von Passau nach München.

Fläche: 877,79 km²
EW: 93.450 - EW/km²: 106
KFZ-Kennzeichen: DGF
Kreissitz: Dingolfing
www.landkreis-dingolfing-landau.de

Landrat
Heinrich Trapp / SPD
im Amt seit: 1991 gewählt bis: 2020

Sitzverteilung im Kreistag
Vorsitz: Heinrich Trapp

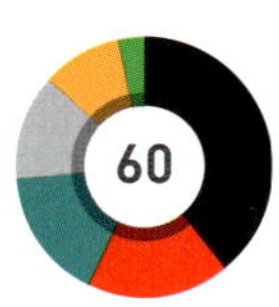

23	CSU
11	SPD
10	Freie Wähler
6	ÖDP/Aktive Bürger
2	B.90/Grüne
8	Sonstige

(Junge Bürger 5, FDP 3)

Landschaft, Sehenswürdigkeiten und Kultur
Den Landkreis durchqueren die drei Flüsse Isar, Vils und Aitrach. Weite grüne Täler und sanfte Hügelketten kennzeichnen die Landschaft und bieten puren Naturgenuss. Sechs Naturschutzgebiete sind auf das Kreisgebiet verteilt, hinzu noch das 1.300 ha große Vogelschutzgebiet „Königsauer Moos", eines der letzten großen Niedermoorgebiete in Bayern, das von europaweiter Bedeutung ist. Der „Wachsende Felsen von Usterling" bei Landau ist eines der schönsten Geotope in Bayern. Die knapp 40 m lange und 5 m hohe Felsenwand speist sich aus einem kalkhaltigen Rinnsal auf dem Felsrücken und wächst dadurch langsam in die Höhe.

Seit mindestens 100.000 Jahren leben in unserem Landkreis Menschen, die sich hier seit etwa 7.600 Jahren dauerhaft niedergelassen haben. Im Landkreis wurde das älteste Gold Bayerns als Grabbeilage, hinzu noch mehrere Hundert keltischer Goldmünzen und eine Kultstätte, die älter ist als Stonehenge, entdeckt. Um all die archäologischen Schätze aufzuspüren und zu dokumentieren, leistet sich der Landkreis seit 25 Jahren eine eigene Kreisarchäologie.

Dingolfing-Landau verspricht auch hohen Freizeit- und Erholungswert. Auf gut 500 km bestens ausgebautem Radwegenetz entdeckt man die Schönheiten der Landschaft und kann zahlreiche kunsthistorische Sehenswürdigkeiten besichtigen. Die Liste der möglichen Aktivitäten lässt sich beliebig verlängern: Wassersport auf dem Vilstalsee, zwei Golfplätze in schönster Lage, das Dingolfinger Spaßbad „Caprima" und der Freizeitpark „Bayern-Park", der mit vielen Attraktionen Besucher weit über die Grenzen Bayerns hinaus anzieht.

Landkreis

Donau-Ries

BAYERN

Der Landkreis Donau-Ries ist…
…„aktiv, innovativ, liebens- und lebenswert" für seine Einwohner und diejenigen, die es werden wollen, und stellt einen wirtschaftlichen wie auch touristischen Standort Nordschwabens dar.

Historische Entwicklung

Zu Anfang des 19. Jahrhunderts beendete Napoleon zugunsten eines groß-bayerischen Königreichs die eigenständige territoriale Geschichte im Ries. Ebenso einschneidend war der Zweiten Weltkrieg und der nach 1945 einsetzende Wandel der Gesellschaft durch den hohen Zuzug von Heimatvertriebenen. Großer Fleiß und der Wille zum Wiederaufbau siedelte Betriebe an und machte die Region zu einem Bauern- und Kulturland einzigartiger Prägung. Im Rahmen der Gebietsreform von 1972 wurde aus den Landkreisen Nördlingen und Donauwörth, der kreisfreien Stadt Nördlingen, dem Raum Rain und der Gemeinde Tapfheim sowie kleineren Teilen des Landkreises Gunzenhausen ein neuer Landkreis gebildet, der den Namen Nördlingen-Donauwörth erhielt. Die Umbenennung in Donau-Ries erfolgte im Herbst 1973.

Wertschöpfung und Verkehr

Der Wirtschaftsstandort Donau-Ries ist durch einen starken Mittelstand geprägt, ein gesunder Branchenmix sorgt für eine stabile Wirtschaftsstruktur. U. a. sind hochspezialisierte Unternehmen der Metallverarbeitung, der Druckindustrie, des Ernährungsgewerbes sowie leistungsfähige Handwerksbetriebe in der Region erfolgreich tätig.

Der Landkreis Donau-Ries ist ein attraktiver Standort für die Wirtschaft und für Arbeitnehmer. 2014 lag die Zahl der sozialversicherungspflichtigen Arbeitsplätze bei über 58.000. Mehr als 16.000 Menschen pendeln täglich in den Landkreis, der damit ein positives Pendlersaldo aufweist – selten für einen Landkreis mit überwiegend ländlicher Struktur.

Um die Betriebe und Unternehmen zu unterstützen und auch künftig qualifiziertes Personal zu finden, plant der Landkreis gemeinsam mit der heimischen Unternehmerschaft, die Marke DONAURIES etablieren. Durch gezielte Projekte in den Bereichen Weiterbildung, Fachkräftesicherung, Willkommenskultur und Regionalmarketing sollen zum einen Arbeitnehmer, junge Menschen und Familien für den Landkreis gewonnen werden, zum anderen will man den Unternehmen helfen, sich am Standort weiterentwickeln zu können.

Ein Baustein hierbei ist auch der derzeitige Aufbau einer Außenstelle der Hochschule Augsburg in Nördlingen. Ab dem Wintersemester 2016/2017 wird hier ein ausbildungs- und berufsbegleitender Ingenieurs-Studiengang angeboten. Das Hochschulzentrum ist am Technologie Centrum Westbayern angesiedelt, einem regionalen Innovations- und Gründerzentrum, das bereits ein An-Institut für Produktionsmechatronik der Hochschule Augsburg darstellt.

Über 600 km Kreis-, Staats- und Bundesstraßen erschließen den Landkreis in seinem Inneren. Über die gut ausgebauten Bundesstraßen 2, 16, 25, 29 und 466 ist der Landkreis an den überörtlichen Verkehr und die Bundesautobahnen A 6, A 7, A 8 und A 9 angeschlossen.

Am ICE- und Knotenbahnhof in Donauwörth treffen sich fünf Bahnstrecken. Wichtig – nicht zuletzt für Pendler – war die Anbindung des Landkreises über den Schienenpersonennahverkehr an den Augsburger Verkehrsverbund und den Verkehrsverbund Großraum Nürnberg.

Sowohl auf der Straße als auch auf der Schiene liegen daher die süddeutschen Ballungszentren München, Nürnberg und Stuttgart kaum mehr als eine Stunde entfernt.

Der Landkreis deckt 87 % des Stromverbrauchs aus eigener Erzeugung durch erneuerbare Energien, davon ein Drittel durch Solaranlagen. Der Energienutzungsplan des Landkreises strebt einen weiteren Ausbau der regenerativen Energien an.

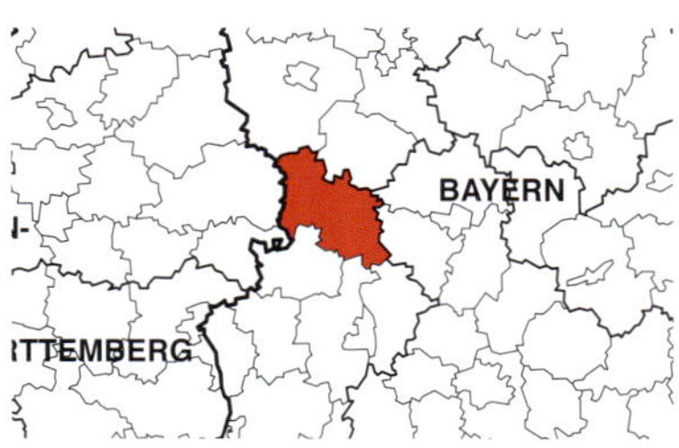

Fläche: 1.274,68 km²
EW: 130.203 - EW/km²: 102
KFZ-Kennzeichen: DON
Kreissitz: Donauwörth
www.donau-ries.de

Landrat
Stefan Rößle / CSU
im Amt seit: 2002 gewählt bis: 2020

Sitzverteilung im Kreistag
Vorsitz: Stefan Rößle

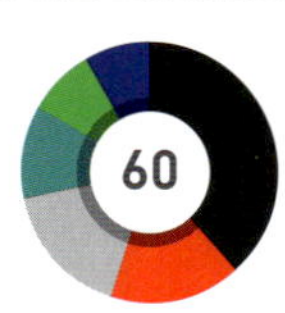

- 23 CSU
- 10 SPD
- 7 PWG
- 5 B.90/Grüne
- 5 Aktive Liste/ Junge Bürger
- 10 Sonstige

(Freie Wähler 3, Frauenliste 2, ÖDP 2, FDP 1, Die Linke 1, parteilos 1)

Landschaft, Sehenswürdigkeiten und Kultur

Reizvolle Landschaften charakterisieren den Landkreis Donau-Ries: Donau und Lech prägen mit ihren Urstromtälern den Süden. Auf Schwäbischer und Fränkischer Alb beeindrucken die typischen Wacholderheiden. Landschaftlicher Höhepunkt ist jedoch zweifellos der Meteoritenkrater Ries.

Das Prädikat „Nationaler Geopark Ries" betont die Einzigartigkeit dieser Region, die vor rund 14,5 Mio. Jahren durch einen Asteroideneinschlag entstanden ist. Das flache, weitgehend unbewaldete Kraterbecken ist bis heute gut sichtbar. Der Geopark Ries bietet eine Vielzahl von Möglichkeiten – Infozentren, Erlebnis-Geotope, Führungen, Themenwanderwege – diese einmalige Landschaft zu entdecken. Der Landkreis besitzt zudem ein dichtes, gut beschildertes Radwegenetz, Rundtouren können je nach Länge und Schwierigkeitsgrad gewählt werden. Daneben gibt es auch ein ausgedehntes Netz an Wanderwegen.

Neben der einzigartigen Landschaft und Natur bietet der Landkreis Donau-Ries historische Städte und idyllische Dörfer, zahlreiche gut erhaltene Burgen und Schlösser, sehenswerte Kirchen und Klöster sowie eine interessante Museumslandschaft – alle sind Zeugnisse einer reichen Geschichte und heute viel besuchte Ausflugsziele.

Landkreis
Ebersberg

BAYERN

Der Landkreis Ebersberg ist...
...das „Grüne Herz" im Münchner Osten. Er gehört mit seinen 21 Gemeinden, Märkten und Städten zu den flächenmäßig kleineren, aber einwohnermäßig eher größeren Landkreisen in Bayern. „Bei uns ist Leben" lautet das Motto des Landkreises: lebenswertes Wohnen in ansprechender Umgebung, kulturelle Vielfalt, eine sehr gute Bildungsinfrastruktur (bundesweit Platz 3 von 144 Landkreisen in Verdichtungsräumen im Bildungsatlas der Bertelsmann-Stiftung), kommunale Klinik, ausgezeichnete Verkehrsanbindung an die Landeshauptstadt München und Arbeitsmöglichkeiten vor Ort. Das sind Rahmenbedingungen, die den Landkreis Ebersberg attraktiv halten, auch wegen eines starken Zuzugs von jungen Familien.

Historische Entwicklung
Nach der napoleonischen Zeit entstand am Anfang des 19. Jahrhunderts der damalige Landgerichtsbezirk Ebersberg, der seine Grenzen in den vergangenen 200 Jahren kaum verändert hat. Nur einmal war der Bestand des Landkreises gefährdet, und zwar im Zuge der bayerischen Landkreis-Gebietsreform, die 1972 in Kraft trat. Die Zerschlagung des Landkreises und Aufteilung auf die benachbarten Landkreise wurde heftig diskutiert und konnte nur durch beherztes Opponieren abgewendet werden. Die Gemeindegebietsreform 1978 brachte eine Reduzierung der Anzahl der Gemeinden von 29 auf 21.

Wertschöpfung und Verkehr
Trotz der dichten Bebauung sind fast 53 % der Landkreisfläche Agrarflächen, 37 % des Landkreises sind von Wald bedeckt.

Von den gut 1.000 Landwirten auf kleinen und mittleren Höfen mit einer Durchschnittsgröße von rund 25 ha sind mehr als die Hälfte im Haupterwerb tätig. Die Produkte werden immer öfter auch regional vermarktet, vor allem über die Initiative „Ebersberger Land".

Eine zunehmende Wertschöpfung erwartet der Landkreis aufgrund der Energiewende, die vorsieht, dass sämtliche im Landkreis verbrauchte Energie bis zum Jahr 2030 nur noch aus regenerativen Quellen stammt. Die Gründung eines regionalen Energieversorgungsunternehmens mit der Inbetriebnahme eines virtuellen Kraftwerks sowie eine von elf bayerischen Energieagenturen sind aktuell wesentliche Mosaiksteine zur Umsetzung der Energiewende.

Der Landkreis Ebersberg beheimatet sowohl breitgefächerte Handwerksbetriebe als auch Industrie und Handel. Er ist Standort für global erfolgreiche Unternehmen. Der Landkreis Ebersberg belegt seit Jahren bei Rankings, die Lebensqualität und Wirtschaftskraft bewerten, kontinuierlich Spitzenpositionen. Die optimalen Verkehrsanbindungen, mit der A 99 und A 94, der B 304 sowie den Bahnstrecken München-Mühldorf und München-Rosenheim und die Nähe zum Flughafen München und zur Messe München bieten beste Standortvoraussetzungen.

Die Wirtschaftsförderung des Landkreises unterstützt Unternehmen auf dem Weg zur Ansiedlung, bei Betriebserweiterung oder Optimierungen. Ein Beratungsnetzwerk bietet fundierte Unterstützung für eine erfolgreiche Existenzgründung.

Landschaft, Sehenswürdigkeiten und Kultur
Die letzten Eiszeiten prägten den Landkreis. Während der Süden von einer sanften Moränenlandschaft geprägt ist, wird der Norden von der übersichtlichen Münchner Schotterebene bestimmt. Die Mitte des Landkreises ist beherrscht vom Ebersberger Forst, einem der größten zusammenhängenden Waldgebiete Süddeutschlands. Er ist neben seiner Nutzholzfunktion auch Erholungsraum für die Bevölkerung und artenreicher Rückzugsraum für die Tier- und Pflanzenwelt und hat eine positive Wirkung auf das Kleinklima im Landkreis. Das Museum „Wald und Umwelt" thematisiert dieses Spannungsfeld in vorbildlicher Weise.

Zahlreiche Kirchen, Kapellen und Kleinschlösser zeugen von einer abendländischen Hochkultur, die sich bis in die heutige Zeit erhalten hat. Herauszuheben ist die Wallfahrt zum Hl. Sebastian in der Kreisstadt Ebersberg, die im Mittelalter ähnliche Bedeutung hatte wie jetzt die Wallfahrt zum Hl. Jakobus nach Santiago de Compostela.

Die Kultur des Zusammenlebens im Landkreis ist geprägt von großem ehrenamtlichen Engagement, gerade jetzt in Zeiten der zu integrierenden Flüchtlinge. Unterstützt und wertgeschätzt werden diese hilfsbereiten Menschen durch eine engmaschige Begleitung aus dem Landratsamt. Das aktive Einsetzen für weiterhin bezahlbaren Wohnraum ist Ausdruck des Fürsorgedenkens im Landkreis. Die Zertifizierungen des Landkreises als Bildungsregion und Gesundheitsregion^{plus} sind Zeichen einer sehr guten Infrastruktur in diesen Bereichen.

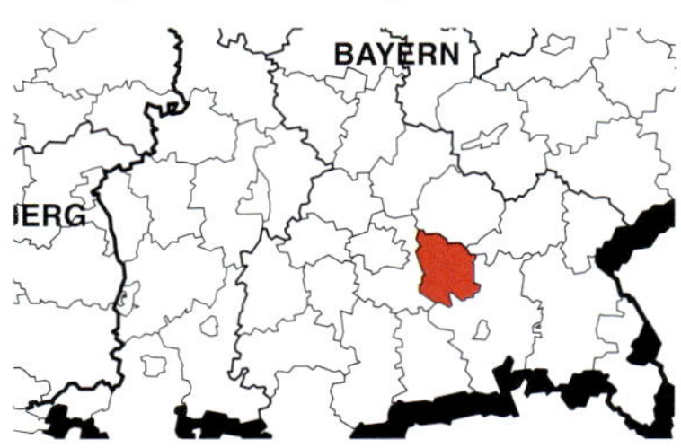

Fläche: 549,36 km²
EW: 134.873 - EW/km²: 246
KFZ-Kennzeichen: EBE
Kreissitz: Ebersberg
www.lra-ebe.de

Landrat
Robert Niedergesäß / CSU
im Amt seit: 2013 gewählt bis: 2020

Sitzverteilung im Kreistag
Vorsitz: Robert Niedergesäß

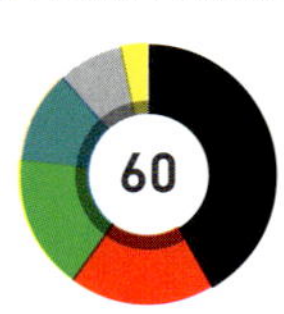

25	CSU
11	SPD
10	B.90/Grüne
7	Freie Wähler
2	FDP
5	Sonstige

(AfD 2, BP 2, ÖDP 1)

Landkreis

Eichstätt

BAYERN

Der Landkreis Eichstätt ist…
…vielfältig: In ihm liegen Tradition und Fortschritt, naturnahes Leben und hochproduktives Arbeiten, Pflege der Geschichte und zukunftsorientiertes Handeln so dicht beieinander – optimale Voraussetzungen zum Leben, Arbeiten und Erholen.

Historische Entwicklung

Aufgrund der langen und ereignisreichen Geschichte kann man gerade den Landkreis Eichstätt als einen „Schmelztiegel bayerischer Stämme" bezeichnen. Europaweite politische Entwicklungen im Laufe der Jahrhunderte trafen immer auch den Landkreis. Hier sind Einflüsse fast aller bayerischer Kulturen zu finden: fränkische, oberbayerische, oberpfälzische und schwäbische. So hat sich fast jede Ortschaft ihren eigenen Dialekt mit eigenen Begriffen und unterschiedlichen Lauten bewahrt. Dennoch kann das Gebiet des Landkreises auf eine lange gemeinsame Geschichte zurückblicken.

Während der Reformation galt das Bistum Eichstätt als eine der wichtigsten Hochburgen des Katholizismus. Die weltliche Herrschaft der Eichstätter Bischöfe währte ein Jahrtausend lang, bis sie 1803 ein Ende fand.

Im Zuge der Neugliederung Bayerns im Jahr 1972 entstand der Landkreis Eichstätt: Er wurde um die Stadt Eichstätt und um Teile der aufgelösten Landkreise Beilngries, Hilpoltstein, Ingolstadt und Riedenburg erweitert und dem Regierungsbezirk Oberbayern zugeteilt (zuvor Mittelfranken).

Als vorläufiger Höhepunkt der geistigen Entwicklung kann die Gründung der Katholischen Universität Eichstätt-Ingolstadt im Jahre 1980 angesehen werden, übrigens die einzige Katholische Universität im europäischen Sprachraum.

Wertschöpfung und Verkehr

Der Landkreis liegt an dritter Stelle der Wirtschaftskraft in Deutschland (Ranking der Zeitschrift Focus Money). Der Wirtschaftsstandort ist geprägt durch viele mittelständische und einige größere Industriebetriebe. Der Süden ist industriell-gewerblich strukturiert, gekennzeichnet durch seine Zuordnung zum Oberzentrum Ingolstadt mit der Automobilfirma Audi. Der Norden ist eher ein industriearmer Raum, geprägt vor allem durch natürliche Landschaftsvoraussetzungen und insbesondere durch die Wirtschaftszweige Steinindustrie, Landwirtschaft und Tourismus. Sie finden sofort verfügbare preiswerte Gewerbe- und Industriegebiete in fast allen Gemeinden. Der Landkreis kann auf ein stabiles Fundament aus Industrie, Handel und Handwerk bauen. Dabei haben es die ansässigen Firmen verstanden, sich an die fortschrittlichen Anforderungen eines Gewerbe- und Dienstleistungsstandortes anzupassen und die Herausforderungen der modernen Zeit zu erfüllen. Ob Mittelständler oder Weltfirma – im Landkreis Eichstätt konnten sich viele Unternehmen wie z.B. Audi, Osram oder Edeka entfalten.

Der Landkreis wird von zwei wichtigen Bahnachsen durchzogen: Die Westachse erschließt Eichstätt über Ingolstadt Richtung Nürnberg und Würzburg. Die ICE-Trasse durchzieht den Landkreis seit 2006 von Süden nach Norden auf einer Strecke von 30 km und verbessert damit vor allem für Berufspendler die Anbindung von München über Ingolstadt nach Nürnberg. Die A 9 zwischen München und Nürnberg ist dabei die Hauptverkehrsachse des Landkreises.

Landschaft, Sehenswürdigkeiten und Kultur

Der Landkreis Eichstätt besitzt eine attraktive Lage mitten im Bayern und ist das Herz des Naturparks Altmühltal. Er ist landschaftlich sehr reizvoll, so wechseln sich tiefe Täler mit Hochflächen, weitläufigen Wiesen und Feldern sowie dichter Wald ab und erzeugen dadurch wunderbare Landschaftsbilder auf engstem Raum. Mit diesen landschaftlichen Gegebenheiten ist der Landkreis für Erholung, Freizeit und Sport wie geschaffen.

Stolz kann der Landkreis Eichstätt auf die touristische Entwicklung der vergangenen Jahrzehnte zurückblicken. Verantwortlich dafür ist die einzigartige Landschaft im Naturpark, die für Radeln, Wandern, Klettern und Bootswandern wie geschaffen ist.

Der Landkreis ist auch deutschlandweit nicht nur als Landkreis mit der geringsten Arbeitslosenquote bekannt, sondern auch für sein reiches Kulturerbe: 30 Museen, Sammlungen und Ausstellungen bieten eine spannende Bandbreite an kulturellen und geschichtlichen Schätzen. Besucher können neben dem Rad- und Bootwandern auch klettern oder prähistorische Funde wie den Urvogel Archaeopteryx im Jura-Museum in Eichstätt bestaunen.

Fläche: 1.214,06 km²
EW: 127.189 - EW/km²: 105
KFZ-Kennzeichen: EI
Kreissitz: Eichstätt
www.landkreis-eichstaett.de

Landrat
Anton Knapp / CSU
im Amt seit: 2008 gewählt bis: 2020

Sitzverteilung im Kreistag
Vorsitz: Anton Knapp

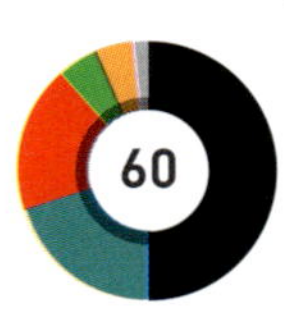

30	CSU
12	Freie Wähler
11	SPD
3	B.90/Grüne
3	ÖDP
1	parteilos

Landkreis

Erding

BAYERN

Der Landkreis Erding ist…
…in weiten Teilen, in denen sich Landwirtschaft, Handwerk und gewerblicher Mittelstand ergänzen, vorwiegend ländlich geprägt. Durch die Eröffnung des Flughafens München im Erdinger Moos im Jahre 1992 kam es zu einem spürbaren Anwachsen der Bevölkerung und der Ansiedlung neuer Betriebe. Der Landkreis Erding liegt etwa 30 km nordwestlich der Landeshauptstadt München und grenzt im Uhrzeigersinn im Nordwesten beginnend an die Landkreise Freising, Landshut, Mühldorf am Inn, Ebersberg und München.

Besonders sehenswert sind die mittelalterlichen Stadtplätze und Stadttore von Erding und Dorfen, die Krypta und das romanische Portal der ehemaligen Klosterkirche St. Zeno in Isen, der Backsteinbau von St. Johann in Erding mit seinem Leinberger-Christus und die Nachbildung des Asamaltares in der Wallfahrtskirche Maria Dorfen. In den Landkreiskirchen stehen die meisten Plastiken von Christian Jorhan d.Ä. aus Landshut.

Historische Entwicklung
Der Landkreis hatte im Jahr 1966 noch 47 selbstständige Gemeinden; 1975 waren es 33. Im Zuge der Landkreisreform ging die Zahl der Gemeinden stark zurück. Derzeit umfasst der Landkreis 26 Gemeinden mit vielen hundert Gemeindeteilen. Die größten Gemeinden sind die Kreisstadt Erding mit derzeit ca. 36.000 Einwohnern, die Stadt Dorfen mit etwa 15.000 und die Gemeinde Taufkirchen/Vils mit 10.000 Einwohnern. Aus den Gemeinden im Landkreis haben sich fünf zu Verwaltungsgemeinschaften zusammengeschlossen.

Wertschöpfung und Verkehr
Der geplante S-Bahn-Ringschluss in Kombination mit der Regionalbahn-Anbindung soll Entlastung bringen. An der Hauptbahn München-Mühldorf liegen auf Landkreisgebiet die Stationen Hörlkofen, Walpertskirchen, Thann-Matzbach und Dorfen. Die hier verkehrenden Züge erlauben eine schnelle Verbindung Richtung München. Von dieser Hauptstrecke zweigt in Markt Schwaben (Landkreis Ebersberg) die S-Bahnlinie S2 nach Erding ab.

Landschaft, Sehenswürdigkeiten und Kultur
Der Landkreis Erding mit seinen weiten Ebenen im Westen und seinen idyllischen Hügellandschaften im Osten bietet Radlspaß für alle Ansprüche. Vielfältige Radtouren führen durch den Landkreis Erding, z.B. die Fernradwege „Durchs Erdinger Land" und „Sempt-Isen-Radweg" des Bayernnetzes oder der beliebte „Vilstal-Radweg".

Sport- und Gesundheitsparks bieten Möglichkeiten wie Kraftsport, Schwimmen, Tennis, Squash und Badminton an. Golfplätze (u.a. in Grünbach und Eichenried) und zahlreiche Sportplätze bereichern den Landkreis. Wer einfach entspannen möchte, kann dies in der Therme Erding tun. Die wohltuende und gesundheitsfördernde Wirkung des natürlichen Heilwassers hat sich schon weit herumgesprochen.

Feste aller Art gehören zum festen Repertoire des Veranstaltungskalenders. Zahlreiche historisch und kulturell geprägte Ereignisse laden Groß und Klein über das ganze Jahr hinweg ein. Dazu gesellen sich die traditionellen Volksfeste in vielen Gemeinden des Landkreises. Die Bauernmärkte in Erding, Dorfen, Isen und Moosen/Vils bieten nahezu das ganze Jahr frische Produkte aus heimischer Produktion an.

Viele junge und ältere Landkreisbürger widmen sich Jahr für Jahr der Brauchtumspflege. Der Dorfener Fasching und sein alljährlich durchgeführter „Hemadlenzenumzug" am Unsinningen Donnerstag, die „Wartenberger Bettelhochzeit" am Faschingsdienstag und der Umtrieb der „Moosgeister" in Erding am 11.11. und Faschingsdienstag sind weit über die Landkreisgrenzen hinaus bekannt.

Guten Nachwuchs haben die Trachtenvereine, die mit viel Idealismus Volkstheaterstücke aufführen, den Maibaumbrauch hochhalten, den Volkstanz pflegen und echte ortsverbundene Heimatabende gestalten. Die Volksspielgruppe Altenerding ist seit 1978 mit dem Schwedenspiel weit über den Landkreis hinaus bekannt geworden.

1989 wurde das Bauernhausmuseum des Landkreises Erding eröffnet. Das Museumsgelände beherbergt historisch wertvolle Gebäude aus dem Landkreis. Sie vermitteln einen Überblick über das bäuerliche und handwerkliche Leben vom 16. Jahrhundert bis in die Gegenwart. Das Bauernhausmuseum wird für Ausstellungen, Veranstaltungen und kulturelle Aktivitäten genutzt. Es hat sich zu einer Stätte zwischenmenschlicher Begegnungen entwickelt.

Das Isener Museum gibt Einblick in das ehemalige bischöfliche Herrschaftsgebiet Isen-Burgrain, das historische Museum im Rathaus Taufkirchen/Vils unterrichtet über die Geschichte der Gemeinde. Zudem gibt es ein Urzeitmuseum, das Besucher in längst vergangene Urzeiten reisen lässt.

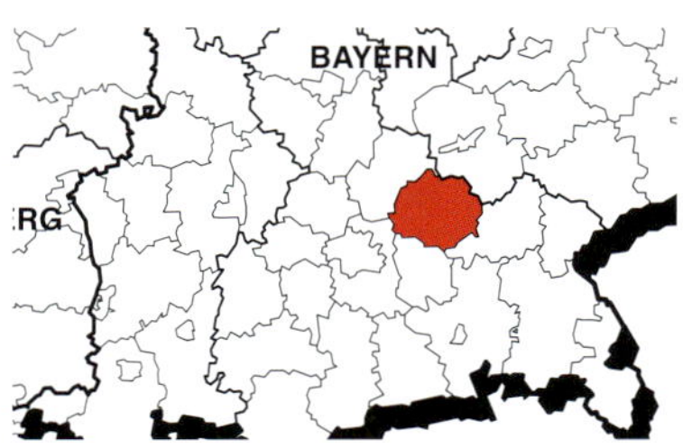

Fläche: 870,72 km²
EW: 131.839 - EW/km²: 151
KFZ-Kennzeichen: ED
Kreissitz: Erding
www.landkreis-erding.de

Landrat
Martin Bayerstorfer / CSU
im Amt seit: 2002 gewählt bis: 2020

Sitzverteilung im Kreistag
Vorsitz: Martin Bayerstorfer

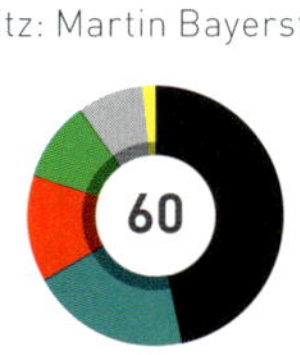

28	CSU
12	Freie Wähler
8	SPD
6	B.90/Grüne
1	FDP
5	Sonstige

(ÖDP 3, REP 2)

Landkreis

Erlangen-Höchstadt

BAYERN

Der Landkreis Erlangen-Höchstadt ist...
...Heimat für rund 132.000 Menschen aus über 100 Nationen – verteilt auf 15 Gemeinden, sieben Märkte und drei Städte. Soziales Engagement wird hier groß geschrieben. Viele engagieren sich ehrenamtlich in Vereinen und Organisationen und kümmern sich um diejenigen, denen es nicht so gut geht. Mehr als 1.000 Bayerische Ehrenamtskarten hat der Landkreis Erlangen-Höchstadt seit Ende 2014 als kleines Dankeschön dafür verliehen.

Die Menschen im Landkreis haben auch ein Herz für Kinder: Rund 100 Unternehmen sind Partner des lokalen Bündnisses für Familie, das sich für die bessere Vereinbarkeit von Beruf und Familie einsetzt. Familienpaten und das „Familien-ABC" bieten Eltern Rat in allen Lebenslagen. Auch für die Generation 50Plus tut der Landkreis viel. Wohnberater geben Tipps zu altersgerechtem Wohnen und Gärtnern. In Seminaren erfahren ältere Menschen, wie sie sich vor Einbrüchen schützen und wie sie Tablet und Smartphone bedienen, um beispielsweise mit dem Enkel in Amerika zu skypen.

Historische Entwicklung

Der Landkreis ist ein Kind der Gebietsreform von 1972, entstanden aus den Altlandkreisen Erlangen und Höchstadt. Seine territoriale Form und Ausdehnung spiegeln vielfältige ehemalige Herrschaftsstrukturen mit ihren Traditionen, die die Menschen weiterhin prägen und die einstige Kleinteiligkeit Frankens in besonderer wider.

Wertschöpfung und Verkehr

Die verlockende Arbeitsmarktsituation bringt heute noch Menschen aus ganz Deutschland nach Franken. In den 1970er und 1980er Jahren wurde Bauland zu günstigen Preisen ausgewiesen, so dass die Bevölkerungszahlen im Landkreis rasant anstiegen.

Zudem hat Erlangen-Höchstadt Geschichte in der Abfallwirtschaft geschrieben. Nachdem ihm die Aufgabe per Gesetzesänderung übertragen wurde, richtete der Landkreis als erster bayernweit Wertstoffsammlungen und Biomüllkompostierungen ein.

Die Zahlen sprechen für sich: Die Arbeitslosenquote des Landkreises liegt seit Jahren unter 3 %, weist also Vollbeschäftigung aus. Das verdanken wir den hier ansässigen Weltfirmen (Schaeffler, adidas, PUMA und Schwan STABILO), vielen mittelständischen Unternehmen, der geschickten Wirtschaftsförderung des Kreises und der Lage. Hier ist eine überraschende Vielzahl heimlicher Europa- und Weltmarktführer – wie Titangelenkhersteller Peter Brehm, Kugellagerhersteller IMO oder Kräuterproduzent Martin Bauer Group zu Hause. Die stabile Wirtschaftslage trägt auch immer wieder dazu bei, dass der Landkreis Erlangen-Höchstadt in bundesweiten Rankings einen der vorderern Plätze einnimmt. So ist der Landkreis beispielsweise der zweitgeringstverschuldete Kreis in Deutschland laut Creditreform-Schuldneratlas.

Auch die Bildungseinrichtungen des Landkreises können sich sehen lassen. Der Landkreis ist Sachaufwandsträger für vier Gymnasien, zwei Realschulen, das Staatliche Berufliche Schulzentrum Herzogenaurach-Höchstadt und für die Fachakademie für Sozialpädagogik. 2014 wurde die Fachschule für Mechatroniktechnik in Herzogenaurach eingeweiht. Zudem ist der Landkreis Teil des Bundesprogramms „Bildung integriert".

Nicht nur die Schüler, auch unsere Gäste können das attraktive und gut ausgebaute ÖPNV-Angebot nutzen. Damit können sie beispielsweise in den Gaststätten der 25 Landkreisgemeinden einen Pfefferkarpfen, eine deftige Brotzeit oder die gehobene Küche genießen.

Landschaft, Sehenswürdigkeiten und Kultur

In Erlangen-Höchstadt trifft fränkischer Brauch auf internationale Kultur: Zu den Highlights zählen das schärfste Museum der Welt in Baiersdorf und der Beatles-Bass in Bubenreuth. Neben Jubiläumskonzerten auf Schloss Atzelsberg gibt es mit der Reihe „Märchen mit Musik", Kunstausstellungen und Kirchweihen für Groß und Klein das passende kulturelle Angebot. Zum guten Leben gehört für die Landkreisbewohner ein hoher Freizeitwert dazu. Ein gut ausgebautes Radwegenetz und viele Wanderwege laden Naherholungssuchende ein, die wunderschöne Landschaft vom Aischgrund im Westen bis zum Erlanger Oberland mit seinen Streuobstanlagen im Osten zu erkunden.

Besonders sehenswert ist das Naturschutzgebiet Mohrhof mit seinen Weihern. Mehrere Schwimmbäder wie das Freizeitbad Atlantis in Herzogenaurach und das Eislaufstadion in Höchstadt bieten sportliche Betätigung passend zur Jahreszeit.

Wem der Sinn nach kulinarischen Genüssen steht, lässt sich die vier „K"s – Karpfen, Kräuter, Kren und Kirschen – im Biergarten oder „auf dem Keller" schmecken. Viele der Spezialitäten gibt es auch für Zuhause – von den Direktvermarktern der „Original Regional"-Kampagne.

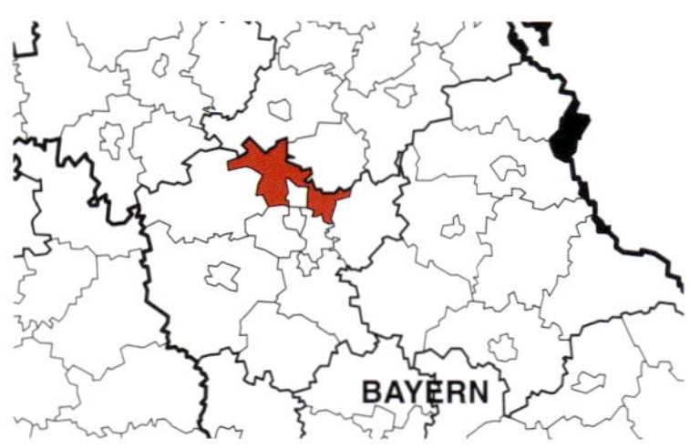

Fläche: 564,66 km²
EW: 132.830 - EW/km²: 235
KFZ-Kennzeichen: ERH
Kreissitz: Erlangen
www.erlangen-hoechstadt.de

Landrat
Alexander Tritthart / CSU
im Amt seit: 2014 gewählt bis: 2020

Sitzverteilung im Kreistag
Vorsitz: Alexander Tritthart

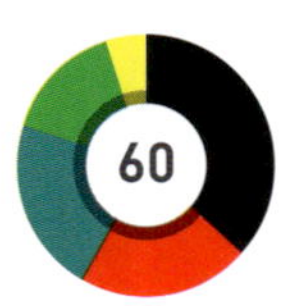

22	CSU
13	SPD
13	Freie Wähler
9	B.90/Grüne
3	FDP

Landkreis

Forchheim

BAYERN

Der Landkreis Forchheim ist...
...ein lebens- und liebenswerter Landkreis im Süden des Regierungsbezirkes Oberfranken. Er kann sowohl Arbeitsplätze als auch eine einmalige Naturkulisse zur Freizeit und Erholung bieten. Hier ist es in den letzten Jahren gelungen, den Tourismus aktiv auszubauen, aber gleichzeitig auch in naturverträgliche Bahnen zu lenken.

Historische Entwicklung
Durch die Trennung von Justiz und Verwaltung im Jahr 1862 wurden die beiden Landgerichte Forchheim und Gräfenberg zum neuen Bezirksamt Forchheim zusammengeschlossen. Im heutigen Kreisgebiet gab es noch das damals eigenständige Bezirksamt Ebermannstadt.

Der Landkreis Forchheim in seiner heutigen administrativen Gliederung und Begrenzung entstand im Zuge der Bayerischen Gebietsreform mit Wirkung vom 1.7.1972. Er umfasst nahezu das gesamte Gebiet des ehemaligen Kreises Forchheim, den südlichen Teil des ehemaligen Landkreises Ebermannstadt, ferner den südwestlichen Bereich des ehemaligen Landkreises Pegnitz, zwei Gemeinden des früheren Landkreises Bamberg sowie das Gebiet der vormals kreisfreien Stadt Forchheim. Durch die Gebietsreform wurde ein homogener, gut funktionierender und von der Größenordnung her überschaubarer Landkreis geschaffen. Die Zahl der kreisangehörigen Gemeinden reduzierte sich seitdem von 69 auf 29, wodurch der Landkreis noch weiter zusammengewachsen ist.

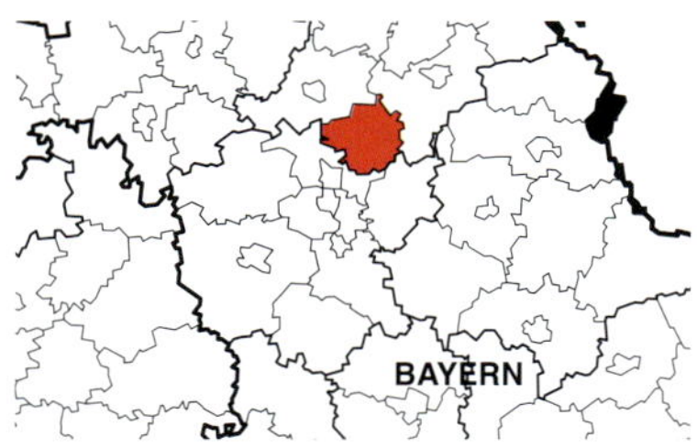

Fläche: 642,79 km²
EW: 113.900 - EW/km²: 177
KFZ-Kennzeichen: FO
Kreissitz: Forchheim
www.landkreis-forchheim.de

Landrat
Dr. Hermann Ulm / CSU
im Amt seit: 2014 gewählt bis: 2020

Sitzverteilung im Kreistag
Vorsitz: Dr. Hermann Ulm

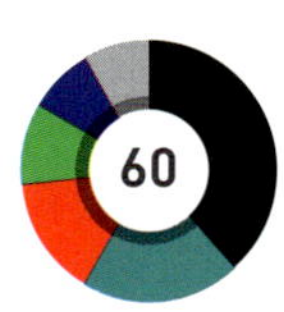

23 CSU
12 Freie Wähler
9 SPD
6 B.90/Grüne
5 Junge Bürger
5 Sonstige
(Wählerinitiative 2, FDP 2, REP 1)

Wertschöpfung und Verkehr
Aus wirtschaftlichem Blickwinkel profitiert der Landkreis erheblich von seinen Lagevorteilen. Da ist zunächst die Nähe zu den Universitätsstädten Nürnberg, Erlangen, Bamberg und Bayreuth zu nennen. Darüber hinaus durchqueren mit der Autobahn A 73, der Großschifffahrtstraße Main-Donau-Kanal und der Bahnhauptstrecke München-Berlin wichtige Verkehrsverbindungen zu Wasser sowie auf Schiene und Straße das Kreisgebiet. Aufgrund der hervorragenden Voraussetzungen für eine positive wirtschaftliche Entwicklung haben sich bereits heute viele bedeutende Unternehmen – vor allem entlang der „Regnitzachse" – angesiedelt. Im Bereich der Medizintechnik nimmt das Gebiet um Forchheim eine nationale Spitzenstellung ein. Es hat daher den Spitznamen „Medical Valley" bekommen.

Aber auch die weichen Standortfaktoren sind eine tragende Säule des Landkreises Forchheim. Attraktive Naturlandschaften wie der Aischgrund oder die Fränkische Schweiz laden zu aktiver Freizeitgestaltung ein. Der Landkreis ist in besonderem Maße mit Naturschätzen ausgestattet. Durch die Reize der Fränkischen Schweiz hat der Tourismus im östlichen Teil des Landkreises eine herausgehobene Stellung. Zudem hat das Obstanbaugebiet Forchheim/Fränkische Schweiz inzwischen weltweite Bekanntheit erreicht.

Landschaft, Sehenswürdigkeiten und Kultur
Geschützte Natur- und jahrhundertealte Kulturlandschaften charakterisieren den „Kirschenlandkreis" Forchheim. Er besitzt mit der Fränkischen Schweiz als kostbare Seltenheit eine weitgehend unberührte Kulturlandschaft. Die einmalige Gegend lädt in ihrer Vielfalt mit den Tälern der Wiesent, Trubach, Leinleiter und mit ihren unzähligen Burgen, Höhlen und Felsen zum Verweilen ein. Die vielen Kirchen, Kapellen und Martern im Kreisgebiet zeugen von der Frömmigkeit der Bevölkerung. Durch ein gut ausgebautes Netz an Wander- und Radwegen lassen sich die Vorzüge nach Herzenslust erkunden.

Zu diesen Vorzügen zählt auch der Wildpark Hundshaupten. Mit seinen Steilhängen, schroffen Gesteinsschluchten und blühenden Bergwiesen bildet er für die heimischen Tierarten einen naturgetreuen Lebensraum. Seine Lage inmitten von Mischwäldern ist ein weiterer Attraktivitätsfaktor.

Auch das traditionelle Annafest Ende Juli lockt jährlich Zehntausende Besucher in den Forchheimer Kellerwald. Es hat sich somit zu einem beliebten Volksfest in Frankens entwickelt. Ausschlaggebend hierfür sind nicht zuletzt die Lage in alten Laubwaldbeständen, die Qualität der kellerfrischen einheimischen Biere sowie eine nahezu familiäre Stimmung unter den Gästen.

Ein weiteres Highlight im Veranstaltungskalender des Landkreises ist der „Autofreie Sonntag" am ersten Sonntag im September. Hierzu wird die Bundesstraße 470 einen Tag lang von Forchheim bis Pottenstein für den Verkehr gesperrt und nur für Radfahrer und Fußgänger freigegeben. Zudem wird in Verbindung damit auf dieser Strecke jedes Jahr der Fränkische Schweiz Marathon durchgeführt. Aufgrund der äußerst reizvollen Landschaft entlang des Wiesenttals wird dieses Ereignis von Zuschauern und aktiven Sportlern sehr gut angenommen.

Landkreis

Freising

BAYERN

Der Landkreis Freising ist...

...ein begehrter Wirtschaftsstandort mit einer der niedrigsten Arbeitslosenquoten in ganz Deutschland. Eine gesunde Mischung aus leistungsfähigen Handwerksbetrieben, innovativem Mittelstand und weltweit agierenden Großunternehmen zeichnet die Wirtschaft im Landkreis Freising aus. Die Menschen leben gern hier. Denn die Infrastruktur und die Verkehrsanbindung sind hervorragend. In den Mußestunden lassen sich Kunstschätze, Naturschönheiten und Brauchtum entdecken und genießen.

Historische Entwicklung

Der Freisinger Domberg war bereits Jahrtausende vor Christi Geburt besiedelt. Das Freisinger Land ist aber nicht nur uraltes Siedlungsgebiet, hier sprudelten neben Regensburg und Salzburg auch die ersten Quellen bayerischer Kultur. Freising, die historische Residenzstadt der Fürstbischöfe (bis 1802), ist die Metropole des Landkreises geblieben, der erst 1973 nach der bayerischen Gebietsreform seine gegenwärtige Größe erhalten hat. Das einst niederbayerische Landstädtchen Moosburg war über Jahrhunderte Sitz eines herzoglichen Landgerichts und damit das gewachsene Zentrum im Norden.

Wertschöpfung und Verkehr

Vor dem Zweiten Weltkrieg war der ganze Landkreis mit Ausnahme der Städte Freising und Moosburg landwirtschaftlich geprägt. Auf den kargen Moosböden im Süden wurde überwiegend Gemüse angebaut, im Norden, in der Hallertau, die Sonderkultur Hopfen. Im Südwesten haben sich in der zweiten Hälfte des vorigen Jahrhunderts die Bauerndörfer Neufahrn, Eching und Hallbergmoos durch starke Gewerbeansiedlung zu den jüngsten Siedlungsschwerpunkten im Freisinger Land herausgebildet.

Während früher 70 % der Erwerbstätigen ihr tägliches Brot in der Landwirtschaft verdienten, werden heute drei Viertel der Leistungskraft in Handel, Verkehr und Dienstleistung erbracht und nur noch 1 % in der Landwirtschaft. Das Gebiet zählt mittlerweile in den Bereichen Biotechnologie und Logistik zu den Spitzenstandorten in Deutschland. Auch im Kompetenzfeld Ernährung und Lebensmittelwissenschaften oder in der Informations- und Kommunikationstechnologie braucht man den Vergleich mit anderen Orten nicht scheuen. Kein Wunder, sind doch mit der Technischen Universität München und ihrem Wissenschaftszentrum Weihenstephan für Ernährung, Landnutzung und Umwelt sowie der Fachhochschule Weihenstephan einige der Protagonisten aus Forschung und Lehre in diesem Bereich vor Ort.

Die hervorragende wirtschaftliche Situation des Landkreises Freising hat natürlich verschiedene Ursachen: die ausgewogene Mischung von Betrieben unterschiedlicher Größe und Branche, die Nähe zur Landeshauptstadt München, die guten Verkehrsanbindungen durch den Flughafen, das Straßennetz und die Bahn sowie die hervorragende Infrastruktur locken Arbeitgeber wie Arbeitnehmer gleichermaßen an. Durch die ungebrochenen Zuzüge in den vergangenen Jahrzehnten waren hier allerdings hohe Investitionen sowohl der Gemeinden als auch des Landkreises erforderlich. Mit Hilfe eines gemeinsamen Landkreisentwicklungskonzeptes sollen hier die richtigen Weichen für die Zukunft gestellt werden.

Landschaft, Sehenswürdigkeiten und Kultur

Natur, Kultur und Erlebnis – der Landkreis Freising bietet ein breites Spektrum an Freizeitmöglichkeiten. Besucher können sich auf die Suche nach versteckten Besonderheiten machen (die Einheimischen helfen gern beim Aufspüren) oder überregional bekannte Sehenswürdigkeiten besichtigen. Zu Letzteren zählen beispielsweise der Domberg in Freising und die Freisinger Altstadt ebenso wie das Kastulusmünster in der historischen Altstadt von Moosburg an der Isar. Bei einem Besuch in den bekannten Weihenstephaner Gärten kann die wunderbare Pflanzenpracht bestaunt werden, und ein Abstecher in den Besucherpark am Flughafen München ist ein Erlebnis für die ganze Familie.

Der Landkreis Freising verfügt über ein gut ausgebautes Radwegenetz mit mehreren attraktiven Tages- und Rundtouren. Daneben führen auch drei Fernradwege durch den Landkreis – der Isarradweg, der Ammer-Amper-Radweg sowie der internationale Fernradweg München-Regensburg-Prag. Zum Entspannen zwischendurch laden zahlreiche Badeseen und gemütliche Wirtshäuser mit bayerischen Schmankerln ein.

Weltbekannt ist eine Gegend im nördlichen Teil des Landkreises: das Hopfenland Hallertau, das größte zusammenhängende Hopfenanbaugebiet der Welt. Bis zu 7 m ragen die Hopfenstangen hoch, dazwischen Gersten- und Weizenfelder, durchzogen von klaren Bachläufen. Man erkennt schnell: Hier werden unverzichtbare Grundbestandteile für jedes Bier geerntet. Viele der über 5.000 deutschen Biersorten tragen einen Teil der Hallertau in sich. Dadurch sind schon unzählige Menschen mit dem Landkreis in Berührung gekommen.

Der Landkreis Freising ist weltoffen und heimatverbunden zugleich – vielleicht ist das der Grund, warum man sich hier einfach wohlfühlt.

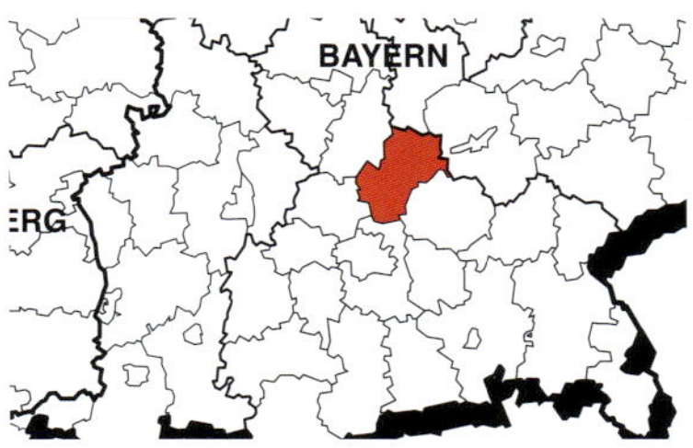

Fläche: 799,83 km²
EW: 170.357 - EW/km²: 213
KFZ-Kennzeichen: FS
Kreissitz: Freising
www.kreis-freising.de

Landrat
Josef Hauner / CSU
im Amt seit: 2014 gewählt bis: 2020

Sitzverteilung im Kreistag
Vorsitz: Josef Hauner

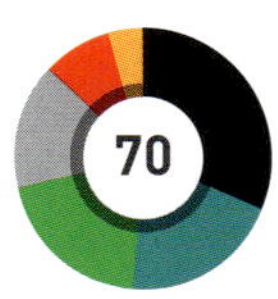

22	CSU
14	Freie Wähler
14	B.90/Grüne
6	SPD
3	ÖDP
11	Sonstige

(Freisinger Mitte 7, Freisinger Linke 2, FDP 1, parteilos 1)

Landkreis

Freyung-Grafenau

BAYERN

Der Landkreis Freyung-Grafenau ist...
...auf dem Weg nach oben. Früher als „Armenhaus der Region" gebrandmarkt und wegen seiner Randlage benachteiligt, hat sich der Tourismuslandkreis auch in einen Technologiestandort im Dreiländereck Bayern-Böhmen-Oberösterreich entwickelt.

Historische Entwicklung

Die eigentliche Erschließung und Besiedelung des Bayerischen Waldes fand ab dem Mittelalter statt. Bis ins 11. Jahrhundert galt der „Nordwald", also das Gebiet zwischen Donau, Rachel und Dreisessel, als Königsgut. 1010 gelangte das Gebiet östlich der Ilz durch Schenkung als Rodungsland an das Reichskloster Niedernburg in Passau, mit dem es um die Wende des 13. Jahrhunderts an die Passauer Bischöfe fiel. Ab der Jahrtausendwende entwickelten sich die sog. Goldenen Steige, die bis in die frühe Neuzeit zu den bedeutendsten Handelswegen im süddeutschen Raum wurden. Das „weiße Gold" wurde von Bad Reichenhall und Hallein über die Bergrücken des Bayerischen Waldes in das salzlose Böhmen transportiert. Auf dem Rückweg nahmen die Säumer Getreide, Gewürze und andere Lebensmittel mit. Seit dem 15. Jahrhundert nutzte man die natürlichen Gegebenheiten zur Arbeit in Waldglashütten, planmäßiger Holznutzung mit Holztrift und der Arbeit in den Granit-Steinbrüchen.

Im 19. Jahrhundert erreichten die Eisenbahnen und neuen Straßenbauten das Waldland, verbanden dieses „mit der Welt" und leiteten eine bescheidene Industrialisierung ein. War der Landkreis bis in die 1990er Jahre während des Kalten Krieges an den Rand Europas gedrängt worden, liegt er seit der Öffnung des „Eisernen Vorhangs" wieder mitten in Europa.

Wertschöpfung und Verkehr

Der bayerische Landkreis Freyung-Grafenau liegt im Regierungsbezirk Niederbayern und gliedert sich in 25 Städte, Märkte und Gemeinden. In dem fast 1.000 km² großen Landkreis leben heute rund 78.000 Einwohner. Mit seiner Mittelgebirgslandschaft im Herzen Europas grenzt er in einer Länge von 59 km im Nordosten an die Tschechische Republik, im Südosten hat er auf einer Länge von 8 km eine gemeinsame Grenze mit Österreich.

Fehlende Autobahnen, befahrbare Wasserstraßen und Flughäfen waren die infrastrukturellen Nachteile der Vergangenheit. Hieraus und aus der Dominanz der witterungsabhängigen Berufe erklären sich die hohen Winterarbeitslosigkeiten der 1980er Jahre, die bis zu 50 % betrugen. Heute gilt die Branchenvielfalt als Schlüssel zum wirtschaftlichen Erfolg. Ein breitgefächertes, mittelständisch geprägtes Spektrum von Industrie, Handwerk, Handel und Dienstleistungen ist die Grundlage des Wirtschaftsraumes. Eine hoch motivierte und einsatzbereite Bevölkerung, qualifizierte Fach- und Führungskräfte sowie eine zielgerichtete Wirtschaftsförderung und ein aktives Regionalmanagement sind wichtige Standortfaktoren. Nicht zuletzt dank der ab dem Jahr 2009 neu geschaffenen Technologie-Transfer-Zentren der Hochschule Deggendorf entwickelt sich der gesamte Bayerische Wald rasant zu einer Technologieregion, und die Unternehmen haben heute die Möglichkeit, die Ressourcen der Wissenschaft für sich zu nutzen und gemeinsam mit den Hochschulen Projekte umzusetzen. In Freyung-Grafenau gibt es im Hochtechnologiebereich viele „hidden champions", die teilweise auf ihrem Gebiet Weltmarktführer sind.

Landschaft, Sehenswürdigkeiten und Kultur

Der besondere Reiz der Landschaft zeichnet sich durch eine ungemein hohe Artenvielfalt und seltene Pflanzen aus. Andererseits weist der Landkreis ein Landschaftsbild von einzigartiger Schönheit und Ursprünglichkeit auf, geprägt durch eine insbesondere in den höheren Lagen noch völlig erhaltene Kulturlandschaft, die bis heute nicht zerstört worden ist.

Das touristische Bild des Landkreises Freyung-Grafenau ist seit dem Jahr 1970 eng mit dem Nationalpark Bayerischer Wald, verbunden und steht für aktives Naturerleben. Er ist die wichtigste touristische Einrichtung des Gebietes mit einer bestens ausgestatteten Infrastruktur unter dem Motto „Natur Natur sein lassen". Ein Erlebnis der besonderen Art ist hierbei der 2009 geschaffene, weltweit längste Baumwipfelpfad mit dem „Baum-Ei" als Aussichtsplattform. Neben den Bergen im Nationalparkgebiet charakterisieren vor allem die typischen Bach- und Flusslandschaften den Landkreis. Aus gutem Grund wurde die Ilz schon einmal zur Flusslandschaft des Jahres gewählt und der Berggipfel des Lusens, die Wollsackfelsen am Dreisessel sowie die Wildbachklamm „Buchberger Leite" in die Liste der 100 schönsten Geotope Bayerns aufgenommen.

„Mehr Raum. Und Zeit." ist nicht umsonst das Motto des Landkreises. Die Ruhe und die Weite der Landschaft sind es, die den Landstrich so lebens- und liebenswert machen und der Kreativität freien Raum lassen. Freyung-Grafenau – immer eine Reise wert!

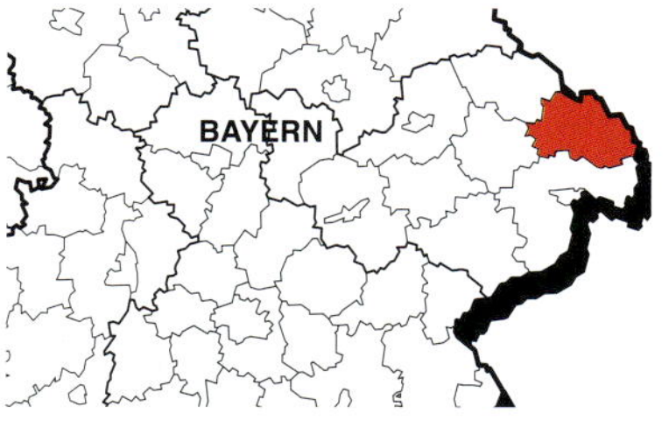

Fläche: 984,15 km²
EW: 77.927 - EW/km²: 79
KFZ-Kennzeichen: FRG
Kreissitz: Freyung
www.freyung-grafenau.de

Landrat
Sebastian Gruber / CSU
im Amt seit: 2014 gewählt bis: 2020

Sitzverteilung im Kreistag
Vorsitz: Sebastian Gruber

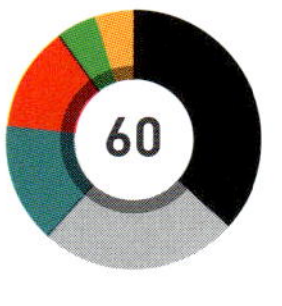

22	CSU
9	Chr. WG - FW
8	SPD
3	B.90/Grüne
3	ÖDP/Familienbündnis
15	Sonstige

(FW-GL 6, Junge Wähler Union 5, BP 4)

Landkreis

Fürstenfeldbruck

BAYERN

Der Landkreis Fürstenfeldbruck ist...
...ein Landkreis mit Zukunft in unmittelbarer Nähe zu München und dem oberbayerischen Fünf-Seenland. Er gehört zur prosperierenden Europäischen Metropolregion München.

Historische Entwicklung

Die Tradition der Gerichts- und Verwaltungsrechte des bedeutenden ehemaligen Klosters Fürstenfeld waren wohl ausschlaggebend, dass Max I. Joseph, König von Bayern, im Jahr 1823 das „Landgericht Bruck", das man als Vorläufer des heutigen Landkreises betrachten kann, errichtete.

Erhebliche Einwohnerzuwächse prägten den Landkreis nach 1945: Durch den Zustrom der Heimatvertriebenen stieg die Bevölkerung von 1939 mit 41.578 bis 1950 auf 66.151 Einwohner um 37 % an. Der zweite Schub zeichnete sich in den 1970er Jahren ab: Der ungebrochene Zuzug in die direkt angrenzende Landeshauptstadt hatte zur Folge, dass auch immer mehr Menschen in das Münchner Umland zogen. Von 1970 bis 1980 stieg die Einwohnerzahl von 118.623 auf 172.760 an. Als große Leistung dieser Jahre galt es, die kreiseigene Infrastruktur aufzubauen und kontinuierlich auszubauen.

Heute leben nach zwei Gebietsreformen 1972 und 1978 in vier Städten und 19 Gemeinden auf ca. 43.500 ha rund 210.200 Bürger. Von den 71 Landkreisen in Bayern ist Fürstenfeldbruck damit nach dem Landkreis München der am dichtest besiedelte, bevölkerungsmäßig der viertgrößte, flächenmäßig jedoch der drittkleinste Landkreis. Die Städte und Gemeinden im Osten des Kreisgebietes weisen eine Struktur mit modernen Siedlungszentren auf. Die Gemeinden im westlichen Landkreis sind noch weitgehend ländlich geprägt.

Wertschöpfung und Verkehr

Seit Jahren berät die Wirtschaftsförderung erfolgreich (Jung)Unternehmer. Vor allem mittelständische Betriebe, besonders im produzierenden Gewerbe und Dienstleistungssektor, beweisen mit innovativen Ansätzen und hohem technischem Niveau internationale Konkurrenzfähigkeit. Hervorzuheben ist eine starke Kultur- und Kreativwirtschaft und die Landkreis Expo „FFB-Schau". Ferner prägen den Standort eine sehr geringe Arbeitslosenzahl und qualifizierte Arbeitsplätze.

Für eine ideale Verkehrsanbindung sorgen die A 8, A 96, A 99 sowie die B 2 und B 471, über 100 km Kreisstraßen, und eine gute Radwegeinfrastruktur. Drei S-Bahnlinien, ein hoch verdichtetes Netz mit rund 40 Buslinien und das MVV-RufTaxi sorgen für einen Service rund um die Uhr.

Der Landkreis war einer der ersten Agenda 21-Kommunen u.a. mit der Zielsetzung, bis 2030 seinen Energiebedarf zu 100 % aus erneuerbaren Energiequellen zu decken. 2013 verabschiedete der Kreistag sein Leitbild: die Verbesserung der Lebensqualität aller – auch der zukünftigen Generationen, dem Prinzip der Nachhaltigkeit verpflichtet. Eine von 75 daraus abgeleiteten Maßnahmen ist die seit 2014 eingerichtete Stelle des Regionalmanagements. Eine 2015 eingestellte Klimaschutzmanagerin sorgt für die Umsetzung des Klimaschutzkonzepts.

Hohe Priorität hat derzeit eine sinnvolle Entwicklung in den Bereichen Wohnen, Arbeiten und Mobilität. Hierzu gehören z. B. eine Struktur- und Potenzialanalyse oder die Beschäftigung mit dem planungsrechtlichen Instrument der sozialgerechten Bodennutzung. Fürstenfeldbruck unterstützt als familienfreundlicher Landkreis Eltern bei der Erziehung ihrer Kinder. Dabei setzt er auf präventive Projekte wie Frühförderung Opstapje, Koordinierende Kinderschutzstelle, Jugendsozialarbeit an Schulen, Familienpatenschaften, Familienstützpunkt, Alkoholprävention HaLT, kostenloser Spieleverleih, Besuchsprogramm für Neugeborene.

Das 2010 erstellte Seniorenpolitische Gesamtkonzept und eine Seniorenfachberatung sorgen dafür, dass auch die Anforderungen der älteren Mitbürger bedarfsgerecht umgesetzt und Hilfen angeboten werden.

Den Landkreis Fürstenfeldbruck kennzeichnen kompetente Eigenbetriebe der Abfallwirtschaft, moderne Einrichtungen wie das Klinikum Akademisches Lehrkrankenhaus der LMU München sowie die viertgrößte integrierte Rettungsleitstelle. Und Bildung genießt hohe Priorität: Für gute Lernbedingungen investiert der Landkreis als Sachaufwandsträger für seine 17 Schulen viel Geld.

Landschaft, Sehenswürdigkeiten und Kultur

Sanftes Hügelland und Münchner Schotterebene prägen das Landschaftsbild. Charakteristisch für das Brucker Land sind große Moore wie das Ampermoos. Der bestimmende Flusslauf ist die Amper. Viele intakte Naturlandschaften, Naherholungsgebiete, der Freizeitpark Mammendorf, kleinere Badeseen, moderne Hallenbäder sowie zahlreiche Golfclubs sichern Erholung vor der eigenen Haustür. Sehenswerte Highlights sind die ehemalige Klosteranlage Fürstenfeld, das Bauernhofmuseum Jexhof und das Mühlenmuseum Furthmühle. Brauchtum wird gepflegt mit Volksfesten, dem großen Faschingsumzug in Olching, dem Willibalds-, Leonhardi- und Silvesterritt. Hunderte Vereine, Verbände und Stiftungen bereichern das gesellschaftliche Leben im Landkreis Fürstenfeldbruck.

Fläche: 434,79 km²
EW: 210.278 - EW/km²: 484
KFZ-Kennzeichen: FFB
Kreissitz: Fürstenfeldbruck
www.lra-ffb.de

Landrat
Thomas Karmasin [P, V] / CSU
im Amt seit: 1996 gewählt bis: 2020

Sitzverteilung im Kreistag
Vorsitz: Thomas Karmasin

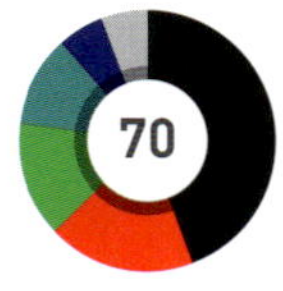

31	CSU
13	SPD
10	B.90/Grüne
8	Freie Wähler
4	Unabh. Bürgervereinigung
4	Sonstige

(FDP 2, ÖDP 2)

Landkreis

Fürth

BAYERN

Der Landkreis Fürth ist...

...„LeistungsFähig. LebensFroh." Der flächenkleinste Landkreis Bayerns hat starke innere Werte: Durch seine Anbindung an die Großstädte Nürnberg, Fürth und Erlangen kombiniert er die Vorteile eines Ballungsraumes mit kurzen Wegen und der Lebensqualität ländlicher Gegenden. In den 14 Gemeinden lässt es sich gut leben – der Kreis ist nach wie vor ein Zuzugsgebiet. Besonders Familien fühlen sich hier sehr wohl. Gründe dafür sind die herrliche Natur, das breite Schul- und Bildungsangebot, attraktive Arbeitgeber sowie ein großes Spektrum an Freizeitmöglichkeiten.

Historische Entwicklung

Den Landkreis Fürth, so wie er sich heute darstellt, gibt es erst seit 1972 – geschaffen durch die Gebietsreform. Nach der Stauferzeit verlegten die Grafen von Zollern als Burggrafen von Nürnberg ihren Amtssitz auf die Cadolzburg. Danach wurde die Cadolzburg Sitz eines Oberamtes. Im Jahr 1862 wurde das Königliche Bezirksamt Fürth als zentrale Verwaltungsstelle für einen Großteil des heutigen Landkreises geschaffen. Es wurde ab 1939 in Landkreis Fürth umbenannt. Von 1958-1972 erfolgte neben der Entwicklung des Landkreises der Aufbau einer inneren Struktur.

Wertschöpfung und Verkehr

Der Landkreis Fürth ist ein attraktiver Wirtschaftsstandort, wie der Branchenmix aus Spielzeugindustrie, Elektro- und Anlagenbau, der Kunststoffbranche sowie Dienstleistern bis hin zu Handel und Handwerk beweist. Internationale Global Player wie Faber-Castell, geobra Brandstätter (PLAYMOBIL), die Confiserie Riegelein und CADOLTO Fertiggebäude profitieren von den Standortvorteilen und der zentralen Lage im Herzen der Europäischen Metropolregion Nürnberg.

Den Wirtschafts- und Lebensraum für Bewohner und Neubürger noch attraktiver gestalten – das ist das Ziel des LEADER-Förderprogramms und des Regionalmanagements. Seit 2015 ist der Landkreis Fürth LEADER-Region. LEADER ist ein Förderprogramm der EU, mit dem innovative Projekte im ländlichen Raum gefördert werden. Unter dem Motto „Bürger gestalten ihre Heimat" bringen Landkreisbewohner ihre Projektideen ein. Das Regionalmanagement hat zur Aufgabe, das Potenzial des Landkreises zu bündeln, bzw. Partner zu vernetzen. Projekte sind z. B. die Ehrenamtsbörse, Freizeitbroschüren und -karten, Themenwochen sowie ein virtueller Marktplatz.

Hohe Priorität hat die Familienfreundlichkeit im Landkreis Fürth. Für unter dreijährige Kinder stehen in den 14 Gemeinden Betreuungsplätze in Kindertageseinrichtungen und bei Tagesmüttern zur Verfügung. Begrüßungsordner für Neugeborene, Familienwegweiser als Print- und Onlineversion sowie zahlreiche Veranstaltungen sind Serviceangebote für Familien. In Fachkonferenzen wird der Status quo überprüft, bzw. die Strategie für die Zukunft festgelegt. Für Senioren gibt es eine Koordinierungsstelle, die eng mit den Seniorenvertretern der einzelnen Kommunen zusammenarbeitet. Ein „Seniorenpolitisches Gesamtkonzept" ist Grundlage der Seniorenpolitik. Im Zwei-Jahres-Turnus findet eine Seniorenmesse statt.

Im Landkreis gibt es ein räumlich und zeitlich ausgezeichnetes Angebot öffentlicher Verkehrsmittel. Jährlich fließen hohe Beträge in den Ausbau und Unterhalt von Buslinien, Anruf-Sammel-Taxi, Rufbus-, Bürgerbus und Nachtbusverkehr sowie in Fahrgastinformationssysteme und tarifliche Maßnahmen.

Auch das Online-Serviceangebot des Landratsamtes wird weiter ausgebaut, um möglichst viele Behördengänge einzusparen.

Landschaft, Sehenswürdigkeiten und Kultur

Die Übernachtungszahlen steigen – aus gutem Grund: Eine Vielzahl an Wander-, Skater- und Radtouren, (Natur)-Bäder, ein Klettergarten, Museen, SwinGolf, der PLAYMOBIL FunPark, das Kur- und Freizeitbad Kristall Palm Beach und weitere Attraktionen machen den Landkreis Fürth zu einem echten „Wohlfühl- und Erlebnis-Landkreis." Die imposante Cadolzburg ist heute Schauplatz der Cadolzburger Burgfestspiele. Bis 2017 wird sie zum Burgerlebniszentrum umgebaut.

In Langenzenn beeindruckt die Klosteranlage aus dem Jahr 1409 – auch dort gibt es stimmungsvolle Theateraufführungen. Der Global Player Faber-Castell plant die Eröffnung einer Erlebnismeile in Stein. Traditionelle Veranstaltungen wie Kirchweihen im Sommer und Weihnachtsmärkte im Winter sind ebenfalls Besuchermagnete.

Den (Online)-Veranstaltungskalender des Landkreises bereichern auch Ausstellungen, Kleinkunst und Lesungen. Kreative Köpfe entwickeln im Künstlernetzwerk KUM (Kulturmacher Landkreis Fürth) gemeinsame Projekte, z. B. den „Tag der schönen Künste" in der Akademie Faber-Castell.

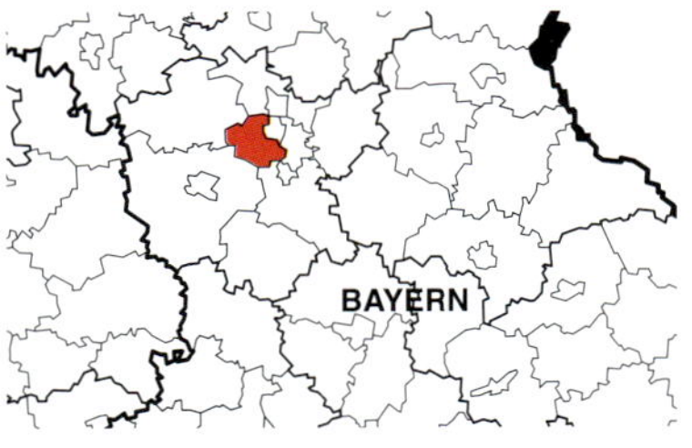

Fläche: 307,55 km²
EW: 113.847 - EW/km²: 370
KFZ-Kennzeichen: FÜ
Kreissitz: Zirndorf
www.landkreis-fuerth.de

Landrat
Matthias Dießl / CSU
im Amt seit: 2008 gewählt bis: 2020

Sitzverteilung im Kreistag
Vorsitz: Matthias Dießl

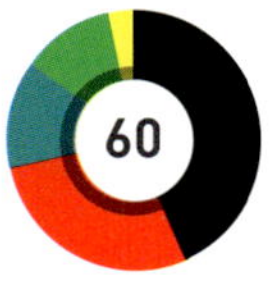

26	CSU
17	SPD
8	Freie Wähler
7	B.90/Grüne
2	FDP/Freie Bürger

Landkreis

Garmisch-Partenkirchen

BAYERN

Der Landkreis Garmisch-Partenkirchen ist...
...nicht nur eine beliebte Urlaubsdestinationen, sondern auch ein attraktiver Wirtschaftstandort im Süden der Metropolregion München. „Freiraum für kreative Köpfe": Das bietet der Landkreis insbesondere Unternehmensgründern, die etwas aufbauen und bewegen wollen. Die Lebensqualität zwischen Staffelsee und Zugspitze ist hoch und dank einer hervorragenden sozialen Infrastruktur sind die Startbedingungen optimal, um Beruf und Familie miteinander zu vereinbaren.

Historische Entwicklung
Im Jahr 1862 entstand das Bezirksamt Werdenfels, dessen Namen sich auf die mittelalterliche Grafschaft Werdenfels anlehnte. 1879 wurde das Bezirksamt Werdenfels dann in Bezirksamt Garmisch umbenannt. Nach der Vereinigung der Orte Garmisch und Partenkirchen 1935, in Vorbereitung auf die Olympischen Spiele 1936, erhielt auch das Bezirksamt den Doppelnamen Garmisch-Partenkirchen. Wie überall im Deutschen Reich wurde 1939 die Bezeichnung Landkreis eingeführt. So wurde aus dem Bezirksamt der Landkreis Garmisch-Partenkirchen.

Im Rahmen der Gebietsreform 1972 wurde der Landkreis um Gebiete im Norden um den Markt Murnau am Staffelsee erweitert. Zu den bis dahin 16 Gemeinden kamen im Zuge der Gebietsreform zwölf Gemeinden aus den Altlandkreisen Schongau und Weilheim hinzu, die Landkreisfläche vergrößerte sich von 874 auf 1.012 km². Mit der Gemeindegebietsreform wurden im Weiteren Eingemeindungen durchgeführt. Aktuell zählt der Landkreis 22 Gemeinden.

Wertschöpfung und Verkehr
Im Vergleich zu vielen anderen Wirtschaftsstandorten punktet der Landkreis Garmisch-Partenkirchen vor allem mit weichen Standortfaktoren, denn eine intakte Natur ist Voraussetzung für eine hohe Lebensqualität und Basis für eine ökologische Landwirtschaft und den Tourismus. Mit seinen rund 4,4 Mio. Gästeübernachtungen (Stand 2014) ist der Tourismus nach wie vor eine tragende Säule der heimischen Wirtschaft, doch in den letzten Jahrzehnten hat sich zudem ein starker Gesundheitssektor als weitere tragende Säule entwickelt. So erhielt der Landkreis 2012 das Qualitätssiegel „Gesundheitsregion Bayern". 2015 wurde der Landkreis Gesundheitsregion plus. Im Landkreis arbeiten etwa ein Viertel aller sozialversicherungspflichtig Beschäftigten im Gesundheits- und Sozialwesen. Der Bereich Wellness hat ebenso einen hohen Stellenwert; 16 Gemeinden sind als Erholungsort, Luftkurort, Heilklimatischer Kurort oder Heilbad staatlich anerkannt.

Im Landkreis Garmisch-Partenkirchen fühlen sich aber nicht nur Tourismus- und Gesundheitsbetriebe wohl, sondern auch zahlreiche mittelständische Unternehmen mit europa- und weltweiten Geschäftsbeziehungen, u. a. aus den Sparten Handel, Maschinenbau, Elektrotechnik, Softwareentwicklung, Marketing und Kunststofftechnik. Hinzu kommen Holz und Metall verarbeitende Betriebe, die chemische Industrie sowie eine Vielzahl von Handwerksbetrieben.

Mit der A 95 sowie mit den Bundesstraßen 2, 11 und 23 ist der Landkreis gut an das weitverzweigte deutsche Autobahn- und Bundesstraßennetz angeschlossen. Im Stundentakt verkehren Regionalbahnen zwischen München und Garmisch-Partenkirchen.

Landschaft, Sehenswürdigkeiten und Kultur
Im Landkreis Garmisch-Partenkirchen ist eine vielfältige und lebendige Kultur sowie eine reiche Museumslandschaft anzutreffen. Im Oberen Isartal liegt der Geigenbauort Mittenwald. In Garmisch-Partenkirchen hat Richard Strauss komponiert und alljährlich findet dort im Sommer das Richard-Strauss-Festival statt. Zwischen Mittenwald und Garmisch-Partenkirchen liegt Schloss Elmau, Ausrichtungsort des G7-Gipfels 2015. Weltbekannt sind auch die Oberammergauer Passionsspiele, das Kloster Ettal und das Schloss Linderhof, eines der Schlösser des Bayerischen Königs Ludwig II. Im Staffelseegebiet, dem „Blauen Land" mit dem Markt Murnau im Mittelpunkt, sind es die Maler der Künstlervereinigung „Blauer Reiter" mit Gabriele Münter und Wassily Kandinsky, aber auch der Schriftsteller Ödön von Horváth, die das Kulturleben dieser Region bis heute prägen. Hervorragendes Beispiel einer gewachsenen Kultur ist auch das traditionelle Brauchtum, das sich besonders eindruckvoll bei zahlreichen Festen und Veranstaltungen zeigt.

Das alles wäre undenkbar ohne die weitgehend intakte Natur sowie die von Landwirten in jahrhundertealter Tradition geschaffene und gepflegte Kulturlandschaft. Über die Hälfte der Landkreisfläche steht unter Natur- oder Landschaftsschutz; darunter die Buckelwiesen bei Mittenwald, das Murnauer Moos als größte Moorlandschaft Mitteleuropas sowie das Ammergebirge als Deutschlands größtes landseitiges Naturschutzgebiet. Seine voralpinen Wiesen- und Moorlandschaften zählen zu den herausragendsten Landschaften dieser Art. Nicht zu vergessen sind das mächtige Karwendelgebirge und Wettersteingebirge mit der Zugspitze (2.962 m) als Deutschlands höchstem Gipfel.

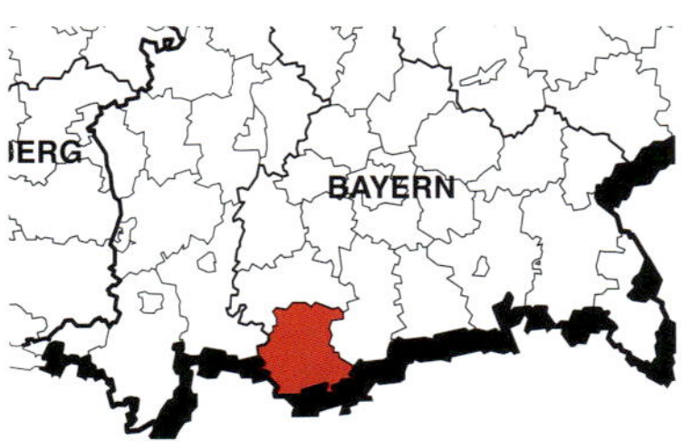

Fläche: 1.012,22 km²
EW: 85.931 - EW/km²: 85
KFZ-Kennzeichen: GAP
Kreissitz: Garmisch-Partenkirchen
www.lra-gap.de

Landrat
Anton Speer / Freie Wähler
im Amt seit: 2014 gewählt bis: 2020

Sitzverteilung im Kreistag
Vorsitz: Anton Speer

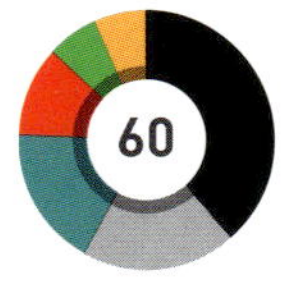

22 CSU
11 Freie Wähler
7 SPD
4 B.90/Grüne
4 ÖDP
12 Sonstige
(CSB 6, BP 3, FWG 2, FDP 1)

Landkreis

Günzburg

BAYERN

Der Landkreis Günzburg ist…
…liebenswerte Heimat, aufstrebende Tourismusdestination und zentraler Wirtschaftsraum an der Schnittstelle von Bayern und Baden-Württemberg. Er liegt im Nordwesten des Regierungsbezirks Schwaben zwischen den beiden Universitätsstädten und Oberzentren Augsburg und Ulm, exakt auf der Hälfte der Wegstrecken in die Ballungsräume Stuttgart und München. Bayerisch-schwäbische Nachbarn sind die Landkreise Dillingen, Augsburg, Unterallgäu und Neu-Ulm. Von den 34 kreisangehörigen Gemeinden sind neun Einheitsgemeinden, die anderen sind in sieben Verwaltungsgemeinschaften gegliedert. Die Stadt Günzburg ist Sitz der Kreisverwaltung und besitzt den Status einer Großen Kreisstadt.

Historische Entwicklung

Der heutige Landkreis Günzburg entstand 1972 im Rahmen der Kreisgebietsreform. Er wurde weitgehend aus den früheren Kreisen Günzburg und Krumbach sowie der bis dahin kreisfreien Stadt Günzburg gebildet.

Wertschöpfung und Verkehr

Die Wirtschaft im Landkreis Günzburg basiert auf einer vielseitig strukturierten Industrie, einer breiten Branchenstreuung im Handwerk, einem dynamischen Dienstleistungssektor und einer aktiven Landwirtschaft. Namhafte Firmen wie etwa der Hersteller von Einkaufswagen, die Metallwarenfabrik WANZL in Leipheim, exportieren ihre Produkte in alle Welt. Mit der Ansiedlung von LEGOLAND®Deutschland mit seinem weltweit vierten Freizeitpark in Günzburg wurde ein überregional bedeutsames Ausflugsziel gewonnen, das jährlich weit mehr als 1 Mio. Besucher anlockt. In diesem Zusammenhang hat sich der Landkreis das Leitbild „Familien- und Kinderregion“ gegeben.

Mit dem Kernkraftwerk Gundremmingen liegt eine der großen deutschen Energiegewinnungsanlagen im Landkreis.

Die verkehrsgünstige Lage am Schnittpunkt der Autobahnen A 7 (Hamburg-Füssen) und A 8 (Stuttgart-München) ist ein besonderer Vorzug des nördlichen Landkreises. Die europäische Schienentransversale Paris-Stuttgart-Augsburg-München-Wien führt ebenfalls durch den Landkreis.

Der Landkreis Günzburg, von dem einmal behauptet wurde, hier sei die Hilfe zu Hause, ist geprägt von einer beachtlichen Anzahl an sozialen Institutionen und Einrichtungen des Gesundheitswesens. Große Behinderteneinrichtungen haben hier eine Tradition begründet: das Dominikus-Ringeisen-Werk in Ursberg, das Förderungswerk St. Nikolaus in Dürrlauingen und das Bezirkskrankenhaus Günzburg. Auf dem Gesundheitssektor werden die beiden Kreiskliniken Günzburg und Krumbach, die inzwischen als Kommunalunternehmen geführt werden, ergänzt durch die Rehabilitationsklinik Ichenhausen und das Therapiezentrum Burgau für Schädel-Hirn-Verletzte. Von den zwölf Seniorenheimen befinden sich fünf in der Trägerschaft bzw. Verwaltung des Landkreises.

Fläche: 762,44 km²
EW: 121.828 - EW/km²: 160
KFZ-Kennzeichen: GZ
Kreissitz: Günzburg
www.landkreis-guenzburg.de

Landrat
Hubert Hafner[S] / CSU
im Amt seit: 1996 gewählt bis: 2020

Sitzverteilung im Kreistag
Vorsitz: Hubert Hafner

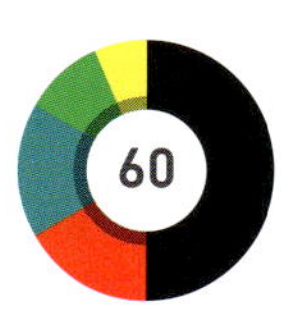

30	CSU
10	SPD
10	Freie Wähler
6	B.90/Grüne
4	FDP/Freie Bürger

Landschaft, Sehenswürdigkeiten und Kultur

Das Gebiet des Landkreises Günzburg ist landschaftstypisch zweigeteilt. Die Donau trennt den kleinen Riedbereich im Norden von der südlich gelegenen sog. Schwäbisch-Bayerischen Hochebene. Die wird durch die Täler der Biber, der Günz, der Kammel, der Mindel und der Zusam geteilt. So bestimmt das Landschaftsbild von West nach Ost ein steter Wechsel zwischen Hochflächen und Flusstälern. Der Höhenunterschied zwischen dem niedrigsten (427 m) und dem höchsten Punkt (607 m) im Landkreis beträgt 180 m.

Wegen seiner naturräumlichen Gegebenheiten ist der Landkreis Günzburg sehr gut für den Fremdenverkehr, für die Naherholung und für die Freizeitgestaltung geeignet. Die breit gefächerte Palette des Freizeitangebots reicht von Segeln, Surfen und Wakeboarden bis zum Schwimmen in einem der zahlreichen Seen, vom Reiten über Tennis und Fußballgolf bis zum Golfen auf einem der schönsten Golfplätze Süddeutschlands. Für die beschauliche Art der Erholung und Entspannung bieten sich herrliche Radwanderwege entlang verschiedener Flußtäler sowie attraktive Wanderwege und Walkingstrecken an, immer umrahmt von intakter Natur und beeindruckender Kultur.

Die kulturellen und kunsthistorischen Sehenswürdigkeiten sind es, die dem Landkreis auch den Namen „Schwäbischer Barockwinkel“ gaben. Als Besonderheit ist auch das „Schwäbische Krippenparadies“ erwähnenswert, wo in Kirchen, Privathäusern und verschiedenen Ausstellungen während der Weihnachtszeit wunderbare Krippen zu bewundern sind. Jährlich rund 500.000 Pilger zieht der weithin bekannte Wallfahrtsort Maria Vesperbild bei Ziemetshausen an. Für gesundheitsorientierte Erholungssuchende bietet sich auch ein Aufenthalt im ältesten Kneipp- und Mineralheilbad Schwabens, im Heilbad Krumbad, an.

Landkreis

Haßberge

BAYERN

Der Landkreis Haßberge ist...
...eine gefragte Adresse – egal ob bei Unternehmern, Touristen, bei Senioren oder bei jungen Familien. Er bietet Jung und Alt eine starke Heimat. Einheimische und Zugezogene fühlen sich hier gleichermaßen wohl und genießen vor allem die Ruhe, die schöne Natur und die hohe Lebensqualität.

Historische Entwicklung
Entstanden ist der Landkreis Haßberge vor 43 Jahren im Zuge der bayerischen Gebietsreform von 1972 als eigenständige Gebietskörperschaft zwischen den Oberzentren Schweinfurt, Coburg und Bamberg. Damals wurden der ehemalige Landkreis Haßfurt und der überwiegende Teil der Landkreise Ebern und Hofheim zu einem Landkreis zusammengelegt.

Wertschöpfung und Verkehr
Der Landkreis Haßberge ist ein lebendiger Wirtschaftsstandort mit hoher Lebensqualität. Eine gesunde Mischung aus leistungsfähigen Handwerks- und Dienstleistungsbetrieben, innovativem Mittelstand und weltweit agierenden Großunternehmen zeichnet die Wirtschaft in den 26 Städten, Märkten und Gemeinden aus. Selbst Global Player wie beispielsweise FTE automotive Ebern, Papierfabrik Palm Eltmann, Maintal Haßfurt, Fränkische Rohrwerke Königsberg oder ESN Hofheim bekennen sich zur Industrieregion im Grünen, weil sie den Standort mit seiner guten Infrastruktur und qualifizierten Arbeitskräften und seiner Lage in Mainfranken und der Europäischen Metropolregion Nürnberg wertschätzen.

Ein reichhaltiges Bildungsangebot, ein reges Vereins- und Kulturleben sowie die bodenständige und offene Art seiner Bewohner vervollständigen das Bild eines lebens- und liebenswürdigen Landkreises. Günstige, individuell verfügbare Gewerbeflächen und schnelle Genehmigungsverfahren schaffen ein besonders wirtschaftsfreundliches Klima. Die Arbeitsmarktzahlen lesen sich seit Jahren gut: Die Arbeitslosenquote ist konstant niedrig und liegt weit unter dem Bundesdurchschnitt – im Oktober 2015 lag sie beispielsweise bei 3 %.

Mit dem Projekt „Zukunftscoach" stellt sich der Landkreis unter der Federführung der Volkshochschule Landkreis Haßberge e.V. aktiv dem drohenden Fachkräftemangel und ergreift notwendige Maßnahmen, um den Folgen der demografischen Entwicklung entgegenzuwirken.

Der Landkreis Haßberge hat in guter Zusammenarbeit mit seinen Gemeinden die Weichen für eine Zukunft gestellt, die auch den nachfolgenden Generationen Raum zum Leben und Arbeiten in einem ökologisch und ökonomisch intakten Umfeld lässt. Von Anfang an hat der Landkreis Haßberge seinen Schwerpunkt auf das Bildungswesen gelegt. Im schulischen investiert der Landkreis aktuell über 60 Mio. €, um die Lernbedingungen für Schüler zu optimieren.

Im Landkreis Haßberge wird Vernetzung und Beteiligung der Bildungsakteure groß geschrieben. Beispielsweise werden hier Kinder beim Übergang vom Kindergarten an die Grundschule oder von der Grundschule an eine weiterführende Schule besonders begleitet. Für sein besonderes Engagement für die junge Generation wurde der Landkreis im Juli 2015 mit dem Gütesiegel „Bildungsregion" ausgezeichnet und unterhält ein eigenes Bildungsmanagement.

Mit den Hauptverkehrsadern der A 70 (Mainfrankental-Autobahn), den Bundesstraßen B 26, B 279 und B 303, der Bahnlinie Bamberg/Schweinfurt und natürlich dem Main als Binnenwasserstraße ist im Landkreis eine hervorragende Verkehrsanbindung vorhanden. Auch in puncto öffentliche Verkehrsmittel (Bus und Bahn) hält der Landkreis Anschluss an die Nachbarlandkreise und den Fernverkehr. Der für den Instrumentenflug ausgestattete Verkehrslandeplatz Haßfurt-Schweinfurt befindet sich vor den Toren Haßfurts und ist von der A 70 Bamberg-Schweinfurt aus innerhalb weniger Minuten zu erreichen.

Landschaft, Sehenswürdigkeiten und Kultur
Der Landkreis ist mit seinen Naturparks Steigerwald und Haßberge und dem Maintal für seine artenreiche und unberührte Natur, für Bier und Wein und seine vielen schönen Ecken bekannt. Tiefgrüne Wiesentäler, einmalige Buchenwälder, weite Ausblicke und sonnenverwöhnte Weinberge bieten ideale Möglichkeiten zur Erholung, Entspannung und Freizeitgestaltung. Nicht nur Wanderer und Radfahrer kommen hier voll auf ihre Kosten, auch kulturell gibt es im Landkreis viel zu entdecken – sei es die Ritterkapelle in Haßfurt, der Hexenturm in Zeil, die Wallfahrtskirche Maria Limbach, das Heimatmuseum in Ebern oder die zahlreichen Burgen und Schlösser des Deutschen Burgenwinkels.

Fläche: 956,38 km²
EW: 84.152 - EW/km²: 88
KFZ-Kennzeichen: HAS
Kreissitz: Haßfurt
www.landratsamt-hassberge.de

Landrat
Wilhelm Schneider / CSU
im Amt seit: 2014 gewählt bis: 2020

Sitzverteilung im Kreistag
Vorsitz: Wilhelm Schneider

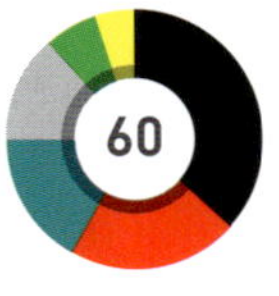

22	CSU
13	SPD
10	Freie Wähler
4	B.90/Grüne
3	FDP/Freie Bürger
8	Sonstige

(Junge Liste 5, ÖDP 2, Linkes Bündnis 1)

Landkreis

Hof

BAYERN

Der Landkreis Hof ist...
...Heimat und Lebensqualität pur. Die tragenden Säulen des Landkreises sind innovative und leistungsfähige Unternehmen, ein ausgezeichnetes Bildungsangebot und eine wunderbare Natur.

Historische Entwicklung
Der Landkreis Hof gehört seit 1810 zu Bayern. 1852 wurden Distriktsgemeinden in Form von Gemeindeverbänden geschaffen. Deren Nachfolger waren Bezirke. Aus den früheren Bezirksämtern gründeten sich später die Landkreise Hof, Münchberg, Naila und Rehau. Im Zuge der Gebietsreformen in den Jahren 1972 und 1978 hat der Landkreis Hof seine heutige Gestalt erhalten. Seine Lage am „Eisernen Vorhang“ nach dem Zweiten Weltkrieg endete mit Verwirklichung der deutschen Einheit.

Wertschöpfung und Verkehr
Der Landkreis ist ein gutes Beispiel für ein Gebiet, die sich ausgehend von einer schwierigen wirtschaftlichen Situation nachhaltig zum leistungsstarken Wirtschaftsstandort voller Perspektiven gewandelt hat.

Die Lage auf halber Strecke zwischen den Zentren München und Berlin, Frankfurt und Prag sowie die exzellente Verkehrsanbindung mit drei leistungsfähigen Autobahnen und direktem Zugang zu nationalen und internationalen Schienennetzen und fünf Flughäfen im Radius von 150 km schätzen Unternehmer.

Der Landkreis zählt zu den industriestarken Räumen in Deutschland. Firmen von internationalem Rang sowie der hochspezialisierte Mittelstand stellen Konsumgüter sowie Hightech-Produkte für den Weltmarkt her. Weltweit über 18.000 Mitarbeiter an mehr als 170 Standorten engagieren sich für den Erfolg von Polymerspezialist REHAU; rund 2.500 davon arbeiten in Hochfranken. Lamilux in Rehau ist einer der international führenden Produzenten von faserverstärkten Kunststoffen und Tageslichtsystemen. Die Sandler AG in Schwarzenbach an der Saale ist ein Global Player der Vliesstoffindustrie. Das Pionierunternehmen dennree in Töpen ist der führende Bio-Großhändler im deutschsprachigen Raum. Die Liste lässt sich beliebig verlängern. Die genannten Unternehmen geben Beispiel für das weite Spektrum der Wirtschaftskraft des Landkreises Hof, der sich als diversifizierter Wirtschaftsstandort mit einem leistungsstarken Branchenmix aus Kunststoff-, Logistik-, Medizin-, Metall- sowie der Textil- und Vliesstoffbranche präsentiert.

Der Landkreis Hof profitiert vom Technologietransfer zwischen Wissenschaft und Wirtschaft. Das Bayerische Landesamt für Umwelt in der Stadt Hof stellt Know-how vor allem in den Bereichen Wasser, Abwasser, Geologie und Geothermie zur Verfügung. Die Region ist auf dem Weg, nachhaltig zum führenden Kompetenzstandort „Wasser“ in Bayern aufzusteigen.

Als ausgewiesener Bildungs- und Wissensstandort wird der Landkreis durch den steten Ausbau der Hochschule für Angewandte Wissenschaften Hof kontinuierlich aufgewertet. Der Campus Münchberg steht mit den Studiengängen Innovative Textilien, Mediendesign und Textildesign für ausgezeichnete Lehre.

Aufbauend auf einer leistungsstarken Landwirtschaft, beschert das innovative Handwerk eine sehr gute Vielfalt regional erzeugter Lebensmittel. Die meisten Betriebe werden traditionell als Familienunternehmen geführt und sind Aushängeschilder der „Genussregion Oberfranken“.

Fläche: 892,52 km²
EW: 96.608 - EW/km²: 108
KFZ-Kennzeichen: HO
Kreissitz: Hof
www.landkreis-hof.de

Landrat
Dr. Oliver Bär / CSU
im Amt seit: 2014 gewählt bis: 2020

Sitzverteilung im Kreistag
Vorsitz: Dr. Oliver Bär

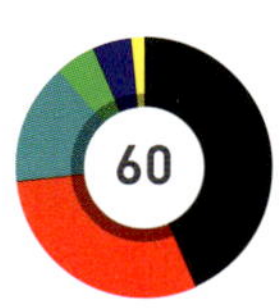

26	CSU
18	SPD
9	Freie Wähler
3	B.90/Grüne
3	Aktive LK-Bürger
1	FDP

Landschaft, Sehenswürdigkeiten und Kultur
Das Hofer Land liegt zwischen dem Frankenwald mit seinem Dreiklang aus gerodeten Hochflächen, bewaldeten Hängen, romantischen Wiesentälern im Nordwesten und dem riesigen Hufeisen des Fichtelgebirges im Süden, aus dessen Bergwäldern sich Felsentürme aus Granit emporstrecken. Inmitten dieser wunderschönen Landschaft finden sich eine Vielzahl von landschaftlichen Sehenswürdigkeiten wie der Döbraberg mit dem Prinz-Luitpold Aussichtsturm, der Große Kornberg mit seiner Schönburgwarte und der Große Waldstein mit seinen Schlossruinen. Die Natur- und Kulturlandschaft des wildromantischen Höllentals bietet Wanderern viel Abwechslung und eine Fülle an Erlebnissen. Aber auch „Landschaft aktiv erleben“ beim Tourenradeln, beim Mountainbiken und beim Wintersport sind möglich, soe am Zentrum Döbraberg oder am Kornberg. Gesundheits- und Wellnesszentrum ist das Bayerische Staatsbad Bad Steben mit seiner Therme.

Das Oberfränkische Bauernhofmuseum Kleinlosnitz, das Oberfränkische Textilmuseum in Helmbrechts sowie das Erika-Fuchs Haus in Schwarzenbach an der Saale, das deutschlandweit einzige Museum für Komik und Sprachkunst, stehen für herausragendes regionales und weitläufiges Kulturgut.

Das Deutsch-Deutsche Museum in Mödlareuth hält als Gedenkstätte von nationaler Bedeutung die so positiven Erinnerungen an die Wiedervereinigung vor 25 Jahren wach und macht im Landkreis Hof deutsche Geschichte erlebbar.

Grenzlandmuseum Mödlareuth

Landkreis

Kelheim

BAYERN

Der Landkreis Kelheim ist...
...im nordwestlichen Teil des Regierungsbezirkes Niederbayern gelegen und weist eine günstige Ausrichtung zu den pulsierenden Oberzentren München, Nürnberg, Regensburg und Ingolstadt auf.

Historische Entwicklung
Der Geburtstag des heutigen Landkreises Kelheim ist der 1.7.1972. Im Zuge der Landkreisreform wurde er aus dem Altlandkreis Kelheim sowie Teilen der ehemaligen Landkreise Mainburg, Riedenburg, Rottenburg a. d. Laaber und Parsberg gebildet. Der Landkreis Kelheim umfasst nunmehr 24 Gemeinden. Die Kreisstadt ist Kelheim mit ca. 15.000 Einwohnern.

Wertschöpfung und Verkehr
Der Landkreis Kelheim ist Teil der Metropolregion München. Die günstige Entfernung zum Flughafen München, die durch den Landkreis Kelheim verlaufende Autobahn A 93 sowie die Eröffnung des Main-Donau-Kanals im Jahre 1992 waren Impulsgeber für den Landkreis und die einheimische Wirtschaft. So gehört der Hafen Kelheim/Saal a.d. Donau mit der Lände Riedenburg heute zu den bedeutendsten bayerischen Binnenhäfen. Auf der Schiene sorgt die Hauptbahnstrecke Regensburg-Ingolstadt für eine reibungslose Verbindung mit den angrenzenden Landkreisen.

Als vorteilhafter Wirtschaftsstandort bietet der Landkreis Kelheim eine vielfältige und ausgewogene Wirtschaftsstruktur von Industrie, Handwerk, Handel und Dienstleistungen. Im Norden und Nordwesten, entlang des Main-Donau-Kanals und der Donau, liegt der wirtschaftliche Schwerpunkt auf dem Tourismus. Als Schnittstelle zwischen dem Naturpark Altmühltal, Bayerischem Jura, Bayerischem Golf- und Thermenland und dem größten zusammenhängenden Hopfenanbaugebiet der Welt, der Hallertau, sind im Landkreis knapp 6.000 Arbeitsplätze vom Tourismus abhängig.

Entlang der Donau haben sich große Industriebetriebe angesiedelt. Die BayernOil Raffineriegesellschaft mbH, Samvardhana Motherson Group (SMP) und Covidien Deutschland GmbH in Neustadt a. D. Donau, die Kelheim Fibres GmbH und weitere bedeutende Unternehmen bieten für ein großes Einzugsgebiet wertvolle Arbeitsplätze.

Das Kreisgebiet hat im vergengenen Jahrzehnt zudem eine wirtschaftliche Stärkung durch die Ansiedlung von verschiedenen Zulieferbetrieben der Automobilindustrie erhalten. Heute sind im Landkreis mehr als 2.000 Handwerksbetriebe und handwerksähnliche Betriebe mit insgesamt ca. 10.000 Beschäftigten angesiedelt.

Fläche: 1.065,97 km²
EW: 116.495 - EW/km²: 109
KFZ-Kennzeichen: KEH
Kreissitz: Kelheim
www.landkreis-kelheim.de

Landrat
Dr. Hubert Faltermeier[K]/ Freie Wähler
im Amt seit: 1992 gewählt bis: 2016

Sitzverteilung im Kreistag
Vorsitz: Dr. Hubert Faltermeier

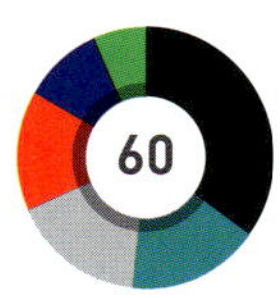

21	■	CSU
10	■	Freie Wähler
9	■	SPD
6	■	Stadt-Land-Union
4	■	B.90/Grüne
10	■	Sonstige

(ÖDP 4, Junge Liste 3, FDP 1, BP 1, fraktionslos 1)

Der südliche Landkreis erlebt durch wirtschaftlich starke Betriebe, hierzu zählen die Wolf Klimatechnik GmbH, Bachner Elektro GmbH & Co. KG, HAIX®-Schuhe Produktions- und Vertriebs GmbH und einer Reihe Hopfen verarbeitender Betriebe in und um Mainburg einen enormen Aufschwung.

Landschaft, Sehenswürdigkeiten und Kultur
Die Weltenburger Enge mit dem Donaudurchbruch, eines der ältesten Naturschutzgebiete Bayerns, Kloster Weltenburg und die Personenschifffahrt inmitten des Naturparks Altmühltal zählen zu den Hauptattraktionen. Hier verbinden sich Natur und Kultur auf einzigartige Weise. Deshalb wurde dem Naturschutzgebiet als bisher einzigem in Bayern das Europadiplom verliehen. Es steht seit 1978 unter der Schirmherrschaft des Europarates.

Natur und Geschichte haben den Zauber des Landstrichs geprägt, der besonders im Frühling und im Herbst sichtbar wird. Eiszeitliche Wohnhöhlen, Überreste keltischer und römischer Herrschaft geben Zeugnis von einer Jahrtausende alten Besiedlung und Kultur. Dabei verspricht der Archäologiepark Altmühltal eine spannende Zeitreise.

In der Urlaubsregion Altmühltal-Donaudurchbruch und im Hopfenland Hallertau gibt es zudem neben vielen geschichtsträchtigen Burgen und Schlössern auch beeindruckende Baudenkmäler, Kirchen, Klöster, Kapellen und Museen, die zu Entdeckungsreisen einladen. Gerade das Untere Altmühltal ist berühmt für seine Burgen und Schlösser, die trutzig und stolz auf den steilen Jurafelsen in die Höhe zu wachsen scheinen. Touristische Ziele von überregionaler Bekanntheit sind neben dem Kloster Weltenburg die Befreiungshalle in Kelheim, Schloss Eggersberg und Schloss Prunn sowie die Asamkirche in Rohr oder der Kuchlbauer Turm und das Kunsthaus nach Plänen von Friedensreich Hundertwasser in Abensberg.

Die Thermen in Bad Abbach und Bad Gögging runden das Angebot mit einem weitreichenden Rad- und Wanderwegenetz ab. Eine kulinarisch vielfältige Gastronomie mit regionalen Produkten wie dem Altmühltaler Lamm und dem Abensberger Qualitätsspargel, vielfältige Erholungseinrichtungen, aber auch Orte der Ruhe und Beschaulichkeit schaffen die Voraussetzungen für einen Aktivurlaub für Jung und Alt. Die touristisch hervorragende Infrastruktur des Landkreises ist somit gleichzeitig Garant für eine hohe Lebensqualität im Landkreis Kelheim und bürgt für die Attraktivität des Arbeitsstandortes.

Landkreis

Kitzingen

BAYERN

Der Landkreis Kitzingen ist…

…ein Knotenpunkt am Main, der sich auf der einen Seite als attraktiver Wirtschaftsstandort für Unternehmen präsentiert, auf der anderen Seite als anziehende Tourismusdestination, die geprägt ist vom Dreiklang aus Main, Wein und Steigerwald.

Historische Entwicklung

Im Rahmen der Gebietsreform im Jahr 1972 wurde der heutige Landkreis aus dem bisherigen Landkreis Kitzingen, der bis dato kreisfreien Stadt Kitzingen, dem südlichen Teil des Landkreises Gerolzhofen und dem westlichen Teil des Landkreises Scheinfeld gebildet.

Wertschöpfung und Verkehr

Der Wirtschaftsstandort Kitzinger Land zeichnet sich neben der verkehrstechnisch günstigen Lage mit den Autobahnen A 3 und A 7, der Bundeswasserstraße Main, dem Schienennetz und der Nähe zu den Flughäfen Nürnberg und Frankfurt, u. a. durch seine niedrige Arbeitslosenquote (2,6 % im November 2015) aus. Ein gesunder Branchenmix sorgt für eine stabile heimische Wirtschaft; Investoren treffen im Landratsamt auf eine schnelle, flexible Verwaltung.

Fläche: 684,19 km²
EW: 88.492 - EW/km²: 129
KFZ-Kennzeichen: KT
Kreissitz: Kitzingen
www.kitzingen.de

Landrätin
Tamara Bischof / Freie Wähler
im Amt seit: 2000 gewählt bis: 2020

Sitzverteilung im Kreistag
Vorsitz: Tamara Bischof

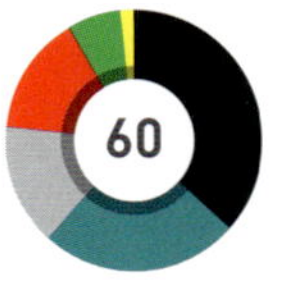

22	CSU
15	Freie Wähler
9	SPD
4	B.90/Grüne
1	FDP
9	Sonstige

(FBW 4, USW 2, ÖDP 2, BP 1)

Der Hauptsitz der Firma Knauf Gips KG ist in Iphofen im Landkreis Kitzingen. Darüber hinaus haben noch weitere nahmhafte Unternehmen wie das Modelabel René Lezard, F.S. Fehrer Automotive oder die Fritsch GmbH, ein weltweit führender Anlagenhersteller für Bäckereien, ihren Sitz im Landkreis.

Der Naturpark Steigerwald im Osten, das liebliche Maintal im Westen und das dazwischen liegende Steigerwaldvorland zeichnen das Kitzinger Land als Erholungsgebiet aus. Es wird aufgrund ihres trockenen und warmen Klimas, das ideal für den Anbau von Wein und weiteren Sonderkulturen ist, zu den wärmsten Gebieten Deutschlands gezählt. Bedingt durch die geschützte Lage zwischen den Mittelgebirgen Odenwald, Spessart und Rhön ist das Kitzinger Land bezogen auf die Anbaufläche das größte Weinanbaugebiet in ganz Bayern. Diesem Umstand verdankt das Gebiet auch die Bezeichnung „fränkische Toskana".

Bereits seit dem Mittelalter prägen Anbau und Handel des edlen Frankenweins das Kitzinger Land. Weinkenner aus aller Welt schätzen die edlen Tropfen und die Winzer erfüllen den hohen Qualitätsanspruch zuverlässig mit dem Ausbau prämierter Weine auf höchstem Niveau.

Neben dem regionstypischen Weinbau ist Kitzingen aufgrund seiner Vielfalt auch der Gartenlandkreis Bayerns: So kommt rund ein Drittel des bayerischen Feldgemüses aus dem Kitzinger Land. Neben Spargel werden unter anderem auch Zwetschgen, Quitten und Äpfel angebaut. Der Tourismus ist neben dem produzierenden Gewerbe ein wichtiger Wirtschaftsfaktor.

Als familienfreundlicher Landkreis bietet Kitzingen zudem eine hervorragend ausgebaute und moderne Schullandschaft mit nahezu allen Schularten und der unmittelbaren Nähe zu den Hochschulen in Würzburg und Schweinfurt. Verkehrsverbünde wie der VGN und der VVM lassen die Zentren Nürnberg und Würzburg noch näher rücken, was den Landkreis auch für Pendler zu einem attraktiven Wohnort macht.

Landschaft, Sehenswürdigkeiten und Kultur

Unter dem Motto „Träumen. Kommen. Bleiben!" bietet der Landkreis einen reizvollen Mix aus Aktiv- und Genussurlaub. Vor allem der Weintourismus spielt bei den zahlreichen Kurzurlaubern eine große Rolle. Ein sehr gut ausgebautes Radwegenetz, u.a. führt der beliebte und bekannte Mainradweg durch den Landkreis, eine Infrastruktur für Wassersportler auf dem Main – die Gelbe Welle – und zahlreiche Wanderwege sorgen für Abwechslung. Mit den „TraumRunden" hat der Landkreis im Mai 2015 ein Angebot geschaffen, das höchste Wanderansprüche erfüllt. Naturnahe Wege eröffnen traumhafte Blicke und bieten einen abwechslungsreichen Ausflug ins Kitzinger Land.

Auch kulturell hat der Landkreis Einiges zu bieten: Kirchenburgen, gut erhaltene Wehranlagen, mittelalterliche Städtchen, Kunstwerke von Tilman Riemenschneider und Balthasar Neumann sowie zahlreiche religiös bedeutsame Kleinode wie Klöster, Kreuzwege und Bildstöcke. Museen wie das Deutsche Fastnachtmuseum in Kitzingen, das Knauf Museum in Iphofen, das Malerwinkelmuseum in Marktbreit oder das Kirchenburgmuseum runden das kulturelle Angebot ab.

Im Landkreis Kitzingen lässt es sich nicht nur gut arbeiten, sondern auch gut leben und vor allem genießen – getreu dem Motto: Träumen. Kommen. Bleiben!

Landkreis

Kronach

BAYERN

Der Landkreis Kronach ist...
...ein Eckpfeiler des Frankenlandes und ein Bindeglied zur thüringischen Nachbarschaft. Er liegt im Naturpark Frankenwald und gehört zur Europäischen Metropolregion Nürnberg.

Historische Entwicklung

Der heutige Landkreis Kronach entstand 1931, als das Bezirksamt Teuschnitz aufgehoben und in das Bezirksamt Kronach eingegliedert wurde. Das bedeutete eine Vergrößerung auf 97 Gemeinden. Ein weitaus gravierenderer Eingriff für das Gebiet war allerdings die gnadenlose Grenzziehung nach dem Zweiten Weltkrieg, die es in eine extreme Randlage versetzte. Auf 102 km Länge trennte der „Eiserne Vorhang" den Landkreis Kronach von seinen Nachbarn in Thüringen. Die Gemeindegebietsreform brachte erhebliche Eingriffe in die kommunale Gliederungsstruktur des Kronacher Landes. Zum 1.5.1978 gingen 18 Gemeinden aus ihr hervor. Fünf von ihnen bilden zwei Verwaltungsgemeinschaften.

Einen grundlegenden Wendepunkt in der Geschichte markierte die Öffnung der innerdeutschen Grenze, die rasch die Wiedervereinigung Deutschlands nach sich zog. Am 11.11.1989 reisten über den bereits bestehenden Bahnübergang Probstzella/Ludwigsstadt Tausende von DDR-Bürgern ein. Dort am Falkenstein, der genau die Hälfte der 600 Bahnkilometer zwischen München und Berlin markiert, wurde einen Tag später auch der erste Straßenübergang von Thüringen in den Landkreis eröffnet.

Wertschöpfung und Verkehr

Die Symbolfigur des Frankenwald-Flößers erinnert daran, dass einst von hier aus über den Main und den Rhein bis nach Holland geflößt wurde. Lange Tradition hat der Landkreis auch als ausgeprägter Industrie- und Produktionsstandort. Branchenvielfalt und Mittelstand sind seine Fundamente; sie bieten gute Perspektiven für die Zukunft. Jeder zweite Beschäftigte ist im produzierenden Gewerbe tätig. Die Kompetenzen der Wirtschaft und der Beschäftigten beruhen auf einem über viele Jahrzehnte gewachsenen Know-how bei Produktionsverfahren und -prozessen im Zuge der Gewinnung und Verarbeitung verschiedener Materialien und Werkstoffe zur Herstellung von Produkten und Teilen. Damit werden Vielfalt und Innovationskraft der „Werkstoffregion Oberfranken" im Landkreis Kronach besonders deutlich.

Zum bayerischen „Automotive-Cluster" tragen im Landkreis rund 50 Automobilzulieferer-Unternehmen der Kunststoffverarbeitung, der Elektrotechnik sowie des Werkzeug-, Maschinen-, Formen- und Anlagenbaus bei. Mechatronik und Automation nehmen unter den Querschnittstechnologien eine führende Rolle ein. Zu letzteren zählen auch die „Neuen Werkstoffe", die veränderte Eigenschaften traditioneller und im Landkreis weit verbreiteter Werkstoffe wie Kunststoffe, Metalle, Textilien, Glas und Keramik kennzeichnen. Verbundwerkstoffe und Werkstoffverbunde gewinnen hier ständig an Bedeutung. Vom bayernweiten Cluster „Forst und Holz" kann auch der Landkreis Kronach als ein waldreiches Gebiet profitieren, nachdem das heimische Holz als energetischer Stoff wie auch als natürlicher Baustoff zunehmend Verwendung findet.

Entscheidend für die weitere Entwicklung und den Ausbau der vorhandenen Potenziale ist, dass sie ständig von Technologien und Innovationen getrieben werden. Deshalb gibt es in Kronach seit 2014 auch ein regionales Innovationszentrum und ab 2016 einen berufsbegleitenden Master-Studiengang „Zukunftsdesign", um die Unternehmen in eine gute Zukunft zu führen.

Ein wichtiges wirtschaftliches Standbein ist darüber hinaus der Tourismus.

Landschaft, Sehenswürdigkeiten und Kultur

Der Landkreis gehört zwei verschiedenen natürlichen Landschaften an: Der größere nordöstliche Teil erstreckt sich im Frankenwald; das übrige Kreisgebiet liegt im nördlichen Teil des Obermainischen Hügellandes. Der Steilabfall des Frankenwaldes zum Hügelland wird durch die Fränkische Linie, eine geologische Verwerfungsspalte, markiert.

Durch den Landkreisnorden führt der Rennsteig des Thüringer und des Frankenwaldes, der eine Wasserscheide und zugleich auch eine Sprach-, Kultur- und Konfessionsgrenze anzeigt. Die Nordspitze des Landkreises ist thüringisch und evangelisch geprägt, die Landkreismitte und der Süden sind fränkisch und – mit Ausnahme des evangelischen „Südrandgürtels" – katholisch ausgerichtet.

Der Frankenwald – Bayerns erste Qualitätswanderdestination – ermöglicht vielfältige Freizeitaktivitäten. Der kulturelle Reichtum des Landkreises wird u.a. durch abwechslungsreiche Kulturlandschaften, attraktive Veranstaltungsreihen und sehenswerte Baudenkmäler geprägt. So wie Burg Lauenstein, das Wasserschloss Mitwitz und die Kronacher Festung Rosenberg laden auch überörtlich bedeutende Fachmuseen wie Flößer-, Klöppel-, Schiefer- oder Glasmuseum zum Besuch ein. Zu den besonderen Attraktionen zählt das Tropenhaus in Kleintettau.

Fläche: 651,53 km²
EW: 67.998 - EW/km²: 104
KFZ-Kennzeichen: KC
Kreissitz: Kronach
www.landkreis-kronach.de

Landrat
Oswald Marr / SPD
im Amt seit: 1998 gewählt bis: 2016

Sitzverteilung im Kreistag
Vorsitz: Oswald Marr

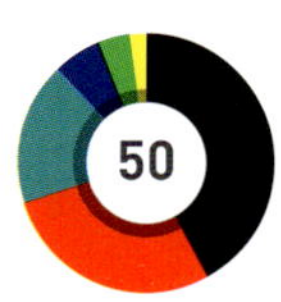

21	CSU
14	SPD
9	Freie Wähler
3	Frauenliste
2	B.90/Grüne
1	FDP

Burg Lauenstein

Landkreis

Kulmbach

BAYERN

Der Landkreis Kulmbach ist…
…ein Ort, der durch seine naturräumliche Vielfalt, seine wirtschaftliche Stärke, seinen kulturellen Reichtum, seinen hohen Erholungswert und seine Gastlichkeit besticht.

Der Landkreis liegt im Herzen Oberfrankens, am Zusammenfluss von Rotem und Weißem Main. Eine Stahlskulptur von Bernd Wagenhäuser markiert bei 50° 3` 6,9`` nördlicher Breite und 11° 22` 35,3`` östlicher Länge den Mittelpunkt des Regierungsbezirks.

Historische Entwicklung

Der Landkreis Kulmbach setzt sich aus dem ehemaligen protestantischen Markgrafentum Brandenburg-Kulmbach sowie aus Besitzungen des katholischen Hochstifts Bamberg und der fränkischen Ritterschaft zusammen, die ein vielschichtiges gesellschaftliches, politisches und christliches Miteinander prägten. 1810 wird das Gebiet des heutigen Landkreises bayerisch. In Stadtsteinach, Kulmbach und Thurnau werden Landgerichte eingerichtet, aus denen wenige Jahrzehnte später wiederum die Bezirksämter Kulmbach und Stadtsteinach hervorgingen. 1939 wurden sie in Landkreis Kulmbach und Landkreis Stadtsteinach umbenannt. 1972 erfolgt im Rahmen der Gebietsreform die Vereinigung der beiden Landkreise und der kreisfreien Stadt Kulmbach zum Landkreis Kulmbach. Heute umfasst das Gebiet 22 Gemeinden und zählt über 72.000 Einwohner.

Wertschöpfung und Verkehr

Die heimische Wirtschaft zeigt sich höchst innovativ. Moderne Branchen aus dem Maschinen- und Energieanlagenbau, der Lebensmittelwirtschaft und dem Automotivsektor sind im Landkreis Kulmbach zu Hause. Auch das Handwerk ist stark vertreten. Die Wirtschaft des Landkreises Kulmbach profitiert von der zentralen geografischen Lage Oberfrankens in der Mitte Europas. Durch sein attraktives Kostengefüge und die günstige Verkehrsanbindung präsentiert sich der Landkreis heute noch als interessanter Investitionsstandort. Die Erschließung des Kulmbacher Landes erfolgte durch die von König Ludwig I. Mitte des 19. Jahrhunderts gegründete Ludwig-Süd-Nord-Bahn. Die Schiefe Ebene ist heute noch Zeuge dieser Zeit und Teil des Deutschen Dampflokomotiv Museums Neuenmarkt.

Der Blick auf die Branchenstruktur zeigt, dass das Ernährungsgewerbe die größte Leitbranche darstellt. Kulmbacher Biere haben Weltruf. Der Landkreis Kulmbach gilt als drittgrößter Lebensmittelstandort in Bayern und versteht sich deshalb als Mittelpunkt der Genussregion Oberfranken und des Bierlandes Oberfranken.

Der Landkreis Kulmbach hat sich in den vergangenen Jahren zum namhaften Standort des deutschen Wärmepumpenbaus entwickelt. Zusammen mit den Handwerksbetrieben aus dem Bereich Heizung, Sanitär, Klima und den ansässigen Planungsbüros hat sich die Gebäudesystemtechnik als zweite Leitbranche am Wirtschaftsstandort Landkreis Kulmbach etabliert.

Ebenfalls sehr positiv hat sich das Gesundheits- und Sozialwesen im Landkreis Kulmbach entwickelt. Hier waren zum 30.6.2014 4.525 Beschäftigte zu verzeichnen. Die Branche unterliegt seit Jahren beachtlichen Wachstumsraten. Allein das Klinikum Kulmbach beschäftigt mehr als 1.500 Mitarbeiter (Stand 2015) und ist damit der größte Arbeitgeber im Landkreis Kulmbach.

Landschaft, Sehenswürdigkeiten und Kultur

Im Landkreis Kulmbach treffen vier Landschaftsräume mit ihren charakteristischen Merkmalen aufeinander: Im Südwesten beeindruckt die Fränkische Schweiz mit ihren von Bächen durchzogenen Wiesen, dem hellen Kalkfels und den Wacholderhängen. Inmitten des Landkreises liegen die Auen des Oberen Maintals, dessen mäandrierende Quellflüsse eine malerische Hügellandschaft geformt haben. Von Osten her ziehen sich die Ausläufer des Fichtelgebirges in den Landkreis hinein, der Norden zeichnet sich durch die tiefen Täler und die weiten artenreichen Hochflächen des Frankenwaldes aus. Die vielfältige Landschaft mit ihren urigen Einkehrmöglichkeiten ist ein Paradies für Wanderer, Radler und Wintersportler.

Vielerorts künden kulturhistorisch herausragende Bauwerke von einer bewegten, durch weltlichen Adel und geistliche Obrigkeiten geprägten Geschichte. Schon von weitem ist die über Kulmbach thronende Plassenburg als Herrschaftssitz der Grafen von Andechs-Meranien, der Grafen von Orlamünde und der Nürnberger Hohenzollern-Burggrafen sichtbar. Die Basilika Marienweiher, Schloss Thurnau, Kloster Himmelkron oder die zahlreichen Markgrafenkirchen im Kulmbacher Land sind nur einige Zeugnisse dieser das Land überziehenden Baudenkmäler.

Doch sind es vor allem die Menschen, die den Landkreis Kulmbach lebens- und liebenswert machen. Traditionelle Werte und Weltoffenheit gehen hier miteinander Hand in Hand was sich besonders bei den vielen Festen und Veranstaltungen zeigt. Sie reichen von der weithin bekannten Kulmbacher Bierwoche über die alljährliche Motorradsternfahrt bis hin zu dem traditionsreichen Gregori-Kinderfest, dem weihnachtlichen Umzug der „Strohberta" oder der jüngst ins bundesweite Verzeichnis des immateriellen Kulturerbes der UNESCO aufgenommenen Limmersdorfer Lindenkirchweih, bei der Kerwasburschen und Madla in der Krone einer uralten Linde tanzen.

Fläche: 658,34 km²
EW: 72.541 - EW/km²: 110
KFZ-Kennzeichen: KU
Kreissitz: Kulmbach
www.landkreis-kulmbach.de

Landrat
Klaus Peter Söllner / Freie Wähler
im Amt seit: 1996 gewählt bis: 2020

Sitzverteilung im Kreistag
Vorsitz: Klaus Peter Söllner

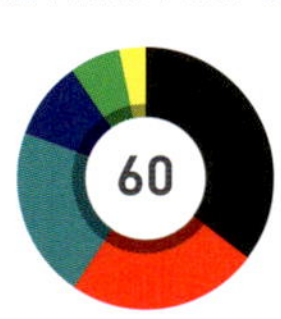

22	CSU
15	SPD
13	Freie Wähler
4	WGK
4	B.90/Grüne
2	FDP

Landkreis

Landsberg am Lech

BAYERN

Der Landkreis Landsberg am Lech ist...

...im westlichen Oberbayern an der Grenze zu Schwaben gelegen und umfasst das Gebiet von 31 Gemeinden. Der landschaftlich reizvolle Ammersee, die an der südlichen Landkreisgrenze bis an das Alpenvorland reichenden ländlichen Gemeinden und natürlich das malerische, geschichtsträchtige Landsberg am Lech als Mittelpunkt prägen das Bild dieses Landkreises. Die Bevölkerungszahl ist auch in den letzten Jahren immer weiter angestiegen, auch bedingt durch den anhaltenden Zuzug vorwiegend junger Familien.

Historische Entwicklung

Der Landkreis Landsberg am Lech ist seit alters her eine Grenzregion. Am Lechfluss treffen bayerische und schwäbische Traditionen aufeinander und die Dialekte vermischen sich. Gleichzeitig durchlaufen seit der Römerzeit wichtige Fern- und Handelsstraßen das Gebiet.

Im Jahr 1862 entstand das Bezirksamt Landsberg als Vorläufer des 1939 gebildeten Landkreises. Nach dem Zweiten Weltkrieg galt es, mit den Kriegsfolgen aufzuräumen und jedem Bürger ein Existenzminimum zu sichern. Wenn auch nur in wenigen Gemeinden materielle Kriegsschäden entstanden waren, so waren doch allein etwa 18.000 Heimatvertriebene unterzubringen. Nach der Währungsreform 1948 stand der Wiederaufbau im Vordergrund mit dem Ziel, zunächst die Wohnungsnot zu beseitigen und Versorgungsaufgaben anzupacken.

Die Kreisreform 1972 führte zur Wiedervereinigung mit der Großen Kreisstadt Landsberg am Lech, die seit 1877 mit einer kurzen Unterbrechung von 1940 bis 1948 den Status einer kreisfreien Stadt hatte. 14 Gemeinden der Nachbarlandkreise Fürstenfeldbruck, Schongau und Kaufbeuren schlossen sich dem Landkreis Landsberg an. Fünf weitere Gemeinden folgten den staatlichen Vorschlägen, so dass sich der Landkreis Landsberg am Lech seitdem aus den Gebieten von 31 Gemeinden zusammensetzt.

Wertschöpfung und Verkehr

Durch den Landkreis Landsberg am Lech führen zwei große, sich bei der Stadt Landsberg schneidende Verkehrsachsen. Die Bundesstraße 17 führt von Augsburg in den Raum Füssen und das österreichische Tirol, während die Autobahn A 96 das Allgäu mit München verbindet. Auch die stark frequentierte Eisenbahnlinie München-Lindau-Schweiz trägt zur hervorragenden Verkehrsanbindung bei. Der Landkreis Landsberg am Lech gehört damit zu dem Gebiet im Städtedreieck München-Augsburg-Ingolstadt, das sich durch ein großes wirtschaftliches Potenzial und eine hohe Wettbewerbsfähigkeit auszeichnet.

Vom familiären Handwerksbetrieb bis zum Global Player spannt sich die Bandbreite der ansässigen Unternehmen im Landkreis Landsberg am Lech. Getragen von mittelständischen Betrieben erweist sich der Landkreis als attraktiver und zunehmend begehrter Standort. Heute sind im Landkreis ebenso landwirtschaftliche und handwerkliche Traditionen wie modernste Industrieanlagen anzutreffen.

Hoher Ausbildungsstandard, eine moderne Schullandschaft, stabile Arbeits- und Ausbildungsplätze, gute Infrastruktur, wirtschaftsfreundliches Klima und eine hohe Beschäftigungsquote kennzeichnen den Wirtschaftsstandort. Dazu die zentrale Lage zwischen den Großstädten Augsburg und München mit den Flughäfen, das landschaftlich noch intakte Gebiet mit hohem Freizeitwert und die im Vergleich zum „Speckgürtel" der Landeshauptstadt relativ niedrigen Boden- und Mietpreise haben dazu geführt, dass der Kreis längst zu einem attraktiven Standort für Unternehmensansiedlungen im Großraum München geworden ist.

Und weil Tradition und Fortschritt gleichberechtigt nebeneinander stehen, werden hier nicht nur hochwertige Wirtschaftsgüter und Agrarerzeugnisse produziert; es ist auch die Lebensqualität, welche die Menschen, die hier wohnen und arbeiten, sehr schätzen. Hier lässt es sich einfach wohlfühlen!

Landschaft, Sehenswürdigkeiten und Kultur

Traumurlaub der kurzen Wege – so könnte man die Ferienregion Ammersee und Lech mit einem Satz charakterisieren. Schon ein erster Blick auf die Karte zeigt, wie viele schmucke Gemeinden – mit der Stadt Landsberg am Lech und ihrem mittelalterlichen Stadtkern – in einzigartiger Naturlandschaft sehr nahe beieinander liegen. Ferienregion Ammersee und Lech – sie lädt ein: zum Verweilen in einem der urtypischen Orte, zum Segeln oder zur Rundreise mit dem Auto, Fahrrad oder zu Fuß auf Wanderwegen...

Dazu kennzeichnet den Landkreis ein reiches und lebendiges Kulturleben. Die Stadt und der Landkreis Landsberg am Lech beherbergen zudem eine außerordentliche Fülle von Kirchen- und Kapellenbauten aller Bau- und Ausstattungsepochen. Die kulturelle Vielfalt prägt das Leben in der Stadt, den Märkten und Dörfern spürbar und kommt in einer starken Heimatverbundenheit zum Ausdruck.

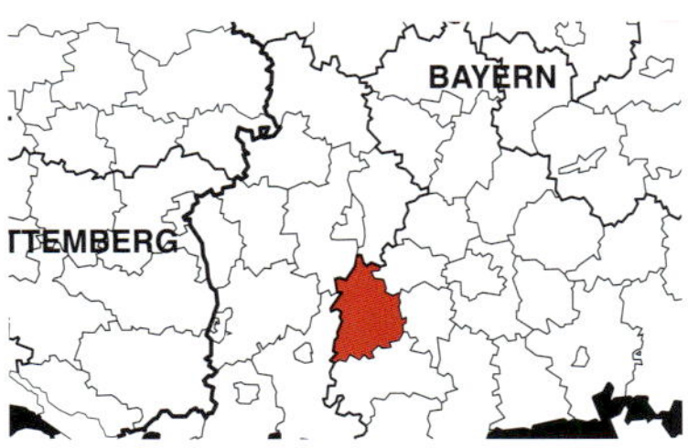

Fläche: 804,38 km²
EW: 116.118 - EW/km²: 144
KFZ-Kennzeichen: LL
Kreissitz: Landsberg am Lech
www.lra-ll.de

Landrat
Thomas Eichinger / CSU
im Amt seit: 2014 gewählt bis: 2020

Sitzverteilung im Kreistag
Vorsitz: Thomas Eichinger

24	CSU
10	B.90/Grüne - AL
7	SPD
6	Freie Wähler
1	FDP
12	Sonstige

(Bürgervereinigung 3, BP 4, ÖDP 3, Mitte 2)

Landkreis

Landshut

BAYERN

Der Landkreis Landshut ist…
…von unverwechselbarer Eigenart, modern, weltoffen, wirtschaftlich stark und zugleich ist der Großteil der Menschen, die hier leben, verwurzelt in den Traditionen und stolz auf seine Heimat.

Historische Entwicklung
Das Kreisgebiet ist eine der Wiegen des Stammes der Bajuwaren. Im Hoch- und Spätmittelalter (bis 1500) war es Kernland des Herzogtums Bayern-Landshut.

Viele Bauten überstanden die großen Kriege der folgenden Jahrhunderte: Burgen und Schlösser, über 300 Kirchen aus allen Stilepochen seit der Romanik zeugen von der reichen Geschichte. Die Bauernbefreiung (1848) und andere Reformen prägten das 19. Jahrhundert. Nach dem Zweiten Weltkrieg zogen viele Heimatvertriebene zu. Mit den 1950er Jahren setzte langsam, aber stetig der Wandel vom Agrarland zum Hochtechnikstandort ein. Der heutige Landkreis entstand 1972 im Zuge der Gebietsreform aus den Altlandkreisen Landshut, Rottenburg und Vilsbiburg und Teilen der Kreise Mallersdorf, Mainburg und Freising: Die Einwohnerzahl stieg um knapp 52.000 Bürger.

Wertschöpfung und Verkehr
Der Landkreis Landshut liegt in der Mitte Altbayerns – und zentral in Europa: Hauptverkehrsadern sind die A 92 (München-Deggendorf), die B 15 (Regensburg-Rosenheim), die autobahnähnliche B 15 (Regensburg-A 92) und die Bahnstrecke München-Berlin. Zwischen Autobahn, Bundes- und Staatsstraßen (rund 220 km) spannt sich ein Netz von rund 500 km bester Kreisstraßen. Der internationale Flughafen München ist vom Westen des Landkreises in knapp 30 Autominuten erreichbar. Der Landshuter Raum, Teil der Metropolregion München, über die A 92 direkt mit der 70 km von Landshut entfernten Landeshauptstadt verbunden, ist ein Drehkreuz des Handels.

Mittelstand und Handwerk sind das Rückgrat, Hightech-Firmen und traditionelle Branchen des Handwerks, des Handels und der Dienstleistungen bilden zusammen einen breitgefächerten Branchen-Mix, dem die Region Wohlstand und hohe Stabilität verdankt. Seit Jahren weist der Landkreis mit die geringsten Arbeitslosenquoten in Bayern auf. Die Automobilindustrie ist wie für ganz Niederbayern für die Region Landshut von herausragender Bedeutung: Das BMW-Werk Landshut-Ergolding ist einer der wichtigsten Knotenpunkte im weltweiten Netz des Konzerns. Die größte Firma mit Sitz im Landkreis ist der Automobilzulieferer Dräxlmaier Group (Vilsbiburg) mit weltweit über 55.000 Beschäftigten.

Neben dem Fahrzeugbau sind diese Wirtschaftssparten stark vertreten: Maschinenbau, IT, Umwelt-, Medizin- und Labortechnik, Metallverarbeitung, Elektrotechnik und Elektronik, Holzverarbeitung und Logistik. Zahlreiche mittelständische Unternehmen entwickeln und fertigen Produkte, die höchsten Ansprüchen genügen: Waren, mit denen sie in ihren Branchen oft führend sind. Der über viele Jahre kontinuierliche wirtschaftliche Aufstieg spiegelt sich u. a. in der Steigerung des Bruttoinlandsprodukts je Beschäftigtem um 35 % im letzten Jahrzehnt wider. Der Landkreis, flächenmäßig der zweitgrößte Niederbayerns, ist somit „Hightech-Schmiede". Aber auch die Landwirtschaft ist stark und erzielt mit über 4 % der Wertschöpfung mehr als im bayerischen Durchschnitt.

Landschaft, Sehenswürdigkeiten und Kultur
Die zwei Städte, sieben Marktgemeinden, vielen Dörfer, Weiler und Einzelgehöfte des Landkreises Landshut sind eingebettet in eine reizvolle Kulturlandschaft: Prägend sind der Wechsel von Feldern, Wiesen und Wäldern auf Kuppen und dem Rücken des altbayerischen Hügellandes, im Süden die weiten Talgründe der Vils, im Norden die Hopfengärten der Hallertau und die Täler von Kleiner und Großer Laaber. Die Mitte bilden ein grünes Auwaldband an der im Sonnenlicht silbern glänzenden Isar und, auf der Hochterrasse ihres Tals, ein breiter Streifen fruchtbarster Lössflächen.

Viele Bodendenkmäler wie Grabhügel, Ringwälle, Burgställe usw., oft in Wäldern verborgen, spiegeln sieben Jahrtausende Geschichte wider – wie auch die über 1.300 Baudenkmäler: u. a. prachtvolle, oft reich ausgestattete Kirchen aus Spätgotik, Barock und Rokoko (wie Heiligenbrunn, Hohenthann, Hl. Dreifaltigkeit auf der Öd, Aham) und die Innenstadt-Ensemble von Vilsbiburg und Rottenburg.

Ein dichtes Wander- und Radwegenetz überzieht das Kreisgebiet, das reich an Biotopen wie der „Vogelfreistätte Mittlere Isarstauseen", ein Schutzgebiet von überregionalem Rang, ist. Museen wie das Hafnermuseum (Vilsbiburg) bergen Schätze der Vergangenheit, eine lebendige Kunst-, Musik- und Theaterszene erfreut die Leute von heute.

Fläche: 1.347,89 km²
EW: 151.819 - EW/km²: 113
KFZ-Kennzeichen: LA
Kreissitz: Landshut
www.landkreis-landshut.de

Landrat
Peter Dreier / Freie Wähler
im Amt seit: 2014 gewählt bis: 2020

Sitzverteilung im Kreistag
Vorsitz: Peter Dreier

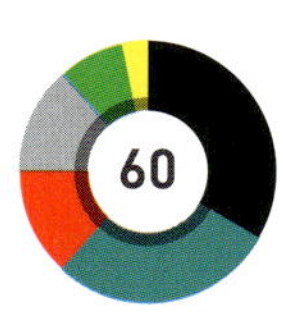

20 CSU
17 Freie Wähler
8 SPD
5 B.90/Grüne
2 FDP
8 Sonstige
(Junge Wähler 3, ÖDP 3, Junge Liste 2)

Landkreis

Lichtenfels

BAYERN

Der Landkreis Lichtenfels ist...

...mit seinen elf Gemeinden in Oberfranken zu finden. Schon Victor von Scheffel wusste in seinem wohlbekannten Frankenlied den Landkreis zu schätzen und charakterisierte ihn liebevoll als „Gottesgarten“. Und dies zu Recht. Schließlich sind die päpstliche Wallfahrtsbasilika Vierzehnheiligen und das Kloster Banz an diesem schönen Fleckchen Erde beheimatet.

Historische Entwicklung

Mit der Kreisgebietsreform im Jahr 1972 wurden die beiden Amtssprengel Staffelstein und Lichtenfels zusammengelegt. Anfangs gab es für den Raum Staffelstein und Lichtenfels zwei Möglichkeiten: Entweder die Erhaltung des Landkreises Lichtenfels unter Zugabe eines großen Teils des Kreises Staffelstein oder die Aufteilung beider Landkreise an die umliegenden Sprengel. Die seinerzeit amtierenden Landräte strebten eine Verbindung ihrer beiden Landkreise an. Trotz des Strebens der umliegenden Kreise, Lichtenfels und Staffelstein aufzuteilen, entsprach die Bayerische Staatsregierung 1971 dem Wunsch der beiden betroffenen Landräte und beschloss den Zusammenschluss. Nur einige südliche Gemeinden Staffelsteins gingen an den Landkreis Bamberg und im Westen einzelne an den Landkreis Coburg. Durch die Gemeindegebietsreform 1978 änderten sich nur noch Kleinigkeiten in den Randgebieten.

Wertschöpfung und Verkehr

Der Landkreis Lichtenfels hat eine sehr gute Verkehrsanbindung in alle Richtungen – ob über Schiene oder Straße. Mit jeweils einer Anbindung an die A 73 und an die A 70 hat man mit dem Auto sein Ziel schnell erreicht. Der Beitritt des Landkreises Lichtenfels zum Verkehrsverbund Großraum Nürnberg (VGN) Anfang 2015 eröffnet jedem die Chance, günstig das 14.500 km²-große Verbundgebiet mit öffentlichen Verkehrsmitteln zu erkunden.

Die Vorteile, die mit der sehr guten Verkehrsanbindung einhergehen, werden deutlich durch die Erfolge, die die heimischen Unternehmen aufzeigen. Geprägt von der Korbindustrie, beheimatet der Landkreis Lichtenfels inzwischen viele hochqualifizierte Firmen, die von der Polstermöbelindustrie, der Automobilindustrie bis hin zum Versandhandel reichen. Unter ihnen sind Bayerns-Best-50- und Innovationspreisträger.

Das Großbauprojekt des neuen Klinikums als Green Hospital hat weit über die Landkreisgrenzen hinaus Strahlkraft. Seit Beginn der Arbeiten im Herbst 2012 schreitet der Bau stetig voran. Planmäßig wurde das Richtfest im November 2015 gefeiert. Dieses Klinikum ist das erste in Bayern, das umfassend nach dem Green-Hospital-Konzept gestaltet wird.

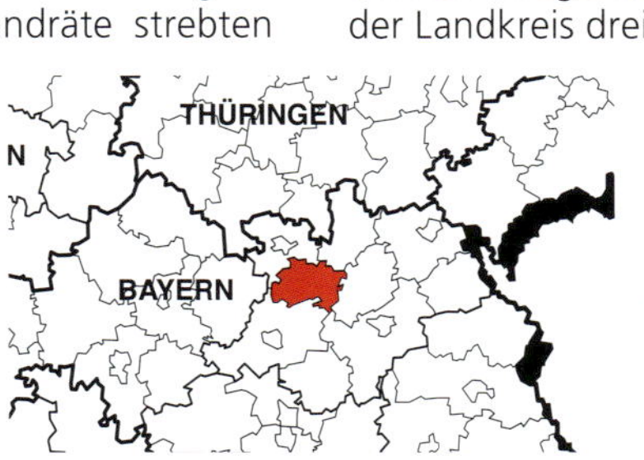

Fläche: 519,95 km²
EW: 66.540 - EW/km²: 128
KFZ-Kennzeichen: LIF
Kreissitz: Lichtenfels
www.landkreis-lichtenfels.de

Landrat
Christian Meißner / CSU
im Amt seit: 2011 gewählt bis: 2017

Sitzverteilung im Kreistag
Vorsitz: Christian Meißner

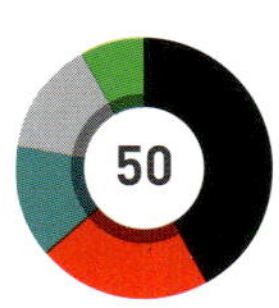

21	CSU
11	SPD
7	Freie Wähler
4	B.90/Grüne
7	Sonstige

(Junge Bürger 5, Soz. Bürger 2)

Die Stadt Staffelstein entwickelte sich zum Heilbad: Die Stadt hatte eine Bohrung nach Thermalwasser gewagt und war fündig geworden. Im Sommer 1975 stieß man in 1.600 m Tiefe auf die wärmste und stärkste Thermalsole Bayerns. Es folgte der Thermenbau mit Eröffnung im Jahr 1986. Bis heute glänzt die Therme stetig mit Neuerungen wie der Erweiterung der Saunalandschaft. Im Jahre 2001 wurde die Stadt schließlich als Heilbad anerkannt.

Landschaft, Sehenswürdigkeiten und Kultur

Der Landkreis Lichtenfels erstreckt sich als charmanter Landstrich entlang des Mains. Von seinen Höhen, dem Staffelberg und dem Kordigast, kann man den Blick über das schöne Maintal und den Jura schweifen lassen. Diese Gegend bietet natürlich ein hervorragendes Areal zum Wandern. Nicht umsonst nennt der Landkreis drei zertifizierte Qualitätswanderwege – die Gottesgartenrunden Nord und Süd sowie einen Teil des „Frankenwegs“ – sein Eigen. Aber nicht nur für geübte Bergwanderer sind hier Strecken zu finden. Längs des Mains kann man auf ebener Strecke das Gebiet erkunden – zu Fuß, oder auch per Rad. Der Mainradweg lockt jährlich eine Vielzahl an Radwanderern, die mit ihrem Drahtesel die grünen Flussauen und kleinen Dörfer entdecken.

Herrliche Biergärten, Wirtshäuser und Brauereigasthöfe bieten deftige fränkische Schmankerl und zeigen, dass Oberfranken zu Recht als Genussregion bezeichnet wird. Die heimischen Biersorten unterstreichen zudem den erlesenen Geschmack der örtlichen Speisen.

Gekrönt wird die Landschaft durch das Kloster Banz, ehemaliges Benediktinerkloster und seit 1978 im Besitz der Hanns-Seidel-Stiftung, sowie die Wallfahrtsbasilika Vierzehnheiligen. Die barocke Kirche wurde von Balthasar Neumann erbaut und zieht Jahr um Jahr hunderttausende Wallfahrer an, die Beistand bei den 14 Nothelfern suchen.

Entspannen können sich sowohl die Wanderer, die Radfahrer, die Wallfahrer als auch alle anderen Gäste in der wärmsten und stärksten Thermalsole Bayerns – in der Obermain Therme. Auf fast 3.000 m² Wasserfläche, die sich auf 25 Innen- und Außenbecken verteilen, bietet sich Erholung pur. Die Premium-Saunalandschaft, die sich mit elf Themensaunen auf 15.000 m² erstreckt, lässt jedes Wellness-Herz höher schlagen.

Landkreis

Lindau (Bodensee)

BAYERN

Der Landkreis Lindau (Bodensee) ist...
...der zweitkleinste Landkreis Bayerns. Mit dem Allgäu und dem Bodensee bietet er eine unglaubliche Fülle an verschiedenen Landschaftstypen und Klimazonen. So unterschiedlich wie die Landschaftsbilder sind auch die wirtschaftlichen Schwerpunkte in den einzelnen Gemeinden oder die Lebensweise und Traditionen der dort lebenden Menschen. Diese Kontraste verbinden sich im Landkreis Lindau zu einem harmonischen Ganzen.

Historische Entwicklung

Das ehemals zum Reich der Habsburger gehörende Westallgäu samt der Stadt Lindau fiel in der Zeit der napoleonischen Kriege an Bayern. Unter dieser Herrschaft kam es zu einem starken Wirtschaftsaufschwung. 1856 entstand ein neuer Hafen mit den Wahrzeichen Löwe und ein neuer Leuchtturm – der südlichste Leuchtturm Deutschlands und zugleich der einzige in Bayern.

Nach dem Ende des Zweiten Weltkrieges wurde der Landkreis Lindau als einziger Teil des rechtsrheinischen Bayern nicht der amerikanischen, sondern der französischen Besatzungszone zugeschlagen. Er bildete das strategische Bindeglied zwischen der französischen Zone in Süddeutschland und den französisch besetzten Teilen Westösterreichs (Tirol und Vorarlberg). Da eine spätere Wiedereingliederung an Bayern geplant war, erhielt der Landkreis Lindau 1946 einen eigenen staats- und verfassungsrechtlichen Status. Regiert wurde dieses Provisorium durch einen von der Militärregierung eingesetzten Kreispräsidenten, ausgestattet mit den gleichen Vollmachten wie das Staatssekretariat von Württemberg. 1955/56 kam der Kreis Lindau dann zurück zu Bayern und blieb nach der Kreisreform 1972 als zweitkleinster Landkreis Bayerns erhalten.

Wertschöpfung und Verkehr

Der Landkreis Lindau wird als Wirtschaftsstandort von seiner Lage im Dreiländereck Deutschland-Österreich-Schweiz geprägt. Er profitiert von einer vielschichtig strukturierten Unternehmenslandschaft mit alteingesessenen, stark expandierenden Unternehmen und vielen Neugründungen. Metallverarbeitung und Maschinenbau, Luftfahrzeugbau, Ernährungsgewerbe und Verpackungstechnik sowie die Autozulieferertechnologie bilden die Schwerpunkte. Die Gewerbe- und Industriestruktur sichert einen hohen Beschäftigungsstand, der Anteil hoch qualifizierter Arbeitsplätze ist überdurchschnittlich.

Der Wirtschaftsraum zwischen Bodensee und Allgäu entwickelte sich in den letzten Jahren zu einem bundesweit geschätzten Hightech-Standort. Er gehört bundesweit zu den fünf begehrtesten deutschen Standorten bei der Gründung von Technologieunternehmen. Traditionell ist daneben die Landwirtschaft: Sie prägt die grüne, saftige Landschaft zwischen Bodensee und Alpenkette und ist die Basis für hohe Standards in der Nahrungsmittelproduktion und -verarbeitung. Und auch in Sachen Genuss, Gesundheit und Wellness gibt es hervorragende Angebote.

Die Lebensqualität an der Nahtstelle zwischen Bodensee und Allgäu ist unübertroffen: eine attraktive Wohngegend mit ungezählten Sport- und Freizeitmöglichkeiten, im Sommer wie im Winter, ergänzt durch ein vielfältiges Kulturleben und ein großes Bildungsangebot.

Die deutsche Nord-Süd-Autobahnachse der A 96, die sich nach Süden jenseits der Landesgrenze im Rheintal fortsetzt, sowie die Nähe zu drei internationalen Flughäfen bieten Unternehmen eine gute Verkehrsanbindung.

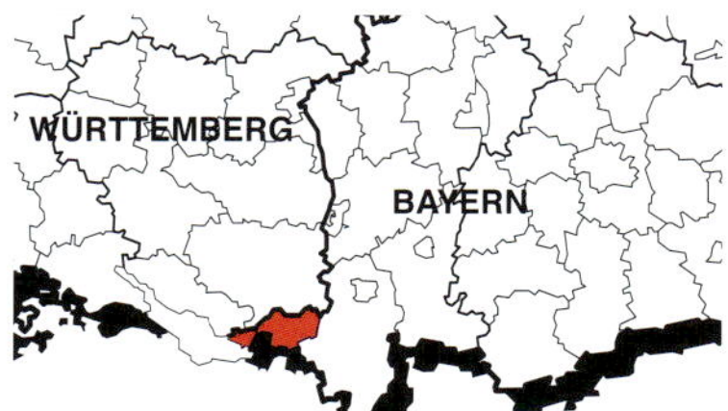

Fläche: 323,44 km²
EW: 79.387 - EW/km²: 245
KFZ-Kennzeichen: LI
Kreissitz: Lindau (Bodensee)
www.landkreis-lindau.de

Landrat
Elmar Stegmann / CSU
im Amt seit: 2008 gewählt bis: 2020

Sitzverteilung im Kreistag
Vorsitz: Elmar Stegmann

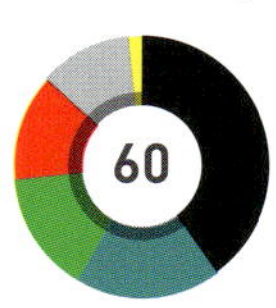

24	CSU
11	Freie Wähler
9	B.90/Grüne
8	SPD
1	FDP
7	Sonstige

(Freie Bürgerschaft 4, ÖDP 3)

Landschaft, Sehenswürdigkeiten und Kultur

Der Landkreis Lindau punktet gleich mit zwei großen touristischen Marken: dem Allgäu und dem Bodensee. Dementsprechend vielfältig sind die Landschaft, das Klima und auch die Freizeitmöglichkeiten. Am Bodensee dominiert das Wasser, die Temperatur ist meist adäquat und im Sommer ist das Ambiente mediterran. Straßencafés laden das ganze Jahr über zum Verweilen ein, im Sommer lockt der Sprung ins erfrischende Nass und die blühenden Obst- und Weinanlagen laden zum Träumen ein. Der Landkreis Lindau ist übrigens das größte Obstanbaugebiet Bayerns. Keine 15 km aber 600 Höhenmeter weiter, fängt das Allgäu an. Anstatt Obstbäume finden sich hier idyllische Hügellandschaften, rauschende Bäche, tobende Wasserfälle und geheimnisvolle Weiher.

Die wechselhafte Geschichte hat auch die Kultur der Region geprägt. Ob alemannische Schindelhäuser oder herrschaftliche Patriziervillen, viele schöne Fassaden erzählen bewegende Geschichten. Allen Menschen gemein ist die Tradition, gesellige Feste zu feiern und die geerbte Kultur zu pflegen. Die Ferienorte der Region bieten vielfältige kulturelle Aktivitäten und Einrichtungen an. Beispielsweise führen viele kulinarische Veranstaltungen durch das Genussjahr. Kulturell Begeisterte interessieren sich unter anderem für das Hutmuseum in Lindenberg oder für die Sonderausstellungen im Cavazzen in Lindau. In den letzten Jahren konnten hier Werke von Picasso, Matisse, Nolde oder Miró bewundert werden. Aber auch sportlich Aktive kommen im Landkreis Lindau auf Ihre Kosten: Vor allem für Wanderer, Radler, Wasser- und Wintersportler hat die Ferienregion eine Menge zu bieten.

Hafeneinfahrt von Lindau am Bodensee

Landkreis

Main-Spessart

BAYERN

Der Landkreis Main-Spessart ist…
…mehr als nur Wald, Wein und Wasser. Er besticht nicht nur durch seine Naturschönheiten, sondern auch durch seine wirtschaftliche und kulturelle Dynamik.

Historische Entwicklung

Im jetzigen Landkreis wurden 1862 die Bezirksämter Gemünden, Karlstadt, Lohr und Marktheidenfeld errichtet.

Ab Mitte des 19. Jahrhunderts wurden der Bahn- und Schifffahrtsverkehr besonders ausgebaut. Der Zweite Weltkrieg zog deshalb vor allem Gemünden in Mitleidenschaft, die Altstadt brannte bis auf die Grundmauern nieder. Auch viele weitere Städte und Ortschaften wurden zerstört. In der Nachkriegszeit profitierten vor allem Lohr und Marktheidenfeld vom wirtschaftlichen Aufschwung.

Main-Spessart ist ein junger Landkreis. Erst durch den Zusammenschluss der Altlandkreise Gemünden, Karlstadt, Lohr und Marktheidenfeld während der Kreisgebietsreform entstand 1972 der Landkreis Mittelmain, der schon bald in Main-Spessart umbenannt wurde.

Wertschöpfung und Verkehr

Seine zentrale Lage in Deutschland zwischen zwei Metropolregionen kennzeichnet Main-Spessart als Wirtschaftsstandort. Hier finden sowohl Global Player als auch Unternehmen des Mittelstands ihre Heimat. Zusammen mit zahlreichen Handwerksbetrieben stehen sie für eine stabile, ausgewogene Wirtschaftsstruktur. Mit seinem breit aufgestellten Schulwesen fördert der Landkreis auch die Zukunftschancen kommenden Generationen.

Die Bruttowertschöpfung liegt bei 3.438 Mio. €, das Bruttoinlandsprodukt bei 3.824 Mio. € (Stand 2013). Die Arbeitslosenquote ist seit Jahren unterdurchschnittlich.

Der Wirtschaftsstandort Main-Spessart – einerseits ein sehr ländlich strukturierter Flächenlandkreis, andererseits aber auch gleichzeitig kompetenter Technologie-Standort mit Weltmarktführern – liegt zwischen den Zentren Aschaffenburg, Würzburg und Schweinfurt. Der Handel in den hiesigen Mittelzentren ist bestrebt, dem Kaufkraftabfluss ein attraktives Angebot entgegenzusetzen. Die zentralen Funktionen im Landkreis selbst werden von mehreren Städten wahrgenommen. Nicht Zentralisierung, sondern gegenseitige Ergänzung stärken diese in ihren Funktionen.

Da Main-Spessart von den Bundesautobahnen A3 und A7 im Süden und im Osten nur tangiert wird, ist es umso wichtiger, dass ein funktionierendes Straßennetz den Landkreis flächendeckend durchzieht.

Fläche: 1.321,42 km²
EW: 125.915 - EW/km²: 95
KFZ-Kennzeichen: MSP
Kreissitz: Karlstadt
www.main-spessart.de

Landrat
Thomas Schiebel / Freie Wähler
im Amt seit: 2008 gewählt bis: 2020

Sitzverteilung im Kreistag
Vorsitz: Thomas Schiebel

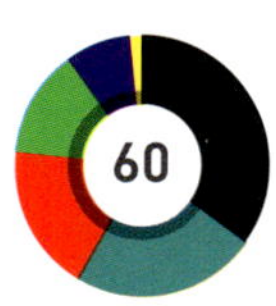

21	CSU
14	Freie Wähler
11	SPD
8	B.90/Grüne
5	Freie Bürger
1	FDP

Seit 2013 ist der ÖPNV einschließlich des Schienenverkehrs in den Verkehrsverbund Mainfranken integriert. Das Busliniennetz reagiert mit dem Angebot von Ruf-Bussen oder Linientaxen auf den Bedarf der Bevölkerung.

Landschaft, Sehenswürdigkeiten und Kultur

Zwei völlig unterschiedliche Naturräume gliedern den Landkreis: Im Norden und Westen nehmen die waldbestandenen Buntsandsteinrücken des Spessarts über die Hälfte der Landkreisfläche ein. Im Süden und Osten öffnet sich der Landkreis zu den Muschelkalk-Rebhängen des Weinlandes hin. Auf den Höhen der Fränkischen Platte bestimmen offene Feldfluren das Bild. Ein Netz von Rad- und Wanderwegen verknüpft die verschiedenen Landschaften von Spessart und Weinland.

Der Naturpark Spessart ist einer der ältesten Naturparks in Bayern. Naturschutz, Regionalentwicklung und sanfter Tourismus gehen hier Hand in Hand. Zertifizierte Naturpark- und Landschaftsführer bringen den Besuchern die Besonderheiten des Spessarts sowie die Trockenrasen des Mainfränkischen Muschelkalks näher. Für Weinliebhaber bietet der Landkreis ein vielfältiges Angebot mit international ausgezeichneten Winzern und Weinfesten mit weinfränkischer Gastlichkeit.

Zu den Sehenswürdigkeiten im Landkreis gehören die liebevoll restaurierten Altstädte von Karlstadt, Lohr, Marktheidenfeld und Gemünden mit ihren typischen Fachwerkbauten. Durch die historisch bedingte Zersplitterung in unterschiedliche Herrschaftsgebiete sind im ganzen Kreis eine Vielzahl von teils heute noch erhaltenen Burgen wie die in Rothenfels und Rieneck oder die Ruinen der Karlsburg, der Homburg bei Gössenheim und der Scherenburg sowie Schlössern wie das Lohrer, das Thüngener und das Homburger Schloss oder das Gemündener Huttenschloss. Auch lohnt ein Blick in die Dörfer, die so manches historische und kulturelle Kleinod beherbergen.

Das Spessartmuseum in Lohr zeigt das historische und kulturelle Erbe des Spessarts wie z.B. die Glas- und Spiegelmacherkunst; die Papiermühle in Homburg bietet Einblick in das frühere Leben und Arbeiten der Papiermacher und der Historische Eisenhammer in die industrielle Vergangenheit des Landkreises.

Landkreis
Miesbach

BAYERN

Der Landkreis Miesbach ist...
...weit über die Grenzen Bayern hinaus bekannt als lebens- und liebenswerte Heimat und gern besucht von vielen Gästen aus nah und fern. Brauchtum und Tradition sind in der Bevölkerung stark verwurzelt. Knapp 97.000 Einwohner genießen hier zwischen Tegernsee und Schliersee, zwischen Wendelstein und Wallberg hohe Lebensqualität.

Historische Entwicklung
Anlässlich der Trennung von Verwaltung und Justiz entstand 1862 aus den Landgerichten Miesbach und Tegernsee das Bezirksamt Miesbach. 1939 wurde der Bezirk in Landkreis Miesbach umbenannt.

Wertschöpfung und Verkehr
Das Kreisgebiet war bis ins 19. Jahrhundert hinein von der Land- und Forstwirtschaft geprägt. Daneben entwickelte sich der Fremdenverkehr als wichtigster Dienstleistungsbereich. Im industriell-gewerblichen Bereich dieser Zeit sind die Papierfabrikation im Mangfalltal und der Kohlebergbau in Hausham erwähnenswert. Die Papierfabriken in Gmund am Tegernsee sind aktiver denn je; der Haushamer Kohlebergbau wurde allerdings 1966 eingestellt.

Durch die Bundesautobahn A 8 ist der Landkreis Miesbach hervorragend an das Fernverkehrsnetz angebunden. Sowohl die Landeshauptstadt München als auch die Mozartstadt Salzburg und ihre Flughäfen sind in weniger als einer Stunde zu erreichen.

Die Bayerische Oberlandbahn (BOB) verkehrt im Stundentakt zwischen der Landeshauptstadt und den Endbahnhöfen Tegernsee und Bayrischzell; die Mangfalltalbahn bildet über Holzkirchen die Verbindung nach Rosenheim. Otterfing und Kreuzstraße sind an das Münchner S-Bahnnetz angebunden Ein dichtes Busnetz vervollständigt das ÖPNV-Angebot des Landkreises.

Die Alpenregion Tegernsee Schliersee ist seit jeher ein bekanntes und beliebtes Urlaubsziel – und ein prosperierender Wirtschaftsstandort. Neben dem Tourismus haben sich hier viele verschiedene Branchen angesiedelt (Pharmazie, Nahrungs- und Genussmittel, Holzverarbeitung u. a.).

Auch international tätige Großkonzerne wie etwa Sandoz Hexal, die mit ihrer Unternehmenszentrale in Holzkirchen vertreten sind, haben hier eine Heimat gefunden. Dabei profitieren sowohl Industrie als auch Gastgewerbe von einem exzellenten Angebot an Grund- und weiterführenden Schulen, die auch in Zukunft den Grundstein für eine nachhaltige Fachkräftesicherung legen.

Als Bestätigung für diese erfolgreiche Arbeit wurde dem Landkreis im Jahre 2014 das Qualitätssiegel „Bildungsregion" durch das Bayerische Kultusministerium verliehen. Die Wirtschaftsstärke des Landkreises unterstreichen ebenso eine weit unterdurchschnittliche Arbeitslosenquote und eine im Bundes- und Landesvergleich sehr starke Kaufkraft.

Aktuell wurde der Landkreis Miesbach mit seinen 17 Gemeinden als „Staatlich anerkannte Öko-Modellregion" durch das Bayerische Landwirtschaftsministerium ausgezeichnet. Ökologie, Ökolandwirtschaft und Tourismus sollen in einer neuen Qualität miteinander verbunden werden.

Landschaft, Sehenswürdigkeiten und Kultur
Die Alpenregion Tegernsee Schliersee ist mehr als nur Bilderbuch-Heimat. Sie ist ursprünglich bayerisch und aufgeschlossen, verbindet Tradition mit Moderne, Brauchtum mit Fortschritt, Laptop mit Lederhose. Die ältesten Trachtenvereine sind hier ebenso zuhause wie Forschungsinstitute und Softwareentwickler. Ein ländlicher Raum, der Werte erhalten und mit moderner Technik Schritt halten will.

Im Tourismus, dem bedeutendsten Wirtschaftsfaktor, setzen die Leistungsträger auf den Wohlfühlfaktor. Dazu gehören Gastfreundlichkeit und bayerische Herzlichkeit. Kulturelle Highlights wie barocke Kirchen, hochwertige Klassik-Veranstaltungen und die Museen sind eine wertvolle Ergänzung zum Angebot, das uns die Natur selbst geschenkt hat: die Seen und Berge, idyllische Wege durch Wälder und Wiesen. Events wie der Schliersee Alpen Triathlon oder das Mountainbike Festival in Tegernsee zeigen die besondere sportliche Klasse.

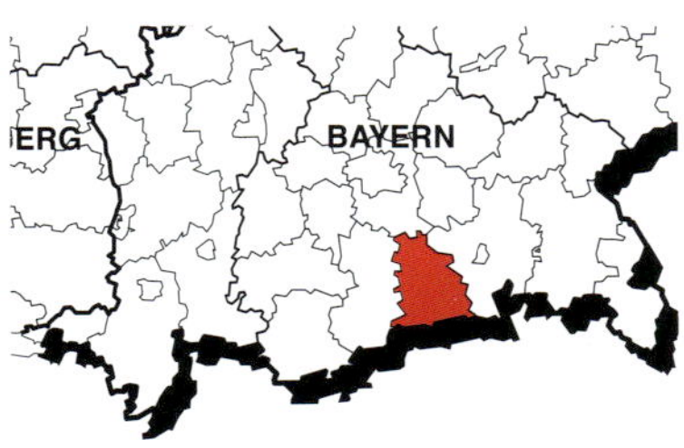

Fläche: 866,23 km²
EW: 96.773 - EW/km²: 112
KFZ-Kennzeichen: MB
Kreissitz: Miesbach
www.landkreis-miesbach.de

Landrat
Wolfgang Rzehak / B.90/Grüne
im Amt seit: 2014 gewählt bis: 2020

Sitzverteilung im Kreistag
Vorsitz: Wolfgang Rzehak

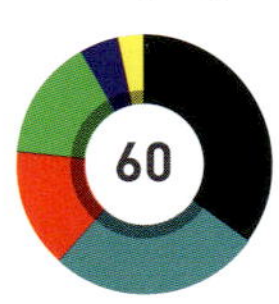

21	CSU
16	Freie Wähler
9	SPD
9	B.90/Grüne
3	BP
2	FDP

Landkreis

Miltenberg

BAYERN

Der Landkreis Miltenberg ist...
...anfangs gegen beträchtlichen Widerstand im Jahr 1972 aus der Taufe gehoben worden. Aufzuhalten war die Landkreisreform aber nicht. Am 31.7.1972 kam der neue Kreistag des Landkreises, der 59 selbstständige Gemeinden umfasste, erstmals zusammen. Heute zählt der Landkreis Miltenberg 32 Gemeinden.

Historische Entwicklung
Der Raum Miltenberg/Amorbach wurde 1816 dem Königreich Bayern zugeschlagen. Die Grenzen des heutigen Landkreises sind im Laufe einer wechselvollen Geschichte gewachsen. Der Main war oft Grenze, meist aber verbindendes Element zwischen Odenwald und Spessart. Nach der Gründung der Bezirksämter Obernburg und Miltenberg im Jahr 1862 erfolgte nach den Wechseln von Großheubach zum Bezirksamt Miltenberg im Jahr 1880 und dem Wechsel von Fechenbach und Reistenhausen ebenfalls zum Bezirksamt Miltenberg erst wieder im Jahr 1972 eine einschneidende Veränderung: Der heutige Landkreis Miltenberg wurde gegründet.

Wertschöpfung und Verkehr
Die 32 Gemeinden sind zusammengewachsen und der Landkreis präsentiert sich als leistungsfähige und homogene Verwaltungseinheit – nicht zuletzt dank der guten Infrastruktur, der aktiven und innovativen, stark mittelständisch geprägten Wirtschaft und engagierter Menschen. Großes Augenmerk gilt dem Schutz der Umwelt, denn es ist Ziel aller Beteiligten, für Bürger sowie Gäste die Natur zu erhalten. Natur- und Kulturlandschaft sind im vom Maintal sowie den Mittelgebirgen Spessart und Odenwald geprägten Landkreis einmalig – nicht umsonst sind drei Viertel des Landkreises Landschaftsschutzgebiet. Folgerichtig ist der Tourismus mit dem Tourismusverband Spessart-Mainland neben der Landwirtschaft und dem Weinbau ein wichtiger Wirtschaftsfaktor.

Der Landkreis präsentiert sich aber vor allem als erfolgreicher Produktionsstandort mit einem 50 %igen Anteil der Arbeitsplätze im produzierenden Gewerbe. Die zahlreichen Unternehmen sind dank ihrer Innovationskraft wichtige Akteure auf dem Weltmarkt. Auch Handel, Handwerk und der Dienstleistungssektor spielen eine bedeutende Rolle. Als „Bayern in Rhein-Main" ist der Landkreis Miltenberg gemeinsam mit den Partnern vom Bayerischen Untermain ein selbstbewusster Akteur in der Metropolregion Frankfurt/Rhein-Main.

Zu den wichtigsten Standortfaktoren gehört die gute Verkehrsinfrastruktur. Der Landkreis Miltenberg verfügt über ein leistungsfähiges Kreisstraßennetz von 215 km Länge und profitiert von seiner guten Verkehrsanbindung – beispielsweise die Nähe zum Flughafen Frankfurt. Neben der B 469 Richtung Rhein-Main-Gebiet und den Staatsstraßen spielt die Schiene mit Strecken Richtung Aschaffenburg, Wertheim und Amorbach eine wichtige Rolle – sowohl für den Güterverkehr als auch für die Personenbeförderung. Was die Fahrgastzahlen betrifft, ist Miltenberg die Nr. 4 der unterfränkischen Bahnhöfe. Mit der Westfrankenbahn werden derzeit sowohl die Bahnhöfe saniert als auch die Verbindung nach Frankfurt und Würzburg stetig verbessert. Das flächendeckende Busangebot mit einer Direktanbindung nach Würzburg rundet das gute Verkehrsangebot ab.

Unerlässlich ist heute ein flächendeckendes Breitbandangebot. Der Landkreis und seine 32 Gemeinden setzen derzeit eine lückenlose Versorgung des Landkreisgebiets um.

Fläche: 715,86 km²
EW: 127.941 - EW/km²: 179
KFZ-Kennzeichen: MIL
Kreissitz: Miltenberg
www.miltenberg.de

Landrat
Jens Marco Scherf / B.90/Grüne
im Amt seit: 2014 gewählt bis: 2020

Sitzverteilung im Kreistag
Vorsitz: Jens Marco Scherf

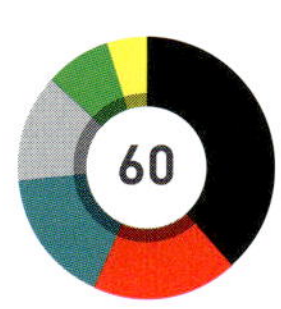

23	■	CSU
11	■	Freie Wähler
10	■	SPD
5	■	B.90/Grüne
3	■	FDP
8	■	Sonstige

(Neue Mitte 5, ÖDP/Bürgerliste 3)

Als wichtige und leistungsfähige Verkehrsader stellt sich der Main dar. Rund 25 Mio. Gütertonnen werden jährlich in umweltfreundlicher Weise transportiert. Wachsende Bedeutung gewinnt die Fahrgastschifffahrt – bedeutender Bestandteil des Fremdenverkehrs im churfränkischen Maintal.

Landschaft, Sehenswürdigkeiten und Kultur
Der Buntsandstein, seit alters her ein typisches Baumaterial, prägt die Naturlandschaft des Maintals. In seinen Steillagen wird vielfach prämierter Wein angebaut. Neben den Prädikatswanderwegen laden der Rotweinwanderweg und zukünftig auch der Buntsandsteinwanderweg zum Erleben ein. Typisch für den Landkreis sind die vielen gut erhaltenen und liebevoll gepflegten Fachwerkhäuser. Zu den besonderen Sehenswürdigkeiten gehören u. a. das Kloster Amorbach mit seiner einmaligen Abteikirche und in Miltenberg das älteste Gasthaus Deutschlands in der romantischen Altstadt, das „Gasthaus zum Riesen". Nicht zu vergessen sind die unzähligen Bauwerke der Burglandschaft, z.B. die Mildenburg, Clingenburg, die Henneburg und Burg Wildenstein.

Das hervorragende kulturelle Angebot gründet auf der Kreativität von Künstlern und Kulturschaffenden, einem breit gefächerten bürgerschaftlichen Engagement, z.B. mit dem Kunstnetz und dem Jugendkulturpreis, und zahlreichen Ausstellungs- und Veranstaltungsorten. Der Landkreis Miltenberg bietet selbst zahlreiche Veranstaltungen an, darunter neben dem Kulturwochenherbst das Kabarettfestival in Amorbach, den „Seegarten im Sommerrausch".

Landkreis

Mühldorf a. Inn

BAYERN

Der Landkreis Mühldorf a. Inn ist...

...mit seinen 31 Städten, Märkten und Gemeinden ein familienfreundlicher, lebens- und liebenswerter Landkreis östlich von München.

Historische Entwicklung

Der Landkreis Mühldorf a. Inn geht zurück auf die im 19. Jahrhundert formierten unteren Verwaltungs- und Gerichtsbezirke Mühldorf a. Inn und Neumarkt-Sankt Veit. In seiner heutigen Form besteht der Landkreis seit der Gebietsreform von 1972.

Wertschöpfung und Verkehr

Die gut ausgebaute Infrastruktur ist ein wesentlicher Standortfaktor für die Wirtschaft. Mit der Bundesstraße B 12 (München-Passau) ist der Landkreis verkehrstechnisch in die wichtige West-Ost-Achse eingebunden. Die Autobahn A94 München-Pocking, die 2019 von Mühldorf nach München fertiggestellt wird, bringt die lang ersehnte, schnelle Verkehrsanbindung an die bayerische Landeshauptstadt München, den Flughafen München und das gesamte Ballungsgebiet. Auch der Flughafen Salzburg ist nur eine Fahrstunde entfernt.

Fläche: 805,31 km²
EW: 110.296 - EW/km²: 137
KFZ-Kennzeichen: MÜ
Kreissitz: Mühldorf am Inn
www.landkreis-muehldorf.de

Landrat
Georg Huber [UW]/ CSU
im Amt seit: 2002 gewählt bis: 2020

Sitzverteilung im Kreistag
Vorsitz: Georg Huber

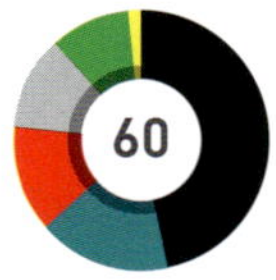

28 CSU
10 UWG
8 SPD
6 B.90/Grüne
1 FDP
7 Sonstige
(WGW 5, ÖDP 2)

Eine Besonderheit ist der Linienstern Mühldorf: Hier kreuzen sich acht Eisenbahnstrecken mit Direktverbindungen nach München, Rosenheim, Burghausen, Landshut, Passau und Salzburg. Durch den zweigleisigen Ausbau und die Elektrifizierung der Bahnstrecke München–Mühldorf–Freilassing–Grenze D/A (sog. ABS 38 = Ausbaustrecke 38) einschließlich des Abzweigs Tüßling-Burghausen sollen zunehmend Güter auf die Schiene verlagert werden, um so vor allem die nationale und europäische Verkehrsanbindung des Chemiedreiecks mit ca. 25.000 Beschäftigten zu verbessern.

Die direkte Anbindung von der ABS 38 über die sog. „Walpertskirchener Spange" bedeutet, dass der Flughafen München von Mühldorf aus schneller erreicht werden kann und bringt damit einen großen Vorteil für den Güter- und Personenverkehr – auch für die weiterführende Bahnverbindung von Mühldorf nach Salzburg und damit zum Salzburger Flughafen.

Ziel des Landkreises insgesamt ist die weitere Verbesserung des Verkehrswege-, Schienen- und ÖPNV-Netzes, damit allen – Wirtschaft und Gesamtbevölkerung – die für sie notwendige Mobilität ermöglicht wird. Auch der Ausbau einer leistungsstarken Breitbandinfrastruktur wird in hohem Maße verfolgt. Dank dieser Infrastruktur kann der Landkreis Mühldorf a. Inn eine ausgewogene und attraktive Wirtschaftsstruktur vorweisen: Industrie, Handwerk, Handel und Dienstleistung, Global Player sowie klein- und mittelständische Unternehmen – eine vielfältige Branchenstruktur prägt das Gebiet Inn-Salzach als dynamischen Wirtschaftsstandort. So würden sich laut einer IHK-Standortumfrage von 2015 82 % der befragten Unternehmen wieder für den Landkreis Mühldorf a. Inn entscheiden.

Seit 2013 ist der Landkreis zertifizierte Bildungsregion in Bayern und bietet zahlreiche Aus- und Weiterbildungsmöglichkeiten für Menschen jeden Alters. Seit Oktober 2014 gibt es in Kooperation mit der Hochschule Rosenheim das Angebot des dualen bzw. berufs- und ausbildungsbegleitenden Studiums im Landkreis in der Ausbildungsrichtung „Maschinenbau".

Neu seit dem Wintersemester 2015/16 ist der berufsbegleitende Bachelorstudiengang „Betriebswirtschaft" und der duale Bachelorstudiengang „Pflege". Ab Herbst 2016/17 wird vor Ort der Studiengang „Pädagogik der Kindheit und Jugend – Bildungs- und Sozialmanagement" als Beitrag zur Ausbildung von Fachkräften und zur Erhöhung des Akademikeranteils in Kindertageseinrichtungen angeboten. Dies bietet für den Landkreis die Vorteile, die Abwanderung junger Menschen in die Ballungsräume zu stoppen sowie das Arbeitskräftepotenzial vor Ort zu halten und gezielt weiter auszubauen. Um die Bildung im Landkreis Mühldorf a. Inn weiterhin auf hohem Niveau zu halten, ist ein umfassendes Netzwerk ständig aktiv.

Landschaft, Sehenswürdigkeiten und Kultur

Intakte Natur, ein reiches historisches Erbe, ein abwechslungsreiches kulturelles Angebot, ein Kreismuseum, tolle Radwege und eine Fülle von Sportmöglichkeiten kennzeichnen den Landkreis Mühldorf a. Inn. Badespaß bieten die Frei- und Hallenbäder oder die „Grüne Lagune" – das größte Natur- und Erlebnisbad Bayerns.

Auch kulturell gibt es im Landkreis ein vielfältiges Angebot. Musik-, Kabarett- und Theateraufführungen, lebendige Volkskultur oder der internationale Schützen- und Trachtenumzug im Rahmen des Mühldorfer Traditionsvolksfestes machen den Landkreis zu einer lebenswerten Heimat sowie zu einem attraktiven Ausflugs- und Urlaubsziel.

Landkreis

München

BAYERN

Der Landkreis München ist…

…der bevölkerungsreichste Landkreis in Bayern. Wirtschaftlicher Erfolg, exzellente Wissenschafts- und Forschungseinrichtungen sowie beste Zukunftsprognosen prägen das Selbstverständnis des Landkreises ebenso wie ein ausgeprägtes gesellschaftliches Leben und eine große Verbundenheit mit der bayerischen Kultur und Tradition.

Historische Entwicklung

Der heutige Landkreis München erwuchs im Wesentlichen aus den 1862 gebildeten Bezirksämtern rechts und links der Isar. 1879 wurden die beiden Bezirksämter zu einem einzigen Bezirksamt München vereint, das im Jahr 1939 in Landratsamt München umbenannt wurde. Der Zuschnitt des Landkreises und die Anzahl der Gemeinden haben sich bis zur Gebietsreform 1972 stark verändert. In den Jahren 1864 bis 1942 wurden große Teile des Gebietes nach München eingemeindet. Heute umschließen die zwei Städte und die 27 Gemeinden des Landkreises München die Landeshauptstadt wie eine Art offene Halskrause.

Im Spannungsfeld zwischen Metropole und Umland hat sich der Landkreis München sozial, kulturell, politisch und wirtschaftlich verändert und fortentwickelt.

Wertschöpfung und Verkehr

Der Landkreis München ist geprägt von hoher Wirtschafts- und Leistungskraft, gewachsenen Clusterstrukturen und richtungsweisenden Bildungs- und Wissenschaftseinrichtungen. Die enge Verknüpfung von Wirtschaft und Wissenschaft bildet den Nährboden für den wirtschaftlichen Erfolg. Der Forschungsstandort Landkreis München beherbergt drei Universitäten: die Universität der Bundeswehr München in Neubiberg, verschiedene Fakultäten und Forschungseinrichtungen der Technischen Universität München (TUM) am Campus Garching sowie Einrichtungen der Ludwig-Maximilians-Universität (LMU) in Garching, Planegg-Martinsried und Oberschleißheim. Gerade im Umfeld der Universitäten, aber auch der Max-Planck-Institute und anderer Forschungszentren, werden im Rahmen von Forschungsaktivitäten neue innovative Ideen geboren. Verschiedene Technologie- und Gründerzentren in deren Umfeld ermöglichen jungen Leuten, diese in die Tat umzusetzen. Durch die finanzielle Beteiligung erklärt der Landkreis München seine Bereitschaft, Existenzgründungen zu unterstützen und damit ein gutes Klima für clusterorientierte Firmenansiedlungen zu schaffen.

Zukunftsorientierte Themenschwerpunkte finden sich u. a. in den Bereichen Medien, Luft- und Raumfahrt, Biotechnologie, Finanzdienstleistungen, Medizin und Gesundheit sowie Kommunikations- und Informationstechnologie. Im Landkreis München herrscht ein ausgewogenes Verhältnis von mittelständischen und global ausgerichteten Unternehmen sowie ein ausgewogener Branchen- und Unternehmensgrößenmix vor. Börsennotierte Unternehmen finden sich hier in großer Zahl ebenso wie sog. Hidden Champions, sehr erfolgreiche hoch spezialisierte Kleinunternehmen oder Mittelständler.

Neben dem ausgezeichneten Arbeitsplatzangebot und hohen Verdienstmöglichkeiten machen die sehr guten Kinderbetreuungsangebote, eine vielfältige und innovative Schulinfrastruktur, nah liegende Studienorte sowie ein gut ausgebautes Verkehrsnetz und ein bestens organisierter öffentlicher Personennahverkehr den Landkreis München so attraktiv. 20 Autobahnabfahrten, zehn S-Bahn-, eine U-Bahnlinie sowie eine Trambahnlinie erschließen den Landkreis. Hinzu kommt ein ausgedehntes Busnetz sowie natürlich die Nähe zum Münchner Hauptbahnhof und zum Flughafen.

Fläche: 664,25 km²
EW: 332.800 - EW/km²: 501
KFZ-Kennzeichen: M
Kreissitz: München
www.landkreis-muenchen.de

Landrat
Christoph Göbel / CSU
im Amt seit: 2014 gewählt bis: 2020

Sitzverteilung im Kreistag
Vorsitz: Christoph Göbel

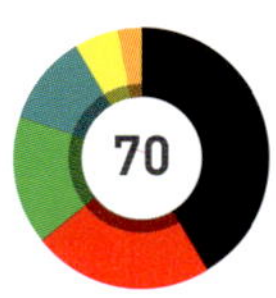

29	CSU
16	SPD
11	B.90/Grüne
8	Freie Wähler
4	FDP
2	ÖDP

Landschaft, Sehenswürdigkeiten und Kultur

Der Landkreis München spannt eine Brücke von der Metropole München ins bayerische Oberland. Städtische Strukturen kennzeichnen ihn genauso wie noch überwiegend ländlich geprägte Ortschaften. Professionell geführte Bürgerhäuser und Kultureinrichtungen bieten den Bürgern ein anspruchsvolles kulturelles Angebot. Traditionelle Veranstaltungen und gelebtes Brauchtum stellen dabei keinen Widerspruch dar.

Zu den Hauptsehenswürdigkeiten zählen neben den berühmten Schleißheimer Schlössern, die spätbarocke Klosterkirche Schäftlarn, aber auch die Flugwerft Oberschleißheim, eine Dependance des Deutschen Museums, oder das Zweigmuseum der Archäologischen Staatssammlung auf der Burg Grünwald. Das Isartal gehört seit jeher zu den beliebten Ausflugszielen nicht nur der Münchner Stadtbevölkerung. Neben einer Vielzahl traditioneller Feste bringen auch zahlreiche bekannte Wallfahrten die Menschen im Landkreis München zusammen.

Landkreis

Neuburg-Schrobenhausen

BAYERN

Der Landkreis Neuburg-Schrobenhausen ist...
...ein wahres Paradies für Erholungssuchende und Naturliebhaber. Er beherbergt sechs Naturschutzgebiete, 15 Landschaftsschutzgebiete und 29 ausgewiesene Geotope (Stand 2013).

Historische Entwicklung

Gerade die Neugliederung des Gebiets in und um Ingolstadt gestaltete sich im Zuge der Gebietsreform 1972 schwierig. So entstand letztlich aus Teilen der eigenständigen Kreise Neuburg und Schrobenhausen das neue Kreisgebiet. Heute stellt der Landkreis Neuburg-Schrobenhausen eine gewachsene Einheit dar, in der sich eine regionale Vielfalt erhalten hat. Was vor 1972 noch geteilt war, ist mittlerweile zusammengewachsen.

Die große Kreisstadt Neuburg an der Donau, Mittelzentrum und alte Residenzstadt, bildet ein Zentrum im Norden. Schrobenhausen, das Mittelzentrum im Hügelland der Paar mit seiner siebenhundertjährigen Tradition als Handelsstadt, bildet einen überregionalen Wirtschaftsstandort im südlichen Landkreis. Die 18 Städte, Märkte und Gemeinden im Herzen Bayerns verbinden sich – bei aller Eigenständigkeit – gemeinsam zu einem vitalen und wirtschaftlich starken Kreis, der seinen Einwohnern eine hohe Lebensqualität bietet. 2012 feierte der Landkreis sein 40-jähriges Bestehen unter dem Motto „zusammengehören – zusammen wachsen".

Wertschöpfung und Verkehr

Wirtschaftskraft und Lebensqualität bilden im Landkreis Neuburg-Schrobenhausen ein starkes Duo – der Landkreis verbindet Natur, Kultur und Kulinarik mit den Vorzügen eines dynamischen Top-Standortes. Ländliche Gegend mit sattgrünen Wiesen und Wäldern, eine landwirtschaftliche Prägung und gleichzeitig ein pulsierender Wirtschaftsraum – der Landkreis Neuburg-Schrobenhausen stellt eindrucksvoll unter Beweis, dass sich lebenswerte Heimat, wirtschaftliche Stärke und eine hohe Beschäftigungsquote nicht automatisch ausschließen müssen. Eingebettet in dem prosperierenden Raum um Ingolstadt hat sich das Neuburg-Schrobenhausener Land zu einem der attraktiven Standorte in Deutschland entwickelt. Der wirtschaftliche Erfolg schlägt sich auch in verschiedenen Bestenlisten nieder.

Der Landkreis profitiert von seiner zentralen Lage im Städte-Dreieck München-Augsburg-Ingolstadt und vom gut ausgebauten Infrastrukturnetz. Die B 16 und die B 300 stellen den schnellen Anschluss an die A 8 und A 9 sowie die Ballungszentren sicher.

Eine attraktive Branchenstruktur verleiht Neuburg-Schrobenhausen Stabilität und Stärke. Geprägt wird die Wirtschaft von der breiten mittelständischen Basis und vom Handwerk. Sie sind das Rückgrat der Wirtschaftskraft und Jobmotor im Landkreis. Daneben ist Neuburg-Schrobenhausen auch Heimat einiger weltweit agierender Unternehmen, deren Know-how und Produkte über die Landkreisgrenzen hinaus Absatz finden. Global Player wie die Bauer AG in Schrobenhausen mit über 10.000 Mitarbeitern in den Bereichen Tiefbau, Maschinenbau und Umwelttechnik, die MBDA als High-Tech-Schmiede oder das Neuburger Traditionsunternehmen Hoffmann-Sonax (Autopflegemittel) behaupten sich seit Jahrzehnten als Markt- und Innovationsführer in ihrem Segment. In der Gesamtheit bieten die Betriebe beste Ausbildungs- und Beschäftigungschancen und machen den Landkreis zu einer erfolgreichen Wirtschaftsregion mit großem Zukunftspotenzial. Ziel der kommunalen Wirtschaftspolitik ist es, diese Entwicklung bestmöglich zu begünstigen. Dabei verfolgt der Landkreis innovative Ansätze wie das bayernweit einmalige Ökoflächenmanagement, das im Bereich der Ausgleichsflächen wirtschaftliche Interessen und den Naturschutz in Einklang bringt.

Landschaft, Sehenswürdigkeiten und Kultur

Die herrliche Landschaft lädt zu verschiedensten Aktivitäten ein und macht den Landkreis zu einem wahren Paradies für Erholungssuchende und Naturliebhaber. Bei einer Wanderung durch die ursprünglichen Auwälder entlang der Donau oder im Schrobenhausener Paartal stellt sich unweigerlich Entspannung ein. Wer aktiv sein will, nutzt das gut ausgebaute Radwegenetz, erkundet die Landschaft querfeldein auf dem Pferdesattel oder schwingt den Schläger auf einer der schönsten Golfanlagen Deutschlands, dem Wittelsbacher Golfclub. Ausflügler kommen im Neuburger Renaissanceschloss mit der Staatsgalerie Flämische Barockmalerei, im Freilichtmuseum „Haus im Moos" mit seiner eindrucksvollen Wisentherde oder im Europäischen Spargelmuseum in Schrobenhausen voll auf ihre Kosten.

Das ganze Jahr über lassen sich in den urigen Wirtshäusern regionale Schmankerl genießen. Kulinarischer König ist der original Schrobenhausener Spargel, der Feinschmeckern von April bis Juni Gaumenfreuden bereitet. Aber auch der Kartoffel verleihen die gesunden Böden im Neuburg-Schrobenhausener Land den perfekten Geschmack.

Fläche: 739,81 km²
EW: 93.505 - EW/km²: 126
KFZ-Kennzeichen: ND
Kreissitz: Neuburg a.d. Donau
www.neuburg-schrobenhausen.de

Landrat
Roland Weigert / Freie Wähler
im Amt seit: 2008 gewählt bis: 2020

Sitzverteilung im Kreistag
Vorsitz: Roland Weigert

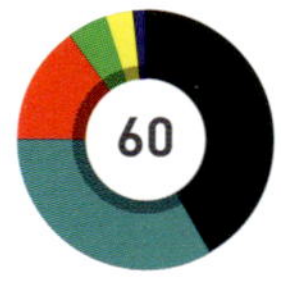

25	CSU
20	Freie Wähler
9	SPD
3	B.90/Grüne
2	FDP
1	Unabh.

Landkreis

Neumarkt i. d. OPf.

BAYERN

Der Landkreis Neumarkt i. d. OPf. ist...

...der westlichste Kreis des Regierungsbezirks Oberpfalz. Er liegt am Rand der Fränkischen Schweiz bzw. des Oberpfälzer Jura und zwischen den drei Großstädten Regensburg, Ingolstadt und Nürnberg. Er ist einer der flächenmäßig größten Landkreise in Bayern und umfasst 19 Gemeinden.

Historische Entwicklung

Im Jahr 1862 wurde durch den Zusammenschluss der Landgerichte älterer Ordnung Hilpoltstein und Neumarkt das Bezirksamt Neumarkt gebildet. Parsberg kam damals zum Bezirksamt Velburg. Die Eröffnung des Ludwig-Donau-Main-Kanals im Jahr 1846 und der Eisenbahnlinie Nürnberg-Regensburg 1871 schaffte die Voraussetzungen für industrielle Betriebsgründungen in dem Gebiet um Neumarkt.

1939 wurden aus den Bezirksämtern die Landkreise Neumarkt i.d. Oberpfalz und Parsberg. Ein Jahr später wurde die Stadt Neumarkt i.d. Oberpfalz in den Landkreis eingegliedert. Nach dem Zusammenbruch des Dritten Reiches und nach der amerikanischen Besetzung erlebte der Landkreis dank des unvorstellbaren Leistungswillens der gesamten Kreisbevölkerung einen enormen Aufschwung. 1949 wurde die Stadt Neumarkt i.d. Oberpfalz wieder kreisfrei.

Im Zuge der Neugliederung Bayerns im Jahr 1972 entstand das Gebiet des heutigen Landkreises Neumarkt i.d. Oberpfalz: Die Stadt Neumarkt verlor erneut ihre Kreisunmittelbarkeit und wurde in den Landkreis eingegliedert, der zudem durch Teile der früheren Kreise Parsberg, Riedenburg, Beilngries und Hilpoltstein eine Vergrößerung erfuhr. Der Markt Kastl wurde an den neu entstandenen Landkreis Amberg-Sulzbach abgegeben.

In den Jahren 1938 bis 1940 war bei Hohenfels ein Truppenübungsplatz errichtet worden, welcher der Wehrmacht als Übungsgelände diente. Die Bewohner von 60 Orten waren umgesiedelt worden und die Gemeinden erloschen. Nach dem Zweiten Weltkrieg wurde das Gelände zunächst wieder besiedelt. Die amerikanischen Streitkräfte beanspruchten es jedoch im Jahr 1946 und wandelten es erneut in einen Truppenübungsplatz um, der bis heute besteht.

Wertschöpfung und Verkehr

Vernetztes Handeln und innovatives Denken haben im Landkreis Neumarkt Tradition. Der Gedanke der Nachhaltigkeit stellt seit 1996 den wichtigsten Grundpfeiler im regionalen Entwicklungskonzept dar und erweist sich zunehmend nicht nur für den Landkreis, sondern auch für Unternehmen als wichtiger Zukunftsfaktor.

Fläche: 1.344,11 km²
EW: 128.975 - EW/km²: 96
KFZ-Kennzeichen: NM
Kreissitz: Neumarkt i.d.OPf.
www.landkreis-neumarkt.de

Landrat
Willibald Gailler / CSU
im Amt seit: 2014 gewählt bis: 2020

Sitzverteilung im Kreistag
Vorsitz: Willibald Gailler

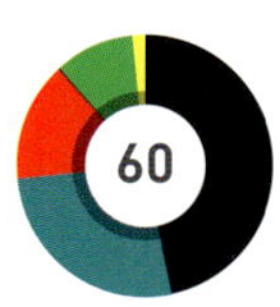

28	■	CSU
16	■	FW/UPW
9	■	SPD
6	■	B.90/Grüne
1	■	FDP

Wichtigste Straßenverbindungen sind die A 3 von Nürnberg nach Regensburg und die B 8 und B 299, die sich in Neumarkt kreuzen. Der Main-Donau-Kanal, der 1992 fertiggestellt wurde, verläuft quer durch den Landkreis über Berching, Mühlhausen und Dietfurt und ist die Verbindung zum Schwarzen Meer.

Eine optimale Verkehrsanbindung, die zentrale Lage in Bayern sowie unmittelbare Nähe zu wichtigen Verkehrsknotenpunkten, Bahnhöfen und Flughäfen sorgen für beste Bedingungen für Unternehmen und Bevölkerung. Das Berlin-Institut für Weltbevölkerung und globale Entwicklung bescheinigt dem Landkreis Neumarkt i.d. Oberpfalz in einer Studie ein Höchstmaß an Zukunftsfähigkeit. Aus einem landwirtschaftlich strukturierten Raum mit bäuerlicher Bewirtschaftung hat sich der Landkreis in den letzten knapp 50 Jahren zu einem zukunftsorientierten Wirtschaftsraum entwickelt, die vielen Branchen gute Bedingungen bietet.

Landschaft, Sehenswürdigkeiten und Kultur

Der Landkreis Neumarkt i.d. Oberpfalz liegt im Bayerischen Jura. Üppige Wiesen, intakte Waldgebiete, schroffe Jurakalkfelsen, zahlreiche Tropfsteinhöhlen und malerische Flusslandschaften samt kulturhistorischem Ludwig-Donau-Main-Kanal schaffen eine idyllische Naturkulisse.

Eine Vielfalt an touristischen und kulturellen Angeboten sorgt für ein Plus an Lebensqualität. Kilometerlange Rad- und Wanderwege, moderne Natur-, Frei- und Hallenbäder, fünf Golfplätze, eine Vielzahl Reiterhöfe und ein aktives Vereinsleben zeichnen den Landkreis Neumarkt i.d. Oberpfalz aus.

Für kurzweilige Stunden sorgen Museen wie das Lothar-Fischer-Museum, das Museum für historische Maybach-Fahrzeuge oder das Altmühltaler Mühlenmuseum, Kunst und Musikveranstaltungen sowie historische Innenstädte, die zum Bummeln einladen. Die vielen Burganlagen im Landkreis sind noch heute Zeugen einer bewegten Vergangenheit. Traditionen werden aktiv gelebt; so findet in Berching der bekannte Rossmarkt, in Dietfurt a.d. Altmühl der legendäre Chinesenfasching und in Breitenbrunn das mittelalterliche Tillyfest statt.

Landkreis

Neustadt a.d.Aisch-Bad Windsheim

BAYERN

Der Landkreis Neustadt a.d.Aisch-Bad Windsheim ist...
...ein Kreisgebiet mit hoher Lebensqualität. Seine abwechslungsreichen Landschaften und Naturräume, die gute Erreichbarkeit und die positive wirtschaftliche Situation bieten ein familienfreundliches und lebenswertes Umfeld.

Historische Entwicklung

Nach mehreren organisatorischen Verwaltungsneugliederungen entstanden die Landkreise Neustadt a.d.Aisch, Scheinfeld und Uffenheim, die im Zuge der Gebietsreform von 1972 zu dem heutigen Landkreis Neustadt a.d.Aisch-Bad Windsheim zusammengefasst wurden.

Wertschöpfung und Verkehr

Der Landkreis Neustadt a.d.Aisch-Bad Windsheim ist mit der A 7 im Westen und der A 3 im Norden mit mehreren Bundesstraßen und mit der Bahnhauptstrecke Würzburg-Nürnberg sehr gut an die städtischen Ballungszentren Würzburg und Nürnberg mit Airport und Hafen angeschlossen. Er ist Mitglied der Metropolregion Nürnberg (EMN).

Aufgrund dieser guten Lage und weiteren positiven Standortfaktoren wie günstigen Gewerbe- und Industrieflächen, gut ausgebildeten Arbeitskräften und hohe Lebensqualität ist der Landkreis ein starker Wirtschaftsstandort. Er ist geprägt vor allem durch mittlere und kleinere Firmen mit einem breiten Branchenmix, darunter Marken wie BIG Bobbycar oder Meinl Musikinstrumente. Eine weitere tragende Säule ist das Handwerk. Es ist breit aufgestellt und bietet ebenfalls zahlreiche Arbeits- und Ausbildungsplätze.

Prägend für das Landschaftsbild ist in einigen Teilen die landwirtschaftliche Nutzung, z. B. der Zuckerrübenanbau im Gollachgau, der Weinbau im westlichen Landkreis, die Teichwirtschaft im Osten sowie die Forstwirtschaft im Norden. Das Angebot an regional erzeugten und Bioprodukten stellt einen großen Wachstumsmarkt dar.

Der Landkreis hat in den letzten Jahren große Fortschritte bei der Nutzung der regenerativen Energien gemacht. Er zeigt einen gesunden Energiemix aus Biomasse-, Windkraft- und Photovoltaikanlagen. Die Energiebilanz 2014 bescheinigt, dass nahezu der gesamte regionale Stromverbrauch mit örtlich eingespeistem Strom aus erneuerbaren Energien abgedeckt werden kann.

Das Bildungswesen nimmt im Landkreis einen hohen Stellenwert ein. Von der wohnortnahen Grundschule über gut ausgestattete Mittel- und Realschulen sowie Gymnasien und Fachoberschulen können viele unterschiedliche Schulabschlüsse erworben werden. Mehrere berufsbildende Schulen runden das Angebot ab. Eine gute Ausbildung sowie die flächendeckende Versorgung mit Krippen- und Kindergartenplätzen sind ein wichtiger Bestandteil der Lebensqualität und eine gute Investition in die Zukunft.

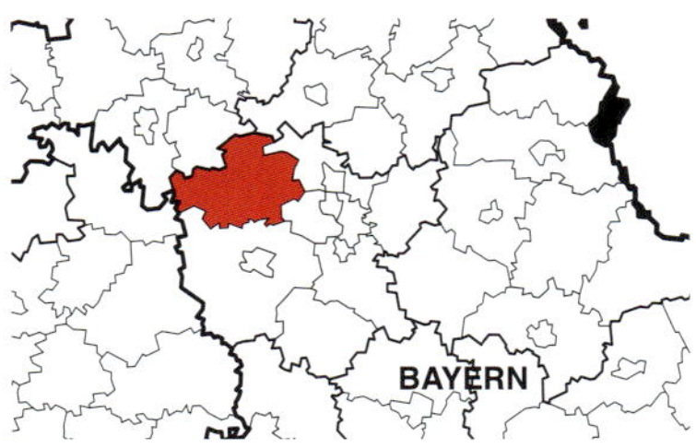

Fläche: 1.267,56 km²
EW: 97.808 - EW/km²: 77
KFZ-Kennzeichen: NEA
Kreissitz: Neustadt a.d. Aisch
www.kreis-nea.de

Landrat
Helmut Weiß / CSU
im Amt seit: 2014 gewählt bis: 2020

Sitzverteilung im Kreistag
Vorsitz: Helmut Weiß

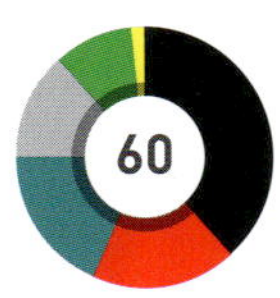

23	CSU
11	SPD
11	FWG
6	B.90/Grüne
1	FDP
8	Sonstige

(UWG 5, ÖDP 3)

Landschaft, Sehenswürdigkeiten und Kultur

Der Landkreis bietet eine abwechslungsreiche Landschaft. Zwei Drittel der Fläche gehören zum Naturpark Steigerwald, im Süden liegt die Frankenhöhe. Der Oberlauf der Aisch durchzieht das Kreisgebiet von Südwesten nach Nordosten. Weitere Naturräume sind das mittelfränkische Becken im östlichen Teil und die Windsheimer Bucht bzw. der Uffenheimer Gau im westlichen Bereich.

Diese reizvolle Landschaft lässt sich hervorragend mit dem Rad oder zu Fuß erkunden, zum Beispiel auf dem gut ausgebauten, 121 km langen Aischtalradweg, der vom ADFC als Qualitätsroute geführt wird, oder auf dem ebenfalls zertifizierten Steigerwald-Panoramaweg.

Hervorragend erschließen lässt sich der Landkreis auch über die Mittelfränkische Bocksbeutelstraße. Die Winzer bieten neben ausgezeichneten Frankenweinen gemütliche Heckenwirtschaften und zahlreiche Weinfeste zur Rast und Einkehr. Die Aischgründer Bierstraße führt den Besucher in malerische Dörfer mit traditionsreich geführten Familienbrauereien. Weitere kulinarische Leckerbissen halten die Karpfenschmeckerwochen, bei denen der Aischgründer Karpfen in vielen besonderen Zubereitungsarten serviert wird, und die Wildbretwochen mit ihren Wildspezialitäten bereit.

In den Gemeinden des Landkreises gibt es zahlreiche kleine und große Burgen und Schlösser sowie verschiedenste Museen zu entdecken. Das wohl bekannteste Museum ist das Fränkische Freilandmuseum in Bad Windsheim, das mit einer beeindruckenden Anzahl von historischen Häusern und Höfen und kulturellen Veranstaltungen die Vergangenheit der Region lebendig werden lässt.

Die Kurstadt Bad Windsheim ist Mittelfrankens einziges Heilbad und punktet mit der Franken-Therme. Hier kann in diversen Innen- und Außenbecken mit verschiedenen Solekonzentrationen und dem einzigartigen Salzsee Urlaub vom Alltag gemacht werden.

Landkreis
Neustadt a.d.Waldnaab

BAYERN

Der Landkreis Neustadt a.d.Waldnaab ist...
...mit 38 Gemeinden ein Teil des Regierungsbezirks Oberpfalz im Nordosten Bayerns. Im Osten schließt sich an den Landkreis, durch eine 38 km lange gemeinsame Grenze verbunden, die Tschechische Republik an. Innerhalb des Landkreisgebietes befindet sich die kreisfreie Stadt Weiden i.d. Oberpfalz und der mit etwa 230 km² größte NATO-Truppenübungsplatz Grafenwöhr.

Historische Entwicklung
In seiner jetzigen Form entstand der Landkreis Neustadt a. d. Waldnaab im Jahr 1972 durch die Zusammenlegung der damaligen Landkreise Neustadt a. d. Waldnaab, Eschenbach und Vohenstrauß.

Wertschöpfung und Verkehr
„Ja sagen zu Lobkowitz und Internet – Tradition und Fortschritt" – das ist einer der Leitsätze des Landkreises. Vom ehemaligen Bleikristallzentrum zum Vorreiter in der Glasfaser-Erschließung.

Auch die Verkehrserschließung ist hervorragend: So führt die Bahn-Hauptstrecke Regensburg-Weiden-Hof in Nord-Süd-Richtung durch den Landkreis. Bahnverbindungen bestehen nach Bayreuth (Nordwest) und Nürnberg (West). Über die A 93 in Nord-Süd-Richtung und die A 6 (Ost-West) ist der Landkreis in alle Richtungen mit den Metropolen Deutschlands und Tschechiens verbunden.

Mit zwei Grenzübergängen zu Tschechien besitzt der Landkreis eine enge Anbindung zum Nachbarland. Viele Gemeinden haben durch die Ausweisung neuer Gewerbegebiete die Weichen für die weitere wirtschaftliche Entwicklung des Landkreises gestellt.

Landschaft, Sehenswürdigkeiten und Kultur
Der Landkreis Neustadt a. d. Waldnaab liegt im Zentrum des Oberpfälzer Waldes, welcher sich in nördlicher Richtung an den Bayerischen Wald anschließt. Beide Landschaftsgebiete bilden zusammen mit dem Böhmerwald in Tschechien die größte zusammenhängende Waldfläche Europas.

Der 901 m hohe Entenbühl im Nordosten ist die höchste Erhebung, der 801 m hohe Fahrenberg ist jedoch der Hausberg des Naturparkgebietes Nördlicher Oberpfälzer Wald.

Sanfthügelig reicht die Landschaft zur Landkreismitte hin bis ins Tal der Waldnaab hinab. Über die Senke des Hauptflusses, der zugleich Namensbestandteil von Kreisstadt und Landkreis ist, ragt der 595 m hohe Vulkan Parkstein, der als „Europas schönster Basaltkegel" bezeichnet wird. Von dessen Gipfel hat man einen herrlichen Panoramablick über das gesamte Landkreisgebiet.

Im Westen erhebt sich der „kleine Bruder" des Parksteins, der „Rauhe Kulm", dazwischen liegt das Naturparkgebiet Nördlicher Oberpfälzer Wald, durchzogen von Haidenaab und Creußen. Die Naturschutzgebiete „Waldnaabtal" bei Windischeschenbach, „Doost" bei Floß und „Großer Rußweiher" bei Eschenbach i.d. Oberpfalz stehen für die vielen romantischen Wanderziele für Naturfreunde.

Die Prämonstratenserabtei Speinshart mit einem sehenswerten Klosterdorf, das Kreuzbergkloster Pleystein auf einem Rosenquarzfelsen, die Wallfahrtskirchen Fahrenberg bei Waldthurn, St. Quirin bei Ilsenbach, St. Felix in Neustadt a.d. Waldnaab, die Wieskirche bei Moosbach und das Geo-Zentrum an der KTB (kontinentale Tiefbohrung) bei Windischeschenbach sind lohnende Ausflugsziele.

Weiterhin ist ein breites Angebot an Festspielen, Konzertserien und Traditionsveranstaltungen vorhanden, hierzu zählen der St.-Jodok-Ritt in Tännesberg mit historischem Markttreiben und das Deutsch-Amerikanische Volksfest sowie viele Serenaden, Konzerte, Dorf-, Volks- und Backofenfeste.

Fläche: 1.427,67 km²
EW: 95.184 - EW/km²: 67
KFZ-Kennzeichen: NEW
Kreissitz: Neustadt a.d. Waldnaab
www.neustadt.de

Landrat
Andreas Meier / CSU
im Amt seit: 2014 gewählt bis: 2020

Sitzverteilung im Kreistag
Vorsitz: Andreas Meier

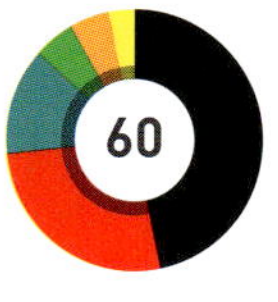

28	CSU
16	SPD
8	Freie Wähler
3	B.90/Grüne
3	ÖDP
2	FDP/Unabh. Wähler

Landkreis

Neu-Ulm

BAYERN

Der Landkreis Neu-Ulm ist...
...ein bedeutender Lebens- und Wirtschaftsraum mit hohem Freizeitwert und besten Zukunftsperspektiven. Die starke Wirtschaft profitiert von der verkehrsgünstigen Lage an den Autobahnen A 7 und A 8 sowie von der Bildungsregion, die der Landkreis als erste Gebietskörperschaft in Bayern ist.

Entlang der Flüsse Donau und Iller konzentriert sich ein dichtes Netz von Industrie- und Dienstleistungsunternehmen. Die Wirtschaftsstruktur im Landkreis ist ausgewogen: Vom Großbetrieb über mittelständische Hidden Champions bis hin zu einem vielfältigen Handwerk – der Landkreis Neu-Ulm hat alles zu bieten. Unternehmen des verarbeitenden Gewerbes bilden dabei einen Schwerpunkt. Metallerzeugung, Maschinenbau, Fahrzeugbau, Handel und Logistik sowie Gesundheit sind die starken Branchen im Landkreis Neu-Ulm.

Historische Entwicklung
Der Landkreis in seiner heutigen Form wurde 1972 im Rahmen der bayerischen Gebietsreform aus dem Altlandkreis Neu-Ulm, einem Großteil des früheren Landkreises Illertissen sowie der ehemals kreisfreien Stadt Neu-Ulm gebildet. Er umfasst 17 Städte, Märkte und Gemeinden.

Obwohl der Landkreis flächenmäßig zu den kleinen Landkreisen in Bayern zählt, gehört er zu den bevölkerungsreichsten Landkreisen im Freistaat.

Wertschöpfung und Verkehr
Der Landkreis Neu-Ulm zeichnet sich durch seine zentrale Lage im Süden Deutschlands aus. Die internationalen Flughäfen in Stuttgart, München und Memmingen sind in rund einer Stunde erreichbar. Der Schnittpunkt der Autobahnen A 7 und A 8 im Landkreis Neu-Ulm besitzt als Verkehrsknotenpunkt internationale Bedeutung. Mit dem ICE- und IC/EC-Haltepunkt Ulm ist der Landkreis sehr gut an das europäische Hochgeschwindigkeitsnetz der Bahn angeschlossen. Zusammen mit dem Güterverkehrszentrum im Norden von Ulm sowie einem attraktiven öffentlichen Personennahverkehr sind dies hervorragende Standortbedingungen.

„Der Landkreis Neu-Ulm möchte Vorbild im Klimaschutz und der regionalen Energieversorgung werden." So lautet der Kernsatz des 2012 vom Kreistag verabschiedeten Klimaschutzkonzeptes. Auf dessen Basis entsteht zurzeit ein Mobilitätskonzept. Im Fokus stehen die Reduktion von CO2-Emissionen sowie die damit verbundene Steigerung der Lebensqualität im Landkreis. Mit dem Kreisentwicklungsprogramm wurde ein weiterer Masterplan für die Gestaltung der Zukunft erarbeitet. Als LEADER-Region setzt der Landkreis hierzu konkrete Projekte mit finanzieller Unterstützung der Europäischen Union (EU) in die Tat um.

Im Bereich Bildung reicht das Spektrum von allgemeinbildenden Schulen jeder Stufe über Bildungsakteure wie die Volkshochschule bis zur seit 1998 selbstständigen Hochschule Neu-Ulm.

Landschaft, Sehenswürdigkeiten und Kultur
In den reizvollen und abwechslungsreichen Naturlandschaften entlang der Täler von Donau, Iller, Roth, Biber und Osterbach kommen Erholungssuchende und kulturell Interessierte auf ihre Kosten. Das Freizeit- und Sportangebot im Landkreis Neu-Ulm ist vielfältig. Es reicht vom Wandern und Radfahren in intakter Natur über Sport und Gemeinschaft in hunderten Vereinen bis hin zum Kletterspaß im spektakulären „Sparkassendome" des Deutschen Alpenvereins in Neu-Ulm. Badevergnügen versprechen die zahlreichen Naherholungsanlagen und Seen sowie die Hallen- und Erlebnisbäder.

Das außergewöhnliche Kulturangebot macht den Landkreis Neu-Ulm für Gäste wie für Einheimische attraktiv. Prächtige Kirchen und imposante Klosteranlagen sowie eine reichhaltige Museumslandschaft laden ein, auf Entdeckungstour zu gehen.

Ein besonderes Highlight ist das Prämonstratenser-Kloster Roggenburg mit seinem bundesweit einmaligen Bildungszentrum für Familie, Umwelt und Kultur. Hochrangige Konzerte und spannende Aufführungen auf großen und kleinen Bühnen garantieren musischen Genuss.

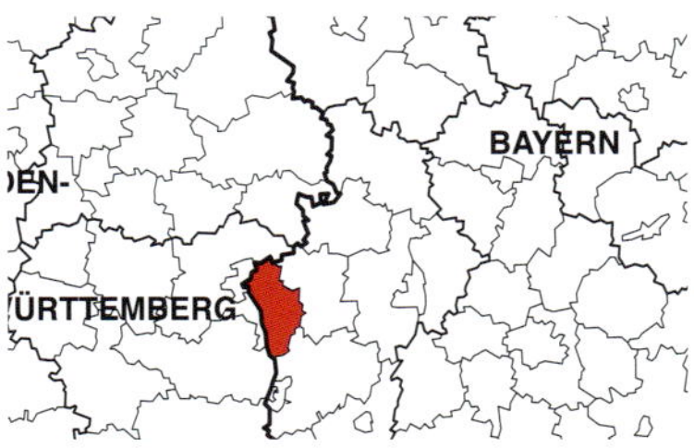

Fläche: 515,86 km²
EW: 167.847 - EW/km²: 325
KFZ-Kennzeichen: NU
Kreissitz: Neu-Ulm
www.landkreis.neu-ulm.de

Landrat
Thorsten Freudenberger / CSU
im Amt seit: 2014 gewählt bis: 2020

Sitzverteilung im Kreistag
Vorsitz: Thorsten Freudenberger

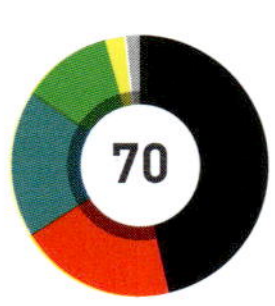

33 CSU
14 SPD
13 Freie Wähler
8 B.90/Grüne
1 FDP
1 parteilos

Landkreis

Nürnberger Land

BAYERN

Der Landkreis Nürnberger Land ist...
...wie der Name schon vermuten lässt – eng mit der Stadt Nürnberg verbunden. Dennoch ist er ein eigenständiger Raum, der eine florierende Wirtschaft aufzuweisen hat. Die verkehrsgünstige Lage und die Einbindung in die Metropolregion Nürnberg ergeben eine sehr gute Infrastruktur. Daneben bietet der Landkreis, der fast zur Hälfte seiner Fläche bewaldet ist, Lebensraum in einer natürlichen Umwelt für seine Bewohner, deshalb stellt er sich gerne als Outdoor- und Genussregion dar.

Historische Entwicklung
Als 1806 die Freie Reichsstadt Nürnberg mit ihrem umfangreichen Landbesitz an das neugegründete Königreich Bayern fiel, endete eine gemeinsame 300-jährige Stadt-Land-Geschichte. Danach begann eine Zeit des raschen Wandels. 1862 wurden die Bezirksämter Hersbruck, Lauf und Altdorf wurden 1939 in Landkreise umbenannt.

1972 begann mit der Gemeindegebietsreform eine neue Ära. Die Altlandkreise Hersbruck, Lauf a. d. Pegnitz und Nürnberg wurden zum Großlandkreis Nürnberger Land vereinigt. Bis 1972 war die Zahl der Gemeinden von 111 auf 53 gesunken. Am Ende der Gebietsreform 1978 waren es 27. Der Landkreis zählt zu den mittelgroßen Landkreisen in Bayern.

Wertschöpfung und Verkehr
Der Landkreis gehört zum Regierungsbezirk Mittelfranken. Während der westliche Teil stark vom Ballungsraum Nürnberg geprägt wird, tritt östlich der ländliche Charakter hervor. Der Landkreis Nürnberger Land präsentiert sich als Standort einer Vielzahl von Unternehmen, die bayern-, deutschland-, ja sogar weltweit am Markt positioniert sind. Innovation ist Voraussetzung für ein Wirtschaften mit Zukunft.

Die Wirtschaft nützt die Vorteile der günstigen geozentralen Lage. Günstige Rahmenbedingungen – hochqualifizierte Arbeitskräfte, ausgeglichene Branchenstruktur und ein gutes Investitionsklima – prägen den Wirtschaftsstandort. Der Kreispolitik ist es ein wichtiges Anliegen, optimalen Raum für Existenzgründungen zu schaffen und bestehende und ansiedlungswillige Unternehmen im Rahmen eines wirtschaftspolitischen Entwicklungskonzeptes zu unterstützen. Ziel ist eine gleichmäßige positive Entwicklung sämtlicher Wirtschaftszweige.

Mit Hilfe eines Regionalmanagements wird die zukünftige Entwicklung des Landkreises gezielt gefördert. Schwerpunktthemen sind: Regionale Wirtschaftskreisläufe, Marken- und Profilbildung des Landkreises, Tourismus, Demografie, Gesellschaftsentwicklung und Bildung. Seit 2015 ist der Landkreis zertifizierte Bildungsregion in Bayern.

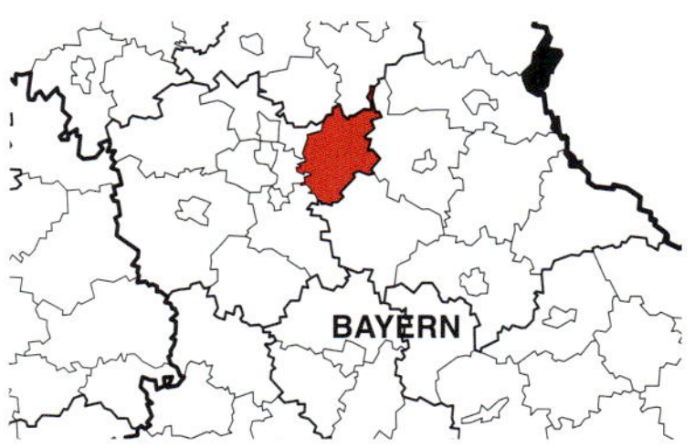

Fläche: 799,57 km²
EW: 165.918 - EW/km²: 208
KFZ-Kennzeichen: LAU
Kreissitz: Lauf a.d. Pegnitz
www.nuernberger-land.de

Landrat
Armin Kroder / Freie Wähler
im Amt seit: 2008 gewählt bis: 2020

Sitzverteilung im Kreistag
Vorsitz: Armin Kroder

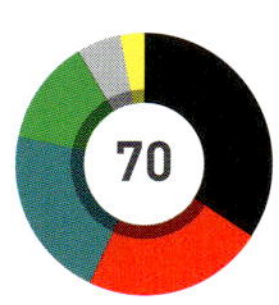

24	CSU
16	SPD
15	Freie Wähler
9	B.90/Grüne
2	FDP
4	Sonstige

(REP 2, Bunte Liste 2)

Der Landkreis ist Mitglied in der Metropolregion Nürnberg. Sie zählt sie zu den wirtschaftsstärksten Räumen in Deutschland. 23 Landkreise und elf kreisfreie Städte arbeiten partnerschaftlich zusammen. Diese Allianz eröffnet neue Chancen und erhöht die Sichtbarkeit in der globalisierten Welt.

Seine zentrale Lage im Herzen Europas und seine vorzügliche Anbindung an die modernen Verkehrsmittel verleihen dem Landkreis das Prädikat einer Verkehrsdrehscheibe. Direkt angeschlossen ist der Landkreis an die Autobahnen: A 3 Frankfurt-Nürnberg-Passau-Linz; A 6 Saarbrücken-Heilbronn-Nürnberg-Amberg – mit Anschluss nach Pilsen und Prag; A 9 Berlin-Nürnberg-München und an die A 73 Feucht-Nürnberg -Bamberg-Suhl.

Auch die Erreichbarkeit zu Luft (Internationaler Flughafen Nürnberg) und über die Schiene ist sehr gut – zwei S-Bahn-Linien und die Einbindung in den Verkehrsverbund Nürnberg bewältigen die Pendlerströme bestens. Eine Schifffahrtsanbindung besteht über den Hafen Nürnberg.

Landschaft, Sehenswürdigkeiten und Kultur
Neben seiner technischen und wirtschaftlichen Kompetenz zeichnet sich der Landkreis durch seine hohe Lebensqualität aus. Landschaftliche Reize und ein vielfältiges kulturelles Angebot offerieren einen sehr großen Erholungswert. Das Nürnberger Land, ein intakter Natur- und Erholungsraum, bietet optimale Voraussetzungen aktiv zu sein, beispielsweise beim Wandern, Radfahren oder Klettern.

Der Landkreis lädt ein, die Seele baumeln zu lassen oder die zahlreichen historischen Denkmäler zu entdecken. Der Kreis als Outdoor- und Genussregion ist als Naherholungsgebiet sehr geschätzt, ebenso das reichhaltige kulturelle Angebot. Dazu gehört u.a. eine Initiative, die sich „Heimat auf´m Teller" nennt. Da wird in Gasthäusern das serviert, was vom Bauern nebenan geliefert wurde.

Die fränkische Lebensart wird gepflegt mit einer lebendigen Brauchtumspflege, zu der auch Fränkische Volksmusik gehört und eine lebendige Laientheater-Szene. Profi-Theater, Pop-Konzerte und Kabarett runden die Kulturszene ab.

Landkreis

Oberallgäu

BAYERN

Der Landkreis Oberallgäu ist…
…traditionell und zugleich modern. Die einzigartigen Landschaften zählen zu den schönsten Deutschlands. Der Landkreis umfasst 28 Gemeinden und ist der südöstlichste Landkreis Deutschlands.

Historische Entwicklung

Der Landkreis Oberallgäu darf mit Recht für sich in Anspruch nehmen, zum Stammland des Allgäus zu gehören. Der südliche Teil des Landkreises, das obere Illertal mit Ostrachtal und Konstanzer Tal samt dem Gebiet der Westallgäuer Hofenorte gehörte zum sog. Ur-Allgäu, der ab dem Jahre 817 in Urkunden so bezeichneten Landschaft, die ihren Namen von den wasserreichen Auen = Geäu oder Gäu vor dem Hochgebirge = Alben oder Alpen ableitet. Aus Albgeäu wurde Allgäu.

Teile des jetzigen Landkreisgebietes standen Anfang des 19. Jahrhunderts unter kirchlich-fürstäbtlicher oder gräflicher Herrschaft. Dies hatte zur Folge, dass auch umliegende Orte an wirtschaftlicher und verwaltungsmäßiger Bedeutung gewannen. Bereiche im Süd-Westen des Oberallgäus gehörten damals kurze Zeit zu Österreich, bevor es wieder in das königliche Bayern eingegliedert wurde. Im Zuge der Gebietsreform im Jahre 1972 wurde der Landkreis Oberallgäu aus den Landkreisen Sonthofen und Kempten gebildet.

Wertschöpfung und Verkehr

Der Landkreis unterhält ein Netz von Kreisstraßen mit einer Länge von rund 265 km. Dazu gehört mit der Kreisstraße OA 9, besser bekannt als Riedbergpass, auch die höchste Passstraße Deutschlands. Von großem Wert ist die Anbindung an das überregionale Verkehrsnetz mit der Autobahn A 7. Mit der Eröffnung der „B 19 neu“ und dem Allgäu Airport hat das Oberallgäu darüber hinaus heute eine deutliche bessere Anbindung an den Fernverkehr als noch vor wenigen Jahren.

Mit etwa 1,3 Mio. Gästeankünften und knapp 8 Mio. Übernachtungen zählt das Oberallgäu zu jeder Jahreszeit zu den wichtigsten Urlaubsdestinationen auf dem deutschen Urlaubsmarkt. Die Übernachtungsangebote reichen dabei von Unterkünften bei kleinen familiären Vermietern bis hin zum Spitzenhotel.

Weiteres wichtiges wirtschaftliches Standbein neben Tourismus, Alp- und Landwirtschaft ist das produzierende Gewerbe. Vor allem klein- und mittelständische Unternehmen sowie Handwerker sind hier angesiedelt. Lange Tradition hat die Metall verarbeitende Industrie im südlichen Landkreis. Waren es einst die Bayerischen Hütten- und Salinenwerke, so profitieren heute international agierende Industriebetriebe von den Kenntnissen und Fertigkeiten der „Allgäuer Tüftler und Mächler“. Einige von Ihnen sind in Ihrem Bereich Weltmarktführer und vertreiben ihre High-Tech-Produkte europa- und weltweit. Eine gut ausgebaute Infrastruktur sowie ein hoher Freizeitwert für Mitarbeiter macht das Oberallgäu zu einem begehrten Standort für Unternehmen.

Landschaft, Sehenswürdigkeiten und Kultur

Das Landschaftsbild ist nach wie vor geprägt von der Land- und Alpwirtschaft: von den sanften Hügeln und Seen im Voralpenland bis hinauf zur Hauptkette der Allgäuer Alpen im Süden. Aber auch Flusslandschaften, Seen, Moore und Wälder in unterschiedlichsten Ausprägungen kennzeichnen dieses Paradies.

Von dieser landschaftlichen Vielfalt leben Landwirtschaft und Tourismus. 40 % des Landkreisgebietes sind heute als Natur- bzw. Landschaftsschutzgebiet ausgewiesen. Landwirtschaft im Oberallgäu heißt vor allem Milchviehwirtschaft im Familienbetrieb, oft verbunden mit Gästebeherbergung, Direktvermarktung oder einem Arbeitsplatz in Industrie und Handwerk. Landwirtschaftsbetriebe sind zu meist Familien- und Kleinbetriebe.

Ein traditionelles Highlight ist der alljährliche „Viehscheid“ im September, bei dem rund 26.000 Rinder von den Bergweiden der Allgäuer Alpen ins Tal zurückkehren.

Tradition und Brauchtum sind in der Bevölkerung fest verankert. Zahlreiche Feste zu unterschiedlichen Anlässen verdeutlichen dies.

Ein paar Superlative: Immenstadt ist die rindviehreichste Stadt Deutschlands, Sonthofen die südlichste Stadt und Einödsbach bei Oberstdorf ist der südlichste ständig bewohnte Ort Deutschlands.

Auch das kulturelle Leben kommt im Oberallgäu nicht zu kurz. Kunstausstellungen, Symphoniekonzerte, Theatervorstellungen und vieles mehr bereichern den Landkreis und erfreuen sich bei Jung und Alt.

Mit sportlichen Großveranstaltungen wie die Ski-Weltcup-Rennen in Ofterschwang, das jährliche Auftaktspringen der Vier-Schanzen-Tournee, die Nordische Ski-WM 1987 und 2005 sowie die Ski-Flug-WM 2008 und 2018 (alle in Oberstdorf) hat der Landkreis den weltweiten Bekanntheitsgrad als Urlaubs- und Wintersportland festigen und ausbauen können. Von Bedeutung ist hierbei die enge Vernetzung von Tourismus und Breitensport mit dem Spitzensport.

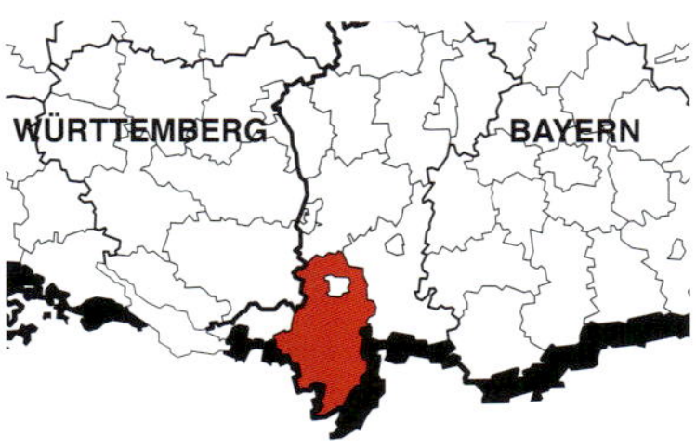

Fläche: 1.528,00 km²
EW: 150.981 - EW/km²: 99
KFZ-Kennzeichen: OA
Kreissitz: Sonthofen
www.oberallgaeu.org

Landrat
Anton Klotz / CSU
im Amt seit: 2014 gewählt bis: 2020

Sitzverteilung im Kreistag
Vorsitz: Anton Klotz

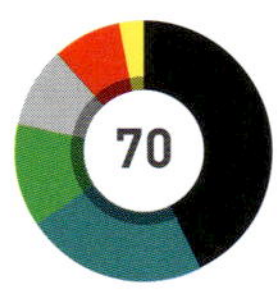

30	CSU
16	Freie Wähler
9	B.90/Grüne
6	SPD
2	FDP
7	Sonstige

(Junges Oberallgäu 4, ÖDP/Bürger 2, REP 1)

Landkreis

Ostallgäu

BAYERN

Der Landkreis Ostallgäu ist…
…mit zahlreichen Bergen, Seen, Mooren, Tälern, Wiesen und einem spektakulären Alpenpanorama mit einzigartigen Reizen ausgestattet. Aufgrund der großartigen Schlösser König Ludwigs II. trägt der Landkreis auch den Beinamen: „Wo auf den Bergen Schlösser wachsen".

Das Ostallgäu liegt im Südosten des bayerischen Regierungsbezirks Schwaben. 45 Gemeinden gehören zu seinem Gebiet, davon drei Städte und sieben Märkte. Weltfirmen und innovative Mittelständler haben im Ostallgäu ihren Firmensitz: Sie bieten attraktive Arbeitsplätze und ermöglichen die Vereinbarkeit von Familie und Beruf.

Historische Entwicklung
Im Zuge der Napoleonischen Kriege erfolgte in den Jahren 1802/03 bis 1806 der Übergang der Landeshoheit des heutigen ostallgäuer Gebietes an den Freistaat Bayern. Dieser errichtete 1862 die Bayerischen Bezirksämter: So entstanden die Landkreise Füssen, Marktoberdorf und Kaufbeuren.

Mit der Gebietsreform von 1972 wurden die bisherigen Landkreise Füssen, Marktoberdorf und Kaufbeuren in ihren wesentlichen Teilen zu einem Landkreis zusammengefasst – dem heutigen Landkreis Ostallgäu.

Wertschöpfung und Verkehr
Erfolgreiche Unternehmen in allen Wirtschaftsbereichen sorgen dafür, dass das Ostallgäu eine niedrigste Arbeitslosenquote aufweist. Der Anteil der Beschäftigten im produzierenden Sektor liegt bei rund 50 % und ist damit im bundesweiten Vergleich überdurchschnittlich.

Die industrielle Tradition des Ostallgäus reicht über 100 Jahre zurück. Grundsteine waren die Erfindung des Milchpulvers (heute Nestlé AG) und der Traktorenbau (AGCO/Fendt). In der Landwirtschaft bewirtschaften etwa 2.700 Betriebe eine Fläche von rund 77.000 ha. Neben der Industrie und Landwirtschaft prägt der Tourismus das Ostallgäu. Schließlich beherbergt der Landkreis auch eine Weltsehenswürdigkeit: Schloss Neuschwanstein. Diese und viele weitere Sehenswürdigkeiten sorgen dafür, dass im Ostallgäu pro Jahr über 4 Mio. Übernachtungen gebucht werden.

Für einen gut ausgebildeten Arbeitskräftenachwuchs sorgen im Ostallgäu zahlreiche Bildungsträger. Damit der Bildungsstandort Ostallgäu möglichst engmaschig ist, hat der Landkreis 2013 in Buchloe ein neues Gymnasium gebaut. Unschlüssigen oder unsicheren Arbeitnehmern stehen etliche Beratungsangebote, Existenzgründungsinformationen und Wiedereinstiegskurse zur Verfügung.

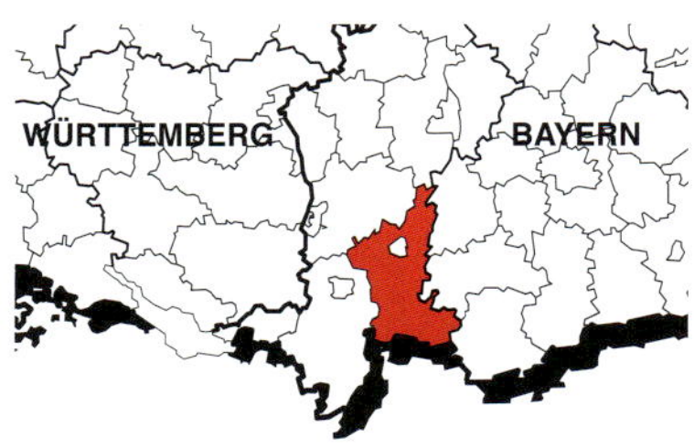

Fläche: 1.394,91 km²
EW: 135.894 - EW/km²: 97
KFZ-Kennzeichen: OAL
Kreissitz: Marktoberdorf
www.ostallgaeu.de

Landrätin
Maria Rita Zinnecker / CSU
im Amt seit: 2014 gewählt bis: 2020

Sitzverteilung im Kreistag
Vorsitz: Maria Rita Zinnecker

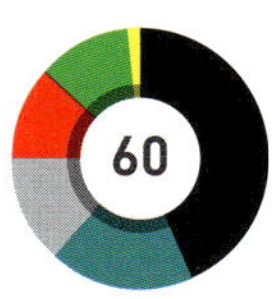

26	■	CSU
11	■	Freie Wähler
7	■	SPD
7	■	B.90/Grüne
1	■	FDP
8	■	Sonstige

(BP 4, Junges Ostallgäu 2, ÖDP 2)

Das gesellschaftliche Leben bestimmen im ländlichen Ostallgäu zu einem großen Teil die Traditionsvereine. Ob Feuerwehr, Musikkapelle oder Sportverein, Schützen, Trachtler oder Wasserwacht: Etwa ein Drittel aller Ostallgäuer ist Mitglied in einem Verein.

Landschaft, Sehenswürdigkeiten und Kultur
Charakteristisch für Natur und Landschaft des Ostallgäus sind seine Berge, Wiesen, Wälder und Gewässer. Höchster Punkt ist mit 2.082 m der Gipfel der Hochplatte. Richtung Norden dominieren Weide- und Ackerland. Etwa ein Drittel des Landkreisgebietes ist bewaldet. Größter der 46 Seen ist der Forggensee mit einer Fläche von 1.600 ha. Die größten Flüsse sind der Lech und die Wertach. Insgesamt durchziehen das Ostallgäu 1.300 Fluss- und Bachkilometer.

Das Ostallgäu ist Schlösser- und Burgenland. Fast alle wichtigen Burgentypen warten hier auf zahlreiche kleine und große „Entdecker". Leuchtturm unter den Sehenswürdigkeiten des Ostallgäus ist Schloss Neuschwanstein. Auf Initiative König Ludwigs II. begannen die Bauarbeiten für das Schloss im Sommer 1868, abgeschlossen wurden sie mit der Fertigstellung der Kemenate 1892 – sechs Jahre nach dem Tod des Königs. Mehr als 1,3 Mio. Menschen besuchen das Schloss jährlich.

Einheimische und Gäste schätzen die reichhaltigen und hochkarätigen kulturellen Angebote wie die berühmten Schlosskonzerte Neuschwanstein, die international anerkannten Musikfestivals „Musica Sacra" und „Internationaler Kammerchorwettbewerb" in Marktoberdorf sowie „Tonspuren" in Irsee und „vielsaitig" in Füssen. Brauchtumsfeste wie Viehscheid, Tänzelfest, Georgi- und Colomansritt zählen heute noch zu den Höhepunkten der uralten Kulturlandschaft der Region. Trachten-, Stadt-, Markt- und Dorffeste sowie eine Vielzahl von Künstlern machen das Ostallgäu zu einem Kulturhochgenuss in jeder Hinsicht.

Schloss Neuschwanstein

Landkreis

Passau

BAYERN

Der Landkreis Passau ist…

…so vielseitig wie seine Landschaft – im Norden die Anfänge des Bayerischen Waldes, im Süden die sanften Hügel des Bayerischen Golf- und Thermenlandes. Durch das Kreisgebiet fließt von Nordwesten nach Südosten die Donau.

Historische Entwicklung

Im Wesentlichen sind die Vorgänger des heutigen Landkreises Passau in den Zuständigkeitsbereichen der einstigen Landgerichtsbezirke von 1805 zu finden. Diese Gliederung galt bis in die 1970er Jahre, bevor mit der Gebietsreform moderne Verwaltungsbereiche geschaffen wurden. Im Jahr 1972 entstand aus den Landkreisen Passau, Griesbach im Rottal im Süden, Vilshofen a. d. Donau im Westen und Wegscheid im Norden der Landkreis Passau. Er besteht aus 38 Gemeinden, zu denen die vier Städte Vilshofen, Pocking, Bad Griesbach und Hauzenberg zählen.

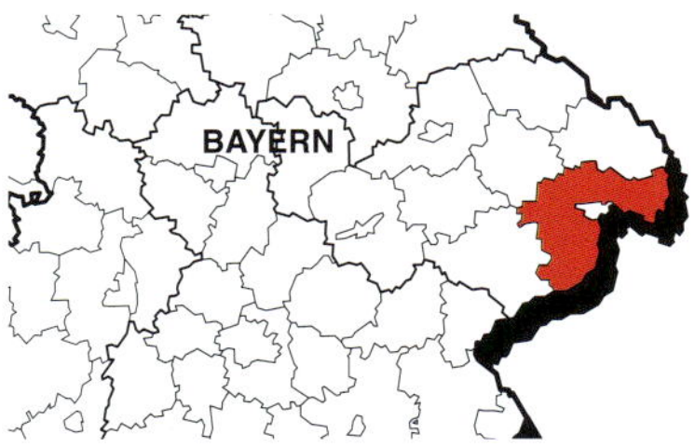

Fläche: 1.530,29 km²
EW: 186.284 - EW/km²: 122
KFZ-Kennzeichen: PA
Kreissitz: Passau
www.landkreis-passau.de

Landrat
Franz Meyer / CSU
im Amt seit: 2008 gewählt bis: 2020

Sitzverteilung im Kreistag
Vorsitz: Franz Meyer

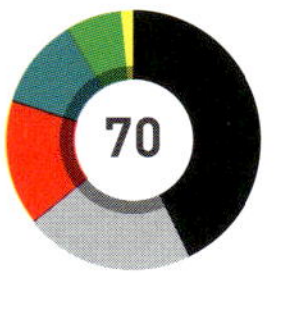

30 CSU
11 SPD
8 Freie Wähler
5 B.90/Grüne
1 FDP
15 Sonstige (ÜW 6, BU 5, ÖDP/PU 4)

Wertschöpfung und Verkehr

Ein großer Schatz liegt in 1.000 m Tiefe verborgen: heilkräftiges Wasser, 76 Grad heiß, das in den Thermen Bad Füssings sowie in Bad Griesbach an die Erdoberfläche gefördert wird. Mit über 2 Mio. Übernachtungen gehört Bad Füssing zu den Tourismusmagneten Deutschlands. Bad Griesbach hat sich zudem als Golfmekka etabliert, während im nördlichen Gebiet des Landkreises Familien Erholung finden. Wintersportler kommen im nordischen Zentrum Breitenberg mit der Baptist-Kitzlinger-Mattenschanze auf ihre Kosten. Für Bewegung und Erholung stehen rund 600 km Radwege sowie rund 1.000 km Wanderwege für alle Ansprüche zur Verfügung.

Granitabbau und -verarbeitung prägten lange die Arbeitswelt im Gebiet nördlich der Donau. Mittlerweile haben sich im ganzen Landkreis kräftige Wirtschaftszweige, u. a. in der Holzbe- und -verarbeitung, der Elektroindustrie und im Maschinenbau, entwickelt. Eine große Rolle spielt das Handwerk mit kleinen und mittleren Unternehmen. Ebenso prägen bäuerliche Familienbetriebe Wirtschaft und Landschaft.

Der Landkreis Passau setzt auf Forschung und Entwicklung und auf einen engen Kontakt zur Universität Passau und den Hochschulen. Resultat daraus ist die Ansiedlung des Technologiezentrums Energie in Ruhstorf sowie einer Außenstelle der FH Deggendorf in Hauzenberg.

An der Schnittstelle dreier Länder wurde im Landkreis Passau früh europäisch und grenzübergreifend gedacht. Passau liegt im Zentrum der Donau-Moldau-Region, hier kreuzen sich die Hauptverkehrswege von München (180 km) nach Prag (240 km) sowie von Nürnberg (230 km) nach Wien (280 km). Die A 3 und die A 94 führen durch den Landkreis, der mit 600 km Bayerns größtes Kreisstraßennetz unterhält. Modellhaft für Bayern knüpft der Landkreis Passau ein immer dichteres ÖPNV-Netz.

Der Landkreis Passau legt Wert auf gemeinsame Bemühungen von Politik, Wirtschaft und gesellschaftlich relevanten Gruppen, die in Fachkreisen Zukunftsthemen behandeln. Zu nennen sind hier das „Forum Zukunft" in dem Handlungsmöglichkeiten im demografischen Wandel gesucht werden.

Um ein Miteinander der Generationen zu gewährleisten, wurde ein Seniorenpolitisches Gesamtkonzept erstellt, beschlossen und auf den Weg gebracht.

Die Koordinierungsstelle Breitband kalkuliert bei optimaler Ausnutzung der Förderung den Breitbandausbau und unterstützt die Gemeinden von der Planung bis zur Auftragsvergabe. Als Vorreiter in Bayern beteiligt sich der Landkreis auch an den Ausbaukosten seiner Gemeinden.

Pionierarbeit wurde mit Gründung der Stabsstelle Klimaschutz und Umweltberatung 2011 geleistet. Resultat ist u.a. die Umsetzung eines Klimaschutzkonzeptes für den ganzen Landkreis.

Landschaft, Sehenswürdigkeiten und Kultur

4,1 % der Landkreisfläche (6.259,3 ha) gehören als europäische Schutzgebiete Natura 2000 voll und ganz der Natur. Vor allem an den Flüssen Donau, Inn und Ilz entstanden traumhafte und vielfältige Landschaften, die das Selbstbewusstsein und positive Lebensgefühl der Bürger prägen.

Das Passauer Land verfügt über Kunstschätze, zum Beispiel die Klosterkirche Mariä Himmelfahrt (Asam-Kirche) in Aldersbach. Aldersbach ist 2016 Gastgeber der Bayerischen Landesausstellung „Bier in Bayern".

Aus einer Vielzahl von Attraktionen sind die staatlich anerkannte Umweltstation „Haus am Strom" Jochenstein und das Granitzentrum Bayerischer Wald in Hauzenberg zu nennen. Der Titel „Kulturlandkreis Passau" wird durch die Einrichtung eines Kulturreferats mit eigenen Ausstellungsstätten (Landkreisgalerie auf Schloss Neuburg und Museum Kloster Asbach), der jährlichen Vergabe eines Kulturpreises sowie der Kreismusikschule, die in jedem der 38 Landkreis-Orte die musikalische Entwicklung der Kinder fördert, unterstrichen.

Landkreis

Pfaffenhofen a.d. Ilm

BAYERN

Der Landkreis Pfaffenhofen a.d. Ilm ist...
...gleichermaßen Wirtschafts- und Wohnstandort. Eine gute Infrastruktur, ein reichhaltiges Kultur- und Freizeitangebot verbunden mit attraktiven Einkaufsmöglichkeiten und einem landschaftlich reizvollen Umland schaffen im Landkreis Pfaffenhofen eine besondere Lebensqualität.

Historische Entwicklung
Das Kloster Scheyern, eine der historisch bedeutsamen Stätten in Altbayern, nimmt in der Geschichte des Landkreises eine herausragende Stellung ein. Hier stand die Wiege des Fürstenhauses der Wittelsbacher, das über sieben Jahrhunderte (von 1180 bis 1918) Bayern beherrschte.

Die Modernisierung der staatlichen Verwaltung lief parallel mit der beginnenden Industrialisierung im Gebiet an Donau, Ilm und Paar. Ein Meilenstein in der Entwicklung war der Bau der Bahnlinie von München nach Ingolstadt in den Jahren 1864 bis 1867. Kurz vor der Jahrhundertwende begann auch der Ausbau der Stromversorgung im Gebiet des heutigen Landkreises. Die Grundlagen für den wirtschaftlichen Aufschwung des vorher rein landwirtschaftlichen Landstrichs waren damit geschaffen.

Einen entscheidenden Einschnitt in der Geschichte des Landkreises bedeutete die 1972 abgeschlossene Gebietsreform. Der Landkreis Pfaffenhofen a.d. Ilm ging gestärkt aus der Reform hervor. Die Einwohnerzahl des Landkreises erhöhte sich durch die Gebietsreform von 58.000 auf rund 81.000. Parallel zur Landkreisreform erfolgte seit dem Jahre 1970 die Gebietsreform, in deren Verlauf sich die Zahl der Gemeinden im Landkreis Pfaffenhofen von ursprünglich 78 (Stand 1964 im Altlandkreis) auf jetzt 19 reduzierte.

Wertschöpfung und Verkehr
Der Landkreis Pfaffenhofen a.d. Ilm liegt im Norden Oberbayerns. Durch den Landkreis führen die wichtige europäische Verkehrsader A 9, die A 93 sowie die B 13, B 16 und B 300. Über sieben Bahnhöfe besteht eine Zuganbindung an den Ingolstädter und Münchener Hauptbahnhof. Auch der internationale Großflughafen München sowie der Binnenhafen Kelheim am Main-Donau-Kanal sind gut zu erreichen und jeweils nur etwa 25 km von der Landkreisgrenze entfernt.

Mit seinen florierenden Unternehmen, den attraktiven Jobs und dem wirtschaftsfreundlichen Klima bietet der Landkreis Pfaffenhofen a.d. Ilm beste Bedingungen für die Wirtschaft. Der Landkreis profitiert dabei von der Nähe zur Automobil- und Zulieferindustrie in Ingolstadt und München. Ebenso die gesamtwirtschaftliche Basis ist sehr vielfältig. Zahlreiche Handwerks- und Kleinbetriebe sind im Landkreis fest verankert und bilden die Basis für einen gesunden und breiten Mittelstand. Ergänzt wird diese Vielfalt durch weltweit bekannte Firmen wie der Babynahrungshersteller HiPP, den Luft- und Raumfahrtkonzern Airbus Defense & Space, das japanische Pharmaunternehmen Daiichi Sankyo sowie den Sportschuhhersteller Lowa.

Auch für Familien ist der Landkreis sehr attraktiv. Ein reichhaltiges Kultur- und Freizeitangebot verbunden mit attraktiven Einkaufsmöglichkeiten und einem landschaftlich reizvollen Umland schaffen eine besondere Lebensqualität. Eine familienfreundliche Infrastruktur mit Kindergärten, Schulen, Sportvereinen, großzügigen Spielplätzen und ein großes Freizeitangebot können daher auch als Markenzeichen der Wohnqualität und des Gemeinschaftslebens im Landkreis betrachtet werden.

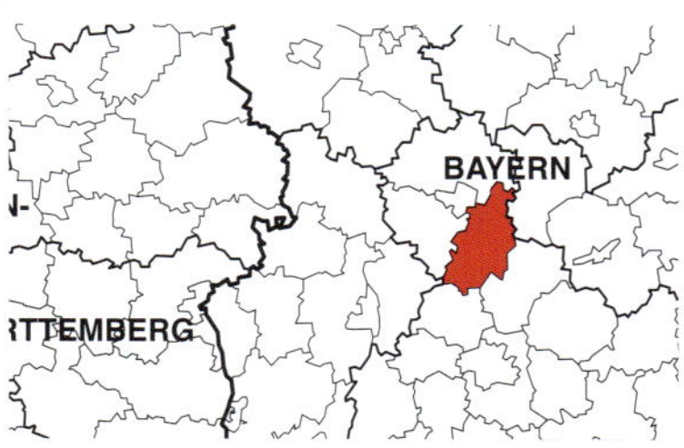

Fläche: 761,14 km²
EW: 121.594 - EW/km²: 160
KFZ-Kennzeichen: PAF
Kreissitz: Pfaffenhofen a.d. Ilm
www.landkreis-pfaffenhofen.de

Landrat
Martin Wolf / CSU
im Amt seit: 2011 gewählt bis: 2017

Sitzverteilung im Kreistag
Vorsitz: Martin Wolf

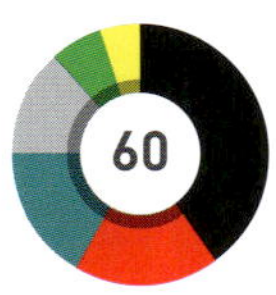

24 CSU
11 SPD
10 Freie Wähler
4 B.90/Grüne
3 FDP
8 Sonstige
(Unabh. Liste 5, ÖDP 3)

Auf zahlreichen Wander- und Radwegen kann das Gebiet optimal erkundet werden. Natur und Kultur, Geschichte und Tradition, Aktivität und Entspannung – die Freizeitgestaltung im Landkreis Pfaffenhofen a.d. Ilm bietet grenzenlose Vielfalt. Der Kiesabbau ließ ein breites Netz an Badeseen entstehen.

Landschaft, Sehenswürdigkeiten und Kultur
Der Landkreis zwischen der Landeshauptstadt München und der alten bayerischen Herzogstadt Ingolstadt in einer abwechslungsreichen Landschaft. Diese ist vor allem gekennzeichnet durch das Hallertauer Hügelland im Süden und das Donautal im Norden. Dramatische Landschaftskonturen kann der Landkreis nicht aufweisen. Es ist eine weiche Landschaft: sanfte Hügel, Wiesengründe mit Bächen, das Donautal, die Ilm, die Paar, Getreidefelder, sonnige Auen, schattige Wälder, im Frühjahr die Spargelfelder und im Sommer das Meer der Hopfengärten.

Weite Teile des Hügellandes sind geprägt vom Hopfenanbau, der die Hallertau weltweit bekannt macht und sein Land und seine Menschen prägt. Viele Bräuche, Feste und Veranstaltungen hängen eng mit dem „Grünen Gold" zusammen. Neben dem Deutschen Hopfenmuseum in Wolnzach lädt auch das europaweit bedeutende kelten römer museum manching zu einem Besuch ein. In der Benediktinerabtei Scheyern, der Wiege der Wittelsbacher, werden Glauben und Geschichte lebendig.

Landkreis

Regen

BAYERN

Der Landkreis Regen ist...

...auch als Arberland bekannt. Als einer der östlichsten Landkreise Bayerns grenzt er an die Tschechische Republik. Wo nach dem Zweiten Weltkrieg der „Eiserne Vorhang" Ost und West trennte, gibt es die Grenze nur noch auf dem Papier. Die größte Stadt im Landkreis Regen ist die Kreisstadt Regen. Sie wurde nach dem Fluss Regen benannt, der den Landkreis Regen durchzieht. In der Stadt Zwiesel vereinen sich die Quellflüsse, aus dem Kleinen und Großem Regen wird der Schwarze Regen.

Historische Entwicklung

Bereits 1803 gab es die Landgerichte in Regen und Viechtach. Aus den Landgerichtsbezirken wurde 1862 jeweils Bezirksämter gebildet, die 1939 in Landkreise umbenannt wurden. Im Zuge der Gebietsreform wurde im Jahr 1972 aus den Landkreisen Regen und Viechtach der Landkreis Regen.

Kreisstadt ist Regen und als Bundeswehrstandort mit rund 10.700 Einwohnern auch die größte Stadt im Landkreis. Mit Zwiesel und Viechtach gibt es noch zwei weitere Städte. Mit Bodenmais, Ruhmannsfelden und Teisnach gibt es auch drei eigenständige Marktgemeinden. Die vierte Marktgemeinde Ruhmannsfelden ist eine Verwaltungsgemeinschaft mit den Gemeinden Achslach, Gotteszell und Zachenberg.

Wertschöpfung und Verkehr

Der Tourismus ist ein bedeutender Wirtschaftszweig im Landkreis Regen. Seit Jahren werden im Arberland über 2 Mio. Übernachtungen registriert, rund eine halbe Mio. Urlaubsgäste reisen jährlich in den Landkreis Regen, der 30.000 Betten vorhält. Mit über einem Dutzend Vier-Sterne-Hotels kann der Landkreis Regen auch mit einer sehr hohen Dichte an Qualitätshäusern aufwarten.

Auch seine Glasindustrie und Glaskunst sind weit über die Landesgrenzen hinaus bekannt. Zudem gibt es zahlreiche Standorte von bekannten Industriebetrieben. Die Arbeitslosenquote ist niedrig, u.a. weil viele Menschen bereit sind, in die Arbeit zu pendeln.

Der Landkreis wird von zwei Bundesstraßen durchzogen, die B 85 bildet eine Nord-Süd-Achse in Richtung Cham und Passau, die B 11 kommt aus Deggendorf und führt über Regen und Zwiesel in die Tschechische Republik. Zudem gibt es eine Eisenbahnlinie, die aus Plattling kommend in Richtung Bayerisch Eisenstein verkehrt. Ab September 2016 wird ein zweijähriger Probebetrieb zeigen, ob es zu einer dauerhaften Reaktivierung der Bahnstrecke zwischen Gotteszell und Viechtach kommt. Im Frühjahr 2016 startete im Landkreis Regen auch ein neues ÖPNV-Konzept, das mit Ruf-Verkehren dafür sorgen soll, dass die Landkreisbürger mobiler werden.

Fläche: 974,92 km²
EW: 76.265 - EW/km²: 78
KFZ-Kennzeichen: REG
Kreissitz: Regen
www.landkreis-regen.de

Landrat
Michael Adam / SPD
im Amt seit: 2011 gewählt bis: 2017

Sitzverteilung im Kreistag
Vorsitz: Michael Adam

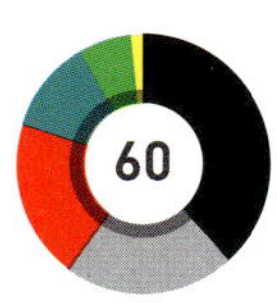

23	CSU
12	SPD
7	Freie Wähler
4	B.90/Grüne
1	FDP
13	Sonstige

(Unabh. 7, ÖDP 4, IG Frauen-Regen 2)

Landschaft, Sehenswürdigkeiten und Kultur

Der südöstliche Teil des Landkreises Regen gehört zum Gebiet des Nationalparks Bayerischer Wald. Der älteste Nationalpark Bayerns wurde im Jahr 1970 im Landkreis Freyung-Grafenau gegründet und am 1.8.1997 in den Landkreis Regen hinein erweitert. Der restliche Landkreis gehört zum Naturpark Bayerischer Wald.

Im Landkreis Regen gibt es 14 Naturschutzgebiete und drei Landschaftsschutzgebiete, zudem befinden sich 43 vom Bayerischen Landesamt für Umwelt ausgewiesene Geotope im Landkreis Regen.

Der Große Arber ist der höchste Berg Niederbayerns und ein Wahrzeichen des Landkreises. Er ist aus jeder der 24 Landkreisgemeinden zu sehen. Am Großen Arber kann man auch sehr gut Skifahren. Dort gibt es eine Weltcupstrecke, die bis vor einigen Jahren noch regelmäßig für Damen-Weltcuprennen in den Disziplinen Riesenslalom und Slalom genutzt wurde. Bekannt ist der Landkreis aber auch für die hohe Schneesicherheit und den Nordischen Skilauf.

So gibt es unter anderem das Langlaufzentrum am Bretterschachten und das Hohenzollern Skistadion, in dem auch internationale Biathlonwettbewerbe stattfinden. Bei Urlaubsgästen beliebt sind auch die anderen Skigebiete, wie der Bodenmaiser Silberberg, der Geißkopf bei Bischofsmais oder der Riedlberg in Drachselsried. Der Landkreis Regen ist in weiten Teilen auch von Quarzgestein durchzogen, der Quarz tritt an einigen Orten, wie der Burgruine Weißenstein bei Regen oder dem Großen Pfahl bei Viechtach aus dem Boden hervor.

Der Landkreis Regen ist zudem einer der waldreichsten Kreise Deutschlands. In den Wäldern leben viele Tiere, die in anderen Regionen nicht mehr anzutreffen sind. So durchstreifen mehrere Luchse den Wald, selbst Elche wurden in den vergangenen Jahren immer wieder gesichtet. Im Schwarzen Regen lebt der Bayerwald-Lachs der Huchen, auch Äschen und Flusskrebse sind hier anzutreffen. Hier finden auch Fischotter und Biber eine Heimat.

Landkreis

Regensburg

BAYERN

Der Landkreis Regensburg ist...
...mit seinen 41 Städten, Märkten und Gemeinden der südlichste Landkreis des Regierungsbezirks Oberpfalz. Geografisch gut erkennbar liegt er gleichzeitig am nördlichsten Punkt der Donau. Er umschließt die kreisfreie Stadt Regensburg und bildet mit der Welterbestadt einen gemeinsamen Wirtschafts- und Lebensraum.

Historische Entwicklung

Im Altlandkreis Regensburg wurden 1862 das Bezirksamt Regensburg und das Bezirksamt Stadtamhof geschaffen. Bis 1972 blieb der Altlandkreis Regensburg weitgehend unverändert; er hatte eine Fläche von 1.093 km² bzw. eine Bevölkerungszahl von 102.062. Im Jahr 1972 umfasste der neue Landkreis zunächst 104 Gemeinden mit 127.864 Einwohnern und 1.417 km² Fläche. Mit der Gemeindegebietsreform reduzierte sich die Zahl der Gemeinden bis 1978 auf 41 mit 134.810 Einwohnern und 1.394 km² Fläche (Stand 31.12.1978). Nach Abschluss der Gebietsreform 1978 hatte der Landkreis Regensburg somit knapp 28 % mehr Fläche und 32 % mehr Bevölkerung als der Altlandkreis vor 1972. Seit 1978 hat der Landkreis um 50.000 Einwohner zugenommen.

Wertschöpfung und Verkehr

Der Landkreis Regensburg zeichnet sich aus als wirtschaftlich dynamischer und innovationsorientierter Raum, der kontinuierlich wächst. Der Landkreis kann einen seit Jahren anhaltenden positiven Trend bei Betriebsansiedlungen und Betriebserweiterungen vorweisen. Gute Unternehmensentwicklungen bei Großbetrieben und auch bei Klein- und mittelständischen Unternehmen – vor allem Handwerksbetrieben – und die damit verbundene Nachfrage nach Fachkräften steigern die Attraktivität zusätzlich. So lag die Arbeitslosenquote im Oktober 2015 bei lediglich 2,1 %.

Zusammen mit einem hohen Wohn- und Freizeitwert bietet der Landkreis Regensburg seinen Bürgern eine hohe Lebensqualität. Die hervorragende Bildungsinfrastruktur und die vielfältigen Kinderbetreuungsangebote tragen mit dazu bei, dass die Bevölkerungszahl und auch die Zahl der sozialversicherungspflichtig Beschäftigten stetig steigen. So waren vor zehn Jahren noch rund 6.000 Einwohner weniger im Landkreis zu Hause als heute. Für das Jahr 2032 ist ein Anstieg um 6 % prognostiziert. Positiv dazu entwickelt sich auch die Kaufkraft der Einwohner. Sie liegt über dem Bundesdurchschnitt.

Zwei Autobahnen (A 3 und A 93) erschließen den gesamten Landkreis sowohl in Nord-Süd-Richtung als auch in Ost-West-Richtung. Diese bilden mit zum Teil vierspurig ausgebauten Bundesstraßen, Eisenbahnlinien und dem Rhein-Main-Donau-Kanal die überregionale Verkehrsinfrastruktur. Das attraktive Angebot an Gewerbeimmobilien – viele mit Autobahnanschluss und zum Teil mit Industriegleisanschluss – wurde in den vergangenen Jahren sehr gut nachgefragt. Die vielfältige Struktur der ansässigen Betriebe ist ein weiterer Garant für eine positive Wirtschaftsentwicklung auch in der Zukunft.

Fläche: 1.391,90 km²
EW: 187.205 - EW/km²: 134
KFZ-Kennzeichen: R
Kreissitz: Regensburg
www.landkreis-regensburg.de

Landrätin
Tanja Schweiger / Freie Wähler
im Amt seit: 2014 gewählt bis: 2020

Sitzverteilung im Kreistag
Vorsitz: Tanja Schweiger

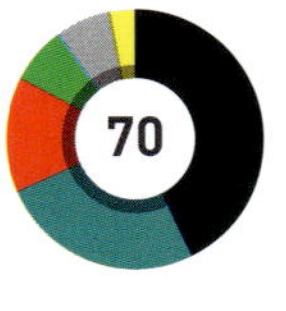

30 CSU
18 Freie Wähler
10 SPD
5 B.90/Grüne
2 FDP
5 Sonstige
(ÖDP/Umweltschützer 4, REP 1)

Landschaft, Sehenswürdigkeiten und Kultur

Rund um Regensburg präsentiert der Landkreis Regensburg seine ganze landschaftliche Vielfalt, die zum Aktivsein und Kulturgenuss einlädt: die mediterran anmutende Landschaft des Bayerischen Jura mit seinen Felshängen und romantischen Flusstälern von Schwarzer Laber, Naab und Regen im Nord-Westen, der Vordere Bayerische Wald mit seinem großen Waldwandergebiet zwischen Donau und Regen oder der Gäuboden mit seiner Kornkammer und den Badeseen südlich der Donau. Der Wanderer findet hier noch verträumte Natur, der Radler eine Vielzahl an ausgebauten Wegen besonders entlang der Flussläufe. Einzigartig aus geologischer Sicht ist der Raum Tegernheim: Hier stoßen drei geologische Großeinheiten unterschiedlichen Alters aneinander und sind sogar sichtbar.

Der Landkreis Regensburg ist reich an Geschichte, Kunst und Kultur: Viele mittelalterliche Burgen oder Burgruinen wie in Wolfsegg, Kallmünz, Donaustauf oder Brennberg, bedeutende Sehenswürdigkeiten wie z.B. die Walhalla bei Donaustauf, der Nepal-Himalaya-Pavillon in Wiesent – einst Attraktion auf der Expo 2000 in Hannover, Schloss Alteglofsheim mit der Bayerischen Musikakademie oder das Walderlebniszentrum bei Sinzing laden zu Ausflügen ein.

Auf die Spuren bedeutender Maler kann man sich in Kallmünz begeben: Münchner Künstler um Wassily Kandinsky und Gabriele Münter hatten den Ort um 1900 für sich entdeckt und noch heute bereichern Kunstschaffende und Galerien das kulturelle Leben des Marktes. Ein Besuch lohnt sich auch im kleinsten Weinbaugebiet Bayerns zwischen Regensburg und Wörth: Hier wird der Regensburger Landwein als Besonderheit verkostet, seit 2015 auch als Sekt.

Landkreis

Rhön-Grabfeld

BAYERN

Der Landkreis Rhön-Grabfeld ist...
...auf der Landkarte im nördlichsten Bayern zu finden. Er grenzt direkt an Hessen und Thüringen. Im Hinblick auf Fläche und Einwohnerzahl ist er ein ländlich geprägter Kulturraum mit starkem wirtschaftlichem Kern und touristischer Attraktivität.

Historische Entwicklung
Im Zuge der bayerischen Verwaltungsreform wurde der Landkreis Rhön-Grabfeld 1972 aus den Altlandkreisen Bad Neustadt, Bad Königshofen und Mellrichstadt gebildet. Der Name des Mittelgebirges „Rhön" entstammt dem keltischen roinos/rainos, was so viel wie Grenze, Grenzhügel, Grenzberge bedeutet. Zum ersten Mal wurden die Kelten im 6. Jahrhundert vor Christi erwähnt. Der Name „Grabfeld" leitet sich vom slawischen Wort „grap", d.h. Buche, ab. Die Endung „feld" soll eine offene, waldfreie und damit landwirtschaftlich nutzbare, besiedelte Gegend bezeichnen.

Fläche: 1.021,77 km²
EW: 79.676 - EW/km²: 78
KFZ-Kennzeichen: NES
Kreissitz: Bad Neustadt a.d. Saale
www.rhoen-grabfeld.de

Landrat
Thomas Habermann / CSU
im Amt seit: 2003 gewählt bis: 2020

Sitzverteilung im Kreistag
Vorsitz: Thomas Habermann

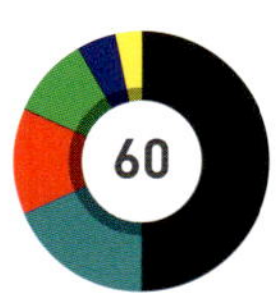

- 30 CSU
- 11 Freie Wähler
- 8 SPD
- 6 B.90/Grüne
- 3 Wählerinitiative
- 2 FDP

Wertschöpfung und Verkehr
Der Landkreis Rhön-Grabfeld verfügt über eine ausgezeichnete Infrastruktur, die nur wenige Wünsche offen lässt. Der Wirtschaftsstandort Rhön-Grabfeld wird durch leistungsfähige mittelständische Betriebe geprägt, die seit Jahrzehnten Traditionsbewusstsein und Innovationskraft verbinden. Eine tragende Rolle spielt hierbei in erster Linie die Elektrotechnik. Weitere Branchenschwerpunkte liegen in der Kunststoffproduktion, der Metallverarbeitung sowie dem Maschinenbau.

Traditionell stellt auch das Handwerk ein stabilisierendes Element in der heimischen Wirtschaft dar. Die Rhöner Holzschnitzkunst lebt besonders mit dem Engagement vieler ansässiger Holzbildhauer und den Entwicklungsmöglichkeiten, die die Staatliche Holzschnitzschule bietet. Die Dienstleistungsschwerpunkte liegen im Gesundheitswesen und in industrienahen, unternehmensorientierten Bereichen. Die medizinische Versorgung wird durch eine Vielzahl von Fachkliniken sowie ein bedarfsgerechtes Arztangebot sichergestellt.

In der Kreisstadt Bad Neustadt a. d. Saale, der Ersten Bayerischen Modellstadt für Elektromobilität in Bayern, widmen sich Akteure der Kommune und der heimischen Wirtschaft erfolgreich dem Zukunftsthema Elektromobilität. Unterstützt wird dies durch das Technologie-Transferzentrum für Elektromobilität der Hochschule für angewandte Wissenschaften Würzburg-Schweinfurt, das in der Jakob-Preh-Berufsschule in Bad Neustadt angesiedelt ist.

Aus der guten Kooperation der Wirtschaftsunternehmen mit berufsbildenden Schulen sind auch die Kommunale Meisterschule für Schneid- und Schleiftechnik, die Fachschule für Elektrotechnik sowie die Fachschule für Fahrzeugtechnik und Elektromobilität erwachsen, die den wirtschaftlichen Veränderungen Rechnung tragen. Das Bildungswesen ist zusammenfassend mit allgemein- und berufsbildenden Schulen weit gefächert. Darüber hinaus beschäftigt sich die Umweltbildungsstätte Oberelsbach im Verbund mit dem Schullandheimwerk und der Thüringer Hütte mit Themen der Umweltbildung und der nachhaltigen Entwicklung.

Durch den Ausbau des Autobahnnetzes zwischen Thüringen und Bayern wurden mit der Bundesautobahn A 71 die Verbindungswege zu den Oberzentren Würzburg und Schweinfurt erheblich aufgewertet.

Landschaft, Sehenswürdigkeiten und Kultur
Der Tourismusbietet in Rhön-Grabfeld einen hohen Freizeit und Lebenswert, der mit einer einzigartigen Kulturlandschaft begründet ist. Das Schwarze Moor stellt als Teil der Kernzonen im UNESCO-Biosphärenreservat Rhön eine geologische Rarität von besonderer Schönheit dar. Jeder Schritt auf den Premium-Wanderwegen im „Land der offenen Fernen" wird mit atemberaubenden Ausblicken und Eindrücken belohnt.

Musik, Kunst und Kultur sind überall im Landkreis zu finden. Traditionen und Brauchtum werden im facettenreichen Kulturangebot aufrechterhalten. Mit dem Kulturzentrum „Kunst und Kultur" im Kloster Wechterswinkel hat der Landkreis Rhön-Grabfeld ein Alleinstellungsmerkmal geschaffen. Das ehemalige Zisterzienserinnenkloster wird auf drei Ebenen mit Kunst und Kultur bespielt. In der Galerie wird Gegenwartskunst gezeigt. Unter dem Motto „Aus der Region, für die Region" hat sich das Kloster inzwischen einen Namen unter den Ausstellern zeitgenössischer Kunst gemacht. Im Festsaal finden Klassik- und Kammerkonzerte, Lesungen, literarische Abende und Vorträge statt. Das historische Ensemble mit Innenhof ist darüber hinaus Kulisse für Themenmärkte, Kunstausstellungen und Open-Air-Veranstaltungen. Das museale Angebot im Freilandmuseum in Fladungen, im Heimatmuseum Salzhaus in Mellrichstadt, im Bruder-Franz-Haus auf dem Kreuzberg und in den Museen der Schranne in Bad Königshofen gewährt Einblick in die Geschichte des Landkreises.

Der Kreuzberg ist als heiliger Berg der Franken über die Landkreisgrenze bekannt und seit vielen Jahrhunderten ein beliebtes Ziel von Wallfahrern und Wanderern.

Landkreis

Rosenheim

BAYERN

Der Landkreis Rosenheim ist...

...Teil der Euregio Inntal, zu der neben dem Landkreis Rosenheim der Landkreis Traunstein, die kreisfreie Stadt Rosenheim sowie die Tiroler Bezirke Kufstein und Kitzbühl gehören. Die Euregio Inntal fördert die grenzüberschreitende Zusammenarbeit in zahlreichen Bereichen wie dem Rettungsdienst, der Abfallwirtschaft, der Raumordnung, dem Umwelt- und Naturschutz.

Historische Entwicklung

Der heutige Landkreis Rosenheim entstand 1972. Im Rahmen der Gebietsreform in Bayern wurden in den damaligen Landkreis Rosenheim der gesamte Landkreis Bad Aibling mit Ausnahme der Gemeinde Großhelfendorf und der südliche Teil des Landkreises Wasserburg am Inn eingegliedert.

Wertschöpfung und Verkehr

Durch die guten Straßen- und Schienenanbindungen nach München, Salzburg und Innsbruck wurde der Landkreis zum wichtigen Warenumschlagplatz für Zulieferbetriebe und andere Gewerbe. Über die Hälfte der Kreisfläche wird landwirtschaftlich genutzt. Das Gebiet zwischen Chiemsee und Wendelstein sowie Wasserburg und Kiefersfelden verzeichnet jährlich rund 3 Mio. Übernachtungen. Dementsprechend zielen die Bemühungen der Verantwortlichen vor allem auf den Erhalt und die Pflege der Natur. Doch auch Tradition und Brauchtum sollen gefördert und erhalten werden – kompromissloses Wachstum ist schon lange nicht mehr erwünscht.

Zum gesunden Branchenmix im Landkreis gehören Industriebetriebe: Schwerpunktstandorte sind Kolbermoor, Feldkirchen-Westerham, Bruckmühl, Wasserburg, Rohrdorf, Raubling und Stephanskirchen.

Landschaft, Sehenswürdigkeiten und Kultur

Ob Abenteuer in den Bergen, Entspannung in den Thermen oder Spaß an Seen – im Landkreis Rosenheim ist für jeden Erholungsuchenden etwas dabei. Das Leben mit und in der Natur steht im Vordergrund. Zahlreiche Bauernhöfe bieten Reitmöglichkeiten oder Kutschfahrten an. Unter professioneller Anleitung können Anfänger oder wenig Erfahrene Wandern, Klettern oder Mountainbiken lernen. Richtig abenteuerlich wird es bei Höhlenexkursionen, Rafting oder Canyoning. Und auch Wasserskifahren, Wakeboarden, Ballonfahren oder Paragliden sind im Angebot. Sie können ihren Mut im Kletterwald oder im Hochseilgarten beweisen oder Segeln, Surfen und Tauchen lernen. Gemütlicher ist Lamatrecking oder eine Fahrt mit den nostalgischen Bahnen oder Bergbahnen.

Übrigens: Golfspielen ist hierzulande etwas ganz Besonderes. Schöne Golfanlagen bieten auch Aussichten in wunderbare Landschaften. Bleibt zum Schluss noch der Winter mit seinen zahlreich gespurten Loipen, Schlittenabfahrten und präparierten Pisten.

Kulturell wird alles geboten, von ganz klassisch bis rockig. Die Festival-Kultur ist lebendig, vielgestaltig und ideenreich. Im nie ganz fertig gestellten Königsschloss finden die Herrenchiemsee Festspiele statt. Der grandiose Innenhof von Schloss Amerang ist Örtlichkeit der Schlosskonzerte und beim Kammermusik-Festival „festivo" spielt Schloss Hohenauschau eine Hauptrolle. Musikalische Alternativen bieten die Oberaudorf-Reisacher Musiktage, das Gitarrenfestival Saitensprünge und das Südost-Rock-Festival in Bad Aibling, die Neubeurer Schlosskonzerte, die Opern in der Maxlrainer Schloss-Reithalle, die Festspiele auf Gut Immling oder die kleine Konzertreihe im landkreiseigenen Schloss Hartmannsberg.

Die Kieferer Ritterspiele und Deutschlands zweitältestes Volkstheater in Flintsbach sind Zeugnis einer außergewöhnlich umfänglichen und langlebigen Theaterkultur. Rund 40 Museen, Galerien, Kunstareale und Kulturdenkmäler bieten ein ungewöhnlich breites Spektrum, das überdies durch Dutzende private Galerien und „Museen auf Zeit" bereichert wird.

Rund um den „Stoa" werden bei Edling alljährlich Openair-Kinofilme gezeigt und Theater gespielt. Besondere Streifen haben ihr Zuhause beim Festival des dokumentarischen Films, der Nonfiktionale, in Bad Aibling gefunden. Abgerundet wird das Angebot durch zahlreiche Konzerte und andere Brauchtumsveranstaltungen, beispielsweise in Kurparks, auf Berggipfeln, in Kirchen und Dorfplätzen. Und das ist immer noch nicht alles....

Fläche: 1.439,54 km²
EW: 251.850 - EW/km²: 175
KFZ-Kennzeichen: RO
Kreissitz: Rosenheim
www.landkreis-rosenheim.de

Landrat
Wolfgang Berthaler / CSU
im Amt seit: 2014 gewählt bis: 2020

Sitzverteilung im Kreistag
Vorsitz: Wolfgang Berthaler

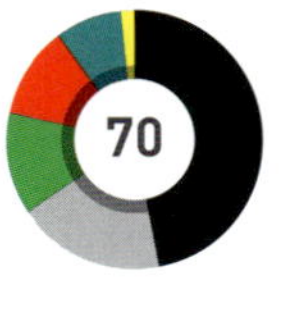

33	CSU
9	B.90/Grüne
8	SPD
6	Freie Wähler
1	FDP
13	Sonstige

(Parteifreie/ÜWG 6, ÖDP 3, BP 3, REP 1)

Schloss Herrenchiemsee
Landkreis Rosenheim

Landkreis

Roth

BAYERN

Der Landkreis Roth ist…
…Teil der mittelfränkischen Metropolregion Nürnberg, grenzt im Süden an die Städteachse Nürnberg-Fürth-Erlangen-Schwabach, liegt im Herzen des Fränkischen Seenlands; damit bietet er optimale Standortbedingungen für die mittelständische Wirtschaft und zugleich eine hohe Lebens- und Freizeitqualität.

Einerseits landwirtschaftlich geprägt und andererseits mit einer langen Tradition als industrieller Standort, v.a. für die leonische Industrie, zeichnet sich der Landkreis durch seine kulturelle, politische, wirtschaftliche und sportliche Vielfältigkeit aus.

Historische Entwicklung
Die heutige Struktur des Landkreises Roth geht zurück auf die territoriale Aufteilung Mitte des 19. Jahrhunderts. 1939 wurden die Landkreise Hilpoltstein und Schwabach gebildet.

Mit der bayernweiten Gebietsreform 1972 wurden deren wesentliche Teile zum neuen Landkreis Roth. Insgesamt 16 Städte, Gemeinden und Märkte gehören zum Landkreis Roth. Heute leben im Landkreis rund 0,9 % aller Bayern aus insgesamt über 100 Nationen.

Wertschöpfung und Verkehr
Der Landkreis Roth wird von den Bundesautobahnen A 6, A 9 und A 73 sowie von den Bundesstraßen B 2 und B 466 durchzogen; die Eisenbahnhauptlinie Nürnberg-München, die S-Bahn-Linie Roth-Nürnberg, der Regionalbahnhof in Allersberg und der Main-Donau-Kanal mit den Länden in Roth und Hilpoltstein sowie der nahe Flughafen Nürnberg garantieren eine hervorragende Erreichbarkeit auf allen Verkehrswegen.

Die zumeist mittelständischen Betrieben bieten rund 34.500 Arbeitsplätze (Stand: Dezember 2014). Die meisten Arbeitnehmer sind im produzierenden Gewerbe beschäftigt, gefolgt vom Dienstleistungssektor. Mit einer Arbeitslosenquote von durchschnittlich knapp 3 % liegt der Landkreis Roth seit Jahren unter dem Bezirks- und Landesdurchschnitt.

Immer mehr an Bedeutung gewinnt im Bereich der Landwirtschaft die Direktvermarktung. Der Landkreis Roth gehörte 2005 zu den Gründungsmitgliedern der Metropolregion Nürnberg und zu den Vorreitern der Direktvermarkter-Initiative „original regional". Sie steht für hochwertige Produkte aus und für die Region. Sonderkulturen wie Hopfen, Tabak, Spargel und Obst prägen die Kulturlandschaft. Beispielhaft für die Initiative „original regional" ist Gustenfelden (Gemeinde Rohr), das sich zu einem beliebten Direktvermarkterdorf entwickelt hat.

Im Umwelt- und Naturschutz setzt der Landkreis konsequent auf regenerative Energien. Als waldreichste Gebietskörperschaft Mittelfrankens (44 % Waldfläche) betreibt er mit Hackschnitzeln zwei Biomasseheizwerke für die Wärmeversorgung großer landkreiseigener Liegenschaften. Mit der Gründung einer eigenen unabhängigen Energieagentur (ENA) im Jahr 1996 setzte der Landkreis schon früh auf Beratung und Beteiligung der Bürger für eine nachhaltige Energiebewirtschaftung.

Für eine positive wirtschaftliche Entwicklung spielt das breit angelegte Angebot an unterschiedlichsten Bildungseinrichtungen eine wichtige Rolle. Das Angebot an Grund- und Hauptschulen wird durch zwei Realschulen (Roth und Hilpoltstein) und drei Gymnasien (Roth, Hilpoltstein, Wendelstein), der Mädchenrealschule Abenberg, der Montessori-Schule Büchenbach und der Waldorfschule Wendelstein ergänzt.

Zur beruflichen Aus- und Fortbildung eröffnet die Berufsschule Roth mit den Fachschulen für Maschinenbau und Informatik sowie für Fahrzeugtechnik und Elektromobilität sowie die Landwirtschaftsschule viele Möglichkeiten. Mit der sonderpädagogisch ausgerichteten „Schule am Stadtpark" Roth, der Gehörlosenschule Zell und der Comeniusschule erhalten auch Menschen mit besonderem Förderbedarf eine gute Ausbildung.

Mit der Kreisklinik Roth verfügt der Landkreis über ein modern ausgestattetes Gesundheitszentrum der Grund- und Regelversorgung mit 300 Betten und einer eigenen Palliativstation. Der Kreisklinik sind zwei Gesundheitszentren mit Ärzte- und Therapiepraxen sowie der Pflegestützpunkt des Landkreises angegliedert.

In einem guten Miteinander beherbergt der Landkreis mit dem Auhof/Rummelsberger Anstalten und Regens Wagner Zell zwei große Einrichtungen für Menschen mit körperlichem und geistigen Handicap.

Landschaft, Sehenswürdigkeiten und Kultur
In Folge der Eröffnung des Fränkischen Seenlands mit Rothsee und Brombachsee Mitte der 1990er Jahre, entwickelte sich der Landkreis zu einem beliebten Ziel für Urlauber und Tagesaufügler mit stetig wachsenden Besucherzahlen. Rund 1.500 km Radwege und mehr als 1.000 km Wanderwege laden zur gemütlich-naturnahen oder auch gleichermaßen sportlich-ambitionierten Entdeckungsreise durch den Landkreis ein.

Alljährlich ist er Schauplatz für den weltweit teilnehmerstärksten Triathlon auf der Langdistanz, dem Datev Challenge Roth (bis 2001: Ironman Roth).

Fläche: 895,39 km²
EW: 123.890 - EW/km²: 138
KFZ-Kennzeichen: RH
Kreissitz: Roth
www.landratsamt-roth.de

Landrat
Herbert Eckstein / SPD
im Amt seit: 1993 gewählt bis: 2017

Sitzverteilung im Kreistag
Vorsitz: Herbert Eckstein

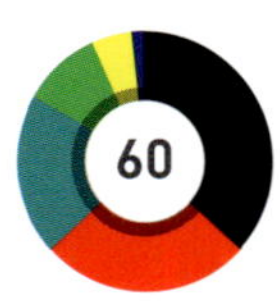

22	CSU
16	SPD
12	Freie Wähler
6	B.90/Grüne
3	FDP
1	Chr. Wählergemeinschaft

Landkreis

Rottal-Inn

BAYERN

Der Landkreis Rottal-Inn ist...

...ein Teil des südlichen Bereichs des Regierungsbezirkes Niederbayern. Der Inn bildet die Staatsgrenze zu Österreich. Die Rott durchfließt den Landkreis in West-Ost-Richtung und teilt ihn in zwei fast gleich große Teile. Durch die reichverzweigten Talungen des Inns und der Rott wird die Landschaft in viele Höhenrücken und Hügel gegliedert. Diese über die Jahrhunderte durch die Landwirtschaft geprägte Kulturlandschaft brachte Rottal-Inn auch den Beinamen „Bayerische Toskana". Noch heute stellt der Landkreis eine vorwiegend bäuerlich geprägte Kulturlandschaft dar. Das Siedlungsgefüge wird entscheidend von den fast gleichmäßig verstreuten Weilern und Einödhöfen geprägt – Rottal-Inn gehört zu den Landkreisen in Deutschland mit dem größten Anteil an Streusiedlungen.

Der Landkreis Rottal-Inn ist alleiniger Träger des Kommunalunternehmens Rottal-Inn-Kliniken. Das gemeinnützige Unternehmen betreibt ein Krankenhaus der Grund- und Regelversorgung in Eggenfelden, das Fachkrankenhaus für Innere Medizin, Akutgeriatrie und Orthopädie in Pfarrkirchen und die Psychosomatische Fachklinik in Simbach a. Inn.

An Bildungseinrichtungen stehen in der Sachaufwandsträgerschaft des Landkreises: drei Realschulen, zwei Gymnasien, eine berufliche Oberschule, zwei Förderschulen, eine gewerblich-kaufmännische Berufsschule mit Berufsaufbauschule und Berufsfachschule für Landwirtschaft, Hauswirtschaft und Kinderpflege sowie eine Landwirtschaftsschule mit den Abteilungen Landwirtschaft und Hauswirtschaft.

Historische Entwicklung

Im Jahr 1862 bildeten die Landgerichte Pfarrkirchen und Simbach am Inn das Bezirksamt Pfarrkirchen und die Landgerichte Eggenfelden und Arnstorf das Bezirksamt Eggenfelden, wobei das Landgericht Arnstorf aus Gemeinden der Landgerichte Eggenfelden, Landau an der Isar und Pfarrkirchen neu errichtet worden war. Am 1.1.1939 wurden aus den Bezirksämtern die Landkreise Eggenfelden und Pfarrkirchen. Der Landkreis Rottal-Inn wurde im Zug der Gebietsreform am 1.7.1972 aus den Altlandkreisen Eggenfelden und Pfarrkirchen sowie je zwei Gemeinden aus den ehemaligen Landkreisen Griesbach und Vilsbiburg gebildet.

Wertschöpfung und Verkehr

Traditionell stellt die Landwirtschaft immer noch eine der tragenden Säulen für das Wirtschaftsleben im Landkreis dar. Rottal-Inn gehört zu den Landkreisen mit den höchsten Beständen an Rindern und Schweinen. Immer mehr landwirtschaftliche Betriebe nutzen aber auch alternative Einkommensmöglichkeiten wie beispielsweise die Energieerzeugung aus Biomasse. Während die Zahl der Höfe in den vergangenen 40 Jahren um zwei Drittel auf jetzt rund 2.500 geschrumpft ist, blieb die genutzte Fläche fast unverändert.

Noch 6,5 % der Erwerbstätigen arbeiten in der Land-/Forstwirtschaft, im produzierenden Gewerbe sind es 40,5 % und im Bereich Dienstleistungen sind es bereits 53 %. Breiten Raum nimmt das Handwerk ein – 31 % der sozialversicherungspflichtig Beschäftigten sind hier tätig, der Anteil des Handwerks an allen Auszubildenden beträgt sogar mehr als 50 %.

Durch den Landkreis Rottal-Inn führen mit den Bundesstraßen 20 und 388 zwei stark befahrene deutsche Fernstraßen. Die Bahnlinie München-Passau, ein Verkehrslandeplatz und die Nähe zu zwei Autobahnen dienen ebenfalls der verkehrstechnischen Erschließung des Landkreises.

Fläche: 1.281,42 km²
EW: 118.164 - EW/km²: 92
KFZ-Kennzeichen: PAN
Kreissitz: Pfarrkirchen
www.rottal-inn.de

Landrat
Michael Fahmüller / CSU
im Amt seit: 2011 gewählt bis: 2020

Sitzverteilung im Kreistag
Vorsitz: Michael Fahmüller

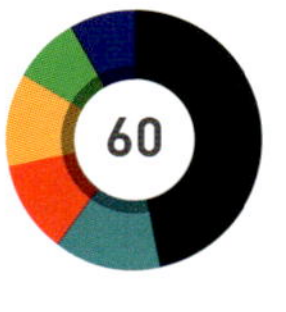

28 CSU
8 Freie Wähler
7 SPD
7 ÖDP/Parteifr. Bürger
5 B.90/Grüne
5 Unab. Wähler

Landschaft, Sehenswürdigkeiten und Kultur

Der Landkreis Rottal-Inn setzt auf den Tourismus als Wirtschaftszweig. Der Markt Bad Birnbach mit seinen Thermalquellen ist Teil des bekannten „niederbayerischen Bäderdreiecks". Der Landkreis ist aber auch als beliebtes Urlaubsgebiet für Wanderer, Radfahrer, Naturliebhaber und Kunstfreunde besonders geeignet.

Darüber hinaus verfügt der Landkreis Rottal-Inn über viele Sehenswürdigkeiten, Museen, denkmalgeschützte Ensembles, und Freizeiteinrichtungen. Das Natur- und Vogelschutzgebiet „Europareservat Unterer Inn" ist eine einzigartige Sehenswürdigkeit.

Der Landkreis Rottal-Inn ist Sachaufwandsträger eines eigenen Theaters. Das „Theater an der Rott" verfügt über ein eigenes Ensemble und über ein Haus mit 400 Plätzen. Abgedeckt werden die Sparten Schauspiel, Musiktheater und Konzert, die Inszenierungen finden überregional große Beachtung.

Landkreis

Schwandorf

BAYERN

Der Landkreis Schwandorf ist...
...ein traditionsreicher Industriestandort. Nach dem Strukturwandel ist ein neuer Schwerpunkt Automobilindustrie entstanden. Im Osten, auf den Höhen des Oberpfälzer Waldes, verbindet ihn ein kurzes Stück Grenze mit seinem tschechischen Nachbarn. Im Süden, wo Regen und Naab den Landkreis Schwandorf verlassen, sind es gerade noch 15 km bis zum Regensburger Dom.

Historische Entwicklung
Im Jahr 1972 entstand der heutige Landkreis Schwandorf im Zuge der bayernweiten Gebietsreform aus den früheren Landkreisen Nabburg, Oberviechtach, Neunburg vorm Wald und Burglengenfeld, aus Teilen des früheren Landkreises Roding und der damals kreisfreien Stadt Schwandorf. Aus sechs ehemals selbstständigen Verwaltungseinheiten entstand der Landkreis Schwandorf, der heute unter den 71 Landkreisen Bayerns flächenbezogen auf Platz 6 und einwohnerbezogen auf Platz 21 liegt.

Wertschöpfung und Verkehr
Der Landkreis Schwandorf hat sich von der ehemaligen Schwerindustrie mit Flussspat, Kohle und Stahl zu einem modernen und zukunftsorientierten Wirtschafts- und Dienstleistungszentrum entwickelt. Der Schwerpunkt im verarbeitenden Gewerbe liegt heute vor allem im Maschinen- und Fahrzeugbau sowie in der Metallerzeugung und -verarbeitung. Große Bedeutung hat auch die Kunststoffverarbeitung, Keramik, Glas, Chemie sowie die Druck- und Elektrotechnik. Die Zahl der akademisch hochqualifizierten Arbeitsplätze konnte deutlich gesteigert werden.

Sehr erfreulich haben sich die Arbeitsmarktzahlen entwickelt. Der Arbeitsmarkt präsentiert sich robuster denn je. In vielen Unternehmen entstehen weitere hochwertige Beschäftigungsmöglichkeiten. Die Arbeitslosigkeit sinkt und liegt regelmäßig unter dem ohnehin guten Bayerndurchschnitt.

Der Landkreis Schwandorf liegt am Schnittpunkt zweier überregionaler Entwicklungsachsen. Durch das Autobahnkreuz Oberpfälzer Wald der Bundesautobahnen A 93 (München-Berlin) und der A 6 (Paris-Prag) rückt der Landkreis Schwandorf näher an die bedeutenden Wirtschaftszentren Europas heran. Ob über den Knotenpunkt der Bahnlinien Regensburg-Hof und Nürnberg-Prag, die Flughäfen in Nürnberg oder München oder über den Binnenhafen in Regensburg – der Landkreis ist aus allen Richtungen gut und schnell erreichbar. Als „Tor zum Osten" mit verkehrsgünstig gelegenen Industrie- und Gewerbegebieten, hervorragenden Bildungs- und Ausbildungschancen, nahe gelegenen Hochschulen und motivierten Fachkräften bietet er der Wirtschaft beste Standortbedingungen und Zukunftsperspektiven.

Fläche: 1.464,97 km²
EW: 143.614 - EW/km²: 98
KFZ-Kennzeichen: SAD
Kreissitz: Schwandorf
www.landkreis-schwandorf.de

Landrat
Thomas Ebeling / CSU
im Amt seit: 2014 gewählt bis: 2020

Sitzverteilung im Kreistag
Vorsitz: Thomas Ebeling

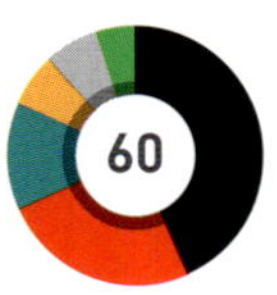

26 CSU
15 SPD
8 Freie Wähler
4 ÖDP
3 B.90/Grüne
4 Sonstige
(Junge Wähler 3, örtliche Wählerliste 1)

Landschaft, Sehenswürdigkeiten und Kultur
Der Landkreis Schwandorf weist ein abwechslungsreiches Vereins-, Sozial- und Kulturangebot auf, das neben den Alteingesessenen auch eine wachsende Zahl von Neubürgern überzeugt.

Er ist Teil der Ferienregion Oberpfälzer Wald. Murner See, Steinberger See und Hammersee sorgen für Wasserspaß im Oberpfälzer Seenland. Der naturnahe Erlebnispark Wasser–Fisch–Natur ist ein Geheimtipp für Familien. Die Burgen und Ruinen in Trausnitz, Obermurach und Burglengenfeld sind eine Reise wert.

Wie wär's mit einer Wanderung auf dem Qualitätsweg Goldsteig? Gut ausgeschilderte, naturbelassene Wege und freundliche Gastgeber zeichnen den Top-Trail of Germany aus. Wer lieber mit dem Rad die Umgebung erkundet, ist auf dem Bayerisch-Böhmischen Freundschaftsweg genau richtig.

Auf rund 45 km des Weges radelt man auf ehemaligen Bahnlinien. Zudem sorgt im Sommer der Radlerbus wahlweise ab Nabburg, Oberviechtach oder Schönsee für Komfort. Und nach der Tour sollte man sich ein würziges Bier aus dem Oberpfälzer Wald schmecken lassen.

Es gibt noch einige traditionsreiche Brauereien, drei sogar mit einer Brauereiwirtschaft. Für kulturelle Unterhaltung ist eines der vielen Festspiele im Landkreis empfehlenswert. Eintauchen in die oberpfälzer Sagenwelt kann man bei der „Geisterwanderung zu Nittenau" oder in die Zeit der Hussenkriege in Neunburg vorm Wald. Unbedingt sollten auch das Oberpfälzer Freilandmuseum sowie die Felsenkeller Schwandorf besichtigt werden.

Landkreis

Schweinfurt

BAYERN

Der Landkreis Schweinfurt ist...
...lebenswert, liebenswert und leistungsstark. Seine vielfältige Natur und abwechslungsreiche Landschaft zwischen den Mittelgebirgen Rhön, Haßberge, Steigerwald bis hin zum Maintal bieten den Bewohnern einen attraktiven Lebensraum. Die gleichzeitig günstige geografische Lage und hervorragende Verkehrsanbindungen machen ihn zu einem interessanten Wirtschaftsstandort mit vielen Entwicklungsmöglichkeiten.

Historische Entwicklung
1862 entwickelte sich aus den Landgerichten Schweinfurt und Werneck das Bezirksamt Schweinfurt, aus den Landgerichten Gerolzhofen und Wiesentheid wurde das Bezirksamt Gerolzhofen. Mit der Einführung der Bezeichnung „Landkreis" im Jahr 1939 wurden aus den Bezirksämtern Schweinfurt und Gerolzhofen die Landkreise Schweinfurt und Gerolzhofen.

Im Zuge der Gebietsreform am 1.7.1972 wurde schließlich der neue Landkreis Schweinfurt aus dem Alt-Landkreis Schweinfurt, einem großen Teil des ehemaligen (nördlichen) Landkreises Gerolzhofen sowie kleineren Abschnitten bzw. Gemeinden der ehemaligen Landkreise Karlstadt, Hammelburg, Bad Kissingen und Hofheim gebildet.

Wertschöpfung und Verkehr
Überregionale Bekanntheit erlangte der Landkreis Schweinfurt in der Vergangenheit aufgrund seines traditionellen Gemüseanbaus. Bereits seit dem Mittelalter lieferten Betriebe aus dem Landkreis ihr Gemüse bis nach Thüringen. Auch heute spielen die Landwirtschaft und die Verarbeitung landwirtschaftlicher Produkte immer noch eine große Rolle. Wegen des Anbaus von Kräutern und Heilpflanzen werden Teile des Landkreises gerne als „Apothekergärtlein Frankens" bezeichnet. „Kümmerli", eingelegte Gurken, gehören in ganz Deutschland zu einer guten Brotzeit, diese sind ebenso eine Köstlichkeit aus dem Landkreis wie der Spargel. Mit rund 550 ha Anbaufläche zählt der Landkreis Schweinfurt zu den großen Weinanbaugebieten in Bayern.

Der Strukturwandel hat auch den Landkreis Schweinfurt in den letzten Jahrzehnten verändert. Die Anzahl der Arbeitsplätze steigt kontinuierlich an, die Beschäftigung hat sich aus der Landwirtschaft und dem produzierenden Gewerbe hin zu Dienstleistungen und Logistik verschoben. Es sind nicht die großen Konzerne, die die Wirtschaft im Landkreis Schweinfurt prägen, sondern die Vielfalt des Handwerks, der Mittelständler und der Hidden Champions, die durch Erfindergeist und Innovationen zu den Weltmarktführern zählen.

Vielfältig ist nicht nur der Wirtschaftsstandort, vielfältig ist auch die Landschaft. Der Landkreis Schweinfurt ist ein Scharnier zwischen dem Fränkischen Weinland, den Buchenwäldern des Steigerwalds und den offenen Landschaften der Rhön.

Die hervorragende Anbindung an drei Autobahnen ermöglicht eine schnelle Anbindung an die fränkischen Weltkulturerbe-Städte. Auch aufgrund dieser hervorragenden Infrastruktur – der Landkreis liegt nicht nur an drei Autobahnen, sondern auch an einer Bahnlinie und Schifffahrtsstraße – hat sich der Landkreis Schweinfurt zu einem innovativen Wirtschaftsstandort entwickelt. Die Mischung von wirtschaftlicher Stärke sowie kultureller und landschaftlicher Reize sind der Grund dafür, dass der Landkreis seit Jahren einen positiven Wanderungssaldo aufzuweisen hat.

Landschaft, Sehenswürdigkeiten und Kultur
Die abwechslungsreiche Landschaft bietet viele Freizeitmöglichkeiten für die ganze Familie. Im Norden des Landkreises Schweinfurt ist zum Beispiel der Ellertshäuser See, der größte See Unterfrankens, ein beliebtes Ausflugsziel. Im Süden lockt Naturfreunde der Steigerwald und auch das im Herbst 2014 neu eröffnete Steigerwald-Zentrum, eine Erlebnis- und Bildungseinrichtung rund um das Thema Wald, erfreut sich großer Beliebtheit. Dazwischen – von Nord nach Süd, von Ost nach West – bietet der Landkreis Schweinfurt ein top ausgebautes Rad- und Wanderwegenetz durch Wälder, Wiesen, Winzerdörfer und Weinberge.

Der Main, als das zentrale Gewässer des Landkreises, lädt zu Kanu und Schiffstouren – vorbei am malerisch gelegenen Schloss Mainberg, ein. Über das ganze Jahr verteilt laden Wein- und Gemeindefeste sowie Märkte zum Verweilen ein.

Neues wagen, Altes bewahren – die 29 Gemeinden des Landkreises punkten darüber hinaus mit einem umfangreichen Kunst- und Kulturangebot. Diverse Museen zeigen die Bandbreite und Vielfalt des Landkreises. Wer sich in der Literatur mit Namen wie Friedrich Rückert oder Erich Kästner beschäftigt, wird auch da früher oder später auf den Landkreis Schweinfurt stoßen. Über die Landkreisgrenzen hinweg bekannt sind zudem die Fränkischen Passionsspiele in Sömmersdorf. Einen festen Platz im Veranstaltungskalender haben jedes Jahr im Herbst auch die Kirchweihen mit ihren Plantänzen.

Fläche: 841,46 km²
EW: 113.747 - EW/km²: 135
KFZ-Kennzeichen: SW
Kreissitz: Schweinfurt
www.lrasw.de

Landrat
Florian Töpper / SPD
im Amt seit: 2013 gewählt bis: 2020

Sitzverteilung im Kreistag
Vorsitz: Florian Töpper

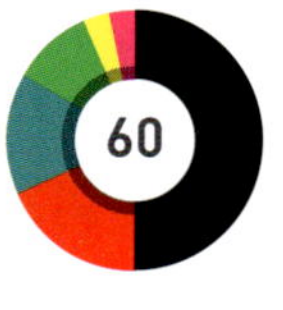

30	CSU
11	SPD
9	Freie Wähler
6	B.90/Grüne
2	FDP
2	Die Linke

Landkreis

Starnberg

BAYERN

Der Landkreis Starnberg ist…

…ein charmanter Lieblingsplatz für Genießer und Freigeister. Das Gemütliche und doch exklusive Flair der Gegend vermischt sich hier mühelos mit dem typisch bayerischen Lebensgefühl. Märchenhafte kleine Orte, die einen verzaubern, verschmelzen mit außergewöhnlichem Genuss für Seele und Gaumen. Offenheit, Erfindergeist und Toleranz prägen das Gesellschaftsbild, das aber deshalb kein bisschen an Traditionsbewusstsein verloren hat. Diese Mischung aus Bodenständigkeit und Moderne, typisiert den Landkreis und seine Bewohner. „Erstklassig leben und leben lassen" lautet das Motto dieser attraktiven Gegend in Südbayern.

Historische Entwicklung

Trotz seiner weit zurückreichenden Geschichte ist der Landkreis Starnberg mit seinen gerade etwas über 100 Jahren noch sehr jung. Das Gebiet und der Ort Starnberg am Würmsee, so wurde der Starnberger See ursprünglich bezeichnet, entwickelten sich erst recht spät im Laufe des 19. Jahrhunderts. Im Oktober 1902 wurden in Starnberg und Wolfratshausen zwei selbstständige Bezirksämter errichtet. Noch heute entspricht die Größe des Landkreises etwa den ungefähren Ausmaßen von damals.

Die letzte große Veränderung des Landkreisgebiets brachte die in den 1970er Jahren durchgeführte Zusammenlegung der ursprünglich 42 Ortsverwaltungen zu den heutigen 13 Gemeinden und der Stadt Starnberg.

Wertschöpfung und Verkehr

Mit dem Bau der Eisenbahn von München in Richtung der Alpen, begann der wirtschaftliche und finanzielle Aufstieg. Die Sommerfrische brachte Kapital und förderte den Tourismus sowie die Weiterentwicklung der Infrastruktur. Im Lauf des 20. Jahrhunderts entstand aus dem einstmals dünn besiedelten und dörflichen Landstrich ein stark florierender Wirtschafts- und Tourismusstandort vor den Toren der Landeshauptstadt.

Ob innovative Hightech-Unternehmen oder traditionelle Handwerksbetriebe: Das Fünfseenland ist nicht nur ein traumhafter Ort zum Leben, sondern auch ein herausragender Wirtschaftsstandort. Zukunftsorientierte Branchen sind hier ebenso stark vertreten wie die überaus erfolgreiche Kultur- und Kreativwirtschaft, die dem ganzen Fünfseenland eine besondere Atmosphäre verleiht. Viele mittelständische Unternehmen starten von hier aus in die Welt, sichern Arbeitsplätze und sorgen so für ein stabiles finanzielles Fundament. So kann sich Infrastruktur gut entwickeln und dennoch die großartige Landschaft geschützt bleiben.

Exzellente Standortvoraussetzungen und gut ausgebildete Fachkräfte sind die Basis einer florierenden Wirtschaft. Zwei angrenzende Bundesautobahnen sowie die beiden S-Bahnlinien S 6 und S 8 nach München und zum Flughafen sichern dazu kurze Arbeits- und Transportwege.

Start-ups, Dienstleister und Zulieferer aus den Bereichen Raumfahrt, Automotive und Technologie gruppieren sich um den Sonderflughafen Oberpfaffenhofen und das Deutsche Zentrum für Luft und Raumfahrt. In nächster Nähe wird derzeit das erste „grüne Gewerbegebiet" Deutschlands geplant, versorgt mit Strom aus regenerativen Energien, in dem sich Firmen ansiedeln, die explizit auf ökologische Firmenstrukturen setzen. Das Max-Planck Institut für Ornithologie, die Evangelische und Politische Akademie in Tutzing sowie das Institut für Fischerei in Starnberg und das Haus der bayerischen Landwirtschaft zeigen den Forschungs- und Weiterbildungscharakter des Kreises.

Landschaft, Sehenswürdigkeiten und Kultur

Rund 70 % des Landkreises stehen unter Natur- und Landschaftschutz. Mit ihren Feucht- und Streuwiesen, Mischwäldern, Mooren, Schilfgürteln und Seen bietet die Natur mannigfaltige Lebensbereiche für eine Vielzahl von Tieren und Pflanzen. Der Freizeitwert ist hoch. Die fünf nah beieinander liegenden Seen bieten unzählige Sport- und Freizeitmöglichkeiten.

Bayerische Könige, Kurfürsten, Herzöge und Künstler entdeckten früh ihr Faible für das Gebiet. Sie setzten Spuren und hinterließen Schätze. Eine außergewöhnliche Dichte an Schlössern, Villen und Adelssitzen, die von der UNESCO zum Weltkulturerbe ernannte Roseninsel und die weithin sichtbare Wallfahrtskirche des Kloster Andechs zeugen von ihrem Wirken. Die Landschaft und die besonderen Orte werden von Künstlern und Kulturschaffenden bespielt und als Kulisse genutzt. Brauchtum und Traditionspflege gehen mit einem abwechslungsreichen und vielfältigen Kulturleben einher.

Einheimische, Touristen und internationale Prominenz treffen gern und ganz selbstverständlich aufeinander. Das ist Starnberg. Ein Landkreis, in dem Menschen aus 144 Nationen leben, in dem es seit 1974 einen Ausländerbeirat gibt und der 2009 von der Bundesregierung für sein Engagement für Vielfalt, Toleranz und Demokratie zum „Ort der Vielfalt" auszeichnet worden ist.

Fläche: 487,71 km²
EW: 131.873 - EW/km²: 270
KFZ-Kennzeichen: STA
Kreissitz: Starnberg
www.landkreis-starnberg.de

Landrat
Karl Roth / CSU
im Amt seit: 2008 gewählt bis: 2020

Sitzverteilung im Kreistag
Vorsitz: Karl Roth

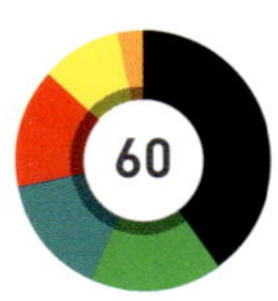

24	CSU
10	B.90/Grüne
9	Freie Wähler
9	SPD
6	FDP
2	ÖDP/Parteifreie

Landkreis

Straubing-Bogen

BAYERN

Der Landkreis Straubing-Bogen ist...
...die Heimat des Bayerischen Rautenwappens, die „Kornkammer Bayerns", das Gebiet der nachwachsenden Rohstoffe. Im Landkreis werden Traditionen gepflegt und in Ehren gehalten, aber auch großer Wert auf die Ausgestaltung einer sicheren und modernen Zukunft gelegt. Dazu gehören flächendeckend soziale Einrichtungen für Jung und Alt, eine gute Wirtschaftslage und eine fortschrittliche Entwicklung im Bereich der Nachhaltigkeit.

Historische Entwicklung
In Bayern zur Zeit der Wittelsbacher entstanden neue Herrschafts- und Verwaltungsstrukturen, deren Weiterentwicklung im 19. Jahrhundert zu den Grundlagen des Landkreises Straubing-Bogen führte.

Im Zuge der Gebietsreform am 1.7.1972 wurde der heutige Landkreis geschaffen. Der ehemalige Landkreis Bogen (ohne die Gemeinde Bernried) – errichtet 1839 als Landgericht, 1862 mit Landgericht Mitterfels zum Bezirksamt Bogen zusammengefasst – und ein Großteil des ehemaligen Landkreises Straubing – errichtet 1803 als Landgericht, 1809 Ausgliederung der Stadt Straubing – wurden verbunden. Dazu kam die Hälfte des ehemaligen Landkreises Mallersdorf, 1840 errichtet als Landgericht. Außerdem erfolgte die Eingliederung von Gebieten der Landkreise Regensburg, Cham, Dingolfing-Landau, des ehemaligen Landkreises Kötzting und der Stadt Straubing. Gleichzeitig wurden Alburg, Ittling, Kagers, Hornstorf und Unterzeitldorn aus dem Landkreis Straubing ausgegliedert und dem Gebiet der Stadt Straubing hinzugefügt, so dass sich diese seitdem als kreisfreie Stadt behaupten kann.

Wertschöpfung und Verkehr
Der Wirtschaftsraum des Landkreises Straubing-Bogen verzeichnet eine überaus erfolgreiche Entwicklung. Das Gebiet im Herzen Europas zeigt sich als leistungsfähiger mittelständischer und industrieller Standort. Mit der Osterweiterung der EU hat der Landkreis als mitteleuropäischer Verkehrsknotenpunkt für Wasser, Straße und Schiene stark an Bedeutung gewonnen und bietet Zugang zu allen relevanten Beschaffungs- und Absatzmärkten in Mittel- und Osteuropa. Zu den dominierenden Wirtschaftszweigen zählen neben Autozulieferfirmen vor allem der Maschinenbau und die Logistikbranche. 40 % der Arbeitnehmer sind im produzierenden Gewerbe beschäftigt, 50 % im Dienstleistungssektor.

Mit seinem fruchtbaren Gäuboden und den reichen Waldgebieten des Vorderen Bayerischen Waldes ist der Landkreis seit jeher land- und forstwirtschaftlich geprägt. Ca. 10 % beträgt der Anteil der Erwerbstätigen in diesem Gewerbezweig. Durch die Ansiedlung des Kompetenzzentrums für Nachwachsende Rohstoffe in der Stadt Straubing ergeben sich für die Land- und Forstwirtschaft viele neue Absatzchancen. In den letzten Jahren sind im Landkreis z. B. zahlreiche Biomasse-Heizwerke und Biogasanlagen entstanden.

Ob Wasser, Straße, Schiene oder Luft, der Landkreis bietet eine optimale Verbindung zu seinem Nachbarn, den Ländern in Europa und der übrigen Welt. Hauptachsen der Verkehrsinfrastruktur sind die beiden Bundesautobahnen 3 und 92, die Bundesstraßen 8 und 20 sowie die Hauptbahnlinie Frankfurt-Wien. Nicht zu vergessen sind der Flugplatz Straubing-Wallmühle, die Nähe zum Großflughafen München und die Lage am Rhein-Main-Donau-Kanal mit dem Donauhafen Straubing-Sand. Mit diesen Punkten hat sich der Wirtschaftsstandort Straubing-Bogen ein eigenständiges und unvergleichbares Profil gegeben.

Fläche: 1.201,94 km²
EW: 97.967 - EW/km²: 82
KFZ-Kennzeichen: SR
Kreissitz: Straubing
www.landkreis-straubing-bogen.de

Landrat
Josef Laumer / CSU
im Amt seit: 2014 gewählt bis: 2020

Sitzverteilung im Kreistag
Vorsitz: Josef Laumer

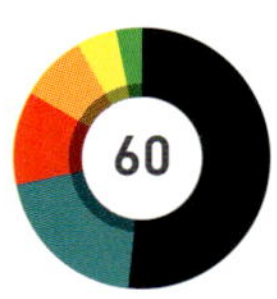

28 CSU
12 Freie Wähler
7 SPD
7 ÖDP/PU
3 FDP/FWG
3 Sonstige
(B.90/Grüne 2, fraktionslos 1)

Landschaft, Sehenswürdigkeiten und Kultur
Der Landkreis Straubing-Bogen im schönen Niederbayern besticht durch seine vielfältigen und faszinierenden Naturlandschaften. Von der Donau wird der Landkreis von West nach Ost in zwei grundverschiedene Landschaften geteilt. Nördlich davon liegt der Vordere Bayerische Wald, der durch seine Höhen und Ausläufer diese Gegend beherrscht. Auf einem attraktiven Rad- und Wanderwegenetz lässt sich die herrliche Landschaft erkunden. Der höchste Berg ist der Hirschenstein mit 1095 m.

Das Areal südlich der Donau erreicht Höhen bis etwa 450 m und gliedert sich in zwei Teile, die Donauebene und das Donau-Isar-Hügelland. Diese beiden Gebiete zeigen eine abwechslungsreiche Kulturlandschaft mit Wäldern, Wiesen, Äckern, Auen und den Flussläufen der Kleinen und Großen Laber. Die Donauebene ist auch bekannt als „Gäuboden, die Kornkammer Bayerns", das Donau-Isar-Hügelland als „Tal der Kleinen Laber".

Im Landkreis gibt es eine Vielzahl an Sehenswürdigkeiten zu entdecken. Burgen, Schlösser, Museen, denkmalgeschützte Bauernhäuser, alte Abteien und Kirchen sind lohnende Ziele. Besonders sehenswert sind die Kirchen in Mallersdorf-Pfaffenberg, die Doppelkirchenanlage in Haindling oder die ehemalige Klosterkirche in Oberalteich, um nur einige wenige zu nennen. Überregional bekannt ist der „heilige Berg Niederbayerns" – der Bogenberg – mit der ältesten Marienwallfahrtskirche Bayerns. In der aus dem 13. Jahrhundert stammenden Kirche „St. Maria Himmelfahrt" steht eine seltene Darstellung der schwangeren Maria.

Landkreis

Tirschenreuth

BAYERN

Der Landkreis Tirschenreuth ist...

...der nördlichste Landkreis des Regierungsbezirks Oberpfalz in Ostbayern. Ob als Wirtschaftsstandort, Wohnort oder Urlaubsparadies – der Landkreis bietet optimale Voraussetzungen. Der Landkreis punktet durch erfolgreiche Unternehmen, eine hohe Lebensqualität und großartige Landschaften.

Historische Entwicklung

Als 1862 Justiz und Verwaltung getrennt wurden, entstanden die Bezirksämter – die heutigen kreisangehörige Gemeinden waren entweder Bestandteil des Bezirksamts Tirschenreuth, des Bezirksamts Kemnath oder des Bezirksamts Neustadt/Waldnaab. Die Bezirksämter wurden 1939 in Landkreise umbenannt. Der heutige Landkreis Tirschenreuth entstand 1972 im Zuge der Gebietsreform in Bayern. Zum bereits existierenden Landkreis Tirschenreuth kamen Großteile des Altlandkreises Kemnath und der Raum Erbendorf hinzu.

In der Geschichte hat der Landkreis wahrscheinlich nichts so sehr beeinflusst wie die Grenzlage zu Böhmen, die jahrhundertelang von regen nachbarschaftlichen Beziehungen geprägt war. Mit dem Zweiten Weltkrieg wurde das gewohnte Zusammenleben abrupt beendet, der „Eiserne Vorhang" machte den Landkreis plötzlich zum Zonenrandgebiet. Die 50 Jahre andauernde Trennung hat viele Spuren hinterlassen, doch seit der Grenzöffnung und dem EU-Beitritt der Tschechischen Republik haben sich für den Landkreis in vielerlei Hinsicht neue Perspektiven eröffnet. Heute sind wir gemeinsam mit unseren tschechischen Nachbarn auf dem besten Weg, die früheren engen Beziehungen wieder aufzunehmen. Allen gemeinsam ist dabei der Wunsch, alle Hindernisse schnell zu überwinden.

Wertschöpfung und Verkehr

Der Landkreis Tirschenreuth wird traditionell von Industrie und produzierendem Gewerbe dominiert. In den letzten Jahren entwickelten sich Arbeitsmarkt und Wirtschaftsdaten konstant positiv. Getragen wird dieser Erfolg hauptsächlich von mittelständischen Betrieben und eigentümergeführten Familienunternehmen. Dabei überzeugt der Landkreis Tirschenreuth vor allem durch die Vielfalt der ansässigen Betriebe – von kreativen Köpfen bis hin zum Hidden Champion ist hier eine große Bandbreite von Unternehmen zuhause. Und so manches kleine Startup-Unternehmen ist mittlerweile weltweit erfolgreich.

Im Landkreis Tirschenreuth fährt man BAXI – so heißt das erfolgreiche Anrufbussystem, das sich zu einem Vorzeigeprojekt für Mobilität im ländlichen Raum entwickelt hat. Neben weiteren innovativen Angeboten des ÖPNV wird der Landkreis Tirschenreuth von drei Schienenverkehren durchkreuzt. Für den Straßenverkehr sorgen die A 93 und ein gut ausgebautes Netz von Bundesstraßen für eine gute Verkehrsanbindung – gerade auch in Richtung Tschechischer Republik. Mit Waldsassen, Mähring und Bärnau verfügt der Landkreis gleich über drei Grenzübergänge.

Landschaft, Sehenswürdigkeiten und Kultur

Der Landkreis Tirschenreuth ist das Land der 1.000 Teiche. Über 4.700 Fischteiche prägen besonders die Senken der Tirschenreuther Teichpfanne und des Kemnather Landes. Seit fast einem Jahrtausend werden hier Karpfen gezüchtet. Der Bereich des Steinwalds ist von besonderer landschaftlicher Schönheit und weist mit der Platte auch die höchste Erhebung auf. Als staatlich anerkanntes Ökomodellgebiet hat man sich hier besonders einer nachhaltigen und umweltschonenden Wirtschaftsweise verschrieben.

Diese landschaftliche Schönheit ist durch ein gut ausgebautes und bestens beschildertes Rad- und Wanderwegenetze erschlossen. Zahlreiche gut erhaltene Barockbauwerke prägen die sakralen Landschaften des Landkreises Tirschenreuth. Neben der Basilika und den Klostergebäuden in Waldsassen wäre hier beispielsweise noch die Kappl-Kirche bei Münchenreuth zu nennen.

Der Landkreis ist Mitglied im Geopark Bayern-Böhmen und auch aus geologischer Sicht höchst interessant. Etwa 800 Mio. Jahre Erdgeschichte mit Spuren von verschiedenen Kleinkontinenten und Resten verschwundener Ozeanböden sorgen für eine enorme Geodiversität.

Ebenfalls auf die geologischen Voraussetzungen zurückzuführen, sind die zahlreichen Heilquellen. Im Sibyllenbad (Neualbenreuth) werden diese im einzigen staatlich anerkannten Heilquellenkurbetrieb der Oberpfalz medizinisch genutzt. Einzigartig ist dabei die Kombination aus kohlensäure- und radonhaltigem Wasser.

Die Grenzlage des Landkreises ist ideal für Ausflüge in die Tschechische Republik. Sowohl die Weltbäder Karlsbad, Marienbad und Franzensbad als auch die pulsierenden Städte Prag und Pilsen sind gut erreichbar.

Fläche: 1.084,23 km²
EW: 73.250 - EW/km²: 68
KFZ-Kennzeichen: TIR
Kreissitz: Tirschenreuth
www.kreis-tir.de

Landrat
Wolfgang Lippert / Freie Wähler
im Amt seit: 2008 gewählt bis: 2020

Sitzverteilung im Kreistag
Vorsitz: Wolfgang Lippert

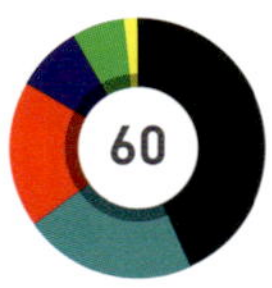

26	CSU
13	Freie Wähler
11	SPD
5	Zukunft LK Tirschenreuth
4	B.90/Grüne
1	FDP

Landkreis

Traunstein

BAYERN

Der Landkreis Traunstein ist...

...nahezu identisch mit dem als Chiemgau bezeichneten Voralpengebiet im südöstlichen Oberbayern. Zum Kreisgebiet gehören vier Städte und 31 Gemeinden. Der Landkreis gehört den Euregiones Salzburg-Berchtesgadener Land-Traunstein und Inntal an und grenzt im vordersten Süden an Österreich: im Nordosten an Oberösterreich und Salzburg im Süden an Salzburg und Tirol.

Historische Entwicklung

Ab 1862 übernahmen die Verwaltungsaufgaben die neugeschaffenen 142 Bezirksämter. Innerhalb der Grenzen des Bezirksamts Traunstein bestanden bis 1919 die beiden Distriktgemeinden Traunstein und Trostberg fort. In diesem Jahr wurden die zum Bezirksamt Traunstein gehörenden Distrikte zum Bezirk Traunstein vereinigt. 1939 wurden die Bezirke in Landkreise umbenannt.

1972 erfuhren die bayerischen Landkreise durch die Gebietsreform eine grundlegende Neugliederung. Letztendlich erhielt der Landkreis mit der Eingliederung der früher kreisfreien Stadt Traunstein sowie von Teilen des Landkreises Mühldorf und des aufgelösten Landkreises Laufen seine heutige Gestalt.

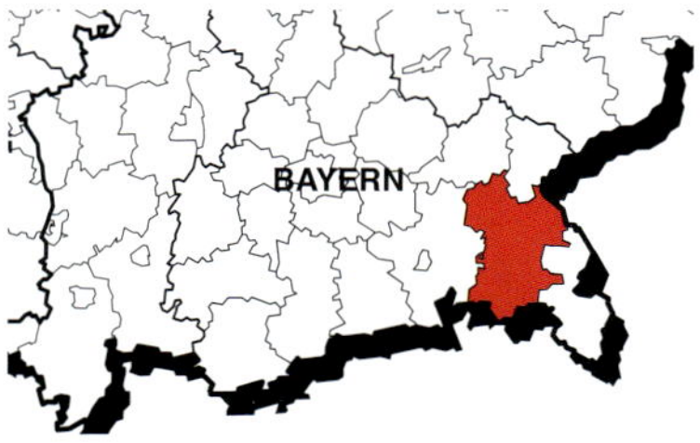

Fläche: 1.534,00 km²
EW: 171.978 - EW/km²: 112
KFZ-Kennzeichen: TS
Kreissitz: Traunstein
www.traunstein.com

Landrat
Siegfried Walch / CSU
im Amt seit: 2014 gewählt bis: 2020

Sitzverteilung im Kreistag
Vorsitz: Siegfried Walch

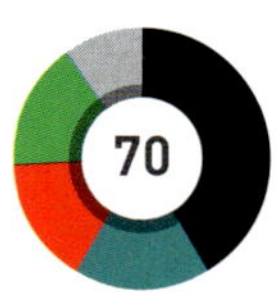

29	■	CSU
11	■	SPD
12	■	Freie Wähler
11	■	B.90/Grüne
7	■	Sonstige

(BP 4, ÖDP 3)

Wertschöpfung und Verkehr

Der Landkreis Traunstein ist Standort für viele mittelständische Firmen, die Spitzenprodukte für Kunden in aller Welt herstellen. Führende Unternehmen der Elektrotechnik, Informations- und Kommunikationstechnik, Optik, Messtechnik, Chemie, Maschinenbau, Kunststofftechnik und Ernährung haben hier ihre Heimat.

Gut 8.500 mittelständische Firmen profitieren vom positiven Wirtschaftsumfeld. Fast 4.000 Handwerksbetriebe bilden die solide Basis im regionalen Wirtschaftsleben.

Zahlreiche bäuerliche Betriebe pflegen einerseits die Landschaft und produzieren andererseits Nahrungsmittel „aus der Region für die Region". Aus natürlichen Rohstoffen entstehen mit modernsten Produktionsmethoden wertvolle Lebensmittel, die weit über die Grenzen des Chiemgaus hinaus geschätzt werden.

Der Chiemgau gehört seit Jahrzehnten zu den beliebtesten Tourismuszielen. Heute setzt der Chiemgau-Tourismus auf eine intakte Natur, Brauchtum und Gastfreundschaft. Im Land der Olympiasieger und Weltmeister Ricco Groß, Tobi Angerer, Martin Braxenthaler, Evi Sachenbacher-Stehle und Anni Friesinger ist vieles auf Sport eingestellt – Wandern, Radeln, Bergsteigen, Skifahren, Langlauf, Segeln, Reiten, Golfen, Rafting, Laufen, Drachen- und Gleitschirmfliegen. Rund 780.000 Gäste besuchten 2014 den Chiemgau, gut 4 Mio. Übernachtungen wurden registriert. Mit rund 500 Mio. € Jahresumsatz schafft der Tourismus eine beachtliche Wertschöpfung.

Der Wirtschaftsstandort Landkreis Traunstein und die Tourismusdestination Chiemgau sind durch die Autobahn A 8 München-Salzburg, die Flughäfen München und Salzburg sowie die Intercity-Linie Frankfurt-München-Salzburg-Linz gut an das europäische Verkehrsnetz angeschlossen.

Landschaft, Sehenswürdigkeiten und Kultur

Im Landkreis Traunstein gibt es 13 Naturschutzgebiete mit einer Gesamtfläche von 157 km² sowie zehn Landschaftsschutzgebiete mit einer Gesamtfläche von 160 km². Damit sind mehr als 20 % der Landkreisfläche unter besonderen Schutz gestellt. Hinzu kommen viele Naturdenkmäler, geschützte Landschaftsbestandteile und gesetzlich geschützte Biotope.

Die Kultur ist vom Brauchtum, aber auch vom Erbe der einstigen Klöster geprägt. Zu den Wahrzeichen des Landkreises gehören das Schloss Herrenchiemsee, aber auch die Stiftskirche Baumburg in Altenmarkt, die Benediktinerinnen-Abtei Frauenwörth und das einstige Kloster Seeon. Zahlreiche Museen bringen den Besuchern die Heimat- und Wirtschaftsgeschichte nahe.

Für Liebhaber klassischer Musik ist seit fast vier Jahrzehnten der „Musiksommer zwischen Inn und Salzach" eine feste Größe. Ein ganz anderes Publikum zieht der Chiemsee Summer an. Das Open-Air-Festival findet jährlich im August in der Gemeinde Übersee statt und hat sich mit jährlich rund 30.000 Besuchern zu einem der größten Reggae-Festivals Europas entwickelt.

Landkreis

Unterallgäu

BAYERN

Der Landkreis Unterallgäu ist...

...modern und gleichzeitig alten Traditionen und Bräuchen verbunden. Kulturelle und landschaftliche Fülle sorgen für einen hohen Freizeitwert. Erholungsuchende, Familien, Naturverbundene, Sportler und Kulturinteressierte kommen gleichermaßen auf ihre Kosten. Als Gesundheitsoase hat Wasserdoktor Sebastian Kneipp den Landkreis geprägt. Niedrige Arbeitslosenzahlen und eine vielfältige Unternehmenskultur zeugen von einer stabilen Wirtschaft.

Historische Entwicklung

1972, als Bayern neu gegliedert wurde, entstand auch der Landkreis Unterallgäu – damals allerdings noch mit 110 Gemeinden. Erst die Gebietsreform im Jahr 1978 verringerte die Zahl der Gemeinden auf 52.

Wertschöpfung und Verkehr

Das Unterallgäu liegt im Herzen Bayerisch-Schwabens und ist, wie der Name schon sagt, Teil des Allgäus. Es zeichnet sich durch eine zentrale Lage aus – gut erreichbar über die Autobahnen A 7 und A 96 sowie über den Regionalflughafen Allgäu-Airport.

Von einem landwirtschaftlich geprägten Raum entwickelte sich das Unterallgäu in den vergangenen Jahrzehnten zu einem aufstrebenden Wirtschaftsraum. Treibende Kraft waren und sind investitionsbereite Betriebe und fleißige Bürger. Eine niedrige Arbeitslosenquote bekräftigt das Bild eines gesunden Wirtschaftsraumes. Diese lebt nicht nur von großen, weltweit agierenden Industriebetrieben, sondern auch von zahlreichen mittelständischen Unternehmen. Weiterhin spielen auch Land- und Forstwirtschaft eine wichtige Rolle.

Das selbstständige Kommunalunternehmen Kreiskliniken Unterallgäu betreibt zwei Krankenhäuser, in Mindelheim mit 199 Betten, in Ottobeuren mit 123 Betten und zehn Plätzen in der Tagesklinik für Schmerztherapie, sowie eine Berufsfachschule für Krankenpflege, die der Kreisklinik Mindelheim angegliedert ist.

Das Unterallgäu zeichnet sich durch eine vielfältige, moderne Schullandschaft aus. Diese reicht von Grund- und Mittelschulen über zahlreiche weiterführende Schulen bis hin zu beruflichen Schulen und Fachschulen. In Bad Wörishofen beispielsweise betreibt der Zweckverband Berufliche Schulen unter Beteiligung des Landkreises eine Wirtschaftsschule, eine Hotelfachschule sowie eine Fachoberschule. Neu ist die Technikerschule Fachrichtung Maschinenbautechnik mit den Schwerpunkten Mechatronik und Automatisierungstechnik in Mindelheim.

Fläche: 1.230,06 km²
EW: 138.712 - EW/km²: 113
KFZ-Kennzeichen: MN
Kreissitz: Mindelheim
www.unterallgaeu.de

Landrat
Hans-Joachim Weirather / Freie Wähler
im Amt seit: 2006 gewählt bis: 2020

Sitzverteilung im Kreistag
Vorsitz: Hans-Joachim Weirather

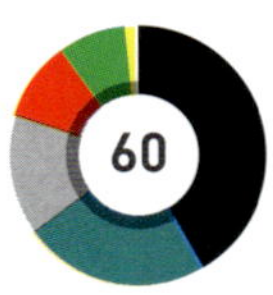

25	CSU
14	Freie Wähler
6	SPD
5	B.90/Grüne
1	FDP
9	Sonstige

(JWU 5,
ÖDP/Bürger f.d Umwelt 4)

Landschaft, Sehenswürdigkeiten und Kultur

Das Unterallgäu besticht landschaftlich durch eine abwechslungsreiche, intakte Natur und gesellschaftlich durch ein vielfältiges Kulturangebot und ein breit gefächertes Vereinsleben.

Bauwerke aus vielen Jahrhunderten – Kirchen, Klöster, Burgen, Schlösser und stattliche alte Bauernhöfe – prägen den Landkreis. Besuchermagneten sind Baudenkmäler wie die Benediktinerabtei Ottobeuren mit der barocken Basilika, das Fuggerschloss Kirchheim mit dem weltbekannten Zedernsaal, die ehemalige Reichskartause Buxheim mit dem wunderbaren Chorgestühl sowie die Mindelburg in Mindelheim.

So mangelt es im Unterallgäu auch nicht an Räumlichkeiten mit würdevollem Ambiente für Konzerte und andere kulturelle Veranstaltungen. Bäuerliche Kulturschätze lassen sich im Schwäbischen Bauernhofmuseum in Illerbeuren bewundern.

Im Unterallgäu hat sich ein reiches religiöses und weltliches Brauchtum erhalten. Das vielfältige Vereinsleben spiegelt die Verbundenheit der Menschen zu ihrer Heimat wider und zeigt: Im Unterallgäu werden Geselligkeit und Gemeinschaft groß geschrieben.

Allgegenwärtig ist im Landkreis die Lehre des Wasserdoktors und Pfarrers Sebastian Kneipp. Er schuf vor über 100 Jahren die Voraussetzung für den heutigen Kurbetrieb. Die Kneippkur ist nach wie vor wichtigster Faktor für den Tourismus im Kneippland® Unterallgäu. Ihr ganzheitlicher Ansatz bietet Wohlbefinden für Körper, Geist und Seele. So gibt es im Unterallgäu viele Kur- und Wellness-Betriebe, besonders bekannt ist die Therme in Bad Wörishofen, die auf rund 5.000 m² viele Angebote bündelt.

Eines der fünf Elemente der Kneipp'schen Lehre ist Bewegung. Auf einem gut ausgebauten und beschilderten Rad- und Wanderwegenetz kommen im Unterallgäu Sportler, Familien und Naturgenießer auf ihre Kosten.

Landkreis

Weilheim-Schongau

BAYERN

Der Landkreis Weilheim-Schongau ist...

...mit dem mystischen Auerberg, dem weithin bekannten Eibenwald bei Paterzell und dem „RIGI", dem Hohen Peißenberg im „Land vor dem Gebirg" ein unverwechselbar naturschöner und kulturell reich ausgestatteter Lebensraum. Er liegt am westlichen Rand von Oberbayern und grenzt an Schwaben an. Deshalb wird hier oberbayerisch „g'redt" und schwäbisch „gwschätzt". Mit den zentralen Orten Penzberg, Weilheim und Schongau verfügt der Landkreis über charmante Einkaufsstädte, die keine Wünsche offen lassen. Die „Wies" bei Steingaden – wegen ihrer architektonischen Reinheit ein Weltkulturerbe – und das Radom Raisting zeigen anschaulich den weiten Bogen von historischer Kunst bis hin zu innovativer Technik, wie er für Weilheim-Schongau typisch ist.

Historische Entwicklung

Im Zuge der Landkreisreform wurden die beiden Landkreise Schongau und Weilheim 1972 unter Abgabe von 17 Gemeinden zum Landkreis Weilheim-Schongau vereinigt.

Zum Zeitpunkt der Zusammenlegung zählte der Landkreis Schongau 24 Gemeinden, der Landkreis Weilheim i. OB 42 Gemeinden. Nach der Neugliederung hatte der Landkreis Weilheim-Schongau in 50 Gemeinden. Im Zuge der Gemeindegebietsreform wurden 1978 einige Gemeinden aufgelöst oder den entsprechenden Nachbargemeinden eingegliedert. Heute hat der Landkreis 34 Gemeinden.

Wertschöpfung und Verkehr

Weilheim-Schongau bietet moderne Ausbildungs- und Arbeitsplätze mit Zukunftsperspektiven in innovativen Branchen, eine gut ausgestattete Bildungslandschaft mit passgenauen Bildungsangeboten, gute Infrastruktur, eine herrliche Landschaft mit hohem Freizeitwert und dabei zugleich bedarfsgerechte Grundstücke zu erschwinglichen Preisen für junge Familien sowie Unternehmen – und das fast vor den Toren der Metropole München.

Die erfolgreiche Entwicklung des Landkreises vom ursprünglich ländlich geprägten Bergwerksstandort zu einem modernen Wirtschaftsstandort bietet attraktive Arbeits- und Lebensbedingungen. Gleich ob Werkzeug- oder Maschinenbauer, Automobilzulieferer, Zerspanungstechniker, Forscher und Entwickler im medizinischen Bereich, bodenständiger Handwerker oder kundenorientierter Dienstleister. Der Branchenmix bietet für jeden etwas.

Die verkehrsgeografische Lage des Landkreises Weilheim-Schongau ist günstig, wobei der östliche Landkreisteil von der Anbindung an die A 95 München-Garmisch Partenkirchen profitiert, die auf einer Streckenlänge von 11 km durch den Landkreis führt. Eine weitere wichtige Autobahn für unser Gebiet ist die A 7 Würzburg-Ulm-Füssen. Zu dieser Autobahn ergibt sich für den Landkreis ein Anschluss von Schongau aus über die B 472/ B 12 Kempten.

Die Hauptverkehrsadern sind die vier Bundesstraßen. Sie erschließen den Landkreis straßenverkehrsmäßig sowohl in West-Ost-Richtung als auch in Nord-Süd-Richtung. Es sind dies die B 2 Garmisch-München, die B 472 Marktoberdorf-Irschenberg, die B 17 Füssen-Augsburg und die B 23 Peiting-Garmisch. Durch den stetigen Ausbau der Bundesstraßen wurde die Leistungsfähigkeit der wichtigen Straßen gewährleistet und Kommunen durch Ortsumfahrungen entlastet. Vierzehn Staatsstraßen mit einer Gesamtlänge von 120 km verlaufen durch den Landkreis und ergänzen die Bundesstraßen. Das längste überörtliche Straßennetz unterhält der Landkreis selbst. Neunundzwanzig Kreisstraßen weisen eine Gesamtlänge von 184 km auf.

Fläche: 966,37 km²
EW: 131.190 - EW/km²: 136
KFZ-Kennzeichen: WM
Kreissitz: Weilheim i. OB
www.weilheim-schongau.de

Landrätin
Andrea Jochner-Weiß / CSU
im Amt seit: 2014 gewählt bis: 2020

Sitzverteilung im Kreistag
Vorsitz: Andrea Jochner-Weiß

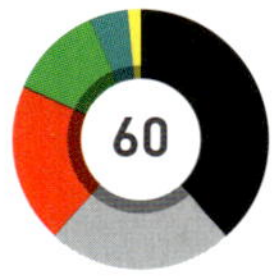

23	CSU
12	SPD
7	B.90/Grüne
3	Freie Wähler
1	FDP
14	Sonstige

(Bürger f.d. LK 8, Unabh./ÖDP 4, BP 2)

Die Kreisstadt Weilheim ist ein Knotenpunkt des regionalen Eisenbahnnetzes. Die wichtigste durch den Landkreis führende Eisenbahnlinie ist die Fernverbindung München-Weilheim-Murnau-Garmisch-Partenkirchen-Innsbruck. Die Strecke Weilheim-Schongau misst 28,7 km. Weitere Strecken sind Tutzing-Penzberg-Kochel und Weilheim-Mering-Augsburg.

Landschaft, Sehenswürdigkeiten und Kultur

Die Alpen im Blick, klare Bergseen und sanft gewellte Hügel mit bäuerlichen Gemeinden, gefällige Marktflecken und prosperierende Städte prägen die Landschaft des „Pfaffenwinkel". Schmucke Kirchen und beeindruckende Kloster-Gartenanlagen sind in dieser räumlichen Nähe und Ausprägung wohl eher selten. Bodenständiges Brauchtum, das durch die „geistlichen Herrschaften" maßgeblich geprägt wurde (Prozessionen, Leonhardifahrten, Kaltblutfohlenmarkt etc.), wird auch heute noch gepflegt.

Doch auch das berühmte Buchheim-Museum sowie progressive Kunst und Kultur finden ihren Platz. Feriengäste und Tagestouristen schätzen in gleicher Weise die Mischung von Kunst, Kultur und Natur und nutzen vor allem das gut ausgebaute Wanderwegenetz, das durch die malerische Landschaft führt.

Landkreis

Weißenburg-Gunzenhausen

BAYERN

Der Landkreis Weißenburg-Gunzenhausen ist...
...der „starke Süden" der Metropolregion Nürnberg. Mit seinen Bildungs-, Kunststoff- und Gesundheitsangeboten bietet er eine hohe Lebensqualität. Tourismusdestinationen, Fränkisches Seenland und der Naturpark Altmühltal ziehen Jung und Alt von nah und fern an.

Historische Entwicklung

1972 wurden im Rahmen der Gebietsreform in Bayern die Altlandkreise Weißenburg in Bayern und Gunzenhausen sowie die bis dato kreisfreie Stadt Weißenburg in Bayern zu einem neuen Landkreis vereinigt, der zunächst Landkreis Weißenburg hieß und 1973 in den Landkreis Weißenburg-Gunzenhausen umbenannt wurde. Der Begriff „Altmühlfranken" als Regionalname ist ebenfalls noch sehr jung: Ein fränkischer Kunsthistoriker hat diesen Begriff erst im Jahr 1987 geprägt. Kulturgeografisch betrachtet, umschreibt er das Gebiet beidseits der Altmühl zwischen Ansbach und Eichstätt und steht als Regionalmarke „altmühlfranken – der starke Süden" für nichts anderes als den Landkreis Weißenburg-Gunzenhausen.

Wertschöpfung und Verkehr

Der Landkreis Weißenburg-Gunzenhausen liegt geografisch im südlichen Teil Frankens an der Grenze zu Schwaben und Oberbayern und damit zentral zwischen den bayerischen Wirtschaftszentren Nürnberg, München, Ingolstadt und Augsburg. Die Branchenschwerpunkte des Landkreises liegen im Tourismus, in der Sozial- und Gesundheitswirtschaft, der kunststoffverarbeitenden Industrie, einschließlich Formenbau und Spritzguss, der Leonischen Industrie sowie der Automobilzulieferindustrie. Ein weiteres wichtiges Alleinstellungsmerkmal stellt die Juramarmor- und Solnhofer Natursteinindustrie dar.

Mit dem im Jahr 2015 eingeweihten „kunststoffcampus bayern – Technologie- und Studienzentrum Weißenburg", der vom Landkreis Weißenburg-Gunzenhausen und der Großen Kreisstadt Weißenburg als Kooperationsprojekt mit der Technischen Hochschule Deggendorf und der Hochschule für angewandte Wissenschaften Ansbach realisiert wurde, leistet der Landkreis selbst einen eigenen aktiven Beitrag für den Technologietransfer sowie für die Fachkräftesicherung in dieser regionalen Schwerpunktbranche.

Für die Entwicklung des Landkreises als Urlaubsdestination sowie für die Anbindung an überregionale Wirtschaftsräume ist die Verkehrserschließung des Landkreises ein wesentlicher Hauptfaktor. Im Straßennetz sind die B 2 (Nürnberg-Weißenburg-Augsburg), die B 13 (Würzburg-Gunzenhausen-Weißenburg-Ingolstadt-München) und die B 466 (Nürnberg-Gunzenhausen-Stuttgart) die Achsen, die die Hauptlast der Verkehrsströme aufnehmen und deren bedarfsgerechter Ausbau in den nächsten Jahren weiter vorangetrieben wird. Der Landkreis Weißenburg-Gunzenhausen ist Mitglied im Verkehrsverbund Großraum Nürnberg (VGN) und verfügt mit dem ICE-Bahnhof in Treuchtlingen über einen wichtigen überregionalen Verkehrsknotenpunkt im Bahnverkehr.

Landschaft, Sehenswürdigkeiten und Kultur

Herrliche Naturlandschaften, tolle Museen und ein vielfältiges Kulturprogramm – all das kann man im Landkreis Weißenburg-Gunzenhausen entdecken und mit allen Sinnen erleben.

Prägende Naturräume sind das Altmühltal, das Fränkische Seenland sowie die Fränkische Albhochfläche mit dem Hahnenkamm und dem Weißenburger Jura. Der Naturpark Altmühltal ist geprägt von der Flusslandschaft der Altmühl mit angrenzenden Feuchtwiesen, ausgedehnten Waldgebieten, Trockenrasenflächen, Wacholderheiden und imposanten Felsformationen wie den „12 Aposteln" bei Solnhofen.

Die fränkischen Seen bieten eine traumhafte Kulisse und wunderschöne Strände für einen Erholungstag oder Urlaub am See. Eine Rundfahrt über den Großen Brombachsee mit dem größten Fahrgasttrimaran, der auf Europas Binnenseen unterwegs ist, oder mit der Altmühlseeschifffahrt schafft Kreuzfahrtatmosphäre.

Aber auch das Umland lockt mit gut ausgeschilderten Rad- und Wanderwegen durch eine abwechslungsreiche Natur- und Kulturlandschaft. So ist der Altmühltal-Panoramaweg zertifiziert als „Qualitätsweg Wanderbares Deutschland", und der Altmühltal-Radweg von Gunzenhausen bis Kelheim gehört zu den beliebtesten Radwegen in Deutschland.

Der Naturpark Altmühltal ist außerdem Fundort aller Exemplare des Urvogels Archäopteryx. In einigen Steinbrüchen kann man sich auch selbst auf die Suche nach Fossilien machen. Spannendes kann man auch erleben, wenn man die ehemalige römische Reichsgrenze – den Limes – erkundet, der im Jahr 2005 zum UNESCO-Weltkulturerbe ernannt wurde. In Weißenburg, dem Sitz des Bayerischen Limesinformationszentrums, können ein Kastell, römische Thermen und ein ausgegrabener Römerschatz im Römer-Museum entdeckt werden.

Fläche: 970,91 km²
EW: 92.518 - EW/km²: 95
KFZ-Kennzeichen: WUG
Kreissitz: Weißenburg i. Bay.
www.landkreis-wug.de

Landrat
Gerhard Wägemann [G] / CSU
im Amt seit: 2011 gewählt bis: 2017

Sitzverteilung im Kreistag
Vorsitz: Gerhard Wägemann

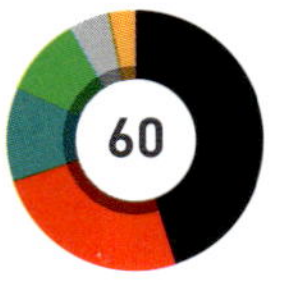

27	CSU
15	SPD
7	Freie Wähler
6	B.90/Grüne
2	ÖDP
3	Sonstige

(FDP 2, Die Linke/Piraten 1)

Landkreis

Wunsiedel im Fichtelgebirge

BAYERN

Der Landkreis Wunsiedel im Fichtelgebirge ist...
...durch seine Lage sowie seine landschaftliche Vielfalt und Schönheit im Kerngebiet des Naturparks Fichtelgebirge ein „Sehnsuchtsort" für Naturliebhaber in ganz Deutschland. Der Gebirgsknoten zwischen dem Frankenwald, dem Erzgebirge und dem Oberpfälzer Wald ist eines der ältesten Mittelgebirge Deutschlands. „..eines der kunstvollsten Bauwerke der Erde, welches auf kleinster Scholle die reichsten Spuren und Denkmale aus fast allen Perioden der langen Zeitgeschichte in sich schließt" (C. W. von Gümbel).

Historische Entwicklung
Der Landkreis Wunsiedel im Fichtelgebirge entspricht fast genau dem Gebiet des sog. „Sechsämterlandes", einer politischen Landgliederung, die vom Mittelalter bis 1810 Bestand hatte. Zu dieser Zeit fiel das Land, das vorher unter preußischer und französischer Verwaltung stand, an Bayern.

Mit der Gebietsreform 1972 wurden der Landkreis Wunsiedel, der südliche Teil des Landkreises Rehau und die kreisfreien Städte Marktredwitz und Selb zum heutigen „Landkreis Wunsiedel im Fichtelgebirge" vereinigt.

Wertschöpfung und Verkehr
Der Landkreis Wunsiedel im Fichtelgebirge ist sowohl ein von der Natur als auch ein industriell geprägtes Gebiet. Von den über 27.000 sozialversicherungspflichtig beschäftigten Arbeitnehmern sind etwa 13.000 im produzierenden Gewerbe tätig. Bedeutende Wirtschaftszweige stellen die feinkeramische Industrie, der Maschinenbau, die Elektrotechnik sowie die Stein- und Kunststoffverarbeitung dar.

Der Landkreis Wunsiedel im Fichtelgebirge ist im Westen durch die A 9 und im Osten mit der A 93 hervorragend in das deutsche Autobahnnetz eingebunden. Insgesamt verfügt der Landkreis Wunsiedel i. Fichtelgebirge über ein Straßennetz von ca. 1.130 km. Am Bahnknoten Marktredwitz kreuzen sich die Verbindungen München-Regensburg-Marktredwitz-Hof-Berlin und Paris-Stuttgart-Nürnberg-Marktredwitz-Prag. Insbesondere die Ost-West-Verbindung zwischen Marktredwitz und Prag stellt derzeit eine der wenigen durchgehenden Bahnverbindungen von Bayern nach Tschechien dar.

Um dem regionalen Zusammenwachsen Europas nach den Veränderungen der frühen 1990er Jahre gerecht zu werden, ist der Landkreis Wunsiedel i. Fichtelgebirge mit seinem ÖPNV-Angebot auch an überregionalen Kooperationen, wie dem deutsch-tschechischen „EGRONET" beteiligt.

Das breit gefächerte Angebot allgemeinbildender und berufsbildender Schulen bis hin zum „Europäischen Fortbildungszentrum Stein" oder dem Schulzentrum für Produktdesign und Prüftechnik bieten Ruhe und Sicherheit, Lebensqualität und viele Möglichkeiten Familie und Beruf zu vereinbaren. Das sind ideale Rahmenbedingungen für Familien mit Kindern.

Landschaft, Sehenswürdigkeiten und Kultur
Mehr als ein Drittel der Fläche des Landkreises Wunsiedel im Fichtelgebirge wird landwirtschaftlich genutzt. Rund 45 % der Landkreisfläche sind mit Wald, vorwiegend Nadelwald, bestockt. Die Wälder im Fichtelgebirge werden auch für zukünftige Generationen sowohl wertvolle Rohstoffquellen als auch Rückzugs- und Erholungsräume sein. Im Naturraum des Fichtelgebirges konnten sich so bis heute zahlreiche Tierarten erhalten, die andernorts längst ausgestorben sind.

Traditionell, alltäglich und dennoch ständig neu ist im Landkreis der Austausch zwischen West und Ost, zwischen Wirtschaftssystemen, Kulturen und Menschen.

Im Sommer wie im Winter bietet das Fichtelgebirge schier unendliche Freizeitmöglichkeiten. Vom Wandern und Radeln zum Wassersport und Segelfliegen, vom Golfen über Langlaufen bis hin zum Reiten und Schlittschuhlaufen. Angebote gibt es für Groß und Klein, für Alt und Jung und für jeden Geldbeutel. Das fränkische Bier und heimische Wurstwaren oder ein Schnäpschen aus den Destillen bieten immer wieder neue kulinarische Erlebnisse. Natürlich kann man auch manches Schnäppchen beim Fabrikverkauf, vor allem von Porzellan aus den bedeutendsten deutschen Porzellanfirmen, machen.

Das Zusammenwirken von Natur und Kultur ist charakteristisch für den Landkreis und hat hier seine eigene Ausprägung gefunden. Die Luisenburg-Festspiele sind seit über 100 Jahren fester Bestandteil des sommerlichen Theaterlebens in Deutschland. Besonderen Stellenwert hatte hier schon immer die Begegnung mit Künstlern aus den angrenzenden Gebieten Osteuropas.

Bunt und abwechslungsreich wie die Landschaft ist auch die Museumslandschaft im Landkreis Wunsiedel im Fichtelgebirge. Ob in öffentlicher Trägerschaft mit bundes- oder europaweiter Ausstrahlung oder Sammlungen aus privater Initiative, die Besucher erleben in jedem Museum dessen eigenen Charakter. Gemeinsam ist ihnen aber die Bindung zur Heimatgeschichte und Natur oder dem Produkt wie Porzellan und Keramik, Schnaps und Uhren.

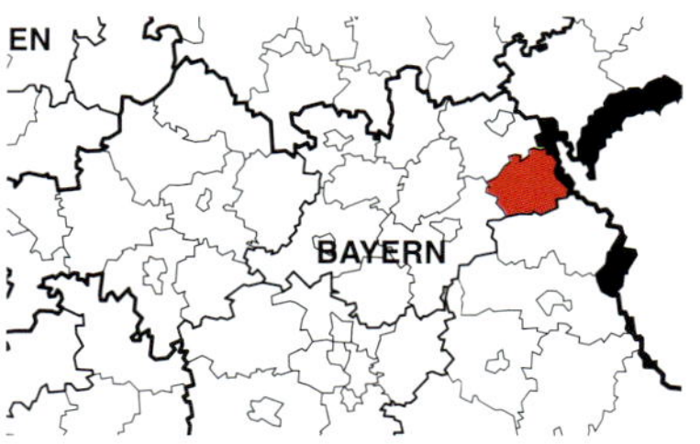

Fläche: 606,43 km²
EW: 73.403 - EW/km²: 121
KFZ-Kennzeichen: WUN
Kreissitz: Wunsiedel
www.landkreis-wunsiedel.de

Landrat
Dr. Karl Döhler / CSU
im Amt seit: 2008 gewählt bis: 2020

Sitzverteilung im Kreistag
Vorsitz: Dr. Karl Döhler

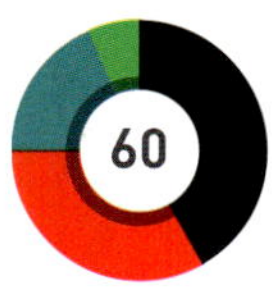

25 CSU
20 SPD
11 Freie Wähler
4 B.90/Grüne

Landkreis

Würzburg

BAYERN

Der Landkreis Würzburg ist...
...eine historische Kulturlandschaft inmitten europäischer Verkehrswege. Das prägt die Menschen. Tief verwurzelt und Traditionen folgend, ist man Neuem gegenüber trotzdem sehr aufgeschlossen, gastfreundlich und weltoffen. Das gilt auch für die Unternehmenskultur, die hier nicht selten Global Player hervorbringt und sich durch ungebremste Innovationsfreude auszeichnet. Entlang der Lebensader Main liegen die 52 Gemeinden des Landkreises wie schmucke Perlen an einer Schnur, die Natur- und Kulturinteressierte zu lohnenden Entdeckungen einladen.

Historische Entwicklung
1814 wurde Franken dem Land Bayern einverleibt, 1817 dem Untermainkreis zugeteilt, der 1837 in Unterfranken umbenannt wurde. Bis zur Bildung der Bezirksämter (später Landkreise) verwalteten Amtmänner das Amt oder Oberamt. Das Bezirksamt Ochsenfurt umfasste im Jahr 1929 53 Gemeinden mit 26.875 Einwohnern. Im Bereich des Bezirksamtes Würzburg wurden 1929 in 46 Gemeinden 48.072 Einwohner gezählt.

Die Landkreisgebietsreform im Jahre 1972 gab dem Landkreis Würzburg mit der Zusammenfassung der beiden ehemaligen Landkreise Würzburg und Ochsenfurt sowie der Aufnahme von weiteren Gemeinden aus den benachbarten Landkreisen Marktheidenfeld, Karlstadt, Kitzingen und Gerolzhofen sein jetziges Aussehen mit 52 Gemeinden und 113 Ortsteilen.

Wertschöpfung und Verkehr
Der Landkreis Würzburg wirbt mit dem Slogan „Standort erster Klasse". Wichtigster Standortfaktor ist die zentrale Lage im Schnittpunkt bedeutender europäischer Verkehrswege zu allen führenden Wirtschaftszentren in Europa auf Straßen (A 3, A 7, A 81, A 70), auf der Schiene (Bahnknotenpunkt Würzburg), auf dem Wasser (Rhein-Main-Donau-Kanal) und in der Luft (Internationale Flughäfen Frankfurt und Nürnberg, Verkehrslandeplatz Giebelstadt).

Die ausschließlich mittelständische Unternehmensstruktur zeigt Schwerpunkte im Maschinen- und Anlagenbau, in der Natursteingewinnung und -verarbeitung, im Lebens- und Nahrungsmittelbereich, bei Logistikunternehmen und im Textilbereich. Namhafte Unternehmen haben sich in Spezialbereichen wie Druck, Optik, Spielplatzanlagen, Bootsbau und Kfz-Zulieferung etabliert. Für Kreativität und Forschung stehen zwischenzeitlich zahlreiche Firmen und Existenzgründer in den Bereichen Information & Kommunikation, Bio-, Umwelt- und Medizintechnologie.

Garanten hierfür sind die ausgezeichneten Aus- und Weiterbildungsmöglichkeiten in den allgemeinen und berufsbildenden Schulen, aber vor allem die zwischenzeitlich auch technisch ausgerichtete Universität Würzburg und die Hochschule für angewandte Wissenschaften Würzburg-Schweinfurt sowie die anwendungsorientierten außeruniversitären Einrichtungen (Fraunhofer ISC, Süddeutsches Kunststoffzentrum, Zentrum für angewandte Energieforschung). Mit fünf Technologie- und Gründerzentren steht eine hervorragende Infrastruktur für Gründer und Jungunternehmer zur Verfügung.

Hohe Lebensqualität und niedrige Lebenshaltungskosten machen den Landkreis Würzburg attraktiv für die Jungen. Die fachärztliche Versorgung im Landkreis ist vorbildlich, die Qualität der Heilkunst dank Universitätsklinikum Würzburg und Main-Klinik Ochsenfurt auf hohem Niveau. Und wer nach einem langen Arbeitsleben hier bleibt, kann auf ein breitgefächertes Angebot von Senioreneinrichtungen zurückgreifen.

Fläche: 968,40 km²
EW: 159.253 - EW/km²: 164
KFZ-Kennzeichen: WÜ
Kreissitz: Würzburg
www.landkreis-wuerzburg.de

Landrat
Eberhard Nuß / CSU
im Amt seit: 2008 gewählt bis: 2020

Sitzverteilung im Kreistag
Vorsitz: Eberhard Nuß

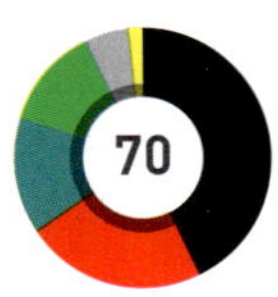

30	CSU
16	SPD
10	UWG-FW
9	B.90/Grüne
1	FDP
4	Sonstige

(REP 2, ÖDP 2)

Landschaft, Sehenswürdigkeiten und Kultur
Der Landkreis Würzburg hat mehr zu bieten als ein Glas Frankenwein. Die unzähligen Weinfeste gehören einfach dazu, die idyllischen Weinbergslandschaften im Main-, Tauber- und Gollachtal sind hierfür malerische Kulisse und lohnendes Naherholungs- und Urlaubsziel.

Jeder kennt und schätzt Bocksbeutel und Bratwürste – der Landkreis bietet darüber hinaus eine Vielzahl an Kulturellem und Kurzweil: Konzerte, Freilichtspiele, Theaterabende und Galerien, Museen und Ausstellungen – alljährlich kommen tausende Menschen als Urlauber in den Landkreis. Besucher und Bewohner schätzen die Vielzahl von Freizeit- und Sportmöglichkeiten: die Romantische Straße, die Wander- und Fahrradwege und eine reizvolle Natur, die immer wieder Zeugnisse einer reichen Geschichte präsentiert.

Ereignisse wie die Frankenfestspiele auf Burg Brattenstein in Röttingen, die Florian-Geyer-Festspiele in Giebelstadt oder das Torturmtheater in Sommerhausen – sie verbinden geschickt und erfolgreich Historie, Kunst und Kultur. Die Sendung „Fastnacht in Franken" hat Veitshöchheim mit seinem fürstbischöflichen Schloss und dem einzigartigen Rokokogarten bundesweit bekannt gemacht. Der Kulturherbst des Landkreises bietet seit 26 Jahren ein dreiwöchiges Spektrum an Kunst und Kultur und Lebensfreude.

Verzeichnis

DER LANDKREISE